1. 本书是教育部人文社会科学重点研究基地华中师范大学中国农村研究院 2016 年基地重大项目"作为政策和理论依据的深度中国农村调查与研究"（16JJD810004）的成果之一。

2. 本书是华中师范大学中国农村研究院"2015 版中国农村调查"的成果之一。

中国农村调查

（总第31卷·口述类第11卷·农村妇女第1卷）

徐勇　邓大才　主编

天津出版传媒集团

天津人民出版社

图书在版编目(CIP)数据

中国农村调查. 总第 31 卷, 口述类. 第 11 卷, 农村
妇女. 第 1 卷 / 徐勇, 邓大才主编. —— 天津 : 天津人民出
版社, 2018.8 (2019.4 重印)
ISBN 978-7-201-13110-8

Ⅰ.①中… Ⅱ.①徐… ②邓… Ⅲ.①农村调查-研
究报告-中国 Ⅳ.①F32

中国版本图书馆 CIP 数据核字(2018)第 084063 号

中国农村调查(总第 31 卷·口述类第 11 卷·农村妇女第 1 卷)
ZHONGGUO NONGCUN DIAOCHA

出　　版	天津人民出版社
出 版 人	刘　庆
地　　址	天津市和平区西康路 35 号康岳大厦
邮政编码	300051
邮购电话	(022)23332469
网　　址	http://www.tjrmcbs.com
电子信箱	tjrmcbs@126.com

策划编辑	王　玎
责任编辑	郑　玥
特约编辑	王　玎
装帧设计	汤　磊

印　　刷	天津市天办行通数码印刷有限公司
经　　销	新华书店
开　　本	787 毫米×1092 毫米　1/16
印　　张	41
插　　页	6
字　　数	800 千字
版次印次	2018 年 8 月第 1 版　2019 年 4 月第 2 次印刷
定　　价	750.00 元

《中国农村调查》编辑委员会

主　编　徐　勇　邓大才

编　委（以姓氏笔画排序）

本卷编辑整理　刘筱红　史亚峰　郭艳艳

总　序

　　2015 年是华中师范大学中国农村研究院历史上的关键一年。在这一年,本院不仅成为完全独立建制的研究机构,更重要的是进一步明确了目标,特别是进行了学术整合,构建了一个全新的调查研究计划。这一计划的内容包括多个方面,其中,中国农村调查是基础性工程。从 2015 年开始出版的《中国农村调查》便是其主要成果。

　　学术研究是一个代际接力、不断提升的过程。农村调查是本院的立院之本、兴院之基。本院的农村调查经历了三个阶段。

　　第一阶段主要是基于项目调查基础上的个案调查(1985—2005 年)。

　　20 世纪 80 年代开启的中国改革开放,起始于农村改革。延续二十多年的人民公社体制废除后,农村的生产功能由家庭所承担,社会管理功能则成为一个新的问题。这一问题引起我院学者的关注。1928 年出生的张厚安先生是中国政治学恢复以后较早从事政治学研究的学者之一,他与当时其他政治学学者不同,他比较早地关注农村政治问题,并承担了农村基层政权方面的国家研究课题。与此同时,本校其他学者也承担了有关农村政治研究的课题。1988 年,这些学者建立起以张厚安先生为主任的农村基层政权研究中心,由此形成了一个自由结合的学术共同体。

　　作为一个学术共同体,农村基层政权研究中心有其研究宗旨和方法。在学术共同体建立之初,张厚安先生就提出了"三个面向,理论务农"的宗旨。"三个面向"是指面向社会、面向基层、面向农村,"理论务农"是指立足于农村改革实践、服务于农村改革实践。这一宗旨对于政治学学者是一个全新的使命。政治学研究政治价值、政治制度与政治行为。传统政治学更多研究的是国家制度和国家统治,以文本为主要研究素材。"三个面向"的宗旨,必然要求方法的改变,这就是进行实地调查。自学术共同体形成开始,实地调查便成为我们的主要研究方法。

　　自 20 世纪 80 年代中期,以张厚安先生为领头人的学者就开始进行农村调查。最初是走向农村,进行全国性的广泛调查,主要是面上了解。1995 年,在原农村基层政权研究中心的基础上,成立了农村问题研究中心,由张厚安先生担任主任,由 1955 年出生的中年学者徐勇教授担任常务副主任。新中心的研究重点仍然是基层政权与村民自治,但领域有所扩大,并将研究方法凝练为"实际、实证、实验",更加强调"实"。这种务实的方法引起了学术界的关注,并注入国际学术界的一些研究理念和方法。我们的农村调查由面上的了解走向个案调查。当时,年届七旬的张厚安先生亲自带领和参与个案村庄调查,其代表作是《中国农村村级治理——22 个村的调查与比较》。这一项目在全国东、中、西三个地区选择了 6 个重点村和 18 个对照村进行个案调查,参与调查人员数十人,并形成了一个由全国相关人员参与的学术调查研究团队。

　　第二阶段主要是基于机构调查基础上的全面调查(2005—2015 年)。

　　1999 年,国家教育部为推动人文社会科学研究,启动了教育部人文社会科学研究重点基地建设。当年,华中师范大学农村问题研究中心更名为"华中师范大学中国农村问题研究中心",由徐勇教授担任主任。2000 年,中心成为首批教育部人文社会科学重点研究基地。在基地成立之前，以张厚安教授为首的研究人员是一个没有体制性资源保障、纯因个人兴趣而结合的学术共同体，有人坚持下来，也有人离开。成为教育部研究基地以后，中心仍然坚持调查这一基本方法，并试图体制化。其主要进展是在全国选择了二十多家机构作为调研基地，为全国性调查提供相应的保障，并建立相互合作关系。

作为教育部重点基地，中心是一个有一定资源保障的学术共同体，有固定的编制人员，也有固定的项目经费，条件大为改善，但也产生了新的问题。这就是农村调查根据个人承担的研究项目而开展。这不仅会导致研究人员过分关注项目资源分配，更重要的是易造成调查研究的"碎片化"和"片断化"，难以形成整体性和持续性的调查。同时，研究人员也会因为理念和风格不同而产生分歧，造成体制性的学术共同体动荡。为了改变调查研究项目体制引起的"碎片化"倾向，2005年，徐勇教授重新规划了基地的发展，提出"百村观察计划"，计划在全国选择100多个村进行为期10年、20年、30年以至更长时间的调查和跟踪观察。目标是像建立气象观测点一样，能够及时有效地长期观测农村的基本状况及变化走向。这一计划得到时任华中师范大学社会科学研究处处长石挺先生的鼎力支持。2006年，计划得以试行，主要由刘金海副教授具体负责。最初的试点调查村只有6个，后有所扩展。2008年，在试点基础上，由邓大才教授主持，全面落实计划，调查团队通过严格的抽样，确定了二百多个村和三千多个农户的调查样本。

"百村观察"是一项大规模和持续性的调查工程，需要更多人的参与。同时它又是一项公共性的基础工程，人们对其认识有所不同。因为它要求改变项目体制造成的调查"碎片化"和研究"个体化"的工作模式，为此，学术共同体再次出现了有人退出、有人坚持、有人加入的变化。

2009年正式启动的"百村观察计划"，取得了超出预想的成绩：一是从2009年开始，我们每年都要对样本村和户进行调查，调查内容和形式逐步完善，并形成相对稳定的调查体系。除了暑假定点调查以外，还扩展到寒假专题调查。每年参与调查的人员达五百人左右，并出版《中国农村调查》等系列著作。二是因为是调查的规模大，可以进行充分的分析，并在此基础上形成调查报告，提供给决策部门，由此也形成了"顶天立地"的理念。"顶天"就是为决策部门服务，"立地"就是立足于实地调查。这一收获，使中心得以在教育部第二次基地评估中成为优秀基地，并于2010年更名为华中师范大学中国农村研究院，由徐勇教授担任院长，邓大才教授担任执行院长。三是形成了一支专门的调查队伍并体制化。起初的调查者有相当一部分是没有受到严格专业训练的志愿者。为了提高调查质量，自2012年起，研究院将原来分别归于导师名下指导的研究生进行整合，举办"重点基地班"。基地班以提高学生的调查研究能力为导向，实行开放式教学、阶梯性培养、自主性管理，形成社会大生产培养模式，改变了过往一个老师带三五个学生的小作坊培养方式。至此，农村调查完全由受到专门调查和学术训练的人员承担，走向了专业化道路。四是资料数据库得以建立并大大扩展。过往的调查因为是项目式调查，所以资料难以统一保管和使用。2006年，我们启动了中国农村数据库建设。随着"百村观察计划"的正式实施，大量数据需要录入，并收集到许多第一手资料，资料数据库得以迅速扩展。

第三阶段主要是基于历史使命基础上的深度调查（2015年至今）。

农村调查的深入和相应工作的扩展，势必与以行政方式组织科研的现行大学体制发生碰撞。但是已经有一个良好开端的调查不可停止。适逢中国的智库建设时机，2015年，华中师范大学中国农村研究院成为完全独立建制的研究机构,由 1970 年出生的邓大才教授担任行政负责人。

中国农村研究院独立建制,并不是简单地成为一个独立的研究机构,而是克服体制障碍,进一步改变学术"碎片化"倾向,加强整合,提升调查和研究水平,目标是在高等学校中建设适应国家需要的智库。实现这一目标有五大支撑点:一是大学术,通过以政治学为主,多学科参与,协同研究;二是大服务,继续坚持"顶天立地"的宗旨,全面提高服务决策的能力,争取成为有影响力的决策咨询机构;三是大调查,在原有"百村观察计划"的基础上构建内容更加丰富的农村调查体系,争取成为世界农村调查重镇;四是大数据,收集和扩充农村资料和数据,争取拥有最丰富的农村资料数据库;五是大平台,将全校、全省、全国,乃至全球的农村研究学者吸引并参与到农村研究院的工作中来,争取成为世界性的调查研究平台。这显然是一个完全不同于以往的宏大计划,也标志着中国农村研究院的全新起步。

独立建制后的中国农村研究院仍然将农村调查作为自己的基础性工作,且成为体制性保障的工作。除了"百村观察计划"的持续推进以外,我们重新设计了 2015 版的农村调查体系。这一体系包括"一主三辅":"一主"即以长期延续并重新设计的"中国农村调查"为主体;"三辅"包括"满铁农村调查"翻译、"俄国农村调查"翻译和团队到海外农村进行实地调查的"海外农村调查",目的是完善农村调查体系,并为中国农村调查研究提供借鉴。

现代化是一个由传统农业社会向现代工业社会转变的过程,这一转变是从农村开始的。农村和农民成为现代化的起点,并规划着现代化的路径。19 世纪后期,处于历史大转变时期的俄国,数千人参与对俄国农村调查,持续时间长达四十多年。20 世纪上半叶,日本在对华扩张中,以南满洲铁道株式会社为依托开展对中国农村的大规模调查,持续时间长达四十多年,形成著名的"满铁调查"。进入 21 世纪,中国作为一个世界农业文明最为发达的大国,正在以超出想象的速度向现代工业文明迈进。中国需要也应有能够超越前人的大规模农村调查。"2015 版的中国农村调查"正是基于这一历史背景设计的。

"2015 版的中国农村调查"超越了以往的项目或者机构调查体制,而具有更为宏大的历史使命:一是政策目的。智库理所当然要出思想,但"思想"除了源自思考以外,更要源自于可供分析的实地调查。过往的调查虽然也是实地调查,但难以对调查进行系统化的分析,并根据调查提出有预见性的结论。在这方面,19 世纪的俄国农村调查有其长处。"2015 版的中国农村调查"将重视实地调查的可分析性和可预测性,以此提高决策服务的成效。二是学术目的。调查主要在于知道"是什么"或者"发生了什么",是事实的描述。但是这些事实为什么发生?其中存在什么关联?这是过往调查关注比较少的,以至于大量的调查难以进行深度的学术开发,学术研究主要依靠的还是规范方法,实地调查难以为学术研究提供必要的基础,由此会大大制约调查的影响力。"2015 版的中国农村调查"特别重视实地调查的深度学术开发性,调查中包含着学术目的,并可以通过调查提炼学术思想,使其作为一种有实地调查支撑的学术思想也可以间接影响决策。为此,"2015 版的中国农村调查"在设计时,除了关注"是什么"以外,也特别重视"为什么",试图对中国农村社会的底色及其变迁进行类似于生物学"基因测序"的调查。三是历史传承目的。在现代化进程中,传统农村正在迅速消逝。"留得住乡愁"需要对"乡愁"予以记录和保存。20 世纪以来,中国农村发生了太多的变化,中国农民经历了太多的起伏,农民的历史构成了国家历史不可或缺的部分。"2015 版的中国农村调查"因此特别关注历史的传承。

基于以上三个目的，"2015 版的中国农村调查"由四个部分构成：

其一，口述调查。主要是通过当事人的口述，记录 20 世纪上半期以来农村的变化及其对当事人命运的影响。其主体是农民个人。在历史上，他们是微不足道的，尽管是历史的创造者，但没有哪部历史记载他们的状况与命运。进入 20 世纪以后，这些微不足道的人物成为"政治人物"，尽管还是"小人物"，但他们是大历史的折射。通过他们自己的讲述，我们可以更加充分地了解历史的真实和细节，也可以更好地"以史为鉴"。口述史调查关注的是大历史下的个人行为。

其二，家户调查。主要是以家户为单位的调查，了解中国农村家户制度的基本特性及其变迁。中国在历史上创造了世界上最为灿烂的农业文明，必然有其基本组织制度为支撑。但长期以来，人们只知道世界上有成型的农村庄园制、部落制和村社制，而没有多少人了解研究中国自己的农村基本组织制度。20 世纪以来受革命和现代化思维的影响，人们对传统一味否定，更忽视对中国农村传统制度的科学研究，以至于我们在否定自己传统的同时引进和借鉴的体制并不一定更为高明，使得中国农村变迁还得在一定程度上向传统回归。实际上，中国有自己特有的农村基本组织制度，这就是延续上千年的家户制度。家户调查关注的是家户制度的原型及其变迁，目的是了解和寻求影响中国农业社会变迁的基因和特性。

其三，村庄调查。主要是以村庄为单位的调查，了解不同类型的村庄形态及其变迁实态。农村社会是由一个个村庄构成的。与海洋文明、游牧文明相比，农业文明的社会联系更为丰富，"关系"在中国农村社会形成及其演变中居于重要地位。中国在某种意义上说是一个"关系国家"，但是作为一个历史悠久、人口众多、地域辽阔、文明多样的大国，关系格局在不同的地方有不同的表现，由此形成不同类型的村庄。国家政策要"因地制宜"，必须了解各个"地"的属性和差异。村庄调查以"关系"为核心，注重分区域的类型调查，通过不同区域的村庄形态和变迁的调查，了解和回答在国家"无为而治"的传统条件下，一个超大的农业社会是如何通过自我治理实现持续运转的；了解和回答在国家深度介入的现代条件下，农业社会是如何反应和变化的。

其四，专题调查。主要是以特定的专题为单位的调查，了解选定的专题领域的状况及其变化。如果说前三类调查是基本调查的话，专题调查则是专门性调查，针对某一个专题领域，从不同角度进行广泛深入的调查，以期获得对某一个专门领域的全面认识和把握。

"2015 版的中国农村调查"是一项世纪性的大型工程，它是原有基础的延续，也是当下正在从事、未来需要长期接续的事业。这一事业已有数千人参与，特别是有若干人在其中发挥了关键性作用；当下和未来将有更多的人参与。历史将会记录下他们的功绩，他们的名字将与我们的事业同辉！

2016 年 6 月，教育部公布了对人文社会科学重点研究基地的评审结果，我院排名全国第一，并再获优秀。这既是对过往的高度肯定，也是对进一步发展的有力鞭策。为此，本院再次明确自己的目标，这就是建设全球顶级农村调查机构、顶级农村资料数据机构，并在此基础上，形成自己的学术领域和学术风格，而达到这一目标，需要一代又一代人攻坚克难，不懈努力！

徐　勇

2015 年 7 月 15 日初序

2016 年 7 月 15 日补记

口述类序

口述是当事人的语言表达。口述调查是通过当事人的语言表达而获得调查依据的一种调查方法,在当下愈来愈成为社会科学研究的重要手段。

人类社会是一个变化的历史过程。人类不断前行,需要从走过的路寻求启示,于是需要记录历史。历史不仅是客观发展的事实,在一定意义上也是人们记录甚至塑造出来的事实。人类为了顺利前行,必须全面、准确、真实地记录历史,从中汲取经验与教训。对历史的选择性塑造可以使人获得某种短期效益,但最终会受到历史的惩罚。因为历史与自然一样,都有规律可循。只有全面、准确、真实记录或者还原历史,人们才能够科学把握历史规律。

中国是一个历史悠久的大国,历史感特别强。在中国,历史具有宗教般的神圣感。正因如此,长期以来,中国特别重视对历史的记录。传统中国设有专门的史官职位,民间社会也有记录历史的特殊方法。今天,对历史的记录愈来愈全面,有人将国史、地方志和族谱视为记载历史的三大支柱,但还远远不够。口述史因此应运而生。

过往对历史的记录有两个特点:一是以上层人物为主,二是以文字记录为主。人们经常讲,历史是人民创造的,但历史何以记录芸芸众生的创造活动?在历史中保留和传承下来的仍然是少数大人物。即使是芸芸众生也热衷于大人物的活动,从而放弃了历史本身。造成这一现象的重要原因之一,是记录历史的方法主要是文字。在相当长的时间里,文字还只是少数人的专利,只有读书人才能记录历史。读书人读什么书,怎样记录历史则受到人为的约束。因此,由读书人记录下来的历史总有一定限度。许多历史事实因此可能被舍弃、遮蔽,甚至塑造。

口述的出现是对历史记录的一场革命性变革。随着社会进步,对历史的记录不再是被垄断,而是发展为一门科学。对历史的记录也不再为大人物主导,那些过去根本不可能进入历史的小人物也可以因为口述而进入历史。特别是口述可以反映历史的丰富性、复杂性、生动性和隐秘性,大大丰富以文字记录的历史,从而有利于促进全面、准确、客观、真实地记录历史。

中国是一个农业文明古国,无数的农民是农业文明的创造者。但长期以来,农民作为一个群体并没有进入历史记录之中。即使是在口述被广泛运用于社会科学研究的当今时代,也很少以农民为口述对象。这不能不说是一个历史的巨大遗憾!更重要的是,随着工业化和城镇化,传统农民正在迅速消逝,成为"最后的农民"。尽管这是一个历史的进步,但历史进步中人的生命和活动则是需要给予充分记录的。如果没有对这些"最后的农民"的历史记载,也许这将成为历史无法挽回的巨大遗憾。

作为一个农村研究机构,除了与其他机构一样,要匆匆往前赶,完成各种任务以外,我们在农村实地调查中也深深感受到抢救农民历史的紧迫性。历史责任感驱使我们记录农民的历史,口述则为我们提供了最为合适的方法。因为对于农民来说,有关他们的文字记录太少了。

农民是以土地为生的人。土地对于农民不仅仅是一种生产资料,而是一种在长期历史中形成的深厚的感情,甚至崇拜。如许多乡村田野都供奉土地神。因此我们所做的农民口述首先围绕农民与土地的关系而展开。

在世界现代化进程中,中国有着独特性。一则中国是在一个传统农业文明保持相对完整的状态下一步跨入现代化门槛的,二则中国跨入现代化门槛之后的变迁特别迅速。这使得农民与土地的关系发生着深刻而急剧的变革。这种变革的深度、烈度、广度、弯度都是世界上少有的,对农民的生活及国家政治的影响也是世界少有的。

如果从现代化进程看,中国的农民与土地的关系变迁经历了四个阶段:土地改革、土地集体化、土地承包、土地流转。

土地改革是迈向现代化大门的起点。现代化不是凭空产生的,它是传统社会向现代社会转变的过程。农民是传统社会的主要因子。就中国而言,农民的命运对于现代化具有特殊意义。一则中国农民在进入现代化之前,没有如英国一样发生内部演变过程;二则中国传统农民人数太多,直到 20 世纪 80 年代还占全国人口总数的 80% 以上。这一状况使得农民与土地的关系在中国政治关系中具有基础性地位。中国现代政党一诞生,就将解决农民与土地的关系问题作为基础性议题。在中国,土地问题不仅仅是产权问题,而且是政权问题,土地问题承载着大量的政治、文化和社会因子。因此,到 20 世纪中叶,土地产权改革一直伴随政权的变革,并带来了全面、深入的社会变革。这一变革是历史性的,它将变革引向中国的基础性部分。而这一部分在历史的王朝变更中是从来没有被触及的,因此它改变了整个中国的政治基础,也改变了无数人的命运。如今,经历过土地改革的当事人正在迅速走向人生的终点,他们的口述可以让我们对这样一场历史大变革有更多的认识和理解。

对于中国而言,20 世纪中叶是狂风骤雨的年代。土地改革完成不久,中国就开展了农业集体化。集体化对于中国农民而言,特别新奇。因为数千年以来,中国农民都是以一家一户的方式进行农业生产经营的。而在推动集体化的主政者看来,正是这种一家一户的生产方式造成了农民的贫穷。土地改革让农民有了土地,但一家一户的生产方式有可能再次造成农民的贫穷,于是以国家的力量推动农业集体化,农民的土地、生产,直到生命活动都以农村集体的方式加以组织。集体因此成为中国农民生产和生活的基础,其影响一直延续到当下,"大集体"成为当事人难以遗忘的历史记忆。

在土地集体化进程中形成的人民公社,其兴也勃,其废也忽。20 世纪 80 年代初,人民公社体制得以废除,以家庭为单位的土地承包经营制得以兴起,并被确立为农村基本制度。土地承包实行以家庭为单位的经营,在形式上与传统的家庭经营相似,以致有人一度认为是"辛辛苦苦三十年,一夜回到解放前"。但历史不会倒退,也难以简单回归。土地承包毕竟是在土地集体所有基础上的一种新的经营方式,并因为这种承包关系使得土地具有了所有、承包、经营、收益等多重性。这种多重性的产权关系是世界上很少有的,它既促进了农业发展和农民保护,也会给农民与土地的关系带来许多复杂性。当事人的叙说也许与土地关系一样有不少复杂元素。

土地给农民带来生存和希望,也可能造成对农民的束缚。不断增长的人口使土地负载过重更是农民贫困的基本原因。农民与土地关系的调整和变革,有可能解决农民一时的生存问题,但难以从根本上避免重回贫困的陷阱,而走出土地或许会获得一片新的空间。20 世纪 80 年代,世世代代视土地为生命的农民开始离开土地,寻求新的产业和发展空间。土地流转因此得以启动。流转必须建立在产权明晰的基础上。进入 20 世纪,由国家主导进行土地确权,并第一次全面深度介入农村产权领域并担负着保护产权的功能,其深刻意义也许还要许多年才能显现，但它对农民的生活和意识的改变则是无疑的。

农民与土地的关系是农村基础性关系，但并非全部。中国农村已经并正在发生深刻的变化。这一变化不仅仅体现在不同领域，不同人群在其中也有不同的状况。我们还将从不同领域和以不同人群作为特定的口述对象，更全面、充分、广泛地记录大历史中农民小人物的生活与命运。比如，我们稍后启动的农村妇女口述史调查，就是围绕"关系·惯行视角中的农村妇女"主题，记录农村妇女与家庭、家族、宗族、村庄、市场、国家、政党等的互动、互构关系以及农村妇女自身的发展变迁历程。

当下，口述史调查愈来愈多，我们的口述调查除了特定对象以外，还有以下特点。一是专业性。尽管我们的口述对象主要是农民，但我们的目的是用于学术研究。因此特别注意客观性，以口述事实为依据，避免主观倾向性。二是可分析性。我们的口述调查不是一般的描述事实，更不是讲故事，而是能够从事实中获得发现，其事实具有可分析和二次、多次开发的价值。因此我们设计了结构化的基本调查提纲。三是规模性。学术性开发需要一定的样本数量，我们的口述调查注意规模和比例。考虑中国地域大，不平衡性强，我们的调查尽可能照顾到全国各个区域，如农民与土地的关系口述调查力求全国农村每个县级单位都能够有所反映。

我们的口述调查从土地改革开始。为此，我们特别请本院初创人张厚安教授做了口述，并作为口述类第 1 卷导语。一则在于张先生作为土地改革工作队队员，亲身参与了土地改革，有丰富的实践经验。二则在于张先生长期从事政治学和农村研究，具有专业功力和眼光，他的真知灼见具有启发意义。

历史的生命在于真实。但历史的真实与真实的历史总是有距离。与其他方法一样，口述也有限度。口述对象同样会产生对事实的选择、加工，甚至塑造。小人物与大人物一样，都希望在青史上留下好名。我们在进行口述调查过程中，力求客观、准确、真实、具体，只是所希望的与所能达到的还是会产生距离。但无论如何，农民口述可以为农村农民史保留一份珍贵的记忆，也是我们正在进行的大规模中国农村调查的重要组成部分！

徐　勇

2016 年 1 月 8 日

编写说明

作为教育部人文社会科学重点研究基地,华中师范大学中国农村研究院历来重视农村调查与研究,《中国农村调查·口述类》是该基地新版"中国农村调查"项目的重要成果,在付梓出版之际,特作以下说明:

第一,口述调查依托基地"百村观察"项目,从全国 31 个省(市、自治区)的 300 多个定点观察村庄和众多非定点观察村庄中,通过随机抽样的方式,选取最合适的对象。同时,考虑到中国地域大、不平衡性强,根据抽样原则,对口述样本相对缺少的省份、县市进行了补充调查,口述样本覆盖全国各个区域。

第二,口述调查对象都是亲身经历过特定历史变迁、身体健康、头脑清晰、记忆力较好的老人,这些人都能完整地口述相关事件。但是由于受访者基本上是 80 岁左右的老人,受个人经历、记忆偏差等的影响,受访者对同一历史事件的讲述会出现不一致的地方。为客观、真实地展现受访者的叙述,材料中除对个别明显有误的内容进行更正或注释外,一般都保持原样。读者在阅读时需要注意。

第三,口述调查时全部进行了录音,调查结束后由调查员将录音一字一句地转换为原始文本,包括受访者口述时的语气、神情等,均在原始文本中做了记录。之后在原始文本基础上,按照历史事件的发展过程进行分阶段整理。本书即是分阶段整理、分地区编排形成的。材料中出现的地名、人名、单位等均为实名,文字整理基本上采用了受访者的原话,保留了大量的地方性话语,有些方言口语化明显、且难以理解的做了相应注释。

第四,本书中的文字材料、照片、证件资料等,均获得了受访者的书面或口头授权。凡是从档案馆等机构获得的资料,均注明了来源。

第五,对于受访者讲述到的容易引起争议以及有待进一步核实的内容,在不影响材料完整度和客观性的前提下,编辑组进行了部分删减,其他内容则基本保持原貌。

第六,由于访谈对象提供内容的局限性,并非所有访谈的栏目都是齐全的,编辑组未强求统一。

第七,由于是口述几十年前的历史,同一个村的老人对同一件事往往说法不一,对这类问题一般都会按多数人的说法统一,但少量的不一致无法处理,但对整体阅读没有什么影响。

第八,书稿中的受访者一般都有单人照片,但也有少量的照片是受访者与调研员及他人的合影,考虑到绝大多数照片都没必要说明,照片也就没有一一介绍了。

《中国农村调查》编辑组
2018 年 3 月

目　录

GYL20160715GLH　高榴花

调研点：浙江省丽水市莲都区雅溪镇泄下村

调研员：高垚莉

首次采访时间：2016 年 7 月 15 日

受访者出生年份：1929 年

是否有干部经历：否

是否生育：是

受访者结婚的时间节点、生育子女的具体情况：1946 年结婚；1947 年生第一个孩子，共生五个孩子，年幼的四个女儿和一个儿子均因病死亡。

现家庭人口：3

家庭主要经济来源：务农

受访者所在村庄基本情况：泄下村处于丘陵地带，村庄山环水绕，通向外部的公路只有一条，这条路非常窄，沿着河流而建。从村庄到市区需要一个半小时的车程，与外界的交流只靠那么一条公路，而且山路起伏很大，实属深山老林。村庄属亚热带季风气候，但是距离城市远，海拔高，植被覆盖率高，夏天非常凉爽，是避暑的好地方，冬天较冷，降雪的机率比城里大。村庄已有六七百年的历史，村民世代务农。当年有高姓家族移居此地，除此之外还有张姓、周姓等姓氏居住于此，没有少数民族。土地改革时期村里大概四百多人，每人可以分到一亩地。土地的产量很低，一亩地产二三百斤的粮食，大家主要是吃番薯、地瓜、玉米之类的粮食，吃米饭的机会不多。村庄里人最多的时候大概有八百余人，现在居住人口大概是四百多人，但是大部分的人员外出务工，所以村庄里居住的大部分是老人，所以目前村庄一百人都不到。田地也多被荒置了。只有少数人家还在种植一些作物，种植水稻、花生、玉米等。

受访者基本情况及个人经历：老人生于 1929 年 5 月，父亲是一名教师，两个弟弟早年去世，所以只有她一个亲生的女儿，母亲还领养了其他的儿子、女儿，但是最后也都离开这个家庭。家庭条件中等。

在她十七岁(1946 年)的时候，在媒人的介绍下，被父亲强迫许配给同村的男人。她生了四个女儿一个儿子，均病死。最后领养了一个女儿，也就是现在居住在一起的女儿（现在已经五十八岁）。丈夫脾气暴躁，年轻的时候两个人总是打架，晚年生活倒也平适。丈夫五十三岁的时候得癌症死亡。现在老人住在唯一的女儿家中，和女儿女婿一起生活，女儿女婿均为农民，种植一些粮食，生活自足，生活来源主要是靠女儿女婿的作物种植以及帮助村里做一些零工而来。老人每月领取国家 150 元的补助金。

老人年轻的时候是一名干活的好手，上山下田，擅长做饭，1958 年的时候曾在大食堂掌勺为全村人做饭。

老人最难过的事情就是自己的孩子都没了，她一直强调是自己太早出嫁的原因，如果稍微晚一点，在十八岁的时候出嫁的话就不会是现在的这个样子了。老人自己虽然没有机会受教育,却非常重视女儿的教育,唯一的女儿七岁开始读书,一直读到初中考不上高中为止。

老人现在的身体还算硬朗,自己可以解决各种日常事务,她对自己的生活现状非常满意。她说非常感谢共产党,感谢现在一切的幸福。

一、娘家人·关系

(一)基本情况

我叫高榴花,1929年生,今年八十八岁。因为是石榴生长的季节,所以母亲取的这个名字。我们家里亲生的孩子有三个,我的两个弟弟都死了,只剩下我了。后来我的母亲又去领养了一个男孩。我的父亲以前是教书的先生,后来开始种地,土改时成分为中农。夫家土改期间被划分为贫农,家里有一个儿子,一个姑娘,家境贫寒。我十七岁出嫁,1948年生的大儿子,共生了四个女儿,一个儿子,都在年纪小的时候病死了。我的公公去抱了他女儿的女儿回来给我养,我就这么一个孩子。我的老伴在三十几年前得了癌症走了。我的生活太苦了,连一个自己的孩子都没有,但是活到现在也就不错了。

(二)女儿与父母关系

1.出嫁前女儿与父母关系

(1)家长与当家。我们家大的事情是我的父亲做主的哦,我感觉是这样的啊。我的父亲当年是教书的先生。

(2)受教育情况。没有哇,我的父亲虽然是教过书的先生,但是他却没有让我去上学。我一天的书都没有读过,我连自己的名字都不会写啊。我们那时候的外新房有好几个女孩子都去读书了,你的爷爷的姐姐,就是你的姑婆,也是读书的。因为我去山上干活很厉害,所以我的父亲就没有让我去读书,而是选择让我去干活。我在七八岁的时候就已经很会铲草了。说我没有读过书呢,也不全是,因为我晚上回到家的时候,我的父亲会写几个字给我认,但是你说我都在山上干了一天了,那么累,晚上回来哪里还有精神去背我父亲写的字啊。别人在学校学习一天都不一定能够记下来的字,我晚上在家里那种情况下更不可能记住了,更何况我还觉得我自己特别笨,我觉得自己的一辈子都是非常笨的,那十几个字我根本都记不住啊。

(2)家庭待遇。对我是好的,我们家就我这么一个亲生的孩子啊。父亲也是文化人。

(3)对外交往。男女都可以出门,没有什么格外被人欺负。但是我是不怎么出门的,女孩子就在家乖乖做事,村子偏远也是不方便出去外村的。

(4)女孩禁忌。女孩子不能没有女孩子的样子,不能出去混,不能不回家,要听自己的父亲的话。就是女孩子不能招摇,在家里听着父母的话就可以了,让你干什么你就干什么,如果实在干不来也就在家里那么待着。

(5)"早夭"情况。我出生的时候我们家很典古①,就是个典古的人家。我的两个弟弟们生出来之后都死了。

2.女儿的定亲、婚嫁

我还记得我是十七岁的时候出嫁的。我是被说去的,媒人一定要求的,那个媒人就是做硬媒的,她跟我的母亲算是关系很好的那种姐妹吧,她就是要给我做这个媒。在她当年过来找我的时候我是会骂她的,那个时候我才十五岁咯,她老是来我家,后来就到我父亲那里去嘀嘀咕咕的。我的父亲的意思是,我的夫家要是叔伯很多的话,我的日子会不好过的。我的男人是独生子,家里就他这么一个儿子,他的姐妹又已经出嫁了。我是说我不喜欢这个家庭的,

---

① 典古,意指家境贫寒,穷困。

但是在那个年代哇,把你许给别人了我也就算了。我的婆婆很早的时候就有病的,所以才让我十七岁的时候就过门, 一个是为了让我过去照料我的婆婆, 一个也是可以冲冲喜的原因吧。我是九月初十就过门的,我过门之后十几天婆婆就死了。就是因为她生病,所以我才十七岁就嫁过去了。

至于嫁妆,根本就没有什么东西。就是一些简单的箱子,像这样的箱子(红色雕花)。这个就叫半堂嫁(不是全套的嫁妆,只是一点点),半堂嫁妆包括一双箱子(两个)、一张桌子、一个小板凳、一个马桶这些东西。全堂嫁(正式的嫁妆的名称,包括所有的陪嫁的东西在内)的话就还要有这个大柜子,是专门为你做的,还有床啊,还有那种特殊的板凳啊。还有之前的半堂嫁的内容都是双倍的。我就这么简单的两个箱子、一张桌子,还有椅子和马桶。

3.出嫁女儿与父母关系

财产继承。基本是没有东西给我的,我的娘家就在一个村子的下半村啊,就是很方便的,有事就去帮忙咯。就是那个二十四间房,被火烧了啦。那个老人家,就是归田的母亲啊,在烧饭的时候用那种竹条在烧,一不小心火落到外面的,就着火咯,半天都没有人回来,房子就被烧了。之后什么东西都没有了。

我的爸妈很早就死了啊,我的父亲是六十二岁(去世的),我的母亲是六十岁,他们都很早就死了。

(三)出嫁的姑娘与兄弟姐妹的关系

家里只有(我)这么一个亲生的孩子,兄弟都死了。

二、婆家人·关系

(一)媳妇与公婆

1.婆家婚娶习俗

十五岁的时候我的婆婆家找的媒人过来提亲的,我自己是不愿意的,但是我的父亲被那个媒人说的就答应了,在十七岁的时候为了给我生病的婆婆冲喜,我就嫁过去了。我出嫁的时候凤冠霞帔,坐着花轿,吹着喇叭,很风光的哦。我们进门的时候拜过香火佛、灶佛,抬过去之后拜堂的时候这些都会拜哦。如果是养媳妇的话,就是童养媳哦,就不用这样的,但是我不是养媳妇,我可是正经的明媒正娶的媳妇。很多女孩子小的时候就被带到家里,养着,帮助家里做事,长大就许配给自己的年纪相当的儿子了,也有些人家是没有女儿,但是很想要女儿,童养媳同时也可以当自己的女儿在养。那些年都是这样的。我拜过香火什么的,所以我的孩子都没了,都是被花轿之类的东西给害了的,如果不是这样,我的孩子肯定都在。

结婚的时候办了很多酒席,在外面大概有十七八桌吧,里面也是有二十桌的。是请了很多人的,高家人啊,还有周家人啊,都是村里的大姓氏。村长什么的也是都来了,但是我记不清了,这些不是我管的,所以我也不知道,我的娘家婆家的亲戚是非常多的。我记得好像有这么一种风俗,就是结婚几天是要带回娘家去玩的。我的娘家人来接我回去的。

2.分家前媳妇与公婆关系

我的婆婆在我进门的十几天之后就死了,我的公公对我很好的,他都没有骂过我,还有上面的大人对我也是很好的,都没有怪我过任何事情,因为我自己什么事情都会干,所以没有什么可以挑剔的,没有什么事情是需要请别人来帮忙的。我的公公和太公在我们夫妻俩吵架的时候,都是骂我的男人,不骂我的。我每次把事情的前因后果就这样说出来,我的太公就会说我的男人,我的男人一句话都说不出啊,我的太公会骂他死人啊,这样对自己的媳妇。

3.分家后媳妇与公婆关系

(1)分家。没有分家,婆家只有一个儿子。

(2)财产继承。所有的财产全部继承。

(二)妇 与 夫

1.家庭生活中的夫妇关系

(1)家庭虐待与夫妻关系。我那个时候嫁过去的,我们两个人整天打架的,那个男人整天要跟我打的哦。他就是那样的人啊,我有的时候就会出去玩的,就去那个路廊①那坐着聊天什么的,年轻人嘛,有的时候就会说空话。我那个时候带着三岁的女儿在家里睡觉,枕着我的手我们就那样睡在家里,他一回来就打我,蚊帐就那样拽下来。蚊帐就是那样吊着的,没有梁床的话,就是那样吊着的哦。他的脾气很差的哦,他在外面听到别人那样的开玩笑说说的,回来也不问问我是什么,就直接打。我又没有带人回来,也没有怎么样,什么都没有发生的,只是娘俩睡在那里的,如果他问我的话,我还可以解释的,但是他什么都没说,回来就动手啊。我们俩就那样睡在那里,他就把我的头发抓起来就打,我的女儿也被吓哭的,别人进来劝架,那个门都被他踢破了,下面的半扇门都被踢破了。他就是这样的坏哦,但是后面又变好了。他的耳根子太软了,别人讲什么就这样就相信了。开玩笑不开玩笑也不知道,后来我们年纪大了,就关系好多了。我在食堂烧饭的时候,他一次都没有来看我。我是很乖的。我的父亲是这样想着,觉得我没有叔伯什么的会很好过,但是生活也没有很好的。所以我觉得我的父亲也不好的,我什么事情都会做,我怕什么哦。我在食堂烧饭的时候,没有人做饼能够比我做得好。

(2)财产与收入。嫁过去之后在他们家主要就是去种田种玉米上山什么的,没有其他什么的工作。我们就是种地赚点吃的,砍柴赚点钱,家里的东西都是我们自己亲自劳动得到的。

(3)日常消费与决策话语权。我是不认识钱的,都是我的男人去买东西,大的事情我不懂也是他决定的,我就在家里烧饭洗衣服干活。

2.家庭对外交往关系

女儿是过继的。丈夫的妹妹的孩子过继的。因为他们呢,孩子多,家里穷,但是我们家啊条件不错的,孩子都死了,就给我了。

(三)母 亲 与 子 女 的 关 系

1.生育子女

(1)生育习俗。生在稻草上面,跪在地上生孩子。

(2)生育观念。想要儿子的咯,因为儿子可以传宗接代。我是自己的孩子不会丢的,都是自己的孩子啊,怎么可能舍得丢掉呢。

(3)子女教育。我的女儿是读小学一直读到初中的,初中结束了我就生病了,所以就没有继续让她读书了。因为我自己不识字,很惨,所以我的孩子不论怎么样我都会让他们读书,她七岁的时候读书,在库头②读书,我不舒服就不让她读书了。因为可能要去上学,没有办法每

---

① 村里的休息聊天场所。

② 隔壁的村子的名字。

天回来的,我就给自己的孩子准备一些米,让她自己带到学校自己烧。我的女儿一个人,就像是我的宝贝,米也是随便她自己拿多少的,我们很宠的,我们的番薯都是给她最好的那种,在米饭上面铺一层番薯,让饭更好一些,她读书时比很多人幸福的。

2.母亲与婚嫁后子女关系

(1)女儿婚嫁。楼上的梁床,花床也有,东西是很多的。原因是我的女儿在结婚之后认识现在的老公,两个人偷偷见面,感情越来越好,讲起来是不好听的咯,毕竟那时候已经跟女儿结婚了。后来女儿离婚嫁给现在的老公的。

(2)养老。我的丈夫死得早,我就一直住在这个女儿的家里的。她对我也很好的。

三、妇女与宗族、宗教、神灵

灶王爷的祭拜。灶王爷的祭拜一般会稍微在过年的时候拜一下。

七月半的庚饭。就是做出饭菜摆出香火,给自己相信的神灵享用,自己再向他们诉说自己虔诚的心以及寻求庇佑,也算是对自己的先祖的缅怀。吃的什么的,做做庚饭。现在生活都很好了,肉都很多了,以前的穷人家就是炊一些糕就是很好的了。

宗教信仰。我是信耶稣的,每个星期天都去村里的小教会室祷告的。

四、妇女与村庄、市场

(一)妇女与村庄

1.妇女与村庄公共活动

村庄活动参与。村里是会做戏的,一年大概一次,这样的机会那么少,我们一定会去的,早年的戏班子多么难得进来一次的。现在已经很多年没有唱戏的了。我们一般去周家的祠堂看戏的,这个是三个祠堂轮着来的,从下面的高家祠堂到周家再到张家。

2.妇女与村庄社会关系

(1)村庄社会关系。平时请别人帮了什么事的话,也是要请客吃饭,甚至杀了猪都是要叫上大家一起吃的。我们家的山货也是有的,那种从山上打下的野猪之类的山上的动物。我们的太婆、周家的太婆,我们早上吃早饭的话,也是会叫上他们这些老人过来一起吃饭。他们的家里可能不太好,自己的儿子也不在或者不孝顺的,他们会来我家聊聊天什么的,我就会请他们在我家吃早饭的。

(2)妇女聚集与活动。结婚之后就不怎么有空去玩,我的女的聊天的伙伴是有几个的,在干活的时候聊几句,男性朋友就没有了。怎么可能有?!(如果)我跟别人有开玩笑的,我的男人回家就打我了,(我)更不会跟别的男的走得近了,是会被别人说闲话的,我没有过。

(二)妇女与市场

我们这里的村子之间的距离好远的,我们会去大殿,也会去城里的,有些人是会一起做伴去买的,我是不去的。我没有去过的,我没什么东西可以买,我们这里的地形也不适合那种集市。我也没有什么特殊的需要买的东西,就是有的时候有些想吃的、缺的东西,偶尔买一下,村子里就可以买的。反正我有自己的房子,也能自己种东西,基本上不用买什么的。我的公公也整天打赌,所以没什么钱去买东西了。我们买些盐之类的,去西溪买的,但是自己的村里那时候也是有小卖部的——代销店,我们一般都是在自己的村里买这些生活用品的。我们自己的生活用品都是有的,连布店都是有的。

五、农村妇女与国家

(一)农村妇女认识国家、政党与政府

我不知道国家,这是什么?

政党认识。国民党就是那些年打仗的时候穿深色军服的,我是听别人这么说说的。我是很胆小的,我看到那种穿军服的,我就躲得远远的,打仗这种事情对我来说是很可怕的。我当时看到他们住在外新房的楼上。要么是共产党,要么是国民党,没有一起都在这里的时候。我不清楚这些事情,也从来不感兴趣。

政治参与。我们家是没有党员的。我里面的、外面的都没有。选村长的时候要投票的,有人会过来叫我们投票,我就投我自己喜欢的人了。谁票多谁就是村长了啊,有些人是好的,有些人是用钱买的。我是知道这个的。

裹脚。我的母亲就是裹小脚的,她就什么事情都做不了。小脚的话,就是这样的,我的妈妈就是被包成很小的样子的,在小的时候就要求把脚包扎起来,那个时候的肉比较嫩,所以容易变形,固定下来,这样不好走路的。她就在家里照料家里的一些小事,后来的一些事情我也记不清楚了。

剪发。我的头发也剪了,我做姑娘的时候有辫子的,一直到屁股那里,那么长的。我剪的时候有个俗语叫"放大脚,剪头发",大家都剪了,所以我也就一起剪的。

(二)对 1949 年以后妇女地位变化的认知

妇女地位变化。解放之后就一直在说男女平等,妇女能顶半边天。

婚姻变化。解放之后可以离婚了,只要女的想离就可以离了。我记得村子里的童养媳离开的有好几个,还有就是衣服,大家都要穿那样绿绿的军服似的,扎两个小辫子,后面就剪成齐耳的短发,大家都是这样的,干活也是方便一些的。

(三)妇女与土改

我们解放之后去地主家抢东西的,也不算是抢了,我们就是过去拆他们家的床啊,桌子、椅子什么的,全部分给贫农。有很多人去拿东西的,我是没有去,但是我们家的那个椅子都是从地主家里拿来的,后来那个地主就没有东西什么的了,也是蛮惨的。不过那个地主自己也是蛮好的,他自己就把东西递过来的,我们就拿去。一般地主的东西都是分给那些特别穷的人家的,他们连床都是分掉的。

土改的时候没有分多少的田地,因为我们这里是山区啊,没有什么田地啊。大概是 1950 年的时候分土地的吧。

(四)互助组、初级社、高级社时的妇女

我时间上记不清了。反正都是在山上做事的,不管是什么时候。我们就是会做的现在也还去山上做事,比如除除草。

(五)妇女与人民公社、"四清""文化大革命"

1.妇女与劳动、分配

(1)劳动。我是被选去烧饭的,因为当时村子里管事的人,我记得叫老艾,虽然我的孩子死了也不管我。那时候的村支书叫宝柱,觉得我很好,虽然已经有人进去做饭了,但是他们还一定要过来请我进去做饭。我当时刚死了一个女儿,他们请我进去做饭,一直做到后面这个食堂解散。大食堂解散之后,又有小的生产队,我在小的生产队里,第四队还有第五队,我在那给他们做过饭。后来在我自己的小队里我又要做饭,总而言之,我就是一直做饭,做得我自己都怕了。我说我秤也不认识,粮票什么的也分不清楚,我也不识字,那些年是用饭票的咯,我说我不行的,但是他们告诉我,说没有关系的,那些年食堂的东西样样都是要称过的,一天都离不开秤的,番薯那样一笼笼蒸出来都是要称过的。全部是集体化的,那个食堂就是当年的学校的地方,这里走进去就是阳桥头①的下面一栋房子哦。

(2)工分与同工同酬。有五个生产队,我是做饭的没有工分的。我们有一大片区的生产范围的。

(3)分配与生活情况。如果我称错了的话,我的全部饭票都会被扣除了,我们家也有四五个人吃饭呢,我那个时候可是紧张的哟。我是这么跟他们说,我不愿意的,但是(他们)也还是一定要我去烧饭,那我真的没有办法咯。尽管我说我自己家都没有办法烧起来吃(他们也不管),他们就逼我。轰天谷底②,村里的人是知道的,我到底会不会做饭这件事情,我也知道自己瞒不过去,我是真的说自己很差的,一点儿用都没有。

2.集体化时期性别关照

(1)性别关照。经期可以请假,请假了也没有工分了。一个月规定要干 26 天。

(2)托儿所。所有的孩子都会被放在托儿所里面,给你的太婆去照顾的,我们大人就可以放心地做事情了。孩子就放在这里一起照顾,吃饭也就一起吃。但是有些小孩子也很可怜,在那里受欺负,也吃不饱,毕竟不是自己的孩子,那么多的人也不能都顾着,所以有的孩子的父母也会过来带孩子过去吃,我的孩子也放在托儿所里面过的。

3.生活体验与情感

(1)大食堂。食堂是 1958 年开始的,我去食堂掌勺烧饭的。什么上山下田我都去的,生产到快做饭的时候就去做饭。

(2)"三年困难时期"。那个时候吃得很少,但是我们家还可以勉强有番薯根吃吃,那时候是真的好惨的。

(3)文娱活动与生活体验。(哪)有什么玩的,我们就是干活的,种地的。有的吵起来很凶的。我还看到打架的。

4."四清"与"文化大革命"

"四清"的时候我的男人被拉起来斗了。

"文化大革命"的时候被拉起来斗的人好多的,你的太公是个医生,结果把他拉起来斗,很惨的。

(六)农村妇女与改革开放

1.土地承包与分配

很多的山上还有土地,这样我的男人就是去种玉米什么的,他很能干,所以我们的吃的变多了,生活自然就好了。就是米少了点。我们也会去买点米在做饭的时候加进去一些,就是在番薯什么的里面加点米,这样就很好了。

---

① 泄下村的一个桥名。
② 轰天谷底,口语,意为我的老天啊。

2.对计划生育的认知

孩子少了生活过的也是蛮好的。我觉得比以前好,但是我命不好,没有孩子哦。

六、生命体验与感受

很高兴啊!共产党很好,每个月都有 150 块钱发给我,因为我老了,孩子都不一定每个月给老人钱的。我希望自己晚生三十年,那样这样的好生活我就可以多享受几年了,我现在不一定什么时候我就走了。我现在就住在这里,乡下也安静,也是自己住一辈子的地方,我感觉很好。等着自己死的那天到,反正身体也就这样,不给孩子们添麻烦就很好了。我现在的记性特别差,别人跟我讲的东西我很快就会记不住的,但是自己以前的有些事情却还是记得住的。我有的人也分不清了,自己的家人都有可能很久没见就不认识了。我已经没有用了。

GYL20160717LYH　李云和

调研点：浙江省丽水市莲都区雅溪镇泄下村
调研员：高垚莉
首次采访时间：2016 年 7 月 17 日
受访者出生年份：1935 年
是否有干部经历：是
曾担任的干部具体职务：生产队队长，时间不详
是否生育：是
受访者结婚的时间节点、生育子女的具体情况：1952 年结婚；1954 年生第一个孩子，共生四个孩子，两儿两女。
现家庭人口：1
家庭主要经济来源：国家补助以及儿女赡养
受访者基本情况及个人经历：老人生于 1935 年，十六岁结婚，生有四个孩子，两儿两女，现都已成家立业。老人的婆家生活比较困苦，丈夫已经去世，现在自己一个人住在村子里，儿子、女儿的家与其在同一个村子，老人会去孩子的家里吃饭。

老人一生都是农民，从来没有读过书，自己娘家的生活很不好，父亲的眼睛是瞎的，十六岁的时候自己去山上背柴，照料兄弟姐妹以及长辈。嫁过来的时候这个家里什么都没有，连桌子也没有，家里的一切都是老人一点点积攒起来的。现在老人也还会去自己种点菜吃，家里也养了几只鸡和狗，陪伴其度过寂寞时光。老人的儿子、女儿还是比较孝顺的，每年会给老人生活费，她的孙子、孙女也会来看看她，老人的钱主要来自儿女，同时国家也给予其一定的补助金。老人现在还有自己的山及土地。

老人年轻的时候在生产队里面做事，一直勤勤恳恳，当过生产队的队长，去丽水开过会，除此之外没有离开这个村子。因为自己没有受过教育，所以她认为教育很重要。她尽自己最大的努力给孩子提供受教育的机会。现在她一个人生活也算开心，最难过的是有时候没有可以倾诉的对象。

一、娘家人·关系

(一)基本情况

我叫李云和,1935年生,今年八十二岁。娘家是穷苦人家,兄弟姐妹各三个,父亲眼睛是看不到的。十六岁的时候出嫁,出嫁的那年十二月娘家才分的田地。(婆家)公公原来是红军,为了躲避追杀逃到了台州,后来回到泄下的时候,家里什么东西都没有,连桌子椅子也没有。家里的东西都是两人一起积攒起来的。十八岁的时候生了第一个孩子,一共生了两个儿子、两个女儿。现在我自己一个人住在自己的老房子里,儿女还是孝顺的,但是生活上很寂寞。

(二)女儿与父母关系

1.出嫁前女儿与父母关系

(1)家长与当家。家长一般都是男的。

(2)对外交往。男女都可以出门。

(3)女孩禁忌。女孩子不能不听大人的话。

(4)家庭教育。我家的儿子、女儿都没有读过书,我们家里很穷的。那个时候都是地主家里的人才读书的,那个地主的女儿在学,我是一天都没有学到的。我什么字也不认识,我都不认识自己的名字,但是我还是认识我的姓,我姓李的,什么云和我是说不来的了。

2.女儿的定亲、婚嫁

我是姐妹介绍过来的,我的一个姐妹嫁到这里,然后我就感觉泄下还是不错的,比我们家的生活是好点的,所以我就嫁过来了。

陪嫁。我的陪嫁的东西就只有一双箱子,那年在十二月要分田的,我去我的父亲家里说要嫁妆。我的父亲反正眼睛也是瞎的,我们家里也没有什么钱,我的兄弟第二年就去给我买了一双箱子。我的箱子里面是什么都没有的,别人还说有点衣服垫在下面,我是什么东西都没啊。我是去借一床红棉被来的,借来三天之后我就还给他们了。

3.出嫁女儿与父母关系

(1)财产继承。女的是嫁出来了还有东西给你的啊,没有的了。

(2)婚后与娘家关系。九岭是回去过的,那是娘家。那时候有娘,娘是很老的,我的嫂嫂眼睛看不见,那些孙儿那时候还很小的,那时候我是经常出去的。

(三)出嫁的姑娘与兄弟姐妹的关系

我们都很好的。都一样的,我的父母都是一样的,孩子都是亲生的所以没有什么对自己的孩子不好的。我的姐姐都出嫁了,一个也是来泄下的,过来当童养媳的,另外的一个是嫁到库头的,后面她的大人不喜欢她,就让她出去学东西,她就这样嫁给别人了。我的兄弟的话,一个是去给别人当儿子了,另外一个去当兵了,去当国民党的兵了。老婆也娶不回来,娶了一个眼瞎的老婆回来的,我就每天把这个眼瞎的老婆带出去给别人算命,这里那里都是我去的,我那个时候十几岁吧,也是很怕生的,那些路我都是因为有亲戚的我才敢去的。

我就是对我的嫂嫂也是很好的,我的兄弟也是对我蛮好的,我的嫁妆还是后来我的兄弟给我买了一点的。

二、婆家人·关系

(一)媳妇与公婆

1.婆家婚娶习俗

轿子是有抬过的,是从麻舍那里抬过来的,从那边的五坑岭下来的,那个时候是这样的长旗袍,那样的长棉袄,长布衫。一件红布衫,外面就一件长棉袄,还穿了一件长的什么衣服的。我是生活很苦的,就把长的棉袄剪了当成短的棉袄穿的,没有衣服就只能把长的剪成短的了。我是没有拜堂的,借点首饰给我戴戴,一点手镯。结果我还把一只手镯给丢了,于是赔了一块大洋,刚刚好是那个时候我的一个姑婆给我的。

2.分家前媳妇与公婆关系

虽然是当媳妇的,但是我的生活没有那么不好,我的大人①对我很好的,媳妇很难娶的,他们就对我很好的。我的姑娘②当童养媳很可怜的,现在是有手机的你还可以打打电话,但是当时她的父母在外面就是好几年,好几年见不到的,她就很惨了,一个玉米饼吧,分成四块,一顿饭就给她吃一块的,大概是十来岁的时候就被带走了,这个姑娘是很可怜的,我的公公婆婆也很惨的,当年落到台州的。为什么会去台州呢?因为当年主公③是当红军的,但是不知道为啥突然间红军成了反的,所以就要被拉走了,所以他就逃到台州了。当年他去哪里的时候,是去山上种玉米的,吃也是玉米。那时我的主公还有大家④是很惨的。我的婆婆在我儿子还是三岁的时候就死了。我的公公对我一直都是很好的。

3.分家后媳妇与公婆关系

(1)分家。我们家里只有一个男的,所以我们是住在一起的,就没有分家了,我的孩子们是分过的。

(2)公婆关系。一直都是很好的。

(3)财产继承。是因为就这样一个儿子,所有的东西都是给我们的。

(二)妇与夫

1.家庭生活中的夫妇关系

(1)家庭虐待与夫妻关系。我的丈夫对我不好也是有的,那时因为生活不好的,打骂总是有的,我们经常打的。那个人也是很笨的,但是我呢,年轻人,脾气也不好,性格很急躁的,我们每人一句,我们谁都不让谁的。打回去的话,女的终究是打不过男的。相打是没好手,相骂是没好口。我们骂起来的话都是笨笨的人,一个开口了,另一个就会动手的。

(2)财产与收入。我们家的东西本来就没有,都是我们自己一点点做起来的,也没什么钱的。

(3)日常消费与决策话语权。都是我的男人负责日常消费和做决定。

---

① 大人,指公婆。

② 此处指丈夫的姐妹。

③ 主公,指公公。

④ 此处指婆婆。

2.家庭对外交往关系

我丈夫这个人很平分①,做事也是很老实的,做工也是很好的,他就是不会握笔②,我们都是没有字的,他很忠厚老实的,所以共产党很喜欢他的,生产队长当起来,算账也是没有钱,都没有贪污的。他跟我说我们家很典古,经济方面不好,我们自己少留些东西,我们是很忠厚老实的。

(三)母亲与子女的关系

1.生育子女

(1)生育观念。想是都想儿子的,但是我是生了一个儿子之后就是一个女儿了,轮着生的。我是生下来也没有把她们就给杀了的,自己的女儿也是要养大的。我就是去西溪流产了一个孩子,因为担土豆,土豆太重了,所以我就流产了。我就是那样血就流下来了。

(2)子女教育。我的女儿是不给她读书的,我们家里的生活太不好了,需要她去看牛、背柴的。我的儿子的话,第一个大儿子是在双溪读书的,但是也没有毕业的。那时候还没有中学的吧,所以就是小学读读,差不多就那样,就是读到十七岁就停了。

2.母亲与婚嫁后子女关系

我的大儿子是在十八岁的时候结婚的,二十来岁就分家了。分家的话,其实也是我们一起决定的。其实我们家里没有什么东西可以分的,就是那么几个桌子椅子,幸好他们自己娶的媳妇从娘家带来一些东西。我的大媳妇也是一个村子的,所以什么碗啊、粮食啊,都送点回来。我的话呢,是去借了一百斤粮食回来分家的,给他们一些,我自己也留着点吃吃。

我自己晚上在床上想想过去的这些苦难事情,有的时候也是想不通的,也是想跟别人说说这样的事情,但是我的孩子在我的面前的时候,我有话也是说不出来的。他们都有自己的家了,也过得很好,我一五一十也什么都说不出来的。

三、妇女与宗族、宗教、神灵

1.族谱

我来这个家的时候是没有修过谱的,已经五六十年了,张家的人今年准备修谱了。我是不在谱上的,我是嫁进来的,没有在谱上面的。我的男人是在族谱上面的,我的主公也是认识几个字的。现在的话我的家里的儿子也是会在族谱上面的,但是我的女儿就是只有名字的,我的外甥女或者外甥是不会上谱的。我的两个孩子也是很好的,有儿有女。

2.清明庚饭

我是在清明的时候做的,去上坟的时候也会带点香去的,纸也带去烧烧,鞭炮也拿去放放的,天晴的话我就不烧纸的也不放鞭炮的。有次有人天晴的时候他们去放鞭炮的,晚上天黑之后不小心就差点烧了山,所以现在我们就不放鞭炮了。七月半的时候过年冬节也是做庚饭的。

---

① 平分,指为人老实。
② 握笔,意为有文化。

四、妇女与村庄、市场

(一)妇女与村庄

1.妇女与村庄公共活动

村庄活动参与。我是不喜欢这些东西,我自己看戏也不怎么去的,我去外村根本就不可能了,我平时在家里带孩子就很累了。孩子长大之后,我的主公年纪也大了,我就在家里陪着大人,我是不去村子里转的。

我的大门口有很多的人的,两排过去的人家晚上坐在门口这样聊聊,哪里像现在呢,现在都离开这了。

2.妇女与村庄社会关系

村庄社会关系。我是没有什么朋友的,别人说有什么男朋友,我是没的,我不打这些交道的,我是很老实的在家里带孩子的,就不去交朋友了。有些人很空的,每天闲逛的,但是我白天都要干活的,夜里又要带孩子,早上还要起早做饭,男人要吃饭的,吃了饭去做事的,我还要去养猪,拿泔水,养猪的料。那时候养了好几只(头)猪,生活也是很苦的,养也是养不大,养到一百二十来斤就要被杀了。那些年是这样的,自家人也是要叫来吃吃饭的,我们要杀了自己的猪,所以叫来自家人,好几桌的人来吃。

我们家的客人有的话也是正月的时候走走,有什么好事的时候走走的。我们家的客人也是一样的咯,都是没钱的。我们家很平庸的,我们家的客人也不是财主的,都是贫苦的农民来往。

(二)妇女与市场

市场参与与市场排斥。买盐,我们只需要,过年的话我们是自己杀猪的,所以不用买肉的,我们只是这样吃吃。没有其他的东西需要买的,酱油、醋什么的,就更没有了,那个时候酱油、味精都是没有的。记得我去缙云的时候,我的哥哥就给我一小瓶的味精。就是筷子放进瓶子里蘸一下,然后放进素面里面就很有味道了。很晚才有的酱油味精,那时候有盐都很不错了,连油都没有的吃的。

五、农村妇女与国家

(一)农村妇女认识国家、政党与政府

我不懂国家。我没有裹过小脚。我没有,我的母亲是有的,她是活也干不了的,就是那么一寸长的,用长袜那样裹起来的。我的母亲是干不了活的,走路都是不稳的、一摇一摇的。我的婆婆就没有裹小脚的。

我读了几年夜校,小队思想压力太严重了,屋里事情太多了,不去不行的,硬是要我们去。那时候准备去入党的,但是我也没有去,那样的话就要经常去开会的了,我字也是不认识的,我就说我就不入了,我记性也不好的。你看我的老公这样的党员也没有什么好处的,但是年龄大的现在的好处也是不少的。

(二)对 1949 年以后妇女地位变化的认知

男女平等是解放之后,是共产党提出来的,男女一样,我就不那么重男轻女的,我们以前是很严重的。我说我就觉得女孩也能读书的话,那样就能赚很多的钱了。如果自己不认识字

的话就要求别人的。

解放之后，也是有人离婚的。有些人以前是养媳妇^①，就这样离婚的，马上就离开了。我是十六岁出娘门的，我算是大媳妇的。有些人离婚之后自己找到自己喜欢的，再谈起来然后再结婚的。女的是比以前的女的厉害多了。

我三个孙子还没有娶老婆，我的孙女都是嫁出去了。现在男女是一样的了，男女对自己的父母都是一样好的。

(三)妇女与土改

我是没去的，是干部去的，我是社员，就是不去的。但是分到的东西也是有的，板凳啊、半个大柜子、一些衣服的袋子，我们也是贫苦农民的。我的婆婆分到的东西也是给我的。我还没来的时候分给我们的，我来的时候就是分田了。我们来的时候什么都没有，我们还是自己做的凳子、椅子什么的。

(四)互助组、初级社、高级社时的妇女

我们一起生产，开始时帮忙去这个家种，谁家事情多就先去谁家，后来变成集体的田地，一起种，之后就是分了小队。反正我们妇女就是收收种种的。粮食收回来就晒啊之类的活。

(五)妇女与人民公社、"四清""文化大革命"

1.妇女与劳动、分配

我记得低级社的时候我们干活是评工分的，集体小队也是有的，后来是把土地分给我们的，我们承包之后自己种自己的地了。我算是最低的那种，五分半就算是很高的了，我也有五分，就是不会插秧。我是担得一百四五的重量的。男的就是有十分的。我们的女的是需要干二十六天左右的，男的是一个月都得干的，不能随便地请假。我是记不清楚了，自己过去苦是记得的，但是这些事情是不记得了。我们的家里什么东西都没有的，分配的也很少，生活很苦的。

2.集体化时期的性别关照

(1)集体性别关照。生孩子可以有三十天的假，那三十天不会叫你上工，也不会给你记工分。

(2)托儿所。我的孩子也是去托儿所里面待过的。我们那时候有专门的人带孩子的，我们自己是要去山上干活的。

3.生活体验与情感

(1)大食堂。我们的食堂发粮票。我们吃的也不够，反正就是饿的时候多。我觉得妇女还要去干活，回来也要照顾家人，太辛苦了。

(2)"三年困难"时期。很苦很苦的，我们是真的一直在饿着的。很多人就这样死了。

(3)文娱活动与生活体验。没有的哦，门口坐着聊聊天的时候是有的，我们家的门口的人也很多的。

4.对女干部、妇女组织的印象

我也是干部，当过妇女队长、生产队长，有些代表，去库头开会的，去丽水去开会也是去过的。就是这样的小干部，也不算干部了。

---

① 养媳妇，指童养媳。

5."四清"与"文化大革命"

我记得那个时候我还年轻的。我知道要去站、去跪啊,还要开会去批斗别人的,这样的很惨的,被拉起来村子里走很多圈的,还被骂得很惨的。大家都必须听那些领导的人的话的,不然就要被抓起来的。这样的日子也是很怕的,我是不敢参与的。听别人那么说说就很可怕了。

我们娘家那边是有自杀的,这边没有的。生活很苦的,有的人饿死了,什么也没有分到的。我们是吃番薯粉的,那种糠就是那样拔来吃的,散粉渣是这样的拔来吃的。

(六)农村妇女与改革开放

土地承包与分配。当然是自己的地好的。我的孩子也是自己种自己的地。计划生育我觉得好啊,不然的话我就会一直再生的了,以前生十几个的都有的。

六、生命体验与感受

我不会用手机的,联系不上就不联系了,回来的就看看我。我是不聪明的,也学不会,有些人是很厉害的,看看电视就能学很多。就是因为我自己这样很惨的,我才觉得给孩子读书很重要。我的父亲说女孩子是不用读书,只要嫁人就好了,但是我觉得不认识字真的很可怜,现在你这样的多好。老公的字是他的,不是你的。我们生产队里面有个认识字的女的,在分东西的时候她就知道自己多少,该拿什么样的篮子装,我就不知道自己是多少的,我就要去问别人的,这样就很不自由了。我现在是盲人的^①。

---

① 指文盲,没有知识的人。

GYL20160717ZXJ 朱杏娇

调研点:浙江省丽水市莲都区雅溪镇泄下村

调研员:高垚莉

首次采访时间:2016 年 7 月 17 日

受访者出生年份:1936 年

是否有干部经历:否

是否生育:是

受访者结婚的时间节点、生育子女的具体情况:1953 年结婚;1954 年生第一个孩子,共生五个孩子,三男两女。

现家庭人口:2

家庭主要经济来源:子女赡养

受访者基本情况及个人经历:老人名为朱杏娇。生于 1936 年,家中有一个妹妹和两个弟弟,还有四个兄弟姐妹生下来就死了。老人十七岁出嫁,生有三个儿子、两个女儿。老人和老伴两人居住在乡下,儿女不时回来探望。老人自己养一些鸡鸭,种植一些简单的瓜果蔬菜,女儿家离得不远,所以不时会过来为老人做饭。老人的老伴也是五十年的老党员,作为原来的老干部,还有一些退休金可以供生活使用。

老人一生都是农民,上山下田,为家庭奉献了一生。1958 年大食堂的时候也去食堂帮忙做饭。后来在生产队里工作,1960 年丈夫回来成为村里的支部书记,日子变得越来越顺当,但是老人从来没有休息过。与儿子分家时,为了儿子又重新盖了一栋新房子,后来儿女都成家了,还帮自己的儿女带孩子。现在老人的孙子也结婚了,老人已经是太婆了,日子看着也是非常的简朴。前两年老人的房子被火烧了,现在住上了新房。对于目前的生活条件,老人表示非常满意。

一、娘家人·关系

(一)基本情况

我叫朱杏娇,1936年出生,今年八十二岁。家里有两个姐姐、一个妹妹、两个弟弟,只有三个孩子长大,一个三岁死的,一个七岁死的,都是出痘出麻疹死的。我娘家生活困苦,我一直在山上干活干到出嫁。十七岁的时候出嫁,十八岁生了第一个儿子,一共生有三个儿子、两个女儿,我的父亲在五十二岁就去世了。我的婆婆对我还是很好的,但是家里实在是很穷。我的婆婆很节约的,我跟家里人关系很好的。

(二)女儿与父母关系

1.出嫁前女儿与父母关系

我们家里重男轻女的观念很严重的,我就读了半天书,女孩子没有书可以读,男孩子是可以读书的。我九岁就去卖牛了。我去山上背柴,我的弟弟在库头读书。我父亲生病在床上,就叫我去送炭挑米挑到库头给他。我中午去的,一直走到晚上才到。我那时候真的生活得好惨的。我也很生气的。

2.女儿的定亲、婚嫁

我们很多人嫁到这里,我的姐妹跟我相约,一起嫁到这里来做伴的,我就来了。我们那个时候没有见过,我就这样嫁过的。一点儿不认识,就是媒人来跟我父母提亲的。我的父母决定(把我)给这个人家,我就来这里的。

不是自由恋爱的,是你的父母决定的,你们甚至不能见面的。父母说给谁就是给谁的。一般是外村的来说了。贪财的人就会随便把自己的女儿给出去的,不在乎那个男人是健康还是人好不好。

二、婆家人·关系

(一)媳妇与公婆

1.婆家婚娶习俗

我是有小花轿抬过来的,也是有点排场的,那样的小轿子。那个时候还允许抬轿子的,后来共产党不允许操办婚礼,要简单,就没有办婚礼的排场了。不是花轿哦,是小轿子,就是那种两个脚的,就那样可以抬着的,人坐在上面的,上面还有一个小伞撑着的。花轿是你在电视剧里看到的那种,四四方方的,解放之后已经没有这样的花轿了。没有拜过堂的。我们已经没有酒席了,已经解放了,就不行了,连聘金都没有,我是问这里要了几件衣服作为聘金的。

2.分家前媳妇与公婆关系

我的婆婆对我蛮好的,她倒是没有为难过我。但是那时候我们家里太典古了,饭勺拿着就在灶旁敲着的,因为饿啊。就是一点小土豆,就那样烧起来吃吃,我的婆婆自己就没什么东西吃的,根本就没有米饭吃的,去山上拔点野草,叫苦叶菜,我们就整天吃这个的。弄点玉米糊喝喝,更不用说肉了。现在你们没有肉吃不进去,我们那个时候就直接什么肉都没有的。我有一次看到我的婆婆用筷子在一个罐子蘸了一下,然后放到烧菜的锅里,我就问我的婆婆这样是干什么,她说这样是蘸一点油,有味道一点,因为当时是没有什么油的,所以只有这样的方法可以让我们感觉自己吃的东西很好的。我婆婆做饭还是很厉害的,她可以在一个锅里

— 18 —

做出两种不一样的玉米饭,一边是厚一点的,一边是薄一点的,厚的是给我的老公吃的,薄的就给她自己吃的,我就吃的比她的厚点。

3.分家后媳妇与公婆关系

财产继承:公婆关系一直很好的,一直住在一起的。所有的东西都是给了我们的。

(二)妇与夫

1.家庭生活中的夫妇关系

(1)家庭虐待与夫妻关系。我和老公的关系是好的,我们基本上争吵也是不多的,但是生活太苦了,家里过年也没有什么东西可以吃的,所以不免有的时候有怨气的。

(2)财产与收入。收入不多的,但是我们家的生活条件还是不错的。

(3)日常消费与决策话语权。都是我的男人在决定的。

(4)娶妾与妻妾关系。没有,就我一个老婆。

(5)典妻与当妻。没有的。

(6)过继。没有过继的孩子。

2.家庭对外交往关系

都是好的,跟村子里的人来往的也是多的。我的丈夫是村支书,要干的事情很多,整天调解这里那里的矛盾的。我也是礼貌对人的。

(三)母亲与子女的关系

1.生育子女

(1)生育习俗。那些年的孩子很惨的,生活也是很差的,孩子是生在稻草上面的,我们那样跪在地上,孩子就那样生在地上的稻草上,就像是鸡生蛋一样;还有人是去猪圈牛棚里面生的,那样孩子会比较好养的。生下来之后就用破草席将孩子包着放到床上去,这样干净点,不然把床弄脏很难洗的,那些年的布可是很珍贵的,那些年的床也是稻草铺的。我做生母的时候也是很惨的,我一个孩子早产,我落身①了,失去很多的血,我痛得动不了,后面喝生姜汤,就这样稍微恢复过来的。我现在的身体也是不好,就是因为原来落身了。

(2)生育观念。如果不生个男孩子也是一件丢人的事情,因为当年的话,女孩是不能上族谱的,只有男孩子可以,所以为了这个家庭的传宗接代,当然希望生个男孩啦。在解放前的话,女的是没有名字的,比如姓李的话,就叫李氏,不是叫名字的。有的女的生孩子是可以生十三四个的,但是养起来的就是三四个。生就生一间,葬也葬一山。②

(3)子女教育。我的几个孩子,都读到初中,但是就读到那个时候就不读了。没有钱了,生活条件艰苦啊。他们自己也不是读书的料,就放弃了。我们家的女孩子也是可以读书的。

2.母亲与婚嫁后子女关系

我的两个女儿都是半堂嫁,就是一些桌子凳子,几个箱子,还有一个小马桶。我的儿子的话,我的大儿子现在住的房子还是我给他盖的,他们结婚的时候聘金也给过,给了他们新做的桌子、椅子之类的东西很多的。

我的女儿是对我好的,我的小儿子对我很好的,什么都是他来的。去医院也是他,过年也

---

① 落身:指流产。

② 意指生死都在一起。

这样那样的东西拿给我。现在就只有我的小儿子供养我了，他一年会给我钱，也会经常回来看我，给我买这样的那样的吃的，我生病了进城住院也是他在照顾我，他是很孝顺的，还知道照顾我们二老。我的一个女儿在外面种香菇的，一个也在这个村子里，东西也是还会拿过来的，也会过来给我们做做饭的，也是孝顺的。我们现在就是靠我的小儿子了，他叫忠彪，最孝顺了，我生病住院四次，每次都给我买药什么的。

三、妇女与宗族、宗教、神灵

（一）妇女与宗族

管理祠堂的是祠堂头，那时候村里是有好几个祠堂头的，张家的、高家的、周家的，一个祠堂头是被选出来的，管着这个祠堂的事情。除了祠堂头还有一个总管，总管就是总理的意思。

唱戏什么的是在祠堂进行的。还有什么活动啊、开会啊，都是在祠堂的，自己宗族的事情也是在自己的祠堂里面解决的。比如清明的时候是需要去拜祖先的，就是那些太公们，他们的牌位都是摆在祠堂里面的。祠堂里面有烧饭的灶的，我们需要过去烧饭的，是要在那个地方一起祭拜一下的。而且那个时候一个宗族的事情外姓人是管不到的，只能是本姓人管的。

那个时候要有孩子对家里的老人不好的，祠堂头是会管的，还有不赡养的，虐待老人的，其实就是族长了，是会进行教育的。

修谱，就是一个家族的族谱，包括家里生了什么孩子，孩子叫什么名字，在哪里工作，一代代都是会传下去的，一般是二十年修一次，解放之后高家就修了一次，五十几年才修一次，张家人今年才准备开始修谱。这件事情是很烦的，要去追究清楚的，很多在外面的族人也是要去追的，就是要找到问清楚的，一本族谱要投入很多精力，要很多钱的。那些年的族谱是需要祠堂头一个个去对的，族里的人都出钱的，现在算是平分的，那些年是会把专门的修谱的人请到祠堂这里来住、来吃，都是祠堂头负责的。还要办酒席的，修谱先生的待遇是很好的。

财产继承。没有的，女的没有继承的权利的啊。

（二）妇女与宗教、神灵、巫术

1.做庚饭（祭祖的饭）。过年的时候、冬节的时候、端午的时候、七月半的时候。现在自从房子被火烧了之后，我们就不再做了，做完庚饭的饭菜我们也是不吃的，我是热热之后也还是可以接受的。但是我觉得有点吓人，我听说过这么一种说法，有的人用一盆水放在桌子上，在做庚饭的时候看到祖先的影子，祖先真的出现吃饭菜，还是很吓人的。不过这不是真的吧，我相信是没有人过来吃的，就是纪念的意思，毕竟是自己的大人[①]。我的大人已经过了一百岁了，我就不做什么了。

2.信仰。我是不相信的，我不相信神佛也不相信耶稣。

3.祭祖。女人是不能去祭祖的，原因是太忙了。女人一般在家里烧饭，准备各种各样的东西。现在我的孩子是去的，他的老婆也会跟他一起去的。

4.出葬。我们那个时候是用棺材的，把人放在棺材里面，底层是用布铺起来的，在人的上面放一层的炭。是我们自己做的棺材，树什么砍回来，自己做的。先在棺材的底部铺一层

---

① 大人：这里指祖先。

炭,然后像是铺床一样给底部再铺上垫的东西,煤炭放上去是因为可以防止腐烂,什么枕头,脚垫,都是有的,上面被子也是盖起来的。然后再在上面铺一层方纸①,盖子盖上之后,还要用专门的棺材钉钉起来,然后把棺材钉死。你死了之后,选下日子,然后在日子里把人放进棺材,要好几个的天佣(专门抬棺材的人的职业称呼)抬,天佣一定要八个,棺材是很重的。村子里有专门的天佣,他们是收红包的,那些年是没有工钱的,不像现在给一天多少工资,还要请他们吃饭的,还要给很多的肉,起码半斤以上,还要给糕。因为一般人是不愿意去抬棺材的。那些愿意去抬的人,就是固定的那几个人的,他们是学过的。这种东西当然是要学的,棺材杠也是要套进去的,都是要技巧的,现在是看不到了。家人的话要么在前面或者在后面,香碗(装灰的插香的碗)也端去,相片也拿去。有双面锣,就双面锣"咣咣"(拟声词)的敲起来,两面都很大的就是双面锣,好的人家就是前面也是双面锣,后面也是双面锣,差的人家,像我们就是没有的。还有一种是做功德(丧事里面的一项),就是用毛竹那样的一根长长的竖起来,顶部点着灯笼,高高的就放在家里的榻榻下(院子的中间靠近大堂的一侧)。竹子是要连着泥土一起拔出来的,这种竹子也是有讲究的,需要的是双管竹子,就是要一对竹子,如果只是一根的话,是不要的。要一样的,而且在挖的时候是不能倒到地上就马上抬回来的,竹子的顶部放上灯笼,里面的蜡烛是不能熄灭的。一连着几天都是要点着的,有的人家是三天三夜,有的是七天七夜,七夜的这种比较少。有些人做功德是没有过背(死)就在做的,有些则是在出葬才做的。死了还没葬的时候做的话就叫头功德。队伍前面还要有人在撒花,就是那种白色的纸花,还要有人在帮忙,走在队列里面的,穿那种白色的孝衣。

四、妇女与村庄、市场

(一)妇女与村庄

1.妇女与村庄公共活动

村庄活动参与。村子里有唱戏的,而且是在大会堂那里,不过当初是三个祠堂,张家的、高家的、周家的。唱戏是在当时的张氏祠堂唱的。现在几个祠堂都没有了。张氏祠堂变成了大会堂啊。

2.妇女与村庄社会关系

村庄与社会关系。在杀猪的时候请大家吃点。婆媳妇的时候我们也是请过客的。在那幢房子盖好的时候,我们请客请了42桌,我自己家杀了一头猪,还去借了一头猪呢。那些年的菜不是很丰盛的那种啊,现在随便的菜买买就是很多的。那个时候那样已经很不错的了。

(二)妇女与市场

交易活动。我一般是在担来的小商贩这里买东西的,市场什么的不去的。那些年,女的就算是出门也是去临近的亲戚的家里,不会去陌生的地方抛头露面的,更不用说去市场了。解放之前还有裹小脚的,女的出门也是不方便的。买东西是让那些出门的老太婆买的。解放之后妇女的地位改变了,去做事,去干活,所以就自由一些了,但是去市场也是不多的。

---

① 方纸:指农村用的比较粗糙的纸。

五、农村妇女与国家

（一）农村妇女认识国家、政党与政府

我在当孩子的时候，共产党在这里打游击，有很多的，那时候叫土匪，国民党叫共产党土匪。他们白天就躲着，夜里才会出来的。他们躲在柴堆里，或者山头，那种高高的山头。国民党就是过来随便拿老百姓的东西的。夜里经常是会打的，共产党和国民党，共产党经常打打躲到山头，国民党打完就会来贫民家里拿东西。当年还记得国民党和日本人在这里打仗，打了一天，好多日本人。我的父亲看到了，马上就拉着我去山上躲着了，我们实在是没有地方可以躲了，我们就去祠堂头那边了，我们夜里睡在山上，小心地躲着日本人。

我记得小孩子穿上洋气的衣服，拿着小号一起排着队，这样吹吹，就算是解放了。丽水的解放是这样的。但是我们在乡下感觉也就是这样，很平常。

我不是党员。我的丈夫是党员，我的儿子也是党员。

（二）对 1949 年以后妇女地位变化的认知

女的在解放之前都是没有名字的，出门都是不可以的，在家里洗衣服、带孩子、做饭。如果出门的话，女人就被认为是不洁的女人的，一步都是不出门的。在家里穿着那种宽大的衣服，就家里坐着。如果是要买东西都是要隔着门买的。那个时候的女人还是不能上桌吃饭的，就是在后厨做做饭什么的。男的一桌，媳妇一桌，孩子一桌，是不会随便乱坐着吃的，孩子也是不能上桌的。解放之后就不是这样的了，解放之后就可以在一个桌子上面吃饭了。

解放之前一般自己结婚之后发现自己喜欢上别人的，被人发现了，会去自杀的，很多时候是两个人都死了。被发现的有些去沉水底死的。解放之后就随便离婚找自己喜欢的人了。

解放之前，家里的大人是不会同意改嫁的，你就是一个人到死也该待在这个家里的。但是解放之后政策不一样的，就可以改嫁了。

（三）妇女与土改、互助组、初级社、高级社时的妇女

土改时我是孩子，我们家也没有什么东西分过来，我们台后的地主也没有怎么斗过的。

1956 年的时候办的是初级社，一个社一个社是很小的，一个泄下村有三四个社的，分成小社来种田的。五八年办的才是高级社，那个时候才有的小队，就是农业合作社，把以前的小社合并成一个，一个村子就只有一个社了。我记得吃饭也是一起吃的，就是去大的食堂一起吃饭。我是四月生了一个孩子，叫彩英，八月就办高级社的，都有一个很大的笼屉弄起来蒸饭的。高级社里面把大家合在一起，之后才分的生产队。一个村子的人都是在食堂里面吃饭的。

办高级社之后，集体之后的生活大家都一样了，那样生活就好的。后来我去养猪场了，弄得养猪场还不错，在那里待了一年，然后去了黄村，在黄村粮种场工作。后来回来泄下，该采粽子叶的时候就采粽子叶，该拔草的时候就拔草，顺着生产的季节，该做什么就做什么咯。然后回家去，孩子带啊带的就老了。

（四）妇女与人民公社、"四清""文化大革命"

1.妇女与劳动、分配

劳动自由与选择。我们那时候泄下的学校变成了食堂，把泄下的学校转移到了库头去了。我是去学校里面烧饭的，我就去库头。

工分与同工同酬。在小队里面做事的时候，给你评工分的。女的虽然跟男的一样干活，得

到的工分却普遍要比男的低。女的一般低,不会超过五分的,在下半年收获之后的时候给你分粮食的,两角还是三角一天的,我也不记得了。没有工分的话,你就没有东西可以吃的。也没有分红的。规定一个月要干二十六天吧,我是那个夜里做夜工我也去的,晚上还要种麦子、播种、种番薯。大年三十、大年初一什么的都不怎么好休息的。

我的男人是没有工资的,宝柱是那个时候村里的村长吧。按道理说我们家也是有米发的,但是没有多少的,所以我们去山上做事也要做得认真的啊,去山上弄山茶树的油的。我的男人也是当村支书的,但是没什么特别权力。

2.集体化时期的性别关照

(1)集体性别关照。你平时有事可以请假,但是最好不要请假的。四五十岁的都是要去的,一般妇女都是要去的,除了那些生病的,真的是不能劳动的,或者是很老的很老的。你真的身体有特殊的情况的话(可以不去),但是其他田地的活也是要去的。

(2)托儿所。我们的孩子都是放在托儿所的,但是我们孩子在那里也没有被照顾得很好。

3.生活体验与情感

(1)大食堂。家里的碗筷什么的、刀、锅铲啊,都是被拿去的。那时候家里觉得被拿还是一件幸运的事情,说明你们家有东西,而且很多很穷的人家,反正也没有什么东西可以拿,都拿到大的食堂里面去。然后又去跟大家一起吃饭,大家的待遇平等,这对我们来说反而是好事,生活条件反而提升的。有的人是连尿和屎都要拿去。(开玩笑)好多的东西搬到祠堂去分,我这辈子拿点别人的什么东西这种事是没有过的。后来食堂解散的时候,还让我拿食堂的蒸笼,我没有拿的,我觉得拿了也没有什么用。我是什么东西都没有偷过的,就是去偷了笋和茶叶。

(2)"三年困难时期"。那时候没有东西可以吃的,有的人头发都白了,还有很多人只剩下一点骨头的了。不过我们家还是好点的,没有这样的情况出现的。那时候很多人都只能吃山粉渣①,山粉渣是很上火的,很多的人吃了之后都是拉不出来的,堵着,要命的感觉啊。

(3)文娱活动与生活体验。没有玩的东西的哦。大家都是在干活的,生活也是不好的。

4."四清"与"文化大革命"

1960年回到了泄下,我的男人开始当村支书。回来之后我的男人一直当了十三年半的支书。回来没几年,大概六六年的时候就"文化大革命",那时候很乱的,很多人被拉起来斗,我的男人就被拉起来斗的,我的男人很硬,怎么都不愿意低头认错。我在床上养病,因为我身体不好,出了很多血。他们"文化大革命"的来我家,我就拿起床头的尿壶往他们的身上泼,我是不怕的,他们这样欺负人。

给你戴高帽,那种老高的帽子,然后要你一圈圈在村子里走。把你拉到台上,要你跪下去,然后开始遣发②你,(其他人)轮着上去说你的不好;如果谁不说,那就说这个人也是有问题的人,也要被拉起来斗的。还有贴大字报,说什么什么的。有意见的人都要遣发一下。

就是找你的事儿,开个大会,然后就斗你,不停地找你的麻烦。你③的姑婆叫玉霜的,还有你的爷爷也都是被斗过的。那个时候你的姑婆被斗得很惨的。你的爷爷是在1964年"四清"

---

① 山粉渣,指山上的一种劣质的番薯的根磨成的渣。

② 遣发,意为谴责,指出其身上存在的问题。

③ 此处的"你"指调研员。

的时候被斗的,全乡的人都来了,全乡的干部都在数落你的爷爷,但是他没有上台跪着,这也还算好。后来就没有斗得那么惨。你的太公好惨的,你的太公是医生,但是在那几年都不是医生了,被搞得生活也是很潦倒的。我的男人很硬,还跟那些人动手了,一拳就打回去,差点被拉去坐牢。

(五)农村妇女与改革开放

1.土地承包与分配。每人半亩。

2.对计划生育的认知。我觉得计划生育很好,不要生那么多的孩子,现在这样控制人口也是很好的,只要自己的生活过得好就可以了。但是生一双(两个孩子)也是需要的,一个太少。

六、生命体验与感受

我的男人有手机,我是没有,我不会啊。我就是跟哑巴一样的,讲不来电话。我是会看电视的,但是我现在是不看的,看电视也算是很累的。看不懂啊,就不看了。身体不好,活不了几年了。

GYL20160718GXM 高小妹

调研点:浙江省丽水市莲都区雅溪镇泄下村

调研员:高垚莉

首次采访时间:2016 年 7 月 18 日

受访者出生年份:1936 年

是否有干部经历:否

是否生育:是

受访者结婚的时间节点、生育子女的具体情况:1955 年结婚;1955 年生第一个孩子,共生八个孩子,两个死了,现在儿子、女儿各三个。

现家庭人口:5

家庭主要经济来源:儿女赡养

受访者基本情况及个人经历:老人生于 1936 年,小的时候跟自己的父亲躲过好几次的日本人的搜查。父亲是农民,她很早开始干农活。二十岁正式结婚。生有八个孩子,两个孩子死于疾病,现在还有三个儿子、三个女儿,都已成家立业。目前跟自己最小的儿子一家一起住,生活清贫。其余的孩子也经常会回来看她。小儿子在乡下务农。

嫁到婆家的那年,自己的婆婆刚好也怀孕,两人一同生下孩子,婆婆对她很不好,经常欺压她,丈夫随着母亲也会打骂她。她一生都是农民,在田间干了一辈子农活,勉强将孩子养大,并且为他们娶了老婆。

她的丈夫生病的日子,家里就只能靠她,她去山上背柴回来给自己的丈夫治病,生活过得很辛苦,但是老人很坚强。老伴已经去世,就剩自己一个人。老人并没有当过干部。自己的丈夫很仗义,总是帮助过路客,给他们吃的以及住的。现在老人对自己的生活表示满意。

一、娘家人·关系

(一)基本情况

高小妹,1936年生,今年八十一岁,大家都叫我小妹。我有一个亲哥哥,土改时划分为下中农。夫家家境贫寒,没有什么田地,只有一儿一女。我二十岁出嫁,1955年的时候生了第一个孩子,共生了八个孩子,两个死了,还有三儿三女。我的婆婆对我很不好,我的丈夫外面还有女人。我从来没有读过书,现在跟自己的最小的儿子在一起生活。

(二)女儿与父母关系

1.出嫁前女儿与父母关系

(1)家长与当家。那个时候穷,没得什么可以当家的啊,谁都一样的,一般都是男的。我的父亲会打赌的,很会赌的,输了就没有吃没有用的。我的父亲让做棉絮的师傅来做棉絮,然后破破开,拿去卖的,再去买点东西回来吃吃,买点米吃吃。我的母亲当养媳妇(童养媳)是很惨的,我的奶奶也是养媳妇,也是很惨的。我的母亲是十几岁的时候就被带过来的。我的奶奶很厉害的,我们说吃饭呢,我的母亲就准备过去吃饭的,但是我的奶奶就问她说她的活干完没有,还说她没有点草起来赶蚊子,就拿火钳在她的头上敲,就敲出洞的。我的母亲是很可怜的,把我们带到二十来岁就死了。

(2)对外交往。对于女孩子是没有要求的,因为我的家里比较穷的。

(3)女孩禁忌。女孩子不能出去乱混,就是和男的一起逛,甚至是多说几句话也不行。

(4)"早夭"情况。我的母亲做了十四次生母(生了十四次孩子),就只养活了三个。

(5)家庭教育。我是没有的,就是几天的,没有机会继续读的,我们家很穷的。我的哥哥是读过的,我们家他也是只读了几天的,他都不能读书了,就更不要说我了,怎么可能给我读书呢?我在我的母亲家里拔苦叶菜的,背柴的。

2.女儿的定亲、婚嫁

婚嫁习俗。我结婚了,就是没有上来(住在娘家),跟我的丈夫一起住在下面的。我呢是娘家什么东西也没有的,我的婆家也是什么都没有的。那个时候是在办食堂的,就是一点饭票的,就是分家的。我就这样出来的。我的大儿子和我还有我的老公,我们三个人就这样出来的。[1]我是二十岁的年初六上来的(住到婆家),但是我是十九岁的时候生的第一个孩子的。

3.出嫁女儿与父母关系

(1)财产继承。我们家没有东西给我的,女儿都已经出嫁了,不是那个家的人了。

(2)婚后与娘家关系。出嫁之后就没有随便回去的,毕竟自己有自己的家了,但是我的婆婆欺负我很惨的时候,我也回去娘家过的,后来心疼我的孩子,也就回来了。我的父母还能帮我什么呢,也就是那样了,关系就一般吧。

(三)出嫁的姑娘与兄弟姐妹的关系

开始很忙(见面)不多的,但是现在是走的蛮多的。去走走,聊聊的,有忙能帮的也是去帮的。很忙的,怎么可能随便就回来的。但是有事的时候是会回来的。

---

① 意指出嫁。

二、婆家人·关系

(一)媳妇与公婆

1.婆家婚娶习俗

我的话就是我的二叔公给我介绍的,(大)年初六,一个黄金篮提着就把我接上来了。还要八块钱,三件衣服,这个就是聘金了,我记得是彩礼的,一件长的棉袄,一件黑色的布衫,一件花的布衫了。已经很好了。

就是我的婆婆对我不好的。我上来的时候,我的婆婆还生了两个孩子,一个儿子一个女儿,他的儿子是跟我的孩子同一个月出生的。

2.分家前媳妇与公婆关系

我的家里是我的老大家(婆婆)当家的,她权力很大的。我的公公是就会干事的,就知道做事干活的。那她也生了孩子,我也生了孩子。给不给我吃的话也是不的。所以我为了自己的孩子去背竹子,我去大殿(地名)去背毛竹子的。这样买点东西给自己的孩子穿穿的。那个时候是要磨东西吃的,然后我呢刚从地里回来的,我的婆婆就说第二天的玉米粉没有了,我就马上要去磨玉米粉的,扔下我的铲子就去磨了。早上回来的时候,我把自己的孩子带到我的母亲那里,然后再去给我的家人做饭的。我的婆婆是很坏的。我去舀米的话,我的婆婆就会说他男人是没有去干活的,今天是没有米的(意思是不给她去煮米),那我就没有办法,就去挖点番薯回来吃的。我们就是吃番薯根啊,吃点玉米糊。我还会煮点番薯粥的。

3.分家后媳妇与公婆关系

(1)公婆关系。公公对我还可以,但是我的婆婆对我不好啊,家里的事情她管我多。表面上的关系都好的。有事的时候是会来往的,但是没事的话也是不来往的。我的公公七十二岁死的,他是对我很好的,死了也是没有什么好抱怨的,他对我真的是没有话说了。但是确实是我一个人在料理的。我的公公死了也是我在料理的,就我一个人,那年连着四场的丧事,都是我一个人在料理的。

(2)分家。之后的交集就不多了,分出来之后是我在管的,小队给的余粮款是我经手,我在管的,为了给我的儿子娶媳妇啊。

(3)财产继承。基本上的东西是给我的丈夫继承的。我们家里的其他的东西也没多少,都很穷。

(二)妇与夫

1.家庭生活中的夫妇关系

(1)家庭虐待与夫妻关系。他是一个耳根子很软的人,他的母亲叫他打就打,叫他骂就骂的。他是吃的给我吃的,不会说藏起来的不给我吃这样的事情。他实际也是不忠厚的,他在外面是有女人的。

(2)财产与收入。种田做事过过日子的,所以你看我的背这样弯,是因为我的老公生心脏病那八年,我去背柴赚钱给他治病的。我天天去砍柴背柴。

(3)日常消费和决策话语权。家里用的东西是我买的,但是大的事情都是他去解决的,我就是小事可以决定,我说话也没有用的。

(4)娶妾与妻妾关系。在外面是有女人的,我是知道的,但是是没有办法的,我生气之外也没有离开。但是带回家来这样的事情是没有的,毕竟那个时候是不能娶两个的,都解放了。

2.家庭对外交往关系

人情往来。我的男人还在的时候,那些年的过客是很多的,那种担货的客人,那种打铁的人啊,还有什么做针的师傅,都是来我们家里歇脚的。毕竟大家都是出门的人,在外帮助别人也是不错的,我一年做给他们吃的饭也是很多的,虽然我的家里地方比较小,而且吃得也不多,但是也是尽我自己的能力帮助他们这些过路客,我自己也可能出门的。

(三)母亲与子女的关系

1.生育子女

(1)生育习俗。只能跪在地上生孩子的,哪里像现在这样还可以去医院生孩子,我们条件很差,医生都没有的,就是找个接生婆跪在地上生。

(2)生育观念。我生了三个儿子,也有三个女儿,还被我的婆婆嘲笑说我这个肚子只会生女儿。我觉得生儿子是基本的,是一个女的应该的。不生儿子肯定要被嫌弃的,都希望有个儿子延续香火的么。

(3)子女教育。我的儿子的话,第一个不愿意读书。后面的儿子是给他们读过的,也是读了一半也不愿意读书,就不读了。我的最小的女儿也是读过几天的,就是一两册的书,读了一年左右的吧,就在自己的村子里面读书。我的那两个女儿的话,是要带自己的弟妹的,还有家里的猪牛养起来的,姐姐也要去小队里面做事的,不去干的就没有粮食可以分的,就算收成再多也是没有分的啊。

2.母亲与婚嫁后子女关系

他们自己谈了,我再去上门提亲的。我的聘金也是给得很多的,大儿子的老婆给了四百,二儿子给了一千。我的女儿的聘金却是不多的,就是一点点。我的女儿是很苦的,小队里面的粮食也没有多少,现在是住在丽水,干杀猪、还有开车之类的工作,都是靠自己的劳动力。我以前因为我的这个媳妇没有生女儿,所以看不起他们,现在他们生活好了,也不怎么回来看我了,我们的关系也不是很好的。

三、妇女与宗族、宗教、神灵

(一)妇女与宗族

(调查员注:该村庄有宗族,但是老人不记得具体事宜,关键也是参与度不高,自觉忘记这些方面的事情。该村庄排斥妇女参与宗教活动,虽然有祠堂,但是不允许妇女过多干预,而且妇女自己也没有意识。妇女没有权利继承财产。)

(二)妇女与宗教、神灵、巫术

祭祖。都是男的去的,清明扫墓也是我的孩子去的,就是儿子。

做庚饭就是清明啊、冬节啊,做做的,七月半、过年啊,这样做做的,男的不怎么管这样的事情,都是女的在做的。

四、妇女与村庄、市场

(一)妇女与村庄

村庄活动参与。我现在是会去看看戏的,但是我在年轻的时候也就是在自己村子里看看,外村不去的。

村庄社会关系。跟村子里的人关系那是很好的,帮我的人也是蛮多的。

（二）妇女与市场

交易活动。买东西的话是村子里就可以买的,村子里那时候有好几个店的。我有的时候也会去西溪或者库头去买东西。我那个时候自己一个人走到丽水也是不怕的(开车大概是一个半小时)。五八年的时候我的男人在库头做水库被炸了,去了丽水的医院医治的,我就去丽水照顾他的,我是自己走下去的。

五、农村妇女认知的国家

（一）农村妇女认识国家、政党与政府

（调查员注:老人对国家、政党与政府没有概念,问她只是在摇头。）

1.政党认识

那些年的时候是国民党一下子就要抓壮丁的,一下下大家都在逃的,说抓壮丁,大家就跑。怕打仗啊,我们那个时候要被抓去打日本人的。那个时候好可怜,我就去山上躲着,一次躲得高点,还有一次躲得矮点,我们看到村里有烟,又往上面逃。我的父亲就很怕日本人,我们呢就一次次跟着我父亲躲着。我们那时候公鸡母鸡很会叫,我们去山上的时候就把鸡给杀了。吃了午饭,发现蓑衣挂在那里。我们不小心把火弄着了,衣服就被烧了,我们楼下的很多东西都被我们那样烧了。我们逃日本人,我们看到日本人从武义那边过来,我们村里一个人被日本人拉去过,我们夜里就把门什么的关好。那个人就被日本人用绳子绑着,然后晚上的时候他就跟那个日本人说要出恭,日本人就牵着绳子拉去出恭,绳子越放越长,问他好没他也说没,然后走着远了,就自己把衣服脱了,把绳子拽解了,就自己赶紧逃,然后白天的时候就跑回来了,回家赶紧跟自己的老婆说,快跑,不然日本人就过来杀了,后来是没有了。有些人说这个故事是假的,但是他自己是真的东西都收拾起来跑。后来是日本人走另一个方向了,然后就没有回来了。我记得那个时候日本人还跟我们说,不要逃,不要哭,都是自己人。我的父亲是叫大家跑得快快的,我的母亲刚好在晒玉米,我也是十岁,我的父亲赶紧过来一把把我一抱,然后找个安全的地方一躲就是一天,我就听着那些日本人在村里拿机关枪咚咚的扫荡,我的父亲说日本人把猪鸡什么的全部给杀了,都弄起来自己吃,把所有的米倒起来的。我的母亲养了几只鸭子,日本人抢鸭子吃,我的母亲不肯放手的,那日本人就这样刺刀拔出来这样走过来的,把刀放在我的母亲的脖子上面这样比画比画,我的父亲以为我的母亲会被杀了,但是没有,他们走了。我很小的,那个时候,才是十来岁的。

共产党的话,我记得我的隔壁大哥是打游击的。在夜里逃回来烧点东西吃吃,然后马上就走的。我是小孩子,就在隔壁,我会去看看的,他就说我是隔壁的小妹妹,叫我不要随便出来的。

2.女干部。火亮的妈妈,是妇女主任,管的是女方的开会,叫银凤。

3.政治感受与政治评价。妇女就是山上干干事情的,我的母亲也是这样的,哪会参加什么事情啊。选举的话,需要我去的我就去。我是选谁也没有关系的,反正我觉得选谁都是一样的。

（二）对1949年以后妇女地位变化的认知

1.妇女地位变化

解放时听到的,现在就是男女平等的,你看看我的孙女都是去读书的,她们的妈妈都去陪着读书的。

2.婚姻变化

刚开始的时候说可以离婚的时候就有很多人是去离婚了的,那是解放的时候。当时一批的童养媳走的,还有很多的人是没有走的,因为已经成家生孩子了,都为了自己的孩子当然不走了。

（三）妇女与土改

我们就是贫农,我是去斗过的。我去把他们家的东西都给搬回来的,我们家搬回来的是一个床,还有蚊帐。那个地主很好的,他自己就把东西给你,我们就从他的手中接过去的。我觉得这个地主爷是很好的。他自己就说自己的什么放在哪里,叫我们自己拿。高家人也是村子里的大姓,大家都在一起。我们把地主家里的东西搬出来拿到祠堂,各种各样的东西,衣服、银器、铜器啊,发现放满了一个祠堂。地主还被拉起来批斗的,他们要地主去跪下,要他认错。开会要他站在前面,地主的家也被分了,儿女都住到外面去了。

（四）互助组、初级社、高级社时的妇女

田都集体了,人都集体了。就是在一起做事的。我自己也是山上做做,回家带带孩子。

（五）妇女与人民公社、"四清""文化大革命"

1.妇女与劳动、分配

（1）劳动。我当过生产队的队长,就是管粮食和干活。我要在家里带孩子,还要去山上干事。小队去摘玉米,我是要摘三十筐的,我就拿着那个大筐子,我要去三块土地,学校的边上,食堂的边上,还有一个路边的。

（2）工分与同工同酬。至于工分,当时大概是四分半,是最少的了。有的女的是可以拿到五分多的。我是在小队里面做的,收拾东西也要晒东西,还养了好几只的猪,老猪也养过的牛也养过的。

（3）分配与生活情况。分的东西没有什么,经常是要去借米的。我们家的生活就是那么苦的,还有什么好说的呢？

2.集体化时期的性别关照

（1）性别关照。我的第二个儿子生了还没有一个月,我就要去小队里面做事了,就有好心的人帮我说话的,说我这样刚生了孩子的,这样干活是会把我干坏了的。然后就派我去磨玉米,一天是要磨二十斤的玉米粉的。

（2）托儿所。我的儿子也送去托儿所待过的,是在第二年食堂解散之后。

3.生活体验与情感

（1）大食堂。食堂是五八年开始的。办食堂的时候就把家里的什么能拿的东西都给拿走了,全部的东西都搬完了。那些管事的,菜刀什么的全部都给拿走了。现在是没有那种磨石,我是一天磨20斤的玉米给食堂,大家要吃这些玉米粉。

（2）"三年困难时期"。家里是什么吃的都没有,我们孩子都饿得吃拔来的野草,实在是不行了。那时候的人是惨,哪像现在吃的东西那么多。

(3)文娱活动与生活体验。我们生活的时候每天都是干干活,哪有什么好玩,没有这个空的。过去的日子是真的苦。

(4)妇女间矛盾。有,肯定是有的。

(5)情绪宣泄。没有,大家背后说得多点,那样直接街上大叫的很少的。

4."四清"与"文化大革命"

"文化大革命",我是记得一些事情的,但是不是很清楚了。我是没有去斗过的。我就是那个时候在看牛的,我的饭票都被抢了没饭吃的。给了两斤饭票抢了我的牛。

(六)农村妇女与改革开放

(1)土地承包与分配。我是不知道的,都是男人管这些的。我们家八个人,加上主公(公公)大家(婆婆)就是十个人的,我们十个人分这些,也算是多的了。我们家的山也是很多的。

(2)对计划生育的认知。计划生育政策原来很紧的,开始实施的时候我的一个孙女快出生了,不然就是差两个月的这个孩子就生不出来了。现在也是宽松一些。我是觉得多生几个也不错。但是现在的人都贪图省力,我的孙子生了一个曾孙子,要是叫他再生一个就不愿意了。都喜欢生一个,觉得一个就好了,但是我觉得两个总是要的。他们觉得生两个还要房子也要上学,很累的。

六、生命体验与感受

我的大儿子一年给我三百块钱,我的二儿子给我五百块钱,还有一些吃的,我的女儿们就给我吃的。我的女儿们的生活也是很苦的,她们以前都是山上放羊放牛的。现在种种香菇,给她们自己盖了房子。

GYL20160719GH 龚花

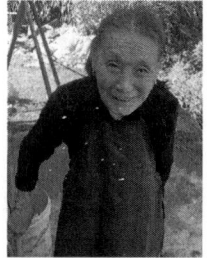

调研点:浙江省丽水市莲都区雅溪镇泄下村

调研员:高垚莉

首次采访时间:2016 年 7 月 19 日

受访者出生年份:1936 年

是否有干部经历:否

是否生育:是

受访者结婚的时间节点、生育子女的具体情况:1953 年结婚;生了三个儿子、三个女儿,两个儿子夭折,只剩下一儿三女。

现家庭人口:2

家庭主要经济来源:国家补助以及儿女赡养

受访者基本情况及个人经历:老人生于 1936 年。娘家家庭条件差,生活困苦,所以早点被嫁到了泄下村。泄下村的夫家只有婆婆,但是婆婆不久也带着孩子去了城里跟随自己的丈夫生活,只有老人和自己的丈夫留在家乡种田生活。老人性格孤僻,不喜欢跟村里的人多来往。老人养育一个儿子三个女儿,都已成家,现在二老自己居住,丈夫残疾,只能整天坐在轮椅上,老人自己照顾老伴。因为年事已高,所以老人不会劳作,只是自己简单地种点菜吃吃,生活来源是自己儿女的奉养。

老人一辈子就是种田种地,受到的压迫很多,因为家里没权没势,也被人看不起,1958年开始,家里吃不饱的时候特别多,借点米来吃吃也经常还不起。

一、娘家人·关系

（一）基本情况

龚花，1936年出生，1953年出嫁。娘家生活困苦，嫁到泄下生活依旧困苦。家中重男轻女的观念非常严重，在五六十年代的时候家里非常穷，没钱没权，甚至没有人帮忙，家里只有自己和丈夫。1955年生了第一个孩子，一共育有一儿三女，还有两个儿子夭折。丈夫现在残疾，只有老人在家照顾。儿女还算孝顺，生活波折清苦。

（二）女儿与父母关系

1.出嫁前女儿与父母关系

(1)家长与当家。（当家的）是我的父亲，我的母亲是没有权力的，那时候都是男的当家的。

(2)家庭待遇。那个年代就是重男轻女的，对我也是不那么好的，毕竟我是女的。对我也就是那样的，不是特别的怎么样的，不是特别好，也不是特别的不好。就是一般的过过，那些年是对女儿好的是没有的，还是对自己的媳妇好点的。

(3)"早夭"情况。我的两个兄弟都早夭了。

(4)家庭分工。我是十来岁就开始做饭了，做饭洗衣服的都是我。我的母亲是有毛病的，她有气管炎的，不会干活的。我的嫂嫂（干活少）是因为分家分得比较的早，所以我很早就开始做事了。

2.女儿的定亲、婚嫁

我是我的舅妈介绍的，我的外婆家是泄下的，来这里之后我的婆婆一个人在家里的，我的公公在丽水工作的。我嫁过来就是这样的，就是我们两人自己搭了一张床，也没有烧过粉干鸡蛋的，在那些年算是好吃的东西，只有重要的日子才会吃这样的东西。什么也没有的。没有花轿也没有拜堂。陪嫁的东西是有的，有一双的箱子、一个衣柜、一个椅子、一个马桶，其他的是没有了。

3.出嫁女儿与父母关系

(1)财产继承。我没有东西继承的，就是那么点的嫁妆。

(2)婚后与娘家关系。那时很想我的老娘的，我就经常回去的，回娘家。因为我没有钱带什么东西啊。我的兄弟也没有说不希望我回去的，也没有骂我的。

（三）出嫁的姑娘与兄弟姐妹的关系

关系是好的，我还有一个孙，是我的大哥的儿子，我的大哥是被日本人打了的。我的大哥也是有三个儿子，我的嫂嫂很苦的。之前还是一家人的（时候），我们家里十多个人一起吃饭的，都是用大的饭桶蒸的饭。

二、婆家人·关系

（一）媳妇与公婆

1.婆家婚娶习俗

十五岁的时候定的亲，后来我的婆婆生病，还是生孩子的时候我就上来料理①她了。过来

---

① 料理，在此意指照顾。

什么东西都没有的。什么都没有。

2.分家前媳妇与公婆关系

我的婆婆一个人的,但是我的婆婆后来也去城里了。我过来之后我的婆婆就去丽水我的公公家里了。

3.分家后媳妇与公婆关系

财产继承。没有分家,婆婆第二年去城里,乡下的东西都留给了我丈夫。只剩我和丈夫在家。

(二)妇与夫

1.家庭生活中的夫妇关系

(1)家庭虐待与夫妻关系。我们的话,争也(是)有的,生活在一起的时候总是避免不了的,总是在争,总是有的,打架是没有的,我是打不过的。

(2)财产与收入。都是我的丈夫在管的,干活也是他去,我要在家带孩子啊。

(3)日常消费与决策话语权。我们小的事情我是可以决定的,但是一般还是我的男人在拿主意的。

2.家庭对外交往关系

我在村里不喜欢去拉帮结派的,我就是在自己的家里做做事情的。我的丈夫也是。

(三)母亲与子女的关系

生育习俗。就是生在稻草上面的。睡在床前的地上,跪在那里,有个接生婆就在床边上把你抱着生孩子的,就是跪在地上的。习俗就是这样的啊,我们的孩子就是生在稻草上面的,有些人是这么说的,为了小孩能更好地生养就把孩子生在牛栏里面的。因为那个时候的孩子是很难带的,所以就生在牛栏里面,这样的话孩子比较好带,因为讨饭人的孩子很好带的,是自己去那里生的哦,就叫牛栏女、牛栏儿的。

生育观念。儿子当然好,生女儿是没有办法的。

三、妇女与宗族、宗教、神灵

做庚饭。饭菜做好,放在桌子上面,插好香,那边烧银两,那种折好的。先接回来,还要记得保佑我们,回来看看就好了,手不要动家里的东西。我们每年都会接四次,这样给自己的祖先吃吃再把太公太婆送走,叫他们去自己好好守着坟墓,不要回来找我们。

送子娘娘。有信的。我记得在做戏的时候,会有那种玩偶做的送子娘娘抱到人面前的,有人为了求个孩子就给红包的,这样给了真的第二年孩子就生下来了。所以大家都会给红包去求个孩子的。

求雨。有的,也是有人懂得去弄的,买点香来插那里的,然后跟上天说保佑,这样的干旱的天气也来一点雨吧。可能上天也听到了,有些时候真的雨就来了,于是大家就更加相信了。

信耶稣。那是有的,他们不会去骂人,做人很和善的,每个星期天去耶稣的地方,去教堂。我是不信的。

四、妇女与村庄、市场

(一)妇女与村庄

1.妇女与村庄公共活动

村庄活动参与。放天灯,就是有那样的大的天灯,现在好像叫什么我也说不来的。晚上的时候,有空的时候就去组织一堆人,用竹条做架子,外面用纸糊起来,不写字了,一般都是空空的放上去的。就是玩玩的,没事的时候,是后面生活好起来的时候有的。放的很高的,之后也不知道飞到哪里去了。

2.妇女与村庄社会关系

村庄社会关系。(与村里人)我们关系不好的。不怎么来往的。家里也是没有钱的,怎么请客啊。请人吃饭没有点肉怎么行的,我们饭都没有吃的,怎么有钱买肉的。我们又不跟村子里的人来往的。我们是独家的那种人啊,就算是被媳妇打死也没有人管的,估计还会被说是我的错呢。

(二)妇女与市场

市场参与与市场排斥。我没有的,我做了那么多次的生母,带孩子了,还能去哪。我也是不喜欢出门的人。村里有合作社①,我们要买的东西那里都有了。现在变成老人会了,开了很多年了,以前是祠堂的,卖各种吃的。

五、农村妇女认知的国家

(一)农村妇女认识国家、政党与政府

我不知道国家,我又不认识字的,我怎么会知道呢。

政党认识。我是怕死了,看到他们过来我就吓死了,那些拿着枪的。国民党叫我们女的一排站过去,就拿刀捅过来的,不好的。共产党很好的。

裹脚。我是没有裹过小脚的,我的母亲是小脚的啊,是养媳妇,在(从)泄下嫁到中山,才几岁的时候就让她(用)小板凳垫起来去磨米的。对头槌你是不认识的,中间有个洞,大锤子砸下去的,米放在中间,这样砸出来,米就出来了,壳就掉了,这样就可以吃了。我的母亲那么小就做这些事情了。中山也是山里地方,生活也跟这里差不多的。

夜校。只要你愿意都是可以去的,但是我是带孩子的,没有空的。我就去过一两夜,七八点去,夜里十一点左右回来的。

政治参与。我的丈夫也就是在食堂里面当记账员的,那个办小队的时候,这样的话算是什么干部的哦。其他的什么也没有干过的。当什么干部哦,我们没钱没权的,就是被压迫的。比我好得多的人是很多的。宝柱又不喜欢我的,我这样的人就是被赶到山上去干活的,都对我们有意见的,怎么还会让我去做轻松的工作呢,我是那种下等人的呢。

干部接触与印象。我认识的都是很坏的,那几年的都是很坏的,当官的整天欺负我们这样的百姓。女干部?上半村的有发(人名)的老妈也是妇女主任的,现在已经死了,再之前的我跟你说你又不懂的。

---

① 合作社,在此指供销社。

政治感受与政治评价。以前贪污也是很容易的,现在是不一样了,钱也不是干部经手的,但是以前的话是很好贪污的。

(二)对 1949 年以后妇女地位变化的认知

妇女现在也在一起聊天的,但是内容就变了,现在的聊天就是聊自己的孩子,生活啊,现在的生活这么好,新奇的东西也很多,以前的话在一起讨论的就是压迫的事情,生活很苦。

(三)妇女与土改、互助组、初级社、高级社

我们就是贫雇农啊,很穷的。我们是有点东西,但是也就一点点,分来过的。而且我来之前的事情,我不知道的。

互助组开始是好的,但是我们在一起多了(时间长了),相争的妇女都很多的,相争相骂的,很厉害的,矛盾很多的。

记好工分,到十二月的时候一家人排起来分红,三角多吧(每十分值三角钱左右),我记得我家。粮食是种出来就会分的。我们家是没有多少的,我们家就一个人去做的,我的丈夫,我就在家带孩子,然后我们整天借米,我们就是欠粮户,年底分红也分不到的,经常是这样的。

(四)妇女与人民公社、“四清”“文化大革命”

1.妇女与劳动、分配

(1)劳动。经常也不让我待在家里的,赶到山上去干活的。经常夜里还来,就看我不顺眼,就让我去干活的,一夜不去的话,第二天就来我家,饭也不给我们吃的。我们就是去山上干活的,晚上还要开夜工的。去铲铲番薯的之类的事情,冬天也是有很多的时期好做的。天天晚上去的,真的是天天晚上的。一个晚上不去的话就不给你吃饭的,第二天就把你的粮票扣掉的。

(2)工分与同工同酬。我是五分的工分的,(在)妇女里面算是高的了。

(3)分配与生活情况。我们就是给粮票的啊,一人好像是半斤的,那就是一点点的,怎么够的哦。我们生活很苦哦。

2.集体化时期的性别关照

(1)性别关照。请假的话也是会请的,但是也不好多请的。有些没有办法的日子总是要请假的。满月过了就要去担炭的。我要担到西溪去的,那个真的是担的很惨的。我的腰都坏了,我不去的话,就不给我吃饭的。我是天天都被逼去的,不让你随便地休息的。

(2)托儿所。小孩子是在托儿所的,我的话呢是中午干活回来就要马上去带自己的孩子的,也有些人是不去的,他们自己吃饱之后再去找孩子的,但是孩子在托儿所也是很惨的,因为他们不注意帮你带孩子的,就随便来,吃也是没有东西吃的,他们自己的孩子照顾得很好,但是我们的孩子就是吃的脏脏的。我也是很苦的。

3.生活体验与情感

(1)大食堂。办食堂的时候,我记得我自己拿一小块的菜地种了一点儿菜,自己不舍得吃。那个叫星亮的人,是观察员,他的大哥是支书,他偷了我的菜,被他偷完了,我一点儿都没有吃了。我本来很苦没有东西可以吃的,我能有什么办法呢,都被偷了。我去他们家也没有用啊,他还会反过来说我不对的,说我又去偷什么东西了。我们没有权的人是没有办法斗得过这些有权的人的。我去菜地里拔点喂猪的草,他就说我去偷菜籽了。我就是去田边拔点草,

(他)就罚我钱了,我也忘记具体多少钱了。我们社员被迫害得很深的,受压迫很深的。这一生都被欺负的,这个地方的官是很坏的。后来一家一户单干之后生活才是好的。

我去山上砍点树,就被处理了,就算是自己的树也不给你砍的,有人管的,那时候是有客过来收树的,这样的话有些人会去砍点来卖钱,去买点米的。我去担炭,我刚生了孩子一个月就要去担,担到西溪,早上担过去的,中午到,那样称了之后我再回来,下午到家,三四点回来的,四十里山路,又上又下的。过去之前也(是要)称过重量的,那样可以防止我们偷炭的。

(2)"三年困难时期"。那个时候我们这样的人就是饿死的话也不会有人管我的,吃点番薯丝就整个人不好,有的时候难过的。

(3)文娱活动与生活体验。没有的,哪里有空去的,我也不喜欢去的。很多女的打起来是很凶的哦,很多女的会打架的哦。我是不去参与这样的事情的。骂是有的咯,生气的时候,总是有的。

4.对女干部、妇女组织的印象

(1)铁姑娘。没有的,我不知道。

(2)妇女干部。妇女主任领导妇女啊,那时候计划生育了,就查着不让你生孩子的。

(3)对妇联的印象。我不懂,我不知道。

5."四清"与"文化大革命"

整天开会开会,都不让人去干活的,然后把那些干部拉起来斗。我是很怕的,很怕来我家搜东西,整天都过来找点东西说要处理我了。我什么问题都没有的。

(五)农村妇女与改革开放

1.土地承包与分配

我的田地是有土地证的,我们分来的土地也是有一点的。

2.对计划生育的认知

好的,生的多有什么用。担子也会轻的,生孩子都是很惨的,那些年是没有办法,有了就要生的。

六、生命体验与感受

我的孩子在外面开店的,都在不一样的店,也没多少时间在一起的,回来的时间也不多的,就来看看我们,一家人和和气气的,少有争吵的。我们年纪也很大了,少有几年的时间可以活了,孩子也还算是懂事的了,都为我们好的。我们老了,也就指望自己的孩子,他们要是对我不好哦,我就没有路活下去了。运气也是好的。我觉得这样就很好了,很开心了。共产党那么好的,老人家又有点钱拿拿。

HC20160716LPF 刘培芳

调研点：山西晋城古书院社区

调研员：何超

首次采访时间：2016 年 7 月 16 日

受访者出生年份：1937 年

是否有干部经历：否

是否生育：是

受访者结婚的时间节点、生育子女的具体情况：1955 年结婚；1957 年生了第一个孩子，共四个孩子，一儿三女。

现家庭人口：6

家庭主要经济来源：务农

受访者所在村庄基本情况：古书院社区隶属晋城市城区北街办事处，位于主城区西北片区，北接北环路，南临程颢书院保护区，西至景西路，东到古书院河，地理位置优越，交通便利，四季分明，适宜居住。

政府自 2012 年起对古书院社区进行拆迁改造，目前已经修建 8 栋新楼房，并配有篮球场、棋牌室、老年活动中心等休闲场所，满足居民的日常休闲需要。

受访者基本情况及个人经历：老人 1937 年出生。老人的母亲生了十几个孩子，许多都没活下来。老人仍健在的姐妹有三个。老人出生的时候家里有十几亩地。土改时家里划为贫农。老人 1955 年结婚，嫁到的男方家也是贫农，有十几亩地。老人有一个儿子、三个闺女。第一个孩子是老人十九岁时生的。

一、娘家人·关系

(一)基本情况

我叫刘培芳,刘胡兰的刘,培是土字的那个,土立口,芳是草字头的。1937年出生,今年七十八。这名字是那会儿上学校,随便起的,那会儿都兴起这个。我妈生了有十几个,都没存住。(现在)有姊妹三个,她们的名儿也是爸爸起的。出生的时候家里有十几亩地。家里没有兄弟姊妹送出去让别人家养。土改时候家里划的贫农,穷溜溜的。咱这差不多都是贫农。(我是)1955年结婚的。嫁到男方家里的时候,(他家)也是贫农,家有十几亩地。他们原来有弟兄姊妹五个,现在只有三个了,老大不在了。我有一个孩子、三个闺女。头一个孩子是十九岁生的,1957年。

(二)女儿与父母关系

1.出嫁前女儿与父母的关系

(1)家长与当家。娘家那就是爸爸管、妈也管哇。咱家是奶奶先死了,爷爷就是咱照顾的。在娘家这边,爸爸和妈妈没甚分工,甚也干,去地、割粮食、割麦、割谷呢,在家也做生活,女人的生活还多呢,做饭、推磨呢。爸爸冬天的时候赶着牲口卖个煤。小孩还小,放假就是要呢,有时跟着大人去地帮忙。

(2)受教育情况。我上过小学,在村里上的。是村里办的,那会儿村都有小学,没有私人办的。八岁上的(上学),小学毕了业了,那会儿是四年制的。其他孩子都上过点,可能是小学、初中,记不得了。那会儿上学也不说仅供男孩上,那就是都要去呢,稍微识个字,(再多)家里也供不起。我那会儿还考上附小了,后来供不起也就不念了。家里的男孩可能是上了初中。当时没有想着,因为是女孩,就没有让我上。那会儿就是能稍念点就行了,后来学习也不好就都不念了。没有"女子无才便是德"这种观念。

(3)家庭待遇及分工。小时候在家里,没有感觉男孩和女孩区别对待,一样样的。吃饭都是一锅饭。那会儿还没端出锅呢,甚东西也没有,还上桌呢,都是端上个稀汤汤碗吃呢。舀饭的时候谁吃了谁舀。到了过年都要装个棉袄,谁还讲究甚呢。过年压岁钱那就是一毛、两毛,男孩和女孩的一样。过年的时候就是给咱家的长辈,奶奶、爷爷呀,那会儿还要磕头拜年,再给压岁钱,现在直接就给了。平常女孩子放假了帮忙做地,在家帮忙洗个锅,长大了就结了婚了。那会衣裳和鞋都是自己做的,也没有卖的,哪像现在都是买着穿的。(我)没有织过布,纺过棉花,用那个纺花车。可能在七几年开始买衣裳和鞋穿了。以前在家里没有做过生日,那会儿够六十才说做寿呢。没有成人礼。

(4)女孩禁忌。有的大人管得严,不让出门。那会儿出门是怕狼呢,现在是怕人呢。那会儿上学男孩和女孩就不说话,那会儿的人顽固。那会儿下了课,有钱的人玩皮球,没钱的人用线绑个球,耍呢。洗衣裳的时候,不说男孩和女孩的衣裳分开晾,洗了就晾在一块儿了,弄一股绳就搭上了。

(5)"早夭"情况。才生下来的小孩,没几天就死了,不弄丧事哇。除非大了以后,成了人(再去世的),才办。生下来不在了就是弄个锅盖住。就是现在,一点点大也不很办。

2.女儿的定亲、婚嫁

结婚定过亲,结婚呢,相家呢,媒人先说好了。男方要是没有,就去借被子甚的,女方来了一看甚都有,等结了婚过来看甚都没了。十八结婚都算大了,一般十六七就结了。说好了,就快了。

我那会儿结婚也是媒人说的,自己找还嫌败兴呢。那会的人封建。我们在结婚前见过面,咱那会儿还小呢,大人给你说成甚是甚,也有的闺女见了不满意。说句不好听的,娘家也穷,嫁过去就是顾嘴①呢,让人家养活呢。他舅舅,他姨夫帮忙介绍的,都是一个村的。没有写婚约,就是媒人说说,领个结婚证。交换过礼物,钢笔甚的。有的合过八字,有的没有。主要是通过媒人说了解男方的情况,怎么没有夸大,咱也不摸。咱这也没有跟人要过彩礼,倒是给过一些粮食,是让咱这边办事的。会亲家就是男人才去呢。定亲的时候,父母也问过我,这门亲能不跟你说?咱那会儿也日不糊糊的,不懂得,大人弄成甚是甚。

定了亲以后,男方要拿着礼物来看望女方。定亲以后,男方和女方能见面了,那会儿也是不好说媳妇,也怕夜长梦多呢。结婚写婚书来,主事不主事,最后的落款都要写爸爸的名儿。出嫁那会儿是媳妇送媳妇。把你脸上的汗毛夹夹剪剪,头发盘起来,就变成媳妇了。没有摆酒席,哪有钱摆酒席,就是吃个玉米面,不过也有吃酒席的。咱这娘家穷,没有陪什么嫁妆,只有一个小箱,还是兄弟来送,送箱呢。嫁妆钱是婆家出呢。那会儿亲戚来了给你几尺布,陪上几身衣裳,放到箱里头。

出嫁以前没有自己存私房钱,也没有自己出去做工挣钱,那会儿就是推磨、去地。那会儿不兴给闺女分财产。嫁出去第三天,爸爸会过来看看。结婚以后没有过生日。那会儿有童养媳,咱没有。前村有一个换亲的。(村里)有招赘的,少,因为没有男孩。有的(招赘的)还让人改姓,男方要(是)有工作咯,也有地位哇。生的孩子有的改姓,也有的不改。

结了婚在婆家住九天,当家再把闺女接回来住九天,才回来,住九呢。结婚以后(的春节),闺女能在娘家吃年夜饭,初二才去娘家。过去初二是先去婆家的姥姥后。出嫁以后,娘家如果有长辈去世,闺女也要回来上坟呢。那时候不过三年不让去(上)坟,咱不过的,真正你的亲当家死了,你能不让人家去?阴阳(师)说的,亲者不论。

定亲以后,男方突然去世,也没有孩子,女方一般就重新找。那会儿一般是说好了才结婚。

3.**出嫁后女儿与父母关系**

嫁出去不管娘家的事,娘家这边有当家在,兄弟在。娘家如果遇到什么困难,也要帮帮呢。婆家(也会)有意见。但那是有了事了,甚人都有哇。有甚事都是自己弄的,也不(能)让婆家这边小看。出嫁以后,中秋呢、端午,闺女要回娘家,一般是两口回哇。和婆家闹矛盾了,能回娘家哇,闺女受了气,有回娘家,过几天男人就过来接接。后来没有做过生日。闺女出嫁也要照顾呢,生了孩子不够一百天不让回娘家。有离婚的。那要真正过不下去了,都要和家里商量呢。我娘家和婆家不在一个村。

(三)出嫁的姑娘与兄弟姐妹的关系

娘家的一些重大事情,也要叫我回去一起做决定呢。嫁出去以后,和娘家的兄弟姐妹处得不错。咱不和人攀扯,不给人拿钱就好了。出现过娘家的兄弟和兄弟媳妇不照顾老人的情况。爸爸妈妈去世以后,过年也不去娘家那儿了。

---

① 顾嘴,指糊口。

二、婆家人·关系

(一)媳妇与公婆

1.婆家迎娶习俗

结婚的时候,婆家一共六口人,他大伯在外地当兵,婆家那边是做豆腐的。娶回来以后,没有摆酒席。进门的时候没有跨火盆,有拜天地。男方这边主婚。咱这可没有说结婚第二天给公公婆婆请安、端茶,南方有的地方有。结婚以后不去男方的祖坟上坟。婆家这边是他爸爸主事呢。咱没有见过男方这边开家庭会议,主要都是去地。女的主要做地、做家务,都是家庭妇女。

2.分家前媳妇与公婆关系

咱那会儿小呢,1955年结婚,婆婆1957年就死了,四十八岁上就死了。他爷爷①不会做饭,就给人做饭,带小孩。他爷爷供小四念书呢,人就跟你要钱呢,本来想等开支了再给,就个争争儿。咱的婆婆没有虐待儿媳妇这现象,他奶奶人也不歪。这种现象也有哇,媳妇说没得吃,刻薄,实际一大盆面有些甚,广发(家中某位成员的名字)他们还说改善一顿得十斤面。现在谁还说刻薄呢,那会儿没有了就是这哇。

3.分家后媳妇与公婆关系

结婚时候没有压箱钱。没有存私房钱。不像现在,开口钱一千,男方女方当家就三四千,装箱时候再丢钱,这钱那钱的,那会儿任甚没个甚,哪有钱。分家那是几几年了,婆婆早早就走了,咱在上头住,买上一块房,在上头吃。我看,是1958年的三月的时候就分了。是他娘娘——老大的媳妇提出的分家。他男人在外头挣着钱,咱是农民,人就想跟咱分开呢。咱那会儿小呢,想着不敢分。房呢,没有分。咱这其实不算分家,只是把锅端开了。老三在外头当兵,老四还小呢。就是说了一句了。实际上没分什么,锅锅盘盘都是自己买,自力更生呢,也没有什么东西分。

给公公做过寿,婆婆早早就死了。那就是有甚给甚,稍给人买点甚。婆婆去世得早,在葬礼上穿的孝服,男的和女的人都一样。下葬的时候,妇女能参加。公公婆婆的墓地的位置也是男左女右的顺序。和家里人去祭拜的时候和现在的一样,按辈分来。坟上摆的祭品一样。清明、七月十五、三周年都要去呢,几十年了都(如此)。公公婆婆去世留下甚财产,留下的两间小屋还没分呢,桌呢、椅呢都是自己的。结婚的时候家里没有盖房子,分家以后爷爷当家。

(二)妇与夫

1.家庭生活中的夫妇关系

结婚以后不是直接唤对方的名儿,咱这也不说官名甚。弄开以后都是自力更生。分家以后,家里没有借过债。婆家也没有怎么照顾过。"三年困难时期"就是受罪呢,少吃点,那就是稀糊糊,东西稀松。文建他爸爸可知道,我那会儿还小呢。那会儿生了孩子要坐月子呢,当家早不在了,衣裳就是俺妈洗呢。妈来了伺候呢,少伺候两天,就自己做呢。衣裳都是在河里洗呢,一块儿洗。

---

① 他爷爷,指老人的公公。

那会儿有娶了一个媳妇又娶媳妇的,成天大小婆,老朱(某位村民)不是大小婆?他是富农,实际上咱们村的地主是小亚他爸爸。咱村没有卖媳妇的,倒是也听过别人说,咱可没见过。那就是不能过了的哇。过去打媳妇的多了。打了以后,媳妇也许就回娘家了,矛盾深了也离婚了。那会儿都是大队、居委会调节呢,调节不好了就离婚了。

2.夫妇的财产关系

老过去时候,那会儿女人离婚,不怎么分财产。不过也(有)分(的)哇,像我上头那老婆不是分那两间房?秋生他叔叔的老婆离了婚,跟了前村,给了她两千。

那会儿家里买东西,像家庭生活用品,都是你买呢,有会儿没钱了就借上几块钱买买,买了以后再还给人家。咱们这里有赶集,也能叫赶集,也能叫赶会,有卖粮食的,像粮食市场一样,也是集,外头的农村有叫赶集的,赶会的。那就是看你需要甚买甚,锄头、镰刀甚呢、锅呢、碗呢、生活用品甚的。

3.家庭对外交往关系

过去串门串得少,过去的人也顽固,不很出门,和邻家走的将近些。主要是忙农活呢,不像现在的人都闲个遥遥的。不怎么出远门,那会儿又不去哪儿旅游,哪儿都不去呢。

(三)母亲与子女的关系

1.生育子女

(1)生育习俗。咱们这儿生男孩和生女孩就是做满月哇,五几年那会儿就没人摆酒席了。红鸡蛋是你生了孩,妈来给你儿做生,染上两颗红鸡蛋,也没说给人分。一处一个风俗,咱村没有这。孩子一岁了没有办过甚仪式。看天气好不好,冷天不敢让孩子出来,一般是够了一百天就出来了。

(2)生育观念。感觉生男孩和女孩都一样,我可不说这。

(3)子女教育。孩子都上学了,高中毕业。供孩子上学没有借钱,没有现在花(销)大。

(4)对子女的权力(财产、婚姻)。闺女和男孩的婚事也是媒人说的,咱的闺女都有媒人说。结婚以前也要合八字呢。孩子和闺女的结婚的仪式和你那时候结婚的仪式差别大了哇,时候不一样了。咱那会儿就是给了点粮食,让办事呢。现在都是给钱呢。孩子结婚重新盖房子。钱是咱自己出得起哇,孩子没弄甚。咱的婆婆早早就走了,咱现在当了婆婆,也没有说为难甚的,和人在一块儿几年,后来吃饭也分开了。咱就没有分家,就是吃饭分开了,各吃各。大概是楠楠一两岁时候的哇,他现在二十七了。大闺女1980年结婚了,一年前订婚,也要会亲家呢。大闺女结婚,家里置办的缝纫机、立柜、车、表。咱的户口就是给这个,有的给得多。家里其他闺女也是这些嫁妆,大闺女结婚没有电视,小闺女有呢。

2.子女婚嫁后与母亲的关系

咱那会也就没钱,闺女结婚以后,如果有困难也没甚帮助,就是出出劳力,帮忙做做饭甚呢。老二结婚了,一家人多,咱也就没做甚,也帮忙看看孙。现在孩和咱分着呢,我们现在住在这个房子。听过(有的人家)孩子和闺女不赡养老人的,咱的孩子和闺女都可以。(我)和闺女都在一个村呢,咱都不在那里住,又离得不远。

三、妇女与村庄、市场

（一）妇女与村庄

1.妇女与村庄公共活动

平时和处得好的妇女那就是唠唠家常、洗洗衣裳，咱也不耍麻将。男人间在一起也要说说过去的事哇。在娘家纺过棉花，嫁过来没有。鞋那会儿都是自己做呢，人家不穿。纺棉花、做鞋是和妈学的。纺了棉花，把线弄上，自己割住，那会儿哪有卖的线，都是自己纺，买的线都好，纺的线都有疙瘩。

2.妇女与村庄社会关系

妇女和妇女吵架那会儿嚷架还多呢，咱可没和人嚷过。村里红白喜事，要是都是亲戚了，就要去帮忙呢。

（二）妇女与市场

在集市上卖东西的，有女的。也要分时候呢哇，咱和人一起去的（次数）也少。去地的东西都是人家买呢，镰刀、锄头啊。咱是不想给孩们买穿的什么的。就认不得，人家赊给你呢？不能赊账。纺的棉花是自己使呢，自己地里也种一点儿棉花。头轮棉花白净净的，就自己用。针是买的，线（是）自己用棉线和麻弄成细细的。五几年，那会儿的布票、肉票、粮票不够用哇，那会儿不是有的人就投机倒把，买的河南的。人（政府）不让投机倒把，有的人就靠这个挣钱呢。不然不够穿，（得）做衣裳呢，被子呢。打醋也要粮票，咱这好吃醋。七几年开始，家里不用自己做鞋了。洋布、粗布就是纺的棉花织的。咱那会儿小时候，没了甚就去供销社买呢，买盐甚呢。

四、农村妇女与国家

（一）农村妇女认识国家、政党与政府

咱也记不得甚会听说国家了。新中国成立以前，听说过孙中山、蒋介石，还有毛泽东。现在的国家主席是习近平。

只见说了，咱倒也没见过国民党。日本人咱都没见过。那会儿还小呢，都不记得了。那会儿选村委会，我只记得那会儿弄甚投票，人家都坐在这儿，前面放着碗，咱给人往碗里丢纸，数数儿呢。家里有三个党员，人家他大哥、老三、老四都是党员，就他不是。党员更优秀。咱不是党员，一不党（员），二不团（员），三不干（部）。没有接触过干部，咱能和干部粘上钩①？人家能看得着咱？咱村那会儿海棠是党员，在妇女会。女性干部有的是，多少呢。政府废除包办婚姻好哇，以前父母主婚，现在都是自愿。孩子多了负担大啊，人家以前只让生一个，现在是让生两个，说生两个好。政府提倡废除一些旧的风俗习惯，该管，这是好事。从过去到现在，咱也说不清有哪些过去好的风俗应该保留。咱也想让闺女当干部，咱也想呢。政府让妇女走出家门，参加劳动，那是抬高妇女了，过去是压迫妇女呢，现在是男人做甚，女人也能做。地位高了，感觉做的事情更多了，更辛苦。

（二）对1949年以后妇女地位变化的认知

那会儿听说过妇联，也早了。没有参加过妇女会，妇联也要开会呢。听过男女平等，妇女

---

① 粘上钩，指有所关联，有接触。

能顶半边天,记不得甚会了。男女能平等喽,男的能做重活。五几年、六几年,废除包办婚姻了,具体记不得了。现在越发不包办了。新中国成立以后,妇女在家庭的地位提高了。家里的大事有丈夫说了算,有丈夫说了不算的,是商量的来的,不一定一人说的都对。闺女都上了高中了,自己出的钱。

(三)妇女与土改、互助组、初级社、高级社

没有土改工作队来家里宣传。见过斗地主,戴着高帽,扫街游行。有特别积极的妇女,那就是诉苦呢,提意见呢,那会儿不是一直说"有苦大胆诉,不要干个股"。土改以后的房产证写的是男人的名字。土改以后,家里土地变多了。土改时候村里成立了妇女会,我没参加过。

互助组是不让单干,村里组织的。离得近的几家在一起,男的女的都去。还有说"单干好,单干好,单干睡到半清早"。互助组、合作社有女组长、女社长。说男女下地干活都一样。哪能一样了,重活女的做不了。女的下地干活,到时候也要回家做饭呢,孩是当家的看呢。没有长辈看,她也去不了地。(从)互助组,后来到了人民公社,感觉互助组更轻松点。那会儿不下雨就要去呢,地(里)一直有活。有的六十多了还要去地呢,做不动了就不去了。小脚老婆去地少,也就是割个粮食。不去地不能挣工分,也能投资分粮食,你就算借上钱也得给人家投资呢。

(四)妇女与人民公社、"四清""文化大革命"

人民公社的时候,喊过口号,成天"人民公社好"。"文化大革命"的时候,去地、坐车都要背毛主席语录。生产队里,男劳力女劳力都有呢。

像插秧、割麦呢,那肯定是男的多些,女的出不了力。有技术员,操作机器,一般是男的。咱村的副业做豆腐,(还)有砖窑。有的男的、女的被调去修水库、修水利,咱这儿有大寨田。生产队的会计,队长男的居多。妇女也参加过大炼钢铁。到了甚会也是,不去地就没有工分。有女劳模,奖励那就是发个证书,发个钱呀,发个锄头甚的。海顺他妈就是劳模,成天去地里。大队有托儿所,专门看孩儿呢。吃大锅饭的时候一般是一样,都舀那么多。男人是割让呢,调到哪儿就得去哪儿,调到外头的人在咱们这儿就没有饭。除非是你病了,给你二两白面自己做着吃。大锅饭甚的也吃呢,就给你弄呢玉米面、豆面的个条条,黑来(晚餐)有会儿吃馒头。家里甚也没有了。有自己吃不饱,去公社里偷东西吃的。公社没有办什么集体活动。有提意见的,胆大的就提意见。没有饿死过人,都要稍吃点,有的饿出浮肿。

感觉一起上工挺热闹的。妇女一起上工有时会产生一些矛盾。集体劳动有偷懒的,多着呢。国国他爸爸那会,本来一人割五、六轮,人就在后面缓缓的,给他剩下三轮,慢慢割,可有这(种)偷懒的(人)。觉得土地还是分给个人好,自由劳动,不受拘束,也能吃上(好的)。听过同工同酬,哪能统一喽,做的生活也是男人评的多。咱那会最可以的时候是九分。家里那会儿孩儿小呢,念书呢,我就没去,他爸爸去当兵去了。家里的粮食够吃了,也余不下多少,有时候也要买着吃。女队长有呢,女会计没有,那就是叫叫人开会呢,去地呢。有骂街的,就是在背地里骂骂。"四清""文化大革命"的时候,斗过地主。"破四旧",家里没有东西被烧、抢,咱穷得就没有甚。没有听说"文化大革命"提倡革命化的婚礼、葬礼。

(五)农村妇女与改革开放

土地承包,妇女没有参加分土地(的过程)。是按人分的,男女(分的土地)一样。土地证上写的是户主的名字,男人的名字。男人要不在了,就写女人的名儿。有的女的离婚了,出嫁了,土地是不是归她自己了,那咱不知道。改革开放以后(我)参加过村委会的选举。计划生育和

二胎各有各的好,一个是负担轻,两个是以后有甚事能有个照应,还是两个好哇。国家说是甚就是甚,国家让你生了,就是俩怎么怎么好,不让你多生喽就是说一个怎么怎么好。有手机,时候(时代)好了。国家的政策对男老人和女老人一样。经常和村里的其他老人聊聊天。国家的政策有会儿(时)看电视了解到的。平常和孩子联系用电话,她们有会(时)也来哇。

五、生命体验与感受

生活越来越好了,现在都七八十岁了,活老了还忧甚呢,只要身体好了就行了。

HC20160721SXY 申秀英

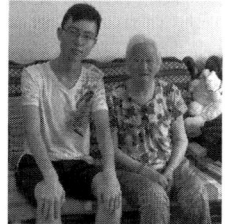

调研点:山西晋城古书院社区

调研员:何超

首次采访时间:2016 年 7 月 21 日

受访者出生年份:1929 年

是否有干部经历:否

是否生育:是

受访者结婚的时间节点、生育子女的具体情况:1952 年结婚,当年生了第一个孩子,共八个孩子,五儿三女。

现家庭人口:9

家庭主要经济来源:务农

受访者基本情况及个人经历:老人 1929 年出生,二十三岁结婚。老人的母亲生了不少孩子,养了六个闺女,五个闺女都死了,只剩下老人一个,男孩有两个,容茂去看萝卜的时候让狼吃了,剩下来现在的双茂。老人结婚时,婆家有十来亩地。老人自己有八个孩子,五个男孩、三个闺女,大儿子现在六十四岁了。

一、娘家人·关系

（一）基本情况

我叫申秀英。以前唤小名唤个容，没有甚含义。小名是爸爸妈妈取的，兄弟的名字也是爸爸妈妈取的，在蛋厂的时候，（我作为）家属上的夜校。申秀英这个名字是那会儿上夜校起的，是在夜校的时候，自己瞎取的，她唤个巧英，你唤个秀英。父母养了五个闺女都死了，就是（剩）我一人，还有个兄弟。男孩有两个，容茂去看萝卜的时候让狼吃了，掉（剩）下来了现在的双茂。现在就是我和双茂。我是1929年出生的，二十三岁结婚。嫁过来以后，家里有十来亩地哇。我自己有八个孩子，有五个男孩，三个闺女。老大六十四了，属蛇呢。

（二）女儿与父母关系

1.出嫁前女儿与父母关系

（1）家长与当家。我小时候，奶奶还在呢，奶奶管家事呢，后来十六岁上，奶奶死了，就分家了。那会儿也没甚，就是种地，做甚都要商议呢。不像现在都是女人当家呢。妈老得早，爸爸老得迟，俺妈死了，爸爸又娶了个老婆，咱都结了婚就不很去了。小时候那就是做地的。解放了以后土地下放。我那会儿当着妇女会主席，领着做地、开会、做军鞋，那会儿可能做军鞋。

（2）受教育情况。兄弟在二中上过学。我没有上过小学，我就是在蛋厂，老师给家属上了几天。那会儿就没有小闺女上学（的）。

（3）家庭待遇及分工。俺妈养了好几个闺女，俺奶奶就不想让养，问养了个甚，说养了个烂闺女哇。俺奶奶封建啊，看不得闺女。养容茂（老人的兄弟）的时候娇个点点的，给他拴着红绳，结果九岁上让狼吃了。那会儿条件不好，养了六七个闺女，都是疯了，到了七天的时候个抽个抽死了。我是头一个，命大。俺奶奶在了就是偏（爱）小子哇。小子多吃些，烂闺女。现在的女的甚不能干。吃饭上甚桌呢，黑面糊糊还上桌呢，弄着糠仡佬上吃呢。过年时候初一黑来喝顿撅片，那还是可以呢。跟现在一样，平常还不是吃这个？我小时可受罪呢，挖野菜，吃玉茭饸馇。

俺奶奶偏小兄弟，人娇个点点的，吃的（东西）也偏（向他），穿的（东西）也偏（向他）。俺就是补丁堆补丁，等八路军解放过来，俺奶奶早死了，解放过来就选了我当妇女会主席。十六岁上来，当了五六年，后来就结了婚了。小时候过年咱的姥姥、舅舅呀，压岁钱就是给兄弟几分钱，就不给闺女。

自己做鞋穿呢哇。哪有机器，哪有钱，还买这穿呢？弄点布，手工绞上，穿烂了就打着补丁，赶过年里弄上新的，走亲戚。

（4）对外交往。那就是和村里的小孩耍呢，过年了，走亲戚跟着大人去亲戚家里转。起初闺女就（是）不能和小子说话。我就一个姑姑，人家的孩大，闺女小。自己人行喽，不自己人不让（说话）。俺奶奶管着呢，不让和小子耍。（别人）给俺家起着名，"高高山上一撅娃，闺女不和小子耍"。出门也出过，又不念书，有功夫就出个耍呢，养了孩子以后就看孩儿呢。我可十来岁的时候也做过生活，起先给小孩扎上那花围兜，一瓣一瓣挂在脖子上，接口水呢，我还做过这。俺奶奶在了管得严，不在了就不很管了。咱村可没人出来要饭。过那孬年景，可有人出来要饭。

（5）女孩禁忌。以前衣裳洗了以后，衣裳都认识谁是谁的，都在一起呢。

(6)"早夭"情况。 俺妈养了十个,六七个闺女,十天、十二天、七天就都死了。那会儿不卫生,养了孩都用的(是)喂牲口的干草。就是弄着那锅端上,放到里面,扣住。

2.女儿的定亲、婚嫁

他(指老人的丈夫)在蛋厂,俺叔叔也在蛋厂,给我个瞅了瞅。(定亲时)给了身衣裳,请人家吃了顿饭就结婚了。就这么结了婚了,扯了身衣裳,甚也没弄甚。我二十三上,早就没了爸爸妈妈了,是有个叔叔和姊姊也在蛋厂,俺叔叔在蛋厂当着经理,给我个瞅了瞅,说那孩当着兵,落到蛋厂了,人也正哩,没有娶过媳妇,工作也可以,不捣蛋。就见见了面。(农历)十月在俺姊姊住呢,腊月就结婚了。有个甚彩礼,就见见面结婚了。就是在学习的地方有个俱乐部,弄些瓜子花生,就结了婚了。结婚的时候有俺叔叔、俺姑姑、俺姊姊,咱娘家人都没了,吃了些瓜子花生就算了,还吃饭呢?我跟人结了婚,哪有什么东西呢?筷没筷,碗没碗。人(家)就是给我扯了一条裤,买了个红棉袄,外头穿了蓝布衫,穿了对粉红鞋,就结了婚了。陪了一个小箱箱,绣着花,前些时间搬家才扔了,卖呢没人要。结婚证早就扔了。结婚都六十年了,谁还拾掇那呢。嫁出去以后,俺姑姑、俺姊姊、俺继母过来都要看我呢,现在都死了,剩了我个孤鬼。

养了大孩二年就调(到)长治了,在长治工作了五年,让家属返乡,光咱回来了。后来养了这二闺女,长治还来大队调查呢,说何水旺怎么生了病了告了两天假,就不去了,是重新找上工作了?大队书记说他没找工作,在地(里)做活呢,家寒,生了孩子了。才把他放回来,本来是那边的农业社管呢,农业社说男人在外头上班呢,弄着咱吃没吃,喝没喝,这么回来靠着农业社了能分点什么,才转回户口了。不然咱就在长治呢,人家动员咱在长治住。

咱都没有过生日。养了大孩,好几岁上可能兴开这了。等他大了懂话了,在脑袋上写着爸爸甚会儿生日,自己甚会儿生日,做个烧馍吃。现在过生日都要去饭店吃呢,他(指老人的丈夫)要在了(指如果健在)就八十九了,比我大一岁,没有住上这楼房。

俺大继母就是童养媳,小小的(年纪)就跟了人家了。俺姥姥也是顽固,不让人吃,吃了这黑面糊糊,剩下的锅底放点水涮涮,让人吃,和喂猪呢一样。也是没得吃。后来等她们老了,继母和舅舅有了孩就过好了。那会儿哪有钱,闺女给了人家了,长大了就当成媳妇了。俺大继母那么受罪也没有走了。

俺大继母的闺女就是招的女婿,她生的都是闺女,三个闺女,在同村招了一个。闺女他们姓李,俺姥姥姓郎,头一个孩子让姓郎了,后来解放了就知道姓李了,又改回了。俺大继母的二闺女也是招的女婿。大的可以,有文化,招的老二没文化,人可是活得可以。我娘家现在还剩了八家,舅舅的闺女、姊姊的闺女、姑姑的闺女,都来往。过年了都要来看我哇,等打发了我(意指老人去世)还来呢?咱何家也是我岁数最大了。

我眼是白内障,有脑梗,也有胆结石,不能(生)气,一动气就憋住了。弄着低保钱都让买了药了。上次腿都不能走了,医生说只有四克血了,赶紧输血,现在有八克血,才能走路。说了还是有俩好,能有个担待,不管是闺女还是小子。

才出嫁以后,回娘家没甚风俗,就是叫回门。头一天结了婚,第二天去娘后走一遭。初一开始才要开始走亲戚呢。初二,去姥姥家、姨姨家。除了过年,八月十五、端午,一般甚会儿还要回娘家呢,都要去孝顺当家呢。有孩儿就带着孩儿去呢,没孩儿就一人去。去了拿一个罐头,一罐糖果。是现在了,提箱奶,提箱油。

3.出嫁女儿与父母关系

娘家有困难,也要帮帮呢。可不哇,现在都过得好了,俺婶婶俩孩都在城里呢,都是有工作。就是我这个兄弟,没工作,在家呢,俩小子。

咱就没有和你老姥爷闹过矛盾,有时候就不答应他,迟一半天谁去了就赶紧说话,也没人脱口骂。俺家在蛋厂的家属院就说,都有爸妈,谁也不找骂。人家都说你们两个多好呢,就没吵过架。跟了人就好好过,家庭就不能嚷嚷过,嚷架不好。俺家的媳妇说几句不好听的,我就不想和她嚷。结婚以后,没有给娘家的长辈做过寿。现在我大闺女搬到咱这,一天三顿在这吃,黑来在这睡。我一人搬上来住了八天,就不行,一人早走了,吃也吃不好。人家都说不敢一人住,黑来有甚事喽怎么弄(意指老人怕晚上发生意外)。

清明、七月十五烧纸呢。捏上元宝给俺爸妈烧呢,等咱走了还有人烧呢。俺爸爸后来不是又娶了个老婆?他们三个在一个坟。坟外头用砖砌着,里面留着地方,死了就把砖弄开,放进去。

(三)出嫁的姑娘与兄弟姐妹关系

爸爸妈妈出殡是兄弟弄的,闺女是该弄甚弄甚,糊花圈呢、隆贡呢。那会儿还不上礼,现在都兴开了。俺姑姑今年(去世了)九年了,我都上礼呢,头周年、三周年我都去来,九周年正好就忘了。郭璧(村)兴(流行)这,侄女、侄儿,都要去谢呢,跟咱这儿的习惯一样。俺妈老了(指去世)以后,爸爸又娶了个老婆,人带了个闺女,兄弟跟着他们过呢。(继母)刻薄咱兄弟呢,不让他吃,关系可不好呢。我兄弟的耳根软,媳妇挑拨得他,我跟他也闹过矛盾。外头人都说,双茂你不敢丧良心,你那会儿小的时候你姐姐黑来挽着你。(我们)有几年不很来往,后来就好了。和兄弟联系少哇,我后来去了长治。

二、婆家人·关系

(一)媳妇与公婆

他九岁上没了爸爸了,妈改嫁给(到)长治了,他十三岁去当兵了。(他)在长治有个兄弟,现在也死了。他是独汉,没人管事。兄弟在长治过呢,俺家一直是一家过呢。

(二)妇与夫

1.家庭生活中的夫妇关系

结婚以后,都是叫名,人(指老人的丈夫)又没官名。我管事,人又不管什么。分了生路(人名)他家的南屋,后来在沟里盖了两排,大的分了一排,二的分了一排。这还是用老房和南屋换了这块楼房。他当兵回来就分了。我跟了人家,连个碗、连双筷子都没有呢啊,硬是受着罪,这做那做,在蛋厂给人补麻袋,有甚生活(工作)就做,养了老大。后来去了长治,这个闺女在长治养的,在长治给人挑菜,把别人扔的菜,捡好点的菜帮子炒炒,吃了,还没有现在的猪吃得好。后来盖的房子的房产证写的是他的名,后来死了才换成我的名。哪有钱?咱一直是苦巴巴的,养活这几个孩儿,结婚呢、娶媳妇呢,都是咱出呢。(从)长治回来一直种地呢,咱也没有退休金,就是使(吃)低保。

没有卖媳妇的情况,娶回来还敢卖?那都不是好人。就是卖过猪。

2.家庭对外交往关系

家里买什么东西不和丈夫商量,人就不管这事,都是我一人弄。那会儿粮食局就在大十字那儿,没粮食了去那儿买。那会儿没钱呀,孩儿也没得吃。哪像现在给人一百块,就扛着回来了。不管跟谁弄甚借甚,人都不去。去大队找支书,就不去,说我给你做饭,你去哇。

(三)母亲与子女

1.生育子女

(1)生育习俗。生老大的时候还没太有的(什么东西)吃,后来的(时候)好些。又没人伺候咱,洗湿布呢,做饭呢,都是咱做呢。我活八十多了可是受了罪了,只要俺家的孩儿们过好了就行了。孩子一岁了,没有庆祝,那会儿不兴(过)生日。才生了孩儿,娘家也要过来看看呢。带着鸡蛋哇,我那会甚也没吃,咱就不知道能吃鸡蛋,现在的人一筐一筐,老爷呀,吃多少。(我那时)就是弄着摊馍。在长治的时候,把白菜帮摘下来,洗净喽,放上一点玉茭面碴,跟喂猪呢一样。那会可没有办法。他(指老人的丈夫)那会儿在蔬菜公司,一个月二十块钱。我在鞋厂,计件工,做得多挣得多,还能挣四十块钱,就这么硬把孩儿养活大了。就是过年吃一顿好的,其他时候别想着吃好的。大人受了罪了,小孩也受了罪了,不然怎么把一小孩给了人家。穿衣裳也是补呢,那会儿连这么大补丁的衣服都没有,现在的衣裳扔多少呢。咱现在就是忆苦思甜,那会太没办法。

生路(人名)不(还)是当财会呢,就这都没得穿呢,捎回来一件衣裳,大闺女和二闺女还要嚷着抢呢。

(2)生育观念。对待孩子(男孩)和闺女一样,没有穿衣裳,吃饭先紧着男孩。我不说这个,一样一样的,生时都要肚疼。有的人就看不得闺女,盼小子呢。俺家大闺女招女婿呢,二闺女跟了人。大闺女养了三个小子,二的养了三个闺女,人家说了咱就不会养个小子。我说,不要说这话,闺女小子(哪里有)不一样?

(3)子女教育。孩子和闺女都没念成甚,老二闺女念的初中,大的上了小学,一直在桥外拾炭、卖炭。(老)三的是个高中,现在数人家可以些。老大在一中念书,给河南的孩①,人的孩儿是大学毕业,现在分在检察院,数人家可以呢,一好孩子还给了人家了。借钱给孩子上学?那可不哇。我说你们念哇,咱借钱,喂猪,硬是叫大孩念,结果人不念,(只)在一中念了几天,哎呀,没法。

(4)对子女权力(财产、婚姻)。(结婚的事)大闺女是别人说了说,二闺女有人介绍,三闺女也有人介绍,都有人介绍,不会是自己找。也找过阴阳(八字),看合不合,我那可操心了,对男孩和闺女都一样。人也要看。那会儿结婚五百块钱。咱闺女跟了人也是五百,孩儿娶媳妇也是五百。孩子娶媳妇的彩礼是咱出的。给孩儿结婚盖的房子也是咱出,娶的儿媳妇也吵过哇,咱现在老人也不管了,人家弄成甚算甚。大的结婚分出了,二的结婚再分出去了。那都不愿意分,不愿意出个,都没得吃呀。咱做一点得让人家先吃了,不敢让闺女舀饭,怕把稠的舀了,给人掉下稀的,媳妇才娶过来。我说,分出你过,该给你甚给甚,你们想吃稠的吃稠的,想吃稀的吃稀的,硬动员呢分出去了。咱难为,分家人多了不好弄。分家那就是把米、面一样窊点,家具没甚,把陪的箱子给了人。媳妇得比闺女待好点,成天说"嫁上姑娘女门在外,掏钱买媳妇熬成奶奶"。这是老古话,不管花五百,花几百,人以后生了孩跟了咱姓何呀,闺女以后是跟着人家的姓呢。闺女养了孩了,娘家两当家死了,闺女不敢进院呀,媳妇能哩。跟上(因

---

① 意指自己的大女婿是河南人。

为)这,我一直偏媳妇。咱不敢主观,主观了人怨你一辈。大闺女就是陪了个箱;二闺女那会儿陪了个机器、立柜、写字台,那会儿兴这个;三闺女结婚买着电视,陪了两千,带做酒席花了三四千。

2.母亲与婚嫁后子女关系

平时和闺女经常来往,闺女家里有困难,也要帮帮呢,咱是有了啦就给她呢。孙和外孙这是两道,"老了搂外甥,不胜搂门灯",说法是这个,带法也不一样,还是跟孙亲。也有孩和闺女不赡养老人的。感觉养孩和养闺女一样一样的,媳妇娶过来咱吃上人家了? 还不是闺女一直过来做饭甚呢。去闺女家一般住三四月,轮着住大的、二的,老三没很住,人还有公婆在。

三、妇女与村庄、市场

(一)妇女与村庄

1.妇女与村庄公共活动

村里那就是领着开会、去地、做军鞋,那会儿的小闺女也是跳舞呢呀。村里的红白喜事我可好帮忙。只要关系可以的都要叫呢,就说来帮忙。那就是咱有事也要叫人家,咱修底下的房子的时候,人自动就去给咱做饭呢,"我知道你修房呢,给你做饭来了",那不是人情换人情呢。咱给人帮过忙,人就知道。需要帮忙就帮呢,是一点儿力气哇,咱是一直没钱。

2.妇女与村庄社会关系

妇女们到了夏天,也和现在一样,在树下乘凉呢。男的除了种地,就跟老爷爷一样,咱不跟男的坐。到了傍晚没甚娱乐活动。那会儿做鞋用机器做,有老师教,告诉你怎么蹬,你就会了。咱在家买了个旧机器,给孩儿补补衣裳、鞋。

(二)妇女与市场

咱没有赶集。现在的衣裳穿不烂,那会儿的洋布穿几天就烂了。我小时候用的是小布,还用机器自己织过。我二十多岁才兴开洋布了。把种上的棉花轧喽,黑来纺上线,织上粗布做被子。做的衣裳自己穿呢。买上布票去河南买呢。那会儿哎呦,给了的孩儿在河南,去看过,亲戚都说带点布票回来,我回来时候上了个厕所,让一个妇女帮我看呢,等我出来,她说布票让工商局拿走了,说我投机倒把。这么,我去要过,人家说要大队开证明,你的孩儿给了河南了。这么着才要回来。咱村跟咱有仇的人,就说她不是投机倒把,去河南做甚呢? 票不够也是买呢。后来就不用布票了。不能赊账,害怕你诓了人家呢。

四、农村妇女与国家

(一)农村妇女认识国家、政党与政府

1.认识国家

听说过国家,看电视经常看到孙中山、蒋介石,国家主席是习近平,看电视知道,李克强是总理。也听人说过,人家说,当了总理就不能当主席了。

国民党在的时候,妇女也要交人头税呢,它是坏的,跟日本一样,鸡都要偷呢。

俺奶奶叫裹脚呢,说不把脚裹小了没人要。后来过了一两个月查脚的来了,俺奶奶赶快叫我躲到楼上,结果也没裹成。裹脚难受得跟甚一样,黑来我自己偷偷解开,第二天清早再裹上。八路军解放过来就都剪了,开会妇女都是剪头发,也没有了辫子。

2.认识政党与政府

国民党那会儿来了把咱吓得都钻到窑里呢,日本人来了也是。财主、有钱的人黑来都要把熨斗、火杵、煤球藏起来,人要熨他呢,冒烟呢。那都不是好人,蒋介石是好的?现在没甚坏人了,林彪是个坏的,他也没好死了。

那会儿开会,一组一组分开讨论,说怎么撵走日本,让群众过好了。成天开会。日本没在几年不是就走了?还开到上庄。那会儿都是走路去呢。现在就有人说,你说话怎么带着共产党的味儿,到底咱开过会,不一样。

上夜校也发了本书,教用铅笔认字,写字。姓秦的老师可好呢,又态度好,又识字多。他那会儿都有四十多了,现在早死了。参加过共产党组织的投票,选村长呢、村副呢。那会选妇女会主席就是女的,村长、村副是男的。那就是看你态度好不好,说话行不行,有的人说了半里打兴①,不行。俺叔叔在蛋厂文化高。俺爸爸不行,都没入党。你老姥爷在东北当兵就入了党了,背后还有两道取了子弹的疤。

(二)对1949年以后妇女地位变化的认知

咱那会儿还不兴自由恋爱,那会儿小闺女家哪敢自己找,后来(是)毛主席才说这个的吧。计划生育也好也不好,养这一个太担心,病了吓得不行。养多了也生气哇。还是多些好,现在也兴养俩。

妇女能顶半边天,听说这句话了,有了十几年了。感觉妇女的地位提高了,要不妇女怎么敢凶男人。在长治,你老姥爷学会做饭。咱那会儿工作不能迟到,你老姥爷是正式工,他就学着做了。咱村里谁结婚,也喊着他做饭呢,他是炒素菜香。

(三)妇女与土改

土改时划的是贫农,没有见土改工作队来宣传。

(四)互助组、初级社、高级社时的妇女

互助组就是几个人一组,谁和谁结合。小太(人名)那会儿,队长说你们谁和谁合得来,自己组,给上你们几亩麦子。属我年纪大呢,人说咱可不和秀英(人名)一组,她岁数大了,做得慢。后来我说了给我一人弄上三亩五亩,她们几个一起弄三亩五亩,我锄得快,最后检查时候也数我锄得干净,还表扬我呢,有的人弄了地里还有草。感觉互助组在一起劳动也好哇,在一起种地,累了也能歇歇,喷喷②。反正人包给你,也不说甚会儿收,你弄完就行。好人坏人都有,互助组也有挑事的人,说淡话。有女组长、女社长,弄着女组长管着这些妇女。管住些也好哇,毛主席就不兴胡作非为呀,规规矩矩的。地要不包了,就是一大块锄玉茭的地,你做那些,我做这些,有男有女。要包了,就是男的跟男的,女的跟女的。也要看谁做得好,做得快,做得好、做得快的也有奖励。共产党过来一直兴这个,主席的政策好,就是没活大岁数。带着孩子的妇女,孩就是放在家里呢。咱公公婆婆都不在。那会儿在长治炼钢铁的时候,咱把孩儿哄睡了卧到那以后,就去炼钢铁呢。

养了孩子得休息呢,休息不做就没有工哇。去得多挣得多,那会儿就一直撵着你去地。只要不下雨就要去,或者你有甚事不去了。做得好快了是一工,掉下这不好的就是八分九分呢,最少也是七分。我在地一直是一工,脾气好,做得又快又好。只要是结了婚的都要去呢,够十

---

① 半里打兴,形容说话不流畅、东拉西扯的。

② 喷喷,意为聊天、唠嗑。

八岁了也要去。那会儿队长卡得紧，挨个去家里叫。我在那边干都到四十八岁了，咱九个小队，拉小车的都没人超过我。有次突然听到广播，说申秀英，吓得我赶紧立住了，又说是共产党党员的家属，思想好，怎么怎么。咱只想着比别人做好点，舍得出力，有的人有力气舍不得出啊。

（五）妇女与人民公社、"四清""文化大革命"

那会儿口号有呢，什么劳动英雄把地夯。男人跟男人比，女人跟女人比。能去地的都要撵他去呢，女的比男的还多。生产队的队长、会计男的多哇，女的要是有文化也能当，生产队有养猪的。没有托儿所，没有，后来才有了。有集体食堂，在道口。食堂的饭稀不淋淋，给你舀上，苦着呢。男的做生活可能多些。大锅饭不好哇，吃不饱，把孩儿也是饿得不行。自己做饭的家伙没有交给公家。有些铁公家收走了。

没有闹饥荒呀，记不得了。没有去公社偷东西吃的，谁敢偷。（不过）我见（记得）谁说嘞，（有人）去地摘玉茭在裤带上别一个。

公社没有办集体活动，劳动时候有发生过矛盾。那会儿评劳动模范，本来写的我的名，后来又写的其他人的名儿，开模范会的时候，洪金华（人名）还说，老营长，申秀英怎么没来。营长说，这是劳动模范会，没有她。洪金华说，成天广播申秀英呢，那能是懒汉喽？其他人都是吃饭呢，是模范？洪金华给我出了力了。

头两年咱有孩儿，清早不去，有八分，后来清早去了，给十分，一年能挣二百工。大队、公社有妇联，妇联没有组织什么活动，就是开会。按工分分粮食。有骂街的妇女，那会儿没得吃，只要不公平就骂呢。

"文化大革命"咱村就是生路他们是地主，后来也入了党了，现在不说这了。"破四旧"，家里没有什么东西被收走。

（六）农村妇女与改革开放

土地承包以后发的土地证，写是户主的名儿。参与过村委会的选举。平常也看电视，原来都是黑白电视。

五、生命体验与感受

年轻（时）受了不少罪，现在是享福了。原来旧房子用的煤球火，现在都有暖气了。

HC20160725CYX 常月仙

调研点:山西晋城北大街社区
调研员:何超
首次采访时间:2016 年 7 月 25 日
受访者出生年份:1931 年
是否有干部经历:否
是否生育:是
受访者结婚的时间节点、生育子女的具体情况:1949 年结婚;1950 年生第一个孩子,共生四个孩子,两儿两女。
现家庭人口:5
家庭主要经济来源:务农
受访者所在村庄基本情况:北大街社区居委会是在原西仓巷居委会、府衙街居委会和西大街居委会的基础上,于 2002 年 10 月 16 日正式挂牌成立的,位于市区西部,地处老城区,东至西沙河,西至北大街,南临书院街,北通西大街,属于一个典型的集单位、庭院、商业网点于一体的老城社区。辖区面积 0.32 平方千米,现有居民 1045 户、3445 人,其中原农户 141 户、408 人。社区驻有泽州县水利局、泽州县农业局、市廉租房等 14 个单位小区家属院,9 个居民小组,一个瓜果批发市场,沿街门店 187 户。
受访者基本情况及个人经历:老人今年八十五岁,1931 年出生。家里还有两个兄弟和两个姐妹,一共兄弟姐妹五个。有个妹妹小时候就送到老人姨家了,一直在姨家长大。出生的时候老人家里有十几亩地,土改时候家里划为中农。老人十八岁的时候结婚,嫁到丈夫家里来的时候,他们有十几亩地,也是中农。老人生了四个孩子,两个儿子、两个闺女。

一、娘家人·关系

(一)基本情况

我叫常月仙,经常的常,月亮的月,单人旁的仙。我爸爸给我取的名字,那会儿都是爸爸妈妈给取名,不像现在,还会专门去请人取名字。我也不知道名字有什么含义。我今年虚岁八十五岁了,是1931年出生的。我还有两个兄弟和两个姐妹,我们一共兄弟姐妹五个。我有个妹妹小时候就送我姨家了,她一直在我姨家长大的。出生的时候家里有十几亩地,土改时候家里划的中农。我十八岁的时候结婚的,那会儿结婚都早。嫁到丈夫家里来的时候,他们也是十几亩地,他家也是中农,我们两家都差不多。我生了四个孩子,两个儿子、两个闺女。头一个孩子是十九岁生的嘞,我还记得是大年初一嘞。

(二)女儿与父母关系

1.出嫁前女儿与父母关系

(1)家长与当家。娘后那边是爸爸妈妈管事的,我爷爷奶奶是农村的,我爸爸十六岁的时候就进城来了,然后一直在城里干活打工,之后就没有回去过,我妈妈是城里的。爸爸妈妈那会儿是开磨坊的,平时就去地割麦、磨面、卖面呀,就是做这些的。我爸爸那会儿一开始在外面给别人打工,之后全家就以开磨坊为主。后来就不开磨坊了,男人们有的都去打工干活了。

(2)受教育情况。我没上过学,那会儿跟着家里开磨坊,整天忙来忙去的,我妈妈思想也比较顽固,不让我上学。那会儿上学是只供男孩上呢,很少有女孩上学。我的大兄弟上过学,他学习好,那会儿兴跳级,他从四五年级跳级到六年级。从大学毕业后在一中教书。他那会儿可有规矩了,每次走之前给孔夫子鞠个躬,回来后再给孔夫子鞠个躬,那会儿特别尊敬孔夫子。我当时也想上学,但家里不让上,那会儿就不兴女孩上学,我妈的思想也特别顽固。家里女孩没有上学的,家里就我这个大兄弟上学了,他比我还小五岁。

(3)家庭待遇及分工。男孩和女孩肯定区别对待,我妈就不让我上学念书,她的思想顽固,那会儿我家就只有我的一个兄弟上学。那会儿家里都穷,哪儿还有压岁钱,没人给压岁钱,哪跟现在一样,过年长辈的叔叔姨姨这些亲戚还给发压岁钱,咱那儿不兴这个,也没钱。吃饭都是端着碗吃呢,那会儿天天卖面,一直是人来人往的特别忙,都在端着碗吃的。平常女孩在家没有什么讲究,就是在家帮忙,长大了就结了婚了。管的女孩严,不然不让女孩上学,女孩就是在家帮帮忙,做家务活这些。那会儿做过衣裳和鞋,做呢哇,那还能不做了,那会儿都是自己做的。十六七哇,十几岁的时候也干活,但不做衣裳和鞋,结了婚以后才开始做衣裳和鞋的。给一家人做,那会儿就是手工做,到了黑来点上煤油灯做,白天没时间,就凭借黑来这会儿时间做的。就解放以后才不用自己做鞋了,具体我也不知道是哪一年了。

(4)对外交往。有的大人管得严,不让闺女出门。小时候哪顾得耍,我一直在家帮忙卖面干活呢,一会儿去地,一会儿还要磨面、卖面,天天人那么多,就不出去耍。过年的时候去给长辈拜年,有的亲戚离得远就去不了,我姥姥家就跟我家挨着呢,离得近过年就过去一起也热闹。

(5)女孩禁忌。小时候没有出过远门,那会儿穷,家里也忙。那会儿洗衣裳的时候,不说男孩跟女孩的衣裳分开洗,不像现在有洗衣机,还要分开洗,那个时候就是在一个大盆里洗,用手揉,先洗深色衣服,再洗浅色的,然后晾起来,没那么多说法。也没有给女孩定甚规矩,就是我爸爸脾气不好,要是做了错事就会挨打,我妈就不会这样,我妈的脾气特别好。

(6)"早夭"情况。那会儿的小孩儿生下来不在了就埋了,要是老人(去世)的话才办(丧事)。

2.女儿的定亲、婚嫁

结婚前父母没有做过生日,过去穷,那会儿不兴这个。结婚以前定亲呢哇,那会儿就是嘴上一说,之后人家给了一个银戒指,大人之间说合的,我那会儿是我妈管的,然后过了段时间就结婚了。说好了,就快了,一般双方父母没甚意见,就差不多定了。就是认识的人提了提,然后就是我妈她们商量的,那会儿都是大人做主的,哪还有自己谈的。都是别人介绍的,互相提一提。定亲前没有见过面,等到了结婚那天才见的面。咱那会儿老实,说甚就是甚,都是大人做主。不说征得爷爷奶奶的同意,双方父母同意了就能了,那会儿都是父母做主呢。那会儿都是嘴上说说,没有证明这个东西。没有交换过什么东西。记不得了,有的人有合过八字,有的没有。主要是媒人说,咱也不摸男方的情况。没有夸大,都是实在人。都是父母做主呢。那会儿没见面就已经定亲了,我跟你爷爷(老人的老伴)定亲过了半年后,结婚那天才见的,那会儿都是父母做主。我们两家条件也都一般,都是做生意的,都是商人,我感觉都差不多哇。哪儿有甚彩礼,就是结婚的时候人家给做一个粗布棉袄,我那会儿跟人家要了一个洋布做的棉袄。

那会儿不兴这,甚也没有,有的比较穷的人家会向婆家要东西,咱没有,就是婆家给做了一个洋布棉袄。娘家和婆家不在一个村。领结婚证。那会儿不兴送亲,没人去送,我记得是骑马去的。结婚的时候吃酒席,酒席也都是自己买上东西在家做的。没有什么嫁妆,甚也没有,不像现在这娘后给闺女准备这个准备那个,咱那会儿就没这些。出嫁以前没有自己存私房钱,哪儿还敢,那会儿的孩子根本就不敢弄这些,卖完东西的钱就放抽屉了,都是大人保管。结婚以前没有自己出去做工挣钱,那会儿小呢,就在家帮忙干活。刚结了婚这几天,娘家人也去看我,我们两家离得近,也有去看的。

那会儿每年八月十五都要回娘家。一般回娘家是带着孩子一起。那会儿有童养媳,我听说过。有换亲的,咱不知道。有招赘的,因为家里没有男孩,就想找一个女婿,也能守在身边,一般就是头一个孩子跟男方姓,再生了一个孩子跟女方姓。招过来的女婿和女儿的地位在家那肯定一样啊,男女都一样,跟自己的闺女平等。

3.出嫁女儿与父母关系

嫁出去一般不管娘家的事了,娘家这边还有其他兄弟。娘家如果遇到什么困难,也要帮帮呢,但也没甚大困难,那会儿人口少,都能顾住自己家。

(三)出嫁的姑娘与兄弟姐妹关系

父母去世的时候,在葬礼上穿的都是白衣裳,男的穿的大,女的穿的小,女的是有襟的,男的是对门的,和现在都一样。葬衣是闺女掏钱,那会儿哪有卖的,葬衣都是做的,我爸妈的都是我做的,其他钱儿都是兄弟掏的。父母的坟地是在一起的,男左女右。娘家和婆家的关系处的也可以哇。和娘家的兄弟姐妹处得不错,那会儿就没甚意见,咱不知道其他哇,反正咱这儿没有,我的兄弟那会儿都还小呢。兄弟姐妹结婚上的礼钱都一样,要是甚就都是甚,一样样的,没有偏心呀甚的。没有和兄弟姐妹借过钱,咱自己就能顾住自己了。

二、婆家人·关系

(一)媳妇与公婆

1.婆家婚娶习俗

结婚时候婆家这边也没有迎接,那会儿甚也没有,特别简单。婆家这边是卖颜料的。男方这边有两个儿子、一个闺女。结婚的时候是爸爸主婚的,那会儿都是爸爸说的话算数。那会儿不兴给公公婆婆请安、端茶什么的,有的地主、富农啊弄这个。婆家这边公公主事呢。咱没有见过男方开家庭会议。没结婚之前是他们一家在这边帮忙,结了婚以后就都在那,我也在那帮忙。也有种地的。我嫁过去以后,没有孩子之前就是卖颜料的,有了孩儿就看孩儿,在家带孩儿,干家务活。那会都是一起做饭的。

2.分家前媳妇与公婆关系

感觉婆婆对我好呀,我婆婆人也是老实人,不会为难我们,对我挺好的。很少有婆婆虐待儿媳妇,那会儿的人思想封建,有的人家让媳妇干的活儿多一些,也没有说虐待那么严重,我婆婆人好,就不这样。嫁过去之后,婆婆没有给定什么规矩,都是一般家庭,哪有甚规矩。结婚时候没有压箱钱,那会儿都很简单。结婚之后没有自己存私房钱,不存哇,那会儿结了婚以后,自己做的生意,做生意那会儿定了个规矩,就是一个月给孩儿多少钱,最后定的给十五块,也不准随便花。

我养了我的三孩以后分的家来,结婚也有五六年哇。弟兄们多了,实际上甚也没分,不是说分开住,就是个人吃个人的,也就是吃饭分开了,月月给我们开工资,那会儿我记得是一月给十五块钱工资。

3.分家后媳妇与公婆关系

分家的时候不说这参与不参与,就是分开吃饭,个人吃个人的就行了。后来生意归公了,公私合营,公家有发的工资,那会儿老公公在的时候,是婆婆伺候的,婆婆不能做的时候就是兄弟几个轮着伺候的。都没人做生日。我婆婆人特别好,从来不为难我们,人也老实,要真有事了,也不会说甚。

(二)妇与夫

1.家庭生活中的夫妇关系

那会儿一般不叫名,有了孩儿就叫孩他爸爸。我跟他结婚那天才见的面。那会儿都是那么回事了,人家有的人不满意就不跟(丈夫过)了,我就不会这。没有吵过架,然后有了矛盾了就回娘家了。我的脾气好,咱人也老实,就不吵架。没有离婚的,咱也没怎么听说过,那会儿都是父母做主。那要真正过不下去了,都要和家里商量呢,这种情况很少。那会儿大队上有调解呢,调解不好了就离婚了。不怎么分财产,那会儿都穷,都会给女方些钱儿哇。

结了婚是我管家的,家里也没甚大事,都是家里这些事,不管是孩结婚还是闺女结婚,都是我管的。平时家里用的生活用品都是我管的。家里后来没有盖新房,就是房子漏了,重新收拾。没买过房也没买过地。一般不办大事,也不去借钱,自己当时也挣得工资,就是花这个。洗衣裳做饭都是我做的来,那会儿就我一个人,什么都是我做的,白天顾不得,主要就是黑来做呢,咱那会儿能吃苦,主要就是凭黑来这会儿干点活儿。生完孩子不能干活也得干,没人替你,都是自己做呢。听说过有的人娶了媳妇后又把媳妇卖了,有的男人吸大烟,就把老婆卖了。过去打媳妇的多了,咱也都是听别人说的,也没见过。

2.家庭对外交往关系

家里也没甚大困难,谁家还没个小困难,自己就能应付得了。家里遇到困难跟别人借钱的时候,一般都是男人出面,我一般不出去,自己挣的那俩工资就够花了。过去有的人自己不想出面,就让孩子去,当时都是互相借着用,我用用你这个,你用用我这个,等有了就还了。

(三)母亲与子女

1.生育子女

(1)生育习俗。生孩子的时候那就是弄两根葱,一个鸡蛋,葱是打呢,一打聪明,二打灵敏,三打甚来我都记不清了,跟现在有的都不一样。也没甚仪式,就是做满月,就是姑姑、姨姨给上二尺布,顶一件衣裳。孩子到了一个月就敢抱出来,一般是一百天就敢出来了。小孩到了一岁不做生日。

(2)生育观念。我感觉生男生女都是一样的。公婆对我生的孩子好,重男轻女,对男孩特别好。

(3)子女教育。孩子都读过书,男孩女孩都上学呢,后来就兴开上学了。没有给孩借过学费,他爸爸那会儿干活就(能)挣个钱,我们也去地种粮食。那会儿都特别能吃苦,黑来有的时候还给别人织毛衣,也给别人看孩儿,平时管孩子他管得多。

(4)对子女权力(财产、婚姻)。 男孩女孩的婚事都是认识的人互相介绍的,我家小闺女是人家班上的人给介绍的。结婚以前也要合八字呢。大闺女结婚没有陪嫁什么东西,就给了她一个箱,那会不像现在,给这个给那个;二闺女结婚的时候给她买了个沙发,女婿弄的木头给她做了一个立柜。那会儿也不兴彩礼,咱就不会要彩礼,咱就不怎么给他,也就不要。也要会亲家呢。孩子结婚的时候没有给女方彩礼,大孩那会儿都没给,二孩那会儿好像给了两袋面。那会简单,也不花什么钱,就做两桌酒席,都是自己做的酒席,买些肉和东西自己做,不像现在还去饭店呢,就是把队里的熟人都叫过来,互相帮忙。孩子结婚的时候没有重新盖房,我们都是旧房。一直都没有盖新房,就是给房子修修补补,房漏了就修修,没有重新盖过房。孩子结婚没有在外面借钱,我们都是自己出力的,能吃苦,不跟别人借钱。

2.母亲与婚嫁后子女关系

儿媳妇对我好,几十年没有吵过架,也没有争过嘴,两个媳妇都是。那会儿分家不是把房子分了,就是分开吃饭。带过孙子、外孙,他们去地、在外打工,我一个人带的。给他们带孩子,不说给我钱,都是自己带的。现在老了,我的儿子给我钱,闺女也给我钱。感觉养儿子还是闺女都好,各有各的好,闺女的心更细点。

三、妇女与村庄、市场

(一)妇女与村庄

1.妇女与村庄公共活动

那会儿邻居办红白喜事没有帮什么忙,就是过去吃饭,做饭的时候也(会)稍微帮帮忙。

2.妇女与村庄社会关系

那会儿跟我妈妈学的做鞋,我妈特别细致。

（二）妇女与市场

平时的生活用品都在咱们这的小十字、大十字那买，不能赊账，除非是认识的人。分的布票、油票、肉票不够用，不够用咱也不怎么跟别人借。我结婚的时候，那会儿才有了洋布了。

听说过"割资本主义尾巴"。

四、农村妇女与国家

（一）农村妇女认识国家、政党与政府

1.认识国家

咱也记不得甚会儿听过国家这个词了。新中国成立以前，可能也听说过孙中山、蒋介石。咱也不知道现在的国家主席的名儿。

我没有裹脚。我那会儿一直绑了两个小辫子，一直到了三十上，别人都说我这么大了快不要绑了，呵呵，然后我就剪了，后来"文化大革命"来了，每个人都要剪。

2.认识政党与政府

知道国民党，当时对国民党的印象不好。四几年，那会儿还小，不认识共产党。

3.夜校

上过几天识字班。

4.政治参与

我只记得那会儿弄甚投票来。那会儿没有党员，现在家里有三个党员，大孩、二孩、孩他爸都是党员。工作好就入党了。咱不是党员，咱就是个家庭妇女。

没怎么接触过女干部。以前在农业社管过干部饭。

（二）对1949年以后妇女地位变化的认知

以前是家长包办婚姻，现在政府废除这个，感觉好哇。以前父母主婚，现在都是自愿。当时念叨一胎太少，现在不是兴两胎了？但年轻人负担也大，人家也不愿意要俩孩。

听说过妇联。听过妇女能顶半边天。解放了以后听说了，男女都平等了。新中国成立以后，妇女在家庭的地位提高了。以前的闺女就不敢出大门，管得紧的呢。现在的教育条件越来越好了，政府起到了好作用。

（三）妇女与土改

那会儿开会说的土改。咱那会儿小呢，没有见过斗地主。贫下中农自己能维持了生活了就不分了，你要不斗也不得。除非特别贫困的给分个房甚呢。

（四）互助组、初级社、高级社时的妇女

合作社的时候，农具和土地都入了社了，没有征求过我的同意，这都是政策。那会儿下地挣工分呢，就我一个人在农业社，有的时候一年下来，记的工分还不够，经常拿上工分就去了，结果不够也领不上东西，因为就我一个人在队里做工，不像有的人家里人多。一年能挣二百来分吧，真正劳力强壮的人一天能挣八分工，劳力强壮的定的分多。男女给的不一定一样，主要还得看劳力呢，劳力强壮的挣得多，一般男的一天能挣七八个，女的就少了，有会儿就是三四个。集体劳动有偷懒的，多着呢，还经常因为这个嚷架呢。那会儿也没规定女的到了多大年龄就不下地了。咱一直都是老实人，共产党经常开会，(我)也没有讲过话，还去弄那个呢。后来分上土地以后才做开了。

（五）妇女与人民公社、"四清""文化大革命"

人民公社的时候，男劳力多，主要就是靠男人干活呢，女的有的病了就不下地了。队长也基本上都是男的。记不太清人民公社那会儿喊过什么口号。我们没有参加过大炼钢铁哇，就是跟着队里集体出去种地来。咱村后来才有了副业，有做豆腐的。大队里也没有托儿所。

吃过大锅饭。吃大锅饭的时候一般（都）是一样，都舀那么多，人家有的认识熟人，就给的多一些，我还在大灶上做过饭。那会儿大锅饭甚也吃过，红薯呀、玉米糁、玉米面糊糊，你要说吃甚也吃过，红薯秧也能吃，玉米叶弄成粉也能吃。吃饭的铁锅都交公了，有一点铁都得交。吃大锅饭，自己不用做饭了，不感觉轻松点，自己不能做饭，大锅饭就一人舀一勺，有会儿吃不饱，也不好哇。去公社里偷东西吃，那哪能偷得走，也有人哇，实在饿得不行了也有去偷的，咱也不知道。有人提过意见，胆大的就提意见，咱老实，不那么做。

公社有集体活动，村村都有唱戏的。那会儿一起去种地，热闹啊，挺有意思的，在一起能喷喷。妇女一起上工哪还能没有产生过一些矛盾，有的性格强，早早呢就去抢好生活，有的不服气，就要争吵呢，还有的好几个人分在一块干活，有的人懒的不干活，别人就会说她，那就容易吵架，甚人也（都）有呢。那还是单干好哇，自由劳动，不受拘束，也能吃上。大队里有妇女干部，有的好，有的人不好哇。

（六）农村妇女与改革开放

20世纪80年代的土地承包，是按人分地的。土地证上写的是户主，男人的名字。现在有手机，时候好了。平时看电视，我不识字，耳朵也不好，也能差不多看个懂。平常和孩子们打电话联系的，他们也经常来看我。

五、生命体验与感受

生活越来越好了，国家也越来越好了，对我们老人也很照顾，现就觉得只要身体好了就行了，孩子们平平安安过得好就知足了。

HD20160203XHC　徐惠存

调研点:湖北省黄冈市团风县总路咀镇宋坳村

调研员:胡丹

首次采访时间:2016 年 2 月 3 日

受访者出生年份:1935 年

是否有干部经历:否

是否生育:是

受访者结婚的时间节点、生育子女的具体情况:结婚时间:1940 年;子女性别:三女一男。

现家庭人口:1

家庭主要经济来源:国家补助和子女赡养

受访者所在村庄基本情况:受访者所在的村庄是湖北省黄冈市团风县总路咀镇宋坳村,这里属于大别山南麓,地处山区,亚热带季风气候,四季分明。现在人口土地矛盾较小,主要是农村主要劳动力流失,许多人进城务工。目前湾里有许多土地被人承包。

受访者基本情况及个人经历:老人名叫徐惠存,1935 年出生于湖北省黄冈市团风县总路咀镇林家桥村瓦屋湾,兄弟姐妹五人,原先家庭条件还不错,父亲在户下当经管,后来打土豪之后家庭衰落了,同时母亲去世了。家庭的重任也压在身上了,尽管有继母照看她们,她依然要肩负起照顾弟弟的责任,并且学着织布等事情。她与丈夫是指腹为婚的,由村里同姓人介绍的,结婚之后,生了十二个孩子,但是最终活下来的只有五个孩子,其中最小的一个在龙卷风事故中去世的。基本上一生也是跟着共产党的政策走的,由于土改时,自己还没有当家,一般公婆安排什么做什么,到了大集体时期每天也是上工之类的。改革开放之后,自己和丈夫也承包了田地。现在老伴走了,自己一个人在老家居住。孩子都在县城里。现在一个人自己什么都没做,养老靠着孩子和国家发放的养老金。

一、娘家人·关系

(一)基本情况

我叫徐惠存,今年八十二岁,娘家在瓦屋湾。娘家的日子原来很好过,我们做姑娘的时候,日子好过。后来土改划成分的时候划为中农,到了打土豪之后,人家就衰落了。我父亲儿子生的好少,姑娘多,就过立①的一个,等于户下儿子过立过来的,哥哥的儿给到弟弟做儿,后来就没有来往了,要是自己的亲哥哥就不会没走动,他也只有和我有来往,跟其他的人都没有走啊!我从小就是和老伴定的娃娃亲,当时是和我父亲以及我的公公关系好的徐会之将军做的媒,到了老伴这家,当时他们没有田地,划成分就是小土地带经营,做了点小生意。他们家就两个大人,再加上老伴。以后我到这里来了,就四口人,我的老伴是过继过来的,大爹爹的后人顶细爹爹的祠②,所以人少,最后他们把我看得很重,我的老家在江家榨,我一个人在这里。我公公那个时候在街上做生意,年轻的时候在这里做生意,我过立就立到这里来了,立到这街上来了,所以我这一家人在这里。后来我生下十二个孩子,但是现在就剩下三女一男,现在他们都在外面,我一个人在老家住着,晚年还比较幸福。

(二)女儿与父母关系

1.出嫁前女儿与父母关系

(1)家长与当家。那个时候解放前我已经有十几岁了,那一般就是男的当家多一些。男的要是不在了,爹爹婆婆都不在,那就是妇联(妇女)自己的那几个,就她能当家了。宗族里管不管那就是看个人性格,那要是拿到现在也一样的。那跟现在是一样的,如果肯管闲事的人就管一会儿,如果不管的话就不管了。做人是在乎个人。

(2)受教育情况。我父亲读了书,他原来在户下当经管,家庭环境还是蛮好的,经济状况还不错。再到我们头上,我读了三年,那时读了老书,我读了千家诗、读了教儿经、读了百家姓。那也是到学校里面去学习,没有说请先生到家里来。其他的兄弟姐妹都读了书,读了不多,两个弟弟读了小学毕业,一般的字都认识。

(3)对外交往。过年的时候是男孩出去拜年,多半是男孩。但是那女孩也带呀,他这不讲就分男孩女孩。那个时候说重男轻女的意思哪,还放在前面,女孩落后一些。过去吃饭,男孩男人都是在客厅里吃。女人女孩都是在自己家,在厨房里火桌上吃。不过这都是一家一家的。所以总说女人要相对于外面的人总是要落后一点。

(4)女孩禁忌。晒衣服男人的衣服要放在前面,女人的衣服就要放在后面。男人衣服的领女人就不能骑。男的所有上身衣服都在前面。女人的衣服不能晾在前面,女人的裤子要另外拿一根竹篙晒。女人的裤子要晒低点。

(5)家庭分工。未出嫁之前,我在娘家看弟弟、看妹妹,像成家一样做饭、料理家务事。我妈妈死的时候,小弟弟才六个月,我抱着他在外面到处讨奶水,没有奶水,只有六个月,抱出去讨奶水。在家里,搞糊糊吃。当时我十二岁,不会做也要做,那过去十二岁的伢要顶蛮大的事。那个时候,我还学着织布、纺线子、做帽儿,织布啊、牵啊、梳啊、做鞋,那学着做了。纺线子,一天称三两棉条,三两棉条纺完了,可以出去玩。三两棉条没纺完,纺到夜晚也要纺。那三

---

① 过继。
② 意为亲兄弟之间,大哥的儿子过继给了小弟弟。

两棉条,这大一把一根根的。学着舂碓①、磨磨。这都做了,砍柴,还有上山砍柴。砍柴不要人教,纺线子有人教,教会儿,说下,把个线子车给你,你之后就照着那样做。织布那也有人教,我妈会织布,我妈教。织布,以后牵了一机布,结果我妈妈死了,那一机布没有人织。没人织,后来我们就去织,乱搞。慢慢搞就试熟了,没人教了,试啊,做到也做,做不到也要做,总在上面试啊、试啊,经验就慢慢得来的,熟能生巧啊,没有办法。

(6)家庭教育。教育细伢学着做事,学着待人接物啊!好比我在娘家出嫁时到这里来,妈妈就说你到那里去,要对公公婆婆好些,要勤劳做事。那个时候,好比过去,时兴倒马溃桶儿②,我们一来就要给婆婆倒马溃桶儿,舀水给婆婆洗脚,做那些事。婆婆的事、公公婆婆的事,你都要做,那过去都是时兴那样的。从小都是父母教,在娘家教的,在人家家里,要怎么做人,随便什么,要三从四德。什么东西都要包小面③,要做。我有弟弟,爸爸妈妈以同样的方式教育我和弟弟,总要教育我们要成人,要好好做人,不能做坏事,要做好事啊,坏事不能做。

(7)生日。我们解放的时候前哪有姑娘过生日,要是一个姑娘珍贵,家里有就过生日。那个没有的,丫们多。那没有一个定性,就是条件好的,就过。手头紧了就不知道!就看条件好不好,要是蛮贫苦的人谁会记得生日呢,即使记得,也没有钱去买什么,那就没有过生日。

2.女儿的定亲、婚嫁

(1)婚嫁习俗。我的婚姻是包办的啊!我和老伴儿是指腹开亲。老伴儿和我是同年的,大我四个月。他出生时,我还没有生。我没出生就说这门亲,河边徐家,徐会之,他和我这边的公公关系很好,他做介绍。他说,他姓徐,我也姓徐。我火石岙④的,他叫我爸爸的名字——松山。过去我妈的名字叫杜儿,我妈姓杜。他说我杜儿,如果生个儿子就不说,要是生个女儿就和你家开亲。我这里的公公,说可以,说亲就是亲,那要是生个姑娘的话,就不说二话。他说我们这是爱亲开亲。后来我腊月二十七出生的,腊月二十七我出生,徐会之就跟这里的公公报喜。他说哎呀,我火石岙的松山,生了啊,生了个女儿,现在喝你的喜酒喝得成啊。我这爹爹就答应了。没有话说,我这亲算开了。我腊月二十七的出生了,正月初二就亲家过路,生了我一个礼拜,就亲家过路,就办启媒酒,亲家就顺便过路。初二到我家。初四到他家。还是被人抱过来的,这后来,过了一个月,我爸爸就把我抱过来,讨马元宝⑤。那是指腹开亲的,那没有什么,那不知道。十几岁,不知道。和爹爹在一起玩,只知道跟一起玩,不知道我是他媳妇,那不知道这个事。是要结婚的时候,稍微有那个意识。那时候到这里来,很容易吵架,经常和爹爹吵架,我也有点小心思、他很调皮。我爱在爸爸妈妈面前爱起火、爱打小报告、教唆到他挨打。当时选择江家爹爹,是因为徐会之与江家爹爹合适啊,原来两人是同学的,他原来要江家爹爹到他那里去,江家爹爹不去。他本来要让江家爹爹到他手下做事,江家爹爹不去。是这样合议的。

(2)出嫁。那天我在瓦屋湾,要过去接我。那时候是轿子,坐轿子。老伴他是唱戏的,他在剧团唱戏。他那时候蛮乐意,他说,以后我接媳妇,你们让牵娘别管,你莫管,我知道怎么转、

---

① 舂碓,石舂,石舂是由石支撑架、木碓杆、石碓和石舂几部分组成,石碓和石舂用的是同一种食材,石舂连在原木上,由一至三人协力踩踏,有节奏的起落,一人手拿小扫帚,随着石舂的升起快速拨动食盆里的粮食,一旦不协调,极易伤手。

② 尿桶。

③ 宽容。

④ 火石岙,地名。

⑤ 马元宝,当时的一种风俗,女方父亲带着孩子到男方家讨要钱财,讨个吉利。

怎么拜。他在家洗澡,他屋里发轿去接我,把我接过来时,他刚洗澡完,鞋还没穿好、衣服还没穿整齐,轿子到了。轿子到了,要出来拜了,先拜天地,拜家神。他说,你们别牵,别牵,我知道怎么转。那时候搞昏了、搞糊涂了,他也不会转了。后来他也转错了。后来每个人都笑他,个个笑他。他后来也不会转,他转到小手①去了。(他)把我转了,他没转到,结果他把我转到大手②去了。后来,牵进来,下了轿,走一段距离,进房门的时候,晚上要掀盖头,他把盖头一掀。我的有个嫂子,这里的嫂,她那个时候有点那个。她跟爹爹③说,你把那个盖头掀下来,把盖头拿来坐在屁股底下去。那是坐了火影④。她叫把盖头坐了,她怕我比她狠些,把我坐着,等同于把我压下去。他(自己的丈夫)没有,他把盖头掀下去,他没有坐,他放在腋下夹着。晚上,坐帐之后,玩的玩,玩得很晚。睡觉,晚上要睡觉的时候,凤冠,他把我的凤冠,以往过去戴凤冠,还有披纱,把凤冠带到地上去了,把上面的泡(凤冠上面的球型装饰)摔破了。泡摔破了,后来街上的江必三,那时候,他在街上开铺子,到他家配,又不敢跟大人说,怕挨骂、怕受气。那时候就是这些笑人的事。我们那个时候有的人家还给嫁妆田啊,那就是好过的人家。那就是现在说的什么富农地主,那就是很富的人陪嫁妆田。那个田又拿不去,那我可以租给别人种啦!那个种的收入就归他得啊!那(时)没有写约据就只是说陪嫁给了田。没有说把像卖田卖地一样写约据。

我们出了嫁的姑娘,我们这里不送梳头油啊,并且在结婚的第三天回门时,一起带回来。

(3)坐堂女婿。那个时候没有卖女儿的,那就抱出去,有人抱,但是没有卖女儿的。当时如果女儿多还有招坐堂女婿的,不用请户下的人过来,只要两个人同意就行啊!那户族管不管这些事儿,那不一定。那亲房叔伯可以,如果要办酒,亲房叔伯就过来坐啊!那就证明了他现在是我们的人了。那以后要是有人情往来,这个女婿就可以代表那个屋里,这个女婿就是他们屋里的人呢,那就等于是他们家的人就是他的儿子一样啊!

3.出嫁女儿与父母关系

(1)婚后尽孝。那个时候真正很好的人家富人家会做寿。解放前女儿养不养自己家的父母,那要看情况,如果说你没有儿子,只有一个姑娘,那只能养啊!要是有一个儿子,叫儿子管,姑娘出了嫁就轮到儿子管。现在也是这样的,首先是儿子呀,再就考虑是姑娘呀。

(2)离婚。那个时候离了婚办的手续,那这句话怎么说呢!那要看他有没有儿子,如果有儿有姑娘就还是这个人家。那个时候离婚不离家,那她儿女都在那里,她就不走,就在那里了。

(三)出嫁的姑娘与兄弟姐妹的关系

你出了嫁的姑娘,娘家的财产,如果有儿的话,这个财产你就不得。你出了嫁,你过去的时候就陪嫁了吧,这个财产你就不得,就没有份了。(要)是还没有结婚(的)姑娘就留给你一份,跟兄弟一样多的。

---

① 小手,指次位。

② 大手,指尊位。

③ 爹爹,此处指新郎,受访者的老伴。

④ 火影,类似于运气、鬼魂的意思,一般农村人说火影低是指人运气不好,或者容易看到鬼魂之类的东西。

二、婆家人·关系

(一)媳妇与公婆

1.婆家婚娶习俗

婆家婚俗。轿子到了门口,就在轿子门去接轿门打开。有专门的牵娘,还有专门的轿夫。轿子来了,那要两个去接啊,要两个牵娘牵下轿,主婚人一般是婆屋里请的。蛮懂的,是蛮有水平蛮那个的,就喊。牵娘就把新姑娘和新郎牵在前面,在那里站着。新郎那边站一个,新娘那边站一个。主婚的人就说先拜天地再拜家神,再拜父母最后转入洞房,然后叫他洞房里面去,新娘和新郎,新郎坐大手,新娘坐小手。那个时候新娘都有一个披纱,男的不能把小姑娘的披纱坐了,坐了这样(新娘)就一辈子都会怕他。不能坐,这是讲道理的人,如果不讲道理的人就让(新娘)一辈子就会怕他,然后就是倒茶,新郎一杯新娘一杯,喝了就要换个杯。新娘给了新郎,新郎就给新娘,然后就喝个交杯茶。交杯酒也有,只是先是交杯茶,然后才是交杯酒,然后就是吃饭。吃饭就是盛满碗饭,之所以很满是因为这是一生的饭。就是以后一生都有饭吃,这是过去的前传后教。这个饭后来就别打动了,然后第二天就有婆婆负责把这两个饭炒着,然后又是新娘新郎吃,这个饭,一定要是新娘和新郎吃完。而结婚那天,两人就稍微扒两口饭,再弄到一起,新姑娘一般的就没有吃,新郎就吃吃了,就只吃一点,牵娘就招呼,就把新娘的饭,吃一点,二人交换着吃。新姑娘那个时候吃饭,怕别人笑话,怕别人说她好吃(贪吃)。我们那个时候,结婚的第二天没有给公婆送茶的,现在也没有,现在就是当时,就在结婚典礼的时候,媳妇就倒一杯茶递给婆婆爹爹,然后爹爹婆婆再就给个红包。包多少那就看条件啊,你包给媳妇的又不是包给外人的,一般都会多给一点。真正条件不好的人,就说是那个意思啊。如果家里有哥哥嫂子,他们是平辈倒是不拜,只是打声招呼,那屋里要是有爷爷奶奶(他们)是长辈就要拜。

2.分家前媳妇与公婆关系

(1)劳动分工。我到这边来,有事做。不做事,拿什么东西生活啊。我没种田,(但)种过地。种田是(到)生产队上下田埂种田,私人没种田,私人种田时,我没到田埂上去,只做干岸上的事,什么种庄稼、种棉花、种苕、种豆类、小麦、大麦、油菜。早上婆婆做饭,这是后来婆婆走了[1]我才做饭的,我原来没有做饭。后来那田里的事没要婆婆管,那都是我们做。

(2)婆媳关系。婆婆爹爹(此处指公公)都对我很好,特别是婆婆对我好,婆婆没有见生[2],她没有生就把我立过来。她把我看成是自己的姑娘,婆婆对我好,我也对婆婆好。无论什么都是将心比心。我到他这边来,可以出去玩,那要爹爹婆婆开口,他们同意。打个比方,比如说这哪里唱戏,她们说同意去就去,不同意就不能去,那过去的时代是那样。在娘家也好,一定要爸爸妈妈同意,准你去就去,不准你去,你就不能去。后来出嫁在婆家里也要婆婆爹爹同意你去,加上自己的丈夫,他同意你去,就去,不同意你去就不能去。那过去就有这样的事。你一个人不能随便乱走,要别人同意你去。那过去就只有个看戏,那没有什么活动。现在一个电视机就包括很多东西,过去没有。

---

[1] 去世的意思。

[2] 没有生育。

3.分家后媳妇与公婆关系

我自己家没有分家,因为家里人少。但是那个时候,婆婆一点都不喜欢媳妇,男的觉得还可以的,就有把媳妇赶跑了的现象。因为夫妻两个和婆婆关系不好,那可以分家,那(在)不在一起过啊。男的态度最重要。夫妻之间和气就好,婆媳不合那不算事儿,婆媳不合就可以分家单独过。如果婆媳关系不好,婆婆把媳妇赶走,媳妇也不得走的,最关键的是夫妻之间的关系要好。

(二)妇与夫

1.家庭生活中的夫妇关系

(1)好女人的标准。好女人应该是什么样这话说不清楚。就我们那个时代,像总是以她为榜样,基本上就是对大人(守)孝道、尊重大人。社会关系、这个结交的人都好啊,像这样的人就是好女人。不跟别人吵啊、闹啊、骂啊,不动不动就跟别人吵架,这就是好的。像我们这样,一生落下的树叶怕打破头,中和得不得了,说个话怕惹祸啊、又怕说错了啊,一生就是那样过日子。

(2)日常消费与决策话语权。我们家里有些事,做决定的一些事啊,都是两个(人)商量,反正大小事,只要是这家里的事,做人家也好,养小孩子成人、教育孩子成人也好,都是两个人商量。再者,爹爹一生啊,这个钱、经济方面他不管,都是我管。有事就在我手上拿,几多①,他知道,我知道,但是他不管钱。事还是他管着的,但是他不管钱。他跟我也没有漏洞。又不贴娘家,娘家也不需要我贴,到后来姑娘长大了,也不需要我贴,我也没有漏洞。那无论什么都是两个人商量。

(3)娶妾与妻妾关系。有的娶小老婆的情况,就是娶二房的。这个叫倪晨的,他有小老婆和大老婆,那一般大老婆了,就是闲住,就给点饭她吃,过生活给的你,然后把房子给你住,像一般的跟她有来往的,很少,他就跟着小老婆在一起过,大老婆,就自己养着。小老婆称呼大老婆,就依着孩子,喊大妈啊!那就是蛮和气的,就是这样喊。跟着孩子叫,喊大妈,那是蛮和气的,那不是什么不和气的。还是有不客气的(时候)那也有。就是这男方啊,就不跟大妈在一起过多少,就一般跟着小的过日子,生活也要给她。一般是很有钱的人才会娶两个老婆,大老婆闲住也要钱呢、要住啊、要房子啊,这小老婆也要生活,有孩子也要负担。孩子,那相当于(有)两家的孩子,都要负担,这相当于男的要有摆儿。姑娘愿意做小那就是喜欢啊,那吸味(风光)呀!他吸味!他有钱啊!小老婆觉得大老婆丈夫不喜欢你,他喜欢我啊,她吸那个味呀!爱情和感情都是个人选择,如果没有爱情、感情,她跟你做什么呢!感情和爱情为基础的。小老婆要的彩礼都差不多,这个男方,如果讲道理,讲良心就会给。就说大老婆,(和丈夫)接触少一些,那其他的都是一样的。要是不讲良心的人啊,对这个大老婆就会差一点儿。有个饭吃不饿你,能过日子,就可以了。要是讲良心就不管这些事儿。

(4)典妻与当妻。有个人叫做江滨城。跟着我的公公,(他)跟公公是一个辈分的,他喜欢押宝,押宝就输了,输了之后就把自己的婆婆,很漂亮的一个婆婆,老婆姓汪。我的婆婆也是姓汪。那关系很好,就姨儿姨儿的叫啊!他后来押宝就输了,然后他就把这个婆婆给抵押给别人了。把这个婆婆给了人家算了钱,他输了就没有钱给人家,就把这个婆婆给人家算的钱。这

---

① 几多,意为有多少钱。

个婆婆蛮漂亮,那用现在的话来说就是漂亮得很,那谁又不要了。婆婆后来没有办法,要给出去就给出去,她没有办法那个时代,给出去之后。他后来又不知道有多少年,然后又跟着别人搭伙做了人家,好在过了几年,他搞得很好,然后他又把婆婆给娶回来。那就相当于把这个婆婆给当了。当了之后,过了几年他又搞好了,他就仍然把那个婆婆给娶回来了,娶回来了也是跟着他在过日子,即便像这样子,婆婆娘家没有管他,不管他。

2.家庭对外交往关系

(1)家庭虐待与夫妻关系。我做小孩的时候,有男的喜欢打女的,对女人不好的情况,有的一生不和的,我嫡亲的伯父、我父亲的哥,跟我大妈一生不和,这一生(是)吵吵闹闹的一生,说话就是吵架,除了吵架就是不说话。就是这样过,原来呢,我的伯父在外面,就跟其他的女人有关系。按说我是小人(晚辈),俗话说子不言父过。我大妈呢,在家里大管小管有爹爹,一大家人。那就对这个事有蛮大的拘束和很大的压力。后来我伯父就是一直在外面跟那个贺家湾的女人,一生跟她有关系,有感情,我伯父就跟这个人。后来,到头来我的大妈,后来我大妈这一生,这个个人问题就难免的还是有一点点,后来也有一个人呢!他两个人都没有离婚,那个时候不兴离婚,即便是那样不合,也没有离婚,打就打得吓人。娘家也不管,也认这门亲,娘家过年过节也在这里走。这个事儿也管不了,也没有离婚。一过就一生了,房头啊户族也不管这些事,那我伯父百年归世的总是要那个婆婆来呀!一是要那个婆婆来呀,贺家湾呢!我们家那个时候在火石㘭,然后硬是要把那个婆婆叫过来了。叫过来后我伯父才再落气(咽气)。那个婆婆很贼①,她就把我伯父的裤子带子解过去了。这里有讲究的,那个婆婆为了发财,她把我伯父的裤子带解下去了,解在她身上系着,然后她发财呀!等于我伯父以后走了,我大妈就改嫁了,走了之后才改嫁了,改嫁也是改到原来这个合适的人家去了。现在就没有打架了,以前动不动就是打架,男的打女的。我跟老伴也打架,有时候说话啊,说戗了,说到他不满意或者吓了他,和他顶嘴了。比如说,他说你错了,你不认错啊,就动手了。不过是这样的,打架嘛,好了之后,他又说,就是吓唬吓唬,哪里经得起打啊,下手打,那不一下子就打到了!我总没还过手,没还过手,我不会还手。爹爹也只打一下,两下,不那个。不骂娘,爹爹不骂娘。我现在八十多岁了,不骂脏话。我到现在,一生没说过脏话,那以往养小孩子的时候,那最重的话就是,你怎么不死啊,这是最重的话,那什么骂婆娘什么的,我没说过。不过,你说前朝的人也好,现代的人也好,夫妻之间总不打架,没有那个事,总有一点儿。

(2)家庭责任与义务。男的如果整天在外面赌啊赌,欠的债,那这女的没有给什么还呢?要是乱来的人,女的就要吵,如果不是乱来的,为了家的话,两个人就互相扶持,都互相要付出,这个债我就慢慢做,慢慢还呢!

(3)婚外情。男的外面有女的,他们湾就说这个家一点名堂都没有,男不管男,女不管女的一点名堂都没有,不是一个好家庭,就是一个坏家庭。那如果像这样,乱来的人大人也管不了。

(4)人际交往与出行。那个时候,没解放的时候没有到哪里去,解放之后,那就到了湖南了。到过湖南,再到武汉。我到了湖南,那就是在湖南细姐,就是去了女儿那里去了,到了武汉,到了长沙,这都去了,到了武汉,在武汉住了二十五年。跟着老伴就住在武汉住了二十五年,我回来才十五年。

---

① 贼,意为聪明。

(三)母亲与子女

1.生育子女

(1)生育习俗。生了伢去报喜,就抱个鸡公(公鸡)去报喜,然后外婆就搞个鸡婆(母鸡)去,然后就把鸡公和鸡婆一起带回来。它不分男伢女伢。生了伢之后办酒,有的是第九天办酒呢,有的做满月呢,那就是满月做。娘屋会拿东西过来送粥米、鸡呢、面呢、蛋呢、布啊、衣裳呢、嘎以①、摇窠(因为我开心)。那就是第一个,第二个就不会这隆重,因为第一个送了,那摇窠一个人也用不完呢!后面的伢都就那。好比那时候我生了一个伢,当天就要下面,一家人就送一碗面。那湾里人不随礼。但是要是做九朝日或者满月时,那还是要赶礼的。看主家人家收礼吗!那多半是要收礼的。

(2)对子女权力。我的孩子因为婚恋问题,我家被开除社籍,我单干呢,就很为难呢,景华读书就放下了,在总路咀粮店里卖工呢,景文在蚕厂里去卖工呢,我在屋里就引着粮店里小许的伢呢,爹爹就出去种瓜,那个时候没有饭吃,三天没有吃饭。景文伯伯三天没有吃饭,公社里院子里有很大的几棵树,要他摘桠(砍掉树枝),没有办法要听公社安排,听他一说,我思想很大压力,紧张得很,三天没有吃饭,我害怕伢从树上落下来了。结果呢,我引伢的这个人家,小许的爱人呢,就把这大的缸子,把一缸子米给我,伤心。我就把那一缸子煮点粥,景文伯伯就把树桠摘了,我就煮点粥(给)他吃,我伤心啦,那伤心,那没有办法。那他们家用赚的钱都是补贴家用了,景华那个时候赚的一点钱就补贴家用,大姐二姐都是出了嫁呢,那个时候就赚点钱顾生活。结果后来搞得没有办法,我也出去种了三年瓜啊!我儿子是他自己谈的,他谈了九个,有的办了启媒酒上了门啊,有的没有办启媒酒,自己谈的,相好的一段时间呢,后来又不那个呢!然后他谈了九个。有几个到我的来办了启媒酒,到我的来过了路的,有四个。这九个都是自己谈的。还有个笑话,这大湾(村名),这海元(人名),又元(人名),他的姐叫季春的那个,那等于是自己屋里的,季春是长辈,跟我一个辈分,我儿子糊涂,就和她谈(恋爱),季春也愿意到我们家来,他们两个谈得蛮好。大队的书记还在,这老书记就是你隔壁的,他那个时候不愿意,阻止这个事,不同意,说是自己屋里的,又是长辈,书记就把他这家里的人,长辈呢季春她妈他们找着开会呢,开家庭会呢!他说,你愿意做大(还是)做小呢?要是跟伯伯谈了就把这个辈分压一层下去了,就是这个事,还为这个事情打官司呢,打官司。这老伴文化不深,但是心里蛮明白,他写个报告交上去了,我的打赢了呢!事是亲没有成(亲事没有成),但是我的官司赢了,后来县里就有人来走访啊,在这里住好多时,驻队呢,然后就在生产队里开除社籍呢。后来我就单干呢!后来一直单干的。打官司是哪一年的年号我再不记得了。打官司,大队的书记后来在会上说江季春、江景文在婚姻上这个事是对的,因为我们两家是出了五服的,他们是大湾的人,我们是江家榨的人,出了五服,他说江景文、江季春婚姻的事是正确的。以后别人有这样的事,我们不但不阻止,我们还支持。那个时候大队还管这些事,那个老书记也是姓江,他跟着季春是嫡亲叔伯子妹伙的,要是不是子妹伙的他就不得这样管的,是他嫡亲叔伯子妹伙的。那个时候开除社籍我受了好多压力啊,叫我去讨米(乞讨)呢。我在花湾那里割麦,割了两个细草头(小草堆),捆着了就是没有挑回来,他把我的冲担接过去了,草头②扔了,叫我莫吃三队的粮,叫我去讨米,叫我自杀。他还把胸一拍说:"我说的!想不通你

---

① 嘎以,即儿童椅。

② 草头,稻谷碾压之后,剩下的稻草扎成一捆一捆的。

自杀。"我受了好多那个呢。

2.母亲与婚嫁后子女关系

(1)婆媳关系。我儿子结婚我已经不记得年号了，但是我觉得我那个时候的婆媳关系，跟现在我儿媳的婆媳关系没有变化，那好的很，那像女儿一样。那婆婆就说，她总是叫我徐女儿，她说徐女儿，我好啊，我有你好啊，她叫爹爹(老人的丈夫)叫少儿，她说少儿的脾气不好，你好啊，自己的女儿都没有这么好啊，你明儿赶不到我啊^①，明儿景文说个媳妇怎么能像你对我这样的，那一生就没变化，那个时候看我做狠(做得多)了。她什么屋里有点什么吃的，就做着，早上爹爹在屋里，她就把我衣裳扯着，说你等下走啊等下走啊。我说怎么等下走啊，我在罐子里面煨了点肉，打了一个蛋里面，等少儿走了你再吃，你在屋里伤心，整天做没有什么吃，他在外面吃了，这里搞一点哪里搞一点，你在屋里伤心，我不做点你吃，你哪里去吃。你做狠了，少儿这个杂种没有良心。她又说爹爹。她说就只我晓得，只有我可怜你。临着要走的时候，临着要死的时候，她说我都不想，我就可怜你啊，有我在，我可怜你，少儿不中，少儿不中，他大意了。男的心思粗一些，没有想到那么多。那对我一点分歧没有，对我就像姑娘一样，我从那个时候在她面前长大的，那一直没有说过重话。现在我的儿媳与我啊，也过得去，为什么呢，我一直不在屋里，我把他结了婚之后，我就在武汉，我在武汉住了二十五年，二十五年有时候呢，她到我那里去就像做客一样，我就把她当客一样呢，我回了，她也把我当客一样，没有在一起生活，没有过多的接触，所以还是蛮好的。

(2)女儿婚嫁(定亲、嫁妆)。我的女儿，都是自己谈的，大姐是自己谈的。那柯哥是武汉人，那时候是知识青年下放，支边，到新疆，到新疆后来就串联，后来就回了，回了之后就回到我们黄冈，回到黄冈来了呢就到了那个五金厂，跟着这五爹爹一起搞那五金厂，在这里和五爹爹接触，就跟五爹爹关系好得很，然后就说想在黄冈这里落根子。等于他是串联回的，然后就没有落户，等于没有家，没有依靠，就想在我们这里落根，找个朋友。五爹爹就在心里说，说给谁呢，就是周家湾的叫作胜莲，结果胜莲没有谈好呢。就跟着大姐谈，跟大姐谈，有几多人打破锣^②啊，说大姐，她这个好伢，人漂亮又好，学习成绩又好，你跟着他谈，他是树枝上漂着的，就像浮心草一样，落下来，你找哪个呢。说他漂着的，没有个家，各个人都在打破锣。喜生(大姐)就回避冷落他了。那柯哥总是求，总是缠着，总是求，结果后来，柯哥就在大队，三大队不是个茶厂啊，后来就建议把他搞到茶厂里去了。那个时候就是贺七斋，公社里面的倪金莲，柯哥那个时候就总是说，然后他两个就插手做介绍，五爹爹就做介绍，那爹爹就说怎么办呢，他们两个插手，不能不就(将)这个意思，女儿总是人家的人，不就人家的意思，以后怎么对得起人呢，尤其是贺七斋，和我爹爹关系一向蛮好。倪金莲那个时候在这公社里，她搞得蛮长，她也是跟我这蛮好的关系。就是就他们两个的意思，然后这件事就这样的成了呢！其实我们觉得很为难，那我就是觉得这个伢蛮伤心的，是武汉人，下乡没有落脚的地方，想成亲别人不答应呢，又怕这伢坚决得很，我怕出事，落下骂名，你养的一个大伢，又是因为个人问题出了事情，别人谈论，后来就算了。再说女儿是菜籽命^③，过去有这样的说法。后来我就跟昌河，他叫昌河，我说你是武汉人，我们是农村人，是黄冈人，乡里的人，假如你要回去，然后带一个

---

① 意为你将来不如我。这里是婆婆对受访者的表扬，形容自己受到受访者的照顾，称其孝顺，对婆婆好。
② 打破锣，意为泼冷水、不支持、不鼓励。
③ 菜籽命，形容女性的命运不掌握在自己手上，就像是菜籽一样扔在哪里就在哪里生根发芽。

乡里人回去,我觉得这对你也不光彩啊,我就说对你不光彩,我说你弟媳、弟弟、嫂子,都是城里人,就独你一个人从农村里带一个女伢回来,这对你来说不好,不光彩啊。我说这些事都要跟你说清楚,昌河就说是一碗萝卜白菜,我算吃了,他说我搭桥,这个桥是我搭的,我搭桥怎么会拆桥,我说喜生脾气不好,我看她一个伢,又大一些,就溺爱她了,他说不怕啊,知道好就好啊。反正不管说的怎么样,他都能圆着过去,他决心大得很。结果这个事就成了就算了啊。当时女儿没有明显的态度,昌河总是缠着说啊,后来他们到武汉结的婚,自由结的婚,当时没有过客,然后就在武汉结的婚,结婚之后就反过来这街上我们这里办的酒,茶厂里,这街上,这相邻呢。我这里有帮子人呢,什么说媒的,合意的啊,就办了酒,这办酒之后,又返回武汉,然后柯哥他的姊妹有八个,再就是房户很大,他们户下很多人,然后两边都办了酒。当时姑娘嫁过去时,我那个时候办了十二个人挑的嫁妆,什么脚盆,椅子箱子等,有十二个人挑啊,结果这些东西都搬到武汉去了。我们那个时候同情,没有要他的压箱子的钱,同情他,没有要他的,看他一个人,什么四礼八节啊,用那些东西,都没有要他的。总体上来看,孩子的婚姻都是自己做主的。

(3)养老。我生了十二个,生了三个儿子,九个姑娘。结果没有养起来。最后成人只有四个,三个姑娘,就一个儿子,就景文。现在养老,大姑娘管得多一点,她管多些,每年年货很早就给我办回来了。开车回了,什么鱼啊、肉啊、圆子啊、腊鱼、腊肉啊,看我脚不好啊,筒子骨啊,前天都送回来了,每年都是她送回来的。以前爹爹在时,也是她负责的。现在爹爹去世,还是她办年。常年常月是吃的她的。她管得多些。儿子对我也好,他们对我都可以。孝心四个都好,都好。反正为他们四个,怄他们的气啊,还没怄过。

三、妇女与宗族、宗教、神灵

(一)妇女与宗教

1.妇女与宗族活动

我的认知里,家家都有,每个姓都有祠堂。我们江家的祠堂就在看戏的那个地方,学校后面。我们就是属于里面的,办这个祠堂,也有专门的人管,那必须要有人管,初一十五要敬香呢。老伴还是头人呢!管理这个祠堂有族长,族长就是头人,十个人,老伴是其中的一个。那以往唱戏,他们就是叫祠堂的头人管的,还有组织几次的会议也是头人管的。但是现在他们不管这些事,不管家务事啊,例如婆婆和媳妇的关系不好啊,夫妻吵架的。一般他们管老人,管大人,好比说,哪个去世了,但是过去要管,以往有这样的事,好比说女的,在这家里,男女都一样,不孝的,乱搞的,祠堂里、户下的人不依。不依就把那个人叫去,就惩罚,要打条子,户下的人惩罚他,这样的事情有。还有这样的,婆婆虐待媳妇,婆婆打媳妇,娘屋里人不可(同意),娘屋里出面不依,娘家人过来就扬大麦。什么叫做扬大麦呢,就是把大麦按着身上长,它随着人身上的水分,那发涨了,人怎么会受得了呢!那就是最大的惩罚。那就是婆婆太狠了,把媳妇整死了,娘家来出狠。这大湾志武的婆,志武他的爸爸原来的个,志武的妈妈是后来的,原配的那个姓林,林家大湾的,她的娘家就过来扬过大麦,志武的婆,知道这个消息之后,就吓不过,就跑了,跑去躲着了,后来扬是没有扬的,但是出狠了。而且我做小伢的时候,那个时候没有解放,我们那里有响堂,跟祠堂功能一样呢,那里面也是祭祖的,那都是一样的,什么祭祖、烧香都是一样的,只是房子小一些。那个时候女伢也能祭祖,只有什么样不能去呢,怀孕的、洗身上的(指女性在经期的),这样的或者解了怀①没有满大月的。虽说女的要远离三堂,但是就是有事不能去呢!(平时)还是一样的去,去磕头,去烧纸呢。过去在响堂里面开会很少,一般就是在屋里开会,参加的人那一般就是男的多些,女的少些。那要是男的不在屋里,女的可以去。过去这户下没有女的专门管女的事情,过去封建思想,无论什么都不会说有女的那个。像户下有女人出来负责,那没有。

生了伢户下不管这些事情,生伢,不管生儿子还是女儿还是生几个,户下都不管这些事情。

2.宗族对妇女管理与救济

伢读不起书那就是自己屋里的帮忙呢,亲房叔伯、亲戚、姨夫舅父帮忙,到那时户下没有哪个帮忙。那要是男的走了,那寡妇,帮忙有还是有,一般的群众关系都是同情,有的不愿意改嫁,在屋里把伢带大,一般的群众关系和户下都同情她,把这个家撑着,她不走,她不改嫁。

(二)妇女与宗教、神灵、巫术

1. 求雨

以前的求雨,我还只是听着说,还没看到谁求呢!

2. 上灶灯

我一直是上灶灯。灶灯是司命菩萨呢。司命菩萨管好多事啊,一切事情他都管啦,这初一十五,在小卖部那里去买香纸就敬啦!年轻的都没有敬,年纪大的有的没有敬,有的敬了,男的也可以敬啊。

3. 叫黑

做小伢的时候,看到过生病请神的情况还是很多的,尤其是小伢生病,头痛发烧,被吓到了,然后就叫黑就请神呢。一般做法的都是男的,我的爸爸原来就是火石凸那里,就蛮会搞这,然后就叫黑,看眼睛。那哪屋里伢要是不好,就把卦拿着就是令池,叫黑还有个旗儿,去跟人叫黑,叫了就好了。这打土饭,那个时候叫打土饭,那个爹的咒儿,我们那个时候很会念,爸爸那个念,我们就学着呢,老爹说,你们别随便念,不能念的。我的爸爸,那个得狠,打了土饭收了黑,好灵的。小伢那个时候就好了,小伢被哪个摸了所以才生病的。说是阴间的人把小伢摸了。

4. 券庙或者寺庙

去券庙一般男的有、女的也有啊。有的到庙里去求神,男的女的都一样可以去,到庙里去求神那一般是女的多些。庙里去求神都要洗个澡要洁净,要干净,还有的要用艾蒿熏,主要是要诚心。

5. 宗教信仰

我没有信教,我就是以祖人为主,因为信了教,不能烧纸,好比说自己的大人去世,不能过去,不能看,这是做什么呢!自己的大人去世,不能烧纸,自己的大人去世不能去看,祖人不能烧纸,我一向重视大人,你搞了这来,不能搞那。你要是搞这,祖人关系就脱了,那就切断了,反正我不信呢。其他婆婆信,那这就是各人的想法呢!各人的认识。

---

① 解了怀,意为刚生完孩子。

四、妇女与村庄、市场

(一)妇女与村庄

1.妇女与村庄公共活动

(1)村庄活动参与。我做小伢的时候,有出去看戏,那不像现在看戏,好比说哪里唱戏,然后就跟她们说,爸爸妈妈我去看会戏噻,他说那你去做什么事,一个女伢到处跑,那不能去,那就不能去了。如果说,我们去看戏,她说那去啊,我过一会也去,一起啊,那就去。那个时候不准女伢一个人到处乱跑。你到了十五六七岁就更加不能乱跑。那个时候更封建,不能跟着男伢在一起。你要站在哪里也好,玩也好,女伢就跟女伢在一起,男伢就跟男伢在一起呢。要是跟着男伢在一起,就有人道论,就说女伢野得很,这以后长大了就风流得很,过去极封建呢!

(2)对村庄绅士、保长、甲长的印象与接触。当姑娘伢的时候,我知道湾里的甲长、保长。只不过现在都走了。我做小伢的时候,当甲长保长都是我的上层的人噻,做事当干部,都是我的上层。那个时候,结婚不用通知保长甲长。

(3)公共建设摊派。以前湾里要修什么基础设施,例如塘堰、涧沟啊,没有叫女的出来做事的,过去女的这么小的脚,哪个做事呢!有的屋里只要女的做家里的事情,把子①就要男的拿进去,脚小了,拿不了。好比说我之前住在火石凸,厨房在后面,柴火就放在前面烟棚子屋里,把子细脚女的就拿不到,就要等着男的回来带回来,要用冲担挑两担回来,挑回放在灶门口。过去女的不做外面的事,就连送茶就(都)送得少。

2.妇女与村庄社会关系

小时候我的家处在秃子屋基②,一家人家,没有别个人家。我出生在火石凸,我出生是在那里。还是后来搬到瓦屋。连个小伙伴都没有。出嫁的时候,跟你一起玩的女伢就只有自己的人,像是弟弟、妹妹可以送。不过要是真正玩的好的还是可以送的。送了别人,穿衣服没有什么讲究,我们就是跟着好玩,不要乱说话,要说有吉利的话,说好话,我也接啊,送啊,当牵娘啊都做了。到这里来了之后,我也有聊得比较好的朋友,比如跟老伴合适的啊、共事的啊、剧团的唱戏的,这样的都有。还有老伴的朋友。我的女朋友也有啊,好比跟我做干亲家,那都是关系比较好。

(二)妇女与市场

我做姑娘伢的时候,上街买东西的机会那少得很啦,那一般是正月十五、过节气呢。上街到宋坳去,我们做小伢的时候就是这个街呢。街道变化很大,那以前怎么会是这样的街呢。原来是十字街,街中间那里分岔,到长塘那里是一个岔,到食品那里有个岔,到我这头是个岔。那不是这样的路也不是这样的街。以前跟着父亲一起,那过去,我的屋不是这样的屋,个个人说我的屋不应该拆,如果不拆就成了古董了!是转楼,底下有地下室,爽她的妈总是吵吵着要做新屋,别人都做新屋了,拆的时候很多人说不应该拆啦!那个时候做新屋是我们给的钱,那个时候他们没有资金。这团风买的屋也是我和老伴两个买的。以前到街上去要什么就叫爸爸

---

① 把子,指柴火。
② 秃子屋基,指独门独户、没有邻居。

去买。我们去就像看热闹一样,要什么问他们要,过年的时候就买双袜子呢,买件衣裳呢,过年嘛就搞套衣裳呢!那个时候有木子树,木子树年年可以摘木子,造皮油,像我爸爸年年就摘木子卖,就把我和我姐带着,就说,伢们,我们去摘木子啊,他摘下来,我们就捡呢,捡到就收拾好,一个面前挂个袋子。那个时候是女的上街的不多,买东西多数是男的。卖东西女的很少,都是男的多些,过去几封建呢,有几多女的出来呢!

五、农村妇女与国家

（一）农村妇女认识国家、政党与政府

1. 政治参与

四九年以前,保长甲长村里那也开会,群众也有的参加呢。参加的人就是大眼睛呢,就是比较出色的,能够当家、能够说话的人,就像这样的人就参加。然后就是下达命令。那时候很少有女人去参加会议。

国民党那个时候要交人头税,只要是人就要交。那没有叫女的出去当兵的,这解放后才有女的当兵呢,过去的女的遭业啊,总是放在后面。

2. 裹脚

我没包脚,我婆婆包脚了,那个脚如果是折断了,就成了一个坨子。那就是直接把脚折断了。

3. 政党认知

对于政党,我只听到说,我们是从国民党手上过来的啊,身边有那样的人是共产党或者国民党,那现在都不在了。

4. 识字班与夜校

我上过夜校,还读过速成识字法,当时还是共产党组织的。老师那现在也不在了,有一个是曹家园的,叫做倪习勋,还有一个是大埠街的叫何友三,是我们辅导老师。那就是在他们手上读了书。他们那个时候在我的(家)住,学校也是在花湾,他们那个时候除了教我们认字还教我们拼字母呢!唱歌子呢,拼字母了,好比说你不认识那个字,然后就拼字母呢,然后拼上去了,你就对了。

5. 政治参与

我还不太晓得什么是投票,那只是听说过。不知道怎么投票,只听到说。我就不知道榨屋的瘟头①入了没!就是我这屋里没有人。

6. 政治感受与政府评价

计划生育后,我四十二岁就扎了,孩子多了。老伴那时候思想蛮通,想得通,政策来了,没要上面的人来做工作,他自己主动要我去结扎,我爹爹,是爹爹让我去的。那以前是号召男女平权,过去旧时代男女是有区别的,任何事女的都要退后一步,男的要向前啦,这后来说男女平权,男女都一样,这后来工作上的事,男女都一样啊。感觉时代在发展,政策越来越好。过去要包小脚呢,这后来平权,男的一样做女的也一样的做,女的有文化水平一样可以当官,这过去就不可能啊!解放后女的要到田里去搞,又要到屋里去搞,但也没有哪个有怨言。像我们那

---

① 瘟头,人名。

个时候在畈上搞啊,又要搞家务啊,又要搞伢啦,但是我们没有怨言。那不是我一人,大家都是这样的,像我们把屋里的事情做了,到外面去出工啊,像夏婆婆一样大的年纪啊,到畈上去,说这说那啊,看各人的伢啰,说穿戴什么呢,那很开心,一点都不愁。年轻的时候又有干劲呢!

(二)对 1949 年以后妇女地位变化的认知

1. 妇女组织

我们那个时候有妇联的,妇联组织分为妇联主任和妇联委员,我没有当过妇联委员,组织要我去当,我公公不同意。他怕我把心搞花了,不跟爹爹过日子,所以不同意,那儿多人动员要我出去啊。上面说我是当妇联委员的好人才,要培养我去,但是老爹爹不同意。那时候是封建,守了那个封建,我受到束缚了。最后就算了,那不算了怎么办呢?他又跟公家说了,不要她去,别把我的家庭搞垮了。

2. 政府与家庭地位、家庭关系

1949 年那个时候,婆婆总要把洗脚水、洗脸水打着给爹爹的情形,我就有活生生的例子,我的两代,我的婆婆爹爹就是那样的,洗脸水,洗脚水,穿的衣服都要搞得整整齐齐的,放着就好比说,爹爹洗澡就把衣服拿着,放在脚盆边上,这是说老爹爹。说我的爹爹①一生,走了的话,这街上的人说,你这一生对爹爹好啊,爹爹一生享受了,洗脸水,洗脚水都要办给他,吃饭,菜都要端到桌子上。我不说假话,不是虚伪的啊,这都要办给他。这穿衣裳,冷天里那个秋衣不是有前后,就把衣裳铺在他的被子面前,把前面放在底下,这前面不在前面呢,背脊骨就在背脊骨那里啊。就那样放着,他要是起来就秋衫一穿,然后就一套,一套就是的,秋裤也是一套就是的。这是我亲身做出来的事,亲身的体会。这一生是这样的。这后来我脚伤了,拄着棍子,然后爹爹说我有罪啊!爹爹很会说啊。他说我有罪啊,你这拄棍打棒还要做着我吃,我有罪。把一样菜没有到位,我不喊他,爹爹爱喝酒,个个菜到了位,酒杯拿出来了,爹爹菜办到了,你喝酒呢。哦哦,这街上个个人都晓得,每个人都晓得。爹走一处,那个位置的人就晓得我呢,对爹爹招呼地好,爹爹走一处就要念一处,说我某人好,我这一生跟爹爹搭伙,爹爹脾气不好,他要是脾气来了诶,他要发脾气要吵就要吵,但是一吵过就算了。他闭言闭语地只说我好话,不说我坏话,说我对家怎么样,待人接物怎么样呢,上孝下慈。我在武汉住了 25 年,周围的人都佩服我。话说一个屋里人,爹爹对我也蛮好,这个一生用钱不分你的我的,钱都交给我管着,他要用钱就问我要,我也不乱用一个钱,我也不贴娘屋的也不贴姑娘,姑娘条件也好,娘屋也不要我贴。

3. 政府与教育

那个时候女伢受教育,我的女儿也读了些。大姐二姐就是小学毕业,之后就没有读。她们的儿女都读了大学。我的儿子,读了初中,读了之后推荐没有推上去,找大队没有帮上忙,现在说就是拐。那个时候林来斌,我就找他,推荐他,他没推上去,金华读了初中,高中读了高三,就是她读得多一些。其他的大姐二姐就是小学毕业,儿女都读了大学。

---

① 老伴。

（三）妇女与土改

土地改革我知道。就是现在忘记了。以为过去了的事,现在我们老了,也不管这些事,将把它丢下去了。记不清楚。土改,我已经嫁到这边来了,我觉得土改对我没有什么影响,这有什么影响呢!社会的变化嘛,没有什么影响。上面有土改队啊,从上面下来的干部就是不记得了。我们是群众啊,即使要见也是领导和他见面,我们群众,是干部和他们接触。所以这个事就不清楚。我们是群众,哪个跟他们接触几多啊!即便是到家里来了,因为我们是小人,说什么话有大人去撑着。土改的时候,我们有见过斗地主,这长林岗的舒可九啊,这都是地主,这三里湾也有地主啊。那个三里湾的婆婆,婆婆把这个大桌子驮着,斗地主,把这个大桌子,驮着游行。走不动就要被打。那时候斗地主也是很可怜的啊!我们就偷偷看,看了。一般是干部,但是个别的、暴躁一点的人,有人说啊、打啊、骂啊。像我们这样中和人、怕祸的人就不做声。那个时候,经常开会啊,还记得当初的口号什么打倒土豪劣绅,跟着后面有人驮旗子。一边说"打倒土豪劣绅"。得益于当初的我们稍微高点的成分,我不是贫农,成分高点,也没哪个动员,一般动员的对象就是贫农,还有烈躁一点的,贫农一般烈躁些。那时候的穷光蛋,穷光蛋不知道有多恶、有多狠,越穷越恶。然后把他家的东西拿出来分,还要喊打倒土豪劣绅,把地主家的东西拿出来分啊,给赤农、贫农。我们站着就是不插嘴,像这开大会啊,我们就是站在旁边,不插嘴,看别人怎么做啊。就是那样的。

我家这点地就是土改那时候分的,土改复查的时候分的。当初分得土地开心得不得了,那时候的地多珍贵啊,不像现在的田地都没有人种,田地多珍贵啊,我和爹爹两个到旁边去挑土。去平一块地,去平地,再种麦子。种麦子为养活人。五九年,小妹和大姐两个,饿着在床上滚,饿着不会说话。话说当初那一般过得去日子为中农。我家那个时候有几担田,我请人做呢,请了几个长工呢,现在就是去打工呢!划地主又划不上呢!我的爸爸就在户下当经管。所以状况还是不错的。

（四）互助组、初级社、高级社时的妇女

1. 互助组时期

互助组的时候,我已经嫁到这边来,上面宣传让我们加入互助组时,整个都是那样的。那时候参加互助组,有个主管的人啊,他说怎么样就怎么样。他指挥,因为我们是农村的群众,他让怎么样,就怎么样,叫做什么就做什么。听他的,出去生产啊,叫谁做就谁做,谁做什么就做什么,他哨子一吹,你出去,哪个在哪里,哪个在哪里。那时候是跟公公婆婆说,我们还不知道,有什么事过问大人,过问当家人,我们那个时候没有当家,就不知道。我们就去地里做事,不去理那个事,我们再去听公公婆婆指挥,好比这个家里面,怎么样啊?出工怎么样啊?在生产队怎么样啊?在互助组怎么样啊?那都是公公指挥,当家的人说怎么样就怎么样,我们听他指挥,听大人的。参加互助组了,那地是自己的,有两年属于自己的,后来结果集体转互助组,集体就收过去了,那就私人没有田地。那都是集体的,我们就出去卖工,像这样的出去打工。私人没有田地,只有一个菜园。好比说,我原来有田有地,我这地后来转到互助组,后来都交到生产队里去了,之后就不与我们相干了,就不得那个,就听他们指挥,叫我们做什么就做什么,你做一天就打一天的工分,之后到年底就按你的工分决算,你有多少工分就有多少收入。你一家人的口粮、一家人的生活,你做的工分,能够保(证)得了一年,就不缺粮。你做的保不到一家人的生活,你就是缺粮户,缺粮户那时候能够搞副业,赚点钱呢,再去补贴这个生活。

后来土地收回去了,那也没有什么想法,都是那样,你想法,你想得再厉害也没用,碰到政策到那里来了,它是那个事。这是政策、那也是政策,它叫你怎么样就怎么样,叫你交出去就交出去,那没有想法,都是一样的。

2. 合作社时期

当初都要做事嘛,就算你再忙,也要出去做事,我们那个时候,养三四个(孩子),还不是日夜在外面做,特别是做牛车河的水库,可怜,一餐三两饭,哪里有三两饭给你,你要在那里推整天的车,你不推就扣你的分,扣你的分,你不做怎么办呢!不做他不把(给)你吃,动不动就把(拿)粮食吓唬你,不像现在这不好吃,那不好吃。我总记得,那时候在牛车河做水库,一餐三两饭,家里的孩子看着又很饿,我总记得,我拿个杯子,我这高的刷牙的杯子带着,三餐就积一杯子饭带回来,带回来,自己没有饱。白坳那下面别人家种了油菜,我就摘了一把带回来,带回我婆婆拿着洗,洗了就切着,倒点水一和,盛给我吃,饭就留给孩子吃,现在谁有那伤心啊,现在很好的包子、馍馍东西掉在地上去就不要,那过去就是拍拍打打地吃啊。

3. 合作化时期女干部

我记得当时王群的婆,妇联队长,她是妇联队长,也是带着我们做事的,专门管女人的。她很好啊,她都是被选着当干部,上面的人选的,又经过开会,相当于民主一样,开会之后,把会一开,把这个人说出来,某人啊,好比王群他婆当妇联队长,你们大家同不同意,你们哪个又说不同意呢!同时她不怕吃苦,她能够自己吃苦可以,不让别人吃苦。比较照顾别人,例如那个时候贾婆婆养孩子,她总是说,来来来,我跟你一起,把孩子抬到你婆婆那边去,免得你在外面做生活的话,还要着孩子的急,天天总是那样的。所以她还好啊,对别人很照顾。以前在门前薅田,冲里的泥巴田都是她来薅,她不要别人来薅,她吃得来那个苦,她能吃苦知不知道?这是现在说她这个人能做好事。我和她一直蛮客气,没有什么不好的,好比说挖泥巴田,那泥巴田,那很深的脚印,我的人势矮(个头矮)一些,她一下子把你牵过来,一边说过来、过来,你那矮脚胯子,待会一下掉下去了。她把你拉过来,她去做。这是挖泥巴田。再说那个割高岸上的草,割那个高岸上的草,我这个人,一生啊,脏的事,令人不舒服的事,我像是难以下那个手一样,她也是把你拉过来一边说:"来、来、来,你过来,过来。我来、我来。"她把你拉到旁边来,你再去做其他的事,她把那个为难地方的事,她做了。那没有什么不好的事,都很好。总没有破裂啊、吵架的事。那总没有那样的事发生。我们现在在一起聊天,都念她。

4. 性别分工、劳动与分配

那个时候愿意一起去做事,同时政策到那里去了,嘴巴要吃饭,你是那个时代,没办法不做。主要是那个时候能做啊,三个四个,说啊、笑啊也好玩,也好玩。就是回来自己家务事很匆忙,但是说我这愁得不想去啊什么的,那也没有这个想法,都是一样的嘛,是那个时代。就像现在出去打工,你去打工、我去打工,都愿意去打工,没事都为了赚钱,我们那个时候,都出去赚钱,都是为了要那个工分,要那个收入,有那个收入,你才能养活一家人,没有这个收入你就养不活你这一家人,像现在这个收入就养活他的一家人,一个样的事。就是我们那个时代,很吃苦,很吃苦。你像我们,过月的①总没有等到满了月的,满了月就要去做事,还没有说满大月大概一百天,都是满小月,三十天,等一个月就要出去做事。做牛车河水库,分工是有的,一

---

① 过月的,意指坐月子。

个人，一个车。推一车过去，就给你一个签，推两车去就给你两个签，就那样，就那样分工，以后见签吃饭。还有煮饭的，我是煮饭，在食堂里煮饭。那是说在水库上，做水利，做水利就是靠签吃饭。我那时候是在食堂里。在食堂里煮饭呢，蒸钵，好比说，这个钵里面二两米，或者三两米，或者有的半斤啊，半斤的很少，分这几个类型，有很大的笼屉，一层一层地放着，一层层地蒸，把饭钵都放在上面，盖着就烧火，还要做菜啊，把那菜炒着，放在案板上搁着，谁多少都是有类型的，谁多少，谁多少。推车的时候，我没有出力，我在食堂里，那是照顾了，优惠了很多。当初江家榨的立儿(人名)也在里面有熟人，我也有劳力，偷点巧，不时的。食堂里吃饭总要好点，忙上不忙下的总要多吃点，吃好点。假如吃了不饿，好比我这一份，我就留着，留着带回，带给孩子吃。那还是偷了政府的巧啊！

(五)妇女与人民公社、"四清""文化大革命"

1.妇女与劳动、分配

(1)妇女与劳动。人民公社，我们当时入的是宋坳公社，好几个大队在里面。五八年，我当时二十三岁左右。在人民公社里做事，我们会唱一些歌，但是我只是听别人唱，具体唱的什么已经忘了。那时候叫女的出去劳动，依旧小队吹哨子，让出去做事。

(2)工分与同工同酬。我们当时做点工，女人就七分，男人十分。我一般是七分，我和老伴的工分没有缺多少，那个时候生产队的开会，我们得了表扬。说我家江少平，个个要向他学习，以他为榜样，他做事呢，他多少人吃饭呢，没有缺多少粮啊，他怎么做下来的，种菜是兼种，好比说这儿一棵，这儿一棵，这儿一棵，这中间这棵，它的季节是非常短的，它要淘汰，我就把第二个品种种下去，像这样兼种。我家种菜是那样的，生产队就叫向我们学习，他是怎么做法，怎么样的。再者那个时候，时兴"三个基本"①。"三个基本"，那个时候，我就捡粪，那时候没有钟，不知道时间，不过三四点钟就起来，起来去捡粪，捡那个猪粪，交"三个基本"。一百斤十分，我的底分只有七分，我如果一天捡到一百斤粪，那我不就多十分，这十分就可以说是我搞的外水，我这一天就要十七分诶，这我就想当我有一个半人的工分呢！我就超过了别人。那打电筒子捡，没有电筒子就提那个洋油灯，提个灯，身上装个火柴，风吹熄了，又再擦根火柴，点着，就过那样的日子。我在畈上去捡粪，有一回，捡到花湾去了，没有天亮，相当于现在的五点钟，五点钟的意思。狗子来了，四五个狗子就来咬我，你说那是个夜晚，又是黑的，小风细雨地下，我以为那样的天气，别人不起来，我是好机会，我就去捡粪，之后狗子都来了，我结果没有办法，那个狗子总是追着吠，我人就慢慢退，慢慢退，退到墙上靠着，墙上靠着，狗子就来不了，这个前面，我就拿捡粪的耙，总是甩，甩到左，狗子跑右边，甩右边，狗子跑左面。刺激它不能过来，咬不了我。后来，结果怎么样呢，等着狗子咬退了势头，结果分散了，不咬，走了。我之后就慢慢回来，那回，我好难过，我想着，后来坐着哭了半天，想着自己流泪。想着我自己为人怎么这么可怜呢？这是每个人睡在被窝里，热烘烘的，没起来。我一个人在外面捡粪，狗子这样咬我，我为人怎么这么可怜。哭了之后，又自己解释，哎，算了，不想。又不是外人、别人勒令我那样做，我是自己那样做，我是为儿、为女，算了。之后，我又自己像这样解释。当时小队里表扬我说，个个人像徐惠存那样的话，每个家庭都不会缺粮。说我勤俭持家、勤劳苦做，再对公婆大人孝顺，这些表扬我得了。我之后还超过了男人。怎么超过了男人呢？我在道场织布，

---

① 三个基本，即基本劳动日、基本肥料交售、联系基本口粮。

为集体织布,织那个棉布,我底分就有七分,给稻场织布,是给公家织布,现在忘记了,有多少布就打十分啦,像我捡百斤粪,十分。我那织布呢,现在忘记了,几多十分,那一天呢,能够弄到一二十分,一二十分相当于两个劳力。后来别个劳力就反映呢,说做什么做,连个女的都不如,那徐惠存一个人搞几十分,你去跟她搞啊,你去跟她比啊。后来外面生产的人反映,后来又把我织布的工分降低些下去了。当时我很不开心,这做也不好,他说你做多了,超过了他。最后,那织布啊,那外面的人总是反映,总是反映,总是反映。之后就算了,就没有给公家织,结果机头(织布机折算股份)就入股诶。那个时候的人思想上很薄,见不得别人好的,怕好了我,怕发了财,怕我好了,他把我机头就入了股。那个时候情况要比五九年、五八年要好。但是还是饿饭啦,说起来,很搞笑。我们在那里织布,那里有个打铁的,打锄头,打天铁,在那里住了很长时间,有个婆婆在那里做饭,看见我们没吃饱,铁匠没有吃完的饭,锅巴饭,那个煮锅巴的饭就偷偷盛一碗,搞点菜在里面(给我们吃),坐在机头上,趴着吃,吃着笑眯了,三四个啊。那个婆婆也很好啊,公家的饭也不花费什么,煮着铁匠吃的饭,公家的饭也不算什么,没有人在那里就盛一碗。

(3)分配与生活情况。即便我们这样辛苦,家里的日子很苦,没有吃的。每一个月总要缺六七天没有粮食。这六七天怎么办呢?搞副食呢!没有毒性的东西,只要不毒人的东西就配合着吃。我和老伴很伤心啊,八个人吃饭,我和爹爹俩养八个人,很可怜。热天呢,没有帐子,那时候流行怎么样的蚊香呢,很大很长的蚊香,我们要是有钱呢,就去买一根回来,帐子就给孩子和公公婆婆。我跟着老伴两个喂蚊虫,有钱就买一根回来,没钱就硬撑着喂蚊虫。后来习惯了,白天做劳动累人了,疲倦了啊,蚊虫咬了都没感觉了。睡着了,疲倦了,我们就那样过日子。冷天里,现在就说那个时候很丑、很丢人,说我们没有用,孩子太多了,八口人吃饭。冷天里,棉絮都全给公公婆婆,孩子盖着,我和老伴两个打草洞啊。把那个稻草,拿几捆。稻草,那不是现在这样的稻草,那是过去用碌子碾了的,很好的稻草。那铺在床上,没有被子、没有被絮,就把一个床单,一个单层床单,垫在那个草上面,就睡在那个卧单上面,在上面盖个被子。就那样过日子。这样过了很多年。还不敢对外人讲。怕掉底子,怕丑,说你没有用,像那样过日子,过了好多年。现在的人哪有过那样的日子,现在是什么时代啊,那时候是什么样的时代啊!时代所限,我们也笑着苦着过来了。

2.集体化时期劳动的性别关照

那个时候没有托儿所啦,就是婆婆看着,要么就带到畈上去,我总是婆婆引着。没有婆婆就像这样的,孩子托付街坊别人啊,像那样的还有带到畈上去,带伢到畈上去,薅地什么的,带个东西,孩子要是要睡觉,就把他放在地沟里睡觉,这样的也有啊。这周家湾的曾婆婆,她现在还在啊,她到民政里,到幸福院里去了,福利院里去了。她以往就是,她没有婆婆,就把孩子带到畈上去地沟里,带个旧衣裳,孩子瞌睡来了,就放在外面睡着。这是我们亲眼看见的事,我们还好没有过那样的日子。我们有婆婆。那动员妇女出去做事,没有女的不愿意去,强迫她去的,因为人家要过日子要生活,即便是被逼着去的,但是政府是这个政策,人人是那样的,也没有什么落差。

3.生活体验与情感

(1)"三年困难时期"。1958、1959年时,我是在江家榨。那个时候,吃饭有困难,吃了很多水绊根。那就是在田里、秧稞田里、靠岸边有水的地方长的一种草,还会吃大野蒿、齐头蒿啊,有的吃油树皮,那个油树啊,把那个皮刮下来,两层的,煮着吃啊。那个时候那搞副食品的,萝卜菜、芥菜、煮饭,搞到饭里面,米里面一起煮啊,那米是个名,菜是占大部分。一家人,像这样的一杯子米,把那菜剁一筲箕①,搞在里面煮,那就是一家人,一餐的饭。我一家人都是这样挨过来的,慢慢渡过来的。那时候湾里饿死好多人啊。那是我们的长上一辈,还不是我们这一层的人,那我们的长上。江家榨饿死很多,把那个牛骨头煮水喝,把螺丝肉,有个爹爹,榨屋的,很有名的一个爹爹,就是吃那个螺丝肉,他就是当时很饿,很开心,就吃那个螺丝肉,吃吃,就吃多了,晚上螺丝肉发涨,就很撑,年纪大,之后就撑死了。就是这隔壁的泽婆婆的公公,也是饿死的,也在榨坊的,集体,就是现在福利院的意思,老人都聚集起来,在江家榨住着,设个点,就像福利院。那江家榨饿死很多,饿死的男的多些,女人还没怎么饿死,这就这么大点的位置,就死了两个爹爹。

(2)公社文娱活动。成立了公社,宋坳公社,它有举行一些活动啊,比如说,集体的一些活动啊,打连厢,就类似于现在跳舞的意思,我参加了,但是会议参加的少,那是什么原因呢?我孩子生得多,一岁一个,一岁一个。孩子拉住了(牵扯精力),什么会都没有参加,孩子一岁就见了面,一岁就见一次面。生孩子生多了,家里有孩子走不开。我四十二岁就结扎了,生了十二个,生的是频繁。有一年年头,好比今年正月生一个,结果没有养起来,腊月间又生一个,年头一个,年尾一个,孩子生多了,什么都没参加。那个时候,还有什么妇女协会啊,都没有参加。大集体上工时很热闹,一个时代是一个时代,那个时代是那个样,这个时代是这个样。我在江家榨就跟江家榨那一湾里的人,因为那是一队,就跟着她们那一起做事。以后在宋坳,就在这宋坳,和这里的人一起做事。无论是单干还是跟着集体做事,都要做,给自己做,是为儿为女,为家里做事,也很高兴。在生产队做事,一个是那个时代,二个也是为家,你不是为家(也不会做)。你像现在做副业的人一样,你不是为家,你出去搞什么副业。搞这个副业是为了个家,是一样的事。但是那个时候年轻好玩(贪玩),个个人说说笑笑的,这个人说这,那个人说那,说说笑笑的,那个时候很开心,也没有任何想法,很高兴,回来就做家务,为子女、为大人,三四个说说笑笑的。

4.“四清”与“文化大革命”

我记得四清,知道这个事,但是不记得什么事。“文化大革命”,我们的成分比较不好,所以对我们总有点不满意,因为对我没有贫农和中农的印象,“一家饱暖,千家怨”。就好像有点不服气的样子。像给我们使坏的事,那还是有一点。都是一点小问题,那现在不记得。当时我记得破四旧,我的东西都拿去了。那就是过去那么高的花茶瓶,什么金银首饰呢。都是自己要拿呢,那过去帐钩子上面的明钱②,明钱扎得帐钩子,还有那双龙抱珠的碗啦、双龙抱珠的盘子啊,他们都拿去了。东西那都保留着呢,以往公社里哪个呢,那就是陈必武,那个时候就在这公社里摆他的威风,蛮有狠的。老伴那时候很那个,陈必武就叫我儿子有个什么东西,你都拿过来我以后培养你做什么,以后到哪里,那个时候就是细伢,儿子就都把他了。那什么镯子、项圈呢,都拿去了。

集体自杀。那个时候有女的自杀,有的为工分呢,工分不合理呢,在生产队里受了处分,想不开就吃药了,那时候生产队这样的事还是蛮多。这样死就死了,那能怎么办呢!有的受了

① 筲箕,指用来盛米的、淘米的扁形竹筐。
② 明钱,指铜钱。

干部的压力死了的,不过干部就批评下,就说你这个事情做得出了,人家受不了,那个时候还是发现这样的事情多。有的一群女的弃了河,有的受了冤屈,那自杀的还是有的。

(六)农村妇女与改革开放

改革开放了之后,分田到户,女的有参与做决策。女人的名字也会上土地证。土地现在归私人搞啊,那就有变化啊,那就是个人的能力啊,你有能力,有方法,会搞你就强一点,你没能力不会搞就差一点呢!我那个时候,爹爹那个蛮有点能力、有点方法、会搞。我跟着他当助手也还不错。就是说一个助手哈。那还蛮对劲。现在我家的土地都免费给别人种植了,我也不需要他什么回报。

六、生命体验与感受

老伴走了之后,现在每天的生活,那我好过得很啦!我早上六点钟起来,没有出房门,我水都拿到房去,早上起来,脸一洗,脚一洗,泡脚,我是早晚泡脚。把脸一洗,很简单的一个运动,做会事,很简单的一个任务。再出来做饭吃,就是七点半,中午十一点半吃,下午四点吃,这是我的规定。再者,我有个毛病,身体不好,心脏不好,这个药按时间吃。我的生活就这一个,在家里搞搞卫生,扫扫地啊,抹抹洗洗的,脚不好,慢慢活动。活动是为什么呢?活动是为了我脚好一点,坐太多,脚就坐僵,没有什么好处。有什么活动呢?这搞卫生,抹抹洗洗是活动,做饭也是活动,这样是照顾我的身体。我做事也是照顾我的身体,我每天都是这样过。

HD20160629ZXY 周秀英

调研点:湖北省黄冈市红安县七里坪镇草鞋店村上潘家河湾

调研员:胡丹

首次采访时间:2016 年 6 月 29 日

受访者出生年份:1935 年

是否有干部经历:是

是否生育:是

受访者结婚的时间节点、生育子女的具体情况:1958 年结婚,生有三女一儿。

现家庭人口:2

家庭主要经济来源:务农

受访者所在村庄基本情况:受访者所在的村庄是在湖北省黄冈市红安县七里坪镇草鞋店村上潘家河湾。七里坪镇位于大别山南麓、鄂豫两省边际,是中国历史文化名镇、湖北省重点镇、红色旅游名镇。而上潘家河地处山区,亚热带季风气候,四季分明。主要是种植水稻,花生以及饲养牛等。现在人口土地矛盾较小,主要是农村劳动力流失,许多人进城务工。

受访者基本情况及个人经历:受访者现名为周秀英,生于 1935 年,娘家在周八家,她的爷爷有三个儿子,三爷爷没有儿子,就将周奶奶的父亲过继给三爷爷,她的父亲本来结过一次婚,但是 1933 年日本人将其父亲的前妻杀害了。周奶奶母亲原来也嫁过人,因为前丈夫死了,两个人又组成了一个新家庭。

周秀英出生以后,过"三朝儿"时,爷爷奶奶给她取名叫周继美,长大懂事之后,参加工作,组织为其改名周秀英。她于 1958 年嫁到上潘家河来,老伴只有一个哥哥,没有姊妹。婆婆很早过世,公公在她嫁过来几年之后也去世了,她育有三女一子。

老人目前身体还算可以,就是眼睛看不清楚,主要是老伴照顾她。

一、娘家人·关系

(一)基本情况

我叫周秀英,生于民国二十四年(1935年),娘家在红安县七里坪镇草鞋店村周八家。我的爷爷有兄弟五人,爷爷有三个儿子,三爷爷没得儿子,就将我的父亲过继给三爷爷,父亲后来娶了一个姑娘,姑娘生了两个伢并且还为一个儿子看①了一个小媳妇,但是民国二十二年日本人将父亲的前妻和伢、小媳妇都杀害了。我的母亲也是因为本来丈夫死了,后来改嫁到周八家,和我父亲组成了一个新家庭。我出生以后,过"三朝儿"②时,爷爷奶奶给我取名叫周继美,到了我参加工作以后,组织就给我改名为周秀英。到了五八年,我嫁到上潘家河,并且育有三女一男。

(二)女儿与父母关系

1.出嫁前女儿与父母关系

(1)家长与当家。谁当家跟能力有关系,一般是男的当家,但是如果男的不争气、不会说话、喜欢赌博等,家里妇女又特别厉害,能说会道,持家有方也还是能让妇女当家,即便都是姑娘的家庭,没得父亲也还是妇女当家,不会请同族的男性当代理家长。但是遇到大的事情会和同族、关系好的叔伯商量,听取意见。我的家庭中,是我的父亲当家,因为我的父亲是一个特别能干的人。

(2)受教育情况。我自己没得受过教育,没得读书,而且父亲只有我一个女儿,自家没得兄弟姐妹,自己的教育情况比较简单。

(3)家庭待遇。在娘家的时候,我所见的、所感受到的是男伢的待遇一般比女伢要好,尽管盛饭不是说女伢给男伢盛,但是要是有生客、贵重的客人,女伢是不能上桌子的,甚至不能够出现在堂屋③,只能在灶台边吃。以至于有的家庭,客人走了都不知道主人家有几个伢。当有客人贵重时,还得等客人吃完,有多余的还有得吃才可以。总体而言,社会对男伢相对宽容一点,男伢不能上桌子,但是可以夹着菜在旁边吃。家里一般陪客的是男将④,但是如果是旧客,如姑舅这种关系,有座位,妇女做完饭之后才会坐下吃口饭。如果是新客,许多男人喝酒、没得空座位,妇女就不能上桌陪客。还有当需要给伢添衣服的时候,一般先考虑满足男伢、大伢,女伢、小伢可以随便一点,大的可以留给小的。

(4)对外交往。过年一般是家里男人出去拜年,解放前多是男伢随父亲出去拜年,女伢不出门。过年的时候,男伢、女伢压岁钱是一样多的,但是并不是很多。平时人情往来,多半是男人吃酒席,但是如果一桌全部是妇女的酒席就会是各家妇女参加。不然都是各家男人参加,即便自己男人不在家,妇女也不会参加。男人喜欢喝酒,都是男人也不是很方便。在没得饭吃的家庭,外出讨饭的都是妇女,因为男人抹不下面子,假如要带个伢,一般是男伢,小伢能够引起别人的怜悯之心,同时男伢更方便带到外面去。

---

① 看,意指抚养、养育。

② 三朝儿,指潘家河及周边地区在孩子出生第三天举办的庆祝活动,称为"三朝日"。

③ 堂屋,即客厅、正厅。

④ 男将,方言,指男人、男性。

（5）女孩禁忌。女伢很小就要学着纺线织布，找小伙伴玩也是要趁着空闲，在对方或者自家玩，不会出自家湾子。女伢和男伢也是可以一起玩的，但是仅限于聊聊天，长大些时，一起出去都是男的一堆、女的一堆。

（6）家庭分工。那个时候男的一般在外面做事，女的在屋里纺线织布，我从小也跟母亲一起学女工。

（7）家庭教育。家庭教育一般会有默认的分工，男伢就归父亲管，女伢归母亲管，一旦要是女儿犯错误，母亲就会受到惩罚。普通的家庭，一般没得明确的规定约束伢。同时除了小时候的"三朝日"，以及周岁，小伢是不过整生①的。

2.女儿的定亲、婚嫁

我自己是在五八年出嫁的，定亲也是在一两年之前，那个时候正是大集体时代，结婚也是一切从简，但是以前我们这里结婚首先要定亲，有的伢两到三岁就要定亲，定亲要喝两次酒，第一次叫作喝回信酒，就是男女方都有那个意愿，想要结亲。第二次叫作喝准盅酒，意思就是确定可以结亲了。到了一定的年纪就要上门过路，男方一般准备三十到四十元的彩礼，带些糍粑等上门，将男方的生辰八字交给女方家过目，这个过程叫开联媒，接着就是下礼要媳妇，如果女方同意就将女方的生辰八字交给男方。再接着就是男方送日子，基本上就是定了哪一天结婚。这结亲的过程中男女方父母没得面对面坐在桌子上商量，两三个媒人，女方亲戚作陪，基本上是媒人说怎么样就怎么样。一般的情况下，父母双方在伢结婚前是不会直接说么事的（都是通过媒人传话），女方母亲要等自己姑娘在男方家生下伢才会到亲家家里去。

那时候，结婚的姑娘是坐轿子到婆家去的，婶娘或者舅娘（送），不用姑娘送，而且叔爷或者哥两个去送！但是在姑娘没见香火之前，叔爷和哥就只能在半路等一会儿，直至新娘拜完香火。那天男方家里还要请客吃饭。男方在前一天中午要谢媒，一个媒人要一个桌子，晚上家里还要请牵娘吃饭。第二天早上搬嫁妆，有的娘家还要待饭，对于要出嫁的姑娘、婶娘、姑妈，给她做两三套衣服，然后婆家根据这个数目就要割肉回礼。

结婚当时，湾里人都来，轿子还没到时，人家都看着，轿一来就放火炮。牵娘在轿门前一边站一个，一个在头边就说彩。请一遍就作个揖，一般讲规矩的姑娘要别人请三遍再出来。

新郎在香火面前左边站着，过去结婚，那头日就要理发，再第二日时还要在米筛上面站着，就是说是新人是筛子筛过的人，是千里挑一的人才。两个新人在香火前，会事②的牵娘站在头边，新郎就在左边，还有一个牵娘就在逢中，一个手一个，叫礼的那个人就在那里牵新姐。再拜就在毡上拜，四个人牵着就转一圈。然后牵着拜天地、拜家神、公祖。

3.出嫁女儿与父母关系

（1）离婚。出嫁的姑娘，要离婚也没得办法，父母不能控制，不同意也没得办法。最后回到娘家，回娘家就和自己的母亲住在一起，兄弟也会接纳自己，只是时间长了，有嫂子的家庭，容易发生争吵。但是同样的问题在解放前，没得离婚一说，女的没得地方可去，但是有直接和别人私奔的情况。

（2）娘家与婆家关系。娘家和婆家，一旦谁遇到困难了，如果自身条件不错，自己还是很

---

① 整生，指整数生日，如十、二十、三十、四十岁的生日。

② 会事，意为知道礼节，熟悉程序。

愿意帮忙的,但是如果家庭不够富有,婆家很容易担心媳妇贴了娘家,所以婆婆很多时候就牢牢控制财政大权,以至于家里容易发生争吵。对于离婚没得再嫁的女的,死后一般不能葬在祖坟山上,但是可以在那附近找一块地方下葬。

(三)出嫁的姑娘与兄弟姐妹的关系

(1)我与兄弟姐妹关系。出嫁的姑娘一般的可以回娘家住几天,可能是当姑娘的时候不能到哪里去,我喜欢走娘屋。我家里就我一个姑娘,后来的一个弟弟是叔叔家过继来的,那时候我的父亲很能干,日子过得还是不错。叔叔家有两个儿子,一个姑娘,姑娘现在在河南,和我还有来往。(我)和从叔叔家抱养过来的兄弟关系很好,根本看不出是抱养关系。

(2)亲戚来往。在潘家河附近,姑娘腊月出嫁的话,正月初四就回娘家,在娘家一直待到正月十八,再接着到了二月份的时候,就在家住第二次,一般是三到五天。再就是第三趟,就是五月端阳,过了端阳节再回,富人家娘屋里会置办饼子、衣服、鞋子等,有的甚至回男方家带有几挑子东西。每个节气都可以回娘家,一般是父亲或者兄弟提前两天去接姑娘、姑爷回娘家。新婚夫妇第一年,回娘家东西挺多的话,就会散一些给湾里人,一般是请湾里的女性过来喝茶、吃东西。

二、婆家人·关系

(一)媳妇与公婆

1.婆家婚娶习俗

结婚的第三天称为"三朝日",新媳妇要去拜客,把一些压堆的钱和三套衣服就给婆婆,然后从婆婆手里接过扫帚,再从门口扫到香火面前,要扫三遍,这有扫财的说法。然后就由婆婆带着,在亲房各家拜伯爷、伯母、叔爷等,同时这些叔爷、伯爷还要请客吃饭。

2.分家前媳妇与公婆关系

(1)婆家家长与当家。我嫁到上潘家河,婆婆已经过世了,来了几年之后,丈人(公公)也去世了,老伴只有一个哥哥,丈人在哥哥去世的第二年也去世了,之后就是我和老伴两个人。我和老伴结婚之后,就是我们两个当家,本来这个家就人少,我们一直没得分家,老伴的哥哥也是一个单人。

(2)婆媳规矩与关系。解放前,婆媳关系能否和谐在于婆媳两人是否讲道理,媳妇要是讲道理,在娘屋里就要教,就说嫁过去要放好点,要行孝。但是没得早上要去打洗脸水,晚上要去倒洗脚水的,婆婆坐着我要站着,不让你坐,我就不能坐这些情况。因为已经到了民国时期,讲求平等、平权。前面说的情况,民国之前还是很多的!

(3)财产权。娘家带来的家产,一般是媳妇自己掌管,带来的土地,地契上是媳妇的名字,保管者也是夫妻二人,但是如果家庭遭变故了,需要卖田,卖的时候一定要先考虑娘家的人,然后再是其他人。说到解放前的离婚,除非很烈的女性才会离婚,一般都不离婚。

3.分家后媳妇与公婆关系

(1)分家。农村分家,嫁出去的姑娘一般不得物品,只是看一看情况,对分家当①的公平提出自己的意见。如果哥哥们分家,年纪小的妹妹就管不了那么多了,没得权力。农村有几个儿

---

① 家当,指家具。

子,没成家之前都是跟父母住在一起,大儿子结婚就独立出去,二儿子结婚就独立出去,分家最明显的表示就是"再做土灶",分家一定会分灶吃饭。分家,妯娌伙的不参加,但是母亲必须参加。一般父母和小儿子住在一起吃饭,农村人认为结婚是父母的责任,所以儿子结婚的花费是父母的责任。然后因为农村种庄稼,父母的田地就给小儿子继承,照顾父母,一般大儿子如果行孝,就提供点什么东西,如果父母百年归世,大儿子就要花点钱。

(2)赡养与尽孝。养儿防老,不少老人认为"不要女儿路边哭,而要媳妇守灵屋",认为养老是儿子的责任,儿媳也是要照顾公婆的。我家公公一直是我们和大哥赡养的,去世的时候所穿孝服也是一样的。

(3)公婆祭拜。我的公婆坟墓并没得挨在一起,清明节扫墓多是男将去,妇联①会在家做事情。

(4)离婚。男的主动不要媳妇的,那多数是男将已经有一个预备着,这样娘家会叫自己的女儿回去。即便公婆不同意儿子离婚,也没得办法!娘家再不喜欢姑娘被休也没办法,遇到这种情况,娘家会叫回自己的女儿,然后再重新做亲。当时离婚,一般是夫妻双方处不好,婆家要休妻,还有是妇女太厉害,家里鸡犬不宁的,所以休妻。那个时候离婚,没得什么条约,也不需要什么证人。

(二)妇与夫

1.家庭生活中的夫妇关系

(1)夫妇关系。我和丈夫是五八年结的婚,已经是新式婚姻了,我还是很满意丈夫的,他言语虽然很少,但是人很善良也能干,所以我还是十分满足的。

(2)家庭地位。我们的家庭不大,一直也没得分家,成家立业之后,丈夫是家长,农业生产大多数是他安排。那个时代的男性如果不成器,妇女比较厉害,妇女就能够当家。家里要建房子,大多数是因为伢大了,需要娶妻生子,房子不够住了,所以就想要建房子,那个时候建房子不需要登记什么!

(3)娶妾与妻妾关系。解放前,除了富人娶妾,穷人一般没得能力娶妾,娶一个妻子就很难了,富人娶妾是不需要跟正妻报告的,小妾进家门,正妻就抛在一边。一般小妾仗着男将的势,就不会拜正妻,将来各人伢各人养。

(4)典妻与当妻。我们这里没得卖妻的情况,但是河南那边存在,因为我们这里与河南挨着的,所以我们这边有卖妻的事情。中人(中间人)带着要卖的妇联,有合适的买家就卖出手,抽点钱,再回河南。

2.家庭对外交往关系

人情客往的都是男将决定,妇联不决定,要是男将不在家,妇联也不会代替男将参加酒席。妇联就织布纺线,上街买东西也多是男将。

(三)母亲与子女的关系

1.生育子女

(1)生育习俗。解放前,上潘家河妇女生细伢,生下男孩,女婿给娘家报喜就割一块肉放在篮筐里,并且里面放一支笔,意思就是有文才。生女伢,篮筐里就放一把剪刀,意思就是能

---

① 妇联,此处指妇女,与男将相对。

挑花绣朵,是做针线活的能手。在这里,一房生第一个伢就特别珍贵,无论男女。生下来第三天称为过"三朝儿",这一天娘家的大嘎、细嘎①挑着几担东西过来庆祝,并且商议哪一天再"过客",一般上潘家河这里,细伢出生的十五天前后请客吃饭。"三朝日"时,假如娘家日子好过,准备的东西就很多了,一个笭筐里面装上一些米,称为"长寿米",意思是细伢以后生活充实,大米不断。但是大米只能舀一些留给婆家,其余的娘家还要带回去。米里面还得放一罐甜酒,这是娘家自酿的,一般很亲的关系才会做甜酒。另一边的笭筐里面就放很多油面、油条、馓子、百把个鸡蛋,这些东西就是一挑子。然后第二对笭筐,一个笭筐里放着木制的嘎以,另一个笭筐就放娘家做的鞋子、帽儿、衣服等,娘家日子好过,还会给女儿也做一套衣服,挑更多的东西来庆祝"三朝日"。婆家亲戚,婶娘没事的也会准备些东西。中午吃饭之后,婆家就会将甜酒、油条、馓子等拿出来请湾里的妇女过来吃喝,湾里的妇女手头比较宽裕的,就会拎十几个鸡蛋过来庆祝,主家也会退几个鸡蛋回去。"三朝日"这一天,婆家会准备祭拜的东西,感谢送子娘娘,祭告祖先有后人。小伢还要洗胎(给刚出生的婴儿擦洗身体),一般是剪生娘娘帮忙洗,将艾叶和之前祭拜送子娘娘时杀鸡留下的鸡毛泡在一起,将小伢放在盆里,洗完了之后,就拿一个鸡蛋仔浑身滚,有经验的接生娘娘一边滚,一边嘴里还会念词,"一滚眼睛亮看四方,二滚耳朵听话,滚了嘴巴会说话、头发黑如墨等等"。洗完穿好衣服之后,爷爷奶奶会抱着孙子再绕着湾子走一圈,称为"捡点财"。母亲就开始在房间坐月子,一整个月都不能出房门。到了一个月中的第二十七或二十八天时,娘家的母亲就会送点东西过来,并且请女儿满月之后回家吃饭,称为"满月饭"。一般是到了一个月之后的第三天,男伢可以不用到第三天,娘家就有人来接女儿回娘家吃饭。生的女伢,女儿则一定要满三天之后才能去回娘家。娘家就会接姑娘回娘家,女儿当天再自己回婆家,一路上不能往后看或者东张西望,东张西望,细伢喂奶会吐奶。

(2)对子女权力。男伢和女伢在没得结婚之前,自己做副业所挣的钱财都是归自己家庭所有,男伢更甚,这些钱财都是补贴家用了,即使男子成家结婚,所攒积蓄也只能用了就算了。

2.母亲与婚嫁后子女关系

我自己只有一个儿子,在农村,一个儿子和父母是没得分家的,只有兄弟之间分家。我三个姑娘早已出嫁。现在我和老伴两人安度晚年,有时候会到女儿家住一段时间。农村父母养老,假如老俩口都在,一般和小儿子一起居住,一直不会分家。平时其他的儿子就要平均供养,哪几个兄弟负责父亲、哪几个兄弟负责母亲。女儿没得赡养的责任。要是其中一位老人去世了,另一位要么跟着小儿子,其他儿子平均供养或者以"轮工"的方式赡养单亲。在农村,如果儿子、女儿不赡养老人,老人会找政府,闹得僵的时候还会上法庭,老人会告儿子不告女儿。假如老人没得儿子,女儿又出嫁了,老人一般会独居。到了老人不能自理时,如果自己的侄子孝顺,老人也开明,会将自己的财产,房屋、田地给他,侄子就会负责养老。不然就会居住在女儿家,百年归世时就送回自己家里来。

---

① 细嘎,指外公外婆。

三、妇女与宗族、宗教、神灵

（一）妇女与宗教

1.妇女与宗族活动

解放前就是阴历十月十五，潘姓就会祭祖，一般都是男性参与，民国以前没得女人能够参与进去。民国时，只有屋里没得男的，姑娘比较珍贵，就让你去。假如是妇联（妇女们）的，就不要你去。那个时候，家族要是富裕，总会好面子，办的酒宴就特别气派。只有祭祖，大家伙才会聚到祠堂里。宗族里一般不会在祠堂开会，假如需要商量什么事情，比如说读书什么的，伢聪明好学，家庭困难又无法读起书，家族就会商量帮助点。但是这种待遇只对男伢，女孩没得。解放前要是修族谱，一般也是男的参与，没得女性会参与，主要也是因为女性不认识字。但是解放后，由于资金原因，女的姓名通过捐款的方式可以写进族谱内，同时也可以帮助修族谱。

2.宗族对妇女管理与救济

（1）宗族与生育、子嗣繁衍

以前生下伢，宗族里不会有什么仪式，一般伢到了"三朝日"，在家办上香案，祭告自己祖人以及感谢送子娘娘。这都是各人各家的事，宗族没得么表示。即使妇女生下的都是姑娘，如果家族大，外人是不会取笑的，但是自己的家族房里会有人嘲笑。那个时候，要是生下许多伢，有的家庭会有溺婴，主要是女伢。族里也不会管这些事情的，因为主人家会以"那你带回家养啊"为反驳的借口，族里不管这些事情。

（2）宗族对妇女救济、排斥

解放前，宗族对名声不清白的妇女会出面管理，不好名声传到户族去了，户族就去说教，对女伢的名声看管十分严厉。以前讲婆婆管媳妇，但是有的媳妇不服管，喜欢和婆婆争吵，那个时候婆婆如果不喜欢媳妇，就磨（折磨）媳妇磨得好狠，只要不出大事，宗族就不会干预，娘家也不管。要是出事了，投水、吊颈，那隔壁二三家或者叔伯爷的就会解合（调解）的，但是娘家要是户族大，就把媳妇尸体在香火案上放几天几夜，娘屋里就要求要什么样的棺材，要穿什么样的衣服，娘屋里有头面的人都来，再就请饭，有的娘屋里把桌子都推倒，婆屋就得重办。要是不答应他们的要求，他们就在婆屋的吃喝，还要让道士唱道，逼迫婆屋的答应。要是男将出轨，害死自己媳妇，宗族也会说他，但是仅限于说教，没得什么惩戒措施，男方要是不改，宗族也没得什么办法。

（3）族规与妇女

在以前没得明文规定，妇女与姑娘应该遵守什么规则。如果屋里尽是生女孩，那主家就想要一个坐堂女婿①，一般家里穷，弟兄多才会想着要当坐堂女婿，她们生的伢也是随着娘姓。男女办了结婚的正式手续，男方可以代表自家参与祭祖活动，死后可以入祖坟山，进入族谱中。宗族不怎么管婚姻的门当户对，一般那是各人家户的事情。对烈女，宗族还为她们修牌坊。妇女要改嫁离开，户族也没法管。丧夫的女人，假如有公婆，女孩就让女人带走，男孩就留下。一个家里，假如女的没法生下男伢，就会过继一个伢过来，过继的顺序是先仅里，后仅

---

① 坐堂女婿，即招赘。

外①,仅了箩櫊仅布袋②。就是说先过继自己家兄弟的,然后是户族的,最后就是舅爷的,再就是更远的一些亲戚、外人。过继的仪式也好重要,主家都要请客吃饭,会写的人要帮忙立祠,写进谱里。杂姓的人也还要请去喝茶。

(二)妇女与宗教、神灵、巫术

1. 神灵祭祀

在我们这边,以前见过求雨的,那是个人的行为,是一个男将操作的,没得其他人参与。女的也不参与这些活动。在潘家河这边,除了到庙里敬神之外,在家里也有一些敬神的事情,如敬灶神,一般大年三十,要在灶上烧上香炉,弄一折黄表,在灶旁边燃烧,并且再用籽油,将芯点燃,这都是女性来操持的。

2. 仪式、性别分工

在上潘家河,有的家庭为了实现愿望,就会请唱戏。唱戏和敬神是联系在一起的,它有大戏和小戏,大戏如花鼓戏、楚剧,小戏就有(是)划彩船的、踩高跷、皮影戏。比如说皮影戏,一般分为湾里共同请人唱戏、家户各人许愿唱戏。湾里请人唱戏就是集资出钱,承头③安排比较会来事的妇女做饭,供唱皮影戏的人吃饭,一般中午吃完饭,下午晚上演出,第二天早上皮影戏艺人就走了。唱戏是为了热闹,祈求湾里风调雨顺、家畜兴旺,所以在开始皮影戏之前,要"祭台",要点燃烧纸,戏班的人拿着菩萨名称簿,一直念词,请天上的神仙下来,皮影在幕面前跪着操作,承头也要陪着跪着,直至烧纸燃尽,然后再请菩萨走。承头的都是男性,女性只会起到辅助作用。

3. 宗教信仰

我自己不信宗教,丈夫也不信教,七里坪有人信教,有男的也有女的,一般信奉宗教是指望神灵能够指引自己。

四、妇女与村庄、市场

(一)妇女与村庄

1.妇女与村庄公共活动

(1)村庄活动参与。结婚以前,假如有唱戏的,我会出去看戏,看戏没得么年纪限制,只要本人有时间,一般会告知自己的父母。要是父母不能陪同,父母会委托人照顾伢。到了出嫁之后,也会去看戏,一般男人一起,女人一起。

(2)开会。解放前,国民党领导村庄是不开会的,即便是男将也不会参加会议,更没得说是女的。

(3)村庄绅士、保长、甲长印象与接触。女子结婚的时候并不请公家代表,也告诉甲长,甲长都是一个月一轮换。不存在登记更换户籍的事情。

(4)公共建设摊派。解放前,湾里要修一些公共的东西,比如说像这涧沟,没得给妇女摊派任务,主要是考虑到她们都是小脚,即便是摊派费用也是一家一户进行摊派。妇女个人是没得金钱的,在一个屋里,金钱一般都是男将管,女的没得权力管。

---

① 意为先里后外。
② 意为先箩櫊后布袋。
③ 承头,即带头人、主要负责人。

2.妇女与村庄社会关系

(1)村庄社会关系。在出嫁以前我也有自己的玩伴,我们两个结婚的时间是同年同月,前后只隔三天,我的玩伴没来送我,我也没得送她。假如女伢嫁的地方偏远以及日子相隔时间很远,伙伴就会送新娘子,同时随着女伢的家庭一起哭嫁。我嫁到婆家来以后,也有相交到比较好的朋友,不是婶娘也不是妯娌,但是感情很亲近。作为新媳妇,不会拜望邻居,但是会拜望自家的叔伯。

(2)务工与报酬。解放前,很少有女的外出换工,尤其是民国以前,女的小脚,做事不方便,所以外出换工的比较少。即便女的换工,只有在屋里帮忙,用饭甑蒸饭,负责中午和下午的饭菜,除了正餐还要做一些小吃。要是女工换男工,肯定是很亲的人,关系很好。这样换工肯定是平时相合,就像好朋友一样的。

(3)妇女聚集与活动。妇女做副业,所以会聚集在一起,但是她们中间没的领导者。在解放前,全都在闹革命,没人将妇联组织起来。解放后,国家不允许随便建组织,拉帮结派。那时候人们喜欢在树下或者洞沟桥上聊天,男的和女的一起聊天,要是人喜欢说话,七十八样的东西都说。有的男的还会到别的湾里去聊天,但是女的很少到别人湾里聊天。即便丈夫、公婆不管,生活艰难,事也很忙,女人没得心思上别湾聊天。

(4)女工传承。那个时候有的媳妇嫁到婆家不会做鞋子,当家立志,没得办法必须要学。那时候一般的人也不实心实意地教,所以刚开始的师傅是自家的婆婆、婶娘,然后是自己玩得比较好的伙伴,无亲无故的别人就不会教!

(5)妇女矛盾调解。妇女关系好的有很多,但是也有打架生事的,解放前有的男将将自己媳妇拉回家,有的不管这些事,然后稍微长一点的长辈公正地评理,到了解放之后,妇联(妇女们)打架就去找干部调解。

(二)妇女与市场

1.市场参与与市场排斥

我出嫁之前一般到七里坪镇上赶集,会邀约自己两三个玩伴一起去,这是要得父母点头的,一般就买自己需要的东西,布草啊。出嫁以后也会到集市,这在几天前就要跟自己的丈夫说。市场中也有女的商贩,女的可以到外乡的市场中去,但是路途太远,就不会过去了,更加不可能留宿外面。尽管妇女能都到外面去买东西,但男的上街买东西的要多一些。

2.交易活动

草鞋店的村民会卖一些杂粮、豆子或者柴火给住在镇上的人,女伢用织的布匹再去换棉花,一般绸缎庄会有这样的。要是会织布,自家有穿的就会换棉花,不然就自给自足,卖出来的钱都是补贴家用。解放后几年,成立合作社,一般东西合作社都有卖。小队有发票证给我们,对于用不完的票证可以借给别个,明年有新票再归还。

五、农村妇女与国家

(一)农村妇女认识国家、政党与政府

1.认识国家

我听说过孙中山、蒋介石,以前就听大人说起过一些事情,毕竟生活在这个国家中。直到现在我喜欢听新闻,知道现在的国家主席是习近平。

2.认识政党与政府

我知道什么是国民党,但是这个党离我很远,我的身边并没得国民党员,更没得女性国民党员。最开始是土地改革的,对于解放前共产党,以及身边的共产党员,我不是很清楚,因为当时共产党的身份是机密工作,知道和接触到共产党员、女干部也是解放之后的事。相对于解放前,妇女得到了解放,女性可以建党建团,我当时建团了,并且满了十八岁后有选举权和被选举权,当时主要是通过举手表决的方式,一般基层小队的干部都是群众选举产生,通过率要达到百分之七十,少数服从多数。大队、乡政府、区政府也是选代表选的。

3.收税

解放以前,普通群众接触到政府的情形有四种,一是征收灶头捐,也就是"苛捐"的意思,上面按每个家户中有一个灶,要收费;二是抽取壮丁,解放前国民党在湖北抽壮丁,家里有几个兄弟,就找合适的人当兵,但是那时候当兵就要当到老,不能转业;三是秋收之后,就有甲长上门征收粮食;四是地方有强盗或者马贼的,政府要出面,平时是接触不到政府的,群众也不会去参加保长、甲长的会议,所以不存在妇女发言的问题。我自己没得裹脚,出生时这种恶风俗已不流行。

(二)对 1949 年以后妇女地位变化的认知

我知道妇联(此处指妇女联合会),年轻的时候自己也做过妇女队长,那个时候毛主席宣传妇女能顶半边天,儿女的婚姻很多是自己拿主意,但是还是会听取父母的参考意见。即便父母不同意,一般也不会找政府帮忙。社会是进步的,在民国时期,我的上一辈还有她这一辈在周八家附近都没得缠足的习惯,但是那个时候河南人卖人到红安地区时,河南妇女是缠脚的。

妇女受教育,我自己没得读书,但是我的姑娘都读书了,有一个读到高中毕业,其余两个也读了初中。到现在我有两个外孙女,一个女伢今年高考了,现在在家里等录取通知书,一个上高中。女的受教育权越来越得到保障。

(三)妇女与土改

1.妇女与土改

土改的时候,我家被划为贫农,我只是在周围看别人斗地主,自己并没得上台斗地主。妇女在土改分地时有地的,老人、小孩和男人占得一样的份额,只是土地证上只有男户主的名字。离了婚的女的,要是小队里的土地比较多,男方家就不用将土地让出,不然就要将土地归还集体。结婚的女的也是这个道理,娘家减少人,土地富余就不用归还土地,婆家添人就可以向集体要土地。

2.女干部

解放军一起下来土改工作队的队员,有一位姓易的河南妇女,她胸口别着钢笔,会写作,短头发,斗地主特别坚决。她一般会密切联系群众,走访了解地主的情况,然后在斗地主的时候,和村里其他的干部、之前受到地主严重剥削的穷人在批斗会上批判地主。讲述地主对他们如何、如何刻薄,以及如何收重课。说到激动时,有的就会动手打地主。土改时冒尖当村干部的妇女,对内讲究"三从四德",孝顺公婆、父母,家庭和睦。对外邻里街坊关系好,比较会来事,处理问题的能力强。

(四)互助组、初级社、高级社时的妇女

1. 互助组时期

互助组时期,土地、工具都是私人的,小队提倡建立互助组,如潘家河分为南边和北边,它就可能分为两个互助组,小队开会的时候就选出互助小组长来,并且再让村民自愿加入互助组,比如插张三家的秧,他所在的互助组其他的组员就要过来帮忙,然后明天其他组员插秧,张三也要过去帮忙,这样大大提高了生产效率。那时候的互助组有以性别划分,以地界划分或者以亲疏关系划分。加入互助组和入社一般是家长做决定。

2. 合作社时期

初级社时期,田都交给集体了,农户还有一点自留地,一些菜园。到了高级社时期,所有的东西都归集体了,像锄头、钯、薅锄、箩筐等都要"过称",要在小队里做登记,但是可以放在自家中。对于土地交给集体,妇女们并没得什么想法,认为所有人都一样,现在收归集体没得什么不妥,即便有的家庭拒绝加入高级社,也躲不过村干部的做工作,几次下来,还是加入高级社。我承认,在自己家自留地里做事肯定更积极。"人不为己天诛地灭"到集体劳动的人都会看看他人的表现做事。

女劳力和男劳力都是一个湾里的,即便一起做事也不会感觉到尴尬。妇女在"三期"的时候,怀孕的妇女有两个月可以休息,可是在实际操作中,只能休息一个多月,怀孕八九个月依旧要做轻便的事情,例如洗尼龙、上土(铲土)等,等到了分娩之后就可以休息一个月,哺乳期需要妇女自己安排好,一天喂两次奶,一听到队长说休息,妇女就会从冲里、田埂跑回自己家喂奶,之后又赶回干活。月经期间可以跟女队长说明,让她做轻松一点的活。妇女因为亲戚家有大事,比如生伢、满月、结婚、死人这样的大事才会跟队里请假,因为请假就相当于你的工分没得了,这对以工分换粮食的农村人来讲这是致命的事情。

(五)妇女与人民公社、"四清""文化大革命"

1. 妇女与劳动、分配

在潘家河附近,工分为"包工"和"点工",这两种工换取的工分也是不一样的,点工是小队自己排工,妇女工分最高是七分,周八家有两个妇女得到七分,潘家河六分半、六分、五分半、五分等都有,男的最高是十分,低一点九、八、七等。一般妇女比较勤劳,什么事情都能干,自己能上早工、家里没得伢牵绊才能得七分。有伢的牵绊、能力可以不能上早工就六分半。身体不好、有伢、不能上早工,甚至有时候迟到就是五分及往下。而包工则比较灵活,强调"同工同酬",同样一块地方,男女做的一样多,一样好,男性和女性就是一样的工分。那时候的女性即便是底分比男性少很多,但是依旧觉得没什么不公平,顶多妇女在发现自己所得工分显失公平,如与其他男性、女性做的一样好,但是相应分子低,这样妇女才会提意见。吵得厉害的时候,记工员会适当地在妇女分范围内,将分子提一点起来。当时,我家我和老伴一起能挣三千到四千工分,我能挣到一千多工分,我的底分是六分半,其他的妇女很多都是几百的,我还是算多的。生产队分配每月每人四十斤谷子,但是小队会扣下十二斤谷子放在仓库里,有伢读初中、高中的家庭就不用扣下伢的十二斤,这称为"吃平均粮"。平时小队还会分配杂粮以及油,每月每人四两油,伢多的,分得的油就多点,每月月末,小队的财经、会计就会核算,家户做了多少工分,折算成钱,再将一月中所吃的粮食、杂粮、油换算成钱,二者相减,如果有剩余,可以用剩余的钱买回那十二斤甚至更多的谷子。如果没得剩余的,就刚刚好。如果所得负

数就只能饿肚子,找地方借粮。最后年终再来一次总决算,有剩余的称为"余粮户",没得剩余称为自助户,所得负数称为"缺粮户"。我记得我家只有一年是缺粮户,其余年份多是自助户。

2.集体化时期劳动的性别关照

那个时候也有托儿所,是生产队专门建立的,那些无法从事生产的老人就负责看管伢,相对于无人看伢,有一位老人看管伢还是好的事情。

3.生活体验与情感

(1)大食堂。我嫁过来的时候已经是入社了,五八年吃食堂,村里吃饭、吃菜也是食堂提供的,吃饭要过称。虽然锅还是在自己家里,但是一般在食堂里几个人一桌聚在一起吃,要是你一家五个人,另一家三个人,八个人就配完了。

(2)"三年困难时期"。三年自然灾害,我们这里命还是在渡着,一年到头都有粥吃。但是相对于其他湾子,我们这大湾里吃得苦一些,无论南头岗啊、草鞋店啊,同时我们湾里虽然很多田,但是吃不上饭,因为我们村里有地主,成分不好,大队里也没得潘姓的干部,食堂里就总是那点清粥,日子很难过。

六、生命体验与感受

现在改革开放,生活越来越好,家里有电视机,一般通过听新闻联播了解国家政策,我不使用网络,没得手机,自己眼睛不好,很多时候想联系儿孙,都没法实现。

HD20160810ZCX 郑春香

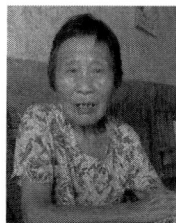

调研点:湖北省黄冈市团风县总路咀宋坳村六组

调研员:胡丹

首次采访时间:2016 年 8 月 10 日

受访者出生年份:1938 年

是否有干部经历:否

是否生育:是

受访者结婚的时间节点、生育子女的具体情况:1958 年结婚,育有两男两女。

现家庭人口:2

家庭主要经济来源:养老补贴和子女赡养

受访者所在村庄基本情况：受访者所在的村庄是在湖北省黄冈市团风县总路咀镇宋坳村六组,这里属于大别山南麓,地处山区,亚热带季风气候,四季分明。现在人口土地矛盾较小,主要是农村主要劳动力流失,许多人进城务工。目前湾里有许多土地被人承包。

受访者基本情况及个人经历：郑春香,1938 年出生于湖北省黄冈市团风县马曹庙镇刘家冲土麻坳,五岁时就被当做童养媳寄养在湖北省黄冈市团风县总路咀宋坳村六组,其母四十九岁时过世,虽然是童养媳,但是有些时间还是在娘家的,在娘家经常挑柴到镇上去卖,补贴家用。二十岁时正式嫁入胡家为妻,后育有四个子女,两个男孩、两个女孩。过来婆家这边,时间已经到了人民公社时期,每次自己都是被安排着上工、劳动,与国家政策的变迁一致。改革开放以后,她和丈夫两人承包了一些田地。现在老了,经常生病,她不再种地了,主要是靠自己先前的储蓄、子女抚养、国家养老钱过生活。目前她认为日子很好过。

一、娘家人·关系

(一)基本情况

我叫郑春香,今年七十九岁,出生在刘家冲,它在土麻坳属于横七乡,山区。娘家的日子很穷,相对于婆家这边湾子,两边都差不多,都是很穷。那个时候,没有分家之前,父亲有兄弟四个,下面还有自己的孩子,一共十几个人。后来分了家,我们兄弟姊妹六个,再加父母一共八个。我家有四个男伢、两个女伢。家里的孩子多,父母把我和妹妹都送出来抱养,妹妹被抱到隔壁湾里去抚养,后来她寄养的父母隔三天相继死了,之后她就被带到江西去了。我们家就只有父母是劳力,要管八个人的饭。父母的身体并不好,我的母亲总是生病,四十九岁就死了。其实以往的人生病都不诊(治),拖着,拖死了就算了。父亲五十九岁的时候去世的。我家里没有自己的地,全部都是在地主家租种的,那个时候还是能吃饱饭,搞七搞八的吃,但是吃的不算好。我父亲说粮食要卖钱,要买点自己田,光是种点租的田不好,总是要交租子,他想存点钱买田,还没买田,新中国就解放(成立)了。除了种地种田,我们还会挖山种烟叶。我们那里流行种烟叶,然后自己卖钱。我的父亲没有挑担做生意或者在哪里做短工。记忆之中,烟叶很难种。娘家给我最深的感受就是穷。原先我的奶奶那会儿在讨米呢,我五岁的时候,从家里出来,做童养媳在丈夫家长大的,在丈夫家生了四个孩子,现在儿女已经成家立业了,自己和老伴住在老家,生活还算舒适。

(二)女儿与父母关系

1.出嫁前女儿与父母关系

(1)家长与当家。那个时候一般都是男的当家,女的没有当家的,即便男的不成器也是如此,除非男的去世,家里没有支柱,才会让女的当家,并且还会请叔伯帮衬。以前我们这边房户下有个陈三婆婆,她勉强要当家,她有狠啦,很恶,因为她自己本身会功夫,娘家的舅兄也是会武功的,家里也比较宠她,即便如此,她的丈夫依旧会抢着当家的,家里的经济大权是握在男人手中,两人不相上下。村里人都不管这些事啊!没有哪个说闲话。

(2)受教育情况。我自己是没有读过书的,兄弟就是自己的小兄弟读了一点书,但是我们湾里的张凯她婆就读书了,她写很好的字啊。当初她的家里好过,家里还是让她读书,当初都是在学堂里和男伢一起读书的。我湾里年纪大的人,除了她读了书,年纪大的还有余细婆认识字,江家姐也读了点书。一般人不会说"女子无才便是德",但是湾里的陈三婆婆,她说女伢都是要到人家去,哪个人家的人还要读书呢!

(3)家庭待遇。吃饭。饭桌上的规矩,不是男伢先吃,女伢先吃。之前是女伢在别处去吃,男伢可以上桌子,除了来客。一般正常的时候,女伢就夹点菜在旁边吃,男伢不说什么,我当小伢的时候就是那样,以前就更不用说,她们说女伢是人家的人,不能比着,她夹点菜在旁边去吃,都搞习惯了,心里也觉得没有什么。那时候唯一欣慰的是盛饭都是大人盛,大的帮小的盛。大人、当家的人就在上位坐着,客不能坐在上位,娘可以坐在旁边,这是熟客来了的待遇。

做新衣。那个时候很少穿新衣服,那做也是叫裁缝到屋里来做,一个做一点。像我很大成人了没有穿过新衣服。我成人才做了一件袄子。我的老伴到我的去过路^①,还向志儿他爸爸借

---

① 结婚前男方要接女方的男客到家中做客,此次接客表示女方同意这门亲事,一般是确定结婚的日期。

的一条裤子，老伴一直没有做裤子，这其实怎么是个好裤子撒，那要是现在还没有哪个要。有时候被逼急了，那还是要做一点衣服，就是不像样子的破布，我们做衣服都是红棉布搞得糟把子糟①，外面再搞点竹叶青，煮一下，白色也可以煮，染的布，洗一回就褪一回色，那就是没得钱的做法。

（4）对外交往。压岁钱与拜年。那个时候穷啊，穷到都不知道什么是压岁钱。出去拜年呢，伢要是大一点就拜年，有的大人带着，有的不带。基本上都带着少，以往总是走路，大人嫌麻烦。以前拜年就包着四方的包，那百里路也是要走，说我拿四两糖化碗水喝，就像这样客套地说。一般都是男人去拜年，哪里有女人出去拜年呢！别人不喜欢女人出去拜年，大年初一更没有女人出去拜年啦。也不能带着女伢这屋里跑那屋里跑，不然就批评女伢这屋里跑到那屋里。那动不动就是说女的是人家的人，她要过第二家的，我记得开口就是这句话。即便是吃酒席，女人是不能去吃的，男的要是不在家，钱物可以请人帮忙送去，但是女人不能去。

讨米。那出去讨米的有男的也有女的，都是一起出去讨米，要是觉得人多，别个就多给一点。往年"日月"的人还多啊！就是女人刚生了孩子，没有饭吃，生了没有几天，就把头用毛巾系着，到处湾里去喊，不到屋里去就是在门口，坐在地上，说积福的婆婆婶娘，你把②点月母子③过去啊。认识不认识的都会讨要。主家人要当餐吃饭的时候就送点饭吃，不然就铲点米儿给她，一般这样的妇女是不带孩子的，人家也会把一些，那除非没有了，要是有一点也要把一点，这样的事不同于其他的事，这跟健康的人讨米不同。

（5）女孩禁忌。玩耍。我可以说，我五岁学着纺线子以后就整天做，哪里有个时间玩啦。但是有的家庭环境好，她就有时间玩，娘屋里很好过啊，要是穷，就一直是做，做死了还是做，还没有吃的。我记得我跟百福寺的姨儿是同一年的生的，她的家庭环境要好一些，靠着有大人，还有个二伯跟着她家过日子，养的人多些，日子好一些，她总是睡着父母身上滚，也没有说到哪里去玩，就睡着父母身上滚，玩啦！在屋里玩，没有出去玩。

晾衣。男的衣服放在前面，女的衣服晾在后面，裤子要拿一个矮竹篙系着上面放着。我到这里来，已经有了几个孩子了，那个陈三婆婆骂得我辫子竖④，我晓得男的晒在前面，还要晒高些，那都晓得，但是总是骂，说你晒着没有样子。然后那晒柴呢，老屋那个坡晒着，然后又是骂，说你晒着没有相，说你晒着不好。她看见你搓衣服慢一点也要说。不是怎么解放之后说男女平权，是什么平权，百样都平权，之前总是压着女的。

（6）"早夭"情况。以前小孩子去世了，没有超过一岁就用什么卷着，超过一岁用匣子装，不能用棺材，女孩子也是一样的，最后葬在空一点的地方，不能是正位置埋葬，没有说热闹，就是抵手⑤的亲戚参加，一般上位亲戚，也是到后来过身⑥再说，先不说，也不过客。逢年过节也是自己人烧点纸钱。死后不能够进入祠堂里。

（7）家庭分工。我是没有包脚的，我的娘的脚包是包了，但是我的外婆没有耐心，所以娘

---

① 形容破旧得厉害，补丁加补丁的样子。

② 把，意为给。

③ 指产妇。

④ 意指骂得特别厉害。

⑤ 抵手，指直系或很亲的亲戚。

⑥ 意指埋葬，完事了。

是个鳊鱼条脚①,就是这里的婆婆是个小脚。她们只是在家做家务事情,也可以到畈上去捡棉花呢、捡豆、摘菜什么的。但是男的才会地里种叶子,过了年之后就挖叶子山,很陡的山就在山上去挖,把那个草挖起来一抖,然后就把它挑回来、烧诶。那时候还种田,种小麦啊!还种懒叶豆。小脚女人是干不来这些事情的。之后我的大哥成了人以后就到汉口、武昌的农场去了。老二成了人呢,就到青山当工人呢,以前没有成人,就跟着一起挖山,那就是半大的时候。老三成人之后就去当兵,当了四年兵,老四算是伤心②,他刚出头(出生)没有多大的时候,我的娘就死了,没有人看,他还到江西去待了一年还是两年。那个时候大哥初到武昌、汉口农场里也是没有饭吃,农场开荒破草,不知道有几③苦啊,苦啊!他也在那里待了一段时间,在屋里呢,跟着外公待一下。我那个时候就在家里挖叶子山,那叶子山几远呢,我们这里到火石凹那里,那很高的山,我中午就做饭,往那里挑啊,一点伢慢慢往那里挑啊,我整天有做的,在家我有布就办布啊,纺线子就纺线子,不止是做饭这一样,见事就做事。

(8)学手工。鞋子,我就说一个巧话,瓦屋湾的老老外婆在,她说学着做鞋没有巧,它是有样子的,你就抱着样子转啦,照着样子转啦。那样哪学得了。我学鞋怎么学呢,我的细老外婆她的舅爷当书记,那个舅母娘她先结回来④的,她教,然后湾里还有个嫂。她就时不时教一会。以往的人还讲究那样学,把底子剪这么大,称为假脚鞋,我拿着厕所去学,我怕丑就拿到厕所去学,就学着做,当时我已经有十五六岁了。我的儿女的鞋子都是我做的,我这公公总是骂我,说我不跟他做鞋,我们那个时候又要做鞋又要做分,哪里有时间给他做鞋子。我姐娌结了之后啊,我们先一起过日子的时候,家里点一个煤油亮,三个人共着(共用),我的婆婆就纺线子,她晚上、清晨纺线子,我就纳鞋底,就是就这那豆儿那大的亮儿,那黄州的姐娌就做帽儿,她做帽,三个就共着亮。但是织布我没怎么织,我后来没有在这边待着,回到土麻坳去了。我五岁到十岁在这边待得多一点,十岁以后,娘死了,那边需要个人做,就叫我回去帮着做事。

(9)家庭教育。男女教育,要是儿女都在跟前来了,父母就不会很不一样地对待,以往的那个朝代,要是养不活就带到外面,找人家抱出去。再就是拿个菜篮把伢装着,放在树上去挂着,哪屋里要就哪屋里捡去,养着做媳妇。以往经常就是这样的事情。假如这里不要,人家又拿到别处去挂。有的人家有儿没有女儿就捡回去养着做媳妇,一般的人家没有树立什么家规,女伢和男伢应该遵守什么啊!

(10)生日及成人礼。我做小伢的时候就不过生日,我的兄弟也是一样,因为家里太穷了,但是富人家不一样,他们会抓周,过生日宴。我出嫁以后,生了大儿子,过月子间,婆婆做个鸡子,结果他(我的公公)总说没有给他吃,把鸡总是按着打(意为舍不得杀鸡吃),说没有给他吃,家里谈不上吃什么,所以生日也不是很大的事情。农村那个时候是这样说的,男的十八就立父志,那就要立志,女到十八要到婆家去,这都是成年的时间,但是即便是这样的节点,实际上没有什么仪式。

---

① 包脚时并没有完全折断,是比较直的样子。

② 伤心,指可怜,悲惨。

③ 几,程度副词,表示很、非常。

④ 意指先结婚成家的。

2.女儿的定亲、婚嫁

我是童养媳，所以感触最深的就是童养媳的经历。总觉得以前的人，人心不晓得儿狠啦，江西的妹妹，她抱到瓦屋湾养，那一家是姓李，是和细瓦屋湾的郑婆住在一个屋里，一家住一边，他的姓李，先说是抱着他的做媳妇，也是做童养媳，那也是九磨十难，那个时候她总是到这细胡家湾来，舂碓、磨磨、洗衣裳，那时候就做这些事啊，她抱养的爷娘身体不好，当时抱养的爷娘隔三天全部死干净了，死去的时候她就十一二岁。要是我的老子把她留着，她去不了江西，但是我的老子不要，让她跟着李家的叔爷一起过。他说那我领去回做什么，领去回我也养不活。姓李这边有叔爷，有个细爷(指自己父亲最小的弟弟)，这个细爷懒得要命，他自己也过不来。后来江西有个姨婆回了，姨婆回了就带到江西去了啊，但是我的妹妹和我父亲的关系一样还是很好，先的人就是那样。那先有两个女伢就像是要窖粪①，像不知道有几多一样，那就是多着一世界②。与妹妹相比，我要走运很多，我五岁到这里来，那个时候胡家也没什么东西给我父亲，最后平安生活在这里。实际上我说啊，将女伢抱养出去，那是属于大人没有用，养不活。现在也不同，养不活就不养那么多。先不行，没有什么控制到，先有几多生几多。以前还有很多娃娃亲，在肚子里就说，说我的要是个女儿，你的要是个儿，我就跟你开个亲。当时只是说说，当时不请酒，那就这样说下，后来如果生了，长大了再说，大人说了就算了，不管你小人愿意不愿意，成亲的时候也不要写婚书。

我们这里流行过路③，过路就是说好了，确定了婚姻事实，以往就是过路多少年才结婚，过路形式就是你到我的来，我到你的来，二下④办酒。湾里人有的请，有的没有请。结婚的时候，男方会到女方家里去求门，求门就是把门拴着，鞭炮一边放着，一边放着，然后总是说让打开门，娘屋就说不打开，不打开，要求还要放一会，放炮仗、驮进门的是婆屋里人就是婆家的人呢！还有打锣的啊，吹喇叭的，抬轿子专门租人家的，有安排的。

3.出嫁女儿与父母关系

像老人要是死了，女儿要回来哭丧，吃丧酒的时候，儿子和女婿要一个一个桌子敬酒，但是女儿就没有跟着。女儿一般是过了头七⑤再就回去，那就是很快的。去世的人，今天在屋里，明天就不管，后天就出去了，然后就去陵坟⑥。陵坟就是烧点纸儿，儿和女儿带着去，把坟搞大一点，周围搞好呢！一般来说棺材上面的毯子那就是女儿买的，大女儿带头，要是姊妹几个的话，那看姊妹合不合，要是想一个人买就一个人买，要是不合就平分。还要买屋儿⑦，那个托灵的布⑧。连⑨得一件衣服那么多，丈把布托灵，这都是女儿的事情。

回到娘家上坟，哥嫂当我们回去就会看见了，上了之后再到屋里来。以往多半的女儿，正

---

① 窖粪，形容厌恶女儿就像要扔进垃圾堆里然后埋了。
② 夸张的说法，形容两个姑娘多得怎么都容不下。
③ 过路，类似订婚，两家开始走动了，有了婚约的意思。下同。
④ 二下，指两方。
⑤ 头七，人去世后的第七天。
⑥ 陵坟，指上坟，给坟上添些新土。
⑦ 屋儿，指灵屋，用彩纸和竹子扎的纸屋，烧给去世的人居住的。
⑧ 托灵的布，指托着灵屋的白布。
⑨ 连，意指缝衣服。

月十五的就要回娘屋就要标山①。但是我们这里风俗是七月半没有哪个上坟,七月半那就在屋里烧包袱,那都是烧给自己祖先的。烧包袱是从七月初十开始烧,十一可以烧,十二可以烧,到十三的就迟了,风俗说是祖先要去扬州看会,十三烧,赶会迟了,要烧早一点,而且七月半没有女儿会烧给自己的父母。这七月半烧的包袱,还要留点纸儿在十五的,在畈上去泼水饭啊!把点饭搞点水再到畈上去倒着,再烧点纸儿,那称为泼水饭。前传是这样说,泼水饭就是死了的人没有家里人管,就是烧给那样的人的。而九月重阳也是一个节气,同样没有到坟地上去烧,儿子在屋里烧。女儿想要烧给自己的父母时,不可以在自己的婆家屋里烧,要到外面去烧。但是据说烧了他得不到,所以很多姑娘那就没有烧。

二、婆家人·关系

(一)媳妇与公婆

1.婆家婚娶习俗

以前结婚,新娘子到了婆家以后,拖着晚上回,那还要送亮火去接呢!那有的人就是故意的,就是要你去接呢!而有的是很远,只能天黑了到。到了门口时,那个时候还要回车马,但是我已经不记得具体怎么做了。进入大厅里,在轿子抬到门口来,新娘从轿子里面牵出来,在大厅里敬了香,拜了祖人,带到屋里去,把酒东西喝了,再就是把豆儿,对着新娘身上到处扔撒、撒,一边喊,一撒什么,二撒什么,喝彩,这湾里我听到说是我的公公会撒帐②,别的湾里就不知道是哪个呢!新媳妇结婚第二天,那还要检箱。就是把你从娘屋挑来的箱子,打开给婆婆爹爹看,要走个过场,就是看你有些什么东西,有的怪物③人就不给别人看,就说我里面没有什么,不给别人看。我们那个时候,里面没有什么东西就没给公婆看。第二天早上要做炒饭吃,昨天晚上的满碗饭要炒着吃,然后就去娘家,去了回了,就到亲房叔伯屋里去,人家就放个鞭炮啊,回来之后新娘子要扫地,然后要到泔水缸里去搞一下子。

2.分家前媳妇与公婆关系

(1)家庭矛盾。那个时候家里妯娌兄弟有些矛盾,我的婆婆是不会理会的,我的公公只为弟媳,例如他买点扫帚叉④要扎扫帚,分家时,他对弟媳打小报告,说那个扫帚还是我买的。果不其然弟媳就说起来了她想要。确实那个扫帚叉是他买的,当初本来是公共用的,然后他说是他买的就一定要过去。那个时候,妯娌兄弟容易吵架,我的老伴不知道吵得几厉害呢,只要吵架,公公一定是帮着小的。

(2)财产权。时代不一样哦,解放前,婆婆老了,儿分家,老人是没有多少钱的,但是那些富人的状况可能不一样,他们会将自己的田地直接平分了,对于嫁妆田继承我不是特别清楚。

3.分家后媳妇与公婆关系

(1)分家。我和妯娌分家,决定一家养一个老人,婆婆就跟着我们吃饭,公公就跟着弟媳吃。这一直的古话,人大要分家,树大要开桠(枝杈),向来是这个事。主要是因为总觉得自己

---

① 标山,意指上坟。

② 撒帐,指结婚当天喝完喜酒之后,有人会将豆儿、花生、红枣等撒在床上,一般寓意婚姻美满、早生贵子。

③ 怪物,形容人聪明。

④ 扫帚叉,做扫把的苗子。

做个家好些呢!有的原因这个样的,她有她就留着,她就吃你的喝你的。所以造成了双方的意见,一般女的喜欢这样做。当时我分家的时候,是弟媳吵着要分家的,那个时候小叔是在黄州当工人啦。我的感觉是反正我总是没有,她要分就分,那有什么不同意的,那个时候分家,一般人分家就会请舅爷啦,请姑爷啊。我家什么人都没有请,因为太穷,没有东西分,请什么证人呢,一般的东西多了分不开就请证人了。这个想得多,那个想得多,又不想拿出来。那个时候,我们也没写物品清单什么的,东西都是共着用,就是老伴说了这个话,别的什么东西无所谓,这屋前屋后竹子、树我要多得点,我的伢大些又是我栽的。那就别怪啊,就惹到她①了,吵到不可开交,然后还说老伴说她没有儿。我老伴说我自己的伢大点,伢以后要结婚,要用。她说老伴笑她没有儿只有女儿,后来惹着她脱不了头②,扯不清楚。那后来总是吵架,后来又是说他当队长的事,她自己养鸭子,一养养一群,到田里去吃庄稼,老伴是队长自己的人怎么不说下,后硬是吵死,总是吵架。最后她要去城里生活了,离开农村,连竹根都挖起来卖了,竹根扎起把子卖了,什么都卖了。以往做的木桶,上面都是窟窿窟窿,一把子糟,她也拿去了啊!那时候小叔回来,一是回来拿伢的窠,二是回来说要伢的嘎以③诶!其实都在楼上。以前我家门前有棵树,他把枝丫都拿过去了,说他要引④炉子。后来永山大哥他兄弟四儿驾车,拖到桥那边,都拉下来,说这放在车上看也不好看。其实那引炉子到木匠那里去买点木头屑,随便怎么引。我的弟媳她一直不爱我的大儿子,为什么不爱我的大儿子?弟媳,她总是骂着不放下,我大儿子就插嘴说,你为什么要这样骂呢!你为什么这么厉害,别骂可不可以!大儿子就这么说了几句啊,后来弟媳又是那个"小杂种"说"不得了""小杂种",骂死了⑤。大儿子就回她一句,你还有撒,他就是那样嘌⑥了一句,那后来又是总是骂我大儿子,然后还要打他,我就在中间拦着,然后我就打自己的儿子说"你这杂种,你这个杂种",那个时候没有办法啦!这些矛盾的积累,就使我们都有分家的意思,其实那个时候分家也是很简单的,因为没有财产问题,分家就是各吃各的,各人搭一个灶,粮食在小队里。屋里什么都没。也不分东西,就在一个大厅里,锄头、嘎以⑦都是共用的。要用什么东西就自己拿,各人的钱各人用,就只分这个家。

(2)赡养与尽孝。当初分家的时候,弟媳一直说我要爹爹,爹爹可以做分(工分),爹爹可以放牛,有点分,我不要婆婆。因为我的婆婆屁股上长了一个很大的痛的(疮),常年累月的不能做事,而且还得料理她,所以婆婆就跟着我了,后来爹爹跟着她呢,年把两年放个牛,放了个牛,放了两年,后来就没有放。那说的还笑人些,分了家两年公公就死了,当时分家一年多他就得了病,他是得了那个癌症病,腊月间姑娌要到黄州去,她铲一升的米给我,那时候爹爹就已经得了病。她说,就让爹爹在你这里吃点,到黄州去了,后来她到黄州去了一直连过年都没有回。爹爹得癌症病,他得的癌症病也是巧,他总是要灰面⑧做粑,正月间就要糍粑烙着,他总是喊,郑儿,你办点我吃下子啊。我说你喊梅容(指姑娌)啊,你喊我做什么呢!他说莫提旧

---

① 此处指老人的弟媳。
② 意指不放过,较真争吵。
③ 方言,音译,此处指儿童座椅。
④ 引,指引燃,点着。
⑤ 骂得很厉害的意思
⑥ 音译,指随口说,脱口而出,没有控制言语。
⑦ 此处指家什,农作工具。
⑧ 灰面,指面粉。

话啊,莫提旧话啊,就是这样的。

(3)公婆祭拜。后来我的公公婆婆去世,下葬的时候是自己亲儿在那里,媳妇是送到墓地就回去的,这个没有什么忌讳的,只是因为儿要在那里招呼。媳妇要回来自己屋里,屋里有几多事呢,要招呼屋里的事,有客。丧事的那天儿子媳妇穿的衣服有一点不一样,往日儿穿孝袍子,媳妇就带长服儿①,那都要磕头拜啊,那要磕就要磕头。

(4)离婚。1949年以前,如果婆婆不爱媳妇的,儿又很喜欢,婆婆总要儿离婚,最终离婚与否,主要是看自己儿子的态度,要是儿要离,即使婆婆爹爹不同意,他也会离婚的。

(5)公婆权力。解放前,夫妻吵架后,有的婆屋里把姑娘送到娘屋的来了,娘屋里又把姑娘送回来了,那个时候就是跟猪随猪,跟狗随狗,是个杠槌抱着走。讲究活着是你的人,死了就是你的鬼啊。没有办法,女人就在婆家踹②呢,那就勉强赖着。人家说爱你只需要一个理由,不爱你有万千理由,总之不好的媳妇那就是这不好,那也不好,一是说她懒不做呢!二是说她不会做啊,再就说她不会做人家③,再就是说她没有用啊,人家会做她不会做啊。甲长过来不管这些事情,有的媳妇比较厉害也会反抗,我湾里那双儿她妯娌伙的都打了婆婆。

(二)妇与夫

1.家庭生活中的夫妇关系

(1)夫妇关系。我的婚姻是属于童养媳性质,我到丈夫家这边来时还是个五岁的细伢(小孩子),记得自己穿个红棉布头袄子。隔壁湾的老舅把我领过来的。其实当时不怎么考虑公公家的人品之类的,我的父亲说不想养我了,然后我老舅说那我给你找个人家养,就把我说给丈夫家了。那时候养别人家的女孩子,是为了自己家儿子将来有个老婆。所以就这样,大人说什么就是什么。到了二十岁结婚的时候,丈夫家送的彩礼就是箱子、椅子、脚盆。记得送日子④的时候,丈夫送了二十块钱给我家,我的父亲觉得钱太少,后来给退了。还有送衣服过来,丈夫的妹妹说要点布做鞋面子,就把布剪些下来,结果新衣服也短了,我也不能穿。结婚也快六十年了,到现在称呼彼此都是你啊、我啊,有时候喊名字。有的家里也喊老货,这种喊法还是听陈三婆婆喊,总是老货、老货,总是这样喊。那个赵四婆婆国金他母亲,她总是喊"得",她总这样的。他们边上的人就"喂、喂"。他就总是"得,你哪去了啊",再不就是说眵⑤巴子,我的个眵巴子哪里去了啊,她的眼睛爱眵,就叫眵巴。

(2)家庭地位。那分家之后,那是我的老伴当家啊,以往哪有女人当家啊,现在是女人当家。即便没有钱,整天穷,穷得痛心,穷得空心,但是家里大小事还是老伴说了算。分田到户以后农活就是自己做,不然之前就是集体里做。分田到户之后都是他安排的今天做什么,那就在桌子上说一下,就说一下子,没有什么异议。

(3)家庭分工。那个时候只有妇女才会到厨房工作,男的都没有进厨房的,家里孩子也是女人的事情,只要屋里的事情,小到倒尿壶都是女人的事情,有的男人还是蛮好的,还会帮忙。那我湾里有一家人,有三十二人时才分家,一筲箕饭,女的总是端不起来,自家男人刚好

---

① 用白色的布剪成长条,戴在头上。

② 踹,指受欺负,忍气吞声的境况。

③ 意指持家。

④ 指订婚的仪式,确定结婚的日子,称为送日子。

⑤ 眵,音译,眼睛容易出水、湿润的状态,下同。

那个时候回了就最好,不然女人就拎不动。三十二口人先没有分家,后来分家的。那煮起来,需要几多米,几难端起来啊!那里的婆婆搭嘴儿①就说,自己望着急迫,希望自己的男的早点回,要是在大厅来的,就喊一下子(来帮忙)。

(4)丈夫权力。以前女的总要早晚打洗脚、洗脸水给自己男人的这个事情,还得看女性自己的态度,有的女的能做得来这样的事情,到那会有的女性做不了这样的事情,我的婆婆是旧社会的人,但是却不给公公打洗脚水,然而公公的衣服她必须要洗。有的男人不成器,我的公公整天在外面押宝(赌神),婆婆就要管,那就整天打架呢,一般女人可以管,但是总是打架,小脚女人怎么能打赢呢,即便是会功夫的陈三婆婆,那样有力量,她老伴就拿砖头扔,即便她厉害,也是按着打,经常打得很厉害。那个时候洗衣服是女人的工作,并且还有讲究那不能搞在一起,男的衣服要先洗,那国金他细秀,她说得还笑人一些,她说裤头还要顶先洗,说那一定要卫生。我老伴一生年轻时人好做得很,往年小孩的片②在外面晒,我没有个嘎婆③料理,也没有个姐姐或者妹妹料理,就只牛凤莲④时,那江西的姨儿怎么回了,她料理我三天,我总记得。老伴总没有说带一块片进来,那总没有那样的事。那在月里,就收东西进来也没有收,还说帮你洗呢。我生四个孩子都是夜晚生的,第二日,就是婆婆做饭吃,那以往有折树桶儿,瘪的,那就一折树桶儿,自己提着一桶衣服到塘里去洗,我的婆婆总不健康,没办法,都是我的事情。洗完衣服晾衣服也有讲究,那他的衣裳总要晾得高一些啦,现在不了。但是现在洗衣服,老伴的衣服要么搞着一起,要么还放在里面,我觉得那怎么能行呢。

(5)财产与收入。我的家庭,老伴经常出去做副业,他出去会跟我商量,说去哪里、哪里。一般的我没说什么,就是家务一直很为难啦,他出去搞钱啦,不会拉他的后腿。我自己没有出去搞过副业,那个时候的女性都没有出去搞副业的经验,家里的收入都是男人带回来的,

(6)日常消费与决策话语权。当时家里的消费之类都是老伴做主,屋里的钱也是老伴管着呢,我需要用钱就问他要,而且我不会乱要的,所以不会不同意呢,你那个事正点,他没有什么不同意。即便遇到不同意,我也会觉得算了。我自己也没有留私房钱,换的布匹就够家人生活的穿衣穿鞋呢,落了⑤我自己父亲给我六块现洋⑥,那是结婚以后给的,是我管着呢,说是祖业要好好留着。但是后来自己丈夫拿着现洋换纸票,说是掉了,实质是他自己拿到街上赌博输了,我没有办法。

(7)婆妾与妻妾关系。过去有的家庭会娶二夫人,即便是现在还不是很多人有细老婆(小老婆),只是以前是国家允许的,现在是国家不允许的,但是有人要这样做。之前的夫人,男人就不重视她。那他就重视那个细的(小的),大多数是富人才会有两个老婆,他以为他条件好,他要搞两个。一般家庭的姑娘要不是看着那个人有用,要不就是看到家庭条件好,有钱才会选择做小(做小老婆)。做小的彩礼并不会变少,甚至更重,因为是新人。

2.家庭对外交往关系

(1)家庭虐待与夫妻关系。以前夫妻两个打架还是很正常的,像那个陈三婆婆即便是很

---

① 搭嘴儿,聊天。
② 片,指小孩用的尿布,类似现在的尿不湿。
③ 姑娘称自己的母亲为嘎婆。
④ 受访者女儿名。
⑤ 意为最终。
⑥ 现洋,即银元。

厉害,最后被打了,那湾里人也会说,说哪怕她不厉害,那也要打。女人犯了错误被打很正常,说需要教训。有的女人会向娘屋里告状,有的就会瞒着,有人说"会做媳妇的二面瞒,不会做媳妇的二面传"。女人觉得说了带着(娘家人)到处怄气,算了不说算了。那要是跟着娘屋说了,娘屋人过来,有的娘就骂女婿,就说女婿搞坏了,怎么要打媳妇了,说在你家里,是行的不正、还是坐着不稳呢?她说你打啊,要是做了要不得的事就打,打死应该的。那解放后,丈夫打媳妇的事少了很多,现在没有哪个打啊,现在要哄得好的很。现在男的要把女的哄得好好的。

(2)人情往来。屋里人情往来,赶礼都是男的去的多,没有女人去的,即便是和房支、大队的联系都是老伴出面的,现在都不讲究这么多了。农村借东西很正常的,平时出去借点东西,如果是借钱,一般都是我的老伴出去借,因为他是当家的人,但是借吃的、粮食之类的都是我借的,这是因为要煮饭,所以他就不关心。还钱还米都是当初谁借的就谁还,这样不容易混淆。在外面换工,如果需要什么人就换谁,没有强调是男人还是女性。

(3)婚外情。解放前,基本上没有离婚的说法,但是婚外情的现象还是很多的,男的外面有人了,村里人、湾里人会偷偷地说,还不是会说不成名堂的人。就偷偷地说,那没有直着说。媳妇跟着只能活受罪的,争吵是常有的,女人为此自杀的很少。一个宗族很少管这个事情,父母一般是能管就管,管不了就不管。要是女人在外面有男人了,有的人说,有人不说,能够偏①过去就偏。到了解放之后,就允许离婚了。男女,那看是哪个要繁生②,要是男的要繁生就想要离婚,女的要繁生,那一般就是女的多些,彼此总觉得相看两厌。

(4)人际交往与出行。在土麻坳,我的生活比较单纯,总是在家里面忙这忙那,没有什么很好的男性朋友呢,我这个人太老实了,太中和③了,跟哪个也疯不起来,跟哪个也合不上。女的那我跟哪个都合得上。嫁到这边来了之后,我和书记的妈妈关系算得上好的,她有点什么就阴④着跟我说,以往跟我年纪差不多大的那一些婆婆,那总是来找我玩,说以前做(工)分的日子,那做分的日子也在一起玩啦。刘母一天要来两道和三道到我屋里玩。那赵大婆婆过一会一来。我出去找她们的时候也不需要跟老伴打报告。没有解放,做小伢的时候,我到百福寺姨婆她那里去得多,以往在她的过正月十五过得多,正月十五总是在她家。成年之后和自己的老伴去得最远的地方就是江西妹妹那里。平时都没有走远,最远的就是土麻坳走到胡家湾来,最多五里路,然后到瓦屋湾嘎婆⑤她这里来。

(三)母亲与子女

1.生育子女

(1)生育习俗。我们这边生孩子,尤其是初胎的孩子不分男女的,初胎去报喜,就捉个鸡公到嘎婆去,然后嘎婆就把只鸡婆,鸡公仍然带回来呢。到了二胎到嘎婆就随便收下,初胎就是三朝⑥去报喜。报喜之后,嘎婆再办点蛋啊,办点面,还要细瓦片带点回,这就是三朝日办着。那没有解放的时候,不办酒。尤其是生女儿家里更不办。但是生儿子,富有的人家就办,要是苦的家务人家就不办。现在一般的家庭都会办酒,我们这里流行九天就为做九朝日,要

① 偏,意指睁一只眼闭一只眼放过去。

② 方言,指调皮,不安分。

③ 中和,指性格不强势,很温柔,不太活泼。

④ 阴,意指偷偷地说啊。

⑤ 嘎婆,外婆,下同。

⑥ 三朝,指三天。

是不办九朝日,半个月就送粥米,娘屋里办,送窠①嘎椅儿②,连的衣服,捉鸡去。以往是嘎婆什么时候送粥米,他就什么时候办酒。有的没有办酒,就是送粥米的来了就办个饭,没有接亲。送粥米有点讲究,就是把点生糯米放在窠里面,装点窠里面,然后煮粥吃呢,这样伢就有奶水些。娘屋这边亲戚人家赶礼,捉的鸡都送去,娘屋的人都挑去。还有的是做满月,婆屋里会办酒席,那娘屋的亲戚会过来,男方这边的亲戚现在是赶钱③,以前就是布啊、面啊,有的是蛋啦,要是抵手的亲戚就捉鸡,不然就是称肉或者就给点钱呢。湾里的礼收得少,现在一点事都要收礼。

(2)生育观念。刚出生的小伢有的抱出来了,一两天也可以抱出来,回娘家的时间也是那不一定啦,有的就一两个月,有的就是半年回去的。当时都是娘家的人来接,回家也是男方过来接的,在娘家居住的时间也是不定的,现在孩子到了一周岁的时候我们这里流行做周岁,婆家会请酒,但是有的家庭为难,就是一个伢也不做周岁。小孩子太小是不会到墓地上坟的,据说坟地孤魂野鬼多,小孩子容易被吓到,到墓地应该是小孩子可以走路的时候才会去的。我自己生的第一胎是个姑娘,差异还是很大的,我生下大女儿凤莲,我的公公一直不理,婆婆因为身体不好,抱不动伢,她整天摸上摸下的,一直没有抱,伢就在窠里放着,然后摇着,双脚就让那样冻着。后来生下我的大儿子,家里很穷,公公却又为孩子办酒。对于我自己而言,生的孩子太多,被孩子所困,并没有明显的偏爱某个孩子的这种想法,以前要是女伢多就直接抱到别家去,不存在因此不要媳妇或者娶二老婆的情况。

(3)子女教育。我的老伴特别看重孩子们的教育问题,所以男孩和女孩都读书了,大女儿和两个儿子读到了高中毕业,小女儿初中辍学的,还是她自己觉得其他差不多大的孩子都已经能够挣工分了,自己却仍然拿家里的钱上学,最终决定一定不去上学。我孩子上学都是老伴决定的,公公婆婆管不了这些事情,老伴自己没有读过书,知道没有读书的苦楚,所以他自己即便很辛苦,却仍然坚持让孩子读书。我也支持我老伴的决定,那个时候,很少的家庭会举债让孩子读书。

(4)对子女权力。我的孩子在没有成家之前,赚的钱归大人管啦,分家的时候这个钱已经不在了,跟着④做就跟着用了。分家的时候就已经没有了,用了就算用了。我的大儿子是1985年结的婚,当时是别人介绍的,但是需要看自己合不合意,别人只是牵线搭桥的,看两方大人同不同意,再本人要不要的,合不合适,要得就可以看八字,算命先生根据两人的时辰八字,推算出哪一天是个黄道吉日。他们那个时候婚礼已经简化了,他们过客就一天,但是我们当时要搞两三天,像他们这早上挑嫁私回⑤,中午就拜客,客就都来喝酒,晚上就只有房里一桌,再大厅里,什么干部来了一桌。我嫁两个姑娘是要男方送大节⑥的,给聘礼,但是时间太过久,我也记不得当初他们给了多少,只知道当初男方给的钱就办东西给她呢,打点木货呢,桌子、椅子,做点棉被啊!当时儿子娶媳妇也是这样的,送大节给多少也已经忘了,媳妇她们陪嫁的东西都是她们自己管,我不插手。当初大儿子结婚,在结婚前,我的老伴承手盖了新房,建房

---

① 窠,指现在的摇篮,下同。
② 类似于现在的婴儿车、学步车,木制的,下同。
③ 赶钱,指随礼。
④ 意为一边、同时。
⑤ 挑嫁私回,嫁私相当于嫁妆,这里意为男方从女方家里挑嫁私回来。
⑥ 送大节,指男方给女方家送聘礼。

子时没有背债,但是大儿子娶媳妇就有困难了,背了一些债。当时我的大姑娘已经出嫁了,她已经有了自己的家庭,就只出工了,没有出钱。

解放前,婚礼第二天的仪式已经简化很多了,第二日新媳妇是不需要拜公婆,只是在结婚典礼的当时需要拜公婆,我们那个时候拜,那是头日来,第二天早上拜公婆,这时候拜不给钱,拜客的时候就给钱呢。等于先拜天地,再拜高堂,这个时候就给钱。媳妇到我们家以后,什么早上给婆婆端茶送水问安的礼节都省了,而且随着社会的发展,人更自由一些,例如我的大儿媳和小儿媳做事那就不同于以往,她们就自由一些呢,那就是自己想做就做,不想做就不做,她们想玩就玩呢,她们后来兴打牌、兴押宝呢,经常去做这些,我也不说这些闲话。

(5)分家。我的儿子们的家是我小媳妇怀着我的小孙女的时候分的,当初是我自己提出来要分家的,因为小儿子一直打牌、押宝,一直不做事,我老伴就在外面做副业,不在屋里。我总记得为什么呢,挖了两厢凼儿①,说是挖萝卜,叫小儿子挑点粪去,他怎么都不挑,今天叫他挑点去,结果凼儿晒干了,叫他挑,他也不挑。我后来就说,你这样一点也不动,什么都是我自己一个人,我做不了,我说那我要分家。小媳妇说要住中间,要中间开门,那费几大周折呢,她后来又跟大媳妇换房,两个媳妇就一个住这边,一个住那边,就是很费力。那个时候依旧没有请人过来作证或者写什么字据。没有财产,财产就是共着一起用。所幸的是大媳妇和二媳妇都不会吵架,关系还不错。其实我们分家经历两次,我和大儿子先分家的,那时候大孙子已经出生了,老伴还在屋里,他提出来的,他说家里的事,用度很大,开支也多,各人什么都不管呢,各人想做就做,不想做就玩呢,那不行,所以就都分家了。女儿早已出嫁,分家和其没有关系。

(6)女儿婚嫁。我的大姑娘是1981年左右出嫁的,原先是经过自己家的细婆、细爹介绍,介绍到团家渡,团家渡那个伢(指自己家细爹、细婆介绍的相亲对象)还来我们这边住了几天。大姑娘去看了下子,不同意诶,那个伢还在这里睡着哭呢,哭了几天,最终事情没有成,后来夕阳冲有个姑大②就做的介绍。那个时候大姑爷就正在教书,我们并没有觉得特别好,但是那个时候找人总是找个会做手艺的或者找个会做事的,那就好一点,不然就扒土粪头。即便经人介绍首先也都是要两人相亲,看中了然后谈恋爱,经过过路,类似订婚,最后结婚,这些程序跟现在的程序是一样的,我的小女儿是我大婆婆的姑妈做的介绍,她先到那里去,做的介绍。那时候说他弟兄伙的多,我们家说不愿意呢,但是那里总是说呢! 她跟着上面哈呗③他的姑大也是那个湾里,他那个姑大总是来说,总是来说,说细姑爷老实人,好相处,总是说说,再者我的小女儿人又老实,她想着自己眼睛又不好,耳朵也不好,找好的那就找不到。她也说小姑爷他的不好,但是没有办法。后来娘家走破④了,那个时候解放了,年轻人可以一起出去玩。两个姑爷他们逢年过节就要送肉过来,平时来往不多,要是有事就过来一下子。

姑娘出嫁,娘屋总会做点东西,从我们那个时候起,在端阳或者什么时候就做一双鞋,过年有的做,有的没做。在端阳节送节的时候,来了就送双鞋子给男方,比如说老伴端午到我娘家来,我就送一双鞋子给他。我跟老伴是正月间过的路,五月送端午节看到我,我就做双花草

---

① 凼儿,指小坑。

② 姑大,指姑姑。

③ 哈呗,指湾里人的名字。

④ 意为婆婆和娘家都已经有往来了。

鞋,那个时候还是很流行的,就做得很好。中秋节也送双鞋子,到了要出嫁的时候就自己做几双鞋子,也要为男的做几双鞋。其实那个时候嫁姑娘很简单,从婆家拿几多钱,娘屋里就要办几多东西呢。娘家多少还是要贴一些,总没有说只有婆家送来的那些,我的两个姑娘出嫁,男方家送过来的钱财基本上都是湾里的平均水平,不算多也不算少。

(7)招赘。我小叔一家只有三个姑娘,没有儿子,后来大女儿这一房就招了一个坐堂女婿,侄女婿那里有弟兄伙的,他这晓得底蕴,知道她好相处或者晓得她的家有家当,人家好,这样就愿意入赘。其他房支是不管这些事情的,只要本人和双方父母同意就可以了,当时他进来的时候,没有写合约或者请证人,有的人待不住走了的还不是也有,而且多得很啦。但是人走了以后,财产之类的是不允许带走。对于一些祖传的手艺,做艺那是从小就带着学,大了很难学到,招坐堂女婿等到那个时候,基本上已经成了人啊,所以女婿学丈人的手艺不是很多。对于坐堂女婿(招婿),要是招的人家讲良心啊,就把坐堂女婿当做自己的儿,那还是一样的看待。有的不爱,怎么对他都不好。有的女婿招进来不孝顺,那就很难相处,相处不好就走了,坐堂女婿就把女儿带走,伢带着了,回到自己生的父母身边。我们湾里的桂珍就是那样,细毛(人名,桂珍的丈夫),他就是全部领回来了,他原先也是坐堂女婿。

2.母亲与婚嫁后子女关系

(1)已出嫁女儿关系。以前我记得女儿如果有事,我就去她家里住几天,以往唱戏多啊,唱戏叫去就去啊!过年说接去走下,那要是有时间就多住几天,没有时间就少住几天。女儿过月①,有伢就住一段时间。要是女儿娘家有事,有钱就帮下,没有钱就不帮。我在家就帮忙带自己的孙子,当初我的大儿子和大媳妇外出打工,带孙子的花费自己有就自己用,没有说要儿子的钱。我觉得婆婆是有照顾孙儿的责任,那是要引,那是你的后代,你不照顾不行,即便你还忙些,你也要照顾。外孙却不一样,有人也照顾外孙,但是很少,那外孙取的名字也不好,取个外字呢,外孙就外一些呢!那自己的肯定亲一些,外孙那可以照顾可以不照顾,那照顾得了是自己女儿有什么原因,你照顾得了。照顾不了就不照顾,孙呢,要是家庭好,儿有呢,那个娘有困难,照顾不下来,就找其他人料理,不过那样少,一般是自己婆照顾。

(2)养老。农村里面的养老,要是能够做就自己养自己。现在多半是自己养自己,但是如果做不得,那还不是要儿给。如果儿子们愿意平摊就平摊,那要是孝顺的儿,愿意多给一点更好,女儿愿意给就给,不愿意给就不给,没有强求和义务。要是一个老人,他要是愿意一个人去住就一个人住,要是儿子孝顺,愿意领去就领去。为养老,湾里打官司暂时还没有发生,即便是要打官司,也是要起诉儿子,女儿的责任小一些。那以往赵大婆婆那细秀就是不把②东西,不赡养,后来就是国华,她的小儿子养着她。

三、妇女与宗族、宗教、神灵

(一)妇女与宗族

我们姓胡的也是有祠堂的,但是我不知道在哪里,我的小儿子为了族谱的事情去过,我们姓郑的也很多人,但是附近也没有祠堂,也是很远,所以大小型的祭祀活动我们都没有参加过。

---

① 过月,指坐月子。

② 把,意为给。

(二)妇女与宗教、神灵、巫术

1.神灵祭祀

以前求雨我没有见过,只是听说是把活狗抬着,笑活狗求雨,干得太厉害了,就把狗子抬着,抬着个个人就笑呢,然后求雨呢!主持,就好比一个湾里,或者是往日就是一个社,就像头人①一样,没有女人参与这些事情的。在解放前,我们这以前属于牛车河乡横七寺村河里二家社。我们敬菩萨是属于横七寺管,直到现在也是如此。

2. 女巫

以前农村有人生病或者不好的事情发生,总会请神啊,我这湾里,国金他的爹就掐到时②到,你说我的有什么事,他就掐一下子,他就把个拇指算啦,掐下子。你的一个猪儿或者牛儿不见了,你就叫他呢,掐个时,他就是说在哪一方,在哪里一方。一般那个时候男人做这个事情多一点。以往还有个斋婆婆,她是国珍她婆,她后来出嫁到榨屋(地名)去了,她死了后来就坐个缸啊,不是睡的棺材,信佛。她吃了一生的斋,所以叫斋婆婆。她自己有一个小庙,小孩子有个头痛发烧就请她,看很灵的。一般相信算命的还是女人多一点。男的有的不信,但是假如把他们请到屋里来,男的觉得那要算就算啊,不算就不算的,没有什么一般不会管的。

3. 祭祀参与与权利

我们现在依旧保持着烧灶灯的习惯,每个月的初一、十五、腊月二十四的夜晚就把他接下来,除夕也要烧黄表给他,据说他称为司妈菩萨。一般都是女的负责烧黄表,点个亮啊,烧三个香诶,再烧点黄纸,烧了之后拜下子,再点个鞭炮,而且一开始还要点个青油亮儿,或者点个蜡也要得。这色拉油还不能烧呢!这个亮一直到等着自己燃烧完。然后我们还会到土地庙里面去烧黄表,土地庙里有两个菩萨,一个男菩萨一个女菩萨,一般女的去的多些。每个月的初一、十五、除夕、大年初一、初二、初三都要去,为了体现诚意,一般得早上去,要烧得完全,我总是听说大塘角早上去烧,但是实际上中午也有去烧,天黑了也有去烧的,那拜的时候就请这土地菩萨别怪,这土地菩萨管六畜,农村追求的就是六畜兴旺。我们有时候也会上庙里去拜,大多数是女人去的多,也有男的去,基本上女人男人都可以拜这些神,二者没有差异,除非是在女性的例假期间,她们才不能靠近神。

4.宗教信仰

我自己不信教,我的老伴也是如此,以前还会到庙上到处敬香,现在年纪大了就没有去敬香,就在这卷庙(土地庙)上去敬。这些事情老伴都不操心,现在有基督教总在湾里宣传,但是我没有信。这湾里人基本上都信神,那都是要菩萨保护,为了求得平安。但是一般没有谁在家里烧香拜佛的。

四、妇女与村庄、市场

1.妇女与村庄公共活动

(1)村庄活动参与。解放前我出门看戏的机会很少,出嫁以后机会很多,一般和湾里差不

---

① 头人,即承头人或领头的人。
② 意指算命。

多大的妇联①一起出去看,那个时候并不需要自己的公婆同意。没结婚的时候就跟女孩子一起,男的就是自己的叔伯爷。

(2)开会。没有解放前,湾里也会组织开会的,但是大都是男的去参加会议,女的很少参加,由于年幼,并没有接触到很多上面的人物。

(3)公共建设摊派。解放前,湾里修建公共设施,比如洞沟或者塘之类的,摊派任务都是摊派到男人身上,当时也是以家为单位,比如前面的这个烟火塘,怕你哪屋里发火了,就要有水,所以就要一个烟火塘。以前这个湾里这个塘是几好的一个塘。先我们做小孩(小时候),我来的时候又清亮又深的水,只是后来埋了,成了死塘一样,现在也没人打理了。

2.妇女与村庄社会关系

(1)村庄社会关系。以前我在屋里做姑娘伢的时候,有差不多大的女伢,只是那会没有时间玩啊,总是做事。家里总有做不完的事情等着我,当初我们那一年同时出嫁的就是三个,彼此都没有送送对方,总觉得以前的人苕(傻)一些,不知道搞那些事。无论是出嫁还是当姑娘,如果别人家有红白喜事,忙不过来都会开口请求帮忙的,一般妇联都是忙厨房的事情,男的就是做劳力的事情,比如搬桌子、抬东西等。

(2)务工与报酬。解放前,有的女人换工,但是少啊!没有请多少女的换工。一般都是请男人做事,除非厨房里的事情才会请求女人换工,也只是比较合意②的人才会选择开口,因为关系好,所以不会特意记着这个工有没有还回来,只是下次这家有事就会去帮忙。

(3)妇女聚集与活动。我们妇女没有说在一个固定的地方聊天,一般是碰到哪里就在哪里聊天。但是湾里人,无论男女喜欢在湾口的那一棵大树下聊天,聊天的内容就是这里一句那里一句。比如说今天做了些什么,总是聊天养伢呢,做什么事情为难呢!其实聊天也是随意的,那就坐着一堆,聊天。我们也没有那么多工夫坐在一起凑着聊天。那个时候,没有女人跑到外湾里聊天,但是男的有出去聊天的,只是数不多。

五、农村妇女与国家

(一)农村妇女认识国家、政党与政府

1.认识国家

我知道国家,国家一直都在,但是我没法解释什么是国家,做小孩子的时候我也听说过孙中山和蒋介石,但是也只是听说,都是听大人说的。现在活了一把年纪知道我们现在的主席,以前是胡锦涛,现在是习近平啦!这个是听别人聊天,口口相传诶。别人说是胡锦涛换成了习近平。

2.交税

在解放前,妇女也是需要交人头税,但是没有妇女被抽出去服兵役的。

3.裹脚

我自己没有裹脚,因为那个时候已经剪头放足了,上面解放来了,包了的也要放了它,要赶快解了它。

---

① 此处指妇女们。

② 关系好。

4.认识政党与政府

(1)政党认知。在我的认知里,我们是共产党,国民党是坏人,我身边也没有共产党员与国民党员,对于一些事情,年数已久,都忘记得差不多了。

(2)识字班与夜校。我自己没有读过书,也没有上过识字班,但是我的老伴怕是①上过夜校。

(3)政治参与。我不认识字,也不太关注这些事情,在娘家的时候就是我的父亲参与投票,嫁到这里来也是我的老伴代表投票。可能是我屋里没得这种气氛,我的家里也没有共产党员,老伴以前只是入过团。

(4)干部接触与印象。因为我不当家,而且很多事情我不喜欢往上凑,所以队上的一些干部,我并不怎么接触,他们有工作问题也是找我的老伴。

(5)女干部。我一般是接触到妇联主任,我们当时的妇联主任是我们这里女干部,最先是那个呢,曹家咀的叫做王莲美,她是妇联主任。但是她多年前就死了。她会过来找我们开会。她是王家下湾的姑娘,曹家咀的媳妇。她的性格可以,不是泼辣也不是很温柔。我当时反正有大孙子他们,有一个姓谢的女干部,和王局长他们一起,我们这个老井她一定要打,那个刘母总是骂,说她打井打坏了,总是骂。这个井打得好,哪个要用哪个去挑,有时候自己井不好,就到那里去挑。很感谢这个姓谢的女干部,即便遇到了阻挠,她还是坚持要将工作做下去。我自己还是很鼓励我的女儿当干部呢!

(6)政治感受与政府评价。那个时候共产党跟老百姓走得很近,即便是有人骂计划生育,我还是认为计划生育好得很啦,不是计划生育儿难啊,搞得一大堆孩子。我的小女儿是1966年生的,我1966年结的扎。之前有人宣传,但是我倒没有让她们动员啦,是我自己要去,我说累不过。当时大队派人让保节员派人去料理,小队里的人去料理,大队保节员派人送医院。

(二)对1949年以后妇女地位变化的认知

1.妇女组织

当时有妇联组织,一个大队有一个妇联主任,然后后面有几个保节员,同时每一小队有一个妇联委员,我们湾里就是柱儿他妈,开会总是讲怎么做事,怎么做好啊,总是那些话啊!

2.妇女地位变化

那就是解放之后,我们经常听到妇女是半边天。其实解放之后,男的打女的事情变少了,婆媳之间打架的有,打媳妇,例如我湾里就是贺二婆婆打了菊英。那个婆婆看起来不狠啦,不晓得是为什么在六婆婆她家门前打媳妇,菊英现在还好一点,以前很老实。那个时候,她抓着个树转,要是一般的人不把她抓着问,你做什么要打我啊!对于政府,那没有哪个说这个政府不好,个个都说好,是政府提高了妇女的地位,无论从哪些方面,尽管大集体时候受了很多苦,但是后来慢慢搞好了。这后来没有像那样,后来分田到户,自己想做就做,不想做就不做,那儿(多)自由啊!

(三)妇女与土改

1.妇女与土改

我们村里是没有地主的,整个大队就没有地主,可是我见过斗地主,那个时候我还没有

---

① 意为可能。

成人,只是看到过,地主家的东西都要充公,喊的口号是打倒恶霸地主,镇压反革命,我们分到了一人六亩地。

2.妇女组织

只记得当初存在贫农会、贫农团。我和婆婆都没有参加,包括之后的妇女会。我们村里的贺二婆婆成立过妇女会,她是一个会持家的女人。但是村里没有什么识字班。

3.对妇女翻身与解放的认识

我觉得女的解放,比如说说话自由,以前女的没有话说。无论说什么你不能插嘴,这就解放了,自由了。这后来做事自由了,自由的几厉害,是从分田到户,自己愿意做就做,不愿意做就不做。以前总是限制你做。那个时候,吃的没有吃的,穿的没有穿的。

(四)互助组、初级社、高级社时的妇女

1.互助组时期

我记得到了集体化时期,当初的互助组,刚开始村里让我父亲参加互助组,但他说他不参加,他要单干。不知过了多久,就加入集体化。那时候村干部每天都来做工作,他们就说单干做不开,要加入集体化的。当时我是糊涂的,没在意。对于这件事,后来我也觉得不行,别人都集体化了。而且村里也开会,开会总说走集体化好些。集体什么东西都公用,私人怎么可能走得开。

2.合作化时期

到了合作社的时候,所有女性都要去工作,每天有干部叫,吹哨子,拿什么工具去做。说实在话,跟别人一起做事多热闹,私人做事冷清清的。我还是比较喜欢集体做事情。但是让我再回去以往的时代,我觉得是开了历史的倒车。我们以前在集体做事,那聪明人做事情就差不多①的样子,我们这些死苕②就倒霉,那就是六叔那样骂的,你不会像别人那样啊,别人薅田走一脚你走不到啊③,你一定要薅得好好的,我们就是那样的性格,总是掉在后面,就好像不薅好过不得一样。很多人就饬④一下就过去了,你在后面赶死了,你总以为要薅得好好的。跟公家做事和跟自己做事,心态会不一样。

3.合作化时期女干部

当时村里有工作组有驻队,有个姓谢的女干部来我们湾里,在这里要打了这个井,每个人都骂她,那个女的眼睛不好,带个眼镜,一定要打这个井,说先的那个水不好,她看了这个地方,说这里有水,水又好。她一直动员小队干部要在这里打井。有的人说好,有的人反对。最反对的就是刘婆婆她家,打井的地方是她的屋角后面,刘母一直骂她,百样咒骂尽了。她家的儿子把柴油倒到井里,不让人吃。但是姓谢的女干部还是很坚持,一定要挖井。说实在话,这口井有很大作用。到现在我们还都在里面吃水。

4.性别分工、劳动与分配

我们当时做工作,包工多,点工少。同工同酬呢,哪个女人要是一样有用就跟他们一样得钱。我当时做分就是一千几百分,老伴多一些,我记得有两千多分,我们两个人分值大体一共

---

① 意为马马虎虎、表面上过得去。
② 死苕,指头脑单纯、过于老实的人。
③ 意为自己也像别人一样做事偷懒。
④ 饬,指拖、马虎处理。

是三千多分,点工分值不一样,我没觉得有什么不公平,你不能去啊。没有出嫁的姑娘,那开始做就打三分啦,做得了一样的就是和其他人一样。根据工分,男女口粮都是一样多的,之前的自留地也是一人三合。

(五)妇女与人民公社、"四清""文化大革命"

1.妇女与劳动、分配

到了人民公社时期,由于时间比较久远,很多事情不记得了,当时1958年动员我们起来搞钢铁,我到回龙山、但店到处去搞钢铁,我就负责打石头,之后怎么做也不清楚。当初公社的时候有认字的班,还会举办一些活动,可是因为不识字,也没想着参加。我们就只是在过节的时候,看唱戏,当时晚上也要去看。可能比较好一点的就是生完孩子可以休息四十天。我当时的工分是七分半,家里有小孩子我要做饭。所以比其他女性分要少,拿到八分的妇女什么都要做,安排做什么就做什么,她们早上就要出工。男的和女的分值不一样,一般男的十分,女的八分。男的最低九分半,王小嫂的丈夫,其实他身体很好,但每个人说他爱偷懒,他被打过九分半。这个评分过程是这样的,在一个小队中,有一个队长、财经队长、一个记工员、一个会计,之前开个会,研究下,谁值多少分,之后再集体、全部聚在一起开会,再宣布。下面的人表示同意或不同意,其实也存在有人说自己分被打少了的情况,但是还是不了了之。我大孩子和第二个孩子隔三岁,第二个孩子和第三个孩子隔一岁十个月,净是照顾小孩子去了,根本不会有意见,那打多少分就是多少分。公社中也会有妇联主任,她们也会到地里去做事,驻哪个队上去哪里做些事。一般哪里不好,或者有什么意见就向她反映。时代在变迁,我觉得以前的人更喜欢管别人的事,现在的人不喜欢管别人的事。

2.集体化时期劳动的性别关照

还有就是孩子和出工的矛盾,我还有个婆婆可以带一下。那郭婆婆就可怜,她孩子多,一头一个箩筐,两边放两个孩子,总是把孩子挑到水库上去。她家里没人,她没有公婆。她丈夫在搬运站工作,也不在家,所以总是往那里挑孩子。村里没有专门建立托儿所。

3.生活体验与情感

(1)大食堂。吃饭就是大锅饭,小队做一个大灶,做个大锅基本是糊糊或者煮粥,然后吃野菜,一家一户拿着碗去打。到了1959年,就刮油树皮吃,一家一户,有几个人,就送几个钵,放点米里面,加很多水。有的人想吃饭,就让少放点水,蒸出来就是很薄一层米饭。我自己体格比较大,让她多放点水,但蒸出来跟泔水一样,还是不抵饿。之后在田里找野菜,只要说没有毒,就找回去吃。我的大女儿没指望她活过来,那时我总在水库做事,我小叔子在家,就在食堂打点糊糊喂她。我父亲说:"你别让她死了,她长脚长手,高鼻大相的。"我说我父亲,真是搞笑,我自己也要死了。每天五更就要出去,黑了开夜工才能回来,我自己也活不成。没人以为她活下来了,因为怀她的时候没吃什么,生下来也没什么吃的。1959年、1960年,我丈夫总是在外面做副业,不在家。我在家里不能去做事,小队发点吃的,不然生生地挨饿。有的在家的人就是偷点,晚上把在稻场谷穗偷偷拿点回来存着,然后用工具把它打下来。用罐子在土灶里煮,煮着就合。我们湾没有饿死的人,但是别湾有,一般男性饿死的多些。过了那三年就好些。但是劳动依旧继续,就是整天做。有的人做着做着就昏倒了。

(2)"四清"与"文化大革命"。到了"文化大革命"时期,其实在农村,"文化大革命"对我们的影响还是不大。"四清"什么的,哪些反革命,哪些没有搞好,都要清出来。那我就不太懂了。

我们是群众,对我们影响不大,但是对干部有影响。农业学大寨这个事还是有的,但是印象也不是很深。

(六)农村妇女与改革开放

1.土地承包与分配

那个时候土地承包,我们妇联也被搞过去开会了,当时一个人九升田。小伢也是有的,当时的土地证也有女人的名字,假如妇女离婚,土地不能走,还是在他家里。土地多就在他的,土地要是少了小队就问他要出来。

2.对计划生育的认知

那时候1964年之后就有计划生育了,村里有人动员我去做结扎,本来村里一起玩的妇女和我去结扎。接生员来了。但是这个妇女的丈夫把她前山追着后山,要一锄头打死,不让她结扎,后来她就有了一个小儿子。还有一次,大队有个女主任来动员杨七嫂结扎,然后杨七嫂的婆婆跳起来骂。当时女主任说千个好话,万个好话,但是没人愿意去,因为每个人都怕切个口子该多痛。就只我没人动员,我自己要去的,医院没有药,我在那里住着不回来。一定要结扎,当时在总路咀乡镇上住三天才结扎的。实在是孩子多了,太累了,所以我还是很支持计划生育政策的。

六、生命体验与感受

现在精准扶贫以及互联网这些新鲜的事情,我都不太了解,现在每天我喜欢看看电视,听听戏曲,生活很好,一辈子过来,现在就舒服,太快活了,什么事情都不用做。

HD20160817ZFY　曾凤英

调研点：湖北省黄冈市团风县林家桥大塘角湾

调研员：胡丹

首次采访时间：2016 年 8 月 17 日

受访者出生年份：1932 年

是否有干部经历：是

是否生育：是

受访者结婚的时间节点、生育子女的具体情况：结婚时间不详，生有四儿一女。

现家庭人口：2

家庭主要经济来源：务农、子女、国家养老金

受访者所在村庄基本情况：受访者所在的村庄是在湖北省黄冈市团风县总路咀镇林家桥村大塘角湾，这里属于大别山南麓，地处山区，亚热带季风气候，四季分明。现在人口土地矛盾较小，主要是农村主要劳动力流失，许多人进城务工。一般老人在家种植稻谷、花生、棉花等。

受访者基本情况及个人经历：受访者叫曾凤英，小名又姣，娘家有四个哥哥，自己大妈也只有两个儿子，所以她这个姑娘在家里看得还是十分珍贵，尽管日子困难，但是那时候兄弟都是很照顾这个妹妹的。自己和老伴是娃娃亲，本来嫁给老伴的哥哥，但是哥哥去世了，就嫁给了弟弟。后来生了五个孩子，四男一女，但是最大的儿子二十八岁脑溢血死了。现在还有三个儿子和一个女儿。他们都已成家立业。现在和老伴在家生活，老伴已经有八十九岁了，每天两老都会到畈上去做事。受访者身体还不错，基本上是自己照顾老伴。

一、娘家人·关系

(一)基本情况

我叫曾凤英,我是民国二十一年(1932年)十月初四出生的,今年已经有八十四岁了。小名叫做又姣,是我的母亲和母大①给取的名字,由于家里已经有了四个哥哥,带着祝福与高兴,希望我漂亮美好。我大哥是叫做春海,二哥叫银海,三哥叫做旺海,四哥叫金山呢,这里不太强调辈分,取名都是靠着取的。之所以改名为凤英,是因为我的大嫂叫卢凤英,是当时的妇联主任,然后我是妇联代表,整天到处开会,就让我改名为曾凤英,所以这个名字一直跟随我到现在。我出生的时候,家里我屋里就只有五升田(相当于现在的半斗、半亩),其余的都是种的课田,就是租种别人的田地,那个时候,我记得是有个三亩多田,其余的是山。山都是随着田的位置附赠的,当时那里地主是白坳的曹家园,它在肖石坳里面,租的倪家祠堂的田,当时的倪家祠堂家族旺盛,就有很多田。之所以租种他们家的田地,是因为家里有个太婆是倪家的姑娘,娘家就让她的姑娘管着这些田地,就年年给他谷,像现在种田,年年给租钱,那时候就给谷,当时那八大经官,那掌笔杆子的,年年要看课,看你谷长得好不好,后来他就要课,要谷就送谷给他,当时三亩田就要把六担谷。六担谷就要十二箩樯。他不要不好的谷的,他要好的。每一年都要想办法给他谷,但是不会因为收成好就涨谷,天干发裂、颗粒无收,他也不管,你那两担一样要给他。每年八九月份,他们来看课②,看课就要办酒桌请他们喝酒。解放以后,土改,我们家划成了贫农。嫁到这边来,老伴的家庭成分也是贫农。

(二)女儿与父母关系

1.出嫁前女儿与父母关系

解放前,女人是不能够当家的,女人在客厅里就是堂客,进入客厅就是客了,而且别人如果过来找你,就会问,你当家的人呢?不会说找你商量一个事呢!所以无论我家或是娘屋里还是婆屋里都是男的当家。

2.出嫁女儿与父母关系

我嫁到这里来,我哥就扶持我做家③啊,我那个时候来这里,这里贫困,又没有吃的又没有用的,屋又窄,我哥看见我伤心。(我以前)在(娘)屋里做过了,这牵面啊,跟他熬糖啊,跟他引伢(带孩子)啊,跟他做家啊,所以他就赚了点,他在外面做事,做厨子,就来了点钱,就来五角钱救补我。他从大塘角过身(经过)回肖石坳,他在总路咀做事,赚几个钱,给我点钱啊,给我带点吃的,带着给伢啊。我大哥在区里当炊事员,到县里去开会,晚上回来,两个一起在我这里歇,米油在区里挑回的,到贾庙,他没有到贾庙去,在我这歇一晚,第二天买十斤油面给我,他的米票。还把两壶油给我,从区里带回来的,这个酒瓶子两斤油,贴补下,免得伢打饿肚啊!我和娘家的兄弟的关系蛮好的,实际上在娘屋里,侄儿都只比我小得一点,侄儿都六七十岁了,都是我引大的。

---

① 母大,指伯母,下同。
② 看课,地主出租田地,每年八九月来佃户家看庄稼长势怎样,类似于视察。
③ 做家,意为持家。

(三)出嫁的姑娘与兄弟姐妹关系

1. 我与兄弟姐妹关系

我和哥哥们的关系很好,即便如此,回(娘家)家还是客,那些侄儿就喊母、细爷①回了。娘屋和哥嫂的关系可得②,他们对我蛮好,到这里婆婆关系可得。我妯娌伙的关系也可得,我这爹爹的细(小,家中排行最小的)兄弟媳妇,我头年③来的,她第年④来的,我和她一生没有吵架。我出嫁之后,娘屋里有什么大事,比如说侄儿结婚,分家什么的接我的老伴去,他是姑父、舅父呢,能当家呢,舅父姑父能当家呢!这就为姑父,娘屋的侄儿要分家呢,就要把姑爷找到来,舅爷和姑爷就是平起平坐,一个是嫂的哥,一个是哥的哥,这就是一个舅父一个姑父。

2. 兄弟姐妹与我关系

我们家如果有大事也是要请舅爷来,不接舅母娘来,一般有大的事都是接男的来,没有接女的。

3. 亲戚来往

我的姑娘现在都有孙了,那就是初二的回来。要是没有孙,有女婿,那女婿拜丈母娘的年,就是正月初三。现在不一样,现在如果谁要出去玩,初一就把车子骑着,一口气就拜完了年,都拜下子,他们又不吃你什么东西,初一烧了很多茶,爹爹就在屋里烧一盆火,人家就坐一会。刚开始时候人家拜年提这么大一坨糖呢,那是甘蔗熬的,就是这卖的甘蔗,甘蔗熬的糖,包个纸包着,然后就那样。不会称肉,那现在几高的代价,什么百把块钱的酒,都是好袋子提的礼品,都是好的。那一般没有女的过来,都是男的过来。

二、婆家人·关系

(一)媳妇与公婆

1.分家前媳妇与公婆关系

想起之前,我那时候分家分几早啊,他们分家已经到了二十八九岁,我十八九岁到这里来的,二十岁生我那个大孩子,二十一岁爹爹婆婆就把我分开了。那个时候分开的原因是大嫂没有伢,她们单独过的,大哥大嫂所以说我一结媳妇你就把我分开了,她们怎么没有分开,她们不可⑤。分开就一间屋,那四个人的家私,什么椅子柜子都放在一个屋里。我就一个伢,后来两个伢就在旁边搭一间灶屋,后来伢多了,三四个伢就做了一个明三暗六的屋,我就跟老伴两个种叶子⑥种稻谷,看两头肉猪,看两头肉猪卖钱,我就那样办呢!我那个时候分家女人是不参加,爹爹婆婆说把什么你就接着,你也不跟他们吵。都是男的当家,女的当不了家。他们说什么样就怎么样。他就说你们单独去搭个灶,过好过丑慢慢过啊!单独过啊,单独过,那个时候又做到什么东西呢!那个时候要把孩子看着,不到别处去做事,我们妇联(妇女)不到畈上去做事。

---

① 对姑姑的称呼,下同。

② 意为可以、不错。

③ 第一年的意思,下同。

④ 第二年的意思,下同。

⑤ 意为不愿意。

⑥ 叶子,指烟叶。

2.分家后媳妇与公婆关系

我和我婆婆关系很好,我大嫂结婚没有见生,我一结婚就生了儿,(婆婆)说我曾儿(受访老人姓曾,昵称)是我肚子里的娃娃亲,(大嫂)她的妈妈养她也是小女儿,她的哥来了,就说细妹(小妹)在屋里宠坏了,没有老子养大的孩子没有教育。我的大哥总是向婆婆说好话,婆婆喜欢我,我要是到哪里去了,就说:"母,我要到哪里去,伢引着。"她二老即便是自己单独吃饭,我煮着好粥好饭就喊过来,到我这里来吃,有个好菜也是叫过来吃,那总是分了就像没有分一样,我这娘屋里哥也都好过,做得有。我隔三差五的回去,那什么面,油面,鸡养得多,蛋,我嫂都把啊,婆婆就这里和我一起吃。我要是出去有事,也会和她打商量,比如说:"母,我要回肖石坳去看下,两个伢就放在屋里,你中午就在这做饭吃,可不可以?"她就说要得要得。她要是不称心的话就说算了哇,你今天别去啊!那你就不能去,要她愿心。

(二)妇与夫

1.家庭生活中的夫妇关系

(1)夫妇关系。我的婚姻是娃娃亲,在肚子里已经定下来的,说话就算话。但是后来,我的原定的丈夫去世了,婆婆扯着哭,说丢一个儿就丢了亲戚啊。我哥就打个假木筒儿①,说:"亲娘,不怕啊,亲还是在。"我那时候八九岁啊,大哥说亲戚还是在啊。于是我就嫁给了原定丈夫的弟弟了。

(2)过继。儿多了一大家人,弟兄伙三个,那时候第三个抽壮丁,你三个儿就要给一个出去,给个去当兵,那不像现在解放军当兵,那时候当兵很伤心,没有多少回来的。我的爹爹②的小兄弟是(民国)二十七年生的,我这个爹爹是(民国)十八年(1929年)生的,兄弟比他小九岁,人家要兵,就像现在乡政府、区里要兵,他就说我的儿倒是三个,就是小儿子把别人了,是别人的儿了,就是一个屋里,我的住在下面,我的细爹爹(小叔)住在上面,叔伯的,我的老爹爹的兄弟,他没有儿,我的小儿③就把他做了儿,当时过立的都是自己屋里,都是亲房叔伯,要是亲房叔伯没有儿,外甥也是可以的,一般很少是外人,外人称作干儿。再要么就是直接抱的别人的孩子,就把这个儿捡着做个儿,他屋里娘老子都不认,那就是他的。这个捡的外人的伢和过继不一样,捡的儿就要上祠堂、庙,祠堂族谱就要把这上伢族上去。族谱就要来龙去脉,你这伢姓什么叫什么,家在哪里,在你的待着,就是你的儿,那族谱算你的儿,只是那不请证人和请酒。

2.家庭对外交往关系

过去的女人被丈夫不知道管得儿(很)紧,不要你到哪里去,怕被别人拐跑了,我这湾里好几个,我叔伯房里有个姐,长得很漂亮,我的婶娘,那个时候是封建社会,那时候两个女儿四个儿,我的个大母大的这大女儿是个很漂亮的人,就嫁到下面的杜家苍山,这个男孩是做裁缝的,我这大姐很漂亮,跟唱戏的一样漂亮,她穿的旗袍,那原先在屋里是梳的大辫子,他大哥不要她穿旗袍,人古板,我大伯和母大④不要她穿旗袍,连的褂,穿的褂,后来到杜家去,就连的旗袍她穿。在杜家苍山、郑家岗上,杜家湾那里扎了国民党的游击队,那队伍瞄着了,

---

① 意指借口、托词。

② 指自己的丈夫。

③ 指自己的小儿子。

④ 此处指伯母。在当地,大母和伯母都可被称为母大。

总是那里转,总想把她拐了走了。我二嫂是民国七年(1918年)生的,她怕是民国八年(1919年)生的,老伴是(民国)十八年(1929年)生的,隔十岁呢!我姐后来伤心,我的姐夫哥总是打她,不要她穿好衣服,就把她关着锁着,后来她就跟人家跑了。队伍走了,她也跑了,后面的人跟着后面追,没有追上,她跑到蕲春那里去了,她什么东西都没有拿,就拿了两套衣服。她走一阵就换一件,就是这样最后跑了,这样杜家就不可①,总是找易家要人,但是易家也不可,就说你把我易家的人打跑了,要她赔人,最后就算了,总是找不回,她后来不回,是国民党带着跑了的,他后来带着跑了,没过几年那个姑爷就死了,她也没有见生②,就嫁给这个姑爷了,这个姑爷好,这姑爷死的没有几年。

还有那个木匠,元福,他的姑大③,娘老子对的象她不爱(意为她不喜欢父母介绍的对象),她跟着游击队跑,然后又被找回来了,亲房叔伯就按着打,打条子,跪着打,穿的白褂,打着上面放血。没出嫁的姑娘就在娘屋里打,娘屋里把她找回了,娘屋里把她找回来就说你这女人要不得,你跟别人一起跑了,打也打不下来,后来还是到他那里去了,嫁给他了。后来那个人坐牢,解放后,就在牢里拖死了。她也回来了,她赚的有钱,她没有儿也没有女,赚的有钱就贴着这侄儿,这前年才死的。她有八九十岁啊!她贴侄儿侄女,自己没有伢就靠兄弟的伢。以前要是女的、男的犯了错,叔伯爷都要打啊,打条子,户下(同一个宗族)的人不认同这样的事情,要动户下。花湾这个祠堂一样,这头人,十个头人,然后像这胡家湾,祠堂里面就有当家的人。你败坏他的名誉,你这没有家规,没有风俗,你的女人没有家规,败坏祖传的名誉,然后还要连着母亲一起打,因为觉得这是母亲没有教育好女伢。

(三)母亲与子女

1.生育子女

(1)生育习俗。我有五个孩子,四儿一女,老大是个儿子,但是大儿子在二十八岁的时候患脑溢血去世了,老二是个姑娘,其他三个都是儿子。

(2)子女教育。毛泽东那个时候是劈山开田,那是正为难,正要做事情,现在越到后面越好,我们那个时候经过什么啊,我们那些伢都学手艺,学兽医还是老三。老二是个姑娘,她是学裁缝。老三一开始学兽医,他的师父是我易家的女婿,别人他不带,他只传自己人,他的手艺是祖传。这后来解放了,这五大队要个兽医员,我老三就学兽医。他一学兽医我就养头母猪,大队就奖励两百斤谷,说你养了母猪搞家庭副业,那后来就有口饭吃下子,以往伢太多。那时候还没有分田到户,还是互助小组的,十家八家为一个小组,我要是清早没有出去,吃了早饭出去,那就是五分工,结算就是多少钱呢?那就是五角钱。我伢那个时候都没有读高中,都是读了初中毕业的,我这一二三四伢都没读高中。我女儿就读了小学,小学读了两年,然后就病了,病了没有钱诊,后来没有钱读。让兄弟读,女儿后来就没有读啊!伢们太多了,条件不好,我并不是不想让她多读一点。

(3)对子女权力。婚姻。我的子女的婚姻是自己谈的,但是还是要大人同意,要她大人答应撒④,不管她们两个谈好了,但是要大人同意,有的大人要访(了解)人家,访我好不好相处,

---

① 可,意为愿意。

② 见生,意指生孩子。

③ 姑大,指姑妈。

④ 意为要问她大人答应与否。

儿多了有没有屋,看我做大人怎么样。我三媳妇的父亲在何家楼来访,何家楼的人说,你伢到他家来了算是落到天堂里面去了,我们总没有吵架。这周口子周会计的妹儿是我四媳妇,就是周会计的小妹妹。他们那个时候结婚没有现在这浪费。但是我们还是算投入大,那个时候请别人挑家具,十个人的钱呢,十个人要给三十块,现在的三十块算个什么呢,那个时候的三十块贴①现在是千把块。这些都是我们做父母的责任,同时还要料理第一个生孩子呢,料理做"九朝日",再就是抓周啊,接着就是料理下一个小的,又要料理他结媳妇(婆妻)。

财产。我的二儿子学兽医,学了三年兽医,三儿子学的是木匠,小儿子学的是瓦匠。一年要交三块钱事费给队上,你读书的伢不管,学手艺就要交事费,那三块钱什么也得不到,送给队上。二儿子兽医学熟出来了,后来专门诊猪儿,他就得工分啦,在队上做分,他就帮忙交另外叔叔的事费。那时候他们去学徒,跟师傅做三年,师傅的收入,你跟师傅做家,那你要跟师娘洗衣服、看伢、放把子②,帮着师娘做事,那三年纯粹我的伢出去打长工。最小的一个孩子,到了下半年就得了几个钱回来了,顾屋里就顾个生活费,要有钱就补贴给队上,总之都是补贴家用。但是结了媳妇,他就留着做私房钱,他就留着。你再小的又要结呢,不然夫妻两个吃你的,喝你的,没有那么大的能力。

嫁妆。我的姑娘结婚的时候我也准备了十个人(挑)的嫁妆,还给三十块钱给十个人挑嫁妆,三十块钱我顺便把她压箱子给她带着走了啊! 现在嫁姑娘是几大的繁华(指场面大、热闹)啊,我去年嫁这个细孙女(小儿子的小女儿),三月初八嫁这个细孙女,她说要六辆车,我说要那么多车做什么,她说四辆不好听,两个车少了。我说本来就两个车,一个车坐人,一个车放洗衣机啊、床罩被子啊! 后来,他来了六辆车。这个细孙女我看③大的撒,那个男孩的老子问我,婆你说怎么样?我说,这我不管啦。后来小儿子说来六辆车,拿两万块钱来,把她十万嫁妆,所以姑娘走的时候笑眯了。她先赚的钱她得着呢! 今年三月初二四儿子嫁女儿,二十万嫁妆。她们现在是赚到钱了就把赚到的钱带走。

2.母亲与婚嫁后子女关系

(1)婆媳关系。我觉得三代的婆媳关系大体上差不多,我婆婆以往爱喊"曾儿,你来哈子"。我有点什么东西吃就给她。但是与我这媳妇有点隔阂,她管她吃什么她不叫,孙子要是在屋里就孙子叫我吃,儿在屋里就儿子叫我吃,她总不叫。我这媳妇,前几天我帮她摘花生,摘了之后就做饭吃,做了之后就叫她吃饭,我说"快来啊,来啊,你一个人在屋里,我煮饭、烧了锅巴粥"。开句玩笑话,我明日要找她,明儿动不了,还要找她倒口水我喝下子,那以后没有饭吃,你把她得罪了,以后怎么办啦! 我觉得老人莫把小人得罪了,你以后要找她啊。你像这小媳妇,我为她看伢,为她嫁女儿,这厨房,前年办的,她跟我两个吵,她说这一家不是一家,两家不是两家,她吵着要分家。我灶就在前面屋里搭着呢,我后来就跟她分家了。我说,你没有良心,你四岁一个、两岁一个,现在孩子长大都拿了钱,现在坐着享福,我跟你把伢看着,现在把我踢开,你把良心留着,你没有儿,不做婆婆,你明儿过细点④,我这无论如何,我以后要是受罪的、维系难的可以找媳妇、找儿,你明儿找哪个啊! 你没有儿,找女婿,他人家的人,女

---

① 贴,意为相当于、等于。

② 放把子,指用稻草、杂草扭成一个长条,制作成柴火。

③ 看,意为照顾、抚养。

④ 过细点,意为小心,带有警告的意味。

儿自己有个家，明儿把辫子一甩走了。她懒理你呢！我说她，说她呢！对于二媳妇，我说她，她信啦，她经常在湾里聊天，说我婆婆说话有的是真的，她说我婆婆不跟你细说，不说闲话。我不略①闲话，有什么不好，我从不在儿子面前这说那说的。

有时候，在家庭中，婆婆经常是要担当家庭矛盾的调解人。那一次二儿子脚被电锯割了的，还有点没恢复过来，在家里休养，夫妻俩在屋里争吵起来了，儿子脚没好，要走。我说我叫你莫走，你莫走。他说，我走啊，走啊，我出去散淡②一些，活把她烦死了。他媳妇中午来告诉我说，元林③脾气太糟了，跟我两个吵，翘了(生气不理人的样子)走的，那不叫种(农村骂人的话，相当于不是人的意思)。我说怎么了？他媳妇说，他说我饭做少了。我说几多呢？媳妇说这小碗吃半碗饭。我说他那大个人吃半碗饭，你让他吃一碗啊，儿子他有糖尿病。他媳妇说他要少吃多餐。我说苕(傻)啊，你夜晚哪个做他吃啊，你晚上让他多吃点，你莫苕啊，你肚量大些啊，你让着他一点，他脾气不好，病不好啊，糖尿病，心烦啊，你让着点啊！他媳妇说让着点，让太多了。我说，你不让着点，怎么你把他杀了？你把他杀了。他媳妇瞄着我脸上说，我说了，这不叫种啊。我说算了，莫说，别作声啊。老伴坐在桌子边，老伴脾气坏些，但是耳朵不太灵光。媳妇后来走了，老伴就问我媳妇刚刚说什么呢！我说没说什么。老伴说总有个话。过两三天老伴就听到了消息。我说元林走了，他媳妇说他不叫种啊。老伴说我当时没有听到，听到了，我一下子把桌子和碗都推了。我说推了怎么样啊！他反过来说儿媳怕是种好，他的种不好，很是生气的样子。我说，她种不好，她最终是到你家里来了，她是个女的，到你来，要靠你的，要靠你儿扶持她做人家，她不好也要说她好，那现在没有解，你莫做声，没有哪个爹爹跟媳妇两个吵。我说那总是婆婆跟媳妇两个吵，没有哪个爹爹跟媳妇吵架的，我说你莫搞，莫作声，我说你在这头搞，人家笑。

(2)分家。我小儿结了婚，我儿易春今年二十九岁，1987年生的。那就是1988年我们分的家，头年生的他，第年分的家。为什么分家，那时候两个小儿没有结媳妇，也没有说媳妇，把他接了之后，我的二儿是个兽医，他兽医会赚钱，他赚的钱就归他得啊。爷爷我们种点田，在屋里搞家庭副业，牵面、看猪(做面条和养猪)，他也不拿钱出来，他也在屋里做事，媳妇也不做。这上面做了屋，我们以前是住在下面的，我就在那里做饭，他就吃，吃了就走了，碗也不收事也不做，那不做，那就算了。两个小儿也不同意，说，吃了也不做事，碗也不收拾，他怎么那么快活呢！生了易春就分开了，我要料理两个小儿结媳妇啊！就要给两个小儿打结缘，那就不与他相关，跟他做了个明二暗四④的屋，他得了。我们和那两个小儿就在下面，住着明二暗八⑤的屋。分家那个时候住的屋是我们自己出钱做的，分家把房子做给他，先分东西，他就挑好的拿，箩筐啊、箩啊、刀啊、碗啦，那还是赶礼的新碗啦，姑娘她有竹园，就打一担新箩筐赶我礼。这个钟，我侄儿拿两个来，他得一个，我的哥给我做了一担篾丝箩⑥，他得着。我们就没有，后来我们就自己置，我想的很开，为什么呢，我这还做得，还能挣到钱，两个小儿也出去挣钱呢，跟着料理说媳妇，结媳妇就都可以了。那个时候没有什么钱，所以不分钱的。

---

① 略，意为再说，重复说。
② 散淡，意为安静。
③ 老人二儿子的名字。
④ 屋子正面看是两个房间，实则后面有两间，一共是四间房子。
⑤ 屋子正面看是两个房间，实则后面有六间，一共是八间房子。
⑥ 用竹子编制的箩筐，一般可以用来装谷子、麦子等农作物。

(3)女儿婚嫁。我的女儿的婚姻是我们父母作主的,可是到现今觉得后悔,起初她不去、她不愿意去啊。初六的日子,那边的婆婆是嫡亲的舅母娘,舅母娘是湖北恩施人,为人好,就把她弄去学裁缝,一来二去的就想留着做媳妇。女儿觉得良心过不去,对不住她的婆婆,婆婆把她弄去学手艺的,学手艺学到了家,你就要走了,人家要怎么想啊。实际上女儿本身是不愿意的,所以我一直做女儿的工作,日子到了。腊月初六结婚,腊月初二女儿回的,腊月初二回来做她的被子,买月花条子的被子,一个花布做面子,她自己在缝纫机上做新衣裳。她坐着说,哎哟,我一点都不愿意去。我说,你去啊,我把个话你啊,你要是不好的话,你直接回来,十个人挑的嫁私也给他了,你这四铺四盖,八床被子,两床帐子,被子、毯子、衣服你什么都别拿着走,给他了,你开路放脚爱到哪里就去哪里。我给个话你。后来,她到那湾里去,她没有走,她后来去,跟她湾里合适的、差不多年纪的人玩得很好啊。她三朝回门啦,回门,我一望没有看见她回,两望没有看见她回,她妹儿、女婿伢的妹儿跟着来了,她说,女儿在总路咀镇上去买饼子,在等饼子呢!提一袋子饼子来,湾里人是个个来玩的。我怕她关系不好撒,我说元明你回来撒?那时候兴元球的烟,发烟、发饼子个个人来玩撒,一个人要把五、六个饼子,给到湾里的人吃得笑眯的,我觉得她待得住,那就不会繁生^①。

(4)与已出嫁女儿关系。我爱抹牌,我要是到姑妈^②她家去,这是老伴不健康,老伴要是健康,我一年要到姑娘她家里去住三天五天,那姑娘她的嫂啊,婶娘啊。说易师傅,你嘎婆^③来了,姑娘是个裁缝。嘎婆在屋里开一桌子牌,一抹就是一两桌,一抹就是一两天。我爱抹牌,但是我在屋里不抹牌,我不爱在屋里抹牌。残不残,简不简的,你赢了起身走了人家又不爱,你输了,起身走了,你又不愿心。我到姑妈她去抹牌,钱有人把,饭有人做,那纯粹就是坐着,洗手吃闲饭。那姑爷退了休,国家老师退了休四千多块钱一个月,那我去抹牌的钱他要把吧!三百五百,过年过节。过年,细儿回了总是偷偷给我钱,说妈,你去抹点细牌。我说哪里去抹细牌呢,一抹就是一倒十。我脑袋还是蛮清醒。

三、妇女与宗族、宗教、神灵

(一)妇女与宗教

我们易家的祠堂是在但店,是在团风县的另一个镇上,我们这里姓易的并没有建设起一个祠堂,而且本身的宗族性并不是很强,宗族活动基本上没有。

(二)妇女与宗教、神灵、巫术

我自己并不信教,因为湾里总是会有人请我在有人去世的时候搭把手,穿个衣服,洗个澡,摸了死人的手有厌气(晦气),最好不要碰佛之类的,有的时候我会自言自语说,请菩萨莫怪。

四、妇女与村庄、市场

(一)妇女与村庄

1.妇女与村庄公共活动

解放前,我们会出去看戏,看戏就只能坐着那里看戏,哪里都不能去。莫想明天来后天

---

① 繁生,意为调皮、不顺从。

② 姑妈,指姑娘。

③ 嘎婆,指外婆,外人对其的尊称。

来,看一天是一天,不能天天去。我那个时候是个小孩子,跟着我的嫂子照顾细伢,那时候很规矩,女的没有天天去。男人要是没有事的人,到处去玩,他不服天管,不服地管。还有那整天做家的人,上午做了一上午、下午没有事就说,下午没有事,就去看下戏怎么样啊?那下午就来玩,男的脚大一些,他好走一些。女的是小脚,那不能随便跟着别人一起走,都是跟着自己人一起走,嫂、叔伯、妯娌伙的,你不能跟着别人一起走,别人也不要跟着一起走,有家风啊,男的是当家的,他要说什么样就是什么样的!嫁到老伴这屋里来,那就好一些,就解放了,他就不管了。那个时候我们这里开会那里开会,他就不管了。

2.妇女与村庄社会关系

(1)对甲长、保长的印象与接触。我记忆中孙中山那个时候也是实行的五甲连坐,甲长就像一个小队的队长。甲长有事就找保长。他们是国民党的,是绅士,是他的马前卒,他要是有事,就把保长和甲长找着,就说这个事情是怎么发生的。一般那就是哪屋里吵起来了就会找甲长,但是我没有找过他们。

(2)妇女聚集与活动。我们年轻的时候没有说到固定的地方去搭嘴儿,原先都是妯娌伙的抱着孩子坐在一起玩呢,后来解放了,就在外面生产,就一起玩,开会也在一起。

(3)妇女矛盾调解。那个时候我们妇女那少吵架,那就是为伢们才会发生争执,男人不帮忙,男的就觉得算了,不管。

(二)妇女与市场

1.市场参与

我做小孩子的时候,有时候一个人上街买东西,那还是在解放前,倪家来看课,那我就是七八岁,我哥叫我去称肉,我嫂一个小脚,叫我称肉。我怕,怕说的,就站在那里玩,就在那里转,手上拿个本儿,就捏在手上。那个时候没有现钱啦,比如今天有事称十斤肉他就在上面写十斤,明天下午有事称两斤,他就在上面写两斤。养个肉猪,下半年就给他,把肉一还,称点年肉回来剩下找几个钱回来。那个时候,屠户说,小鬼,你做什么。我说我哥今天接倪家过来看课,我哥叫我剁点肉。他说剁几多呢?我说他写着了,写了。他说这写着了,剁五斤啦,剁着你好些提着。他搞个草缭①,将肉串起来。我就带个篮子,把肉放在里面。他说,你小心点别摔了,别让狗子拖走了。我七八岁晓得什么啊,现在七八岁像个小孩子。后来成了大人,十五六岁,那就很高了,我很大的辫子,还是很整洁的,虽然穿的棉衣服,大红做的棉布裤子,这白棉布褂子,我嫂跟我做的,那也不能到哪里去,哥不让我走。他经常说,你没有教养,你个女子嘎②,疯八叉③,到处跑什么东西,不要你跑。当时老伴跟我(谈)对象的时候,我们之前一直不认识,我十八九岁到他对面来,怕望着,那不敢说话,不敢叫。那到这里来要好些(管制得松些),我这妯娌伙的五大房的,嫁过来以后,叔伯弟兄伙的,弟兄十八个,妯娌伙的十八个,都是我们这大年纪。大房二房三房,我这是三房,四房五房,五房就一个,大房五个,大婆婆有五个媳妇,我这二房四个媳妇,三房三个,我们说约着到哪里去,到总路咀去吧!三个四个,后来解放了就没管了。但是实际上,那去得也少啊,没有钱,有个钱办个事诶,队上就是送东西到区里去,像送谷啊、送油菜籽到区里去,后来转了大集体就跟着一起去玩啦。

---

① 草缭,指用稻草挽成的绳子。

② 意为你是个女孩子。

③ 疯八叉,意为疯疯癫癫的不矜持端庄的样子。

2. 交易活动

解放前我们一般是正月十五和五月端阳可以上街游玩,我们到处看别人结的新媳妇,像这今年结的新媳妇,明年正月十五的还是穿披纱带凤冠,那唱戏的那个叫凤冠,花裙子,两个牵娘引着,我们在街上看那些紧轴法①,那时候还有龙灯,往年龙灯多,那各处都有龙灯,各处的龙灯都到宋坳街上来,玩十五呢!五月端阳就到宋坳去,那还不到总路咀,我们山里面的人,六大队的人都是到宋坳,我们那时候还是归一个公社。五月端阳到宋坳来玩,那就是妯娌、姐、嫂带着一起,齐齐整整地到药铺去。药铺的医生很整洁,那些香草已经包着了,一包包的。你去他就把(给)你一包,不要钱。你要就给你一包。往日要香草做什么呢,那个时候小孩容易生病,小孩容易抽筋,现在科技高没有伢抽筋,往日伢一抽筋,手就颤,眼睛翻白眼,手就勾,就把个香草油一抹,伢就好了,退烧。当初花湾还有唱戏,我就跟着我嫂一起看戏,然后再一起回,女孩子不能到处乱跑,女孩子到处跑是没有教养,女子嘎(家)疯八叉,怎么能过第二家②。往口女的哪会到很远去啊,女的到客厅里来叫堂客,说这是客。女儿就只能走娘屋,可以到娘屋去,可以到姐屋里去,到哪去呢,到别人屋里去也没哪个接见你啊。你们现在打工,外面的亲戚朋友个个你到我来玩,我到你去玩,个人自己谈朋友,相亲相爱。那个时候哪有自己谈朋友,都是嫁猪随猪,嫁狗随狗,嫁个杠槌抱着走,没有繁生的条件。往日自己种棉花,然后自己做个镐子,就那样摇,就压那个籽出来,就自己弹棉花。我会弹,就是把大檑架着,然后把棉花放在上面,有一个像扁担一样的木棍子,前面有一个弯盘,现在没有那个东西卖。用一根弦崩在上面,就把棉花弹成净花,然后就搓搓搓棉条纺线子(纺成纱)。后来新洲人拿线子来,我们就没有种棉花,我们就办她的线子,换布呢!一个布呢,她要把③手工钱呢,叫差赊④,纱是上面拨下去(对方发给妇女加工的纱线)的叫差赊,(发下来的纱线)那就是赊了的,(妇女为对方)加工四斤四两布,他⑤把四两线子送你,我们就是那样的赚他的线子。以往我做鞋,到了下半年不知道要做儿多鞋子,像这星期天就把案板放着,把壳子蔽着⑥,这白棉布就是这大布,就是旧了的,(每月)一号放假就把案板架着,把饭做着吃了就把大伢料理吃了,把小伢料理了,这伢那伢把鞋底都办着。我们在外面做分,出工,她们就在外面喊,还坐着做什么要出工啊,我们就把鞋底装一个在荷包里面,在畈上坐着,就要歇一会,挑累人了,就歇一会。别人在那里聊天我们就纳鞋底。那个时候下半年在白坳做水利,我一下半年跟爹爹做五双鞋子。夜晚放了工,伢都睡了,这里挂着煤油灯,因为我带伢去了,所以灯就随意点,不能定我的计划呢,就坐在那里做鞋,坐着纳底。

五、农村妇女与国家

(一)农村妇女认识国家、政党与政府

1.认识国家

在还没有解放,我是不清楚孙中山和蒋介石的,以前看戏,哪个皇帝,哪个臣子,我都不

---

① 紧轴法,音译,指好玩的、有趣的事情。
② 意为很难出嫁。
③ 意为给。
④ 意指差价。
⑤ 代指对方。
⑥ 用旧布片糊成硬布壳,做手工鞋的原料。

清楚,觉得自己苕,那当一般老百姓,国际上的事我就不晓得。时至今日还是晓得,现在电视里面放啊,那个时候又没读个书,又没个电视。

2.裹脚

那原先,光绪手上①,民国手上,民国几年到解放我们手上就没有事,不包脚,大脚这里走,那里走,能说干就干,说做就做啊!男女平等呢,以前男的会做,女的不会做什么,他就将人②,男女平等又不梳头又不包脚,你做到,我也做到。

3.剪发

在家做姑娘伢的时候就要梳大辫子,不能剪头发,就是唱戏里面的一个独辫,结了婚以后就要梳一个揪巴,卷起来。这是解放前,后来解放了就剪头放脚,以往不喜欢养女儿,因为女孩养多了就很大负担,人家看不起,又要跟她包小脚,又要跟她梳头。那一天清早起来,做娘的要跟她梳头,脚一包就过了身③,还要给一大家的人做饭吃。那时候就说想把女儿放生就让别人抱去,抱去做童养媳。那女儿要是生多了,就用湿衣服将女儿闭死,办死了,养女儿那时候就很大负担。

4.政党认知

还没有解放的时候,我们在一个小湾,里面都有共产党和国民党两个党,鹅口包下面的一个小湾子,那漆少川和漆柏平还没有起身,那个时候搞革命,突击队组织的时候,晚上共产党人就来了。漆少川是共产党的人,那在鹅口下面的沟里睡着,就在下面扒一个洞在里面睡着,老虎就这儿也看,那儿也看,他就躺着一动不动。那时候儿坚决,睡着石头檐子,老虎到处看他,漆少川、漆柏平。那个是他搞共产党,刚开始搞,躲石头檐子,他湾里有个女的跟他联系,女的也是组织里的,总是送饭,他就总是躲着,那来的密报就是女的送,你没看见电视里面,她总是送饭(给)他吃,送衣服(给)他换,他就躲在那里搞工作,外面有个风吹草动,女的就不到哪里去,就像我现在在门口转,今天哪个从这里过身,明天哪个从这里过身,那就晓得。她就晓得,今天国民党在这里来了,她就跟着汇报。明天共产党到这里来了下子,共产党有暗号。这个女的就搞点心,就搞信息往你那里送,往漆柏平那里送啊,最后成了功啊,那个女的最后也带到县里去了。我做小孩子的时候就听着我哥说的。漆少川到我们那里来,我们就已经半大了。我都见过他们,那时候怕啊,漆少川的堂客,我看见了就跟他们说,他带个女的来了,他们说别做声,他们等一下就走了。他们到鹅口包寨上去,往我们那里过身。

国民党知道的要少一点,我们晓得国民党和共产党对战,赵鹏程,那是国民党的头子,赵鹏程的细老婆后来被共产党打了,赵鹏程住在张家大湾,他是张家大湾的女婿,他的媳妇是张家大湾的人。他清早起来,他的警卫兵跟着赵鹏程的小老婆骑个白马到宋坳来,我们那个时候就是半大的人,她骑个白马到宋坳来,遇到共产党的人呢,细老婆到了马鞍山就被抓了。共产党的人之前说赵鹏程的堂客今天到宋坳去了,我们要干掉她,到那里去干掉她。肖石坳上面有个许家套子,这就是个张屋岭凉亭,那边是许家套子,这边就是张屋岭的岗上修个屋儿、歇气儿、躲阴的,那里有个凉亭,他们就在那里等着,共产党的人就在许家套子山上树林里面躲着,他们下午就在那里躲着,上午就抓到消息她要来,像这里有个大路,我那里有个大

田,我大田种了一大田谷,我就在那里照鸡①。看见警卫骑着马过来了,那里是个桥,桥下面是个大堰,马走到那里不走,我田这边有个大沟,那共产党的人都在那里躲着呢,来了三个便衣。什么样的便衣呢,白棉布短褂,青棉布裤子,穿的一双草鞋,跟种田的人是一样,你看不出来他是便衣,不晓得他是共产党,带着破篾丝帽子,三个(人),那个马就在那里不走了,警卫就拉着马往那里走啊,然后来了两个,用枪指着说不准动,就把堂客打到马下面去了,把她也打死了。共产党就把马赶着走了,就把马拉着,走了一批白马,我们吓死了,跑了。赵鹏程后来搜山搜得几狠呢,见山上的树儿,都刹干净,一刹刹到我那里来了,我看见了就跑,赶快跑回去。人家就在后面找,说刚刚那个半大的女伢哪里去了。他们以为我是共产党送信的,他们找我没有找到。我哥后来说,那个甲长是跟我哥玩得很好的人,姓童,叫做童三柏,他说,三柏,你看到是我的小妹了吗?小妹不是在屋里打糯谷。我在屋磨磨,我哥问说,你刚刚看到的是不是这伢?他说,好像是的。他说那你是不是要抓去。当时吓得要死,我看到了就拉着驴子拼命的跑,越追我就越跑。我就一口气跑到磨坊去把磨子架着,我就在旁边打锣鼓啊,他就找不到,我在那里筛粉子。他后来总要找那个女伢。我都吓死了,后来我到哪里去都害怕去了。

5.政治参与

我家里都是平民百姓都不参加共产党,你共产党的人来接待,做着吃,做着喝。国民党的人来也做他吃,做他喝,那就是国民党的人,没有共产党的人重视,那不重视他,那个时候漆少川的堂客她在这里住着,我们就像个小孩子,她就说给我们听,说别多事,别出去说,细伢别说我们住在这里。他们两个的堂客都是蛮好的。我还记得那个时候选举投票,就是把名字写在上面,小队的竞选也是这样的,当时都是我的老伴给我帮写的,他们把票发给我们,你要是觉得这个人当干部和当书记不理想,就不投他的票,就随便丢个纸儿进去算了,要是大家同意,公认,那就叫公认,要人当家,总是要人当家的。现在没有开什么会,以前总是这开一天,那个时候整天开会。

6.女干部

那个时候,有的女干部工作组就住在我屋里。她们都是区里来的,女干部性格好得很,有一个女干部和我一样大,在我的住着,后来熟了她就做鞋,就这里坐着做鞋,我会做鞋,她就说我学着做。我说你学着打鬼,我跟你做还差不多。后来我就跟(给)她做一双,跟她男的做一双,她男的姓曾,她姓倪。一般来说,女干部做工作很是细致,共产党男干部也很好。他们不像国民党的干部,国民党来到你这儿,不是争就是吵,反正没好话说,共产党的干部到你这儿来,就跟你细说细答②的。那我们那个时候把国民党恨死了,把日本人活恨死了。

(二)对1949年以后妇女地位变化的认知

1.妇女组织

我没有当过干部,只是当过代表,我大嫂是宋坳街上的妇联主任,我后来在大队当了一年的妇联代表,那时就传说上面有什么政策,开会什么的,就搞了一年。后来我就说我不当了,我有伢。我三个伢,年纪轻,我婆婆又不健康,我说丢不下。它是经常要开会的,今天这里明天那里,要到乡政府要到区里开会呢!妇联队长要代表开会,一出去一天,一出去两天。屋里伢伤心,两岁一个,大的五六岁,细的(小的)两三个,丢不下来。不当干部我还算一个大眼

---

① 照鸡,指赶鸡子,防止鸡子偷吃谷,下同。

② 意为好说好答。

睛社员(指有地位、说话有分量的社员)。我说到话能够当当家,像队上晚上要开会,明天要在哪里做什么,打几多分我还是决定得了。我不是女队长,也不是队长,队长和我们很合适、好玩。我会提意见,什么工作都吃不住,他们哪个也不比我强。那时候他们说你是"狗子穿草鞋,像个角"①。

2.妇女地位变化

解放以后,后来女人能够当家,女人能顶半边天,女人就能当家。这后来男的很少当家,那之前都是男的当家,女的当不了家。女的只做家务活,哪里也不能去。去买去卖你也不能去啊。像我和老伴做家(过日子),我们自己养了母猪,后来猪生了仔猪,别人来买,我能卖啊,能够收钱。你像我牵面,老伴这个时候吃了饭就走了,我就把面下架,然后一捆捆着,今天这个换三斤,明天换两斤,买四斤,换三斤,你要算钱。到胡家湾去换面,有个叫少南的人呢,这个人的名字叫胡少南,这个人很好玩,以往老伴的大哥在宋坳唱戏,唱戏起个戏班子,胡少南在里面唱戏,老伴大哥也是在里面唱戏,后来混熟了。我就把面挑到胡家湾去换麦,他就把算盘拿出来帮我算,几多面几多麦,这个人很好玩。我挑面出去换麦呢,挑三四十斤出去,比如说今天听天气预报,说有小雨,明天是东风你就不能和面,不然面就垮了,东风是出水,北风是收水,面是越出水就越垮,就是有这样的打算,我就把面牵着,然后把担挑着出去。

3.政府与家庭地位

解放以后,妇女的地位提高好些,在我眼里她们将人一些,先你说不开②,他男的恶一些。以前的女人是个人,要是两个相亲相爱就会早上打水、晚上打水给男的洗脸洗脚啊,男的回了就把他当做客一样,端水洗脸,找衣服他,衣服搞得干干净净的。不然就不会管男人的。解放以后,很少有打媳妇的,我这湾里有一个,打媳妇的,媳妇打脱离了,这伢才十岁,女的嫁到那里去了。阮家竹林叫芍儿的人,他的堂客(妻子)带来的女儿就嫁到我这湾里,芍儿把她后来的堂客杀了,先的堂客脱了,先的堂客带来的女儿就嫁到我这湾里。走的时候伢有两三岁,那就是爹爹打呢,爹爹打媳妇,儿也打媳妇。媳妇后来就走了,现在儿还没有对着象,以前打媳妇,媳妇跑不了,现在打媳妇,女的可以走。而且以前的干部要是看见家庭整天吵吵闹闹的,干部也要做工作。如果那管得了,总是管,现在人显得生分一些。

(三)妇女与土改

1.妇女与土改

我们当时土改分田,今年屋里土改,田就分到屋里来了,这里就没有田,后来二次复查呢,如果添了人口就从减了人口的家里将田补充起来。那个时候娘屋里的田不能带到婆屋里来,带不来。娘屋里你嫁了个女儿,然后你又生了一个孩子,把我嫁了,我嫂生了伢,然后就刚刚好,土地那就平等了。像我嫁到这里来了,没有田,后来第二年复查,还有土改复查,我没有田,队上有田多啊,后来就补啊。我记得那个时候还有贫农团,我的老伴也是在贫农团里,也有很多妇女在贫农团,是她愿意去搞革命,然后就跟着参加。当时我的老伴也只是搞了一段时间,之后就出去打工了,因为家里的经济实在太困难了。当时的贫农团到处开会呢,评这里有什么呢,那里有什么事呢,那时候贫农团也是夺权行动,国民党,一切都是国民党的,风俗、

---

① 意为是个人物、有地位。

② 意为以前妇女说不起话。

传统、势力都是属于国民党,贫农团,那个时候毛主席说的革命不是请客吃饭,不是绘画绣花,是一个阶级推翻另一个阶级,那个时候就是暴力行动。而我的老伴参加了暴力行动,见到以前好过一点,以往人家在他家打长工或者他家有田,然后贫农团的人就把穷得光光的人召集过去开会,就知道哪屋里交钱,哪屋里又比哪屋里强些,再拿绳子大纤,把那些人都捉回来。那个时候暴力活动都是男人在执行,女的就跟着一起。老伴是比较聪明的,他还是比一般的人文明一些,对于这些事情他不出面,他觉得跳得高就跌得越重。

斗地主。尽管我没有斗地主,但是我看到过斗地主,我的老伴曾经斗过地主,老伴斗地主很搞笑,那是铁机湾的一个人。铁机湾叫林四涵的人,他的婆婆姓丰叫丰大婶娘子,我那个时候在大塘角住的屋窄,就搬到铁机湾去住,住的就是富农的屋,林四涵,林八爹他的屋,这个娘子很好的人,林四涵的堂客,他们就说他是地主,把他划成地主。大队在广山庵开会,就说要捉这个丰大婶娘子,这个四涵那个时候就在汉口教书,队上就驮着枪,就要爷爷①驮着枪,去两个民兵,他说丰大婶娘子,叫你去开会啊。丰大婶娘子说,要得,叔叔,你的枪上挂着绳子看,是要把我扎②上吧!你把我扎着。他③说不扎啦。丰大婶娘子说不行、不行。你扎着,你不扎,待会到那里去,你不好交待。她要他把她扎着。老伴不扎,他说这个人家太好了,这个人有什么好处呢,他屋里住着,种他屋里田,他这年年下半年,他种的田,年年在家里有糯米粉子,糯米粉子做的糯米粑,把葱儿做的圆团。她家的粪桶满了,她就叫九叔,她喊我老伴九叔,你来下子。他说怎么了?她说你来下。我婆婆她说怎么了丰大婶娘子,你是不是那点小粪要拿出去泼一下?她说是的啊。老伴就挑出去跟她泼菜,她就做碗粑吃下子,又带碗给我婆婆,还有老伴的爸爸,他们都住在那里。那时候我们还没有来,老伴小。我哥接的有嫂就在那里一起住着呢!她吃点什么就要给一点我的,她对湾里哪个都是那样的,她不管对哪个都是那样的。后来大队开会,就说她怎么恶劣,怎么剥削别人啦,叫她去开会,在这何家楼有个人,有个人叫扯炮,跟老伴一样大的年纪,就跟着他们一起玩啦,就说丰大娘子跪着。她一走去就跪着。那个扯炮就把她牵起来,说不跪,不跪。那区里来了干部,把枪托敲得一响,为什么不跪?他说这个地主不像其他地主。她是贤良地主,他划她贤良地主,她不是恶劣地主,她是贤良地主。区里领导说你把这个道理说给我们听一下。他说,何家楼、大塘角到她屋里去玩,茶是茶,水是水,拿还是要拿好烟,她不剥削人,还把好东西给别人吃,划她个贤良地主。后来也没把她怎么样,她后来就到汉口去死的。

2.女干部

土改的时候有妇联主任、妇联队长,脾气还可以,不然也当不了干部呢,她对你社员,对你老百姓,对你妇女头上轻言细语,细说细答的,不恶喜嚷!办事也是很认真,她不想歪主意,不想窃害你啊,今天上面说个什么事,她就传给你听啊。在我眼里她们还是蛮不错的,这些干部也是很泼辣的,但是只是对那些不讲道理的人。你像妇联队长,有的夫妻关系不好,打架吵闹不休,跟两人说道理,男的说的不对,那就要吼他,你不对嘛!现在情况不一样了,男女平等嘛!我们那个时候,这样的事多些,现在没有。现在是新社会,新社会的伢,新社会生的,新社会长的,朋友都是自己谈的,但是我们的婚事是娘肚子里面就说好了,要是不好就吵架,就一生

① 爷爷,指受访者的老伴。

② 扎,意为捆。

③ 他,代指受访者老伴。

打铁①。

(四)互助组、初级社、高级社时的妇女

1.互助组时期

我记得的互助组就是农业社。好比说这个田是我的,上个田是你的,上个田是他的,放水是从上面的田放到下面的田。薅田,先薅了这个,再薅这个。就水插秧,插完了这个插那个。田是自己的,田没有给出去,就只是合着一起做。合工不合田,你今天做什么东西,你薅田。这一亩田是一样的成色,你这个田打了三十斤谷,这个田只打了二十五斤谷,那怎么办呢?那五斤谷怎么办呢?那哪里去找,那不找不到,他这个田又不止打三十斤田,都是那么大的田。那怎么办呢?那就合起来,那个队上有田多,这是各家的田,还有田没有分下来,再把那个田里的谷打着,再贴补,这叫补贴公粮,那有这个制度。我今天走亲戚去了,那上面就写一笔,今天走亲戚去了,要做个记号,不然怎么说呢!比如说我今天不做事,他说我亲戚有个什么事,我耽误半天。那之后是算钱啊,工分补贴,到一个月就结算,你一个劳力要做几多分子你一年,订你的计划,你做的少些,你钱就少些。

2.合作社时期

后来补贴公粮,大家觉得这个制度也不好,就说那干脆吃大锅饭,那屋里什么都不要,你就队上去做、队上去吃。队上有仓库,一个月称三十五斤谷,你口粮三十五斤谷。那三十五斤谷怎么吃到一个月呢!那就要补贴,你就要赶紧做,那就叫抢粮。那个时候一般十斤谷可以打七斤米。二七一十四,三七二十一,五斤就是三斤半呢!一个月二十五斤米,那细伢就没有那些。我们劳力就二十五斤米,细伢就没有那么些,我们是劳力,细伢就二十斤谷。不管它张三李四还是哪个,你有基本粮,再就是工分粮,那个时候我的老伴就出去打工啊,给三十块钱小队里,那就是一天十分工,三十天就三百分工,一个月三十天就三百分。你劳力出去打工就交三百块钱小队,小队就把三百分给你。这五月份三百、六月份三百,七月份三百就给你。就这样算,连我们妇联(妇女们)劳力一起算着。我做一天就六分工,做二十八天,二十八天一天六分工就算在上面放着,这个分算着就算你的抢粮,工分补助粮。小队这样算着就贴谷给你,十分就算半斤谷或者贴四两谷,或者贴五两,那个会计就整天坐在屋里算那个账。

我那个时候就在屋里呢,一天就六分工,但是妇女一天总没有做到那些,总有事情要耽误。有几个孩子,起晚点就要扣一点,还有像这起晚了,你像这六点钟吃饭,六点半到那里去了,一起去了,我们都去了。有的迟去了半个小时,有的事多了,屋里有事,有的女的慢呢,迟去半个小时就扣半分,有的只得到五分半,有的迟去只得到五分。那就是说,六八四十八,二六一百二,就是说你满打满算就是一百六十八分,那有时候有的女的屋里事多,一百六十八就保证不了的。所以分数总是太少的,分粮时东西给你,你拿着走。假如今天是二十八日,到了每个月十五六号,是带半个月的分,就好比我老伴半个月的分,一百五十分,我们只有一百五十分就带到九月份半个月去,算抢粮。意思就是提前预支粮食,有人说吃不够,就说我的粮食不够,伢使劲地哭,我今天都快盖了锅盖,我今天就要到队上去借点谷。但是一般会计不愿意借,他就像这样挪动一下子。然后我每年和老伴都是缺粮的,然后年年下半年要退超支。超支退粮,你看着有猪没有,有把它抵钱。有一年我织这个大布,那一年超支,我没有养猪,要退超支,这个大布有四尺四丈,九斤布就交给小队了,那个时候我的金子、银子,颈上戴的项圈,

---

① 打铁,形容夫妻关系不好,一直争吵。

手上戴的镯子,这个蒜薹镯子(指青绿色的镯子)都退超支,不然没有什么给他。

我们那个时候没有什么分工呢,就是男的光办田,我们就光插秧,他男的这秧他不插,秧他不扯,半大的伢、劳力挑秧,但是他不插秧,插不到。现在是把点谷洒在田里,以往是插秧,年年插头道秧,四月间,上畈插到下畈,到了七月,年年不插八一秧,七月二十几的热得吼,今天捆这个田,明天把那个捆着。男人后来就挑草头,捆谷、捏缭①,女人就去抱谷,把谷抱了诶。就在屋里打个过场,下午的事安排着,今天这个时候,伢们还没有上学就说今天下午哪里也不去,就早点洗澡啊,锅里水闭②着了,衣服在哪里,鞋在哪里,(对孩子说)你别在屋里打架,我们去散粪啦,黑了回。先挑的有土粪,女的就把篼带着,这儿挑,那儿挑,土粪挑了,有个人牵牛,犁耙呢!耙搞了就用滚去打,然后犁田插秧呢,就是这样循环。今天张某李某到哪田里插秧啊,四斗丘,以前隔壁湾里有个田叫团三斗,团田,说今天到那里插秧,赶快把屋里的事准备好。五更的就去洗衣服,把衣服洗了之后就把伢穿好,那个时候没有电饭煲,就架点柴把饭做着,把粥煮着,有大点的孩子就把粥添着,就说你莫烫着了,等会伢起来了你就料理伢们吃,就四个儿一个女儿,五个,日复一日这样的生活。这样的分工决定了我们的分值不一样,工分分为包工和点工,点工男的分数就多一点,最高分是十分,女人最高是六分,以往我们爱编顺口溜,"男的是个爹,坐着要那些。女的是个苕③,见了工分就开跑"。在包工中,他们男的犁田打耙还好,我们女的你打八分喜噻③了,这包工插秧,得不到那些的,得四分、五分的就说女的是个苕,见了工分就开跑。包八分工,我们经常包工,包着今天这个田去插秧。如果你会插秧,你插的那一斗田,十分一斗。那两斗就是二十分工,我们两个人,我们妯娌两个到里面去插,我们伢就是上学的孩子就去挑秧,我这两家的伢都差不多大,那时候是十四五岁,1956年的伢,正是挑秧。他挑个篼去,我跟他说,哪个爹爹会扯秧,你选那个会扯的就去挑他的秧,我湾里有几个爹爹会扯秧。他们的秧一扯开,把草一打开两块把,努力插,这个拇指就跟着搓那个草,两斗田,我们两个差得一点,没有插完,挑秧是我自己的伢,他读书的伢打四分工。老伴没有回到畈上去做事,事做完了,他的事做完了,要放工,我们还没有回,看看我们还有几多没有插了,要是多这么大一条没有插完,他们就下来一起插,插完回去过夜④。那个没有包工的人,插不到秧的人这时候捡绿豆捡棉花啊,她们就五分工,所以说妇女是个苕,见了分就开跑。

我们那个时候一色(大多数人)做包工多一些,因为伢们多抢粮少,伢们肚子大,自己多抢一点,让伢吃饱,多喝点粥。和男人们一起做事我们也是有说有笑的,那也是打猎⑤玩,打啊,到畈上打啊,现在没有哪个打,现在好多人不在屋里,以前胡家湾什么伢他的爷,叫胡亚兵,以前爱在一起打猎(开玩笑)。有次打猎把他气硬了,我们妯娌三个把他打倒在地上睡着。但是那个时候男女平等,男女都蛮守规则,那是古话说了男朋友、女朋友,外面结交的朋友,可穿朋友的衣,不可共朋友的妻。那时候我的老伴还在外面打工,假如有人回来看下,各家有伢,看屋里安排怎么样,说你今天回去,帮我带几个钱到我家里去诶。有人就开玩笑说,你带

---

① 捏缭,指用稻草编制的绳子,能够捆稻谷、草之类的东西。

② 闭,意为热。

③ 喜噻,指高兴、快乐极了。

④ 过夜,意指吃晚饭。

⑤ 打猎,意为开玩笑,下同。

几个钱到(带给)他去,你就莫走啊,就在他的住几天啊,就问要不要的,老易①?我老伴就说,要得要得,你就在我这住着。就这样开玩笑。经常他的好朋好友来,我们在外面,做了分回来,脚上泥巴裹着,别人问,姓曾的在哪个屋里?我说不晓得。他说你不晓得啊?我说我不晓得。实际上姓曾的就我一个。姓舒的就在后面问,你找姓曾的做什么?他说她老易带几个钱回来了。姓舒的就说,曾家姐,这个人带钱回来了,你九哥(受访者的丈夫)带钱回来了。那个人就说哦,带钱回来你就姓曾,没带钱你就不姓曾。开玩笑诶,那个时候还是比较蛮好玩的。那个时候我的心态是不想回答说话,那来啊往的人多得很,没有时间跟他两个说,我自己一大堆的孩子在屋里,又料理这,又料理那,又搞卫生,你跟他说不断清,总有说的。另外,那个时候外面来了一个人,是经过来学习的,他来畈上我。张某李某,湾里人说你找她做什么。社员说你找聊天不是找她搭嘴儿②,你不是找她搭嘴儿。他说,那不是找她搭嘴儿,我找她聊天。社员说,哦,找她聊天可以,找她搭嘴儿就不行。我们那个时候爱编神③,兴不过④,妯娌伙的两个你把我头抱着,我把你头抱着然后嘴巴挨嘴巴,这就是找她搭嘴儿,这就是叫做搭嘴儿!外面的人说,不是找她搭嘴儿,找她聊天。社员说,这还差不多,聊天还差不多。我们以往年轻的时候很爱玩,穿的衣裳就穿一个样的。我那个时候有三个孩子,总是喜欢用雪白的绸缎做成白褂,一起出去开会,都是做的白鞋,又穿一样的鞋子,那晚上出去都把鞋底装在口袋里,就纳鞋底。说什么时候干部要来开大会,就带着白色的帽子。外面说大塘角妇女半边天,大塘角半边天是个个厉害,个个力量大,能力粗。我说我们那个时候是当头炮⑤,又好玩又好兴。

3.合作化时期干部工作

我嫁过来的时候,已经入社了,即便是后来社的层次更高级了,转社工作也没有什么阻力,大家都积极加入,那个时候的人单纯,都很随大流的。即便是互助组也好办,那时候人很随流,今天说这样做就这样的,明天说那样做就那样,那干部说怎么样做就哪么做。没有说,干部说这样,我要那样的,不就你的意思,要就我的意思。而且那个时候的干部经常过来宣传,说事情该怎么办,人也很好。

(五)妇女与人民公社、"四清""文化大革命"

1.妇女与劳动、分配

我记得那个时候三期⑥照顾,来了例假就不让你挑,或者有病啦、妇科里面有什么样的病啦,月经不对啊,那就一个月下水的时间就短些呢!妇联队长就调啊,比如说我今天下不得水啊,我今天腰疼。妇女队长就说,算了,你今天不搞谁,你今天捡豆。要是今天挑箢就说我今天挑不得,那就说好好,那今天就拿刮耙去上,少得分,她不是得我一样的分,像我的六分,她就得五分。如果生下孩子就照顾一个月,一个月的工分就没有啊,不扣你的粮,座子就把三十斤谷给你,就不扣你的分。那个时候喂养孩子也是在畈上做事,中间要休息一会儿,要喝茶,要送茶去,就拼命往屋里跑,那就是连跑带滚的跑回去给伢喂口奶,那就赶快走。要跟队长说下

---

① 这里是男人之间开玩笑,别人调侃受访者的老公,能不能让帮忙带钱回去的朋友在受访者家里住。

② 搭嘴,指聊天、交谈。因为也有接吻的意思,这里有外面经过学习的人用此来调侃人。

③ 编神,意为调侃、说话不靠谱等。

④ 兴不过,意为精神处于亢奋的状态。

⑤ 当头炮,指她们积极、亢奋的精神状态。

⑥ 三期,指生理期、孕期、哺乳期。

子,有时候队长骂啊,我们也很厉害。队长说回去这么久没有来,等啊!我说等什么,你的没有到那么一天,你的结了儿媳妇,生了孙,你就知道厉害了。要回去跟伢换片,吵啊、骂啊。我们爱对骂啊。那个技术员就光撒肥料,胡家湾那个团三斗,就让我们把那个田薅了,那个时候快到了四点多钟,我们八个人薅田,要把那个田薅了,我们个个人晓得人人要薅两条,还没到五点就薅完了。他说你把黑四斗薅了就回去,他撒完肥料就走了。我们说要的,黑了就回去。撒肥料怎么都是十分,因为他是男的,而我们要是薅八斗就得八分,薅九斗就得九分,我们就是看田算,他总是十分。我们后来怄不过就卖法①呢!从那头跑到这头,从这头跑到那头,把水搞浑了。把棍子拄着一边薅一边走。他说,你这么快就薅了。我说你怎么回了,我们怎么不能回呢!技术员让我们好好地薅着,我们不好好地薅着,你回去坐着,我回去料理伢。有时候有些事说不出道理来,尽跟你讲道理没有那些,吃大锅饭胆大些,原先独灶,旧社会不晓得,怕人啦,怕人说话,怕跟男人说话,男人会说些,女人不敢说话。然后那个人就说,把你们这些人没有办法,半边天,现在翻了身,这么厉害。

2.集体化时期劳动的性别关照

托儿所。那个时候外面做事,没有托儿所,家里的孩子是由我婆婆照顾的,我三个伢五六岁,五六岁伢没有读书,大的抱细的,大伢看细伢。后来伢要读小学有八九岁,读了学的回来,回来照顾小伢,要么把伢放在地上,要么就放在嘎椅②里面坐着,婆婆照顾。我是比较幸运的,没有婆婆照顾的就放在隔壁婆婆照顾,说我伢放在你这里招呼一下,等下我某某放学就过来了。只是有了特殊任务的时候,小队就会建立一个临时的托儿所,让一个婆婆照顾孩子不要让其到处乱跑。

3.生活体验与情感

(1)大食堂。大集体吃食堂,焖子里面蒸着,大集体,像我这湾里,从那头到这头有一百多个人,三个媳妇,男的不在屋里,带着小孩子。有的劳力在屋里拿大钵,能拿半斤钵,我们没有劳力在屋里,就拿三两米和四两米的钵。当时小队也让咱们的锅在屋里架着呢,只是餐餐就在食堂吃,我们也去弄柴,也要到山上去弄点柴啊,要烧水洗脚,要弄点水洗澡。屋里锅灶都在,就是不要你在屋里做饭,都在那里去吃。后来没有菜吃,就专门派一个人种菜!年年下半年就种一点萝卜白菜,来了客就在队上去称一点菜,个把萝卜,就那一餐,二餐就没有了。我们就是在这个时候,掐那个畈上的芝麻叶子,我们去短③,然后去摞④,然后就吃腌菜,伢们就不至于吃白饭,我拿着芝麻叶子烹着。以前总是到处找菱角荷,没有个菜,没有人种菜。劳力都出去做任务,像今天在水利上做任务,在水库上做堤,一个队上去几多,先就把炊事员派着,然后后面的人就把柴挑着,米啊,会计就在那里住着,一起到那里睡,他不要你回,说耽误工夫。做饭的和我们拿一样多的分,那都是男的做饭,没妇联(妇女)做饭。

(2)"三年困难时期"。转社之后,我记得当时还大炼钢铁,大炼钢铁我算第一位。大炼钢铁那个时候要扇炉子,我几(很)会扇那个炉子,我们整天在那个外面。那晚上回了,婆婆在屋里把伢引着。在贺家湾搭的炉子,券庙大枫树割⑤了,扇炉子,我们四个人在一起,就看那个摆

---

① 卖法,意为投机取巧。

② 嘎椅,指木制的儿童椅。

③ 短,指食物用水煮,将其晾起来。

④ 摞,意为搓,将食物的水分挤干。

⑤ 割,意为锯。

儿①好些呢!那时候扇炉子也好玩啦,好玩,那时候一色②的好玩。但是粮食很紧张,幸好我这里没有人饿死,但是张家岭有,老伴打工的江西那里饿死好些。就这样,我们也有饿得受不住的时候,没得法我们就偷东西,那时候偷东西不犯法,胡家湾的谷我们也偷来了,胡家湾稻场搞复打,我们在白坳做水库,往胡家湾过身③回了,我们两个女的、两个男的,一共四个回了,两个男的到贺家湾押宝,他们俩揭开看说这里面是谷诶,那护点④要不得?那护诶!你们护诶。我说把什么护呢?他说,给,我脱褂子你。脱褂子下来,装两袖子谷回来,两袖子。我们姐娌两个一人得一袖子,我婆婆拿着播干净,有几多,一人四升谷啊,第二天拿到磨子上去,磨成膏粑喂给伢吃,伢在屋里饿得伤心。这是这吧,我们在白坳做水库,端⑤菜,回来,我们往那里过身,到处都是草垛⑥,草头垛堆着没有哪个打,我们从稻场边过身,就说这稻场边堆的是什么东西?也是我们三四个一起,回来端菜,说这是什么,去看一下。(看到)下面那个婆婆挑个草头,(被担子)勒不过,响响响,我说这吓死的。我们姐娌三个,还有一个男的,男的是财经队长。我说你莫做声,这何二婆婆驮个草头回去了,这是队长的嫂,我说我们三个一个驮一个草头回去吧!财经队长就说你驮呢!我说别做声,要是犯法就都犯法,要犯就犯下子。那个时候我们是在下面住的,这岗上我婆婆做了三间棚子,我婆婆在这里住着的,我和我兄弟媳妇两个就一人驮一个草头,在婆婆屋里放着,我爹爹和我婆婆就连日昼夜把东西办出来了。办出来挽的把子就塞到楼上去放着,谷就拿一个箩装着塞进床角下面。第二天队上就翻开看,就说草头被别人偷去了,我们是从白坳回的,就把我们的门下开就在屋里搜,他晓得是我们几个,就在我们屋里搜,我兄弟屋里搜。第二天我们又回了,我们在屋里端菜,看看那个案穿了没有,在白坳做水库不晓得。我婆婆就说曾儿,昨天队里三叔把你屋里的门下了,说你偷了草头回了。我说到你这里搜了没有。婆婆说我这搜什么,他晓得我这里没有什么。他就到你屋里搜了。细江屋里搜了一下子,我听见我婆婆这么说,我就下去了,我下去就说三爹。三爹他说怎么了,怎么了?我说你把我门下了,到我屋里去搜什么?他说草头不见了。我说我那个门啦,我这,他爷不在屋里,我那屋里有东西,看你怎么说,我东西掉了,你赔不赔呢?他说,我没有动你的东西。我说,你下了我的门就犯了法,我偷了你的草头我不犯法。他说你偷没偷呢?我说你为什么下我的门?我算是没有偷,我偷了也不犯法。他晓得我说了半真半假的话,你说我偷了,我又没有,我没偷又偷了。他说算了算了。我说二回⑦你别下我的门,我偷了草头你也不能下我的门,要是二回,我就不得可的⑧。我们在妇联里面,我算"大眼睛"。那个时候的笑话,大办钢铁,大做水利,那大乱就大饬⑨,想一想就乱乱糊糊的,在白坳做水库里,那些钵,蒸的钵,白坳那个塘里就要捞几担起来,人家把饭偷去吃了,钵扔了。饭吃了,钵扔了,你又发现不了。你又找不到个证据,我们经常偷钵,突击队里,经常打堤,赶牛车。那个送饭的人,拿

① 摆儿,意为本事、本领。

② 一色,意为纯粹。

③ 过身,意为经过。

④ 护点,意为捧起一些。下同。

⑤ 端,意为拿、取。

⑥ 草垛,指稻草谷垛,割下的稻谷捆成捆称草头。

⑦ 二回,意为下回、下次。

⑧ 意为不愿意。

⑨ 大饬,意为拖皮、不利落、马马虎虎、随便整。

着篮子挑饭,他在前面走,我们就在后面偷钵,夹在腋下,我两个伢带去了,就给两个伢分。他们说你两个伢跟着你才没有打饿肚。我说,饿还是饿了,我要回来看下。我们在竹林湾住着,伢就带着到白坳去做水利去了,那个时候是什么世道啊,不像现在这样,那个时候是乱菜缸儿。那说出来伤心,男的肚子大些,一个要少吃点,要让伢吃,那总是煮粥、搞膏粑吃。

4."四清"与"文化大革命"

我记忆中的斗地主,我经历过打土豪,打劣绅,我为斗地主,与我们房里老四骂起来了,我个人是个软心肠,竹林湾的我们一个大队的女的,女的徐八爹他的,他是富农,但是他是做起来的富农,不是剥削别人起来的。后来他们前一辈的人都死了,就剩下这个女的,大概四十多岁,引着一窠子伢,游行,把什么东西游着呢。这个女的死了没有几年,总路咀补鞋的跛子,那个补鞋的皮匠就是她儿。她把梨树桌子,大桌子梨树面子,大桌子借出去了,之后她就要桌子,然后有人就给她使绊子,哪个呢,就是那谁,那谁他儿现在在县里当县长,他拐①啊!原先他很拐,很穷,他伢读书就把她屋的桌子借去了,一个在这边,一个在这边。那女的的男的②死了,就带着一窠子伢,后来就让她游行就驮着梨树桌子斗她。几大个人势③啊,比我小点但是壮些,我现在矮了,以前很大的人势啊!她驮也驮不起来。但是后面人就吼,后面吼,叫她走快一点,叫走快点。我说你怎么不走啊,你把桌子驮着。我四房的老四那个时候管林业。我说,你怎么不驮啊。我说你看什么,你未必要我去驮撒,你敢不敢要我去驮。细大④,这个女的嫡亲的细大,她也是把(被)手一扎,反剪着,然后头发一扎,一把扯着。我这时候看着伤心,怎么伤心呢,那脸上放血,牙齿里面都放血。都是被人整成那样,他们前面的人得了享受,但是是自己做成那样的富农,不是剥削别人的富农。我过去把二房老四踢一脚,因为是我二房的老四做的,我说你这伢太要不得,我说你看别人鼻子口里放血,你还要那样办着,我等会把你像那样办着。他说我等会把你像那样办着。我说你敢不敢啦!你办我,我要你是死。"地主"的儿现在整天念我,他说,我妈总是说,就是亏了⑤大塘角的曾家婶娘,从大队驮着桌子游行,从大队驮着游到宋坳,游到花湾,游到榨屋,再从榨屋再从宋坳回到大队,一个梨树桌子,一个女的驮这远,在一条窄的田埂子上游行,那个时候背后还有人骂。郑连生那个时候就一边喊,你莫学我郑连生,我桌子把别人借了,要回来,别人说我要坏了,我不该要这个桌子,我郑连生像这样不对。那个女的就说你莫学我林育英,我林育英爹爹以前是富农,过了什么什么样的生活,就要这样喊,我那时候就觉得这样不是办法啊,这要把人办死了。她现在后来的儿都将人,当时出头的人的儿还没有她的儿将人。

(六)农村妇女与改革开放

1.土地承包与分配

分田到户之后,土地证上也有女人的名字,土地依旧是按人口划分,女人分得与男人一样多的土地,并且我们有土地证。

2.选举

那个时候我会参加选举,参加投票,女的投票是很正常的事情,你像区里来的干部,大队干部,小队干部,这个说这一项,那个说那一项,下面的人给答复,我们就在那里听着。上面有人来今天布置你这,明天布置你那,你都要记得,记得明天。后来人家就笑,当时开会记得很好,后来就忘记了,第二天就忘记了,没人记得那个事,那时候日子还是好过哦,但是日子没有现在好过,现在日子还好过一些。

六、生命体验与感受

现在我和老伴两个喜欢听老戏,哪个朝代的皇帝怎么样,哪个朝代的奸臣怎么样,都是在戏曲里面知道的,我们去年用千把块买的电视,以往是小儿子的电视。我们安装了闭路电视,我们这用钱不打算盘,做不到人家①。

---

① 意为不用精打细算。

HD20160823SCZ 邵聪支

调研点:湖北省黄冈市团风县总路咀镇林家桥村何家楼

调研员:胡丹

首次采访时间:2016 年 8 月 23 日

受访者出生年份:1928 年

是否有干部经历:否

是否生育:是

受访者结婚的时间节点、生育子女的具体情况:1948 年结婚,生有四儿二女。

现家庭人口:2

家庭主要经济来源:国家养老金、子女赡养

受访者所在村庄基本情况:老人所在的村庄是在湖北省黄冈市团风县总路咀镇林家桥村何家楼湾,这里属于大别山南麓,地处山区,亚热带季风气候,四季分明。现在人口土地矛盾较小,主要是农村主要劳动力流失,许多人进城务工。一般老人在家种植稻谷、花生、棉花等。

受访者基本情况及个人经历:老人叫邵聪支,当时在家里当姑娘的时候,家里叔伯婶娘堂兄妹包括自己家一共有十五个人,她的父母生下八个孩子,她是初胎老大,有一个妹妹生下来以后,被母亲闷死了,之后生下了六个弟弟,其中三个弟弟去世了,最后剩下三个弟弟。父亲是种田地的庄稼人。自己一辈子都没有读过书,家里只有两个兄弟读过书,嫁到江家来,当时家里人丁少,家里就老伴一个男孩子,后来自己到这里开枝散叶,生下六个孩子,她的六个孩子都还读了些书,四个儿子中三个都在外面生活,一个儿子留在身边照顾自己,两个女儿都已出嫁,并且生活还蛮好的,现在受访者在家里没有做农活了,生活还是很舒适的。

一、娘家人·关系

(一)基本情况

我叫邵聪支,名字是自己的父亲取的,其实当时并没有特别的含义,那就是随便取的,都是靠着已经生下来的女伢取名字的,但是男孩子有些是按辈分取,有些不是按辈分取,我是出生于民国十七年(1928年),那个时候就有石把田啊,大约是两石,我记得土改的时候,我们家划为佃中农。我家有兄弟六个,我是最大的,兄妹都没被抱养出去。我出嫁的时候已经是二十岁了,当时丈夫家几亩地还有七八斗田,都是自己的田,但是到后来都已经卖了,他们家划的成分是佃中农。婆婆家就老伴一个男丁,还有两个妹妹。我自己有六个儿女、两个女儿、四个儿。当初生第一胎时,差不过已经进二十一岁。

(二)女儿与父母关系

1.出嫁前女儿与父母关系

(1)娘家当家。那个时候是我父和我娘当家,我家八个兄弟姐妹,死了一个还是有八九个人过日子。那个时候男的当家多些,那我爹不在屋里,后来走了,我婆没有办法,我婆没有找人,就跟着几个儿在一堆。那个时候就靠种田呢,种豌豆呢,种小麦呢!这是当时没有办法的办法了,孩子没有大,只能自己拉扯了。

(2)教育情况。那个时候,我自己没有读书,但是我的兄弟只有一个细兄弟读了点书,二兄弟读了一点,其他都是没有读书,所以小伢不读书是一个正常现象。我婆和我的第二个兄弟,那个时候是在广山庵庙上,孙晓军教书,婆帮他把名报了,他不读,二兄弟把椅子背着,在刺树丛里面待了一天,我说要去读书,婆说女孩子家读什么书。

(3)家庭待遇。那就没有那种讲究,那就只有我一个人。我婆在的时候她不要你上桌子。那什么,只要你是小伢就不要你上桌子。我婆手上,那腐乳豆腐一人半块就吃一餐饭,她分。两个伢合着一块分。那男伢要上学,那个时候上小学,那就要连一点衣裳。买衣服就没有啊,那就是拿线子和棉条纺,换点差赊①,就买点布。那是我们说的笑话,我们那个时候洗月经,那就是没有裤子退换,我后来,没有办法就穿我母亲的。

(4)对外交往。拜年。初一拜年,女孩子那不能去的,初一女儿是不能出去的,那去就是不幸运,会给主家带来不幸,不能去。男伢可以去,男伢去主人家会很开心,说去了是发财的。女伢去就说女子家的到处跑,一点教育也没有。妇女更是如此,那怎么能去呢,妇女的在屋里,哪里也不能去,那怎么能去呢!那个时候喝"四九","四九"是种课田办酒人家喝的,就只是男伢和男人去,女的不能去。要是家户里面,那个时候都是种田的,不在屋里也跑不了很远的。我家里面,即便是我的老伴不在家,我也不能够去。总之,不要女的去,结婚的妇女也不能去。

讨米。讨米女伢是可以出去讨的,但是女的讨米都不进屋里去,都是在外面讨。那个时候,一般就是带男伢多一些呢,男伢可以到他屋里去呢,你男伢初几到他屋里去,他家里欢喜不过呢!还会给什么细米粑,糯米粑。我记得当初特别多的人讨米,因为没有种田的人很多。

(5)女孩禁忌。我小的时候,女伢是不能随便出去的。你是女伢就是一贯的就不能到人家屋里去。尤其是初一的不能到人家屋里去。从小就教着说,你别到处跑,跑到人家屋里去,人

---

① 差赊,意为差价。

家不爱啊！要是乱跑的，大人会威胁说，你乱跑的，人家捉①你一栗包②，人家不喜欢。那个时候，女儿要下贱一些，现在男女平权呢！

（6）家庭分工。我在娘屋里，经常烧火做饭，还有舂碓磨磨。那个时候还要做饭吃，在娘屋就搞那些经。也经常去畈上（田地的统称），就是到畈上去扯豌豆诶、割麦呢。但是女孩子只会做干岸上（不下水田，多指山地里的农活）的事情，插秧那是我娘屋的兄弟，他们肯定会插。当时，我父亲就是种田，他们都没有读书，我父亲是宣统二年（1910年）生的，我母亲是宣统元年，宣统就三年。我们家当初女伢就我一个，女儿珍贵一些，就不要女儿到水田里面去做，你像我姊妹七个，就我一个人女儿。我的母亲就在家织布纺线呢，看伢，我从小就跟着她一起学呢，就搞个踏板踏着，然后就说一天要织多少布，我们那个时候做那个布，一天要织四丈八尺。当时一匹是四丈八，那个屋里家机布就是三丈多点，那是三丈二吧。当初我学布的时候还是十一二岁呢，纺线子、织布打净花。打净花，我四大③会打，我是跟着她学的。织布与纺线相比，纺线子简单些。我当初，四个桯④一列呢，一天要纺四个桯。反正呢，那我就别想玩，待上一天的时间。吃了饭就要坐在那里做，就赶紧纺线子，别想着到处去玩，那就要爬，爬也要爬出来。要是孩子大点就是九十点钟睡觉，要是小点就八九点。我当时还会做鞋子，那个时候姊妹那么多，又没有胶鞋也没有球鞋，你把头做了，做到尾儿，头儿的就破了。我妈妈又看奶伢⑤，小伢总在吵，她早早就睡觉了，你就纳鞋底呢！那我大些没有办法。我记得我（嫁）到这里来，就买鞋子，但是嫁到这里还是帮着做鞋。我母搞的这么多底，晚上就要纳，一只底一晚上就要纳出来啊。因为我的大女儿比我第五个兄弟是一年（出生）的，我的大儿比我的细兄弟还大四十天。所以我在这边都成了新媳妇，还是要跟娘屋做鞋啦。娘屋人多，也是做惯了。那不做怎么行呢！娘做不出来，那么多脚，那不帮着怎么办呢！

（7）家庭教育。那个时候细伢（小孩子）也过生日，但是比较简单，大人过生日一碗面，小伢过生日一个蛋呢！那还蛮开心的，今天过生日得一个蛋，别人想要还没有呢！我们那个时候没有办成人礼的，所以保长甲长是不会干预这些事情。保长甲长是做什么的呢，就是派柴、派夫，你今天要出几多柴要出几多米。甲长是湾里的，要柴要米就找你来了，送夫，队伍要到哪里去，你就跟着挑着东西到哪里去。平时召集村里的人开会，那要是男的不在屋里女的就去开会啊！

2.女儿的定亲、婚嫁

（1）婚嫁习俗。我二十岁结婚的，我不是定的娃娃亲，我头年定亲，第二年结的，十九岁开亲，第二年就成亲的。当初那是说媒的，那都不认识。当时我叔结婚他去过路⑥，之前不能看见，一直不认识，我们这里实际上流行先开亲。开亲就是两家办个酒，也没有买个什么东西。就先请媒人喝个酒，两个媒人再一起去。男方就是父亲去女方家喝酒，女方的叔去男方家来喝酒。我们讲究女方没有过路，父亲不来，叔来。我的老伴之前我是没有见过的，我即便不同

---

① 捉，意为敲打。

② 手指弯曲，敲打头部。

③ 四姊娘。

④ 绕线的木棒子。

⑤ 给婴儿喂奶。

⑥ 定亲的仪式，男方接女方的男性亲戚去吃饭，商量结婚的日子。

意,父亲也不可啊,他答应了,我心里想看看再出嫁,但是他不要你看。当时我父亲同意的原因是媒人说怎么样、怎么样好,老伴家就一个儿子,杉树横条做的屋怎么好,怎么好,又是一个儿子,说环境蛮好,家里环境好。当时送彩礼,那就是过路的时候送了一个金戒指和一个银环,不沾钱的边,不送钱,那相当于送节的,送节就两套衣裳,两袋饼子。其实当初我四爷结婚,我过路,我总是不大喜欢这桩婚事,我也不怎么理人。我父就说呢,现在不像以往不见人,以后还要说话呢,我说说话①,明儿你去,我不去。我父答应,言亲就是亲,你要不答应就那磨子阵(沉)②了你,最后没有办法,我妥协了。

(2)关系。我们这里假如女方因为男方有问题悔婚,男方是有责任的,有的例子,有个男的有羊癫疯病,然后女方就来说女儿有病,就退婚了。但是要给女方几个钱,等于说要养老撒! 男方有羊癫疯病就像苔了一样,后来女方家就跟他说,我的女儿不行,你就一个儿,那做不成媳妇,后来男家就给几个钱就像养老一样。要是男的去世了,那还不是算了。就是说的笑话,男的死了你还记得什么呢! 那要是女方结婚了,男方也管不了。我们那个时候有的女人跑了的,那是烈头③,那是在大人面前吵架打架,性格烈躁跟着大人吵,然后跑了。如果女的男的过路了,过了路之后逢年过节那他还是要过来,过路是走破了,走破了中秋端阳就提肉过来。那提过来的肉肯定要做一点给女婿吃的!

(3)婚书。我是1947年结的婚,那时候结婚没有写婚书的,说开体面亲,有的拿钱要拿几百块到女家去,我们这成人,说开体面亲就不讲钱。过路就提点东西去,二下不用钱。当时送礼就送布,一人送一件衣服呢! 那主要的人,外婆、姨儿就送匹布,新婚夫妇是过节就散点饼子,这都是婆家提供的,有几多家就买几多饼子,一块肉就十块饼子呢! 婆家送东西给娘家,一般是八月中秋去送,那叫送大节呢,端阳送节就是小节呢! 我们结婚的时候不请保长、甲长以及户下的人,只请自己的亲戚。

(4)坐席。那要是办酒就讲座位,不办酒就不讲坐席,要是结媳妇、媳妇过路就说舅爷坐首席呢! 大舅坐首席,二舅坐二席呢,依次就是这样排的。

(5)嫁妆。我那个时候的嫁妆算多的,有八个人还是十个人挑嫁妆,那现在还忘记了,什么面台、桌子、椅啊! 我没有出嫁的时候,织布纺线赚的钱,子妹都要穿啊,都用在打转。热天就热天穿,冷天就冷天穿,就都打转了,连套衣服那就是日夜不空,赚的线子,织点布,所以没有什么钱作为自己嫁妆带走。

3.出嫁女儿与父母关系

(1)关爱。那个时候不送梳头油,我们三朝回门,娘屋里就准备些花生,再就泡儿④。我们新婚夫妻不办什么东西,三朝回门就要娘屋办点东西呢!

(2)童养媳。我记得我们那个时候没有卖女儿的,但是有抱女儿的,有的养不大,有的人家好过,就把一点钱呢或者一点东西。因为自己的伢养不大,然后四五岁抱出去的就有呢! 岁把两岁就有。也有养童养媳的,那就是看夫媳妇,看小媳妇! 一般是那屋里儿多,没有人做媳妇,就抱着一个女儿做媳妇。那就叫看夫媳妇,什么舂碓磨磨都是归她做。女方很穷。娘屋也是生活不来。有的做了童养媳的人,有的跟娘屋来往,有的不来往。

---

① 男方到女方家里去,类似求亲的意思。

② 将女性绑在石头上,沉入江河塘。

③ 性格刚烈。

④ 糯米蒸熟晾干,炒熟膨胀变白色的零食。

(3)矛盾。以前也有男女打架的事情发生,女人打不赢就跑到娘屋去了,然后娘屋就有人来帮忙呢!有的把女婿打了,帮忙的也有。女儿回去了依旧要住在原来的屋里。回去父母没有不喜欢,只是会怄气,也要女儿放好一点啦,做媳妇。那个时候说做年女儿当年官,做年媳妇打年砖呢!你到他去了,三天就要你做饭吃,扎把子呢,舂碓磨磨呢!不像现在女儿去婆屋的就像做官①,爹爹婆婆做熟了,还喊过来吃,还有姑儿叔儿。有的男的时间长了就会接自己的媳妇回去,有的就不接,如果不接,娘屋就送呢,然后问他道理,说女儿回了怎么不去接呢!别人说会做媳妇二面瞒,不会做媳妇二面传呢!你要传到我这里来了就要怄气呢,有一点细事就不用传到我这里来。

(4)禁忌。以前出嫁的姑娘禁忌比较多,嫁了的女儿卖了田,三十不能到娘屋去过年,卖了田就算是卖出去了,你嫁出去的女儿大年三十不能到娘屋去过年,不能上桌子。要么是躲着厨房里,要么就是穿蓑衣戴斗笠上桌子吃饭啊,那哪个去吃年夜饭呢!之所以戴斗笠像那样的好些啦,不然娘屋里就不发财啊!现在就是可以在娘屋里吃年夜饭还可以生伢。当时除了三朝回门,姑娘想什么时候回去就什么时候回去。

(5)做寿。我们那个时候做寿的就是好过的人,穷人做寿的少,不像现在。

(三)出嫁的姑娘与兄弟姐妹关系

我当时回娘家是有娘的时候回去就多点,现在兄弟媳妇在,回去做什么呢!兄弟媳妇四个死了三个还有一个。并不是因为有兄弟媳妇她们在,我就住的时间稍短,只是出去时间长了,就待不住了。回去的时候,那要是有小伢就带点糖头、饼子,有侄儿侄女就带一点啊,热闹事儿啊!我的兄弟现在要是下雨,他们想到这里来玩就会来了。他们经常过来抹牌,那个纸牌呢!以前我屋里有大事他也来,那伢结婚啦,做屋都来,要来赶礼啦。那还有伢抓周啊,生伢都是一样的。

二、婆家人·关系

(一)媳妇与公婆

1.婆家婚娶习俗

我的公公是当兵啊,抓壮丁,那个时候是国民党里面当兵,后来国共合作那个时候就是民国二十七年(1938年),他也没有背个成分什么的。我们结婚的时候,刘伯承的队伍已经来了,算解放了,刘伯承的队伍就在黄泥塘那里,搞了七天七夜。那什么当营长的、当团长的,收拾尾子的人还是很坏,我们那个时候还没有来,(民国)三十六年(1947年)来的队伍。结婚很多仪式就简化了,但是当时第二天要跪婆婆的,一大清早姑儿要扫地,把钱给她,她还要给你倒桶子②,你就要把钱给她。当时还要在灶门烧个火,那个时候礼节多。但是那个时候对公公是不拜的。感觉是因为要跟婆婆打交道,婆婆要教你做饭吃呢!结了婚,头年结的婚,第二年到自己屋里、湾里,你自己带鞭炮,到她家去拜年,自己带鞭炮放,姑儿把你引着,说细叔细叔拜年。

2.分家前媳妇与公婆关系

(1)婆家家长与当家。初嫁到这屋里来,他这屋里有爹爹、有二伯呢,都是男的当家,我嫁

---

① 意指享福。

② 尿桶。

过来之后,谈不上分家。后来二伯、母大(伯母)就到街上去摆摊去了,我们就和爹爹婆婆在一起。婆婆之前打脱离了,我后来生了三四个伢她又自己回来了。她那个时候就是繁生(不安分),跟着人家走了,然后看到我们结了又转来了。因为人比较少,所以也没分家。

(2)劳动分工。我嫁到这个屋里来,先到这里来,就跟在娘屋里做些事情是一样的,后来就是织布纺线子、牵布、梳啊、换布诶!反正之前在娘屋里做的事在这里都要做啊,自己做了人家,实际上要做的事情那还多一些呢!还有扎把子呢、春踏板碓①、春那个大麦碓,播豌豆诶。之前在娘屋里我不管啦,那就是我妈管这些事情。你要自己做着吃啊。二伯、母大都不管,只要过来吃一点啊!我的婆婆一直不在屋里,就只是母大照顾我们,她就这点小脚,做不到什么事情。后来我生了伢,她就帮我引伢②呢!出去的婆婆回来了,她是和我单独过,没有合在一起。实际上和母大的关系更亲密些,她自己没有见生,我母大看伢很细心,她又会连(缝)衣服,她那个时候织布连的衣服和短褂都是蛮好。

(3)婆媳关系。我跟母大发生矛盾那就是少数,母大就像客一样。自己的婆婆是疯子型,她容易搞毛③了,特地叫她回来看孩子,你又不看孩子,哪能专门吃饭呢!后来就单独过,那个时候是集体啊,口粮拿不回来啊,我一大群伢,总是超支,她就在集体看个牛,打分呢,打分她④,就吃牛的分,缴点粮食啊,就各自称各自的呢!

(4)财产权。你结婚的时候没有私房钱,那个时候伢多,什么结婚的茶壶、铜的帐子钩子都卖了给伢吃了,都盖了锅盖,没有什么吃的,屋里没有米,做分,你一个人做,你也拿不出来那些口粮。家里兄弟多了,这里送去压日子的,也是被老子拿去用了的。那没有钱,老钱什么都没有,东西都没有。

3.分家后媳妇与公婆关系

(1)公婆祭拜。婆婆老了、百年归世之后还是我们料理的,那个街上的婆婆,母大后来嫁到榨屋去了,后来二伯死了,她就改嫁了。自己的婆婆没有办法,她的儿是她养的呢,公公百年归世那是他的儿,肯定是我们负责的。

(2)离婚。解放以前是没有打脱离的,那个时候不兴打脱离,么你就是跟着别人跑了。那要是关系不好,跑了的就拉到户下去打条子呢!户下那里面没有女负责的,那妇女协会才有女的。我的这个婆婆就是妇女协会的。

(二)妇与夫

1.家庭生活中的夫妇关系

(1)夫妇关系。当初结婚称呼,因为没有叫,不好意思,也没有叫号(名字),现在都是叫号,我们就是(相互称呼)你啊、我啊。要是有了伢之后就是依着伢叫,依着伢叫就是叫父,问你父哪里去了。

(2)家庭地位。我结婚之后,那是老伴当家,老伴有老子那是老子当家,那老子死了他当家。家里什么农活,今天该干什么,明天应该干什么都是我的老伴决定,那他说什么样就什么样,你要是管闲事,你就是乱吵。我们那个时候哪里有什么钱呢,那就是织布连点衣裳穿一下

---

① 把东西放在石臼里捣掉皮壳或捣碎。

② 照顾孩子。

③ 生气。

④ 意思是通过给集体照顾牛赚取工分。交一点给集体,然后就各自吃各自的。这里形容受访者与婆婆单独生活。

子，自己也连自己，搞点伢们穿一下子。那个柳树叶子搞一下，哪里有钱用啊！那就是养点猪儿，就吃点肉，找点钱回来，那也不多，像这样的钱就是归我管，平时家用就用了。要是一般的家庭，那个时候如果男的不成器，也不会让女人当家管钱，女人当家称为"后门当家"，后门当家是发不了财，女的厉害就是女的当家，女的中和就是男的当家。以前男的哪像现在就是光抹牌(玩牌)，那个时候少得很，那哪里有个钱抹呢，那就是抹的纸牌，那打麻将的没有，那打麻将就是打绰佬、大干部，我们只是听说一饼、二饼。

(3)家庭分工。我们大集体的时候，肚子饿坏了，有的妇联(指女性)、男的比较厉害就会顺手拿些东西回去，但是我就整天在外面做工，在家屋里看着小伢，集体叫你去拿点东西就去称一点。没人教我拿什么，那我就是饿就饿，算了，别人说今天晚上分点什么，待会你来拿，待会你拿一点就拿一点。

(4)丈夫权力。我的丈夫，即便是我生伢的时候，让他给伢洗衣服和洗澡，他说他也做不出来，有的还跟伢洗澡，他总不做那些事，他以往回了(家)总是搞他自己的事。

(5)娶妾与妻妾关系。过去那个时代，有的家庭会娶两个太太，有的人很好过，很有钱他就可以娶两个老婆。有的是看中了，然后有的是大夫人没有见生①呢，就娶个小老婆啊！大夫人小夫人啊。娶小老婆的彩礼问题，那他就喜欢小老婆些，有的大老婆没有见生或者就是生的都是女儿。那有的大老婆很聪明，很好的也有，不好的也有，有的就像姊妹伙的很好的也有，就看她们个人处理的技巧了。

(6)典妻与当妻。我知道过去有卖媳妇的，过去儿死了，媳妇分外②就要把儿媳妇卖了换钱。还有的男的押宝，输多了就把堂客卖了的。做了别人的媳妇怎么还取得回呢，那要说有个证人呢，不过这样的事情，我是很少见到。

2.家庭对外交往关系

(1)家庭虐待与夫妻关系。解放前，打媳妇那是少数，但是婆婆打媳妇的有，人家说了婆婆打媳妇的家家有，爹爹打媳妇的家家丑。婆婆打媳妇可以。与以前相比，解放前打媳妇的还是要多一些。现在不兴打媳妇，不兴打架，大人打小人也犯法呢。婆媳关系好，就娘儿一样的，跟婆婆关系好，信婆婆的话呢！婆婆说什么样就什么样。甚至有的婆婆瞒着媳妇吃啊喝啊，然后瞒着就吵架呢！媳妇怀孕不给媳妇吃的也有啊！

(2)日常消费与决策话语权。我那个时候会经常上街，有钱就买点盐，哪里有几点钱。有鸡生了几个蛋儿就把蛋换点钱，然后过年就买点香纸和鞭炮啊！没有钱，没有办法就不上街了。上街，那办正经事不跟老伴说也可以，你就那么点钱，买点东西回来过年，那想称几多肉呢！

(3)婚外情。我记得那个似乎要是有的男的在外面乱搞的，户下也会出面管，但是乱搞的人那就是少数。户下的人说你，你要是不改，他就跟你说声，那户长就说，你老婆跟我说你在屋里怎么繁生，他听到了就会改啊。

(4)人际交往与出行。我做姑娘的时候，哪里也不能去，都管着你呢，我们六队到铁机湾没有多远一点，但是不知道是哪里。那解放之后，我最远去过北京，那我好大年纪了，我到我孙女那里去了，北京去了。孙女儿也是大学生，嫁到北京去了。(从)她八个月(大)我养到八岁

---

① 意指没生孩子。

② 安分。

她走的,后来就要我去玩,那已经有了四五年了。那伢们要是没有钱,你哪里去玩啊,你出去玩要钱呢!那时候带伢看戏,就买个烧饼他咬,他要钱,你没有钱给。

(三)母亲与子女

1.生育子女

(1)生育习俗。我生第一个大伢的时候,我已经是二十岁了,我大女儿是(民国)三十七年(1949年)生的。今年也是六十八进六十九岁啊,我们那个时候生儿女到娘屋去报喜就是提个鸡公去报喜啊,再拿些细瓦①、细片、鸡婆(指母鸡)、蛋回来。她不分男伢还是女伢。其实那个似乎要是生了男伢那就喜欢啊,生的女儿就淡散一些!我生我大女儿,结婚的时候我母大留着一个两千头的炮仗,说留着生伢,我的爹爹就进香,说到底是个什么啊?我二母大说生个女儿,生个女儿就放个百字头(一种鞭炮,一百响),要是生个儿就放两千头(一种鞭炮,两千响)。娘屋就送粥米,我还不是听着了。生了伢还要敬香啊,就要敬香敬祖人啊,还要敲磬呢!就是生的那天敬啦!那时候屋里有神龛啊!神龛上面用梯搭着,上面有磬啦,就敲磬啦!然后就敬香呢!基本上都是男的敬啦!女的没有人到神龛上去敬香啊!那神龛就是一块板子摊着,要搭梯儿上去。上面有磬啊,祖神都在上面。平时那就是初一、十五上去敬,还有爹爹婆婆过生呢,过生敬香呢!我那里不兴这样,他江家(丈夫家)兴这样。我那天二婆婆过生,我爹爹,我男的敬香。

我生下孩子,第一个孩子,娘屋里就给我送粥米,半个月或者二十天送粥米啊!还有蛋啊、面啊、鸡啊。湾里人要是收礼就过来,不收礼就不过来。生初胎不管男伢还是女伢都是这样的仪式。

(2)子女教育。我的伢都上学了,我的六个伢都读了书,我的小伢读了高中,没有考上大学。我六个都不在屋里,那个时候都是在黄泥塘小学毕业的,我的团风小女读了高中。之所以让姑娘也读书,是因为我们自己没有读书,你像没有读书,坐车都不认识,都不晓得,少受点罪。后来女儿嫁到方化明(人名),到团风(地名)去了,那个时候读了高中难啊!我们就没有指望她们做一点分。一天就是两分,算了就让她们读点书,一天也就两分工。伢没有读书,年纪过了吧,就读不进去了,以前有觉得男伢归爷爷管,女伢就归你管,但是到了我们头上,看伢就一样的。

2.母亲与婚嫁后子女关系

(1)对子女权力。伢们没有结婚的时候赚的钱,那个时候做分多些,没有钱赚。你要是做的副业那就要把小队里,小队打分给你,小队给口粮。那就把屋里,都是养这个家,都是要用啊,伢们要病一些啊,要拿钱出来用啊,不像现在,现在都有钱了。

我这老二结婚结的早,媳妇是这个湾里的外甥女儿,十二岁就开亲了,二十岁就结了,是十九岁和二十岁就结了,媳妇十九岁,儿二十岁就结婚了。她舅爷介绍的,她是这湾的外甥呢!那时候弟兄伙的四个,大儿没有对象,我姑爷当兵回来的,我说我老大没有对象,他后来就把老大带出去了。老二对了象就在屋里,老三团风住着在做木工,自己谈的,细儿(小儿子)也是自己谈的。他们结婚都是要我同意,因为我要料理结啊,这结婚办酒都是要你料理啊。那要完成任务啊!送节啊,看日子啊,都是我的事。和我结婚的时候相比,那都是差不多的。送节啊、端阳节、中秋节要给钱啦,挑嫁私啊也要给钱啊!我这老二结媳妇,八个人挑的嫁私,八

① 指厚点的围裙。

个人五十块钱。她就是姊妹四个,婆料理长大的,娘老子都没有,哥料理嫁的。那三媳妇是回来办的酒,就是团风的姑娘,办的酒,就是收的礼钱给她买点东西啊!大媳妇是六家庄的姑娘,她也有十个人的嫁妆,那就划着十几块钱一个人呢!给到娘屋里挑嫁私呢。你就请客喝酒呢!女儿倒是简单些,两个女儿出嫁用的钱不太多,我那一年刚好屋倒了,王下湾的姑妈出嫁,他们就给二十块钱挑嫁妆。我做屋啊,就四个人挑嫁私一床被子。那个小姑妈有八个人挑嫁妆吧!到五楼子湾,她是1983年出嫁的。

(2)婆媳关系。现在做媳妇跟婆婆关系和我做婆婆跟儿媳妇的关系没有什么变化,我婆婆一直不在身边只有母大,我的儿媳妇都不在身边,细媳妇就是过年回了,我们还没吵过架呢!

(3)分家。我家不存在什么分家,大儿在鄂州买了房子,女儿跟他买的。三儿自己在团风买了房子,四层楼房,细儿在武汉买的房子。那不存在分家的问题,就是没有待一起。回来就吃个饭,两个细儿跟大儿年年就给点生活费给我,给我点钱。老二就在身边料理我呢!那以往经常去两个女儿家住,现在年纪大了就没有去,以前黄州也去,大的就在黄州造纸厂里,造纸厂后来垮了。细的之前没去,今年二月间去住了一下子。在团风老三那里一共住了个把月就回了,年纪大了就不想出去了。

(4)与已出嫁女儿关系。我帮忙带孙子的时候,儿子也是只有那几个钱一个月,大媳妇那个时候是个临时工呢,碰巧就把(给)几个钱,碰巧就不把,八个月就送给我看着。我记得我在摇篮旁摇了几个夜晚。我没有带过外孙,外孙没有带过,王家下湾的外孙在这里隔奶①,就在这里待了几天,我一直在外面套种呢,那个时候还在外面做分,那不能带啊!

三、妇女与宗族、宗教、神灵

(一)妇女与宗族

1.妇女与宗族活动

(1)妇女与宗族活动、宗族性别排斥。做小伢的时候我就见过响堂(小些的祠堂),我们邵家楼有大祠堂啊!一般没有人去呢,就是看课的时候喝酒去,喝酒也没有哪个女的去。喝酒都是男的,把自己的伢带着,女伢就不带。祭祖也没有女的去,即便是男的不在屋里,女的不能去,女的没有到处跑的。现在女的是半边天,以前要是来了重要的客,女的就不能到大堂里去。

(2)婚姻与宗族。女的要是出嫁了,不要到祠堂里祭祖,不要女的去的。那就是一年到头女的不能到到祠堂里去,那个时候生个女儿愁啊!生个儿喜,现在把女儿提得高一些,现在男女平权呢!

(3)宗族与生育、子嗣繁衍。那个时候,要是一个家里没有儿子,就要立②一个呢!现在很多都是女儿。要是没有儿,光生姑娘,别人家说话就有点过分,吵架的时候会说,你吵得厉害,你没有儿。过去,娘老子把儿女淹死的现象没有,但是那就是把自己女儿闭死(闷死)了,但是没有哪个闭儿。房户(家族同支)不管这些事情。现在女儿强些,我老二一个儿子一个女儿,自己做死了(很辛苦),老大一个女儿沾女儿的光,他自己又拿钱,他快活死了。

---

① 隔奶,指让母亲与孩子分开,让孩子习惯不吃母乳。

② 立,过立,指过继,下同。

2.宗族对妇女管理与救济

过去,这个过立一般是过立自己人,自己兄弟和娘屋的侄儿都有。把外人的过立过来的,湾里的人说是野的,不能上谱,上谱要给几多钱,黑耳朵要洗耳朵。那是别人的伢上谱就要给钱。那时候还要办酒!要是黑耳朵,吵架就容易说别人是个野种。亲房就要好一点,上谱可以不用花钱。还有女的要是外面有人,也有人打条子①,我也是听人家说,把裤子脚扎着,就让猫儿在里面乱啃乱啃,那还打条子。我没有看见的我就是听说。出嫁的姑娘,那娘屋里管不了,嫁出去就是归婆屋里管啦,嫁出去的女儿泼出去的水。

(二)妇女与宗教、神灵、巫术

1. 神灵祭祀

求雨,就是打锣、敲鼓求大雨,现在就是起着黑云头就放炮求雨呢,以前求雨就是一个湾里的求雨。我只是听说过,还没有见过。一个湾里哪个生病了的,就请神过来看病啊,往年有画符的,我那个时候驮②第二个伢,那个于东元就像捉鬼的一样,说鬼跟着你了,然后就捉,然后就用坛抓着,还和他说话。捉鬼有什么仪式我已经记不得了。而灶灯就是司命菩萨。一般是女的上得多,灶灯③是女的呢,券庙④是男的去,女的也去,但是男的多一些。我们这里的券庙有两个菩萨,一个土地公一个土地婆呢!菩萨被人偷一个去了,我们这券庙菩萨,还是我们掌手,我老伴他们出钱修的,那个菩萨被人偷去了。现在里面怕是没有菩萨。没有菩萨,神气还在那里呢!这拜不讲究男的在哪边女的在哪边。有的女的没有见生到庙里是求神,女的多些,女的说。男的不好说,但是那也有男的求神,也有男的去,男的要是相信就去求,有的男的不相信。总体上而言,一般女的多些,男的少些。

2. 祭祀参与与权利

我自己是信神,总觉得神气还是有的。屋里家神,现在是我的儿子在打理,你像这七月半呢,这是男人搞的,这包袱写着烧,在大厅里敬呢!我家就是我办的,老二写的他就料理烧啊!

3. 宗教信仰

我不信教,我不信那个事呢。因为之前有的人信基督教,有的信佛教,我发现我们这里信教的不多啊!那信教的不能敬祖人,死了出去也不烧香也不磕头,那信教的人,哪一家人没有,你的米就要往哪里送。我这湾里没有人信教,那只有郭家湾里有,他们还传教。他们信基督教。我不知道他们为什么会信教呢,但是有的信教的人很高兴。

四、妇女与村庄、市场

(一)妇女与村庄

1.妇女与村庄公共活动

(1)村庄活动参与。出嫁前,当姑娘伢的时候出去玩的少啊,那就是正月十五的娘老子让你出去玩几天。平常让你出去的少。看戏一个人也不要你去看,而且老子又板⑤呢,老子也不

---

① 鞭子。

② 驮,意为怀。

③ 灶灯,指厨房里拜灶王爷,点上油灯称为灶灯,下同。

④ 券庙,即土地庙。

⑤ 板,形容人固执、传统。

要你到处跑呢。往年看戏,男人在后面,女人在前面,要是女的到后来了,就说女的风流不规矩。后面一排男的,前面就是女的。女的自觉就到前面去。这解放后没有几多戏啊,这是这几年戏多。成家以后有伢,有伢怎么能走呢,走了屋里,伢要吃。那就是到了解放之后,开会也是乱七八糟的坐! 往年就要包小脚啊,头发要打(梳成)辫子不能散着。

(2)公共建设摊派。以往像那个时候,畈上的事女的一概做不了,那没有叫女的,要是叫女伢出去放牛,然后开亲,别人就说那是什么女伢,那是个放牛伢啊,人人就不喜欢放牛伢。那要是出去做事、放牛的那就是女伢乱跑,不景观(不得体),那就不能。

2.妇女与村庄社会关系

(1)村庄社会关系。在娘屋的时候,我(民国)三十五年(1946年)搬到赵家楼来了,(民国)三十六年(1947年)就搬到铁机湾来了,就刚刚是一年,把女伢混熟了我就走了。湾里有童年的女伢,广山庵就是一个房子,没有女伢,赵家楼有三四个啊,那就整天一起洗衣裳,有的姑娘姊妹八个,就她一个姑娘,她洗衣服就是两水桶,她的娘是个瘫子,再有个嫂是个看夫媳妇。她比我还后来出嫁的,我是(民国)三十六年(1947年)出嫁的,她是(民国)三十七年(1948年)出嫁的,她也没有送我。结婚的第二天也不用去拜见谁,除非过年,那亲房、什么伯那就去拜下。

(2)妇女矛盾调解。我们那个时候,女的和女的有的打架,没有解放的时候就是保长、甲长调解,这现在就是书记、村长、干部解决。有的男的会出面,有不讲道理的就跑出来帮忙,讲道理的就不出来帮忙,有的女的爱吵架的你帮她做什么呢!

(二)妇女与市场

1.市场参与

解放后,我上街不要跟老伴说,这宋坳,这么近,那个时候脚也大,一下子几回了。但是要是远一点比如说总路咀就说一下子,就说我到总路咀买什么。没有跑到很远外乡买东西,那屋里伢丢不得,伢在屋里丢不得,你要做的吃啊。没有女的可以到街上商店里面赊东西啊,除非就是屠户那里可以赊,你过年看一头猪,算钱,其他的东西几赊。他怕你不给钱呢,男的要是跟着合适就给你赊,不合适就不让你赊。

2.交易活动

我们那个时候没有种棉花,就买净花,纺线子,你给他一斤,他就给你一斤半,你跟他纺两斤她就给你一斤,这样你就有一斤了,就是那样打转呢! 你织布呢,她把点手工钱给你,然后再给你点线子,就叫做差赊。就是这样转着穿。

五、农村妇女与国家

(一)农村妇女认识国家、政党与政府

1.认识国家

我做细伢的时候听说过孙中山,是听大人说的,只是说,他过去是个大干部啊。我知道现在的主席习近平呢,那电视里面说习近平上台呢,电视里面说习近平、胡锦涛、江泽民、邓小平呢。

2.交税

那个时候没有说抽壮丁把女的抽出去的,不要女的。过去要是哪屋里种田就要完税啊,

你要是不交税,就要把你捉去,捉去你就要拿米去取。己田(自己的私田)超过了几多(多少)就要完粮(交税)。一斗田就要完几多粮,具体要几多米啊,那时间长了不记得了。你要是不完,他就拿枪来抓。

3.裹脚

我没有包过脚,我婆包过。她就把带子一缠着,然后就包着,走路就朝着墙上扶着,她的脚后来就是很深的口子。我问她,婆,你的脚怎么这么深的口子,她说拿桂①割的啊!我还害怕不过,拿桂割的啊!后来就弯成一个大驼子,一定要弯成一个大驼子,就像长痛的一样呢!那比长痛的还痛呢!那个时候,那个社会到那里去了,说以后结婚这个搭头②太重了,看个戏呢,就把脚收在椅子下面,小脚就伸在外面,以前一个娘看③几个女儿,要早上起很早跟她们梳头然后就拿着裹脚的布儿扯了又扯、缠了又缠,后来就搞了一条口子出来,骨头都断了。我当时包的时候,痛的不知道几厉害。我父说,这伢走的扶墙摸壁的,我头天把布儿解散了,我娘晚上就拿线缝上了,我解也解不了,睡不着觉。我父亲说这伢痛着这厉害。但是那个时候都要包脚,不包脚就不是女伢家。你说亲找人家,就说你的搭头重了。上街的时候年轻的人就拿着草量说这个新大姐脚细,那个新大姐脚大像镰刀一样。那个时候新媳妇上街,头戴凤冠,新大姐比赛。还有过去女人结婚,那到人家去,女人就一定要梳揪巴。那就解放之后,我就没有梳揪巴。我在娘屋里也没有梳揪巴,梳的辫子,那是姑娘伢的时候。

4.政党认知

我们做小伢的时候听说过共产党,那看到就吓不过,看到过背枪的,看见过就是背枪,不知道做什么。国民党的人一来就吓不过呢,来了就要打仗。我们湾里没有谁是国民党员。往年当兵抽壮丁来捉啊,弟兄伙六个要抓一个去,弟兄伙五个也要抓一个去。那个时候我在广山庵,在贺家湾捉,把枪压着,搞得哭天抢地的。那国民党的就把新蛮④要扎着⑤去当兵撒!那个时候对国民党的印象是国民党的人比共产党的人拐⑥一些,到处打仗。还有平时你要读书,不然当兵就磨死你!要是有四个⑦就让第四个当兵,其他人都养着他,要是当兵就把他送去。我父四个,我四爷就去当兵了。那就是先让他读点书儿供着他,然后当兵就把他送去。那就是自愿去,不捉,捉就显得伤心呢!共产党,成立共产党的时候我不晓得,但是共产党当时都是晚上出来,白天都不敢出来,夜晚就是在房里送他吃啊,他们就在房里躲着呢!我见过他们,那个时候林桂花,林懒人王呢!那都是死了,他们都是夜晚开会,白天就在屋里睡着,不出来。国民党要是知道了她们和你有什么关系,你这一家就脱不了关系。他说你藏着共产党。

我那个时候是在广山庵住着,也是有藏着共产党!白天就送他吃送他喝呢,晚上他们就出去了,那就是一起组织的,开会的人,里面有妇女协会成员,单独女的起的妇女组织,那时候有个说语,我还搞忘记了,我们那个时候的婆婆就是妇女协会的人呢。

---

① 桂,砍木材的工具。
② 搭头,指买猪肉的时候屠夫配的一些边角下料。
③ 看,意为养。
④ 新蛮,人名。
⑤ 扎着,意为捆着。
⑥ 拐,意为坏。
⑦ 意为如果家中有四个孩子。

5.识字班与夜校

我一直没有进过学堂门啦,我们那个时候扫盲,我一大群人没法去,我的姑儿去了,这里的妹儿去了,她是(民国)二十年(1931年)生的,我是(民国)十七年(1928年)生的,她那个时候到了一二十岁。我有两个姑儿,细姑儿读书,大姑儿没有读书就扫盲诶!我那个时候有伢,没有哪个引,我一直没有读过书,不知道读书怎么样。老师就是别处抽来的。那就是教什么东西呢!就是唱这些东西,那大崎山的漆老师白天就玩,晚上就和小孩子一起耍。他就是教不认识字的人,把不认识字的人都收去,然后一家人就把他一斤清油,见人把他一斤油。那就是一学期一把,管它什么菜油还是麻油什么的就给他一斤油。我觉得我姑儿学到点东西,有的人跟着路上写跟着路上画。这个说错了,那个说差一撇,路上就搞那个事儿,就在那里写啊。

6.政治参与

我记得要给别人投票的时候因为我有伢没有去啊,那时候还是夜晚开会,你知都不知道。女人玩龙灯,都是我姑儿去,那个时候她们穿着金红裤子,土林布小鞋,系白飘带呢,几条灯几条灯,那就是我妹儿去,妹儿去开会,我有伢就没有出去。一家就去一个撒,一样的打扮。还有我这屋里不知道他们建党(入党)没建党,他们一直都在外面,反正我自己没有申请过,我屋里有伢,回来就搞伢了,做生活出工这里做到那里,那里做到那里,回来就哄伢去了。那个时候整天到处挑草头,到易坳挑草头,那很山里面,往大队挑草头。那就胜劳力,要得那些分啊!你要挑草头就是八分呢,你要是屋里做事就是五分呢!对于媳妇女儿当干部的态度,我也没有说什么支持或者不支持。比如说我的媳妇搞妇联队长她就去搞她的,我就在屋里做饭吃。

7.女干部

那个时候没有接触过男干部,那也没有接触过女干部,土改的时候她们做工作,他一般看见你的有伢,驻队就没有在你家的驻。我觉得女的能当干部,但是以往女的说话不算数啊,现在省里开会,女干部不知道有几多啊。我做姑娘伢的时候,管你哪里不能去,哪里还要你当干部啊!根本没有那个意识,要是外面来了客,外面都不要你去。那个时候是女伢,人家说的笑话,不好意思都开跑。那就是到了1949年以后这就很正常了。女的跟男的是一样的有用,要是没有用就没有用。我觉得那个时候话说是解放了妇女,但是工作一样多,甚至比之前更多事了。做(造)牛车河的水库,那么大的水库,我们到那里去总是没有天光,你不到那里去,屋里停你的秤①没有饭吃,屋里不管有几多伢都不能管。当时女的不去做工的原因,要么屋里男的当了干部,要么怀孕了,不然就一定要去。

8.政治感受与政府评价

与以往的旧社会相比,那剪头放脚在外面做事好些,整天包脚也难,在外面做事还强些。就是不清楚自己在外面做事能够赚钱了,地位就和男的是不是一样了,自己也不能很明显地感受到。

(二)对1949年以后妇女地位变化的认知

1.妇女地位变化

那我很久就听到说了妇女能顶半边天,人家说,生了个什么?生了个顶天的。我的细房

---

① 停你的秤,意为停发口粮。

(指最小的儿子)的,叫文丽,现在读大学去了,人家问,你的生了个什么啊,我说生了个顶天的。这都是解放后的事情,解放前哪里把女儿当人啦!

2.婚姻变化

要是大人不同意两个人在一起,找政府也不中用,两个说在一起就在一起,我的儿、媳妇说在一起,我也不反对他们。他们自己愿意就愿意。

3.政府与家庭地位、家庭关系

解放之后,男的打老婆肯定有,但是不多。现在都说不能打老婆,细伢(小孩)也不能打啊!解放前打老婆的肯定多些。我觉得这个跟政策有关系,现在没人不喜欢这个政策呢!就像我们老人现在坐着拿钱,以前坐着哪个给你饭吃啊,那个时候就做事啊。

(三)妇女与土改

屋里(指老人家)划的是佃中农,那时经济状况还算可以,还有赤农、贫农呢!那时候开会,按成分站队,划一个圈,你在哪个农里面就到哪个农里面去呢!赤农都是没有的人,驻队也是驻在他们那样的人家。现在不记得土改什么时候了,土改时,我去搞生活去了,没有时间搞这些事儿!文化大革命也不记得了,只依稀的记得整天就是斗地主,那就是打倒土豪劣绅呢!几百人上路,簸箕那么大的鼓,抬着打,文化大革命,打倒土豪劣绅。土改的时候分到田地,那时候伢伢多了,是按人分的,女人也有份的。

(四)互助组、初级社、高级社时的妇女

1.互助组时期

互助组的时候,那时间长了不太记得。我只记得当时互助组的田是自己的,我家参加互助组是老伴决定的,互助组不要女人在里面,都是男人在里面。

2.合作社时期

记得那个时候转社了,办钢铁啊,什么锅啊、碓、磨子都收过去了。那你集体吃饭,就像一个屋里吃饭,那就不能这里冒烟那里冒烟啊。我后来搬到这湾里来,这个湾里有个婆婆当妇联队长,她就负责烧水洗澡呢,我们都不允许烧水洗澡。以前妇联主任是童春容,她就是做水库带着去做撒!她做什么都有能力,人家选的她。我记得一件事情让我印象深刻,我的伢驮着是1959年,女儿是1960年生的,1959年做(修)牛车水库,那里有这么大的厅堂,那边系的牛和这边系的牛,我要到哪边去方便,我从牛身上跨过来,牛一下子起来了,就把我甩到地上了,她就把我牵起来呢!她就让我第二天歇歇,可以不来。这是1959年九十月间的事,那时她还是蛮体贴人的。她没有说一定要来。

(五)妇女与人民公社、"四清""文化大革命"

1.妇女与劳动、分配

我们一起出去做事,做事不是一样的,上土你就占便宜,我挺着肚子就没有让我推那个车,女的都要推那个车。挑土粪和铲土粪的人就有矛盾啊,因为挑土粪累人一些。但是那也只是在心里,没有打架,就是偷偷地说,我情愿得少点分。一般铲土粪的说干部的堂客,有的真不舒服,有的脚不好、有的没挑过。劳动那大个水库都是这些事,男的也要做这个事,有的上面检查工作还要脱赤膊做。那个时候,没有伢多人在屋里种田。那要是在屋里(农村)种田,男的犁田打耙呢,这没有女的做,女的搞不到。即便我们做的这么厉害,也没有几多得病的呢!

那没有办法啦,要是那里有泥巴陷你也要下去。

2.集体化时期劳动的性别关照

(1)大食堂。我记得大食堂,那个时候吃食堂就我做饭,我就做了几个月。几个月后就起那个包儿,太炕人了,整天就蒸焖子,你要发钵,什么都要你自己去做。没有哪个愿意去做,清早就要起五更呢,做了之后就要回来吃钵呢,早上还要起来蒸焖子呢,早上还要烧茶。就一个人,没有帮手。各人的米各人送,你就把水上焖子①。一家人就几个人几个钵呢!当时食堂里没有菜,你自己各人拿回去自己做菜。

(2)"三年困难时期"。饿肚子的时候,我这伢的老子他就在外面搞他的,搞副业去了。你就在屋里引一群伢今天有饭就一人吃一点, 慢慢朝前面过呢!我又没有亲房又没有弟兄伙的,我就一个爹爹还是当兵的,说他是畏犯②管着他呢,他没有甲长或者保长。当时铁机湾饿死几个(人)呢!那就是男的饿死多些。

(3)工分与同工同酬。我记得我当初在小队里,一天五分啦,那挑草头是有遭数的(次数),那就只天把两天,就那几天工分多一点。

(六)农村妇女与改革开放

改革开放,土地承包。分田到户之后女的有田,只是后来村委会选举,我都没有参加。

六、生命体验与感受

我现在就看看电视,在家里待着,我家很好的一个电视,我的细儿做了这个房子,买了个电视,说让我住在这个屋里,他说我劳死一生,住的破屋,让我舒服两年,让我享受下。我说我不来,你们新屋,我到时候搞坏了,他说哪有你说得那么巧,怎么搞坏得了呢!外面住惯了的人开明。我的儿都还可以了,我的二儿把饭做到手上吃。还有就是我大孙女她有什么电脑,我的二孙女就在河南,大孙女把我扯到那边去,我说怎么了,她说你喊惠琼。我看见人了,一个在北京,却看得到。我说你在哪里,她说我在河南呢!感觉很新奇,网络我也体验了一把!

---

① 焖子,指大蒸笼。

② 畏犯,指逃兵。

LY20160716JXY 江贤英

调研点:湖北省武汉市江夏区大嘴口村倪家墩

调研员:李媛

首次采访时间:2016 年 7 月 16 日

受访者出生年份:1936 年

是否有干部经历:否

是否生育:是

受访者结婚的时间节点、生育子女的具体情况:1955 年结婚,现有一个儿子。

现家庭人口:4

家庭主要经济来源:儿子打工赡养

受访者所在村庄基本情况:大嘴口村邓家墩位于武汉市江夏区金口街,属亚热带季风性气候,雨量充沛、日照充足、夏季酷热、冬季寒冷。地处长江中游南岸、武汉经济开发区东部,南与嘉鱼县毗邻,北与洪山区接壤,西与汉南区、蔡甸区隔江相望。地形主要以平原为主。种地的大部分是种棉花、芝麻、黄豆、玉米、西瓜等,村民现在主要以外出务工为主,人地矛盾较缓和。

受访者基本情况及个人经历:老人 1936 年出生,祖籍湖北省武汉市汉阳区,现居金口街大嘴口村。老人以前家里很穷,没有读过书,小时做童养媳在别人家做事,她的哥哥娶媳妇的时候她才回到家。十九岁的时候嫁到婆家,嫁到婆家之后,老人第一胎生过一个姑娘,隔了十年之后老人才生下现在的儿子,所以老人也只有这一个儿子。老人的老伴已经去世二十多年,前些年由于意外老人把腿摔断了,因此平时都卧床不起,她和儿子住在一起,平常都是由儿子和媳妇照顾。老人的老年生活过得还不错,虽然脚摔了,但是衣食住行都不愁。有国家发的养老金,还有残疾申请了低保补助。有的时候天气好老人也会在家门口晒晒太阳,对门的婆婆有时候会到老人这里一起聊聊天。

一、娘家人·关系

(一)基本情况

我叫江贤英。姓名是我娘老子取的,生的时候就取了的。我 1936 年出生的。那个时候穷得要死,穷得讨饭的,有几多地呢? 三四亩吧。土改时候家里是贫农成分,那时候有一个哥一个妹,以前生多了都死了,有个姐姐放牛发了羊癫疯,掉到水里淹死了。没有兄弟姐妹被抱养的,我十九岁出嫁的。丈夫家里也是穷得要死,有两个兄弟,妹妹出嫁了。

我现在就一个伢了,以前有个姑娘喝药死了。生第一胎的时候 1958 年的,二十多点岁,现在这个儿子隔了十年才生的。

(二)女儿与父母关系

1.出嫁前父母与女儿关系

(1)家长与当家。我娘家是汉阳那边的,娘家时候我的老头(父亲)是家长,没有赌博什么的,穷得很,到哪里去赌博? 男的要是去世了女的肯定可以当家长的。以前肯定是爸爸当家啊,过去的封建,哪个女的当家呢?

(2)受教育情况。我以前都是讨饭的,去哪里读书呢? 我给人家做童养媳,做小媳妇的。后来我的哥接嫂子的时候我才回来,别人介绍给这个爷爷来的。

哥哥也没读书,哥哥给别人放牛的。村里基本没有女孩读书的。

(3)家庭待遇。家里的男孩肯定比女孩待遇好,大人都喜欢生儿子的。男孩总是有优先的。女孩吃饭还是在桌子上面吃。有的不愿意坐桌子就在旁边吃。好些都不兴坐桌子,反正女孩上桌子的少,夹菜还要斜着身子去夹。过年时候有时候有压岁钱,有时候没钱都不给,反正男孩总是要多一些的。

(4)对外交往。过年时候姑娘伢都不出去拜年,男孩拜,给自己的亲戚啊,然后再就是湾里拜。我的妈妈不去拜年,爸爸也不拜,有大人就拜,没大人就不拜。如果屋里来了客人,妈妈也上桌子吃饭。到别人屋里吃饭的话,妈妈去的少,除非是到她娘家去。要是没得饭吃,姑娘还不是要出去讨饭,爸爸就是打工不讨饭,妈妈带着小孩讨,男孩没带多少,男孩有的五六岁就出去放牛做事。妈妈带着姑娘一起讨,分开怕走丢了。

(5)女孩禁忌。过去女伢,有个上十岁就不出几多门了,出门得少,说得都少。屋里家规大,不让随便出门。女孩也不能跟同村男孩一起玩,自家亲戚就可以一起玩。女孩衣服跟父亲兄弟衣服晒在一起也要看怎么晒,好比说父母亲的晒在前面,裤子就晒在里面,不能晒高了。都是晒在房子外面啊,但是不能挂得太高,不能对着大门。

(6)"早夭"情况。以前要是生了男孩夭折了那很少办丧事,死了办什么丧事,也不入族谱。

(7)家庭分工。以前在娘家都是自己晓得做自己的,除草啊、插秧啊、割麦、割谷啊。我的哥哥给别人放牛,我在别人屋里做童养媳。姑娘就是洗点衣服、扫地。十一二岁就开始学着做农活,学着插秧啊,慢慢的割。就是犁田打耙不能做。我不会纺纱织布,我们上一代会。

(8)家庭教育。以前又不让女孩读书,也不让开口说话,说话都少,要是违反屋里就会打她。男孩没什么规矩要遵守的,出嫁之前我从来没有过过生日。

2.女儿的定亲、婚嫁

我是蛮大定亲,解放来了定的。村里姑娘好多都是生下来就拿八字定亲了,是个瞎子你也要去,嫁鸡随鸡,嫁狗随狗,跛子你都要去。定亲也没什么仪式,就是两套衣服里面一个背心,再就是坐了个轿子。我们定亲时候没有写婚约交换生辰八字的小帖子,只有在月里定亲的才有。我的彩礼就是两套衣服,买了两包茶,再就是半斤金果①。没什么钱,都穷死,彩礼是由男方那边送,由介绍人送来的啊。接受彩礼时候不交换帖子,定亲时候双方爸爸妈妈也不见面谈,也不征求我们的意见,我不满意还不是要来这里。

以前定亲了不能毁亲,定都定好了,毁个什么鬼,毁了大人就要把你浸水里去。我定亲之后有年把之后②出嫁的,定亲之后两家也没走动,定亲之后我可以跟我丈夫见面,结婚时候不写婚书,就是拿个结婚证。出嫁那天娘家办了两桌酒,我们那里不兴送嫁,出嫁那天我爸爸妈妈就是说到别人家里去要听大人的话,要懂事一些,听婆婆爹爹教训。

办酒请了亲戚啊,姑妈啊、姨妈、舅爷啊那些人。我的嫁妆就是一个柜子、一张桌子,那时候都是穷得要死。东西都是娘老子办的。

我出嫁之前没赚钱,没有私房钱。过去都是大地主家的,你没得钱去借,借一担谷下半年还两担,借两担谷还四担。出嫁之后还分个鬼的财产,娘家有接去回门,三天回门。

以前就是家里没得钱啊,穷啊,在那里去做小媳妇。他那里十个伢,一个儿子,九个姑娘,三个大人。他的儿子还给他的伯娘做儿子。那是别谈,造业(可怜)死。他给鬼的钱,就是你在他家去吃饭,还不是帮他做事,烧火弄饭,做十几个人的饭。他屋里就是都出去做事。后来是我哥娶嫂子的时候就把我接回来啊。那时候做了小媳妇很少留着结婚的。

换亲的还是有,很少。那是有的儿子伢多了,家里为难娶不到媳妇。再姑娘家条件好些,就招进来当女婿,好多人都招啊。上门女婿生的伢先跟舅爷屋里姓,后来舅爷死了还不是跟女婿姓。

出了嫁的姑娘回娘家吃年饭要在里面穿蓑衣,在鸡笼上面坐着吃。姑娘跟姑爷在娘家都不能一起睡,那要是有,湾里的人都要说她没有管教了。以前姑娘都不能上坟,说她去上坟就把财都发到她家里去了。现在就不讲究这些了。五月节气啊、八月节气啊、过年啊就是要回娘家,有时候自己回去,有时候带伢回去,丈夫在屋里做事忙了。回去要带点吃的东西。

3.出嫁后女儿与父母关系

(1)婚后与娘家关系。嫁出去的姑娘管娘家的事很少,有的舅娘拐的,说你不让你管,嫁出去的姑娘泼出去的水。娘家有困难的话,有的好就帮啊,有的不好就不帮。姑娘出嫁之后在丈夫屋里遇到困难,也可以找娘家帮忙。以前要是姑娘跟丈夫闹矛盾了,可以自己回娘家。回去了住爸爸妈妈屋里,吵了之后丈夫还是会来接回去的。

(2)婚后尽孝。以前都不谈给爸爸妈妈做寿,都穷。要是爸爸妈妈去世了,肯定要通知姑娘回娘家的。送葬仪式上面出嫁的姑娘穿的孝服跟儿子穿的是一样的,出葬的费用,姑娘过得好的就承担一点,过得不好的就赶点礼。清明节的时候姑娘不回娘家上坟,七月半的时候出嫁的姑娘给娘家过世的老人烧纸,烧包袱(纸钱),还要吃包袱饭,鱼啊肉啊还有剁丸子吃。

以前爸爸妈妈养老有舅爷们养啊,姑娘也不用。过去都说荞麦不能完粮,女儿不能养娘。现在都姑娘养的占多数。

---

① 金果,一种土特产,类似于糕点。以前过节时流行送的礼品,一般是用袋装,里面有很多个,小球形状。

② 口语,意为过了几年。

(3)离婚。过去离婚那很少,没得那个规矩啊。哪像现在,同意了的、伢养了的都要离婚,政策太松了,太松了也不行,都瞎搞,把伢弄得伤了心。

(4)娘家与婆家关系。有的娘家跟婆家好的还不是好,有的坏还不是要开骂。我屋里都还好,一般,来往也不多。在一个湾里的开亲不好,娘家婆家骂起来都不得了。吵架就说把姑娘弄回去、弄回去,我不要了。

(三)姑娘与兄弟姐妹的关系

1.我与兄弟姐妹(娘家事务)关系

我就是一个哥一个妹,姊妹伙的也没闹,都各做各的事。姑娘回娘家肯定是客人,回去哥哥嫂子招待。现在再没有哥哥嫂子了,妹妹也死了。一般情况下娘家的大事也没什么要讨论的,出嫁的姑娘给娘家兄弟送礼的话,有你就多送点,没有你就少送点,哪还讲究那么多?给姊妹送礼也是一样的多。家里需要借钱的话,兄弟姊妹搞得好就过去借点啊。哪个搞得好点,哪个有,就先找哪个多借几个啊。回娘家时候是住在爸爸妈妈屋里,去妹妹家里做客的话可以住在妹妹家啊,那先(以前)都忙得做活的,哪个有时间住着呢?一般一年有时候去两三次,那哪能住着呢?先要抢工分啊,了不起就是吃顿饭就回。我肯定是去妹妹家方便啊,哥哥屋里远些啊,在武汉。妹妹屋里的话不会担心妹妹的婆家说闲话,她婆婆早就死了。

2.兄弟姐妹与我(婆家事务)关系

娘家兄弟也不在我家说什么,我也没跟婆家发生什么矛盾。以前出嫁的姑娘要是在婆家发生什么事情,肯定还是要请娘家兄弟到场,发生了大问题肯定要请娘家啊,娘家的人出气啊。不过一般的很少。我就一个儿子,他是介绍人谈着结婚的。也不用娘舅同意,结婚时候要请娘家人来。

3.亲戚来往

过去过年初三是女婿,初二是外甥,现在都是瞎拜。回去一般过年就是带些金果啊,五月节气就是绿豆糕啊,八月节气就是月饼啊,再有的位置(地方)兴割肉。回去给爸爸妈妈、叔叔婶娘、伯伯伯娘啊,上辈的人拜年啊。爸爸妈妈死了之后,有哥嫂的话还是要去拜,舅爷为大啊,娘家没有人了那就不回去拜年了啊。后来拜年伢大了那还不是伢去拜。出嫁之后是跟妹妹、哥哥走的都是一样的亲,什么节日都可以走动。

二、婆家人·关系

(一)媳妇与公婆

1.婆家婚娶习俗

我结婚时候,婆家也是穷得要死。当时屋里有弟兄三个,再就是娘老子。当时公公、丈夫都是在队里做农活的。

这边结婚也没什么仪式风俗,结婚时候就是派街坊啊亲戚啊去迎亲,抬轿子的吹喇叭的。办酒席的时候舅爷什么的都是一席,四方桌子,以前舅爷为大。

结婚的时候要给公公婆婆端茶,请安之类的。结婚之后也没有检验贞洁的习俗,结婚之后也不去祖坟上坟。

2.分家前媳妇与公婆关系

婆家当时是这里的大哥当家,爹爹没当家。后来也没分家。分家也没什么情况啊,就是各过各的。嫁到婆家之后,就是队里派你做什么就做什么。我就是自己洗自己的衣裳啊,婆婆烧火带伢。我也下地做农活,男人什么都做,打沟啊、犁田啊、打耙啊、插秧啊。女的也插秧。我跟我婆婆没吵过,他们也都不管我,婆婆还蛮好的。她带伢,也带外孙,还带孙子。回娘家的时候就是要跟公婆请示一声,说一声。不是随时随地的走,不请一声,别人说你没得管教。以前伺候婆婆没什么规矩,就是病了你要料理她,给她弄吃的。婆婆也没怎么要求我伺候丈夫。男的就是在外面做事啊,不做家务,不烧火。过去也有婆婆虐待媳妇的,媳妇也不能反抗,有家规的,要是你反抗就把你弄到庙里去跪着。媳妇要是跟公公婆婆冲撞,男的就要打她的。不过还是很少的。以前屋里跟外面交涉的事情,一般都是丈夫去出面的。要是丈夫跟公公婆婆有矛盾的话,那是他们娘俩的事,鬼才去管。我嫁过来时候带的压箱钱,都是压在箱子里面自己用,丈夫他肯定晓得的,爹爹婆婆就不知道。我的嫁妆肯定都是自己用的,以前我来的时候,公公婆婆有一套衣服一双鞋子,媳妇带给婆婆的。结婚之后我也没私房钱,都穷得要死。

3.分家后媳妇与公婆关系

我们也没分开啊,是后来一个人养一个老人,公公跟着我们在,婆婆跟着弟弟他们。过去啊过继不为儿,有个大哥就是过继给二伯的做儿子。公公或者婆婆去世时候我穿的孝服跟丈夫是一样的,要是公公或者婆婆死一个的话就是一样的,要是两个人都死了,那他的儿子戴的手巾布就长一些,在地上拖着,媳妇可以不拖着。下葬的时候女的有时候去,有的时候屋里有客忙了就没去。公公婆婆的墓地就是脚蹬桂子(山),头朝纱帽(地名)。清明节媳妇也不上坟,都不去。没得离婚这种情况,婆婆要是对媳妇不满意的话,那也离不了,儿子媳妇两个人好就行了。婆家也很少有休妻的情况,我还没见过的。公婆的财产就是他们的儿子平分,要是儿子死了就没有,要是还剩妻子孙子那就要分财产,还分得多一些。要是丈夫在外面去谋生的话,公公婆婆可以让媳妇一起去。公公婆婆如果要媳妇出去做帮佣的话,那也很少,有的都不愿意出去做帮佣。

(二)妇与夫

1.家庭生活中的夫妇关系

我跟我丈夫是结婚之前就见过面的,不满意也要满意,看都来看了的,也不管他满不满意。结婚之后就是普通人一样称呼,喊名字啊或者叫姓。我家是我丈夫当家的。平时请工、借钱、借粮食我都不出面,那都是他去弄,还的时候也是他去。以前也没建个鬼房子,都是茅草地一样,都是土砖搭的。上面就是茅草堆子。花钱也不用经过谁同意,我后来也没有私房钱,哪个有钱给你呢? 分家后我们屋里也是各做各的事,干农活,队里什么都做,插秧、刨草皮啊什么都做。女人还是要伺候丈夫的,洗脸洗脚水要打好、饭要端好,丈夫跟别人说话女人也不插嘴。丈夫要女人做的事,要做的事肯定还是要做,不对的事哪个去做呢?厨房的事是必须的女的做,伢也是女的带,马桶也是女的倒。过去的男人灶都不上,回来了就坐着等着吃饭。男女的衣服分开洗,要是生病或者坐月子的话,就是婆婆帮忙洗,男的不洗。以前丈夫有打骂妻子的,他打老婆说他有理,不讲道理的总要打。妻子反抗也没有用,打都打了。妻子跟家长投诉也没用啊,公公婆婆还说你不好。公认的好妻子就是好人好事就表扬啊,就是做得好啊,家里家外都和睦。也有丈夫怕妻子的,村里就说这女的太厉害了。要是丈夫出去打工肯定要跟我商量的。以前我也没有副业,反正有钱就交给丈夫,没有钱交个鬼。男同志赚得肯定多一些的。屋里的日常消费用品我买得多数。商量个鬼,要用的东西就去买。去市场买东西也不要经过他允许,要买就去买。

以前要是娶妾的话,妻子不同意他还不是非要娶,自己屋里有钱的过得好的就娶妾。娶了小妾,还是要称呼大房的。小房的生了男孩就归大房的抱养。以前卖妻是她的男人死了,弟兄伙的就把她弄去卖了。夜晚去抢她,反着背着搞到别人那里去卖,他们就得钱。有的她不同意去,就瞎骂,说老娘怎么来你就怎么样把老娘送回去,不弄回来就怎样、怎样的。而且也不能跑,往哪里跑呢?他让你跑啊?阴着偷去的还让你跑啊?过去娘家就是嫁出去的姑娘泼出去的水,还管你个鬼。以前丈夫过继伢肯定要妻子同意才行的。

2.家庭对外交往关系

屋里的人情往来,哪个的亲戚哪个就去出面赶情送礼。邻里之间送情请客、送东西给压岁钱这些那些都是他出面。屋里要是有客人的话我肯定同桌子吃饭啊,不同桌子那还得了?到别人屋里吃饭的话,一般哪个请客就去。以前我丈夫也没有赌博,一般都是男同志出去借钱,女同志借都不知道去哪里借。以前没有几多离婚的,现在离婚的多。解放之后肯定是女的提出的多啊,家庭的不好就是女的多。男的要离婚,那家产就都有一半。女的要离婚,男的就不给她家产。以前要是有人在外面有婚外情的话,村里总不是说女的的不是啦。也有说男的的不是。他们娘老子那还不是要骂啊。这种事都是少数的。我基本上没什么朋友,一般也不出去多少。出过最远的门就是到武汉,哥哥嫂子在武汉啊,到他那里去。去也是一个人去,不用丈夫同意什么。

(三)母亲与子女

1.生育子女

(1)生育习俗。我现在就一个儿子了,有个姑娘喝药死了。大伢1960年出生的。头胎的姑娘,以前也没有什么报喜的,就是去娘家说一声。生了男孩就是办酒,九天就做酒,请亲戚来吃。请娘家的啊,舅娘啊、姨娘啊,再就是婆婆屋里有亲戚也来。街坊玩得好的也赶礼请客。也不给村里人发红鸡蛋。娘家人来就带些三尺布、三斤面或者鸡子这些的。伢随时随地都可以抱出去给别人看。满了月娘家接姑娘和外甥回娘家,有的也不住在娘家,伢太小了也不带去,当时去吃顿饭就回来。回来时,自己回也不用接。伢满周岁时候过生日,有的没钱的就不做。出生之后也不去祖坟祭告。生姑娘也不用庆祝,也不办酒。

(2)生育观念。公婆对生男孩态度肯定就好些啊,照顾得都好些。生姑娘就不是个宝。以前肯定是觉得有男孩好,越多越好,生十个、八个是男孩也好。因为封建时代啊。以前也没有给儿子姑娘过生日,以前太穷了。要是媳妇只生姑娘就把你不当人了,你要是连着生三个姑娘,她自己还要哭。公婆、丈夫也不会说要休妻,重新娶或者纳妾,就是公婆说坏话。

(3)子女教育。我伢上学了的,就是自己让他上学去。他也不爱读书,他在学校去赌博押宝,后来被爷爷骂死。当时屋里要是没钱,肯定要借钱让儿子读书。没得人借钱给姑娘读,想都别想的。家庭教育里面,儿子就归爸爸管,姑娘归妈妈管的。

(4)性别优待。给男伢优待那是肯定的啊,男孩什么都好些,吃也比姑娘吃得好,穿也比姑娘穿得好,都是由着他。

(5)对子女权力(财产、婚姻)。我伢的婚事是请别人介绍的,当时也不合八字,介绍的说好了,他们两个就自己恋爱去。他们结婚他们自己同意就行了。

当时女方也没要什么聘礼,结婚也没花多少钱,女方没要我家什么钱。媳妇陪嫁的东西都是她自己的,结婚之前也没盖房子,那时候她家穷我家也穷,都很为难。

2.母亲与婚嫁后子女关系

(1)婆媳关系。我儿子那是九几年结的婚,跟以前也没什么变化。结婚的时候媳妇肯定要拜公婆的,也要端茶,不过那时候爹爹都不在了。我也没跟我媳妇闹什么矛盾,就是我现在脚摔了要伺候,以前能动的时候没要他们管。生伢时她在屋里满了月,她也没要我带伢,伢半岁时候,媳妇到这里来做衣服。

(2)分家。我儿子后来到大噐口这边来就分家了,孙子半岁的时候。因为媳妇到这边来当裁缝,那时候我还在家里种田。

(3)女儿婚嫁(定亲、嫁妆)。我姑娘当时没定亲,很早就喝药死了。

(4)招赘。解放之后,我们那边很少招上门女婿的。

(5)养老。我现在是儿子养着,国家也有钱发,脚疼也办了个低保。现在农村的老人,他儿子姑娘肯定要养他的啊。要是不养,肯定找政府啊,那都要养着的。做得就自己养,做不得伢肯定要养,不养现在法律不允许啊。村里人要是没有儿子,只有出嫁的姑娘的话,老人是姑娘养,姑娘还养得好些。为了防老肯定还是养儿子好,养儿防老啊。

三、妇女与宗族、宗教、神灵

我总没有拜过菩萨,我不信这些。个别女的就信,男的不信。他们就是跪在地上拜啊,磕头啊。我不爱拜。

我不信宗教,我就是不信,我的丈夫以前信教,就在南岸那边,也不知道信的什么教,要祷告说什么哈利亚、哈利路亚。他死了之后,别人就要我接着信,我不信。信教总不是怕死才去信,结果还是死了。我没信都没死。蛮多女的信教的,是说求平安的,别人说信教,信教都是好玩的,没事做。

四、妇女与村庄、市场

(一)妇女与村庄

1.妇女与村庄公共活动

(1)村庄活动参与。村里看戏那些活动,我就是爱看戏啊,我一直都在看,哪里有戏就往哪里看。男的女的都有去看的。看戏吃饭没出嫁的姑娘愿意参加就去,看戏都是随便坐,就在堤上草坪上面坐着看,好多人都在看。

(2)开会。出嫁之前不参加村里的开会。解放之后那就要参加开会,队里开什么会就是什么会,三八妇女节也有会啊,都去。都要女的去参加。会都是干部在召集,有的要妇女参加就去参加。会上有妇女发言,要她发言就发言,要她说什么她就说什么。

(3)对村庄绅士、保长、甲长的印象与接触。自己村里的绅士、保长、甲长我肯定是晓得的,村里事都是他们管,没哪个去关心。出嫁之后就不知道了,也没什么接触。结婚的时候也不请他们来。

2.妇女与村庄社会关系

(1)村庄社会关系(女伴、邻居、妯娌、同房同支等)。我在娘家的时候也没得几多女伴,只有个把。那个时候玩得也不多,一样大的姑娘蛮少。我比她先出嫁的,出嫁时候她来玩了的。

刚结婚的时候我也不拜访邻居,到婆家之后也还好,人生地不熟,都在队里干活。亲戚屋里建新房的话,女的也不去,女的能做什么呢?了不起就是缺人烧火(做饭)就要你去,不缺就不去。村里那种红事白事,有人请就去啊,不请就不去啊。一般都是自家的请自家的,不是自家的谁请呢?一般就是帮忙洗盘子碗啊、扫地啊、端茶啊。没结婚的女的也可以去帮忙,男的做男的的事,女的做女的的事。男的就在外面打杂啊、借东西啊。

(2)务工与报酬。女孩也参加劳动,做家务事都是自己在屋里做,没人请女的干家务。换工的话就是你跟他做一天,他跟你做一天。男工跟男工换啊,女工跟女工换。

(3)妇女聚集与活动。妇女之间也没组织什么会,玩得好的就是在哪个屋里坐着聊天的,以前洗衣服都是在各自家里洗啊,洗完了再到沟里去脱水①。男的还不是到处走到哪里就聊天。以前夏天晚上的话,就是在自己家门口乘凉。有的就跟自家人聊天,有的出去聊天。男的都在外面去聊天,女的一般屋前屋后挨着的聊。冬天没有聊天,太冷都在自己家里待。关系好的也没有什么领头人吧,妇女走到一起就聊天,到别个村子去聊天干啥?还跑到那么远啊?自己湾里聊天就够了。现在女的越是在一起聊天了,打牌打到一起就聊天啊,有的看牌也聊天。

(4)妇女矛盾调解。很少吵架的,男的那出面干啥呢。女的跟女的吵架男的说什么呢?男的跟男的吵,有的爱出面,弟兄伙的爱出面就出面。我是不跟人吵架,我抱着这样态度,骂是骂他的娘,又不是我的娘。

(二)妇女与市场

出嫁之前没去过市场,那时候哪里有市场呢?出嫁之后也没去几多,穷得很,买东西都去金水闸买,队里的女的邀着一起去啊。去也不用跟丈夫讲那些,市场有女的卖东西。不能赊账,都不认识的。市场活动也没参加,平常买东西哪个喜欢去就去,不管谁都可以去。

我家棉花是自己种的,种了之后拿去卖。我丈夫拿去卖,卖的钱交到屋里。我不会做鞋子做衣服,都是买鞋穿。以前妇女在市场上喜欢什么就买什么啊,缺什么就买什么。

发的那些布票粮票,家里也不够用。我们去供销社都是买盐啊油啊布啊,几个月去一次,做事去了谁有工夫去供销社啊?

五、农村妇女与国家

(一)农村妇女认识国家、政党与政府

国家我还搞不清楚,我又没有文化。孙中山蒋介石我也不太清楚,就记得一点,就听湾里人在讲。现在国家主席是谁我也不知道。

国民党我知道啊,国民党好坏的,人家个个都恨国民党。国民党专做坏事。我不认得国民党的人,只是听到别个说。共产党我也知道,共产党肯定好些啊,毛主席都不知道有多好啊。我没当过村里的干部,开会总不是讲生产的事,明天要做什么做什么。我没参加过夜校,不记得为什么没参加了。最早参加共产党组织的投票是选代表,妇女都参加,当时是写票,请别人帮忙写的。我婆家这边有个弟弟的党员,他蛮早就入党了的。少数的人才能入党,党员都是更加优秀的,入党了还要交党费的。要是我姑娘媳妇当得成干部那肯定还是希望她能当的。我的丈夫以前在村里当副书记的,我接触最高的干部就是书记,最低的不记得了。听说过女的

---

① 脱水,指用清水将衣服上的洗衣粉泡沫冲去。

当干部的啊,有妇女当会计的,忘记了接触什么的。女的只要有才华就可以当干部,只要是大公无私就是个好干部。政府号召废除包办婚姻、鼓励自由恋爱肯定是好的,肯定自由恋爱好啊,包办有什么好的?反正太松了也不行,有的一结婚生了伢就离婚,把伢丢了。搞这个计划生育政策,以前年纪大的人思想都不通,就是政府要搞。农村以前愿意生,都不相信(理解)计划生育啊。现在的姑娘幸福多了,过去都不让到处走动。

以前没有参加保长、甲长召开的会议,那时候没多大年纪。我也没有接触过国民党长官和共产党干部。当时国家也不让裹脚了,爸爸妈妈也不给我裹。我没有剪头发。

(二)对 1949 年以后妇女地位变化的认知

解放后就听说过妇联了,我没参加过妇女会妇联。解放之后就听说过了男女平等、妇女能顶半边天这些话。解放之后儿女婚姻就是他们自己决定了,父母也不做决定了。现在婆媳关系就是好多了,过去就是坏一些。解放之后妇女在家地位肯定是提高了的,现在政策好。男女平等,都做事,互相理解。政府和村里干部也管男人打女人的事,就说哪个不对。现在条件都好多了,以前姑娘都不让上学,现在都可以上学了。

(三)妇女与土改

土改时候我家是贫农,土改工作队到我家来过的,我不记得情形了。开会斗地主我去了的,但是我没有斗过,就是看别人斗。别人要我去我也不去。地主那都很恶,他有钱,别人穷人去找他借,都还双倍的。你总是欠着他的。我家可能分到了一点地主家的小杂东西吧,记不清楚了。我也不同情地主他们。土改分地决策妇女有权利参加啊,妇女跟男的分到的土地是一样多的,土地证上面应该是家长的名字吧,我不记得了。我也分到了土地,先是爸爸妈妈做主的,后来总是丈夫去做主了。土改工作队有女队员啊,我没什么印象了,不晓得贫农团是什么。妇女会主任也不记得了,一个大队也就一个妇女主任吧。就是说妇女翻了身,什么都翻身了,不像过去一样虐待女的,男女平权。

(四)互助组、初级社、高级社时的妇女

互助组就是几多人一组,不记得了有哪些人。都是家长决定参加的。干部动员我们下地干活,什么都干啊,插秧、割谷啊、做牛拉田啊。不愿意也要干啊,赚工分的。我没当过互助组干部,当时有女组长,她就是有那个条件别人选了她。

男女分工就是分到你做什么就做什么。队里有什么就做什么,男的主要就是犁田打耙。做得多就多得,少就少得。那都是走集体,大家一起做啊。妇女保护意识就是请假,月经期就派去做别的活,产假休息个把月,有几天的工分。我刚参加劳动就是一个伢,婆婆帮忙带着在。有伢的妇女也上夜工,白天开工就喂伢,夜里伢要哭就回来再喂一道。

跟后来人民公社相比的话,互助组的时候妇女的劳动是相对轻松一些。一年出三百六十天你出工都是好的,越出工多越好。妇女蛮大年纪都干活,干不得了就不干了。不下地劳动的口粮就分的少一些。

妇女参加共产党开的会,也有发言的,说得对的就有用啊,说得不对就没用。

(五)妇女与人民公社、"四清""文化大革命"

1.妇女与劳动、分配

(1)妇女与劳动。人民公社时候二十多岁了吧,不记得唱的什么歌,还有口号了。男的做男的事,女的做女的事,棉花种植、采摘那些就是女的专门负责的。打赤脚做水田的事妇女都要做。生产队女的劳力还多些,女的多啊,男的都是到处派工到处玩。以前就说:"男的是个爹,不做又爱歇;女的是个婆,不是挑就驮。"技术性比较强的农活,比如操作机器的技术工这些就是男的多,因为男的懂这些,女的不懂。生产队里面养猪养鸡这些副业都是女的做,有的女的也做、男的也做,很少养猪的。没有队办企业,生产队的队长、会计、记分员都是男的,干部都是男的,女的哪有文化呢?男的被抽去修水库做工程的话,农活都由女的来承担,当时是日夜加班做活,妇女也参加翻土地、修水库、大寨田这些,劳动比赛也参加,就是表扬一下。

(2)工分与同工同酬。女的做事偷不到懒,就是做。男的就偷懒得多。同工同酬我知道啊,当时劳动工分评得你几多就是几多,我当时一天十几分吧,做得多就拿得多,男的肯定就高点,男的工分总要高一些,因为男的厉害一些。就是集体开会评工分,我家是我跟我丈夫两个人做活,一天做几十分。

(3)分配与生活情况。生产队分的那些口粮、油啊、柴啊,有的按人口分,有的按户头分,男女分的都是一样多的。我家当时马马虎虎吃得饱。工分也养得活自己。

2.集体化时期劳动的性别关照

(对妇女)也没什么照顾的,就是来月经了派你做干的活。大跃进时候有因为照顾不到而得病的,就是让你休息,然后去公社的医院看病,看病肯定要收费的,还不是一个样的贵。没有办托儿所。

3.生活体验与情感

(1)大食堂。都是男的在食堂做饭,用勺子打的饭,吃萝卜稀饭。妇女是吃得一样多的,小孩要给得少一些。那个时候也不愿意吃大锅饭,都饿死人。吃食堂的时候锅铲就是留在家里了。不做饭了是感觉轻松一些了,吃完就休息一下。后来政策来了就不办食堂了,在自己家里吃。

(2)"三年困难时期"。就是那样慢慢度过来的,村里还没有人饿死。有的人就是想办法挖藕吃,去讨粮食也讨不到,一样个政策,大家都饿。有人偷粮食,那时候有个男的去偷粮食被捉到了,把他弄到大集体开会去批斗他,后来他回去就喝药自杀了。在集体的做啊,在大食堂弄着吃啊,烧火的人就强一点,偷偷弄一点他家里人吃。

(3)文娱活动与生活体验。那时候活动很少,我就是看一下,也没参加,没什么感受。大家那时候在一起说说笑笑、吵吵闹闹还可以的,时间也好混些,做了还要休息一会,打一下扑克牌那样子。

4.对女干部、妇女组织的印象

我晓得哪个当过妇女干部啊,都是队里选的。她肯定能够当才当的。当时公社有妇联啊,他们也不组织什么活动,解决问题那都是队里的干部来。

5."四清"与"文化大革命"

不记得"四清"跟"文化大革命"了,我也没参加斗干部。地主婆跟地主姑娘在村里还不是闷着做,她们的工分跟别人也是一样的。割资本主义尾巴的时候,屋里的自留地,有的地多了就被收了的。对我们家生活也没什么影响,那时候走娘家也不走,都在家里抢工分做事。"破四旧"时候我的金环子还有狗框①都被收走了的。

---

① 狗框,戴在脖子上的饰品,一般是金饰或银饰。

（六）农村妇女与改革开放

妇女肯定分到土地了，土地证上面也有名字。我参加过村委会选举啊，选票是请别人填的，我们也没得个文化。我选了一个妇女，因为别人都选她。计划生育现在也没什么变化，就是自己是自由的。原先的老人哪个同意计划生育呢？现在都是叫他生都不生。要是让我选，不管怎么样都要两个伢吧，一个太孤单了，有个伴好一些。现在村里的老人还在一起聊天啊，不过我不怎么看电视，我到哪里去了解国家政策呢？我连电视都没看。我也不知道网络是什么，连新闻那些东西我都没看，看得多才知道。我就不知道。

六、生命体验与感受

我这辈子也没什么感受，感受就是快要死了。我这辈子只知道怄气，别的没什么。我下午要我儿子拿个冰棒我吃啊，他就说我什么都要吃。你的妈妈都说，要你们吃的时候每天拿一根给我吃。他就把他那根给我了，自己又拿了一根吃。我吃鬼，没有牙齿，我咬都咬不动。

LY20160728HLY　侯连英

调研点:武汉市江夏区大矕口村倪家墩

调研员:李媛

首次采访时间:2016 年 7 月 28 日

受访者出生年份:1933 年

是否有干部经历:否

是否生育:是

受访者结婚的时间节点、生育子女的具体情况:1953 年结婚;现有两个儿子、两个女儿。

现家庭人口:4

家庭主要经济来源:儿子打工赡养

受访者基本情况及个人经历:老人 1933 年出生,祖籍湖北省武汉市金口街大青埠,现居金口街大矕口村。老人家里很穷,家里都是给别人做帮工,没读过书,从十四岁开始就到外面去挖藕,老人的哥哥们读过书。老人刚出生没满月就定亲了,二十岁嫁到婆家,生有六个孩子,现在大儿子和大姑娘已经去世,还有四个孩子。老人的老伴去世有八年了,现在她和小儿子住在一起,家里的地给小儿子种,老人单独住在楼房旁边的小平房,平常都是自己弄饭吃,自己照顾自己。老人的手脚也摔了,平常行动不是很方便。平常没有事都会坐在家门口,有时候也去和对门的婆婆一起聊聊天。

一、娘家人·关系

(一)基本情况

我叫侯连英,名字是老头老娘取的,出生就取了的。我兄弟伙的名字也是老头取的。我是1933年出生的。往日在家里做姑娘造业①,只有几亩田,我们都是给别人帮工。我家被划成贫雇农的,屋里有七个兄弟姊妹,没有姊妹伙被抱养。我是二十岁出的嫁。当时丈夫屋里也没有几多土地,他家有兄弟四个,还有两个妹妹,也没有被抱养的。我自己生了六个伢,死了两个现在还有四个。生第一胎的时候是1954年。

(二)女儿与父母关系

1.出嫁前父母与女儿关系

(1)家长与当家。我的娘老子当家,两个人一起做主。一般就是处理各种事情的时候,都是爸爸去。我的爸爸一生都没赌博,他造业死,就是我的叔叔婶娘赌博。爷爷奶奶死得很早。家里面的平常那些事都是父亲当家,我的父亲走得早些,走了上十年母亲才走。

(2)受教育情况。我从来没读过书,都没读书,就是男伢读过书。我们姑娘没读书。读书的都是地主家的姑娘,有钱的就读书。

(3)家庭待遇。家里还是对儿子好些啊。那只怪家里没钱,不怪我父母亲。我十四岁挖藕。吃饭时候都是各自盛各自的饭,往日的老人不让你吃饭到处走,只能坐着吃。坐也是随便坐,没什么讲究,随便吃。以前没有买过衣服,都是自己做衣服。破了就打补丁。以前造业啊,我去挖藕,水塘又深把衣服都打湿了,把藕洗干净之后,就在塘里去摆水,把身上泥巴洗掉,再穿湿衣服回去。以前家里穷,饭都没得吃的,更没有压岁钱。

(4)对外交往。过年的时候女孩不去拜,都不出去。都是男孩拜,给长辈人拜。妈妈也不去拜年。要是家里来了客人,妈妈也在一张桌子上面吃饭。多少都要吃一些。以前姑娘上桌子是少数。姑娘就是夹菜在旁边去吃。吃酒席,过去都是上人去,娘老子去,下人就不去,我们不去。爸爸要是不在家,就妈妈一个人去。姑娘儿子都不能去,大人去。以前没有饭吃的家庭还不是要去讨饭,肚子饿啊,就在跟前讨饭,别人知道她造业,就添饭给她吃。爸爸妈妈不讨,兄弟都不讨,只有姑娘讨。

(5)女孩禁忌。姑娘是十三四岁就不让随便出门了。要是出门的话就打你,把你往水里捂。一般有什么特殊情况还是出门,老人去世啊走亲戚啊就可以。随便出门了就是挨爹爹打。我以前不知道挨了多少打,我身上还有印子。姑娘伢也不能跟别的儿子伢一起玩,走都不让一起走。跟亲戚的就可以玩。以前姑娘伢的衣服就晒在矮的杆子,兄弟的晒在高的。一个是穿下身啊,一个是上身啊,下身的裤子晒不得上面。要晒在旁边的矮架子上面。

(6)"早夭"情况。1949年以前如果男伢出生死了也不会办丧事,也不入族谱。

(7)家庭分工。娘家那是有什么就做什么,要你做什么你就赶快到外面去做。我的爸爸在河里打网捕鱼的,妈妈就是划船,兄弟伙的读书啊。我就是挖藕,就是几亩田,在田里去干活。家务事我的妈妈做,她知道我可怜,她也不要我做家务事。她说我挖藕一天到晚累死。地主家的女孩都读书,我们就是做事。我做农活就是除草啊,割谷啊,再就是挑肥啊,我十四岁就开

---

① 造业,意为可怜,下同。

始挖藕的。我也不会纺纱织布,做衣服就是买棉布做。

(8)家庭教育。教育是一样,待遇是一样。我的兄弟几个读书,我还有个姐姐,她在家里就老是给我们做鞋子做衣服,我就是老挖藕。也没什么规矩约束的,我们没过过生日,其他哥们伙的也没有过过生日。

2.女儿的定亲、婚嫁

我是月里(出生不足满月)就定亲了的,生下来就定了。定亲的时候也不要交换什么生辰八字,媒人说亲的时候不讲门当户对,爸爸妈妈也不托人打听对方的情况。彩礼就是衣服、房里的用具之类的,媒人送来的。定亲也没有什么仪式,是我的妈妈跟我说的定亲的,我是解放之后来的,我不肯来。我的爸爸就把我浑身绑石头,放到水里说要淹死我,我怕死啊还是来了。后悔也没有办法啊,还是要来啊。别个后悔了还不是要过日子,能怎么办呢。不结婚的还是有啊,往日偷偷跑了的人还不是有,不愿意嫁过去,那家人太穷,她就阴着跑了。不跑的那就非要去。定亲之后两家不走动,非要到了年纪才走动,十八岁才走。

我是二十岁出嫁的,结婚的时候也不写婚书。结婚时候也没什么仪式,没人送嫁,往日就是说你同意,二十岁就去。介绍人就来上门把你接过来,抬轿子坐过去的。娘家也没有摆酒席,把我送上轿子就走。

我以前也没私房钱,爸爸妈妈的财产有兄弟的分啊。姑娘什么都不能弄,娘家的事就跟她没关了。

出了嫁,要是扯皮打架,那就回娘家住些日子,婆家就来接。出了嫁也不能在娘家吃年饭,跟丈夫在娘家也不能一起睡觉。出了嫁的姑娘不能回娘家去上坟,你要是回娘家上坟,发子孙就都发到你姑娘婆家去了。①五月节、八月节、过年就回去娘家,带点吃的东西回去。

3.出嫁后女儿与父母关系

(1)婚后与娘家关系。出嫁之后就不能管娘家的事了,娘家有人管事。娘家有困难的时候我帮助,有钱就帮钱啊,有几多借几多。借多了婆家肯定还是有意见的,借了你要还啊。姑娘出嫁之后在婆家遇到困难了,婆家还是要跟娘家一起解决的。婆家遇到困难了也会向我的娘家求助,就是借钱。娘家也帮忙,那要是有钱还是借,借了以后还就是了。跟丈夫闹矛盾了可以回娘家,住屋里啊,住爸爸妈妈屋里,搞个房间给姑娘睡。然后丈夫来接回去,说些情由,说了就好了啊。不来接就算了,自己也不回去,不接就不回去。娘家就是两边劝好啊。娘家就说姑娘放好些啊。

(2)婚后尽孝。出嫁的姑娘回去跟爸爸妈妈过寿,起码都跟我们这么大年纪吧,六十岁往后走吧。妈妈过寿就归妈妈,爸爸过寿就归爸爸,伢们就是办酒啊,姑娘就是给钱爸爸妈妈做衣服去。那姑娘有钱就一起给,没钱就算了。

父母亲去世的时候会通知姑娘回娘家,葬礼上面也没什么讲究。葬礼费用在乎姑娘自己,要给多少就给多少,往日发财的姑娘就跟儿子一个样。

现在清明的时候姑娘回娘家上坟,打个电话跟哥哥嫂子说一声。看娘家都有哪些人,问他们去不去,要去就一起去。过年的时候啊上过年坟。我的爸爸妈妈的坟就是后人啊,儿子照看啊。我的几代的坟在山上,结果被铲了做田作地。现在都不知道在哪里了。七月半鬼节的

---

① 意指如果出嫁的女儿回娘家上坟就把好运给了娘家,而不是婆家。

时候出嫁的姑娘给娘家过世的老人烧纸钱,在道上去烧包袱。

以前都是儿子养老啊,姑娘也养,地主家的养,我们贫雇农就不养。就是给钱,有的也接去住。以前爸爸妈妈看病的钱,姑娘不分担,现在要分。看病都是儿子看,儿子是他养的啊,姑娘嫁出去了是别人家的了。

(3)离婚。往日离婚就是说我不到你家里去我就不去了,就是这样。爸爸妈妈要是不同意,那就是还要你回婆家去受罪。

(4)娘家与婆家关系。这里是大簪口,我娘家是大青埠的。娘家跟婆家关系还可以,那往日造业,有几多娘家跟婆家来往呢。都是自己要过自己生活做事。自己要做事,这边哥四个,一来就分家了的,分家了各弄各的。婆家屋里亲戚也好,娘家亲戚肯定要强些,一个娘养的。

出了嫁的姑娘死了的,就葬到婆家去,怎么能葬到娘家呢?离婚了的,那还是要跟个人啊,反正不到娘家。

(三)姑娘与兄弟姐妹的关系

1.我与兄弟姐妹(娘家事务)关系

出嫁之后跟娘家兄弟关系好得很,姑娘要是回娘家,身份还是客人,哥嫂就弄给你吃喝。分家的时候请我回去啊,回去说好啊,有什么说什么。我是老大。出了嫁的姑娘,娘家的兄弟结婚要送礼,姊妹结婚也要送礼,自己力量好,就多给点钱,自己不好就少给点。给的礼金都是一样的啊。如果屋里要借钱的话,也找兄弟姐妹借,先找姊妹借,姊妹亲一些,只要哪个有就可以借。

以前都蛮远,去得蛮少。比如说,汉口啊、金水闸啊,我要去了就给她们打电话,然后就都来聚一聚。太远了就不去。我去兄弟家方便些,近一些,嫂子也都还可以,弄给你吃、弄给你喝。

2.兄弟姐妹与我(婆家事务)关系

要是跟婆家人发生矛盾的时候,也不请兄弟伙的调解。那要是娘家的兄弟跟爸爸妈妈或者兄弟媳妇发生矛盾的时候,我什么都不说。要是出了嫁的姑娘在婆家屋里发生了什么事,大问题就请娘舅到场,没大问题就不去,要把话说好啊说明白啊。比如天天扯皮这样没得清闲日子。婆家屋里听我兄弟的调解,我的三个兄弟都是老师,都是文化人。

3.亲戚来往

姑娘要是回娘家拜年一般是初一初二啊。随便带什么东西回去,哪个亲就给哪个拜年,爸爸妈妈死了也给娘家人拜年,现在都是伢回去拜了。出嫁之后跟兄弟姐妹都走得亲,隔得近的还是走得亲一些。儿子结婚、姑娘出嫁,那都要去的。

二、婆家人·关系

(一)媳妇与公婆

1.婆家婚娶习俗

结婚时候婆家也是穷得要死的,婆家有一个姐姐、两个妹妹、三个兄弟。公公跟丈夫就是生产啊,种田种地。婆家那边定亲仪式我也不知道,结婚就是坐轿子啊,派媒人去接。主婚人就是媒人弄的,酒席座次也都是爹爹婆婆安排的,娘家也不派人送亲。要跟公公婆婆端茶倒水,他们给我钱。结婚第二天也不检验贞洁什么的,也不去祖坟上面上坟,过年腊月的时候就给祖人上坟,婆家的祖坟年年都去上坟的。新媳妇就是三天回门,女婿也一起回去,买点东西带去吃。

2.分家前媳妇与公婆关系

婆家老大是家长,分家之后那就是各是各的家长。婆家屋里就是婆婆管钥匙,招呼门。公公管财产,外面的地。屋里的大事那些决定都是归大哥。我们也不开家庭会。买田买地那些事,我正解放土改来的,几十年我都没见过买地买田。

就好比说几多田几多地,一家分几亩。我还不是在这边来也是挖藕,挖了几年藕,还到山上去挖。屋里家务事有什么就做什么,做农活啊,以前要一大半都是我做。插秧啊、割谷啊,做这做那,都多得很的事。男的他有他的事,你有你的事。他就是耕田耕地啊,除草啊。我跟我婆婆吵嘴还是有的,少数。刚到婆家是婆婆管着我的,她就是有什么事就要我去做,往日她挑水啊,现在不挑了。她不打,也不骂我。还让我出去串门,参加活动。那还不是有什么事情就回娘家,就跟公公婆婆说一声就行了。我以前也不伺候婆婆,她也没要求我怎么样伺候丈夫。家务事男的都不做。挑草头挑谷子,男的都不做。小姑子小叔子他们自己都做事,不用伺候。以前有婆婆虐待媳妇的,就是扯皮,不给媳妇饭吃。打得赢也要打她的,媳妇也不反抗,媳妇要是跟公公婆婆顶嘴,丈夫也不做声也不管。家里面对外的那些事,一般都是由我的老头子出面。公公跟丈夫商量事情的时候,我也不插嘴,管他们说什么我都不管。媳妇跟嫂子或者弟媳妇之间有矛盾,公公婆婆都不插嘴。就是说你去做什么她去做什么,都不管。

3.分家后媳妇与公婆关系

结婚之后年就把分家了,分家那是婆婆爹爹提出来的。没得哪些人参加,就是自家人一说就算了。不写单子,都不写,就直接分了。好比哥几个,一家几多几多东西,就那样分。不给姑娘分财产,要是儿子有去世的,他有妻子儿子在家里就一样的分。分家之前我们出钱买的家具农具东西,分家时候是归我们小家了。公公婆婆都是我们养到死的。哥四个,有两个哥没有媳妇,他们就去养。要是丈夫去世了,那还养个鬼。公公婆婆去世的时候我穿孝服啊,跟丈夫是一样的。下葬的时候妇女能参加,公公婆婆的墓地就埋在我家那块地,都在一起。

以前小辈要离婚就离。有的家长就是不准离婚,过去几厉害啊。婆婆对媳妇不满意的情况也有,往日的家长也不是如今的家长,你要离婚,你往哪里去呢?儿子想离婚也有,婆婆不同意的话那就算了。以前过不好的休妻也有,离婚也没什么仪式。

公公婆婆的财产的话,遗产啊,那都是哥们伙的分,哥们死了他有儿子有媳妇啊,还是一样的分。要是死了的哥们没有儿子,那就算了,寡妇就分不到了。要是有遗嘱说怎么分的话,那是按遗嘱来。

要是丈夫到外面去打工,往日流行出去,媳妇跟着丈夫一起出去。公婆让她出去就出去,不让她出去还是不准出去。有伢的就不让出去。

(二)妇与夫

1.家庭生活中的夫妇关系

我跟我丈夫的结婚那天才见面的,见面之后我对他还满意,就是之前不想过来,太远了。他对我也满意,结婚之后就是叫对方名字。

分家之后就是我管我家的,生产都是统一小队安排啊,往日用牛,哥们伙的讲伙买牛用。借的话是丈夫出面去借,谁借的就谁还啊,妇女不出面。

分家之后就是自己做自己的，丈夫耕田啊，我除草啊。反正讲伙也是做，分家也是做，都一个样的。就是偷瓜偷粮食，我们都去偷了的。都是自己去拿回来。借债、借农具就是我丈夫出面，他出面别人都不同意。别人说他懒狠了不想做事。

以前的话，女人是必须要伺候丈夫，往日都是那样。洗脚的水要端到跟前去，洗澡的水也是，还要弄饭(给)他吃。丈夫教训女人的时候，女人也顶嘴啊，哪有不顶嘴的呢？厨房的什么事都是女的做，伢也是女的带，马桶也是女的倒。烧火、洗衣服，弄什么都是女的弄，不与男的相干。往日陪嫁就陪大脚盆、小脚盆。大脚盆洗上身衣服，小脚盆就是洗女人的裤子。我生了伢之后，他也帮我洗，但是他洗不干净，不会洗。

以前丈夫打骂妻子的情况多，过去的那样，解放之后就好了。过去都是瞎打，没人去转弯①没人去劝。妻子也没得反抗的，要是丈夫要打媳妇，媳妇会跟长辈讲，公公婆婆去调解，不调解媳妇就要走啊，那非要调解。娘家谁管你这些闲事？以前村里公认的好妻子就是说她要做事啊，跟着洗衣服烧火啊，什么事都做，那样就好了。丈夫要出去做事的话肯定还是要跟我商量的，我肯定会同意的，要做事吃饭，伢都大了要吃饭。我出去做事是少数，在跟前旁边打工还是有。打工赚钱养活人啊，要吃饭啊。

以前那是他赚得多，他什么都做，队里生产也做得好，干部都喜欢他，做得多工分也多。

一般家里的日常花销，要用就自己去买。就商量下，他要我去买我就去买啊，我的老头子好得很。我屋里也没得东西拿去卖。

丈夫要娶小妾，就是娶小妈妈，妻子那你不同意也要同意，那都是地主家有钱，你敢不同意吗？大妈妈不生人(生孩子)，找小妈妈生人。小妈妈就是她做了媳妇之后，不做了之后就去给别人做小妈妈，做小妈妈有钱啊。有的大妈妈跟小妈妈关系好得很，我们跟前有一个，大妈妈跟小妈妈关系很好，生人都是小妈妈生的。小妈妈喊大妈妈就是喊嫂子，生了伢大妈妈拿去养。

卖妻就是各人阴着卖，把钱拿走了，媳妇就给别人了。媳妇还不知道他把自己卖了，只知道他叫自己走。姑娘出了嫁，谁还管她呢？被卖了也不知道。

过继男孩并非要媳妇同意，谁愿意就过给谁。那穷人家没钱，把伢给你，你给他点钱就行了。

2.家庭对外交往关系

屋里的那些人情来往我也出面，他也出面。屋里来了客人，都是一起吃饭。到别人家去吃酒席，我的老头子去得多数，我去得少。往日赶情了都是一个人去吃酒。要是他不在家的时候，那就是我去。

我的老头子一生也不打牌也不押宝(赌博)，他就是专门做事。以前的时候，要是媳妇出去借钱的话也有人借，丈夫承认这个钱也会一起还。没得这个事，女的提出离婚的多些，一般少数要离婚的。有人在外面有婚外情的话，村里人就是说不要脸啊。那媳妇还不是只能合媒②啊，要你同意丈夫跟哪个人。女的往日还不是有，还不是一样的说她不要脸。她丈夫就可不得，就要打架扯皮。

往日都是各顾各的，做事，也没得玩得好的。我没有到别人家去串门，我以前基本不出

---

① 转弯，指别人吵架的时候去调解劝阻。

② 合媒，指二女伺同夫，妻子同意娶小老婆。

门。最远的地方也没有几远,也不远。最远地方就是山上,几里路吧。山上有亲戚,就去。那也去得少,都是自己去。去的时候要跟丈夫讲。

(三)母亲与子女的关系

1.生育子女

(1)生育习俗。我生了八个伢,有六个活下来,大姑娘大儿子走了,现在还有四个伢,一样一半(两男两女)。最大的伢好像是解放之后啊,我也忘记了,(土地)复查时候生的吧。以前生儿子、女儿也没有什么报喜的风俗,生男孩要办酒,生姑娘办的少。都要进族谱。满月了回娘家,有的当天就回(婆家),有的住两天回。丈夫去接回来。

(2)生育观念。有的公公婆婆想着呢,生男孩养得起来,生女儿养得不好就带不起来,所以就都对着好些。男孩太多了也不好,给伢过生日就是做周岁①、一岁、十岁啊。我们这有几家就是光生姑娘,生不出儿子,那还不是都算了。

(3)子女教育。我伢都上学了的,姑娘也上学了的。都是我们决定的,要是没得钱还是要借钱让儿子读书,也要借钱让姑娘读。我们都是一起管,没有分开。

(4)性别优待。我的婆婆就说,我要是都生儿子就好。生那么多儿子讨媳妇都来不及。有的是先做儿子的衣服,我们都是一样的做。压岁钱也是一个人都给一些。

(5)对子女权力(财产、婚姻)。儿子结婚之前自己赚的钱归他自己管,婚事都是他们自己谈的,也不用我同意,他们自己谈好就行了。姑娘当时聘礼我也没什么东西,都是姑娘自己做事攒的钱结婚。结婚的花费是我跟我丈夫一起出的,总要花几个钱啊。那谁记得呢?太多年了。

2.母亲与婚嫁后子女关系

(1)婆媳关系。我跟我媳妇关系都还可以,儿子结婚的时候媳妇也要拜公婆,也要端茶的。我跟我媳妇也还是争几句的,有人来调解。媳妇她也不伺候我,我都是自己弄,自己弄自己吃,自己洗自己衣服。

(2)分家。儿子就是一结婚就分家的。

(3)女儿婚嫁(定亲、嫁妆)。我姑娘是自由恋爱的,都随姑娘去,有的当时定亲当时就结婚。姑娘出嫁的时候,嫁妆就是几床被卧。

(4)招赘。有的没有儿子只有姑娘,就招女婿。也有上门女婿离婚的情况,那财产不能给他带走,要是有祖传手艺也会传给上门女婿。在家里就是姑娘地位高些,因为没有儿子啊。

(5)与已出嫁女儿关系。我跟我姑娘家来往肯定多的。姑娘家有困难的话,有就帮,没有也没办法,自己都没钱。以前有孙子肯定要带啊,带孙子花不了几多钱。外孙没带过,往日哪有时间带呢?以前一直都做事没时间。外孙、孙子没什么区别,都可以啊。我现在不去姑娘家了,姑娘多时都要我去的,我不去。我年纪大了不想动。我喜欢去几次就去几次。不希望,谁哪里都不希望住,自己住习惯了自由些,孙子都想要我去住我都不去。

(6)养老。我现在是政府养着啊,我还有两亩田。给了老幺种,老幺在照看着我吃。姑娘每年都给钱,吃的油都是姑娘提来的。要是村里人没有儿子,只有出嫁的姑娘,那那个老人有土地啊,土地养着他啊。为了养老实际上还是养姑娘好些,养儿子就是给两个钱你,姑娘就是这样那样都关心一些。

---

① 周岁,此处指整岁十岁,即十岁、二十岁,以此类推。

三、妇女与宗教、神灵

好多人都劝我信教,我就是不爱信。以前我丈夫也不信,他本来准备信的,后来被我一说他也不信了。好多婆婆都在信教。那些婆婆信教,就是保佑她多活几年,再就是保佑她不害病,就是这样。

四、妇女与村庄、市场

(一)妇女与村庄

1.妇女与村庄公共活动

(1)村庄活动参与。以前娘屋什么活动都不让我去。在屋里没参加过。后来到这里来了参加了的,看戏看得也少,哪里有事情就去看看。

(2)开会。出嫁之后参加过村庄里面的会议啊,他要你去你能不去吗?讲什么会就听什么会,几十年了我哪里记得。男女一个样都要参加。村里的会议都是干部在召集啊。村里开会有的要求女的参加,有的不要求。开会的时候,你是个干部那就说话。

(3)村庄绅士、保长、甲长印象与接触。村里的绅士、保长、甲长我晓得啊。是自己认识的,对村里的事情我有时关心,有时不关心啊。以前哪个说话不好,就说他啊。出嫁之后,这边村里的甲长、保长就是跟前的人,都认识的。结婚也不请他们。

2.妇女与村庄社会关系

(1)村庄社会关系(女伴、邻居、妯娌、同房同支等)。在娘家时候有十个跟我这差不多大的年纪,就是一起玩,一起做事。之前玩得好的出嫁我也去陪她,不做什么事,也没什么规定。嫁到婆家之后有关系好的人啊,还是跟村里人走得近些。村里面要是有什么红白喜事请你就去帮忙,不请就不帮忙。要我们做什么就做什么。没结婚的女的就不请她。

(2)务工与报酬。村里面安排女的参加劳动啊,社会上也有人请女的干农活,干家务那就不去,都是自己做自家的家务事。我什么都做,要我做什么就做什么。

(3)妇女聚集与活动。平常玩得好的就在一起去玩,在田里做事就在田里玩,往日就是喊到一起去开会。洗衣服去河里洗啊,有蛮多人一起洗衣服。就是一起讲话,什么都讲,就是犯法的话不讲。夏天的晚上会出来乘凉,女的也都出来。少数女的到别的村去聊天,丈夫同意就去,不同意就不去。现在的婆婆们也都在一起玩、聊天。

(4)妇女矛盾调解。村里有女的跟女的吵架的,大队小队都有人来调解的,丈夫那不帮忙的,丈夫出面那事情还越来越大。女的跟男的吵架也是队里来调解。

(二)妇女与市场

1.市场参与市场排斥

我出嫁之前没去过市场,出嫁之后跟队里的人一起去,市场里面有女性卖东西的,女的到市场去买东西没得钱还不是赊账,赊账就是写名字(在账本)上面啊,然后还钱。平常买东西都去,我也去丈夫也去。

2.交易活动

我家的棉花是自己种的,我自己也做鞋子衣服,缝缝补补的,针头线还有绣花花样就在门口买。这些东西做了我也不卖,做了自己穿伢穿。我们没有,我们不发票,就是自己弄着自己吃。去供销社就买啊,什么都有,什么都买,要什么就去买什么。

五、农村妇女与国家

(一)农村妇女认识国家、政党与政府

那我就不知道国家了,听别人说过孙中山、蒋介石的,也不太清楚,现在国家主席还不知道,听别人讲,在外面坐着玩啊,知道是就讲啊。

国民党那就厉害啊,我都怕死国民党。以前国民党到处打人,是坏人。我不认识国民党的人,我还挨过国民党的打的,他弄坏我东西,我骂他,他就打我。共产党的就好多了,不打人。那就是十七八岁,在屋里做姑娘时候听说过共产党闹革命的。我没当过村干部。夜校我读过的,我又不聪明,反正就是去好玩。来夜校来上课的就是往日地主家的老师。识字班我参加了的,就是他讲着你听,你听个鬼,都不听。都在说话啊、玩啊。我都忘记了,也没学什么字,就说要我去,玩一玩就回来。我没投票,都是干部投票,我又写不到字,投个鬼的票。我家有党员啊,我的大兄弟是党员,又教书。他是读书读入党的,聪明啊。要是我媳妇姑娘能够当干部,那肯定还是希望当啊,当干部总是有点好处的。我又说不到话,接触什么干部呢。我一直没接触过。那是谁记得啊?自由恋爱肯定好啊,我一直到现在什么事都没得了,我都不知道了。我知道计划生育啊,这个政策好啊,现在要他生都不生了,只生两个算了。在农村那吃的喝的穿的那都是困难啊。现在的姑娘还是幸福些。

以前政治参与,投票,那都是有字墨的人投,我写不到字。国民党时期,我没参加过保长、甲长开的会议,我的娘老子也不让我去。我也没有跟政府官员打交道,不记得交不交税了。我没有包裹脚,那时候不兴裹脚了。我没有剪头发。

(二)对1949年以后妇女地位变化的认知

我知道妇联啊,没参加过。开会的时候就这样讲男女平等、妇女能顶半边天啊。我们可怜没得到幸福啊。妇女地位肯定是提高了的。村里面的干部管男人打女人的事,就是说你要讲道理。跟我小时候比的话,女孩在接受教育上肯定是改善了的,我的姑娘也读书了的,个个都读了几年。

(三)妇女与土改

土改时候我家被划分成贫下农,忘了土改工作队来过没有。我没有开会斗地主,口号我跟着一起喊过了的,内容我不记得了。地主有的坏,有的好。以前我家挨着地主住着,土改的时候地主婆端了一盒子袁大头①给我家,我的老头不要,让她拿回去,怕出事。我没上台诉苦斗地主,分了地主的东西也忘了是什么了。拐的女的就去参加土改和斗地主,她怄地主的气啊。跟地主有过节的。土改分地决策,妇女我参加了的,妇女跟男的分得一样的土地啊,土地证上面有女的名字。有土改工作队,有女队员,有贫农团,也有妇女会,妇女主任早就死了。现在就是翻身了啊。贫雇农翻身了。土改的时候冒尖当村干部的妇女都是一些穷苦人,也早就死了。

(四)互助组、初级社、高级社时的妇女

互助组就是上面决定成立的,大家一起参加,什么都做啊,肯定要下地干活。互助组有女

---

① 袁大头,是对袁世凯像系列硬币的口语俗称。

组长,都是呱呱叫的人,都是好人。她什么都管啊,管一个组。妇女什么农活都做,就是耕地耕田啊。那还是在自家地干活舒服些,跟大家一起干活就吃亏一些,累一些。妇女怀孕或者经期派工的人还是有保护,经期可以休息一天半天的,产假就是三十天。休息哪来的工分呢?鬼都没有。刚开始参加集体劳动时候有三个伢。伢就是婆婆在家带啊。有伢的女的都开夜工。跟人民公社比的话,互助组的时候妇女的劳动是要轻松一些。每天都去开工啊,只要不害病。女的到我们这么大年纪就差不多了。七十岁做不得的就不做了。那个时候共产党的会多,妇女也参加开会。都是呱呱叫的人发言,会说话的。她们讲话也肯定有用的啊。

(五)妇女与人民公社、"四清""文化大革命"

1.妇女与劳动、分配

(1)妇女与劳动。人民公社的时候,我们是九队,二十岁吧。那我怎么记得唱的歌呢?一声都不记得了。妇女什么都做,只要做得起。犁田打耙就不会。打赤脚水田那些都做啊。插秧、割谷都是女的多。因为女的多一些。农村那些技术性比较强的工作一般是男的,生产队当时有一些副业养猪养牛的女的做。生产队的会计、队长是男的,干部大多数都是男的。修水库的做农田水利,男的都去做这些,我也去修水库了的啊。修水库跟别人一起啊,别人说明天去就去,明天不去就不去。挑石头干什么的。劳动比赛也有,就是哪个先修起。赢了有钱拿。

(2)劳动自由与选择。当时在集体地里做事也马虎不得,会偷懒的总是会偷懒的,不会的就偷不到,要我做的总是去做。还是个人劳动几好啊。一收收一屋子的谷。

(3)工分与同工同酬。同工同酬我也不记得了,我当时劳动工分是十分。女的一天最多能挣十分,男的多一些,十二分。生产队给妇女评工分还不是按政策来的。我家当时就是末等工分,最少的。

(4)分配与生活情况。生产队分的那些粮食啊油啊柴啊,有的分大小啊,小些就少些,大人就多些啊。我家当时也没有多余的粮食。常年出工赚得工分养得活自己啊,还要养伢。

2.集体化时期劳动的性别关照

集体劳动时候对妇女生理周期,就是让你挑啊驮啊,怀孕了就休息。怀了孕请假啊。来了"好事"的话不下水田,下不得。往日还是有托儿所的。我的伢有婆婆带就没有去。就是那些婆婆长辈们照顾,队里给他们钱啊,帮忙带伢肯定给钱。

3.生活体验与情感

(1)大食堂。食堂的饭都是分配着吃,妇女跟小孩的量也是一样的多,都要吃饱。有的喜欢吃,有的不愿意吃。我都随便,吃得饱就行。吃食堂时候我家的铁锅铁铲是在家里。

(2)"三年困难时期"。不记得了,那时候还是没有人饿死的,屋里粮食也就是男女一个样吃。我们有粮食,田地里收的。

(3)文娱活动与生活体验。大集体时候公社里面的开会识字班活动我都参加了的,去看戏了的。就是别人唱的。造业啊,那时候太可怜了,如今多享福啊。集体的时候日子要苦一些,不过大家都在一起时间是好混些。

(4)妇女间矛盾。还是有一些小矛盾,就是她也没吃饱,我也没吃饱,思想上过不去,肚子都没吃饱还搞鬼?

4.对女干部、妇女组织的印象

不清楚铁姑娘。有妇联和女干部了,也都不记得了。

5."四清"与"文化大革命"

我就知道点,割资本主义尾巴的时候,自留地啊都被充公了啊。"文化大革命"时候"破四旧"那些东西,我家也没有。

(六)农村妇女与改革开放

土地承包与土地承包分配土地的决策过程有妇女参加,妇女肯定分到了土地的,土地证上面有我的名字。选举我不知道。如今男女平等都是一样的啊,男的女的都是一样没什么区别。我家有电视,我也不知道什么国家政策,也不知道什么是网络。我的儿子孙子就是回来看我,也没有怎么联系。

六、生命体验与感受

哎哟,我都要死了,还有什么感受呢?我都不记得也不清楚了,就是做了一生的事,没别的什么。

LY20160802ZXQ　张新权

调研点:武汉市江夏区大罾口村倪家墩
调研员:李媛
首次采访时间:2016 年 8 月 2 日
受访者出生年份:1933 年
是否有干部经历:否
是否生育:是
受访者结婚的时间节点、生育子女的具体情况:1952 年结婚,现有两儿两女。
现家庭人口:7
家庭主要经济来源:子女外出打工赡养、国家养老金
受访者基本情况及个人经历:老人生于 1933 年,祖籍湖北省武汉市江夏区金口街赤矶村,现居金口街大罾口村。老人读过书,初中未毕业。老人以前家里土地多,还有请过长工、短工。自己也跟着父亲一起下地劳动,老人的母亲是裹过小脚的,也干活但是做事差些。老人是土改复查之后嫁到婆家的,当时十九岁。嫁到婆家之后,老人怀过十二胎,但是其中五胎没有存活,后来有两个姑娘两个儿子也是因为病去世了,现在还有两个儿子两个姑娘。现在住的房子是两个儿子一起做的,都住在一起没有分家。老伴已经去世二十多年。老人称自家是五好家庭,和谐,未吵过架。老人的老年生活过得很好,虽然手脚摔了,但是家人都很孝顺照顾老人。现在生活还有国家发的养老金,八十岁以上老人每个月二百八十元,还有残疾补助两百元。每天就是在外面转转看看别人打牌,再就是晒太阳和婆婆们聊天。

一、娘家人·关系

(一)基本情况

我姓张,叫张新权。我的名字是姓于的于先生跟我起的,于冬瓜起的。我的妈妈生了蛮多姑娘,我就叫多英。身份证上面就是张新权。我家是新字派。我是1933年出生的,屋里有蛮多田地,土改时候是个中农。后来屋里就只有三姐妹,两个兄弟七八岁时候都死了。我是十九岁出的嫁,丈夫屋里先前田地多,但是家里出败子,押宝赌博把田地输了,要是不输还是个地主。丈夫屋里就他一个儿子,有三个姐姐。我自己现在只有两个儿子、两个姑娘,1953年的时候生了头胎姑娘,但是那个姑娘岁把就死了,出麻疹。

(二)女儿与父母关系

1.出嫁前父母与女儿关系

(1)家长与当家。在娘家时候我的爹在当家,我妈妈是小脚都不管什么事。我的爹爹还好,也不赌博什么的。

(2)受教育情况。我做小孩时候读过几年书,我的婆婆说怕我明日是个傻子,就把我弄去读书。我老是去放牛都不想读书。我的大姐读过书,二姐没读。以前村里都是有钱的人屋里读书,女孩跟男孩都是在一起读书,单人单座。

(3)家庭待遇。屋里吃饭都是自己想吃就去盛,都在一起吃。我的爹爹对我们都蛮好,我十几岁的时候,江边有踩高跷戏的,我的爹还把我扛着肩膀上面去看。我们过年的时候也有压岁钱,爹爹给的都一样。

(4)对外交往。以前我们也出去拜年,就是初一的时候在周围拜拜,然后去小姑屋里拜年的话,我们都去,小姑还给我们压岁钱。我的妈妈就不去拜年,我们都是跟爸爸一起去拜年。要是我们屋里来了客人,我妈就弄饭吃,我家往日客人蛮多,我们小孩都不上桌子吃,都让大人吃饭喝酒。要是到别人家里去做客吃饭,我爸爸妈妈就是一起。要是屋里大人不在,别人也会接我们小孩去。

往日没有钱的家还是会讨饭吃,以前杨才枝的屋里可怜,她的妈妈总是向我家借,借了也没还过。还有那个陈家凤的外公在我家打工,总是把我家的谷挑几担子去吃,我家也没要他还过。

(5)女孩禁忌。往日别个屋里规定我不晓得,别人都喊我五阎王,我比谁都狠些,还野,像要飞天一样。我们都是在后山上面挑灰,还可以跟男伢一起玩,跳房子做游戏。以前女孩衣服跟兄弟父亲的都是分开晒,女人的裤子晒在下面,其他的衣服晒在上面一些。

(6)"早夭"情况。以前只有大人死了才办丧事,小伢死了都不办丧事,也不上谱,只有活人才上谱。

(7)家庭分工。以前我家就是栽田,不栽田就是我的爹爹去江上摆渡。我们也去河边搬东西,有时候我的妈还送点饭给我们吃,不送的话我们一晚上都没吃的。搬到钱的话,我的婆婆就蛮高兴,搬不到她还骂我们。

我在家里时候什么事都做,十二三岁的时候,我的爹爹不要我们弄,我们要去挑灰。挑的钱都是我们自己的,也不给他。有一回挑东西的钱,我拿去买东西,结果把买的衣服漏掉了,我就在那里哭,我的爹爹就叫我回去不哭,说晚点给我再做两套来,后来他就真的给我做了两套衣服回来。

我做农活什么都做,除草、栽田、割麦我都做得好。纺纱我会纺,就是不会织布,我的妈妈都蛮会弄。鞋子衣服我也会做,就是文墨不够。我做鞋子的时候一天到天黑了我都可以纳只鞋底出来。

(8)家庭教育。往日的规矩都大得很,但是我不管什么规矩,野死我也不怕。我们那里不兴过生日,以前都是有钱人屋里做大寿,现在谁都做寿。以前成人礼什么的我也不晓得,以前的小伢都是十五六岁就结婚,十三四岁结婚的都有。

2.女儿的定亲、婚嫁

以前定亲还是看人家,有的说到了就定,没说到就不定,我只定了两年就出嫁了,十六岁定亲的。我的伯伯跟婆家这边是老表(表亲),他把我说来的。当时定亲没有什么仪式,我结婚当时都没有衣裳,陪嫁的东西两个箱子都装不下去。定亲的时候还是交换生辰八字的小帖子,搞不清楚合过八字没。媒人说亲的时候还是讲一下门当户对的,当时听说这个王家是有钱的。我结婚的彩礼就是给我做了一个袄子、一个棉裤、一个红褂红裤,好像有六件衣服,也没有粮食、钱啊的。彩礼都是介绍人送来的,送来也不交换什么大帖。定亲时候双方家里不出面,爸爸妈妈定亲也不征求什么意见,我也不说满意不满意什么的,那又有什么办法呢。往日不准反悔的,反悔,我的爹怕要打死我。其实那个时候说我胆子壮,我胆子还是不壮,要是胆子大的早就反了。

定亲之后如果有男方死了的话那就归女方背时。定亲之后想反悔,那就是跟人跑,跑到位置都找不到,不过这是少数的。

定亲之后两边也不走动,要结婚了才去。定亲之后要见面的,要去打结婚证。我出嫁那个时候也不兴送亲,爸爸妈妈就是说要我不要在别人家里怎么样,要好好当媳妇。我陪嫁时候,还有一百块大洋,后来我的爹爹怕我被打成地主,就把一百块大洋都交给农会的去了。

当时娘家摆的酒席还比婆家的多,请了亲戚朋友,乡里的甲长保长都没有请。我的嫁妆有两箱两柜,没有嫁妆田地。嫁妆费用都是我的爹妈承担的,别的人屋里嫁妆几多我也不知道。

出嫁之前我自己干农活,都是我爸爸拿去卖,我们没有钱,他就给钱我们用,他不像别人那样。我自己一向都有私房钱。

出嫁之后,我们也不分我爸妈的财产,我爸妈的财产都给我叔叔的儿子了。当时出嫁第三天,娘家就派人来接回去。

以前还是有童养媳的,就是说买来做姑娘。别人在那里挑茶,湖南人就在那里守到想心思,就把这两个女的拐去卖了。小伢都知道个鬼,跑去喝茶,船开走了,就弄去卖了。

个别屋里还是有换亲的习俗的,换亲的都是有能力的人屋里,都有钱还财高势大。为什么换亲我也不知道,搞不懂。

过去也有招女婿的情况,招女婿就是屋里没有儿子,也不晓得写不写合约。入赘女婿生的伢先是跟男方姓,后来要三代归宗,到第三代就要跟这边姓了。

出嫁的姑娘可以回娘家吃年饭,但是不能过年,在娘家也不能跟丈夫睡在一起,过去还是蛮讲究的。五月节气、八月节气、过年还是回娘家,平常想回去就回去。有空想去玩啊就跟丈夫一起回去,或者自己一个人回去。有东西就带点回去,没有东西就算了,我都是带点菱角米回去。

3.出嫁后女儿与父母关系

(1)婚后与娘家关系。出嫁的姑娘也没有什么好管娘家的事,像我们的还强一点,要是屋里有舅爷的,你去管娘家的事,他都要骂你。泼出去的水哪有管的份?娘家有困难的时候,我们还是帮助的,那都是我自己的钱去帮,也不跟婆家有什么关系。婆家遇到困难也不找我们娘家,以前跟丈夫闹矛盾了还是回自己娘家的,后来还是去接回来,丈夫自己不去接也要请人去接。

(2)婚后尽孝。出嫁的姑娘可以回去给爸爸妈妈贺寿,起码六十岁开始做寿,爸爸妈妈的寿礼仪式也没什么大区别,就是爸爸喜欢吃烟喝酒啊,给他买烟买酒。给爸爸做点衣裳,再妈妈也是做点衣裳穿。做寿也没有大摆酒席。

爸爸妈妈去世了那还是通知姑娘回娘家的。(我妈去世的头天)我的爹爹说,渔船都上了坡,鱼吃不成了。我的妈没有做声。第二天,我的爹爹端个竹床在楼上睡,睡了卜来啊,说我的妈妈不答应他。他说婆婆啊,是不是昨天说怄气了今天不理我。再一看,我的妈妈上气接下气喘得吓死人。再抬出来她一会就死了,我的舅舅就给我信。我说是吊死的啊?我前日去还好好了的。他们说那是要死了还不快吗!

办丧事的时候要披麻戴孝然后送情,姑娘有几大个能力就出几多,也没有人拼(做比较)我们的。过去姑娘也不准上坟,怕把子孙钱财都发到她家里去了。我爹妈的坟墓是我叔叔的儿子看着,往日七月半鬼节的时候也没有烧纸,现在可以烧了。往日养老都是儿子养,姑娘不用承担什么。爸爸妈妈要是有病痛,姑娘有钱的就出一些医药费。

(3)离婚。过去那都是不准离婚的,离婚娘屋里要打死你的。后来解放之后离婚好多了。

(4)婚嫁习俗变迁。解放过后村里婚嫁就不同了,别人钱也多多了。以前别人抬来了就抬来了不管了,后来集体化时候还有离婚的。

(5)娘家与婆家关系。我的娘家和婆家关系也还可以,不闹什么矛盾。我们屋里都是自己做也不请工。

(三)姑娘与兄弟姐妹的关系

1.我与兄弟姐妹(娘家事务)关系

我跟娘家兄弟关系都还可以,我的舅爷对我们都蛮好。娘家要是有大事我们回去还是可以的商量一下。我也会去我姐妹家做客,想去就去,随心的。

2.兄弟姐妹与我(婆家事务)关系

要是姑娘在婆家受委屈,娘家人还是出面调解的,扯皮拉筋啊,娘舅还是出面调解。婆家要是想好一点的,还是要听舅爷的调解的,不存在那种瞎闹的情况。也有姑娘在婆家被虐待的,我们没有那个事,那是个别的。我儿子姑娘的婚嫁也不需要经过娘家舅爷的同意。出嫁的时候也请娘家人来。我的伢们都很听话,不跟我闹什么矛盾,他们什么都买给我吃。

3.亲戚来往

姑娘都是初三、初四的回娘家拜年,前面也要在家里管客人。回去了东西就带,没有就算了。回去了就是跟叔叔婶娘、外婆屋里拜年,我的爸爸妈妈去世之后,我也还是跟娘家人拜年,我的小爹爹(母亲的兄弟)那里我们都去,就这我的伢年年都要去舅舅那里去拜年。我叔叔的姑娘要出嫁,他到我屋里来,看我的才做起房子,怕我没有钱送情,还给我三百块钱让我送情。结果那时候我手正好摔断了，我的伢就去吃酒，说我的妈妈感冒了在打针不能来，要是我的妈妈不打针她就来了。我在纸坊住院，都没告诉我的舅爷们。后来他们晓得了，就说我的伢是会说话。像那样说，也不搞得别个都操心。拜年的话是我儿子去拜年，初二的拜，舅爷屋里为大。过年过节的都走动。

二、婆家人·关系

(一)媳妇与公婆

1.婆家婚娶习俗

我们结婚时候这个屋里不是蛮发财，蛮穷的。婆家有姑妈、叔系、伯系的。我的公公几个下湖弄鱼，我的丈夫在屋里跟我们一起生产，一起种田种地。他把事做完了还是去下湖，冬天就去下湖。

我们结婚时候也没什么仪式，不用跨火盆之类的。主婚人是在这里请的，不记得是谁了。娘家那个时候不兴送亲。结婚时候当天给公公婆婆磕头请安，没有端茶倒水的，也不跟哥哥嫂子请安。结婚之后没有检验贞洁的习俗。

结婚之后不去祖坟上面上坟，后来女的也不去祖坟，都是儿子孙子去。娘家出嫁之后要兄弟三天来接，女婿也一起回去，带点酒和金果回去，以前烟都没有的。

2.分家前媳妇与公婆关系

婆家没分家之前，爹爹婆婆为大。爹爹死了之后，那我们都分家了，自己当家长了。婆婆之前管屋里的家务事，爹爹管生产的事。我家也不开什么家庭会，要是开会，他家里也没有哪个说得赢我。

我们来了就是一直做事，田里地里都出去做，婆婆没做过事，她是金口(地名)的人。我们都是讲伙(一起)去做，把饭弄了一吃就去做事。

我跟我婆婆关系不太好，她只喜欢她的媳妇，她是个后来的婆婆，带了个儿子来，后来在这里娶的媳妇。我婆婆才厉害，但是我也不怕她，我就是不开口说她。她也不管我，我想出去串门就去串门。

我以前也不伺候婆婆，她自己屋里吃了玩、玩了吃。以前蛮多婆婆虐待媳妇的。我这婆婆还不是相当于虐待我，也不把我们钱用，也不把我们吃。她的媳妇就买针买线买鞋面，什么都有。一分都不把我们。我娘家有是我娘家有，你总要把我点啊？她说我几指线没有给钱她，我气得直抖，一担柴火挑出去，你的媳妇挑不挑得到七八十斤？我一个人挑二百多斤，钱双倍都给你去了啊。你说你这像不像个话？

我丈夫要是跟公婆有矛盾，我还是在里面讲。但是我的婆婆没有道理啊，她讲不出道理，她只把钱抓到手上不放，贴她的儿子媳妇，什么都不管。

我当时没有嫁妆田地，压箱钱还是有，那是我自己留着的，也不交给公公婆婆，我的丈夫晓得我有压箱钱，那他也不敢拿我钱，我这个人还是蛮厉害的。其他嫁妆也都是由我自己支配，我们不管什么时候回去，我爹爹都给钱我们用。以前做事的，都是爹爹婆婆讲伙去卖，卖的钱都交给公公婆婆了。要用钱的时候我婆婆也不给我们。我结婚之后自己有私房钱，那都是我娘家里给的，我的爹爹、大姐都给我钱用。

3.分家后媳妇与公婆关系

分家的时候请村里书记来分的,没有什么仪式,屋里人都参加了,婆婆媳妇也都参加了。没有什么分家单,不过还是写了几个字的,都是写的儿子的名字。财产是平分的,姑娘不分家产。我们当时分家就是分到了这个屋,我们两间屋,一个大缸我也给他一个。这个屋里所有东西他都比我的分得多一些。我还是一样分,我说人呢,还是要讲良心。农具都是讲伙用的。

分家之后,婆婆跟他儿子媳妇那边去了,爹爹就跟着我们在。公公婆婆都没有办过寿。我还是蛮凭良心的,我在这里住着,我婆婆在那后面住着。我每天早上,我都想心思去搞猪肝汤端去给她吃,她也不给你拿筷子碗,都是我去找。她就说,那个张家的自己又造业,还总是弄瘦肉下面给我吃,我的英子理都理我。我的婆婆几个月,我总要送点东西她吃。说尽孝,都是活着尽孝啊,死了尽什么孝呢?我的伢现在也都孝顺得很。

公婆去世时候我们穿的孝服跟丈夫都是一样的,下葬的时候妇女不参加,都是儿子孙子去。公婆的墓地那都安排得很好,公公的墓还是大手些。祭拜的时候我们都没有去,不清楚顺序情况,我们在屋里招呼客人。

往日不讲道理的才去离婚,讲道理的就不敢说离婚,那离婚我的爹爹要把我们打死。离不离婚也是两个人的事,两个人的好坏跟婆婆没什么关系,她管什么呢。往日个别有婆家休妻的情况,我也搞不清楚为什么休妻。

要是儿子死了,有孙子的还是非要分点财产,要是没有孙子就不分。

要是丈夫在外面去谋生或者经营产业,媳妇也可以一起去。公婆要媳妇出去当帮佣,到别人屋里当佣人,丈夫不同意的话,媳妇就可以不去,不同意去什么呢。

(二)妇与夫

1.家庭生活中的夫妇关系

我们是结婚之前就见面了的,要去打结婚证。见面之后,满意不满意那都有什么区别,不满意又能怎么办。结婚之后他就是喊我小张,我就喊他名字,我不管做什么事都带着他。

分家之后,他当个鬼的家,他就是打牌,夜里一晚上到天亮都打牌,日里做事,夜里打牌,就喜欢打牌。屋里的农业生产都是自己做,没哪个安排,把饭弄熟了吃了就赶快走。我家以前借过钱没借过粮食,说是借,就是去我娘屋里去拿,都是肉包子打狗有去无回。

分家之后没得建房子。那是现在做的这个屋,那我八十多岁了还是我当家做主啊,我的儿子说哪样做啊,我说做两间丑死,做三间,要借钱总是一起借的。去年那钱我们就还完了。我还跟我儿子说,买床要买三张,我也要睡新床的啊。

我以前花钱我丈夫也不管我,我用钱他也不管,我买衣裳跟他买跟我买啊他都不管,他也不说我买贵了怎么样。

分家之后,我们就是两夫妻同心齐力的做事,什么农活我都会做。我会做的就觉得劳动负担没什么。出去借债借农具都是我的老伴去,不与我相干。我以前也不伺候他,我不是那耐烦的人。我还伺候他?他不晓得伺候哈子我咧?厨房的事我也做他也做,他也会烧火,往日冷天没有煤气,烧那个柴火。他冬天就不要我起来,要我弄伢,往日那伢多。他就起来把饭弄熟了,他就把炉子生起来,帮着伢穿。倒马桶那肯定都是归我倒,要他倒就不像话了。屋里衣服也是我洗,我做事利落,短裤子就是小脚盆洗啊,其他衣服就大脚盆里一起洗了。我生病坐月子时候,我老伴也就洗两天,还是要归我洗。晒衣服时候,短裤子啊、片子啊都晒在下面,他的都晒在上面。

我刚来的时候,我的嫂子、婆婆、姐姐都在一起吃饭啊,不晓得是说了什么,我笑了一声,他就打了我两嘴巴,我没有做声算了。第二回,他骂我不该去骂那个婆婆的,他又打了我两嘴巴。打了我两回我没理他,第三回又打我两嘴巴,这回我就不依了,我把他打个够。我打了他之后,他从来都不敢打我了,我大他三岁,我个头又大又高,劲也大,他打得过我?别个说去调解,我都把门关着打,我说看你还打不打老子,一敲两嘴巴的。

村里面的好媳妇就是说对公婆好,对丈夫好,不扯皮(吵架)啦。我们一生也只打这一回架。我的妈妈没有生到儿子就是三个姑娘,那他骂我娘老子睡三天不起床,那我就不服气啊。你做什么骂我娘?我从来不骂他的娘。一哈(闹)我就把他治住了。以前赚钱他哪里赚得过我,我挑柴火都比他挑得多。家庭日常消费都是我们共同管,那我们什么都是自己去买,我要他去买他就去买,不要他买我就自己去买,管他是撕衣服(买布做衣服)还是搞什么。

一般都是有钱的有能力的娶小房,大房不生的就娶。娶小房也不讲什么门当户对,大房小房之间都是扯皮吵架的。以前有的穷得没办法了就把堂客卖了,阴着偷偷卖。通过别人,别人知道了要打死他。他扯谎说他堂客跟他一起做事不见了,他哄他的堂客说今天去哪里做什么事,走人家啊。总不能说我把你弄去卖掉吧?那她肯跟着你去嘛。

2.家庭对外交往关系

以前哪个屋里要送情了就送情去,哪个屋里人不好就去看看别个。总是我老伴去得多一些,我不爱走。家里有客人我也一起吃饭,那不然还单单坐着不成吗?到别人屋里吃饭我一起去,丈夫不在家我就自己去。

我的老伴那年当个出纳管钱的,他输了就要我的超伢在楼上去拿,输了就去楼上拿钱。把人都笑死,回来了呢,输了几多钱呢。他输的当时还了几多钱我不说,后来一窝母猪、猪娃子都卖了,给他还了(账)。别个说那回来不扯皮的?我说那扯什么,过后我老伴长个子了,大块头壮家伙的,钱输了是小事,人在屋里扯皮打架,还是要还钱别个。我们以前出去借钱,不管哪里借钱都借得到,我们借钱不留债啊,借了就还给别人。借钱不还的人就借不到钱。

以前是哪个不想在这个屋里为人就哪个问题多啊,一个男的他不想要这个女的,他就问题多些,一个女的到处去见鬼,那男的就不想要她啊。丈夫在外面有婚外情的话,村子里面的人肯定要讲他们不是东西啊,起码要讲哈子。我们懒得说的,事都做不完还管这些。女的在外面有婚外情的,蛮多的,男的都管不住的。

我有关系好的朋友啊,那是在屋里做小孩时候认识的,是女伢,没哪个跟男伢去玩啊。往日一起玩就是那个角子钱(指面值几角的纸币),就叠着玩。我以前也老是出去玩,不出去在家里蹲着干嘛呢。我到最远的地方就是到咸宁去卖母猪,只有那里收。我当时还在丁字桥上面歇了一晚上的,跟我侄儿子一起去的。

(三)母亲与子女

1.生育子女

(1)生育习俗。我现在只有两个姑娘两个儿子了,我生了十几胎的。大的是姑娘,1953年出生的。生头胎的时候才报喜,买红蛋啊、冰糖啊、饼子啊。生姑娘就是饼子和红蛋吧,生儿子也是染红蛋。我搞不清楚了,不晓得姑娘是哪样的,我忘了。不挂红布条什么的,生儿子姑娘也没有什么说法。

生儿子也不办酒也不怎么样,也搞庆祝,我家就是有个小孩十岁办了酒的。别人来送情就请,娘家也来人,外婆啊舅娘姨娘啊都来。他们来就是送钱,有的买东西买衣裳。生了伢没怎么样,随便都可以抱出去看。满了月就接回娘家去,住几天,丈夫来看然后就把你接回来。伢周岁时候就是外婆来看看,没有请人过生日。伢出生也不去祖坟上面祭告。生儿子姑娘都是一样,也不庆祝也不见外,我们那都还好。就是往日就是我的婆婆都当我们贱死。

(2)生育观念。我的公公婆婆对生男生女态度那还是有一点不同的,我只晓得生我的桂芳的时候,别人一瞄说,咦,这跟个猫一样的,养得起来吶?我说要是个儿子,是个虾子、猫子你都要把他养起来的。在家里还是过生日,就是一岁生日,摆桌把酒。以前要是媳妇只生的了姑娘没有儿子,那还不是一样的过,都看轻你们。

(3)子女教育。我的姑娘儿子都读书了的,我家伢个个都认得字,那都是我们要决定读的,不读那不行啊。往日读书便宜,要不了几个钱,不过借还是借点的。我家教育都是一样的管,不存在儿子归爸爸管,姑娘归妈妈管这样的。我的老伴就还喜欢姑娘些,姑娘还穿得好些。

(4)性别优待。没有什么给男孩优待了,到我们手上都是一样的,不跟婆婆相干。

(5)对子女权力(财产、婚姻)。儿子姑娘结婚之前赚的钱他们自己管,给钱我们就拿到大家用。我的姑娘兴许还有几个私房钱,都是她们自己赚的。他们的婚事都是请人介绍的,他们结婚自己同意就好了,要我同意什么呢。我的大姑娘出嫁,(女婿)一个人天黑了来的,是哪个说搬东西什么的,他说不搬,小心把酒搬坏了。我说鬼的酒,酒盖子都没得。就是两斤粉,我们嫁姑娘没有想别个的一点。我的大姑娘陪嫁了被窝啊、还有柜子、桌子、板凳。出嫁,鱼是我的买了送去,肉是我的杀了猪把了半边他的。那边的爹爹也死了,家里可怜。

2.母亲与婚嫁后子女关系

(1)婆媳关系。我儿子不记得哪年结婚的了,他是1970年生的。结婚时候我老伴都死了,也没有拜公婆什么的,我媳妇蛮好说话的,换了别人指不定要几多东西去。我的媳妇还可得,也帮我洗衣服什么的,铺床叠被这哪个要她来弄呢?

(2)分家。我的没有分家,我的大儿子、小儿子都一起住的,都蛮好。

(3)女儿婚嫁(定亲、嫁妆)。我的姑娘都是二十多岁结婚的,定了亲的,都定了几年才结的。都是介绍人去定的,我们不去。我的姑娘们还是有自己意见决定的。定亲时候姑娘也跟对方见面,都是亲戚介绍的,亲戚周围的人。新女婿还是来拜见我们,就是提点酒来,烟都舍不得买点,他没得钱。我的大姑娘(的婆家)也是爹爹死了,小姑娘(婆家)也是爹爹死了。都是我贴他们的,他没有帮我。我陪嫁都陪了电视,还有衣服箱子柜子什么的。

(4)招赘。以后招上门女婿那也没有讲什么,要来就来,要去就去,我们也没有那个。我的二姑娘女婿蛮好啊,就是命不长,早就死了。他一来就说把钱给我,我去买菜。

(5)与已出嫁女儿关系。我跟姑娘屋里来往多啊,都是姑娘来得多,我们去她那里是少数。姑娘屋里有困难我肯定出钱帮她的。我只带我的孙子,外孙那边有他的婆婆带,那边有奶奶的。我往日还去我姑娘家住一住,我也没有在别个屋里住长过,在我姑娘那里也顶多住两晚上,我要回来做事。我这几年不想走了,哪里都不去,眼睛也看不见。

(6)养老。现在我的儿子都养着我,我这个儿子是今年没有出去做事,往日都出去做事。我之前摔了手就是我儿子招呼我。姑娘也把我钱,现在外孙都给我钱。我的屋里还可以,我的姑娘几个讲道理。我的每个姑娘都好。农村爹爹婆婆要是没有儿子只有出嫁的姑娘,都是自己有钱,要是没得钱还不是归姑娘女婿养去了。那还不是要照顾。有的就跟姑娘一起住,有的不一起。

三、妇女与宗族、宗教、神灵

(一)妇女与宗族

往日有宗族祠堂,现在没看到。以前我们赤矶的那个李家的有个大祖堂在我们边上,这其他的还没有看到啊。都是有钱人屋里搞的,做了蛮大个祖堂,我屋里没有。祭祖仪式,女人(参加的)少数,都是男的,清明上坟都是男的,没有女的。那不要女的参加。那是办酒的时候,清明,都是讲伙出钱办,都来吃,就是不要女的,女的烧火都不要她烧。打扫卫生什么都不要女的做,祠堂的不要女的去。

(二)妇女与宗教、神灵、巫术

我们信神不是说求雨求丰收,就是说庙里六月二十四的要敬雷子菩萨,在我们赤矶的那是很有名的。牌洲(地名,牌洲湾,位于武汉市嘉鱼县北部)的都来,几日几夜的不能睡瞌睡,热闹。都是庙里的和尚那些人主持的,男的女的都去参加,都去抢头香,夜里都不睡,一早就去敬菩萨,就是为了求平安求安稳。

灶王爷土地公这些祭拜也有,都是初一、十五的去拜,妇女拜得多些,男的也有人去拜。求子观音也有人拜,没有什么特殊的仪式,就是自己拿油去,香啊纸草去,还要给她点灯。

我屋里也供了家神,就是初一、十五的拜,是那蜡烛供着在,那是毛主席像。土地公都是在河边去做,不能在湾里做。各个屋里都有家神啊。我们现在也不敬了,往日初一、十五还敬。今年过年,我都没起来,我的个儿子就把鞭拿到外面点,然后就对家神说着恭喜您啊恭喜您啊。

七月半烧包袱啊,在门口。就写名字,写哪个哪个名字,一堆一堆的。有一年啊,都不在屋里,到了七月半了,我把人都笑死,我也不叠包袱,我也不会认字了,也不写什么。我就说这是谁的啊,这是谁的啊,一个个地说。这样烧了一年,我的儿子回来说,哎呀烧得好,总不是鬼哄鬼。

我们祭神,祭鬼那还没有,我的伢不好,我们在前面去烧纸啊、喊啊,还没回来夜里我的伢死都死了,就在闸上医院里,那是1958年。

我也不信教,也不信耶稣,我什么都不信,我不搞这个。别个婆婆说要我跟她们一起信教可以不害病,看她就没得病,哟,结果过了几多日就去开刀了。我心想这信教信得好啦,人嘛要死总是死的,要得病就得病,我一生都不信教。爹爹婆婆都有信教的,我也不懂这个里面的东西。

四、妇女与村庄、市场

(一)妇女与村庄

1.妇女与村庄公共活动

(1)村庄活动参与。出嫁之前我就是跟别人搬东西挑啊驮啊。我还蛮喜欢看戏,往日金水闸戏园子里,我的舅娘在那边住着开了杂货店,我在那里看几日几夜的戏。然后一起来我的舅娘就给我们下三鲜面,有丸子、肉、素鱼,要是没得就是猪肝。

(2)开会。过后解放了,开的会都可以。不管在哪里开会,喊我去汇报,我拿着东西就照着念,我还认得字。开会啊那些都蛮好。就是那个风花雪月的,往日那个谁把谁的裤子一下脱了,我从那以后就不去了。我的婆婆说,先叫你不去你总去,现在怎么不去了。我说不去就是了!这里的人都不正常,作风败坏,是哪个男的把女的裤子脱了,丑不丑咧?参加的都是那农会的开会啊,都是整富农整地主啊。妇女那都参加啊。那个有个婆婆就拐啊,她手上带着东西打别个。过后把她打成地主,她吓得跟个乖乖儿一样。我多时说别人像那样打你,你受不受得了?

(3)对村庄绅士、保长、甲长的印象与接触。往日我的叔叔都当了保长的,他们召集开会我们也不去,那个时候哪有我们看的份?那是封建社会啊。我们结婚的时候也不跟甲长保长讲,也不请他们。

2.妇女与村庄社会关系

(1)村庄社会关系(女伴、邻居、妯娌、同房同支等)。我在娘家有女伴啊,就她在我屋里玩啊,吃饭啊,她往日蛮可怜,我们同情她。叫她在我屋里玩,她也没有什么把给我的,只有我们给得她的。她的爸爸往日在江里摆渡,起了风暴,连人带船都不见了,青山阳逻都没有找到的。我一向都给她米吃。她出嫁的时候,我们也去玩。那只有我送给她的,她没有什么给我们的,往日我爹有钱,她屋里可怜。

刚结婚时候我也不看望邻居,我在湾里关系都还可以,我只一样,我不出言骂别人。骂人不好,哪个骂我的娘那比挖我的祖坟都狠些的,你打我都可以的,你只别骂我的娘。

村里红白喜事,有亲有故的就去,无亲无故的就不去。我们都是自己去,我们还送情的。就是帮忙去择菜啊,搞架子,挑水的什么都做。

(2)务工与报酬。劳动都是各家劳动,需要安排什么吗。农村的也没有请女的干家务的,就是请去收割。我们没有请过,我们只跟别人做。我总是跟后面那个屋里做。一壶谷一天,有两斗半的,就是往日的升子,十升、二十升的。

(3)妇女聚集与活动。以前我的嫂子当妇女主任啊,每次开会都是她组织她领导啊。我们要讲话就去除草割麦子的时候去聊聊天,都忙死,没有时间聊天。衣服有时在河里洗啊,各洗各的,都忙死。男的往日都是在李家的那个祖堂,我叔叔几个都在祖堂聊天,唱歌学歌。

夏天晚上热不过就在自己屋里门口乘凉,往日都不围着乘凉的。交头接耳说话还是可以的。关系好的就在一起玩啊做啊,那都蛮好,我都不跟别人扯皮,不愿意跟别人扯皮骂别个。也没有工夫到别的村里去聊天,去的那种人都是玩人的人。现在的爹爹婆婆还不是都在外面聊天玩。

(4)女工传承。我只会纺纱,我不会织布,我的娘会做,我看她做了的。嫁过来之后我的婆婆纺得到,我也纺一点。我把线子纺了放在席子上面,我的老伴回来就给我搓成坨子。

(5)妇女矛盾调解。妇女之间吵架有的吵就是马虎点算了,有的可不得(吵得不可开交)的就(找)妇女主任评理。别个有知识的人,丈夫根本就不出面。女人之间的吵架,说得输赢有个什么意思呢?

(二)妇女与市场

我不去市场,出嫁之后也不去市场。我就过后在这里来了蛮多年数了,我的伢们都结婚了,我的园里弄点菜种,我去卖点菜。在哪里去买东西,挑棉花到金水闸去卖,夹米(用机器脱谷出米)到金口去夹,我都去。我就是劲大,那百把斤的东西我手一夹就夹起来了。

一般就是约一堆人一起去啊,去买点东西啊,买点这买点那啊。有女的也有男的卖的。你不认得他他怎么赊给你呢?街上的哪里认得你?你只跟他还价,得意(满意)你就买,不得意就不买。

女的不参加市场上面的一些活动,喝茶听戏聊天这些都不参加,看戏就去戏园子规规矩矩坐一排看。平时买东西哪个想买哪个去买,我想什么东西我就去买,不想什么东西就叫我老伴去买。

我家纺织的棉花都是自己种的,纺纱做点索子线做鞋子。做白衣服就是白线,黑衣服就是黑线,自己买东西回来染线。想什么样就染什么颜色。绣花的花样从摇货(货郎担)的那里买来的。手工制品都是自己做自己穿的。妇女在集市上也就是买,没有卖什么。什么都买,鞋面、袜子、衣服都买。

往日队里发布票肉票,都是政府下来的,我还有蛮多粮票。往日打布票时候都紧张得很,都不够用。

割资本主义尾巴时候,供销社就在跟前,前面就是。我们老是在供销社盘码头,东西要上,我们东西要下,一年四季盘码头,挑煤也好、抬盐也好、抬油桶也好我们都弄。去供销社也什么都买,盐啊、用的东西都要买。

五、农村妇女与国家

(一)农村妇女认识国家、政党与政府

我都不晓得,不懂国家什么的。孙中山、蒋介石我晓得是晓得,不晓得什么意思了。我们只晓得解放之后,一天到晚就歌唱蒋介石大坏蛋。现在的国家主席,是习近平啊,我看电视里面讲的。做小孩时候只几大点,都不晓得国家什么的。

国民党的坏蛋啊,是什么好人哦?他都拐死,碰到什么人欺负死你。要是到你家里来,就要打你。我只晓得我叔叔当甲长,晓得是要个什么东西,往日没有火柴卖,就在石头上面打火,打燃了就要我叔叔快点,一脚踹我叔叔。往日要收钱,你的田地几多就收几多钱。我也不认识国民党的人。

共产党就是解放的,是好的啊。光唱那个歌,人民翻身日子到,感谢我们的毛主席,全靠他的号令。我屋里也没有党员。不记得什么时候听说共产党革命这些词了。我没当过村里的干部,开会还是参加的,讲政策,我们还发言的。有的时候对的也说,不对的也说。

我参加了夜校,我就是参加夜校读了字的。来上课的都是湾里的人,跟我们差不多人,都认得,男的女的。教我们的老师是个姑娘,姓吴。我们参加读夜校,参加演出,我们围着都去玩,在台上唱。我就是想字墨啊,自己想认字,我学字蛮进步啊。我来的时候家家门口的对子,我没哪个不认识的。

我参加过投票啊,是选代表的,屋里去个把人。我投票也是我自己写的,我写得到。我家没有党员,都是团员。入党的人都是因为穷,往日穷人大翻身。也还是要点能力才能入党的,党员肯定也还是优秀点的。

我的儿子姑娘都没当干部,到他们头上都没什么事了,没什么好当的。我接触的干部,往日接触最高职位就是书记。往日我的嫂子就是妇女主任,当干部好就好在有权,男女平权啊,妇女怎么不能当干部呢?

(解放)过后自由几好呢,包办婚姻还是不好。计划生育政策我晓得,往日计划生育难死,现在要别个生别个都不生,生多了养不活。政策这个,我也不知道为什么实行,谁知道呢。往日政府要妇女走出家门参加社会劳动,这个还是挺好的,妇女组织了一起做事,什么都好,我还喜欢在里面玩。

现在的姑娘那不晓得几幸福!还辛苦哦?往日的人造业,又不准出门,又要做事,什么都做。现如今鞋子衣服都是买,以前都是自己做。

改革开放之前,政府提倡移风易俗、废除旧礼俗这些,我觉得管得也好,不过也没得好大个好处,起不到什么作用。我脑筋都不舒服,都不记得了,年纪大了。共产党的干部办好事那是少数,我们是这样个人,你有的我们也不巴结奉承你,比我还穷的我也不踩你。

保长、甲长参加的会议都不与我们相干,我们是小孩。都是男的去参加,过去没那个事。我们也接触不到那些国民党长官或者共产党干部。就是向国民党交人丁税,男的交女的不交。

我没有裹脚,我自己不想裹,我都野死。我的大姐包了的,我的小姐大我三岁也没有包,我现在还不是长这大个脚。政府之前强制号召剪短发,我也知道,但是我没有剪。是老人说的话,人要头狗要尾,把头发剪了丑死。你就是不剪也没什么,政府也不强迫得蛮狠。

(二)对1949年以后妇女地位变化的认知

解放过后了就是妇联,妇联是这些同志有些人还是蛮好,有的人还是不好。我也参加妇联的,妇女主任组织的。毛主席来了顶半边天,当然要参加组织了。参加之后,她派我去干什么就去干什么,比如说今日在这里开会行动我们就去。开会就是汇报,开来开去还不是归地主富农背时。解放以后有几年就说起了男女平等、妇女能顶半边天。

儿子姑娘的婚姻父母决定那还不是要经过他们自己的同意啊,两方面还是都要看一下的。父母不同意那也没有什么,也不能做主什么,还不是要伢们自己同意。

政府号召家庭要平等,那我们来,对婆婆好得很,我还给她下面吃,都想心思弄东西给她吃,各凭各的心。这如今的人有那好?我又没有归你养,你对我又不好,我把鬼你吃。

解放之后妇女在屋里的地位肯定是提高了,跟政府还是有点关系的。村里面男人打女人的事,村干部还是要去拉着,去调解的。

(三)妇女与土改

土改我家划分的是中农,土改工作队都是农村的干部去引导的,以土地为原则,一家家的。他们在那里、这里都可以住。住在这里搞安检,下放来的人啊,都在这里,家家户户还派饭。他们就是组织妇女啊,农会啊,动员妇女参加。

分土地是一样的分,男女都是平权啊。我没斗过地主,我的隔壁是地主,别人要我去斗。我说我刚来,年不长月不久的,我跟他有什么深仇大恨呢?我不去斗。别人动员我斗啊,我说我不斗,不与我相干。当时一些口号就是说打倒恶霸地主啊,打倒反革命啊。我觉得地主哪里坏呢?都住这一样,就是他土地多些。地主的田地还是应该分点贫苦老百姓,我也不同情他们,那他们都享过福了的。

土改分地决策妇女那都参加了的,妇女主席还是照顾。妇女跟男人也分到同样多的土地,土地证一家一户的,上面都是男人的名字。土改没有给我分地,我们是中农,不给别人就是好的了。我们不出也不进,分到田地的就是穷人啊。

土改工作队也有女队员,她们也就是跟着一起搞工作,贫农团的那还不是一起做,开会就召集开会。妇女会主任,说个不该的话,她哪里赶得到我?浑身都赶不到我,她又没有字墨,人也没有我们高,她蛮矮。她就是穷,当上妇女主任的,毛主席来就是培养穷人的。我也参加妇女会,可以在里面自由发言,发言就是她出的题目,你就想到什么都说,对的你也说,不对的你也说,就是这样。我的屋里不要我参加,我不怕,我是中农。我的嫂子就不能参加,她是富农。

土改讲妇女翻身解放,往日妇女哪里有说话的余地呢?那现如今都可以自由发言了。我没当过村干部就是当了代表的。

(四)互助组、初级社、高级社时的妇女

参加互助组啊,就是几家伙着做,去召集开会动员妇女参加。入组是上面决定的,互助组时候妇女也下地干活,男女平权,女的还不是要做。我们下地什么活都做,栽秧、割麦,我们行行都会做。跟互助组的一起下地干活那也还可以,又热闹又好玩。合作社那不是参加,我们这合作社是卖东西,互助就是互帮互爱,没得合作社。

我没有当过干部,我的老头子当过了的,队长、出纳都当过。当时互助组也有女组长,就是有点文化的人,帮助别人的。

互助组里妇女还不是田里地里做啊。谁做得多就多得工分,少的就少得。大多数女的跟男的干活是一样的,报酬就是做得多还是多,要是集体做大家一样还强些,要是分田,栽得多就多分工。都是组织分配干活,在一起干蛮好玩,蛮热闹啊。我们做得赢的人舒服死,做完了还去玩一下,还给别人帮忙。女的跟男的一起做事那也都习惯,在屋里做惯了的,在这里还不是一样的。那有的人就蛮小聪明,他不怎么做,我们就傻一些,一生都爱做又会做。天晴天阴都有去上工,我们不差工的,落雨都去。妇女六十岁了就不下地干活了,不劳动没有工分就没有口粮,那她屋里有人做就有粮食。

那个时候共产党的会要你去你就参加,不要你去就不去。有妇女发言,我就喜欢发言,不管在哪里发言我都不怕。

(五)妇女与人民公社、"四清""文化大革命"

1.妇女与劳动、分配

(1)妇女与劳动。人民公社那我都不记得了,那大概是三十岁吧。那个时候还不认得字,别个唱什么,就在我门口那边唱,别人没学熟我都会唱了。我总记得我叔叔几个在那里唱的,砍柴的歌,把人都笑死。那个时候劳动口号就是要你做事,哪个做得好就在前头表扬你,喊口号。就是一些人做得好那些,哪个会做咧。那都不记得了。往日我们去挖坑,挖土方。奖励我一盒鸡公的烟、一斤米。那个时候二两米一天,我的那个东林的爹爹眼红死,说我今天得了烟还搞了一斤米,别个做几多日子都做不来的。别个就说你去挖啊,你有板眼你也去。我挖土方挖得多些撒,比男的都挖得多。我的劲是大。

打沟,田里渠道要挖,这些活就不用女的做了。以前全部都去劳动,妇女不劳动不行,不去不把你吃饭,没得工分没得饭,那二两米都没有。什么基本农活都做,男女平权什么都做,我们哪行事都做。农村的那些技术性比较强的农活,操作机器的技术工通常是男的多,男的劲大些。生产队的副业有男的也有女的去,都是派去的。派男的去就男的去,派女的去就女的去。那个时候也没有队办企业。生产队的干部都是男的多些,修水库时候女的都去修,修水库就是挑泥巴。早上去做,夜里就割谷子。大集体时候妇女不参加炼钢铁、翻土地那些,那都是难活,不要女的去。劳动比赛做得赢就有啊,做不赢的就没有,做得累死什么都没有。

大集体时候,先前是婆婆在屋里带伢,后来分家了,伢就是爷爷在屋里带。我的伢都蛮大了,我的大姑娘都可以带了,姑娘放学了就回来带。

偷懒的当然还是有啊。做事,比方说把集体麦子割完了的话,就在这里瞄瞄那里瞄瞄,有长有短的。我们不计较这些事,我们不管在哪里做事别人都喜欢我们——踏实。

(2)工分与同工同酬。我们当时都是头等工分,跟男的一样是十分。要是包工就多,要是点工就少些,是一样。包工就是说这个田,是你一个人栽,栽完了就几多工分。要是少栽就少工分。那是劳动所得。女的做得赢男的,那工分就一样,做不赢还是不一样。点工就是一样,就是讲伙做,做了打工分。那男的就高些,女的低些。男的要高两分工,有的女的呢,就是9分、8分、7分的也有,挑啊驮啊男的吃亏些,所以他就高些。

生产队评工分那就是看你的能力啊。比方说,落雨了像这样没得什么事了,就开会说评工分啊。就争着讲哪个哪个么样狡猾,不做事的想那些工分。那我们不说冤枉话,我们总是头等工分。

(3)集体分配与生活情况。生产队分的那些口粮、油、薪柴那些都是照工分分,工分多的就得的多。我们一般可以吃得饱,就是我的超伢不好的那年,那年就工分少些。我从汉口回来都累死了,没得办法就跑去湖里挖藕回来吃。没得用的人还是差些,蛮多女的不会挖藕。

2.集体化时期劳动的性别关照

集体派工的人那还是有保护意识的,妇女月经期就不下水,就在坡上做。队里不忙请假可以,队里忙了就不让请假。产期可以休息个把月,没有工分的。哺乳期的时候,要上工,那是政策。我们生了几个伢,就是那个伢补助了200块钱,打了对金环子戴。

我开始参加集体劳动的时候,有两三个伢,劳动了就回来夜里做家务。伢都是婆婆带。屋里有人照顾的妇女就上夜工,屋里没得人是哪样上夜工呢?可怜啊,夜里煮点南瓜吃都高兴死。

那个时候是哪个位置,说有人发痧死了的,生产时候太热了。还是有那样的事。政府、集体起码要照顾照顾,给钱他啊,给粮食吃啊。人死了心里总是过不得。生病了也不管你,随便你去哪里看病,去公社医院看病也收钱,收费一般也不是很贵。

当时队里有组织起来托儿所,有婆婆的没得孙子带的,就帮别人带伢,别人就给她报酬。我的伢也去过,都是我们自己给婆婆钱,队里只帮忙找人。伢都去托儿所了,又有食堂,老爹爹的,没得事做的,做不得事的有没有办法呢?托儿所后来就解散了,我们就自己在屋里做自己的家务事。

3.生活体验与情感

(1)大食堂。集体食堂的都是大队的选会烧火的去做饭,男的多些,个别的女的在打稀饭。他打给你吃,打几多吃几多,吃食堂还吃得饱。就是过后1958、1959、1960、1961年,我的第一个姑娘出世,是1961年,我靠在墙上,参观的过来过去的,我的老伴说欠饭吃。我说人都饿死那还不欠饭吃,他就搞半斤的票要我去买半斤饭,我又给点我爷爷吃,又给我超伢吃点,我一个人吃得几多呢？吃食堂是组织的，你不愿意吃那不是要反天了，吃食堂把锅都收走，一家只留一个，都收光了。不做饭了那也没有轻松下来，屋里还不是做死，外面不做屋里做，屋里家务事有好多。食堂后来不办了，那估计是算账划不来就不办了。

(2)"三年困难时期"。三年困难时候，我自己会做啊。我一想，有个小水塘我看着有荷叶。我就跑那里去挖藕，我挖了一大篮子的。太阳快下山了，我的老头子就去接我。我就告诉他我还要去挖藕的，别人都吼得吓死人，藕都挖绝了，没哪个位置有藕挖了，东边的西边的都挖完了，湖都挖完了。别个就说我老头子赶我都赶不到，我挖这多藕。别人都帮着我来洗，看把戏一样。挖了八九十斤啊，我就是会挖，我挑不起，我什么都会做。当时村里也有人饿死，男的懒些饿死的多，女的勤快些。生产队的一个人二两米，他还管你？没得吃的饿死了就归你背时。我们没有饿着，我跟我老头子都会挖藕。饿死的人那都是没得能力的，屋里爹爹婆婆饿死的那就归你背时。

(3)文娱活动与生活体验。集体活动我也都不记得了，先开始还强一些，唱戏什么的，过后肚子饿了都不干那个事了。大集体时候一起上工的热闹那还是可以的，说说笑笑，做啊，那我们割麦子，别人都割在我们后面，我们在前面。

(4)妇女间矛盾。妇女一起上工也会有一些小矛盾，我们不在乎，不管这些，个人之间的小矛盾，也不上斤上两的。

(5)集体自杀。那没得集体自杀这个现象，就是我们赤矶有个姑娘说个人家，说得要结婚了，她不同意，她跟别人跑了，过后也不晓得到哪个位置去了，一直没回来。

4.对女干部、妇女组织的印象

我们这里没有铁姑娘，铁井那边有。那个时候我的嫂子是妇女主任，谢柳英是委员。往日都是选她当的，但是我不相信这个位置的人，这里的人作风不规矩。我也不羡慕她们，我都瞧不起。作风不正有个什么意思呢？当时有妇联，她们也就是开会啊，喊人啊。村民有问题妇联还是可以解决啊。有的大难小事还是找啊，有纠纷的还是找。

5."四清"与"文化大革命"

"四清"清的是四类分子、坏分子。新一轮斗干部斗地主我一直都不参加，我就是看。那是有冤有仇的去斗啊。我们无冤无仇的斗什么呢？地主婆、地主姑娘她们在村里还不是一样的做事，做的工分差不多，没有少给她们。做事那肯定踏踏实实做啊，做事要踏实啊。她们婚姻也不受什么影响。

割资本主义尾巴时候，我家有自留地，鸡蛋也还是可以卖，对我家没什么影响。我的老头子就挖藕，藕塘又有鱼，一捡一大堆鱼回来，我的爷爷又会下湖，我们生活好得很。就是我伢不好的时候糟糕。

上集体工的时候，比方说我今日到队里去找队长问明天有没有什么事啊，我们要回娘屋里去吃酒啊。那队长就说你去啊。我们还是可以，要是地主富农就不行，她们受影响。

"文化大革命"时候"破四旧"时候，我家也没有什么旧东西被收了被烧了。我的爷爷几个死的时候，我们还不是自己安葬的，又没有人管你，跟以前是一样的。

(六)农村妇女与改革开放

土地承包分配土地的决策过程妇女都参加了啊，妇女也平等的分到了土地。土地证上面也是一家一户写男同志的名字。也没得哪个说把出嫁或者离婚的女的的土地拿出来，没这个事。

我参加村委会选举了的,是别人弄的票,召开时我们去投票,我当时也选了妇女的,看事行事就选她的。

往日那么可怜,人都还要生。现如今让生还不生了,往日那脑筋转不过来。要让我选,我还也得生蛮多,我的孙子就生了一个,不要那些。我想两个啊,我的儿子媳妇说你还活几多年,要跟他养。

我们家里,是大嘈口第一好。我的是五好家庭,我的儿子媳妇姑娘什么人,都是哪里回了都给我带东西吃,我的孙子也孝顺。他问我想吃什么,我说妈妈、爸爸、姑姑都买了的,屋里吃的多得很。他说那他们买了是他们的,我买是我的心意。我就说随便买什么,他就买了葡萄干,他都是买的好的。他第一次打工回来,那时候赚一千六百块钱一个月,还要吃自己的,还给我两百块钱。我说你可怜啊,还要给我钱,要不要我把你两个钱用啊?他就说不要、不要。

现在村里爹爹、婆婆还是在一起聊天玩啊,现在我家有电视,就是看电视了解国家的事,我们屋里就是说起来,还可以,现如今是大翻身,也不发财也不穷。我搞不清楚什么是网络,我都叫我儿子打电话给孙子说还不回啊。我的姑娘跟我买个手机,充了个话费,我接了个电话之后,我就说我不搞我不搞,我搞不到。我打啊又不会。

六、生命体验与感受

我感受就是,在屋里做小孩时候可怜,我的婶娘也生蛮多姑娘,我的妈妈生了七八个姑娘,我的婶娘也生了七个姑娘,都把我们不当数,我的爸爸就把我们当数些。在这里来了也造业,后来婆婆也不跟我们联系,一天到晚就是要我们吃饭做事,也不管我们,她的钱就往她的儿子媳妇那里给,我的爷爷就喜欢喝酒。后来就是我的伢不好(生病),钱用的多,伢也走了,我们也造业,吃亏死。我的奶奶心狠啊,把我的妹妹叫死得成、死不成,你说哪有叫这样的名字的?就是蛮可怜,一生都可怜,就做得累死累活没落得好。这如今感谢毛主席来,让我什么都有,我的伢们也对我好,姑娘儿子都对我好。

LY20160808XLY 熊连英

调研点：武汉市江夏区金口街红灯村四行湾

调研员：李媛

首次采访时间：2016 年 8 月 8 日

受访者出生年份：1936 年

是否有干部经历：否

是否生育：是

受访者结婚的时间节点、生育子女的具体情况：1958 年结婚，现有四个儿子、一个女儿。

现家庭人口：5

家庭主要经济来源：子女外出打工

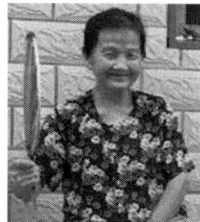

受访者所在村庄基本情况：红灯村四行湾位于武汉市江夏区金口街，属亚热带季风性气候，雨量充沛、日照充足、夏季酷热、冬季寒冷。地处长江中游南岸、武汉经济开发区东部，南与嘉鱼县毗邻，北与洪山区接壤，西与汉南区、蔡甸区隔江相望。地形主要以平原为主。本地大部分种植棉花、芝麻、黄豆、玉米、西瓜等，村民现在主要以外出务工为主，人地矛盾较缓和。

受访者基本情况及个人经历：老人于 1936 年出生，祖籍湖北省鄂州市鄂城区，现居湖北省武汉市江夏区金口街红灯村四行湾。老人没有读过书，以前家里条件艰苦，没有土地，自己很小就开始在外面讨饭、捡东西吃，老人的兄弟给别人家放牛。老人是二十二岁嫁到婆家的，嫁到婆家之后，育有一个女儿、四个儿子。儿子们建有房屋，但是老人住在新房旁边的一个小平房里面，儿子都在外面打工做事，家里经常只有老人和一个残疾了的儿子住着，其老伴前两年去世了。老人的思维还很清晰，表达能力也很好，身体情况也佳。老年生活过得还可以，子女都很尽孝，女儿时不时地回来看望老人，并且把老人带到自己家里去住。现在国家发放养老金，八十岁以上老人每个月有两百八十元。老人每天跟婆婆们一起坐着聊聊天、串串门。

一、娘家人·关系

（一）基本情况

我姓熊，叫熊连英。我的名字是我的老娘起的，我兄弟的名字也是大人们起的。我的名字也没什么意义。我是1936年出生的，那时候家里可怜，没有田地。我们老是在外面捡别人家割的谷什么的，遇什么就捡什么。那真是可怜啊，我总在说。后来解放来才分的田，先过去没得田。土改时候家里被划分成贫雇农，当时家里没有姐妹，就是有两个兄弟。也没有兄弟姐妹被抱养。我是二十多岁出的嫁，那时候丈夫家里有个妹妹有个姐姐。我有五个伢，来了这里伤心，又挑泥巴，又剁草，又开荒的。生了一个姑娘、四个儿子，生第一胎的时候有二十好几岁了，快二十四五岁吧。

（二）女儿与父母关系

1.出嫁前父母与女儿关系

(1)家长与当家。当时家里是我的大哥当家，没有女的在娘家当家的。那个时候都穷成什么样了，也不谈什么当家不当家的。

(2)受教育情况。我没读过书，没跨进学堂门。我的弟弟读过书，其他人都没有，那时候也没有钱读书。他那是解放之后读的，他很聪明。那个时候考大学，1958年，在金口的那个坟山，不晓得是中毒还是怎么弄的，在脚上有个泡。回到这里来要开工，不开工不给饭吃，要他去挑草。他去挑，结果挑狠了，把那个脚的泡泡越长越大，那是个坏东西，不好。后来再到金口去，我听到我的老娘说的，他夜晚大烧大热又大冷的，那时候金口哪有这发达？又没个好医生，后来学生把他抬到医院去，就把泡那里割了，割了就炸了，全身都肿了，那几狠啊。后来在协和医院去，人家都不收，都要死了。后来国家好啊，我的大哥去国家说，学校也打钱了，不是国家整(治疗)，那都没有人了。我那个弟不知道治了多少钱去了。那年还考上了大学，但是没去。在家里几年，后来去通山读师范，再后来就去教书了。以前村里读书的姑娘少，有钱的人家伢少的姑娘就去读书了。

(3)家庭待遇。以前娘家时候，待遇都是差不多的。没什么大差别。要是人多了，姑娘就不能上桌子，在旁边吃。人家说，无事不到三堂。不到学堂，还有什么我忘了。还有一个清明节，不要你去。祭祖啊，有个头头办酒吃的，也不要女的去。我们都没跨过学堂门。那时候家里饭都快没得吃的，都没什么压岁钱。

(4)对外交往。姑娘不出去给村里人拜年，就是男孩出去，首先给湾里的亲戚先拜年，然后就是拜散年，在家门口拜一会就走。我的妈妈也没有出去拜年，我的爸爸后来老了就没有出去拜年，年轻的时候还是拜。屋里来了客的话，人少了妈妈还是上桌吃饭，人多了就坐不下不上了。到别人屋里吃饭的话，别人接她她就去，不接就不去。

我们以前就是会讨饭，到处去讨，饿到不行也不怕丑。我的爸爸妈妈兄弟都没去讨，我去讨的。到外面去，去捡麦子。去讨吃的有的不把，你去他还要赶你走。我就讨到自己吃，要是讨到多的就拿回来。

(5)女孩禁忌。那时有的家不准随便出门，在屋里当小姐。像我们去弄菜啊，去湖里挖藕哪里不出来呢？不出来怎么吃？那时有的家里不出来，他的姑娘要在家里学针线哟，不出门，他家里有，不需要姑娘出来弄这弄那。你没有的家庭，要在外面去挑菜，弄野菜吃。

姑娘也不能跟同村男孩一起玩,跟同宗同族的还是玩。大人不让你跟男孩一起玩。姑娘的衣服和兄弟父亲的晒还是晒在一起,就是说裤子褂子要单另晒,分开洗,分开晒。

(6)"早夭"情况。以前男孩出生死了就不办丧事,也不上族谱。女孩也不。

(7)家庭分工。那时候可怜,都是在别人屋里做事,请到别人家去做农活。我的老娘没出去,老娘都是去人家家里赊东西,帮别人除草。像我的大哥,还去人家家放牛。十二岁就去人家家里放牛,还要被人家人前打骂的。他冬天去河里挑水,小木桶掉到河里,顺着水淌到别处去了。后来那个地方的一个在河里下渔卡子的人把桶打起来了,后来他挑水回去都好暗了,回来了还要挨骂,说挑个水挑一下午,这么久。要是他家里有伢没回,他都要去找,他就没去找他。那真是伤心,去挑水那时候又没有水管子,又没有电又没有水。

我就是在外面捡柴火烧,挑野菜吃,遇什么捡什么。那时候又没解放,又没分田地,到哪里去做农活呢。我就大一点的时候,十几岁的时候。在湖里去挖藕,一点小水塘都好深。我不会纺纱织布,我没见过这个。做鞋子我会,绣花做衣服不会。以前那时候没做鞋子,老是打赤脚。要睡就是洗了再睡,几伤心啊,没有田没有地也没有菜园。

(8)家庭教育。姑娘伢就是不要在外面去疯,在家里做事。男的有的就读书,有的就做农活放牛。以前太穷了,压根就没过生日,提都不提这些。

2.女儿的定亲、婚嫁

我十四五岁定的亲,姑娘定亲都不一样,有的早有的晚。是我的舅爷在鄂城给我定的。不知道有没有仪式写婚约这些,不知道有没有交换生辰八字小帖子。也没什么彩礼,就是一套衣服,再就是点粮食。彩礼是媒人送来的。双方家长也没有谈话,都是跟媒人说的。往日都是父母包办,不征求我们什么意见。当时我就知道我定亲了的,那时候我也是不蛮满意,因为太远了。

那时候定亲之后也没有毁亲的,都是将就了的。解放了之后就有好多毁亲的,说到新洲的别人都毁约了,都不回去。我们这都是大人将就的面子。后来别人毁了就毁了,也不能怎么样。定亲之后两家不走动,准女婿接他来他就来,他都是自己来的。他也很穷,没什么东西提来的。我们定亲之后也没有见面,不记得写没写过婚书。

出嫁那天也没有什么习俗仪式,有个兄弟跟我送嫁的,爸爸妈妈也没叮嘱什么,就是说到别人家里去要放好点、听话点。出嫁时候娘家摆了酒席的,就是请些娘家亲戚。那个时候穷得很,也没什么嫁妆,很少很少,就是一些用具,脚盆衣服之类的。嫁妆也是我老娘他们弄的。出嫁之前没地方赚钱,也没有私房钱啊。也没有父母的财产给我们分。刚嫁出去的时候我的兄弟也去看我啊,把我接回去。

以前那种童养媳好伤心的,在别人家去做小媳妇,吃也不给你吃。因为家里穷的,要是生了两三个的姑娘,就要把一个别人家去。有的都在别人家磨死了,有家人他家喂猪,那个米糠给别人(小媳妇)吃。别人说那个湾里姓林的,他家有钱,他总是笑话我们是小媳妇。其实我们哪里是小媳妇呢,那时候可怜啊,在外面捡东西,打赤脚,头发也蓬着。后来解放了,有的童养媳就回去了,回去有田有地就回去了。

以前调换亲还是有的,就是亲戚开亲,哪里好呢?往日过去都是亲上加亲。我的熊家的,跟那个孙家的,生的都是苕(弱智)。过去的人都不知道,说亲上加亲很好,怎么生出的都是苕呢。过去我们去我外婆家,要从孙家的走,那些苕都在堤上,我们都吓得跑。

以前要是哪家人没有儿子就会去招上门女婿,姑娘多了,招过去养大人。上门女婿生的伢跟娘家姓,大人死了就姓男家的去了。

出嫁后的姑娘不准回娘家吃年饭,嫁出去的姑娘,不能留着过年。回娘家了也不能跟姑爷一起睡,不能回娘家上坟。娘家要是有什么事就去接你一下,再有什么就是自己回去。有的时候跟丈夫伢一起回去,有时候自己回去。回去的时候,自己家里有什么就拿什么回去啊。

3.出嫁后女儿与父母关系

(1)婚后与娘家关系。嫁出去的姑娘,屋里有兄弟的就不管娘家事了,有的还是管,娘家有困难了还是要帮的,有钱就帮钱,那是有什么事情还是要帮。婆家要是有大人的话,阴着(私下)那还是要说你帮娘家帮多了。姑娘出嫁之后遇到什么困难了,看婆家是怎么样的人,有的人会跟娘家协商,有的老实人就不会说。要是婆家遇到困难也向娘家求助,亲家也会帮忙。姑娘跟丈夫闹矛盾,有的也回娘家,回去就住娘屋里。我们没这样的情况,要是回娘家,离得远的丈夫就去接回来,离得近的就自己回去。

(2)婚后尽孝。我们没有给爸爸妈妈做寿,像湖南人他们每年都做寿。爸爸妈妈要是去世了,还是要通知姑娘回娘家的,姑娘要承担点葬礼的费用,以前要花钱。都是儿女,没什么区别啊。只要娘家这边没有人,姑娘就要养老。看娘家有没有家当,要是没有就到姑娘那里去。还不是看好不好,有的女婿就叫滚啊。以前有个婆婆的女婿叫她滚,后来她到我家歇了三个晚上,我看她伤心啊。

(3)离婚。要是嫁头道(第一次结婚),爸爸妈妈就要管着她。要是二道嫁过去就不管,她想怎么样就怎么样。

(4)娘家与婆家关系。我的婆家跟娘家关系都蛮好的。婆婆爹爹后来是饿死了的,1958年过难关。出嫁了的姑娘离婚之后,死了没有哪个葬,总不是去男方家里的。如果找到了人,还是去男方。没找到人那也不在娘家葬。

(三)姑娘与兄弟姐妹的关系

1.我与兄弟姐妹(娘家事务)关系

我出嫁之后跟娘家兄弟关系也好得很,回娘家还是客人。一般情况,娘家大事有的还是请姑娘回来讨论的。如果屋里有为难之处,还是要找兄弟姐妹借钱的,我回娘家之后住在老娘屋里的。

2.兄弟姐妹与我(婆家事务)关系

娘舅也没在我家说过什么重话啊。我也没跟婆家人发生什么矛盾,婆婆爹爹都是单另过着的。出嫁姑娘在婆家发生了什么事情的话,娘家兄弟有的还是要去调解的。我自己伢结婚的话,还是都要亲戚一起商量商量,也要请娘家人到场。在酒席的话,舅爷都坐一席。我的伢也没怎么样不听话,也不要娘家人调解。

亲戚来往。姑娘回娘家,有的是初二,有的是初三,总不是那几天。买点东西回去,一起去拜年。以前自己回去,后来就是儿子姑娘回去拜年。

二、婆家人·关系

(一)媳妇与公婆

1.婆家婚娶习俗

结婚的时候婆家有四五个兄弟姐妹吧,丈夫跟公公都是做农活的,迎亲的媒人去的,也是媒人主婚的。结婚第二天要跟公公婆婆磕头,也要端茶。没有检验贞洁这个习俗。结婚之后不去上坟。

2.分家前媳妇与公婆关系

婆家当时他的大哥当家,当时去的时候没分家,去了几年才分家的。当时屋里也不开家庭会,那时候饿得都吐水,一个山地下,都渴死了,国家都把粮食要走了。没得开伙都饿得要死。后来跑到别的地方去捡萝卜吃,吃生的。

嫁到婆家之后,都是在队里做事,屋里都是婆婆在做家务,我们回去了还不是做家务,天天要去队里开工。我跟婆婆关系还好,那时候没分家,也没什么事,她不怎么样我也不怎么样。婆婆让我去串门。回娘家要经过公婆同意,以前她那时候有个什么病,要招呼她吃,吃好的。后来食堂的饿了,婆婆爹爹就是饿死了。不晓得饿死了多少人,新洲、鄂城饿死的不少。人家连那观音土、树皮都吃。不是那时候,谁一身的病。有个伢,他的姐姐是王家的,他是侄儿子,抱着抱着,滚下去就死了,饿死了。都多亏了邓小平,邓小平死了,好多人都哭了好几天,多亏他改革。

我的婆婆都还好,她有病,困在床上起不来没说我们什么。有的婆婆就狠些,虐待媳妇什么的,有的媳妇就反抗、吵嘴。屋里对外交往都是当家的出面。丈夫要是跟公公婆婆有矛盾的话,媳妇还不是会插嘴说话。

我结婚那时候穷得要死的,没什么压箱钱。嫁妆就是一些衣服,也没有私房钱。

3.分家后媳妇与公婆关系

我们结婚后有两年就分家了吧,分家是他的弟兄提出来的。都是自家人参加的,嫂子们也都参加了。也没有什么东西分,就是各人去种点田。哪个田是你们的,哪个田是他们的,这样。然后搞了一年就参加了互助组。分家时候也没给姑娘分财产,买的农具那些都是老人的,大家一起用。

我公婆老了之后就是自己单另在旁边吃。没有给他们做寿,他们的棺材都是大家合着一起弄的。

公婆去世的时候我的孝服跟丈夫的孝服的一样,亲戚亲一点的就长一点,隔得远点的就短一些。我们屋里有山,公公的墓肯定是在婆婆右边的吧。公婆去世之后清明节媳妇应该也要去上坟的。

以前那时候还没有谁离婚,有的婆婆不知道有几凶,她要她儿子去离婚,有的儿子听话就离了。有个婆婆比我大两岁,她的儿子那时候户口在外面,就是她对她媳妇才拐,她媳妇就离婚了到这里来的。婆家休妻也有,什么情况都有,只是少数。以前离婚还不是要达到什么条件,就是说婆婆对她不好,儿子也不好。就是那样要离婚。离婚要在法庭去离。

以前丈夫要是去外面谋生或者经营产业,公婆让媳妇一起去,跟她的男的一起怕什么呢。

(二)妇与夫

1.家庭生活中的夫妇关系

我跟我丈夫是结婚那天才见面的,那时候不见面也得见,满意不满意也没什么用,已经到他家去了。结婚之后就都是叫名字的。

分家以后也没有什么,我们都能当家,他也没赌博也没打牌的,没这种事。屋里的农业生产那时候都是在队里做,平时借钱、借粮食都是我去借,我丈夫不喜欢搞这些,还的时候也是一起去还。那个时候家里没建房子,都是老房子。我花钱的话,还是要跟丈夫说的,他也没什么同意不同意的。我没得私房钱,也没去哪里赚个钱。分家之后我也没得个什么东西,就是几件衣服嫁妆。

分家之后我们也干农活啊,东西都是一起用,我就做些田地的活。分家之后我家里跟家外关系处理,就是各人去出面。要是要到集体的地里拿粮食就自己去拿,比方说你在外面去要用锄头,你要是没有,还不是你自己出面去借。

以前女人还是要伺候丈夫的,吃喝穿住都要招呼着,洗脸洗脚水要打好、饭也要端到桌子上去。丈夫要我做的事,还是要去做。厨房的事也是女的做,带伢也是女的带,倒马桶这些都是女的弄,衣服也是女的洗。以前有个大脚盆、小脚盆,大脚盆洗上身的衣服,小脚盆洗下身的衣服,分开的。要是我生病了或者坐月子,丈夫还是会帮忙洗一下衣服的。

以前有的丈夫凶的还是打媳妇,打老婆是正常现象,有的是打得对的。有的妻子也反抗,去娘家告状什么的。公公婆婆有的还是要调解。

公认的好妻子都是有钱的,屋里外面都弄得好的就是好。有的丈夫还是蛮怕媳妇的,对媳妇蛮好,什么都帮媳妇做。以前的话丈夫要去外面打工,还是要跟我商量好的。家庭日常消费那还是我自己去买,不买就没有用的。

以前丈夫要娶小妾的很少,我没见过不清楚。卖媳妇的我倒是知道,别人是那样,有的弟兄伙的多,或者去世了,就想心思把堂客卖掉。媳妇知道自己被卖了也没得办法,卖了就卖了,媳妇娘家人有的来问罪的,不过我也不太清楚。

以前要是妻子没生出男孩,丈夫要过继,还是要两个人都同意。解放了之后不知道有多少要离婚的哦,之前基本没有。女的提出离婚的多些,因为女的要翻身啊。离婚之后还不是要跟丈夫一起分家产,只要你有。

以前如果丈夫在外面有婚外情,村里人还不是要这样说那样说,公公婆婆也不好管,不好出面干涉的。

2.家庭对外关系交往

屋里的人情往来都出面,平常送情、请客、给压岁钱这些,要是儿子媳妇在家,就是他们给,不在屋里大人还是要给。要是有客人来吃饭,坐得下我们就在一个桌子上吃饭。

要是丈夫赌博欠钱了,妻子少数的会帮他还钱,怕还是得他自己还。要是你赌博的,你去借钱,别人就不愿意借。要是一般出去借钱,我借的也是要一起还的。

玩的朋友我还是有啊,一起做事的时候认识的。太忙了,没有去别人家串门,玩的机会也不多,都是在一起做事。以前我出过最远的门就是到金水闸市场去买东西,跟一个湾子的人一起去。

(三)母亲与子女

1.生育子女

(1)生育习俗。我有五个伢,大伢1958年出生的,正是过难关的时候。报喜不知道是生女儿抓个叫鸡还是生儿子,我搞忘记了。生男孩就是办酒席,也要进族谱,满月的时候庆祝,办酒娘家人要来吃酒,亲戚赶礼。村里有的人赶情了也要来。也给村里人发红鸡蛋。在月里伢就有人看了。满月之后娘家就接回去玩玩,有的要住几天。丈夫有的忙就没去看,不忙的就去看,回来的时候丈夫接回来的。伢一岁的时候要过生日的,有的祭祖没有把小孩抱过去,伢太小了。

生姑娘也办酒,要是屋里没有钱的估计就不办了,我们生姑娘的时候还是办酒了,也请亲戚和娘家人来。

(2)生育观念。有的生了太多姑娘的就不好,生得少公公婆婆还是蛮喜欢的。男伢多也好,爹爹婆婆就喜欢,大人就好些。解放以前,媳妇有的生不出来那也没有办法,有的就是男的他生不出来,就去找别的人生。要是媳妇生不了,婆家有的就休妻,有的也没有休,有兄弟的就给伢他。

(3)子女教育。我的伢都上学了的,就是没有读得很高。都是要有文化好啊,屋里要是没有钱还是要借钱让儿子读书的,姑娘就不知道了,不过往日都是老人重男轻女一些。以前家庭教育,就是说儿子归爸爸管,姑娘就是娘管。

(4)性别优待。屋里给男孩还是多一些优待的,先给儿子做衣服什么的。

(5)对子女权力(财产、婚姻)。儿子姑娘结婚之前赚的钱就是他们自己管了,我们都不管的。他们的婚事都是由介绍人介绍的,也要合生辰八字,不合的那就不好,他们结婚还是需要我们同意的。我的就是一个姑娘,当时聘礼也没聘什么,什么都没搞。我儿子结婚时候,给女方的聘礼那就多些,那时候就给几千块钱,还有一些鱼肉。费用就是我跟我丈夫出,那时候要盖房子,不盖房子没得屋子结婚,房子合伙一起盖的,还借钱了的,后来还是归我们老人去还。

2.母亲与婚嫁后子女关系

(1)婆媳关系。我的媳妇都厉害得很,当时结婚时候还是要拜公婆、跟公婆端茶的。在这里一起分了家,我媳妇有什么事她都骂我的,也没有人来调解,现在人都看得穿。她也不跟我请安不伺候我,她叫都不叫的。去年还是前年,打雷闪电,媳妇房里没弄好,夜晚电视烧了。我夜晚睡了,还生病着,都不知道,看到窗子那里有东西掉下来,我后来去看,东西都烧红了。烧了一晚上,早上烧没了,柜子东西都烧了。后来她回来,指着我说我把她的屋烧了。

(2)分家。不记得哪一年分的家了,媳妇提出来的分家,我弄的饭她也不吃,她在月里非要我儿子弄着她吃。财产房子就是他们住在那边,欠的钱都是一起还。分家女人也参加,用的东西,儿子喜欢哪个就拿去,也没得什么东西。分家时候我姑娘已经出嫁了,她不分财产,没东西给她。

(3)女儿婚嫁(定亲、嫁妆)。我姑娘二十多岁定亲的,是她自己谈的,她自己喜欢的我们就满意。嫁妆东西一样都办了一些给她啊,衣服啊,箱子东西啊,洗衣机电视啊。

(4)与已出嫁女儿关系。我就是没有时间,有时间有事就会到姑娘家去,要是姑娘家有困难我肯定还是要帮忙的。我的孙子都是我带大的,以前伢们都在屋里,吃饭就回来吃,出去开工就是我来带。外孙我也帮着带了三四年的,外孙、孙子也没什么区别。我一年还是去几次我姑娘家住着,我在这屋里住习惯了,到姑娘那里去还得天把适应一下,不习惯。单独住习惯了还是蛮好的。

(5)养老。我现在的儿子们在养,姑娘也把点钱给我,我跟儿子们住在一起。国家现在有资助老人,打官司也能打,有的老人打官司就儿子姑娘一起告说他们不养。要是只有出嫁的姑娘,老人还是归姑娘养,我们这边,就是那个孙家的,全是姑娘在养,那姑娘不知道对她多好,钱也用不完,吃也吃不完。她是单独的住着,她还蛮年轻的。我觉得养姑娘还要贴心一些,要是遇到个老实儿子怕媳妇的那就不好了。

三、妇女与宗族、宗教、神灵

(一)妇女与宗族

我们这边没有宗族祠堂什么的,我也不清楚。但是往日祭祖都有头目,带的都是男人,没有女人。过去女的名字写入娘家族谱,出了嫁你就走了,写到婆家的谱去。

(二)妇女与宗教、神灵、巫术

我们湾里没有祭拜神灵的,信神的有。男的女的都有去拜的,求子观音也是都拜的。在神屋里拜,或者在屋里供神的。

我家没有供家神,我们不信这,信耶稣,信了耶稣之后,七月半的时候我们就不去上坟了。

我纸坊的那个姑娘信耶稣,耶稣的主说她的家里有哪个信神的,我女说是我妈信,耶稣主说要赶快的不能信了,你信耶稣就不能搞那些,把那些送走。我就送走了。以前我外孙读书,总是掉到后面去赶不上,后来把神都送到归元寺去了,信耶稣,外孙的学习就赶上去了啊。是这样我就信耶稣了,我屋里的人都信。村里也有很多人信,大家信教就是为了求平安求来生这些的。

四、妇女与村庄、市场

(一)妇女与村庄

1.妇女与村庄公共活动

(1)村庄活动参与。出嫁之前我没有参加村里的看戏拜神活动。

(2)开会。出嫁以前参加了村里开会啊,那时候都是农会、妇女会一堆的,一天到晚开会。解放来了老是开会。那就是地主啊、田亩啊,分这些。解放之后妇女也要开会,都是干部召集的,不参加开会的都是有问题的人,会上也有妇女代表发言。

(3)对村庄绅士、保长、甲长的印象与接触。村里的那些绅士、保长、甲长我都认得,都是老人,现在早就死了。丈夫那边的我就不知道了。出嫁的时候也不请他们吃酒。

2.妇女与村庄社会关系

(1)村庄社会关系(女伴、邻居、妯娌、同房同支等)。在娘家的时候我也有很多女伴,就是在一起在湾里玩。后来都嫁走了,先走的就去陪她,嫁的远的就去不了。去陪嫁也不做什么事,就是玩。

往日结婚之后还要去拜访邻居,现在就没这些讲究了。出嫁之后我也有关系不错的人,就是自己人跟亲戚一起玩。同宗族亲戚有什么事我还是去帮忙,做(盖)房子的话都是要找人看地形的,村里那些红事白事,我们现在老了,也没有去帮忙,以前还是去帮忙的。去帮忙洗碗啊,扫地啊,就是这些。往日什么桌子板凳现在都是别人带来,以前都要自己去借。没结婚的女的也去帮忙,只要做得到,男女也没什么固定的分工。

(2)务工与报酬。以前读书的女孩都要去参加劳动的,回来了就叫去做事,要去包谷。有人请女的干农活的,但是家务都是自己在家里做。换工就是说你给他家做,还不是要还回来。好比说,男的帮你做了,你女的去还工,就要多还一两个工。男的做得多一些。

(3)妇女聚集与活动。也没组织什么会,就是一起坐着好玩。以前洗衣服在河边洗,聊天,什么都说。往日夏天总是在外面睡,热死人,在外面做事回来就各自在门口睡。以前关系好的女的在一起会自然形成带头的人,就是因为她能干一些。妇女也没去别的村子聊天,聊天的话男的也有一起的。

现在青年人跟青年人玩,老人就跟老人一起聊天。

(4)女工传承。我不知道这些技术,没见过的。我嫁过来这边婆婆她也搞不到纺纱织布。

(5)妇女矛盾调解。往日妇女吵架还不是有人来调解,那些村里当干部的来调解。现在都看穿了,没人调解。丈夫也不出面调解。

(二)妇女与市场

我出嫁之前,我们什么都做过的啊,那个田里的田螺,就去挖,然后挑到市场上面去卖。出嫁之后就去市场买点东西,跟我的嫂子们一起去。去的时候会跟丈夫说一声,市场也有女的卖东西的。在市场里面不能赊账,别人都不认识怎么赊呢。也不认识市场的人,没什么活动。

我们家也没有纺纱,做鞋子做衣服的针头线都是买的,有摇货(货郎担)的挑着卖的。花样也是别人卖的,我做的鞋子衣服都是自己穿。市场上面什么都能买到。以前发三票,布票肉票米票,那些票也不够用。供销社要买东西就去,买些盐啊小东西的。

五、农村妇女与国家

(一)农村妇女认识国家、政党与政府

国家好啊,农村的种田还要给钱,淹水了也要给你钱。孙中山、蒋介石都是过去的,听说过他们,孙中山是在金口那里淹死了,是美国的飞机炸死了的,就是中山舰那里。现在国家主席是习近平,看电视上面讲的。电视里面没讲的就不知道。

我知道国民党,国民党那时候拐得很,卖壮丁的,有钱的就出钱,没得钱的就出人去当兵。后来当兵的能跑的都有跑回来的,买了壮丁要去坐火车当兵,后来他从火车上跳下来,跑到鄂城去了,跑到熊家的去,换衣服下来,然后把国民党的那个黄衣服拿到湖里泥巴去埋了。有的种田的,国民党的还要来收钱。保长、甲长都来收田亩钱,人家没钱给的,都拿枪去戳别人。你看到他还不敢跑,跑了他还打枪。

共产党的我也知道,那对他们印象好。我知道有女党员,我认识的女党员很厉害的,不过还是男的党员多。

这些我都是聊天听别人说的,我没当过干部,往日土改来了之后都要女的去开会,我都去了的。开会就讲土改的事,都不太记得了。

我没有参加夜校,有人开夜校,我那时候正是在农田里面去弄柴火,后面一个爹爹吓得我失了魂,头发都掉了,我就病了,病得厉害都在地上瘫着,报了名我没去读夜校。后来还是我的老娘叫魂叫回来的。

最早时候参加共产党组织的投票是选代表开会,有人投票。我家没有党员,能入党的人都是蛮不简单的人,党员是更加优秀一些。

土改的时候第一次接触妇女当干部,妇女当然能够当干部啊,男女平权啊,女的怎么不能当啊?还不是一个样的讲话,现在有的女的还不是蛮深的文化。妇女当干部就是有什么事情都能够跟她讲。

政府号召废除包办婚姻,主张自由恋爱当然是好,女的往后都大翻身了。计划生育我知道一点,就是说生多了伢不好。像我们这里又没得婆婆爹爹的,搞多了伢多伤心啊,又没有人照顾,伢也难过。那个时候范湖的窦主任派到我们这里来驻队,正好分到我家来吃饭,她来了就说我家这以后多伤心啊,这么多伢又没得人招呼。后来她到我家来吃饭,饭都还没熟就敲钟要开工了。她就说我不该生这么多,后来她还来给我帮忙做饭,帮我收拾碗筷。

现在的姑娘幸福得不得了,政府都该管那些事,忆苦思甜,现在就是甜的,以前苦得不得了。现在的计划生育搞得好。现在都是个把伢,过舒服的日子,以前都把伢磨死。

以前我没参加过保长甲长召开的会议。那个时候没多大。国民党时候也要交税,跟男的交得一样的多,算人数的。

我没有裹脚,那个时候不流行包脚了,都是打赤脚到处跑。当时我剪了短头发的,就是政府要你剪,没有说强制,就是号召要剪。

(二)对 1949 年以后妇女地位变化的认知

我参加过妇女会,以前妇联是我们大队的,妇女主任组织的,有人叫我去参加我就去了。解放来了别人就一直在说男女平等、妇女能顶半边天。

建国以后,政府号召家庭平等、丈夫不准打老婆、婆婆不准打媳妇,都变得好多了,现在有的婆媳关系都好得很。现在生活条件也好,过得好,当然关系就好了。

妇女在家里地位都提高了,样样都好了,都发富了。现在还是有人要伺候丈夫的。以前村里还是有人管男人打女人的事,现在就没人管了。以前就是爱说,说谁谁不对啊。现在都看穿了,各管各的,自己过得好就行了。

我的姑娘那时候读了初三的,后来读书的伢多了,没有钱读书,她就没读了。她后来就是说我啊,没有让她读下去,不然她就可以去教书了。

现在妇女的地位当然是提高了的,选举的时候投票也投给妇女。

(三)妇女与土改

土改时候我家是贫雇农,土改工作队到我家来过,每家每户的吃饭,在一个家住着。他们就是喊妇女去开会,给妇女分土地也是一个样的分,男女都一样。开会斗地主我没去斗,我就是喜欢看,别人都是在地主屋里做过工的,就斗得狠,就说吃现饭现菜,地主就在家吃好的。又说又哭,又打地主的,那人家还不是都接受了说是的。蛮多人都要我去斗,我没上去。有人喊口号就是说打倒恶霸地主。我们没分地主家什么东西。土改分地决策我们都参加了的,除了老婆婆,妇女都要去。跟男的分得一样的土地。土地证上面有妇女的名字,我也有分土地。不过后来也都是充公了走大集体。

当时土改工作队有女队员,也有贫农团。妇女主任啊,是个好人。我参加了妇女会啊,参加的人很多,我没发言。妇女会活动就是坐在那里听会,也不让你走。

土改妇女翻身解放,好处多得很。除了分到土地,还翻身了,能够像人一样说话啊,男的不敢欺负女的。

我没当过村干部,当村干部的妇女都是贫农,她们性格都好得很。

(四)互助组、初级社、高级社时的妇女

互助组就是一起参加的,上面决定成立的啊。妇女都下地干活,种田什么的。我没当过干部,互助组的干部要都会弄,我不会。有女组长,没女社长。

互助组时候,男的就是打沟,女的就是插秧割草,事情都多得很。男的就做男的事,女的就做女的事。都是一起在队里做,看几多分子(工分)。

以前妇女三期时候,我们没讲那些,都是在水里去搞。要是去找他,他就说没有干的活了。产期可以休息,上面有条子回来,写条子回来休息,休息三四十天。写了条子就有工分,没有条子就没有。哺乳期没得什么照顾。

我开始参加劳动时候有三四个伢了吧,当时是一个老婆婆帮忙带着伢的。有的脱产的也要上夜工,屋里有婆婆啊,喂饱了她就去插秧,搞完就回来。我们没有婆婆的,工作日就少一些,要耽误时间一些,后来伢是我们的老娘带着。要是屋里有别人做,家里要有个人洗啊弄啊吃的,妇女就不干家务活了。

我们那时候都要参加开会,有人喊我们去。

(五)妇女与人民公社、四清、文化大革命

1.妇女与劳动、分配

(1)妇女与劳动。人民公社时候差不多二三十岁了吧,不记得了。那时候老是唱歌的,解放歌什么的。当时我们都是自己去做事,他都定了工的。你是脱产的就多些。我们的少些。劳动口号也都忘记了,妇女跟男的分工上面也没有什么区别,都是一样的做。插秧、割谷、砍青草都是女的做,女的还做大半。那时候用牛犁田打耙,都是男的做。那个时候都是穿裤头做事,没得时间洗衣服。农村里面那些操作机器的机工电工通常也是男的做,男的懂一些。我们这里没有养猪养鱼,队办企业也是队里的,男的女的都有去照顾的。生产队的队长、会计都是男的,干部大多数是男的。

男的要是被抽去修水库、做工程那些,女的还不是去做,脱产的能够好走出去,就去做那些。那个时候劳动比赛就是每个队的抽人去比,比做事,看谁会做,谁做得好。

那做事不能马虎的,有人检查的,有记分员,要给你扣分子返工重新做。偷懒的也有,男的去,计时就能偷懒,女的就是计件包工的不能偷懒。偷懒就是转到旁边去玩一会儿。如果让我再选我会愿意选择个人劳动的,自由一些。

(2)工分与同工同酬。听说过同工同酬的,那时候计件就多些,计时就少些,计时就只有七八分工。那包工就多一些啊,看那个河、田值几多分子。有的会搞的,插秧要搞百把分工。男的就是上十分工。不管做多少,一天就是十工分。一样的事,那男的分子也多些,男的底分也多些。哪有个什么公平不公平呢?每家每户都有男的,重的事都是男的做啊。没有人提意见的。

生产队开队会去评工分,还开群众会。一起的就看哪个够多少分子。有的是评底分,不带伢的,做事不限制她。我们那时候做事都有底分,比如说八分的底分就是这样打。那没得多少,看计件跟计时的不同。那时候就是两个人一起做,伢都小。后来他们也没参加过。我八分,爹爹是十二分。他多一些。

(3)分配与生活情况。生产队分的那些口粮、油、柴,分的东西都是照你的分子来分,人口是另外算的。男女东西都是一样的。我们屋里当时粮食多也不多,就是恰好得吃。没得钱用是实话,吃还是吃得饱,就是没有卖的。

2.集体化时期劳动的性别关照

劳动对妇女的生理周期还是有照顾的,照顾还是要跟干部说才有照顾,有情况要说。来了例假或者怀孕哺乳的时候能请假,但是不能请长了时间。一般就做点清闲的活,有的来了月经还是要下水田,有的事多了,就说没有干的活。那还是看人的,我们总是在水里面做。休产假的时候,要是在上面去写了条子回来的就有工分,阴着的就没有。少数生病的就到公社的医院去,收费都还好。

那时候没有托儿所,就是要一个婆婆去招呼小伢,队里打分子给她。

3.生活体验与情感

(1)大食堂。集体食堂的队里选的人在做饭,男的女的都有,食堂的饭就是分着吃,妇女跟小孩的肯定还是打得少些,男的吃得多些。在食堂就是吃米的,过难关时候就是吃藕。大家都在一起吃食堂,家里的锅铲没有交公,都在家里。不做饭了是觉得轻松一些,多出来的时间就是要休息一下,一起放工吃完了休息会。后来就不兴吃食堂了,都在家里吃了。

(2)"三年困难时期"。就是那样过来的,有粮食也一起吃,都吃。村里这边还没有饿死的,这边有水喝,再捞点藕吃。生产队地里天天有人守着盯着的,没得人刨得到粮食。

(3)文娱活动与生活体验。我没参加集体活动,演节目唱戏我们也没去,都是年轻人去的。我觉得一起上工的时候还好,时不时还是会记起来,大家都在一起做事聊天。时间是好混一些,热闹些。

(4)妇女间矛盾。妇女一起上工的小矛盾我们也没参与,都是别人的。各种的事都有,做事那时候也没扯什么矛盾。就是开工要休息,跟着队伍后面去开会评论那样。

(5)情绪宣泄(骂街)。喊街啊,那都是不怕人的那些人喊。她们就那样喊,在湾里喊。就说她有一些什么这事那事啊。后来还不是算了,没什么事。

(6)集体自杀。那少数得很,我们这里没有,蛮远的地方好像有。还不是受了委屈什么的去自杀。我们这里有个婆婆,以前要她的姑娘嫁到后面那个家里去,她的姑娘不肯,长辈逼着她嫁,后来她就去喝药水死了。

4.对女干部、妇女组织的印象

双沟那边姓曹的当的妇女队长。她蛮好啊,一直也没掉下来。一直都是妇女主任,就是老了退休。要有文化,又要人好,脾气好的人能够当妇女干部的。有些鬼干部只顾他自己家里的,我也不羡慕他们。

妇联当时也没怎么,还是给村民妇女解决问题的。

5."四清"与"文化大革命"

"四清"和"文化大革命"知道一点,我们那个时候忙死,那个时候湖里都是草。那是斗反动派,我也没去斗,别人去斗了的。割资本主义尾巴的时候,屋里的自留地都被收走了。别人看的鸡子多的鸡蛋还不是要去卖,我们没喂。那我们家就是困难了一些,各方面都要差些。那时候我们小伢,片子(尿布)都是破衣裳弄的。

"破四旧"时候,来收东西的,我们家太穷什么都没有。娘家走亲戚没什么影响啊,去了就要马上回来,回来开工做事。

(六)农村妇女与改革开放

改革开放之后土地承包和分配土地决策的过程我们都参加了的,有的个别的家里还是蛮多伢没分到地,那个村里的地没得。我们分到了,土地证上面也有我名字。离了婚或者出了嫁的妇女,有的在娘家也有分到了地,后来又到婆家里也分了。

那时候开会要参加选举的,也要投票。叫别人帮忙填的。选了妇女的,都要投。

计划生育现在都是单干的,政策还松了,可以生两个。那时候我的伢生了第二胎还罚钱了的,后来还是要结扎去。现在我的孙子他们都是只生了一个姑娘都没生了。要是让我生,还不是照着政策走。

精准扶贫那没得什么区别,都是一样的。老人现在都有钱,政府发钱,只要年纪达到了。

现在村里爹爹婆婆还是都在一起聊天,我家电视没了,被火烧没了。没得电视看了,也不知道国家政策了。我也不知道网络是什么东西。平时有电话、座机,现在能够打就是要交钱。(打电话)没多大会儿就要百把块钱,我们也不会用手机。

六、生命体验与感受

这一辈子感受最深的事就是感谢国家感谢邓小平他们,现在都没有什么情感的,就是感觉以前太造业、太可怜、太苦了,就是做事,现在都做不得了。我这辈子也没过得怎么样,平平安安的也不生病哪都还可以。伢都在外面去赚钱了。

LY20160816ZAM　周爱梅

调研点：武汉市江夏区金口街红灯村四行湾

调研员：李媛

首次采访时间：2016 年 8 月 16 日

受访者出生年份：1934 年

是否有干部经历：否

是否生育：是

受访者结婚的时间节点、生育子女的具体情况：1956 年结婚，现有三个儿子和两个女儿。

现家庭人口：7

家庭主要经济来源：子女外出打工

受访者基本情况及个人经历：老人于 1934 年出生，祖籍湖北省武汉市新洲区阳逻，现居武汉市江夏区金口街红灯村四行湾。老人没有读过书，以前家里条件虽然还可以，但是由于重男轻女思想，老人被管制得很严。老人是二十二岁嫁到婆家的，嫁到婆家之后育有三个儿子两个女儿。老人的儿子们都在外面打工，她同大儿子一同生活，单独在楼房旁边的平房住着。老伴是去世了好些年了，老人平常都会去一个婆婆家玩，坐着聊天。老人的思维还很清晰，虽然听力不太好了，有时候问东答西，跟她沟通较为费力，但是很健谈。身体情况还可以，老人这一生也没有经过很大的磨难，感觉过得较为平淡，但是能感受到老人的知足之心。

一、娘家人·关系

（一）基本情况

我姓周，叫周爱梅。我的名字是我的叔叔起的，那时候他读了私塾的。我是民国二十三年，就是1934年出生的。那时候家里种了有上十亩田地吧，连地带田一起。土改之后是被划成上中农的。我家有两个兄弟，有个大兄弟小我两岁读了大学的，小兄弟读了初中的。有一个妹妹，我是最大的。我家没有兄弟姐妹被抱养的。我是阳逻人，我二十二岁出嫁的，我的大伢是1957年出生的。到这边来了丈夫屋里是贫雇农，给别人打长工的。丈夫这边就是有个哥哥。

（二）女儿与父母关系

1.出嫁前父母与女儿关系

（1）家长与当家。娘家家长是我的父亲。那时候爸爸也当家，妈妈也当，两个人一起。我有个祖父就是掌大锤（当家）的。

（2）受教育情况。我没读过书，我的兄弟读过书的。他们都考大学当老师去了。那时候重男轻女啊，不给女的读书，我在家里哭着要读书都不让我去。小时候我就羡慕别人读书，有的地主家有姑娘就读书，穷人家的闺女没有读书的。有钱人就是把先生请到家里来教。

（3）家庭待遇。我们在家就是种田放牛，纺纱织布。兄弟就去读书了。吃饭的时候姑娘伢不能上桌子，像我的妈妈还要在厨房灶旁边坐着吃，我们也是在旁边坐着吃。桌子上就是爷爷啊、老子（父亲）啊，兄弟可以到桌子那里去站一站，我们站都不能站。吃饭时候那是祖母盛饭，我们自己去拿，再要吃就自己去盛饭。我们屋里都不买衣服，都是自己做衣服，我的妈妈自己做。旧社会没得买衣服的，就是自己织布做。过年时候我的爷爷把一点钱哄小孩，男孩就多给点，女孩就少把点，我在家里做事放牛就多给两个钱。

（4）对外交往。过年吃年饭可以坐一圈，腊月二十九的。姑娘伢不去拜年，男孩就拜年，就拜自己的叔伯，长辈。妈妈也不拜年。来客了妈妈就进灶房去烧火，帮祖母一起。也不在桌子上吃饭，吃完还要烧茶。回娘家就去吃饭，我们也跟着妈妈一起吃。没得女的在外面做客。就是那时候接姑娘出阁，我的母亲跟别人当牵娘，我们就去看着。没得饭吃就出去讨。屋里自己有饭吃就不去，老一代的人跑出去借粮食，田里收了就还啊。

（5）女孩禁忌。姑娘不能随便出家门。那不能出去，我们那边周家的修谱，就接一房房的，接去了要躲着，女的不能上祠堂啊。旧社会姑娘不能出去，我们五六岁的时候在外面只玩得一会儿就要喊回去不让玩了。能跟亲戚屋里的男孩一起玩。那姑娘的衣服不能跟兄弟父亲一起洗，各洗各的，一个一个脚盆。晒在外面一起能洗，姑娘的衣服不能晒在男孩的前面，要晒在后面，裤子要晒在下面不能晒在上面。

（6）"早夭"情况。解放之前男孩死了不办丧事啊。不把他当事，也不进族谱。

（7）家庭分工。爸爸就是插秧割谷啊，我妈妈以前是小脚，把脚盆踏着泥巴去扯秧，爸爸就插秧，用牛。兄弟读书，我放牛，纺纱织布扯线。那时候各做各家的，我家那时候没田种户里的田，后来解放之后就把这个田落到我家来了。我六岁开始就放牛，学着纺线织布，这些是我的祖母啊、母亲教啊。还要弹棉条，纺纱织布那都要做到夜里。夜里要是加工都要织半个晚上，后来到了十几岁夜里织得还好些。做鞋子那要抽时间，我以前一边放牛一边纳鞋底。集体化的时候我也织布的，那是大集体组织的。到织布厂里面去织布。衣服都是自己学着做，没得卖衣服的。

(8)家庭教育。小时候就是大人叫你做什么就做什么,叫你去田里就去,不能自己自由。都由大人发放,叫你放牛就去放。要是违反规矩那就是要挨打,大人就要打你。以前男孩才做生日,姑娘不做。兄弟就是做个周岁(指过一岁生日),也没有现在这样。

2.女儿的定亲、婚嫁

我一出生定亲的,就有人来说媒。定亲的时候写生辰八字,不讲门当户对。彩礼就是做点衣裳来,也没有钱和粮食,彩礼是媒人送来的。定亲之后两家还是走动,我们开亲(定亲)的是就翻身了的,解放了。定亲之后男女双方不能走动,我二十二岁出的阁。解放后结婚要打结婚证。娘家也没有什么东西给的,就是给几件衣裳,床上被卧。没有人送嫁。出嫁时候娘家那没有办酒,就是男方摆了桌把酒。没有嫁妆啊,就是床头被褥,箱子啊脚盆啊。嫁妆我的母亲办的。我出嫁的一口箱子还是我娘出嫁的那个箱子,把我出嫁了。那时候各家各户都贫苦,都蛮可怜。那时候都是国家资助,没得几多赚钱的。那时候在家里种田地的,国家就完粮(收粮)。那时候解放来了之后不知道几狠,一亩田地,好比你打三百斤的谷,都要完你两百斤的粮,那时候国家完粮食太凶,完得饭都没得吃的。毛主席那时候就跟苏联好,粮食都运到苏联去了。油、米、肉什么都往苏联运,弄得我们没有吃的没有喝的。以前织布干活赚的钱都归娘老子管。他们也没得钱,都归国家管了。不兴分娘家的财产,出嫁了就什么都不是了。出嫁之后兄弟还是去看一看就回来。姑娘出嫁第一年过生日娘家也不派人去婆家,娘家日子也难得过,出嫁就出了嫁。

童养媳我没当过,童养媳蛮可怜啊,我隔壁的婶娘的兄弟弄了个童养媳,天天打她,我老是把那个伢带着,说要婶娘别打她。我的祖母也是个童养媳,我的母亲的姐姐给别人做童养媳,被别人用火钳烙死了。童养媳送别人家去,别人不爱。别人不给钱啊,就是好比养几个姑娘养不活,一下地开亲(一出生定亲)就送到你家去当童养媳,别人要是不爱你就老是打你。

以前好些都是调换亲,舅母的姑娘又说到姑家,到处说。以前生穷了,找不到亲事,就是亲戚伙的看着可怜开亲(意为亲戚间探亲)。回头亲啊都有,他的姑娘到别人家去养个伢,伢又回到娘家来做媳妇。现在都不准了。

有的他没有儿子,就招女婿来。有的不愿意上门去当女婿,有的人儿子多了说不到亲事,就去别人家当上门女婿。那都是少数。伢那还是跟着女婿姓啊。一家老人不在了,还是跟丈夫姓的。

出了嫁的姑娘有的接去吃餐年饭,吃了就走,不能住着(住在娘家)。出嫁的姑娘跟她丈夫在娘家也不能一起睡。有的上坟有的不上坟,那是各人行孝。五月节气、八月节气,姑娘就回娘家送个节,跟丈夫一起也可得,自己回去也可以。五月就是糯米、粽子、绿豆糕啊,八月就是月饼,有的就是再买点肉回去。

3.出嫁后女儿与父母关系

(1)婚后与娘家关系。过去出嫁的姑娘就是卖了的田,娘家的事不与你相干。娘家有什么困难的话,那都在乎个人,有的女婿好他就帮,有的女婿不好就不帮。姑娘出嫁了之后,要是在丈夫家遇到困难那就去娘家去想办法,借两个啊。婆家穷了,就去娘家去借两个要还的,娘家要是没得,婆家有钱的话就找婆家借。有钱就把,没钱就不把,还是要还的。以前跟丈夫扯皮闹矛盾,就回娘家,后来有的就去接,有的不去接娘家就来说好话送回来。

(2)婚后尽孝。出嫁的姑娘有钱就给爸爸妈妈做寿,没钱就算了。过去一般五十岁也做,六七十岁都做,过去八十岁的人少。要是做寿就送到娘家,就买点东西、衣服啊,娘家自己家也有哥兄弟办酒。做寿那是娘家兄弟招呼,姑娘就是买东西送人情。姑娘就送情,娘老子要是有钱的,就还会送点钱给姑娘外孙。娘老子死了那肯定还是通知姑娘回娘家的。有心的就去烧纸给娘老子,没心的就不去,还是在乎个人心情。娘老子死了的话,葬礼有钱的女婿就摊,没得钱就不摊。清明节的时候姑娘要回去祭祖,不通知哥嫂,那就是自己回去。爸爸妈妈的坟,有兄弟有哥就招呼。七月半鬼节,出嫁的姑娘有心就去给娘家去世老人烧纸钱。以前姑娘有钱还不是要给爸爸妈妈养老,没钱也养不了,自己都难得活。那都是少数,没得几多人养。爸爸妈妈生病的话,有力量的姑娘就去用两个钱,没得钱就算了。

(3)离婚。以前旧社会是休,不是要脱离。旧社会在地上休妻地不长草,在轮子上休妻轮子就炸。男的不爱这个女的就把她休掉,休了还要请人写休书。旧社会休妻也不容易休。

(4)婚嫁习俗变迁。后来解放来了就兴脱离了。结婚要打了结婚证才可结婚。

(5)娘家与婆家关系。关系看各家,各家好不好,各人团结就团结。人相信娘家的就好。我们的心总是跟娘家亲一些的,顾着娘家的。离了婚的女的死了那不能葬到娘家。有丈夫的就去丈夫那里葬,离了婚的就不知道。离了婚的后来看了对象(再婚)还是在对象那里葬,没得对象就不知道了。

(三)姑娘与兄弟姐妹的关系

1.我与兄弟姐妹(娘家事务)关系

出嫁之后跟娘家兄弟关系那都好得很,自己的兄弟谁不爱呢?回了娘家那还是自己家,就是到了亲人家的。个个姑娘都爱娘家。那当然还是客人。搞得好的哥哥嫂子就喜欢你爱你,搞得不好的就不喜欢。娘家的大事有的要请姑娘回去商量,有的不。你这个姑娘能当家就请你商量。

我的兄弟跟爸爸妈妈分家那请我回去了的,说我大一些要我去分一下,我说这不与我相干。你说哪个呢?娘家弟兄伙的多了,为了大的小的就不爱,不去是好事,免得得罪人啊,让他们自己去做主。不然总是有一家爱有一家不爱的。

给兄弟姊妹赶情送礼,是一样的。拿得出来就多给点,拿不出来就少给点,还不是和现在一样。家里要是要借钱会找兄弟姐妹借,都一样的借。回娘家是住在爸爸妈妈家,姊妹伙的都蛮好,没什么隔阂。我一去就去住个把月,我不爱那里住。

过去的情况就是外甥叛逆舅爷管,舅爷说的都是直话,说话管用。上一辈的舅爷不能来管,只能下一代的。

2.兄弟姐妹与我(婆家事务)关系

要是出嫁了的姑娘在婆家发生了什么事情,那要看是什么情况,有的情况娘家人不能管。你走正路娘家就来管,你走歪路就不能管。姑娘要是在婆家受欺负了,娘家那就要管;欺负狠了,肯定要来护一下。有道理的就去管,没得道理就不能管。

我的儿子姑娘结婚不需要经过舅爷同意,还是要请娘家人的。

3.亲戚来往

过去是初三回娘家拜年的。过去是丈夫自己去,正月十几的姑娘才去(娘家)。不能一起去。买斤把糖啊,买包金果啊回去。跟娘老子拜年啊,再就是有叔伯的也要去拜。爸爸妈妈要是死了那还有舅爷,伢就要去给舅爷拜年。出嫁之后我跟兄弟姊妹都走得近,平时节气日走动。

二、婆家人·关系

(一)媳妇与公婆

1.婆家婚娶习俗

结婚的时候婆婆她的人都不在家,就她一个人在家,她的儿那时候也在武汉。那婆婆拐得很,你给她吃蛮好,她一点都不给你吃。当时他们都不在家,在武汉做石瓦匠。爹爹死得早。婆婆叫你做什么你就得做什么,不能违反。以前定亲的离了,后来解放来了这是新定的,这是他愿意跟我谈的。那时候他在汉口打工,户口也在那里,就不能带我。结婚我也不能在武汉站着,他打工我就在屋里。结婚是他的老表招呼的,老表是我家隔壁的姑娘,那样介绍的。我是在武汉结的婚,房子是租的。是他的老表主婚的。娘家那时我大些,兄弟都在读书。那时候就是亲自在我家去接。公公死得早,没公公。他的哥以前去卖壮丁的,卖出去了之后打仗,带去的都打死了。他的姐也给别人家去了。结婚之后也不去祖坟上坟,解放来了不准搞迷信。那不讲那个事,武汉来了哪个去回门呢?赚一二十块钱一个月,钱像金子一样。

2.分家前媳妇与公婆关系

那时候出工就是打分子。我在婆家我们都穷死,做什么呢。我婆婆一生都不做事,又无田又无地。那时候一个女儿给别人,一个儿又去做壮丁。

我跟婆婆关系以前很好,后来我病了之后关系就不好了。以前就是婆婆她要你做什么就做什么。那家务都是女的做的,烧火做饭都是女的做,洗衣服,倒马桶都是女的做。男的不做家务。婆婆也没有要求我怎么伺候小姑子和小叔子。以前也多是很厉害的婆婆打媳妇的。有的媳妇也反抗。

家里对外交涉的事一般我跟我丈夫都出面。公公跟丈夫商量事情哪插他个什么嘴呢?不插那个嘴。要是丈夫跟公公婆婆有矛盾的话,我都不管这些,他们的事让他们自己解决。

以前我也没有压箱钱,有个鬼哟,穷得要死,就是几件衣裳,一点用具。哪来的钱啊。我的嫁妆也都是归我自己用。结婚之后我也没得私房钱。

3.分家后媳妇与公婆关系

我们一直就分着住啊,以前在武汉住着的。公公早就死了,婆婆后来跟着一个哥哥住着,她跟那个大嫂子又过不下去,总是吵架,后来自己气死了上吊的。没有办过寿。公婆去世的时候,我跟丈夫穿的孝服是一样的。墓地怎么安排的不记得了,清明节的时候也不去扫墓,女的都不去上坟。

以前提出离婚的基本没有,少得很,我都没见过。婆婆要是对媳妇不满意,那只要儿子媳妇两个过得好就行了,也不是非要离婚。婆家很少休妻的。公婆的财产,儿子死了的话,只要有孙子就能分。丈夫在外面打工,我想一起去就一起去,那婆婆也不管。

(二)妇与夫

1.家庭生活中的夫妇关系

我跟我丈夫是结婚那天才见面的,都已经结了也没得什么满意不满意了。结婚之后我们就是喊对方名字的。

就是我跟我丈夫一起当家,他也不赌博不搞那些东西。农业生产都是队里,大集体一起搞。我家当时也没有建房子。家里没有什么地位排序的,都是一样的。分家之后肯定都要干活啊。处理家外关系我们都出面。借债借农具的活就是我去,他不去,他不爱借东西。

以前女人是要伺候丈夫,洗脸洗脚水要打好,饭要端到桌上。他要你做你就做啊,你不做哪个去做呢?厨房的事必须女人做,伢也是女人带。马桶也是女人倒的,哪个男的去倒马桶呢?衣服也是女人洗。要是我生病了、坐月子时候,他还是帮忙洗一下,但是他不会洗。

丈夫打骂妻子的还是很多,做得不对的还是要打,有的还不许反抗,她也厉害,跟你对着打。妻子也没什么投诉的,大人都不管。村里公认的好妻子那就是会收拾,对丈夫好,公婆好,屋里屋外都搞得好的。以前也有丈夫怕妻子的,但是很少,村里就是说这种女人很厉害。丈夫要是出去打工的话,肯定要跟我商量的啊。那怎么不同意呢?出去赚钱啊,不赚钱怎么过生活呢?

家里的日常消费支付都一起决定,屋里缺什么要买什么就去买啊,他也买我也买。以前丈夫娶妾的话肯定要妻子同意,有钱的屋里就娶得起妾,他的大房不生伢就要娶小的生。娶妾就不讲门当户对了,穷人家的太穷了没得钱就让女儿去当妾。

卖妻就是把媳妇偷偷去卖掉啊,那就是屋里太穷了,把媳妇卖掉换钱来。就是男的阴着把他的堂客卖了。嫁出去的姑娘就是泼出去的水了,娘家还管你个什么?过继肯定是要妻子同意的。

2.家庭对外交往关系

家里的人情往来,有时候他出面,有时候我出面,那说不准。家里要是有客人的话也是一张桌子吃饭。要是到别人请我们去吃饭那就去啊,不请就不去。要是丈夫不在家,我也可以代表家庭去的。

以前我们出面借钱还是借得到的,丈夫也会跟着我一起还钱。以前提出离婚的都很好,后来解放了就有女的提出离婚了。婚外情这种事都不好说,要是男的有婚外情,那他妻子还不是要吵啊骂啊,又不能怎么着。要是女的有婚外情,村里就说不要脸啊,那她的丈夫还不是要打她。

以前做姑娘的时候有一起玩的,结婚了之后就是跟邻居串门聊天,也不用跟丈夫说,自己想去就去。我去过最远的就是到武汉去,以前丈夫在那边打工,我过去跟他一起。

(三)母亲与子女

1.生育子女

(1)生育习俗。我生了五个伢,三个儿子两个姑娘。大儿子是1957年出生的。生儿子、姑娘报喜的风俗也没什么不同,生了男孩,就是满月了办个酒,就是请亲戚朋友啊。娘家人也会来贺礼,娘老子啊娘舅啊。带些吃的肉啊。做完满月酒就回娘家去住几天。丈夫就去接回来啊。生姑娘庆祝得少,没怎么庆祝。

(2)生育观念。过去那重男轻女,公婆和丈夫肯定对男孩要好些啊。以前要是媳妇只生女孩或者生不出伢也不能怎么办,那还不是要说她没得用啊。她自己也过不去。

(3)子女教育。我的伢都上学读书了的,儿子归爸爸管,女儿归妈妈管。要是屋里没得钱,会借钱让儿子读书,也会借钱给姑娘读书的。

(4)对子女权力(财产、婚姻)。儿女结婚之前赚的钱归他们自己管,他们的婚事是也有介绍人介绍的,然后他们自己就去谈。他们结婚还是要我同意的,不过主要是他们自己看中。儿子结婚之前肯定要重新盖房子的,没有房子怎么结婚呢?大家都凑一些,借的钱也一起还。

2.母亲与婚嫁后子女关系

(1)婆媳关系。我跟媳妇关系还好,矛盾肯定闹过,争嘴也争几句,不过基本都还好。

(2)女儿婚嫁(定亲、嫁妆)。姑娘二十多岁定亲的吧,是她自己在外面做事谈的朋友。姑娘出嫁,嫁妆还不是被子、柜子、桌子、箱子这些东西,外再给一点钱啊。

(3)与已出嫁女儿关系。我们跟姑娘家肯定来往多啊,那几亲啊。姑娘家要是有困难的话,还是要帮的。我帮忙带孙子啊,我的几个孙子都是我带大的,花费就是我出一些,再就是儿子媳妇每年回来也要给我钱。外孙没有带,那边有婆婆。外孙跟孙子没什么区别,都是自己伢生的啊一样的亲。以前走得动的时候还是经常去的,现在年纪大了不想动了,去得也少了。她要我去我都不想走了。我不喜欢在那里住,还是自己一个人住着舒服些。

(4)养老。我老头子(丈夫)早就死了,死了十几年了。我跟着大儿子在一起住着在。姑娘那逢年过节回来还是要给我提东西,给钱我用的。村里要是有人没有儿子只有出嫁的姑娘,那还得姑娘女婿养啊,有的还能自理就自己住,有的不能了就要姑娘照顾,在姑娘家里。我觉得现在是养姑娘好了,姑娘贴心一些,而且姑娘照顾得好。

三、妇女与宗教、神灵

我信那个基督教,拜耶稣。大家都信啊,我也跟着一起信。信教的那还是女的多些,好些婆婆都信教,说还是都去求平安啊,就说信了教不得病啊。

四、妇女与村庄、市场

(一)妇女与村庄

1.妇女与村庄公共活动

(1)村庄活动参与。出嫁之前我不参加村里的活动,爸爸妈妈不让我们出去。出嫁之后有时候参加,开会也会去。

(2)开会。出嫁之前没参加过开会,出嫁之后肯定参加啊。那解放了之后好多会儿,老是开会的。后来开会都是村干部召集的啊。妇女都要参加,会上也有女的代表发言。

(3)对村庄绅士、保长、甲长的印象与接触。出嫁之前我晓得自己村里的保长甲长是谁,都是一个村的就知道。出嫁之后就不知道了。结婚办酒时候也不用请他们,也不是很熟。

2.妇女与村庄社会关系

(1)村庄社会关系(女伴、邻居、妯娌、同房同支等)。我在娘家时候也没得多少女伴,在一起时候就是说呀、玩呀。新婚之后也不去拜望邻居,在婆家这边跟村里人关系都还可以,也不扯什么皮。要是亲戚家里建新房,女的还是去帮忙的。村里的红白喜事别人请就去帮忙,去了就是洗碗啊倒茶端菜什么都做。

(2)妇女聚集与活动。那个时候哪有时间聊天哟。了不起就是在地里做事的时候一起说说话。夏天就是在自家门口坐着乘凉,然后说说话。别的村子聊天干什么?都在自己村里说啊。现在的妇女也在一起聊天啊,有时候我都别的婆婆家里坐着讲话。什么都说啊。

(3)妇女矛盾调解。要是村里的妇女之间吵架,就是妇女主任有时候调解调解。女的吵架,男的出面干什么呢?要是妇女跟男的吵架,那还不是村里的干部调解。

（二）妇女与市场

我出嫁之前没有去过市场，出嫁之后去市场买东西，就是跟村里的其他妇女一起去，跟丈夫说一声就够了。市场里面也有女的卖东西，买东西哪能赊账呢？别人又不认识你，赊给你干嘛？女人也可以参加市场活动啊，还有人就喜欢看戏，在戏园子里面去看。

家里纺纱的棉花是自己种的，做鞋做衣服的针头线脑外面别人有挑着卖的。绣花的花样也是别人卖的。我自己做的鞋子衣服不卖啊，就是做着自己屋里人穿，哪个去做了卖哦？以前妇女在市场什么都买啊，缺什么就去买什么。家里发的那些票什么的，布票、肉票、豆腐票的就一点，也不够用。去供销社买盐啊、油啊。就这些东西。

五、农村妇女认知的国家

（一）农村妇女认识国家、政党与政府

国家是什么，我也搞不清楚。孙中山、蒋介石我知道一点，听别人说的。现在国家主席是习近平，我在电视上面看到的。

国民党啊，知道一点，那国民党坏啊，拐得很，到处瞎打人，别人看了都吓着跑。我不认识国民党的人。共产党啊，好啊，解放来的都是共产党的。共产党的我认识啊，村里有些干部就是党员的。我没当过村里的干部。开会的时候就是说搞生产的事。夜校我参加了的啊，来上课都是教书的先生。

我最早参加共产党组织的投票就是选代表，那大家都要投票的。我家里没有党员，我也没有入党。要是我的女儿、儿媳能当干部，肯定还是当干部好。当干部好啊。以前接触过干部啊，有事找他就接触了的。职位最高就是村里的书记吧。听说过女的当干部啊，妇女主任就是女的啊。她就是人好啊，对大家都好。女的当然可以当干部啊，为什么不能，男女都一样啊。女性当干部可以帮妇女解决问题啊。

政府号召废除包办婚姻，鼓励自由恋爱肯定是好啊，自由几好啊，往日那包办婚姻都不好。实行计划生育就是伢生太多了也不好啊，苦啊，哪里养得好呢？

以前我没参加过保长、甲长的开会。我没裹脚，那时候都不裹脚了。政府是号召了剪短发的，但是我没有剪短发，也没有怎么样。

（二）对 1949 年以后妇女地位变化的认知

做妇联工作的那都是好人，帮大家解决问题啊。我参加过妇女会啊。就是解放了就有了男女平等、妇女能顶半边天这句话。解放之后妇女在家里的地位肯定提高了的，跟政府还是有关系的，政府的帮助啊。一般这里家务事都不管的，要是闹得太大了，村干部还是去调解的。女孩接受教育这个问题肯定是改善了的，我们那个时候女孩都基本不读书，现在的伢个个都读书。妇女的政治地位也提高了，有代表说话发言。

（三）妇女与土改

土改时候我家是贫雇农，土改工作队来了我家了的，都要到别人家里去。我去看过别人斗地主，我没有斗过地主，我不想斗地主。地主那都是压榨穷人啊，就要挨批斗了。我也没有分地主家的东西。

当时土改工作队也有女队员，我不记得怎么样了。村里也有妇女会，妇女会主任记得啊，那她就是人很泼辣，风风火火的，蛮能干。

妇女翻身解放就是分得了土地啦,再就是地位提高了,想干什么就能干了。

(四)互助组、初级社、高级社时的妇女

互助组还不是上面要参加的,妇女当然也要下地干活,都要干活,不然哪来的饭和钱?我没当过干部。

妇女就是什么农活都干啊,割草插秧啊。那大家都是一起干活,还哪有自家的地呢?讲伙做。集体派工的人还是有妇女三期的保护意识,来了月经就不下水田,做些干活。生伢就有个把月的休息。开始参加集体劳动时我有两个伢,伢有婆婆在家里带啊。有伢的妇女也上夜工,有婆婆的就婆婆带,没得婆婆的就放在屋里,回来喂喂奶。我一个月差不多每天都要出工的,要抢分子(工分)。

(五)妇女与人民公社、"四清""文化大革命"

1.妇女与劳动、分配

(1)妇女与劳动。人民公社时候我差不多三十多岁吧,不记得当时唱的歌跟口号了,生产队都要劳动,不管男女都要劳动。技术性比较强的农活就是男的做,生产队的副业比如养猪养鱼男女都有做,女的做得多些。生产队的队长、会计都是男性,干部基本都是男的。

(2)选择集体化还是单干。要是让我选,我肯定还是选个体劳动,自己搞几舒服几自由呢。

(3)工分与同工同酬。知道同工同酬这个说法,反正男的干活总要拿的分子多一些就是了。我们拿得八分九分一天。女的当时一天最多也只十个吧。男的分子起码都是十二个。那有个什么,都是差不多,每家也都有男的啊。

(4)分配与生活情况。生产队分的口粮、油、柴等东西男女都是一样的分。我家粮食管饱吧,也不缺不多。

2.生活体验与情感

(1)大食堂。吃食堂时候就是男的在做饭,都是他们打给你吃的,打几多吃几多。不愿意你还不是得吃啊,不然没得吃的。吃食堂的时候家里的铁锅铲都没有交公,留在屋里。不用做饭了,上完工还是休息一下。

(2)"三年困难时期"。就是到处挖藕吃的,村里倒是没人被饿死的。队里都有人守着地里的粮食,哪个敢去偷呢?

(3)文娱活动与生活体验。那时候都累死人的,有什么好怀念的呢?

3."四清"与"文化大革命"

不太记得了,新一轮斗地主我也没参加,我不搞那些。"文化大革命"的时候"破四旧",家也没有什么旧东西被烧了,那时候家里穷啊,哪有什么东西呢。

(六)农村妇女与改革开放

土地承包分配土地的决策过程妇女都参加了的啊,也能平等地分到土地。土地证上面也有我的名字。

村委会的选举我参加了的啊,选票是请别人写的,我自己不会写。我选妇女了的,别人都选她我也就跟着选她了。

现在的政策,放宽松了一点,可以生两个伢了。我要我家的小辈生啊,他们都不想生。要是让我自己选,我现在觉得生两个好,做个伴不孤单。

村里的男老人跟女老人现在也在一起聊天啊,我家有电视啊,我时不时看看电视。国家政策什么的我们也不太懂。我不知道什么是网络,我也没手机,我也玩不到,就是儿子孙子他们平时回来看我。

六、生命体验与感受

也没什么感受深的,就是平平安安健健康康的就好。这辈子都挺好的,以前干活辛苦劳累,到了晚年都还可以,伢们也都蛮孝顺,对我蛮好,照顾我吃喝。都还好。

LZX20160722ZYX 张云秀

调研点：四川省德阳市绵竹市齐天镇双坪村
调研员：罗梓欣
首次采访时间：2016 年 7 月 22 日
受访者出生年份：1933 年
是否有干部经历：否
是否生育：是
受访者结婚的时间节点、生育子女的具体情况：1949 年结婚，生育二儿三女。
现家庭人口：4
家庭主要经济来源：外出打工、养老津贴、子女赡养
受访者所在村庄基本情况：齐天镇双坪村地处丘陵，山清水秀，现有双坪种植专业合作社，流转土地，大力推广粮经复合型种植模式，实施"四个统一"（统一种子、技术、病防、销售服务），确保产量质量。现在合作社已经带动群众五百余户，集中成片种植榨菜、青菜等一千三百余亩，产量五千四百吨以上，合作社成员收入较往年均有增加。合作社的蔬菜实行订单生产，减少了市场风险，让社员无后顾之忧。

受访者基本情况及个人经历：老人名叫张云秀，1933 年生，八十三岁。小时候家里特别贫困，其爷爷在当家做主，爷爷去世后由父母当家，一共七个姊妹，老人是大姐，有五个弟弟，一个妹妹，其中一个兄弟很小的时候就死了，妹妹集体化时期饿死了。家里没钱读书，其爷爷买了一些书，在家里自己教孙子读书认字，老人不识字。

老人十一岁与丈夫定娃娃亲，十五岁学会纺棉花、纺线、做衣服、做鞋，十六岁出嫁，丈夫家是富农，有五十多亩地，土改时其公公被批斗。丈夫有一个哥哥、一个妹妹，1950 年分家，两个兄弟平分家产，分家后由丈夫当家，土改分田后自己家赡养婆婆，大哥家赡养公公，喂猪、做饭、洗衣服、带孩子全由老人一个人做，婆媳关系还算不错，但是有时候还是会闹矛盾。

老人生育二儿三女。大女儿 1951 年出生，二女儿 1954 年出生，三儿子 1956 年出生，四儿子 1962 年出生，小女儿 1967 年出生。大儿子、大女儿读过三年级，二女儿不愿意读书，二儿子和小女儿读过初中。集体劳动时全家靠老人和丈夫、大女儿、二女儿四人一起挣工分，天天干农活，生活艰辛。大女儿十九岁定亲，二女儿二十岁定亲，大儿子 1952 年结婚，1954 年分家，分了家后只剩老奶奶和丈夫、二儿子、小女儿一起生活。

二儿子结婚后，老人由二儿子赡养，丈夫由大儿子赡养，夫妻俩分开居住，但是经常会见面。现在老人生活清闲，时常会去庙子里烧香拜佛，无聊时会与邻居聊天。老人从小吃苦，一生勤劳，现在也算苦尽甘来。

一、娘家人·关系

（一）基本情况

我叫张云秀，1933年生，今年八十三岁。我的名字是我们老母亲娘屋妈取的，我们那时候都是按班辈取的名字，班辈就是"云"字。我们娘屋那时候穷得很，是写①人家地主的田，写了十六亩毛田，净含只有十二亩。土地改革的时候家里被划成贫农成分。我们屋里七个姊妹，一共五个兄弟，我就是头子②，还有一个妹妹是1957年生的，大集体食堂饿死了。我十六岁出嫁，丈夫家有五十多亩地，他们是划成富农成分。丈夫有一个哥哥、一个妹妹。我一共生育五个孩子，两个男孩，三个女孩，我十九岁生的大女儿。

（二）女儿与父母关系

1.出嫁前女儿与父母关系

(1)家长与当家。家里的日常事务是我们爷爷在当家，往回子③旧社会都听男的的话，旧社会哪有女的说话啊，这个时候才是新社会。后来是我们妈，我们老汉④在当家，我们那时候还是好造孽⑤哦，割猪草、牛草卖给别人地主，在屋里还是苦了一辈子。我们母亲原来土改她是人民代表，我们几个兄弟都是党员的。

(2)受教育情况。我一天书都没有读过，我们爷爷在喊我们去读书，我们老汉说的没钱，我们几个兄弟都没读过书哒。我们爷爷买了一些书，在屋里教了一些，我们几个兄弟现在都认得到字哒。

(3)家庭待遇。家里面对男孩子的待遇比女孩子好些，女孩子可以上桌吃饭，在屋里吃饭没有啥子讲究，如果有客来了就要依⑥哪个坐哪里，有客来了你就不能上桌子，客多你就不能上桌子，客少就可以，老头子⑦就坐上面嘛，其次就坐旁边嘛，再其次就坐下面嘛。家里面添衣服是先给男孩子添，那个时候是男尊女卑，男孩子在外面走就是要得穿好一点，女孩子在屋里就没来头⑧呀。过年的时候我们都没有压岁钱，买油、盐都还买不起。

(4)对外交往。过年的时候女孩不可以出门给村里人拜年，那时候小，不可能，不管哪里唱戏啊、讲书啊，女孩子都不要你出去。男娃子可以出去，我们往回在屋里的时候，住一个大院子，那边是人家张家，他们是地主住那边，我们住这边，外面狗叫了，你（如果）出去看一下，我们妈、我们婆都要骂你，你一个姑娘家，狗一叫你就一嗖出去了！她说⑨你。那时候才几岁的嘛，才七八岁她都要说你，你晓得啥子呀，把你管得很紧的。一放到这儿⑩了，一放到人夫⑪了

---

① 写，即租，下同。

② 头子，即老大。

③ 往回子，相当于"以前"，下同。

④ 老汉，即父亲，下同。

⑤ 造孽，意为辛苦、辛酸、艰苦。

⑥ 依，依照、按照。

⑦ 老头子，指其爷爷。

⑧ 意指无所谓、不重要。

⑨ 意为批评、骂，下同。

⑩ 意为定亲了。

⑪ 指婆家。

过后，就不出门了，天天就喊你绣花，绣一朵，先扎花、挑花、绣花，绣一些枕头，绣一些卧簪、毯子、门帘子，咋子①过了就喊你剪衣裳，给你拿一些伙子就喊你学着剪衣裳，裁、剪、缝，过了就是做灶头、切菜。咋子过了几年后，就过大兵，1949年过解放军呀，1948年就过大兵，我们那时候结婚都在孝泉里结的，不敢在屋里的，在屋里人家要抢你，抢你东西，抢你新媳妇。家里面如果来客人了，客人少，今天就可以上桌子，但是客人多了，那就不可以上桌子。如果我们到别人家吃饭(宴席)，比如人家接媳妇啊、嫁女子啊，就要带你去，喊你去学，把你监视到带你去，平时就他们去，你不能去。

(5)女孩禁忌。平常在屋里，就喊你在屋里煮饭啊、拖地啊、弄猪草啊这些，就不准你在外面到处跑。女孩子就十三四岁、十五六岁、十七八岁你就出去嫁了嘛，在人家屋里去了嘛，父母就不管你了嘛。如果随意出门肯定有惩罚，那年我跟着我兄弟——我们大兄弟张云昌，他丙子年生的，现在八十一岁了，跑到我们那里嚷嚷啥子庙子，庆龙王坛，他说"姐姐、姐姐，我们去看庆龙王"，跑了去了，回来挨了一顿。你还没得惩罚？夜饭②还不给你吃嘞，哎哟，我们兄弟我们两个人一家挨了一顿，哎哟，我们往回(过去)妈凶得很哦。

(6)"早夭"情况。1949年以前，如果家里面有男孩夭折了不会办丧事，那时候好穷嘛。

(7)家庭分工。田里面有活嘛都出去做呀，田里没活嘛都在屋里耍呀，栽秧子啊、扯草草、吹壳子③，我们都要出去，我和我老汉，我们兄弟，我们妈。只有我们婆婆④尖尖脚⑤不出去干活，她尖尖脚这点长还出去缴水⑥嘞。我们恐怕十四五岁就开始在外面干活了。就是栽秧子呀、扯草草呀，过了还有往年兴砍谷桩子，过了就是割兔子草呀、割牛草呀，割了卖呀，就这些。我会纺棉花、纺线子，用棉花车车，纺线子纺了来编布，我结婚那个铺盖布、被卧单布、枕头布、枕头那个里子布都是我纺了线子拿到别人那去织的布，织的这么宽的小白布呀，缝的铺盖、缝的围腰子⑦都是用草灰染起的，那时候好穷。我十五六岁就在屋里学会了，我还会做草鞋，我妈会做草鞋，我学着做草鞋，挑花、扎花、裁剪都是我们妈教我的。

(8)家庭教育。女孩子遵守的规矩就是你不要出去，不要和男孩子交往，不准和男孩子说话，不准跟着男孩子走。男娃子家出去，大一点还是，不能和人家女孩子，就说你家里没有钱，你不要和人家咋个样。未出嫁之前父母没有给我庆祝过生日，从来还没有庆祝过生日。记得到的话会给你煮个蛋，喊你悄悄地吃，记不得你蛋还没有嘞。往回有一句俗语"大人的生三顿嘎⑧，碎娃的生三顿打"，要过生日你要注意到，你做啥子不要把哪里弄烂啊，惹祸啊，你今天就要注意到要挨打了。

2.女儿的定亲、婚嫁

我十一岁就定亲了，是碎娃家，娃娃亲呀，我们十一岁就放到他们那了，放了五年就结婚了。是我们表叔说的媒，定亲没有啥子仪式，不写婚书，那个时候都兴排八字，一张八字单单

---

① 意为然后，下同。
② 即晚饭。
③ 吹壳子，即聊天。
④ 指老人的奶奶。
⑤ 尖尖脚，指其裹过小脚，下同。
⑥ 缴水，即人力抽水。
⑦ 围腰子，即围裙，下同。
⑧ 嘎，即肉。

呀,要说好了,要喜欢了,都合个八字,还没得你开腔哦,没得你碎娃家开腔,他们说还要把你碎娃家喊开,不要你听见,他们娘老子喜欢,他们就给你排八字,排好了就约个日子,约日子就给人家送八字单单呀,八字单单送了又要隔个一两年来看人哒,看人还不要说多看两眼,就给你倒开水瞅一眼就了事。那个时候也不讲究门当户对,只要八字合。我父母是听介绍人说对方的家庭情况,定亲没有啥子彩礼,都看人①了,看人来办两个情②,不晓得有没有啥子彩礼。定亲光是母亲的,他们妈来了的。我父母没有征求过我的意见,也没有问过我,他们喜欢就行了。我那时候碎娃家不晓得啥子,你不满意就要打你。定亲之后就不能毁约了,定了亲五年,正月间来拜年,年都没来拜哦,定了亲四年到五年,他们送期单,就是往年子兴会亲呀,他们老汉跟他才来,才见面,才见一面。之前从来没见过面,只见了那一面,见了那一面,咋子过后就结婚了,像别人说的话,结婚了拜堂无论是癞子还是驼子你都要嫁给人家,往年旧社会,哎哟,可恶得很,男尊女卑。

结婚的时候没有婚书,不像现在还要扯结婚证,看日子就结婚了。我们结婚在孝泉街上的旅馆里,不敢在屋里哒,在旅馆里结的,头天下午就来了,如果你在屋里结婚有大兵来抢,抢女娃子家,还要抢男娃子家。我出嫁那天来了两个男的、两个女的,一个四孃和一个幺姨孃、一个姑爷、一个舅爷,还有我兄弟,我们那个大兄弟张云昌,往回说的交钥匙,就来他们五个人。不晓得他们摆了好多桌宴席,不像现在要把你拉出去走啥子啊,往回把你藏在屋里,恐怕有十多桌。只请了一些亲戚朋友,没有啥子保长、甲长。嫁妆嘛,往回就是铺盖、罩子嘛,壶瓶碗盏呀,咋子灯盏啊、手罩子③啊,还有酒壶啊,一床铺盖、一床罩子、六副枕头,两副大的,他们妈一副,我一副,没有嫁妆田。嫁妆的置办费用是我们老汉承担的,婆家没有给我聘礼。出嫁前我自己织布、干农活没有赚取什么收入,也没有私房钱。往回子兴要九天呀,嫁了九天,我兄弟会来接我要九天。嫁到这边后,我还是没有庆祝过生日。村子里没有换亲的习俗,有些是招上门,我们屋里没有哪个招上门。

3.出嫁后女儿与父母关系

(1)财产继承。出嫁后就不能分得父母的财产了,嫁了就了了。

(2)婚后与娘家关系。出嫁的姑娘回娘家没有啥子风俗禁忌,也没有回娘家拜墓,嫁了就了了。我嘛就是端午节要回娘家,过了就是过年去了,过了就是父母的生呀。上午去了下午就要回来,要有吃奶的孩子的话就会把孩子带走呀,不吃奶的话就不带。带礼物嘛,大不了就带个情嘛,割二斤肉呀、两把面呀、两壶酒呀。嫁出去的女儿就不能管娘家的事了,娘家有困难我想帮但是没有钱,如果自己在婆家遇到困难了,娘家屋里有钱就可以帮,没钱就没有帮。我们那年腊月间嫁过来的,腊月二十一嫁过来的,第二年正月间我们回去拜年,棒老二④,他们把我们屋里的东西抢得干干净净的,碗、连被褥都拿去跑了,灯盏、床上枕头都给你抱光了,罩子啥子都给你拿去跑了,哎呀,回头我们妈才给我们拿了一床罩子,我们妈又给我们弄铺盖,骂得你哦哦的。我和我丈夫闹矛盾了肯定要回娘家呀,肯定要回去撒气呀,我只回去了一回,那时候都有我们大女子了,回去住了两晚上,他又跑来接的我回来,我们兄弟说不回去,

---

① 指会亲,下同。

② 一个情,指三把面、两斤肉、一袋糖,下同。

③ 手罩子,即灯盏。

④ 棒老二,即土匪。

就在这儿,不回去了,那时候看到娃娃造孽,我们大女子只有一岁多两岁,不看在我们大女子可怜,我早就不回去了嘞。

(3)婚后尽孝。出嫁的姑娘要回娘家给父母祝寿,祝寿那些费用都是兄弟在承担。父母去世的时候会通知女儿回娘家,丧葬的费用也是兄弟在承担呀,我回去就送点铺盖啊,拿点香蜡纸啊,那是没得钱的,如果有钱的话,还是可以帮一下嘛,有嘛就可以拿出来,没得就算了嘛。清明时节会回娘家上坟,父母的坟墓是兄弟出钱修的,七月半的时候没有回去,只是清明节啊、过年啊。父母有病,医药费嘛他们自己承担呀,你有钱可以帮一部分,没得钱嘛,就算了嘛。我回娘家拜年,通常是正月回去,正月初二三也可以回去,正月初四五也可以回去。我们妈老汉在,就给他们舀两瓶酒啊、买点糖啊、拿点面啊、拿点肉啊那些,我们妈、老汉死了后,就给我们婶娘、老辈子拿点糖啊、面啊,去看一下,吃个晌午饭,这个就三天四天,每一年要正月十几头才回去。

(4)离婚。以前出嫁的女儿要离婚的话需要父母同意,父母不同意的话他不要你离,你不敢离,你离了没地方站脚①,他同意你离,你才能离,你离了后回去在他那里站,他不同意你离,你回去站不了脚,他要骂你、撵你,把你往出赶。

(三)出嫁的姑娘与兄弟姐妹的关系

我出嫁后和我娘家兄弟的关系还是可以,我们兄弟比我小两岁多。那时候我们妈在,我们老汉在,像我们大兄弟结婚啊,他就要喊你回去讨论商量,我们妈、老汉死了,我们几个兄弟结婚还是要问我,有时候还是要出面,有钱我还是要帮他。我给我娘家兄弟结婚送礼与给我姊妹结婚送礼是一样的,钱多就多送,钱少就少送。如果我家里面需要借钱,会向我兄弟借钱。我回娘家一般不住父母家里,住的话大不了住一晚或两晚上,我们妈老汉死了后回去就住我们大兄弟家,三家子,走到哪里就在哪里住,喊我在哪里吃我就在哪里吃,喊我在哪里住我就在哪里住,最多一晚上,我这么多年了还没回去住呢。我娘家兄弟在我婆家这边说话有分量,有啥子矛盾啊就要说话,没矛盾啊好好的就不得说话,我们兄弟都是知识分子,我们二兄弟在公社当官,三兄弟在厂里,二兄弟害癌症死了,大兄弟还是癌症肝癌,这一个②是淋巴癌。兄弟都还小,伙食团1959年,我们妈、我们老汉活生生地饿死了的,我们二兄弟、三兄弟都还没结,饿死了好多人哦伙食团。

我在婆家受委屈了,我娘家兄弟会出面调解,我儿子、女子的婚嫁也要经过我娘家兄弟的同意。我儿子、女子与自己闹矛盾或者不听话,我娘家人会来调解,你通知他,他就要出面,你不通知他,他就不晓得,大事嘛才通知,一点小事就不通知他了。

二、婆家人·关系

(一)媳妇与公婆

1.婆家迎娶习俗

我老人公③是农民呀,种田的,丈夫还是种田呀。男方这边定亲没有啥子仪式,婚礼也没有啥子仪式,婚礼嘛结回来就了了呀。没有进婆家跨火盆的仪式,有拜天地、拜高堂、夫妻对

---

① 意指住下,下同。

② 指二兄弟。

③ 指老人的公公,下同。

拜。主持婚礼嘛,他们说押礼先生①呀,押礼先生在女家那要过②多少酒水钱,他要在那吃饭呀,我们结婚的时候坐的是花轿子。结婚第二天不会向老人公、老人婆③请安,也没有给他们端过茶,那时候不兴。结婚后不会去祖坟上坟。

2.分家前媳妇与公婆关系

婆家是老人公在当家,老人公就管田里的,管这些种田啊、做啥子啊、赶场④啊、买卖啊,老人婆就管喂猪啊、煮饭啊、割猪草啊、扫地啊这些,又不要你做田。我主要负责喂猪煮饭,那时候喂好多猪哦,三四十头猪,猪圈都十多个,还有母猪,下午砍猪草都有两挑。我和我老人婆关系可以,我做错事了,她不会打我,要骂。她不允许我出去串门,我伺候她也没有啥子规矩,我不给她打洗脸水、端洗脚水,除非她扭不动了才给她打水,扭得动就她自己洗呀。我要给她端饭,头一碗给她舀起,第二碗她自己舀呀。家里吃饭男人家坐一个桌子,女人家坐一个桌子。我和我老人婆闹矛盾了,我丈夫不会帮我,如果丈夫和我老人公、老人婆闹矛盾了,有些地方不平衡,我就要说,该我说我就说,不该我说我就不说。我在婆家没有财产权,地契上没有我的名字。结婚后有私房钱,结婚后的私房钱就是正月间给他们拜新年拜的钱,还要拿出来一部分给他们办台子⑤。

3.分家后媳妇与公婆关系

我们是1950年分家的,还没得我们大女子嘞。他们老汉说的,这里解放了,田被人家收了,啥子都被人收了,没得了,你们过去把这边六亩旱地守着,五间草房子守着。他们大哥呀,住楼房,把我们撵到这边来,我们丈夫老实得很,腔都不开,你要说了,他们爷爷就说,哪个婆娘家叽叽喳喳的。分家的时候我不能参与,财产几个娃是平分的。分了田后就一家一个养呀,我们养他们妈,我们大哥养他们老汉。公公婆婆办寿的时候,他们女子要来呀,我们妈这些都要来呀,来了要送情。去世的时候没有啥子仪式,不穿孝服,也不跪拜,下葬的时候我要参加。我每年都要去给我公公婆婆扫墓,去世后,财产继承是平分的,田都被没收了,那时候照⑥人在分田,一人一亩或者几分,其余那些都给你充公了。

(二)妇与夫

1.家庭生活中的夫妇关系

(1)夫妇关系。我和我丈夫是结婚那天才见的面,往回说的嫁鸡随鸡、嫁狗随狗,见面后不满意也不能毁约。结婚后相互称呼都说你、我、他,不能喊名字,你敢喊名字,妈老汉才喊名字,你喊名字要骂你。

(2)家庭地位。我们家分家后就是丈夫在当家。我平时花钱要丈夫同意呀,他有才给你呀,他没得就没得。

(3)家庭分工。丈夫在外头做呀,我在屋里做呀,做完了还是要去外头做,只有几亩地,喂点猪啊、带娃娃啊,都要干农活呀。分家后,我肯定要做得多一些,屋里的这些事是我包干了

---

① 押礼先生,即婚礼主持人,下同。

② 过,即收、得,下同。

③ 指老人的婆婆,下同。

④ 赶场,即赶集,下同。

⑤ 办台子,即办宴席。

⑥ 照,即按照,下同。

的,人家出去你还是要出去。家里一年三百六十五天都是我在做饭,孩子也是我带,洗衣服也是我在洗,厚的我给他洗,薄的他自己洗,没分家前从来还不洗东西呢。我生病、坐月子的时候,他也不会帮我洗衣服。

(4)丈夫权力。我没有给丈夫打过洗脸水,没有伺候过他,他也没有伺候过我。丈夫和别人说话的时候,他说话说他的,我不插言。别人和他闹矛盾、吵架,他说不赢,我就要插言。丈夫需要外出务工,不会征求我的意见,他要出去他走他的,我才不管嘞,我也管不了。

(5)家庭虐待与夫妻关系。以前丈夫打骂妻子的现象不常见,村里面公认的好妻子就是不打锤①、不闹架②呀。

(6)日常消费与决策话语权。家里面日常消费购买生活用品嘛就是哪个有空哪个买。未经丈夫允许,我不能一个人去赶场。

2.夫妇的家庭之外关系

(1)人情往来。人情世故嘛是哪个当家哪个在管,家里面的人情往来都是丈夫在出面。

(2)人际交往与出行。家里面有客人能一起同桌吃饭,不允许我有男性的朋友。我没得几时到朋友家串门,我也不走,我不喜欢串门哒,没事了就在门上走一下。基本上都不出门,我出过最远的门就是绵竹呀,到处还没出去嘞,成都我去过,我么女子在成都。

(三)母亲与子女的关系

1.生育子女

(1)生育习俗。我一共生育五个孩子,两个男孩,三个女孩,1951年我生的大女儿。往年生儿、生女没有报喜,没得啥子仪式,我们土改都解放了嘛,男孩、女孩没得啥子仪式,都一样的。满月的时候不庆祝,娘家人会来庆祝。往回子我们娃娃都要在屋里睡半年,雪白,没见过天,没有人带,哪个有空呀,屋里那么多事,还要到外面去挣工分。我孩子满周岁的时候不会庆祝生日,从来没有庆祝生日。

(2)子女教育。我儿子、女子都读过书,从小能读书就读书嘛,有个十五六岁了能干活就挣工分嘛,像我们大娃只念了一个三年级,我们么女子念过初中的,我们二娃还是念过初中的,我们二女子她不念,她一念书就哭,她连学校都找不到,学校就在这里庙子上,她说她找不到学校,你把她送过去她就哭,她跑到玉米地里藏着,她不去,她人老实,人家要欺负她,我们大女子念过三年级的,刚好十岁就喊人家回来干活挣工分,她一天要挣两分工。

(3)性别优待。他们老汉一辈子爱娃,生娃他就喜欢,生个女子呀,他就说咦!又生个屁女子,他就恨的是女子,娃娃绊倒了,他走身边过都不会拉一下,娃娃哭了,你喊他抱一下,他老汉说屁一个烂女子③,你还惯实④她,丢到边边去呀,可恶得很。

(4)对子女权力(财产、婚姻)。我儿子、女子都没有私房钱,就挣点工分、分点粮食。儿子、女子的婚事都不是娃娃亲,还是有介绍人嘛,都需要我们同意。结婚的仪式和我们当年结婚没有啥子不同的地方,都差不多。女儿的陪嫁有钱就多办点,没钱就少办点。像我们大女子结婚、二女子结婚、么女子结婚都有铺盖罩子呀,都是两床,还有电视、自行车,么女子有电视,

---

① 打锤,即打架。

② 即闹矛盾。

③ 骂人的话。

④ 惯实,即宠爱、溺爱。

黑白电视,人家在外面干活,到了二十五才嫁。儿子结婚给女方只过①钱呀,我们二娃结婚那时候过了一千二,借的钱,我们大媳妇过的少,才过了四百块钱。我们大娃是1952年结的婚,1954年分的家,分了家后只剩我们老二、幺女子,还有我们两个。我们分家分的房子,就是老房子,是照人分下来的,不够了他自己修、自己添。儿子结婚时,媳妇没有拜公婆,也没有给我们端茶,那时候不兴。

2.母亲与婚嫁后的子女关系

(1)婆媳关系。我和我儿媳妇没有闹过矛盾,媳妇做得不好有时候我会说,有时候我不说,儿子会帮媳妇说话。

(2)分家。大儿子提出的分家,他说各管各,人多了,菜饭又不好了,又没吃到啥子②了,又累了,你不做他不做,就这个原因要分家。分家的时候我要出面,几个儿子都是平分的,他们分家的时候一家出了一根树子,二娃分家的时候出了一根树子做床,幺女子出了一根树子做柜子。

(3)女儿婚嫁(定亲、嫁妆)。我们大女子是十九岁定的亲,二女子是二十岁定的亲,我们征求她们同意。定亲的时候女儿和对方见过面,女儿定亲后,两家要走动,女婿会上门拜见岳父母。逢年过节要来,五月端阳、八月十五、过年,就这些,那个时候五月端阳嘛就带蛋、粽子、水果啊、过年就办个情嘛,八月十五就饼子嘛、核桃嘛。

(4)与已出嫁女儿关系。我和我女子结婚后来往多,经常要去看她,如果他们家有困难,我有时候要帮助。我去女儿家一般一年有事情就多去儿回,没得事情一年最多两三回。

三、妇女与宗族、宗教、神灵

(一)妇女与宗族

我们张家屋里有张家祠堂,我在我们张家屋里我当碎娃家的时候进过,跟我们妈、我们婆③进过,我们张家祠堂在孝泉底下,冬至节去吃,清明节去吃,恐怕有十多亩地,有没结婚的啊、带了残疾的啊就在祠堂住,就烧香、给祖先牌牌打扫卫生啊,喂两头肥猪,冬至节一起去吃。族谱上有我的名字,都解放了才把祠堂弄了的。生男孩、生女孩我们张家祠堂里办个会,男孩跪前面、女孩跪后面,还要上香,不要你女娃子家,只有男娃子家。

(二)妇女与宗教、神灵、巫术

我信佛教,空了就可以去祭拜,走到庙子上就可以拜,初一、十五啊。祭拜的时候要烧香呀、要磕头呀、要烧纸呀,嘴巴里要说呀。保佑儿子、媳妇、孙儿、孙女全保佑,保佑全家老小、亲戚平安,百事百顺,脚踏四方,四方顺利呀。村里面有神婆子,神婆子嘛就是你生了病了,请到家里来查事情,主要是鬼找到了,阴人找到了才找她呀。我们家里面供奉有家神,天地君亲师位,平常是我在祭拜,初一、十五、逢年过节啊我都要去祭拜。七月半我们不上坟,清明才上坟,七月半在屋里祭。我信佛教是因为我娘屋妈就信的佛教,我丈夫也信佛教,村里面信佛教的人大多数都是女性,为了保佑平安。

---

① 拿、送。

② 相当于"什么",下同。

③ 指老人的奶奶。

四、妇女与村庄、市场

（一）妇女与村庄

1.妇女与村庄公共活动

出嫁前没有参加啥子村庄的活动，那时候不兴，女娃娃不允许出门。我出嫁前不知道保长、甲长，出嫁后在这里才晓得，我不认识，都是听别人说的。我参加过村庄的会议，都土改过后，分田了才参加的。土改分田那时候开两个多月会，天天都在开会，就开分田的会议呀。允许妇女参加，女性也有发言权。当时干农活工分男的要多些，男的要拿十成，女的只有拿八成，还有女的得行①的有九成，不得行还有六成、七成。男的和女的做一样你也和男的拿不到一样，都后来了才公平的，七几年才公平的。

2.妇女与村庄社会关系

我结婚的时候没有拜访邻居，那时候没兴，天天干活都在一堆。我平时和玩得好的邻居聚在一起聊天，聊一些不中用的呀。村里面有妇女和妇女吵架的情况是妇女主任来调解呀，村上来调解呀。

（二）妇女与市场

我出嫁前没有赶过场，都是妈、老汉出去买卖，不要你去赶场。出嫁后赶场我一个人去呀，或者约几个人，比如兄弟媳妇、姊妹一起去赶场，需要啥子买啥子。改革开放前，家里都发些布票、肉票啊，都不够用，就只能(节)俭着穿、慢慢穿、补起穿。

五、农村妇女与国家

（一）农村妇女认识国家、政党与政府

我大概有三四十岁，五几年、六几年，说国家多好，今后楼上楼下、电灯电话，要你等到那年才出现，果不其然就出现了。以前旧社会的国家恶劣得很，不说了，不好说得。现在共产党的国家好得很。我听说过孙中山、蒋介石，也晓得现在的国家主席是习近平，看电视才晓得的。我平时了解国家的知识都是看电视呀，听别人聊天，说现在的国家好，共产党好，享共产党的福，每个月给我们拿几十块钱，好安逸哦。

我小的时候记得我们妈、我们婆婆给我说过国民党，我们老汉就是壮丁，经常都在拉壮丁，国民党太可恶了。我1948年结婚来的，1949年就解放了，共产党就来了嘛，过大兵。他们这没得党员，我三个兄弟都是党员，大的、二的、三的都是，我娘屋妈也是党员。我原来在屋里的时候，我们妈、我们老汉摆条晓得的，国民党呢，就是没得钱、没得势，就要拉你去当壮丁。当时共产党组织选干部、选代表，我投过票，人家选的啥，我就选的啥。我认为职位最高的干部就是政上②的，最低的干部就是生产队的干部呀。1949年以前，我没有听说过女性当干部，土改过后才有，我认为现在女性比男的还要厉害些。

我认为包办婚姻不好，现在自由恋爱好，现在计划生育政策还是可以生二胎嘛，像我们那个时候如果有计划生育政策我最多生三个。政府鼓励妇女走出家门，参加社会劳动、社会活动，这样好。改革开放前，政府提倡移风易俗、新事新办、废除旧的人情礼俗，我认为政府该

---

① 得行，意为厉害的。

② 政上，即政府。

管这些事,有的该管,有的又太管严了。共产党的干部伙食团过后和老百姓走得最近,我希望我的女儿、儿媳当干部,只是没有创造到那里去,还有你也没有能力。

国民党时期,妇女不需要向政府交税(人丁税)。我没有裹过脚,我妈也没有裹过脚,政府没有号召过剪短发。

(二)对1949年以后妇女地位变化的认知

我听说过妇联,没有参加过。"男女平等、妇女能顶半边天",这句话五几年就在说,土改过后就在说。1949年以后,儿女的婚姻还是父母做决定,父母有一部分,他们还是有一部分。1949年以后,政府号召家庭要平等,不准丈夫打老婆、婆婆虐待媳妇,现在夫妻、婆媳关系变化都可以了,没有听说过男的打过女的了,只有女的凶。妇女在家里的地位提高了,经济也平等了。政府和村里的干部要管男人打女人的事。和我小时候相比,现在的女孩子在接受教育上有很大改善,上学上得多一些,接受的经验也要多一些。选干部、选代表的时候我会给妇女投票。

(三)妇女与土改

土改的时候我家被划成贫农成分,土改工作队到过我们家,往回他们①这边是富农成分,有时候开会就不要他们听嘛,也不要我听,我就给我兄弟打个招呼,然后我兄弟就帮忙,我就可以去听了。土改斗地主分人家的东西,分人家的财产,我觉得我还是高兴的。当时村里面的妇女参加土改和斗地主,积极的人还是多得很,现在都死了。土改分地决策有妇女参加,土改分到地后,给我分的地是他们在当家做主。他们当时是富农,他们老汉挨过批斗。村里的土改队没有女队员,当时村里面没有成立妇女会,后来都六几年、七几年才成立,三月八号,妇女会呀。

(四)互助组、初级社、高级社时的妇女

我参加过互助组、合作社,伙食团那时候参加过,就是有劳力的,参加过军事化训练,我都参加过训练。清早上一早去下操,土改那时候参加秧歌队,我都参加过。妇女有劳力的就要下地干活,没劳力的就不做。我没有当过互助组、合作社的干部,那时候没有女组长、女社长。男女都在一起做,不得行的老年人啊,下不了水的啊,裹过脚的啊就在旱田里做,大脚②的就在水田里做,担啊、挑啊不论。男人家拿十成,女人家就拿九成,也有拿八成、七成、六成的。我愿意在集体的地里干活,集体要闹热些,干了活要见功(劳)些。那时候经期都没有咋个管,怀孕也要六七个月的时候才可以,坐月子有四十天,今天满四十天,明天就要干活去了。我刚参加集体劳动的时候带了两个孩子,带了我们二娃和幺女,孩子可以关在屋里就关在屋里,没得人带就带到田里去,他在那里坐着或者用一根绳子绑着,绑在树子上面。一个月三十天我们都要出二十九天工,妇女那时候六十岁、七十岁都要干活,做不了重的就做轻的。当时共产党举行的会,妇女参加过,才成立共产党的时候恐怕没有妇女发言,后来慢慢才有了。

(五)妇女与人民公社、"四清""文化大革命"

1.妇女与劳动、分配

人民公社的时候我可能二十多岁,当时人民公社和生产队会动员妇女参加劳动,当时说男女平等,男的可以做,女的也可以做。我不记得当时的劳动口号了。男人家干活就是担呀、

---

① 指婆家。

② 指没有裹过脚的女性。

挑呀、推呀这些,女的也可以担啊、挑啊,就是不会推车子。生产队的劳动力女的比男的要多嘛。当时生产队有养猪、养牛的副业,男的有一个人残疾的啊,女的有带娃娃的啊,娃娃有几个月的就去养猪呀。当时生产队的队长、会计等干部都是男的。当时男人被调去修水库、做工程、农田水利建设,大多数农活都得妇女来承担。当时妇女没有参加过大炼钢铁,也没有参加过修水库。大集体一起上工热闹是热闹,说说笑笑还是热闹,但是累,吃苦憋在心里不敢说。

当时(有的)妇女在集体地里做事有些要马虎,有些要悄悄偷懒。如果再让我选择,我愿意分田到户。我当时一天最多挣三四十分呀,要农忙了才挣得到一百多分。男的十成,比女的多些。男的和女的做一样的事,工分不一样,我觉得不公平,当时有人提意见,要一个月评了工才提。一个月今天下一天雨,今天在屋里评工分,哪个好多成,出勤出了好多天,哪个耽搁大,哪个工分少。我们家当时有我和我丈夫在干活挣工分,还有我们大女子、二女子。全家一年纯收入可能拿得到四百多块钱,上半年办预算,拿得到两百多;下半年办决算,拿得到两百多。当时自留地按人分,好像一个人九厘,男女是一样的。

2.集体化时期的性别关照

人民公社的时候坐月子可以请四十天的假,产假没有工分。当时有妇女因为坐月子的时候没休息好或者劳累过度造成的身体疾病,集体都不管。有公社医院,看病要收费。公社里面1958年、1959年有专门建托儿所照顾小孩,我们二女子上过。后来娃娃长大了,上了学了就不办了。

3.生活体验与情感

人民公社集体食堂的时候吃的是猪草、厚皮菜、家芍子,没有稀饭,只有几颗米,好多人都饿死了,端着就哭。是分配着吃,全劳(动)力一瓢瓢,碎娃家才半瓢瓢。大家都吃的那个,不敢说不好吃,说不好吃明天就要打你,把你弄到劳教所里去。吃集体食堂时,家里面的铁锅、铁铲都交公了。食堂办了五八年、五九年、六零年,死了好多人,再办都要死完,邓小平上台后就包产到户嘛。当时饿死的人男的也多、女的也多、老的也多、小的也多。如果当时饿得实在受不了了,悄悄地到生产队的地里刨点吃食,被生产队抓住了会把你拉去站着说,扣你饭,扣你菜呀,扣你粮食,一家人全部都给你扣了。饿死人像烂了一根红薯在边边上,没得哪个管,只敢悄悄地怨,不敢大声地吼。不敢说饿死的,你只能说肚皮大,吃不饱,饿死了你敢说,说了明天又要把你弄去斗。

当时妇女在集体地里做事有些要马虎,有些要悄悄偷懒。

4.“四清”与“文化大革命”

我不晓得“四清”,当时“文化大革命”有“破四旧”,我们家有旧东西被烧、被收,水烟袋、往年的铜啊、圈子[①]、玉圈都交了。

(六)农村妇女与改革开放

当时土地承包分配土地的决策过程有妇女参加,妇女平等地分到了土地,土地证上没有我的名字,土地证上只有当家人的名字。我参加过村委会的选举,我当时选了妇女,把妇女选到了才有妇女代表帮助我们呀,有啥子事可以找她呀,给我们谈一下、调解一下、沟通一下。如果当时有计划生育政策,现在让我选择,我一个孩子还不想生嘞。那时候累得很,吃又吃不

---

① 圈子,即手镯,首饰,下同。

饱,干活又累得很,孩子又没人带,像我们大娃天天都在哭,嘴巴哭得多大。我不晓得精准扶贫政策,现在村里面男老人和女老人会一起在庙子里聊天。我家有电视,我都是通过看电视了解国家政策的。我不晓得啥子叫网络,光听别人说过。我没有手机,平常与我儿子、孙子联系都用座机,我只会接。

六、生命体验与感受

我这一辈子像现在还过得可以,年轻的时候想都不敢想了,从小在屋里就吃苦,走到这里来解放了还是苦,就这十多年从九几年才好了哒。

LZX20160726LZW 刘珍文

调研点：四川省德阳市绵竹市齐天镇双坪村
调研员：罗梓欣
首次采访时间：2016 年 7 月 26 日
受访者出生年份：1931 年
是否有干部经历：否
是否生育：是
受访者结婚的时间节点、生育子女的具体情况：1948 年结婚，生育四儿一女。大儿子 1949 年出生，二女儿 1956 年出生，三儿子 1962 年出生，小儿子 1966 年出生。

现家庭人口：1
家庭主要经济来源：养老津贴、子女赡养
受访者基本情况及个人经历：老人叫刘珍文，1931 年生，今年八十五岁。小的时候家里由母亲当家，父亲是老师，有两个哥哥、一个姐姐，哥哥结婚后家里由哥哥嫂嫂当家。父亲只教了哥哥读书，没有教自己和姐姐读书认字。老奶奶在娘家的时候哥哥嫂嫂和母亲在外面田里干活，自己一个人在家守门，帮哥哥嫂嫂带孩子，没怎么干农活，有时候会出去看看田里的害虫，母亲教会了老奶奶剪裁、做鞋、做衣服。十四岁与丈夫定亲，由亲戚说媒，十七岁出嫁，丈夫有两个姐姐、两个弟弟和一个妹妹。老奶奶还没嫁过来的时候婆婆就去世了，只有一个公公，嫁到婆家后，一大家人的衣服都是自己做的。与丈夫、公公关系融洽，家庭和睦。人民公社吃集体食堂分家，公公由自己家赡养，没过多久后生病去世了。丈夫被叫去挖排灌站，又去运粮，解放过后才回来在家里干活，洗衣服、煮饭、喂猪、带孩子都是老奶奶一个人做，还要天天干农活，喂猪挣工分。老奶奶生育四儿一女。大儿子 1949 年出生，二女儿 1956 年出生，三儿子 1962 年出生，小儿子 1966 年出生。儿子都读过书，女儿没读过书，大儿子十九岁定亲，三儿子招赘出去，女儿十八岁定亲，二十岁出嫁。之前是老奶奶在当家，儿子结婚后由儿子当家，有了孙子后儿子与自己分家，老奶奶由小儿子赡养，单独居住，小儿子在做生意，在城里居住。小儿子时不时回来看望母亲，给母亲拿钱，家里的油、盐、米等什么东西都是儿子买回来。老奶奶一生劳苦，体弱多病，不喜欢出门，现在享清福，生活清闲，天天在家里听收音机。

一、娘家人·关系

(一)基本情况

我叫刘珍文,1931 年生,今年八十五岁。小的时候家里由母亲当家,父亲是老师,有两个哥哥、一个姐姐,哥哥结婚后家里由哥哥嫂嫂当家。我们家里是写佃户①,土地改革时家里被划成贫农成分。我十七岁出嫁,还没嫁过来的时候婆婆就去世了,只有一个公公,丈夫有两个姐姐、两个弟弟和一个妹妹。丈夫家好像只有三亩田,土改时被划成中农成分。我一共生育五个孩子,其中四个男孩、一个女孩,大儿子 1949 年出生。

(二)女儿与父母关系

1.出嫁前女儿与父母关系

(1)家长与当家。小的时候家里由母亲当家,父亲是老师,哥哥结婚后家里由哥哥、嫂嫂当家。

(2)受教育情况。我老汉②往年是教书老师,他在教书嘛,教书往年穷,没有教我们念书,我就认不到字。他喊我出去挣钱,去教人家,他不教我,我认不到字,没有教我。我们兄弟都念书了的,就我和姐姐没念过书。往年③在娘家的时候,我就带了一些娃,我们哥哥的女子、娃,喊我天天给他带娃娃,所以就没有念到书。1949 年以前,村里没有女孩子读书。

(3)家庭待遇。家里面对男孩子和女孩子的待遇是一样的,都好,一起吃饭,往年都在一堆④。做衣服男孩也做,女孩也做。过年的时候都没有压岁钱,穷得很,没有钱。

(4)对外交往。往年碎娃家⑤在屋里晓得啥子嘛,不晓得啥子名堂,我有哥哥、嫂嫂、妈妈这些,往年碎娃家的时候,喊我给他们在屋里守门,他们都在田里干活去了,喊我一个人在屋里守门。家里面来客人了或者我们到别人家吃宴席,都在一桌吃饭。

(5)女孩禁忌。我往年病又多,天天人都不咋⑥好,我没有出门,天天都在屋里,喊你在屋里守门、带娃娃。

(6)家庭分工。我们妈就在田里干活,老汉就在教书,哥哥在当队长嘛,我们二哥往回在庙子里守夜,天天晚上在那里守夜,白天就干活。我就在屋里带娃娃,守门,有时候他们喊我看田,看烟虫⑦。往年我们碎娃家,我就学着剪、裁、缝衣裳,用啥都得行,有十几岁,我妈妈就会剪,她用席子摆在上面剪,有人喊她,她就走出去了,我就在给她剪,她走回来了就说,死女子,你咋都给我剪出来了呀,我说我都给你剪出来了,往年裁剪等我都会,我光学着剪,她就教我做,我自己做了自己穿。

(7)家庭教育。小的时候啥子都不晓得,小的时候就喊我在屋里守门,在田里看田,给哥哥嫂嫂带娃娃。做错事了家里面没得啥子惩罚,没有打过我,往年他们几个哥哥姐姐,我是幺女子。出嫁以前没有庆祝过生日,往年穷,没得钱。

---

① 佃户,租地主的田。

② 老汉,指父亲,下同。

③ 往年,相当于"以前",下同。

④ 一堆,一起,下同。

⑤ 碎娃,相当于"小孩子",下同。

⑥ 咋,相当于"怎么",下同。

⑦ 田里的一种虫。

2.女儿的定亲、婚嫁

我十四岁定亲,十四岁就放①了,我们一个中队的,十四岁我们刘家孃孃(姑姑)当的介绍人,十四岁就放了,满十六上十七就嫁了。定亲没得啥子仪式,定了亲后,我们这儿陈家(婆家)走刘家(娘家)屋里看一下,给你开个八字就了事了,就算订了婚了,往年兴②写八字。他们走我们刘家屋里吃个晌午③,看一下,拿点礼信④,八字开着就了事嘛,家庭条件往年穷得很,没得钱。往年我们碎娃家又不晓得,尽⑤由我妈妈(做主),由他们。我和我丈夫见过面,人家都来了的,就看人。那天看了的,后来就没有看过,都要结婚了才看到,往年不兴看。碎娃家不晓得,由妈妈、哥哥、嫂嫂,我没有走过人家陈家屋里去,结婚的时候才去陈家屋里的。丈夫逢年过节会上门拜见岳父、岳母,就办个情⑥。

我十七岁出嫁,结婚的时候没有婚书。结婚那天就是这边办的席桌,那边办的席桌,坐一个大花轿子把你送到陈家来的呀。亲戚送嫁嘛,往年坐大花轿子给你走那边绕一大转才来的,实际上只有一点远。我的嫁妆就两个柜子,铺盖⑦、罩子⑧,就这个,田也没得,啥子都没得,往年不兴带田,就铺盖罩子、两个柜子、一个箱子,钱也没得,往年穷得很。往年兴耍二九嘛,二九十八天,我们哥哥才来接我,说起来人都要笑倒,往年他用鸡公车来接我,这点远,接我回去耍二九十八天。我出嫁后没有庆祝过生日,我八十岁我们老幺才给我祝个大生⑨,他说你活到九十岁了,我又给你祝个大生。

3.出嫁女儿与父母关系

出嫁的女儿往年不兴回门,就是兴耍九天。可以回娘家扫墓上坟,清明节嘛,七月半嘛,这两年我走不到那个地方去,我就在这儿向着那个方向在路边上祭(拜),往年我尽是走坟墓去祭(拜)。回娘家有人喊我,我就去,没得人喊我,我想去就去,不想去就算了。有时候我一个人回去,有时候我和我丈夫一起回去,要带娃娃。嫁出去的女儿就不能管娘家的事了,我们往年没得帮助,你也穷,他也穷,都没得钱。出嫁后我会回去给我父亲、母亲祝寿。我还没有嫁人时,我们娘屋老汉就死了,我们这儿都去了的,我们妈妈死也都去了的。丧葬费用都是我哥哥承担,父母的坟墓也是哥哥出钱修的。每一年的清明节和七月半我都要回去祭,就这两年走不到那里去了我就在路边上祭。父母有病痛了我会回去看一下,都是我哥哥带他们去医病的。

(三)出嫁的姑娘与兄弟姐妹的关系

我出嫁后和我娘家兄弟的关系都好,回娘家我的身份是客,吃个晌午,要一会儿就走,有时候就耍几天。娘家有啥子事,不会请我回去讨论商量,我也没向哥哥借过钱。我儿子、女子结婚不需要我娘家人同意,我回娘家有时候会拿一袋糖嘛,有时候空手就去了。

---

① 放,即定亲,下同。

② 兴,意为流行、风俗习惯,下同。

③ 晌午,即午饭,下同。

④ 礼信,即钱。

⑤ 尽,相当于"全""都",下同。

⑥ 办个情,按风俗是指三把面、两斤肉、一袋糖。

⑦ 铺盖,即被子,下同。

⑧ 罩子,即蚊帐,下同。

⑨ 大生,即祝寿,下同。

二、婆家人·关系

(一)媳妇与公婆

1.婆家迎娶习俗

我老人公①在农田干活嘛,丈夫也是。结婚的时候婆家派什么人去迎亲我记不得了。进婆家没有跨火盆,有拜天地、拜高堂、夫妻对拜。往年有老人公、老汉在主持婚礼,我给老人公端茶了的。结婚后不去(婆家的)祖坟拜墓。

2.分家前媳妇与公婆关系

婆家是老人公在当家,老人公去世后就是我们老公嘛,我和他两个人在当家嘛,他有啥子钱他不拿钱,全都交给我,后来结(娶)了媳妇就是我们娃在当家。我还没有来,我们老人婆就死了。我和我老人公关系好得很,我们老人公(对)待我多好。我回娘家需要我老人公同意,要回去我就要说,爸爸,我回去了,他说你回去嘛。我丈夫和老人公没有矛盾。

3.分家后媳妇与公婆关系

我结婚后没有私房钱,我们是伙食团②吃饭才分的家,1958、1959年,伙食团吃饭一家③一个碗就分开了。分家后老人公跟着我们,后来伙食团吃饭害病就死了。丧事是我们办的,我每年都会给老人公、老人婆扫墓。

(二)妇与夫

1.家庭生活中的夫妇关系

我对我丈夫满意,我们结婚后相互称呼名字。我们两个人没有闹过矛盾,他也没有骂过我,我也从没发过脾气,往年他对我多好。分家后就是我在当家,分家后没有重新修房子,后来我们这些娃长大才修的。往年我去的时候,他就是要打牌,后来他输了,被老汉骂,就没有打过了。往回有两个钱,随有就随用了,我花钱不需要丈夫同意,哪有私房钱嘛,往年钱恼火得很。

分家后,我在家里面喂公猪④,后来就去田里干活。丈夫也在田里干活,全靠他干活。我会伺候丈夫打洗脸水、洗脚水,也要给他端饭。往年子走哪里他尽由我,我想走哪里就走哪里。家里面做饭尽是我在做饭,娃娃我一个人在带,洗衣服还是我在洗。坐月子三天就出来洗衣服、煮饭、喂猪,往年恼火得很,所以我才带的病,往年坐月子的时候没休息到,又没有给你请先生,以前去看病的时候,都是把猪喂了后去看病,大太阳走着去,大太阳又走回来,所以现在大太阳我门都不敢出。往年挖排灌站,队长就把我丈夫喊去走了,好久还没有回来,还没有在屋里嘞,往年挖排灌站,又去运粮,解放后回来就在屋里干活嘛。家里面买生活用品、人情消费都是我在管。赶场嘛我想去就去,不想去就算了嘛。

2.家庭对外交往关系

人情往来都是我在出面,请客人也是我在请。家里面如果有客人,都在一起吃饭嘛。我没得朋友,我往年没有走哪里,我不走哪里,我就在屋里。

---

① 老人公,指公公。

② 伙食团,指人民公社集体食堂,下同。

③ 一家,相当于"各自",下同。

④ 公猪,即公家的猪,集体的猪,下同。

(三)母亲与子女的关系

1.生育子女

(1)生育习俗。我大儿子是 1949 年出生的,当时生儿子、生女子不会报喜,没有啥子仪式。满月的时候娘家人会来庆祝,往年就送点蛋嘛、面嘛,就这个。孩子满周岁不会庆祝生日。

(2)子女教育。我们女子没有读过书,往年也没得钱,就让她在屋里带娃娃,割猪草,她不去(念书),儿子尽是读过书的,都念过书的。

(3)性别优待。家里没有重男轻女,我们老人公没说啥子,生啥子就带啥子嘛。儿子、女子都没有私房钱。

(4)对子女权力(财产、婚姻)。我儿子、女子都是满十九上二十定的亲,都是有介绍人来说媒。女子的陪嫁就是铺盖罩子嘛,两个柜子,一个箱子嘛,我们媳妇都是那样子嘛,往年都是铺盖罩子、两个柜子、一个箱子。我们儿子结婚,是我们儿子在当家,由他在弄。屋里的钱都是他在当家,我卖兔子的钱都拿给他了,我娃大了,娃结媳妇就是他在当家,我就没当家了。我娃婆了媳妇后还是和我们住在一起,后来都有孙娃子了我们才分开的,人家要分,我们就分开了,分开后他们就另外修了房子。

2.子女婚嫁后与母亲的关系

(1)婆媳关系。儿子结婚的时候,媳妇给我端过茶。媳妇和我就是因为闹过矛盾才分的家,她说的。我把你几个娃供大了,我们要分开,我说分就分开嘛,大娃在当家。我和我媳妇闹矛盾,儿子会帮着媳妇。

(2)分家。儿子结婚后第几年分的家我忘记了,就是因为我和媳妇闹矛盾才分的家,分家时几个儿子都是平分的。

(3)女儿婚嫁(定亲、嫁妆)。我女儿是十八岁定的亲,二十岁就嫁了。女子定亲和对方见过面。定亲后,两家会走动,时不时他来接就请她去耍嘛。我们女婿对我们就是好,时不时要来看我们,给我拿点钱嘛,割①点肉这些嘛。

(4)招赘。我们老三就是招上门②招出去了,生的孩子还是跟我们的姓,招出去了,招给刘家了,人家还是跟我们的姓。人家时不时就要来,给我割些肉来,还买些苹果,还时不时给我拿点钱,还是要来。他生的是个女子,他的女子又招了一个上门,他的女子又生了一个娃,生了一个娃都这么高了。孙女子、孙娃都是人家在带嘛,我就没有带,我往年伙食团后就喂公猪,我一天又不得空。

(5)与已出嫁女儿关系。我们老两口是自己管自己,往年我经常去我女儿家耍,一年去几回,我现在都不去了,她那里又不通车,我走不到去。去了嘛有时候我在那里耍,有时候我在那里住一晚上就走了嘛,走了后人家还要给你拿钱嘛。

三、妇女与宗族、宗教、神灵

我信佛,都晓得祭(拜)神保佑我好嘛。往年就兴初一、十五祭(拜)神嘛,我们往年去庙子,土门三溪寺、祥福寺、三神庙到处都去了。我丈夫还是信佛,他不祭(拜),祭(拜)神尽是我在祭(拜),他光知道干活。我祭神要祭家神土地、灶公灶婆、三代祖宗、财神菩萨、观音菩萨、

---

① 割,意为买,下同。

② 招上门,即招赘,下同。

药王祖师、佛祖佛爷、西天佛祖,阿弥陀佛,都请,三门土地、三教师祖师爷、太上老君、川足儿郎、火岭娘娘、黄太老祖、皇宫大神、东药南药,啥子菩萨我祭(拜)神都在请。我就初一、十五祭(拜)神,烧香嘛、烧纸嘛、烧钱纸、烧纸票子嘛,煮的有刀头①、神龛上,我买一些苹果放着,素的(菩萨)吃苹果,荤的(菩萨)吃刀头呀。我要吃素②,初一、十五、初三、十三、二十三、初九、十九、二十九,还有眼光斋,初十、二十、三十,就吃这么多素,我的素日子多得很。家里面供奉有家神,天地君亲师位,我的香蜡、纸钱一年要买一百多元钱。

四、妇女与村庄、市场

(一)妇女与村庄

1.妇女与村庄公共活动

出嫁前我没有参加过村里的啥子活动,我就在屋里,现在我干不动活了,就一天待在屋里要,初一十五祭(拜)一下神嘛。村里聚会、吃饭、看戏,我没有参加过,我买了一个唱机在屋里,唱川戏,没有走哪里去。

2.妇女与村庄社会关系

我结婚后没有拜访过邻居,平时会和邻居、老人聚在一起摆条③、乘凉,就那个陶大娘时不时要来耍嘛,她是聋子她听不见,我说话她又听不见,她说话我听得见,我们又没有摆啥子嘛,就来这要一会儿嘛。

(二)妇女与市场

我出嫁前赶过场,一般都是自己去的,需要啥我就买啥,买到我就回来呀。往年尽是我要买啥就买嘛,丈夫又不管钱,他有两个钱就都交给我了,尽是我在买嘛。往年我没有卖啥子,往年喂的猪儿子才卖四角钱一斤,过了这么多年都是媳妇在卖啥子。以前家里面都用啥子票,布票、肉票等,家里面的票都是不够用,不够用没得就只有算了嘛。

五、农村妇女与国家

(一)农村妇女认识国家、政党与政府

我往年不晓得国家,后来都解放了才晓得的嘛。全靠国家政策好,不是这个政策好,我们哪时就没得了。我没有听说过孙中山、蒋介石,也不晓得现在的国家主席是哪个。我平时了解这些知识都是听收音机。

往年国民党恼火得很,那年过大兵,把我们吓得不奈何④。我往年看电视看到,国民党整共产党整得好恼火哦,那些我都晓得。共产党好嘛,全靠共产党。我当过两三年妇女代表,林家庙子开大会,往年说共产党达到社会主义,以后不少吃、不少穿,要啥都能买到,现在就实现了嘞,要啥都能买到。我参加过共产党组织的选代表选干部的投票,投过妇女,往回开会喊投票,我又不会写,就喊人家帮我写,我都同意人家。我听说过女的当干部,我觉得女的当干

---

① 刀头,即刀头肉,肉须割猪坐骨肉。祭祀的刀头肉是很讲究的,不但肉要好还得方正有形,尊古训割不正不食,下同。

② 吃素,即吃斋,下同。

③ 摆条,即聊天,下同。

④ 吓得不奈何,意为吓得很厉害的样子。

部好,男女平等嘛。我觉得政府号召废除包办婚姻,鼓励自由恋爱好,计划生育政策好,政府鼓励妇女走出家门,参加社会劳动也好。我认为共产党为妇女办的最大的好事是提高妇女权、妇女觉悟嘛,男女平等嘛。我希望我的女儿、儿媳当干部。

我没有参加过保长、甲长召开的会议,国民党时期要向政府交税(人丁税)我不晓得。我没有裹过脚,我妈妈裹过,解放了就不兴裹脚了,咋子我们都没有裹,尽是大脚。我们往年都兴盘头发,后来就兴剪短。

（二）对1949年以后妇女地位变化的认知

我参加过妇联,我往年开会都去了的嘛。1949年以后,儿女的婚姻都要婚姻自由嘛,都由他们自己嘛。婚姻自由嘛他们在找(对象)嘛,我没有给他找(对象)嘛,他们自己同意我就同意嘛。1949年以后,政府号召家庭要平等,不准丈夫打老婆,不准婆婆虐待媳妇,这样好,妇女在家里的地位提高了。妇女地位的提高和政府有关系,女孩子在接受教育上有改善也和政府有关系。现在村民代表里有妇女,村干部里有妇女,乡里、县里、国家政府里都有妇女,妇女有代表到政府上去说话,妇女的地位提高了,我选举时投票也会投给妇女。

（三）妇女与土改、互助组、初级社、高级社时的妇女

土改时我们家被划成贫农成分,土改工作队到过我们家,我记不得当时土改的口号了。地主嘛、恶霸地主嘛,往年打倒恶霸地主呀,我斗过地主,也分过地主恶霸的东西,斗地主我很高兴。当时参与土改斗地主,有妇女很积极的,土改分地的决策有妇女参加,土地证上有妇女的名字。当时土改工作队有女队员,我参加过妇女会,开会就讲打倒地主,提高妇女权嘛,往年把妇女压迫到,你说不到话,后来提高妇女权,就没有哪个敢压迫我们嘛。

互助组、合作社时期,妇女都要下地干活,我没有当过互助组、合作社的干部,我们大娃当过。互助组、合作社有女的当干部,男的也有,女的也有。我往年就是在田里面干活嘛,屋里喂公猪嘛,公猪喂过了就干活嘛,在屋里带孩子。我当时愿意在自家地里干活。当时集体干活,往年不兴请假,坐月子三天就出来干活,喂猪、煮饭、洗衣服。

（四）妇女与人民公社、"四清""文化大革命"

1.妇女与劳动、分配

我是二十多岁还是三十多岁就参加人民公社了,往年五月端阳还下来拌①麦子,我一天可以拌四十多捆,往年就挣工分。一天恐怕挣一百多工分呀,往年喂猪也挣工分,干活都挣工分嘛,像农业社、合作社我咋不晓得呢? 往年我们念夜课,"大家齐心来合作,明年就用拖拉机"。生产队是男的也多,女的也多,都要做。我没有参加过大炼钢铁,我们老汉往年就是在修水库,我没有去。当时和集体一起上工干活没得哪个偷懒哦,我往年干活,比如今天割小麦,一家五路,尽是我先割完。如果再让我选择,我愿意分田到户,分田到户一下就对了,不然就没有我们这些人了。我当时的劳动工分一天一百多。男的和女的做一样的事,工分是一样的,做多少算多少。以前自留地是一个人八厘②田,都分了的,男女都分的一样。

2.集体化时期的性别关照

当时集体干活,往年不兴请假,坐月子三天就出来干活,喂猪、煮饭、洗衣服。我往年病多得很,去公社医院看病要收费,医病都要钱的嘛。当时生产队没有建托儿所。

---

① 拌,意为打,下同。
② 厘,计算田的单位,十厘等于一分,十分等于一亩。

3.生活体验与情感

当时人民公社集体食堂,就吃些红薯、萝卜、稀饭嘛。人家煮一桶,都吃那个,小孩子都吃那个,一样的。被逼的那时候,都不愿意吃大锅饭,我们娃拿一些红薯走回来边走边吃,都吃得差不多了,我就焯一些马芍尖尖吃,往年亏吃得大得很。往年锅、铲都没有要你那些东西,我就在屋里喂公猪,晒一些萝卜卷,用罐罐煨一些萝卜卷来吃,马芍尖尖,提点红薯都给这些娃吃了,我往年亏吃得大很,有一年差点脚走路都走不动了,像踩在棉花上一样。如果再兴半年我们这些都要死掉了,看到人到处都死得差不多了才下放①了嘛,下放了就对了,我们肚子奈何②吃饱了,往年没有吃饱。往年这个大集体食堂才动手③,不晓得咋回事硬是没有吃的,当时我也埋怨过政府。

4.对女干部、妇女组织的印象

生产队有女干部,男的也多,女的也多,往年当队长就是我们哥哥呀。

5."四清"与"文化大革命"

我不晓得"四清",往年"文化大革命"的时候林家庙子开会我都要去,"打倒刘少奇、保卫毛主席",往年喊这个口号。"破四旧",我们家没有啥子东西被烧、被收。

(五)农村妇女与改革开放

土地承包分配土地的决策过程有妇女参加,妇女有平等分到土地,土地证上有没有我的名字我不晓得,我们娃在管事。我参加过村委会的选举,也选过妇女。如果当时有计划生育政策,我就不会生那么多个孩子,独生子女嘛,后来放(宽)了(政策)后,他们有的生三个,有的生两个,有的生一个,如果是不兴计划生育,这里人就多得很了。我不晓得精准扶贫政策。我家没有电视,我一般是通过听收音机了解国家政策的。我也不晓得啥子叫网络,我手机也没得,我说买手机儿子不要我买,他说你拿到一点用都没得,你操作不来。我就用邻居的手机联系儿子、孙子,有啥子事情给他打,他就回来了,我们娃也挨着这儿,我们娃会打,我们娃有手机。

六、生命体验与感受

我这一辈子全靠娃在管我嘛,这么大岁数了我就没有管闲事,你要啥人家就给你弄回来,你要啥都有,油、盐、米,咋子④时不时给你拿钱,电费啥子人家都管了,我就跟着我们老幺。我这一辈子好嘛,我还是有运气,我全靠跟着我们老幺,如果我是吃灵动饭⑤,我就糟了,灵动饭我懒得搬家,我现在一个人住一间房子,我们老幺时不时回来给我拿钱,我有钱用的,吃也有吃的,穿也穿不完,吃也吃不完,我这一辈子好得很。往年吃了大亏了,现在好得很,我一不生气,二不着急,三又不劳累,我听收音机说的话,喊你千万不要生气,不要着急,不要劳累狠了,我又没做啥子,一天都在屋里要,我这一辈子好得很。

---

① 下放,意为不办公社了,下同。

② 奈何,即勉强。

③ 动手,意为刚开始。

④ 咋子,意为然后,下同。

⑤ 意指在几个儿子家各住一段时间。

LZX20160730DYX 代玉秀

调研点：四川省德阳市绵竹市齐天镇双坪村

调研员：罗梓欣

首次采访时间：2016 年 7 月 30 日

受访者出生年份：1936 年

是否有干部经历：否

是否生育：是

受访者结婚的时间节点、生育子女的具体情况：1952 年初婚，1954 年生育一子；1954 年离婚，儿子由自己抚养；1955 年再婚，生育二男四女，其中送走了一个儿子。

现家庭人口：5

家庭主要经济来源：务农、儿子打工、养老津贴、子女赡养

受访者基本情况及个人经历：老人名叫代玉秀，1936 年生，八十岁。老人三岁时母亲就去世了，父亲再婚，后妈带来两个孩子，分别是大姐、二姐，家里由父亲当家。老奶奶还有一个亲哥哥是阴阳先生，在外跟着师傅学了三年手艺，此后也经常不在家，在外为别人主持丧葬仪式。老人读了两年书，哥哥读了十多年书，两个姐姐没读过书。父亲是买卖的中间人，经常在赶集，没怎么干农活，几乎是哥哥在干农活。老人八九岁就开始学着做针线、绣花、做鞋、做衣服，十二三岁左右与前夫定娃娃亲，十六岁即 1952 年初婚，丈夫在外当兵，由老人和其公公，并请了一个长工干农活。十八岁生育一儿，但并不是丈夫的孩子，丈夫要求离婚，两人协议离婚，儿子由老人抚养。

1955 年再婚，带来的儿子同现任丈夫姓，成了大儿子，此后生育二儿四女，其中送走了一个儿子。女儿读了一两年书，小儿子读完了小学，除小女儿没有定亲，其他儿女都是娃娃亲。当时（第二任）婆家只有丈夫和婆婆两个人，丈夫的三个姐妹都已出嫁。婆婆没干农活，丈夫生病做了手术后在家休养了十八年直到去世也没干农活，全家由老人和大儿子干农活挣工分，大儿子结婚后便分了家在外打工，家里全靠老人一个人干农活挣工分、喂猪、做家务，还要带几个孩子。老人在婆家受了很多委屈，其婆婆经常无事生非，挑拨丈夫和自己的关系，老人因此常常与婆婆、丈夫闹矛盾、打架，最严重的一次丈夫将自己绑在柱子上打，在生产队队长和哥哥帮助下将丈夫告上了法庭，此后丈夫再也没打骂过妻子。因天天与婆婆闹矛盾，1960 年与婆婆分家，分家后，老人当家做主，婆婆一个人煮饭，住一间房子，她三个女儿会时不时来给她来看望她一下，老人自己供养婆婆，给她称粮食，直到婆婆去世，婆婆和丈夫去世都由老人出钱埋葬。小儿子结了婚后媳妇在当家，老人在家煮饭、砍猪草、喂猪、做家务，媳妇在田里干活，儿子在外打工。老人与媳妇因经常闹矛盾而分家，分了家几年后又合了，女儿会经常来看望老人。老人一生曲折坎坷，生活艰辛，勤劳肯干，却豁达、坚强、乐观，实属不易。

一、娘家人·关系

(一)基本情况

我叫代玉秀,1936 年生,今年八十岁。我三岁时母亲就去世了,父亲再婚,后妈带来两个孩子,分别是大姐、二姐,我还有一个亲哥哥,家里由父亲当家。小的时候家里有十二亩地,土地改革期间家里被划成中农成分。我十六岁即 1952 年初婚,十八岁生育一儿,1955 年再婚,带来的儿子同现任丈夫姓,成了大儿子,此后生育二儿四女,其中送走了一个儿子。丈夫有两个姐姐、一个妹妹,再婚时丈夫的三个姐妹都已出嫁,家里只有丈夫和婆婆两个人,土地改革时家里被划成贫农成分。

(二)女儿与父母关系

1.出嫁前女儿与父母关系

(1)家长与当家。我三岁的时候我妈妈就死了,我们老汉①结②了一个后妈,就是我们老汉在当家了,老汉去世后是我哥哥在当家。后妈对我还可以。

(2)受教育情况。我念了两年书,念了两年不要钱的书,老师教不要钱,不要学费,念的官校、大众学校念了两年。我哥哥念了十多年,我哥哥是阴阳先生③哒,他才死了没几年。我两个姐姐都没有念过书。

(3)家庭待遇。我在娘家的时候,我们哥哥对我好,我一④天在屋里煮饭、喂猪,我们哥哥多喜欢我的,我们就两个亲姊妹。我们吃饭的时候都是一起上桌吃饭,舀饭都自己舀呀,各人舀各人的。在一个桌子吃饭,座位没得啥子讲究,如果有客人就有讲究,没得客就随便坐就行了。家里面做衣服都是一样的,往年我们穷,就给你扯些布自己缝起就行了。过年会给我们发一点点压岁钱,碎娃家都一样,我们哥哥男娃子家肯定多发一些呀,尊重男的那时候是旧社会。

(4)对外交往。过年的时候女孩子不可以出门拜年,只有在屋里割猪草,每天早起给他们煮饭。家里面来了客就是都一起上桌吃饭。我们旧社会那时候没得几时到别人家吃宴席,只有在屋里,有时候我们这个妈妈会带我们走我们舅舅屋里耍。

(5)女孩禁忌。女孩子十六七岁嘛都是在屋里做针线活,像挑花啊,那时候女孩子没几时在田里干活。出门嘛都是屋里喂有兔儿子、鸡儿子拿出去卖嘛,没得事了都是在屋里割猪草、捡柴。我才不跟同村的男孩子一起玩耍嘞,后来成立了农协会,在农协会上打棉线、唱歌、扭秧歌、跳舞呀。旧社会兴放人夫,不兴耍,八字开到人家屋里,女娃子坐个轿子就送到人家屋里来了,哪在跟他耍,你看还看不到男娃子嘞,旧社会的女子都在屋里,不允许随意出门。衣裳这些就是裤子了裤子晾,衣裳了衣裳晾,男人家的裤子、衣裳了男人家晾,我们妈妈、嫂嫂来了后就是她们在给我们哥哥他们洗,我就光洗我一个人的。

(6)"早夭"情况。1949 年以前男孩子夭折,不会办丧事。

(7)家庭分工。往回⑤分工嘛,我哥哥是阴阳先生,就没有在屋里,到处开路⑥弄啥子去

---

① 老汉,指父亲,下同。

② 结,即娶。

③ 指从事殡葬礼仪的专业人员,下同。

④ 相当于"每",下同。

⑤ 往回,相当于"以前",下同。

⑥ 开路,丧葬的一种仪式,下同。

了，我就在屋里割猪草、煮饭、喂猪、扫地做家务事呀。我们老汉那时候帮人在外面称烟等子①，帮人在外面买了十二亩田，我们老汉勤快那时候。后妈还是勤快，在屋里推磨弄啥子，我们哥哥做十二亩田，还喂个牛，耕田，打土巴②尽是他一个人，我们老汉一天光赶场。没嫁过来之前我没在外面干过活，尽在屋里耍，在屋里挑花、做针线那些。我们那时候碎娃家八九岁就开始学着做针线了，挑花、缝衣服那些自己就在屋里学着做了。我们二姐会挑花，我看一看就学会了。我一年还是要做十几双嘞。

（8）家庭教育。我以前在娘家的时候，没得啥子③规矩。你做什么把家里面哪里弄烂④了还是要打你、骂你呀。我哥哥没在屋里，他学手艺去了，人家一个娃惯实⑤的，没得啥子惩罚。我未出嫁之前没有庆祝过生日，你的生日给你煮个蛋就了事了。以前十六岁嘛就算成年了，成年没得啥子仪式，那个时候解放了就过大兵，过了几天的兵，他们就说女娃子赶快送了，不然没人要，就送到这头来了。

2.女儿的定亲、婚嫁

我那时候是十三四岁、十四五岁定的亲，当时就是娃娃亲，请的介绍人说的，那时候他们陶家⑥这有二十亩田，我们家有十二亩田，他说人家有地方嘛，旧社会，最后土地改革嘛，推翻这些政策，刚好又离了婚了，就嫁到这里来了，是贫农成分，就是贫农了。定亲那时候兴看人、兴会亲、兴报期呀，来看一下人就了事了，八字开到人家屋里就算定亲了。没有写婚约，那时候没有，在这里才办的结婚手续，那时候旧社会哪在写啥子婚约。合过八字就算定亲了，八字不合就改一下八字就行了。当时定亲要讲究门当户对，只有我们老汉一个人打听过对方的家庭情况。那时候你碎娃家都由老汉主办婚姻，你说不到啥子，人家说咋个就咋个，你不敢说啥子。定亲没有送彩礼，他来看人就要来办个台子⑦，就要会面，会面的时候我见过我丈夫。我父亲没有征求过我的意见，他依他，依不到你碎娃家，啥子都由他。定亲了像现在解放了不对就可以离婚呀，那时候说嫁到哪里就要嫁到哪里，那时候旧社会不兴离婚。定亲后两家没有咋个走动，只是看个人就结婚了，没有走。来的时候没带啥子，光一个妈、一个娃就来了，哪有啥子礼品。我们就要炒些肉给人家吃。

我十六岁出嫁，结婚那时候旧社会没有兴扯结婚证。我出嫁那天娘家没有啥子习俗，我们屋里嫂嫂、二姐送嫁。娘家没有摆过宴席，就自己屋里几个人就了事，就送到人家屋里来了。我的嫁妆就是一个烂箱子、一副床单、两副枕头，没得啥子了，柜子还没得一个嘞。婆家没有给啥子聘礼，也没有过钱⑧。村里面一般人家的嫁妆就是铺盖罩子嘛、碗啊、瓶啊这些。我会绣花、做衣服、做鞋子，没有买过，碎娃家做了自己穿，我也没有私房钱。我们当时没有分家。那个时候兴耍九天呀，九天了就来接呀，然后回去耍九天又接回来。我嫁过来后没有庆祝过

① 称等子，音译，相当于贸易的中间人、中介，从中获得报酬。

② 打土巴，指把土块打细。

③ 相当于"什么"，下同。

④ 烂，即坏。

⑤ 惯实，即惯着、溺爱，下同。

⑥ 陶家，指前夫家，下同。

⑦ 台子，即宴席。

⑧ 指礼金，下同。

生日。出嫁的姑娘回娘家他来接我要办个情①。出嫁的女儿可以在娘家吃年饭,我们没给娘屋上过坟,人家有人家的娃,有人家的后代,我们这些女子没去上坟。结了婚就没几时回去了,屋里又有很多活干,没空走回去,一年有啥子必要事情会回去一下,回去很少数。老汉生病不好啊,回去看一下,拿点什么送点什么回去嘛。有必要才带娃娃回去嘛,碎娃家非要跟着你就带回去,有啥子就拿点啥,没得啥子就算了嘛。

3. 出嫁后女儿与父母关系

(1)财产继承。嫁出去的女子就不能分得父母的财产了,也不能管娘家的事。

(2)婚后与娘家关系。如果娘家有困难了你帮助不到,都没得,女儿出嫁后,在婆家这边遇到困难了,娘家也帮助不到。我和我丈夫闹矛盾了没咋个回娘家,有时候会回去一下,回娘家要住,有时间就要在那里耍。

(3)婚后尽孝。出嫁的姑娘要回娘家给父母祝寿,祝寿嘛我办个情呀,过小生②的话我可以给他买一双鞋子,咋子大生(整十的生日)我可以给他扯③一件衣裳呀。父母去世的时候会通知我回娘家,这个是大事。有娘屋人来办,娘屋人承担丧葬费用,女子光送点情就了事了。清明节的时候不回娘家上坟,七月半也没有,我们屋里有人祭,我们屋里这些女子都没回去过。我老汉死的时候坟墓是哥哥出钱修的,人家屋里有人有两个侄娃子,我们哥哥还在,我们哥哥才死了没得几年。父母有病痛,医药费是他自己在看,自己屋里再出(钱)。

(4)离婚。如果嫁出去的女儿提出离婚,不需要娘家父母同意,离婚就是你自己的事,娘屋管不到你,你要离你就离,你不离就不离,你自己本人做主。

(三)出嫁的姑娘与兄弟姐妹的关系

我出嫁后和我哥哥关系好,我回娘家的身份就是客位了。他有啥子就煮啥呀,买点肉弄点菜炒给我吃。娘家有啥子大事情,不会请我回去讨论商量。我们哥哥结婚和我们姐姐结婚那个时候我还是碎娃家,没有送,我还小,还在娘家屋里。

有时候有啥子事情要借钱,我向我们哥哥借过,借了三十块钱那年,没有向我们姐姐借,我们哥哥有钱才向哥哥借。我有时候有空就去姐姐家耍,不空了就没去,我一天有很多活干,这门事、那门事我走不脱。我哥哥结了婚没有几年我们嫂嫂就死了,坐月子的时候就死了,就我们哥哥一个人。我们哥哥是实在人,没得啥子说的。我丈夫那时候在当兵,我们哥哥帮我写信了的,有时候我在孝泉街上文化馆里写信。我们哥哥嫂嫂没有闹过矛盾,闹矛盾那时候我们都是碎娃家,不懂事,人家闹矛盾,你只有看着。我们嫂嫂多年轻的时候就死了,没闹啥子矛盾。我们哥哥没咋个管屋里事情,他是阴阳先生,到处给人家做席、开路这些,在师傅屋里学徒弟学了三年,没有几时在屋里。我在婆家受委屈了,哥哥知道了会来帮我。我时不时会去一下哥哥家里耍,我们这些姐姐我没有怎么去。

二、婆家人·关系

(一)媳妇与公婆

1. 婆家迎娶习俗

我初婚是1952年,二婚是1955年。那个陶家的娃在当兵,我跟人家离了婚才嫁到这边,

---

① 指三把面、两斤肉、一袋糖,下同。

② 小生,指平常的生日,与整十岁的大生日相对应。

③ 扯,即送,下同。

跟邱家这结婚的。就为带那个娃,带的邱大娃①他就跟我离了,那个时候作为女人家,你一个人夜晚开会、评工这些尽是你,评工评了深更半夜,那时候有不要脸的人,然后就跟着不好的人生了一个娃,就离婚了,离了婚才跟这邱家结婚的。离婚的时候我娘家没有管。我当时在那边只生了一个那个娃,就带过来成了邱大娃。定亲后,婆家这边没有啥子仪式,我在这头结婚②,办了十几桌(宴席)。没有迎亲,只是来把人接到就走了回来。我进婆家没有跨火盆、拜天地、拜高堂、夫妻对拜,只是拜个堂就了事了。没有人主持婚礼,就两个人拜个堂就了了。结婚第二天没有给你老人公、老人婆请安呀、端茶,结婚后也没有去拜过祖坟。

2.分家前媳妇与公婆关系

婆家这边就一个妈呀,一个男的,没得老汉,一早就死了,还没解放就死了。我丈夫主要在屋里干活,那时候就是他在当家呀。他做了没几年就得病了不好了,就开刀,医了回来就休息了十八年没有干活,就我和邱大娃再挣点工分,那时候很恼火,屋里很穷,粮食都称不回来。我和我老人婆关系就是不好,她怪得很,天天都在跟我闹矛盾。有一天她跑过来,我脚又疼,又害了疮,天天还要割牛草,她和我闹矛盾,把我膝盖给割伤了,我就顺手把她推到边上,她有这么怪,屋里又没人干活,我一个人天天要割猪草、割牛草,她还跑到我跟前和我打架。我们闹矛盾丈夫啥子都没说,都不帮不管。五几年后她就和我们分开了,她一个人在煮饭。她一个人在煮,我们给她称粮食,人家有三个女子,她不好了天天这个来那个来,她住一间房子,天天走了衣柜就用一把锁锁了,菜啥子都放到衣柜里,你看不到,人家女子来了买的肉看还看不到嘞,尽她一个人就吃了。她给她娃说了一些事③让她娃打我,怪得很,有时候不平衡他会说他妈几句。我在婆家这边没有做过衣服,做过鞋,往回没得钱,就做一些碎娃家的鞋子拿去卖,卖的钱我就用在屋里了,家里的日常消费。

3.分家后媳妇与公婆关系

1959年过后我和我老人婆分家,她天天都在和我闹矛盾,天天这门那门,又不干活,天天都在耍,他们两娘母后来得病了啥子都没做,就我一天挣点工分。她自己一个人在煮,当时家里啥子也没得,没啥子分的,粮食都是称的。人家有三个女子,我给她称粮食呀,一直供她,把她供到死,她女子就时不时来给她买点肉来看一下她。老人婆就她女子给她过生日。老人婆去世是我呀(安)排的哒,我们老邱④死了也是我呀(安)排的,这些娃都没钱,都没出钱,我喂了三个(头)猪卖了才把他埋了的。那时候这些娃都没钱,邱幺娃⑤又没结婚,邱大娃呀了家出去东跑西跑你望得了啥子呀?一会儿这去打工去了那去打工去了,一分钱还没得,老邱是1988年二月间死了的。

(二)妇与夫

1.家庭生活中的夫妇关系

(1)夫妇关系。我和我丈夫结婚后,我们相互称呼就喊个名字。我和我丈夫以前经常闹矛盾,也打过架。那年他打我,把我绑在柱头上,李长清跑来帮我解开(绳子),如果没有李长清

① 指自己的大儿子,下同。
② 再婚的时候。
③ 意指婆婆在他们夫妻之间挑拨离间。
④ 指自己的第二任丈夫。
⑤ 指自己的小儿子,下同。

跑来帮我解开,我现在坟墓上草都长很深了。最后我们去告他,我这个人一辈子心好,法院里传我们去,我们去了,把这些情况说了,那个院长说,代玉秀,咋样子处理? 我就说没事,只要他悔过自新,喊他写悔过书、保证书,法院院长把法槌一敲说,代玉秀,犯罪的行为都要写悔过书、保证书啊?咋子我们老汉批评了他几句,说他们两个人的事情等他们来处理,最后就回来了,如果我不说那个话,肯定要判他两三年徒刑,他太恶劣了,院长还说,我姓刘,我叫刘院长,以后你有啥子事情经常来找我,档案给他存着在,后来他就没敢打我了。把丈夫告到法院是我们哥哥帮我的,李长清那时候是生产队队长,他也出面、盖章才弄到法院里去的。

(2)家庭地位。我和我老人婆分家后,就是我在当家,我干活挣工分、喂公猪。

(3)家庭分工。我丈夫生病了十八年后死,不晓得哪一年生病的,他一早就有病,胃溃疡,天天要吃饭了,晌午暗(饿)了就闹胃疼,吃一碗面他胃又不疼了,后来胃烂了,把胃割了只剩一块了,回来后在屋里休息了十八年没有挣一分工,他妈还要我供她,给她称粮,挣工分这些全靠我一个人。那个时候就是我在管钱嘛,现在邱么娃结了婚,找了一点钱就是付三女①在管钱嘛,我没管他们钱,也没要他们钱。丈夫生病后,他妈在照顾他,我一天要出去挣工分,还有几个碎娃家。孩子尽是我一个人在带,煮饭、洗衣服尽是我一个人。我坐月子三天就起来喂猪、砍猪草、看烟虫。

(4)日常消费与决策话语权。家里面的日常消费都是我在管,尽是我在买。往回赶场是我一个人去的。

2.夫妇家庭的对外交往关系

(1)人情往来。家里面没得几时来客,往回屋里多穷,没得客,哪个来了肉都割不起。

(2)人际交往与出行。我没得啥子朋友,我这个人男人家性格,又不喜欢跟人家摆条。我和邻居之间有时候有话说就说嘛,没话说就没咋个说,我得病了天天都在吃药,就不想跟哪个说话,天天坐在屋里养神。我平时基本上都不出门,他们晚上出去摆条我都在屋里看电视。

(三)母亲与子女的关系

1.生育子女

(1)生育习俗。我大儿子是1954年出生的,生儿子没有报喜,娘家人会来庆祝,就送点蛋、鸡这些嘛。我干活的时候就把他放在这一家屋里那一家屋里帮你带(孩子)。逢年过节我就会带孩子回娘家耍。孩子满周岁不会庆祝生日,就给他煮个蛋就了事了。

(2)子女教育。我儿子、女子都念了一点书,念了小学,我们邱天培刚好念了小学差三分没考起(上)初中就没有念了,邱么女他们都只念了一两年。后来没读书是因为没得钱,二方面他又考不起就没有念了,那时候念书学费是减免了的。

(3)性别优待。我生了女子老人婆就是见不得②我,生了娃就喜欢,不管生娃女子都不得帮我带(孩子),人家就是喜欢男孩。娃、女子都是一样的,我把娃女子都一样地看待,娃是人,女子也是人。

(4)对子女权力(财产、婚姻)。我儿子、女子的婚事这些都是娃娃亲,邱三女不是。结婚是他们自己在找,我们当老的管不了。我们邱天培结婚就是我喂了五个猪出来,洗了一个,卖了四个,就给她过了八百块钱。结婚的时候办了十多桌宴席。结婚那时候我在掌管钱哒,费用都

---

① 付三女,指自己的儿媳妇。

② 意指看你不顺眼。

是我在承担。

2.母亲与婚嫁后的子女关系

(1)婆媳关系。儿子结婚时媳妇没有给我端茶,结了婚后尽是我煮饭、砍猪草、喂猪,她就像客一样的,天天闹头昏,人不好,又要休息得好,又要耍得好。她屋里没干活,田里是她在做。我和我媳妇有时候还是要闹矛盾。

(2)分家。儿子结婚后重新修了房子,我们分家了,分了后又合了。分家是我提出来的,就是因为要闹矛盾。分家嘛我就住一间房子,我给他们称粮,分了几年他又闹没有吃的,我天天走这个女子、那个女子屋里耍就攒了一些粮食吃不完,有时候耍了一个月都没在屋里,他就向我借。

(3)女儿婚嫁(定亲、嫁妆)。我们那个女子岁数够了,说成了就跟着人家去了,没得钱给人家办,因为刚好才办了邱幺娃的事情,邱幺女没得钱办,她结婚枕头都没有给她买一个。没有订婚,说成了就跟着人家去了,没有回来了。

(4)与已出嫁女儿关系。我和我女子家来往不多,有事才去,没得事就没有去。我女子家有困难,我没有帮,都没得钱,都困难。我也没有帮女子带外孙,都是人家自己带。

(5)养老。我现在和我幺娃住在一起,我们户分开,我是一个户,(地震时)拿了一万六①,他拿去修房子了,我就在这住了一间,拿了一万六后我剩了一万,他借了两千去,我只有八千块钱,一直吃药到现在我没有跟他们要钱,就用我的钱。邱幺女要经常来看我,邱二女不得空没咋来,邱三女在绵阳打工还是没咋来。来看我就给我买糖这些呀,比如我要吃软和的面包,她就给我买面包这些。我一般一年去两三回我女子家,有时候会住一晚上,有时候去了当天就回来,我一个老婆子家②难得麻烦人家。

三、妇女与宗族、宗教、神灵

(一)妇女与宗族

我们以前有代家祠堂,现在都找不到了,没有去过。我以前也没有参加过祠堂举行的仪式。

(二)妇女与宗教、神灵、巫术

我只去林家庙子祭(拜)一下神,我信佛,没有信啥子基督教啥子教。我们家里面供奉有家神,初一、十五要祭(拜)一下老祖先人。清明节要祭(拜),清明节要去坟墓上坟,往回是我一个人,现在是付三女和我们女子去祭(拜),邱二女要回来,七月半我自己在祭(拜)。我丈夫他们都没信佛。林家庙子成立起来都在烧香嘛,我没得事嘛就去祭拜一下神嘛,耍一下,保佑平安。

四、妇女与村庄、市场

(一)妇女与村庄

1.妇女与村庄公共活动

以前村上成立了农协会,在演剧、跳舞、唱歌、扭秧歌呀那时候。我听说过保长、甲长,也

---

① 指5·12汶川大地震国家按照户口补助的赈灾款。

② 指自己,下同。

认识,当时结婚的时候没有请保长、甲长,那时候结婚都要解放了,保长、甲长都要受罚了。我也没有参加过保长、甲长举行的会议,我光晓得人家是保长、甲长。

2.妇女与村庄社会关系

我在娘家有一个朋友,她都死了很多年了,和我一样大的。她出嫁我没有去过,我们自从结了婚就没有走了。那时候农协会唱歌、跳舞、演剧都在一起。我后没有拜访邻居,往回在庙子上耍嘛、就摆条嘛,没有跟哪个男的摆条。村里面妇女和妇女吵架,有主任、委员在调解。

(二)妇女与市场

我碎娃家赶场卖点啥子都是一个人去的,卖点鸡蛋、鸡儿子啊,卖点兔子啊,喂的母兔子下的兔儿子拿去卖。我想买啥子东西自己去买就行了,不需要丈夫同意。以前家里面有布票、肉票、油票、棉花票,当时票勉强够了,不够就算了,不够就去买。

五、农村妇女与国家

(一)农村妇女认识国家、政党与政府

我觉得中国可以,国家给我们老人家拿点钱,国家好嘛,习主席好嘛,关心我们老人,习主席政策好嘛,给我们拿钱,我们老年人生活都过得好嘛,我们都拥护习主席。我听说过孙中山、蒋介石,我念书书上就有孙中山,放脚①就有孙中山,裹小脚那时候。现在国家主席就是习主席嘛,他女人叫彭丽媛嘛。我天天都在看新闻。

我以前听说过国民党,国民党黑暗得很。我也晓得共产党,共产党政策好嘛,习主席上了台政策好。我平时了解的这些知识主要是天天看新闻。我以前没有当过村里的干部,开会我参加过,参加过投票选代表、选干部,人家说选哪些就选哪些,都是固定了的,选的人都写好了,我就投票呀。我们屋里(家里)没有党员。

以前干部女的多哦,土改的时候张素娟就是干部,办土改,我们这儿公社张明秀就是干部,男女都是一样嘛,女的做啥子事要细心些。我觉得政府号召废除包办婚姻,鼓励自由恋爱好。往回就是计划生育,现在敞开了,可以生两个。计划生育政策好,好是好,但是万一带一个孩子出啥子事了就没得了,带两个、三个都可以。我认为政府鼓励妇女走出家门,参加社会劳动这样好。改革开放前,政府提倡移风易俗,新事新办,废除旧的人情礼俗,我认为政府该管这些事。共产党的干部为妇女办的事都是好事,我希望女儿、儿媳当干部,但是她们当不了干部,脑袋又笨,文化又少。

我以前没有参加过保长、甲长召开的会议。当时国民党的时候要向政府交税,不交税就要把你押着弄到哪里去。当时男的是会被抽去服劳役,往回旧社会黑暗。清朝时候的人才裹脚,孙中山喊把脚放了的,我们是民国时候的人,都没有裹过脚。我没有经历过政府号召剪短发。

(二)对1949年以后妇女地位变化的认知

我听说过妇联,没有参加过,我土改的时候就听说过"男女平等、妇女能顶半边天"这句话。现在婚姻法颁布下来,婚姻自由是人家两个人的事。政府号召家庭要平等,不准丈夫打老婆、婆婆虐待媳妇,这种变化好,这些变化和政府有关系。现在妇女地位提高得很,编的歌句子"媳妇是客,独生子女是仙人,老年人是佣人"。妇女地位提高和政府有关系,提高了嘛家庭和睦嘛,都是一家人都要搞好团结,不管是邻居、屋里、外面都要搞好团结。我觉得政府和村

---

① 取消裹脚的风俗习惯,下同。暗,意为迟到。

里的干部该管男人打女人的事,为人民服务是该管呀。现在妇女也可以上祖墓、拜祖宗、住娘家、招上门,这个变化和政府有关系。和我小时候相比,女孩子在接受教育上有改善,和政府都有关系,念书出来是国家人才肯定有关系。现在村民代表里有妇女,村干部里有妇女、乡里、县里、国家政府里都有妇女,我认为妇女有代表到政府上去说话,妇女地位提高了。我当时选举时有投票给妇女。

(三)妇女与土改、互助组、初级社、高级社

土改的时候丈夫家被划成贫农成分,土改工作队没有到过我们家来,当时土改我去开过会,土改经常在开会,开会就讲斗地主,哪里挨炮,念材料这些呀。我们没有分地主的斗争果实,贫农才分得到,我们娘家是中农。我没有斗过地主,我光去看过,斗也好,不斗也好,不关我的事。当时村里有妇女参与土改和斗地主比较积极的,当时吃过地主的亏的(人)都要斗(地主)。土改分地决策有妇女参与,我没有参与。妇女和男人分到同样的土地,(按)照人分都分得一样。我不晓得土地证上有没有妇女的名字,现在土地证都找不到了。当时土改工作队有女队员,村里面有成立妇女会,当时张德秀就是妇女主任。我没有参加啥子活动,也没有当过村干部。

互助组、合作社我参加过,天天干活,那时候评工计分。有一个互助组组长,干活就要喊你,当组长的就要喊你做哪些你做就行了。互助组干活都要去,清早上你起床暗①了去了就要扣你两成(工)。入社那时候人家说要咋样就咋样就入社了。妇女都要下地干活,都是一样的。我没有当过互助组、合作社的干部,当时互助组、合作社有女干部,女组长、女社长。当时我就做杂工,喊我做啥子我就做啥子,组长在安排。男的做得了就做,女的你做不了就做其他的。依你做的好多,好多成就评好多工嘛。粮食分配依你工多投资多就分得多,工少投资少就少分粮食呀。如果不愿意做就没得工分哒。妇女坐月子可以请四十天的假,来月经、吃药这些也都可以请假不下水。我开始参加互助组、合作社,带了邱大女和邱大娃,有孩子了就没有出去干活,我就在屋里喂公猪,喂水牛。我一个月天天都在干活,妇女六七十岁都可以出去干活,没得哪个管你,你要有工才能吃饭。不干活你就没挣到工分,粮食就称不回来要钱,你也可以干了活把工存着,过后也可以称粮食。当时妇女是党员、团员才能参加共产党的会。

(四)妇女与人民公社、"四清""文化大革命"

1.妇女与劳动、分配

人民公社的时候我大概二三十岁,当时公社和生产队会动员妇女参加劳动,你不干活你就没得工就称不到粮食。当时没啥子劳动口号。男的就做重活。生产队一般都是女的,女的劳动力多。生产队有养猪、养牛的副业,我就在养猪、养牛。生产队的干部大多数是男的,当男人被调去修水库、做工程、农田水利建设,大多数农活都得妇女来承担。我没有参加过大炼钢铁,也不知道"大跃进"运动。当时妇女在集体地里做事都做得好,没有人偷懒,都是一样地做。如果再让我选择,我愿意分田到户,分田到户想啥子时候做就啥子时候做。当时劳动工分我只有八成半,人家都有十成,十成就是评一天的工。男的和女的做一样的事,工分是一样的。我们全家就我和邱大娃,屋里六七个人都没得劳力。那个时候老邱身体又不好,在屋里休息了十八年,他妈又要给称粮食。全家一年挣不到好多工分,年年欠社,我要在粮站里买米回来吃。生产队分的口粮、油、薪柴等,男女是一样的。自留地嘛(按)照人分呀,才动手土改的时

---

① 暗,意为迟到。

候一个人有一分①田,后来一个人有八厘②了。

2.集体化时期的性别关照

人民公社时的集体劳动对妇女的生理周期有照顾,特殊情况可以请假呀。妇女例假了可以请假,经期可以免除下水田,坐月子产假能请四十天。村里没得啥子铁姑娘队。当时有妇女因三期照顾不到,或因生育、劳累过重造成的身体疾病,我没有,当时公社有医院看病,中队上就有,看病都要收费。公社或生产队有建托儿所专门负责照看小孩,邱大娃就进过。就那个罗万平在他们屋里给这些碎娃家煮饭,生产队会给工分,后来托儿所解散了就好念书了、上学了。

3.生活体验与情感

我1958年进的伙食团,当时伙食团的饭是分配吃,男女都称得一样,就弄的麦糊子面打起蒸的馍馍,一个人几两馍馍,切成条条用秤称,都吃得那么多,小孩子就一天称儿两米称到屋里。一个人六两红薯又不够,后来又用那个麦糊子面打起蒸的馍馍,一个人称几两馍馍。那时候都不愿意吃大锅饭,不愿意也得愿意。

吃大锅饭的时候,家里的铁锅、铁铲没有交公。人饿死了那么多,就喊伙食团下放③了。当时饿得实在受不了胆大的就可以偷点吃,胆小就饿死了,我们屋里二娃就饿死了。当时集体食堂吃得少得很,吃不饱肚子。那时候不敢提意见,提意见他要打你哒,把你抓上台打你,还要把你管制起来。当时集体一起上工热闹,妇女一起上工,没有啥子小矛盾。

4."四清"与"文化大革命"

我不晓得"四清"。"文化大革命"就是批斗呀,批斗刘少奇、保卫毛主席。我没有参加过,我们老邱是红卫兵的组长,就参加过,那时候批斗这些当权派,戴高尖尖帽子,在观音堂里批斗。"文化大革命""破四旧",我家没有啥子旧东西被烧、被收。

(五)农村妇女与改革开放

土地承包分配土地的决策过程有妇女参加,妇女有平等的分到土地。承包土地证上有我的名字。我参加过村委会的选举,选票是人家给我填的,我当时没有选妇女,选当官的尽选的男人家。如果我们那时候有计划生育政策,现在让我选择,我会生两三个孩子,生多了养不起。我没有听过精准扶贫政策,现在村里面的男老人和女老人会一起聊天儿,你要聊天儿就跟人家聊,不聊天儿就算了。我们家里面有电视,我平时都是通过看电视了解国家政策。我们屋里都装有网络,我不会用。我有一个手机,我们邱三女给我买了一个手机,我就看一下时间呀,几点该煮饭了,我不会打电话,只会接。

六、生命体验与感受

我这辈子好,习主席给我拿有钱,我有钱用呀,对我们这些老年人好。以前那时候苦得很,鸡叫就起来了,在自留地里干活,一会儿又要出工了。现在习主席上台了,我们生活得比之前好多了。

---

① 分,计算田的单位,十分为一亩。

② 厘,计算田的单位,十厘为一分。

③ 下放,指人民公社解散。

QW20160721ZCY　朱翠英

调研点:陕西省汉中市勉县老道寺镇张家湾村
调研员:庆文
首次采访时间:2016 年 7 月 21 日
受访者出生年份:1935 年
是否有干部经历:否
是否生育:是
受访者结婚的时间节点、生育子女的具体情况:1955 年结婚;1955 年生第一个孩子,共生五个孩子,两个儿子一个女儿,其中有两个孩子生下来不久夭折。
现家庭人口:8
家庭主要经济来源:务农
受访者所在村庄基本情况:张家湾村位于汉中盆地西南角,地处秦岭以南,巴山以北,属丘陵地带。村中有安阳铁路和十堰–天水高速从中穿过,村南紧靠市北环路和国道 108 线。地理上属于南方,四季分明,冬无严寒、夏无酷暑,气候湿润。行政区划上属于大西北。村民主要为汉族人,以张姓、刘姓、史姓和庆姓居多。2010 年前后与邻村的刘家湾村合并,村党支部和村委设在张家湾村四组。村里主产水稻、小麦、玉米和油菜等粮食和经济作物,红薯、土豆、大豆等作物种植面积相对较小。村北有庆家寨水库,村南有张家湾水库,虽处丘陵地带,但农业用水充沛,水稻产量较高。饮食以米饭、面条、稀饭等为主,菜系以川菜为主。
受访者基本情况及个人经历:老人生于 1935 年,娘家里有一个哥哥,兄妹二人,母亲去世较早,从小由父亲拉扯大。从小家里就穷,土改时是贫农。结婚的时候二十岁。婆家里一家大小十二个人,弟兄三个,家里的土地也不多,土改的时候也是贫农。

老人四岁定了娃娃亲,二十岁结婚。有三个孩子,最小两个孩子是女儿,现都已成家立业。老伴儿于 2014 年去世后,老人和儿子一家生活在一起。老人一生勤俭持家,为人乐观,和丈夫日夜操劳养活一家人,供养三个孩子上学,娶媳妇。现在和两个儿子一起生活,每个儿子轮流养活一年。与儿子和儿媳相处融洽,一大家其乐融融。

老人虽不喜欢走街串巷,但对人热情,为人乐观开朗,身体硬朗,思维敏捷。

一、娘家人·关系

(一)基本情况

我叫朱翠英,出生于1935年,今年八十一岁。我家里就我一个女孩,还有一个哥,我们兄妹两个。我出生不久我妈就去世了,父亲把我们拉扯大。从小家里就穷,土改时是贫农。我结婚的时候二十岁。婆家里一家大小十二个人,他们弟兄三个,家里的土地也不多,土改的时候也是贫农。我一共三个孩子,两儿一女。

(二)女儿与父母关系

1.出嫁前女儿与父母关系

我从小就没妈,家里爸爸当家。我和我哥哥从小都没念过书,也都不识字,家里穷上不起学。旧社会家里的男孩女孩都一样,不分个啥档档。吃饭也都是一起吃,不过那个时候都穷得很,没有压岁钱。女子家稍微一大就不让随便出门,基本都蹲①在屋里,织布纺线,也不兴串门子,基本没上过街。平时在家父亲和兄弟们都在外边地里干活,我就纺线。我不会织布,纺线也没人教,都是看人家纺,自己慢慢学会的,一直到大集体的时候还在纺,最后市场上有了洋布,慢慢地就没人再纺布了。我小的时候还不兴给父母过生日,都没钱,穷的饭都没有吃的,经常说"饿的、饿的",还办啥生日哩,来些人你给人家做啥吃呀。

2.女儿的定亲、婚嫁

我们那时候结婚也是介绍人给介绍的,提前说好就结婚。但是你两个人之前都没有见面,一个不知道另一个长啥样。那时候也有童养媳、换亲和招女婿的。童养媳就是小的时候把女儿给人家男方,由男方来养活,等长大了和男方结婚。换亲比较多,新旧社会都有的,现在四五十岁的这些人,当年结婚的时候好多都是两换亲。两换亲就是两家子,每家都有个娃有个女子,年龄也都相仿,然后就把这家的女儿嫁给另一家的儿子,另一家的女儿再嫁给这家的儿子。招女婿就是谁家没有儿子只有女儿,就招个上门女婿。

我结婚的时候二十岁了,那个时候没有嫁妆,屁的个嫁妆哩,结婚的时候就给你扯一半套衣裳,扯一点鞋面②,回来自己做。哪还给你买鞋哩,就这个。哈哈哈。现在这结婚热闹的,过彩礼就要过十几万,十几万呀还要让给买房,愁人吧?结了婚可以回娘家,那个时候不分啥节气③,有事了才回去哩。现在人家有个啥节气了,都兴回去,以前不。那个时候结了婚也不兴拜新年,困难得很么,拿啥拜呀,也就是拿四个馍,你拿过去,他再给拿给你,困难得很么,没啥拿么。上坟不分男女,结了婚,娘家的坟也回去上。

3.出嫁女儿与父母关系

我们那个时候结婚了,就不管娘家的事情了,兄弟家里有事了人家自己就解决了,可以和我们说,也可以不和我们说。那个时候我们两口子反正没打过架,一天都吃不饱,哪有力气打架哩,哈哈哈。但是也有男的打女的事情哩,前面④那两口子就打了一辈子的架。我们小的时候还不兴给老人办生日,生活太困难了。现在办生日哩,姑娘家出嫁了也回去给父母祝寿

---

① 蹲,意指一直在家。

② 鞋面,指做鞋用的布料。

③ 节气,意指节日。

④ 指邻居家。

哩,大人娃儿一家人都回去。父母如果去世了清明上坟也回去,上了坟和娘家兄弟姊妹们一起吃饭,然后再回婆家。旧社会那时候结了婚,姑娘家就不管娘家的事情了,也没有人说要养活父母,养活父母这都是兄弟来。现在才开始说两口子结了婚要养活两方父母,没办法么,现在都是独生子女,一家一个。旧社会,也没有离婚的,如果男方和女方结了婚不和,男方可以把女方休回去,那个时候要是被休回去,对于娘家来讲,就是一件很丢人的事情。解放以后,才有离婚这一说。解放以后,集体化时期,结婚的风俗习惯和我们那时候都差不多,不兴抬轿,兴走路。

(三)出嫁的姑娘与兄弟姐妹关系

我们那时候,出嫁了,虽然就不怎么再管娘家的事情了,但是和娘家兄弟姊妹还是姊妹关系么,大家还是一家人。我们家里我就一个哥哥,我哥哥先结婚,然后我才结婚,所以他结婚的时候我也没给他啥东西,更别说礼金了,都困难得很,没有钱。解放以后,如果两口子结了婚,男方如果欺负女方的话,人家女方的父母或兄弟可以去男方家里理论。

二、婆家人·关系

(一)媳妇与公婆

1.婆家婚娶习俗

我们那时候结婚简单得很,好像也不算命,不像现在算命看两个人八字合不合。结婚当天也很简单,来的人也不多,没有人主持婚礼,也不像现在这么热闹。

2.分家前媳妇与公婆关系

结了婚,那个时候婆家就是我那个老妈做主哩,我那个老妈能干得很,经常腰里还别一把枪哩。老妈那个时候还到衙门里打官司,别人都说肯定要输,人家(婆婆)不服气,硬还打赢了。那个时候结了婚在家的话就织布么,我那个妈织布,我们妯娌姊妹三个晚上一起纺线。晚上照的清油灯,男的家用棉花籽籽①去换油。我们那个时候换了好长时间的油哩。白天就到地里干活,那个时候你不干活就没有工分,没有工分你就分不到粮食,不得吃。我们那个时候婆婆妈普遍都凶得很,婆婆妈管儿媳妇,我那个婆婆妈人家也能干,人也好。

3.分家后媳妇与公婆关系

我们结了婚过了两年分的家。那时候一大家十二个人哩,你不分也不行,不分开都吃啥呀。分家的时候,队上就给分了一点湿玉米棒子,还没法直接吃,分了一间房,两面还没有墙,才找的我外甥帮忙给砌起来。说起来分家的时候困难的,我们搬下来后,都没粮,没粮分,跟你那个太太(指调研员的祖母)借了一点粮先吃。然后就砍柴,到街上去卖柴,卖了买人家几斤粮拿回来吃。那时候分家就自己家里一大家人坐一起,说一说看怎么分,就分了,因为你也没有东西可以分么。那时候公公婆婆老了,没人养活,都是自己养活自己。旧社会没有离婚,可以休,休的时候说休就休了,那有啥仪式哩。清明上坟,男的女的都去哩,这个不讲究。

(二)妇与夫

1.家庭生活中的夫妇关系

我们那时候结婚,一个提前没见过另一个,人家介绍人给说好后,结婚的时候才见哩。结

---

① 棉花籽籽,指棉花种子。

了婚称呼上也就是叫名字么。没分家的时候是我婆婆妈当家,分家以后是我丈夫当家。那个时候队里边有啥事,都是男的家去,我基本都在家,也不出门,不串门子。旧社会大家都没钱,也没人借钱,就是有钱人家也不放心借给你,困难得很,你拿什么还给人家。旧社会,有些地主家有钱的才娶小婆子①哩,其他人有的穷得就娶不起媳妇,更别说娶两个了。那个时候家里娃儿子都多,男娃也多,没啥人过继。结了婚,男的打女的,在新旧社会都有,以前的时候大家觉得这些事都很正常,现在不一样了,农村里很少再有男的打女的的事情。旧社会女子家大了就不让随便出门,也不上街。

2.家庭对外交往关系

我们结了婚家里的人情往来都是丈夫出面,我基本不出门,就在家里。我一直不爱串门子,直到现在都是这样。

(三)母亲与子女

1.生育子女

我有三个孩子,两个娃(儿子)一个女儿。大儿子是 1957 年出生的,那个时候也不兴给孩子办满月,就主要的亲戚家来耍一下,简单地吃个饭。旧社会男娃女娃都一样,不分个档档子,在吃、穿上也都一样。我没上过学,儿女们那个时候都上学了。

2.母亲与婚嫁后子女关系

我大儿子结婚的时候是 1983 年,那个时候新社会,思想慢慢都解放了。那个时候规矩也少,没有说请安哩,干啥哩。他结了婚过了一年就分家了,他们分家的时候请的家族长辈和邻居来给说,看看都有些啥,怎么分。女儿结婚的时候也二十多了,说了个女婿是部队上的,在部队上结的婚。结婚的时候也没人去送,没有给准备嫁妆,直接人去部队,人家就结婚了。她们那时候结婚也没啥给陪嫁,也就被子、单子,比我结婚的时候是好很多。女儿现在退休了,在外孙女家住,帮着给照管孩子,人家现在条件都不错,大外孙女在澳大利亚。我现在就跟儿子们一起生活,一起吃饭,他们一人养活我一年,今年跟大儿子,明年跟小儿子。

三、妇女与宗族、宗教、神灵

(一)妇女与宗族

1.妇女与宗族活动

旧社会村里有祠堂,解放以后就没有了。原来家家都有供桌,后来土改的时候都让拆了。新旧社会,清明上坟,男的女的都去。

2.宗族对妇女管理与救济

以前类似"溺婴"的现象也有,有些生下小孩不想要,就扔到路边。人家看到的,有些就捡回去,养活下。好多是想要男娃,生下女娃,就扔了。

(二)妇女与宗教、神灵、巫术

我们这就两个庙么,上面的老爷庙,下边还有一个地公庙。土地庙在上面那修着,现在人家修了三间哩。观音庙就是封洞山,那啥爷都有。人家说现在初一去的多的很,好多都还是些当官的。到庙里烧香,男的女的都可以去。神婆婆原来有,原来堰沟里有,死了么。现在这边

---

① 小婆子,指小妾。

都没有。原来有请神婆婆给看病的,现在没有,现在有病了都去医院里看哩么,没人找神婆婆。有些人信教,那都是鬼闹哩。你们不要去信那个。去年有两个来我们屋里,给他倒开水,他就咕噜咕噜①的,我说我们屋里没人信这些,你们赶紧走。伤②了一顿,就走了。

四、妇女与村庄、市场

(一)妇女与村庄

1.妇女与村庄公共活动

旧社会保甲长应该有哩么,但是我不出门么,不知道是谁。解放以后,村里有啥事人家开会哩么,我们也去参加投票选村长,看谁的票多谁就当选么。我们那个时候有个啥事人家都不让出门,就在家里,出去人家说你哩。解放以后就好了,这些讲究就少了。

2.妇女与村庄社会关系

旧社会妇女很少出去劳动,基本都在家里织布纺线。解放以后,男女都出去干活,女的家晚上回来纺线织布,我从小没妈,不会织布,纺线做衣裳这些也没人教,都是自己慢慢看,自己学的。邻居家修房,家里有红白喜事,我们也都去给帮忙哩。以前修的都是土坯房,去了也给抬土坯哩。谁家有红白喜事,也去给厨房里帮忙,择菜、洗盘子。谁家有啥事,人家都来叫哩。旧社会妇女家没有说聚在一起乘凉的,解放以后才慢慢有。

(二)妇女与市场

我小的时候基本没上过街,需要买啥东西都是人家大人去。那时候基本没有妇女做生意,自己家里的土地种着种着就种不好,不够吃,还去做生意哩?旧社会买东西也没人欠账,人家不认识你,欠下了找谁去要。那时候纺线的棉花都是自己家里种的,家家户户都种棉花,现在没人种了。做衣服也不绣花,针线是买的,有卖的。布票这才兴了没多少年,那个时候布票也不够用,一人三尺布,做个裤衩子都不够,哈哈哈。那个时候上山割柴卖柴那也叫资本主义,买粮,有些把布票粮票弄到去卖了,也叫资本主义,投机倒把么。那段时间不让你自由买卖。

五、农村妇女与国家

(一)农村妇女认识国家、政党与政府

1.认识国家

我不出门,"国家"这个词旧社会我也没有听过。反正现在新社会好,我们老了,国家一年还给我们钱,给生活费,现在有吃有喝有穿,好得很。

2.认识政党与政府

我听过国民党,印象中国民党就是个拉兵的。半夜里拉兵么,半夜里敲门,看你这个男的家在屋里就来拉。拉的都是能办事的么,一般都是二十几岁的小伙子家。旧社会我没有听过共产党,新社会听过。"革命"我也没有听过,我一天不出门么,这些事情不知道。村上当时也没有"夜校",上学都是在白天。以前有包办婚姻,婚姻不自由,现在人家年轻娃娃可以自由恋爱,现在好么,哈哈。我希望自己的孙女,孙子当干部么,当干部该好吧,哈哈。

---

① 意指"嘴里一直说个不停"。

② 伤,指话说的比较重。

3.1949 年以前的国家与妇女

我小的时候妇女裹脚的很多,都把脚先用布缠么,缠了又用针线缝上,都把那脚缠断了么,缠断了脚才能小哩么。不知道啥时候开始不缠的,我们现在都八十多了,我们这脚都是大脚么,没有缠。缠脚不是因为国家让缠,也不是风俗,那是人家说长大了嫁人的时候,小脚才要哩,大脚人家没人要。旧社会,我们那个时候头发长了都绾起来,所以看着没有长头发,也没有短头发。没有男的扎辫子,都是女的家扎辫子。

(二)对 1949 年以后妇女地位变化的认知

我听过"男女平等",这都多少年了,记不清最开始听说是啥时候。我也听过"妇女能顶半边天",就是新社会现在好了。现在婆媳关系都好了,没有说婆婆欺负儿媳妇的事情了。解放以后,姑娘家结了婚可以回娘家。

(三)妇女与土改

解放以后五几年开始土改,分土地的时候,地主也斗哩么。1951 年、1952 年斗地主么。给你定成分哩,地主要斗,富农也要斗。贫下中农有发言权。过去说地主凭算哩①,富农凭按哩。凭按就是说给你个地主,你达不到地主的标准,给你定个富农。这土话就是说凭按哩。话说回来,你没有社会关系,就站到那,开大会,地主富农站一排排站在那,贫下中农开大会,还不让你发言,你斗还要低下,批斗。斗地主后地主的土地分给贫下中农,按人分,男的女的都一样,一人能分多少土地我忘了。

(四)互助组、初级社、高级社时的妇女

1952 年还是 1953 年开始实行互助组,互助组不管你是啥农,都把你的土地没收了。

后来,转了高级社,把土地收了,就吃食堂么。你自己就没啥吃的了么,就吃棕树果果。就人家到吃饭的时候给分一点,给你要一铁勺饭,经常说饿的、饿的。我们那个时候,三个娃儿子,一铁勺饭分三下,三个娃儿子一铁勺,吃蒸饭的时候一碗饭分三块。你就像他(大儿子)那个时候顿才分人家一半子。大家人都说饿的饿的。

(五)妇女与人民公社、"四清""文化大革命"

1.妇女与劳动、分配

大集体的时候有自留地哩。六几年一户人有一二分地,八几年按人分,承包制后自留地也是另外的,一个人有一分多地。过去讲究"先公后私",先把集体的干完后再干自己的。你要是先干自己的,人家知道了就把你的苗拔了。

大集体干活也有偷懒的哩么,队长看到偷懒的也说。干一会儿就要歇一会儿,你一歇人家也说。大集体就不分口粮了。分口粮是按"人七劳三,人八劳二",这是标准。比如说一百斤粮,劳分三十斤,人分七十斤。三百斤粮的话,人八劳二的话,劳分六十斤,人分二百四十斤粮。"劳"指的就是工分,按工分吃饭,分口粮的时候,队里的会计看全队一共有多少工分。然后就按工分分粮食。过去还有缺余粮户,是怎么产生的?比如说你这家的工分折你分的那些粮食,看是多了还是少了。缺粮户就是工分不够么。有些家里人多劳少,就肯定是缺粮户。有些比如说人家家里有五个人,那肯定就是余粮户,如果家里有六七个人,劳力只有两个的话,那就是缺粮户。

2.集体化时期劳动的性别关照

大集体的那时候女的家怀孕了,也要去干活。干到啥时候要生了就不干了,出了月又开

---

① 哩,语气词。

始干。那个时候娃儿子谁抱哩,都是在草筬①里长大的。你不去不但没有工分,没得吃。而且那个时候按工分,人家队长还起监督作用,你不去人家就会来找你说你。那时候没有托儿所,草兜就是托儿所。过去做的木车车,小娃家都在木车车哩。娃儿子开始跑开,就分给有些老婆婆,你老婆婆干不动啥么,那就给人家照管娃儿子。看一个老婆婆能照看几个娃儿子。那个时候老人家也要干到七八十岁哩。八十岁,你要能干得动,也能去干。六十多岁还得到地里干活,八十岁人家还要安排你去给照看娃儿子哩。照管娃儿子也给记工分哩,女的家八九分工,就给记五六分工。

3.生活体验与情感

1956年以后成立人民公社,人民公社后期开始吃食堂么,吃食堂了就到三年自然灾害,1960年、1961年和1962年么。唱戏、演节目,新旧社会都有哩么,也就是自乐班,联络几个人吹哩唱哩。那个时候就封洞山唱戏演节目。

大集体的时候也唱戏演节目哩么,大集体就是"三月三赶会"②么,在封洞山么,那个时候属于褒联区。大集体集体干活,女的家也能边说边干,干活再不让说也有人说哩,不能说话,但是开玩笑不能没有。你说一两句没事,一直说的话人家队长就会说你,人家队长喊哩:"说话,回去说去。"有些子人家说话还干活哩,有些子说话就坐在那不干活了。女的家一起干活也会有小矛盾,也就是说话说老了,玩笑开过了。这种情况怎么解决?轻则在场的人说一说,劝一劝就算了。重则就是吵架打架,和现在一样。(20世纪)70年代我们这村里没有听说有姑娘集体自杀的事情发生。

4.对女干部、妇女组织的印象

妇联是新社会才有么,妇联么,我们村上就是人家孙秀平,妇女主任,管计划生育的么。没有听说过"铁姑娘"。

5."四清"与"文化大革命"

"文化大革命"有这个事情哩,但是我不知道么,我一天又不出门。

(六)农村妇女与改革开放

计划生育,就是不让生,人太多。现在不管娃子女子都叫要两个。旧社会说起来生的多,那时候生几个才活下来一两个。我们那时候坐了五六次月子才活下来两个。所以说现在的政策好,不管男的女的都让领③两个。你说只让生一个的话,万一出啥意外了咋办呢。解放以后,村里开选举大会我们也参加哩么,去投票么,谁的票数多,谁就当选。

六、生命体验与感受

你看你们现在这些年轻人生在新社会,条件都好的,简直没受过一天罪,哪像我们那个时候,现在新社会好得很。反正就我说的,现在新社会好。你看我们现在老了,国家还给你点钱哩,有吃有喝有穿,好得很。就是像我们现在要保重身体,身体只要好,能吃能喝也没有啥事,身体要是不好,生个啥毛病,就坏了。

---

① 草筬,指用竹子编织的,类似篮子的箩筐。
② 指节日期间开展会,卖东西的小摊小贩都集中到这几天,也有唱戏等节目演出。
③ 领,指生,养活的意思。

QW20160722ZSF 张素芳

调研点:陕西省汉中市勉县老道寺镇张家湾村
调研员:庆文
首次采访时间:2016 年 7 月 22 日
受访者出生年份:1929 年
是否有干部经历:否
是否生育:是
受访者结婚的时间节点、生育子女的具体情况:1949 年结婚;1953 年生第一个孩子,共生五个孩子,三个儿子、两个女儿。
现家庭人口:6
家庭主要经济来源:务农
受访者基本情况及个人经历:老人生于 1929 年,娘家和婆家都在张家湾村。娘家有兄弟姊妹七个,大哥结婚是给人家去承门过继,给别人家当家;二哥去留坝给人家当了儿子;三兄弟在屋里一辈子没有结婚;四兄弟娶了个媳妇;一个大姐,嫁到了山里。老人婆家这边只有丈夫一个独子,还有两个妹妹,结了婚也没分家。老人有三个儿子、两个女儿。

老人没有上过学,不识字。结婚后,婆家有一双老人,公公眼睛失明,生活不便,年老之后也由老人来养活,端吃端喝。丈夫有一个妹妹,老人结婚后一年,妹妹才结婚,嫁出去。结婚之后家里丈夫当家,妹妹的婚事也由丈夫一手操办。老人的五个孩子中,三个儿子上过学,两个女儿没有上学。老人一辈子经历的苦难比较多。

老人现在有些耳聋,记忆力也不太好,不是很乐观。现在住在小儿子家,自己做饭,自己生活。

一、娘家人·关系

（一）基本情况

我叫张素芳，出生于1929年，上下湾张继明家，今年八十七岁。我家里兄弟姊妹七个，大哥结婚是给人家去承门过继，给别人家当家，二哥去留坝给人家当了儿子，三兄弟在屋里没结婚，四兄弟娶了个媳妇，一个大姐，嫁到山里。我嫁的婆家这边只有他一个独子，结了婚也没分家，还有两个妹妹。我有三个儿子、两个女儿。

（二）女儿与父母关系

1.出嫁前女儿与父母关系

小时候家里有兄弟姊妹七个，是我爸妈当家，后来爸妈去世了，我大哥当家，后来也是我哥给姊妹们娶媳妇、操办结婚的。家里一人就一点儿地，种庄稼。有时候等人家割了麦子后，去人家地里捡粮食吃，捡回来打一打，在磨盘上磨了吃。

那个时候，没啥事也不串门子。晚上不干啥了，就坐在自己家门上，不往外头去。我没结婚前，小的时候在娘家的时候就会纺线。我小的时候兄弟姊妹都没上学，家里没有钱，供不起个学娃子①。

2.女儿的定亲、婚嫁

我结婚是媒人给我说到这里的，那时候啥都没有，结婚的时候就给我扯②了两套衣裳，给我了一百块钱还是八十块钱？结婚时待客收上不到一千块钱，都给五块的，知己亲戚了能给上十块钱，还有的给五块、三块。宴席上给人家摆设得也好，怎么说，就是再恼火也要弄得差不多，人家掏钱来吃，不能太那个了。

当时也有换亲，也有把娃儿给人家的。人家有钱的多给一点钱财，没有钱财了有啥哩，没有啥给的。那些年苦得很，连一百块钱都没有给的，看能给你两块、三块。那时候也有童养媳，娃儿小的时候给人家，长大了就结婚。那时候也有招赘的，我大哥结婚时是给人家去承门过继，去给人家当家，后来我二哥去留坝给人家当了儿了，三兄弟在屋里没结婚，四兄弟说了个媳妇。

结了婚也回娘家哩，刚结了婚没啥事也不怎么回。过年的时候回娘家，买一点啥东西拿上。那个时候那有啥钱财里么。

3.出嫁女儿与父母关系

那时候有啥哩，能给扯一点布做两套衣裳就不错了。给我了一百块钱还是八十块钱，忘了。哪像现在哩。结了婚过年的时候回娘家，买一点东西拿上，那个时候哪有啥钱财里么。娘家的坟那就是屋里有儿女了去给烧下么。

我小的时候还不兴给老人过生日，也没有钱财。

（三）出嫁的姑娘与兄弟姐妹关系

我结婚以后，娘家爸爸连妈在，后来不在了，都去世了。我那二哥出门成了家，在那领了些娃儿子，娃儿子都有了。我大哥是给人家在门上给人家承门过继。

那个时候娘家就在一个村，回去了就是简单吃个晌午，然后耍一会儿下午就回去了。回

---

① 意为供不起家里孩子上学。

② 扯，特指扯布做衣服。

去看看爸爸和妈,还有兄弟。

那个时候结了婚,娘家的事情娘家兄弟们自己商量解决,我也很少参与。两个哥一个过继给人家,还有一个是上门女婿,也不在家,现在他们的儿孙也和我们不咋往来。结了婚拜年一般都是初二,初一有些地方风俗习惯是一般不出门。

二、婆家人·关系

(一)媳妇与公婆

1.婆家婚娶习俗

我结了婚,婆家这边就丈夫一个儿子,还有一个妹妹。还有一双老的,我把人家养活哈,照管人家么。他老子是瞎子,我跨进毛家门槛就是伺候人家端吃端喝,就是这么苦。一直到后来有了两个娃儿子,都是这么苦呀。

丈夫有一个妹妹,我结了婚一年,妹妹才结婚,给出去。都是丈夫当家,给管么。我结婚的那会儿也算命哩,看属相隔不隔①。那会儿好像也没有人说主持婚礼,很简单,人也少,哪有现在这么热闹。

2.分家前媳妇与公婆关系

我婆家这边就是他一个独子,还有两个妹妹,就他当家么。那时候,有的心好的就没有婆婆收拾儿媳妇的,有的跟儿媳妇没缘的,就一个整一个,不是老婆婆家寻死觅活,就是儿媳妇寻死觅活,打架么,闹么。那时候上坟是男女都去,亲戚有啥事情也去。

结了婚没啥事也不怎么回娘家,那个时候回娘家需要婆婆妈允许才行。结了婚婆家丈夫还有一个妹妹么,也是我在照顾。我那个妹妹骄傲得很,她的棉线给我让我纺,她好耍哩。纺完是交给老妈给称哩,称完跟我说,为啥你的多,她的少?我就说她把捻子给我了,让我纺。老妈听了就按住打,我就赶紧说妈你别打了,是她把捻子给我,我就拿来纺。我给她帮忙么,给她帮忙就是自己累了,她出去好耍。那个时候织布纺线的收入都是给婆婆妈,婆婆妈再统一开支一大家人的生活。结婚的时候家里穷得很,本来家里也没有土地,更没有啥嫁妆地了。

3.分家后媳妇与公婆关系

我婆家这边就是他一个独子,还有两个妹妹,结了婚就不分家么,跟谁分呀。屋里就他一个儿,就他当家,两个妹妹结婚都是他给管。饭做好后,是我给端吃端喝,老太太说我吃一碗就好了,你从地里干活回来还要给我端进来端出去,跑得辛苦。我老妈那时候人家活了九十多岁,干不动了以后,也是我一一伺候。

结了婚,清明上坟、烧纸,男的女的都去哩。刚结了婚那会儿还没人说出去干活挣钱,那个时候要是没有手艺就是在家种庄稼。结了婚一开始没有自留地,好像是第二年才有,一家人也就有二三亩土地吧。

(二)妇与夫

1.家庭生活中的夫妇关系

那个时候结婚两个人提前也没有见过面,人家介绍人给说好,结婚的时候才见。结婚后,婆家就丈夫一个儿子,所以就没有分家,家里也是丈夫在当家。结了婚家里置办啥,或者买个

---

① 意为看新人属相是否相配。

柴、米、油、盐的也都是婆婆妈和丈夫他们操办,媳妇那个时候都不管这些。旧社会,媳妇就得伺候丈夫,洗衣做饭,家务事都是女的家在干。结了婚没有打架的。旧社会也有人取妾哩,基本都是人家地主家,其他人别说娶两个了,有些连一个都娶不起,打光棍。我娘家兄弟就打了一辈子光棍。

2.家庭对外交往关系

我们那个时候妇女家很少出门,谁家有个红白喜事也去帮忙哩,随礼都是男的在管,那个时候随多少我也不知道。现在男的不在屋里,女的可以代表男的去。

(三)母亲与子女

1.生育子女

结了婚有了三个儿子、两个女儿。生头一个女子满月时,娘屋里来了。后来就不办满月。那个时候有个啥吃的哩?就是吃个淡饭、菜啥的。我领我们大女子的时候,在月子里就吃了五个鸡蛋。

那个时候农村重男轻女,有时候有,有时候没有。屋里女子们都没上学,就供了几个娃子上了个学。吉祥上出来了,吉明没上出来,在史寨上了学,要钱交学费,人家娃怄气不上了,没到放学就回来了,不上了。只要识个字,认个名字,知道谁的名字就对了。当时家里条件好了,女子就上学,就像我们大女子,那会儿也上,供不起人家。小女子上了一个礼拜,把钱拿去买吃的,说不去上了。

儿女结婚那会儿都是介绍人给介绍,没有娃娃亲。

2.母亲与婚嫁后子女关系

大儿子结婚的时候,女子来家里,第一次亲戚家都来了,亲戚到处看着也好点。见屋里也给人家礼钱。结婚的时候也给人家衣裳呀、钱财呀,给他订婚呀。后来老二结婚的时候,说了个媳妇也没给人家钱,条件紧张得很,也没给人家啥。女子是山里的,第一次来么,没咋来过,多少给一点。孙娃子前两年也刚结了婚,结婚的时候给人家刚过彩礼就将近十万元,现在农村结(娶)个媳妇太不容易了。

大儿子结婚是七几年,具体哪一年我都忘了。他们那会儿结婚条件相对都好一点了,婆媳关系没有以前那么紧张了。不兴说还要给婆婆妈请安干啥的。

大儿子结了婚人家说要分家哩么,人家说要分开自己过。就自己屋里人一起说说就分了,也没啥分的。喜欢单另子①了就分开,也没钱财给。给人家称一点粮,房多了就给分一间房,房少了就给分半间。大女子结婚的时候应该也二十岁了。那个时候都是穷家,男方也穷,我们屋里也穷。结婚的时候也就是屋里给添补点,结婚么。如果谁家里孩子全是女儿,没有男娃,可以招上门女婿。

他们弟兄三个,我都没跟他们一起吃么,我一个人单另子吃。自己做着吃个稀饭、面喽啥的。吃个油,缺油。年龄这么大了,感觉命也长。(有一次)晒粮食,从房上摔下来,从梯子上摔下来过。现在全身都疼,脑壳也疼,一条腿走路也有点疼。

大女儿家就在家门跟前,几步路就到了,没事就过去哩。孙子、外孙子天天都见哩么,小的时候也帮着照管。现在好多孙女、孙娃子都是爷、婆带大的。

---

① 指单独生活。

三、妇女与宗族、宗教、神灵

(一)妇女与宗族

1.妇女与宗族活动

旧社会也有祠堂。过去家家户户都有祠堂,土改的时候全部都让拆了。我没有听过女长老,也没有听过祖婆。

2.宗族对妇女管理与救济

原来谁家里要是只有女孩,没男孩,会受到邻居的一些歧视。现在男娃、女娃都一样。以前有些刚把小娃生下来,有些是女子的,不要,人家就扔了。

(二)妇女与宗教、神灵、巫术

我们上湾里就有土地爷,没有观音庙,观音庙牛头寺那边有。有啥事了,男女都去庙里,没啥要紧事了不去。有些人生的娃儿子不好的了,也去求神。我们这队没有神婆子,就是一队、二队有一个,毛家沟那也有。神婆子就是给人家看病、查病。有些毛病吃药不好的,求人家神婆子给看,也有看好的哩么。初一、十五敬灶爷,有个大情小事,就买些香、蜡、钱、裱去。没有信教的。

四、妇女与村庄、市场

(一)妇女与村庄

1.妇女与村庄公共活动

旧社会村里也有保甲长哩,但是我不出门,不知道是谁。

新社会,开会哩,开会了你有时候去耍。开会了,人家说要你发言了就发个言,不叫发言了就不发言。选举人家也选,就像这管事的人家给选。开会了啥的,人家通传你了就去,不通传你了,你就不去。

那个时候村上有演节目的。没人去看,都忙得啥一样的。都顾了外头,屋里的活,杂七杂八的一天还要忙。白天干活,晚上回来又是洗哩、又是干啥的。天刚看见亮,又要出去干活哩么。

2.妇女与村庄社会关系

当时不出去耍,你出去耍聊得好了还好,聊得不好了大家都怄气,老妈人家也会说你,就一天在屋里纺线。

那个时候,结婚也给人家帮忙么,队里有啥生日满月的也去给帮忙。都是土坯墙,用泥巴粉刷,修房时给帮忙做饭、砌墙、抬土坯么。那个时候,没啥事的时候不串门子,晚上不干啥了,就坐在自己家门上,不往外头去。妇女家不出去耍。现在到了夏天,好多上了年龄的老婆婆家,下午都去大路上歇凉哩。

(二)妇女与市场

我小的时候不上街,那个时候不让女子家出门。结了婚,有时候去街上哩。那时候街上也没啥,也穷气,卖啥好像也没啥可以买,有卖粮的。那个时候织布纺线的用的棉花都是自己种的。衣裳啥的就是纺线,棉花来纺线,纺的线自己织成老布,就用老布做衣裳。有多的布了,就可以拿到街上去卖,卖了回来买粮食吃。

五、农村妇女与国家

(一)农村妇女认识国家、政党与政府

1.认识国家

我听到的国家是在解放以后。孙中山、蒋介石这些事情,我们不出门么,就不知道。这些事情,人家那些在外面跑哩、干啥的,人家知道。

在旧社会的时候我没有参加过保甲长召开的会议。我小的时候有裹脚的,就是小脚。你看前面那个太太现在那脚指头都缠断了,弄些布把这脚一直缠。那个时候女子家你要把脚给人家缠小,大了你不缠住,这女子家寻婆家的时候,人家要的是小脚,大脚人家不要。就是那个社会。都给裹脚哩,把脚都缠住。到我们那个时候没人缠了。那个时候男的也和现在一样,理发哩,理的短头发。女的都是些长头发,头发长长了就扎两个辫辫么,这样扎住。

2.认识政党与政府

国民党那个时候就是晚上征兵、拉兵。就像你走到这,人家瞄见了,就跑着过来拉哩。跑么,看不见的就跑脱了,跑不了的就让人家拉去了。拉去当了兵。

我们这也有部队来过。有些部队那人,来了以后满村的找吃的。找着,来舀饭,晌午了你做好饭,都来吃,人家来看看,就都舀着吃。我推了些苞谷,做的苞谷凉粉,搅了一锅凉粉,搅下刮在碗里,齐齐放在案板上。人家来在这门前头砍树哩,砍完我们就去抬。人家就来了一伙子,一会儿就吃完了。又过了一天,早上来我刚好做好早饭,人家又来了,好像人家在那能看到。刚好就一起在这吃的早饭。吃了,有的人家说:"大姐,你辛苦。你做熟了,都让我们吃了,我们走了,你再重新做吧。"我说好,你们吃了也好,只要你们把饭吃了,让我们这啥事都没有,这就好。人家就说:"对的,大姐。大姐,你说的对,你说的对的。"人家就说的这些话。

那个时候我好像十三四岁了。那个时候人家来,人家就弄着吃么,有些苞谷还是生棒棒也都掰了啃吃,肚子饿了。下湾里有一个女人,人家来拉人哩,那个女的就藏到一个窑里去,那些人也追到窑里去。跑着去拉人家哩,窑里去拉那个女的,糟蹋①得不行了,走路都一瘸一拐的,你揪一下、他扯一下的。把那个女的去收拾了一顿,后来回来死了。

(二)对1949年以后妇女地位变化的认知

我没听过妇联。也没听过男女平等。以前两口子结了婚有吵架、打架的。新社会就少了,现在很少见有两口子吵架和打架的。新社会谁家不赡养老人,两口子打架离婚的,村上也去给调解哩。我们以前都没上过学,也不识字。现在的娃儿子们人家都上学哩,只要你想上,家里都供哩。

(三)妇女与土改

土改的时候人家就给每家土地了,村里也斗地主哩。你家不去斗人家,不说人家。土改的时候我们家里家底薄,土地也少,是贫农。

(四)互助组、初级社、高级社时的妇女

吃大锅饭,就是挣工分,队里做大锅饭,大家去舀着吃么。你有时候去吃还没有,你去早了人家给舀一点吃的,就是一个铁勺,每个人舀多少都是有规定的,稀饭一个人给舀一铁勺

---

① 糟蹋,意指欺负、受凌辱。

半。记得有一回我给老大舀了一点,分了一点给他端回去。然后等我跑过去舀的时候就没有了。都吃个啥,一个个肚子都饿得瘪着。

那个时候大集体生产队在外面干活,能干活的就去外面干活,不能干活的就在屋里么。两个娃儿子了,就弄个草箢,放在草兜里,你给放一杯水放在里边,他渴了就自己喝点水。瞌睡了就在草兜里睡,这样他睡觉在草兜里,起来还是在草兜里,草兜高,他翻不出来。就这样,娃儿子那时候也造孽、可怜。

娃儿子会走路了,就用个绳子绑在背上,去地里干活了就背上。去了,不走路的了,就给拿个布单单,就在上面耍。你干活就看住就行了,娃儿子苦,背上,也得在地里跟晒着。没有办法么,你不干活,就没有吃的。

(五)妇女与人民公社、"四清""文化大革命"

1.妇女与劳动、分配

大集体的时候男女都插秧,大集体的时候养牛、养猪,养了一年,没法养,就没养了,就算了。1960年、1961年、1962年三年困难时期那个时候生活也困难,实在没法的,也就饿死了。我们队里还好,没饿死谁,都饿死的是瓜人家(指过于老实的人)。

2.集体化时期劳动的性别关照

性别关照。那时候怀孕了也出去给人家干活,啥都出去干哩,除了坐月子了不出去干活,人家给安排点轻活。老人家也要去干活里么。除非就是老得很了不能动了,不去干。你不去干没有吃的。到六十多,也有七十多的干不动了,就不去干了。有儿了,娃儿干么。就像我们,老太太眼睛瞎了,老妈活到八十多还干些能干的活,就像我现在一样,后来干不动了,就是我们养活么。

3.生活体验与情感

那个时候都忙得啥一样的,顾了外头,屋里的活杂七杂八的,白天干活,晚上回来又是洗、又是干啥的,天刚看见亮,又要出去干活。村上有演节目的,也没人去看。

土地分到户,自己种自己的好。大集体一起种,你吃粮也不方便,不够吃。那个时候干活你去迟了就挣不到个啥工分,挣不到全工,就是个半工。土地分下来以后自己种自己的好。

4.对女干部、妇女组织的印象

那个时候没有听过铁姑娘队,也没有听过妇联。

5."四清"与"文化大革命"

"文化大革命"有这个事情么,我不知道,我不出门。

六、生命体验与感受

没解放那时候生活苦得很,没得吃,三四个人下半碗米,做着吃一顿饭,弄半筛子菜,翻在米饭里边拌着吃。你看现在吃得好、喝得好。我们那时候养活娃儿子也造孽,去地里干活,干不下工分,就分不到粮食,还没啥吃。吃大锅饭的时候,去迟了,就没啥了。那时候去了,有了给舀一点,没有了就算喽。我们养活的娃儿子多,做饭的时候没有菜,就去田坎、沟边去挖臭根草(鱼腥草),回来凉拌上,放点盐,娃儿们还说香哩,都是这样。树叶子摘些,只要吃不死,都吃。我这个命就是这么苦。八十七八了,走路腿还行,就是眼睛有点看不清。

QW20160723ZSQ 张素琴

调研点:陕西省汉中市勉县老道寺镇张家湾村

调研员:庆文

首次采访时间:2016 年 7 月 23 日

受访者出生年份:1935 年

是否有干部经历:否

是否生育:是

受访者结婚的时间节点、生育子女的具体情况:1953 年结婚;1956 年生第一个孩子,共生了三个孩子,两个儿子一个女儿,小女儿是小的时候捡来的。

现家庭人口:8

家庭主要经济来源:务农

受访者基本情况及个人经历:老人生于 1935 年,娘家兄弟姊妹六个,老大在家,兄弟考上学在临夏,现在退休了。老人小的时候家里八九口人,只有一亩多点土地。土改的时候,老人娘家是贫农。老人有两个儿子、两个女儿,两个女儿一个嫁到刘家湾、一个嫁到黄沙。老人生大儿子的时候二十一岁,娘家兄弟姊妹多,父亲当家。那个时候生活紧张,没啥吃么。父亲是木匠,出去干一段时间活,人家给点粮食,然后拿回来给家里人吃。母亲那个时候就在家里织布纺线,织的布多了,拿去卖了买粮食。养活一家姊妹八个。老人和妹妹都没念过书,都不识字,兄弟当时上过学,考上学了。老人结婚后,婆家里就丈夫一个儿子,丈夫还有一个妹妹,还有公公和婆婆。结婚后没有分家,丈夫当家。辛辛苦苦一辈子把儿女养活成人,现在大儿子也六十岁了。儿女们都上过学。老人现在和老伴两人住在小儿子家,小儿子一家在外地做生意,老人和老伴照管家,自己做饭、生活。老伴去年春节摔跤胯部骨折,目前还在康复期,需要借助轮椅和双拐走路。

一、娘家人·关系

(一)基本情况

我叫张素琴,出生于1935年,今年八十一岁。我家里兄弟姊妹六个,小文他爸爸,这是大的。还有一个考上学在临夏,现在退休了。还有万福、农福、安全六家子现在也在临夏哩。我小的时候屋里才一亩多一点土地。一家人,八九口人才一亩多点土地。土改前家家户户土地都不多,有钱的话,可以从地主家买一点土地。土改的时候,我们是贫农。我们有两个儿子、两个女儿,两个女儿一个嫁到刘家湾、一个嫁到黄沙。生老大的时候(我)二十一岁。

(二)女儿与父母关系

1. 出嫁前父母与女儿关系

我小的时候屋里兄弟姊妹多,家里爸爸当家。那个时候生活紧张,没啥吃。爸爸是木匠,出去干一段时间活,人家给点粮食,然后拿回来给家里人吃。妈那个时候就在家里织布纺线,织的布有多的,拿去卖了,买一点粮食,养活我们姊妹八个。我小的时候姊妹们都没念过书,我一个字都不识,我妹妹也一个字都不识。兄弟当时上过学,人家上出来了,考上学了。那个时候供的出来吧,都穷得很。屋里①来客人了,吃饭就大人家上桌桌,小娃儿子都不让你上桌桌。

新社会是越来越好,旧社会女的家就不敢抛头露面,你要在路上看见个小伙子了,望都不敢望下,还别说跟人家说话、谈闲。你看现在,这些事都变得再正常不过了。

我十几岁的时候,就开始半夜半夜地在机子跟前纺线,我妈就用机子织。织的布,第二天拿到街上去卖,卖了好买点粮食。我记得那个时候坐在机子旁纺线,那个时候哪有电灯哩,照的煤油灯。我记得我妈把煤油灯挂在机子上,我就照着那点亮亮在旁边纺线么。纺线就是把棉花用机子先弹,弹胀了好纺。电视里现在还能看到。那时候纺线就是这样一个锭子,纺一个了,又换一个,一天能纺两三个锭子,一块布是两丈长。

2. 女儿的定亲、婚嫁

我结婚的时候已经解放了,十八岁。没解放的时候我还是个娃儿子(小孩)。我们结婚的时候跟现在仪式差不多一样,那个时候不兴轿了,解放以后就是走啊。那个时候也不兴车,那个时候也没有车。也不敲锣打鼓,有些人家请个鼓乐,没钱,就请不起。男方来几个人接哩,一般去送的也是姊妹们。那个时候嫁妆简单,两套衣裳,铜盆子、镜子,有的给银镯子。那个时候结婚也有小领的,也叫"童养媳",小小的就领来,养着,养大了就做一家亲,跟着男方结婚。抱女子,抱女子么,领来的也叫抱女子。也有两换亲,解放了以后,这前几年还有么。两家都有个女,两家都有个娃,然后换一下,这样都能娶得到媳妇。那个时候结婚也摆席哩,摆个几桌桌。那个时候哪待得起客?都穷的!就光把娘主家、帮忙的亲戚朋友招待一下。也有过继,就是好像说谁家没有儿子,另一家有,就把娃过继给那家。还有过门女婿,那些年就叫"抱娃"。

3. 出嫁后女儿与父母关系

那时候结了婚,男方和女方不和,吵架,旧社会不允许离婚,就是"休"。你不要人家了,就休回去,叫休回去。休的意思就是不要人家了,就休着把人家送回娘家去。现在叫离婚。其实意思差不多。可能就是因为这个原因,所以女方家长害怕女儿被休回去了。休回去就不要了

---

① 屋里指家里。

么。现在人家离婚了还有复婚的，原来休回去就不要了么。休回去再重新改嫁。

那个时候女子家活的软的，活不出来人，哪还能帮助别人哩？娘家有啥事情也帮不了。如果女子家在婆家有啥事，两亲家见了，你说是他的不对，他说是你的不对。说着说着两亲家可能就打在一起了。

那个时候也给老人过生日，娘家父母过生日，婆家让女子回去，有些不好说话了不让去。那个时候鬼节就是信神么、烧香。七月十五呀，八月十五，七月七呀，都烧香么，送鬼神。结了婚，清明上坟，姑娘家也回娘家去。

解放以前，姑娘嫁出去了，娘家爸爸妈妈都老了，不兴说姑娘家要养活娘家父母。遇到个好亲戚了，你去照管下，遇不到个好亲戚了，你照顾啥呀，人家望都不叫你望。现在人家照顾哩，相互照顾。

那个时候两亲家忙的时候也有换个工的，那个时候土地少，换工的也少。不像现在土地多，活也多。

（三）姑娘与兄弟姐妹的关系

我结了婚回娘家的话，一般是跟兄弟在一起，也到妹妹家里去。那个时候结了婚女子家在婆家有啥事，也可以请娘家的兄弟帮忙说话。如果两家处得还可以了，就去说。两家要是闹崩了，还说的啥哩，去都不去。结了婚拜新年一般都是初二去，拜新年就是提一个果子封封，一个封封四个馍，果子就是糖果子。

二、婆家人·关系

（一）媳妇与公婆

1. 婆家婚娶习俗

我结了婚，婆家里就丈夫一个儿子，他还有一个妹妹，还有一双老的。我结婚的时候也是介绍人给介绍的，介绍人那个时候叫红爷，拿个条条把女方的生辰八字写在上面，给男方。男方拿去算命，看看合不合，也就是合婚。定亲、结婚，这些都和现在差不多。定亲也就是现在的看屋里，就是拿一套衣裳、手镯，这就是定亲。订婚的时候也请亲戚朋友来吃个饭，原来订婚叫"行跪礼"。结婚的时候"一拜天地，二拜高堂，夫妻对拜"，这三拜没什么讲究。结婚也没有司仪，也没有现在热闹，结婚跟冰井①似的。结了婚第二天接娘家来吃个晌午，这就叫"回门"么。现在还是这个，结了婚娘家接着过来吃个晌午。结了婚第二天，要给婆婆妈请安，早上起来煮碗鸡蛋给端过去。

2. 分家前媳妇与公婆关系

我结婚后，婆家这边就是丈夫当家。那时候我和婆婆妈晚上就纺线织布，那个时候遇到个软的儿媳妇，婆婆妈不对就揪头发，干啥的。小姑子还有没结婚的，也要帮照顾么。人家和她妈就是一伙伙，儿媳妇要是有个啥事，人家一大家都出来说你的不对。

结了婚，女子回娘家了，只把女婿接着去吃个晌午，不兴把女婿留下住一晚上。回娘家有事了才回，没事了人家就不让回。那个时候婆婆妈凶得很，来接了才让你回，不接就不让回，说不让回就不让回。

---

① 冰井，当地方言，字面意为结冰后的水中，形容冷清、冷淡、不热闹。

3.分家后媳妇与公婆关系

我结婚后,婆家这边就是丈夫当家,家里就他一个儿,就没有分家。婆家里公公、婆婆年龄大了我们给办生日,干不动活了,我们养活。旧社会,没有离婚这一说。

(二)妇与夫

1.家庭生活中的夫妇关系

解放以后,我们刚结了婚那会生活困难得没啥吃,丈夫也是到山上去砍柴,生活困难没啥吃,就是那一百七八的挑子担,就那样砍一挑①、卖一挑,养活了家里这些娃儿子。我那个时候除了在地里干活,回来就纺线织布。

解放以前丈夫打妻子的事情很常见,一句不和就吵就打,解放以后也有,这些年基本没有了,很少见有两口子打架的。结婚以后家里开销都是商量着来。家里来客人,到吃饭的时候只要是大人家男的女的都上桌桌哩,但女的家很多时候都在厨房里忙哩。

2.纳妾与典妻

地主家解放以前有给小婆子的,都是些地主家。解放以后不是就不允许让给小婆子了。那个时候大的和小的经常打架哩么。我记得五队哩有一家给了第一个没有生育,就又给了一个哑巴,生了一个。大的爱耍聪明么,经常欺负、打小的,小的是个哑巴么。

那个时候我还没听过村里头有"典妻"的现象。解放以前和解放以后都串门子哩。那几年封建的,都不叫你女子家出去,妇女家很少去上街干啥的。解放以前,要是女的家被休回去了,婆家里的家产啥都不让你拿。解放以后,离婚的话,人家分家产哩。

(三)母与子女

1.生育子女

我一共有四个孩子,两儿两女。大儿子出生的时候是一九五几年。那个时候结了婚也办满月哩,和现在一样。办满月的时候娘家也来人。做满月哩,那个时候和现在一样做满月。十二天,还是二十天的时候就办满月。娃子女子都一样。儿女们小的时候,那都解放了,村里有小学,他们也都上过学。

大儿子结婚的时候,和现在差不多,也是别人给说媒哩。儿女们结婚也是要算命哩,你看现在自己谈的,自由恋爱的也要算命。算命,属相要是隔(不合)的话,这个事情就算了。

2.母亲与婚嫁后子女关系

大儿子结婚的时候是一九七几年。那个年代婆媳关系就好相处了,解放以后就叫新社会,新社会就好点了。大儿子结了婚第二年么、第三年分的家。儿媳妇闹着要分家哩么,人家想分开么。那分家的时候也是要叫上家族长辈、邻居来给说道说道,也待客哩么,一起吃个饭么。

女儿们结婚的时候,家里还是穷,嫁妆也没啥,很简单。就那被子、单子。那个时候不兴要彩礼。虽然嫁妆简单,但也不要彩礼。你看现在农村里都结不起婚,光彩礼都要十几万哩,高得太离谱了,还要房,还要车哩。

那个时候谁家只有女儿的话,就可以相女婿,现在就叫的"过门女婿",那些年就叫"抱娃"。新社会,离婚了,女婿也分家产哩,毕竟人家辛苦了一趟。现在孙子孙女基本都是爷婆带大的,儿女们都出去打工、做生意、挣钱,供娃儿子们上学。

---

① 挑,量词,这里指两捆柴。

— 256 —

三、妇女与宗族、宗教、神灵

（一）妇女与宗族

1.妇女与宗族活动

(1)妇女与宗族活动、宗族性别排斥。旧社会有祠堂，祠堂就是那些年在里边供的先人，先人在里边，就叫祠堂。祠堂里边供的牌子，那些年就是一个牌子，不塑像。现在都是塑像。旧社会去祠堂烧香啥的，男的女的都能去。

(2)婚姻与宗族。有些有钱人，讲排场的人，结婚的时候人家去祠堂祭拜先祖哩，一般的家庭都不去。

(3)宗族女长老。我没有听过"女长老"。

2.宗族对妇女管理与救济

(1)宗族与生育、子嗣繁衍、财产继承。以前也有"溺婴"的现象，孩子生下来不想要，扔了，扔了别人想要就捡去了。我们那个秀娥就是捡下的，现在人家孙娃子都有了。那个时候娃儿子多，好多养不起的就扔了。

(2)宗族对妇女救济与保护。解放以前，如果村里有寡妇的话，也改嫁哩。那个时候改嫁，就是晚上的时候悄悄走。哪还敢说待客办酒席哩。那个时候人认为见到改嫁的寡妇会带来晦气，所以就晚上的时候悄悄走了。

（二）妇女与宗教、神灵、巫术

1.神灵祭祀

旧社会，天爷干不下雨，也专门求雨求丰收哩、求神。不下雨了，爬到山上去"打山"，爬到山顶上去把石头从山上推下来么，说打妖精哩。还有"淘河①"的，"淘河"就是把河里的沙子淘一淘，再铲出来，说淘一淘就下雨了。敬灶爷到现在都敬哩，初一、十五都敬哩，一般都是由妇女来敬。庙分土地庙、观音庙。庙上神到日子了，办会哩，就相当于人过生日一样，到生日诞辰了办庙会，像初一、十五都去敬神哩。有些是平日里就去的，有些人家办会了去。到庙上烧香基本都是求平安啊啥的，男女都可以去，不讲究。

2.女巫

新旧社会都有神婆婆，以前有人生病了，一直没好，也有请神婆婆来给看病的呢。旧社会也有，胡疗治，那个时候没医院。

3.宗教信仰

农村里也有信教的，新街子有个天主教哩。现在还有哩，还有基督教，有信教的哩。信教有系统，有人传。传教传教，一个传一个，有信的，有不信的。我们敬神，这就叫佛教。

四、妇女与村庄、市场

（一）妇女与村庄

1.妇女与村庄公共活动

(1)村庄活动参与。我们小的时候也有戏哩。封洞山那个时候，三月三去赶个会，要钱哩，

---

① 指旧时求雨的一种仪式。

没钱娃儿子都不愿意去。因为看完回来在路上该要买个吃的哩吧,没有钱买不到吃的,就不愿意去。

(2)开会。旧社会村里就是保甲长,相当于现在的支书和村长。没有参加过村里的会议。解放以后,村里开会哩,选举啥的我们都去投票。

(3)村庄绅士、保长、甲长印象与接触。解放以前我们不咋出门,光知道有保长、甲长,但是不知道是谁。结婚的时候不需要去请保甲长。

2.妇女与村庄社会关系

(1)村庄社会关系(女伴、邻居、妯娌、同房同支等)。娘家的女伴结婚的时候我们也去送,给送个小礼物啥的。结了婚拜新年,一般都是回娘家。结了婚,婆家就他一个儿子,也就没有妯娌。

结婚后谁家修房或者家里有红白喜事我们都去给帮忙。那个时候修房,多数就是那土坯房,有的就是那茅草庵子。一砖到顶的就很少。就是打土坯,打板墙。

(2)务工与报酬。解放以后,男的女的都去地里干活。到了农忙的时候,有些家里忙不过来,也雇人帮干活,收割庄稼,我们这就叫"卖工",卖工的有妇女。

(3)妇女聚集与活动。旧社会封建得很,都不让女子家随便出门。解放以后,慢慢好了,可以串门子,夏天下午时候妇女们可以坐一起乘凉,聊天。一般聊天也就是些家务事,琐碎事情。现在特别是夏天,一到下午,老年人都来大路上乘凉,聊会儿天,聊得还是这些家务事,农村里的这些事情。

(4)女工传承。我小的时候纺线织布、做衣裳,这些都是我妈教的,小的时候我妈织布纺线,我们就在旁边看,慢慢地也就学得差不多了。

(5)妇女矛盾调解。农村里妇女之间有矛盾,一般都是自己解决,慢慢地自己也都和解了。

(二)妇女与市场

1.市场参与与市场排斥

我小的时候很少去上街,那个时候都封建得很。我记得我们当娃儿子的时候,没解放,摘些豇豆提到纪寨哩去卖。那个时候老道寺还没集(市)。纪寨不是有那个三三八四部队,国军在那扎营。谁都上街哩啥,那几年封建的,都不叫你女子家出去。

2.交易活动

织布纺线的那个时候,家家户户基本都种棉花,织的布有多的了,可以拿去卖,卖了买粮食。集市上的东西很少,也就是粮食、菜啥的。结了婚那会儿还纺。以后就不怎么纺线了,我记得我们结了婚就不咋纺线了。那个时做衣裳,可以扯布,有那个料子布了,洋布嘛。

五、农村妇女与国家

(一)农村妇女认识国家、政党与政府

我们那时候小,蒋介石、孙中山也是听人家大人家说过,不是很清楚。我听过国民党,国民党就是拉兵。就像你们这么大的小伙子,哪还会坐在这里,看到就把你追得鸡飞狗跳的。我记得解放的那个时候,就我们这后头山上那炮火打的!解放军把那国军打的一直退到了后头山上去。

旧社会,我没参加过村上的会议。那个时候封建得很,女子家很少出门。

我们小的时候有裹脚的女的。你那个太太的脚就这点点长。缠脚就把你的脚指头给缠断了,解放以后就没人缠脚了。旧社会那会儿女子家,人家问你:"脚大还是小?"脚小了人家才要哩,脚大了人家就不要,嫁不出去。

我们那个时候女子家都扎辫子或者把头发绾起来。男的家扎辫子的很少,我也没咋见过。我们那时候当娃儿子,有些老人家扎下辫子,盘到头上,不过很少见到。

解放以前没有小学,我记得我们那个时候都没上学。就解放以后成立那个叫冬学了,下午去上冬学。冬学就是下午去上。下午娃儿子们一起去。一起吃饭,那个时候生活不好,就是些一大把菜。娃儿子经常是饿的,也不嫌嘴(挑食)。不像现在的娃儿子这也不吃、那也不吃,那个时候的娃儿子肚子经常是饿的么。旧社会村里没有女干部,就个保甲长。解放以后才有女组长,村里才有妇女主任。

过去封建得很,你女子家在路上遇见男娃,都低着头,不敢招呼。你要是再跟着说啥,人家看见了,会说的。

计划生育的时候一家就让生一个么,第一个是女娃的时候才能再生一个。现在又放开了,第一个不管是男是女都可以生两个。那个时候人多,一家子生好几个,所以要计划生育。

(二)对 1949 年以后妇女地位变化的认知

1.妇女组织

解放以后,村里开始有妇女主任。

2.妇女地位变化

我听到男女平等是在解放以后,解放以后男的女的都可以下地干活,慢慢地就平等了。

3.婚姻变化

解放以后结婚一开始还是父母做主,后来,特别是现在年轻人都自己谈对象,只要人家两个年轻人没有意见,家里就同意。

4.政府与家庭地位、家庭关系

旧社会两口子打架,男的打女的,这都很常见,大家觉得这是正常事情。现在很少见两口子还打架的。以前儿媳妇结了婚都软得很,经常被婆婆妈欺负,现在没有了,现在有些子婆婆妈还要听儿媳妇的。

5.政府作用认知(祭祀等习俗)

解放以后,妇女结了婚都可以回娘家,清明也可以上坟,也可以招女婿。

6.政府与教育

现在上学,不管男娃女娃只要你想上,家里都是上到什么程度供到什么程度。

7.妇女政治地位

现在村里也有女干部,妇女主任,管计划生育这块。

(三)妇女与土改

1.妇女(贫下农、中农)与土改(土改参与、斗地主、分田等)

我们那个时候土地少,土改的时候是贫农。那个时候土改是按人分。不是有个贫下中农哩么。贫农那就是最穷的,中农就是比那个贫农稍富一点。那个时候村里也斗地主、开会、有些叫站在板凳上斗。斗么,有些不服也打人家,打的从板凳上滚下来。土改的那个时候,我十五岁。当时还当过民兵,女民兵,协助土改。打土豪,闹土改,分土地,那个时候也跟上跑了段时间哩。

2.对妇女翻身与解放的认识

解放了,土改以后,男的女的都下地干活,我觉得这就是妇女翻身解放了。

3.女干部

土改的时候,还要是贫下中农,脑子够用,人家就重视你,让你跟着干一些事情。

(四)互助组、初级社、高级社时的妇女

土改以后,一开始还没有合作社,是互助组,后来才成立的合作社。从1958年开始吃大锅饭。1951、1952年困难么,把土地都分下去了。互助组那个时候都是一起干活么,能干活的都出去干活么,干到中午回来,吃了饭,下午又去。吃大锅饭的时候开始挣工分。按挣的工分多少分粮食,挣得多了就分的多。那个时候,如果女的怀孕了也干活哩。挣工分,按工分吃饭。怀孕了适当安排点轻活。其他人,就是担啊,挑啊,就是那一百多斤的挑子。大集体的时候白天大家都出去干活,娃儿子小的时候都放在草篓里,那时候没有什么托儿所。

(五)妇女与人民公社、"四清""文化大革命"

1.妇女与劳动、分配

(1)妇女与劳动。人民公社的时候生产队队长、会计、记工员基本都是男的在干。那个时候修水库,抬田我们也跟着去哩。五几年的时候"大跃进",村里也有炼铁、炼钢的。一部分人出去干活,年轻人去炼钢么。炼钢的原料也不知道是哪里来的。

(2)集体与单干。集体干的时候,庄稼种的不好得很。大集体干活也有磨洋工的。土地分下来就好了。你看现在还是那么多土地,但是产量一下子就提高了,种下庄稼,都吃不完。

(3)工分与同工同酬。挣工分的时候,男的一天一般都是十个工分,女的家八个工分,老年人帮给看孩子的也给四五个或者五六个工分。

(4)分配与生活情况。生产队的时候口粮是按人和工分来分的,工分挣得越多,分的粮食就越多。

2.集体化时期劳动的性别关照

(1)集体性别关照。那个时候怀孕了,也要出去干活,不干活,没有公分,就分不到粮食。什么时间生了,坐月子了就不用去干了。

(2)托儿所。大集体的时候白天大家都出去干活,娃儿子小的时候都放在草兜里,那时候没有什么托儿所。

3.生活体验与情感

(1)大食堂。从1958年开始吃大锅饭。1951、1952年困难么,把土地都分下去了。吃食堂那会儿,吃稀饭了就一人一铁勺,米饭大人家一人一碗,娃儿子一人半碗。不够吃么那会儿,一天光喊饿的、饿的。

(2)"三年困难时期",1961年那会儿生活都紧张,没啥吃么,时时刻刻都是紧张的。那个时候也有饿死的,有些子没啥吃就饿死了。大集体以后把土地分下来就好点了。

(3)文娱活动与生活体验。大集体的时候也有演节目的,演彩船的。一般过年的时候正月里演。也有夜校,人家有晚上去上识字班的,男娃和女娃都可以去。

(4)情绪宣泄(骂街)。我没有听过有妇女骂街的事情。

(5)集体自杀。我没有听说过有农村里的姑娘家集体自杀的情况。

4.对女干部、妇女组织的印象

那个时候生产队有些姑娘家劲大,干活麻利。人家生产队里也表扬哩,人家那个谁当时还得奖状。生产队还给照顾一套衣裳啥的。

5."四清"与"文化大革命"

"文化大革命"的时候,大家生活都还可以。那个时候你说一句错话就不行,说一句错话,就把你揪出来了。

(六)农村妇女与改革开放

1.选举

解放以后,村上开会,我们都去参加,选举的时候也去投票哩。

2.对计划生育的认知

计划生育的时候一家就让生一个么,第一个是女娃的时候才能再生一个。那个时候人多么,一家都生好几个。现在人家放开了,一家子不管男娃、女娃都可以生两个。

3.精准扶贫

我没有听说过精准扶贫,也不知道是咋回事。

4.社会参与

我平时在家也看电视么,我又不识字,也不知道是啥节目。光看个娃娃好看,呼噜呼噜①的,哈哈哈。

六、生命体验与感受

我这一辈子是受了不少折磨,受的这些折磨一下两下也说不完。好多也都忘了,现在这事那事的,都记不起来。现在啥都好着呢。

---

① 形容稀里糊涂的,时间就过去了。

QW20160726ZXF　张秀芳

调研点：陕西省汉中市勉县老道寺镇丁家庄村
调研员：庆文
首次采访时间：2016 年 7 月 26 日
受访者出生年份：1924 年
是否有干部经历：否
是否生育：是
受访者结婚的时间节点、生育子女的具体情况：1939 年结婚；1952 年生第一个孩子，共生五个孩子，两个儿子、三个女儿。
现家庭人口：9
家庭主要经济来源：务农
受访者基本情况及个人经历：老人生于 1924 年，娘家在张家湾。兄弟姊妹四个，老人为娘家老大，现在还有一个妹妹活着，弟兄两个去世得较早。旧社会，生活紧张，土地又少，又没吃的，吃不上，两个兄弟死了，就剩下老人和姊妹两个。娘家土改的时候是贫农。老人十五岁结婚，婆家这边除了丈夫还有一个妹妹。婆家里土地也少，所以公公一有点余钱就买点土地，土改的时候是中农。老人丈夫是读书人，当教书先生，结婚后，丈夫当时还在上学，老人就和婆婆妈在家里纺线织布，一起供丈夫上学。丈夫学成之后，就当了老师，一开始是小学老师，辗转到了好多地方，最后在勉县八中教初中。丈夫一辈子没打骂过老人，也没亏待过老人。老人说丈夫人好，思想好，性情好。老人和老伴一辈子相濡以沫，老伴前年刚去世，活到九十岁。老人一共有五个子女，两个儿子、三个女儿。老人生第一个孩子的时候是 1952 年。老人性格开朗，非常乐观。虽已九十二岁高龄，但思维非常敏捷，思路清晰，记忆力也比较好。孙子、重孙都很尊敬、爱戴老人。

一、娘家人·关系

(一)基本情况

我叫张秀芳,出生于1924年,今年九十二岁。我娘屋在张家湾,我为大。兄弟姊妹四个,下湾里我妹妹还活着哩,弟兄两个早早就死了。那时候旧社会,生活紧张,也没钱给看病,把人家给拖①死了。屋里紧张,土地又少,又没吃的,吃不上,两个兄弟死了,就剩下我们姊妹两个。土改的时候是贫农。

我十五岁结婚,婆家这边丈夫他们是兄妹两个,丈夫有一个妹妹。婆家里土地也少,所以公公一有点余钱就买点土地,土改的时候是中农。

我一共五个子女,两个儿子、三个女儿。我生第一个孩子的时候是1952年。

(二)女儿与父母关系

1.出嫁前父母与女儿关系

(1)家长与当家。我小的时候,家权薄②,我婆(祖母)在当家,我婆管事,我婆活了九十多岁,一百岁死了。

(2)受教育情况。我小的时候我们家穷,没念。有钱的就请人教,在祠堂庙宇里,教的"人之初喽,性本善喽",我们没钱,就坐在门外面听。兄弟姊妹们都没有上学。

(3)家庭待遇。小的时候兄弟姊妹们吃饭都一起吃哩,家里来人了,不让娃儿子上桌桌。那个时候穷得很,过年还不兴给压岁钱。

(4)女孩禁忌。旧社会女子家挺简单。国民党晚上把女子家领到地里,欺辱人家,坏吗,都坏到那个程度。女子家到了十几岁,就赶紧嫁出去,让人家接走。

(5)家庭分工。小的时候家里土地少,种的粮食不够吃。不够吃就给人家地主干活,白天干活,人家给管饭哩。到过年的时候,人家给称点粮食。用升子或大斗给盛,一升是五斤,十升一斗。

(6)家庭教育。解放以前家里穷,兄弟姊妹们都没有上过学。

2.女儿的定亲、婚嫁

我十五岁就结婚了,丈夫当时十六岁。那时候结婚时风俗习惯和现在差不多,也是先定亲,然后同意了就结婚。也有管闲事的,就是介绍人。我们那个时候结婚没有啥嫁妆。旧社会哪有啥呢,光来个轿,来个人,那还有陪送哩。连吃的都没有,弄点瓜瓜小菜,娘屋里来吃了也就送走了。刘家湾那边结婚,北瓜饭送来,有些人说这还甜、好吃,有些人说别说话,让人家笑我们没吃过。那个时候还兴轿,抬轿、坐轿。那时候都是坐轿,后来才兴走路,锣鼓喧天地走路。那时候结婚娘家也来人送,也待客哩。

困难时期,随随便便,两家都是贫农么。地主家人家耍抬子,又是抬盒③,抬轿,扯些料子布装一个盒子,两个人抬着。

旧社会结婚也有娃娃亲么。有点小给人家,养活大了结婚。主户好的,去了人家不作贱④,

---

① 音译字,形容没钱看病,拖延不治,最后去世。

② 形容家底薄。

③ 指结婚时两人抬的装嫁妆或聘礼的木制盒子或箱子。

④ 作践,意为欺负。

主户不好的,去了打嘛、骂嘛。

也有换换亲。两家只要条件差不多,就做个换换亲,人家也好得很。新社会不让做换换亲,你看现在半老其少的好多都是换换亲。两家条件都不好,双方都不好说亲。新旧社会都有招女婿的呢。旧社会和新社会结婚都是说好,和气了,男方和女方都说不有啥,没问题了,然后结婚。

3.出嫁后女儿与父母关系

(1)婚后与娘家关系。结了婚,姑娘家就不管娘家的事情了。回娘家,也不是像现在这样想回就回,回娘家需要先跟婆婆妈请假,婆婆妈让回了,才能回,而且人家让回去几天,你就必须在那之前就回来。解放以后,结了婚回娘家就没这么多的要求了,想回去就可以回去。

(2)婚后尽孝。那个时候也给老人办生日哩,娘家父母过生日,婆婆妈一般让回去哩,有的婆婆妈难说话了,也不让回。清明上坟,也回娘家去给长辈烧纸哩。旧社会,姑娘家嫁出就不管娘家的事,娘家的父母老了也不说养活。

(3)离婚。旧社会没有离婚这一说,两口子不和了,就是女的休回去。

(4)婚嫁习俗变迁。解放以后,条件慢慢地好了,结婚也热闹了,敲锣打鼓,也有司仪,专门主持婚礼。现在过的彩礼也多得很,几万、十万。

(5)娘家与婆家关系。旧社会结了婚就不管娘家的事情了。解放以后,新社会,姑娘家在婆家有啥事可以找娘家的兄弟或哥哥商量。

(三)姑娘与兄弟姐妹的关系

1.我与兄弟姐妹(娘家事务)关系

结婚了如果婆家有为难、故意作贱姑娘的,娘家也去找他们,帮着说话。姑娘家嫁出来后,兄弟们分家,那都是娘家大①、妈的事情。姑娘家走了的人,不管那些事。

兄弟们结婚的时候,姑娘家可以给送东西,置办点东西。那时候家底薄,婆家这边条件还可以的话,送点东西也可以,添一点东西也可以。有一家子,兄弟姊妹四个还是五个哩,姐姐嫁到我们这,结婚的时候兄弟还小,妈、大也死的早,兄弟结婚的时候就给些肉呀、粮呀,补助一下,支援一点。一个娘生的,只要团结,就好么。这都是新社会的事了。

我结了婚,回娘家都是和爸妈、兄弟们一起,不分说结了婚了啥的,回去都还是姊妹,都挺团结,挺好。吃了、喝了,耍几天,你回你家,我回我家。

2.兄弟姐妹与我(婆家事务)关系

结了婚,有姑娘家不明不白死了,人家娘家来人评理呢,你必须说个为什么,是什么原因。否则人家娘屋里就不让你去安埋,就放在屋里。

3.亲戚来往

结了婚,拜年么。开始没结婚时,在结婚前四五天拿新东西到女方去认门,把东西担上,认识一下女方的主要亲戚。结了婚,也拜,结了婚第一年,还是那些亲戚,拿些东西,四随礼。一般拜年初一、初二去都行,这个没讲究。结了婚,是和妹妹走的亲,还是和兄弟走得亲呢?这个是互相一样的,妹妹、兄弟都是一样的。

---

① 大,指父亲。

二、婆家人·关系

(一)媳妇与公婆

1.婆家婚娶习俗中的尊卑秩序关系

婆家兄弟姊妹两个,有一个姐姐自小给到南山里。婆家这边家里就丈夫一个儿子,结了婚,丈夫还在上学。老的(此处指公婆)脾气孬,屋里也没钱,说不供他。那时候家里有棉花,我就和老妈悄悄地爬到楼上偷点棉花,去卖了,给他准备点钱。扯一坨,盖得严严实实的,到踩采花机子上踩了,托人家帮卖了。卖的钱就给他上学准备着。老的孬、脾气大、细密,舍不得东西。有一次,老妈跟别人借了两块布,卖成钱,结果被老的知道了,把那个老妈用鞭子打得转圈。把他供出来,就挨了那一顿哈打①。到现在人家还说我们是偷龙转凤把他供出来的。

他十六岁,我十五岁,我们就结婚了。那时候也是先定亲,然后同意了就结婚,办宴席,当时也有管闲事的。我们两家都是贫农,啥也没有,光来个轿,来个人。婆家弄点瓜瓜小菜,娘屋里来吃了也就送走了。旧社会结婚第二天早上,要烧喝的给婆婆妈端过去,孝敬人家。有钱的人家结了婚拜祠堂、拜先祖,热闹,我们这穷人家不拜。结了婚也有回十这个习俗哩。十天,娘屋里兄弟或者哥来把姑娘接回去,耍十天,然后又送回来。

再后来结婚,人家限制不让待客,村里听说谁家结婚做席,大队里来人就给你端走了,不让吃。席做好,结婚娘家送的人来了,也不让吃。限制了几年哩。

2.分家前媳妇与公婆关系

(1)婆家家长与当家。婆家这边要么是人家公公当家,要么就是人家婆婆妈当家。旧社会婆婆妈当家,作贱儿媳妇么,不给吃,打,多数都是那些旧习惯。

(2)劳动分工。结了婚,男的种庄稼,啥都干,上山、耙地、砍柴、扛木头、顾生活。女的也在地里种庄稼。但是旧社会,妇女们都是小脚,走路走不稳,摔跤哩。在地里干不成活,只能在家里纺线、扎花。以后政策好了,让把脚放开,这才男女平等种庄稼。

(3)婆媳关系好坏。旧社会,媳妇接到屋里,就由婆婆妈管,不能超过人家的范围。结婚后,回娘家需要给婆家婆婆妈先请假说下,人家准了就回,不准就不让回。婆婆妈准给一天假,就回去一天,准给两天假,就回去两天。不准的话回去那就是怄气的事。有这么个限制。那时候规矩大。

(4)婆媳规矩与关系。旧社会结婚第二天早上,要烧喝的给婆婆妈端过去,孝敬人家。

(5)过节习俗。结了婚,娘屋里兄弟或者哥来把女儿接回去,耍十天,然后又送回来。其他时候回娘家需要跟婆婆请假,婆婆妈允许了才能回。

(6)财产权。那时候休妻,啥都不让拿,也不让带东西。结了婚纺线,卖的钱给婆婆妈,一起供他(指老人的丈夫)上学。

3.分家后媳妇与公婆关系

(1)分家。婆家兄弟姊妹两个,有一个姐姐自小给到南山里。这边家里就他一个,没分家。

(2)赡养与尽孝。这边就他一个。他教书,公公有了病,吃啥给买啥。刚开始吃食堂(公公)就去世了,就剩下老妈我们三个。旧社会哪有钱办生日哩。后来条件好点了,割点肉,弄点菜,

---

① 哈打,意为挨打。

一家人坐一起吃一下,说"今天你的生日哩,宁穷一年,不穷一天"。

(3)公婆祭拜。以前没钱,买不到东西,有时候几年都不上坟。现在东西多,大量开始上坟,不管是农民还是工人,都回来上坟。结了婚,男的女的都去。

(4)离婚。旧社会没有离婚,那时候就是休妻,把人家休回去。见不得人家,就把人家送回去。也不让带东西,啥都不让拿。回去和爸妈一起生活,有人来说亲了,又嫁出去嘛。

(5)财产继承。在爷爷手里地少,一人分了亩半土地,给弟兄两个。以后老地细密,一年喂个猪舍不得吃,卖了;一年种的细粮、杂粮、苞谷、高粱、麦子也舍不得吃,卖了。卖了积攒起来,每次有人卖土地时,买一点。最后到土改时我们27亩土地哩,土地改革时人家说我们是中农,没剥削人,都是舍不得吃,买的土地。

(6)公婆权力。旧社会,有些老的固执的,老的愿意女子不愿意,女子愿意老的不愿意,把女儿有的逼死了也有,跳河的、喝药的。新社会,只要两个人喜欢,没人阻难,再远也没人阻难,远了可以坐车哩、坐飞机。

(二)妇与夫

1.家庭生活中的夫妇关系

我们两口子结婚的时候才见过。他念了书的,没骂过我,没打过我,也没亏待过我。你说你吃饱了,他说再吃点,吃饱点,然后又给你舀些扣在碗里。他人好,思想好,性情好。

婆家里就他一个儿,没有分家,那个时候人家公公还有婆婆妈当家。刚结了婚,他还在上学,我就在家和婆婆妈织布纺线,供他上学。旧社会有规矩,女方就是伺候男方的。男的苦嘛,种庄稼,啥都干,上山、耙地、砍柴、扛木头、顾生活。女的毕竟在凉房下哩,女的不尊敬,不服了,也挨打哩。早上起来打洗脸水,晚上打洗脚水。现在电视里有些演的,女的把男的欺负的,不敢犟嘴也不敢说啥,哈哈哈。

旧社会两口子结了婚吵架打架多得很。那时候老的(指公婆)难说话,宠儿子,向儿、向女儿,打媳妇,芝麻大点事,就能给你闹得筛子那么大。旧社会村里评价一个媳妇是不是好媳妇,人家看有些家庭不管家里人多人少不吵架不打架,人家叫"五好家庭"。人家说这家好,评价好。

那时候结了婚,丈夫毕业后分到学校里教书,每个月一发工资就买些红萝卜,买些粮食回来,一大家人吃。旧社会女的不上街,不出门么。后来结了婚,新社会了,才慢慢地女的家也可以出门,家里的开支和丈夫、婆婆妈商量哩,缺啥再买啥。

取妾与妻妾关系。旧社会有的给第一个没领小孩,男方人家就又说一个,那时候就叫大婆子、小婆子。两个都养活下。

典妻与当妻。旧社会也有典妻、卖妻的现象。那就是不要人家了,把人家卖了,把钱花了。不要良心。

2.家庭对外交往关系

(1))过继。旧社会也有过继的现象哩。把儿给人家,养活大了人家给说媳妇。有些穷人家孩子多了,娶不起媳妇,有人要了,就给人家,就和新社会领儿是一样的。

(2)人情往来。农村里谁家有红白喜事,男的女的都去给帮忙哩,但是以前随礼都是男的出面,现在有些女的家也可以出面,现在这些事都很正常了。旧社会,家里来客人了,吃饭的时候男的女的都去桌上吃饭。

（3）家庭对外财务。旧社会，男的家如果出去赌博啥的，欠的账，谁欠的找谁要，男的欠的，不管女的的事。

（4）人际交往。那时候谁家有事来请，说："明天给我们帮个忙"，就去帮忙。你帮我，我帮你。没钱了看谁家有钱，借来周转下。那时候规矩多，女子家稍微大点就不让随便出门，但兴串门子，关系好的，你到我家去，我到你家去。

（三）母与子女

1.生育子女

我一共五个子女，两个儿子、三个女儿。我生第一个孩子的时候是 1952 年。生大儿子的时候，开始吃食堂了，他小的时候还吃了好长时间食堂哩。那个时候他最大，还有两妹妹，每顿饭，打回来他分的最多。我们那个时候生男生女都一样，男娃女娃都一样。男娃也好，女娃也好，不讲究。那个时候还不兴办满月，哪有钱。儿女们小的时候都上学了，但多数没上出来，也没钱供。老大上的封洞山，老二上的八中，女儿上的叶家沟。

大儿子结婚的时候风俗习惯和现在一样，比现在随便、简单。

2.母亲与婚嫁后子女关系

大儿子结婚后，就是新社会了。新社会就好了，男女平等。妇女家也有地位了，男的也就不欺负(妇女)了，(妇女)和婆婆妈关系也就好了。大儿子结了婚过了几年才分家的，那时候老二还小，女儿们也还小，女儿们都是两个哥哥结婚后才嫁出去的。那个时候分家不需要请家族人来说话，就自己家里坐在一起说一说有啥，怎么分就可以了。女儿结婚的时候的嫁妆也没有啥，家里紧张，就给陪送床被子、床单，就这个。女儿嫁出去后，我有时间也过去要哩。前段时间(我)刚从小女孩(儿)家回来。

那时候谁家家里上门女婿离婚的话，也分家产哩。看屋里有啥，看是说钱哩还是分东西哩，多少就要分一点，毕竟在他们家里受苦了。

老伴去世后，从前年腊月到现在，我就跟大儿子一起住一起吃，他们一大家六个人，到吃饭的时候，重孙子就喊："太太，吃饭。"

三、妇女与宗族、宗教、神灵

（一）妇女与宗族

1.妇女与宗族活动

妇女与宗族活动、宗族性别排斥：旧社会有祠堂，祠堂和庙宇不一样。祠堂里放的牌子，供的是先祖，比如张家先人。

旧社会结了婚有些也去拜祠堂哩，拜先祖。我们这穷人家不(拜)，人家有钱的结了婚拜祠堂、拜先祖，热闹。穷人家不。我们这没有女长老和祖婆。

2.宗族对妇女管理与救济

我们那个时候结婚生男生女都是一样的，男娃女娃都一样。以前也有一些(人)想要男娃，生了女娃不要的，(有)扔了的、给人家的现象哩。

（二）妇女与宗教、神灵、巫术

1.神灵祭祀

旧社会天干的时候，有求雨的风俗哩。上高山上去，把太白爷的牌子[①]背下来，下来后下雨了，又背回去。还有一种笨办法，几个小伙子光着上身把狗绑在轿上抬起来，挨家挨户地走，走到门上，都出来往（他们）身上泼水。人家说这是取雨哩么，旧社会的风俗习惯。

关地庙、娘娘庙现在都办着哩，农村里的老婆婆家一起集一些钱，买了三间房，做庙社。逢节气，办会、烧香、磕头。

2.女巫

村里头也有神婆婆，"文化大革命"以前有，以后没有。现在又有了。会神的女的叫"神婆"，少数男的会神，叫"神汉"。

旧社会屋里有供桌，有底子有名称的就把老寿写上。没有名称的就没法，就光在锅头上放个碗敬灶爷。土地改革时让把供桌都挖了，老底子都让撕了。那时候家家户户都有供桌。兴拜年的时候都有。提四个馍，一个封封[②]。去了先在供桌前磕头，拜老人寿。有些说大年三十晚上烧纸，家家都出来烧纸，说到时间危险的时候可以家家相互通个信。老人们这么说，也没啥根据。

四、妇女与村庄、市场

（一）妇女与村庄

1.妇女与村庄公共活动

（1）村庄活动参与。以前村里也有戏和节目。村里有些年轻人，敲的敲、唱的唱，就唱曲子，结婚的时候有。比较少，爱好的有，不爱好的就没有。周围的人也去，说是看新媳妇，热闹下。念曲子不花钱，光给管顿夜饭。

（2）开会。解放以前没参加过村里的会议。

（3）对村庄绅士、保长、甲长的印象与接触。旧社会的时候村里有甲长和保长。保长给下拉兵名额，甲长拉兵。旧社会结婚不一定非要给村里的保长、甲长说，请他们，那就是看他们参加不参加，愿意参加就参加，随便。

2.妇女与村庄社会关系

旧社会一起耍的好的玩伴结婚，耍的好的买两个玻璃杯子拿去也算送个礼，一起耍一下。旧社会我们这没有哭嫁的说法。南山里有，去些人都帮着一起哭，说是嫁妆。村里谁家有红白喜事，妇女们会去帮忙，和现在一样。结了婚，妇女就给人家织布纺线，不让出去，就蹲在自己屋里。

女工传承。那时候织布纺线是老人家教的，是我婆教的。夏天掐好多麦秆编成草帽，拿到街上去卖，卖的钱用来买盐。这就是夏天妇女家的活。冬天一般就是织布纺线，还有就是纳鞋底做鞋。

妇女矛盾调解。那个时候村里面女的和女的打架，一般就是相互争吵几句就算了，有时候男的出来把女的说几句，这个事情就平息下去了。

---

① 指旧时用于祭拜太白爷的灵牌。

② 指旧时用于包装礼品的套装。

（二）妇女与市场

旧社会街上买卖的东西不多，没有妇女做生意的。男娃女娃都能上街，但很少去，买布才去，不买布就不去。像有单挑子来村子里来卖盐、卖油的，没钱了，可以先欠账，下次来买的时候还上。那时候一斤盐就两三毛钱。旧社会有人在村里担着挑子来村里卖盐，没有钱可以欠着，等下次来有钱的时候再还上，盐是主要的，不吃油可以，不吃盐不行。

有一段时间买东西是要用票，粮票、糖票、喝白糖也要票，吃肉也要肉票，有票才能去割肉，没票就吃不了。喂一头毛猪①，就把猪交了。

好料子的布要布票，像条绒这样子的，一般的布可以买。有票就可以买、可以吃，没票就没有吃。条绒那个布比较缺，一开始就扯一尺做鞋面用，有钱人才能扯一些做件衣服。

人民公社以后慢慢就不织布了，不织布的时候就开始用平板布、粘胶布、缨诞布，缨诞布比较鲜亮么，结婚的时候扯一点做件衣裳。"割资本主义尾巴"那个时候好像专门弄了个市场，有限制，需要买东西就去那买，不让随便卖。不让在这摆摊，在那摆摊，门面有制度呢！

五、农村妇女与国家

（一）农村妇女认识国家、政党与政府

我听过国家么，新社会开始听过。这些概念都是从别人那听到的。旧社会我没有参加过保长、甲长组织的会议。

旧社会我听过国民党。那个时候国民党拉兵，保长给下拉兵名额，甲长拉兵。旧社会没人想去当国民党的兵，打人，收拾人，把人不当人，有了病也不管，都害怕。保长、甲长看哪里有年轻娃娃，就到处围堵，天黑的时候到家里来强行拉人。有的连独子也不放过。他们没正事，混乱，也没制度。现在大家都争着抢着去当兵，现在共产党的兵吃的又好，穿的又好，当几年兵回来还给发工资。

夜校、识字班有哩，但我们这没有兴起来。那时候也没有人教，这个也叫扫文盲，到晚上的时候叫女的男的都去，识一些字，还记得书上有一句话是这么说的，"农民爱土地，工人爱机器，解放军爱枪又爱炮"。

共产党都是解放以后听过，现在经常听。解放以后，有了村委会，开会选举。我也投哩么。开大会选举，都去投票，有个投票箱哩，投票看谁的票多。

解放以后才有女干部，生产队那时候有女队长，新社会村里也有妇女主任。

旧社会缠脚哩，缠脚是旧习惯，缠脚时把脚指头骨头要折断，用白布缠住，用针线缝上，走路时垫得疼。以后政策好了，让把脚放开，才都解放了。

旧社会女的家基本都是长头发，要么扎起来，要么挽起来。开华石（地名）有个老汉，就是长辫子，扎起来盘在头上。

（二）对1949年以后妇女地位变化的认知

解放以后新社会，村上才有妇女主任。解放以后我听过"男女平等，妇女能顶半边天"。你能干的活，他也能干。他能干的活，你也能干。他能下田栽秧，你也能下田栽秧，他打谷子，你也能。同样干活了，就一样了，平等了，你也别欺负我，我也不欺负你。

---

① 毛猪，指未经过宰杀的刚出栏的猪。

新社会结了婚，婆媳关系就好了，越来越就好了。结了婚，清明上坟，男的女的都去哩么。现在娃儿子上学，不管男娃、女娃只要有能力上，上到什么程度就供到什么程度。

（三）妇女与土改

土改的时候我们有 27 亩土地，人家说我们没剥削人，都是舍不得吃买的土地，给我们评的是中农。

土地改革的时候就是那个有钱的、家产好的，把东西没收了，有的地主家请长工，就让长工出来报，看地主家是否欺负过他，是否剥削过他，是否欠过钱，如果欠过钱，就让把钱还给他。卖东西的，卖酒的，那些酒缸、家具都收了。还有些贫农土地少、家产少，就出来帮忙。穷人家里有些精干的妇女出来当民兵，用一个竹竿绑上一个红布扛在肩上，锣鼓喧天去地主家，因为怕那个地主家和拿东西的贫农发生冲突，不过地主家倒也不阻挡，地主家也明白民兵们就帮着往外搬东西，穷人没东西的分东西，没土地的分土地。后来分东西，人家说我们也不缺什么，"牛有哩，土地也有哩，你们没房住，给你们两根柱头"。现在旧房前面那两根柱子，就是土改的时候人家给抬过来的。土改恨的是大地主、害人的这些。那些不听话的有的就被枪毙了，这样才能平安么。

那个时候也开批斗会，从妇女中选出几个通讯员，通讯员会提前通知民兵第二天去谁家，收谁家的东西，第二天就去搬东西，那时候土改由通讯员、贫农组长带头，都是些贫农家穷的都去，那时候发神的、干啥的都有，一天热闹得很，今天去这个村，明天去那个村，有的站在凳子上批斗，有的还打，那就是土地改革。

那时候没有听说过"妇女翻身解放"，只听过让妇女男女平等。土改的时候有女干部。

（四）互助组、初级社、高级社时的妇女

先是初级社，你帮我干，我帮你干，最后粮食都装在自己家。后来转成高级社，土地就集中在一起了，生产队就把粮食收了，分着吃。高级社吃食堂的时候，有干活的，也有偷懒不干活的，粮食不够吃，生活紧张了一段时间，后来生产队就不让吃食堂了，研究着土地分配到户。

生产队里大家一般都在地里干活，除草、锄地，冬天的时候还捡棉花。那时候没有肥料，毛主席领导铲草皮、打芽子，回来发酵肥料，但是发酵完还是白的。也没有农药，草长出来，用锄头把草推到泥巴里糊着。现在肥料又多，又有农药，土地还是那么多，但家家户户的粮食堆得一摞摞①的。

吃大锅饭的时候，在哪干活就在哪开伙食。在外面干活的就记工分，不在外面干活的就没有工分，而且吃饭的时候不给吃还要挨骂，所以大家都争着去干活，比如修板凳堰、打洞子、搬石头。男的打洞子，女的在外面担石头，最后板凳堰修起来了，没修起来的时候还有句口号，"有人开开板凳堰，狗都不吃大米饭"，现在的狗你只给它大米饭，没有盐它就不吃。当时只有玉米，没有水稻，板凳堰修成以后，田多了，粮食、米也多了。

当时老人多大年龄不用在地里干活没有限制，一般能干点轻的就干点轻的，干不动了就不干了。那时候家寒，老年人想吃点啥喝点啥，都没有，有些儿子们孝顺了还好，儿子们不孝顺了反倒会为难老人。你看现在多好，国家多多少少都会给老人点钱，想吃啥、想喝啥都能买得到。现在老小都好，小孩上学学校也会给管顿饭，上不起学的还给补助。

---

① 形容一层层叠加起来。

(五)妇女与人民公社、"四清""文化大革命"

1.妇女与劳动、分配

(1)妇女与劳动。公社就是分开的,老道寺公社、杜寨公社,这个是这个,那个是那个,各是一摊,公社有啥事就开会,男的、女的都可以发言。养猪、养牛那是你的自由,公家不管。有时候公家会给派一个任务,养了猪交毛猪。交了毛猪,公家会给你粮食或者给钱,有时候还会给饲料,这都没有限制了。"大跃进"的时候也大炼钢铁哩么!大炼钢铁的时候开始吃食堂了,光听说哪能炼铁,就去那个坡上、山上,每个队都会抽劳动力去炼钢铁,人都去了,有时候吃饭就在那开伙,不知道炼的铁都运到哪去了,也没看见。

(2)集体与单干。当然是土地分下来好,分下来各干各的,偷懒的也就不能再偷懒了,一起干的时候偷懒的也没人顶报,到记工分的时候也就糊弄过去了,队长知道了也就说骂一顿。

(3)工分与同工同酬。挣得工分都不一样么,高的高,低的低。有的人说自己做得快,多评一点,有的人干得慢少记一点。

2.集体化时期劳动的性别关照

(1)集体性别关照。集体上工的时候,女的怀孕期间也要干活,生产队队长会安排一些轻活,比如说担土的时候,怀孕的妇女只用在地上把土铲起来。妇女坐月子会有一个月的假,在这一个月里,生产队会给粮食和蔬菜。

(2)托儿所。小孩由专门的人看管,一般就是谁家有小孩就给人家领过去,人家帮着带孩子,带孩子的一般都是上年龄、不怎么出门干活的人,生产队给他们一天记得工分相对少一些,因为比较轻松。不会走路的小孩一般放在草兜里面,帮着看着,哭的时候摇一摇。

3.生活体验与情感

(1)大食堂。吃食堂的时候,有些老好人就饿死了。

(2)"三年困难时期"。"三年困难时期"没啥吃的,就吃野菜么,晚上去地里摘芍芽①,割些回去吃。芍芽菜炒着有点香味,比较柔和,挖的其他菜,都很难吃。芍芽菜长得快,割了几天就能长起来。

(3)文娱活动与生活体验。大集体的时候,夜校、识字班,也叫"扫文盲",晚上把男的女的都叫去,识一些字。我们这因为没有人教,"扫文盲"没有兴起来。当时街上没什么节目,解放军倒是唱得好、跳得好,会有些节目。我们这有一个南空部队,他们来村里帮农民改灶、打井、看眼睛、看病,我们这刚开始做饭用的灶没有往外通烟子的烟囱,做饭时满屋都是烟子,烟熏火燎,眼睛熏得到处都看不到。

大集体一起出去干活,歇气的时候,有的妇女还说哩,还唱哩,热闹。干活的时候趁着队长看不见就偷懒,干的干,耍的耍,一个也不敢说一个。大家都是干活的,谁也不说谁,不会说"他在耍,我们在干呢",所以说也不会翻脸吵架。

(4)情绪宣泄(骂街)。那时候没听过女的骂街。

(5)集体自杀。过去有些姑娘说的婆家不愿意,喝药、跳塘子。有些离婚了,自杀的。这些事情离现在不远。

---

① 指红薯叶子。

4.对女干部、妇女组织的印象

那时候好像没有铁姑娘队。土改的时候有女干部,合作社时期好像只有男队长,没见有女队长。女的好像是后来村里面选妇女主任的时候才有。妇联么就村上的妇女主任,每个村有个妇女主任,管计划生育。

5."四清"与"文化大革命"

"文化大革命"的时候,限制那些法神的,不准那些不正道的,有钱的地主家也拉出来戴高帽子,游行批斗,喊口号。

开华石有个老汉,自己用竹子编筛子,编好自己卖。结果后来给人家起了名字,叫"单干风",不让人家卖,还批斗。老汉最后气死了。实际上不应该批斗人家,人家也是靠自己的双手辛勤劳动挣一点钱,不容易。

(六)农村妇女与改革开放

1.土地承包与分配

土地承包到户是按人分土地,妇女们也参与哩。分了土地后,一家一户都翻身喽,大集体的时候干的干、耍的耍,干得不好。

2.选举

后来村上开村委会、选举,我也投过票哩。开大会选举,有个投票箱,大家都去投票,看谁最后被投的票多。

3.社会参与

现在我也看电视哩,眼睛看得见,白天他们开着,我就去看看耍哩。

六、生命体验与感受

我结婚的时候,丈夫十六岁,我十五岁,我们就结婚了。丈夫念了书的,没骂过我,没打过我,也没亏待过我。你说你吃饱了,他说再吃点,吃饱的,然后又给你舀些扣在碗里。丈夫人好,思想好,性情好,我们老两口一下都活到了九十多,他活到九十岁,前年才去世。我们一辈子和和气气的,没吵过架,没打过架。

旧社会那个时候家寒,"太阳出来照五洲,过去的穷人不自由,有钱的娃娃去上学,没钱的娃娃去放牛,不识字来好不发愁,有钱的穿的绸子缎子,没钱的娃娃穿的单衫衫,冻得抖得直打战。有钱的接的女太太,没钱的光棍两手甩,没有妻子哪有小孩。"

QW20160728ZSF 张素芬

调研点:陕西省汉中市勉县老道寺镇张家湾村

调研员:庆文

首次采访时间:2016 年 7 月 28 日

受访者出生年份:1925 年

是否有干部经历:否

是否生育:是

受访者结婚的时间节点、生育子女的具体情况:十六岁结婚;1951 年生第一个孩子,共生六个孩子,两个儿子、四个女儿。

现家庭人口:8

家庭主要经济来源:务农

受访者基本情况及个人经历:老人生于 1925 年,老人娘家是在本村五队,家里面有兄弟姊妹六个,老人排行老大,现在有三个兄弟姐妹已经去世了。老人娘家的一个兄弟去河坝给两个地主兄弟看门,最后土地分在那,就在那安家了。比老人小的兄弟姊妹都上学了,二妹妹上了高中,三妹妹也安排了工作,老人不识字。那时候土地少得很,大都是荒着的。老人十六岁结婚,婆家这边兄弟四个、妹妹两个,总共六个,老人丈夫排行老大。土改的时候老人婆家是贫农。丈夫是教书先生。老人一辈子辛辛苦苦和丈夫一起将六个子女养大成人。现在儿女们都有工作,两个儿子都是医生,女儿有当老师的。大儿子和教书的女儿都退休了,儿女们条件都还不错。老人老伴前几年去世了,现在家里就老人一人在守家。儿女们周末回家一趟。老人思维相对比较清晰,对土改的记忆比较深刻。

一、娘家人·关系

（一）基本情况

我叫张素芬，今年九十一岁，出生于 1925 年。娘家是在本村五队，家里面有兄弟姊妹六个，我排行老大，现在有三个已经去世。娘家的一个兄弟去河坝给两个地主兄弟看门，最后土地分在那，就在那安家了。除了我，比我小的兄弟姊妹都上学了，二妹妹上了高中，三妹妹也安排了工作，就是我不识字。那时候土地少得很，大都是荒着的。我十六岁结婚，婆家这边兄弟四个，妹妹两个，总共六个，我丈夫排行老大。我有六个儿女，两个儿子，四个女儿。

（二）女儿与父母关系

1.出嫁前父母与女儿关系

（1）家长与当家。我小的时候，老的当家。我们这么大年龄的人都是受过旧社会压迫的。

（2）受教育情况。除了我，比我小的都上学了，二妹妹上了高中，三妹妹也安排了工作，就是我不识字。解放前村里也有小学，那个时候很困难，哪还上学哩。我妹妹上学的时候解放了。

（3）家庭待遇。吃饭时，成年人坐到桌子上吃，娃娃们坐在一边，女的一般不上桌子。后来可以坐桌子上了，但童养媳不能上桌子，害怕把人家辱没①了。

女子洗了衣服晾外面，洗完衣服赶紧得回来，免得别人说哩。

（4）女孩禁忌。女孩小的时候不让出门，成天在屋里织布、纺线。都说女的出去就跟那个男的跑了，都乱说哩。

（5）家庭分工。那个时候土地少得很，都是男的在田里干活。女的就在家织布、纺线，一般白天织布，晚上纺线，黑了纺到半夜，第二天还要织布，织的布拿到山里换苞谷、麦子啥的。我小时候还不会织布、纺线哩，到婆家了，一边看一边学。当时的布宽一尺，长两丈三，织完自己去染坊染，染得深蓝深蓝的。染坊只能染蓝的，没法染别的颜色。要黑的，就是在泥巴里一泡，一捂。衣服、鞋都是自己用老布做的，那时候去当兵，就用蓝布做老布袄，老布棉裤、老布布衫，都是做两套，一套单的，一套棉的。

（6）家庭教育。好像没有成年礼，能好好供着上了学就不错了，结婚都等不到十八岁，姑娘家好多都去当童养媳了。

2.女儿的定亲、婚嫁

结婚一般是由父母包办，结婚前把你管着，不让你见到男方，结婚的时候轿来了才看到人。结婚也很简单，就只给两床单子。结婚有介绍人哩，没有结婚证，只有个红纸，红纸上写着男娃女娃是谁家的，男娃不知道，女娃也不知道，主要是看双方老的愿意不，都是包办。也有看属相合不合的，但是不一定都看。也要打听一下门当户对。

定了亲之后，老的就赶快让你结婚，还有啥反悔不反悔的。结婚时陪嫁一些米面碗碗②啥的，结婚热闹得很，天黑了客也不走，现在接媳妇简单了，那时候随礼都是五毛一块，五毛一块值钱啊，现在一百块都有点拿不出手了。

---

① 指"玷污、受辱"。
② 指用碗装的米面，用做陪嫁。

我十六岁结婚，陪嫁就是铺盖、单子、米面碗碗啥的。结婚当天是兄弟们送过来，第二天回门，带点东西回去要一会儿。之后就是端午、八月十五回一趟娘家，回去的时候，有的不用和婆婆妈说，婆婆妈管的严了就说一下。

3.出嫁后女儿与父母关系

(1)财产继承。结婚的时候就是给陪嫁床铺盖、单子、火盆①、米面碗碗啥的。

(2)婚后与娘家关系。女儿在婆家吵个架啥的，娘家人一般不去说，给(嫁)出去的女儿，泼出去的水，都在人家家里了，你去说啥呢。

(3)婚后尽孝。不用养娘家老的，那时候嫁过去之后，婆婆妈压制得很厉害，一点不对就不行。现在都不会了，跟亲的似的，现在社会就是好。

(4)离婚。那时候是男的把女的休回娘家去。

(5)娘家与婆家关系。结了婚，娘家和婆家干活用不着换工，就一点土地，没有肥料，不收粮么。你看现在啥肥料都有，臭肥、化肥都有。现在连尿都不往田里担，现在社会就是好。婆家和娘家走动，有些从婆家回到娘家，也有些娘家的妈，把姑娘接回来耍两天。那时候回娘家一耍就是八天，说"要得发，就得八"，有些是在婆家耍八天。

(三)姑娘与兄弟姐妹的关系

1.我与兄弟姐妹(娘家事务)关系

我排行老大，我结了婚他们才能结。后面兄弟们、妹妹们结婚的时候，都以婆家的名义给大礼，封两个红包，封钱，就是大礼。兄弟们结婚分家后，我回娘家跟爸妈住。妹妹们结婚后，也去玩一两天，多了就玩几天。

2.亲戚来往

那时候拜新年，还得担挑子呢，娘家亲戚全部都得去。那个时候都是四样四样的，送些酒、肉、糖啥的，亲戚少的用小筐子，亲戚多的就用大筐子。

二、婆家人·关系

(一)媳妇与公婆

1.婆家婚娶习俗中的尊卑秩序关系

婆家这边兄弟四个，妹妹两个，总共六个，我丈夫排行老大。那个时候也有跨火盆哩。下了轿先跨火盆然后再进屋里去。也有人主持婚礼。当时结婚不用拜祠堂，祠堂里也没有什么。第二天回门是女婿和姑娘一起回家，把爸妈接过来。回去的时候就是拿些肉呀酒呀，凑够四样。有些简单的，就是拿点酒。

2.分家前媳妇与公婆关系

(1)婆家家长与当家。婆家这边也是老的当家，屋里是婆婆当家，外边是公公当家。

(2)劳动分工。结了婚，女的除了织布、纺线，再就是去田里捡点棉花，最后捡的棉花婆婆收走了，想自己织布做个裤头都不行。有时候纺线弄个通夜②，第二天还要继续织布。

(3)婆媳关系好坏。婆婆和儿媳妇也有打架的，不过那时候儿媳妇胆小得很，一般不敢，

---

① 指冬天烤火用的盆。

② 指通宵。

有时候儿媳妇还要跪着说话呢。有些儿媳妇犯错了，公公婆婆在媳妇头上放个比较沉的东西，让媳妇举着跪着，可怜得很。解放之后，婆媳关系就都好了。现在找个媳妇，公婆都要把人家当女儿。结了婚后，都是坐在屋里天天织布纺线，没有时间出去串门，何况谁都不认识谁。

(4)婆媳规矩与关系。旧社会媳妇要伺候婆婆妈，饭煮熟之后就得给端过去，衣服也要去沟里洗，不然人家就说你没规矩，有娘生没娘教的。有些人连个肥皂都没有，就是用皂角，就像电视里那样，在衣服里面放些皂角，就打么。结婚后，婆家这边兄弟姊妹们也小，我还得给他们做上学的衣服、鞋子，给他们洗衣服、缝补啥的。

(5)财产权。分家之前，织布纺线、做的东西都是老的家的，分家之后，就是自己的了。三毛两毛的都是老的管，有啥想要的，老的给开支，开支都是老的管。那时候火柴才二分钱，盐都是块块盐，盐也缺得很，老的把买的盐装口袋里，多的都锁到抽屉里。

3.媳妇与公婆关系

(1)分家。我结婚后十年，兄弟姊妹大了，才与公婆分的家。分家是公婆提出来的，一家十几个人，养不过来。分家也没有啥形式，说分就分了，用来舀水舀面的葫芦壳壳，一分两半，粮食虽然有，但在柜子里锁着，不给分。

(2)赡养与尽孝。那时候也会给老人办生日，公公、婆婆都办，炸点面疙瘩啥的，邻居呀、亲戚呀、娘家那边的人来一下，办个生日麻烦得很。分家的时候，把老人也给分了，兄弟几个，这家养一个老的，那家养一个老的。

(3)离婚。旧社会的离婚就是"休"，男方把女方休了，也不需要和娘家说，休了之后也不给女的分东西。

(二)妇与夫

1.家庭生活中的夫妇关系

(1)夫妇关系。我与丈夫是结婚当天见的面。那个时候结婚，下了轿才两个人才会见面，之前没有见过面。结了婚，两个人相互不太叫名字，一般都是叫"嘿"，有啥说就行了，叫名字嫌羞人得很，哈哈哈。

(2)家庭分工(家内分工、家外关系分工)。结婚后，丈夫在外面教书，我在家照顾小孩子。

(3)家庭虐待与夫妻关系。那个时候男的打女的是正常的，牛一样把你打一顿，谁也不敢干涉，打闹一阵人家有的就算了，有的娘家人来找哩，闹给你看，也有闹得离婚的。解放后这种事情就没有了，没听过哪两个人闹意见，不要人了，就离婚再找一个。

(4)日常消费与决策话语权。一般是男的去街上买东西，女的很少去，我活了几十岁了，现在还不知道老道寺、纪宅在哪里。

(5)娶妾与妻妾关系。那时候，找个媳妇不能生，男方就再找一个么。也有的是因为媳妇走了，再找下一个的。有的是因为父母包办，男方不想要这个女的，就到外面重新娶一个，这种情况父母也没办法。有钱的人家可以三四个、两三个地娶。很多妻妾每天吵架、打架哩，也有相处的好的，相处的好帮忙照管孩子的。

(6)典妻与当妻。那时候，也有卖妻子的，把人家领出去卖了，再回来娶一个，那个社会简直乱得没法。

(7)离婚。很少有女的提出离婚，若是女的提出离婚，男的就打女的，反对，不离婚。若男的提出离婚，一般就离了，没有什么手续，家产也不分，全都留给男的。

2.家庭对外交往关系

(1)过继。那时候过继男娃挺正常的,是开放的。把男娃过继过去后就成人家的了,跟人家姓。那时候也有卖女娃的,提前说好了,天一黑就领走。

(2)人情往来。家里人情往来一般是男的出去随礼,女的也就是去给人家帮帮忙。

(3)家庭责任与义务。那时候有赌钱的,若是赌输了,就回来把屋里的东西拿去抵,抵不上人家就来偷你屋里的东西。有的人没有钱,没有东西抵,就偷偷跑了。跑了后,女的也不还,谁输了找谁。家里缺钱一般是男的出去借,也有女的借钱的,谁借谁还,别人一般都会借,你有钱借给我,等我有钱的时候再借给你,就这样。

(4)婚外情。媳妇是个好媳妇,就看男娃成行吧?不成行,人家媳妇也就是跟他要闹,不成家庭咋得行。男方他要起下那个心了,你也没法,没法也就没人管看你们咋样闹,不过闹一闹也有闹好的。

(5)人际交往与出行。那时候女的基本都在家里,不出门,也不串门子。有条件了男的出个差,男的同意了可以跟着出去玩一圈,但远了也不行,缺钱得很。男的回来给十几块钱或三十块钱,去老道寺买一背篓红萝卜,红萝卜三毛钱一斤,那时候你出门干啥都要钱。

(三)母亲与子女

1.生育子女

我有六个儿女,两个儿子、四个女儿。老大是个儿子,出生的时候都已经解放了,不到十五岁,就在学校里被招兵的招走了,在部队上当医生待了20年,连去连回22年,现在在勉县一个牙科上。老二是个女儿,在西安教书,现在退休了。

生了儿子、女儿都会办满月,就是给买些衣服,拿一斗米一斗面,有的还有鸡蛋、糖和肉,邻居、亲戚、娘家,人家去你来,你来他去,就这样么。现在这些都不拿了,就是给钱。那时候重男轻女,生个儿子高兴得很,若生个女儿,就不高兴,现在生个女的也很高兴了。

农村里修小学了,我的孩子都上过学,不上学吃亏呀,不念几天书,吃亏大得很呀。

2.母亲与婚嫁后子女关系

大儿子在部队上,二十三四回家结的婚,在部队上管得严,年龄小了不给办手续。媳妇也是别人介绍的,回来结了婚就把媳妇领着一起去部队上了。还有一个儿子在勉县结的婚,工作的医院给承包的,在那待的客,那时候结婚的风俗和现在差不多,女的年龄到十八岁,男的年龄是二十二岁,先介绍人介绍,之后定亲结婚。

小女儿结婚的时候,给陪送了个高低柜。那个时候能有啥哩,有的连铺盖都陪不起,都是简简单单的,铺盖,单子,这是启发女儿的陪送,灯,红灯,电壶这是正常的,再穷都要买上,还有盆子。女儿结了婚,平时有事也会去女儿家,但不会待很长时间,事完了就走。如果家里只有两个女儿,就给出去一个,留下一个,等留下的女儿大一点,再招个女婿。

三、妇女与宗族、宗教、神灵

(一)妇女与宗族

1.妇女与宗族活动

旧社会有祠堂,听说祠堂里是供的先祖,家族里年龄大去世的在里面写着。我没去过不太清楚,也不知道要这个干啥。后来三组祠堂都卖给私人修房了。我们这里没有女长老。

2.宗族对妇女管理与救济

刚解放那会村里生男生女还是不一样的,有些家里只有女子,可能受到邻居的歧视。有些想要男娃,但是一直生的都是女子家,有的可能就把生的女子扔了。然后别人可以捡去。所以,大人家逗小娃家,说:"你不是亲生的,是捡下的"。

(二)妇女与宗教、神灵、巫术

我们这五组修了一个老爷庙,修的时候我们都捐钱了。观音庙听说是管整个村里的人的。听说有一年有人把土地庙拆了,之后这人一次骑车时就死了。庙里的活动也没啥讲究,烧香拜佛男女都能去,一般就烧个香磕个头,求个平安啥的。观音庙可以求子求女。办会了去可以问,现在都少了,就是去烧个香。旧社会天旱了就会求神求雨,有时候还有耍水,耍水是老天爷就要下雨的意思,它是个仪式,编些帽子,拿些鼓边敲边走,来人了,耍水的人就给别人往身上浇。现在没有这个了。神婆子以前别的地方有,我们这好像没有,现在都没有了。

听说我们这有一家人信教,不知道信这个有啥意思,不信就不信,信一信就信到命里去了。

有锅头就有灶神,一般过年敬灶爷,这是老人们给传下的。家里都有家神,家神就是你屋里的先祖,就像太太祖太,男女都能祭拜。清明上坟,即使姑娘嫁出去了也都回来去烧个纸。

四、妇女与村庄、市场

(一)妇女与村庄

1.妇女与村庄公共活动

旧社会村里有保长甲长。有就是保甲长他们管理些啥,净都是管其他的,一个村选个保长,甲长就像八队里杨贵一样,就是民兵连长,就是说明年哪个部队要兵,他们就管这些,他们对人民有啥事。我刚结婚那个时候还有保甲长。那些甲保长就是看谁家有个小伙子跟去当兵,千方百计把你拉去,你不让去,有钱就给塞几个钱,就把你给放回来。有些人家一个儿,把人家拉着去,那个时候村公所①,把你押下,不叫回去,哭得不得了,一个儿,吃粮当兵相当于娘没生,那咋办,给人家弄钱,那地里种的棉花,六斤一捆子,卖十几捆棉花,堵不住人家的海口,那些事情黑暗得很。

有撒子会,没听说开过会,那个保甲长没听过开会,背后地里研究抽的谁家的小伙子,想人家的钱了,就这样,你没钱人家就把你拉去,人家就收去了,当兵。

旧社会那兵,多数去就有些就挨打呀骂呀,有些还有死了的,你以为那些保甲长能做啥,这么八队里史建章史保长,以后嘞,吃的人命多得很,让人家弄起来枪毙了,死了么,哎。

2.妇女与村庄社会关系

那个时候谁家修房干啥的,还跟现在一样,去给人家帮忙。一般修房都是你给他帮忙,他给你帮忙。后来这修房就是包工,你看这好吧,主家碗碗都不捡,房也修起来了。你把钱摆在那,需要啥就买,人家包工的来,你看这做得挺好嘞。

哎呦,那个时候苦得很呐。大部分是糊基墙,一直都是糊基墙,我们现在的房子是1981年才修么。都去帮忙,你去家帮忙,人家来也是帮忙,女的男的都来。

---

① 旧时村公所,现在为公安局、派出所。

那个时候耍的好的这些女的家,也在一起耍,但不能离远。不兴说去歇凉。哪还歇凉哩,多少热哩,那老的家把你管得严格得很。

(二)妇女与市场

那个时候一般是男的去街上买东西,女的很少去,我活了几十岁了,现在还不知道老道寺、纪宅在哪里。"三年困难时期"没吃的没穿的。你想想看,布票是发的,八寸叫你做个鞋补个疤。八寸布票说是要补疤,只能做老布鞋。不够也没有办法,买的话就是那种不好的布,想要好的还没有。

五、农村妇女与国家

(一)农村妇女认识国家、政党与政府

旧社会只听说过蒋介石,没听过孙中山。

没解放的时候也没个干部,就是你一家一户有一点土地住着。

那个时候就是缠脚么,讲究么,那个时候缠脚厉害的就把脚趾头都缠断了,脚趾头就在脚底板下面踩着。我的脚趾头就在脚下踩着呢,就是那个社会。不给你看了,怕你笑话。脚缠了就没办法去地里干活了,就在家里织布纺线,整晚上的织布纺线么。

(二)对 1949 年以后妇女地位变化的认知

解放后,男的就不打女的了,婆婆也改了,不收拾儿媳妇了。旧社会结婚后,夫妻间不兴叫名字,就只喊"嘿",解放后就相互叫名字了。解放后女的翻身了,老的少的都解放了。

(三)妇女与土改

土改的时候,人家来工作队,看每家有多少土地,怎么分。都去天天开会呀,天天工作组来各队,一个队负责一块,我们这十个队来十个工作组呢。开会女的也参加哩。斗地主,都是开会么,就是让你出来去站到那,有仇有怨的去打人家,谁打人家,叫他招了,你咋得发来的?你咋得当地主来的?就给人家硬性地找原因。土地交出来,房子给分了,就是给工作组,家具都分了。分下来,给地主也有份,屋里有三个人,给他留三个人的土地,留三个人的住宅房,你去住的人,地主连个啥话都不敢说,那个地主家抬不起头。

有些妇女家也参加斗地主哩,有些工作组来动员人家哩,你不参加行吗?土改的时候也有女干部哩。工作组把你抽去,袁德成家屋里的,还去叫开会,在那开会,一队里陈素英,我们队里叶秀英,五队里谁来着,这些青年,那个时候就是青年,上场子问人家,你咋得有来的,咋得当地主来的。

土改那会开始,男的女的都下地干活。都去做,解放了人家男的女的干活都凶得很,人家说叫妇女翻身了,干活一个比一个攒劲①,翻身了是让你们干活哩,翻了身不是叫你们耍哩。

(四)互助组、初级社、高级社时的妇女

互助组就是你给他做,他给你做么,土地都是个人的么,一样的么。

你做一天,今天给我做一天,明个给你做一天,后个再给别个人做,人家快滴得呐,但不收粮。没有化肥,以后有了化肥,你看人家这庄稼,还是那些土地,修房还占地。都把好的占了,哎呀,一直从上面那全占的是好田呐,光那学校就占了八亩田哩,修了半天,你看人家现

---

① 指"干活有精神气,卖力"。

在学校撤了,没人了,那些老干部一下架,这些新人手都是好好先生。

三四户人互助在一起,那做饭都要大锅,那会我们这笼这么大的火烧笼就是四五个,人多,你给第二家干活,还是那个。反正就是一家一天,庄稼都不叫失了,都不叫荒芜了。那会干着也有劲,就像一晚上也不知道说是瞌睡了乏了。

解放了就是初级社么,高级社就是把初级社转成高级,高级社转了,这工作组来,又成了几个队,我们这原来有几个大队哩,三队到一队,我们这四队到七队,这都是几个摊摊哩,不知道高级转一转又这样了。初级社、高级社还是干活,还是种庄稼,统一种。那个时候土地还是自己的。修了大水库,修了这个庆家寨的大水库,一队后面那也是个大水库,土地又调,哪个队占了哪个队的,你占了人家的又给人家。那个时候女的有女组长,男的有男组长,女的比较能干的选成女组长。

那个时候旱地里男的女的基本干一样的活,有些得劲的女的做的活还比男的评的工分高。

(五)妇女与人民公社、"四清""文化大革命"

1.妇女与劳动、分配

男女干的一样的活,记工分的时候,有的能干的女的比男的挣得工分高。是由会计记工分。大家一起干活,也有磨洋工偷懒的,但被发现偷懒就会被扣工分。

那时候说我们这山沟里有煤矿,大炼钢铁,结果没有炼出来。如果我们这的炼钢厂能炼出钢来,我们的房子就能修好,那时就能沾光。

大集体的时候,一个人分的有几厘自留地,白天干集体的,下午再干自己的,自留地自己干着,一年能多少填补点。生产队给分口粮、分油、分柴,不分男女,一个人是多少就是多少,油是菜籽油,柴也就是几十斤,能干啥。

土地还是分给自己的好,分给自己就想多干活,多收粮。

2.集体化时期劳动的性别关照

(1)性别关照。女的怀孕后,人家不叫去做,有些女的身体好,自己想去干就干个轻松的活。老人多大年龄不用干活没有限制,但不干也不行,等分粮的时候,你不干活就不分给粮食。

(2)托儿所。家里有老人,就让老的照管,没有的话就自己背着出去干活。不然不干活就没有工分。

3.生活体验与情感

(1)大食堂。吃食堂是1961到1963年的事。稀饭就是一个人一小勺,还有白菜呀、萝卜呀。那时干部有优惠,社员能有啥。晚上去加班就给一碗米饭,回来舍不得吃就留给屋里人,弄点菜弄点油炒一下。这样也都慢慢地混过来了,哪像现在这么好的条件,有吃有喝有穿。

(2)"三年困难时期"。那时候的困难是普遍的,没吃的、没穿的,有被饿死的,下边有一家人的兄弟就饿死在往山里走的路上。

(3)文娱活动与生活体验。大集体后村里没有夜校,也没有唱戏的、演节目的,这边很少有这些。

(4)妇女间矛盾。那时候干活就是光干活,不会乱说话,所以没有矛盾。

4.对女干部、妇女组织的印象

那个时候女的能干的也被选成女组长。后来村上都有妇女主任。

5."四清"与"文化大革命"

"文化大革命"的时候乱得很,也封建的很,好多事我没亲眼见过,我不知道。"破四旧"记不太清了。

(六)农村妇女与改革开放

1.土地承包与分配

分土地的时候有土地证,证上写的是当家人的名字。

2.选举

村里的选举都投票,我也会投票。每个妇女主任、大队干部都是投票产生的。

3.对计划生育的认知

计划生育就是妇女主任管。刚开始每一个人只让领一个,多一个都不让。我们这弟兄两个都不叫多领了,现在叫领二胎了,但是孙子都有了,哈哈哈。现在人家也不要多,现在这个社会谁去养,这娃儿养不起。现在这娃儿不好照管。家里没人照管的话就是请保姆。

4.精准扶贫

我没有听说过国家精准扶贫。

5.社会参与

我平时六点多门一关就坐在屋里看电视,看到八点多、九点就睡觉。其实我不懂什么节目,按到哪个台就看哪个台。现在这手机啊、网络啊,我还不懂。

六、生命体验与感受

我这一辈子从小就开始受苦,也没有念过书,不识字。旧社会封建得很,那个社会没办法说。新社会越来越好,思想也解放了。现在我的这些儿女们也都在外面工作,他们条件都还不错,每周回来看看我,也就够了,都挺好。

QYZ20160814LYY 李义英

调研点：湖北十堰市房县

调研员：祁玉珍

首次采访时间：2016 年 8 月 14 日

受访者出生年份：1939 年

是否有干部经历：否

是否生育：是

受访者结婚的时间节点、生育子女的具体情况：1956 年结婚；1957 年生第一个孩子，共生六个孩子，四个女儿、两个儿子。

现家庭人口：2

家庭主要经济来源：务工

受访者所在村庄基本情况：房县古称房陵，因其山林四塞，巩固有如房室而得县名。房县上有神农架，下有天然温泉。屋多伴山而建，受回龙兵工厂的限制，房县通向外界的就只有乡村公路。这里属于北亚热带季风气候，春秋相近，四季分明，景色优美。作为诗经先驱尹吉甫的故乡，这里都是汉民居住。房县是贺龙将军的主战场，是革命老苏区。房县是全国著名的"木耳之乡""黄酒之乡"，盛产黑木耳、香菇、绞股蓝、板栗等。这里的居民多外出务工。

受访者基本情况及个人经历：老人生于 1939 年，十八岁时与老伴儿定亲，十八岁结婚。生有六个孩子，其中四个女儿、两个儿子。老人现在由小儿子照顾，老两口精神都还不错，所以单独居住。

老人说她这一生挺幸运的。父母对她们都非常好，有什么吃的穿的都给她们。因为老人家当时是姊妹四个，所以老人的丈夫是招进来的。还没有结婚的时候，家里的事由父母操劳，结婚分家后，家里的事又是由老伴儿操劳，自己主要就是照顾孩子，虽说也做过活、吃过苦，老人说，那都是过去的事了，现在儿子媳妇、女儿女婿都孝顺，老人很欣慰。

一、娘家人·关系

(一)基本情况

李义英,1939年生,今年七十八岁。小时候上学,所以名字就是老师起的,那时候起名字也是按照排行起的,我们是"义"字派。哥哥、弟弟的名字都是父亲起的。母亲生下我们九个孩子,三个儿子、六个姑娘。三个儿子出生没多久就死了,三妹妹在二十岁时生病去世了,最后就只有我们姊妹四个。那时候还小,记不太清楚家里有多少地,土改时划分为中农。夫家有七八亩的水田,土改期间被划分为中农,家里有四个弟兄。我十八岁结婚,因为我们家没得儿子,所以我的丈夫是我们家招过来的,1957年生的大女儿,共生了六个孩子,四个姑娘、两个儿子,现在他们都已经成家立业。

(二)女儿与父母关系

1.出嫁前女儿与父母关系

(1)家长与当家。家里有什么事儿需要拿个主意都是爸妈搞的。

(2)受教育情况。我们家都是女孩,每个女孩都读书了的,读书最多的就是我们三妹妹,她读了初中,但是后来三妹妹生病去世了。也有的(家庭)只给男娃子供书,不让姑娘读书,认为姑娘读书不好,老一辈认为"女子无才便是德"。我们那时候读书是公立学校,不需要学费,只是需要自己买书本,也有的家里经济也确实困难,连书本都买不起,没得经济(我)读书。还有家庭好的上的就是私学,自己聘请,每个月(给老师)斗米斗面、斤油斤盐。

(3)家庭待遇及分工。在家里是一家人都是一样的,同餐同顿,我们家都是姑娘。我们姊妹几个也没有做过什么农活,我们姊妹几个主要就是在家里做针线,有时候姊妹几个还上坡打猪草啊,喂猪。我还记得那时候我一个人到我二姨那里玩,回家的时候我还给家里的每个人做了一双鞋。

(4)对外交往。那时候都是在乡下,每家每户隔得远。也就是每天晚上,我们姊妹几个在家门口玩一会儿,有的时候,你在外面玩一会儿,妈妈不让去,就开始打我们姊妹几个。我们姊妹几个有时候去看舞狮子、舞龙船啊,自己去看一下,爹就不让去,那时候小,父母管得多。

(5)"早夭"情况。我们这里早夭的孩子不分男女,都是一样的安排。我妈妈的三个儿子都去世了。那时候是发七疯①死的,那时候讲究来的时候赤膊(光着身子),走的时候也不穿衣服,就直接那样埋了。还有的就是小孩子不满月的时候死,在下葬的时候,在他的腿之间夹一个刷子,就是说这个孩子是化生子,就是出来骗人的,夹个刷子让他下辈子变畜生。

2.女儿的定亲、婚嫁

我还没有满十二岁的时候,我爸爸妈妈就给我定了亲,那时候是冬天,就把他招过来了,但是他是一个秃子,我死活不答应,最后没得办法,就又把这个男的给别人家招去了,因为这件事,我爹就不让我读书了,后来又有人到我们家来给我说婆子②,说了几家都没有说成,也就是这样我爹还打了我妈,说我妈没有把我教好。最后找了老伴,我们十八岁定的亲了,十八岁就结婚。定亲的时候就把他的八字拿来算过了。如果八字合的话,父母就会同意,如果八字

---

① 发七疯,指小孩子才出生七天就死了。
② 意指说媒。

不合,结婚这是不可能的。我们家因为是四个姑娘,所以我的丈夫是招进来的。那时候穷,结婚啊,也没有拿什么东西。我心里还是同意这门亲事的。妈也同意(婚事),老头儿也同意。我们结婚之前是没有见过对方的,那时候都是父母同意就可以了。那时候我们村里有个人啊,他开始是和一个保长的女儿定了亲,那时候心里肯定是开心啊,可是后来才知道那个保长的女儿脖子里长了一个疙瘩。这个人知道后就偷偷地跑了,后来又被抓了回来,最后还是娶了保长的女儿。

我们是招的女婿,媒人说好之后,定了一个日期,到了那一天,就吹唢呐把老伴送过来了,进门之后就站着三鞠躬,三鞠躬完了之后就有牵新娘的人,牵着新姑娘跟在新郎后面进洞房。后来,新郎又出来照顾来的客人,新娘就在洞房里。还有不是招女婿的,己亲不走(自己嫡亲亲戚当天不走)就陪着新姑娘。接亲的人就在这天晚上过来,第二天早上走。新姑娘上轿子,就是自己的哥哥或者弟弟背上轿子,有钱的人家,送亲的人也是坐小轿子的,这个轿子与新姑娘轿子的区别就是,小轿子没得轿门,敞开的。再就是有两个吹萨那儿①的、打锣的,还有打伞儿(老人忘记叫什么名字)的,打伞的人在最前面,打伞的人还要求是成对的。然后就是牵新娘的人把新娘领进堂屋,那时候牵新娘的人也是要看八字的,要看她的八字与新姑娘与新郎合不合。进到堂屋之后就拜堂,堂屋里准备的有两个蒲团②,新郎、新姑娘就跪在上面,拜堂的时候,新姑娘就只需要轻轻点头,新郎必须额头碰到地。新娘呢,一般还会带嫁妆,那时候的嫁妆都是一些木式家具,睡柜③、站柜、书桌子。

那时候过年吃团圆饭都是在婆家,初二初三的时候,带上丈夫孩子回娘家去拜年,拜自己的长辈。

3.出嫁女儿与父母关系

我是招的女婿,就是和自己的爹妈住在一起。出嫁后与出嫁前还是一样的干活。后来因为我们孩子太多了,家里人太多,就分家了,我们一家人去了黄粮,但是与爹妈隔得不远,有时间就去走动走动,那时候太艰难,也没得个啥东西可以拿的,也就是人去看看。

(三)出嫁的姑娘与兄弟姐妹的关系

我兄弟们在他们很小的时候就去世了,最后就是我们姊妹四个。我大姐姐出嫁之后,就没有什么联系了,然后就剩我们姊妹三个,再后来,老四也找婆子了,我们就与爹妈他们分家了,只有小妹妹还和爹妈住在一起,小妹妹也是招的女婿。我们分家之后,我们就去了黄粮,与爹妈隔得也不远。平常还是走动走动啊。小妹妹招女婿的时候,我们还去帮忙做点事。毕竟是分家了,屋里有个什么事啊,也都是老辈子做主。

分家之后,回家拜年都是正月初三、初四的,没得什么东西带,有什么就带什么,父母都过世了就不再去拜年了。

二、婆家人·关系

(一)媳妇与公婆

我是招女婿,不存在婆家。

---

① 音译,一种乐器,即唢呐。

② 圆垫子。

③ 装粮食的柜子。

（二）妇与夫

1.家庭生活中的夫妇关系

我心里对这门亲事还是挺满意的,再加上我们是招的女婿,还是和我爹妈们住在一起,所以对我来说,还是不错的。他人呢,还是不错的。每天啊,就和我爹爹他一起做活,干活呢也实在。分家后,我们家里也是他做主的,家里面生的孩子后来也是和他姓的,我们在一起过了一辈子。虽然他只上了小学,但是他做事非常得体。我们都是在农村生活,那时候生活苦,挣不到什么钱。而且我们那是在农村都穷,都没得娶小老婆的。那时候一般都是自己丈夫休妻,很少有哪个女的不要自己的丈夫。

2.家庭对外交往关系

分家前就是照顾孩子,忙得不行。分家后,就是你自个儿上集体干活,天天都在干活,哪有那么多时间玩,那时候也不像现在,哪有那么多玩的。

（三）母亲与子女的关系

1.生育子女

(1)生育习俗。1957年生的大女儿。那时候,我才十九岁。生大女儿,发动(折腾)了五天才生。那时候他们去找了接生婆,让我躺在床上,就叫我使劲,丈夫一直陪在身边,几个小时后就生出来了,娃娃一下来,接生婆就把脐带剪了。有的还会把脐带剪了包起来,小孩子肚子疼就给他熬水喝。大姑娘刚生出来,刚好鸡子叫了。娃娃下来这么大个,还好多的血啊。三天之后,才能给娃娃洗。

"报喜"和"洗生"。孩子生完第二天就会去娘家报喜,生的儿子送公鸡,生的女儿就带酒去。我们是招的女婿不存在报喜,只有姑娘嫁出去才报喜。

(2)生育观念。我是儿子姑娘都有,现在的生活挺好的。有些呢,儿子生多哒,觉得生姑娘好些。有的姑娘生多哒又望生儿子,这是一回事。我就觉得我姑娘儿子都还孝顺。我们那屋里也不怎么看轻姑娘啊,姑娘儿子都是一样地对待。现在姑娘、儿子们都有了女儿、儿子,我这些孙娃子啊,都还争气,都是大学毕业。出来工作的也孝顺。逢年过节啊,都给我买点东西送过来。我们那三女婿身体不好,有病,但是对我们也好,我现在啊就是比较担心他们,其他的现在身体都还好。现在我也有重孙女了,两个都机灵,招人喜欢。

(3)子女教育。我共生了六个孩子,两个儿子、四个姑娘,老二和老五是儿子。1957年十八岁的时候生了第一个孩子。到二十六岁就已经生了四个娃子,那时候就是因为娃子多了,才和爹妈分家了。大姑娘就读到四年级,后来让她读书,她死活都不读,老二儿子呢,初中读完了,那时候读高中是推荐的,我丈夫求人然后让他读了高中,那高中还是好学校。那时候有的读完高中,就可以当个老师,现在也还是老师。只可惜我们那时候是中农,那时候毛泽东就靠贫农、下中农,人家就认为我们资本高,最后就在地里干活。老三那时候是搞大跃进的时候,一边读书一边劳动,学籍(学历)高,没得质量(挑剔),她后来还在黄粮教了几年的小学。老四初中读完了,她那时候学习好啊,只可惜那时候家里穷,没得办法才没读了,就在屋里干活,供我们老五上学,我们老五是大学毕业,现在是高中的老师。他那时候聪明,大学就是高中推荐去的,都没有考,去的湖北大学,我现在还觉得他那时候就不应该推荐,就应该自己考,可能考得还好些。老幺是读了小学六年级,后来自己不读就没再读了。现在姑娘儿子们都成家了,老大、老二还当爷爷奶奶了,我现在都有四个重孙了。那时候挣不到钱,孩子们读书的学费也便宜。虽然说养活一群娃子不容易,但是现在就是我享福的时候了。

(4)对子女权力(财产、婚姻)。说起来那个嫁妆啊,我们就大姑娘出嫁的时候给了点嫁妆,其他的姑娘都没得。那时候都解放了,他们谈朋友啊,都是自己谈的。然后我们再请媒人说媒。我们那老四啊,就是三姑娘,看上了我们三女婿,那三女婿屋里穷啊,我们都不答应,最后她自己在屋里喝老鼠药,这没得办法,就只能同意了。

2.母亲与婚嫁后子女关系

大儿子结婚了就分家,就给他们分了几间房子。姑娘们都出嫁了,就三姑娘跟我们生活在一起。那时候二儿子还没有结婚,他那时候在城里面教书,我们还在乡下,家里面的一些房子啊,都是我们三姑娘盖的,我们三姑娘是受了不少苦。那时候二儿子回家就带个牙刷,那时候日子都还好,我们二姑娘的女儿还有三姑娘的女儿啊,都是我们带大的。后来,我们这里要建水库,我们就搬迁,搬迁就有搬迁费。那时候分给大儿子的房子,他们后来没住在那里了,就因为这个房子后来与老大闹了些矛盾。后来二儿子结婚了,我们归二儿子养。但是我们还是自己单独住在一起,自己种地,住在这离姑娘们也近,就在去年,给了大儿子一些钱,这样两个儿子都一样了,这才使得我们关系好了许多。现在姑娘、儿子们都孝顺,我们过的也挺好。

虽然在这只住了八年,但是这人都热情。现在还种点儿菜园子,养鸡啊、养猪,平常也给姑娘、儿子们送一点。

三、妇女与村庄

1.妇女与村庄公共活动

有时候也不能出去,爸爸有时候知道了还打我们,就是不让我们晚上出门。正月里家家去看灯啊,看人家划船啊、舞狮子啊。

2.妇女与村庄社会关系

做姑娘时候的玩伴就是自己的姊妹啊,我们那时候住在乡下,每家每户都不是住得近,平常都忙啊,哪有时间去找人家玩啊,也就是姊妹几个平常在一起玩一下,出去看看灯啊、看人家舞狮子啊。这针线啊,就是自己的妈妈教的,不过我妈妈就只教了我们如何做鞋底,有时间大家聚在一起的时候就看那些大的做,慢慢地自己就学会了。出嫁后,我和父母生活在一起,后来分家后,妹妹结婚啊,我们才回去。我们屋里侄子多,得照顾侄子,平时不怎么回去。

四、农村妇女与国家

(一)农村妇女认识国家、政党与政府

我们小时候就经常听人家讲蒋介石啊、毛主席啊,还有关于孙中山的。这些都是那些老人讲的。后来土改的时候天天开会搞学习也会讲一些这方面。国民党就是蒋介石领导的,就是坏的。而且还不讲道理,抢我们的东西。我接触的官啊,也就只有保长、甲长。那时候都是在一个村,所以有一些接触。后来啊,就是开会的时候,接触了一些官。我在家就是管家里的事,这些当官的啊,我们这些妇女接触的都少,每天要不干活要不就是照顾孩子,也不经常出门。我们屋里没有党员。都是农民啊,最有文化的就是小儿子,也就是当了一个老师。

我那时候没有裹脚的。以前那时候是都喜欢小脚啊。那时候都觉得说,女娃子缠了脚以

后弄得到吃的!

我没有去读夜校,那时候家里都有好几个孩子了,天天忙着照顾孩子,忙都忙不过来,就更没有时间去读夜校了。只知道那时候夜校是小队组织的,是我们村里面的人当的老师,但是忘记是什么时候了,那时候男的女的都读夜校。

屋里热闹一些。不过我觉得孩子还是不用那么多,多了难养啊。不过现在生活好了,都养得活,我的姑娘啊有的就只有一个女儿,我还是希望她能再生一个的,一个太少了,也没有一个伴儿。我觉得两个刚刚好,互相还有一个照应。

村里变化很大。我们的老家现在已经成为水库了。现在我们住的地方就挺好的。以前我们做农活都是自己亲自做,你看像现在,我们有时候收个玉米啊、土豆啊都可以请机械来帮忙。

(二)对 1949 年以后妇女地位变化的认知

我们家里都是女孩对于这个我们倒都还好。等我长大了,妇女就解放了,男女就平等了,妇女地位当然提高了。有的妇女就去当老师啊,有的还在行政上(部门)上班,当的官啊比男的还大,做事啊比男的还认真。现在结婚离婚也自由了,女的也可以提出离婚啊。

(三)妇女与土改

我们就是中农啊,其实我们那时候家里面还是很穷的,家里面的地都是租的别人的,但是没有办法啊,土改的人来了之后就说我们家里面的地多,然后就给我们评了一个中农。就是因为是个中农啊,我们家的大儿子没有找到好工作,我的大儿子啊,那时候读书是一直读到了高中,本来说就是可以找到一个好工作的,谁知道刚好毛主席上台啊,然后斗地主的时候,就把斗地主的一些东西全都分给了贫农他们,我们家就什么都没有分到,我们家的大女婿当时也读了高中,高中读完了之后就分配了一个好的工作,现在还是一个在职的老师,只是因为当时他们家是贫农啊。我现在老了,就是觉得对不起我们家大儿子,分不到东西,这些我倒不怎么感到遗憾。

斗地主的时候我也没有怎么去,那时候家里面都已经有小孩子了,我就每天在家照顾孩子啊,只是看到别人斗地主,我也就知道冯天云是地主。我记得那时候组织上让我们去开大会,有的时候会开完了,他们就会把地主绑起来,让他跪在地上,然后就开始各种的批评他,有的时候甚至会打他。那时候都是在地里面劳动,如果地主他们做得好的话,他们的工分还是和我们一样的,但是如果做得不好的话,开会的时候就会批评他们,然后也会扣他们的工分。地主的女儿的话还是能够找到婆家的,有些人家不喜欢找地主的女儿。

(四)互助组、初级社、高级社时的妇女

不过我当时还好,我们规定是女的都是在屋里面干活,还可以照顾一下孩子。我记得我那时候主要就是搬东西,像收好的麦子啊什么之类的把它搬到仓库里面放好,但是也有一些女的是在外面干活的,孩子就可怜呢。那时候是规定男的一天是十个工分,女的一天是六个工分,男的一个月是干二十八天,女的一个月是干二十六天,还有四天假呢,就是照顾女的身体,那时候如果说怀孕之后产假也就是一个月,你要是想请假的话就给妇女主任说一声就可以了。

我们的工分没评到过低等分,不低于人家。只要你认真做好好做,你的工分都不会低,妇女一天也能够拿八个工分,到后来之后只要女的和男的做的是一样的活,工分还是一样的。

（五）妇女与人民公社、"四清""文化大革命"

1.劳动与分配

有些妇女在地里面干活,然后就把孩子放在山坡上,休息的时候就去给孩子喂奶,我那时候干活的时候,最小的都是由他的姐姐照顾的,我的几个女儿他们没有读书之后,大女儿和三女儿的话就在地里面干活,我记得三女儿是一天三个工分。我女儿是在一个小学里面当老师,小的也是在读书了。我记得当时就是读报声、广播声、语录声。

那时候在农村里面也没有什么养猪啊、养鱼的。

有一些家庭条件比较好的,生完孩子之后,自己的父母啊,就会在家在身边照顾着,有一些生完孩子就马上洗洗手就下来开始做饭。在地里干活的时候,孩子一般都是放在家,有婆婆他们照顾。

2.对女干部、妇女组织的印象

只记得有妇女主任孟彩萍,啥时候请假呀,就向妇女主任请假,有的时候开会也是妇女主任组织我们去开会的。

3."四清"与"文化大革命"

"四清"的时候我们家里的一个老祖宗的碑都被砸了。

（六）农村妇女与改革开放

以前的时候也是重男轻女啊,有的家里面非要有一个儿子,都说养儿防老。先前,第一胎是男孩的话就不能生了,超生了是要罚钱,但还是有好多人要超生。现在是又可以生两个了。我们家里面的三姑娘啊就只有一个生的是姑娘。

五、生命体验与感受

现在生活好了,再想吃个啥,想穿什么都可以买得到。我的儿子姑娘现在都有出息了,他们都非常的孝顺,平常有点东西都会买一些上来,我们老两口现在在这里,种种地呀、养养猪啊。生活是很轻松的。现在就希望我的孙子、孙女他们也能够有大出息,我也能够享享他们的福。

SXY20160710CGL 陈桂莲

调研点：山西省芮城县古魏镇

调研员：孙新宇

首次采访时间：2016 年 7 月 10 日

受访者出生年份：1933 年

是否有干部经历：是

曾担任的干部具体职务：1955 年任村妇女主任

是否生育：是

受访者结婚的时间节点、生育子女的具体情况：1954 年结婚；1956 年生第一个孩子，共生四个孩子，前三个是儿子，最后一个是女儿。

现家庭人口：6

家庭主要经济来源：务农

受访者所在村庄基本情况：华岳村，位于山西省芮城县古魏镇，全村共 890 余户、3200 人，其中移民 270 户、704 人，党员 68 人，华岳村位于县城东南 0.5 千米处，由华岳、南斜、西杨家、大车四个自然村组成，下辖 11 个村民小组，耕地面积 6403 亩，河滩地 600 亩，以种植小麦、玉米、棉花等为主，并种植少量经济价值较高的菊花、丹参、苹果等。

受访者基本情况及个人经历：老人生于 1933 年，是一位老共产党员，在村子里担任过妇女主任，在农业社时期曾号召村民，并身先士卒，将自家的草席捐出，带动大家，保护了全村人一年的口粮，并担任高级五星社的妇女主任。目前老人赋闲在家，家中有四个儿女，邻里和睦，村里人都很尊重这位老党员，她觉得自己将一生奉献给了中国共产党，她无怨无悔，只是觉得自己在有生之年不能为国家多做奉献而深感遗憾。

一、娘家人·关系

(一)基本情况

我姓陈,陈桂莲,这是官名,小名陈帮群,桂莲,桂花的桂。桂莲这个名是我原来上速成识字班的时候吕家那个三叔——吕老师,吕老师给我起下的,这个小名是我娘、我爹起下的。上民校的时候那是哪一年,我现在老了记不起了。起这个名的时候这个名字也没有啥意义,那是我写小名时,他说,那我给你起个官名,姓陈,叫陈桂莲吧。我是1933年出生的,那时候家里有五亩地,那土地改革(把我家)划成中农成分。家里有哥、兄弟、姐,一共六个。是我的姊妹子,一个奶头疙瘩吊下的姊妹六个,还有奶、爷,屋里头没有说就是粮食不够。我爹那个时候下苦力,在油磨的(地方),在打油、油磨哩,我爹一条担子担着,换点芝麻。农民卖油,换点芝麻。我娘在,我们那是"十里的太安",在太安村救助了多少人,把那麻生碾成面子,我爹在滩里种的黑豆,我娘把黑豆煨成面。有人没吃的来了,我娘揽一小簸箕黑豆面,揽一小簸箕麻生面,连着滚水一烫,捏成窝窝,农民吃了都救命哩。所以我娘救了多少人,我娘活了九十七岁,我娘死时,十里的太安都来看,救了人家命了。我娘家后来家穷得很,姊妹子多,没有地。

(二)女儿与父母关系

(1)家长与当家。那个时候家里就是我妈、我爹、我奶,我爷当家,我奶我爷都老了,就是我爹我娘当家。

(2)受教育情况。我们小时候,我爹也是粗人,是农民,叫我上学,我不甚爱上学,我妹妹,我两个妹妹上学,后来我嫁到这村里,才上了速成识字班,做小女孩的时候我不爱上学,我爱学针线活、爱做活。

(3)家庭待遇。我娘我爹他们是男女一样看待,也不分重男轻女的,没有这种说事。

(4)对外交往。那个时候村里头的习俗,过年的时候屋里头的女娃不能出去给村里面的人拜年,我们是一姓一家子,光是男娃拜年,那个时候我爹给我哥引着拜年,女娃不能出去拜年。屋里头来客人了,我爹跟我娘他们思想不顽固,我们都能坐到一起吃饭。我们姊妹多,我老是爱做鞋,从小时候,十岁左右我就开始学针线活,给妹妹弄个小鞋底,做鞋,学的做鞋。

(5)婚嫁习俗。原先封建社会就是两家子合适了,你有一个娃(男孩),我有一个女(女孩),这都是经过介绍下的,不是自己原来爱上的,那个时候是封建社会,不一定说是多大年龄,不限制,有的那个两家合适关系好,就同人说的介绍的就定了,娃子女子就定亲了,定亲,小小的时候就结婚了。以后那地主老财,人家的媳妇就是童养媳,这个女,小,在人家屋里,没有结婚时,在屋里停着,那就叫童养媳。媒人经过老人,老人再给儿女说。媒人给你说人家娃子有多大,家庭这个父母的关系都好不好,在村里合邻不合邻(与邻居关系和睦),就这样说。那个时候也兴送彩礼。彩礼数额不限制,有了,多送一点,没有了还是少送点。那个时候这就叫许亲哩,许亲的时候还是经过介绍人给说,动亲戚,吃摊子,就叫许亲哩,这就是定了,稳定了。两家人有时候见有时候不见,经过介绍人给说说,人家也不见了,不做摊子,不见了。许亲没有结婚,还要经过男方的家长查日子,不管是五月啦、六月啦,男方的定下了这个日子才结婚哩。那定亲了以后男方突然给死了,人家这就叫拜丧。埋娃子的时候,女方也去,拜丧以后,就断了,人家女方有合适的人家就嫁了,这就叫拜丧,有这个说事,彩礼不退,有的关系好,说我儿子死了彩礼能还回来,大部分都不还。

那许亲后男女双方那个时候封建还不见面,都是经过人家介绍的说了,以后解放了,能见面了,解放以前不见面。结婚时头一回的时候一般都请女方亲戚,姑家、姨家、舅家。那结婚的时候父母给置办的嫁妆,有了,多陪一点,没有了,少陪一点。陪嫁妆,不一定陪多少。有钱的人多陪女子点,没钱的人陪的简单点。人家其实也有标准,你这个穷家子,没钱陪不起,就不陪了,就少陪一点,陪是陪哩,陪的少,有钱人陪得多。姑娘嫁出去以后,就那兄弟哥,(姑娘)嫁到这了,到这叫哩,叫他姐姐,叫他妹妹哩,回娘家哩。大概是出嫁两三天,第二天是"回门",第三天是舅家叫哩,第四天第五天,有的那姑家姨家都叫哩。童养媳是因为娘家穷,地主给她娘家掏点钱,女子就到人家屋里去了。至于上门女婿,上门女婿就是比方说,屋里有女没有娃子,这个娃子(女婿)上人家娘家去,这就叫上门女婿。人家娃子同意。有的那娃子去,还给人家带点钱哩,还给人家带点彩礼哩。女方她屋有家族的话,人家这女方家里也给她们这自家叔啦伯啦,也通知哩,都要知道。如果这个女婿,上门女婿不听话了,不孝顺了,那他不愿意在人家这,他也可以走,女方又能再寻男方。他们要下的孩子,是这样,生两个,男的姓一个,女的姓一个。以前有这个说法。姓人家娃子一个,女方一个。

二、婆家人·关系

(一)媳妇与公婆

主事有的是奶奶管事,有的是婆婆管事。那婆家屋里要买房子、要买地,都是老人商量,儿女人家不跟你商量,你不懂事,我记着他们就不跟我商量。婆媳相处有规矩!早起,你早早天不大亮,原先后面盘了一个院头,你起来把你头发梳梳,给人家老人尿盆倒掉,然后扫院子,你到后晌①,黑了②给老人把尿盆端回去,放到老人屋里,老人坐在热炕上吃饭,你是媳妇,你在脚地③给人家伺候着,老人吃完了,你给人家舀一碗,看人家用啥,你给人家取,我到这儿的时候还是这呢!都解放了,还是这。我到这个家是弟兄三个,娴后④三个,老婆夫⑤们坐到炕上,我们在脚地,在厨房脚地吃饭。人家是老人嘛,原先两样生活哩,给他们蒸一些白馍,我们是黑馍,哈哈哈,生活不一样,他们是老人,他们另看待。在婆婆跟前说话不能大声,你得弱弱的,满脸是笑的说。你走娘家,你就比方说今天我走娘家,你事前衣服还不敢换了,给婆婆说,你事前给她说:"娘,我现在回我妈家啦。"看人家批准了你,你才拾掇的换穿的,你如果敢换了再说,人家就说:"那你都弄好了你给我说啥?给我说过干啥?"有天我有急事,不知道是啥急事,我说走的时候给她说,我走呀,你猜人家咋弄我?我在脚地,人家在炕上,她呼啦下来,一下把我推到风函⑥上。到娘家,我哭的给我娘说,我婆婆还那么家伙⑦,一下把我推的。我爹说,么事,人家当老人就要当老人的样子,人家是老人,你事前没跟人家说,我走得急,我忽然想起我娘家有个事情,不知道是啥事,我给她说时,她说我说的迟了,"你走的时候才给我说"。一下把我推的呀!哈哈,我急的一路,哭了一路,说着也伤心的。婆婆不允许你出去串门,

---

① 后晌,指下午。
② 黑了,晚上的意思。
③ 脚地,指屋子里除了炕以外的地方,也指厨房、灶房等地。
④ 娴后,妯娌的意思。
⑤ 婆夫,夫妻的意思。老婆夫,老公公、婆婆。
⑥ 风函,原先村里烧火用的手拉风箱。
⑦ 家伙,厉害的意思。

那个时候你才到人家屋里,就不能去,以后啦,时候长了,老媳妇了都串门哩。1949年以前有婆婆虐待媳妇的现象,有的媳妇杀吧老①厉害,人家也顶她。四九年以后,解放以后,人思想都解放啦,婆媳都和气了。我是老三,老二媳妇老厉害,她老限制婆婆,原先的织棉纺线,她去年没弄下,石门有我一个姨,我的老表②到这叫了五次,我的二娴不叫我走,说我棉子没做下,不让我走,解放啦,桌子盘桌子,在那斗她,说她刻薄老人,问她一条她答一条,这是以后解放的事。

(二)妇与夫

我跟我丈夫是结婚那天见的面,原先就没见过,结婚后都不太说话,叫对方的时候就是"哎哎哎"。如果村里面有哪一家屋里男的赌博不成器,那屋里女的能管事,哎呀,男的不成器,女的也就顶着走了,没吃的,没喝的,有儿女,就自己寻去了,就是女的寻得借粮食。屋里媳妇要花钱的话,如果关系和睦要用钱了,一家人也不用说那么多话。屋里如果有几个人得病啦,人家千有头、百有头,人家有家长哩,家里有家长哩,老人人管这事哩,人家就给你看哩。做饭必须是女的做,还有娃是女的带,老人也给看哩,给看娃哩。屋里头衣服也必须是女的洗,你坐月子的时候,病啦,人家老人好了,人家伺候你,人家给你做饭伺候你,碰上不好的,你也就个人自理做去啦,人家不管你,不好的人家就不管。

1949年以前也有男的娶小的,太安那块(有个人),就娶了四个,有一老聋子,娶了四个婆娘,那个四婆娘现在还在哩,人家有钱,娶一个娶一个的,娶了四个婆娘。一般都是有钱才娶的,没有钱你还娶啥? 娶小的人家也讲究门当户对,人家这娘家有钱了,人家屋里有钱,就说人家,人家能挂上钩嘛。娶小的,人家也在人家男方办仪式哩,不过小一些,没有闹那么大。1949年以前男的打骂媳子现象很常见,你媳妇厉害了你能反抗,不厉害了你就只能挨打。1949年以后,人家解放啦,人家就叫自由恋爱哩,人家就方便啦,也没有那说事。1949年以前媳子不能不经过她男人的同意,出去就是到市场上买东西哩,人家约束你,人家老人就不让你随便跑,就不能进街、进市场,以后解放了才不约束啦,以前不行。

(三)母亲与子女的关系

我有四个儿女,三个男娃、一个女娃,老大是儿子,大概是1956年生的,我大儿子今年都六十了,我二十六岁才有我大儿子,我最小的女娃都四十多了。那个时候穷,要娃子跟要女子报喜时都一样,都是在门口挂一红布条就对啦。但是生了男娃,你能收拾(摆席),生女娃就不能,要男娃庆祝的话,时间都不一样,有的是二十天,有的是十天,有的是满月,不一定,不一定多会收拾。儿子结婚的时候你有力量有钱了盖新房,没有钱这就在这老屋里娶哩。

三、妇女与村庄、市场

(一)妇女与村庄

我嫁之前那个时候人家也唱戏,老人给引着,我能看,引着看。那时我还小,人家也不愿意叫你随便跑,人家老人给引着。

(二)妇女与市场

嫁之前也没有去过人家集市,赶过集,买东西,也不会买,就不买,赶集上会也不买。屋里织布纺纱的棉花都是个人种的。

---

① 杀吧老,语气词。

② 老表,表兄妹。

你说买卖,我就想起来,那个时候,我都有了大儿子,那个时候,都上了大学啦。我没钱,点的煤油灯,黑了(天黑),做的夹鞋,棉鞋,街上有一小卖部,我拿到那里去卖哩。用我娘陪嫁我的黑线呢约着(包着),我怕人家张家人笑话我,背了一包袱,人家说您做啥,我说我上我亲戚屋呀。人家金麦锁是叫啥?人家大儿子跟我二儿子上大学,一是头一年,我穷的没钱,给我嫁妆卖了,黑了做的棉鞋、夹鞋卖了,供娃子上学。我四个儿,两个高中生、两个大学生,就说那会就没有钱,没有啥卖的,人家现在都做小生意,原先没卖的,我娘陪我的嫁妆卖了,卖去包一包袱还怕人笑话,背到脊背上,人家问我做啥呀,我说我上我亲戚喔呀,到街上卖几块钱,人家要钱了给人家送的去,呀呀,喔头里(以前)也受了邪火啦,可怜的老是没钱。你爹,你姥爷,人家能手活一些,上学去,年下走去没有钱了,问人家都借几个钱,一年养个猪卖了还人。新民(老人儿子的名字)在北京上学,买票哩,人家一年舍不得吃,别人吃一毛钱的肉菜,他吃几分钱的咸菜,省了几十块钱。新民走家(后来回家),(钱)在书里夹着哩,搁到我箱子盖上。居民(音译,儿子的名字)给人家(给自己)买了一打猎枪。我三儿子。人家(居民)说,妈,我钱呢?我明日走家,我的怎没啦?我说你钱在哪?人家说,我放在书盒夹这哩。我说:"我就没见,我就没翻过你书",人家书在书包里装着,在我箱子盖搁着,我说:"新民口里落,肚里攒,攒了几块钱,你见去吗",人家(居民)说"我见去,我买了一打(支)兔枪。"我没法子。你姥娘(指调研员的外婆)来啦,我跑到那,说,嫂子,你跟人家爹商量,你手跟前有钱吗,我新民明日走家没钱。哎,你姥姥给我送了几块钱,说,他爷给新民了几块钱,搞的叫人家,我猪也喂得大啦,猪交了再还,还给你姥姥,哎呀,原来可怜着哩,没有的就是没有的。

四、农村妇女与国家

(一)农村妇女认识国家、政党与政府

那个时候就不知道这哩,就不懂得这哩,没有解放以前,你就不晓得这哩,日本人在这,就老是逃难,就一听说日本人来了,就吓得! 我见过日本人,那个时候都十岁啦,日本人还没走哩。我现在都八十五六啦,见过,见过日本人。解放以后我上学嘛,上速成识字班,嫁这到村啦,上速成识字班,人家师傅给讲中国,1949 年以前也听说过孙中山、蒋介石嘛,宋美龄、宋庆龄姊妹。1949 年以后我上学,人家给讲毛主席,我才知道国家主席是谁。

我 1953 年就入了党了,任生杰跟史克敏,是我的入党介绍人,这两人(现在)都死了。入党的时候,都过去几十年啦,你想,1953 年,这现在都几十年啦,两介绍人。那个时候,大车村党员男的、女的都没有的,我最先入。那个时候就是成立起这高级五星社,我最先入。我上学、上民校的时候,人家讲这,我听懂啦,说这共产党好嘛、入党好嘛,我入了嘛,入了以后我是党员。1958 年走蒲县去,我大儿子那个时候才一岁多,离不了奶,我婆婆不叫去,说娃太小,离不了奶,我在家里给农业社喂了四个幼儿牛,还带食堂里做饭。我能吃了苦,我这人能吃了苦,天不明(亮),喂小牛娃,我屋里那个时候有一槽,拌这槽草,它基本上吃了就够了,我给它倒些水,天亮了,给食堂做饭,几百口人的饭,给人家做饭,你再吃苦。那个时候,有我大儿子,喂娃吃奶,我大儿现在都六十岁啦。1958 年在走蒲县炼钢铁,炼钢铁哩,我那婆婆屋里老弟兄,就是我的大儿子是头生娃,其他都是侄女,要了这一个娃子,我的老人说你看娃太小,娃离不了奶。以后我到公社里给头儿请假说,这现在哩这我婆婆不叫我去,娃吃奶哩。头儿说,你到村里给干部说。我给养了四个幼儿牛娃,那饲养员都炼钢铁走啦,小小的牛,一岁,也

给喂着,给食堂做饭。村里给你分下任务啦,你说做那么多人的饭,还要给养牛,怕牛跑,一跑我领不住了,我就叫它吃了,我给它倒些水它喝了,拿架子车给它拉些土给它喷喷圈。

(二)妇女与土改

那土地改革我是下中农,那土改工作队也到过屋里。这上中农给你这财产就搬啦,搬走啦,分给贫下中农、雇农。雇农就是贫得很,就叫雇农,到家啦给你这东西,财产没收了,过到公共集体地方,给贫农分啦。那时候解放啦,八路军来啦,就没有你地主说话的权利,他以前他刻薄老百姓,这贫农、贫雇农,地主,熬长工,他有权利使唤贫农,那个时候贫农解放啦,富农他就没有说话的权力啦,他就不行啦。我见过斗地主,吊到树上给他打的、胀的、胖的,就跟打鼓的一样,咕咚咕咚,那个时候我娘家的地主老财我亲眼见打死啦。

我是下中农,不分地主东西,雇农、贫农分哩,雇农跟贫农还贫穷得很,就是雇农跟贫农分。土改分地决策的时候妇女能参与,土地证上一般都是写家长的名,妇女不往上写。互助组的时候我是互助组妇女中组长,到初级社里我算是妇女主任,那都是解放的时候。在互助组的时候妇女也下地干活,一般在地里锄地、拔花菜,有啥干啥,都是解放的时候。

合作社的时候农具都归了高级社啦,牲口,都归了,犁耙,啥都归了,归了社了再分,大家用哩嘛,初级社。自己名下的地也归了社,有些人思想想不通,同意就自报啦,我有多少地,有驴啦,牛啦,骡子,不同意人家不入就不入,不入了,停停(过不了多久)你思想通了,你自己就入啦。那个时候有妇女不想干,不想下地干,那时候柳柳(人名)就不干,也有的动员她的,她不干,到农业社啦,计分哩嘛,你没分的人就短款,不分粮食啦,吃不上,喝不上,你就得干活。那个时候有女组长、女社长,到了地里,你能锄地你锄地,力量薄的,力量大的,你能干了啥人家给分工哩。那个时候粮食分配,按工分,你做的工分多了,分的钱多,拨的红多,粮食多,你不干的人你就是短款,你就是吃不上,分得少。

(三)互助组、初级社、高级社时的妇女

1953年就说那收麦的事,那年雨下的,我的公公婆婆还在哩,早起我给他们尿盆倒了,我想着,这大车大队四百多亩麦,收成这么好,一伙割倒了,(下雨会不会把麦烂了),我给我的公公说:我想跟你们商量一件事。他说:你商量啥事?我说:恰这大车大队看麦收成这么好,割倒了,现在雨下的,我想跟你商量,把咱土炕上这席揭了,搭到麦积(麦垛)上。我的公公说:能行?指望咱一家人,只能搭一个积。我说只要你跟我娘两个思想通了,我出去到社员家排家排户的,我做工作。我能吃苦,有吃苦耐劳的精神,我给大家说,讲清了,他不吃出下的麦,大概都要同意哩。就这,公公婆婆说能行,我说,你们起床了,我到我那拿了一床被子,我给他们铺到土炕上,我说我年轻,我这被子脏了后我能出席,你们老了,席给你揭了。他们说,我不要你的,你那新新的。我说,新新的不怕,我给你铺上。就那以后,她答应了这话。我那土炕上那两叶席,我还有一个花凉席子,现在的凉席没花,头里那还有花,我拿我那花凉席子,带上老人那两叶,是五个,从我家里捐献了十叶席。我跑到人家陈主任屋里,我给人家说,我说我给老人说通了,今天我做妇女工作,我到家里去抽席,你们把男同志动员着去往麦积上搭。那时又没有广播,铃一打,社员都出来了,给讲了几句,到屋里也有的不同意,说,(席抽走)睡到土炕上咋弄?我说,咱们为了不吃出芽麦,我叫了粮站妇女组长,我是妇女主任,以后把这做通了以后,那年麦搭得好,没有出芽,没有出芽。其他好多的大队种麦的时候,都到大车大队调麦种子,都是一个公社的大队。党祥祥是保管员,其他大队调麦种子来问:为啥你们这个小麦能保管这么好没有出?党祥祥说:是妇女主任陈桂莲做了工作了,全村的社员睡到土炕上,席抽出来搭到麦积上,因为这样保管得好,没有出麦,各大队都到大车大队调麦种子,调麦种子来,都说我做了工作,说保管得好。以后成立起高级五星社,叫我上高级五星社当妇女主任,我说我是一个粗人,我担任不了这个担子,我挑不起这个担子,我说,高级五星社这么大的摊子,南至黄河滩,北至中条山,好多的大队,这么多有文化的人,这么大的五星社,我是一个粗人,我没文化,我不行。后来大家商量,公社的委员都说,我在大车大队做了工作了,其他大队种麦都到大车大队调麦种子,后来那个张俊华,那个张俊华是公社书记,我不答应这话,他亲自到我屋动员我,我说我实在是不行,我觉着我是一个粗人,没有文化,我挑不起高级五星社这么大的担子,多少有文化的人你不调。他说,因为你做了工作。大家都商量让我干,高级五星社成立起年头也不多,后来摊子太大,散了摊子。把我叫高级五星社调的时候,大车村也就人口也少,就说这个妇女主任就不下啦,你就担着。

以后高级五星社散了摊子,我又回了大车大队,到大车大队以后,连选连任,又干到这个土地下放的时候,我也记不清多少年啦,下放的那年,我培养的是程兰兰,我那个时候实在是不行啦,老啦,腿也不美啦,干不了啦。我说,程兰兰,你担任妇女主任,我老啦,上啦岁数啦,腿疼的也跑不了啦,兰兰也不情愿,她说"我没有入党",我说,妇女主任在村里就是不入党能行,动员她担任,她以后也同意,同意了。社员说,还要选举哩,选举的时候还是我的票多,程兰兰的票少,我说我是坚决不干啦,我身体上不行啦,那个时候家穷,屋里又没有洋车子,我这么大个子,腿这么长,真的是穷的,儿女四个,两个大学生,两高中生,供不起,连一洋车子(自行车)都没有,也没有学会洋车子,我以后就不干。这算是硬让给程兰兰,是土地下放的时候,我不干啦。

我记着到1993年的时候,党员就多啦,十三四个党员,选我是模范党员,县里开党代表大会。我那年身体不好,感冒啦,腿也疼的,县里到屋里叫了我三四回,我下了轱辘拉死车(坚决不干的意思),我不干啦,不行啦,那就腿疼的,个人也不会骑洋车子,家里也没有,开那党代表大会,我那年就不去。那后来我想着说,个人是妇女主任,是党员,下了轱辘拉死车算是不对。你入党宣誓的时候,啥都说啦,不管这个事情啦,觉着我内心有愧。我作为党员,国家有些大事情你自己先知先觉,先给党员宣传,有些政策的事情,你自己不能干违法的事情。

教育儿女方面,我这儿女,三个娃子、一个女子,三个媳妇、三个儿子,遇事情,紧得来,让得起,家庭和睦关系都相好着,个人认为是党员,不能给儿女教育,这像个啥话。我这些娃子、女子、儿媳妇,都很听话着。我见好多家庭,儿媳妇跟婆婆嚷的吵的,惹的婆婆生气的,我觉着这点也不好,我在屋里我这子女都相(当)乖、相(当)听话。

(四)妇女与人民公社、"四清""文化大革命"

"文化大革命"时我就在村里,我那会儿是八八部嘛。八八部,就是个派嘛,这派那派嘛,我随的是八八部。还有三一二嘛,噢,三一二,三一二也是,这八八部,相比着说,就跟八路军,三一二就跟国民党一样,它不甚,它不正气。它有野心,外村人,这八八部,我那妹夫,亚根他爸,跟他兄弟——超威,藏到我西厦,那以后,人家说我是窝藏主,咱村里是八八部,他两个都不是八八部,在咱村藏着哩。两派对着干,为掌权嘛,争头儿哩嘛,八八部跟三一二,你说你正确,你说你对,我说我对,就是竞争哩嘛。"破四旧"的时候,咱屋里也没有啥,就不是人家老财地主,没有那些啥,古籍东西。咱这也没有自杀的,没有,咱这村里没有,大村有,看不惯这生活,哎哟。实实受不了,那我一个大姑子姐,她男人过不惯这生活,原来他是老财地主,他这个生活水平就高,屋里雇的做饭的,他过不惯现在这解放的这个生活,到我这停停(居留),停了十天,我在食堂做饭,我一天给人家舀着饭,我那婆婆是他丈母娘,他跟他奶在屋里吃,那早起,他说,"妗子,你今天不用舀我的饭啦",他说,"我今个想回去",饭时,他在偏院上吊啦,过不惯生活,屋里有钱,他过不惯这个生活。

五、生命体验与感受

以前也没有电话,不知道,以后我才买了一个无线电话,方便,我老觉着现在哩太方便。那个时候我老二在北京上学,回来时一天一夜车,能到屋里。大的,我亚民那个时候太远喔,现在哩我说多方便,年时①叫我去,到运城搭车,四五个钟头就到北京啦,就说太方便啦。就说头里哩,那个时候他上学,这一天一夜才能到屋里,坐的晕的,晕车,我说现在的方便,你现在打电话,你马上有紧事,马上一打电话,马上接到就知道啦。头里那捎信,老是要五六天,信才能到屋里,在北京上学,这捎一封信,老是要四五天、五六天,快还是得四五天,才能走到屋里哩,现在哩我说太方便啦,马上一打电话马上就知道啦。嘿嘿嘿,社会好嘛,就说毛主席领导的好,社会好嘛,好天神。以前我说,原来啥苦都受啦,现在哩该享福啦,两条腿不美,走不动,社会就是好,现在哩社会多好呀。

记得原来逃日本,打的暗窖②,我娘家也是姊妹子多,还有我伯、我叔,我姊妹子多,我爹他的打了一暗窖,只听说日本来了,就藏到这暗窖里,顶头弄啥盖住。我那三叔就是日本人打死的,日本人上来了,三叔给我弟说,赶快叫媳子、女子藏了。日本人来了,上了坡啦,他就没跑得及,日本人瞅这他背一锹,绕③的明明的,打了一枪从这穿过去,死啦。我一娘家嫂子,那人样就生得西洋④,身条子也托条⑤,也好。日本人来了,给那吓死了,还得了病。我娘,还有我一婶子,日本人提⑥鸡蛋,逮鸡,见了年轻妇女了,叫她基干⑦走哩,给吓下病啦。那以后咋看(医生)都没看的好。我娘家,我一嫂子都吓死啦,我叔是(被)打死的。日本人在这,一天狗咬着,这不呛日本人又来啦,是啥队伍又过来啦,吓得老是藏的,逃难哩,还埋不到土里,我爹弄了有几片板,给那钉了钉,给我叔发落的⑧埋了,我那嫂子还害下病给死啦,看不好。我说现在哩社会多好呀,不管黑了明了,都是平稳的天气,头里黑了能睡扯夜觉⑨,现在哩我说社会多好嘞,社会多好。

---

① 指去年,下同。
② 暗窖,相当于地下室,用于藏身,下同。
③ 绕,指太阳照射。
④ 西洋,指女人长得漂亮。
⑤ 托条,指女人身材姣好。
⑥ 提,指拎。
⑦ 基干,指跟前。
⑧ 发落的,潦草的。
⑨ 扯夜觉,指囫囵觉,睡得安稳。

SXY20160715XLY 肖兰英

调研点:山西省芮城县古魏镇

调研员:孙新宇

首次采访时间:2016 年 7 月 15 日

受访者出生年份:1933 年

是否有干部经历:否

是否生育:是

受访者结婚的时间节点、生育子女的具体情况:1945 年结婚;共生四个孩子,两个儿子、两个女儿。

现家庭人口:10

家庭主要经济来源:务农

受访者基本情况及个人经历:老人生于 1933 年,家庭成分是贫农,娘家总共有十亩地,家里面有姊妹三个,老人排行老三,那个时候跟姐姐们给人家打工——洗衣服。那个时候是母亲出去洗衣服,养活三个女儿。老人也没念过书,日军侵华时期目睹日本人的屠杀。一辈子受苦。"大跃进"时期,在村食堂帮忙做饭,因为踏实肯干,被评为优秀模范,在县里受到表彰。老人觉得这一生,受罪是受罪,但现在生活好了,确实很享福,老人对现在中国共产党的领导很满意,也很感激。

一、娘家人·关系

(一)基本情况

我叫肖兰英,1933 年生,今年八十三岁,家庭情况(成分)是贫农,娘家总共有十亩地,家里面有姊妹三个,(我)排行老三,那个时候跟姐姐们给人家打工,洗衣服,那个时候是母亲出去洗衣服,养活我三个女子哩,我一天在地里做啥哩,在地里割草,割柴火哩,给灶火烧哩。剩下你那个姥姥在屋里纺棉花,她年纪大,纺棉花哩,织布卖哩,就是这个情况。

(二)女儿与父母关系

1.出嫁前女儿与父母关系

(1)家长与当家。那个时候家长是啥,我父亲死得早,就是我母亲当家长。那个时候我父亲弟兄四个,他是老小,以后人家是老大在领导哩,领导做生意。以后都解放啦,他也就回来啦,回来了也是老啦,就个人过个人的。谁也不管谁啦。那个时候是这,娘家没有(钱),你给人家(嫁给人家)屋里也没有,这叫门当户对。都是贫农。

(2)受教育情况。那个时候没有(钱),就没有念过书,就是一天在地里弄柴火。人家隔壁(村)就有一个大学校,人家有钱的就供儿女念书嘛,没有的你供不起,那个时候你是看着你钱少,还没有人挣钱,灶火还没有烧的(东西),我妈就不叫我念书,就在外头弄柴火。

(3)对外交往。那个时候旧社会就不拜年,就是男娃都不拜年。不像现在是同学啦都拜年,原来没有东西,来客人啦就是弄一点白菜、弄一点萝卜,没吃的嘛。就给人家炒点儿菜。我的①是过年啦,弄点儿面,有黑的、白的。我的就平常蒸一点儿黑馍馍,客人来了给人家蒸白馒头。来的都是咱们这儿客人,到街上给人家买点儿菜,割一点豆腐,那个时候都不买肉,没钱买肉,就不买,弄点儿白菜萝卜炒一炒,就着这个吃。

(4)女孩禁忌。那个时候十八岁就不叫你出门啦,人家念书的还一直念书,你要是不念书,你就在屋里纺棉花。我就是嘛,能纺棉花就在屋里纺棉花,给人家纺棉花,挣钱哩。挣钱买个米啦,就不出去跑啦。人家念书的就去念书。我记着有一个人还考的大学,跟我一般大的一个女生,考的大学。我们那时候都是跟小女儿逛哩。逛的时候都是抓子儿、踢毽子。男娃跟男娃逛。那个时候旧社会嘛,女孩也就不出去。出去回来了骂你哩、打你哩嘛。有一回我在屋里纺棉花哩,我娘给我数了十条,我现在都记得清清的,她说你十条棉花纺完再出去逛去。我纺了五条,然后给五条卷起来塞到被子下边,然后我出去逛,给忘啦。然后天黑啦,我就吓得!我就说我跟你们逛哩,回去我娘就要打我哩,回来就是偷偷溜回来,藏到门后边,我娘说,没事,你就逛这一回,以后再也不准啦,再回你再出去我就要罚你哩,罚你站到院子里头。嘿嘿,那以后再也没有偷偷出去逛过。

2.女儿的定亲、婚嫁

我是十二岁和别人定的亲,那个时候就是媒婆来家里,给你拿两件穿的,给你取上两件缎子,这亲就算定了。那个时候的媒婆和我娘关系好,总上咱家来,她就说,我给你家女娃找一家,要不你这地里活没人做。那个时候就是把我生辰八字要走,问我多会生日,几月份的,那个时候都瞒着,你姥爷,我男人,比我大十来岁,他们骗我哩,那个时候上户口哩,我不识字

---

① 我的,指我家。

他就给人家说我属啥的,我就说你咋骗我哩,他就说不骗人娶不到媳妇,哈哈哈哈,太大啦。那我娘也说,咱屋里没有(钱),人家给咱做活,大啦就大啦。你娃都生下啦,你能咋。那个时候像现在是谈恋爱是咋,不能见人家,谁不见谁,光是人家媒婆给你说媒就行啦。定亲之后,如果男方死了,这亲也就不算数了,那个时候彩礼也少,人死了,这彩礼也就不退了。那个时候也有养小老婆的,有的人家他媳妇不能生育,就娶一个小的,给他传宗接代哩。那个时候,给姑娘送亲就是姨父不能送,人家姑父能去。剩下屋里的哥啦、兄弟啦、爷爷啦、叔伯啦都能去。跟现在是一模一样。

冥婚是这个儿,有的男的是死啦没有啦,就买一个女的跟他配对儿,人家这就叫换亲。哎,买一个死人跟他埋在一起。人家这个就叫阴婚。哎,娃子一死,就看人家哪里有女儿死啦就给人家买去,掏钱买去。嗯,买回来跟他娃儿埋在一块儿。现在没有这个。原来也有招女婿的,有的屋里是娃子多,这娘家没有(其他儿女)啦,就招哩。招一个女婿是这,人家屋里没有(男丁)你到屋里也是受症①哩嘛。

3.出嫁女儿与父母关系

(1)婚后与娘家关系

人家回娘家是这,就跟现在是一模一样的,今天嫁了,明天就是回门哩,回门哩,到你娘家停上两天,然后回来,跟现在是一模一样的。只是说嫁了之后就不能在娘家过年啦。那个时候是这,你跟人家屋里再恼火,你不能回娘家,你要是回娘家,人家就关门不叫你进啦,你还能老不进门?你过年咋办?就不能回娘家。你走的时候,你娘家母就给你交代嘛,在屋里事情再大,再跟人家恼火,你不能回这儿来。人家也有婆婆好的哩,有的就打哩,有虐待媳妇儿的哩。要不人家说是有门当户对哩,这个娘家没有(钱)的,人家屋里有的,人家就是看不起你,人家就把你这女子就刻薄着,你没权没势的,你寻人家做甚哩?在这儿人家就是再咋个打你骂你,你就忍着,不能回娘家。

嫁出去的姑娘,娘家屋里老人过生日也给过哩,那个时候都过的很少,都不像现在娘家人过生日哩女子来过生日,那个时候都很少。那个时候,清明的时候姑娘都不回去上坟。那个时候,如果你不去,娘家人都在哩,就你就买点儿东西,买点冥洋就人家捎去。是哥哩、兄弟哩,替你一烧。那个时候你女儿回娘家就是个屋里人,就不算客人,算是屋里人回来啦。那个时候,有的姑娘跟她婆婆闹矛盾啦,有的女的是跑到她娘家了嘛,你要是不对了,就有这个娘家哥啦、嫂子啦、舅舅啦到屋里给人家赔情道歉嘛,没有教育好这个。到屋里也是把女儿嚷的、骂的。那个时候婆婆都厉害哩,不像现在婆婆都真好了。那个时候要是把你女子打死了,你娘家人不行嘛,人家打死就打死了。要不说是门当户对哩,人家女子屋里有钱他就不敢打人家。打死的都是你娘家穷的没有(钱),人家把你打死没事。你那个时候你要是有事咋的给人家打死,你也得赔嘛。

(2)婚嫁习俗变迁。原先结婚要在门前点干草,然后媳妇从上面跨过去,还要在门前放男童、女童,现在不过没这个讲究了,那个时候的人都不拜高堂,就拜拜天地,天地见着你们结婚了。

---

① 受症,被看不起的意思。

二、婆家人·关系

(一)媳妇与公婆

1.婆媳关系

那个时候伺候婆婆有规矩。过了六十岁就是老婆子啦，人家坐在炕上，媳妇儿给人家(饭)做熟端到炕上，人家一吃，你给人家碗洗了，拾掇拾掇就走啦。早上起来把尿盆一倒，人家要是还没有起来，你就要问人家："娘，你还要尿盆不要"，还不敢问人家是尿不尿，是要尿盆不要，人家说是不要了，你再把尿盆倒了。有的婆婆是不好了，说不要了，你把尿盆倒了，人家又说我要尿盆哩，你到茅子又给人家拿回来，给人家弄，再给人家尿盆都洗一洗，那个时候这是老规矩。是这个。这以后解放啦，就没有人端尿盆啦。吃饭时候人家都在炕上，你在灶火窝里头嘛。冬天人家炕上有了个帘子，你就看人家吃完了就收拾。然后你就是个人在灶火窝里头，放一个菜碟，在风函①上吃着，给人家舀饭。就是这个，人家吃好了，就把盘子收拾了，锅洗了，你才能上你房间去，那你房间拾掇拾掇。那个时候解放后我也没有给她端过尿盆，都取消啦，她也不说。我嫁出去时候都解放几年了，都没有啦，没有规制。有规矩的时候，你要回娘家，你就不敢穿得好好的，出门前才给人家说，也允许你去，允许你去，你才到屋里拾掇，换穿的，换的新新的上你娘家嘛。不敢说你拾掇好了才说，那就不行啦，叫你去都不叫你去了，你没个规矩，都快走啦才给我说，就不叫你去了。要上娘家去就要听人家叫你去几天，按照人家时间回来。不按时间回来，到屋就惩罚你哩，就打你哩。

2.财产权

花钱你花甚哩，花钱得到过年啦，给你三块两块，要是你这男人出去做生意，这钱都有数哩，回来就给他娘嘛，人家娘要是说给你就给你一些，要是不给你就一点儿都得不到，就没钱，那个时候你就没钱。我那个时候都解放啦，都不甚啦。原来你就要一五一十交给老人。那个时候你要是想买甚、要弄甚，你给丈夫说，就不让你上街去，他去给你买，这是原来。到我们这就不啦，我要是愿意去就不给他说，就自己去了。

(二)妇与夫

如果你是不生娃，丈夫不爱见你，人家就能再娶一个。人家也不休你，就是再娶一个，你就跟佣人一样给人家做饭、伺候娃、洗衣服，就是这个意思。那个时候人家有钱的三个两个一直娶哩。娶小的也有讲究门当户对，人家有钱人要娶就要娶这个有钱人家女子。打骂妻子也有，那个时候也有这个媳妇眼色好，看这个丈夫脸色不对，就不敢插嘴啦，人家踢你一脚，打你一下，你就不要说话，让人家消消气就过去啦。你要是跟人家两个同时上，人家就要打得你死活哩，有的就是把你脸上或者身上打得乌青，就是这意思，不敢反抗人家嘛。到我这儿就不啦，人家解放啦，说解放妇女哩，妇女顶半边天哩嘛。

(三)母亲与子女的关系

我生了四个，两个娃子、两个女儿嘛。生娃子、生女子报喜也没有啥不一样的，不过你生下娃子，跟生下女子，屋里人看你就不一样。那个时候生下孩子就是一岁多半岁的时候，冷的时候是一岁，不冷的时候是半岁啦。那个时候人家都是婆婆看的。有钱的人家，地主老财也雇

---

① 风函，指烧火用的手拉风箱。

佣人看孩子哩。那个时候也不过生日。老人过生日的都少,结婚后,是这女儿都在屋里哩。要是说男孩在外头做生意啦干甚啦,回来都是交给婆婆哩。现在都不存在了嘛,现在是个人做个人的,老人也不追究了嘛。

三、妇女与村庄

那个时候过节,村里给发糖果,正月十五的时候,咱们这个村子小,办不起节目,就是弄根粗绳,办一个拔河比赛,村里人凑钱,从别的大队请戏班子过来,别的村子大,能闹起社火,咱们村子小,闹不起来,人家村子里有踩高跷的,这里那里,街上还闹十五,不是说"闹十五,祛百病",那天我们都在街上,看社火,闹元宵。那个时候,我们村子里都是自己写戏自己唱,有啥白毛女啊、刘三姐啊、小二黑结婚啊、梁秋燕,都是自己编的戏,晚上就在体育场那块唱。

四、农村妇女与国家

(一)农村妇女认识国家、政党与政府

那个时候我就不懂得那个,小时候老打仗哩,老跑哩,小时候跑日本,就不知道是为啥,还是听人家说日本是侵略咱中国哩。那个时候是开会说是日本侵略咱中国哩。我们也就不问这个事情,小时候人家念书的说孙中山,我就不识字,不念书就不懂得人家那个,以后人家开会都是说这个孙中山先生,都在说这,说人家孙中山先生是好人。光能晓得这个。中国成立的时候(1949年)我都不懂得,都不晓得。人家也广播哩,我一天就不听这个广播,光是说上地做活挣工分哩。有广播哩,安着广播哩。村里一天也开会哩,说这个说那个哩。

那个时候是抬粪哩,听到说是毛主席去世啦,人马上都停住都不抬粪啦。人都是吃了一惊,说毛主席能去世了?人都不抬粪啦,都没劲啦,说国家主席都能得病喽,人都难受的嘛,说毛主席真好,这人咋能得下这个病不得好。毛主席打了一辈子江山没享福,我们老是这样说。

我知道国民党那个时候都不好,人家国民党的时候到咱这个地方就是安民哩,到咱这个地方就不甚坏啦。哎,日本那个时候进来,我那个时候是有六七岁吧。日本到外头见你这个人,就老说你是八路军,就给你戳死啦,那个时候外头就没人,日本来了嘛,进你这门就问你,用手比个"八"又不懂得问的啥,我们以为问有没有小脚哩,后来才知道问你们这儿有八路军没有。就问你有这个(八路军)吗。哎呀,以后才知道说人家是问八路军哩。都给人家说是没有。人家是八路八路的,那个时候日本人来了,一伙人都坐在一块儿,不敢散散坐,日本人来了的时候,到锅底抹一坨黑往脸上一抹,把烂布子都往头上一包,然后往一块儿一坐,坐一堆子,都怕怕的嘛。是以后啦有文化的人说再问你有这(八路军)吗,就说没有的。人家问八路军哩。那个时候杀人杀得增着哩。那个时候有一个柳树街,日本人是见人就杀,把那个柳树街都堆满啦。这以后跑跑人都懂得啦,人都说没有的,没有的,没有八路军。就给人家说这。你敢说是有,他就到你屋里搜哩。见你屋里有出去做生意时穿戴不一样,人家就认为你是八路军,就打你哩,就给你戳死啦。他也看你要是农民了,人家也不咋打。那个时候不知道是几几年。咱村里不是有一个地下党员嘛,咱村里张家那个人就是地下党员。后来慢慢地都晓得啦,人都跟张家坐一起,说人家这娃子是共产党、地下党员,回来老不敢见人。以后说是在山里,不知道咋个暴露啦,把这个人打死啦。后来慢慢地说这,就知道八路军好,就是毛主席哩,是朱德哩、陈毅哩是谁,就敢说啦。

那个时候你姥爷是党员,就是咱这屋里是贫农,贫农叫你入党哩。那个时候听说就是亚民他妈,人家是妇女队长嘛,就是她在当干部。

(二)对1949年以后妇女地位变化的认知

我觉得女的当干部是这个,是要参加这个村委会,是要一个妇女代表嘛,人家这算是妇女代表哩。有个甚事这个妇女代表能代表这个妇女说上话。以后说是选举就选举人家,人家说话能行。

(三)妇女与土改

土地改革的时候,那个时候娘家也是贫农,嫁到人家这里也是贫农,都是贫农,以后八路军来的时候,解放了,屋里这个成分,贫农就是贫农。那个时候不是八路军来啦,是贫农啦,家庭亲戚户都好,叫你才能入党哩,不好了还不叫你入党哩。这个时候你姥爷都入党了,土改工作队来过咱屋,解放后你爷爷当的是生产队的队长,当队长以后跟阎家庄(一个地名)就是一个行政村,他那个时候是这民兵连长。以后又停了停,又当上咱这个村里生产队长。以后又调到大禹渡上的电管站,到那停了一段(时间),停了一段(时间)村里这个搞不上去,村里的生产搞不上去,人家又给他调回来,到屋里又停了一段(时间)把生产搞上去。那个时候不是在评选村模范,到村里又给他调回来,这以后老啦,老啦干不了啦辞职啦,到这个公社里给人家说一下,干不了啦,说是脑筋不行啦,然后赋闲在家,就是这个情况。

土改工作队动员妇女参加土改,叫你这个妇女开会,开会时他叫人把字签了,动员这个贫农,到你这个屋里动员,叫你们开会。开会都是一个行政村,开会讲的啥,我现在记不起来了,那个时候说是犁地不用牛,点灯不用油。人都坐在地头,解放了,妇女都解放得轻松啦,都不叫你干啥啦,就是这个情况,那就是说说,还能坐在地头前等着收麦哩?哈哈。那个时候人家也给分的有东西,我们吓得也不敢要。土改的时候人家也有分地,分家具啦,到地主屋里有分箱子的、分柜子的。那个时候我娘在的时候说咱不要,咱没有的不敢要,咱不要。人家以后是这样,人家拿出去,你谁家人多了,你就到那抬哩,抬上就走啦,地主他以后也不敢要啦。我屋里也就没有要人家啥,就是没有拿人家一点东西,啥都没要。到那以后解放,土改的时候咱就没有要人家那些,人家问你家没有,你咋不要。我们说哎呀呀,我们个人做的用着,人家的东西咱用着,思想不自在。那个时候女的少,男的多。土改的时候换了有两个工作组,工作组那个时候对我们可是好着哩。穷家没有(钱)的,那个时候人家还帮助我们哩,一家一个老太太带一个小孩,人家一年给你们一些钱,给你一些东西啦。给这个那个哩。

(四)互助组、初级社、高级社时的妇女

那个时候这个互助组咱这儿分成了三组。都是种地哩,互助组分地哩。一组里这给你分哪一片地,你这承包这块地,我的也承包了,你种这个麦啦甚,包到底给人家锄地,给人家弄,分成三组,就是这样。那个时候互助组咱屋里甚都有哩嘛。那是几几年时候我忘了,还吃了几年食堂,入食堂的时候人家把锅都收了,队里有食堂,食堂咱这儿都是搞得好嘛,那个时候你也是吃分哩。在食堂的时候那个时候也苦。我给人家做啥啊,吃的那个菜芒,到地里摘的馍芥叶,弄点儿馍芥叶回来做饭,那个时候我在食堂给人家做饭哩。人家说你这个人实诚,这个思想好,不贪污,打多少饭就是多少,那个时候人家也是选举你这个做饭的哩。以后食堂解散啦,做饭就到户啦,到户以后就慢慢的,地就分出来啦,不集体种啦,那个时候都不知道几几年啦。

那个时候北京下放知识青年,叫人家在这儿做活,来了,我问人家,人家说上这里来是下苦哩,锻炼哩。做饭啦啥的,给人家知识青年另弄一个食堂,人家跟咱们吃的不一样,就说人家都远远来了,到咱这个小地方这儿生活不一样。弄着人家这个娃思想也好,人家就说咱们集体都在一块儿吃饭吧,不另开灶啦,嗯,不另开灶啦,就在食堂吃饭。那个时候下地干活有口号,人家教给我们上地是还要唱歌哩,那我现在给忘得死死的,人家说是时不空过,路不空行。那个唱歌我现在忘得净净的。

1958年"大跃进"的时候,那个时候都上地,晚上人家在地里翻地,修地埂。我没有炼钢铁,那个时候我有娃儿,就没有上那里去,就没有去炼钢铁。那时候你有娃儿是这,人家也看你条件,条件好的叫你去炼钢铁,不好的也就不叫你去。你娃儿小,家庭脱不开,咱村那个时候去的妇女也不多,只有两三个妇女去。剩下都是男的去炼钢铁,没有妇女。咱这儿还没有这个铁姑娘哩。我记得邻村有一个铁姑娘,是标兵嘛,也没有甚事迹,就是做活做得好,奖励模范,劳动模范,奖励人家一个洋车子。那个时候哪里都有这个浮肿病,咱村里还没有的,咱村这个村小,这个饭厅都弄得好,这个说叫你吃得实在,不贪污不咋,都吃得上,咱村里还没有这个浮肿病。就是说屋里娃儿多,想叫娃儿多吃一点儿,大人就少吃一些。那个时候咱村食堂时候不管啥菜,弄得丰富,弄得丰富叫大家都吃着,米汤面汤都弄得稠一些。

我那个时候都没有上那个识字班去,那个时候人家是普及哩,就是村里的妇女能上那里去的都上那儿去识字。男的女的都能去。你这早上起来叫你到那儿识字,晌午都要去上地哩,那是冬天时候上,光是冬天,人家是扫文盲哩,是叫扫文盲哩,嘿嘿。冬天干的活少,早起起来冷得不上地,叫你都去学一下,给你弄个卡片,弄一个纸片片给你写点儿字,你晚上在屋学,是这个意思。

(五)妇女与人民公社、"四清""文化大革命"

那个时候就是那个公社建那个托儿所,咱村里执行了一半个月。幼儿园成立的时候也不长,以后老师走啦,也散啦。那个时候弄这个幼儿园队里头是十工分,一天是十分。我那个时候做活,就是一天做得好喽,你这是一天奖励你十分,做得不好了,人家也评分哩。你不管做啥人家都评,我那个时候老是头等分。那个时候还给我照相哩,背的锄,给我照了张相。

"文化大革命"时咱村里还没有批斗哩,咱村里没有这个富农,就人家张家是中农,不过人家张家人都好,就没有人批斗人家。那个时候,是几几年?噢,那个时候是说,人家是说乱棍打死人,那个时候我参加那个大会,人家打死两个人,那个是活活打死的。瞅着打死的,开大会给人家打死的,那个时候说人家是恶霸哩,地主哩,就给人打死。实际上说那个时候地主哩,我小的时候听人说是人家这个人思想还好哩,比这个贫农这个人还好哩,不知道他咋个得罪下这个。那个时候是喊着口号,你口号喊个不停就给他打个不停,不喊口号是不打。那个时候开会批斗都是通知,就像你这个小队,这个队长给你都说几点几点在哪里开会,你们都去。那个时候是都去开会。开会时我们都不知道是啥事情,开会以后来了就拉了两个人,就给人家打死啦。村里那个时候过来过去死的人也是不少着哩,就是这个打死了两个人。打的这个人也不喊叫也不咋,人家问他是你死得冤不冤?他说不冤,不冤,我死得不冤,说死得不冤,人家就给他打死啦。你冤不冤?人家让你死哩,你就是冤能咋?那时候咱这村里没有自杀的,咱这村太小,就是说咱村里风俗好。

（六）农村妇女与改革开放

人家那时候说犁地不用牛、点灯不用油,我们几个妇女坐在一起,我们就是说他们说假话哩,你咋个能说是犁地不用牛,你不用牛能犁地?点灯不用油,咋个能点上灯呢?那以后是机械化,那个时候人就不懂啥是机械化,就是说人家是假话。这现在到手上都实现啦。解放以后一步一步变好啦,一步一步是真好,现在越好啦。改革后村委会选举了村委会干部。我没有参加,那个时候都是你爷爷参加,你姥爷参加的,那个时候都是党员参加这个会议。原来参加这个农委会啦,都要人家党员哩,叫党员参加,群众不行。人家是选举票,是多少多少票,是票多的能参加,都是党员参加。

五、生命体验与感受

哎呀,我经过的事情都是人命关天的事情。见这个,见那个。见杀人,柳树街杀人,见八路军探子在柳树上(被)绑着,这都是我见过的。日本来是牵的狼狗嘛,不知道人家嘴里咯啦咯啦说的甚,狼狗就去了,到人身上咬,咬着咬着把人咬昏啦,这个人是一个男的,是一个小伙,人家就是长得好,就说他是八路军探子。那个时候是两个(只)狼狗,也不知道人家嘴里说的甚,人家就是要叫人看哩,看的人都熄火①的,你熄火,哭,你还不敢明显,要不人家就说你跟他是一伙的,就要打你。那个时候我都懂事,都看哩,硬是把人咬死啦嘛。那个时候杀人多嘛,把柳树街都堆满啦,我那个时候还单哩,还去看,那人就是横七竖八堆哦满满的。现在这世界,晚上又不慌又不咋,不缺吃不缺喝,(是)最好的世界。头里(以前)哩老是怕贼偷,怕没吃的少喝的,怕日本来了,吓得你一夜都不敢睡觉。那个时候还有贼,那个时候贼还偷过我一回。我跟我娘那个时候,他是偷麦哩,就偷过我一回,就是说一个老婆子和一个小娃你是偷甚哩。那个时候没有吃的。现在是不受惊,不害怕,过着幸福日子,晚上睡好觉,又不缺吃不缺喝。现在是最好的世界,好着哩。那个时候老是神经害怕哩,怕这怕那。

那个时候苦的时候说是他实现(机械化)这个儿时实现不了,我们心里都是这个想的,他咋个能实现机械化,实现不了,开会人家也说这个,说点灯不用油,犁地不用牛嘛,说是你坐到地头前就能收粮食。我不相信,现在是实行啦,我就信啦,人家说到做到啦。现在多轻松,又不割麦又不打场。那个时候老是吃完饭就上场里,一干就是到半夜。你看现在,都是机械化,都是机器,都高兴,看现在多好,那个时候苦是苦,那个时候世界是这,习惯啦也就是这。那个时候上地也是热的,哪能像现在这好着,空调哩,电扇哩扇着。原来没有电扇、啥都没有。现在人好啦,轻松啦,吃得好、穿得好、歇得好,嘿嘿嘿。老说八路军、毛主席,给这世界弄得多好。

---

① 熄火,可怜的意思。

WR20160128TJY 陶贾莹

调研点：湖北恩施始县高坪镇小水田村

调研员：王锐

首次采访时间：2016 年 1 月 28 日

受访者出生年份：1927 年

是否有干部经历：否

是否生育：是

受访者结婚的时间节点、生育子女的具体情况：1946 年结婚；1949 年生第一个孩子，共生九个孩子，前七个是儿子，其中第四个儿子两岁病死，后两个是女儿。

现家庭人口：6

家庭主要经济来源：务农

受访者所在村庄基本情况：小水田村位于两山之间的河谷地带，是众多小山包中间难得的一块平坦之地，山清水秀。房屋多依河伴山而建，通向外界的东西走向的乡村公路与河流平行而建，东南面紧靠 318 国道线、沪蓉西高速公路及铁路。这里气候较为湿润，雨水多，四季分明，土家族、苗族、汉族混居，少数民族基本已经汉化，少数民族特征不明显。这个小村庄大多是祖籍为山西太原的王氏家族聚居于此，多种植水稻、玉米、土豆、红薯、黄豆、花生等，基本上都养家禽以供自需。当地人多以外出打工为主要经济来源，人地矛盾缓和。

受访者基本情况及个人经历：老人生于 1927 年，四岁和老伴儿定了娃娃亲，十九岁结婚。生有九个孩子，前面七个是儿子(其中老四两岁病死)，最小两个孩子是女儿，现都已成家立业。老人心里对老伴儿有所不满，因而夫妻关系不好，老伴儿于 2014 年去世后，老人和第六个儿子一家生活在一起。

老人一生心血倾注于自己的一群孩子和土地上。生了一大帮孩子，想尽各种办法把他们喂饱、养大成人。除了孩子就是种地，因为生活没有其他经济来源，就是靠种地收粮食养家糊口。她特别勤劳、贤惠，针线、茶饭都很拿手。从土改到集体公社再到土地下放，老人说，这几反几复让她也经历了从贫穷到富裕、从富裕到贫穷再到富裕，人只要肯干，就不会饿肚子。在老人眼里，只要有土地、有粮食心里就踏实，所以到八十多高龄了，依旧不服输、不求人，加上身体较为硬朗，她还打理自己的小菜园、自己喂猪做饭，不向子女伸手要钱，是一位独立自强的、受人尊敬的老人。老人勤劳一生、为家庭奉献一生。

一、娘家人·关系

(一)基本情况

陶贾莹,小名菊英,1927年生。小时候因为不需要上学,也就没有学名,只有小名,小名是母亲起的,集体(化)的时候要算工分,我就自己起了学名,并且取上了"排行","贾"字辈。哥哥、弟弟的名字都是父亲起的。母亲和父亲是半路夫妻的组合家庭,生下我们三姊妹,我有个哥哥和弟弟,家里有八亩地,土改时划分为下中农。夫家只有一亩五分的山田,七分水田,三分菜园子,土改期间被划分为贫雇农,家里有三个弟兄,四个姑娘,家境贫寒。我十九岁出嫁,1949年闰七月生的大儿子,共生了七个儿子、两个姑娘,一个儿子两岁多死了,有一个儿子五十多岁死了,我一生多苦多难,现在时代好了,我要多活几年。

(二)女儿与父母关系

1.出嫁前女儿与父母关系

(1)家长与当家。那个时候穷,没得什么可以当家的啊,家里有什么事儿需要拿个主意都是商商量量搞的。家长一般都是男性,也有女性是家长的。要说当家都可以当家。爹也可以当家,妈也可以当家。像现在一样,也看能力,能力大的,能力小的,那过于老实的就出不到门[1],有事儿人家也不得找她,跟人的能力也有关系。能力高的就把经济管得走,经济管不走要当家有什么用。大多数情况下女的当家还把家里理持得蛮好。也还是有分工,但也分不那么清楚,男的一般管外面的事情啊,女的一般负责屋里的事情,家里家外都搞。那个时候抓兵抓夫,三丁抽一,五丁抽二,丫丫[2]田里都不能帮忙劳动,天天躲在山洞里,我还天天给他送饭,我的老头儿[3]也还是不差的,他当过甲长,自从儿子当兵去了就没当甲长了,当甲长是替儿子出兵。我的妈贤惠啊,屋里好不好,主要是看有没有一个好娘。

(2)受教育情况。男儿长得丑,五湖四海走,女儿长得乖,灶门口儿待。往常[4]都只给男娃子供书,女娃儿是灶门口的,不给姑娘读书。姑娘读书了一定是搞坏事儿,老辈子说,最毒妇人心,姑娘读书了准定坏事儿,不准读书。穷家小户也供不起,大户人家还是读书。家里经济也确实困难,没得经济读书。我就没读书,哥哥和弟弟都还是读书了的,他们那个时候上小学,就一直读的是《三字经》,学而时习之。只读那么几部书。读书要"斗米四斤"的学费,(即)一斗粮食,四斤肉、四斤米。

(3)家庭待遇及分工。在家里是一家人都是一样的,同餐同顿,除了儿子多读了几句书,其他都是一样的待遇。我们家姑娘少,爹妈对我都很好,姑娘是妈的事儿,儿子教育不好就是老头儿的事儿。我小时候种得好田了就种田,喂得猪哒就喂猪,打猪草啊,弄饭吃啊,都是跟着我妈学的。姑娘主要是讲针线、茶饭这两样。那姑娘养大就做鞋啦,扎花儿啊。那一做就是一筛子壳子了,那一下就是人各一双,鞋子一做完,就下壳子,搓麻绳啊。你要有准备啊,你要拿得稳啊,事儿一天有事搞啊。把鞋子做好了,没得麻绳儿又要搞,又要打壳子,又还要煮片

---

① 意为胆子小的、能力弱的就不出门。
② 丫丫,指父亲,下同。
③ 老头儿,指父亲,下同。
④ 往常,指旧社会,很久很久以前。下同。

子,片子要过灰煮,煮了还要洗,洗了回来还要浆,浆过还要策①,策完一筒一筒的,规规矩矩放着,做鞋子的时候就只直接拿来用。我们小时候两个月穿一双鞋。那往常的布又不扎实,像飞毛腿一样又有劲儿,两个月一双鞋硬穿得头穿地落。往常一天就是拉夫拉兵啊,那些男的还躲得紧紧儿的,爹和哥哥每天都要躲躲藏藏的。以前兵都没有汽车,一直都过②背。嗨,我的老头儿,那个五十斤的包子③,总给他搞的一百二十的。高店子街上去背,一天去领三包,领回来转天早上起来,就朝宁家沟背啊。我就给他送过姚阴坡,给他送一包,这又慢着往上背。像那些军队一经过,背不动,随时要找保长、甲长,找开车夫啊,不当夫就要出款④,几多⑤不好过日子哦。

(4)对外交往。男女都可以出门,没有什么格外的讲究,吃酒席也没有什么忌讳。但是正月是例外,妇女和姑娘正月初三之后才能出门,怕妇女把别人厌恶晦气了啊,男的、男娃儿不管什么时候都可以出门。俗话说,初一不出门,初二拜家神,初三、初四拜丈人。平日里大人把你看得紧的啊,那往哪里去,他要把你带着走,你也不能随便出门,没得伴儿也不敢出门,那是被人欺负。社会也确实乱,没得胆量也是不敢到处走,那些人太流氓。那只要等你出嫁了大人就不管你了。姑娘平时可以出门玩啊,那就只在跟前块头⑥玩,和熟人邻居亲戚玩。我记得十五六岁的时候还去石亚子街上卖柿子啊,有三四棵这么粗的柿子树,熟好了我就去卖,去卖给那些学生,卖了买盐回来。我小时候喜欢上树,在天上都能爬上去。小时候最开心的时候就是正月间看灯、踩高脚、打腰鼓队啊。

(5)女孩禁忌。女孩子不能乱奔乱跑,坐要规规矩矩坐着,不能赤脚,规规矩矩穿衣服。可以和家周围的男孩子玩耍。洗衣服的时候上衣和裤子要分开洗,一般情况下男性的衣裤单独洗,尤其是女性经期的衣物要单独洗。晾衣服的时候,上衣晾在前面,裤子晾在后面,一般情况男性的上衣晾在前面,但是没有严格讲究。那生个姑娘不容易的,要留个好头发,能挽簪环首饰,要缠个好脚,还要把针线学好,人家做成什么样子你也要做得出来。那养个姑娘大人不容易的。要贤惠,就是补个补疤⑦都要补好,男的出门穿得干干净净,把他身上几个补疤一看(补得补好),那你那个女人差,补疤都补不好。男的出门就只要看他的衣服,穿得好的,那就说他的女的一定不差。横也要当纱,直也要当纱,径直才动线。补衣服还蛮有技术的啊,往常的衣服就是过补的啊,不像现在好好的穿不完了。那往常的姑娘不好过日子的啊,大人蛮操心的啊。不把姑娘养好那就是没得用啊。要培养的行行拿得起,针线、茶饭,主要是讲这两项,有的人还不晓得肉的横直⑧啊。那儿子就只管读几句书啊,那又是老头儿的事儿,教育不好是老头儿的事儿。男娃子怎么得听妈的吗,是老头儿的事儿。当得家,那现在还不是有差姑娘,没得能力啊,就不出门,用不来、搞不来。街都上不好,用不好钱。

(6)夭折情况。我们这里夭折的孩子不分男女,都是一样的安排。我的第四个儿子两岁患

---

① 音译,做鞋子的一种材料。

② 指通过,凭借,靠。

③ 包子,量词,指袋。

④ 出款,意为给钱。

⑤ 几多,意为非常。

⑥ 指乡里邻居,乡亲熟人等。下同。

⑦ 即补丁。

⑧ 意为不了解肉的纹理。

水肿病去世,给他缝了一套新衣服穿好,把生前用过的背带、衣服都穿在身上或者放在小木匣子里,然后屋场里的人去悄悄把他埋了,我不晓得具体埋在哪里,他们也不让我晓得,以免伤心天天去埋葬的地方落泪。孩子夭折没什么格外的讲究,也不会办丧事、没有坟墓。

2.女儿的定亲、婚嫁

我四岁就说亲①了,是包办婚姻。四岁的时候就把他的八字拿来算过了。往常讲拿八字,搞一个小书盒,媒人来女方拿八字带着书盒,也送来几件衣服,盒子里面插两只松树枝儿,还有两只柏树枝儿,意思就是"松柏"。媒人进门就往香火上一放,这女方就把八字写好了往书盒里一放,这男家就拿走了。我的婆婆姓郭,这边的婆婆也姓郭。这就不知道哪里有个郭德培(媒人)经常在我们屋里缝衣服。这就那边看是亲的,这边看也是亲的,就谋划说的亲。我心里一直不同意这门亲事,思想反正不高兴。妈同意(婚事),老头儿也同意,反正就是把我朝绿堰潭里推。就是那么个思想嘛,就像把我这个人也没作数。反正他说的话就是你死也要死到那里去。他是不得更改的。他要更改就要拿出二十四吊钱给男方啊,那个时候没得钱啊。过去有的人弄②到个瞎子也就是瞎子,弄到个瘸子也就是个瘸子。那又没得更改的啦。(有这样一个例子)那个王启学,他的(女人)腿子那么个圈圈,她一走路那么个圈圈,一走路像个擘腿儿③。到堂屋里拜堂才晓得。他才晓得他女人是个擘腿儿。这是大人做的事啊。跳水我也不搞,吊死我也是不搞的。这有时间我的老头儿就说,家是人挣的。我的嗲嗲④只有二十九岁就死了,我的婆婆就招的潭平李家,嗲嗲死了就招的潭平李家哦,我的三个嗲嗲,就是三嗲嗲、二嗲嗲、幺嗲嗲,他们就敲(斗)这嗲嗲啊,就把婆婆带到潭平去哒,他回她老家了。就把丫丫甩给三嗲嗲了。这三嗲嗲就供他读书,幺嗲嗲给他(办理)结婚。结婚后分家就给他分了三担苞谷、一斗黄豆、一把挖锄、一把薅锄,自己的嗲嗲还有一个碗柜,还有一副小磨,家就置这么个样子。我的丫丫,他就欢喜给我讲这么些。他一直就说,家是人挣的。这都是等我一阵哭完了才给我讲的。我有次去河落子摘茶叶,那里有个姑娘跑了。那回我的丫丫就紧张了,他怕我也跑。河落子的人也给我说,你在那个地方搞不好就在我们这里。我说你这个山角角里有什么待的。那我说就是家庭不好,那地方比你那里好些啊。我们一路走来,脑袋里面还是不差,地方⑤还是奔⑥得起来。

结婚的时候比现在好些。我十九岁就结婚了。结婚的前一天晚上女方家里摆酒席迎客,都是些自己的亲戚啊,乡里乡亲啊。客人走完之后就要坐十姊妹,摆三个香桌,围着新娘坐十个姑娘,结婚的时候,那坝里还是只有我洋气。它有三乘轿子,接高亲客⑦的是接高亲客的,坐新姑娘(新娘)的是接新姑娘的,再就是有两个吹萨那儿⑧的,有两个打锣的,有六个打旗旗儿的,那我们结婚的时候漂亮还是蛮漂亮的。娶亲快到男方家里的时候,抬家撑⑨的杠杠儿就放

---

① 意为"说媒"。

② 意为"嫁"。

③ 擘音译,描绘腿瘸的样子。

④ 指爷爷,下同。

⑤ 指现在居住的地方,地势较好,条件较好。

⑥ 指有奔头,有前景,有前途。

⑦ 指新娘的叔叔、婶婶等亲人。结婚当天,他们陪着新娘到男方家里。下同。

⑧ 音译,一种乐器,即唢呐。

⑨ 音译,指陪嫁的东西。

在外头,就打锣的、吹唢呐的,还不是有督管①喊装烟倒茶,就是这么些过门儿嘛。过去就是,高亲客还要在男方过两夜玩三天了再回门②。又是包的回程轿子往屋里送。到妈屋③里去,妈屋里又包轿子将新娘子和新郎官送回来。那都是过人抬的啦。家大的行行都陪嫁,家小的,口吧④箱子啊。我还是有五宗⑤嫁妆,那还是最末等的啊,是家里请木匠做的。有两口箱子,有个抽屉,有个掌柜,有四把椅子,有个火盆。结婚那天,哎,也只那么开心。我做三天新姑娘儿我也没干眼泪水。家庭日谷(差、穷)哒嘛。往那个屋里一视,造孽⑥嘛,等于掉了绿堰潭里了,等于进了黑暗洞了。反倒在屋里做姑娘还一天好玩些。到这个屋里穿的没得,吃的没得。

旧社会的婚姻都是父母包办一般不更改,如果不同意就要补二十四吊钱。是男方不同意就要给女方补,女方不同意就要给男方补。家里贫寒且家里姑娘多的人家才让自己的姑娘做童养媳,见的很少。家里没有儿子只有女儿就可以招赘,和现在的风俗是一样的,有听说过上门女婿不能进祠堂,但我们这里没有宗族祠堂,也就是听说望平有。出嫁的姑娘就是回家不能和姑爷同宿,同宿后会给娘家带来灾祸,这点到现在都没变,俗话说,可以借别人的屋停丧,不能借别人的屋同床。我还在妈屋里过了三四个年,这边家里穷,就回妈屋里过年。只是在婆家分家后自己有吃的了,就不再回娘家过年了。回娘家什么时候都可以回去,正月啊、清明啊、月半啊,平时也可以回去。家里有什么就带点儿什么啊,其实没得什么东西带,穷得叮当响。

3. 出嫁女儿与父母关系

俗话说,"嫁出去的姑娘,泼出去的水",出嫁后的姑娘回去就是客人了,娘家的事情就不会管那么多了。娘家隔得近,什么时候想回了就回了,没什么格外的讲究,夫妻之间有矛盾都自己解决,闹得狠,都互相劝一下就好了,和现在一样,主要还是看夫妻自己两个人的感情。有困难都互相帮忙,都穷,帮得到的忙的还不是都帮忙。出嫁了就不管家里那么多了,爹妈的生老病死都是儿子的事情了,姑娘有心,回去多看看,有能力就买点儿东西、给点儿钱,都是看个人的能力和良心啊,那多半都是儿子的事情啊。我们家姑娘少啊,有些一生一窝姑娘,那硬是不当人。有一个生姑娘生得多,就把娃娃甩在席子上,脚踝那里弹啊弹,弹得像鸡眼睛一样啦,两边都没得皮,一哭就这么蹭啊蹭嘛。我们家生的少嘛,实际上我老头儿还最欢喜我的,我在洞槽里长期种田,只要煨肉了都会喊我回去吃,再怎么都在坡上面喊我回去吃饭。我没分家的时候,我回去过了三个年啊。有一年是我一个人去的,有两年是和老伴儿俩去的。日后,把家分了,我开锅上火⑦,回去的很少。从我分家了,他们又来接了我的,我就不回去哒。一是我的哥哥当兵去了,一是又接了弟媳妇儿啰。我说你们也添了人了,我也有自己的家了,就不来。基本上没带什么礼物,那穿的在身上,吃的在嘴里,没什么可带。特别是我的个幺幺,我一回去,他就说你几筐筐蒿芷又吃完哒、回来哒,嗯,她回来背粮食的哦。妈屋里我就有点仇恨她,我这一生都懒得搞的。反正来哒把饭吃饱哦。你硬把我朝绿堰潭里推,我硬仇恨她。

---

① 婚丧嫁娶时总执掌事务的人。

② 结婚的一种习俗。陪着新娘到男方的亲人和新娘在结婚后的几天一起回娘家。

③ 指娘家。

④ 语气词。这里就指一把箱子。

⑤ 量词,件。

⑥ 造孽,意指受苦、可怜,下同。

⑦ 方言,指能烧灶吃饭,意为有吃的了。

集体时期婚礼简化很多了,吃的都没得,也就没有请人家吃酒席。幺娘子①结婚是我给她办的事儿嘛。来的那天我就杀了一只鸭子,还有一小碗肉,把鸭子分为五盘装着做菜,再去食堂打点儿菜,就这么招待。去接她过来就是老伴儿一个人去接了嘛,嫁妆也就是一个小箱子,背着就回来了。不讲究什么仪式了,简化好多了。现在又"科学"了,轿子也没得,都坐车了,即使没什么人,空车都开五六个小轿车,讲排场,现在结婚礼金都要好几万啊,讲的都是钱。

(三)出嫁的姑娘与兄弟姐妹的关系

我哥哥是乙丑(1925 年)的,弟弟是癸酉(1933 年)的。我的哥哥当兵去了没回来。1949年那年八月,他写了一封信回来的。信中说在河北泸县,我在这个地方,日后写信就难了。就那么一封信去哒就没回,也就没通到信。1949 年过后,有人叉②他,我们开小差逃回来,他就说我不搞,我就在这。我的弟弟人才不差的,他是公社的武装部长。他四十五岁的时候得胃溃疡病死了。哥哥去当兵的时候我一天一夜做双鞋啊,兄妹关系好嘛,要走了就做双鞋表示下心意。他丁亥年(1947 年)当兵,我丙戌年(1946 年)出的嫁。哥哥娶了媳妇的,生了第一个孩子是个哑巴,第二个两岁就死了。后来哥哥走了,她要改嫁,我就不同意,我劝她,你还有个娃娃,你走了就没人照顾了,你要把娃娃照顾好,后来就给嫂嫂坐堂招夫。我们就在坡上坡下,隔得近,有事儿都互相照看,去吃个饭就回来了很少留宿,自己都有个家了,不会住在别处。俗话说"亲不过族"。婆家的事情,娘家一般不会插手,插手就是管得宽,有矛盾都是互相劝一下,最终还是自己解决处理。但是出嫁姑娘没有过错在婆家受虐致死的,娘家爹妈哥嫂会出面大闹,要个说法,说清楚要个道理道了歉才罢休,但这种事情都少。

回家拜年都是正月初一,正月初几里嘛,没得什么东西带,有什么就带什么,过年一般都是要背猪蹄③回去给爹妈拜年的。都是给最亲的哥哥嫂嫂、弟弟弟媳、嗲嗲拜年嘛,就是那么个讲究。父母都过世了就不再那么早去拜年了,时间久了还不拜年了,自己年纪大了也不拜年了。那基本上娘家的弟弟、弟媳有红白喜事,我都会送大米过去,他们那儿只有苞谷,我们关系都蛮好。一般都是红白喜事才走动,平时也很少走动了。

二、婆家人·关系

(一)媳妇与公婆

1.婆家婚娶习俗

四五岁把媒说好了之后,我们基本上没见过面。这从长大点儿了,他④去我们那里玩,我就到别处去玩了,也没见过他的面。我们也不去男方家玩。我记得每年还送三四点点儿衣服,缝的两套衣服,我记得缝的个褂褂儿这有这么长儿点儿,像这个褂褂儿有这么点点儿花儿。再就是每年背个猪蹄去拜年。每年都这么搞。再过什么节气,也不兴接⑤。女方家最多就是给男方做双鞋。结婚的前一天晚上,像女方坐十姊妹一样男方要坐十弟兄,打三张香桌,上面摆

---

① 指夫家最小弟弟的媳妇。
② 音译(cha),意为"约,约着一起"。
③ 土家人的习俗。猪蹄在土家看来是比较贵重的礼物。大年初一都回去给丈母娘拜年。
④ 指被访者的丈夫。
⑤ 指主动去接对象来家里做客。

的吃的。第一桌摆好了之后,还要找两个陪郎官,这上面有一对茶壶,总之有八宗,把它摆完之后,这要打四十八个揖。这香桌两遍再各加一张桌子,摆十二盘吃的,有的是十六盘,往常结婚比这搞得体态些。结婚的当天,不管男方多穷都要有轿子、吹拉打唱的这么一班人去娶亲,就是新郎官和媒人过去。新娘接回来了新娘,新郎就在堂屋里向香火上点个头就行了,没有什么其他讲究。坐席吃饭不分男女,只分长辈和晚辈,长辈坐上席,晚辈坐下席或者旁边,媒人也要坐上席,和新娘一起过来的高亲客也要坐上席。三天之后回门,吃顿饭再回夫家,这事儿就算结束了,没什么其他讲究。

2.分家前媳妇与公婆关系

我来的前三年婆婆就死了,就是婆婆五十四岁的时候,睡个白棺材,造活孽啊。公公是个懒神胚,我们来的时候,他都是穿的单裤子。像这个时候(寒冬)哦,他的大腿过火烤的那么大的个泡泡。大个个、小个个、紫巍巍的还不是要烤。是往常的人啊,造的孽有卖的。那个时候也有田啊,还有三亩多的水田啊,是有田无人种。婆家有三个儿子、四个姑娘,有七姊妹啊。最小的姑娘一岁多就死了,躺啊。那么一窝窝儿,大一个小一个,裤子都没得穿的,衣裳都没得穿的,一到冬夏就是短襟短尺。去扯点儿白布就缝个褂褂儿,搞些煤炭灰就染成污的让他们穿着,一穿起就是单着,假若有多的一条裤子,就把它这么一搭(动作:裤衩从脖子上分开,两个裤衩各自搭在胸前),就过手抱起。我来的时候就还是有菊梅、腊梅、宣梅她们三姊妹,这就有老二、老幺、我们屋里是老大。他们三爷子①就还有一床棉絮,还有个筒子(被套)。这菊梅她们三姊妹,我们屋里接新姑娘儿②的那种红袄子有一件哦,再就有那么大的块块儿棉套一填,那个红袄子这么一放,再盖不到的就中间放张簸箕,她们三姊妹就睡的这么个儿。

媳妇与公婆之间没有什么格外的讲究。没有严格的尊卑,不需要格外对公婆照顾行礼或者请示,和现在没有什么区别。

3.分家后媳妇与公婆关系

(1)公婆关系。公公对我深不得浅不得,他咳都不敢咳我,怕我跑了。我还是不跑嘛,我还是舍不得爹妈嘛。造孽都要待在这个地方,给大人争口气嘛。公公有时候过来帮忙带娃娃。过来还是帮忙照顾几天,那我们也有哒,那我们也还是行行都给他们搞点,搞点儿回去,茖啊、洋芋啊。我们这个家庭啊,它是无人搞嘛。吃饭都是一起吃的,不分男女老少。那个时候称一斤盐都难得弄到吃。称一斤盐要四五升黄豆,要卖几十斤粮食才称得到一斤盐。那些年一养猪养一群,那几年不知怎么搞,瘟症也大,喂猪也喂不好。喂到六七月间,身上就起那种泡啊,掉整张整张的皮,就死哒啦。公公有时候也是把我搞恼火了。我就自言自语这么说的啊,你们屋里就像遭了天火烧了的。公公还当着我娘家人说我说话剐毒③了。我又给他说,你推磨有个磨子没得?筛包谷面有个筛子没得?往坡上④去有个薅锄没得,有个挖锄没得?往园子里挑个粪有个粪桶没得?我硬是挨着挨着给他这么说的啊。好歹他没回我的账。我也狠毒了,我也想一步跳到天坑里也好。

(2)分家。我们在一起住了四年。那是三月二十四,那硬是老鼠子跑过三间屋找不到一颗

---

① 爷子,是父母和子女一起的称呼,下同。

② 新姑娘儿,指新娘,下同。

③ 形容词,厉害、霸道,下同。

④ 指田里,下同。

粮食。七八个人啊,在屋里饿了几天。公公在屋里就闷(冥想)了几天。那天晚上他就喊了村里的三个人过来做见证人,这三个在那儿煨点茶喝。他就拖着三个疙瘩儿(抓阄),这三弟兄就一人拿一个,这就把家分了。我又不拿他的。我不想在这里待,我不想在这里为人。分家我没参与,都是老伴儿去的。说的山到哪里,屋到哪里,田到哪里。东头达哪里,西头达哪里,南头达哪里,这么搞的。我们拿到东头了,东头就是洞槽里那块田,大堂屋半边,我们长子不离中堂。这就大堂屋,一个敞口天你怎么坐。七月间,这要掰苞谷哒。这才找崖屋①里和义爸爸的一斗子壳儿,就在那里坐(待)了两年。过了两个年。后来土改,工作组长顾曹礼就问我们有屋不得,指了三处地方给我们挑。我说我们没得。老伴儿就回来给我说,我就说这边的屋差些,这边的地势好些,那我们过这边去揪头②大些,不在那个包上(地名)去,又是个大屋场,又是红沙坡,再个洞槽里我们还有田,有点山。这边是土田,这边希望大些,我们屋差些嘛。这么才进来(现在住的屋)③啰。这就壬申年的七月间,四爷子落这个屋。有大儿子、二儿子啊,这么四爷子落这儿屋里。这就渐渐儿好些哒。从土改就好些了。那吃不吃得饱饭,反正随个人的家庭啊。你勤快点就吃得饱,懒些就饿了。这都是个人安排的,家是个人挣的。

交往。嫁过来之后除了到亲戚家玩没到哪里去玩,亲戚家有个红白喜事去吃酒就去下,我送过四五次亲,就是送新娘子到男方去。夫家这边妯娌关系还是蛮好,他们几家有红白喜事都找我主事。家里一大摊子事儿嘛,一大帮娃娃嘛,吃了饭哒就各搞各的事,没得哪里有值得好玩儿的地方。

(二)妇与夫

1.家庭生活中的夫妇关系

(1)夫妇关系。我心里一直不同意这门亲事,思想反正不高兴。那娃娃看技巧啊,反正就觉得他蛮差劲儿。我那个时候明知他脑袋上有个癞子,屋里有一屋的癞子。大人不松口啊,你没得办法啊。我嫁这里来了我都回娘家哭几年啊。有时候一回去一哭一天。对于这段婚姻我是不满意的,我们吵吵闹闹过了一辈子。他是2014年去世的。那他还是读了一饱肚子书,其他几个姊妹、兄弟都没怎么读书。我时常说他,挣不到一分钱啊,刷子都没给别人扎过一把,鸡蛋都没挣到一个吃,我一直不耐烦他。他没什么能力,挣不到什么钱,经常都是我喂猪、卖点儿鸡蛋鸡子才攒钱把家糊走啊。可以算他是名义上的家长,我是实际当家的,家里大务小事都是我搞走的啊,他懒得很。要说有事儿还是商量,毕竟都是一家人。

一般外面开会啊、出面啊、公务事儿就是老伴儿出面。老伴儿是民兵,保护工作组长顾曹礼。土改时我经常给他说,你莫出人头啊,你不在人前也不在人后,你在中间啊,你莫去把那个打一招,把那个踹一脚,不能搞嘀啊。人家和你只那么大个仇,个人造孽就是嘛,人家又没影响你。那他还是听我的话。看是哪么个阶段、哪么个政策,你跟着走就行哒嘛,你去搞人家的作甚么子嘛,你莫和他们搞些斗争撒,要不得嘛。

(2)娶妾与离婚、婚外情。娶妻娶妾只听说过,一般是大户人家有钱才娶妾。家大的就可

---

① 村里一山崖下面有个洞。后来习惯称之为"崖屋"。方言,音译,崖屋。下同。

② 方言,指有发展前景。

③ 指现在居住的房子,说明,地势较好,这房子500米处远就有当时集中的银行、医院、学校、合作社,这里俗称乡政府。所以后文中有提到,经常有干部去受访者家吃饭的由来。

以娶两个婆婆儿①。那一般还是都是商量的啊，都是大婆婆允许了才娶第二个的，从解放了就没得了。大地主黄恒②就有两个婆婆儿嘛，大婆婆没生育，后来也被人害死了，后来娶个小婆婆。具体情况都不晓得。离婚啊、婚外情这些都是看夫妻感情嘛，牵扯的很少。

2.家庭对外交往关系

自己家里都糊不开，怎么管得了那么多，也不往哪里跑，不交个什么朋友，都是围着肚子转，围着娃娃转，顶多亲戚里红白喜事去一下就回来了，有事儿都商量嘛。

(三)母亲与子女的关系

1.生育子女

(1)生育习俗。娘奔死、儿奔生。1949年生大儿子，有五婆婆和我的妈。日后生的8个是我一个人在家里生的，我都不让他们晓得。生大儿子，他们就搞一把小椅子让我坐着，坐着就憋到了血流不出来，那方法我都还记得，就用一个扁担横着我扶在上面，后面就使劲地搓啊，娃娃下来这么大个，还好多的血啊。这后来生娃娃，我奔死我都不找他们了。不管怎么搞，就是死我也要一个人死在家里。我一个人在家里生8个娃娃。要生的时候就在屋里做点儿小事儿，疼的时候就站那儿歇会儿，硬是疼了就找地方一蹲，这娃娃就来了。快到肚子这里来的时候就找老伴儿来帮忙，把我一提，娃娃就下来了，这把脐带一剪，把娃娃用水一洗，就用布包住给老伴儿，快给我拿走，这就自己来处理。就算死了也要自己生，生孩子是奔命，娘奔死、儿奔生。

"报喜"和"洗生"。生那么多报个什么喜啊。那我生第一个还是报了喜的。背点儿东西去啦。他(指娘家)又不要东西，又收些鸡蛋啊、猪蹄啊给你一背篓背回来。老伴儿去了。哪个别人去啊。像昨天生的，今天就去，明天就洗生。屋里有个什么，有米就背着，有面条就背着，那他又不要，反正都是搭回来了的。那他背个什么嘛，屋里穷得叮当响。我记得生大儿子是1949年闰七月嘛，谷子还没老(熟)，就去把它割回来了在火里一烧，就舂兑了，搞的火米饭吃的。那是公公搞的啊，搞给洗生的客人吃啊。平时就光吃洋芋。那他们欢喜个什么啊，穷得要死，又惹了一个祸害。洗生啊祖辈就是这么个讲究。三天一洗生，把包的那些东西都扔了。就这么仔仔细细地给他洗干净。洗生，有奶奶的就奶奶洗啊，嘎嘎洗也可以，接生员接的可以接生员洗啊。我年年都是嘎嘎来洗的啊。我都不给妈说我要生娃娃了，她喜欢哭。她就是我这么一个姑娘嘛，免得她哭，就不准她晓得。我自己睡着就好了。那就是穿好了等他睡一觉，时间睡得长，就说托生托的远，睡的短，托生托得近。来世投胎，人死了要托生，看你来生变什么啊，是变鸟啊还是变什么啊。人都要托生啊。那亲戚都来啊。那有能力还送猪蹄啊、送铺盖啊。和现在一样的。现在还讲专门约个日子了打喜。那个时候用什么打喜嘛，没得吃的没得穿的。那大户人家还装的抬盒过来的啦，一格衣服，一格帽帽，一格鸡蛋，一格米，抬的抬盒过来的。

敬祖，烧香、烧纸、敲磬，香火上有菩萨有磬。娃娃生下就可以敬神敬祖，洗生那天也可以敬。就是说祖辈保佑嘛，保佑娃娃顺畅平安。爷爷奶奶啰，或者娃娃的老头儿啰，都可以敬。往常生再多，造孽(贫困、不容易)都要把孩子生下来，现在的人心肠毒些，只想舒服啊，不救命，只想舒服，只想生一个。

---

① 指妻子、老婆、妇女、女人，这里指妻妾。也可以指女性老人。下同。

② 黄恒，即黄庭芝，号恒久，黄埔军校第二期学生。文中所说情况有待查证。

（2）生育观念。我儿子生多哒，觉得生姑娘好些。有的姑娘生多哒又望生儿子，这是一回事。我就觉得我的姑娘贵重，儿子是狼心狗肺的。老四生的第二胎是个姑娘我很欢喜啊。那女娃是我改的名字，起的个双庆。这个庆啊，是香火上的一个磬，是个响神，初一、十五要去敬神，必然要敲几下。我不是改的个单庆，双庆两个，我改的是双庆，我得了这么个孙姑娘蛮贵重。反正生姑娘的娘下作些啦。生儿子的娘上作些。姑娘是怄气心。生儿子这条是免不掉嘛。是这个意思嘛，免得改姓嘛，免得这方绝嗣嘛。

（3）子女教育。我共生了九胎孩子，七个儿子，两个姑娘，姑娘最小。1949年近二十三岁的时候生了第一个孩子。从生到两岁多又生一个到两岁多又生一个啊，硬是肚子里面生空了才没生了。别看生了九胎娃娃，没整到我的嘞。就是生老大把我整了一下，硬是一年时间没搞生产，乳头周围都没得皮，一对都烂哒。老大、老二我就只让他们读了个小学啊，进初中我没得办法啊，款都贷不了啊。你大伯就还在捡嘴①嘛，那我没得办法嘛。老三六岁的时候得脑膜炎就成了聋哑人，他在夜校读了书还认识几个字，后来也一直没有娶个媳妇儿，我心里还是愧疚，他是2011年腊月三十那天不小心从楼上摔下来死了，造了些孽。接下来的那个儿子，丙申年（1956年）才两岁就害水肿病死了。老四初中毕业，上学的时候不听话。老五也只读了个初中，还是老老实实读完了。老幺读书的时候我们条件好些了，我们还想让他读书，他在学校瞎玩，这还留了级，搞留校察看，后头被开除了，把他没得办法。大姑娘，初中没毕业嘛，还有半学期她硬是不搞（读）哒。庚戌年（1970年）生小姑娘，她就只读了个小学，初中没考取。就是生最小的，他们就说等她把这胎娃娃生哒算了。儿子们除了老三都娶妻生子了，都生了两个孩子，我现在都有四个重孙子了。我的两个姑娘也都嫁人了，他们都只生了一个孩子。那养活这一帮娃娃不容易啊。有肉就吃肉，有米就吃米啊，有苞谷就吃苞谷啊。一天拼死拼活要弄到他们吃饱啊。一般情况下都是儿子爹教育，姑娘妈教育，都是自己的娃娃还不是都管啊，不听话都要说啊。

（4）对子女权力（财产、婚姻）。结婚前儿女也没什么钱，有钱都是我管着的，这么大一家人，这么多儿子姑娘，要吃饭，要娶媳妇，要嫁人啊，哪里不用钱啊，娶媳妇要钱啊、嫁妆也要钱啊，钱都是给他们娶媳妇了啊，嫁妆了啊。那个时候他们还没得这个能力自己谈一个朋友，那都是请媒人说的，这么多儿子养活都不容易啊，还给他们都娶了媳妇，我时常自己偷笑，怎么把这些媳妇骗过来的啊。

2.母亲与婚嫁后子女关系

儿子结婚了就分家，分家就是自家屋里几爷子分家啊，也请了村里几个证人。这么多怎么过得开日子啊。一天闹得不可开交，该闹的都要闹啊，总有这么段时间。分家了就各过各的日子，没得什么关系了，都要糊口，我有个聋子（第五个儿子）和我们老两口过了这么五十多年。孙子都是他们自己带，我都没带过，自己都过不走（好）日子啊。姑娘的嫁妆都是有个穿衣柜啊、箱子啊、桌子啊、椅子啊这些嘛。两个姑娘对我都好，儿子生多了，我也欢喜姑娘，现在老了都去的少了，待在自家屋里方便些，免得找麻烦。我觉得个人住方便些、自在些。

两个姑娘对我蛮好，经常回来给钱、买吃的、买衣服，衣服都穿不完了，还有好多吃的，怎么吃得完嘛。我现在归老六养老。他和媳妇心好，对我孝顺，水电费都是他们包了，媳妇儿经常给我端饭送下来。但是我还是一个人住，这老房子住了六七十年，习惯了，新房子住不习

---

① 意为"抱怨"。

惯。现在还种点儿菜园子,如果以后身体好转了我还想喂猪啊,要自己使力搞啊。我闲不住,经常去菜园子、坡上去看看。

三、妇女与宗教、神灵、巫术

1.灶王爷的祭拜

灶王爷的祭拜一般都是妇女做的。腊月二十三,豆腐打好之后,把锅灶刷洗干净,然后给锅里点一个锅灯,还要在灶门口烧香、磕头,磕头个数没有一定之规,把灶上的一切准备好之后去香火上敬神,点灯、烧香、烧纸、敲磬。

2.腊月三十敬神

腊月三十将猪头煮熟之后放在筛子里,筛子里还放着一个碟子,碟子放着一块豆腐,豆腐上插一根筷子,猪头的嘴里放一张烧纸,然后端着筛子去土地庙去敬神,一般是男性去,如果家里没有男性,妇女也可以去,到土地庙之后放鞭、点灯、烧香、烧纸,土地庙敬神之后就可以回家拆猪头吃猪肉了。过年祭祀是为了祈求平安健康,避免鬼神找麻烦。

3.拜门神

"初一不出门,初二拜家神,初三、初四拜丈人。"1949年以前,初二要拜门神,家里的每个门的门前都要烧纸祭祀。妇女初一、初二不能回娘家,一般初三才回娘家,凡是女的初三或者初四之前都不能出门,男的可以出门。

4."当工"(音译)

"当工""跳当工"(男巫、女巫),就像现在的"道士先生"。因为当工是需要"跳舞"的,也是个体力活,所以一般都是男的。一般家里人(男性、女性都有)生病了很久不好,就会怀疑是有鬼,就会请当工来跳一下祛除病魔。当工跳跳走走、手舞足蹈,将十个手指长的竹签用火烧一下竹签一头,在一杯酒里面滴入一滴新鲜的鸡血,将烧过的竹签放入杯中蘸一下,拿出竹签一甩,然后说这个竹签如何如何。再用一些荞面在满屋里撒,一边撒一边喷火,有噼里啪啦的声音,还要把一个大火船点燃,一边让它往黑的地方跑一边赶,这样鬼就都烧死了。这都是骗人的,最后病不好的还是不好,去世的还是去世了。

5.送子娘娘

李明亮父子就是送送子娘娘的,他的儿子李明亮,十几岁,就背着背篓,人家给的什么就背着。他就和他老头儿到处送送子娘娘。进门就唱:"送子娘娘进门来,一送喜二送财,三才送到你屋里来。"唱得几多好啊,那唱的你就要给他给点儿东西啊。说的都是些奉承人的话,就是肚子饿了没有吃的,才四处骗吃的,反正就是肚子里饿才来,哪都唱得好?都是为了一口吃的。再就是大老杜、小老杜玩蛇,要么是抱着、要么是挂在脖子上,吓你,你给他东西,不给他就吓你。你多少就要给他给点东西,免得他吓你。像他们就还要多搞点儿,搞碗那么多他还不松手啊。还要多搞点儿。从1949年,给他们解田解屋了才没的这么些。都是为了口吃的,往常说的"能够讨三年米不能做一年官",讨米比做官还好些。哪都有,男的女的都有,都是些懒散人,讨米轻松些撒。土改后,给这些人分了田分了屋,他们才没有到处唱送子娘娘的歌。结婚后四五年不生育的妇女会做一些小花鞋,挂在龙船上祈求孩子的降临,我们这里没得这个习俗,听别人说的。

315

6. 求雨

我们小时候前面那个坝里就有个庙,那个庙就是王华学把它移到那边山包上去了。一天干的时候,就敲锣打鼓求雨啊。哪还是求下来的,那是闯(赶)到那么个时候啦。反正不就是要出几分钱嘛,都是搞社员、搞农民的。求雨是男的搞的。那往常妇女脚小,怎么跑得动嘛。嗯,现在都看电视啊,行行都看电视。像你们玩手机一样的,往常也有玩灯啊。

7. 宗教

那都是见鬼的,哪来的鬼神啊。就像树儿信耶稣的不是一样的啊。死都死了。那五六十岁了。他说信耶稣了,米放在那里都涨,他说,信神了好,不得病。保护他不害病。其实他又死了的,死在床上还不晓得。信,吃饭都要给他说几句,那都是见鬼。他还动员我信耶稣,我说,哎呀,你给我少说些。人要勤快。你不劳动天上掉了给你吃?!他一来就给我讲这些。我就找些话给他说。你苞谷长得怎么样?猪好不好啊?田里要好些做,猪要好好喂。专门找些话和他说。他那种,老婆死在前面了,懒散得很。祖祖辈辈归一①,吃饭是真家伙。我不信(神),我信劳动。劳动是正确的,不劳动没得。往常和现在是一样的,勤快点儿啊家里舒服,懒散点儿肚子饿着。一样的啊。

8. 巫术

我眼睛瞎了七天。实际我只瞎了六天,第七天就好了。就像黄豆那么大颗白的把眼睛遮住了,我记得是十月十四,早上起来背一背粪倒的时候把灰扑起来就把眼睛眯了。阴坡那个姑娘姓谭,叫新秀,是赤脚医生,我叫她给我看一下,她看了没看出来,这不就算了。这十五那天队里说放一天假你们自己扯一天萝卜,这十六就集体扯。我就用手巾把眼睛遮住,只留一只眼睛,那天就把萝卜扯了。这十六下午就去找另一个婆婆看,她有那么些鬼名堂,这她看了就说你屋里香火那里有个小坑儿,再就是老屋里有个小坑儿。我来看了确实有这个坑儿,经常推磨,脚站的那个地方就有个小坑儿。我们这旁边有个合作社啊,我说你明儿来我们这边给我看哈。这她还是来了的。我早上还给她做顿饭。这她用棒在缸里使劲儿地搅拌,形成水漩涡,在中间的圈圈上舀点儿水,把她的嘴巴漱了就给我把眼睛一舐。舐了之后她就和老伴儿这么说哦,她说你的妈死的时候是这么都没得穿的,她的坟墓上掉了这么大个石头。这十八那天起来,噫,没得了,眼睛上这么个坑儿,那么大坨白白的把眼睛遮完了。我的眼睛还是婆子妈搞的鬼,找我的麻烦,只要给我把眼睛搞好,我就给你把坟墓砌好。砌好之后又垮了两年,那天又是我们几个人去砌坟,垮了一坨,有一块别个坟上的石头。就把那块石头甩了,自从把那块石头拿走之后,坟墓也就没垮过了。那个婆婆胡说八道的。她给别人烧胎,说今晚有两个娃娃来抢红钱。红钱就是就是烧的一堆纸在那里。不到一个月啦,在那里就有两个娃娃在那里摔死了。但是那个婆婆又是个过于老实的婆婆,这些事儿说不清楚。

四、妇女与村庄、市场

(一)妇女与村庄

1. 妇女与村庄公共活动

出嫁前正月里会去看灯,一般都是和爹妈去,爹妈不去有兄弟姊妹一起去,总之不是一

---

① 意为,都是一样的,都是这样。下同。

个人去,有伙伴儿一路去。正月里家家去看灯啊,看踩高脚^①哦。保长、甲长都晓得啊,都是从他们手里经过的,经历了这么个朝代啊。我有时候也去开会啊,那土改集体的时候天天开会也去啊,平日里开会都是老伴儿去的。

2.妇女与村庄社会关系

做姑娘的时候的玩伴就是那么多姑姑啊,我有十一二个姑姑,跟着她们玩,向她们学做针线啊,就是这么个事儿嘛。出嫁后,我和妯娌关系还好,她们一般有红白喜事都还是找我去主事儿,找我送亲啊,帮忙啊。有的建房子还请我去拉红绳,拉红绳的人必须是有儿有女的人,意为以后子孙繁衍。送亲也是需要成双成对的人,有儿有女的人,寓意别人家婚姻长久,多子多孙。外出走的地方少,多半都是亲戚有红白喜事才会去一下,平日里不怎么到处走,家里一堆娃娃一堆事儿走不开。

(二)妇女与市场

出嫁前也去上街啊,只不过去的少,没钱去上街。我十五六岁的时候还去石亚子街上卖柿子啊,有三四棵这么粗的柿子树,熟好了我就去卖,去卖给那些学生,卖了买盐回来。布都是买的,只听说过有织布的没看见过,鞋子都是自己做的,没得多余的去卖。什么时候上街都是自由的,不需要商量。

五、农村妇女与国家

(一)农村妇女认识国家、政党与政府

1.对国家的认识

我们小时候在吃饭啊,我的丫丫他就讲啊,蒋介石退了,毛主席来哒了,那就是男女平等哒。他就说男女都办工作哒,要平均地权,要把田收到集体,学这个绿堰潭的水一样要一满潭。还有关于孙中山啊这些都是老头儿给我们讲的。后来土改的时候天天开会搞学习也会讲一些这方面。

我裹脚了的。我妈给我裹到十多岁了。我么奶奶才说,我看你把那个女娃子缠了以后弄得到吃的!好嘛,这才没缠了。那我们的脚贵重的啊,五尺长的裹脚,一双脚带子,里面做的套鞋,外面又是一双鞋,那搞得几多扎实的哦。里面的睡鞋是个软底,这些小脚就是用脚肚子走的啊。那不像现在赤脚凉片地到处走,那不打死你。那外人都要这么说啊。脚裹得乖,走路不能像飞毛腿儿一样,要拐哈儿拐哈儿的,那这个姑娘她妈就培养得好啊。

2.对政党的认识

国民党就是拉兵拉夫啊、抢东西啊,这些经过的逃兵啊看见什么就拿什么,又不讲个道理。

3.夜校

我读了几年夜校,小队组织的,忘记是什么时候了,也忘记自己名字怎么写了。男的女的都读夜校,黄胜梅她们几个一考试也考不过,我能过考试。那个时候也读不进去书啊,思想压力太严重了,屋里事情太多了,不去不行嘛,硬是要我们去。

---

① 踩高跷,一种民俗活动。

4.政治参与

我们屋里有三个党员,大儿子是当过兵入党的,两个孙女是读书入党的。反正大儿子当个党员我看只这么个,清官难断家务事,我和他关系只这样。

5.干部接触与印象

我认识的官那有区长、乡长还有局长啊,袁家成是区长嘛,谭子林是保长啊,我们从他们手里经过来的嘛,是他们的天下嘛。有的被打了,有的过错不够,就去坐牢。那个杨高原,是保长,我就是想不明白这么大的时期他怎么逃过来了的,保长以上都是处罚了的啊。他就讲他在坐牢啊,他当保长啊。我说我们这里当保长的都是镇压啊的。他说他不够,就像那个喂猪一样,他们是肥猪,我是瘦猪。还有建始物资局的局长,建始物资局的一个局长在我们屋里住了四五年,就在旁边的矮屋屋儿里办公。他是国家安排的,要住这个造孽的地方。物资局的在我们这个大队来三四个了。二队、三队、四队住的都有。我们在一队,我们这儿是总头头儿哦。他们几个经常到我们这儿讲嘛,还悄悄讲生活。在我们屋里住的那个就说,反正要艰苦。他们多一半时间都是搞到这儿来吃饭。他们住到我这里,有时候我上工去晚了,不扣我的工分。

6.女干部

1949年前没得女的当干部的,再大的能力也没有她当工作的资格。1949年后就讲男女平等啊,男女是一样的。像一个公社有个妇联主任,也有当妇女队长的。嗯,还是男的掌天下。女的只跟着混一下,又拿不下什么事儿。以前是龙秀园搞计划生育啊,现在就是袁天珍。第一次接触女干部,是土改的时候哦,一个小姑娘规规矩矩的。我们队就有个女队员,一米五左右个头儿。这个姑娘说话也和我们一样的,不晓得她家在哪里。印象好,是个规规矩矩的女娃娃。还讲义气啊,也不会因为有点儿工资不得了,踏踏实实的这么个。再就是后来的龙秀园的妇联主任,赵如真的乡长嘛,赵如真讨人嫌啊,斗地主都有她的份。

7.政治感受与政治评价

搞计划生育是因为人口多了,站都站不下,不搞计划生育就养不活啊。但是人多些还是好些啊。现在村里还有几个人啊。再怎么要生两个啰。我们这好几个都只生一个,现在(的人都)好玩儿,儿子长大成家,哪个还管你啊。再怎么还要生一个啊。管他儿子、姑娘都要两个。

村里变化很大。像现在这个机械,我们都进了这个食堂哒,他们才这么讲哦,他们都是搞的这个黄牛推的磨,再就是过①人推的。坐到桌子上吃饭啊,这些干部他就说的,日后不需要这个推磨哒,有机械。那哪里像现在这么科学啊。你像改河改沟,这都是靠挖锄、背篓背的啊。我们小水田从黄家湾下来的河,给你划这么一段,你今天这一段好多工分,把这个河沟里的土背上去,要填上车路,拼死拼命地搞,背篓、挖锄都挖烂哒。那小水田下来这么一条河,那么一条河②,这青花、望平③的都下来,都是在这里开的伙食堂,一个公社一个伙食堂,下来过挖锄挖,过背篓背的啊。现在这个河坎啊,二河二面做得很乖。就是捡的这个石头啊,捡得最漂亮,一些人不晓得是哪里的啊,躲在河里硬是给你捡得好好儿的啊。拖石头的,拖砂浆的,一天又没得哪个给他搞茶喝,硬闷闷声④把那条河做到黄家湾啊的。现在都不能随便下河了,你

---

① 凭、靠的意思。

② "这么""那么"在这里指两条河的方位。

③ "青花""望平"在这里指地名。

④ 形容词,形容不说话,只踏踏实实做事。

越是到边上,你还要注意了,掉下去还没得人气了。我们这个河搞成这么个程度的啊。

(二)对1949年以后妇女地位变化的认知

小时候就听老头儿经常说,以后要男女平等哒。那个时候想那等到什么时候。现在妇女解放了,男女平等,妇女地位当然提高了。以前哪有妇女搞工作的嘛,现在妇女可以搞工作了嘛,妇女可以教书了嘛。结婚离婚自由嘛。但是妇女搞工作也就是混下,起不到作用。

(三)妇女与土改

1.妇女(贫下农、中农)与土改(土改参与、斗地主、分田等)

我们就是贫雇农啊,是最造孽的人啊。还是全靠分得地主的东西啊,这个碗柜、桌子、还有口缸都是地主的,我们家什么都没有,我只有五宗家撑(陪嫁的家具)。地主的东西都收在那么个山洼里。分东西那就还要评,还要比:比苦比劳动。你当了保长或甲长的就不行。劳动我们还是搞,我们反正行行都比不下来,比不丢。我没去都是老伴儿去的,分还是比较公平地分,反正需要的家业(家具)还是弄到了几宗。给我们分了屋,还分了七八亩田。

我不去斗地主,我不搞。那他怎么发动我,我都不搞。斗地主我也只去看了一回。我去的时候带的两个娃娃。我是不去斗,我只悄①到那里视②了一会儿。斗争那个朱德章,他又不承认他是个地主。骂他一直说他不劳动啊。他说我怎么不劳动啊,我提篮撒种,我行行都搞,我怎么不劳动。确实,人家劳动哦。他那个婆婆也是个蛮贤惠的婆婆。硬把他拴得像个猴儿吊在那里,硬像搞甩甩③啊,硬是升了三四回啊。他屋里还埋的有那个洋钱嘛,那个木儿,他是搜山组啊,他们去清算的时候。往常那个泽装布、毛细布④,那个泽装布是一尺二、三丈二尺长,就一只布也是十匹,这么打成捆,顿时去了就朝茅厕里推。嗨,木儿发现哒,看到那个茅厕里还在股泡泡儿。随手就去把它搂起来,还没打湿布嘛。说他们屋里这个屋檐底里,阶叉子⑤那个场坝⑥边边上,怎么看到有这么大滴滴儿⑦碗肚肚儿,这也是木儿看到的。就挨着这么一摸撒,就猪油啰、米啰、肉节节⑧了,摸四五坛出来啊。日后又整他,下死甚⑨整他,他有洋钱啊,这么大个坛坛儿,埋在那个阶叉子底里的,硬把它搞出来啊的。那是把他斗干净了嘛,人还要吃好大个亏⑩啊,我的天。吊啊、踹啊、打啊。家就清完哒。陶树坪(地名)啦,那个高山,挣几个钱几多难得挣。他是劳动地主啊,他又没占公事、又没占剥削,就只把他的家具、财产清理完哒,田还有多的拿出来哒,坐还是等他在那个屋里坐⑪。

恶霸还首先就捉去打(枪毙)哒。恶霸地主啊,当了公事的、乡长啊。打了几多,吓人啊。在三里坝打袁家成他们,架的机枪扫的啊。壬辰年(1952年)五月初一就在龙世明他们那个

---

① 指悄悄地、不动声色地。
② 意为"看"。下同。
③ 形容像秋千一样,甩过来甩过去。
④ 音译,以前的布料。
⑤ 音译,台阶。下同。
⑥ 指庭院。
⑦ 形容很小,一角,一点儿,小事儿。下同。
⑧ 指一节一节的猪肉。
⑨ 音译。表程度,这里指特别狠。
⑩ 意为"人的身体、精神方面被整惨了"。下同。
⑪ 意为,房子没有被清理,留下来了让他住。

屋场里打谭子林。我本来懒得去的,通知全要去。我也只去看了一次,我再也不去哒,硬不去哒。我就把大娃娃背着,现在那个街头上那里,打卢国安、徐罗安这么两个。一枪就从额头,从这个脑袋,去了多远啊。再一个就走胸口进去,走后背出来,拉多长的口子啊,血,吓死人的血。一枪就打死哒。

我们这桥上那个子轩他们家以前就是地主,他就是还在忌恨这个事。我经常劝他,说这是换朝换国啊,不要忌恨,他又不是哪个人害的你。毛主席来了他要把蒋介石撵出去,蒋介石固然也是搞的事也是搞的剐毒。要筹兵、要筹夫、要筹款,那哪里有现在这个时代这么好啊。你要理解啊,毛主席说的要打富济贫,他要把你们那层高的踩下来,把低的要拉起来,把富的打下去,把贫的拉起来。

2. 妇女组织和女干部与土改

土改的时候,他们就把我动员去开讲义会啰,我才不搞嘞。我有了四五个娃娃哒,我一天个人的事都讲不好,去讲个屁。土改的时候专门培养那么一帮二簧腔①,就是斗争组。我们这里就有赵如珍、黄庭凤、黄文芝嘛。我们村里赵如珍是乡长啊,黄庭凤就是组长啊。赵如珍那个时候也没得娃娃啰,还是要这么一帮二簧腔,才把地主吵得起来啊。把地主往那里一请,他们就像炒苞谷籽儿②一样。你去捶他一捶,她去捶他一捶。你去骂他一句,她去骂他一句。这么三四个就像跳舞一样那么搞。后来正准备给赵如珍建党籍,要她斗她的大姑爷她就不搞,党就没建起来了啰。村里也有农会,都是老伴儿去,我没去。那个时候唱的那个广播体操的那个歌儿嘛,也唱东方红啊。"东方红、太阳升,中国出来个毛泽东。"唱歌都是组织了,硬是要唱啊,哎,我自己的一天的事儿都唱不好啊。有时候开会的时候也要唱歌。

土改对我们这些穷的都还好,差田的给你分田,差屋的给你搞屋,让这些穷人富起来,我们从土改就富起来了。那些发财的、当官的,那没跑脱几个的啊,日子不好过啊。土都掘了三尺。

(四)互助组、初级社、高级社时的妇女

我们这些人的田都归集体了,人都归集体了。集体是分三个阶段收集体。首先就是这个组最穷的,第二阶段就是轻轻儿好点儿的,第三阶段又是轻轻儿好点儿的。再的还要写申请了,他怕你进去搞坏事啊。我们这种造孽的人首先就收进去的。我们开始非常愿意参加啊。一我没得屋,二我没得田。行行它都给我搞,田它也给我搞,屋它也搞。那后来一直搞集体没得下场,人精灵点儿还好,老实的就只有做事儿了。那我说一直搞集体人死光了。政策是硬要你搞,哪个愿意去搞那个集体啊,你不去不行嘛。不去的就说你是搞资本主义,那是不行的。

男女工分都是一样的,反倒妇女做的事儿比男的做得还扎实些。那我们这里的妇女就只不栽秧嘛。那割谷子什么的都要下田。这一排割谷穗,一个人四路,还不是拼起命哒往前搞的。是坝田③,又不是坂田,你没得投机的地方的啊。那我们种到黄家湾那个里面去了的,好多的地方哦。那个时候全是过背的啊。给石亚子背谷子,我们队里的任务是给的四万二千斤啊,

---

① 音译,意为"蛮横,不讲理,霸道的人",下同。

② 形象的说法。炒苞谷籽儿是一种农家自己做的小零食,农村习惯于用大火炒苞谷籽儿,就要不停地连续地用锅铲来回翻滚,以免被炒焦了。这里形容这些斗争组的人你一句、我一句连续不断地数落地主。下同。

③ 坝田即水田的水差不多干涸之后的样子,呈泥浆状,不便于劳动。后文的坂田,即山田,比较干爽的土壤。所以后文说"没有让处",即在坝田里面,一脚踩一个坑,深陷泥沼中,没有让动的余地。

都是往那里背的啊。安排我们一天背六次，一百二十斤的口袋我们一天背六次回来。我们脚板里硬是背哒多大的个泡啊。谷子基本上都是上交国家了。像我们一家七八个人都只分配五六百斤谷子。粮食按人口分，像小娃娃一个月只有二十四斤，劳动力人口都只有二十七八斤。吃不到就吃苞谷，吃不到也要吃，吃粮食没得深浅，有的人吃不到去借啊，我的反正是箍①到了的，我不吃超产粮。你借了，发的时候又扣。

我们的工分没评到过低等分，不低于人家。我这个人也还是聪明，那些地方不好搞我就不得去搞。我们是技术工，我们打窝子②，那么长的窝子，那要有个技术啊，不然你在田里蹦不走啊。那我们几个妇女经常在一起生产，一天还是蛮好玩的，我们这一帮就打窝子。哎，日后硬是打不得窝子哒，腰杆疼的啊，我挺不住。后来又安排我撒了几年黄豆啊。这个事儿轻松些。搞儿把黄豆哒满坡里浇撒，那他们又没说我撒得不合格嘞。和我一起撒黄豆的久儿(男的)，就交不到差，一差四五背篓黄豆苗。他心里没得数，应该心里有数总共有多少行，需要多少种子嘛。

互助组开会都是老伴儿去开的啊。我没有空闲，屋里一大堆事儿，还有一大帮娃娃。他们要培养我当干部，让我去开讲义会，我不搞，我个人的事儿都讲不好，我要把他们喂饱，等他们长大成人啊。如果我是有机会读书啊，那肯定也能读好，我记性好。

(五)妇女与人民公社、"四清""文化大革命"

1.妇女与劳动、分配

我们劳动的时候，孩子们当读书的就去读书哒，再小的就放在屋里嘞，或者你就背着去做事儿。就用襁褓③一背嘞，屎片儿④就放在荷包里啊。中间休息的时候就给娃娃喂奶，乳头上有汗他就吃不得，吃了吐。你到田里劳动就必然要带个湿手服儿⑤，喂娃娃的时候要把乳头擦一下。

每次在食堂，要他们称的高粱粑粑啊，若是晚上分回来了，就把这个娃娃喊醒了喂一坨，把那个娃娃喊醒喂一坨。那真的只把他们的命救活了，没死。没得办法啊，这个政策去那儿哒，它把你焊⑥着，带那么一窝窝儿娃娃，造的孽有卖的啊。只要不把我捆紧哒，只要轻轻儿把我松点刑儿，我又把娃娃喂好了。1959年，田也种不出来哒，到处都种不出来哒。五月间就开会，那些田边里角⑦给那些社员儿种点儿芒豆，把那些娃娃喂活一下。那悬崖下面那个坎上的那点点儿崖坎儿，这我就把那点儿慢慢种起来哒，这他们又看我收到了点儿粮食，哎！正要收粮食哒，又给我出三百块把那点儿收回去了的呀。白搞哒，它反正不能准你一个人吃饱嘛。

把我安排到养猪场喂几年猪哦。他给我安排八头母猪喂起，猪硬喂不好了。我们一班有三个啊，我怕他一直我们拴在里头⑧哒。我说我不搞第一班，我要搞中间一班。那个时候规定

---

① 音译，指日子过紧巴点儿，勉强过日子。
② 种地时在田里用锄头掏出的小坑窝，以便撒种，下同。
③ 音译。用布做的较宽的布带子，可以把孩子绑着背在背上，下同。
④ 相当于现在的尿不湿。当时是用布做的。
⑤ 音译，即毛巾、帕子。
⑥ 意为"拴住，捆死"。这里指政策对人的束缚，下同。
⑦ 指田的边边角角，比较偏僻的角落。
⑧ 指怕被养猪这个事情缠死了，没有一点儿空闲时间。

一个猪仔涨一斤就奖励三斤种黄豆①。嗨,我来五天就得了三十斤种黄豆。大部分的都没涨,我养的涨了。

我们去修了河沟,去修的时候打着火把摸着去的。腊月三十、正月初一都要去搞。腊月三十还要劳动一会儿了回来才准你搞团年饭啊。

2. 集体化时期劳动的性别关照

生孩子可以有三十天的假,那三十天不会喊你上工,也不会给你记工分。经期可以请假,请假了也没有工分了。那我生幺儿子的时候,在屋里只坐三十天月子嘛,然后就出工嘛。反正想到自己生多了,养不活嘛。生老六的时候上午还在背粪,下午回来就生娃娃啊。那还是有些老婆婆,她晓得你怀孕了,劳动的时候就挨在我旁边做事儿,有时候就帮我做点儿事儿,我就轻松些,还是有些好人。

3. 生活体验与情感

食堂是 1958 年开始的。公社食堂是"地富反坏右"来做工建设的。

开食堂的时候什么都要交到食堂去,一把火钳、一个碗、一个锅、坛坛罐罐都要拿到食堂去。食堂一下放,还要想办法开个证明才能去买个锅,这就是"割资本主义的尾巴"嘛。

搞食堂的时候死了好多娃娃和老年人哦。我们这个坝里死了好多老年人哦,娃娃还没饿死,死五个老年人,都是男的。坡后面叶家里,饿死三个小娃娃。把菜园都收哒,不准你种菜,我搞的这么个长围裙,歇稍②你就扑趴连天③去摘那个石斑菜兜回来,赶忙两刀剁哒煮哒搓哒,油都没得,放点儿盐,给娃娃吃。一个娃娃一天只有二两苞谷,那些娃娃吃了舍不得放碗,一天就把那个碗抱着舔啊,又不需洗得碗。那这段时间把我们这些娃娃差点儿饿死了,老年人走着走着路都死了。老年人都是六七十岁的人嘛,他就弄不到④吃嘛,那个二两他吃不饱。集体又好又不好,万福的还是邓小平起来哒。我们屋里娃娃从老五开始就没造到孽哦,老六是 1962 年生的。1961 年食堂就下放了。下放了就回来种田,我们又富起来了。那些当队长的说的,我们又看到他穷,又看到他发财发起来了。他就是说的我们嘛。

那个时候也有演戏的,一帮帮儿女娃娃,还经常到我们屋里吃饭,那个村长还说,就是在我们屋里吃了些好吃的啊。那我们那几个经常一起做事儿的妇女劳动的时候很少唱歌儿啊,自己的歌儿都唱不好了,最多讲哈喂猪啊娃娃啊。

4. 对女干部、妇女组织的印象

我记得龙秀园当过大队妇联主任,也没打过什么交道。好像也没组织什么活动,不记得。

5. "四清"与"文化大革命"

"四清"的时候我们队里有我、王德红、夏冠秀、于德菊四个人搞到桑园坝公社里去学习半个月,开会啊,总是思想不好啰,不晓得为什么。是王有清组织的,他是乡长,要我们背毛主席语录。我走的时候把老幺抱着带走了,老五在堂屋里摔倒了还在哭。硬是搞了半个月。我不会背,有一天突然一觉醒了就说,王有清那我给你背,就背好了。毛主席语录要背,不背不行。早请示、晚汇报,我们平民百姓不需要搞的,我们又不是干部啊又不是其他什么。

---

① 指黄豆种籽,下同。

② 指劳动间隙,休息的时候。

③ 形容时间紧,跑得快

④ 指老了,动不了,不能自己找吃的。

"文化大革命"反正是那么个阶段，他们怎么我们就怎么搞。忘记什么时候又搞九大（1969年）了。一会儿这有一帮敲锣打鼓的，一会儿那儿有一帮敲锣打鼓的。

（六）农村妇女与改革开放

土地承包与分配。土地责任制了还是给我们分了一点儿田。老大、老二在集体就分家了。老三聋子一直跟我和老伴儿住一起。老四、老五、老幺都是责任制后才分家、分田。分田都是按人口分的，妇女也分到了田，土地证上的名字都写男性的名字。村里的事情基本上都不参加了，老了没得心思了。

对计划生育的认知。往常，我们老辈子就说哦，腹中杀人八百万。腹中杀人，它怀在肚子里你怎么杀得到它。日后这个实现哒。她肚子里有小孩子了就要你去剐（人流）了哒。往常书中说的，他待在腹中你怎么杀的到他？这个事还不是实现了的。你多哒他就硬让你去剐啊他。说的就是这个小娃娃就灭了好多哦。现在就是有些人思想转变了，不愿意带娃娃了，都看到前一代人，我们带得可怜啊，少生为好哦。有一段时间，超生只准生两个哦。李先友的这个姑娘，就生了两个姑娘哒，想个儿子，就再生一个，硬连屋里的嫁妆什么东西都搞完了。嫁妆都抬完了，猪子都赶到这里乡政府来了的，这是生的个三胎嘛。我们坝里就有个王贵新超生了，就罚他去那里修三天路。我觉得娃娃两个还是要，管他姑娘儿子，还是要两个。

六、生命体验与感受

要说为人，我们一生划不来[①]，这时代好，有老哒，又蹦不动哒，年轻啊，又没得。反过来说，我比我爹妈他们划得来，我一日三餐也是吃饱了啰，夜一宿也还是睡热乎哒啰。现在时代好了，但愿多活几年啊。

---

① 意为不划算、没意思。

WR20160203LXG 陆显圭

调研点：湖北恩施建始县高坪镇桑园坝村

调研员：王锐

首次采访时间：2016 年 2 月 3 日

受访者出生年份：1932 年

是否有干部经历：否

是否生育：是

受访者结婚的时间节点、生育子女的具体情况：十八岁结婚；共生育 6 个孩子，死了一个女儿、两个儿子，现有三个儿子。

现家庭人口：5

家庭主要经济来源：务工

受访者所在村庄基本情况：受访者所在的桑园坝村七组，临近桑园坝村文化、教育、交通中心，步行 25 分钟左右可到 318 国道线。沪蓉铁路横穿该村庄。村庄地势高低不平，房屋依山而建，这里气候较为湿润，雨水多，四季分明；这里土家族、苗族、汉族混居，少数民族基本已经被汉化，少数民族特征不明显，村民大多以黄姓和李姓为主。这里粮食产量高、水土肥沃，多种植水稻、玉米、土豆、红薯等。经济来源多以外出打工为主，村庄里多是留守妇女、老人和孩子，人地矛盾缓和。

受访者基本情况及个人经历：陆显圭 1932 年生于四川茅田天生，其叔父常年在外做青果生意，来到桑园坝村定居，无子嗣，所以老人是过继给叔叔，七岁就来到了桑园坝村。丈夫是上门女婿，夫妻育有六个孩子，死了两个儿子、一个女儿，现有三个儿子。老伴儿 1988 年就去世了，现在和二儿子一家生活在一起。儿子身体不算好，就在镇上打小工挣钱，儿媳在家做饭、喂猪、务农，贤惠善良。两个女孙子在外地工作。家庭和睦温馨。

老人经历了土改、集体生活，年轻时的她干劲儿足，劳动表现活跃，拿的工分不比男的少。老人心地善良淳朴，不斗地主、不诉苦，因经历了以前没粮吃饿肚子的日子，格外珍惜现在的吃穿富裕的生活。老人身体还算硬朗，种个小菜园，前两年经常弄点菜去街上卖，挣点儿零花钱。现在多出门溜达溜达和自己同时代的老人聊天。

一、基本情况

我叫陆显圭,出生于1932年,今年八十三岁了。我本出生于四川茅田天生。我们有三姊妹,还有两个兄弟,五个。开始都不行,也是砸锅卖铁供他们读书。哥哥们都读了,我们姊妹三个没读。哥哥在教书,当校长。我们的弟弟是开始在信用社,后来又当了银行主任。我还有个弟弟腊月初六因为癌症死了,小我两岁。我的大叔以前做青果生意,经常外面一个人跑,他在老家的田地就由我亲生父母耕种。他后来就在这边的小村子里找了一个二婚的媳妇儿就组成一家,因为膝下无子女,就把我过继过来了,七岁就来到了建始县的桑园坝这个小村子。我们小时候又没解放啊。就跟到大人做些小事咯,放牛咯、扫地咯、弄饭咯、推磨咯、挑水咯。后来十一二岁,就弄饭,垫个小板凳弄饭,没得灶台高。这边的大人①待我又不怎么好,平时都不敢出去玩,经常挨打。我十八岁结婚,当家的是倒插门(招赘),就是当家的到我们屋里来。我婆婆家还是去,给他的妈缝衣裳送过去。我生了六个孩子,一个姑娘、五个儿子,我的大儿子就是1955年生的。死了一个姑娘、两个儿子,最后就剩三个儿子。

二、农村妇女与国家

(一)妇女与土改

1.土改动员与参与

土改的时候我十八岁。口号就是开会喊毛主席万万岁啊,清匪反霸啊,打垮地主恶霸呀,打倒土豪劣绅,清算地主啊,分田分地,分地主的财产。那些驻队干部教我们唱了很多歌儿,就是几十年了记不得了。我们家里是上中农,就是佃中农,我们种的课田,像我们是中农就有犁耙绳索耕牛。中农你就要有犁耙绳索耕牛,这种就叫中农,贫农就是什么都没有。贫农就是最穷的,中农、中中农比较还好点,上中农了,就更加好点,富农就更好过些。

我们家里就住着土改工作队,往常那个时候我们屋里经常住人。我的父亲当过组长,最后我们三四十岁的时候,我老伴儿当队长。我们这经常住干部,从县里调过来的、村里的、区里的都有。像有的屋里住一个人,有的住两个人。他们就领导这个队里搞生产、讲政策。基本上没得女队员,我们这个队里女的没得,尽是男的。土改工作队经常到我们家里来,那个时候,只有地主屋里就不去,富农屋里不去,贫农、中农屋里他都来。在我们屋里住着,就要在我们屋里吃饭,也睡在我们屋里,他们经常各地方去开会啊、搞工作啊,晚上天黑了就归到家里过夜。那个时候对干部有个"三同政策",就是同吃、同住、同生活。同吃,就是我们吃什么他就吃什么,在我们屋里住着,就叫同住,同生活就是在我们屋里劳动,我们做什么,他就帮我们做。

2.斗地主

我们很少恨地主,也斗得少。反正斗地主,我们就不爱斗,只是开会就参加。他们也邀请我们去斗,还催,要你去斗,把你往里面推啊。我不爱说别人,想到没得意思,想到斗别人就觉得忍不下心来,心软得很,觉得斗得别人蛮造孽。有些地主被民兵捆着,被打得叫喊,被吊起来,看到造孽。那也有搞笑的,那个时候有个人斗地主特别会斗,刚刚斗了一会儿,就把他也拉过去斗,因为他不知他自己也是地主。土改嘛,有些人还是蛮欢喜的,分得到东西撒,把地

---

① 意指长辈,父母。这里指大叔。

主恶霸的好东西都分了。不过有些地主也蛮机灵,有个地主婆把腊肉都砍成块,藏在腌菜坛子里,上面就放酸菜,很多坛,就没被搜起走。斗地主最厉害的是贫农。斗地主的时候,就是把地主完全弄到一个屋里锁起,把地主的门就关了,天天晚上黑了就有民兵在他们屋前屋后检查,怕别人偷他们的东西。搞清算的时候就把他们的门打开,打开哒就一扫光,一家家的这些人,男工妇女都背着大背篓在他们家里去背,就把他们所有的东西都搞到农协会来,村里下面那个大屋就改名为农协会。就往那个屋里抬啊、背啊。把所有东西都放这个屋里了,清算运动搞完了就来分这些东西,贫农和贫雇农分的多。我们中农分不到什么东西。屋里特别穷的就分的多,填坑补缺。上中农就家里还可以,就不会给你分蛮多,多少给你一点。清算分东西都是村里驻的工作组、村里选的村长、上面的驻队干部、县干部这些人来分的。

3. 分田

我们是上中农,没分到什么,我们就是种的课田,田都算是给了钱的。我们首先就是得有顶头①,我们的庄就是上的别人的庄,我们的老的就和那家人关系蛮好,听到解放了要退顶头,减租退顶,我们的顶头就赶快退了,这样我们就是分着种,就没上顶,没退我们,就是买的田。

我们参加过土改的。土改印(量)田啊,分果实啊,清算地主啊,在他们屋里背东西啊,在地主屋里去搜啊、看啊。我还帮别人说了许多好话。那时候有个贫农的姑娘嫁到一个地主屋里,那个时候搜他们的屋,她做了一捆棉鞋,收在苕窖里,被别人搜到了,就准备拿着走的,我就说,哎,这个媳妇也是贫农家里的姑娘,在他们家也没过什么地主生活,在他们屋里地主也待她不好,为难她,遭了蛮多擎(吃了很多苦),就几双鞋就不要给她拿走了,就放到这里嘛。我说了以后,他们还是依然给她把鞋子放在那里了。我们那个时候都是内部人士哈,中农还是团结对象撒。这个姑娘比我年纪大点,大我十岁。她和我们蛮好,她的娘家和我们挨着住,她回娘家就回我们屋里,就在我们屋里过夜。那个时候他们家里就蛮穷,我们就比他们家稍微好点,他们家里没有多的铺睡,她就在我们屋里睡,我们都蛮欢喜她。

那开万人大会,我们在高坪街上,一开就是个把星期,开万人大会人特别多,全县集中开,蒸饭都要用大木盆。要村里、组里选代表去开会。主要就是讲那些政策。不是代表也开,每天天黑了都开,天天开会。他们就是总结的"国民党的税,共产党的会"。那个时候我们当家的(指自己的丈夫)是组里的组长,那要经常参加。

4. 妇女组织

贫农团里有妇女,现在也死了,上台诉苦的妇女多得很,现在都死了。有的人上去特别会说,像我们村的那个黄石柱,他原来是大队干部,他特别会说,像我们不会说,我们只在旁边看,我们不斗。上台诉苦的就是家里很穷的,仇大苦深的那些,最穷的那些人就说受了哪些苦,地主恶霸哪些狠(为难)啊他们的,打啊他们的,或是给地主做长工没给他给钱的,就是这么上台去诉苦,有的诉苦上去还哭。土改中活跃的妇女也有,每家每户的女的都会去。

5. 对妇女翻身解放的认识

土改的时候没得自由恋爱,土改以后离婚的蛮多,就说结婚自愿、离婚自由。政策说的是自愿,但没落实好,都还是说媒。

---

① 顶头,指大庄户、田多的地主或者户主,下同。

我那个时候还不太懂事,不晓得辨别土改好不好啊,只是量土地啊,到处跑,跟着混咯。最后土改的时候我十九岁,不知事。后来就成立的扭秧歌,打连厢①那些,也跟着去。队里家家户户都去,如果跳得好的就在一排前带头。组织好了就在全村比赛,在一个大屋里,一个组一个组地来。土改以后生活有所好转,开始还行,但后来1958年、1959年就不行了,就有些人饿死了。

（二）互助组、初级社、高级社时的妇女

工分按分工不同就不等,背有背的工分,挑有挑的工分。工分不分男女,只看做事儿多少,同工同酬。只要女的力气大,会做事,有的比男的工分还高。一人一天八九个工分,妇女七八个工分就算高的了。那要特别狠的女的,可能比特别差的男的要多点,那都蛮少。去地里的工分多些,去晚了的扣工分。那还是每几天就算一次工分,评标兵人,评标兵分,看劳力,劳力好,就多评,劳力差,就少评。评分是别人来评,比如说一个人劳力差,说话又讨人嫌,评到他的时候所有人就不说话了。记工员和队长又着急,今天又要评完,评不完第二天又要耽误工。评到哪个劳力差的要评好半天。我反正那个时候男的背多少我就背多少。我多次被评标兵人或是标兵分。屋里七八个人吃饭,就两个劳动力,其余老的老,小的小。

（三）妇女与人民公社、"四清""文化大革命"

1.妇女与劳动、分配

那五几年就搞集体嘛。就把灶锅都搬到食堂里去了,自己又没有么子了,腌菜坛子都交到社里去了,田也交给集体了,吃饭都在食堂啊,过年三十里都是在食堂打点饭端回来过年,屋里没得么子东西了。搞食堂就有保管称饭咯,选的炊事员在那做饭,到1958年、1959年食堂里就有四五个打草的,打草就是把草剁碎了掺到饭里,吃草饭。没得那么多粮食嘛。打草就得选几个得力的人打。集体的食堂里做饭的我们队里都是女的,没有男的。我儿媳他爹就是在食堂里做饭,但不是我们队里的。专门派人做饭,做几年,如果有蛮多人提意见,就换人。老的少的全家都在那里吃,一次百多人,他们根本没有空下来的时间。打草都要五个人打。

集体做事儿都在一起,几十人走一处就做一处。妇女一样地劳动,不会轻松些。只讲劳动看哪个好,哪个差,挑啊背啊,背篓都摆成一排站队,锄头也是摆成一排。古来说一切行动听指挥啊,必须要听他们的,都必须去。那在集体搞多年,我们在集体有时候和那些驻队干部出去搞检查,你在生产队里劳动给工分,出去检查也给你给工分,给吃的,给粮票啊,给钱啊。我在生产队做事,就是舍得出力,跟着干部出去搞检查,回来就要宣传,说哪个小队搞得好,是怎么个搞法,哪个队搞得差,回来就要给队里的人说。虽说那么积极做事,那个时候没得什么文化,不会写字,就没有当个干部啰。生产队的组织就是一个记工员、一个保管员、一个队长、一个副队长。集体的时候我们这个队没得女干部,其他的生产队还是有的。那有点文化水平的就被选上去当干部了。那个时候记工员经常偏袒,就给他兄弟姐妹把一件事记好多次。那都没人说出来,都不想得罪人,因为不是针对一个人。都在一个队,拿不下情面。说了也没用。

我们那个时候打堰塘,修水沟,填河沟。晚上还做,命令下来了就晚上挖坑,用煤气灯照着做,晚上经常打夜工做事儿,给里面放草,用水泡着,做肥料用。我儿媳妇他们那个生产队修大寨田的时候水井那里刻的字,写的好像是"唯有牺牲多壮志,敢叫日月换青天"。

---

① 打连厢,一种民俗舞蹈。

我觉得还是自己种好些。吃得饱,喝得好。(意指农民自己承包土地,单独生产。)

2.集体化时期劳动的性别关照

生娃娃有一个月的时间休息,这期间也就没有工分了。娃娃满月了就要带到地里背着做事儿。如果娃娃大点儿就照顾小点儿的。集体的时候开始鼓励生,后来又说不能生了。开始的时候怀起娃娃了搞生产还是稍微轻松点的,晚上不打夜工,后面就开始限制了。我记得生大儿子的时候娃娃还是蛮金贵,我在搞生产的时候跌倒哈,还蛮多人吓到了。那个时候我的工分跟男人比,也不比他们少,没扣过分。娃娃们小的要读书,大到十几岁了就可以挣工分了。

3.生活体验与情感

那个时候开会也唱歌,我们这就组织了扭秧歌、打连厢,自己做个连厢。一个生产队全部都要扭,一天天蛮大的太阳都去比赛,不下田做事。一个队一帮,都是一个大队男女都参加,哪个队扭得好就受表扬。

那1958年就是大办钢铁嘛,那就搞集体好多年了。大办钢铁就办食堂,把人全部集中练钢铁。田也荒啊,种了就放在那里,粮食没收,都荒在田里了。那1958年、1959年田里就搞坏了,闹灾荒,生活蛮艰苦。打草的人还往屋里偷草。收工的时候就悄悄往背篓里放草。屋里又有大人又有娃娃,都饿着肚子。娃娃们也吃草,那就把草切碎点,晚上就弄好了放那,剁好了煮熟,早上做好了再队里劳动,去食堂里分一点饭再送回来。那个时候搞食堂,就把灶挖了,锅也拿走了,就都在食堂里吃。那就很遭啊几年孽(受罪、吃苦)。我们那个时间造孽。我们这饿死了四个。有的一家饿死了两个。女的有两个,饿死了一个女娃娃,一个老婆婆。那个女娃娃是她那个时候心疼她的妈和下面的弟弟妹妹,自己光吃草。那1958年、1959年也就没心思说了,饿得不行了就睡地里。

4."四清"与"文化大革命"

"文化大革命"我都不记得了,我记得那个时候割资本主义的尾巴。我伯伯说,哎,一开会我们就把资本主义的尾巴剁了,一散会就又接起来了。那个时候自留地都收了。毛主席死了好多人哭,我们都觉得无所谓啊,不伤心。我儿媳妇讲过,他们队里最伤心就是一个老头子,他就说毛主席不领导的时候他搬了八次家,毛主席领导的时候他就享福了,就给他分东西,毛主席死了他哭得好伤心。我就记得,天天晚上开会在门外面背语录,背不到的就站外面。有个姑娘不懂事,她的爹背"半个马克思",她就背"半边马克思"。我们那个时候读夜校,他们说是"保家卫国,抗美援朝",他们背的"看美人蕉",那他们还是闹啊蛮多笑话。"批评指出",他们说的"背进背出"。别人都笑得要死。

以前有些人喜欢管闲事,现在都不了。社会不同嘛,教育不同嘛。社会知识不同了嘛。

(四)农村妇女与改革开放

我现在由第二个儿子养老,当家的走得早,1988年就死了。现在还种的点菜园,自己种点菜,自己吃。老了基本上都没参加村里的事情了,空闲啊就找和我们差不多老的老婆婆玩咯。现在国家每个月补助70块。反正现在比以前好多了嘛,吃得饱饭了,不会饿肚子了。

WR20160708HSJ 黄圣兼

调研点:湖北恩施建始县高坪镇小水田村

调研员:王锐

首次采访时间:2016 年 7 月 8 日

受访者出生年份:1939 年

是否有干部经历:否

是否生育:是

受访者结婚的时间节点、生育子女的具体情况:1959 年结婚;1959 年生第一个孩子,共生九个孩子,六个儿子、三个女儿,其中五个孩子夭折。现有两男两女。

现家庭人口:5

家庭主要经济来源:务农

受访者基本情况及个人经历:黄圣兼,己卯年(1939 年)出生。父亲是大地主黄庭芝,号恒久,黄埔军校第二期学生,办学校,教一辈子的书。家中有"三进一亭子",三排房屋,每排五间,共十二个天井,两边天井有花缸,养有金鱼;良田百亩,十二个庄,为人宽厚,课田之人,一担只收九斗。家中请有大师傅,有四十个长工。土改后家里只有十亩零二分田,成分为地主。1959 年出嫁,正值集体时期,夫家没田地,是贫农成分,丈夫家共有三兄弟、五姊妹,丈夫排行老幺。黄奶奶一辈子背负地主成分的负担,感觉小人一指,大半辈子抬不起头,地主成分对她一生影响很大,从子女教育、人际交往、集体劳动方面都有不同程度的影响,她这辈子最感谢的人是邓小平,给她"揭了帽子",让她重新抬起头面对生活。

一、娘家人·关系

（一）基本情况

黄圣兼，己卯年（1939年）出生。姓名由父亲所起，"圣"字是排行，所以名字与两个弟弟的名字一样起上了辈分。家中共有四个孩子，两个弟弟、一个妹妹，妹妹九岁夭折。父亲是大地主黄庭芝，号恒久，黄埔军校第二期学生，办学校，教了一辈子书。家中有"三进一亭子"，三排房屋，每排五间，共十二个天井，两边天井有花缸，养有金鱼；良田百亩，十二个庄，为人宽厚，课田之人，一担只收九斗。家中请有大师傅①，有四十个长工。土改后，家里只有十亩零二分田，成分被定为地主。1959年出嫁，正值集体时期，夫家没田地，是贫农成分，丈夫家共有三兄弟、五姊妹，丈夫排行老幺。1959年生第一胎，共有九个孩子，夭折五个，目前还健在的有两个儿子、两个姑娘。

（二）女儿与父母关系

1.出嫁前女儿与父母关系

（1）家长与当家。家长是老头儿②。老头儿和妈都可以当家。老头儿经常在外教书，周六、周日才回家，所以家里大小事宜归妈管理，包括庄口上交粮食，妈说了算数。

（2）受教育情况。我读书不多，因为老师打了我，读了几天就不读了，两个弟弟都读了初中。那个时代读书的姑娘少，也有姑娘读书，男孩儿和女孩儿读书都是在一个学堂里读书，并没有分开。

（3）家庭待遇。因为老头儿是新知识分子，读的共产党的书，所以比较开放，我们家里对姑娘儿子都是一样的。在我小时候，我的老头儿还给我分了两个庄的田，当时还有字据的。吃饭都是在一起吃，专门请的大师傅做饭，专门有人舀饭。（对待男孩、女孩）做衣服也不会有差别。过年也讲究给压岁钱，姑娘儿子都是给一样的。

（4）对外交往。姑娘是可以出门玩的，但是玩的地方少，几乎不怎么出门。不准一个人单独出门，怕搞丢了，往常③的社会黑天④啊。家里有十二个天井，够玩儿了。幺幺家有很多孩子，所以大都和弟弟妹妹们玩。妇女和姑娘也都可以出门或者拜年，没有格外排斥女性。

（5）女孩禁忌。没有什么格外的讲究，就是坐要规规矩矩地坐着，不能跷二郎腿。女孩儿相比于男孩儿更要规矩一点儿。比如这边的大哥坐在旁边，就名为叔公公，那我就是弟媳妇，我就不能跷个二郎胯子啊，要规规矩矩坐着。儿媳对异性长辈尤其尊敬。

（6）"早夭"情况。无论是解放前还是解放后孩子夭折都是不办丧事的。我总共有九个孩子，早夭了五个孩子，都是小匣子装着就埋了。男孩儿、女孩儿夭折没有什么区别。

（7）家庭分工。老头儿一般在学校教书，妈在家管大小事宜，家里有四十多个长工，有当家长工，有大师傅做饭，家庭的事务都有人帮忙做。按习惯来说，家庭分工，男的偏重体力活，女性偏重家务活，田里的事儿一般都做，不是说女的就不下田做事儿。我小时候跟着妈学过做鞋，女孩子还是要学针线活儿，其他并没有学什么。从土改后，我就开始下田劳动，因为妈

---

① 指做饭的大厨。

② 老头儿，指父亲，下同。

③ 往常，指旧社会。

④ 社会黑天，意为旧社会黑暗。

去世得早,家里好多事儿我都担当起来,比如,当时批斗老头儿、后来把老头儿关起来,都是我做饭给他送饭吃,还要照顾两个弟弟。

2.女儿的定亲、婚嫁

(1)说媒。土改后的婚礼习俗简化了很多,加之没有吃的,都在饿肚子,几乎没有吃酒席送礼的说法,就是走个形式,就算把婚给结了。毛泽东说的贪污和浪费是极大的犯罪。就不讲究这么多。当时是双方认识的亲戚当媒人,说了这门亲事。我的爹晓得这边的公公,忠厚老实,他就说这个人家放得①,就这么答应了。在这之前别人给我说过两次媒。

第一次是我们那儿大队书记给我做媒,准备给我放个人家,我就不同意,还把我的爹斗一场。生产队大队把我爹斗一场,他们说你的姑娘要放哪门个②人家。对方年纪大了啊,那有什么用嘛。我的爹解释了的,现在新婚姻法我不能强迫她。

第二次就是把我的爹关到小屋里,天天是我去送饭啊。我们屋里喂的有鸡子。我就给他煮四个鸡蛋。这在那守门的就一马刀带着,这个娃娃在那里当民兵。他就让我把鸡蛋尝一下,首先送的饭要我尝一下再才准我老头儿吃呀,是怕我在下毒。我剥了一个尝了,他就要我把四个都尝了。四个鸡蛋几下我就个人吃了。我中午时候就煮八个送去,他就不要我尝了。土改过后这个民兵就请媒人来给我说媒。我就答应了,我就给媒人说你把那个娃娃引③过来看哈嘛。这来了喝茶了,这我就说,你的马刀呢?你今天没带马刀啊?把他搞了一顿。我就说,我今天鸡蛋多啊,我个个都吃得完啊。一说他就跑了。我的胆子就大了,我就拐④啰。那不敢见我的面。那我的胆子大。所以啊,这个婚姻啊,不要盲,不要感觉这吓慌了,自己考虑好,去得就去,去不得就不去。

(2)出嫁。我是1959年结的婚,头年说媒,第二年就结婚了,结婚的时候是嫂嫂送我过来的,第二天还是回门⑤。

(3)嫁妆。因为土改后家里东西都没了,我的嫁妆就只有一床铺盖、一口箱子。但是在我小时候,我的老头儿还给我分了两个庄的田,当时还立了字据。如果我出嫁了,就可以把庄口租种给别人收租。

(4)童养媳。童养媳在我们这里就是小媳妇,就是家里穷,从小就把姑娘给别人了,别人养大了,想什么时候结婚就什么时候结婚。男方也不会给女方嫁妆。

3.出嫁女儿与父母关系

(1)婚后与娘家关系。结婚后就过年就不再回家了,自己就有个家了,过年都是在自己家过。平时想回家就回去啊。比如生产队放个假就回去啊,过年、过节就回家看看。回家一般都没带什么东西,都没得吃的,要是有啊那是带两把面条吧。回娘家有时候过夜有时候也不过,反正隔得这么近。有时候就是我一个人回去的,屋里总要有个人看屋啊,不能都走了。就说是拜年啊,自爹妈死了后,都是两个弟弟先来给我拜年,我是老大啊,他们小些。

(2)婚后尽孝。我的爹妈死得早,妈五十多岁死了,爹六十死了。爹死都是我回去主持埋

---

① 放人家,意为出嫁,方言。下同。

② 哪个门,意为怎样的。

③ 引,指带过来。

④ 拐,音译,意为精明,狡猾。

⑤ 回门,一种习俗,结婚后的新人要送自己娘家的亲戚回娘家。下同。

葬的,那个时候两个弟弟都还小不懂事儿。我就记得我的嘎嘎也没得儿子,就是我妈一个姑娘,嘎爷死得早是我的嘎嘎埋的。我的嘎嘎死了就是我的爹回去埋的(理持丧葬)。所以这个埋人不一定是儿子来理持,姑娘也是可以理持的。

我不讲究那么多礼行,死了就死了。好多年了,我从来没给我爹妈上坟烧纸啊。七月半也没有,自己都老了要死了不管那么多了。

(3)离婚。往常离婚不容易,离婚的少,解放后离婚自由了,是个人的事儿,想离就离了啊。

(4)婚嫁习俗变迁。集体时期的婚礼都简化了,不摆酒席、不坐轿子,彩礼就是两件衣服,婚姻虽然不是包办的,但大多都是媒人介绍认识的。(我家)姑娘结婚的时候又不错了,有很多家具啊、铺盖啊,大儿子结婚的时候我还专门把屋里搞料涂了的。

娘家与婆家关系。那肯定一般对各人的亲戚啊爹妈关系好些。有困难帮忙打招呼啊。

(三)出嫁的姑娘与兄弟姐妹的关系

我们三姊妹,我是最大的啊,还有两个兄弟,我比他们大五六岁,照顾他们蛮多的,关系都还不错。今年正月初二,他们来十个人给我拜年。我的两个侄儿媳每人给我两百块钱,吃完饭后我就给他们两个孙子每人分两百块钱的红包,我的弟媳吼的一声,你这么搞,我们明年就不来了。好嘛好嘛,你这么说我就自己拿着嘛。他们都还是蛮尊敬我的,我是老大嘛。

我的那个兄弟媳妇就是个强人(贤惠)啰,对我好啊,真的比我的妈还好些啊,我一回去,就专门好好地给我做饭吃。给我找衣服换,还给我洗衣服。对我蛮好。我还呼烟[①],我回去了我兄弟媳妇再怎么都要给我买包烟。我兄弟就说,这大姐是呼的历史烟。因为那个时候把我的爹关着了,他的烟杆我就吸啊吸啊,就这么上瘾的,就这么吸到现在啰。

二、婆家人·关系

(一)媳妇与公婆

1.婆家婚娶习俗

(1)婆家婚俗。我嫁过来的时候他(老人的丈夫)就一个人,公公婆婆很早就过世了,这三弟兄都分了家。我们这里都是种田谋生,家里都很穷。给我们办喜事就是大娘子(老大的媳妇)搞的啊。那个时候都穷,男方送过去就几件衣服,也没得其他的肉啊什么。我们那个时候也没有讲究合八字了,不讲究这些。头年说媒,第二年就结婚了,中间两家人也没有怎么行走(走动)。结婚的时候就是这边的老大(大兄弟)一个人过去,把我的嫁妆背过来,然后一起吃个饭就算结婚了。已经简化到这种程度了。结婚后第二天我就和他回门,送我的嫂嫂回娘家,这个回门的习俗还是保留在。

(2)婆家家长与当家。公公婆婆很早就过世了,我们一结婚就是两个人过自己的小日子。那个时候即使有公婆在,一般分家也早,都是独立家庭过日子,没有对公婆格外服侍啊、受限制这一说。

2.分家后媳妇与公婆的关系

(1)分家。我嫁过来的时候他们就已经分家了。一般儿子结婚了之后就会分家,人太多日子过不走,分家了各过各的日子才过得走。像大嫂他们家儿子六七个,二儿子先结婚还一起

过了段日子,要帮衬着带带小弟弟、小妹妹,就没那么早分家。大儿子后结婚的,媳妇霸道,婆媳不和,就促成了分家。分家还给这两弟兄分了外债,要帮家里分担债务。后面几个儿子成家了跟着过了一年左右就分家。

(2)赡养与尽孝。婆婆是大嫂都还没来的时候死了。公公是我们屋里(丈夫)埋葬的,那个时候他还没结婚,没结婚还是照旧找人给办下来了。

(3)公婆祭拜。我们场坝下面就是公婆的坟墓啊①,我从来不祭祀啊、放鞭炮啊,我不相信这些。

(4)公婆权力。往常不容易打脱离②,都是包办的。现在都不管那么多了,年轻人自己做主,大人也管不了那么多。该劝的劝,劝不好就只能离啊。

(二)妇与夫

1.家庭生活中的夫妇关系

(1)夫妇关系。他人还是蛮好也蛮勤快,对我也很好,不好也得好啊,死了那么多娃娃那是不容易的啊。再说晓得我以前是地主姑娘经历的也多啊,从小没吃(过)什么苦啊。蛮多地方还是很照顾的。他喂猪、做饭什么都搞,也带娃娃,家里家务事儿做,外面田里的劳动也主要是他在做,我做得少。所以别人都说我享福,一天不出门(做事儿)。就是他当队长的时候,我都有一年多没出工,就在屋里做饭啊搞家务。

(2)家庭地位。我们屋里就是他(指丈夫)当家,什么事儿都是他说了算。我们在老屋里生活了好几年才打算砌屋。砌屋是我们两个人都说要砌,那真的是穷死了,那个时候门都没有。又在搞集体,要打几天墙就请几天的假。

(3)家庭分工(家内分工、家外关系分工)。屋里屋外的事儿多半都是他搞的,屋里的事儿他也帮忙搞,勤快、不懒。

(4)丈夫权力。家务事儿他也帮忙做,衣服一般还是妇女洗。

(5)家庭虐待与夫妻关系。打骂的情况少啊,那凭什么打啊,都是个人。打了村里的人都要说他的不是。还是看个人能力,有的妇女比男的还霸道厉害。

(6)财产与收入。都是务农,没得什么收入,顶多就是每年卖头猪,那都是一起的开支、消费。

(7)日常消费与决策话语权。一般都是两个人商量,商量合适了才会做。

(8)婆妾与妻妾关系。基本上没看到过娶两个老婆的。但是有听说,大老婆没生育就会娶小老婆,孩子会分别喊大妈、二妈。我的老头儿也是娶的两个老婆。但是是大老婆死了之后才娶的我的妈。大老婆是被别人杀死了的,说没把手下的人安置好,被手下的人杀了。我的大妈也没有生孩子,就是我妈生了三个。

(9)典妻与当妻。没见过。

(10)过继。这个事情一般都是两个人商量着的。

2.家庭对外交往关系

(1)人情往来。自己姑娘、亲戚这边有红白喜事我还是去,跟前块头的一般都是他(丈夫)去,我很少出门。

---

① 据访问者所知,奶奶家为了建场坝,把其公婆的坟墓埋在场坝下面了,受到很多人的指责。

② 脱离,指离婚。

(2)人际交往与出行。没得朋友,都是亲戚。去的最远的就是建始县城里了。

(三)母亲与子女的关系

1.生育子女

(1)生育习俗。我共生了九个孩子,死了五个,大儿子是1959年生的,现在两个儿子、两个姑娘健在。第三个儿子唱三夜歌①就死了。大儿子还在嘛,壬午、癸卯、甲申、乙酉后面都死了。都是九岁、六岁、三岁,那么大的个个了。四十五天死两个啊。两三年走了五个。那把头魂拿了啊。不晓得怎么过出来了的。我生了第一个孩子后,大嫂给了我一块猪肉我才看见油啊,那个时候穷得没得说的。就是两个舅舅来看了下,都是他们来了才晓得的,我们又没专门去报喜,爹也没得妈也没得,我们也没打喜办酒席,就这么过了。不讲究这么多。

(2)生育观念。我们对姑娘儿子都是一样的,那吃什么都吃什么,穿什么都穿什么,没格外。要生的是姑娘那就是姑娘,还敢怎么说啊。还不是有蛮多生姑娘或者没生的,照样过日子啊,招个上门女婿也是一样的。

(3)子女教育。儿子姑娘都读书了,都读的不多,顶多读了个小学和初中。对姑娘儿子读书都是一样的,没有偏爱哪个些。

(4)性别优待。对儿子没得优待,都是个人的后人,手心手背都是肉啊,姑娘儿子都一样。

(5)对子女权力(财产、婚姻)。两个姑娘和大儿子都是请人说的媒,但都是他们个人同意的。我们没有包办。幺儿子蛮早就出去打工了,就是个人谈的女朋友在四川结婚了。现在婚姻都开放了,我们不干涉这么多,都是自由做主。儿子、姑娘挣的钱都是各人存着的,因为都要结婚准备嫁妆,这就差不多就是他们各人的钱置办的,我们不拿他们的钱。他们有钱都各人带着。

2.母亲与婚嫁后子女关系

(1)婆媳关系。(据悉奶奶与现在大儿媳的关系不是特别好,大儿子第一个媳妇离婚和奶奶有关。访问者写)

(2)分家。儿子长大成家了就分家,人多了在一个锅里吃饭矛盾多,婆媳关系难得处理,分家了好,各过各的日子。

(3)女儿婚嫁(定亲、嫁妆)。儿女婚姻都是他们自己同意了就同意了。姑娘陪嫁还是蛮好的,和我们那个时代又不一样了,有高低柜啊、桌子椅子啊,六床铺盖啊,搞得还是蛮多的。

2002年我幺儿子把他媳妇带回来。他一直在外面打工嘛,你看我幺儿子,他媳妇儿不是蛮矮嘛,这就给她搞高跟鞋穿着的。他回来了从后面把我头一抱,说你看行不行。我说,你说什么啊!那这么这么说呀,这是你自己的事儿,怎么问我行不行。所以婚姻都是自己决定的。

(4)招赘。家里只有姑娘没得儿子的,就会招上门女婿,双方父母和他们两个人同意就行了,不关家族人什么事儿。能力强的女婿那就可以都管啊,还是看个人能力。

(5)与已出嫁女儿关系。我很少到姑娘屋里去,几乎不怎么去。待在个人屋里方便些。他们家庭都好,不去找些麻烦。我没有帮忙带过外孙,就是大孙子(大儿子、大儿媳离婚早)是我带大的。

(6)养老。我们现在就是两个人住在屋里。大儿子、儿媳就住隔壁,我们关系又不怎么好。

---

① 指病死前三天小孩子由于受病痛折磨一直哼哼唧唧地哀嚎。老人在这里用唱歌来形容当时孩子临终痛苦所发出的声音,反衬其悲凉。

他们什么都没给我搞。屋里的什么东西都是幺儿子搞的,这才①给我寄一千块钱回来嘛。再就是幺姑娘,他们屋里开小卖部的,家里的小吃零食都是她搞回来的。反正住旁边的这个(大儿子、儿媳)什么都不搞。

三、妇女与宗族、宗教、神灵

(一)妇女与宗族

婆家这边没得宗族,我娘家那边还是有祠堂,里面放的有菩萨,一般没得哪个进去,结婚生子都没得人去祭祀。在里面开会的什么都没有。最多好像就是族太大了要加排行,才在里面开个会。②

(二)妇女与宗教、神灵、巫术

(1)当工③。我没有看到过求雨之类的。有看见过当工,当工一般是男的,女的很少,相信当工的人不分男女,男的有,女的也有,我们这里王德开的老头儿就是个当工。一般请当工就是自己生病了,希望当工跳啊、唱啊能把病治好,现在都少了,都不信了,反正我是不信的。

(2)灶王爷。祭灶王爷就是烧纸烧香。过年要去庙湾里给菩萨祭祀,把猪脑壳儿背去祭祀,也要烧纸烧香。一般都是男的背去祭祀,当家人去,反正我是没见过女的去,我也不晓得为什么。

(3)敬神。大年初一、初二、初三就要在香火上烧纸、点香。这个不管家里哪个人都可以做,不分男女。

(4)敬祖。我们这里过年过节、红白喜事都会敬祖,就是在家里吃饭前把菜、饭、酒都摆好,每个碗里放一点儿菜啊、饭啊,就喊祖先来吃,然后把杯子里的酒往地上一撒就行了,这就是敬祖。再就是烧点烧纸啊、点个香啊,就是这么搞。反正我是不信神啊、鬼啊。就是七月半我也没有给爹妈、公婆上个坟啊什么的,都不搞。上坟不分男女,我们这儿没那么封建。那个人(毛泽东)说的横扫一切牛鬼蛇神,不讲这些了啊。说的是对的啊,说的是对的就听着啊,横扫一切牛鬼蛇神。

四、妇女与村庄、市场

(一)妇女与村庄

1.妇女与村庄公共活动

(1)村庄活动参与。出嫁前姑娘是准许出门的,但是出门的少,没得什么地方去。出嫁后也很少出门,因为是地主成分,小人一指,很少出门到处玩。我们这里没得说女的不准出门,那除非你这个人蛮差④,出不了门。

(2)开会。我做姑娘的时候都解放了,也开会,我们也去听,坐那儿听他们讲啊。出嫁过来了有时候也去开会啊,大队选书记我们也去投票了的。

(3)村庄绅士、保长、甲长印象与接触。娘家的保长、甲长那还是认识的,到婆家这边来已

---

① 意为不久、最近。

② 这里奶奶说的话有待考证,本调查地点靠近屋宗族祠堂,祠堂的功能也不同于宗族的祠堂那么隆重。

③ 当工,类似于会巫术的人。

④ 蛮差,意为自理能力差。

经是解放了就没得了。结婚不需要请保长、甲长,你关系和他好,他自然要来的,那没得必要请的啊,关系一般或者不好,请他搞么嘛。

2.妇女与村庄社会关系

(1)村庄社会关系(女伴、邻居、妯娌、同房同支等)。那个时候都是讲亲戚关系,没得什么朋友,都是亲戚姊妹。我很少出门,也没得哪个找我帮什么忙,一般都是他(指丈夫)去的,我不去。就是大嫂的大媳妇死的时候,大媳妇的姑娘来找我去帮忙给她妈穿寿衣,我记得就这么一次嘛。平时很少帮忙。年轻的时候就是背着地主成分的帽子,低人一指啊,我就也很少出门。基本上都待在家里,要不是就去小卖部买点儿东西,(到)田里去看看,有时候就去大嫂那儿看看。

(2)妇女聚集与活动。一般都忙,很少堆聚在一起,聚都可以聚啊,没得什么讲究,那不是说还要得到允许,没得那么夸张。想聚就到关系还可以的屋里去谈呗,我们这在外头聚得少,一般都是在屋里。

(二)妇女与市场

我小时候就上街啊,妈死了过后都是我去上街买个东西啊,街上东西都有啊,葵花籽儿啊都有。一小杯葵花籽两分钱三分钱,在那个时候来说那好像贵了啊。我们这里上街没得什么限制,没有说妇女不能上街。一般上街当天去就当天回来了,从来没听到过哪个还过夜留宿的。不讲究这些。

五、农村妇女与国家

(一)农村妇女认识国家、政党与政府

1.国家认识

蒋介石时代不好,拉兵拉夫啊,蒋介石还在的话,那到现在我们都不在啦,虽说我们日子是好过啊。那一直搞到今儿那就没得人烟了啊,一天就是抓兵拉夫。我这里有电视,天天看电视、看新闻还是晓得蛮多的,我晓得现在的国家主席是习近平。

裹脚。我不裹脚了,我妈不搞啊。睡觉也缠着,白天也缠着,脚都裹断了。裹脚了弄不到饭吃。现在时代不同,以前裹脚,脚大了放不到人家①,没得哪个来说(媒)你,没得人要你啊。

2.政党认知

蒋介石就是国民党嘛,那都是抓兵抓夫不安宁啊,要不是共产党的话,到现在的话,我们那都不在了。那个时候他们叫我老头儿搞地下党,他没搞,那不敢搞啊,这是我最开始接触的共产党的印象。后来就是共产党把我们从国民党手里解放出来了,不然到现在都不在了。

3.识字班与夜校

我没参加过夜校,我不去啊,我个人就是不去参加啊,没得个什么理由。

4.政治参与(投票、入党、当干部等)

我有去参与过投票,大队选书记我们都去投票了的。我们屋里没得党员。党员好还是好啊,你看一般开会都是党员多嘛。反正我爹不支持我娃娃当官,我的老头儿掉气(断气)时候都说,莫准后人当干部,多读几句书。

---

① 放不到人家,意为嫁不了人,没人娶。

5.干部接触与印象

邓小平给我们把地主子女的帽子揭了之后,这边兄弟老二还是给我喊地主女人,我就跑大队里去找干部。干部下来专门说①了他的,说那现在没得地主了。后来老二就不敢说了。这就是与干部接触嘛,接触最低的干部就是村里的这些书记、主任嘛。

6.女干部

解放前没得女的当干部,都是男的。解放后就开始有妇女组长、妇女主任了嘛。

7.政治感受与政府评价

政府废除包办那肯定好嘛,婚姻就是要个人做主不要盲目。我眼中的计划生育就是生多了要剐掉嘛。以前也是生多了,要少生些,最好就是生两个。现在政府还是好,我们待在家里都有钱,我们老年人每个月六七十块钱,两个老人一年还给发一千多块钱啊。

(二)对1949年以后妇女地位变化的认知

1.妇女地位变化

反正就是现在妇女地位提高了嘛,现在都是妇女当家,往常就是男的当家啊。我们屋里就是他爷爷当家嘛。以前要嘹亮②的妇女才当家啊。现在基本都是妇女当家,妇女说了算数。

2.婚姻变化

解放后婚姻主要还是子女个人做主,20世纪90年代以前主要还是通过媒人介绍认识,但是主要还是他们自己同意。20世纪90年代后很多就是个人谈朋友自由恋爱了。

3.政府与家庭地位、家庭关系

这方面我们这里一直都还好,妇女地位还是比较高的,不需要对谁伺前伺后的。政府主要是调解家庭纠纷方面的。

4.政府作用认知(祭祀等习俗)

我们这儿上坟祭祀一直以来都允许妇女去的,所以在这方面政府的作用不是很重要。

5.政府与教育

现在无论姑娘儿子都强调要读书,不读书不行,读书这个概念还是蛮深入老百姓的,政府发挥作用还是蛮大的,现在姑娘也和男孩儿一样了,都强调要读书。

6.妇女政治地位

现在办工作的妇女越来越多了,选举的时候都要求选一个妇女。

(三)妇女与土改

1.妇女(地主、富农)遭遇

我老头儿是读的共产党的书。这么大本书,后来交给村里了,村干部看到了,才晓得我的爹的深浅③。叫他回来搞地下党,我老头儿没搞。那个时候不敢搞啊。

我的爹是黄埔军校第二届学生,读了一辈子的书,在武汉也读了书的。我的爹是个好人,除了教书育人,还少收别人的课。十二个庄,十二担苞谷,芒豆也是一斗,大豌豆也是一斗。我的爹有了我哥哥了,课田就只收九担。好比你来给我送货,三十担的课,一担就只收九斗。那

---

① 说,指批评。

② 嘹亮,方言,贤惠的意思。

③ 深浅,意为厉害。

他们那些人都发了财的啊。

那个时候他们斗我老头儿,只有三个人斗他。有个人给他喊了一声二舅舅,就斗了六天。那我没在那里。楼上是空的,场坝里我看得到他们斗他,就你说一句我说一句说他的不好。记得那天到花园呼口号哦,到花园开大会。打①我的么么,要我爹去赔罪。群众不允许,群众吼一声,那不行,要不是就把他打了就是,不能赔罪。我就以为我的爹已经被打了,我就扛着梯子去,我的爹就摆手,我们明天出屋②,回去回去。我们明天出屋。

但是也有些好人救济我们。我现在都还不晓得哪个人给我们送那么大一壶桐油,桐油点亮啊。我们那个时候在三道拐崖洞③里坐④。那真的是"儿不嫌母丑,狗不嫌家穷",没说错的啊,这么长两个狗子,背背篓的来了就不咬,打空手的来了就咬⑤。有天早上我醒来看到灶上有块坐臀肉⑥,我就喊妈,妈,你看有人给我们送肉了。那就是麻扎坪的人送的啊。

经过这么多事儿,我的老头儿掉气的时候给我说了两句,脑袋一歪就走了。他就说,你以后有了后人了,莫给他供书⑦,莫搞工作。我记得就这么句话嘛。

当地主压力大啊,我嫁人了后压力才大啊,出门都小人一指啊。所以几乎很少出门,很少在农活上与别人换工,红白喜事上也很少有人找我。被老二骂了一辈子,他就说我是地主女人,搞我一辈子。他今天说这门⑧不在了,明天说那门不在了,偷锅铲,喊着喊着骂人啊。上工的时候自觉拣活路重的做、脏的做,要努力劳动不能被人瞧不起,要好好表现,挑过粪、捡过牛屎粪等比较脏的活路。地主成分为了好好表现更加辛苦工作,得到大家的认可。对孩子影响也蛮大。大儿子考上了初中,因为我的成分问题没有能读初中。大嫂家大儿子考兵的时候说,我们屋里成分都好,除了我的么婶成分不好。你说这关我啥事儿,不中人听啊。有时候还不给我们记工分啊,林彪跑了,让我们去公社里学习语录,计分,公社里的人说,那不行哦。我们地主子女去开会啊,学习政策啊,回来不计工分,不算劳动啊。贫协组长说那是一样的啊。那最终还是没给我们计工分啊。

2.对妇女翻身与解放认识

我觉得妇女翻身解放了啊,那就是现在都是妇女当家嘛,以前都是男的当家。

3.女干部

女干部都是有能力的当啊,我们这里贫协组长就是个女的。她成分好啊,人也老实啊,就当上了女干部。

(四)互助组、初级社、高级社时的妇女

1.合作化时期女干部

对这几个阶段分不清,反正都是出工。互助组就是十多户一个组,互助互利嘛。我还是蛮

---

① 打,这里指枪毙,下同。

② 出屋,意为搬出去,房子让出来给贫下中农住。

③ 这里指清算地主后奶奶一家被赶到崖洞里住。

④ 这里指"住"。

⑤ 意为送东西的人来了狗就安静了,什么东西也没送空手来了的人狗就不停地叫。

⑥ 音译,即猪臀部的肉,它是猪肉里比较好的肉,瘦肉多。

⑦ 指读书。

⑧ "门"方言中的量词,指这个、那个,下同。

愿意参加互助组的,互助组人多好玩(有趣)啊,人多时间也易得混①。反正那个时候入不入社都要入,不愿意也要入啊,大家都入了。现在田都荒了,再怎么玩没得哪个喊你。那个时候就是有人管,管这管那。

有妇女队长,她主要负责喊你出工啊,搞得不好还要挨吹②啊。平时妇女请假什么的都要找妇女队长。怀孕了给你分配点儿轻松的活儿啊,这个队长分,妇女队长也分。

2.性别分工、劳动与分配

做五稍③八个工分啊。早上七点出工,晚上六点收工啊。男女工分都是评的啊,背和挑就工分高一些。挑稀粪和淋稀粪的工分就高,(这两样)工分是一样的。干活都是一样的,就是水田里多半是男的在搞,也有女的搞。耐不活④的时候就给妇女队长请假,怀孕是没得假的,但是怀孕会给你分配点儿轻松事儿,像分拣洋芋啊、场坝里撕苞谷壳儿啊。生完孩子后有一个月的假,这个月也就没有工分。妇女一个月月经期都有三天假。一般好好跟妇女队长说,她还是允许请假的。分粮食具体我也不晓得怎么分的,不知道他们怎么算的,有时候是十几天一分,有时候是一个月一分,也看收成情况。一部分按工分分,一部分按口粮分。家里人口少的一两个人还算余粮户,人多的一般都是缺粮户啊,不够吃。

那个时候工分八分置顶,我再怎么七分能拿到。这么大太阳都在坡里挖洋芋啊。我一个月还是能出二十七八天工,有时候忙不出来了晚上要打夜工,就像种麦子的时候,晚上往坡里背麦子,我都去背的。一般是七八个工分,一背算一个工。妇女到六十岁了就不下地干活了。姑娘是做得来了就要下地劳动。

3.妇女政治参与与话语权

那个时候天天开会啊,天一黑就开会,男女都去开会,在一起开会。开会主要是讲政策嘛,一般妇女都不发言的,就是妇女队长说两句。妇女发言少。

(五)妇女与人民公社、"四清""文化大革命"

1.妇女与劳动、分配

(1)妇女与劳动。晚上开会的时候唱歌,在田里中间歇稍的妇女队长领大家唱歌啊,男的也跟着唱,肚子都是饿着的,怎么唱得好嘛。我就记得当时经常喊口号,最高指示啊,社会主义社会是一个相当长的历史阶段啊。

当时也有修水库这些事儿,我们没去修。去修的人都是队里抽去的,队里管不住的人,调皮捣蛋的人就去修水库出公差。我们这里喂猪就是喊的王德朝的屋里(老婆),都是妇女,队里喊谁去就是谁去啊。她的工分也是队里给嘛,反正往中等靠啊。使牛的人就是喂牛的人,喂牛蛮辛苦的啊,要犁田啊,这个都是男的搞。我们这里副业很少,山区嘛。生产队会计是男的,没得女的。

(2)单干与集体化的选择。那肯定是个人种田好些啊,无论你种什么都是你个人得了的嘛。集体种田有个什么收成啊,都要饿死了。去生产队高劳动后走的时候还要把你背篓里视一下。怕你拿东西。保管要来检查。我们扯大豌豆掉到地上的放裤子荷包里,都掏出去啊。看

---

① 混,意为时间容易过去。

② 挨吹,意为受批评。

③ 五稍,量词,指时间。

④ 耐不活,意为不舒服。

得这么紧啊。那个时候镇压反革命啊。唱的歌都是那么唱的啊。"镇压反革命,人民当家做主人。"现在几多好,想做就做,没得哪个来管你啊。现在各人搞各人吃嘛。各人种个洋芋个人吃,种个苞谷个人吃。

(3)工分与同工同酬。男女工分都是一样的,做得多就得到的多,如果女的能背能挑也是八个工分啊,和男的一样。

(4)分配与生活情况。人少,个把人就是余粮户。我们开始是余粮户,后来都不够吃啊,那么点粮食那怎么够吃嘛。多半人家都是缺粮户。缺粮户要么就是找队里借啊,再就是个人饿啊。那都是要靠个人节约过日子的啊。

2.生活体验与情感

"三年困难时期",我们这里好多老人都饿死了啊,饿死的多半都是男的,男的肚子大些吃得多啊,不晓得日子都怎么过出来了的,那个时候的娃娃活下来都不容易。

3."四清"与"文化大革命"

"文化大革命"的时候"破四旧",我们屋里有狗儿就拉出去勒了的,就因为"文化大革命"啊,还要销碑,坟墓碑都不能留,都是砸了的。一切牛鬼蛇神都要除掉啊。我们屋里也没得什么啊。那时候,婚白喜事比如说死人了,早上死了黑了就埋了。也不讲究看个日子,其他都不搞。

(六)农村妇女与改革开放

1.土地承包与分配

1982年土地下放,都是按人口分的地,妇女也分地,娃娃也分。土地证上都写的当家人的名字,没得哪个写妇女的名字。

2.选举

大队选书记我们也去投票了的,都去投票。规定要选妇女那肯定要选一个妇女嘛。

3.对计划生育的认知

我们这里还有生十个的。就是这对门屋里生那个小儿子的时候,他(指奶奶的丈夫)当队长[1],回去通知王胡正的屋里去把娃娃剐了。他早上吃饭的时候说今天划不来。我说什么划不来啊。他说,通知让王胡正的屋里把娃娃剐了。我说你快点儿别做声,他几辈人单传,假说这个娃娃是个儿子呢,你通知去剐了那不是亏了良心。第二天就生了,是个儿子。那是快土地下放的时候吧,1980年左右。计划生育就是生多了要剐了甩了啊。我生幺儿子的时候,大队里就喊我,叫我不去,你的那个娃娃有口粮啊。第二天就生了,那是毛泽东死的那年。那不简单的啊。现在都不愿意生了,我觉得生两个还是要的。我叫幺儿子还生一个,他不搞,他说生了你引[2]啊。我说我引,他不搞,不生了,就只有一个儿子。

4.精准扶贫

精准扶贫还是听说过的,我们这里男女都是一样的。

5.社会参与

我不怎么出门,很少出门,有时候去大嫂那里去哈,小卖部有时候买点儿东西啊。我眼睛

---

① 受访者的丈夫当队长是在 1979 年至 1982 年。

② 引,意为照顾。

瞎了就不出门了,很少出门。年轻的时候有地主的思想包袱少出门,这老了出门还搞什么嘛。家里有电视、座机啊,这都是幺儿子给我买的,经常关注新闻,在屋里看电视混时间。

六、生命体验与感受

我们一辈子坑坑洼洼、坎坎坷坷。我这辈子最感谢的人就是邓小平,如果不是邓小平怎么得翻身啊。就是他给我们把帽子揭了啊。那堂屋中间贴的就是他嘛。没得哪个屋里有他嘛(把邓小平画像贴在屋里)。邓小平的像没得啊。那个时候一个大队有一张,一个公社有一张。我占人①啊。占书记,我妈屋里的人。我说不是因为他(邓小平),我现在帽子还戴着在。那年收农业税,我们屋里杀猪,他们还在说,这个屋里还贴的一张邓小平的像啊。我说,哼,我杀的猪都是杀的他给的,不是因为他,我连猪都没得杀的。那我的帽子都是他揭的。帽子揭了,再没得哪个这么说我了啊。会上专门讲了的,把帽子揭了啊。所有人都去了的。不是他怎么会揭帽子。再就是邓小平改革开放了嘛。

---

① 占人,指有关系。

WR20160718WMC 吴美畅

调研点:湖北恩施建始县高坪镇小水田村

调研员:王锐

首次采访时间:2016 年 7 月 18 日

受访者出生年份:1933 年

是否有干部经历:否

是否生育:是

受访者结婚的时间节点、生育子女的具体情况:1951 年结婚;1954 年生第一个孩子,共生三个儿子、两个姑娘。

现家庭人口:3

家庭主要经济来源:务农

受访者基本情况及个人经历:吴美畅,今年八十三了(1933 年生)。母亲在其小时候就过世了,长嫂为母,嫂嫂是大户人家姑娘,对其照顾很多。老人结婚后育有三儿一女,其丈夫曾经做过村支书,家境比较好。其中一个儿子是村里现任主任,一个儿子在县委办公室当秘书,子女孝顺有为。老伴儿去世多年,老人现在已经不能自由行动,经常是坐在轮椅上过一天,由最小的儿子专门请的保姆照顾其起居。

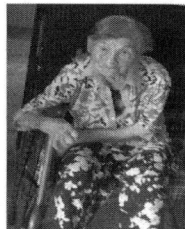

一、娘家人·关系

(一)基本情况

我叫吴美畅,今年八十三了(1933年生),名字都是老头儿①起的,我们是常字排行,兄弟都起上了排行。在屋里当姑娘的时候家里有水田五亩多,山田三亩多。土改的时候我们家划成中农,家里有两个哥哥,还有一个妹妹。我十八岁就出嫁了。这边弟兄多,有五弟兄,我们是老二。没得好多田,水田有两亩,山田有三亩多,是红沙坡②的田。我有三个儿子、两个姑娘,大儿子今年他六十二了(1954年生)。

(二)女儿与父母关系

1.出嫁前女儿与父母关系

(1)家长与当家。屋里是老头儿当家啊。妈死得早,妹妹还没断奶,妈就死了。我哥哥是队里的村长,一般开会他去啊。家庭里的事儿一般女的当家,外面的事儿就是男的当家。屋里也没得什么经济(来源)啊,有时候喂个猪啊、卖个羊啊就有点儿钱。外面一般像买啊、卖啊,像卖点儿东西换钱了就去买点儿米啊,男的当家(做主)。那个时候爷爷或者爸爸不成器,奶奶那还是说③啊。不成器的话,还是当家,买啊、卖啊还是他搞。反正就说,你不晓得输了就不搞哒啊,不打了手痒。往常的时候爷爷去世了,奶奶年纪大了不当家了。那像爸爸死了,有这些哥哥啊,哥哥当家啊。老头儿死了还是兄弟出面埋的,妈年纪大了啊就不管这么多。如果她还年轻那也管啊。像娶媳妇、嫁姑娘准备衣服都是妈搞的啊。那都不是那么憋④,都有能耐,都是一起商量啊。那我老头儿去世了,两个儿子都成家了的啊。一般老头儿死了,娃娃还小,往常那些木料也多,都准备好了的,那些弟兄(叔伯)都帮忙搞啊。儿子到二十岁、三十岁啊,成亲了就个人当家安排这些事儿了。成家了就当家,没成家了就不当,那就是妈当家。一般屋里的家务事都是嫂嫂啊,两个嫂嫂都还是不差啊,都是大户人家的姑娘。往常那一般男的不成器的话,女的当家,那搞得好怎么说嘛,搞得不好就埋怨啊,像买啊、卖啊搞错了就说啊。

(2)受教育情况。我们旧社会姑娘不读书。往常⑤只讲儿子读书,那老头儿就说姑娘是人家屋里的不读。反正是那么个时代,都是那么个。过后读夜校,队里组织读夜校我去读了的,钱这些我还是认得。两个哥哥还是读了的。小哥哥初中读了还毕业了的。初中读两三年啊,还是在建始读的。学费就是喂猪哦、卖羊啊攒点钱。解放前姑娘读书的没得,很少,家里好的姑娘就读。队里组织的有一帮老师啊。男女还是在一个学堂里。解放后,家里好的啊姑娘少的啊就读。还是看家底子。

(3)家庭待遇。大户人家得儿子了欢喜。得儿子了排⑥儿子顶起走了,传宗接代,小户人家也讲究。我们屋里姑娘少,就只有我们两个,大人对姑娘、儿子都是一样的。妈过世的早,我们还没成人啊。说还不是说的好,那些老辈子讲的。那一个人不生姑娘,这个人不生姑娘,那这

---

① 老头儿,指父亲。下同。

② 红沙质土壤。土质不是很好,一般粮食作物产量不高。

③ 意为劝诫、唠叨、教育等。

④ 憋,音译,意为差劲儿,能力差。

⑤ 意为旧社会,很久很久以前。下同。

⑥ 指家族里的辈分。

世界上不是没有人了嘛。吃饭没得说先吃后吃,都是一路①吃。都是一个灶上,都是各人添饭,不讲这些。往常我们都是一样的。吃饭的座次平时没得什么讲究。过年的时候爹妈就坐上席,媳妇啊就坐旁边。买衣服那还是都买。往常时兴泽布②,还是买一整匹。出门穿差的要被别人说的,都是一样的。往常压岁钱老头儿挣得到钱就都把③点儿。儿子要读书,就给儿子多把点儿,多把几块钱。买笔啊、买本子啊。我们那个时候就买双袜子啊,扯点儿布啊,做双鞋。我们那个时候嫂嫂好啊,好多事情都是嫂嫂帮忙搞的啊。

(4)对外交往。往常也拜年,嫂嫂、妈屋里一般都是他们两个人初一就去了。哥哥不在屋里的时候,给嫂嫂作伴儿回妈屋④。我不出门,也不想出门,最多就是亲戚屋里。不是说姑娘不出门,买点儿东西拜年都还是出门。妈还不是她妈屋里要去,其他地方也去。往常妇女都可以出门,都是亲戚屋里。

没得饭吃的在外面讨饭吃,我没看到过。往常出门讨饭吃就说是告花子⑤。像这个季节(六七月份)就有告花子只穿个裤子,上半身不穿,穿得褴褛。我就说嫂嫂啊,快点儿,告花子来了,把门关着。我老头儿还是说,碰到我们吃饭了,还是赶忙给他舀一碗。那几个年代也有。跟前的⑥还是没得。出门讨饭的是男的女的那都有。他们都是懒嘛。我们老头儿心好,那种瞎巴烫俩⑦还是赶快给他舀饭吃。他们还是不懒,是身体有残疾。

(5)女孩禁忌。姑娘读书的还是出门啊,不读书的就不能随便出门。姑娘出门玩很少。没得地方出门玩。跟前的几个姑娘也有一起玩也有。那都是男是男一帮,女是女一帮啊,都是分开的。男娃儿和女娃儿一起玩的很少,跟前块头也有。成人了就不一起玩了,十七八岁就不一起玩了。

我们的衣服放在那里,嫂嫂都给我们洗了。嫂嫂还没来的时候,我们个人的衣服就个人洗啊,老头儿的衣服我们也洗,哥哥的衣服他就个人洗,有时候我们也洗。洗衣服讲究,裤子又是一个盆。往常有两个脚盆,大脚盆、小脚盆。裤子一般放到一个盆里,衣服放到一个盆里。男的衣服和女的衣服还是不分开,一般都放在一起。裤子是那个几天⑧嘛就个人洗了。一般还是一起洗。晾衣服讲究衣服晾在前面,裤子晾在后面。往常我们的嫂嫂才来,不晓得,我们的妈就说,裤子晾在后面,男的衣服衣领前面不能晾裤子。女的衣服也可以和他们晾在一起,只分裤子要晾在衣服后面。

(6)"早夭"情况。往常小娃娃死了,不办事⑨。娃娃大了才办,一般成人了,二十岁左右就办。一般给他也不扫墓,就是一个小匣子装的,找个地方埋了没得坟墓。

(7)家庭分工。我在家里种田啊、上肥啊、薅啊、喂猪啊、打猪草啊。帮忙弄饭啊、洗衣服啊、刮洋芋皮啊、打猪草啊。屋里的事儿都做啊。饭也有时候帮忙弄啊。没有说什么事儿专门

---

① 一路,指一起、同步。

② 泽布,一种布料。

③ 把,意为给,下同。

④ 妈屋,指娘家,下同。

⑤ 告花子,即叫花子、乞丐。下同。

⑥ 瞎巴烫俩,音译,意为身体有残疾的叫花子。

⑦ 前块头,指周围邻居。居住相近的人。

⑧ 那个几天,指月经期间。

⑨ 办事,指办丧事。

是妈做的啊,老头儿有分工啊。哥哥也帮忙挑水砍柴哦。再就帮忙给猪倒哈猪食。男的也还是帮忙在屋里做事儿,活儿重的就帮忙做下。田里一般挑粪啊、打窝子①啊。

我做鞋子做得少,都是嫂嫂做的,个人做就是做得拢②就是。我是跟着嫂嫂学的。下壳子③我们倒正都不晓得,嫂嫂她不怪④,(她是)大户人家的姑娘。横直都找不到,那怎么做得好鞋子嘛,放到那里我给你搞。嫂嫂看到鞋子穿不得了,就给我们做,也给我丈夫做鞋。

我们这里布那都是买的,没得哪个织布,这里没看过。

(8)家庭教育。往常封建啊,在人家屋里坐席你就不能坐上席,要坐旁边。别人屋里有喜事儿,请你坐哪里就坐哪里,不要随便坐。

老头儿往常兄弟多啊,没读书,做坏事儿了老头还是那么说(意为批评教育)。那姑娘没做什么坏事儿。老头儿还是说学堂里莫惹别人,莫逗别人。学堂里老师也说啊。做坏事儿了还不是打。像田里把苗子薅草啊,把秧苗儿⑤薅断了,他就说啊,你长着眼睛瞎了嘛。薅草要把秧苗儿薅正啊,莫歪头煞⑥的。歪头煞脑的长就长成拐拐儿。说了就好好听着啊。

往常没有(钱),我们不讲究过生日。现在老了过生日,这些后人都回来看我。哥哥他们分家分得早,结婚了就分了。哥哥过生日他们煮肉了就喊我们吃,这第二天啊有鸡蛋啊、面啊,就给他煮一碗。煮了吃啊,他过不来我们就给他送过去啊。那想到他喊你吃了的啊。喊他们两个吃啊,不来,就给他们送过去。我们这里不讲究成人礼,肯长⑦的啊姑娘十八岁啊,肯长啊男娃儿十八岁啊。

2.女儿的定亲、婚嫁

(1)定亲说媒。合八字那还是用的红纸啊,专门买的,说是填庚书,一般有子有孙的人来写。结婚之前就合八字了,八字不合就不说媒了,合就说啊。往常老头儿同意婚事,姑娘不同意的没得,很少。媒人讲都是讲的奉承话,都会说,一说一大篇。一般二十多岁啊,肯长的就十七八岁啊就结婚了。我是媒人说媒结的婚,媒人就是这刘家的,媒人的妈是我们的姑奶奶。刘家是媒人的族家。往常讲婚姻是大人做主啊。说这个婚姻我晓还是晓得。就说弟兄多,说婆子妈好啊,不得狠人⑧,是个老实人。她妈就生五个儿子没生姑娘。结婚说媒的时候就是大哥出面了的。嫂嫂没有出面。

(2)出嫁。晚上做十姊妹之后就敬祖。就是有三个桌子啊,坐十个姑娘啊,在屋里没出嫁的女儿坐十个。然后就唱歌,有你无你,陪姑娘⑨先唱。敬祖是爷爷、奶奶啊、爹妈啊。做一大桌子菜,十个菜、十个碗、十双筷子,碗里放点儿饭和菜,十个杯子,杯子里倒点儿酒,这摆好了就给地上洒点儿酒,还洒点儿茶,这就敬完了。这些饭都要去倒掉。桌子上的菜还是可以吃的。嫁人那天送我的是两个高亲客,就是两个嫂嫂嘛。一般是婶娘做高亲客。我们出嫁过去

---

① 打窝子,指用锄头给田里挖一个一个小窝,以便放种子进去。田间种粮食的一种劳作方式。

② 意为仅仅是能把鞋做完,但是做得不好看。

③ 下壳子,做鞋子的一道工序。

④ 意为不阴阳怪气、很直爽真诚。

⑤ 秧苗儿,指植被小苗儿,不是指稻谷的秧苗。

⑥ 意为歪头歪脑,不正。

⑦ 肯长,意为长得快、长得高。

⑧ 狠人,意为"刁难人"。

⑨ 陪姑娘,类似于现在新娘的伴娘。

要送东西啊,就是挂面啊。那个时候时兴送鞋子啊,给两个大人都送鞋子啊。

(3)嫁妆。陪嫁有铺盖啊、卧单啊、枕头啊。嫁奁就有柜子啊、长柜啊,往常家里好的陪嫁就多些啊。箱子、柜子、抽屉、椅子,老头儿出钱买的。坡里有蛮多木料,我们那个侄儿子是个木匠,他做的。没得说婆家送的聘礼少,嫁妆就少些啊。我的嫁妆也不得多些也不得少些,都差不多的。出嫁了就不能分妈屋里的财产,我们这弟兄多啊又没分到个什么啊,妈屋里有什么啊就把点儿啊。我妈屋里来就给我买一把筷子、十个碗。没得儿子都是姑娘的家庭,关系好的还是分。

(4)回门。三天就回门啊,他们就说的是高亲客要新姑娘、新郎送啊,回去有东西就带点儿礼物,没得也就算了,回去吃顿饭了再回婆家。

(5)童养媳。小媳妇就是从小就是给男方屋里喂起。我只听过没看到过。小媳妇就是家里困难,姑娘多了,看到还是造孽。婆子也厉害,隔茶凉饭①的啊。如果是我的话早就把姑娘叫回来了,给她就吃的猪草饭,给他们就吃的苞谷饭。陪嫁啊,就是男方有啊就搞点儿,没得那什么都没得。男方不会给小媳妇妈屋里钱啊,都穷嘛。往后结婚啊,家里好,还是搞铺盖。小媳妇结婚,还是要看个好日子啊。往常虐待我们那个妹妹,他老头儿和我老头一个妈生的,就说结婚结不起,就那么给男方接过去了,就去了受虐待,他老头儿说去把她喊回来,长过那么大没吃过米饭,就去把她喊回来了。

(6)风俗禁忌。结婚了那就不回去过年了啊,就在婆家过年啊。初一里回去给他们拜年。结婚之后回妈屋里不能一起睡,要不是重新开个铺啊,或者是和嫂嫂睡。回去都还是带点儿香纸,烧个纸上个坟。我的爹妈都死了的。上坟不分男女都可以去上。除了给爹妈上坟还给爷爷、奶奶上坟啊。过端阳②、过月半、清明节气的时候就回妈屋里看哈。有时候杀猪也接哈我们。平时回去他(指父母,这里指父亲,奶奶的母亲早已过世)还不是欢喜啊。礼物嘛有就提点儿,没得就不提啊。有时候一个人回去,有时候一起回去啊。隔得近啊,回去的也多。

(7)招赘。解放前有招上门女婿的,没得儿子就招个儿子啊。女婿要是不听话的他要走③就等他走了嘞。上门女婿生的娃娃跟着姑娘姓啊。上门女婿分家的那少,是因为没得儿子才招个儿子来,怎么分家啊。家可能他们都还是当得到家哦。这种情况下姑娘的地位那也不得高些啊,没得才弄儿子过来,不得格外。

3.出嫁女儿与父母关系

(1)婚后与娘家关系。出嫁了妈屋里的事就不管什么了。妈屋里有事儿那他不得找我商量。想到我们也没得。妈屋里也不是一定然那么差。哥哥有时候出门了,田里弄不出来④了,就去帮忙搞一下啊。婆婆那她还是说,妈屋里有困难要帮到搞。给妈屋里帮多了,她还是说啊,那吃饭还是在这边吃啊,过日子还是在这边过日子啊。大人也还是说,你们出门(出嫁)了,田也多,不要经常回来帮我搞。妈屋里的人对我们还是好,那还是好,我们没有过裂⑤。回去还是做好吃的。那要有事儿,妈屋里就去接。玩三五天啊,两个人关系好啊就过来接,两个

---

① 隔茶凉饭,指吃饭喝水都格外一个等级,次等一些。
② 端阳,指端午节。
③ 意为离婚。
④ 意为忙不出来。
⑤ 过裂,指吵架、闹矛盾。

人关系不好啊就卯足了在那儿玩啊。和丈夫吵架了,我一般不回妈屋里去,个人解决啊。再就是吵架了回去玩几天。那待在妈屋里待久了,有时候丈夫还是去接。再不接,玩几天了,哥哥嫂嫂就送啊。他们就说,你们莫闹,家里闹散闹散就散了的。闹矛盾了,婆婆啊大人还不是说,你们莫闹啊,和和气气的。

(2)婚后尽孝。出嫁后每年还是回去给大人过生日,这边婆子妈懂事,说他们把你引这么大,你嫁过来了过生日还是回去哈。又把①个什么嘛,就是几把面条嘛。家里好啊,老头儿带点儿,哥哥嫂嫂也带点儿啊。往常一点儿面条稀奇,现在不了。

爹妈去世了还是有人来通知,哥哥来通知。那爹妈不好的耐不活②的时候就要去视哈啊。起病了,家里又不是那么好,有没有疼到他。去世了回去就是脑袋上戴个白色的带子。戴孝就是他的后人啊,姑娘、儿子啊、孙儿啊。女婿不戴(孝),上门女婿(招赘的女婿)要戴,媳妇戴。那后人都待在枋子③旁边。东西(礼物)有啊就送点儿,没得啊就回去玩那么几天,过夜把两夜。个人又没得吃的,哪里给人家拿的啊。1959年那儿多饿肚子啊。

解放前有姑娘安埋老人的,少。没得儿子有族家,他还有家产啊。就好比爹妈有弟兄啊。有女婿就女婿埋,没得女婿就让族家埋。家产等后人长大了还是给后人。

(3)离婚。解放前不准离婚,也有,往常打脱离④不容易啊,要数起七十条,要数条件啊。就说在他屋里怎么怎么不好啊,那哪个有那么多错误嘛。妈屋里给婆家数啊。妈屋里哥哥、嫂嫂啊,老头儿啊都出面帮忙。再好大个错也数不到七十条。

姑娘有用的,她就瞎数啊。虐待啊,老辈子说,有盐同咸,无盐同淡。往常姑娘差⑤哒,一点儿事儿不好就要打脱离,就去乡政府数啊。

(4)婚嫁习俗变迁。现在结婚和往常结婚不一样了,两条裤子、两件衣服完一场婚啊。家里好啊,就好点儿搞。穷的时候都是一样的。媳妇结婚的时候,缝衣服,还是看家庭,给百块到千把块哦。

(5)娘家与婆家关系。(我的)娘家、婆家关系还蛮好,都是懂道理的人。一般有什么需要帮忙的还是互相照顾。我觉得姻亲亲些,毕竟都是一根藤上的人嘛。

(三)出嫁的姑娘与兄弟姐妹的关系

1.我与兄弟姐妹(娘家事务)关系

我妈死得早,嫂嫂人蛮好,两个嫂嫂都贤惠,对我们也好,就相当于妈,长嫂为母。帮我们洗衣服、做鞋子,我十多岁的时候啊,我大嫂就嫁过来了。嫂嫂是大户人家的姑娘。那个时候她爹妈看到我哥哥老实嘛,就说这个亲开得。嫂嫂她不怪,我们做鞋横直都找不到,那怎么做得好鞋子嘛,放到那里给我搞。

2.亲戚来往

往常新媳妇回娘家是大年初二,现在一般都是初一回去。回去都是一起回去,只有爹妈都不在了,迟几天去也没什么关系,个人也老了,不回去拜年也行了。姊妹和妯娌,姊妹嘛毕

---

① 把,意为送,这里指没有给娘家送过什么好的礼物。

② 耐不活,意为生病、不舒服的时候。

③ 枋子,指棺材。

④ 脱离,指离婚,下同。

⑤ 差,意为没有能力,平庸。

竟是一个藤上来的,还是亲些。

二、婆家人·关系

(一)媳妇与公婆

1.婆家婚娶习俗

结婚的时候过来,婆家这边家里也不是那么好。家里有五个弟兄,都是务农,没得什么经济收入。

往常说亲(意为做媒定亲)要缝几件衣服啊,现在还没得那种,多粗的布。往常就两条裤子啊,两个布什儿①。男方还送手掌那么大个蹄髈,手撒开那么大。送就是结婚的那天,用抬盒抬着的,一格衣服一格米,十斤米嘞。没得米就装的苞谷。接新娘的人都是有后人的、成双成对的人②。

接新娘的有路督管③啊、打锣啊、吹唢呐的啊、新郎啊、陪郎娃啊。那还是十多个啊,还有帮忙的。男方过来的人有的有几个姑娘,有的没得,过来的人就是要有后人的、成双成对的。过来的人是单数还是双数没讲究。陪郎娃儿没结婚,一般都是没结婚的。抬脚的都是八轿④,我说八轿就像是死人了的,死人了就是用八个人抬的枋子嘛。往常八个抬轿子的,两个打锣的,两个吹唢呐的。

2.分家前媳妇与公婆的关系

(1)婆家家长与当家。公公婆婆都还是当家,一般媳妇回娘家的时候,都还是商量给媳妇带什么东西。经济好啊,婆子、老头儿都当家。家里不好,多少给点儿钱啊,就说给老的把点儿钱啊,买个饼子吃哈,就说这么个话。一般有么子事儿找婆子商量啊。

(2)劳动分工。一般家里家外都做,家里妇女做得多些,家里家外负重的活儿男的做得多些。

(3)婆媳关系好坏。和婆婆关系还算好,她也不怪,说媒的时候媒人就说,是个好婆子,不得狠人。我回娘家他们也还是商量了让我带点儿东西回去。

(4)外事交涉。这些事情一般都由丈夫和公公出面。

(5)家庭矛盾。这个我一般话说得少,两个人有矛盾还是个人解决,他们(家中其他成员)之间的矛盾我说得少。

(6)过节习俗。过年过节、当阳啊、端午啊、清明节气回娘家,这个公婆不管那么多,该回去的还是要回去。就是过年嘛一般都在婆家过,其他都可以在娘家过。

3.分家后媳妇与公婆的关系

我们弟兄多,分家也分得比较早,也没分到什么,儿子多了结婚了就要分家了。我们公公婆婆人还是蛮好,蛮讲道理。等儿子都分家分完了,公婆分给哪个儿子埋就归哪个儿子办寿酒,这个儿子、儿媳没什么差别,儿媳就负责弄饭啰,儿子负责招待客人啰。时代解放了不同了,分家了就是各是各的家,公婆也没得那么大的权力管你这、管你那,要求你这、要求你那。

---

① 布什儿,旧时候的一种衣服。
② 意为有子女,没有丧失配偶的人。
③ 督管,负责管事儿的人。
④ 八轿,指八个人抬轿。

（二）妇与夫

1.家庭生活中的夫妇关系

（1）夫妇关系。都这么过了一辈子,好不好都是这个。

（2）家庭地位。我们屋里都是他爸爸当家,都是他管的,他是村里干部嘛。

（3）家庭分工（家内分工、家外关系分工）。他（丈夫）一般在外面忙,屋里的事儿、坡里的事儿多半都是我搞的。灶上要借个粮食啊、盐啊是我去借的,一般外面的事情都是他去处理的。

（4）丈夫权力。衣服一般都是我洗,其他事情男的没得那么大权力管那么多啊。

（5）家庭虐待与夫妻关系。主要还是看个人能力,能力好的女人就不得被男的欺负啊。都是一个家庭,有什么事儿还是互相商量下。

（6）财产与收入。他赚的钱多些,都没得格外（额外）的收入,都是种田嘛。钱都是围绕这个家用嘛。

（7）日常消费与决策话语权。一般都是商量着做事儿,也没得个什么消费。

2.家庭对外交往关系

（1）人情往来。出面多半都是他出面,我有时候也出门走亲戚啊,有事儿还是商量。家里来客人吃法都是一起吃啊,人多啊要弄饭啊,准备菜啊,就等他们先吃完了再吃嘛。

（2）人际交往与出行。都是亲戚熟人,没得什么格外的朋友,家里事儿多也走不开,很少出门去玩,顶多就是出门吃个酒,妯娌之间屋里坐坐谈谈白①。

（三）母亲与子女的关系

1.生育子女

（1）生育观念。我生三个儿子两个姑娘,1954年生第一孩子。我对姑娘儿子那都是一样的,姑娘我也就只有一个。爷爷嘛早就聋了,就只有个奶奶,欢喜都还是欢喜。

（2）子女教育。娃娃都还是读书了的。姑娘儿子都读书了。

（3）性别优待。对姑娘儿子都是一样的,都是个人身上的肉落下来的,吃穿都一样。

（4）对子女权力（财产、婚姻）。儿子他们都是个人看好了再请媒人说的。不是父母包办的,我说那你们都各人看好啦,不要说以后都是妈的错啊。没得什么私房钱啊,要就是打工攒点儿钱嘛。打工的钱那没有交给我,屋里这些家具要置啊,他们还是搞。回来我们也不问那么多,给你买点儿糖啊。我们不管那么多。他们那个时候都还是拿八字的,那他们都同意了,大人还说个什么嘛。

2.母亲与婚嫁后子女关系

（1）分家。儿子都分家了,老大、老二结婚了就分家了。建房都是他们个人建的。能支援他们还是支援,我们有（钱）就给点儿啊,没得就帮忙搞事儿②啊。打土啊挑土啊。分家都同意分啊。那都是各人屋里几爷子（男人）分,没得证人,也没得什么分啊。

（2）女儿婚嫁（定亲、嫁妆）。给媳妇打发点儿钱嘛。那没得好多,几百块钱嘛。姑娘出嫁的时候给她两床铺盖啊,一个箱子、一个柜子、一个掌柜、一个抽屉,掌柜都不大。家具的那些木料都是个人坡上长的,那些好的木料都已经卖了,没得钱。嫁妆比我那个时候那多些。木匠

---

① 谈谈白,意为闲暇聊天。

② 搞事儿,指帮忙做活。

都说,那这个掌柜不大了啊,我说要那么大搞么子啊,反正就那么几件衣服。往常我们结婚就两条裤子、两件布什儿,大户人家都是讲好多套的。

(3)招赘。家里没得儿子的就可以招赘(上门女婿),这个不需要谁同意,两个人同意,双方大人同意就行了,这是他们自己的事情嘛。

(4)与已出嫁女儿关系。姑娘就嫁在本队,去得少,有时候去过夜①吧。儿子、姑娘都玩的少。没得什么事儿都不去。孙子的嘎嘎②隔得近,都是嘎嘎带的。外甥岁吧(一岁左右)的时候我还是带了些。外甥有爷爷奶奶啊,奶奶也死得早。

(5)养老。我是老幺负担的,这现在就是老幺专门找人服侍我嘛,给我做饭、吃穿洗,这个人(指自己)得病了就只能坐在轮椅上了。

三、妇女与宗教、神灵

没什么家教。如果有人得病了有请神来跳一下啊,那少。当工③念还不是念的奉承话。我看到过的。有的得病了就请阴阳先生看下,就说是阴阳先生在搞怪。当工和阴阳先生是男的,没得什么女的。得病了治不好,有阴气的,就去请,给点儿钱。就这么一推拿。治病的都是男的。有的人信这些啊。反正我不信。算八字一般是男的,我听到都是些奉承话。给他分红包,或者是一百还是两百。

四、妇女与村庄、市场

(一)妇女与村庄

1.妇女与村庄公共活动

(1)村庄活动参与。我有看过戏,和嫂嫂一起去啊。出嫁了后有时间也可以看啊,一般都忙着没时间。

(2)开会。当姑娘的时候村里开会也去,开会搞了些么那都忘记了。那还将将④成人啊,去玩啊听啊。开大会老头儿去,嫂嫂也去。出嫁后这边村里开大会我们也去。

(3)村庄绅士、保长、甲长印象与接触。小时候晓得保长、甲长这些。甲长蛮厉害,修公路的时候硬是要我老头儿去修路。

(4)公共建设摊派,不去就下股势⑤,有修河之类的也有要妇女去啊。

2.妇女与村庄社会关系

(1)村庄社会关系(女伴、邻居、妯娌、同房同支等)。我送过亲的,衣着要穿整当⑥的。年轻就穿亮着,老了就是个整的就行了。一般红白喜事去帮忙,别人家嫁姑娘了就去送亲啊,别人家接媳妇就去交亲,交亲还要有儿有女的。交亲就是引他们拜堂啊,就是高亲客到场坝里了接哈,接高亲客还要有子有孙的,没得的还不要。白事儿我一般不搞,说请我穿哈衣服,我说我穿不好。给死人穿衣服也要有子有孙的。白事儿还请我弄饭啊。

---

① 过夜,量词,指过一夜,形容在女儿家夜宿的次数很少。

② 嘎嘎,指外婆,这里指老人的亲家,下同。

③ 当工,指巫神。

④ 将将,意为刚刚,不久。

⑤ 股势,意思是专门整你,硬是要去。

⑥ 整当,意为完整,不破旧,下同。

男的一般砍柴啊。男的女的做事儿没什么差别,也就是砍柴劈柴往屋里背柴就是男的搞的。红白喜事请姑娘去帮忙的那少啊,顶多就是红事倒茶啊。

(2)务工与报酬。田里一般互相帮忙啊,挑稀粪啊就男的去搞,栽苞谷苗就女的帮忙搞啊。

(3)妇女聚集与活动。平日往常那玩的少。没得时间。像别人屋里接媳妇啊就坐①哈。跟前块头啊,妯娌啊,还是一起玩哈。那还是接到屋里,煨茶啊找烟啊。一般都在屋里。我们又说不来个什么,周围找我帮忙的很少啊。

(4)女工传承。做鞋子啊这些手艺是从小就开始慢慢学的,一般是在娘家跟着妈、嫂嫂啊学。会做鞋啊那都是嘹亮②之人哦。

(5)妇女矛盾调解。一般妇女吵架了,男的出来解不解交③啊,劝的劝一下啊。打架了都还是出来。这种事儿一般妇女出面多。男的之间吵架,妇女那还不是劝,说家里不要吵不要闹啊。

(二)妇女与市场

做姑娘的时候上街,个人有钱啊就去买个什么啊。大路嘛,个人去啊,有时候有伴儿就一起去啊。嫁过来了之后上街那少。去也去过的。往常街上卖东西有妇女有的人还蛮孝义,给老年人优惠点儿,有的那啊。有的就像有个铺子不得了,这种多。上街买东西很少,无非就是上街买点儿盐啊。

五、农村妇女与国家

(一)农村妇女认识国家、政党与政府

1.认识国家

国家这个词听到过,老师讲啊。做姑娘的时候老头儿不讲,他没读书。孙中山、蒋介石,这些老师讲到过。现在的国家主席?那我们也没开会啊,找不到④了。

(过去)有要求剪头发,往常都扎的辫子。这老师就拿着剪子,你不剪也都给你剪了。我们往常多长的辫子啊。老师都给我们剪了。都还是剪得比较短。有的老师剪头发啊,姑娘大了就各人剪啊。往常也有剃头的,就说的带带儿,他们剪头发。

2.政党认知

往常国民党那些兵下乡了,捉鸡子又不把钱,菜啊那些拿走就走了。我们造孽死了,我们就是靠几个鸡子鸡蛋吃油吃盐。那些头头儿还是搞他们火色⑤。中间有女的,女的都是些狠人⑥啊。解放前共产党晓还是晓得。那没有接触过。

3.识字班与夜校

我参加夜校了的,学写名字啊。老师说你就把吴字写好嘛。晚上没得活动啊,那些老师发

---

① 坐,意为玩。

② 嘹亮,意为贤惠。

③ 解交,意为制止矛盾。

④ 意为不晓得,不知道。

⑤ 意为批评教育。

⑥ 狠人,意为有能力的人,有用的人。

动啊,说好多妇女票子都认不得。老师都是男的,上课也有男的,没读过书的。都在一个堂屋里,那边是男的坐,这边是女的坐,分开上的,男的女的去的人都差不多。

4.政治参与(投票、入党、当干部等)

我参加投票了,投票选举啊,就是那么个条条儿,写好了后再去交给他们。投票还要成分好,我说我的成分好,是贫农。我们屋里也有党员,我丈夫就是党员,死了,以前教书还当村长了的。我两个儿子都是党员,一个是村主任,一个县委办公室里当秘书。解放以前没得妇女当干部的,解放后有。翻身解放有的还是翻身了。

5.干部接触与印象

解放前接触的就是保长、甲长嘛。现在干部多了,我屋里丈夫就当过村主任,我两个儿子都是干部嘛。

6.女干部

解放前没有女的当干部,解放后就开始有女的当干部了。

(二)对 1949 年以后妇女地位变化的认知

妇女地位提高了很多嘛,毛主席说男女平等,现在婚姻都自由了,姑娘儿子都是一样地读书。

(三)妇女与土改

我们土改划分的是贫农,土改工作队到我们屋里去了说要开会啊。那个时候土改工作队有女干部。土改工作队分田,人多就分得多,人少就少啊。

(四)互助组、初级社、高级社时的妇女

1.合作社时期

入社那你不入不行啊,入社好些啊,入社一起搞啊。水田里的事儿就是男的搞啊。集体的时候,人不舒服的时候那要请假,要给妇女队长讲。一出工,一大坡人,打锣喊人,哪个不去就对着那儿敲锣。队长啊敲锣。

2.合作化时期女干部

那没得女社长只有妇女队长。

3.性别分工、劳动与分配

搞集体那把娃娃带着搞事儿。集体的时候有三个娃娃,放到人家啊,就放点儿吃的啊,就说给他热点儿饭吃下。也有屋里娃娃小就在屋里。娃娃带娃娃,苕啊洋芋啊,或是饭啊就请他热下啊。娃娃搞个勺子就往嘴巴里舀。我们那个时候引娃娃造了些孽。娃娃哭的哭啊。放到人家屋里啊。要给娃娃喂乳,中间歇稍的时候啊。打夜工做事儿有,但是我们没打过夜工,有的有娃娃的就不打夜工。夜工的工分做得多就多些哦。公社的劳动和合作社的劳动都差不多。一个月上工好多天工我不记得,一个月请假有十多天啊①。

4.妇女政治参与与话语权

那个时候开会开得多,妇女队长发言。妇女发言的时候少。

---

① 据访谈时旁边阿姨的介绍,因为奶奶的丈夫是队里的干部,所以奶奶做了很多轻松事儿,估计请假也比较多。

（五）妇女与人民公社、"四清""文化大革命"

1.妇女与劳动、分配

（1）妇女与劳动。公社的时候，生产队男的女的人数差不多啊。育种啊、犁田啊，那还是男的。耕田没得女的。养猪啊养牛啊，女的多些。生产队会计啊记工员啊是男的，生产队干部男的多。黄家湾有去修过水库，妇女去的少，娃娃才几个月的妇女就不去。男的还是多，妇女没得耽搁的就去。修河沟修啊，妇女搞得少。

（2）单干与集体化的选择。集体搞好些。集体热闹些啊。

（3）工分与同工同酬。工分都是一样的，不分男女，做得多，背得、挑得那你就工分多些啊。

2.集体化时期劳动的性别关照

妇女经期和生娃娃了还是有照顾的，可以请假，找妇女队长请假，每个月有三天假期，生娃娃了有四十五天假，四十五天后再去上工，这段时间就没有工分了。我们这里没得托儿所。

3.生活体验与情感

大食堂。食堂吃饭过称啊，按劳动啊。劳动多的就多称些。一般是固定的，你这顿吃多了，下顿就少了。

文娱活动与生活体验。唱歌，她们那些能干人唱歌，我不唱。

4.对女干部、妇女组织的印象

有妇女主任啊，一般妇女有什么事儿就找她。一般有个病啊就找她搞个轻活儿哦，像撕苞谷壳儿啊、择洋芋啊。她的婆子妈和我的妈一个妈生的。像哪天耐不活的时候就去找她啊，我说那第二天出工搞个轻活儿啊。妇女开会开过，开得少。都是妇女队长讲，讲什么我都忘记了，我没讲过。请假妇女队长不同意的她就不做声，就请不下来了。

（六）农村妇女与改革开放

1.土地承包与分配

土地下放分土地都是按人口分，男的女的都分。土地证上写的名字都写当家人的。

2.选举

大队开大会我们都去了的，都去参加选举。

3.社会参与

这老了，走都走不动了，都是坐着轮椅，吃喝拉撒都是别人服侍的。这些子女过段时间就会回来看我。

六、生命体验与感受

我们一辈子经历的时代多，现在享福了，个人又不晓得个什么了。动不得、走不得。都说我享福，面子上这么说，弄不到饭吃了，没得意思，幺儿子请的人服侍我，没得什么盼头。

WR20160720HZY 侯柱圆

调研点:湖北恩施始县高坪镇小水田村

调研员:王锐

首次采访时间:2016 年 7 月 20 日

受访者出生年份:1928 年

是否有干部经历:否

是否生育:是

受访者结婚的时间节点、生育子女的具体情况:1942 年结婚;1949 年生第一个孩子,共生六个孩子,四个儿子、两个女儿,其中两个儿子两岁病死。

现家庭人口:6

家庭主要经济来源:务农

受访者基本情况及个人经历:侯柱圆,今年八十八岁(1928 年生),小名圆春,小时候家庭富裕,家里有十几亩田。因父亲和哥哥都是教书先生,为人好,没有被划为地主,而是贫农,十四岁(1942 年)出嫁,丈夫龙德驻是独子也是地主家庭,家里百亩多田,清算后给划分的是地主子女成分。后来丈夫去世,三十二岁(1960 年)时,侯奶奶因为要养活孩子挣工分就和黄卢老爷的儿子黄庆奇结婚,老伴儿于五年前去世,现在和儿子、孙儿、重孙一起住,四代同堂,儿孙孝顺,生活幸福。

一、娘家人·关系

(一)基本情况

我是侯柱圆,今年八十八岁(1928年生),小名圆春,是说圆台①了,我是最小的,生完了,就生圆台了,没想到我后面又生了个弟弟。小名是妈屋②里的老头儿③起的,我们是柱字派,大名是集体时期为算工分自己起的。儿子都取上了排行,姑娘都只有小名。我们家三弟兄、三姊妹、两个哥哥、两个姐姐,还有一个弟弟,我排行第五。小时候家庭富裕,因父亲和哥哥都是教书先生,为人好,没有被划为地主而是贫农,家里有十几亩田。我十四岁(1942年)出嫁,丈夫龙德驻是独子也是地主家庭(出身),家里百亩多田,后来清算了给我们划分的是地主子女成分。后来丈夫去世,我三十二岁(1960年)因为要养活孩子挣工分就和黄卢老爷的儿子黄庆奇结婚,老伴儿五年前去世,我现在和儿子、孙儿、重孙一起住,四代同堂,儿孙孝顺,生活幸福。我二十一岁(1949年)生大儿子,有四个儿子、两个姑娘,前面一男一女夭折了,现在大儿子和二儿子是和前一个丈夫生的,幺儿子和姑娘是和后一个丈夫生的。

(二)女儿与父母关系

1.出嫁前女儿与父母关系

(1)家长与当家。我们是漏网地主,日后给我们划的地主,后来补起来的。有庄户的是地主,我们没得庄户,就是家里富裕。如果能请长工啊,搞这些,就算地主。像打豆腐啊,就请人推磨啊帮忙搞啊,就这么算成地主了。我妈屋里是贫农,我们妈屋里蛮会做人,他们就没把我们划成富农啊,其实我们家底子蛮好。家里有十几亩啊。那些穷苦人家硬是要我们买田,我的老的④又不买,他们就送些粽子来请我们吃,吃了之后就把他们的田买了。请的中人买的,中人都是些有用的人。买了后来解放还是解丢了的。我们屋里哪个都能当家,媳妇、姑娘都能当家,肉啊随便吃。当得到家。我们老的(指父亲)蛮有用的哦,跟前块头⑤当督管⑥啊,我的嗲嗲⑦教一辈子书。他们做主多些哦。

(2)受教育情况。兄弟都读了书的,两个姐姐没读书,我还是读了几句书的,我五岁发蒙⑧,跟着大哥读了几句书。往常⑨说姑娘是灶门口的人,姑娘不读书。一般儿子读书多,姑娘读书少。家里好的读书多。小时候姑娘读书的少。读书是和男娃儿一起读书,那个时候读书都是跑学,住在个人屋里。斗米四斤、一斗米、一斤盐、一斤油,还有一斤什么我忘记了,这就是学费。两个姐姐,那个时候造孽,就还没读书。没砌屋。后来才砌屋,砌的多大的四井口的屋。前面三间正屋,中间一个厢房。两头就是大门。生我的那年就把新屋砌好了,经济好些了。我的大哥就是侯柱高,有名的高柱子,教了一辈子书,还开了药铺的。我二哥就叫侯柱勋,兄弟就叫侯

---

① 音译,意为圆满了。

② 指娘家,下同。

③ 指父亲,下同。

④ 这里指父亲。

⑤ 指乡里乡亲、周围邻居。

⑥ 红白喜事时专门找的照顾客人、掌管酒席的人。

⑦ 指爷爷。

⑧ 意为开始上学读书。

⑨ 指旧社会,很久以前,下同。

柱华。大姐、二姐都没起上派。我的大姐八十四岁死的,二姐死得早,六十多岁就死了。

(3)家庭待遇。我们屋里对姑娘儿子都是一样的,不得重男轻女。要缝衣服都缝,专门把裁缝请到屋里缝衣服,吃饭都吃,不得说哪个先吃哪个后吃。

(4)对外交往。往常要把门神拜了妇女才能出门,每个门前要烧纸,就是烧纸给上面打上钱的印子,每个门上烧四张烧纸。烧纸不管哪个烧都行。初四门神纸烧了再出门。外面红白喜事妇女也能出门,当吃酒的还是要吃酒啊。当给人家帮忙的还是要帮忙啊。出门还是出门。就是正月里要把门神纸烧了初四再出门。

(5)女孩禁忌。姑娘不能跷二郎胯子,跷了就说你无家教,要规规矩矩的。现在你想怎么搞怎么搞,你要出门就出门,你要和别人谈(男女朋友)就谈合适了。(过去)闺女娃儿一般是不能随便出门,就待在屋里看屋。跟前块头还是玩下。就比如说过年了你在我屋里吃饭,我在你屋里吃饭。洗衣服有讲究,那男的衣服一边洗,分开洗。晾衣服就是男的一个杆子晾,女的一个杆子晾。裤子不能晾在衣服前面。就是这个讲究。现在往洗衣机里一放就都洗了。

(6)"早夭"情况。那个时候娃娃丢了①过②个匣子就埋了,就这么埋了。请的周围的人埋的啊那不讲办个白事啊。现在没有哪里丢娃娃了。以前丢好多啊。

(7)家庭分工。屋里的事儿大都是妈做,我们也做,也请人帮忙,老头儿和大哥经常在外面教书啊。

(8)家庭教育。姑娘教学针线嘛,做鞋子我蛮会做的啊。我的妈教的啊,我大姐也蛮会做的啊,儿子就教书③啊。我十一二岁就学会做鞋子了。我结婚的时候做一筛子鞋,上面都是扎的花哦。我的老头儿就说,嗨,圆春,双双鞋上面都糊的广椒④啊。说的这么搞笑的。

2.女儿的定亲、婚嫁

(1)定亲说媒。我放⑤到小水田,就是将就着这里有水田啊,就有米吃,我们那里算高山,没得米吃,只有苞谷。有的弟兄多要去当兵啊,我就放⑥在这里是个独儿子,龙德柱是个独儿子,独儿子一般很少去当兵啊。那只有一岁多就放到这里了。往常还在肚子里就放人家⑦。我的三爷爷的姑娘嫁在小水田,就这么给我做的媒。那个时候就拿八字啊,男家发八字,女家接八字。不同意还是可以准离婚。要到政府去登记啊,拿脱婚证啊。以前八字不合就把八字拿回去啊,就又和别人合八字。有的搞不好的还是打脱离。我们这里有个把八字合了,姑娘听说男娃儿蛮懒,就个人把八字拿回去了。他经常在她们那儿玩啊,经常不回去。就个人把八字拿回去了。这个姑娘已经死了,不死的话也是八十四五了。那不补,那就是她的嫁妆都抬回去。她陪嫁的东西都拉回去。我没看到要补个什么的了。

五六岁才拿八字。那个时候还是给公婆倒杯茶。一岁多说了这么个事儿,五六岁拿八字,说媒了之后再约个日子,才拿八字。拿八字一般是在正月里,那个时候还是给公婆倒杯茶,他们还给个红包。我就倒杯茶就走了,他在堂屋里坐着,我又没朝他看下。没见他的面。婆婆过

---

① 意为去世了。下同。

② 意为用。

③ 这里指读书,教某某读书。

④ 指红辣椒。

⑤ 指出嫁。下同。

⑥ 意为嫁。

⑦ 意为说媒、说亲、嫁给某某。下同。

来看的时候我们还躲着啊。那他们每年都过来拜年，我不见他的面。他去了，肯定去了，有媒人啊，有大人啊。男的每年初四都去拜年，送米啊，肉啊。我们爷爷做的一个媒，男方过女方家里来，姑娘看到他们来了，就滚到油菜渣子里去，还用个筛子盖着，等他们走过了才出来。哈哈，怕丑①。走到一起都不好意思的。这之后媒人说几时结婚啊，我们还要给公婆做鞋子啊。一个人一双鞋子。我个人做的，那个时候我就做得好鞋子了往常给这些出嫁。哥哥啊、嫂嫂啊都做鞋，给他喊一声，他们就拿鞋，那都有一筛子鞋子啊。

我们那个时候还坐三乘轿子，还打四个旗旗儿，像明天结婚，今天就要把这些敲锣打伞的人接过来。三个轿子，有两个嫂嫂送，我就是坐大轿。从东庄那边都是坐轿子过来的，那么远。两个高亲就是两个嫂嫂啊。往常背上轿子是我的哥哥背上去的。那是在堂屋里典礼了，再背上大轿的。上了大轿了就有宝带，红裙子、红袄子、红盖头，这么搞着才不晕轿。路上有的人精灵的，提个火过来你就给他分个红包，给你大点儿水洗下也就给他分个红包。路上要歇稍啊。歇稍的时候有的娃娃给你倒杯茶你也就给他分个红包。我是十月份过来的，那个时候有点儿冷了，有的人提的火让我在轿子里烤了，我也给他分红包了。铜壳儿钱。

结婚的前一晚上啊，还在妈屋里的时候。我们这边是地主，有八十几桌酒席啊。我们热闹，往常吃酒，一家一家②地走。饭都要煮好几桌，猪一杀三四头。我妈屋里一杀就是四五个啊。那要敬祖。把祖敬了再请客人吃饭。最后是坐十姊妹，置三席，唱歌儿啊，那我们就是正儿八经坐十姊妹。打四十八个鞠躬礼，给桌子底下打躬，两个妇女就这么按席，两个陪姑娘就新娘旁边一边坐一个，按席的也就坐上席。给桌子上放的杯子，碟子。这些放好了，就来行鞠躬礼。那礼行就是这么个礼行啊。

(2)出嫁心情。我来的时候好几天没吃饭，流了几天眼泪，舍不得，太年纪轻了，那么小年纪就过来了，我的妈他们本来是还要供我读书的啊。怎么我十四岁过来了的呢？应该十八岁过来。我的婆婆又是个后婆婆，我的杨家婆婆死了之后，他们就要哭孝，把我接过来，就说像接小媳妇一样接过来了再结婚，我的老头儿就说我的姑娘不送小媳妇，我要给她打③陪嫁，抽屉、桌子、柜子、铺盖、掌柜这些。就这么送过来就是送小媳妇，大接就是凭亲凭族，要整酒。还要开拜，亲哥请受头。就请这些哥哥啊、姐姐啊，婶娘啊，他们拿礼物来受头。新婚，请受头。他们拿东西来，我就给他们磕个头，他们就把东西放在桌子上啊。

(3)嫁妆。有的单陪嫁，有的双陪嫁。单陪嫁就是一床铺盖，一床卧单，就是家里造孽。家里好的话就陪嫁四床铺盖。现在一般都陪嫁十多床啊。那铺盖还是搞得多，十多床。嗯，有的只要钱。1949那年，九月份解放的，我们要趁着这之前把婆家这个妹妹送出嫁去，是我去送的。1949年就要把我们清算了一干二净嘛，就说我们是地主享福了嘛。之前给她搞陪嫁，有掌柜、有桌子、有板凳、有抽屉、有铺盖。她那里是贫下中农，我们这里是地主啊。

(4)童养媳、小媳妇。过去有，现在没得。我们那个时候我的婆婆死了，他们就说把我接过来，没得陪嫁，这就是小媳妇。我的老头儿就不同意，我的姑娘不做小媳妇，我再怎么都给她搞点儿陪嫁大接过去，那是红红火火啊、吹吹打打接过来的啊。

(5)入赘(上门女婿)。往常也招上门女婿，怎么不招啊。那这种情况，姑娘地位那是一样

---

① 指害羞。

② 意为一家人一家人的去吃酒，全家出门去某家吃喜酒。

③ 意为做，俗话说"打嫁奁"。

的。一般不分家。

(6)风俗禁忌。有的姑儿(指姑母)不送亲,他们说姑儿送亲就穷断根。姐送妹穷三辈。姐姐不能送亲,妹妹可以送亲。

3.出嫁女儿与父母关系

(1)婚后与娘家关系。一般有问题很少找妈屋里帮忙解决。嫁过来了妈屋里的事儿就不管了。妈屋里一般有什么事儿也不找姑娘商量了。

要回经常都是两个人①回去,一个人都不回去,回去都是两个人回去的,两个人同去同来。过年过节回去,七月份过月半他们还来接我们。我妈屋里年年拿马过来接我。我的几个哥哥都蛮有用啊。那个时候麻扎平还有修道、神父啊,我哥哥嫂嫂结婚的时候还把他们请过来跪着念经。回去那就是客人了,也不做饭了,也不洗衣服了,和现在是一样的。回去一玩一二十天啊。那是专门接回去玩啊。有的玩四五天啊。过年不回去。门神纸烧了就回去。门神纸不烧就不准出门。

他们来接我不提东西,正月拜年我们还是提东西去。茶食啊、一个猪蹄子、四把面条。有多的拿多点儿也行啊,没得的话,四把面条也拿得出手了。拜年大多都是前猪蹄子。往常过门也是讲究前蹄子。

(2)婚后尽孝。像这个过七月半啊,过年啊,都要敬,都要给他们上坟,莫把祖先忘记了。

(3)离婚。往常是那么个规矩。说合适了就不准脱②啊。我还没听说过打脱裂③啊。说合适了就是合适了。现在就是两个人不同意啊就不同意,同意啊两个人就结婚了。不合适就不放人家④啊。家里不是那么好啊,不合适就不放啊。弟兄多也不要放。往常要征兵啊。

(4)婚嫁习俗变迁。往常有规矩啊,不准出门啊,不能个人谈(朋友)啊。往常讲究结婚坐轿子啊,小轿是两个一抬,大轿子是四个人一抬,两乘小轿、一乘大轿子那是八个人。现在是开个轿车就走了,现在也还是让新郎把新娘背到车上去啊。我的侄姑娘结婚的时候,那个督管硬是要新郎把新娘背到车上去。往常背上轿子是我的哥哥背上去的。我们有二十件衣服,这里的地主都约了去了我们那里,比现在好多结婚还热闹些。现在都讲钱了,四万啊。往常的过门就是现在的订婚。男方去女家过门就是抬抬盒。

(5)娘家与婆家关系。娘家、婆家两家都隔得远,但是关系都蛮好,来往多。

(三)出嫁的姑娘与兄弟姐妹的关系

1.我与兄弟姐妹(娘家事务)关系

我们回去都是客人了,大哥是教书的人,哥哥嫂嫂他们对我们都好。好吃好喝招待你。我的大姐八十四岁死的,二姐死得早,六十多岁就死了。二姐死的时候我还去的,蛮热闹,大儿子帮我找的打匠⑤。我们关系都处理得好。

2. 兄弟姐妹与我(婆家事务)关系

像我姑娘儿子结婚啊,嘎嘎人家、舅舅人家就是主要亲戚嘛,他们来了才热闹啊。结婚的

---

① 指夫妻俩。下同。

② 意为反悔,改嫁。

③ 指离婚。下同。

④ 意为不要嫁给某某。

⑤ 死人祭奠上的敲锣打鼓的人。

事儿娃娃们个人同意就行了,不需要舅舅们操心。

3.亲戚来往

两边亲戚都来往,都还好。

二、婆家人·关系

(一)媳妇与公婆

1.婆家婚娶习俗

我这里的爹①就是保长啊。往常就说是保长、甲长,现在就是队长、村长。家里好就是地主啊。夫家没得什么庄户,就是有百多亩的田。喊工啊,喊工就是二三十人。屋很宽敞。后来清算了就成了学校、农会。我们最开始是(家住)在三队②,我们有正屋九间。把我们撵到这里来了。要把我们撵到寨子坡上去,我屋里③龙德驻他也是有文化的人,读了二十年长学。他就说不上去,就是在底下④搭个棚子都好,赶场都方便些。最开始他是在石灰厂里烧石灰,说嘴巴里牙齿疼,回来就只有十个日子就死了。死了我就有七年不打算找伴儿。这搞集体啊后来我只有两分,我就说日子过不走,我有两个娃娃那过不走啊。它搞过这么一段时间的啊。我的等级又没掉,只要是妇女都只是那么多。那有的(家里)有男的就多些。我的姑姑也是我们这里的人,她也是地主成分,她就给我说让我找个伴儿,就给我这么说。最开始我都没这想法。我说搞不走⑤那还是要差个人,差个暼⑥男的都是八分,我就差了一个,后来就找了黄庆奇,是黄卢老爷的儿子,他识文化啊。他是大学生啊,读了蛮多书的。他只有三十岁,还没结婚。那他来了还是就有(办)法了。那个(前夫)死了就有两个娃娃了,有个龙世奎,有个龙世健,他来了就生了一个姑娘、一个儿子。姑娘在武汉打工,儿子在高坪买屋了。

有回神这个讲究,在香桌上放的黄豆啊之类的就回神。然后就把大轿抬到堂屋里来。接新姑娘的就把宝带一解,就把你拉出来,这两个人就开始拜堂。这香火上还点的一对蜡烛,这对蜡烛燃得好啊,两个人过出头,燃得不好啊,有的就把它一下子吹灭了。在拜堂之前啊就有人专门管事儿的点蜡啊。旁人吹的,督管啊,管事儿的啊。燃得好就说夫妻过得到老,燃得不好就说过不到老,就有人把它吹了就没这回事儿了。我们(的蜡烛)燃得不怎么样啊。就是前一个就死了嘛,后来找的个姓黄。堂拜完后就进新房,有的婆子恨媳妇,就给新房门上叉个裤衩,我就个人把盖头拨开一看,看没得就又把盖头放下来了。叉个裤子,就让媳妇从裤子底下过身,就说媳妇狠不到媳妇。就说婆子恨媳妇就是这么狠的,让媳妇在她胯下为人。

2.分家前媳妇与公婆的关系

我的婆婆是个后婆子,我的亲婆婆在我还没来的时候就死了。像我们生娃娃了我们都是个人搞的,她来都不来。把包娃娃的东西先准备好了放在那里,其他什么事儿都是自己弄的。

---

① 指公公。

② 指小水田村三组,奶奶现居住在四组。下同。

③ 指丈夫。

④ 相对于坡上而言地势较低的地方简称为底下。

⑤ 意为日子过不走。

⑥ 音译,意为不好的男人,能力差的男人。这里的意思是,即使能力差的男人相对于妇女,工分也比较高。

3.分家后媳妇与公婆的关系

(1)分家。我们没分家,还有爷爷在啊,三辈人在一起。他(前夫龙德柱)没得弟兄嘛,就一个儿子不分家。那个时候两个三个儿子要抽兵啊。嫁人一般都只嫁给一个儿子的。三辈人在屋里热闹啊。吃都是一样的,缝衣服都缝。

(2)离婚。现在毛主席的书就说,旧社会旧婚姻,不自主、不自由、不自家,父母的包办,媒人的欺骗,男女的痛苦是根源,根源就是老封建;新社会真合理,结婚离婚由自己,只要双方都同意,可到政府去登记。登记就是去拿结婚证,结婚证一拿,两个人就捆起了。

(二)妇与夫

1.家庭生活中的夫妇关系

我们夫妻两个人关系好,我两任丈夫都还是蛮有文化的,屋里什么事儿都是互相商量,不是说哪个人做决定,屋里屋外的事情都做。

2.家庭对外交往关系

那个时候没有什么朋友,都是亲戚关系,要玩就是到亲戚里吃个喜酒玩下,到周围乡里乡亲那玩下。

(三)母亲与子女的关系

1.生育子女

(1)生育习俗。往常香火上有个磬啊,生娃娃了就在香火上烧三柱香,把磬敲两下。现在都在医院里生了,回来就放个鞭炮接一下就好了。也有打喜①,和现在一样的。生姑娘生儿子了,只要家里好,也还是打喜。生了娃娃之后要去给嘎嘎人家报喜,现在也是一样的啊,往常也是。个人的男的啊(丈夫)去娘家报喜。生了就拿的茶食去啊。打喜是嘎嘎约的日子啊。有的是打满月喜,等月母子②硬朗些,可以走动给客人装烟③。那给妈屋里的人要装烟啊。嘎嘎人家挑担子,还装抬盒啊。我二十一岁生大儿子,嘎嘎④人家还是挑着担子来的。抬盒就是装的四格,一格帽帽、一格茶食⑤、一格衣服。那个时候妈屋里来了七八桌人啊。我最开始生的两个大的(孩子)都死了,第三个儿子才开始成人。最开始的一个儿子六个月死了,日后又生个姑娘八个月又死了。这第三个孩子我给他改的名字叫龙世健,这到底还是死在前面了。

(2)生育观念。管他儿子姑娘我都是一样对待的。我大媳妇儿生的姑娘啊,我还是杀的鸡子来安置她。她还是想个儿子,就是命里没得嘛,祖上无德嘛。其实她第一个是儿子了,还是我接的生嘛,一岁多死了,我哭晕死了,是幺儿子把我背回来的啊。好几个孙儿都是我接的生。我们那个时候生娃娃都是个人生的啊,生他们几个都还有我这个奶奶在,我们都是个人搞的。生男娃儿就找个上身的汗褂儿包着,女娃儿了就管它上身、下身都行,裤子都包得。

我们这里龙生成就是个大地主,他大女人一个都没有生,后来又讨了个小老婆,又没生,又弄了第三个,又没生。到底是没生儿子。这是过去的事儿。他死了,就是他老二的姑娘来给他披麻戴孝,他老二也没有儿子,姑娘也是招的上门女婿。但是我也说啊,都生儿子不生姑娘

---

① 小孩出生后宴请宾客称之为打喜。

② 指刚生孩子坐月子的母亲,下同。

③ 指给烟。酒席上的一种礼节,一般主人家会给来的宾客给烟,以示欢迎,下同。

④ 指外婆,下同。

⑤ 指面条之类的礼物。

以后还哪个生啊,怎么把姑娘那么不当人啊。若是我在身边的话我就要说。

(3)子女教育。我哪怕清算的那么一干二净,我的三个儿子一个姑娘都读了书的。我的娃娃每个都读了书的,我的姑娘都是初中生。我的二儿子在坡上砍的竹子沾着墨写,那怎么写得好嘛。我还不是拉的羊子啊、喂猪啊就供他们读书。还读耕读小学啊。你要出工啊,就先把娃娃背到学校里了之后再去出工,我的二儿子就带着小的(姊妹)去读书。那个时候学费两块钱啊。扯草皮卖啊,打草鞋啊,那都是顺带着做啊,还要出工啊。那不是的。往常读书不像你们现在读书啊,读书还要搞一稍劳动啊。老师带着学生给生产队捡麦子、挖洋芋。这里黄佳东,老师让他背木板背五块,他的爷爷找老师扯皮了的,男娃都只背三块,你怎么让她背五块啊。老师就说再不搞了,是在填情①。

(4)性别优待。我们对姑娘、儿子都是一样的,书都是一样读,吃饭穿衣都是一样的。

(5)对子女权力(财产、婚姻)。姑娘、儿子的婚姻主要还是找媒人说的,但同意是他们自己同意的,不像往常那么包办了,自由多了。

2.母亲与婚嫁后子女关系

(1)婆媳关系。我们婆媳关系好,几个媳妇对我都好。我大儿媳妇三十六,她的男的(指丈夫,奶奶的大儿子)死了。他们就让她再改嫁。我就不让她出门(嫁出去),就留在我们这里,我就给她找了个男的。她走的话我就搞不走(日子过不走)啊,她有一个九岁姑娘、一个十一岁姑娘,我个人的男的也是个后面才找的(后爸),这大媳妇的第二个男的前年开麻木车②掉河里又摔死了。她命里要这么去世两个。大媳妇现在就是一个人,她带两个姑娘,她的姑娘的娃娃都有了。大儿子有两个孙姑娘,没得孙儿子,只有一个丢③了。

(2)与已出嫁女儿关系。姑娘在武汉打工,姑娘对我蛮好,前两天都还打电话到我孙媳妇那里,问我好不好啊,经常也给我买衣服、买东西。

(3)养老。老幺(幺儿子)就把老头儿埋了④。老幺在高坪买的屋。我就跟到⑤二儿子的。我二儿子在广州打工去了,二媳妇就是刚才坐在这里的那个。孙儿、孙媳妇、重孙是分在一边的,又是个户头,这个孙儿有点眼睛败相,就在屋里打豆腐背着到处卖。都是孙媳妇打的豆腐,孙儿就去卖。他们是贫困户,我们老三个又是个户头。住都住一起的,吃饭也在一起。

三、妇女与宗族、宗教、神灵

(一)妇女与宗族

我妈屋里有祠堂。就是些碑文,人死了后的一些孝名。不做什么用,就是人死了之后,把名字刻在碑文上,都是孝名。那不晓得哪个修的啊。我的爹妈奶奶啊都是埋在那后面的,祠堂后面都是坟墓。我们都好多年没去过了的。现在都还在啊,还是用瓦盖着的。往常都是家里好过的才有祠堂啊,我们这里没得祠堂。

---

① 意为给别人说对不起,抱歉。

② 指乡村里载客的有车棚的小三轮车。

③ 意为死了。

④ 意为,奶奶的丈夫是幺儿子负担埋葬的。

⑤ 意为跟着住,即奶奶由二儿子负担养老。

(二)妇女与宗教、神灵、巫术

腊月二十四过小年,老鼠子嫁姑娘。就在灶上点个锅灯,就给灶上锅里点个灯。现在打豆腐想什么时候吃就什么时候吃。往常打个豆腐还要各种敬啊。现在都不搞了。这个妇女搞,男的也搞。

生病了还有没有请当工跳哈,现在没得了,以前信迷信。那跳的那个人是男的,我没看到过。不管男的女的,生病了都请。这周围有一个男的跳当工啊,反正周围的人都不信他,有病都去医院了,他一般都去别的地方。红布三尺三啊,白布三尺三啊,跳了就给他布,反正都是他一笔收入嘛。现在流传下来的这种艺都比较少,师傅教徒弟都不教真艺,教真艺了,师傅吃不到饭了。

以前那个坡上有个土地庙。往常过年就把这些猪脑壳啊、豆腐啊,都不吃啊,就放在筛子端着就去敬他。像这个大人(指爹妈)死了,就去开路啊、做斋啊,就搞这些。我们这里都不兴,我妈屋里才兴搞这个,现在都不兴这些了。

算八字的人是男的,一般都是男的,有败相的人。我没见过女的算八字。你说不信八字啊,不信八字不求仙,人民力量胜过天。人狠就胜过天,不信八字嘛。我的哥哥和他们学校里的老师下象棋,我们是姑娘,我们就在旁边玩。我记性好。我哥哥就给他算,他就说,你就给我直点儿说。就说,你五十岁上不遭枪打就遭刀杀。五十岁的时候,那年在搞清匪反霸,他在天生桥就着别人搞枪打了,在天生桥用席子裹回来的。他说你走的个什么运呢?男子牛下刀上过,女子牛下产难过。男女牛下运不好。我的二嫂那年就走牛下运啰。那年生娃娃就先出来一只手,硬是生不下来,后来硬是拉下来的,我二嫂就死了的。

他们说我过不了这个二十一的生日。我请人看的,我看哈我还能活多久。他们说我过不了这个生日。我今年八十七,过两天就是八十八了,再就是吃八十九的饭了。他们就说我八十七过了呢,你就还有两年活,八十七打不过了那就快了(死了)。他说他看的有一个老年人,八十八他就这么给我说的。田家湾里那个,他看得好,他会看万年历。我这个人就是今年耐不活(身体不舒服)嘛。我最开始来和他们挖洋芋、剁猪草,现在就硬是不行了。耳朵去年有点儿聋,今年还聋得狠些了。眼睛还蛮好,至今还能穿上针线。下午时候眼睛还是有点模糊。

四、妇女与村庄、市场

(一)妇女与村庄

1.妇女与村庄公共活动

(1)村庄活动参与。小时候要去开会啊,和哥哥嫂嫂啊、爹妈啊一起去,反正一个人不去。往常规矩是那么个。我们小的时候没有看戏,还没得戏。我嫁到这边来了才开始有放电影。结婚了才开始有哦。都去看,男的女的都有,不讲究男女。

(2)开会。村里有什么重要的事儿也开会啊。往常这个公粮就说是完亩捐,完亩捐就要去开会。完亩捐就是要给他送粮食。亩捐就是这个公粮啊。公粮、余粮啊。多的粮食就要交给国家啊。屋里没得男的那就是妇女去啊。我们屋里(婆家)就是办公处啊,我屋里(丈夫)读了二十年长学,蛮有用的。开会就是农会啊,就都喊到我们屋里来开啊。以前就是办公处啊,现在就是农会啊、乡政府啊、小队啊。妇女也参加,屋里没得男的就妇女来啊。

(3)村庄绅士、保长、甲长印象与接触。往常就是保长、甲长,保长比甲长大些。我这里的爹[1]就是保长啊。在妈屋里的时候也都认识这些人。在这里来了就更熟悉了嘛,都是自家屋里的人。

2.妇女与村庄社会关系

(1)村庄社会关系(女伴、邻居、妯娌、同房同支等)

红白喜事的时候我一般下厨,打豆腐啊、下炸啊。现在都是家政的了。那做饭的,有妇女也有男的,往常男的下厨多些。以前跟前块头接媳妇啊、嫁姑娘啊,买不到豆腐圆子和油果子啊,那都是个人做的啊,都是我去下厨。食堂那年炸一百多斤黄豆的油果子,跟前的人都炸不来,就只有我炸得好。我又是个地主成分,我男的是腊月二十四死的,我二十五就去给他们炸好几坛油果子。有的做不好嘛,我还给他们做过年饭。那个时候会的人少,现在哪个搞不好啊,都是买的啊。那个时候给别人下炸(油果子),他就给你一包烟。以前经常下厨就抽烟。以前抽,现在老了怕把衣服烧着了。那不喝酒。从老了就不抽了,撒点点儿火了就容易把衣服烧到。

像往常砌屋拉红绳,我们就不去搞,我们是二道婚姻,要是童子婚姻,要没死一道的就去搞。往常没有水泥砖,往常都是泥巴砖,这把砖都砌好了,要拉主绳,就是中间那个柱头,我的妈就拉过中间的红绳。其他人就拉边上的柱头,都是用红绳往起拉的啊。那是妇女拉还是男的拉啊,都可以。那都不讲究了。往常砌屋要下罗盘(定方位),砌屋的师傅看的。再就是砌阳沟[2]啊,都要到大寒之后。现在都不讲究什么了。过年砌下阳沟啊。罗盘就是定方位的,坟墓选地也还是要用罗盘看哈,看地方正不正,不正的话就要换个地方。

做饭啊、下厨啊,你可以搞。接媳妇的时候,你不要踩她的花毯,不到她堂屋里去。像我们这个命不好的,就要注意这些。男的不注意。像我们妇女个人就要注意。像别人死人了的,请我给她穿衣服,我就不给她穿。我们是半头人[3],我们不搞。像这个下厨啊、做饭啊,帮下忙还是没得事儿。

(2)务工与报酬。
像这个红白喜事帮忙的话是个好事儿,别人看得起你嘛,一般都会分个红包感谢,还有些东西、礼物啊。像这个田里的事儿帮忙的话就要互相换工了,一般是妇女换妇女做,弱一点的男劳动力也相当于和妇女换工,强的男劳动力很少待在屋里嘛。

(3)妇女聚集与活动。
妇女还不是经常到堆玩哈,一般都是坐在别人屋里谈白啊,你看他们经常到一起打扑克斗地主嘛。

(4)女工传承。
这个针线活啊、做鞋子啊都是妈教的或者嫂嫂教的,就是这么一代一代传下来的嘛,现在年轻人不学这些,鞋子都是买的,很少有人穿布鞋了。

(5)妇女矛盾调解。
吵架啊,就互相劝解嘛,莫吵莫闹。

(二)妇女与市场

1.市场参与与市场排斥

做姑娘的时候也去上街,和哥哥嫂嫂啊、爹妈啊去上街,一般个人不去,是那么个规矩嘛,往常卖东西也有妇女卖东西。往常地主姑娘读书读得多,都认得字儿。光是男的哪来那么

---

① 指公公。

② 房屋后面的流水沟。

③ 指丧偶的人。

多男的啊。出嫁了有时间也去上街啊，夫妻两个人嘛，出门总得互相说一声，他又不得格外限制你。我现在有时候都去上街哦，孙媳妇去我就和她一路去。

2.交易活动

往常都是买的布，没看到织布的，我们那个时候买不到衣服，就是裁缝缝的，把裁缝接到屋里一缝就是一个多月。发的煤炭火，他就用烙铁这么弄的。你还要家里好才接到屋里缝，家里不好他就拿去给你缝。在妈屋里还蛮好过，蛮享福。往常做针线的那些东西在街上都能买到，往常喜欢①发布票、粮票。我们这里都是个人喂的猪，不像别的地方还要买肉啊，就没得肉票这一说。最开始只发一尺六，你说那怎么用得到嘛，那个卖布的和我还蛮好，就给我扯了七尺六。按人口发，一家有四五个人的布票才能凑起来扯一件衣服，像我们个把人的就根本用不到。粮票都吃不饱啊。这形势好了，什么都不发票了。

五、农村妇女与国家

(一)农村妇女认识国家、政党与政府

1.国家认识

我们那个时代是蒋介石，我们就是生在旧社会，长在新社会嘛。从蒋介石到毛泽东，从国民党到共产党都是我们经历过的啊，个人经历过的。我也读了两句书，这些还是晓得的。

裹脚。我那个时候裹小脚，用布把脚缠紧，挨着挨着缝紧，还给你做个睡鞋，还是这么逼着，解又解不开啊，就这么裹着了，我就哭。我的哥哥就说，妈啊，你莫裹啊，你把她放②小水田了，裹成小脚了走不拢路了，走水田坎走不好，容易跌倒，给她放开。他说把脚放开。我大哥就找个剪子把脚上剪开了。后来就不裹脚了。我也还是裹了一年左右。

2.政党认知

蒋介石就是国民党嘛。有这么一本书专门讲这些，优待代耕都要认真，军属生活照顾好，前方作战更安心。当兵的在前方作战，就说你要把军属生活照顾好，解放军，毛主席打赢了，蒋介石就打输了。解放军讲礼行些。解放那年，我们大水田就来的兵(国民党的兵)，他就不讲礼行，他还乱抓妇女，就把我们这隔壁的一个妇女一把揪着，这个奶奶两甩就把他甩掉了跑回来了，他不讲究礼行。解放军三千多，我们有九间正屋。当时我们有三家就要把余粮交出来，我们晚上用三把筛子筛一整夜，就把这三千多粮食用口袋装着了。那他们就讲礼行，你给他倒茶他就喝茶，他不瞎搞。国民党的见妇女就瞎搞，见妇女他就抓，社会乱。毛主席来就打赢了。

3.干部接触与印象

干部接触的多嘛，解放前认识那些甲长、保长啊。这出嫁了这边的公公是保长，我们现在这对面屋里就是村里以前的老书记嘛，干部还是接触得多。

4.女干部

解放前没得妇女当干部搞工作的，都是保长、甲长这些。解放后才有，那就是从土改才看到妇女当干部的。

---

① 意为倾向。

② 指嫁到某地，嫁给某人，出嫁。

5.政治感受与政府评价

计划生育我们都晓得嘛，不准生那么多。我的大媳妇结扎了的。我的二媳妇他们个人计划了的没生了，就没让她去结扎。我孙儿，眼睛看不到，近处的看不到，远处的看得到，他们给他搞的低保，又是贫困户，给他搞的残废证。他身体还是好，就是眼睛不好。这还是国家政府政策好，照顾我们。

(二)对 1949 年以后妇女地位变化的认知

1.妇女地位变化

土改后，毛主席就说男女平等嘛。那现在姑娘地位平等多了。

2.婚姻变化

现在毛主席的书就说，旧社会旧婚姻不自主不自由不自家，父母的包办，媒人的欺骗，男女的痛苦是根源，根源就是老封建；新社会真合理，结婚离婚由自己，只要双方都同意，可到政府去登记。登记就是去拿结婚证，结婚证一拿，两个人就捆起了。

3.政府与家庭地位、家庭关系

丈夫打老婆这种事儿还是出现得少嘛，现在多一半都是妇女当家啊，那还敢打啊。家里有纠纷解决不出来还是找干部调解。

4.政府作用认知(祭祀等习俗)

我们这里妇女本来就可以祭祀、上坟、招女婿这些，一直以来都是这么个。

5.政府与教育

往常姑娘不读书，就是家里好过的才读书，都说姑娘是灶门口的。现在好过不好过的都读书。姑娘和儿子一样了，好不好过都要读书，我那个孙姑娘都在武汉上大学嘛，这个还是政府提倡的好。

6.妇女政治地位

以前没有妇女搞工作的。过去就是甲长、保长。现在有好多妇女搞工作了，有的比男的搞得还好些，那妇女地位是提高了。

(三)妇女与土改

我的爹①是保长啊，是旧社会的干部，毛主席来了就要把他取消了。就取消了，就是右派份子。把我们撵到这里来了，让我们睡茅草棚，就放茅草就睡觉。土改的时候，他们就说我们过了五年地主生活，最开始我们出门都不需要请假，过后划阶级的时候，地主分子就用石灰画个界字，我过来五年了才土改，就说我过了五年地主生活，就给我地主子女，我的爹妈一死啊，就没得了，就是我们是大的，就给我搞地主分子搞了几年，后来又给我把帽子一揭。地主分子就是不准乱走。就是不准走亲戚，不准乱出门，不能走亲访友。不管天晴下雨，男工女工都要搞事②。下大雨都掰苞谷啊。地主子女像赶场啊都要请个假。

我们后来和贫下中农在一起啊。那个时候就说把地主带上来，男的女的都有。就在会上专门指出你的缺点。斗他就是要专门把他的缺点都数出来啊。把我们清算了，要和贫下中农一样，我们好过很了。和贫下中农是一样的，那就各人使力挣啊。我的大媳妇也是地主家庭，

---

① 这里指公公。

② 意为劳动。

他们就说地主和地主开亲,贫下中农和贫下中农开亲,我说的大媳妇就是地主家的姑娘。我们帽子揭了之后,接孙媳妇就是和贫下中农是一样的。

我的幺儿子考兵考上了。我硬是不准他去,前方作战打起来那你过得出来啊。考上了别人就抵,说他的政审不合,我们成分是地主成分,这一审就打下来了,我就蛮欢喜。他是初中生啊,一毕业考就考取了。现在都大学毕业了,如果去当兵了怎么得读大学嘛,不如安个家好些,当兵又苦。

(四)互助组、初级社、高级社时的妇女

1.合作社时期

我们还要申请了才能参加啊。地主子女还不要,贫下中农才要,还要个人写申请。那要和他们(贫下中农)在一起啊。那个时候清算的一干二净,耕牛啊什么都清算了。那就逼着你没办法了要写个申请了和他们在一起。搞集体,要在一起,搞共产。

2.合作化时期女干部

我们没当过干部,成分不好。那个时候没得女社长,就是个妇女队长,有时候不舒服就向她请假,她就管这些请假嘛。

3.性别分工、劳动与分配

给孩子喂奶啊,无论好远歇稍的时候,都要跑回来喂啊。拼命地跑回来喂娃娃。屋里有老年人的就送啰。我们那个时候又没得婆婆,婆婆死了,我还不是跑回来喂的。那一直在引(照顾)娃娃。我怀着老二的时候,丢①一整天的苞谷种啊,扑爬连天地使力搞啊。通宵通宵地搞。背那个墙土,点着亮(灯)了背。我硬是搞得耐不活②了就把娃娃抱到床上去睡了。这有人就说,哪个还在睡啊没出坡啊? 我说我在这放娃娃的,我就把娃娃揪了一爪,他就哇哇地喊,我就说,你看这娃娃在哭,要吃奶了。我就偷着在那睡了一夜啊。一般把娃娃放在屋里的,照顾不好了,我就回来了,给她喂奶啊。晚上上工也有工分,晚上的工分高些。工分再高嘛,白天里搞一整天,黑了也搞一整天,还要带娃娃,怎么耐得活(招架不住)嘛。你满了十三岁了,集体就点名,哪个不去就没得工分就没得粮食。

4.妇女政治参与与话语权

那时候经常开会,开会主要是妇女队长说,其他妇女很少说话。

(五)妇女与人民公社、"四清""文化大革命"

1.妇女与劳动、分配

(1)妇女与劳动。也还是分班,像有十个你就分成五个人一班啊,有二十个就分成十个八个人一班啊。下水田主要是男的,妇女也下啊。我记得还给我分两亩水田的草要扯啊。我硬是把它扯完了在水田坎上睡着。我割了三个月的谷子啊,那我也栽过秧啊,也割谷子。他给你评了那个等级了,你不在水田里搞啊?就是有一个人提一桶石灰,就给你这画一坨,那里画一坨,一段田坎多少工分,你就把它做完。这段田三分,那段田五分,你就各人来抢(争先)了做。

修水库、修水坝那个我们都是做了得了钱的。那就是有时候放假就去搞一天,挣点儿钱。

---

① 意为撒种,播撒。

② 意为吃不消、太累了、承受不起。下同。

放假就是一个月放一两天。搞累了就放假。那最多放两三天假。就去扯点儿老鼠子皮啊,就去卖了换点儿盐啊。那又不准做生意。

(2)单干与集体化选择。那还是个人搞好些啊,个人搞自由些,没得人管你,你看个人搞肚子吃得饱嘛,集体搞肚子都吃不饱。

(3)工分与同工同酬。只是分工分,男的最高工分八分,女的最高工分八分,就是分了这个等级,往常评工分。像我们就评个一等,别人就抵触你,说你再不得^①这个一等。你要全面搞得好,你要整得好园子(菜园),你要挖得好洋芋。那我们的等级一直都没掉,一直下来都是一等。是评的一等,贫下中农给我们评的一等。二等就低些啊,有的两分啊,有的三分啊。有的半劳力就给他称半斤饭,我们一直都是给我们称的一斤饭。生产队有好多劳动力,开群众会,你做事儿差些等级就往下掉啊。记工员看哪个做事儿强一些就给你记一等,哪个做事儿差一些,你的等级就往下掉。你打窝子稍微差点儿,就给你减工分。放工了黑了就评啊。记工员就给你写起,是什么就是什么啊。

(4)分配与生活情况。那按人口分啊、按工分啊,多的还要卖余粮啊。杀个猪还要卖半边肉啊。它有时候是一个月一称啊,有时候十几天一称啊。它不是一下子都称给你啊。我们都是缺粮户,娃娃多啊。吃不到就个人想办法啊。到处挖树皮啊,买点儿粮食啊。

2.集体化时期劳动的性别关照

(1)"四期"照顾。妇女月经来了就要给妇女队长请假啊。规矩就是有三天假期,那是规矩。给妇女队长说,哪个(任何妇女)都有三天假。往常月经来了哪里还请假啊,还瞒得紧紧的啊,怕丑。现在就讲请假。怀孕那请不到假,就是生了就有一个月的假,那就没得工分,集体不补什么。你没劳动也不要你赔也不给你补。怀孕了还是分配点轻松的事儿,我就是在屋里给他们准备肥料。轻松事儿还是给你安排,像在场坝里撕苞谷壳儿啊,在田里提篮撒种啊,就这些嘛。我怀二儿子的时候就在大坡上撒了一天的种子,那个腿子肿得啊没得法。我撒种了回来还挑了一担稀粪。他们说我生了,还在说,刚才还在挑稀粪了怎么就生了啊。我生个娃娃又快啊。生了那天晚上开会,隔壁屋里的就帮我请假了哦。一般满月了假就完了。四十八天是大月,满了四十八天就出工。

(2)托儿所。早没得托儿所,也没得幼儿园。也就是硬是动不了的那种老婆婆,就让他们照顾哈。有的出不了工的几岁的小娃娃,就让他帮忙照顾哈。

3.生活体验与情感

(1)大食堂。大食堂做饭的那男的女的都有。一般就是身体差点儿的啊弱点儿的啊。他们的工分是一样的。我们经常就一顿吃了第二顿就没得吃的了啊,就差点儿饿死了。吃流动食堂,这个食堂吃完了,下一个食堂熟了你就又到下一个食堂去吃。那都是称饭啊,是一等工分就给你称一斤啊,是半劳力就给你称半斤啊。娃娃的饭在另外一边,学生也是的。像那个洋芋,就是些小洋芋煮了给娃娃吃,大洋芋就给大人吃了好出工。龙德书在这里当会计的时候,我的大儿子肚子疼,我就给他煨了点艾蒿水喝了,我就去晚了他就不给我称饭。我给他说是娃娃不好煨了点艾蒿水喝了就搞晚了,你给我称点儿嘛。他(会计)不搞啊。那保管就说,你为什么不早点儿来啊,那你来晚了不给你称就是嘛。我就说,我又不像你,你屋里有你的妈在给你带娃娃。(会计)到底还是没给我称饭的啊。那个保管是我舅舅的儿子,他就给我倒一背洋

---

① 意为得不到,不值得得到某东西。

芋,说,他不给你称算了,快背回去,把娃娃也背回去。假装就吼我,就给我倒了一背洋芋。那就真的造孽啊。娃娃的伙食还是不扣,大人去晚了就给你扣了。

(2)"三年困难时期"。1958—1959年就没得吃的了,就差点儿饿死了。不晓得饿死了多少人啊。我们这里龙德海在大水田(地名)搞事,耐不活了(受不了),回来了让会计给他称饭,会计硬是不给他称,就饿死了嘛。那有人就说,还是给他称点儿啊,等饭称回来,他已经饿死了。那时男的饿死的多,男的饭量大嘛。饿死的男的也有,妇女也有。那妇女饭量都少些。年轻的人就饭量大些啊。年轻人也有饿死了的。那是普遍的现象啊。没得哪个去提(意见)。国家没得粮食嘛,是好的粮食上交啊。剩下的粮食才按口粮分啊。那个时候有米,还把米背到土地岭①去,一斤米可以换两斤半苞谷。往常高山的姑娘喜欢嫁到我们这些低的地方来,好有米可以吃。

(3)文娱活动与生活体验。一天肚子都吃不饱,就想着怎么活命,哪个还有心思唱歌嘛,没得那么多快乐。

4.对女干部、妇女组织的印象

我们这里妇女当干部的少,没得铁姑娘,就是有个妇女主任嘛,一般不舒服请假就找她,平时打交道不多。一般成分好的啊就能当干部嘛,像我们成分不好的就不能当干部嘛。

(六)农村妇女与改革开放

1.土地承包与分配

后来邓小平来了,土地再下放,每个人分七分田,男的七分田,给女的也分七分田,所以我们都分到了田的。土地证上一般都写的当家人的名字,都是男的名字,妇女没得。

2.选举

投票啊,那有,我们有投票。我们都去,都有选举票。十八岁以上的都有选举票。要选妇女啊,那是要求要你选妇女啊。那上面有名字啊。

3.对计划生育的认知

以前肚子里有好多就生好多。现在是搞计划生育计划了的就只生一个、生两个。我们这个大媳妇结扎了,我的二媳妇就计划了的生一个姑娘、一个儿子。现在生两个最好,有个伴儿。

4.社会参与

我还是去蛮多地方,到处走动走动,高坪(镇上)我还是去啊,坐车去。孙媳妇儿去我就去,孙媳妇不去我就不去,我怕跌一下没得哪个拉我啊。两个孙姑娘在屋里的时候,我经常去,哆哆我们赶场②去啊,那就去啊。这(现在)去的稀疏,今年去过两回。侄儿子搬家去了一回,侄姑娘结婚我去了一回。武汉我去过的,孙姑娘嫁到武汉黄陂,那是十一二年了。

六、生命体验与感受

我开始和他们住一起我还挖洋芋,现在就不行了,只种黄瓜、种四季豆。现在慢慢就不行了,前两天姑娘给我打电话问我好不好,我说好。我听到了的。她问我好不好,我说好,我昨天

---

① 地名,比较偏远的高山地区,那里没有水田。

② 指上街赶集。

不舒服,他们都是给我端到床上去的。都孝顺,孙儿啊、孙媳妇啊都蛮好。高坪街上的那个侄儿子也用小车来接我去玩。屋里方便些,我不想去。待习惯了,放个什么你再去拿它还在。

我开始住在这后面的,他们怕我死在后面了,硬是要我下来。就下来住在一起了,我还喜欢热闹。这个屋一楼没有地板砖,楼上都是有地板砖,亮晶晶的啊。我妈屋里还烂了好多屋啊,他们都把屋买在街上去了。我那个大孙儿说我放暑假了回来看您,他也谈了个朋友,他那个朋友也给我喊嗲嗲①,也还长得蛮好。现在享福,这个孙媳妇也还蛮贤惠。重孙儿都在楼上玩,电脑在楼上就在楼上玩电脑。我有五个重孙儿。记还是记得,糊涂还是没糊涂。还没返童。

我们一辈子手里经历的事儿多,现在老了,儿孙孝顺,也蛮享福,我还是蛮知足的。

---

① 意为奶奶。下同。

WR20160727MFY 毛枫英

调研点:湖北恩施建始县高坪镇小水田村

调研员:王锐

首次采访时间:2016 年 7 月 27 日

受访者出生年份:1934 年

是否有干部经历:否

是否生育:是

受访者结婚的时间节点、生育子女的具体情况:1953 年结婚;1958 年生第一个孩子,共生八个孩子,四儿四女,第一胎儿子夭折。

现家庭人口:4

家庭主要经济来源:务农

受访者基本情况及个人经历:毛枫英,今年八十二岁(1934 年生)。从小受苦多,家中是种地主课田,家境十分贫寒。十九岁出嫁,丈夫是二婚,丈夫家条件相对较好,丈夫是一个特别勤劳的人,家里家外的活儿都做。如今毛奶奶身体还算硬朗,老伴儿今年八十八岁,奶奶和老伴儿单独住,老儿子常年在外打工。老伴儿瘫痪在床已经三年多了,几乎是"植物人",连毛奶奶也不认识了。奶奶三年如一日,每天给老伴儿做两碗蛋花,三只鸡蛋做一碗蛋花,擦洗两遍身体,扶起放下,都是一个人在做,前两年老伴儿需要喂饭,经过奶奶的悉心照料,老伴儿如今竟然能自己吃饭了,还能自己从床上坐起来。毛奶奶是一贤惠、耐心之人。对老伴儿不离不弃,任劳任怨。

一、娘家人·关系

(一)基本情况

我叫毛枫英,今年八十二岁(1934年生)。名字是老头儿起的,我们从小就有名字,我们几兄弟姊妹都是起上了排行的。家里一共三个兄弟、三个姊妹,我是老三,我后面还有个弟弟、一个妹妹。我们等于是搬家子①啊,土改才给我们改田啊。才有安身之处啊,几多造孽的哦。我们是种的地主的十多亩课田,自己没得田,土改那当然划分的是贫雇农。我十九岁出嫁,丈夫家有两个庄口的田,被划分成上中农。他们家有三个儿子、两个姑娘,丈夫排行老大。我生八个娃娃,四个儿子、四个姑娘,1958年生第一个儿子,这个儿子死了,就只有七个娃娃了。

(二)女儿与父母关系

1.出嫁前女儿与父母关系

(1)家长与当家。那就是妈当家。我们老头儿他们三弟兄。往常不拉兵就拉夫。往常说的背脚②,背东西挣点儿钱,挣钱回来就要四处躲着。三个人中要拉一个,都是绳索捆绑的啊。那拉不到了还不是要拉,反正都要拉一个。就是全靠妈在屋里引③这么多娃娃种课田。那我们也勤爬苦挣啊,一年喂两个年猪,喂两个肥猪,卖两个去,这就养这么多娃娃开支用嘛。

那没说妇女不能当家。我们姑姑只有姑娘,就过继了兄弟的一个儿子。这个姑娘就放④到胡家里,胡家是大地主,她那个时候就是当地主的家。土改差点儿把她整死了。就说你当了地主的家,你当得了地主的家,这下就要整你了。那往常男的在外面去了,有的妇女在屋里搞还比男的狠⑤些。家里外面什么事儿一掌百拿⑥都搞得顺啊。往常就是吃苦啊男的你就去背个脚,你不吃苦啊你就这里飘⑦、那里飘你去搞个什么事儿嘛。妇女一般屋里什么事儿都搞走⑧了。男的也不敢在外面飘啊,妇女当得到家,还是看能力。

(2)受教育情况。我就没读什么书啰,娃娃多了嘛。我后面这几个小的(弟弟妹妹)读了的。但现在这些电器化只要给我说哈哒我还是会,这个手机也只需要给我指穿⑨一下我就晓得了。我的大哥哥还是读的私学,私人开的学校。我的二哥哥解放以来当了这么多年的书记,现在才退休。我最小的妹妹还是读了(书)的,解放了,赶上了好时候,就读了书。我们就还是供不起嘛。那个时候只有那么个能力嘛,娃娃又多,要交租、印课!一行田种了,后来一交课就没得啦。个人只有这个八字⑩,我不怪别人。我们不怪大人重男轻女,时代不同,没得嘛。个人没得办法嘛,只那么个能力。个人一辈子就是这个苦八字,就只有这么个。

---

① 搬家子,意为家都没有,房屋都是土改的时候改的。
② 背脚,类似于现在搬运工。
③ 引,意为照顾,抚养,下同。
④ 放,意为出嫁,嫁到某地。
⑤ 狠,意为厉害,好。
⑥ 一拿百拿,形容行行事情都做的很好,下同。
⑦ 飘,意为在外面游手好闲,不做正事儿,下同。
⑧ 搞,意为应付得过来,下同。
⑨ 指穿,意为点拨。
⑩ 八字,指命运,下同。

(3)家庭待遇。姑娘、儿子那都是连着指头根根疼啊。都是你生的,好比你是个女儿我就把你放到灶门口不准你出来,儿子就在外面满处跑,不可能啊。那又不是你一家这么个风俗,都是一样的。没得这么个讲究。穷,没得法,也不是重男轻女。

(4)对外交往。大年初一二里不能走,初三再走。那个时候讲究初一初二不能出门。男的可以出门玩。姑娘婆婆①不能出门。过了初三、初四才能出门。现在都是初一出门,现在哪个讲究这么多啊,想什么时候出门就什么时候出门。走人家②那走都可以,一般男的不在屋里妇女也可以走啊。往常走人家,就是你这么离婚了半边户你不能往别人屋里去啊。别人屋里接媳妇啊,如果你是死了(妻子或者丈夫)的,半边户,或者你是离婚的,不是成双成对的,你就不要往别人新娘房屋里去。像你在他屋里吃酒,你是主要亲戚哦,如果是他们拜堂,你就要躲一边去,不能在堂屋里。你去他们就说你是半边把室③的嘛。

(5)女孩禁忌。我们也还是自觉,男的衣服用一个盆泡着,个人(这里指自己,女人)的衣服用一个盆泡着。你就说晾衣服,男的晾在前面,妇女晾在后面。那有的年纪轻的,男的衣服晾在后面,她的裤子还晾在他的衣领跟前(情绪激动),你去说嘛,她不讲这么多。现在不讲这些了。那还是说哪里有个空空就晾下了,哪里还讲这么多啊。

往常还是讲这些。纠里三叫④的婆子,你嫁到她屋里去了,她就审你,弄饭看你找不找得到套头⑤,洗衣服看你注不注意,她就来试你。那我看好多婆子妈狠媳妇那硬是瞎狠,她个人又只有那么个狠气。她就说你晾衣服你就没受到教嘛,那个说姑娘婆婆儿的衣服放在男的衣领前面啊,你就没受到教啊。她就要指教你一顿,她还要揪你一下。

(6)家庭分工。我一天(要打)一大背猪草,回来剁了煮,喂猪,有时候就给他们洗下衣服、弄下饭就是这些事儿啊。我们做姑娘的时候蛮苦的啊。那我们十二岁就打猪草,背不起(动)背篓,就提个筐筐,打满了回去放了又去打。那我们苦得早。

(7)家庭教育。我们爹妈对姑娘儿子教育没有什么不同啊。虽然那么多娃娃,我们都还蛮听话啊。老头儿四季⑥不归屋就是妈在屋。妈在屋里种那么多田,我们就在屋里喂猪、洗衣服、做饭,又不需要她说的。不讲究成人礼,那现在广东这些地方满十二岁要整酒。有的满岁整酒,抓周整酒。这次我外甥满十岁整酒,我没有去,隔这么远啊。有的说满六十岁整酒、七十岁整酒,有的说满四十五整酒。六十岁整酒的多,过了一辈子。有的满八十岁整酒。

2.女儿的定亲、婚嫁

(1)说媒。我们还是命根牢嘛,像好多我们那个时代的都没过上这段好日子嘛。我们是土改后,土改遗留问题都搞了才结婚。我姑姑介绍的撒,我才嫁到这边的。我们都没合八字。介绍的时候我晓得,我也同意,那还是要个人同意的。个人拿手数⑦,要两边打介绍信。以前结婚讲究年龄、成分。男方一般要大女的几岁才好。我们这屋里这个老头儿都是瞒了年纪的嘛,因为他是离了婚的啊。像你本来有二十六了,你说你只有二十二、二十四。你说你相不相信,往

---

① 姑娘婆婆,指妇女。

② 走人家,意为红白喜事吃酒。

③ 半边把室,意为半边户家庭,妻子或丈夫有一方离世或者双方离婚的家庭。

④ 纠里三叫,意为蛮横不讲理,霸道的人。

⑤ 套头,意为套路。

⑥ 四季,时间频度副词,这里指经常。

⑦ 手数,指结婚证书。下同。

常又没有身份证。往往要看到你的八字,合八字的时候才晓得你的年龄大小,就瞒了几岁啊。他现在八十八了,我八十二。年纪大小那没得深浅。我们这有个还大十岁啊,还不是要安置他好多年才死。那个时候女的大男的那少啊,一般都是男的大女的。好比说,你是女的年纪大,我年纪小,我家里有钱。你就只图轻松啊、有钱用啊,你可以还是跟着我,图有钱用。一般女的大个两岁啊也行。那个时候说媒的时候一般只有各人的大人(做主)。只需要各人的大人,只要双方的大人同意就行了。这些都还是好,不讲究。迷信少,不讲究这么多。大人同意,姑娘不同意那硬是不同意,大人也没得办法啊。

(2)嫁妆、习俗。只要家庭条件好呐,还是(要)搞陪嫁。我妈屋(家)在花坪,离得远,不过还是有三四宗家具、三四床铺盖。那个时候出嫁了,不分妈屋里的财产这都是规矩。现在都是要分哦。我们那个姑娘说的个媳妇是巴东的。我这个姑娘的亲家母就在武汉打工,她一直以来就有个痴呆病,也治病了很多年。她就个人这么强心,在屋里就要去田里种啊挖啊,就说还是怕把她搞病了,就把她带到武汉去,让她开心些,她去了还是在搞建筑,搬材料啊,只有五十几(岁),已经要完工了,把材料清了就回来。你看那天早上去她就在五楼上摔下来了,妈摔死了。这就断案,厂里就补 67 万,这还是不依,七说八说,最后只补了五十多万。这火化了回来。回来屋里还有个妈(死去的外婆,这里指女儿亲家母的妈妈),是个半哑子,这回来好几个月了没提起这回事儿。他屋里这个舅舅就告①他们。就说这笔钱应该他的妈要分一点儿,要十五万。他们没作声。他们就上法庭,就没断下来。这后来就说,国家有这么个规定,就说你是她的姑娘、儿子、媳妇,就说妈屋里的妈也有一成。就说妈屋里的妈抚养了她的,有抚养费。说了这么久就说,法律②就说你们可不可以自觉地和平解决。那他们现在都说姑娘应该有一份,但是我还是没看见过。国家有这么个规定。出嫁了他们就说的,嫁出去的女泼出去的水嘛,怎么还有你一成?!

(3)宴宾。我们出世的时候就有保长、甲长。那我们(结婚)那个时候都在解放了,只请个人的亲戚。那个时候也送礼、送钱啊,硬是没得办法的,就送几升苞谷,提点儿面条。高山地区提米的都少嘛。到这儿来了都有送苞谷啊、谷子的。我到这儿来的时候外面有送铺盖、枕头的,现在你去别人家送面条都没得人给你接。现在一百块那都是最低的,五十块钱都送不出手。就是跟前块头③的一百块钱都拿不出手了,最低都是两百了。我结婚的时候就在办酒席了,亲戚邻居来玩。送钱啊或者送点粮食都有。

(4)定亲、看人家。就是母亲带着姑娘去男方屋里看下情况说婚事。男方就给四套衣服,或者六套衣服,或者八套衣服。再就是看你屋里有好多亲戚,搞点儿茶食④。那就喊的(称之为)"散茶"。若是你嫁过来结婚了生了娃娃了,他就一律给你还回来了,还搞点打发⑤,搞几节(匹)布。就是四件衣服或者六件衣服,四件就是两套嘛,六件就是三套嘛。四件衣服嘞,就说现在叫你生娃娃了纸尿片都不要。那个时候的毛细布⑥分为深士林布和浅士林布,或者是一条裤子一件衣服就这么配的。

① 告,指起诉,上法庭。

② 法律,指律师。

③ 跟前块头,指周围邻居,住得近的乡里乡亲。下同。

④ 茶食,给亲戚的礼物称之为"茶食"。吃茶食的人在新人结婚生小孩后必须到场庆贺的人。

⑤ 搞点打发,指男方给姑娘准备的礼物。

⑥ 毛细布,一种布料。下文的"深四灵布和浅四灵布"都是布料的名称。

（5）出嫁。我们那个时候就解放了，没得个其他什么忌讳。那个时候好比说你只有十几岁啊，新姑娘进房屋①里来了，男娃儿、女娃儿就不能进那个屋里去。就是这么个忌讳。现在都是二三十岁不管那么多。头一天女方过客，第二天男方去接新姑娘②过客，发亲③了客就走完了。送新娘去婆家有送亲客，嫂嫂送的，坐的轿子下来的嘛。我们还是解放哒，我们也还是坐轿子下来的，后来才打灭（取消）了。还有马儿啊，新郎、陪郎都是坐的轿子。那男方这边第二天还要陪个高亲。高亲客走了再就没客人了。那个时候也坐十姊妹，女方坐十姊妹，男方坐十弟兄，就是个喜庆事儿嘛，要热闹下啊。就像现在收红包一回事儿嘛。现在你就说姑娘看人家，这些亲戚来，你或者说五百块、两百块、一百块，就这么把（给），不就是一回事儿啊。厨子还要讨新娘的红包嘛，就是那个蹄膀那么大个放在碟子里，上面插一束花，厨子把这盘菜往你面前一放，那你就要掏红包出来。那就说送亲，厨子要讨高亲客、送亲客的红包，早上你把宾客请到桌上坐了，就把花往你面前的蹄膀上一插，你就要把红包放在这个花上，脸就往旁边看不往厨子这边看，他就把红包拿走了。就讲这么些礼行。我们没搞这些，简化了。我们那个时候也解放了。

（6）敬祖。和现在一样，那要办一桌菜，要八碗饭，里面放一小坨饭，还要念的啊，要给亡人念，念这么一遍了亡人才接受啊，这还有一挂鞭子④要放啊。上坟是你个人的礼节啊。上坟就是搞个包袱，弄点儿烧纸，搞张白纸把烧纸包起来，上面写某某亡人收啊，这就是你给他们寄的钱。女方男方都搞，各祭各的。这个一般在头天晚上啊，先把祖宗祭祀了再开席啊。

（7）招赘。那个时候也有上门女婿。屋里只有姑娘没得儿子的就招上门女婿。上门女婿分家能分就分啊。我的大哥哥就是在潜江上的门，他们一直蛮好，一直都没分家。上门女婿的娃娃，改姓了的就跟着妈姓啊，没改姓的就跟着爸爸姓啊。好比说我在你屋里上门，你姓黄，我姓毛，我到你屋里来，就应该改你黄家的名字，这假若有娃娃了，就要改黄家的名字。多一半是这么个。有两手⑤的还不就是当家。没得两手的就当不到家。

（8）风俗禁忌。拜年要回娘家。不可以在妈屋里过年，这种很少。那要过年，就是生活再差也要在个人屋里过年。就说你是嫁出去了，就不能在别人屋里过年了。那有时候回去都一起回娘家，还把娃娃放在妈屋里四五个月啊。一般回去要分床睡那是分床睡，各是各一铺，不能一起睡。从古以来就有这个风俗，他们说在妈屋里一铺睡了，妈屋要不走运。

3. 出嫁女儿与父母关系

（1）婚后与娘家关系。一般出嫁的姑娘就不管妈屋里的事儿，那她还管得了么？一般妈屋里比你好些的话，她还说你在那里乱世无用⑥，家都坐不好。妈屋里富裕的还是搭救你。那里要是有个二黄⑦的嫂嫂啊，她还倒说你。就像说妈病了，回来伺候到几回，嫂嫂或者弟媳妇儿都还不满意。那你就住在这里安置啊，那我就不管了啊。我们这吴少梅的妈病了在床上，就说上厕所都没得法了嘛，都是用的纸尿片嘛，哥哥嫂嫂就说你回来安置我就不管了，或好或歹

① 房屋，这里指新娘的新房。

② 新姑娘，指新娘，下同。

③ 发亲，指结婚当天新娘从娘家出门的那一刻。

④ 鞭子，指鞭炮。

⑤ 有两手，指有能力，有"两把刷子"的人。

⑥ 无用，意为不成事儿、无能力。

⑦ 二黄，意为霸道、不讲理、不通人情。

你来安置,我不管了。那他就真的是不管了,茶水都不管了。就是两姑娘,你安置几天,我安置几天,就这么搞的。那他怕你想他什么啊,怕你把他什么搞跑了啊。①就说,姑娘出门了,你就什么事儿不要管了,他(爹妈)有儿子有媳妇,他(爹妈)就再造孽些你都不要管。你就只能说回去看下,什么事儿都不要管。我有什么就给你带点儿吃的,带点儿喝的。其他的什么谁人都不要管。

(2)婚后尽孝。我的妈是兄弟和弟媳埋的,老头儿就是老二和二嫂埋的。我们隔这么远很少回去,太远了。个人有这么一大帮娃娃怎么有时间回去嘛。爹妈过生日回去。爹妈去世了,姑娘回去还是客人。过世的那天找的打匠②啊,放鞭炮啊、花圈啊,一去几桌人啊,那还是热热闹闹的。待在枋子③前面有儿子媳妇嘛,没得就有招的女婿和姑娘嘛。出门的姑娘很少待那里。归哪个埋哪个就跪在那里。你就说两个儿子,归其中一个儿子埋,就应当那个儿子和他媳妇守灵堂嘛。一般说去的热闹就说女方蛮盛世④,我们虽然隔得远,但是我们一般还是去四五桌(人一桌八个人,大概在三十至四十人)。前年我买的烟花和鞭炮回去放了下,也是说很久没回去了。买的那个纸钱给他们烧下。过后了都没回去了,远了嘛。隔得近,家里宽裕啊,一般过生日、正头七月都祭奠下,没忘记他。这个也不需要给哥哥嫂嫂打招呼,就直接去了。老幺在海南,那里的风俗,老幺的儿子不准他的姑娘回去哭啊,他的妈这么多年植物人嘛,他觉得有点抱愧,反正不敢回去,不敢给她上坟,不敢给她放鞭炮。就是在哪个十字路口望着她那个方向就烧点儿纸了给她说哈。心里抱愧,心里过意不去。这种情况少。多一半都是在坟上去放的。

(3)离婚。土改那些年代,大人包办放的人家⑤,好多都离婚哒。就说我俩吃饭的时候一句话不合适就离婚哒啰,他们(指政府)还支持你离婚。一般离婚还是和父母商量,万一父母不同意,你要离婚的还不是要离。一般离婚了的姑娘会再出嫁的,很少看到离婚了不嫁留在屋里的老姑娘。

(4)婚嫁习俗变迁。我们这里去年临时说起接媳妇,看人家给四万,接人给八万,一起十二万啊。这还有送东西啊,猪蹄子啊,媒人啊、新郎啊、陪郎啊的打发还不算。我们那个时候接媳妇简单啊。我接这个大媳妇来,八件衣服,就是去扯布,这就把姑娘带着,你看得来哪样的就扯哪样的啊。时代不同了嘛,那不是我们那个时候嘛。现在就有拍婚纱,拍个婚纱照好几千块。就是我昨天那个幺媳妇也都是好几万嘛。差不多四万。那还要给东西啊、猪蹄子啊。去来打发的钱啊。她还不格外,有的亲戚他苛排⑥人嘛,那有的啊只讲好几万。

(5)娘家与婆家关系。娘家、婆家亲戚那都是一样,妈屋里有事儿⑦还不是要去。主要还是这边(男方)。那你待在这边了,还是这边主要的嘛。

---

① 大意为哥哥、嫂嫂担心出嫁的女儿回来会分割财产。
② 打匠,指死人奠礼当天一般敲锣打鼓的人。
③ 枋子,指棺材,下同。
④ 盛世,意为热闹。
⑤ 放的人家,意指结婚。
⑥ 苛排,意为故意刁难人。
⑦ 特指红白喜事。

(三)出嫁的姑娘与兄弟姐妹的关系

1.我与兄弟姐妹(娘家事务)关系

我们回去得少。回去哥哥嫂嫂对我们也好。那我就那么多姑娘,多一半都放在嘎嘎那里玩啊,他们就给她衣裳穿,给她吃啊,一引几个月啊。个人屋里这么个样子,一般回去还不是过不成夜。上次回去了硬是要我过夜,拉着我哭。屋里这个(丈夫)那就没得人照看。集体时候真困难,娘家妈把苞谷推成面哒,筛一哈了给我送来的哦。鸡子、猪肉给我送过来的。买的米也就是这么一背一背送过来的,不然怎么过哦。那个时候十斤谷子打七斤米嘛,那还要谷子好啊。二十斤谷子最多打十四斤米,你说怎么吃得到(吃得够)嘛。妈屋里还是帮忙搭救了蛮多。

2. 兄弟姐妹与我(婆家事务)关系

出嫁姑娘的在婆家吵架了,那一般"亲不管族"。亲就是娘家屋里,族就是男方家族。嗯,亲不管族。哪里还需要妈屋给你断这些事儿啊。你就说当说话的地方就有干部,干部比你妈屋还硬朗些。你还想说我和他吵了一架,还想妈屋里来给你打孝礼①啊。那只怪你个人的姑娘无用啊。领不了别人屋里的家啊。还想妈屋里来打孝礼啊,那没得这个说法。就说是有了什么事儿,那你找干部,干部比你妈屋了的人还有力些。②从古以来就有这些规矩。或者是两个人③吵架了啊,喝药死了,死了就死了啊,只怪她的命短啊。打孝礼还不是死了。心疼那还不是她个人死的。若是亲戚好④的那不得说。一般二黄的,关系一路来不好的,那才来打孝礼。像我姑娘一路来你对她不好啊,那她死了,我应该来打孝礼。一路来,亲戚蛮好,关系蛮厚重的,两个人或是吵了个架,说几句生气话,他(丈夫或者婆家人)又没打你,你就个人喝药自杀了,那他(娘家人)不说一个字。那现在这么打孝礼的人很少。一般打孝礼的人是娘家哥哥嫂嫂,叔侄伯爷啊。他竟然要来打孝礼,他来问个清楚,你(婆家)说不出来,他打死你。什么东西都给你甩,抄得稀烂。那有些输了道理的那就躲起来啊。就说我们这的刘许嵩(某村民名字),他的媳妇是干沟(地名)的,一个儿子(指刘许嵩)娇生惯养,一路来两个人(夫妻俩)合不来,一搞又要离婚,干沟的娘家来打孝礼,他们分家了从妈屋里背的锅碗瓢盆,什么都摔到门外头去了。苞谷搬了甩到场坝里去了,红烧洋芋都给你甩到场坝里去了。他们(婆家)硬是都不敢说话。离婚了就在别处结婚了。现在这个男的已经四五道婚了,现在还是一个人。搞过分了娘家还是出面。一般像您儿子结婚,嘎嘎人家,舅舅人家,叔侄伯爷啊这些人。

3. 亲戚来往

拜年往常讲初三、初四啊,现在没得这么多讲究了,多半是初一回去拜年,想什么时候回去就什么时候。爹妈过世了,那也很少回去拜年,哎,过世了,回去也没得多大个意思了,没得个沾惹⑤了。爹妈去世了,子女去也行,个人有时间去得了自己去也行。我妹妹住得近,来往比较多,我们那个藤上⑥的关系都还好。

---

① 打孝礼,意为姑娘在婆家屋里出了事儿、遇了麻烦娘家人出面要说法索要赔偿,下同。

② 意为干部比娘家说的话更管用。

③ 此处特指夫妻俩。

④ 意指婆家和娘家两家关系想来很好。

⑤ 没得个沾惹,意为没有人惹你、疼你、理你。

⑥ 我那个藤上,指在娘家的兄弟姊妹这支人。

二、婆家人·关系

(一)媳妇与公婆

1.婆家婚娶习俗

婆家这以前是个四井口的屋,后面是厢房,我们这里的祖祖以前晒银子都是在这后面场坝里晒的。他都不在前面晒而是在后面晒,怕别人看到了。我们这个场坝以前就是一个大天井。现在你拆了建你的房子,他拆了建他的。土改的时候划分的就是个上中农,和这个富农一回事儿。(婆家)田多,还有两个庄口的田。他们屋里有三弟兄,他(指丈夫)是老大,应该要去当兵嘛,他就躲兵嘛,那也没当兵好久。他离过婚,以前这个女的(前妻)就在屋里扭秧歌啊,这么一伙儿的就混坏了。这他回来就要离婚。他结婚早,他的老头儿死得早,妈引两个姑娘、三个儿子也就吃了蛮多苦。那个时候种田啊就是他搞,他是老大嘛。这个人成家了啊也有一大帮娃娃,这正好过日子了又生病了。你看那个电视里一百多岁的还蛮健康。我们这个一路来就苦嘛。

出嫁过来的时候,队长就是他们个人屋里的老二嘛,屋里也蛮热闹。下轿子了拜堂了就到新房里去了,拜堂就是在堂屋里只点一下就到新房里去了头,那简化蛮多啊。往常客又多,嘎嘎、舅舅、舅母又多,爷爷、奶奶他们都要坐上席,如果没坐上席,那督管①还要挨打。一晚上黑了拉拉扯扯要搞半夜。现在的督管我说几多轻松啦,他们不管上席、下席,抢着席坐了就走了。以前督管请哪个吃饭就吃啊,他要管那么多的。媒人先坐席吃饭,再就是高亲客,再就是新娘新郎嘛。媒人是个穿针引线的,她在前面啊。结婚了,这个新娘和新郎就是自家屋里的人啦,就要先等客人吃饭。陪红都是随便喊的,一喊就来了。那他还是研究是不是儿孙满堂啊、是不是童子婚姻啊,是不是二道婚姻啊。现在好多都是各人谈的朋友,说不要媒人了,我说还是要个媒人啊,要个穿针引线啊。没得媒人,我不能和你这么对面直接这么说好多钱啊,好多散茶②啊。还是要双方交易啊。

不讲究请安这些。结婚第二天检验贞节那没有啊。我们记事起就没得这些事儿,都不讲究。往常的礼行大。这个督管等一闭席,他就喊新郎、陪郎,这些叔侄伯爷,都是为你这个事儿来的,这些亲戚,都喊你来受头。把你一喊过来,这就给你说这个喊③什么,这就或者是衣服、或者是鞋子、或者是袜子、或者是礼帽就往上面一放,这新郎就说"亲哥,请受头"。这个陪郎就要跟着站那儿站半夜。往常还讲新郎攀红嘛,这么宽的红布。

2.分家前媳妇与公婆的关系

(1)婆家家长与当家。土改的时候他的爹妈就改到那个老学校那里,隔得有点远。这两个姐姐出嫁了,这里就是三弟兄在这里坐家啊。我们屋里这个是大的啰,反正什么都是这个搞的嘛。那个时候就说按你的人口、你的田亩不够那么多,就要给你改,没得屋坐就给你改屋,没得田种就给你改田。所以啊这个当家都当家,都还好,公婆隔得远。

(2)劳动分工。屋里弄饭啊、洗衣服啊,外面种田啊,我们都搞,什么都是一起搞。都是一样的。

---

(3)婆媳关系好坏。我们婆婆走(去世)得早,我有两个娃娃了才走。那她还是引娃娃,她有时间啊爬得动①啊还是帮忙引。搞集体啊,把娃娃收拾好了给她,你就去上坡②去,她还是搞。有的纠里三叫的婆子,你嫁到她屋里去了,她就审你,弄饭看你找不找得到套头,洗衣服看你注不注意,她就来试你。那我看好多婆子妈狠媳妇那硬是瞎狠,她个人又只有那么个狠气。她就说你晾衣服你就没受到教嘛,哪个说姑娘婆婆儿的衣服放在男的衣领前面啊,你就没受到教啊。她就要指教你一顿,她还要揪你一下。我们来的时候这旁边的那个婆子,她那个媳妇也是有点儿忠厚,她个人又是个小脚,没得二两力,有时候你硬是看到她在瞎狠,撩人嫌③啊。往常猪子小哦,捆这么小两捆板油④,她就切这个油,切成一块一块的,她(婆子)就只准你炒菜一下只放一坨,那你说炒个什么好嘛。你放多了她就诀⑤你,说你把她的东西当水吃。他们没分家,那在一起。你就说下个菜啊,煮个面啊,这个锅里这么一曲⑥,她就说你油放多了。那你去怎么说啊。那你说我们现在那个桶里那么多油还都甩了⑦,那她要管一向⑧。

(4)婆媳规矩与关系。没得说哪个一定要伺候哪个啊,没得这么夸张恶劣。毕竟他们是长辈,你对她尊敬、谦让些就是,没得其他格外讲究的。

(5)过节习俗。过年是必须和公婆一起过啊,其他节日就可以回娘家过了。娘家人来接,你想回去就回去,公婆不会管你那么多。

3.分家后媳妇与公婆的关系

(1)分家。那我嫁过来他们就住在一边了。公婆住在比较远的那个老学校那里,这里就是三弟兄坐的个家⑨。那我们也是过了几年才分。我做饭,二娘子(二弟媳)也做,人多了啰。有了三四弟兄,婆子妈隔得远,又照顾不到。这等都有娃娃了,你也有娃娃,我也有娃娃,坡里(田里)不是没得人搞了,这不如我们分家了,你也刻苦,我也刻苦。老幺在外面当兵,我们把家分了他才回来。他转业就到海南橡胶厂去了,现在不晓得几多好啊。我们那个时候队长就是老二,分家也就是和他分家。我们屋里这个(丈夫)老实嘛,没得老二狡猾,就是找叔伯哥哥来当个凭证,就这么把家分了嘛。他们(老幺)不到场,我们到场。婆子妈啊、爹啊没到场。我找个凭证人,说分就分了啊。妇女出面(这种事)那你说我们都不到场了还搞个屁⑩。那坐家还是要我啊。那么说就说没把妇女当成是家里的人。有的分家那是行凶打架啊,不像我们说和平分家。我们分家了一段时间还在一起吃了好久的饭。

(2)赡养与尽孝。这边姐妯弟兄关系都还好,从来没吵过闹过,没说过生气话。(其他人家)一般都有吵的,你吃你的,我吃我的。那么搞就没得意思了。你这个为人就没得意思。我们这支人都是好几桌啊,都是和和气气的。爹妈两个人的后事都是两个兄弟一起搞的,各分

---

① 爬得动,意为身体硬朗,还能劳动。

② 去上坡,指下农田里做农活。下同。

③ 撩人嫌,意为讨人嫌。

④ 板油,杀猪后猪身上的整张油捆起来称之为板油。

⑤ 诀,音译,指骂人。

⑥ 曲,音译,拟声词,水进入高温的锅里发出的声音。这里指婆婆把这个声音误以为是油在锅里炸出的声音。

⑦ 甩了,这里指扔了。

⑧ 管一向,指时间,管好长一段时间。这里是讽刺婆婆的吝啬和霸道。

⑨ 坐家,意为成立一个家庭,成家立业。

⑩ 不文雅用语,意为没什么作用和意义。

的账。我们是老屋,一个撮箕口的屋,和老二分的老屋。那个时候往常还是架子屋。两弟兄各砌两间啊,他砌他的,我砌我的。老二是肺结核,死得早。现在这个屋是幺儿子把老屋拆了个人建的。

(3)公婆祭拜。去世的时候孝服都是一样的,也没格外穿个什么。不得歧视女人些,埋葬的时候女人一样可以参加。祭祀不管男女都可以去上坟,我们这里没得讲究说妇女不能去上坟。

(4)离婚。往常都是父母包办婚姻,离婚不简单,离婚的少,也有。那硬是过不下去了,离婚还不是要离。土改后,那离婚的就多,一句话不好就离婚了。

(二)妇与夫

1.家庭生活中的夫妇关系

(1)夫妇关系。他(指丈夫)人蛮好,也勤快,一辈子苦了些。现在生活好了,(他)又动弹不得,等于说(如果)没得我,他多时①就死了。那反正没得法嘛。我说我的腰杆也疼、腿子也疼,假若说我在他前面死了,他还不死啊,那他就是饿死。那不到要掉气,儿子姑娘就不得在屋里经常安置他啊。你就说是媳妇,她也不得天天扶起放下。

(2)家庭地位。我们家里有饭一起吃,有衣服都穿,没得说等你先吃了。现在一般都还是妇女当家啊,妇女管经济。那有的只有挣钱的权利,没得用钱的权利。要是次一点儿女人,那才什么事儿都在屋里搞,外面挣钱用钱都不管。那有用的(女人),屋里外头什么都管尽了,还要你搞什么啊。这个还是看能力。

(3)家庭分工(家内分工、家外关系分工)。我们分家了后还没搞集体,都是个人搞个人的。我们山田、水田都是我和他两个人搞的。田里的事儿那他一个人搞不出来啊。屋里的事儿他也搞。我生娃娃了,他做饭、打豆腐,来客人了他也做饭,什么事儿他都搞,他样行都做,剁猪草、煮猪食、喂猪。到冬天了一般都不落屋②,这家那家去帮忙打豆腐。他一路来都是个好人,是个好人。以前这个队不管怎么搞,只要哪家过事儿,都要他去做饭,到一过年给他们打豆腐。来客人了他做饭,做醪糟③,什么都搞。一般的男的不做这些,就是搞的来都懒得搞,懒得出力嘛。不过他个人苦。就说现在他劳动不得了,我还是狠不下心来不安置你。现在个把娃娃都觉得恼火、伤心,我们那么一大帮娃娃都还是把他们引大了啊。

(4)丈夫权力。所说的丈夫的权力还是看个人,看个人能力,我们丈夫就好嘛,什么都做,哪里需要你来安置他啊。只不过是现在老了,他动不了了嘛,那还是不忍心,样行都照顾他。

(5)日常消费与决策话语权。那不是哪一个人当家,有事儿都互相商量。人情往来,有个事儿,都是两个人商量,他也不主管④我也不主管。商量了这个事儿能做我们就能做,不能做就不做。

(6)过继。屋里没得儿子的话过继的这种情况很少,多一半都是招个女婿。儿子姑娘都没得的也多,硬是没生的,国家养老,费用给你出,侄儿男女来埋啊。有这么一个人理持帮忙抬上山埋啊。我们姑姑只有姑娘,就过继了兄弟的一个儿子,姑娘嫁出去了。

---

① 多时,意为早就死了。

② 落屋,意为太忙了不着家。

③ 醪糟,类似于现在的米酒。

④ 主管,意指做主。

2.家庭对外交往关系

(1)人情往来。人情往来,(就是如果)有个事儿,都是两个人商量,他也不主管我也不主管。商量了这个事儿能做我们就能做,不能做就不做。

(2)人际交往与出行。一般就往亲戚里去下,吃个酒嘛,平时很少到处跑。那我还去了巴东,亲戚打喜跟着去吃喜酒。再就是在屋周围几家坐下玩哈嘛。平时也上街去,我孙儿有车,坐他的车去啊。

(三)母亲与子女的关系

1.生育子女

(1)生育习俗。生娃娃了就说放个鞭炮、放个烟花,欢喜哈嘛。打喜的时候祭祖。生了两三天后去啊,十天八天都可以啊,往常讲三天一报喜。我们这里还有个人是越南的啊,他去那里打工,就跟着他来了个女的,娃娃都大了啊。她慢慢讲普通话听得懂。我们讲话她懂不到。生娃娃了,她(越南媳妇)说她们那里不允许剃胎头①,剃了就说把头发剃了,等他长得好些长得快些嘛。她哭了好几天啊。她说娃娃刚长点儿头发就给他剃完了。她那里没得这么个风俗。

(2)生育观念。我们这里生姑娘、生儿子都欢喜啊,我也生了这么多啊。我们这里现在反倒还喜欢姑娘些。三个姑娘都嫁到广东去了的。这小妹(小姑娘)两个儿子、一个姑娘,她爱(想要)个姑娘,过后别个给她送了个姑娘。这德秀一双胞胎儿子,一个姑娘。这桂桂四个姑娘、一个儿子,五个。那孙儿都是儿桌啊。那她们那边有点重男轻女。

(3)子女教育。我几个儿子还不是都读了书嘛。我最小的姑娘初中毕业,第二个儿子高中毕业,德华初中毕业,考取高中他不肯读了,燕平也是的考取了不想读了。小妹、桂桂都读了的,最少的就是秀秀都读了小学的。往常我们德银②在八中读高中的时候,他幺姨给我把两把③涤卡④,那种才出来的布嘛,还稀奇得不得了。给我两节布,一节做衣服一节做裤子,做了德银好上学,到学里上十二天回来一回,回来一天又去,一回来就赶忙把衣服洗干了第二天去学校又穿。我还给他炒的豆豉、渣广椒⑤,那还弄点油啊和肉。那个时候搞蛮多的肉啊炒,炒了用纱船⑥立起来,下面盆里还流那么多油。那我们屋下面那家里那个娃娃那个时候和燕平⑦一起读书,没得吃的,读书蛮狠。常给燕平讲作业,和燕平一起吃小菜,最后突然死哒。他爸爸上来说燕平给他娃娃给吃的,蛮感谢,没得什么东西好感谢我们的,只有一句话。上学啊也要钱,放假了啊也要钱。德银他们在桑园坝读书都是要带钱啊。搞什么都要钱,德华在八中读初中的时候,要钱,给钱少了他还不走喔,他一直哭,给钱了就欢喜哒就走了。一个星期最多给他5块钱,都是卖鸡蛋攒的。那我们酸辣苦甜都过的。

(4)性别优待。我们对姑娘儿子都是一样的,都是个人身上落下来的肉,都是一样对待。

(5)对子女权力(财产、婚姻)。他们婚姻都是他们个人同意的嘛,我这个幺儿子就是个人在外面谈的朋友,昨天回来看人家。他们个人同意就行了。大儿子他们时代不同,找媒人说的

---

① 刚出生的娃娃长出的头发一个月之后左右要把头发给剪掉的这样一种风俗习惯。

② 德银,指大儿子,下同。

③ 两把,意为两匹布。

④ 涤卡,一种布料。

⑤ 农家的几种小菜。

⑥ 纱船,用竹子做的一种厨房用具。类似于一种镂空的器具,便于水的流出。

⑦ 燕平,指小儿子。

媒,那主要也还是个人同意。

2.母亲与婚嫁后子女关系

(1)婆媳关系。我们婆媳关系好,大媳妇也是一个人在屋里,屋里还有这么多牲口。她(指大媳妇)出门我就给她照看。那次她在建始去照顾孙儿几天,我就给她照看屋,黑了我就把我这锁着下她屋里去过夜。半夜回来再看下屋里这个老头儿[1]滚床底下来了没。我就是这么动不得了,她弄了饭了还是喊我下去吃,吃了再给屋里(丈夫)端一碗来。像她打苞谷了就把苞谷芯给我背上来让我烧火。媳妇对你好,你要个人会为人。上慈下孝。我们心好,从古以来,死的人我们穿了[2]好多哦。就说我这个大儿子一去海南搞建筑,一去挣十几万,大媳妇在屋里会用钱、会种田,山田水田她都搞得走。她两个儿子,现在已经接了一个有孙儿了。

(2)分家。我们个人几个人在屋里就分了。那干部都没找,和和气气就分了。接了两个就分,三个儿子,幺儿子没结婚啊。

(3)女儿婚嫁(定亲、嫁妆)。姑娘都是出去打工个人谈的朋友,结婚那么远也没给什么嫁妆。三个姑娘都嫁到广东去了的。

(4)招赘。和以前一样的,屋里没得儿子的只有姑娘的就招上门女婿。那一般的人这个上门女婿你还不需要当的。儿子差了的你还莫去。你领不走她屋里的事儿,她不把你当人,作贱死你,不当人。招女婿是当儿子用的,顶天立地。

(5)与已出嫁女儿关系。姑娘都出嫁到广东去了。她们那里我一次都没去过,太远了。她们现在隔着么远照看不到我们,就是钱寄回来的。

(6)养老。我们老两口都还在,还有个幺儿子昨天才看人家,还没结婚,他一直在外面打工。他和我们两个老年人住在一起的。大儿子、大儿媳就住在旁边的,平时有什么事儿还是打招呼[3]。反正现在都各人还弄得到饭吃,就不找他们的麻烦,日子还是要慢慢过。

三、妇女与宗教、神灵

我姑娘他们在广东,广东那些地方都信啊,清明节啊,二月花朝啊,八月中秋,十月小阳春啊,比过年还隆重些。那他们那里还做的些整鸡整鸭啊,去祭祀了回来吃不完啊就给你给啊,给他给啊,吃不完都给啊。那里放都放不下,那都拿回来吃了的。过年、七月半,还烧香磕头嘛,信迷信啊,都去我们这里庙湾里。往常过年就是把猪头煮好了放在筛子里,这就搞个碗装块儿豆腐,插支筷子,猪头上也插支筷子。这就在屋里装香烧纸,这就后面到庙湾里去,庙湾里去敬了老爷,这回来再就拆猪头了吃。无非就是保平安嘛。现在就说那些打工的回来给那些祖先上坟放鞭炮就是求这么个事儿嘛。他挣得到钱还是不忘记他们啊,还是惦记啊。不晓得儿多热闹啊。这个猪头煮好了都是男的端去的,这些一般是男的搞,还是有这么个讲究,妇女不去。

---

① 老头儿,指老人的丈夫。

② 这里指给死人穿衣服。下同。给死人穿衣服的人是有讲究的,要儿孙满堂的、成双成对的人。

③ 打招呼,意为打照面、照顾。

四、妇女与村庄、市场

(一)妇女与村庄

1.妇女与村庄公共活动

解放前就是有保长、甲长,那我们都还是认得。有时候也去听开会,但是去的少,屋里事儿多,没得空闲去,接触的也不多。出嫁后已经解放了,但是也听说过、认得这里的保长、甲长。

2.妇女与村庄社会关系

(1)村庄社会关系(女伴、邻居、妯娌、同房同支等)。我们心好,从古以来,死的人我们穿了好多哦。一般红白喜事找我帮忙啊,像白事就找我去给死人穿衣服嘛。屋里这个老头儿(指丈夫)比我穿的还多啊。请的人那无非就是搞点儿东西谢一下你嘛。请就是有这么个礼行,是童子婚姻,双方都还在,儿孙满堂,就请。像我这,现在这个老头儿(指丈夫)还在,一般请稍微年纪大的人。穿衣服怕也不怕。就是你背运①,你穿了这个就走运,假若是你不走运,穿了这个就硬是不走运。我们屋里这个老的那年穿了桥上那个的老头儿了就不走运,穿了之后就成了这么个,这么多年就是这么个。这就说交运脱运,也许你走运,也许你也就不走运。说不清楚。我就想到他的爷爷穿了那个人了就不走运,他心里没得病,吃又吃得,就是动不得。现在还是手动得,可以个人喂到嘴里吃。

(2)女工传承。针线活儿、做鞋子这些是从小就从妈屋里跟着妈学的,向来都是这么个嘛。

(二)妇女与市场

小时候也有去上街,街上有妇女卖东西的。我们去得少,没得钱嘛,最多去买斤盐。很少赊东西,跟那些人又不熟悉,也没在外面,赶场是那么个事儿去了就赶紧回来,又不得在那里玩。我们这里不织布,布啊、缝衣服啊都是去买的布嘛。

五、农村妇女与国家

(一)农村妇女认识国家、政党与政府

1.认识国家

蒋介石这些人我们还是晓得,那个时候社会蛮不好啊,一天就拉兵拉夫啊。我们没读过书,但是这些还是听到说啊。

裹脚。往常娃娃三四个月就要用白布给她把脚这么裹着。长大了就是脚后跟,前面一点点儿长,走路就是个脚后跟得力嘛,这就是缠小脚。往常说个媳妇就说要细脚小手,多大个脚就说她没得教养啊,脚像个男。你就说在哪里吃个酒,放的火盆,你的脚大了就不能往这个上面放,你要把脚收到火盆底下,规规矩矩闭拢。我们没有裹脚。往常的人硬用那个白布给你缠紧了还用针缝着啊,怕你解啊。裹着蛮疼啊,睡着都裹着。我们都没裹,大人也没裹。看到那个裹脚的真的弄不到饭吃,提个什么东西还要杵个棍棍儿②,怕滚③了。旧社会的都裹了的,

---

① 意为背负着运气。

② 棍棍儿,指拐杖。

③ 滚,指摔倒。

有的地方还是开放些。我们这个地方还是不兴裹脚。反正就是怕手大脚大没得人要嘛,就是这么个意思嘛。就说这个裹脚啊,这个城市里啊大地方啊都没裹脚,就是那些闭塞的地方还裹,怕她个人的姑娘嫁不出去了嘛。就是些老风俗嘛,封建。

2.认识政党与政府

蒋介石社会不好,拉兵拉夫不安生,我们什么都没得,屋没得、田没得,就是有土改啊,有毛主席啊,有共产党啊才给我们分东西嘛,就是因为土改嘛,我们才有屋住啊。解放前没得妇女当干部,解放后就开始有了。

对计划生育的印象,我们这边还望姑娘,一个儿子一个姑娘,他还是说姑娘好些。广东那些地方计划生育不紧张嘛。他反正准你生两个儿子为止嘛。

(二)对 1949 年以后妇女地位变化的认知

1.妇女地位变化

妇女地位提高了蛮多,以前妇女当家的少啊,现在基本上都是妇女当家、妇女管钱嘛。

2.婚姻变化

那土改那些年代,大人包办放的人家,好多都离婚哒。就说我俩吃饭的时候一句话不合适就离婚哒啰,他们还支持你离婚。我们还是自愿的。像我们旁边屋里这个老人都是和别个离婚了又结的婚。

3.政府作用认知(祭祀等习俗)

以前风俗太烦琐了,吃个酒席还讲上下席,争来争去一搞半天,现在好多都简化了,吃完了就走了。简化了还是好,方便些。那都是政府在提倡啰。

4.政府与教育

现在无论家里好不好,都要给娃娃供书,不管姑娘儿子。这个和政府关系还是蛮大。不管男女,都还是要读书。

(三)妇女与土改

我们是搬家子①啊。几多造孽的喔,我们是贫雇农。七担五斗课,也就是七百五十斤要给地主。种得多还不是给地主交得多,个人得不到好多粮食。搞得好的可以个人喂几个(头)猪,地主看你喂得好还要升顶,还要多收一些。田里搞得好还要升课。土改才有安身之处啊。那个时候就说填坑补缺,比如你是单个子②,没得女人,没得婆娘娃娃,这个土改清算反霸的时候,整个(指所有)东西都搞到一个屋里装着,这就说来分,你就是贫雇农,什么东西都先准你分,什么吃的、穿的、用的都准你先分,给你拿个够,满足你拿。往常杀个猪一百二十斤了不起,那还是地主家才有喂得到这么重。现在哪家的猪不是三四百斤啊。

后来斗地主的时候还是把他斗得凶,斗的时候,他觉得那个时候那么搞了,别人的都不亏了③他。那个龙世华的爷爷,我们这常常躲兵拉夫在他屋里躲哈。他还是蛮好,去坐牢的时候,押他去的时候,都要我们屋里的(丈夫)送他去,都给他把手铐取了,他们坐马儿的时候也让他坐。就不整他啊,那些人送他就要在路上整他啊。如果他搞了人家的,人家就要整他嘛。不得格外虐待他嘛。他那个时候当民兵了,背着(悄悄地)他们了就赶忙给他把绳子解了。我

---

① 搬家子,意为家都没有,房屋都是土改的时候改的。

② 单个子,指单身汉。

③ 不亏了他,指依靠他,意为当时躲兵时还是靠他的帮助。

们这个老头儿,他一辈子就是个好人,又没得怨人又没害人,好人多落难,现在还这么个。

我们姑姑只有姑娘,就过继了兄弟的一个儿子。这个姑娘就放到胡家里,胡家是大地主,她那个时候就是当地主的家。那个时候土改差点儿把她整死了。就说你当了地主的家,你当得了地主的家,这下就要整你了。那硬是没得哪场,一上会就要点你的名。有的就说你对老百姓太过分了。我们就来整你啊,手里拿的就是这个钉子棍棍往你身上一戳,你说你过不过得日子。那我们是贫农,一上会我们都要在前面,那儿多吓人啊。

(四)互助组、初级社、高级社时的妇女

性别分工、劳动与分配。那我们那个时候搞集体,打早、打夜工不能缺席。我们早上起来,就把娃娃放在背篓里,那么个小铺盖把他包起来放进去。这若是去挖田搞什么啊,就把娃娃往那个坎边上一放,若是都上坡这么背一背粪,就要把他提到手里,还要背一背粪。到了把粪丢完了,再把娃娃放在背篓里再靠在坎边上,放在树下,免得晒到了。还过会儿就要去看一下,免得蚂蚁咬他。那现在的娃娃享天福啊,洗澡啊、吃饭啊要几个人服侍。我们吃饭的时候那就是抱着娃娃吃,吃了人家就这么给你舀一碗。吃了之后上坡①,难道还等你一路啊,迟到一两分钟,就扣你一分两分、一分半。假说你先下田一会儿薅草了一会儿,你还没下田就扣你半分。来得越晚的还扣两分,一天就只有六分的底②。扣两分了搞青天到黑才那么几分还搞个什么啊。我们那个时候还喂两个(头)猪,给集体喂两个(头)母猪。那个时候是你也可以给集体带个(头)母猪,他也可以给集体带个(头)母猪喂,下的猪仔就归集体来卖。他们给你饲料啊你就喂,一天三分半。喂这个母猪,打猪草,喂、剁、煮。那个时候喂娃娃,就跟不上他们的形势(节奏)上坡,就带个(头)母猪嘛,就等于补这种工分。那个时候引小娃娃嘛,耽搁性大。娃娃多。这早上歇稍,他们歇稍我就去打猪草,打一背猪草放在那里。这黑哒回来就回来剁啊、煮啊。哎,扑趴连天③地都搞不出来啊。那个时候心想娃娃多啊,争取一年到头不缺口粮啊,那就说你是狠④的。

(五)妇女与人民公社、"四清""文化大革命"

1.妇女与劳动、分配

(1)妇女与劳动。那个时候工分只有六分,八分就是背、挑,男的。他们这个犁田打耙的就是十分。这些男的挑稀粪、背粪就是八分,我们这些薅啊、挖啊就是六分。

(2)单干与集体化的选择。那肯定是各人种田各人吃好些啊,在集体又累,又没得吃的,饿死了好多人啊。各人种田想什么时候种就什么时候种,不想搞就算了啊。

(3)工分与同工同酬。工分都是一样的,女的你肯做,重活儿搞得起,你的工分也有男的高啊。

(4)分配与生活情况。一年算粮食,一年到底就给你决算。一年到头看你缺不缺这个口粮。好多就是缺这个口粮款。后来有这么多娃娃了那我们就还是缺,一年缺点儿一年缺点儿。那个人努力了还是缺不大事(意为缺的不多)。我们这那个龙应采那是大家庭,一缺就是几千块。那还后面土地下放,就是这么一风吹了的。就是欠的集体的就这么一风吹了的,搞不好了

---

① 上坡,意为下田做事。下同。

② 指基数。

③ 指趴在地上做事,根本没有时间站起来。

④ 意为厉害,不错。

嘛。那就讲公余粮。公粮就是强迫要你卖啊,种田的都要卖公粮,余粮就是给你把口粮留了还剩的就要卖余粮。

2.集体时期的性别关照

妇女月经来了还是可以请假,找妇女队长请假,怀孕了也给你搞个轻松活儿,像撕苞谷壳儿啊,在屋里分拣洋芋啊之类的。生了有个把月假,那也就没得工分了。再就没得其他什么照顾啊。我们这里没得托儿所,娃娃都是各人带的,那造孽啊。

3.生活体验与情感

那时候生活正紧张。1959年我生宣之了,那是三月间,孩子老头去建始修公路去哒,龙德松在当伙食堂长,他给我秤三斤黄豆、三斤苞谷面送来,再就是郭自爱当队长,二十斤谷子要我管一个月,我们有四个妇女,就每个人二十斤谷子,莫吃多了免得吃不到(不够)。这个德福他们一天二两高粱和的石板菜,蛐蛐黑①,他们反正不吃,大的(娃娃)也是妈妈这么喊,小的(娃娃)也是"妈啊、妈啊"这么喊,这弄饭的时候,就每个人搭着一把椅子靠在灶上把锅里看着,你去舀撒,他就说"妈你莫舀完了我还要的啊!"你说你吃不吃得下去,那硬是跟着我吃一整个月。我还是娘家妈把苞谷推成面哒,筛一哈了给我送来的哦。鸡子、猪肉给我送过来的。买的米也就是这么一背一背送过来的,不然怎么过哦。那个时候十斤谷子打七斤米嘛,那还要谷子好啊。二十斤谷子最多打十四斤米,你说怎么吃得到嘛。那几个人跟着我吃。还是嘎嘎人家帮了一些忙啰。1962年过后就好些哒,生后面几个还是不要紧。那硬是一天天没得开伙,那还是没得,毕竟有那么多娃娃。那还是我们勤快,你男祖祖(老人的丈夫)在集体放牛,放工了就在水田坎上种点苞谷那些东西,也就是集体准你种些东西。好饥荒啊。他就把这些水田都犁了,就去种些麦子。集体开会就说允许你,只要你勤快,各人搞各人收。就是那些二等田,各人去种点还是可以。只要勤快嘛。嗯,这才都把这帮娃娃喂活了。这都长大了,都各人搞得到吃的了。

4.对女干部、妇女组织的印象

我们都没当过干部,那个时候女干部那都是娃娃少啊,就跟着干,我们这么多娃娃顾都顾不过来。那当干部还是要成分好。我们接触也不多,最多是不舒服了给她请个假嘛。

5."四清"与"文化大革命"

我们这里有个庙湾,就是这个山包上,多大的四井口的庙啊。那个时候那蛮显的啊。烧纸烧香,锣鼓喧天的啊,钟啊,那个钟像个大箩筐。那是铜的,中间有个钉钉儿,系个绳子,这么一拉,整个坝里都听得到。吃早饭、吃中饭的时候就拉一下,就都回来吃饭。现在拆了,我来的时候②就拆哒。嗨,大菩萨、小菩萨都穿金,搞得几多讲究的啊。搞得那种五香带古的石门,搞得标致完③了。上面还有一亭子,往常修的。土改的时候几下子就拆了,消除一切牛鬼蛇神。牛鬼蛇神那些是旧社会的嘛,信迷信嘛。几下就砸了,六几年红卫兵啊带人去砸的,打的碑就几下砸了,几大锤就销了。他就说在你屋里来,就说往常的匾,上面多大个字儿,他们就说是牛鬼蛇神,就把它拿下里几下子就摔碎了。这个狗子几下就打死了,管它家里有三个、两个、一个狗子,都给他几下打死了。说是牛鬼蛇神啊,咬人啊。那牛儿没打,打狗子,说狗子咬人。

---

① 蛐蛐黑,形容词,指颜色很黑。

② 指出嫁到这里。

③ 完是程度副词,这里指非常标致。

(六)农村妇女与改革开放

1.土地承包与分配

土地下放后都分到了田,无论妇女、娃娃都是按人口分的,我们都分到了田。土地证上一般写的凭证那些,都是写的男祖祖的名字。那是写男的,妇女不写。那是规矩。

2.社会参与

我们屋里电器还蛮多,手机我也有,他们教我怎么用我就用得好,姑娘、儿子平时都给我打电话。平时出门也还算多。那我还去了巴东,亲戚打喜跟着去吃喜酒。我平时上街有车啊,我孙儿有车,跟着车上街。

六、生命体验与感受

那命根不牢的根本就过不了这段日子,命根不牢的早就走了,这种日子一天都没过到。我们现在活这么久,有什么作用啰,个人①受磨。老哒身体不行哒。我的后人都不让我种田喂猪。这哈过得走哒。吃的穿的都有吃不完。我以前喂猪卖两个杀两个,就说他们不在屋里啊,那我们的开支搞得走。现在就两个老年人的话,肉根本也吃不完。个人受磨嘛。后人对你好,你要个人知足。前天孙媳妇又给我买了一套衣服,都给我买了好几套。你如果是不逗人作②啊,她几多望③你啊。后人又多,你不可能说要哪个后人一个人都来安置你,他们有他们的事儿,所以说有时候就觉得年纪活大了,人就没得意思了。个人就是有病难得磨啊,也不是说他们不给你诊病,有钱都诊不好嘛。

那我们酸辣苦甜都过的。那我们这么想硬是划不来。那我今年这个腿子硬是麻,搞了蛮多药,那我还是种四五分田的苞谷啊。我劳动不得了还是多管两年,谷子还可以管几年。我四五亩的水田给大儿子在种着,三四亩山田都给大儿子在种着。我以前种的谷子还可以吃个两三年,每年晒下了再装起来。我这下种的白苞谷,有时候米吃厌烦了就蒸点面饭吃下,打点儿合渣④。现在就说日子好过了嘛,但是又害病。就是说多活几天就是个人受磨。不过看到孙子那些还是开心嘛。我重孙都有几个哒,外重孙都有三个了,现在这个儿子的孙儿都要满岁哒。

---

① 个人指自己。下同。

② 不逗人作,意为不讨人喜欢,讨人嫌,惹人厌。

③ 望,意为看望,关心。

④ 合渣,土家的一种菜食,类似于现在的豆浆和豆渣和在一起,里面放上白菜煮成的粥状物。

XWP20160724MCJ　马才姐

调研点:青海省海东市乐都区马营乡白坪村

调研员:徐文鹏

首次采访时间:2016 年 7 月 24 日

受访者出生年份:1935 年

是否有干部经历:否

是否生育:是

受访者结婚的时间节点、生育子女的具体情况:十八岁结了婚,没有出嫁,招了女婿,第一胎生属羊的孩子,因病去世,生了三个儿子、两个女儿。

现家庭人口:3

家庭主要经济来源:养老津贴、子女赡养

受访者所在村庄基本情况:白坪村在偏远山区,山大沟深,交通不便,信息流通不是很好。村里庄稼靠天吃饭,十种九不收,当地经济条件不太好。白坪村位于四周环山之间,房屋多伴山而建,通向外界的东西走向的乡村公路比较陡峭。这里气候干旱,雨水较少,四季分明,多半是藏族,少数民族基本已经被汉化,少数民族特征不明显。这个小村庄村民大多是祖辈一直居住在这的,多种植小麦、土豆、大豆等,基本上都养家猪、家禽等以供自需。多以外出打工为主要经济来源,人地矛盾缓和。

受访者基本情况及个人经历:马才姐,生于 1935 年,父母去世得早,最后作为孤儿被别人抱养。从小体弱多病,因而家里就想求佛祖起名,来保佑一辈子健健康康。老人小时候没有亲生父母的疼爱,所以抱养家的爷爷奶奶对她百般呵护。抱养家的后妈却十分瞧不起她,一直对其以外人看待。爷爷在世时由爷爷当家,期间后妈各种原因离家出走,后来爷爷去世后就由老人当家。老人当家时叔伯们都对她经常给予帮助,她没有读过书,每天任务就是放牛。老人家里有三间房,土改时的土地也是够她维持生活了。在老人十八岁时招了上门女婿,后来生有三儿两女。

结婚后,老人和公婆的关系比较融洽,他们不住一块,所以几乎没有矛盾,而老人也会隔三差五去婆家。老人参加合作社时期,干活是很卖力的,每次都是最早完成任务拿到工分的。老人的一辈子是苦过来的,如今的日子对她来说就是幸福之极。而对于以后,老人也是非常期待,虽然年迈但乐观向上。

一、娘家人·关系

(一)基本情况

我叫马才姐,1935年出生,从小父母就去世了,母亲在月子里死了,最后给人抱养了。从小身体就不好,病太多,名字是佛爷给起给的。当时小时候父亲没有母亲也没有,就是抱养的爷爷奶奶特别心疼,双手里给捧大了。姊儿妹子有俩,再没联系着。当时有个后妈,从小就瞧不起,一脚踢来踢去,十分地不好。当时是爷爷当家,爷爷死了以后,是我的后妈当家。当时(后妈)生出属猴的丫头,属猪的儿子,但是后来一天没有了,全都去世了。(我)当时没有出嫁,是上门招女婿了,生活困难,爷爷当家期间后妈就离家出走了,于是我没在家过日子,就和爷爷相依为命过生活了。当时叔叔伯伯,婶娘对我也十分的好,就这样推着过日子。爷爷没有了以后,就剩下(我)一个人了,当时也就是十六岁多的小丫头,每天跟着婶娘转悠着。当时家里有房子三间,土改分得地四十多亩。后来招了女婿,生了三个娃娃,两个丫头。我十八岁结了婚,也就刚到岁数。结婚没多久,第一胎得了个属羊的娃娃,因为病去世了。

(二)女儿与父母关系

1.出嫁前女儿与父母关系

(1)家长与当家。家里爷爷当家,所有一切大小事都是爷爷说了算。(奶奶解放前就已经去世)后来爷爷去世以后,就是我当家了,家里大事多少亲戚都会帮一些。我在家里挺起了大梁,没有把家烂散掉。

(2)受教育情况。没有念书啊,每天跟上几个牛转悠。我的爷爷不给念,书钱在旧社会按地亩来平摊,家家户户来拿学粮,交钱去学校还要受老师打骂划不来,在老师的手里挨打,爷爷很固执是不愿意的。他说,我的丫头受那个罪干啥,坚决不让去。每家学生上学公社里都有定人数,爷爷把别人家孩子雇上去替我念书。当时也不想念书,十几岁啥都不知道,一天净想着拉着几头牛要。而且家里庄子上丫头们也不念书,念了书的丫头也没有几个。

(3)家庭待遇。在娘家重男轻女呗,丫头们以后会嫁到别人家,念个书干啥呢,灶火门上要去干活做饭的。男孩女孩吃的是一样的,糊糊做上大家一起喝,饭做好以后大家一样地吃,父母亲一般在炕上吃,我们子女们在地下桌子上吃。穿衣服的话先给娃娃(男孩)要穿给啊!娃娃穿上了要去上学,丫头们反正也不出门嘛。

(4)对外交往。小时候我经常跟着爷爷去拜年,他去哪里我就跟着去哪里,吃席也会带着我,有时候邻里街坊我也会自己单独去,馍馍作为礼档,去了给他们磕头,他们也会给我核桃、大枣。过年家里也杀着个猪,初一起来肉菜一炒,等着我爷爷的女儿们来。家里来个亲戚什么的,是我爷爷的五丫头来招待。

(5)女孩禁忌。村里面家家户户都一样,家里来人不能吵闹,不能跟长辈顶嘴,比如吹胡子瞪眼是万万不能的,对老者要特别尊敬。

(6)"早夭"情况。孩子夭折没有办丧事,当时我的阿爷快点疯了,最后就是去外面烧掉了。

(7)家庭分工。我是招女婿,娘家和婆家都是一样的。大人都是去做庄稼,我就是一天去当牛的,帮着去做些农活,其他的弟弟妹妹去上学了。我的爷爷是个裁缝,随便的布裁剪给我,慢慢地就会做衣服,鞋的话也大概会粗糙地做出来。后来成家以后也会给子女做,让他们穿,黄色球鞋买不起。比如我的老二穿鞋特别快,一年差不多得给他做五双,这样一来就差不多一年得做十几双鞋。当时五个儿女一家有七口人,一个人两双鞋的话,都有十四双鞋,每天晚上就会在煤油灯底下做。也就差不多我的老大丫头上十六岁多就没有再做了,我和老头还有家里姊妹的鞋都由老大丫头来做。

(8)家庭教育。出嫁前没有过过生日,再者从小被抱养,哪一天出生都不知道,只知道自己是属什么的。

2.女儿定亲、婚嫁

(1)婚嫁习俗。婆家打发人来定亲,就是大人说媒来着,看姑娘家对说媒的那家是否满意,家里人是否有心给,有单聘、双聘之说。一般也就是十七八岁普遍就会出嫁。另外,比如我招女婿的话,就差不多是下聘礼给男方家里,跟出嫁姑娘似的,我们藏民是这样子的。聘礼的话一般也是很少的,不像现在,十几万块的大礼,有些家里还不止。生辰八字是不管的,但是得看岁数,属相合的话才能说媒来,属相不合的话还不能说亲的。媒人的话,也就一两个。门当户对是一定要管的,那时候常说圆门对个圆门,土门对个土门,千万不能混搭着来。彩礼不大,不像现在这样。我当时招女婿,因为一个人在家,就跟婆家说能免就免了。那边家里也挺好的,没要一分钱。出嫁的时候没有摆宴席,衣服个没有,原来穿的是啥就是啥。

3.出嫁后女儿与父母关系

(1)财产继承。当时我是招女婿,有人劝我说,让我去婆家,我坚决不去,因为爷爷临终说,要我守着这三间房子,几十亩地,一辈子不会受什么苦的。

(2)婚后与娘家关系。结婚后娘家有困难都会帮助的,丈夫会帮助婆家干活的。而我们有困难的话,婆家也会毫不犹豫给些帮助。我和丈夫没有吵架,我们老人们可不会吵嘴的,有啥矛盾不合的话,也许对方会不听,但不会争吵的,所以这样也不会给娘家带来麻烦和不便。

(3)婚后尽孝。给公婆祝寿的话是丈夫去的,我有娃娃走不开,猪鸡有好多,家里也没人看的。公婆去世是一定去的,我们不会披麻戴孝,其他啥都没有,就是头发上绑点羊毛。清明节会去娘家上坟,而且这在两边都会去上坟,我会给我的爷爷奶奶烧纸的。

(4)离婚。离婚的还是有的,一点半点,比如我丈夫的姐姐离婚了,天天家里吵架,胳膊都有被打折过的,当时会去请老人来。然后去找一个没有人烟的地方,去把离婚婚约给解除了。

(5)婚嫁习俗变迁。原来我们的婚嫁都是父母亲包办的,而现在都是自由的呗,年轻人们自由恋爱,和现在相比,那时候的彩礼、陪嫁都是很少的。

(三)出嫁的姑娘与兄弟姐妹的关系

1.我与兄弟姐妹(娘家事物)关系

和兄弟姐妹都挺好的,现在还有联系。他们工作的后代在西宁上班,去年还专门来看我呢。去娘家转亲戚招待得挺好的,其实也就是炒点土豆丝,再好点的话放点肉。那时候条件差呗,木耳、蘑菇不像现在,都没有啊。再也就是家里养个猪就对了,而兄弟姐妹的来了就会煮肉给他们吃,这是高客的招待法。

2.兄弟姐妹与我(婆家事物)关系

儿子、女儿出嫁都会问婆家的,把娃娃们的伯伯叔叔都会问到,哪天结酒就会把他们请来上座。另外的话,也会问娘家人这门亲事怎么样的,基本亲戚朋友都问。

3.亲戚来往

刚开始转亲戚也就是拿一包茶,切成四块,分别给四家子拿,在上面再放点馍馍。后来慢慢地,就开始拿饼干包包了,再后来罐头也都流行了。

二、婆家人·关系

(一)媳妇与公婆

1.婆家迎娶习俗

婆家婚俗。婆家主婚的话主事请好着,在结婚之前会将负责的人选好,一般是庄里比较能干的人来干,他来负责仪式所需要的桌椅板凳等其他东西,家里不够的东西就去邻舍家里借,媒人也就是一个。送亲的话得看属相,亲戚朋友、庄子上的都可以,结亲也是一样的。结婚第二天是要给公婆磕头的,还有端茶也是必须的,茶在厨房别人都烧好着,端上茶以后,还要扬三下,给厨房的还要敬酒。端茶的不仅仅是给公婆,得给各房间的人(比如哥哥嫂子)要请喝茶,这个不管年龄大小,双手奉茶,他们喝完以后在杯子里放点钱,当时喝得开心的话会唱酒曲的。结婚后要去祖坟烧纸的,这个在下午婆家会提前做好的。也会去祠堂的,佛爷的房子说着,专门有一间房子,我们是财神爷、娘娘爷,去了磕头,还有会唱个曲儿,最后才回家。

2.分家前媳妇与公婆关系

(1)婆家家长与当家。婆家就是公公当家的,公公没有了以后,就是婆婆当家。婆婆没有了以后,就是当家子大哥当家。

(2)劳动分工。当时婆家公公都主要是在地里干活,没有外出打工什么的,婆婆就在家里做好家务、做做饭。

(3)婆媳关系好坏。和婆婆的关系挺好的,因为我不和他们住一块,去了真的很好,亲热得很,婆婆打我什么的都没有,而且我和亲戚朋友之间关系也特别好,我也不和别人说闲话,所以和婆婆关系特别好。家里的农活干完以后,去当家子家里串个门,婶娘家里去,其他家里不会去的。

(4)婆媳规矩与关系。没解放前,婆婆打骂媳妇情况庄子上有。婆婆教训时,媳妇们张着嘴没有啊,有时候拉起来会往死里打。

(5)外事交涉。都是男子汉出面,干啥事都是男子汉出面,媳妇们是不能出面的,商量事时女的是不能插嘴的,不然会说你这个媳妇说头太多了,人们会耻笑的,被外人耻笑的话家里人羞,回家就会骂媳妇。

(6)家庭矛盾。丈夫和公婆没有矛盾啊,他非常孝顺,给他父母端饭要双手恭敬呢!从来没有单手端碗的习惯。

(7)过节习俗。大年三十晚上是婆家一家人在一起过,不能在娘家过的。

(8)财产权。1949年以前媳妇在婆家的财产权会有的,也会分的,如果分得不合适或者什么的,庄子上有中间人,请个大辈的老汉,他们分的啥就是啥,是不能挑三拣四的。另外,老人们也不会偏看的。结婚后没有私房钱,那时候人老实,没想着私房钱,况且也没地方去买东西。比如,我家老阿爷(丈夫)去蒋家坪贩土豆,卖的钱一分没花,自己连个帽子都没买,全都交给公公了,钱交以后,又向着公公要,说要买顶帽子,而公公没给,而我说他为什么自己不拿点,丈夫却说没意识到。

3.媳妇与公婆关系

(1)分家。当时我家是招女婿,所以公婆分家都是哥哥嫂子们在分,而我和丈夫都是没有去参与分家的。

(2)赡养与尽孝。公公婆婆办寿的时候,媳妇需要做些馍馍,蒸点桃儿,衣裳也得做,做我们藏族特有的服装。贺寿那天,礼档拿比较重的,尤其女婿得更重些。

(3)公婆祭拜。公公或婆婆去世时穿的孝服和丈夫一样,就用线绑起来点羊毛,然后戴在头上。三天后还孝的时候再给烧了,主人家给大家买点东西发一下。下葬的时候,妇女们是不能去的,全部是男子汉。公公和婆婆的墓地要看是否端正,都专门有人看,埋葬开始时老大先丢三锨土,然后大家邻居们就开始盖起土来,还有就是男左女右的规矩没忘。

(4)离婚。1949年以前,离婚的话就请上个会写字的人,那时候识字人少哎,谁写字好就请来,然后找个没人烟的地方来写退婚条子,然后就把婚给离了。

(5)财产继承。公婆的财产,我和丈夫是不能继承的,因为丈夫是招女婿,和出嫁姑娘差不多,是不能分得婆家的财产。

(6)公婆权利。那时候不和公婆住一起,所以公婆没什么权利让我去做帮佣什么的,我都是在自己家里干活。

(二)妇与夫

1.家庭生活中的夫妇关系

(1)夫妇关系。与丈夫是结婚那天才见的面,结婚之前定亲什么的都是不能见面的。

婚后相互称呼就是赶孙儿、儿子们的称呼叫,孙子有的话,就是你阿爷、你阿奶;孙子没有的话就是你阿妈、你阿爸。刚去的时候就是干吭一声,啥都没叫着,我把老公公一辈子阿爸没叫过,就是以孙子的称呼叫他阿爷。

(2)家庭地位。分家后就是丈夫当家,再他当个啥家俩,人老实得很。如果家里要建房都是商量着来,原来家里有三间房子,后来又盖了几间。盖房子的话,村里邻舍都会来的,他们都是主动来的,谁家要是有盖房子等大事都是会去的。那时候盖房子主要是为了分家,不分家的话原来的房子也是可以的。

那时候女子当家的还是有的,家里的男人不成器的话,而女的特别强的话,就会让女的来当家。庄子上虽有闲话,但这也是很正常的。我花钱这种事会告诉他的,去哪借点钱或转些钱都会商量着来。

(3)家庭分工。村里有什么开会的活动都是丈夫去的,生产队开会、别人家的喜事丧事都是他去。

(4)丈夫权利。丈夫与别人说话,媳妇是不能插嘴的,不然会被别人笑话,而丈夫吃饭时,饭要端到桌子上。洗衣服是要男女分开的,女子你就破缸里洗,男子汉就在脸盆里洗,洗完了就分开挂哈,不能一块洗。

(5)家庭虐待与夫妻关系。1949年以前,丈夫打妻子的情况常见,时常压住着,那时候男子汉打媳妇是常见的,但是我因为是招女婿也很少被打。1949年以后丈夫打骂妻子的现象少了,男子汉软多了。1949年以前村里好媳妇、劳动模范啥的都评,好媳妇就是孝顺公婆、能劳动的人。

(6)财产与收入。在外面挣到的钱要交给丈夫的,当时都是去生产队劳动,也就是挣工分,收入也不多。

(7)日常消费与决策话语权。家里的收入大头方面丈夫管理,随便买点家里的零用是我管的,这也不用给丈夫说,自己就可以做主了。

2.家庭对外交往关系

(1)人情往来。家里的人情往来,一般都是丈夫出面,比如说别人家要过寿、娶媳妇等大事都是丈夫去,而看月子都是我去的。家有客人是长辈的话,我是不能同桌吃饭的,平辈还可以。

(2)家庭责任与义务。1949 年以前,如果妻子出面借钱,对方很熟的话才会给借的,而丈夫也是知道的。

(3)离婚。1949 年以前女人自己主动提出离婚的很少,那时候离婚是一件比较羞耻的事情,两人会吵架干仗,但不会闹到离婚的地步。不像现在这样,离婚的比较多了,离婚抢着分家产。

(4)人际交往与出行。结婚后也很少去别人家串门,生产队里很忙的,转悠的都没得空,队长早上一喊,就全都起来走着,干啥干啥每个人都有分工。远门也没去过啊,有娃娃闹着呗,养着六个娃娃。

(三)母亲与子女的关系

1.生育子女

(1)生育习俗。那时候给儿子、女儿不会过生日的,生日不清楚啊,属啥着知道。只是会摆个满月酒,然后邀请亲朋好友来,娘家人也会来的。孩子出生后,也会去祖墓去烧纸来告诉先人。

(2)生育观念。男孩女孩肯定是不一样的,男孩以后要传续香火,女孩要嫁人的,所以家里公婆对男孩是比较在意的。

(3)子女教育。我的大女儿想念书,我都没有让她去,丫头们念哈个书干啥,嫁出去以后在厨房干活就对了嘛。我也是不让女儿念书,让我的儿子们念书。大娃娃、二娃娃、老三都念了书,其他丫头们一个都没有念,我不会让她们去学校。当时家里有个母猪,大女儿就每天得喂猪,为了一家的吃穿。而儿子们的学识也都是刚刚识个字,老二就上了个三年级,在我不知道的情况下,因为他喜欢当个兵,跑去乐都来体检,念书就此停了。

(4)性别优待。家里对待男孩女孩的生活是一样的,吃饭会一样地给吃,不会偏见的。那时候家里穷,没有压岁钱的。

(5)对子女权力(财产、婚姻)。儿女婚事就是请媒人,请着媒人去说谁家那个丫头怎样啊,丫头属啥的,娃娃属啥的,都要打听上,然后来说亲。我大丫头聘礼就是三百元,我说当时聘礼太少了,媒人走后,丈夫埋怨我,就是出嫁一个闺女,要么多钱的话,嫁过去还让不让女儿过日子了,陪嫁的话就是穿的鞋,鞋就是大陪嫁,十三四双就是必须的。

2.母亲与婚嫁后子女关系

(1)婆媳关系。我儿子就是二十一岁结婚的,儿媳妇属狗的,儿子属鸡的,因属相不合,儿媳妇生了两个女儿后就去世了,现在我大儿子一个人过日子着。儿子结婚时也要拜见公婆,需要给公婆端茶。婆媳有矛盾的话也会请外人来调解。

(2)分家。那时候只是把老大单独分家出去,而老二老三还没有分,后来给老二盖了三间房子,也给老三成了家,他们两家还成了邻居。慢慢地,他们自己也生活得不错了,我们也就不管了。

(3)女儿婚嫁(定亲、嫁妆)。我丫头十八岁订了婚,她们得按国家法律规定满足十八周岁啊!我是允许她自由恋爱的,毕竟她们已经进入新社会了嘛。陪嫁的话就是穿着啊、鞋啊,鞋就是大陪嫁。

(4)与已出嫁女儿关系。和出嫁围女会常联系,我也会常去姑娘家。姑娘家有困难也会帮助啊,啥都是商量着来,我和丈夫都会竭力帮助的。也会帮忙带孙子的,以前还带过外孙女,现在三十七了,她现在都有一个女儿和一个儿子。孙子都是我带过的,大孙子现在也已经结婚了,外孙和孙子我是一样看待的。

(5)养老。现在农村的老人儿子或女儿不赡养有啊,还嘛多的,把儿子告的也有,哭天含泪地打官司的很多呀。儿子们恨老人多余,我也在想,你们小时候不恨的干啥着,现在长大了就牛了呗。但是我家里这种现象没有的。村里人家如果没有儿子只有出嫁的女儿,就自己推着过日子,我们那里人情来往可好啊,吃着没有断粮了,这样子谁都会接济些。有时候我也会去女儿家住的。现在我大儿子在劳作庄稼,有时候也会外出打工,所以我现在是两个女儿来照顾我,吃住都是她们管,我的女婿们也特别的好。现在我就在尕丫头家里住,偶尔去大丫头家里串串门。

三、妇女与宗族、宗教、神灵

(一)妇女与宗族

1.妇女与宗族活动

(1)妇女与宗族活动。村里以前宗祠、祖祠、祖堂没有,家谱没写着,全都是一辈辈用口来宣传[1]着,老人们给小的喧,小着再给下一辈再喧。也有断的,但是庄子上有知明理的老汉,都会给小的们传达。哪个亲的哪个远的,我们都会被告知。1949年以前,如果丈夫不在家,村里有啥事都是我跑去,不能把人家的事给耽误了。宗族聚餐的时候,妇女是跟丈夫一块坐,老人们都会坐在炕上吃,年轻些就坐在一起桌子上吃,夏天的话就端着碗在院子里吃。如果宗族扫墓,妇女可以参加,一家子丫头、娃娃都去着。我们的坟也不远,就在村里很近的。上坟的话每家最后也会给分点猪肉,老人很公平地来分,俗称"打份"。

(2)婚姻与宗族。出嫁时娘家也会去坟上烧纸告诉祖宗,一般也就是烧烧纸就可以。

(3)宗族女长老。1949年以前,宗、族、家中没有专门管女人事务的女长老,全都是一律平等的,基本都是老点的长辈说话我们年轻的都会听的。

2.宗族对妇女管理与救济

(1)宗族与生育、子嗣繁衍、财产继承。上坟去的话,就会带只鸡来告知祖先,如果第一个孩子是男孩的话,就会拿只羊来祭奠。在坟上也会滚馒头,如果能得到馒头是非常幸运的,而所得人也会在来年答应带来个啥好吃的,比如鸡或羊。如果家里只有女孩没有男孩,在族里是会受到歧视的,后人啊就是男儿子呗,没有儿子的话就是没有后,当家子们就会耻笑。如果没有男丁,父母去世后,侄子会继承财产,族里出面会管的,算得也会非常清。没有男丁的话,由侄子来埋葬,这是管得特别的谨慎。

---

① 意指口口相传。

(2)宗族对妇女救济与保护。宗族里对寡妇还是有救济的,毕竟也算是半个族人,而改嫁的话也是可以的。

(3)祖规与妇女。宗族里是禁止近亲联姻的,那是万万不能的。

(二)妇女与宗教、神灵、巫术

1.神灵祭祀

求雨、求丰收的会去拜龙王爷的,生病请神的会由男人们来做,求子观音拜会由妇女们来做。

2.仪式

事关求得平安的神灵,是由妇女们来做,就是会上香点灯、磕头。

3.性别分工

事关婚姻、生育、出行的神灵,是由妇女来做的。

4.祭祀参与与权利

宗教鬼神我们是十分的重视,迷信深着,不管男女都一样。那时候村里会有一些活动,像我们村里的跑马会,六月六还有个喝药水,会去水峡里。家里供奉了家神的,就会在平常初一十五点灯上香,当时我家娘娘爷、财神爷有。我也是非常信迷信的,看卦的人说我家家神把我保佑着。

5.宗教信仰

信的是佛爷,汉民和藏民是一样的,文成公主进藏了,然后汉藏就非常亲了啊。财神爷、护花爷等佛爷多了去了,还要拜忠肝义胆的关老爷。妇女们信宗教就是为了求个平安,保佑我们。

四、妇女与村庄、市场

(一)妇女与村庄

1.妇女与村庄公共活动

(1)村庄活动参与。出嫁前,我也会去参加村庄活动的,正月里会跟大人们去外面看皮影戏,正月十五的社火也会去看,出嫁后这种事也会去看的。

(2)开会。出嫁前不会去参加村里的会议的,因为爷爷会去开会的,那时候还小不可以乱跑。1949年后,村庄会议都会由队长组织,妇女都得参加,要宣传一些政策。

(3)村庄绅士、保长、甲长印象与接触。出嫁前那时候还小,村庄里保长、甲长是谁不知道啊,不关心这些事。

2.妇女与村庄社会关系

(1)村庄社会关系。在娘家女伴是有的,我们在一起玩毛蛋、毽子,一般会在家里玩,因为女孩是不能随意出门的。女伴出嫁,我也会去的,新婚后要和丈夫去拜访邻居。

(2)务工与报酬。1949年以前,地主家里会请女工干活,来忙家务,挣的钱来贴补家用。

(3)聚集与活动。玩得好的妇女平时一般会在大门口里聊天,大家盘腿坐着。解放后,要去生产队就没有聊天的时间了,白天劳动,晚上吃完饭就要去开会。差不多1976年,这种会就开得比较少了,大家也轻松了些,那时候就是军事化管理,把我们一天忙着跑呢,把我们半辈子也忙坏了啊,就跑着去大队开会。

(4)女工传承。妇女的做衣、做鞋的新花样都是娘家的母亲传授的,一般十二岁多就得学习怎么做,如果妇女不会做鞋等活的话就会外人笑话的。

(5)矛盾调解。村庄内妇女与妇女之间吵架会请说话有分量的人来调解,丈夫一般也不好说啥,邻里街坊都会劝说来化解矛盾。

（二）妇女与市场

随便买东西一般就会去供销社,若是有重要的活动或商品大减价,我们都会去赶集,乡政府那边都有医疗、商店、学校什么的。家里纺纱的棉花都是去商店买的,那个时候一斤棉花一块五,碱面两毛,苏打三毛,煤油五毛,但是有些东西家里还是买不动啊,鞋面条纹一块五,线一大把五毛,养鸡下的蛋会去换些商品来的。

当时会发布的,一口人是八尺布,各种花布样样都有。家里用机织布做衣服差不多得到七几年吧,做一件衣服要十二块钱。

五、农村妇女与国家

（一）农村妇女认识国家、政党与政府

1949 年以前孙中山、蒋介石我也听过,这些都是听大人讲的。解放后,毛阿爷(毛泽东)当了主席,人民生活都好多了。现在国家主席是习近平,经常在电视新闻里看到。记得 1976年毛阿爷没有的时候,我们刚从生产队回来,是大儿子放学告诉我们的,当时大队开会,所有人都哭成了一团,黑袖套个谁都要戴的,每个人都是真心实意哭着,没有假心假意哭的人,毛阿爷打江山不容易。而且把女子们抬起了头,翻身做主人了,全都哭了。

1949 年以前,国民党知道的,老人们喧着呗。马步芳部队还来过我村,要好吃好喝地招待着,走的时候还要给点钱,有时候吊着一房子的百姓要打,催粮催着紧啊。共产党我们长大后听到了啊,共产党好,歌儿都唱过了。

解放后要求大家都得去上识字班,然后晚上念一会儿书就会回家的,当时还学了些字,但现在都忘了。

共产党组织的选票,当时我和丈夫都有选举权,最早是选干部,选我们村的书记。我选的是当时特别好的一个人,各方面都特别优秀,那个人还当了一辈子的书记。每一次选举大家都不同意他换届,对谁都特别好,品行特别好,一直当到六十多岁了。家人中没有党员,我们家一门子一个党员都没有。党员就特别好,他们开会还要去记分的。

那时候干部是特别的好,和百姓走得近,公社干部也来过我们大队。当时我们村的一个老干部现在在引胜口住着,原来当过妇女主任、厂长、书记,已经八十几岁了,那个老奶奶一辈子的干部,没受过苦。

政府号召废除包办婚姻好啊,结婚前男女双方要见个面,全都是自愿着来。计划生育就是娃娃多的不能养,像我的丫头们就是计划生育了,养一个丫头、一个娃娃就不让养了,直接计划生育了。

1949 年以前(国民党时期)没有参加过保、甲长召开的会议,都是爷爷去参加的,我们开会的话就在毛阿爷时期老开会的。

国民党时期妇女也要向政府交税,这是按人口来收的,劳役多半是男子。我们藏族也有一个比较好的是从小不裹脚,脚你穿袜子也可不穿袜也行,不像当时汉族的。你还没见过这么小的(用手比划着),汉家就和我差不多,脚小的走起路来慢慢地在移动,扫地都是跪着扫。当时土改时的邻舍,我跟她讲,我来扫,于是我经常帮她扫地,我从小对老人就特别得好。

短发我们都剪过,解放后,都流行剪短发,自己头发自己剪,歌儿也唱过,妇女全都剪了,爹娘管不了。

(二)对1949年以后妇女地位变化的认知

就是在解放后啊,我也没做过妇联工作,一辈子就是劳动老了。妇联干的工作就是政府事情,是有益于百姓的。现在乡里、县里的有妇女在上班,妇女有代表到政府上去说话,妇女的地位更加平等了。

男女平等、妇女能顶半边天这句话就是解放后说的,原来没有啊,动不动就是棒棒(指妇女被丈夫打骂)啊。作为儿媳妇,不能向婆婆顶嘴,不然丈夫就会不客气。而现在的社会,儿媳妇还是很厉害的。1949年以后,丈夫打老婆很严重的,政府还是管着的,拉到公社要教训的,有时候还会点名批评。后来慢慢地,打老婆的情况很少出现了。

1949年以后,妇女在宗族是有地位的,和解放前一样可以入族谱,参加祭祀活动。解放后,妇女还是和以前一样,可以上祖墓、拜祖宗、住娘家等等,比以前更频繁了些。

与我小时候相比,现在女孩子就好多了,都能上得起学,我的孙女都上了学,重孙女还在上幼儿园呢。

(三)妇女与土改、互助组、初级社、高级社

土改的时候我家被划的成分就是地主啊,我们那个沟里也就是五六家地主吧。当时把我家的牲口、东西都收走了,来平均给贫农分。当时家里的地、牲畜被收走了以后,爷爷是十分悲伤的,我当时啥都不知道,以为以后不放牛就好多了。我们村里有土改工作队,也有妇女会等组织,但因为我家是地主,所以我啥都参加不了。现在回想起来,土改翻身解放就是好啊,给大家分土地,妇女也能均分到地,而且能当家做主人。

互助组的时候,当时没要我啊,把地主没要着(因为我家是地主),全都要的是贫下中农。后来过了一年,才把我们家要了参加集体劳动。初级社就还是集体劳动,军事化管理,娃娃吃不上奶,锅洗不掉,把人一天忙坏着。

合作化时期,入社的妇女们都得下地干活了。而大家都是很愿意的,积极参加劳动。以前地主家从不下地的妇女,现在也得下地干活了。

在自家地里干活和大家伙一起干活其实也都一样,非要说好的话,其实大家在一起干是很好的,有些个人干不了的活,大家一起干很容易完成,妇女们干不了的活也会给男人们。一个月会天天去干活,天气晴的话要去地里大生产,天气阴的话就在猪圈里除粪等。如果今天我不想去,那是肯定不行的。农活啥时候都有,夜工也都出了,马灯照上了在地里干活。合作社时五十五岁就不用干活了,我五十五岁的时候就不是劳力了,当时患有气管炎。我和丈夫去掉劳力,我的孩子们都大了,他们可以承担劳力工作。

那时候共产党的会多,妇女会参加的,好多能说会道的妇女都会积极发言,响应政府的号召。

(四)妇女与人民公社、"四清""文化大革命"

1.妇女与劳动、分配

(1)妇女与劳动。地里的活要全部干完,什么时候干完什么时候回家,干完的人就可以早走啊,有时候干不完的人要吃完饭干也行,干不完那些分配的活就是没有工分的。

(2)劳动自由与选择。如果再让我选择,单独干的好,单独干我就把脚步踏上来了,丫头娃娃大了,地下放到以后,我吃的也有了,喝的也有了。在那个阶段,奸人就好呗,愣人就是个挨骂。

(3)工分与同工同酬。当时一天的劳动工分有时候队长给多少就是多少。生产队给妇女评工分的话,每天下午大家坐在一起来评分,队长念名字,大家来喊,一样的话就是按平常来,把那个人降点分就会降低点。

(4)分配与生活情况。生产队分的口粮、油等,男女是一样的。薪柴没分着,沟里自己去砍柴就可以,其他的都会分给的,男女都一样的。

2.集体化时期的性别关照

(1)性别关照。人民公社时的集体生产劳动对妇女的生理周期还是有照顾的,月子会让你做的,一个月的假会有的。生产队长就会告诉别的人家,谁谁谁坐月子不能劳动,大家不要有意见。但是在坐月子时我们心里还是很急的,因为工分挣不了啊。

(2)托儿所。公社哪有建托儿所专门负责照看小孩,我们要去生产队劳动,都是把孩子放在家里,然后大孩子带小孩子这样子。

3.生活体验与情感

还记得吃人民公社集体食堂的故事,大锅饭吃了,做饭的人必须是贫下中农,成分高的话就不会让你干的,食堂做饭拿的分还都是高工分。男子就是管理员,女的就在做饭。食堂的饭是分配吃,一人两勺打给着,我和丫头四勺呗,有时看打饭的人手重手轻了,然后就只能端着吃了。"三年困难时期",庄子上饿死的人也有,饿得实在受不了的,会去地里挖粮食,生产队也不会管的。那时候日子过得苦,但大家集体上工时是很热闹的,大家摔跤玩,平辈的话再就没管着耍着。妇女们一起上工,小矛盾也没有啊,啥事由生产队长说了算,人和人之间也特别的好,不存在那种矛盾啥的。

20世纪70年代有的地方出现农村姑娘集体自杀的现象,我们这里没有,我们这没出现过。

4.对女干部、妇女组织的印象

(1)铁姑娘。我们村里有铁姑娘队,我的丫头就是的,去了以后脚冻掉啦,脚踝肿得很大。因为还要带娃娃,我就没去过铁姑娘队。

(2)妇女干部。妇女能当干部就得是人平和、正直,家里成分是中下贫农,地主家的妇女再棒也不能当干部。

(3)妇联印象。公社大队都有妇联的,她们平时就是组织一些活动,比如开会学习上面的政策。

5."四清"与"文化大革命"

"四清"和"文化大革命"记得哪,就是参加批斗呗。比如,当时在马步芳时代当过乡长的一个人,批斗时给戴顶大帽子,用鞭条来抽打,这是我亲眼见的,儿子干看着无能为力。那时上集体工，妇女回娘家走亲戚会请假的，重要事情才能请的，一般不能请假，所以也不常回娘家。"文化大革命"破"四旧"，那年我家的佛像全都拿出去烧了呗，所有的书都烧了呗，全部背到一个大的空场地给烧了，烧了三天。破"四旧"不愿意的一个都没有，因为这是政府的政策文件。

（五）农村妇女与改革开放

土地承包分配土地的决策过程会有妇女参加的，也会给妇女分配在册。1949年以前的选举没有参加过，都是爷爷去的。解放后我也会去参与选举，选举自己满意的干部代表。

现在不提倡计划生育啦，又开始进行二孩政策。现在精准扶贫对村里老年人很好的，男女都一样。

村里的男老人和女老人在一起会聊天的，大家都是从苦日子过来的，有话可说呗。国家政策再就是听人说呗，偶尔看看电视来了解。手机的话，丫头们买了一个，但是打不来用不来。他们教会我怎么打，但是老了大脑不起作用，没用会啊。

六、生命体验与感受

一辈子苦过来了呗，现在的日子过得就是好啊，想吃啥有啥，公家也都管我的，比那时候，现在的日子就是天堂呗，现在年轻人不知道节俭，我们非常珍惜。

XWP20160730SYL 孙有兰

调研点：青海省海东市乐都区马厂乡白石头村

调研员：徐文鹏

首次采访时间：2016 年 7 月 30 日

受访者出生年份：1928 年

是否有干部经历：否

是否生育：是

受访者结婚的时间节点、生育子女的具体情况：1945 年结婚，并于第二年生了大儿子，有 5 个子女，3 个儿子，2 个女儿。

现家庭人口：1

家庭主要经济来源：养老津贴

受访者所在村庄基本情况：白石头村在偏远山区，山大沟深，交通便利，但信息流通不是很好。村里庄稼靠天吃饭，当地经济条件不太好。白石头村位于四周环山之间，房屋多伴山而建，通向外界的东西走向的乡村公路比较陡峭。这里气候干旱，雨水较少，四季分明，多半是汉族，少数民族基本已经被汉化，少数民族特征不明显。这个小村庄村民大多祖居在此，多种植小麦、土豆、大豆等，基本上都养家猪、家禽等以供自需。多以外出打工为主要经济来源，人地矛盾缓和。村中的年轻人基本外出打工，且经常一起外出到一个工地打工。村子风气较好，村民勤劳、进取、团结，经济条件相对较好。

受访者基本情况及个人经历：孙有兰，1928 年出生，今年八十八岁。名字是父亲起给的，就是满月的时候起的名字，家里男孩女孩一样的。大哥叫孙有才，二哥叫孙有福，都是按照辈分起的名字。家里五亩多地，地不太多，就是家里开了个小工厂，土地改革期间家是贫下中农。娘家家里有两个哥哥、一个弟弟、一个姐姐总共五个人。十七岁出嫁了，丈夫家里一亩地没有，没有一间房，所以其家里的孩子都跑去兰州当兵了。当时老人育有五个子女，三个儿子、两个女儿，十八岁生的大儿子。老人这一辈子感触很深，尤其对大女儿很痛心，大女儿在西宁二医院当护士，和丈夫闹了矛盾，没有想过（通），后来自杀了，这是她一辈子忘不掉的。老人那个年代是比较苦的，苦日子过多了，所以对现在的好日子是特别珍惜的。

一、娘家人·关系

(一)基本情况

我叫孙有兰,1928年出生,今年八十八岁。名字是父亲给起的,就是满月的时候起的名字,兄弟姐妹的名字都是父亲给起的,都是按辈分起名的,男孩女孩一样的,我的大哥叫孙有才,二哥叫孙有福,我是孙有兰呗。家里地五亩多,地不太多,就是家里开了个小工厂,土地改革期间我家是贫下中农。我们家里五个弟妹,两个哥哥、一个兄弟、一个姐姐我们五个人。我十七岁出嫁了,十八岁生了我的大儿子。丈夫家里一亩地没有啊,没有一间房,所以家里的孩子都跑去当兵了。土地改革那时候他家啥都不算,他就是弟兄俩,当时征兵都跑去兰州当兵了。我有五个子女,三个儿子、两个丫头。

(二)女儿与父母关系

1.出嫁前女儿与父母关系

(1)家长与当家。娘家家长就是我父亲,叫孙和平,但我母亲名字我不知道啊。家里爷爷或父亲没有啥赌博啊,我们家里都是老实人。父亲去世,母亲也没有当家,还有儿子们,我的哥哥们当家。家内的日常事务都是父亲的当家,大小事都是父亲说了算。父亲去世后,我的哥哥们开始撑起了我们家。母亲就是家里做做饭、哄娃娃、喂猪等家务活。

(2)受教育情况。我没有在娘家读过书,我的哥哥们都念了书,但都小学没毕业。父母不让我读书,说是丫头念书干啥子,要让儿子来念书。1949年以前,村里没有女孩读书,那时候村里女孩子们都不让读书。

(3)家庭待遇。在娘家时,家里的男孩子要比女孩子待遇好些,以前社会就是这样,人家就要儿子,看不起丫头。吃饭是不管的,男孩女孩一起吃的,有肉没肉大家一块吃。女孩吃饭,桌子上不能吃,上桌是家里来客人吃的,我们女孩子就是在厨房吃饭的,那时候把丫头瞧不起。如果在一个饭桌上吃饭,父母亲就是上座,哥哥旁边坐着,我们在最外面,因为父母亲吃完饭我们还得去盛饭。添衣服的顺序都是一样的,那时候冬天没有棉衣、棉裤穿,就随便补丁穿起来过冬。过年的时候,男孩、女孩都会有压岁钱的,也就是五分或十分铜钱,多的没有。

(4)对外交往。过年的时候女孩可以出门给村里人拜年,那时候拜年就是带些花卷、馍馍呗,一般带十六个花卷。如果家里来客人,母亲做好饭是可以陪客人上桌吃饭,但孩子们是不能跑到屋里来闹的。如果家里没有饭吃的话,女儿也得去外面讨饭,没办法为了填饱肚子,但是我们家里那种程度没到,家里条件还行。

(5)女孩禁忌。平时居家,一般女孩十二三岁就不能出门转悠了,而到了十七八岁就会考虑把女儿嫁出去,因为等到二十岁就是大姑娘,没人要了。女孩子的衣服,不能跟兄弟或父亲的衣服晾在一块的,女孩子的衣服都是有颜色的,而且那时候衣服也不会经常洗,没有洗衣液、肥皂。

(6)家庭分工。在娘家时,父亲就是在外面做好自己的小工厂,翻砂挣点工钱,来贴补家用,母亲就是在家里操操心,给家人做好饭,哄哄孩子。兄弟们想去上学的就去,不想去的就去工厂帮忙干活,我就在家里做点针线活,缝缝衣服,做点鞋垫等。我会做鞋、做衣服的,但是像纺纱、织布这样的咱们青海没有,我也是不会的。我在十二岁多的时候就得开始学做针线,一年会做多少双鞋,没有个数,谁没有鞋穿就给谁做嘛。

(7)家庭教育。女孩在家太大的规矩也没有,是把家里的针线活做好,每天把饭做好就可以了。

2.女儿定亲、婚嫁

村里的女孩一般就是十六岁多就定亲了,好多都是娃娃亲的。定亲时有的会请一个媒人,有的会请两个媒人。定亲的话就是商量男方家里会送多少彩礼、布匹。那时候要把双方的八字合一下,看两位新人合不合,而且还会看两个人的属相合不合。媒人说亲时要讲门当户对,两家子都要看看是不是条件差不多,讲求个门当户对的。一般彩礼价值也就是几十块到百块钱,因为生活困难,没有那么多的钱,彩礼还有就是八个棉布,彩礼由媒人从婆家送往娘家。定亲双方家长会面商谈时没有征求过我的意见,定亲家长不会问我的,那时候都是包办婚姻,把我嫁到哪儿,嫁给什么人我都不知道,直到结婚后才知道女婿是什么样的。

我对那门亲事不满意着,但是现在都八十八岁了,不满意又怎么办呢!定亲后两家会走动的,因为还要研究商量结婚的一些礼节、仪式等等。准女婿提的礼品一般就带些馍馍、饼干、包包,那时候串亲戚都是这些东西。一般人家招待女婿的话就是炒肉菜、弄点奶茶、烙些油馍馍等。定亲后,男女双方是不能见面的,直到结婚后才会见面。结婚是不用写婚书的,那时候啥都没有,像领结婚证都是解放以后的事情。我出嫁那天,家里的亲戚朋友都来送嫁,和现在一样,会跟到婆家吃完宴席再走。出嫁的时候,娘家也摆过宴席,那时候人少,亲戚、朋友、邻舍也就十几个人,也就是两桌着吧。嫁妆就是陪些穿的,像棉衣、裤子、衬衣、鞋子,等等,还有两个箱子。如果婆家给的聘礼少,嫁妆会因此减少,庄子上的嫁妆也和我的差不多,基本上都一样的。出嫁后女孩们是不能分得父母的财产的,都是娃娃们来公平分取。俗话说,出嫁的闺女泼出去的水,所以肯定不能分财产了。

女儿还是不能分得财产的,父母会给他们的侄子,而不会给女儿。姑娘出嫁第三天,娘家就会派兄弟去请,女儿就会走头回娘家。而回去时,会将姑娘驮在骡子或驴上来送回娘家。头一年过年时,拜年的话兄弟也会去请女儿回娘家。1949年以前童养媳还是有的,那个就是家里实在穷得没办法了,就只能把闺女和粮食换了,给地主家去当童养媳。出嫁的姑娘不能在娘家吃年夜饭,三十儿晚上的话就到婆家家里一大家子过年,而去娘家就是在初三、初四去拜年。出嫁的姑娘不能回娘家拜墓,娘家的坟上不能去,只能去婆家坟上烧纸。出嫁后的姑娘一年中一般就是正月十五、端午节、中秋节等节下去娘家。以前是跟丈夫一起回,后来有了孩子以后,就会带着孩子们一起去娘家。那时候娘家都习惯了,再加上生活困难就不带什么了。

3.出嫁后的女儿与父母关系

(1)婚后与娘家关系。一般娘家瞧得起姑娘的话,比如姑娘家条件好什么的,姑娘就可以管娘家的事。娘家有困难时,会帮助的,有钱的话就多帮些,没钱的话就少帮点。帮多了婆家会有意见的,因为现在你是婆家这边的人,帮多了婆婆看见就会不高兴的。女儿出嫁后,女儿本人在丈夫家遇到困难,婆家会与娘家协商解决。如果女儿和丈夫闹矛盾,女儿就跑回娘家了,在娘家待个几天,又会被娘家人送回来的,但是那时候没有像现在这样有好多离婚的。

(2)婚后尽孝。出嫁的姑娘要回家给父母亲祝寿,娘家兄弟就会通知我们哪天贺寿,然后我和丈夫、儿女就会带着礼物一起去给父母亲祝寿。一般贺寿的是六十一、七十三岁的寿,那时候四十九岁是不管的,不像现在连三十七岁都管。女儿拜寿需要把父母亲贺寿的衣服做好,然后带些礼物等,贺寿的费用都是儿子们管的,女儿不用承担。父母去世,会通知女儿回娘家,就是娘家兄弟跑来亲口告诉我,因为那时候信息不发达,没有手机这么方便。在丧事上,出嫁的女儿戴的是布孝,而儿子们是麻孝,就说是披麻戴孝。女儿不需要承担丧葬费用,这些费用都是儿子们管的,丫头们有钱的话也是可以管的,就是丫头们也比较穷,所以也是管不起的。

清明节姑娘不会回娘家上坟,嫁出的女儿就是泼出去的水。1949年以前,姑娘不需要承担父母年老时赡养的义务,儿子们都会赡养父母的,我们女儿就是给父母给点钱或者买新衣服让他们穿。

(3)离婚。1949年以前,如果出嫁的女儿提出离婚,是需要娘家父母的同意,而现在是双方不愿意过就会离了。

(4)婚嫁习俗变迁。从我开始祖孙三代的聘礼、陪嫁有很大的变化,现在的聘礼、陪嫁都特别多了啊,结婚的话就得有车有房。

(三)出嫁的姑娘与兄弟姐妹的关系

1.我与兄弟姐妹(娘家事物)关系

出嫁后与娘家兄弟的关系挺好的,出嫁后和娘家兄弟就成了亲戚。一般情况下,娘家的大事情不会请姑娘回来参加议论。我姐姐现在九十五岁了还健在,原来她生活比较艰辛,女婿(指姐夫)是个抽大烟的,没钱的话竟然把我姐姐的衣服全给卖了,后来欠债太多,就把我姐姐卖给了王家人了,而我姐姐就在王家一直到这岁数了。回娘家时,父母、兄弟家里都会住的,我也会经常去看我的姐姐,回娘家想去的话就去了,忙的话就不去了。

2.兄弟姐妹与我(婆家事物)关系

我与婆家人发生矛盾,要请娘舅出面调解,娘家兄弟说话还是好使的,娘家与婆家关系挺好的。儿子、女儿婚嫁也不会问娘家娘舅,和他们不会商量的,婆家里我们自家人会商量婚嫁,最多也就问问娘家的父母亲,作为儿女的外爷爷、外奶奶对这门亲事满意不满意。如果娘家没有娘舅、舅母,姨娘可以代表娘家人参加儿子的婚礼,没有舅舅、舅母的话,姨娘就是娘家人的代表,来参加儿子的婚礼。

3.亲戚来往

姑娘回家拜年的话就得到初三了,有时候会待到正月十五,然后社火看完才回婆家。出嫁后与姊妹、娘家兄弟走得一样的亲啊,都是兄弟姐妹们,和兄弟媳妇关系也特别好,现在弟媳已经七十多了,有时候我也会去看望她的。

二、婆家人·关系

(一)媳妇与公婆

1.婆家迎娶习俗

结婚时婆家里就是丈夫和他哥哥,公公婆婆去世的早,在我丈夫两岁时就没有了,是哥哥把我丈夫带大的。婆家里没有公婆,所以这些定亲仪式都取消了。主婚就是在庄子上选上一位德高望重的来主婚,结婚钱婆家里都会商量的订好的。结婚第二天是要给哥哥嫂子磕头的,还要给哥嫂端茶的,还要去祖坟上坟,新媳妇拜墓。祖坟也就是一年一次,清明节去上坟。

2.分家前媳妇与公婆关系

婆家家长与当家。婆家里公婆去世的早,长兄如父,所以婆家家长就是哥哥了。劳动分工。嫁到婆家后,我就是在家里忙做饭、喂猪等家务活。1949年以前,没有婆婆虐待儿媳妇,我们庄子上那种没有,那时候媳妇在家就得伺候丈夫的。我嫁过去的时候婆婆已经去世了,所以我也没见过婆婆。家里与家外交涉都是丈夫出面,外面的事都是他在跑,我也是不管的。丈夫与叔伯、兄弟们商量事,女人是不能插嘴的,一般我也不会去插嘴的,不然会说这个女人嘴太碎什么的。家里有矛盾的话,会请邻居来帮忙调解,不然会矛盾会发展更严重。媳妇带来的压箱钱,少得很哎,就是自己用着些。

过节习俗。中秋节、端午节等都会回娘家一起过的,然后在三十儿晚上必须婆家一大家子一起过。

3.分家后媳妇与公婆关系

那时候我丈夫他弟兄两个人,也没啥可分的啊。那公婆去世得早,办寿也就没有了。婆婆我都没有见过,别说办寿了。公婆去世比较早,所以每年清明节都会去祭拜的,烧纸磕头等。1949年以后,公婆家长在子女的婚姻离合上是不能做很大的主了,因为都是新社会了。离婚那时候一般很少的,离婚是一件不光彩的事情,所以家里矛盾也会自己解决,不至于闹离婚。

(二)妇与夫

1.家庭生活中的夫妇关系

与丈夫是结婚那天才见得面,之前都没见过,就是结婚那天见得面。如果家里建房,当时我们家是1948年盖了房子,都是我和丈夫商量着来决定的。之前盖房子还要从生产队里买地的,盖好以后要登记的,要去大队公社登记,家里有几间房都要写得清清楚楚,登记会写丈夫的名字。当时1960年时比较困难,国家给苏联还账着,所以老百姓生活很紧张,我们家里就饭不够吃,都是喝糊糊子,一般都会保证儿女们吃饱,大人饿着倒没事。丈夫与别人说话,媳妇是不能插嘴的,而且厨房的事情必须是女人来做。1949年以前,丈夫打媳妇好像就是天经地义的事情,很常见的,而且媳妇是不能还手的。1949年以后丈夫打骂妻子的现象有很大的改变,现在甚至有媳妇打丈夫的。主要是因为解放后注重男女平等了,妇女的地位上升了,政府为妇女做主。家庭日常消费大的支出都是丈夫说了算,家里日常消费都是我去买的,也不用和他商量。

(3)家庭分工。家里的农活要干的,因为家里有孩子多,我也会就近打工来赚钱,像电厂里挖水渠,林业站里挖草、挖树,那时候(还给)土房房上上房泥。家族开会都是丈夫去的,有啥事大家商量,偶尔他也会发表自己的意见,我是不参与的。

1949年以前,我们庄子上没有娶两个老婆的,因为那么富的人没有啊。1949年以前没有女人自己主动提出离婚的,那时候离婚说着都没有的。

2.家庭对外交往关系

家里的人情往来都是我出面的,因为当时丈夫还去外面工作了,不在家待着。如果家里要宴请客人,都是他做决定的,他在的话才会宴请客人,否则不会的。

借贷。1949年以前,如果是妻子出面借钱,对方很熟的话,也会给借的。

人际交往与出行。我的朋友都是我的街坊邻居,有啥事大家都会互相帮助的,经常在家门口聊聊家长里短。

（三）母亲与子女的关系

1.生育子女

（1）生育习俗。我有三个儿子、两个女儿一共五个孩子，我的大儿子是我十八岁生的（即1946年出生）。孩子出生在满月的时候庆祝，大摆宴席，宴请家里亲朋好友。孩子摆宴席娘家人也会来的，就是孩子的姥爷、舅舅都会来恭喜的。孩子满月时就会抱出来给人看的。孩子满周岁会庆生日的，而且满周岁庆生日还是比较隆重的。在盘子里放点东西让孩子来挑，比如，钢笔、鞭子、馍馍、尺子等，孩子挑中什么就意味着以后孩子就干什么活。①孩子出生后，要去祖墓去祭告，去坟上烧纸告诉老祖先说咱家又添一口人啦。

（2）生育观念。我家生儿、生女都是一样的，庄子上有些人家生儿子特别高兴，生女儿会不高兴，把女儿送人什么的，但是在我家，我对儿女都是一样看待的，我虽是旧社会出生的，但我的思想是新社会的思想，男孩女孩都是一样的嘛。

（3）子女教育。我的儿女们都念了书，就是没有大学生，都仅仅只考上了高中，因为那时候大学不好考，谁先上学的问题上，都是一样的，都上学识了字。会借债让子女读书，学费一时半会不够的话，也会跟熟人借点钱，但是那时候学费也是很少的。

（4）性别优待。家里对待男孩女孩都是一样的，吃饭会给一样的，把谁都不偏看。儿女婚前赚的钱除了自己随便零用的，都会交给父母亲的。儿女们结婚后都单独成家了，就是他们去打理自己的小生活了。儿女婚事都是他们自由恋爱谈成的，都是自愿的。女儿们的聘礼还是看情况的，婆家条件好的话就多陪点，不好的话就少陪点，一般也就是四千多块钱，太多的话把婆家要穷了，女儿嫁过去还怎么生活啊。儿子结婚家里没盖房啊，家里儿子多，都是他们自己买房子结婚的。

2.母与子女关系（婚嫁后）

婆媳关系。我儿子是二十四五岁结婚的，比以前结婚年龄大些。当时也没和儿子分家什么的，他们都上班了，然后结婚都是自己买的房子，自己过自己的生活去了。我女儿是二十五岁定亲的，他们都是自由恋爱的，所以定亲后两家之间也会来往。与姑娘家来往的多，我经常去姑娘家转转，姑娘在节下也经常会来看我。孙子我带了四个，我不但带了儿子家的，闺女家的我都带了，而且我闺女的儿媳就在今天生的。现在我是一个人住，丫头会经常来看我，我不会去她们家的，而我一个人年纪也比较大了以后，儿女们会跑来给我轮流做饭。

三、妇女与宗族、宗教、神灵

（一）妇女与宗族

1.妇女与宗族活动

妇女参与宗族活动。村里以前有宗祠、祖堂、祖祠、家祠的。1949年以前，如丈夫不在家，妻子可以代替丈夫参加宗族会议，就是去听家里都说了些什么，然后来了转告给丈夫。如果宗族扫墓，妇女是可以参加的，一大家子人都去扫墓。出嫁时娘家要去祠堂告诉祖宗，来宴请家里的长辈。

---

① 各地均有类似的风格，即抓周。

2.宗族对妇女管理与救济

宗族与生育、子嗣繁衍、财产继承。孩子出生也会去祠堂,就是家里面添了一口人。如果家里只有女孩没有男孩,在族里也有人会歧视的,瞧不起没有男孩,所以也会向族人祖先跪求来年得子是个男孩说着。宗族对妇女救济与保护。如果本族外嫁女受到欺负,宗族也会前往提供帮助的。族里是极力反对近亲结婚的,是不允许的。

(二)妇女与宗教、神灵、巫术

哪些神灵由男人来祭拜,哪些神灵有女人来祭拜,我也没祭拜过,我不清楚怎么祭拜的啊!事关求得平安的神灵,是由妇女来做的,也允许男人参加。家里也没有家神,我也没供奉过。村里好多人都信迷信着,但是我是不信迷信的,庙里从来没有去过。

四、妇女与村庄、市场

(一)妇女与村庄

1.妇女与村庄公共活动

(1)村庄活动参与。出嫁前,会去参加庄上举办的活动,那时候正月十五耍社火,然后看个皮影戏等。而我也和我的一帮小伙伴去玩毛蛋、踢毽子来娱乐。

(2)开会。出嫁前参加过村庄的会议,重大的开会都是去的,随便的开会我也不用去,因为家里人比较多。

(3)村庄绅士、保长、甲长印象与接触。出嫁前那时候小,谁当保长、甲长着不知道啊。出嫁后,也不操心那档子事,也不知道婆家的保长、甲长是谁。

2.妇女与村庄社会关系

(1)村庄社会关系。在娘家庄上好多女孩,都是一块从小玩大的,我们一起踢毽子、打毛蛋,然后聊点家长里短的。女伴出嫁我是不能去陪的,因为家里人不允许,丫头们小时候一起耍,但在出嫁后就断了联系的。新婚几天后,会和丈夫一起去邻居家串串门,丈夫给我介绍各位邻里街坊,以后更好地相处。

(2)妇女聚集与活动。我们玩得好的妇女们,会在树底下或人家里一起聊天,都聊些家长里短。

(3)女工传承。做衣、做鞋的新花样都是小时候在娘家由母亲教给女儿的。

(4)妇女矛盾调解。村庄内妇女与妇女之间吵架,都是由街坊邻居来调解的,尽量大事化小、小事化了。

(二)妇女与市场

出嫁前去过市场,那时候出嫁前我们是一星期一次赶集。

一般去市场都是买些平时零用的,油盐酱醋等等,还有各种好玩的东西,有本地商贩,也有外地的。女性前往市场购物,去市场购物赊账的话,必须得和买卖人熟,而且哪一天要还都得说清楚的。那时候妇女们可以参加市场里的活动,比如去看看皮影戏、耍社火。

咱们青海不种棉花,家里用的棉花都是从市场买的。做鞋做衣服的针头线脑都是从商店买的,在街道里有买针线的小贩。绣花的花样有从商店买的,也有从会画花样的人手中借来,来完成自己的绣花。绣的花、做的鞋垫等都是自己家里用的,没有往外卖的。1949年以后到改革开放以前,公社都会给各家发些布票、粮票、肉票的,有时候不够用可以跟宽裕的人家里去借,等下次再去还,我们家孩子多,所以布票是不够的。

五、农村妇女与国家

（一）农村妇女认识国家、政党与政府

1949年以前我是知道孙中山、蒋介石的,解放前有那种黑白无声电影,所以都能看见孙中山、蒋介石的,我就是这样才知道的。蒋介石是国民党头头,为了争地盘,被赶去台湾了嘛。现在国家主席是习近平,他的媳妇是彭丽媛,这些都是我从电视上知道的。

1949年以前,国民党知道的,国民党坏呗,那时候打人就往死里打,不心疼群众,所以被赶到台湾了呀! 1949年以前我不知道伟大的共产党,直到解放后才知道的。我小时候是战争时期,哥哥们被抓去当兵了,经常听见打仗炮火声,那时候就听说闹革命的。也参加过开会,开会主要讲共产党政策好,大家要好好干活,幸福的日子马上就要来到。

参加过识字班和夜校,但是也白去了,学会的字不复习又给忘了。

我的丈夫就是党员的,他当时在兰州部队,由于他是本地人,所以由他把兵带到青海省贵德县,就在贵德参加工作,后来不久就入党了。我觉得党员就是知道的比较多,觉悟很高,做事能力比较强。1949年以前没有见过干部啊,就是在解放后开会啥的见到的干部。1949年以后女性也能当干部,那时候妇女当干部的还不少,她们都特别的优秀,能干事、会说话。计划生育就是中国人太多,计划生育限制人口增长,减轻国家负担和家庭负担。

1949年以前我没有参加过保长、甲长的会议,因为那时候我还小,不知道什么,都是我的父母亲去参加的,选个什么代表的。国民党时期妇女也要交柴草费、粮食税等等。

我没有裹过脚,当时父母也不是很封建,所以我们姐妹们也没有裹过脚。解放后我也剪了短发啊,当时算是政府号召的,而留短发、戴顶帽子成了社会的一种风气流行起来。

（二）对1949年以后妇女地位变化的认知

妇联就是在解放后听说的,妇联专门为妇女们服务的。解放以后妇女的地位慢慢就上升了,社会都在倡导男女平等,丈夫不能打自己的媳妇儿等等。1949年以后,大概是(20世纪)70年代,儿女的婚姻都是由他们自己决定,父母亲一般也不会做太多的干涉,他们的婚姻都是自愿的。个人感觉是现在的自由恋爱好,原来包办的婚姻,不愿意的也得去。1949年以后,政府和村里的干部管男人打女人的事,解放后男人打女人的也很少了,打媳妇的话就会受到公社的批评。

和我小时候比的话,政府更重视教育了,都要求各家的孩子都去上学,但那时候大家都比较封建,认为女孩上学没什么用,不让女孩上学去。

现在村民代表里有妇女干部,乡里、县里、国家政府都有妇女,而且妇女有代表到政府上去说话。

（三）妇女与土改、互助组、初级社、高级社

土改时我家成分是贫下中农,当时土改工作队来我们家分地,大家都非常的高兴。而当时斗地主我也看到过,打人游行等,斗得比较厉害,所以父母一般不让我们去。

当时村里也有土改工作队的,而且也有女队员,那些女队员都是办事能力特别强的人。土改中妇女翻身解放,得到土地,地位也明显上升。土改中冒尖当村干部的妇女都是能说会道、办事能力强,能够给大家全心全意办事的人。

参加互助组、合作社时期,当时就是几户人家一起成立一个互助组,一块干活互帮互助,共同完成大队分配的任务。合作化时期,入社的妇女都得下地干活了,以前从来不下地干活的妇女也下地了。

在生产队干活时,有包工和散工之分,包工的话就大家一起干活,散工就是自己单独把活干完。而相应的包工分是比较多的,散工分比较少。给你分到包工时,能够早些完成任务,完成就可以回家的。互助组和合作社时期,男女干完活的工分是不一样的,男子干活得到的工分会多些,妇女们就会少些。因为男子力气大干的活多。那时候共产党的会多,妇女会参加的,而且能说会道的妇女会发言的。

(四)妇女与人民公社、"四清""文化大革命"

1.妇女与劳动、分配

当时人民公社时期,女子们一天工分就差不多是十分吧,干活比较卖力的就能挣到十四分。当时的劳动工分一天没有低于五分的,下雨天不去上工。每个人平均是十分,干得比较卖力的会得到十四分多。生产队分的口粮、油等,各家都不一样的,有些家里没有劳力就会分的少一些,当时我们家六口人一年分了十二斤油。我认为分田到户自己干好,那样的不仅自由而且大家都有拼劲了。

2.集体化时期的性别关照

人民公社时的集体生产劳动对妇女的生理周期有照顾的,但是生育时期如果不去劳动,就没有工分会饿肚子的,而生产队里会给安排离家近的活去干,这也是最大的照顾了。

3.生活体验与情感

(1)大食堂。做饭的人必须是贫下中农,成分高的话就不会让你干的,食堂做饭拿的分还都是高工分。原来用于做饭的时间,没有休息着,吃完饭就是上工,没有休息时间,地里拿来以后打给的饭。

(2)"三年困难时期"。"三年困难时期"肚子饿死了,我们庄子上饿死了好多人,去地里挖野菜吃,政府也没办法。当时上报粮食产量的时候就是吹牛,往上报说这亩地打了一千斤,其实我们只打了六百斤的,这就是当时的浮夸风啊,那些粮食征完后,百姓就没有吃的了。

(3)文娱活动与生活体验。那时候有大集体时的公社有集体活动,比如节日庆祝,或村里有唱戏什么的,都会组织大家来看。

4.对女干部、妇女组织的印象

那时候有大集体时的公社有集体活动,比如节日庆祝,或村里有唱戏什么的,都会组织大家来看。公社或大队有妇联的,他们经常组织着开会,然后宣传党和政府的政策。

5."四清"与"文化大革命"

还记得"文化大革命",当时"文化大革命"残害的干部也比较多,好干部被迫害了,没有的事情会无中生有,有些人都被逼得自杀了,所以"文化大革命"那十年还是比较混乱的。"文化大革命"破"四旧",我家的银圆、书籍等都被烧了,这都是上面要求的,不烧是不行的。

(五)农村妇女与改革开放

土地承包分配土地的决策过程有妇女参加的,土地承包分配土地的决策妇女也参加了。妇女也平等的分到了土地,土地证上写的是我丈夫的名字,而几口人的都会写的。我没有参加过村委会的选举,那些都是丈夫去的,我没有参与过。

计划生育是因为国家人口太多,国家为了减轻家庭负担才采取的措施。现在政策对老年人特别好,农村男女老人都可以获得每月的养老金。

我是通过看电视了解国家政策的,我现在家里有座机,接电话我会,手机我没有也不会用的。那个网络我不会用啊,我看儿女们都会用呗。

六、生命体验与感受

这一辈子感受深的故事倒有一个,我的大女儿在西宁二医院当护士,和丈夫闹了矛盾,没有想得过,后来自杀了,这是我一辈子忘不掉的(奶奶很悲伤地说出了这个故事)。再就是我们那个年代是比较苦的,苦日子过多了,所以现在的好日子是特别珍惜的。

XWP20160801LYC 李玉春

调研点:青海省海东市乐都区洪水镇大寨子村
调研员:徐文鹏
首次采访时间:2016 年 8 月 1 日
受访者出生年份:1934 年
是否有干部经历:否
是否生育:是
受访者结婚的时间节点、生育子女的具体情况:1954 年出嫁;有三个儿子,一个姑娘,生第一胎的时候二十一岁。
现家庭人口:2
家庭主要经济来源:退休工资
受访者所在村庄基本情况:大寨子村位于山坡之上,四周地势略低于村子,但起伏不大,排水通畅。该村其余较好的田地则用来种植粮食和庄稼,部分偏远贫瘠的田地则被闲置。村中的年轻人基本都外出打工,且经常一起外出到同一个工地打工。村子风气较好,村民勤劳、进取、团结,经济条件不是很好。这里气候干旱,雨水较少,四季分明,多半是汉族,少数民族基本已经被汉化,少数民族特征不明显。这个小村庄村民大多是祖辈一直在这的,多种植小麦、土豆、大豆等,基本上都养家猪、家禽等以供自需。多以外出打工为主要经济来源,人地矛盾缓和。
受访者基本情况及个人经历:李玉春,1934 年出生。刚出生时本叫探春,名字是父亲给起的。后来上学后,老师给改名玉春。名字的意思就是梨花遇到了春天,原来的探春意思是在三月生的,春天的花儿刚开的。那时候兄弟姐妹的名字也是按这个辈分起的,两个妹妹还是她给起的名字,大的妹子叫李玉莲,小的妹子叫李玉秀,当时家里姊妹三个,家里大概有十几亩地,土地改革期间家里被划为贫下中农。二十岁时出嫁,当时已经合作化了。土地改革的时候还是中农,丈夫家里有一个哥哥、一个姐姐,他是最小的,抱养的没有。有三个儿子、一个姑娘。生第一胎的时候二十一岁,但是第一个孩子出了麻疹不幸去世。

一辈子最难忘的就是初中上课书念着念着失学了,当时念的初中就是现在的一中。后来过了几年又去上学了,最后努力考上了青海师范大学,毕业后分配到了山上当老师。

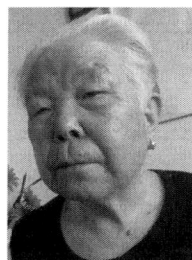

一、娘家人·关系

(一)基本情况

李玉春,我是1934年出生的,今年八十二了。刚出生本叫探春,名字是父亲给起的。后来上学后,老师给改名玉春。名字的意思就是梨花遇到了春天,原来的探春意思是我在三月生的,春天的花儿刚开的。其实我感觉还是原来的探春好。那时候兄弟姐妹的名字也是按这个辈分起的,两个妹妹还是我给起的名字,大的妹子叫李玉莲,小的妹子叫李玉秀,当时我家也就我们姊妹三个。我们家是三个女儿,我是老大,我有两个妹妹。家里大概有十几亩地,土地改革期间家里被划为贫下中农。我是周岁二十,虚岁二十一出嫁的。当时嫁过去以后已经公社化了。土地改革的时候还是中农,丈夫家里有一个哥哥,一个姐姐,他是最小的,抱养的没有啊。我有三个儿子,一个姑娘。生第一胎的时候我二十一岁吧,但是第一胎养的死掉了,出了麻疹不幸去世。

(二)女儿与父母关系

1.出嫁前父母与女儿关系

(1)家长与当家。娘家家长就是我的父亲呗。如果爷爷去世,奶奶也可以当家长。我父亲是1988年去世的,享年七十七岁。去世以后,我妹妹是招女婿,再就由妹妹她两口子来主事。家内的日常事务主要是我父亲当家,但都是两个人商量的来。

母亲在家就是给娃娃们穿给些,做饭吃,家里养鸡养猪都是她的事,父亲就是在外面地里干农活。

(2)受教育情况。在娘家我读过书,就是父母亲供读了。我是读的中师(师范类),小学毕业以后,就考到了一中。1957年就是公社化了,土地全部公有,1958年开始吃集体化食堂。1958年也是我们青海大铁路开始修了,需要劳力,年轻的劳力都修火车路去嘚,稍微岁数大点的就在家里收庄稼。两个妹子没有念书,因为那时候生活紧张家里没劳力,父亲腿有伤,母亲患有胃溃疡,当时我父亲被派去修铁路了,后来我也帮着去修铁路,修了大概两个多月。

(3)家庭待遇。家里吃饭女孩可以上桌,父母亲一块都再没管着,不像婆家里和公婆吃饭要分开的,自己家里是不管的。过年时没有压岁钱啊,那时候困难的很,肚子吃饱就很好了。压岁钱就是到现在娃娃经常给得多,就和你们差不多。

(4)对外交往。过年的时候女孩也是可以跟着父亲去给村里人拜年的,一般都是给左邻右舍、家里人去拜年的。如果家里来客人,一般由父亲作陪,而母亲负责做饭炒菜。

(5)女孩禁忌。女孩差不多十五岁多就不能去外面串门,我一般随便人家里也不会串门的。在家里犯错了如果严重的话,就会把你打上一顿,轻微的话也就是说你几句骂你一顿。女孩子的衣服可以和父亲的晾在一起,一般一件衣裳脏了的话会自己洗晾,一堆也没放着,再说穿的衣服也不是很多,跟父母亲的一块也不会洗。

(6)"早夭"情况。1949年以前,男孩夭折,不会办丧事的,而更不会入谱什么的。

(7)家庭分工。在娘家时,女孩一般就是烧饭烧炕,那时候我在念书也没有去过地里,我的两个妹妹十二岁多就得去地里干活。在娘家时,绣花、做鞋会也会点,但是整体也没曾学过,那个时候生活困难,父母亲害怕我们把布匹给弄脏了,就母亲自己做。后来我自己自学会了,衣裳裤子自己都能做,给自己娃娃做。

(8)家庭教育。女孩在家不能大声喊叫,不可以随意出门去玩,更不能和村里男孩子一块玩。如果犯错了,就会被父亲责罚的。未出嫁前父母没有给我庆过生日,因为家里困难,不会做那种事的。

2.女儿的定亲、婚嫁

婚嫁习俗。那时候定亲岁数还小,十七八岁就开始定亲了,二十多岁就已经是大姑娘了。娃娃亲是小时候你家和我家好,你家的儿子和我家的丫头以后就联姻说着,我们村里一般也没有娃娃亲。父母要请媒人说煤,一般男方家一个,女方家一个,主要也就是男方家那边的,不用写婚约的。生辰八字要管,也要看属相是否合适,而且人们特别注重属相。一般彩礼也就是一百多块钱,送几匹布,随便的棉布,生活紧张的话,还用丫头们换吃的。比如说城里土地窄,产量不高,山里土地宽,粮食、洋芋都比较可以,所以说生活紧张困难时,丫头们嫁到山上去的就比较多,两口袋洋芋、一口袋麦子就这样换着呗。彩礼是媒人和家里的人来送的。定亲之后,还是可以悔约的,女方不愿意的话把彩礼全部退回,男方不愿意的话,彩礼是不会退的。定亲后,男女双方不可以见面,但是解放以后是可以见面的。结婚时婚书不用写。当时离婚的话就是一纸休书,政府是不管的。现在婚姻法规定,必须要领结婚证的,如果双方不愿意的话就得去政府办理,私下就是不成文的。出嫁那天,送嫁的人就是媒人,自己的父亲,再就当家子的伯伯。出嫁的时候,娘家也摆过宴席,就是女儿席,庄邻们还是要添香的。一般也就摆个两三桌,不像现在这么奢侈。我们结婚时困难得很,陪嫁就是娘家里给了点布票,扯了点布,我就做了一套衣服,再啥都没有。出嫁前织布、干农活赚取的收入还是娘家的,就是做的鞋自己还是带走的,相当于陪嫁。姑娘嫁出去以后,在三天后回娘家看看,但我们家比较远,那种规矩再取消掉了。出嫁的女儿不能在娘家吃年夜饭,三十儿晚上就得待在婆家里,(如果待在娘家)娘家过得会越过越穷,这个也就是迷信的说法啦,出嫁的姑娘也不能回娘家拜墓。出嫁后的姑娘一年中,就会在端午节、中秋节会去娘家的。近的话,就会带着娃娃去走娘家,远的话就不会全都带回娘家。礼物就是带些馍馍,再慢慢地,就是饼干、包包、罐头。条件好点的家里,就是把一包茶分成四块给亲戚带去,困难的家里把一包茶做碎,然后一点一点包起来。

3.出嫁女儿与父母关系

(1)财产继承。出嫁后我就不能分父母的财产了,都给我妹妹了,因为她是招女婿。

(2)婚后与娘家关系。嫁出去的女儿不能管娘家里的事了,如果兄弟哥哥有的话,他们会管的。嫁出去的姑娘都是婆家的人了,(娘家)是不能管。娘家有困难的话还是要帮助的,像我后来当了老师后,有钱的话我会娘家帮助,再者这个还是要看人的,女儿把父母亲心疼,而且家里条件也可以的话,就会给做个衣服。家里困难的话,就给做个针线鞋就非常好了。女儿与丈夫闹矛盾的话,回娘家的也少数啊,回娘家的话也是丢人的事。实在是家里有很大的矛盾才会去找娘家人做主,一般的小吵小闹也是不会回娘家的。那时候丈夫打了媳妇几下,媳妇们也是忍让的,不会告诉娘家。

(3)婚后尽孝。出嫁的姑娘要回家给父母祝寿的,像我们南山四十九、六十一的寿没管着(不在意),那面北山里把四十九岁的寿管着好。我在马厂、老鸭(地名)教学时,四十九岁的寿都贺的。父母去世,报丧会通知丫头,那时候专门来人去亲戚家报丧,没有手机,通信不方便。出嫁的女儿戴孝就是大头,丈二的白布做好的帽子给女儿们戴上。丧葬费用都是我们姊妹三个来管的,一般清明不会去娘家上坟的,会去婆家上坟。

(4)离婚。像我们这个年纪的,离婚的话还是比较少的。

(5)婚嫁习俗变迁。原来我们的婚姻都是包办,不像现在是自由恋爱,原来我们那辈人的彩礼陪嫁很少的,现在越来越好了。

(三)出嫁的姑娘与兄弟姐妹的关系

出嫁后因为家里是三个丫头,所以我们姊妹经常联系,关系还是很好的。姊妹三个,老大妹子出嫁了,老二妹子招女婿,所以都是住在父母家里。一般情况下,娘家的大事情会请我去讨论,大家都是商量着来。

姑娘回娘家拜年,通常是正月里初三四去,也不一定是这一天,家里有紧急的事情也会推迟去的。礼品那时候就是冰糖、饼干包包,现在生活条件好了,拿的礼品也就重了。

二、婆家人·关系

(一)媳妇与公婆

1.婆家迎娶习俗

结婚时婆家里条件困难,三间房子,哥哥两口子住的是橛子(木桩搭的棚子),公婆单独住着,院子也比较小。我结婚以后,常年在外面工作,暑假寒假回婆家住住,家里也还是主要种庄稼。当时我丈夫在三中教书,家里没有面,学校食堂里打了几斤面,包了几个菜包子,擀了两张饼,就把我的叔叔们、丈夫的同(事)招待了一番。当时公婆离我们比较远,结婚第二天给公婆磕头请安,再就取消了,我在瞿昙①结的婚,离婆家本家比较远,到了假期才和丈夫回去。

2.分家前媳妇与公婆关系

婆家里家长就是公公,家里的事务公公说了算。每年过年我们待三天就走着呗,亲戚家里都没空转去。嫁到婆家后,公婆都是在地里劳作的,而我要去学校教书,等到假期回家来帮他们干活。1949年以前,村里还是有婆婆虐待媳妇的,有些婆婆很强势,儿媳是不能反抗的,不然丈夫夹在中间也不太好。我与婆婆的关系挺好的,我也经常不在家在学校呗,去婆家相当于是亲戚啊,关系肯定好。家里与外交涉的事一般就是公公出面,我们不用管。丈夫与公婆有矛盾的话,有时候我也会调解的,我是一名人民教师,会站在双方的角度去调解。1949年以前媳妇是没有财产权的,丈夫是有财产权的。

端午、八月十五这些节日到了的话都会去娘家看望父母,而在大年三十是不能去娘家的,得在婆家和家人一起过的。

3.分家后媳妇与公婆关系

分家的时候我在学校工作,也没参与啊。当时分家时我大哥想用工分来分家,后来这种做法不太好,公公说按人头来分,后来老大和公婆就分开住了。那时候公婆老了以后就是我和丈夫两个人赡养,所有的费用都是我俩出。公公1968年去世了,婆婆1976年去世了,当时生活困难,也没有贺寿啊。公公和婆婆去世,墓地男子在左面,女子在右面,都是庄子上邻舍来抬着埋葬。1949年以前,离婚的很少啊,感觉这是很丢人的事,两口子会吵嘴闹矛盾,但离婚的很少。

---

① 瞿昙,地名,青海省海东地区乐都县辖乡。

(二)妇与夫

1.家庭生活中的夫妇关系

(1)夫妇关系。与丈夫是结婚那天才见面的,与丈夫婚后的称呼,名字上没叫着,就是在叫对方时,就喊"哎"一声,娃娃们生下以后,就按娃娃们的辈分喊。

(2)家庭地位。生第一胎时,丈夫在马营教学,我在马厂教学,当时自己把石头拉来,盖了两间房,做了个大门,窗子就是老式的窗子,盖房子这个事情还是我俩商量着来了。一般家里饭不够吃,我们家里还是一视同仁的,尽量保证每个人吃饱。但生活紧张时,有些家里还是有让儿子先吃饱的风俗,有着重男轻女的思想。

(3)家庭分工。我和丈夫一般也是不干家里的农活的,因为我俩都是农民教师,需要抓教育,经常在学校住着。

(4)丈夫权利。厨房的事必须是媳妇们做,男子们是不去厨房的。还有烧炕、喂猪都是女人们来做的。

(5)家庭虐待与夫妻关系。1949年以前,丈夫打骂妻子的情况还是常见的,而解放后丈夫打媳妇还是少了,现在社会慢慢少了些。现在丈夫要是打媳妇的话,人家还不在家做跑掉了,出去在外面打工,那时候女人跑出去感觉就是没地方可去,因为没有家。1949年以前村里公认的好媳妇就是孝顺公婆,能干家务劳动,尊重父母亲,在外面出门以后和群众关系好。1949年以前女人自己主动提出离婚的很少,那时候离婚是一件比较羞耻的事情,两人会吵架干仗,但不会闹到离婚的地步。

(6)财产与收入。我和丈夫当老师时挣的工资基本上一样,他还稍微比我多些。

(7)日常消费与决策话语权。家里的日常消费支出主要还是由丈夫说了算,我也是懒得管。1949年以前,妻子未经丈夫允许,自行前往市场买东西都会说一声的,然后就会去市场买点东西。

2.家庭对外交往关系

(1)人情往来。家里的人情往来基本都是丈夫出面的,而庄子上有出月子的话是我去的。家里有客人的话,我也会一同上桌吃饭的。1949年以前,如果是妻子出面借钱,对方还是会借的,因为大家都是邻里住着,借完会很快地还嘛。

(2)人际交往与出行。朋友我也有的,就是我一块教学的老师,还有我的同学。1949年以前,平时大门好好没出着,远门也没地方去。1949年以后,生活也好多了,退休以后,浪①的地方也很多了,第一次是海南岛,去过青岛、大连,还去过上海、无锡、徐州、浙江,最近去逛了厦门。

(三)母亲与子女的关系

1.生育子女

生育习俗。生儿生女都是一样的,我没有那种重男轻女的思想,我的四个孩子就生了四个丫头,还是很好呗。老大丫头在省医院当护士,老二丫头今年大学毕业了,老三丫头上高三今年高考,老四丫头在天津上大学。我们家里没有那种想法,生儿育女呗生啥就是啥。庄子上还是有很多家,生儿子高兴生女儿难过,把媳妇看不起。家里对待男孩、女孩都是一样的,没

---

① 意指去游玩。

有什么不同,因为我觉得男孩女孩都是自己的亲骨肉,没必要分得很清。

我的儿女们都上过学,现在都工作了。老大在检察院,老二在水电局,老三在公安局,丫头教学着。因为我俩都在教学,工资还可以,就把所有儿女供着读书,全都上大学了。儿女定亲时八字、属相还是会管的,但主要还是他俩感情合得来,情投意合,家里人还是非常支持的。儿子们都是上班着,结婚的话都是自己买房的,没有盖房子。儿女的婚事是自由恋爱,他们互相愿意。

2.子女婚嫁后与母亲的关系

儿子结婚时媳妇还是要拜公婆的,婆媳关系还是很好的。儿子和我也没有分家的,因为他们都工作了,结婚都是自己买房。女儿的聘礼是八千多,我的丫头和老三媳妇是一样的。陪嫁就是电冰箱、电视啊,她结婚的时候生活已经比较可以了,都是这样陪着。与已出嫁女儿关系。当时孙子带了一个,是老二的丫头,老大的因为当时我在山上教学,大孙女她外奶奶带了,老三的女儿还是她外奶奶带了。现在我和丈夫单独住着,丫头们家里也没去着,他们几个都在附近住着,他们周末都来我家,我们也不会去儿女家,因为他们天天上班都比较忙,我去他们家平时也没啥人,没意思所以也是不去的。

三、妇女与宗族、宗教、神灵

(一)妇女与宗族

1.妇女与宗族活动

村里以前有宗祠、祖堂、家祠,我们本家没有。1949 年以前,如果丈夫不在家,妻子能代表丈夫参加宗族会议的,因为每家都必须去一个人来听听讲了啥事。出嫁时也会去祠堂给祖宗烧纸,表示要出嫁了,宴请本家的长辈和村里的近邻。

2.宗族对妇女管理与救济

(1)宗族与生育、子嗣繁衍、财产继承。生男生女都是添丁入口,而如果家里只有女孩没有男孩,在族里还是有些不太好的。

(2)祖规与妇女。宗族里是极力反对近亲结婚的,因为那是不对的。如果本族的外嫁女在外受到欺负,一般也不好管。

(二)妇女与宗教、神灵、巫术

求雨、求丰收的话会拜龙王爷,男女都会来上香点灯,祈求来年有个好收成,求子的话妇女们会去庙里拜观音菩萨。事关求得平安的神灵,妇女男人都会来做的,因为那时候科学不发达,大家都还是比较迷信。事关生育、婚姻有妇女来做,一般不会让外人来参加。家里没有供奉家神,但一般在初一、十五的那一天,我都会上香点灯。

迷信不信吧好像有里唩,信吧又没有。反正我也不是不信,也不全信,像上香磕头的我都是不去的,庄子上还是好多还是比较迷信的。

四、妇女与村庄、市场

(一)妇女与村庄

1.妇女与村庄公共活动

(1)村庄活动参与。出嫁前,村里有啥大活动我也都会去的,看皮影戏、正月十五闹社火等都会去看的,都是和父母亲一块出门的。

(2)开会。出嫁前我不会去参加村里会议,那时候还是丫头时期,人前是不能乱跑的,村里开会都是我的父亲去。

(3)对村庄绅士、保长、甲长的印象与接触。出嫁前,本村的绅士、保长、甲长是谁都不知道啊,因为还小也不关心那种事。出嫁后我去学校工作,常年不在家里待着,所以也就不知道婆家村里的保长、甲长了。

2.妇女与村庄社会关系

(1)村庄社会关系。在娘家有一块从小玩大的女伴,我们会在一起踢毽子、玩毛蛋,就是在家门口玩,不能玩得太远,也不和男孩子一块玩。女伴出嫁,我也会去陪伴她的。新婚后我也要拜访邻居,和丈夫一起去的。

(2)务工与报酬。妇女一般会忙家里的活,烧饭、烧炕、喂猪等等,也不会跑去外面挣钱什么的。

(3)聚集与活动。玩得好的妇女平时一般会在大门口聊天,前提是得把活干完,都会聊些家长里短。关系好的妇女在一起,大家都是一样的平等。

(4)妇女矛盾调解。村里妇女与妇女之间吵架,左邻右舍会来调解,尽量大事化小、小事化了。

(二)妇女与市场

女性前往市场购物,合作社是不能赊账的,就那么一个铺子,大家人也特别多,赊账的话是不行的。1949 年以后,女性的地位也是上升了,外面听戏聊聊天还是可以的,但是还是有些家庭比较封建,还是不让媳妇出门的。

1949 年以后到改革开放以前,在集市那时候啥东西也没有啊,也就随便买点油盐酱醋的小东西。那时候农村里也就发点布票,城市里才发肉票。清油是一个人半斤,拿上粮本去粮站,面是一个人二十八斤面。在马厂教学时,供销社跟前的很呗,需要啥就去买了。

五、农村妇女与国家

(一)农村妇女认识国家、政党与政府

当时蒋介石为政权让国民党打共产党,这个国民党哩是比较坏的,像现在大陆和台湾的关系想搞好,但是民进党却不愿意啊,就要搞台独。解放前国民党散布谣言说共产党的坏话,给群众说错误的坏话。我们青海解放也比较迟,闹革命的人也比较少,主要那时候抗日战争先在东北开始呗,继而在华北展开,我们这里比较偏僻,灾难也很少受过。青海马步芳的兵白天是兵,晚上是贼娃,就知道抢偷百姓东西。

我因为念过书,所以没去识字班、夜校等等,那时候识字班老师也都是初高中水平的。参加工作以后我是共青团员,但党员没入。认识的人中有党员的,家人中丈夫就是党员,现在我的儿子们都是党员。我觉得以前党员就是贡献大些,现在党员的话也都一样。村里的干部我没当过啊,当了一辈子的老师。共产党开会也会去开的。有大活动组织准备,学习毛主席语录。学习时事政策,像我们老师当时就是每天学习政策。

那个解放时就是有妇联的,我在学校也没参加过妇联工作。妇联同志能更好地帮助大家,做好妇女的工作。

乡里的妇联主任来我们大队了,做秋收征粮工作,那晚她住在了我们家,晚上我和她讲起了我念书的经历,妇联主任说我不念书太可惜了,以后没前途。她是从部队下来的,是小学文化,人比较干练,她很惋惜我,后来我就去三中插班上学了。

政府号召废除包办婚姻,鼓励自由恋爱好,国家婚姻法有了规定,还是自由恋爱好。1949年以前我没有参加过保长、家长开的会议,因为那时候还是丫头的时候,岁数很小的。国民党时期妇女也要向政府交税,和男子差不多的。裹脚时期是很早的,是清朝时期的,把脚裹得特别小,走路都不行,裹得好的话还是可以走得比较好,我们婆婆是裹脚了,就这么一点,但她走路还是不错的,但是我没有裹过脚啊。经过政府号召,解放后就剪了短发,当时特别流行剪短发来着。

(二)对 1949 年以后妇女地位变化的认知

男女平等、妇女能顶半边天就是解放后说的,解放前婚姻是父母包办的,解放后就是男女平等。婚姻是自由恋爱,但是当时刚刚解放后,大部分的思想还没转过来,还是父母来包办婚姻的。慢慢地,一代代就在变化。

政府和村里的干部会管男人打女人的事,这个和现在一样啊,打媳妇告到乡政府是会管的。而一般两口子打仗也不会去状告乡政府,很快也能和好。1949 年以后,妇女在宗族地位也上升了,说话什么的也好使了。

与我小时候相比,女孩子在接受教育上有所改善,这和政策是分不开的。现在都想把娃娃们念哈给个书,山里的人在城里租房子来供孩子读书,以前哪有这样的,原来学校那么近,都是不愿意让孩子上学的,说明人的思想跟着社会发展在变化。

现在在村里、乡里、县里、国家都有妇女当干部,解放后妇女的地位上升了。

(三)妇女与土改

土改工作队到过我家的,当时还得喊口号,斗地主把地主拉到主席台上,然后大家来斗,农民翻身做主人。土改没有给我家分,因为我们家是中农呗,都是给贫农分的。那时候给他们分地、分房子、分东西。妇女们要参加的,讲求男女平等。分地的时候还是按人口分的,男女分到的都是一样的。村里有土改工作队,也有女队员的,当时大家都是公平来分土地的。土改中妇女也可以分得土地,而且地位也发生了变化,妇女当家做主人了。我没有当过村干部,当时冒尖当村干部的妇女都是那些能说会道的,而且都得是贫农的。

(四)互助组、初级社、高级社时的妇女

互助组就是几家一个组,来互相帮助干完地里的活,合作社就是大家一起集体化合作干活。互助组时期,男女分工干的是不一样的,男人都是干一些比较重的活,妇女就会干的轻一些。

妇女要下地干活,多半是妇女干着。互助组和合作社时期,男女没有明确的分工,都是混合做的。地里的活要全部干完,什么时候干完什么时候回家,干完的人就可以早走啊,有时候干不完的人要吃完饭干也行,干不完那些分配的活就是没有工分的。

那时候共产党的会多,妇女会参加的,解放后妇女是可以发言的。

(五)妇女与人民公社、"四清""文化大革命"

1.妇女与劳动、分配

男女没有明确的分工,都是混合做的。当时妇女们在集体地里做事比在自留地里马虎一点,耍奸的人也有好多,嘴巴会说的人干的活少,但是得到的工分多,有些老实人干活卖力,得到的分也就一般般。工分与同工同酬。那时候工分多半人都是八分,干得很好的人就是十二分多,非常泼辣、能干活的人也有的。生产队分的口粮、油等,男女都是一样的,都是按人口分的,当时我家的粮食也刚够自己家里吃的。

2.集体化时期的性别关照

如果要做月子的话,生产队都会给假的,

3.生活体验与情感

吃食堂时,家里的铁锅、铁铲全都交出去了,原来我家的大铁铲、大栏板去上交了,后来东西去哪儿也不知道了。1959 年公社化,我们在吃大食堂,1961 年非常困难了,食堂也吃不起解散了,再就自己过自己的日子了。当时草根、树皮都吃了,榆树皮子挂完煮着来吃。那三年饿死的人也多啊,当时我家吃的虽说不好,但也能填饱肚子。一个庄子饿死的话,抬得人也没有啊,都没有棺材,挖个坑就埋了。那时候有大集体时的公社有集体活动,比如节日庆祝,或村里有唱戏什么的,都会组织大家来看。

4.对女干部、妇女组织的印象

(1)铁姑娘。铁姑娘队是专门修梯田、修路,全都有专门管理,男女分开干分开管理。

(2)对妇联的印象。公社的妇联主任来我们大队了,做秋收征粮工作,那晚她住在了我们家,晚上我和她讲起了我念书的经历,也聊起了她的经历。

5."四清"与"文化大革命"

"文化大革命"1966 年开始的,那会我在马营教书着。当时整的人也比较多,农村里就主要在斗"四不清"干部,生产队的干部比较坏的也会批斗的。当时以江青为首的"四人帮"是很坏的。"文化大革命"破"四旧",就是把旧东西烧掉,破除迷信,把佛像砸掉。把当时的历史书、医学书等文物都烧掉了,不烧的话是不行的。我们学校的书没有被烧,学校是个清水衙门,也啥事没有。

(六)农村妇女与改革开放

土地承包分配土地的决策过程有妇女参加的,妇女也可以公平的分到土地,而且土地证上也会写她们的名字。计划生育是因为国家人口太多,而粮食不够,家庭负担太重,才出台的政策。了解国家政策就是在电视上看的,网络不会用啊,我连个手机不会用。买了个老年机,怎么用它也不想学,岁数大了学完也容易忘记。我现在看个电视的话,就想看个历史片,了解以前的生活是怎么样的,人与自然关系是怎样的。而且战斗片也想看着,再其他的篮球运动的话不想看。

六、生命体验与感受

一辈子最难忘的就是初中上课书念着念着失学了,我当时念得初中就是现在的一中。后来过了几年又去上学了,最后努力考上了西宁师范,当时考试也不好考,我们一块考上师范的只有四个,毕业后分配到了山上当老师。像我去的学校当时是个小学校,一个学校六个老师,好几个都是民办老师。而我教的学生多啊,当时马营第一批学生也都已经六十好几了,洪水店子三年,老鸭六年,马厂六年,马营五年,高庙上来的八年。当个老师也是挺好的,和小人(孩子)们在一起,看着他们活泼可爱的成长也是挺好的,这是我最喜欢的职业。我在高庙教的学生从一年级到六年级带出去了,离别的差不多三十多年了,前两天我的学生们还看望我。这两天我在看电视剧《海棠依旧》,专门演周总理的,1972年得的癌症,1976年元月份去世了,做了五次手术,哎,领导(人)们真的是好伟大。毛主席去世那年我记得,我们一个老师结婚,我们去恭喜,席吃到半路,收音机听到毛主席去世的消息,告诉大家了以后,所有人马上停止宴席,来哀悼毛主席。

XY20160629LAQ 刘爱清

调研点：河南省焦作市修武县王屯乡周流村

调研员：薛洋

首次采访时间：2016 年 6 月 29 日

受访者出生年份：1939 年

是否有干部经历：否

是否生育：是

受访者结婚的时间节点、生育子女的具体情况：1958 年十九岁结婚；1963 年生第一个孩子，共生三男两女五个孩子。

现家庭人口：2

家庭主要经济来源：退休金

受访者所在村庄基本情况：周流村位于河南省修武县南边，气候类型为温带季风性气候，地处华北平原之上，土地平整较为肥沃。距离修武县城 5 千米以内，有 S233 省道和 X101 县道从该村通过，交通便利。周流村原名周村，最晚在唐代初期就是一个以周姓为主，具有相当规模的宗族聚居群落。其村名最早出现在唐代麟德元年（664 年），该村西明寺一通碑记录。当前周流村约有四千人，其中薛姓为主，其他有李、姬、徐等姓氏，薛氏宗族祠堂位于修武县东郇封村内。由于村土地较大，因此人地矛盾并不明显。土壤肥沃，在土改时期农业生产相对较好。

受访者基本情况及个人经历：老人名叫刘爱清，1939 年生于河南省修武县王屯乡东黄村，幼年时家庭状况相对较好，因此在村里上过几年学。正是在上学期间老人给自己起了名字，因爱好清洁，所以老人叫刘爱清。家中有一个兄弟六个姊妹，父母思想相对开放，对待几个孩子并没有太大不同。土改的时候家里划分成分是贫农，又分了几亩地、分了些东西，后来因为家里劳力不足，老人又是老大，因此退学开始劳动。十九岁的时候跟老伴结婚，丈夫家里也是贫农，丈夫有两兄弟三姐妹，丈夫在焦作工作。大概是二十四岁的时候老人生下第一胎，此后一共生了三个男孩两个女孩，如今也都各有各的生活，家庭较为美满。老人现在与老伴共同生活，其老伴的退休金丰厚，且几个孩子都比孝顺，因此老人现在的生活富裕、美满。

一、娘家人·关系

(一)基本情况

我叫刘爱清,1939年生于河南省修武县王屯乡东黄村,幼年时家庭状况相对较好,因此在村里的时候上过几年学。正是在上学期间我给自己取了名字,爱好清洁,所以我叫刘爱清。家中有一个兄弟六个姊妹,小的时候父母思想相对开明,对待我们几个人并没有太大不同。土改的时候家里被划分的成分是贫农,又分了几亩地,分了些东西,后来因为家里劳力不足,我又是老大,因此退学开始劳动。十九岁的时候跟老伴结婚他家里也是贫农,不过人家家里原来其实条件也可好嘞,俺老伴那时候搁焦作工作哩,他家一共两个儿和三个闺女,人家很早的时候家里也是可多房子和大骡大马的,后来害怕土改,都叫人家哄走了。结罢婚一开始由于丈夫在门外工作,所以(我)并没有直接过来生活,而是在娘家劳动,后来生头胎的时候,大概是二十四岁的时候,此后一共生了三个男孩和两个女孩,如今也都各自有各自的生活,家庭也较为美满。

(二)女儿与父母关系

1.出嫁前女儿与父母关系

当我还是小孩子的时候俺爸老是过年后一过清明节就出去给人家东家打工,家里有啥事咯,就都是俺妈出面,我搁家就管家里面的琐碎的事情。小那时候我一开始还去上学嘞,后来弟弟妹妹都还小,家里劳动力不足,我就下学招呼,俺妈下地劳动。那时候俺家相对来说还是比较开明哩,俺妈也没有说重男轻女,对俺这几个孩们都是差不多,家里穷,那也都是谁没有衣裳、谁没有啥了就给谁置。我小那时候就已经没有那么封建了,家里面也没有太说不叫这闺女们出来耍,过年咯俺也是该去拜年就去了,没有限制说这活动啥的。那时候晚上有时候也是跟村里的小男孩小闺女搁外面跑哩。搁家里面那时候俺这小闺女都是纺花织布,做点家务活、力所能及的,那重点的活都是俺爸爸干的。那时候家里面穷,父母也都是没文化的人,俺家里面也比较随意,没有说太多教育说啥是好的啥是不好的,反正都是遇到事了就会对你说说的。小那时候在家里面那么些年也没有过过生日,家里穷,连一顿好饭都做不了,一般都是平平常常地都过去了。

那时候村里有时候会有那小孩们还没成人哩就没了的,孩们只要说是不过七岁的那这种情况一般都不办婚事,直接就都扔了,也不管他家里有没有钱,反正都是扔了。

2.女儿的定亲、婚嫁

赶到说我长到那十七八岁了,那都开始定亲了。那时候都穷,结个婚几乎都不花钱,为啥嘞,都啥也没有,定亲也没有说弄啥礼,俩人愿意都中了。村里面那闺女们也都是跟我一样的。差不多都是这年龄定亲了,只要说人家俩人愿意咯。那时候结婚还一般都是人家媒人说嘞,像我这都是俺四姊给说的。说人家家里有两间房,人品也可好嘞,咱也不求大富大贵,就是图个人。那时候好像也不说非要门当户对,只要能过就中了。这定亲俺爸还合了合八字,说是上上婚,俺妈还去人家家里面看了看,后来说结婚哩也没有给啥彩礼,就给了一条毛巾一个小袄,还有一个方巾,就是个意思。俺那时候家里也穷,也没有啥彩礼,又赶上说整跃进哩,这等于说过事①就是说我背个小包袱,装着两件衣裳就来了,你家里面啥也没有呀!别人家的

---

① 过事,指结婚,下同。

小闺女过事都是说吹响器哩、抬轿哩,咱那时候正赶上说跃进哩,啥也不叫弄,就是个这就过来了。

这村里面其实还是有好多童养媳哩,像俺那个婶儿,她那时候就是童养媳妇,来到这边是受(受罪)死了呀!真是受罪不少,那不过说后来解放了就没有这了。只不过说那时候换亲哩还是不少,为啥嘞,两边那男哩人都太差,不好找,这就说两家换亲,那有人专门说和哩。说到招赘,那也就是咱说那上门女婿、招养老哩,她这边没有儿,家里条件又不差,这不是说只好说招个养老。那上门女婿都是低人家一等哩,就跟那"嫁"过来似的。

只不过那时倒是有个这,因为是解放罢了,搞运动多,也没有说太多规矩了啥的,也就是刚过事那时候,惩娘家来接你"回门"一趟,然后再送回来,也可简单了。

3.出嫁女儿与父母关系

这说过罢事①了,来人家这边了那就成人家这边的人了。这等于说你就不是那边的人了,有时候咯回去看看,那去看咯俺爸俺妈也是可高兴嘞,毕竟说这是自家的闺女,可亲切了。搁那住咯也都是住俺兄弟那,他也不说啥,反正就是个那。后来说俺爸爸妈妈上岁数了,那一般都是说俺兄弟养,我也就是说给他们做点好点的衣服了啥的,有时候弄点东西。也没有说给过钱,为啥嘞,那时候就没钱。后来咯,有时候说是那边借钱,像俺那个兄弟他家的孩儿们结婚咯啥的都是借这这边的钱。俺爸俺妈过生咯也是我蒸个寿糕,俺兄弟啥也不管。娘家那边太穷,也没有说帮过这边的。就是我搁这边也没法说帮他们太多啥的,也没有说给过钱,就是说有时候给点东西,给几件衣服啥的。有时候说俺爸妈有病了啥的,那也是啥吧,去看了我掏俩钱,那也花不了多少钱,都没钱。后来说这老人们老(去世)那时候办丧葬,俺爸那时候是俺爸留下的钱办的,俺妈那是俺哥出的钱,那不过是两个老人的衣裳啥的都是俺几个闺女做的。这等于说葬礼上也是男的行男的礼,闺女行闺女礼,老人们一没,跟这兄弟家这关系就又远了些,节日咯、去坟咯,还会说见到,那也主要都是说俺那兄弟人家管这。老人们没的时候,家里也没有留下些啥东西,太穷,就那一处院那是俺那兄弟哩了,俺这几个姊妹啥也没有要。

那时候说村里面的离婚哩还是可少嘞,为啥了吧,那老人说是只要能过下去就不会叫离,有那你觉得过不下去了回娘家了,这娘家人就要劝说你说马马虎虎过吧,不是真的过不下去了就不要离婚,那不过是真的过不下去了也就叫离婚了。

等到说大集体那时候,过大集体的时候是新社会了不是,嫁闺女就是箩头,有的还配锄头,也不说啥彩礼、嫁妆咯就是说你有咯你给个五件套,没有咯就算了。那时候都兴骑马哩,原来不是说抬轿哩,后来都成骑马了,有那咯啥也不弄。那时候解放了,那年轻人选对象也不一样咯,不跟早那时候都是父母说了算,那时候没有说太多自谈的,多数是介绍的,不过也有那人家自谈,不在意这。

(三)出嫁的姑娘与兄弟姐妹的关系

后来说嫁到人家这边过后,娘家那啥事咱也都不很(多)参言了,咱也没有啥话语权了。俺那兄弟家的啥事咱也不管他,人家搁外面教学哩,咱也不管。一开始说有爹那时候还回去拜年,带点小米啥的,后来爹没了,那孩们也都大了,就叫那孩们带点粉条、苹果了啥的去看看。那后来就是没有啥事也就不来往,我个性比较强,除了说红白事了啥的会走动,平常没啥事也不很来回走动。俺娘家那边也是,我跟俺老伴吵架弄啥的我也就没有喊过俺那个兄弟,

---

① 过罢事,指结婚。

来往就不多。

来人家这边了，人家这边有两个闺女、两个儿，我来的时候，二闺女还没有出嫁，那俺家（丈夫）是老大，俺那个二兄弟就一直是想法讹我，俺老伴去焦作干工了，人家就跟俺公公婆婆还有俺那个奶奶串通一气逼我呀。那俺老伴没搁家我是受死气了呀。

二、婆家人·关系

（一）媳妇与公婆

1.婆家婚娶习俗

来人家这边了，人家这边有两个闺女，我来的时候，二闺女还没有出嫁，那俺家是老大。俺老伴是搁焦作干工哩，是工人，俺公公就是搁家做庄稼的。

结婚那时候，咱这家里面没有说需要给那族长了啥的说，也不用跟那村里面的头头了啥的说。那就是俺老伴跟他一个朋友去把我接过来了，就是个这，来到这边也没有说进人家家里要跨火盆啥的，就是光拜了个天地。那时候也可简单了，就是好像是俺老伴那个朋友主的婚，摆个天地桌，一拜天地这就算完了。咱这家可随便了，也没有说第二天给公婆敬茶哩啥的，那时候也没有去坟上，俺婆婆那时候还不过三年哩。这等于说就没有去。嫁罢两天，俺那兄弟过来坐了坐，也没有回门，第三天就又去炼钢铁了。

2.分家前媳妇与公婆关系

搁人家这边，俺按说俺公公是大家长，在他之下那就是我了，后来俺公公没了就是我当家了，那不过俺公公没了就分家了，分家了俺老伴去焦作工作哩，就是我搁家当家哩。来到人家这边也是开过家庭会议的，只不过人家那是哄我哩。那是为说叫家庭和睦哩，为啥嘞，我跟俺公公还有俺那个奶奶有矛盾，要吵嘴哩。人家说开会，开会哩人家说完了，等到你可以说了，人家说，好了会开完了，人家就是太外待①你，都不把你当家里人。

家里面弄个啥事，一看是麻烦的都是叫我弄，一说是啥事关紧要的，我都没有发言权。俺那个奶奶思想太封建，人家就一直压着俺这新媳妇，我虽然说没有婆婆，可是俺那个奶奶是比谁家那婆婆都狠。

来到这边，咱就是一直搁地干活，回家还要做这家务活，俺那个奶奶管教太严，去看个戏都不叫我去，太封建。我性格稍微强点，有时候就会断不了吵嘴，这人家就开始骂你。那时候说那婆婆不待见媳妇那都是常事，只不过还是把你当个人看就不错了，你这媳妇们也不敢反抗，为啥嘞，一反抗就要打架哩。俺老伴又不在家，人家几个欺负你，你也没办法，有时候俺老伴在家，他们跟我闹，俺老伴一看我有理，也不说啥。你搁家里是没地位的，不论是啥事，你都是没有发言权的。村里面有个红白事，那都是俺公公人家去的，根本轮不到你去。人家有啥事商量咯，也不会容得了你插嘴。

说那节日回娘家，那也都是可想回去嘞，到那二月二都是说去娘家哩，都兴这闺女们回娘家。搁人家这边一直是没有个钱，太穷，有点钱也都是俺公公手里拿着呢，你这手里根本就没有个私房钱。那时候俺大儿生病了，也就是说俺老伴在的话带着我们两个去，不然我就一个人带着孩子去哪赊账，那时候钱可顶事了，一块两块钱就能看病了。你那时候你这妇女手

---

① 外待，指男方家不把媳妇当自家人。

里是没有多少钱的,就不叫你掌钱。

3.分家后媳妇与公婆关系

赶到后来俺公公没了,这才开始说我手里掌钱。那时候俺公公稍微老点了,俺二兄弟就说要叫分家哩,我也记不清是啥时候了,反正就是老二媳妇来的那时候,人家觉得俺这拖累人家了,就要分家。建国之前那时候是啥吧,反正就是兄弟哥搁家就能分家,也没有说这老哩在不在了,只是说老哩在的话分家不好看。分家那时候也是不管其他,只要说这兄弟们能分好就中了,这闺女们是啥也不得的。分家那时候,我还说叫俺公公跟俺,人家害怕老二过不好哩,不跟我,后来等于说跟老二了,人家对他不好,他又想跟我了,我还可有脾气了,说分家那时候叫你跟我你不跟我,要丢我的人。等于说俺二叔跟村里一个人当个见证就把家分开了。分家那时候是把东西分成两份,连带分家之前俺老伴出钱买的也都算到总数里,写成两个纸条,抓阄。这老二又想抓那个八仙桌,我让他抓了几次他都抓不住,这等于说就这样子把家就分了。

老公公人家要跟老二家里,那就跟着了。这等于说也没有给他办过寿,他不做寿。他六十六就没了,那时候也是男的穿男的孝服,女的穿女的孝服,各行各的礼,也没有说祭拜分啥先后的。这等于送葬到坟,下葬还是老规矩,男上女下,也就是左手为上,右手为下。这后来因为老伴总不在家,节日节令的都是我不断去上坟。

说起那时候的离婚,建国前其实不能说叫离婚,那都是说是休婚哩,俺二叔他那时候就是休媳妇哩。那时候休媳妇其实就是很简单,也不用跟政府说,也不用跟族长说,就完全是写个休书让闺女捎到家里面这就算休妻了。其实总体来说,那时候人的思想还是比较传统的,不过还有好多都是比较好的,比如说有那家里面儿子死了,儿媳妇成了寡妇,这样的话,公公婆婆的财产会多给她分点,她一个人不好过。

(二)妇与夫

1.家庭生活中的夫妇关系

我跟俺老伴结婚,实际上就是我父母当的家,也没有说我同意不同意的,那时候我还没有啥主意,全凭父母给我做主的。这等于说结婚前咱也没有很见过面。相对来说我们两个关系算是比较好的,有吵架不过没有很厉害。过罢事,那时候还封建,还不会说相互喊名字,都是喂嘿的喊,有小孩了,都是喊冬生妈,冬生爸的(老人第一个孩子叫冬生)。

分罢家过后,我们家里面俺老伴算是家长,不过他一直在外面,都是我当家。家里面那开支啥的都是我拿主意,买个啥东西了,卖个菜了啥的,借钱、借啥东西了那一般都是我直接决定了。有那啥事,那是人家说了算,不过过日哩,也都是商量着来。刚分罢家那时候下面还有小孩哩,带个小孩不方便,那时候出工就不能一直去。家里面一直是缺粮户,都是靠俺老伴的工资在外面买粮食贴补家里。建国前那时候相对来说,很封建,那媳妇们一般在家里地位都比较低,除了说有那家庭丈夫对这媳妇尊重点,其他的多数都是说男哩说的算,你这媳妇们要把人家伺候得舒舒服服的,就那你还是比人家低一等。

建国前那时候那不断说谁家的丈夫打他媳妇咯,村里人见怪不怪,为啥嘞,觉得这很正常。后来建国后就好多了,那都说男女平等的,你男哩你敢打人家,那就要有人管你哩。所以说建国后这打骂媳妇那都是少多了。除了说有时候会出现俩人打架的,那一般你男哩都不占理,为啥嘞,那谁叫你是个男哩,这样,人家女哩都能去妇联会那告,那只要说你这个男哩不占理,那就要处分你哩。慢慢弄这男哩都是有点怕老婆,所以谁也不觉得怕老婆就是没成色①。

说那建国前搞小媳妇哩实际上也不少,一般情况下无非两样,要么是大婆(指正房生不了男孩)他就要娶个小媳妇给他传宗接代。还有那就是烧②哩,要娶个小婆来烧哩。一般情况下那都是光那个男的对那小媳妇好点,小妾到家里面那地位都是可低了,大街上的人也是看不起人家。那都是说家里太穷了啥的才会叫闺女去给人家当小哩呀,要不是谁会叫去那受气。你娶小媳妇也不用说啥门当户对了啥的,也不用说有啥仪式,就跟那买了似的。

建国后那年轻人过罢事,有那说分罢家了还会离婚,那就是说这小两口俩过不下来,那要么事男哩提要么是女哩提。不过呀,建国前咯还是说那女哩的娘家一般都不愿意说叫离婚,离婚不是不好嘛。这就说有那真没法过咯,那女哩就自杀了,硬是叫逼的。那跟建国之前比,这丈夫的权利就大了,他自由了,不跟早那时候,他想离有那他父母不叫离他就离不了。不过说起来建国后还是女哩提的离婚好像是多一点。那有那说那不叫离。

那时候说有那家里面正房强势咯,那男哩就不会娶小哩,那没有儿的话有那人家是从那兄弟姊妹家过继来个儿,谁家有好几个男孩的,那就商量商量说过继来一个。

2.家庭对外交往关系

家里面穷,平常也不会请人家谁来家哩,俺老伴也不搁家,那就光说过年咯跟亲戚们来往的多,那也都是男哩跟男哩说得多,女的跟女的接触多。人家谁家有那啥事咯,那俺老伴不搁家也都是我去了,不过说起来咱都是算是个代表吧。就跟你说你出来借钱,人家也是看你丈夫的脸气,为啥嘞,都知道说你自己是还不了的,恁丈夫有钱挣咯,那就借给你了。

那男哩女哩都有在外面搞婚外恋,一般都是男哩多,那村里人说起来咯,就是说这个男哩真不是个东西,反正是要说他不好哩。不过,那要是女哩在外面搞婚外恋,那村里人更是要说这个女哩烂破鞋,反正村里人觉得男哩的话还是可以理解,女哩就是十恶不赦。她那男人要是知道咯,有那人家有成色咯,那就说不定要打哩啥哩,然后休咯,有那咯就没本事就不敢吭。

来到这边说起来就是说没有交啥朋友,我这人不擅交朋友,你说要是村里这人咯,倒也关系可以,不过就没有啥要好的朋友。那时候多忙哩,哪有说成天耍哩、交朋友哩,都是干活哩,也不出门,也不去哪,那都是说后来了改革开放了有钱了才出来到外头耍呀。

(三)母亲与子女的关系

1.生育子女

说到那小孩咯,那这一点我还是比较满意的,俺大儿是1963年生的,那时候也是说那第十八天(二九)咯,那亲戚们过来吃喜面,都是带两三尺粗布就中了,或者拿点面,有鸡蛋的也会拿点鸡蛋。俺娘家俺那舅咧、姑咧也都来看,也是带点这东西,有那咯给个一毛两毛钱。到满月那第三天,带着孩子去俺娘家那住三天,到时候再自己回来,那时候也没有车,你终究只能自己再回来。这咱这家里面不好弄着事,后来等于说生俺这闺女们了、男孩了都没有再庆祝了,也还是主要那时候是头个大。

那时候那人还都是有点重男轻女,都是想说男孩越多越好,都想多要男孩。俺公公人家

---

① 没成色,指没本事。

② 烧,指显摆。

也是一看到男孩就高兴。看到闺女也高兴,那不过是跟那男孩是不能比的。

赶到后来孩们大了,那时候我也当家了,咱这家条件是比较好的,都供他们上学,五个孩子最起码也都是初中毕业,俺老大学习好,考了个状元,上重点大学走了,老二也是高中毕业,就是俺老三那时候发烧了,考了三年高中也没考上,这才叫他开始干活呀,俺那闺女也是,只要她愿意上,那都叫她上。俺老伴也是说这孩们能上多少上多少,为啥嘞,都是说啥知识改变命运,你不上学你啥也不会不是!

那时候我搁家当家,我是最公平了,为啥嘞,我一直对儿子跟闺女一样待,对谁都一样,谁没有衣裳了就给谁置,谁需要花钱了就叫花。俺老伴不搁家,孩们的家庭教育上也都是我教的,咱啥也不会,但是咱会教这孩们咋样当个好人,要有品德。

到后来的话,孩子们都长大了,老大直接都上大学走了,后来在部队让招了兵了,复员后一开始在西安上班,后来就申请转业到咱们这哩,在单位里给人家当班。老二接班去焦作了,老三因为没考上高中就在家干活,跟着俺们一起过。孩们结婚前,钱都交给我了,不过也允许他们手里有个零花钱买烟了弄啥的。后来孩们只要结婚过后,我就没问人家要过一分钱,俺老伴有退休金而且还会做菜,有钱花。老大老二都是在外面买房子,我都是给人家点钱,都要有个万把块的,老三的房子是结婚前给他盖好的。后来结婚过后分开过了人家都自己掌钱了。

2.母亲与婚嫁后子女关系

后来孩们都开始结婚了,俺老大结婚的时候彩礼只给人家了四百块钱好像,那时候才八几年呀,后来是老二,给人家了五百块,到老三那时候给人家了三千多彩礼。不过那也是钱越来越多,也该给,人家养大一个闺女也不容易。这等于说我就当婆婆了,不过跟那时候就完全不一样了,为啥嘞,你时代变了,思想都先进了,后来老三也分开过,也是说图个方便,就没有说立字据了啥的。节日了啥的,儿子、儿媳回家也没有那么多礼,没有说啥压迫人家的,你这婆婆也就是说是个长辈,人家尊重你,不跟早那时候媳妇们都低人一等似的。

等到说俺这闺女们结婚,那一开始也说是允许她们自由,不过后来还是说媒人介绍的,我跟俺老伴看看中不中、看看人品咋样,虽然说没有看俺这闺女的意见,不过她们也是相中的,私底下接触接触,平常节日了准女婿来走动,跟早可不一样,早那时候没结婚哪能见面。那时候说到彩礼,也是说分人哩,那有钱咯,是十二件货,俺那时候是给人家陪了五件货。那嫁妆也是说女方这边有钱了,多给点,没有钱了就是拿着男方给的彩礼置点就妥了。

说到那时候的招上门女婿还跟早似的,说是不叫虐待啥的,不过那也是看那个老丈人的,要是对人家好点的话,那外人也不会低看,要是说自己家都看不起人家的话,那就外人也是瞧不起他。上门女婿还是说没啥地位的。

等到这孩们都有小孩了,那都是要帮忙带着孙子孙女的,外孙外孙女也带过,只不过很少,为啥嘞"一个叫奶奶,一个叫婆婆",远近亲疏不一样。不过跟这闺女们来往都可多了,闺女们说不好过借钱咱也都借,俺小闺女一开始就是。

俺们到现在这个年龄了,那也都是说俺能过就过,不给孩子们添麻烦,俺老伴退休金那么多,俺也不向孩们伸手要,不过这儿是该说领着老人们看病了,或者说是不能劳动了养活吃饭了啥的,闺女们的话就是说伺候,要是说这老两口少了一个了,那就是轮着了。一般很少见说谁家孩们不孝顺,老人们去打官司告的,要是告一般也都是告老的那个。要是说没有儿咯,那都是说叫闺女们来伺候,去人家家不方便。我到现在也很少在俺闺女们家住过,都在一个村,没必要。觉得跟老伴单独过方便,也不给人家添麻烦。

三、妇女与宗族、宗教、神灵

（一）妇女与宗族

说到这宗族啥的事情咱是真的不知道,为啥嘞,咱都没有参加过这活动,你这妇女们人家都不会叫你去参加宗族的事情,那都是男哩去那商量啥事情哩,妇女们也不去祠堂,也不会说宗族里面有啥事叫你去参加讨论哩,女的名字都不往族谱里面写。一句话,咱这生活也没有说跟宗族有啥牵扯,所以不知道。

（二）妇女与宗教、神灵、巫术

说到这信仰啥的,我是每天烧香、敬神,咱是啥都信、啥都拜,不是说啥固定的,我烧香拜佛也都是说求个平安,没有说其他的。村里面人家有那人是专门搞这个的,去庙里做活动了啥的。咱们村没有那么严格说拜啥不拜啥,或者说是谁能拜谁不能拜,咱也不清楚。不过一般也都是女哩信的多,男哩有,不过少。其他那啥的,咱也不知道,不接触了。

四、妇女与村庄、市场

（一）妇女与村庄

1.妇女与村庄公共活动

出嫁前搁俺黄村的时候当个小闺女,村里面啥活动你都不会参加的,不管是开会了还是啥的,根本不会叫你去参加,除了说村里有时候一起弄个啥事的话,你这老百姓会有接触,但是说这妇女是接触不到的。说俺村里的保长、甲长咯,咱都是知道但是并不接触,你结婚啥的也都不会去请示他们啥的,不接触,那保长、甲长也是说收个公粮收捐饷,其他也没有啥。

2.妇女与村庄社会关系

搁俺老家那时候,跟俺那小伙伴们一般都是说还能看看戏,一起说说话,跳跳绳的啥的,不过看戏啥的男的女的是要分开坐的,不跟现在似的直接随便坐了,那时候是要分开过的。不过咱这不兴说你这朋友结婚了你过去啥的。到我结婚了,来到这边也没有说有人带我去这邻居家拜访一下的。

来到这边,也没有说有太多啥好朋友啥的,咱不太会交朋友,就是说有那能扯着的,有时候会一起聊聊,搁我卧室了或者说冬天在煤火边(聊天)。俺那时候也没有说谁成为当中的领事人,都是一起耍,咱这脾气好,也没有说跟谁吵架。

这自己家(本家)的有啥事咯倒是会去,比如说是婚丧之类的都要去帮忙,那时候亲戚们也没有谁家盖房子的。红白事过去给人家招呼,男哩干点重活、上饭啥的,女的(白事咯)做鞋做孝衣、叠元宝。

建国前那时候很少说会有女哩去给人家打工的,不过有时村里会有摊派,义务劳动,那也很少。我刚嫁过来的时候不会针线活,俺那个奶奶叫我给我公公做个裤,我不会做,这就嚷我,觉得是应该会做的,我是后来慢慢才捣鼓出来的吧。

（二）妇女与市场

建国之前,我都没有去赶过会(就是赶集),后来嫁过来有时候才去,不过那时候会很少,咱在会上也没有说去那赊账的,都是有点钱了才会去。去那也都是买个东西,不做其他的事情,都要花钱,哪有那么多钱。

那时候说纺纱织布,用那棉花都是自己种的。建国过后到改革开放前有段时间都是用票才能买东西,印象里有那粮票、油票、布证、肉票啥的。你买那洋车了或者手表了都是说有熟人的话才能买到。1988 年左右就开始说用那洋布,那的确良(涤纶)啥的,不过那时候还都是自己做衣裳做鞋,也就是这些年才开始不用做鞋了。"割资本主义尾巴"的时候,去供销社还是说没(缺)啥东西咯就去,去那都是说买点盐。有时候咯,买个被面①了或者洋布了也是搁那买。

五、农村妇女与国家

(一)农村妇女认知的国家、政党与政府

说啥是个国家这咱不说,光说知道说这建国了新中国好。之前咯也听说过这蒋介石、孙中山,不过也想不起来是听谁说的。说毛主席咯,咱知道,现在的国家主席咱也知道,那不就是人家习近平了嘛, 这也都是说听电视上说的。建国之前那时候没有听说过啥是个国家啥的,那也都是说建国后了人家提。

建国前咱也听说过国民党,他们都是反动派。俺村里倒是没有。共产党咯,咱知道,那都是好的,认识的人里面就有党员,不过咱也没听说过女的党员。我那时候也是当过干部的,1957 年后当过个技术员,后来又到民兵基干连(基干民兵连),后来又叫(我)当幼儿园园长,因为说我之前上过学。所以说那时候办识字班的时候,我就没有去,我不想去。建国后,经常说开会哩啥的,有时候说投票哩,那都是写选票,你想选谁你选谁,一般选也都是选那党员,一般人当不了党员,党员都是说比较先进的,为党工作的人。我那时候也差点入党的,后来说是结婚了户籍走了,就没有入党。后来俺老大(大儿子)都入党了,我是很支持这孩们入党的。建国之前咱就没有接触过干部,都是说建国后接触过,还接触过那村支书。建国之前就没有那女干部,那时候就没有想到说这女哩能当干部,建国后这不是有那妇女主席啥的。

建国前呢那村里的啥会议,不管说是保长、甲长的会,或者说那国民党来了弄得啥咱都不知道,也没有裹过脚,也没有跟人家那政府的干部接触,国民党的干部咱都没接触过的,那时候也没有说交过人丁税的啥的。(老人不清楚的这方面,其实当时是交税的,是地亩税,按耕地面积收。)

建国前那时候都是包办婚姻,建国了政府说叫废除,这就是很好的事,自由恋爱多好。而且建国后这政府叫这妇女们走出家门,这也是很好的,你走出去了见的世面就大了,懂的就多,见识广了。不过说这政府叫把过去那礼法啥的废除就不是太好了,那事情政府不该管的。那村里弄个红白理事会搞这个,我说咯,人家自己家娶媳妇、埋人(丧葬)哩,你政府管个这干啥哩,不过说到这不浪费咯也是好的。

现在这政府跟这百姓走得多近,照顾这老百姓,尤其是说这废除包办婚姻、鼓励自由恋爱,这就是说给这妇女们办的最大的好事、妇女能顶半边天了,早先是妇女们地位最低了,后来提高了,慢慢就平等了,这多好。我都很希望我这闺女们还有这儿媳妇们去当干部,只要说她们有这能力,就去当干部也可好嘞。

---

① 被面,指被子的外衬。

（二）对 1949 年以后妇女地位变化的认知

建国后了就听说过妇联了，咱虽然没有在那里面，不过觉得这是很好的组织，给妇女们办事。一建国都听人家说那"男女平等，妇女能顶半边天"，那就是说这妇女地位提高了。你看说着建国之前孩们那婚姻都是包办的，(20 世纪)五六十年代也还是，后来才算是自由的。后来说这政府号召说家庭平等，不叫丈夫打媳妇、不叫婆婆虐待媳妇这都是很好的，妇女在家里的地位都提高了，这都是政府搞的好事情呀！那村里的干部一般说也不很管你这家里吵架啥的，(严重点的)那都是去调解一下。说这妇女地位提高了，不过这家谱里面还是没有女的，到现在还都没有这，宗族这方面没改变。后来说俺这闺女、孙女上学的啥的，不过后来人手不够了就让大闺女下学了(退学)，那也是因为她年龄大一点，没有说不平等的。这现在搞这选举咯，啥的有的女的咱也会选，女的地位提高了。

（三）妇女与土改

土改那时候俺家是贫农，土改工作队是到过俺家的，不过我都忘了具体是啥。光知道给俺家分了四亩地，俺们家对门是地主，那时候都是喊口号啥的，不过我都不记得了。那时候分地主家的东西，咱也敢去，分到也是说高兴的，反正不害怕，分地那时候也是说按人口的，不管你是男的女的。

（四）互助组、初级社、高级社时的妇女

说到这互助组了啥的，那从一开始就是说你这有啥、他那有啥，合作起来一起用，后来就是说去那挣工分，合作社也是，差不多。互助组那时候就是那几家合作起来就是了，后来合作社、初级社那时候都是小组长动员你去干活，后来高级社了都有领导安排你去干活了。那你那农具了啥的都并到高级社了，都是跟着去挣工分的，也都可愿意去了。在合作社里，男的和女的干的活是不一样的，女的一般都是除草了啥的，有那活你女的干不了，所以说你挣得的工分是不一样的，就是干一样的活，你的工分还是不一样。因为人家都是定好工分了，不管你干啥都是个那报酬。那分粮食的时候是说按人分点、按工分分点，各村都不一样。那时候说妇女们有那说是有小孩的咯，中间能回家喂奶，怀孕咯，会给派点轻活，工分都是一样的。

合作社的时候俺小闺女都两岁了，我那时候就背着她去地干活，其他那也都是丢在家，有那稍微大点了就上学了。合作社可比互助组那时候累多了，只不过不上夜工，晚上的话都是报分哩。我一个月最多出二十多天工，男哩、女哩都在那干活，队里的干部了、技术员了啥的也是有男有女，看本事哩。我不就还当过农业技术员呢嘛！不过一般情况下那干部们还是男哩多，主要是你女哩多数没有人家那男哩觉悟高，你这没文化，就跟人家没法比。

（五）妇女与人民公社、"四清""文化大革命"

1.妇女与劳动、分配

后来说是要修大寨田、炼钢铁、深翻地哩啥的，咱也是叫咱干啥咱干啥，那时候都是个这。妇女们都是去背钢、背矿石、敲矿石哩，也是多亏说是年轻哩还没有说那么累，不过你说能不苦吗？黑天白天都是说跃进哩，你能不累？上面说叫你今天去修水库哩，你就今天就要去，叫你去炼钢铁哩，你就要去炼钢铁，根本由不得你，你敢不去，那就是要斗你哩。吃那饭也是光有馍没有菜，过那多苦哩。你干活多少都是个那，但是说你评的分就不一样了，为啥嘞，也是看你家有没有势力，没有说那么公平，不过这啥时候都是个这。

2. 集体化时期的性别关照

那时候说搞跃进哩,有那妇女怀孕咯啥的也会有照顾,有病咯啥的也会说给她送到医院里,那时候医院还可少了。我那时候说还没有孩们哩,所以相对来说还方便点。

到1958年过后就有说弄那托儿所了,"三院一所",那就是说是为这工作的年轻人解决后顾之忧,孩们有人照看,老人们也不会说没事干,还算是很好的,不过也不是说都把小孩们送到托儿所的。

3. 生活体验与情感

人民公社的时候说搞大食堂哩,那都是说你去生产队里干活,到顿了去食堂那打饭,那时候就不叫你搁家做饭的,你家里面的铁锅铁铛啥的都收走了。你就是弄个瓦罐去那打饭,男的女的只要说是成年人都是一勺,小孩的话是半勺。那都是过那吃糠咽菜的日子,后来说食堂办不下去了。那就是说得浮肿病的、饿死的太多了。"三年困难时期"是中国还苏联的债了,穷日子富过了,1958年那一年粮食掉地上都不拾,以后开始吃大锅饭,过来年以后人都没啥吃的,就是靠吃菜了,啥都吃,比如说吃那个曲曲菜,蒸熟了再一炸,那就是改善生活了。还有把玉黍皮煮熟,挑出来做成馍吃。那时候也没多少人敢去那偷生产队的粮食,抓住了就要批斗哩,有的打有的不打。

那时候说有时候还会有点文娱节目,不管说是搞什么唱歌了,演节目了啥的,不过我都没参加。那时候那人很少说吵架的,一般也都是说会为分配不公平咯吵两句,不过那也不会说结仇,都是过段时间就好了。

4. 对女干部、妇女组织的印象

说到那妇女干部,我觉得那妇女干部都是说很积极的,比较踊跃的,咱没有说太羡慕人家或者说太高看她们。咱跟她们接触不多,咱不是很了解。

5. "四清"与"文化大革命"

后来说那"四清",咱光知道有这么回事,但是想不起来具体说是弄啥的。"文化大革命"咯,咱是知道。那时候不是又弄了一轮斗地主,这也是说对人家那影响可大了,对那地主家的孩儿们影响也是可大。有的很好的人娶不到媳妇或娶得很不好,或者有的女的嫁的很远。那后来还说是"割资本主义尾巴",把那自留地啥的都没收了,也不叫说卖鸡蛋了,不过说对家里的影响也不算是太大。但是说"文化大革命"还是影响很大的,家里的东西有那就叫收了,恁我老伴的姐姐给俺老大做的毛毛头鞋,还有做的带尾巴的帽,还有手镯、铃之类的银器,一开始都叫收走了,不过后来又还回来了。

(六)农村妇女与改革开放

后来说是改革开放了,又把这土地啥的分开了,给我也分有地,这后来日子就好过了,虽然说稍微辛苦点,但是说日子是好过多了,那村里的人也是说都起码能吃饱饭了。就是说到现在,你这日子不好过,但是政府还是会扶持你,不管你是男哩、女哩对你都是很好的。后来这社会就越来越好了,选举的啥的也都是叫咱参加,那选举还是说比较平等的,你想选谁选谁,女哩也能选。日子好过了,但是说人越来越多了,国家就说叫搞这计划生育,计划生育好是好,就是说只叫要一个太少了,要我说了应该弄个两三个。到这现在你看这生活也都好了,出门咯跟着老伙计们扯扯(聊天),回家咯,还能看看电视来知道国家大事。

六、生命体验与感受

这一辈子过下来,印象最深刻的莫过于那时候没啥吃的时候,那时候是真难过呀,啥都吃了,叫我现在想来感触最深,那就是说这共产党真好呀,这生活水平都提高了。你看不愁吃、不愁喝,想吃啥就能拿钱去买,想买啥还都能买到,不愁吃喝。以前穿个粗布衣裳烂了补补,穿没几天就又烂了。只有两身衣裳替换,没有第三身了,现在三五身都有。总之,是生活变好了这感触最大,共产党领导得好呀还是。

XY20160802XSZ 薛淑珍

调研点：河南省焦作市修武县王屯乡周流村

调研员：薛洋

首次采访时间：2016 年 8 月 2 日

受访者出生年份：1934 年

是否有干部经历：否

是否生育：是

受访者结婚的时间节点、生育子女的具体情况：十五岁定亲，十七岁结婚；十九岁生第一个孩子，共育有四女二男。

现家庭人口：1

家庭主要经济来源：子女赡养、国家农村养老保险

受访者基本情况及个人经历：老人叫薛淑珍，1934 年生于焦作市修武县王屯乡周流村，娘家曾有 12 亩好地，但是在老人幼年时期，父亲被日本人杀害，家族就败落了，土改的时候划为贫下中农。老人有五个姊妹、一个兄弟，小时候都是老人的母亲领着几个孩子劳动的。老人十岁时父亲去世，由母亲当家。老人十七岁的时候，因为兄弟要结婚却没钱，让老人嫁给现在的丈夫，老人的丈夫比自己大好多岁。其丈夫原来是给人家当长工的，1949 年他跟着人家去革命当兵了后来成干部了。1949 年后老人上了识字班，这让老人很高兴，老人的名字就是那时候朋友给起的。老人一共有七个孩子，两个男孩，五个闺女，孩子小时候都是很听话的，到年龄了都叫他们去上学。现在老人老伴没有了，老人自己生活，孩子们经常来探望老人，老人的生活算是过得还可以。

一、娘家人·关系

(一)基本情况

我叫薛淑珍,1934 年生于焦作市修武县王屯乡周流村,娘家有 12 亩好地,但是我幼年时期,父亲被日本人打死了,所以那时候家里很穷,土改的时候给我们家划的是贫下中农。我有五个姊妹、一个兄弟。小时候,都是俺娘领着俺们几个人做活的。我十岁的时候没有俺爹了,那时就俺妈当家。小时候在娘家,母亲对我们待遇上多数情况下都是一样的,但是俺们这闺女们是不叫你出门的,很封建那时候。本身这妇女都不会出来做活的,俺家因为没有俺爹了,没法了俺娘才做活的。我十七岁的时候,因为俺那个兄弟要钱结婚哩没钱,叫我嫁给俺现在的丈夫,比我大好多岁的,到现在想起这个就伤心。俺丈夫他家更是穷,他家很早就没有爹妈了,他原来是给人家当长工的,后来说这解放,那时候他跟着人家去革命了,当兵了后来成干部了。解放开了叫我上那个识字班哩,那也可高兴了,我的名字就是那时候这朋友给起的。我一共有七个孩子,两个男孩、五个闺女,孩儿们小那时候都是很听话的,到年龄了都叫他们去上学,都成才了。现在俺老伴没有了,我都是一个人过,俺这孩们有空没空地都来看我,也算是过得还可以。

(二)女儿与父母关系

1.出嫁前女儿与父母关系

我搁娘家的时候,俺爹在我十岁的时候就没了,我光知道说他是给人家当长工的。俺爹没了过后,就是俺妈当家,领着俺们几个姊妹们干活,艰辛地过日子。那时候说咱村里也有人上学,男孩女孩都有,只不过是咱家太穷就没叫你这闺女上学,光叫俺那个兄弟上学了。不过俺家虽然说是穷,不过俺妈管得还是比较严的,你这小闺女是不叫你乱出门的,根本没有说串门这一说,本家那有个红白事也都是俺妈去,不会说叫你这小闺女跟去。后来说这老日(日本人)来了,更是说不叫你这小闺女出门了,必须出门的话也是说挽着辫子,往脸上抹那灰,害怕这老日糟蹋这小闺女。

2.女儿的定亲、婚嫁

我十五岁的时候就给我说了个人家,那他(指后来的丈夫)比我大十几岁嘞,我是真不愿意,但是说你这小闺女哪有你说话的份儿,连个"不"都不会说,多难过那也是这样。这定亲也是说咱没有进过人家家门。他家太穷,就是给你个红托书,那媒人给你个红托书(应该就是定亲凭证类似的东西)。那女哩都没有去人家吃饭的。连个啥仪式都没有。也没有说合生辰八字,就是人家媒人领来一看,这就算好了,那人家来咱家咯,咱都是说回避哩。后来说到十七了,这要过事(结婚)哩。他家也穷,聘礼也是那么一点,咱这,家里面啥嫁妆都没有,俺妈说给我做个鞋哩,还没有做好,就是说本家们拿了一个箱子,给我做了个裤,这就算是嫁妆了。过事(结婚)那天,也就是说俺这娘家那姐啥的过去一下,这就算完了。嫁过来第二天跟俺丈夫回门,也是啥也没有拿,太穷,啥也没有。

3.出嫁女儿与父母关系

嫁罢过后,说我都不能算是娘家里面的人了,俺娘家也是说叫我很伤心,生个孩子也没有说来看看我的。我这弄点吃的做熟的东西也都给俺妈送,过年也给她点,她一家吃不上穿不上,我都管。包括说这日子不好过,俺老伴没少给俺娘家贴补咯。

（三）出嫁的姑娘与娘家兄弟姐妹的关系

要说咯就是说俺那个兄弟，我提起来就生气、难过。那时候说他结婚哩没钱，俺老伴贴补他，盖房哩弄啥哩，包括后来又离婚再娶，那俺老伴真是没少给他拿钱咯，可是他对俺这是真是一点都不咋样，现在还成天说我坏话，想想真恶心。俺这几个姊妹们没有一个理他的，不过俺们几个姊妹关系都是可好嘞，没事了还会说坐个车去来回看看。

二、婆家人·关系

（一）媳妇与公婆

1.婆家婚娶习俗

那时候说都穷，俺这丈夫他家这旁边，父母很早都没了，所以说也没有啥聘礼，就是结婚那时候，他这本家给他招呼招呼，来着拜个天地，这就完了，也不用说去那宗祠或者说去坟。

2.分家前媳妇与公婆关系

（老人丈夫早年即丧父母，弟兄两个、姊妹四个过活，因此老人来这边没有公婆。）

3.分家后媳妇与公婆关系

没有公公婆婆，俺这分家也是说可简单嘞，俺们后来到城里的老城街了，这家里那处院就是他弟弟的了。

（二）妇与夫

1.家庭生活中的夫妇关系

俺丈夫比我大十来岁，这过罢事①对我都是可好嘞。因为没有公公婆婆，他又在部队哩，部队管得严，所以说家里的事一般都是说我当家的，外面的事的话有那都是他说了算，不过俺们这都是商量着来，谁说的对听谁的。搁家里也都不会说喊对方的名字，都是说喊个爱民（人名，老人的孩子）②妈、爱民爸的。

那时候说离婚那也有，但是说少。后来1949年了这离婚哩就多了，好多都是女哩提的，她这丈夫老是打人家哩，那不是没法过了，那就离婚了。那时候说村里娶二房的，那一般说都是家里比较有钱的，那大房没有生男孩，小妾到家里，也都是说可甚③哩，但是说有那咯大哩④厉害，那就另说了，各家情况都不一样。那时候说那过继个小孩的也有，一般都是说从他⑤的兄弟姊妹家过继来个孩子。村里面也有那搞婚外恋的，村里人都是说这人都是不正干⑥。

2.家庭对外交往关系

要说咯，在家里俺丈夫是当家的，但是说一开始他一直搁部队哩，那也管得严，他不能经常回家，这家里都是我当家的，有啥大事咯你包括说这本家这红白大事啥的人家决定，不过说俺那都是商量着来的，谁说的对听谁的。

---

① 罢事，指结婚。

② 爱民，人名，指老子的孩子。

③ 可甚，指强势。

④ 大哩，指发妻。

⑤ 代指男方。

⑥ 不正干，指品行不端。

（三）母亲与子女的关系

1.生育子女

我下面共有七个孩子，先是连着五个闺女，再然后是两个男孩。生孩子的时候家里太穷，所以说这就没有报喜，你没这条件。要说这孩们在家里，没有说重男轻女哩，俺老伴对这闺女指不定还更好哩。几个孩们都是上学嘞，俺这孩们两个大学生，剩下那都是高中生，除了说那时候队里分地①，叫俺老二下学了，现在想对人家是有亏欠的。

这结婚前孩们挣钱了都往家哩拿，不说拿太多吧，反正是都给点。后来说这都大了，过事哩，那也都是说俺跟俺老伴给他们办事，那时候穷，也都是搁俺那老院结的婚。

2.母亲与婚嫁后子女关系

俺这就俩儿，老大出来了，小的在家种地的，也就说没啥分哩，就是说俺这个院子，那时候买的时候，俺老大出钱哩算是他的，剩下那一处老院②，这给老二了。分家也没有立字据啥的，那是亲兄弟，没啥分的。后来说这孩们盖房哩买房哩啥的，我都跟俺老伴给他们拿了点。

三、妇女与宗教、神灵

咱对这些东西都不懂，也就说光烧个香弄个啥。人家村里的人有那懂了咯，去那庙里面求雨了求啥的，咱不会咱也不敢乱说这。村里还有那神婆神汉啥的，有那妇女咯家里谁有病了也会去请这人。那多数说信啥的都是妇女们。我跟俺老伴都没有啥宗教信仰。家里也就光放个牌位，天地全神。

四、妇女与村庄、市场

（一）妇女与村庄

出嫁之前这村里的啥活动都不会叫你参加的，赶集啥的你多想去都不会说叫你去哩。出嫁之前村里那保长、甲长了啥的，官家上的事情咱都不参与的，这方面啥也不懂。

（二）妇女与市场

解放开过后，村里有时候赶集了，那就在我们家旁边，我就可喜欢去了。搁村里面，你也只是说能买个油盐酱醋小东西，大东西都是到外面买的，而且我不是大手大脚的人，不很花钱的。有段时间是凭票供给的，我记得那时候都是有粮票、布证、油票、肉票，还有煤证。"割资本主义尾巴"的时候，那都是说需要啥了才去供销社买，咱买的啥都不多。

五、农村妇女与国家

（一）农村妇女认识国家、政党与政府

我年轻的时候没有这国那国的这种概念，小时候没听说过孙中山、蒋介石这些人。以前也没有过国家概念的教育。从毛主席开始，知道咱这个是中国，是共产党领导的我们。

说起啥是个国家我猛地一下还解释不了，反正你看，现在这国家多好哩。1949年之前那时候咱也听说过孙中山、蒋介石，不过不会解释，光知道蒋介石那时候领导的也不好。咱没文化也都不懂。现在说这国家主席是人家习近平，这咱知道，电视上一直说哩。后来上识字班那

---

① 分地，指家庭联产承包责任制。

② 老院，指之前的院子。

时候也没有说讲啥是国家,那都太早了,都忘了。

之前那时候国民党在俺们这哩,那都不是啥好人,抢哩、盗哩,不干啥好事,咱这里也有干国民党的,但是不知道说有没有这女哩国民党哩。后来说共产党来了,那咱都知道,1949年之前都听说这革命哩、共产党哩。

国民党搁那时候,咱只是个小闺女,这啥也不知道,光知道说是交公粮哩,俺是按人头收哩(需要说明一下,这是老人记错了的情况,因为当时是按照地亩收了,已查证)。那时候说到俺这一代就没有裹脚了,光看那老奶奶们裹那小脚,咱没裹过。

(二)对1949年以后妇女地位变化的认知

反正越往后妇女都提高了,以前老婆婆虐待儿媳妇,现在儿媳妇在家里最有权。

1949年之前那时候说这女哩是很没地位的,这男哩可多想打媳妇就打了,村里很常见,也没有人管这。这妇女们都是搁家哩,也不叫你出门,社会上你都没有一点地位。后来说中华人民共和国成立了,妇女们地位都提高了,不是说"妇女能顶半边天"嘛。那后来说这打媳妇哩就少了,而且说有人管这。你看现在这好多(丈夫)还都是多少有点怕媳妇哩。而且说这妇女们当干部哩也不少,早先哪有这妇女当干部哩。

(三)妇女与土改

土地改革划成分的时候,划地主啊,穷的就是贫下中农。现在地主也没地主了,也没贫下中农了,现在都不孬了。现在地主都断流了。

土改那时候,人家土改工作组来到俺家,说俺是好成分,是贫农,但是咱不跟人家打交道,人家说事都是和大人们说哩,不会跟你这小孩说。斗地主了啥的我都没参加,大人们不叫你这小孩们去。光知道说是分地主那东西哩,村里有可多妇女们那时候都可积极嘞,不过那坏事(指打骂地主、抄家之类的情况)都是男哩做的,女哩都是晚上去那开会啥的,那我都不知道到底干点啥了。那时候队里面来了个妇女主任,她是外面来的人,是领导,领着妇女们的。

(四)互助组、初级社、高级社时的妇女

(老人在这个时期已经在城里了,所以说对这部分不了解。)

光知道一开始说那妇女主任人家是从外面调来的,咱也不知道,后来又换了几个。有个是说她家之前可穷了,丈夫在外面死了,自己领着孩们,日子可苦嘞。

到底她们干点啥咱不知道,因为后来咱就去城里了。

(五)妇女与人民公社、"四清""文化大革命"

那时候俺老伴在方庄煤矿哩搁武装部哩,说那枪哩啥哩,那煤矿里可多那生头寡脑哩,那红卫兵,那红色二七啥的。咱也不知道哪个对,光听人家说嘞,那时候人家(红卫兵)还来家说要抓(老人的丈夫)哩,抓走了,抓新乡了。也没有弄一点。就是没有弄新乡的时候,这点那二空①光想打人家②。

(六)农村妇女与改革开放

那时候一开始是光给你分地段,分过你干,最后还都是人家收。叫你管理,要给人家锄地,反正没有少你一家,都光要你给人家干,你把分给你的这几亩你给人家锄好,到时候人家

---

① 二空,方言,就是年轻的比较彪的小伙子。

② 人家,指自己的丈夫。

收。都是叫你管理。后来说这地算是分到老百姓手里了,叫自己种。这再往后就都有钱了,都不苦了,日子就好过多了。

六、生命体验与感受

你要说这一辈子什么叫我印象最深刻的,其实是说这新旧社会的对比,叫我最感慨了:早先那时候是说没吃没穿的,关键你还没有自由哩,现在这有吃有穿,娘呀,是穿哩有穿,吃哩有吃,还有钱花。这习近平领的更好了。你这日子过得太好了,跟早那一比,真的是让人感慨呀。

XY20160803HYR 和玉蓉

调研点:河南省焦作市修武县王屯乡周流村
调研员:薛洋
首次采访时间:2016 年 8 月 3 日
受访者出生年份:1937 年
是否有干部经历:是
曾担任的干部具体职务及:20 世纪五六十年代担任小队妇女组长
是否生育:是
受访者结婚的时间节点、生育子女的具体情况:二十岁结婚;1963 年生第一个孩子,共生四个男孩。
现家庭人口:1
家庭主要经济来源:儿子赡养及国家养老金
受访者基本情况及个人经历:老人名叫和玉蓉,1937 年出生于武陟县亢杨村。其父母亲去世很早,后来一直随着哥哥嫂嫂过日子。大约在二十岁左右时与丈夫结婚,丈夫一直在外面工作,老人主要负责家里的农事劳动。老人共生育了四个男孩,没有女儿。虽然后来老人的老伴也去世了,但是孩子们较为孝顺,生活也基本不愁。目前是老人一个人单独居住生活,但是逢年过节,孩子们会经常回家看望,生活各方面都照理得很好,所以基本来说老人晚年生活较为良好。

一、娘家人·关系

（一）基本情况

我叫和玉蓉，1937年生于武陟县亢杨村。很小的时候俺妈就没了，到我十七那时候俺爸也没了，那都是跟着俺哥俺嫂过嘞。俺娘家一共有十亩地左右，土改那时候给俺划成的是贫农，后来复查又给我们划成了富裕中农了，不过那也没有啥。俺搁娘家总共姊妹四个，俺还有一个哥，我搁家算是小的，跟俺哥年龄差得比较大，所以打小俺哥照顾我都可多了。我二十岁跟俺老伴结婚，只不过俺俩人感情一点都不好，吵嘴虽不多，就是没感情。那时候说我搁家劳动哩，他是在外面工作的，接触的也少。那时候搁集体哩劳动，我有孩子晚，所以那时候一直是在地里劳动，不少吃苦呀。我二十七岁才生俺老大，之后总共生了四个男孩，我下面没有闺女。俺老伴走得早，但是孩子们孝顺，这后半生也没有吃苦，孩子们孝顺，所以这后来过得还是很幸福的。

（二）女儿与父母关系

1.出嫁前女儿与父母关系

很小的时候我妈妈就去世了，因此我的脑海里面是没有对俺妈妈啥印象的。那时候说俺哥上学了，但是俺都没有上学。那就是说因为俺爸重男轻女，人家不叫你上学，那你就没法上学。不过说除了这，他对俺们几个也都是比较平等的，没有说对谁太偏，俺嫂嫂嫁来得早，俺们那时候衣裳啥的都是俺嫂给俺做的。小时候搁家耍啥，俺爹也不管俺那么多，过年了也能去拜年。不过俺爹到我十七那时候就没了，后来那都是跟俺哥俺嫂过，到结婚才走的。

2.女儿的定亲、婚嫁

那时候俺村那小闺女一般都是十八九、一二十就定亲了。我二十那一年定的亲，那一年腊月就结婚了。我是那时候俺一个叫娘的人给我介绍的。定亲那时候啥礼也没有，没有合八字，没有写婚约，咱家穷，听人家说是男方上过学是高中生，有文化，还说人家家里比较有钱。这后来就说是定亲了，结婚了也没有给啥彩礼，就是到那会上给我扯了几件衣裳，连个鞋都没有弄就算妥了。那时候也不知道有没有写婚书，这都是人家操心的事情。结婚那一天也就是说俺们这边的亲戚去送一下，不过那爷爷了或者你家有着寡妇了啥的，不能碰人家这新媳妇的东西。那时候咱也穷，就没有啥彩礼，就是俺哥给买了个木梳匣，还有点小东西。这到人家家里，第二天就是你娘家把你接走——回门，回去吃三顿饭就再回来，来人家这里，到那邻居家不管是不是本家的，反正尊长的都要问候一下，这等于说就结过婚了。

3.出嫁后女儿与父母关系

我出嫁的时候俺爸爸妈妈都已经没有了，嫁来这边，人家这条件还是不错的，不过就是说我跟俺老伴打不对（不对脾气），一般也不吵，但是就是不很说话。所以说我回娘家一般也都是我一个人去，那这边的事，我也不会跟俺哥说的，不想叫他们操心。到节日了啥的，我都是自己去俺爹娘那坟上烧（纸），就去俺娘家那边了，也就是上个坟。

（三）出嫁的姑娘与兄弟姐妹的关系

我搁俺娘家排行老小，所以说俺这哥、姐都是比较照顾我哩。俺嫂来俺家早，对俺也都是可好了，回娘家都是说搁俺哥俺嫂子那住，他们对我也可亲了。有时候不忙，那时候我也会说去俺那姊妹家住几天，俺们关系都可好嘞。

二、婆家人·关系

(一)媳妇与公婆

1.婆家婚娶习俗

那时候订婚,他这边也不用说办啥宴席的,就是说结婚那时候,俺这娘家人把我送到别人家,他们家再去那接,那时候就是说俺丈夫跟着人家那个领事的(比较懂礼节的人)来这迎亲。到人家家里也就是说去拜个天地,不跟电视剧上还要拜高堂的,光拜个天地。然后婚宴,你娘家跟婆家都是一起坐,坐那说说。这就算结婚了,第二天你回来了要给人家磕头、行礼,然后就是说去给这门口人(邻居)问候一下。

2.分家前媳妇与公婆关系

来人家这里,那就是说是俺公公婆婆当家了,俺丈夫在外面干活哩,他挣那钱也都是说交给俺公婆。家里不管说是有啥大事了,都是人家老两口拿主意,人家说了算。

3.分家后媳妇与公婆的关系

那时候,分家前我老婆婆当家。俺丈夫弟兄五个,他是老四,我过来这边的时候,人家上面几个哥哥都过罢事(结婚)了,俺那妯娌也都不是省油的灯,人家都想当家哩,这后来不是说弄不成了,就叫分家了。那分家的时候,都是说人家男的搁那说事情,不叫你这妇女们参嘴(插嘴)。这等于说分开过了,但是俺公公跟俺婆婆跟俺过,所以分罢家一开始俺这还是说人家老两口当家。俺丈夫人家也不管咱,钱啥的也都是说给俺公公婆婆,这等于说人家搁家一直就是当家的,你这出门弄啥的也要说给人家商量,不过俺公公婆婆还都可好嘞,没有说太压制我。

(二)妇与夫

1.家庭生活中的夫妇关系

我结婚那时候,俺丈夫来这儿接我,就说咱这过不好,我那时候就想着说还不如回去算了。这也确实说没说错。人家是高中生,看不起你这人,我也没有说犯贱,他不搭理我,我也不搭理他。那时候说咱这边离婚的已经可多了,不跟早那时候这妇女就没有权利说离婚的。不过说离婚了名声不好,再加上说俺婆婆对我还是可好嘞,他儿嘛不讲理,但是也不敢说跟早那男的似的,说写休书就写了,俺婆婆卡他呢。

那时候说村里搁外面搞婚外情的并不多,多数都是穷哩,谁会去做这。那谁家要是出个这,那村里人就要说这人太不是个东西,不管是男的女的都要说,那女的敢这样子,那村里人说得更多、更厉害,说她是个烂破鞋了啥的。

一开始说他在市里面工作哩,一般也不在家,搁家时俺们俩说喊对方,都是"喂、哎"的叫,后来说有孩子了,就是喊个孩他爸啥的。俺们两个不说太多话。人家看不起你,那后来不是还为一件小事闹到大队部了不是!

说起来了,还是差不多了,早那时候有那说娶二房哩啥的,这那时候就没了,他也不敢说打我啥的,你这妇女地位提高了,都有人管这哩。就是说他嘴太臭,老是好骂我。那时候说呀也是说真让我难受,后来说孩们大了还好点,那有啥事搁他也会跟我商量,只是说他嘴太臭(好说脏话)。

2.家庭对外交往关系

俺们那时候是俺丈夫他搁外面干活哩,俺公婆还在的时候,都是人家决定跟外人有啥来往的,咱们这小辈就不管这。后来就说是我搁家哩我当家。那说是当家,你比如说人家谁家结婚哩,你想给人出多少礼,那也都是说要人家(丈夫)同意,人家拿钱哩呀!

(三)母亲与子女的关系

1.生育子女

我1963年生俺保中(老大),那时候兴报喜,那就是说牵头羊去报喜哩,那亲戚朋友们咯,就说打满月或者说二九来看看这小孩,给个看钱,或者说拿点东西,一般都是说拿点面了、鸡蛋了啥的。那时候生小闺女,有的也报喜,也是牵个羊,在那羊头上挂个花,那是生小闺女报喜。

我总共生了四个儿,小那时候都是说叫这孩们过好,他们上学,俺老大就上了大学,其他学不好那没办法,但是咱那时候确实是鼓励孩们上学,有时候没钱了还会借钱说供这孩们上学。俺丈夫走得早,那时候俺老三好像说还没参加工作哩。后来说都挣钱了,那他们会给我点,不过我也不会说强制要多少,人家给你多少就是多少。

要说咯,俺这孩们是没有分家的,都是说结婚了就出去过了,这就等于说分家了。

2.母与婚嫁后的子女关系

俺这孩们说,除了俺老大是自由嘞,剩下那都是说媒了。俺老大那说是自由的,但是人家也回家跟你商量商量。那时候都开始给彩礼了,有那给得多,有那给得少,还有那就是说硬要的。不过说那时候还没有跟现在似的,非得要有房子。孩们结婚花那钱,咱都出有,俺老四那时候说是没出,不过我把那银行存折那一万块给他们了,说叫他们花吧。

三、妇女与宗族、宗教、神灵

(一)妇女与宗族

祠堂这边的事情,说那宗族了啥的我都不知道,你一个女的你会参与这吗?人家都不会叫你去哩。

(二)妇女与宗教、神灵、巫术

咱这边说,一半家里都是供奉个天地全身,都是说图个保佑平安的。平常说这初一、十五了好多人都去庙里,我就经常去庙,大家都是说一个信仰,到那咯也有的说,不会那么无聊。咱们村没有说弄过啥比较大的宗教活动,那就是说早先那时候有时去龙王庙求雨,那都可多人了。主持求雨的人也没有说是必须是男哩,谁搁那管事哩谁就主持着。剩下说庙里有时候有个啥活动了,开光了啥的,咱也都过去,去那凑个堆。

村里面有不少那神婆神汉了,暗的不说,明的就不少,有时候说那谁家那小孩让吓到了啥的,都是说会找人家来"叫"(小孩子魂吓跑了,叫回来)。请这神婆神汉一般说都是这女哩去弄这,就跟说烧香拜佛了啥的也都是说女哩多。按理说这过年祭灶的时候应该是男的来做的,有名是"女不祭灶,男不望月",不过说俺这就我一个人搁家,那就都是说我祭灶的。

我是信道教的,因为俺们上面就是信道教的,老人们传下来的,传下来是个这那就是个这。你信道教也都是说为了祈求平安,求个好运,没有说太过依赖,人家还有好多啥也不信的,咱这都是说希望有个平平安安的日子。

四、妇女与村庄、市场

(一)妇女与村庄

1.妇女与村庄公共活动

我出嫁前那时候,很少说去村里面弄的啥活动了的,都是说有时候咯,逛庙会了或者说敬神的时候去。你那时候还不很(副词,表示程度高)兴你这女哩去,后来咯,你成老婆婆了,人家又由年轻人去搞这了。

村里面搞集体的建设了啥的,也都是说人家派你去咯、你就去,一般不叫小闺女去,也有说搁家没事干的去那干点活,那都是义务劳动的,没有工资啥的。

2.妇女与村庄社会关系

出嫁之前,俺村那保长、甲长啦咱知道,但是咱会能管到人家咯。你一个小老百姓跟人家都接触不到,有啥事咯,人家也是说跟你这家里面的男人商量,除非说你家这男的太没成色,那样咯就是女哩去。多数情况下,女的跟这事情是不沾边的。

(二)妇女与市场

搁俺娘家那时候说,俺爹妈走得早,没啥人管我这,有时候有会(集市)咯,就去赶会,去那你相中啥买啥,但是说没有买吃的哩,你一吃不就没了是吧,还不如说买点啥用哩。

结过婚来到这边,也是说有时候咯,跟你这门口的熟人一块说去赶会,那也都是说买需要的东西,不会说没事干搁那听戏喝茶的。这会上卖东西的也有妇女,本地的外地的都有,一般卖东西的都是男的。

像你平时用的东西,吃穿用度、针头线脑,一般都是说搁这供销社买,有那个是跑到城里面买,你也买不了多少东西,缺了才买。那有段时间都是用票的,你更是说不会很买啥东西呢,那布证也是说有那够用有那不够用,我这老是说穿旧衣裳,也有好点的,不过那都是说有啥事咯穿,回来就又换上(旧的)了。

五、农村妇女与国家

(一)农村妇女认识国家、政党与政府

啥是个国家吧,叫我说咯,那国家就是说这大集体、毛主席、国家的事,这行政单位不就是说国家了是吧。这都是说从电视上看到的,包括说那蒋介石、孙中山也都是从电视上看的,这小那时候没上学你会知道这?赶到说我后来念书,那也就一册,啥也不知道。

那时候咱也听说过国民党,印象里面,那就是说戴个那样的帽子,那都是说老蒋太坏,不抗日。俺们这边也有这国民党,是那杂牌部队,没有那女国民党。

后来说这共产党,那也都是说提到毛主席咯,知道说是这共产党,共产党里也有女哩党员,人家那妇女主席了啥的,也都是党员。咱这不懂这,也没当过干部,不知道到底是说啥的,不过俺老头是党员,党员都是比较厉害(能力强)的人,只不过是俺老头后来"站错队"了,叫给打下来了。

1949年之前,咱搁家那时候,也没跟国民党打过交道,不过说到共产党咯,那普遍见到

了会说稍微亲切点。那时候国民党收税,也是说按照你这家里的地亩收的,一亩地派多少多少粮食。

俺那时候国家都不让这小闺女裹脚了, 都是叫放脚的,1949年那时候说都叫剪成这短头发,那也是说都不想剪,害怕人家笑话,后来是人家这选出来的妇女主席带头就都剪了。

（二）对1949年以后妇女地位变化的认知

1949年后这不是说这妇女们在中央了啥的都能当干部了,这妇女们的社会地位是提高了呢。政府说叫这妇女们往外多跑跑,这不就是说好事,你见得多了,懂得就多了,就不会说啥都不知道了。搁家里也是,你原来说你婆婆对你好咯,那也是说人家高高在上,不很卡你,没有说虐待你,哪跟现在,都是说平等哩。你这女哩搁家,也不会说很受这男哩欺负了,上头有人给你撑腰哩。

（三）妇女与土改

土改的时候俺家是贫农,这土改工作组还到俺家嘞,我记得当时里面有个女干部。给俺家分东西分地哩,只不过俺啥也没有要,那多数说都是分给那没有地或者地少的人了,也不分男女,按人口哩。俺爸说人家那地主也可不容易嘞,这地主分好坏的,有那咯品行就可好嘞,有那咯就是说恶霸。有那搞斗着地主哩,那时候都是把人家弄到街上,把这人都集合到那,打人家哩捶人家哩,咱这人不会。咱搁黄村修机井哩,搁那,那个队长叫打人家黑头妈哩,这打人家就是上去就是一说话就打,一说话就打,咱不敢吭,叫咱照着人家踢,咱那脚都不敢用劲,人家看到了就上来嚷我们。这就叫我们下来了,那汉子们都上去了,打人家都可狠了,叫咱们看都是多心疼哩。

（四）互助组、初级社、高级社时的妇女

一开始说搞互助组哩,人家还不叫俺们入,那是因为说土改复查的时候,说俺们家是富裕中农,这人家都不叫俺们入,后来咯,队长去俺那说都叫入了,这俺才入了。那后来说这又搞初级社、高级社的,把你这私人的土地都收走了,也没有说不愿意,人家都合作哩,剩下你一个人也怪不好看哩,跟着集体干就是了。大队里面有个妇女主席,你这小队里面说,都有个妇女组长,那也都是说照顾你这妇女们的。这妇女们也都愿意干活,你有这干活的权利呀,你跟着集体就能说下地挣工分、分粮食。

（五）妇女与人民公社、"四清""文化大革命"

1.妇女与劳动、分配

从合作组的时候算起,妇女也得下地干活了,妇女提高了。妇女以前都是在家里不出外。这搞大集体了,你有这劳动的权利。

你下地干活,就有你的工分,到队里分粮食咯,就有你的份,你有那不干活咯,光指靠说那队里分的口粮那是绝对不够的,有时候是人四工六,有时候是人三工七,就是按人头分点,再按工分分点。而且说你健健康康的会不叫你干活?你不干活咯就要斗你哩,说你凭啥不干活,还是想剥削哩,虽然那有偷奸要滑的,但是说都得去干活。

一开始还可以的,后来搞大食堂,紧接着就是"三年困难",那也是说把那人饿死了不少呀。看着那人得那浮肿病,都是说心疼呀。

2.劳动的性别关照

搞"大跃进"那时候,跟队里面的人那就一起去那改河道。那时候人家说的是要求都是

"雾气腾腾",你大冬天的,男哩都是说打赤膊的呀,女哩也都是穿个小布衫就搁那干活哩。多苦哩,你这妇女们也是说哩,你这队长好点咯,你可能说有个小孩的给你照顾点,有那咯人家都不管你。那俺队里有个妇女不就是说因为孩子尿布湿了,洗尿布干活迟到了,那些领导就非要斗,还是我拦下来了。真是苦呀。

3.生活体验与情感

搞大食堂那时候呀,都不叫你这家里有锅啥的,就是说有个瓦罐,到顿了下晌了,你掂着去那食堂给你打饭,那就是说成人一勺,小孩半勺。那也是说,吃得真不好,那你不愿意也没办法,人家管理哩。"三年困难"那时候,没啥吃的,就是说刨那草根,掰那树皮吃哩。俺搁那修河的人,那时候后来就跑了,饿得人腿都是肿烂了流那黄水。搁那修河,都跳那水里面了。你说这怪政府吗?我说咯也不怪政府,怨那上面的干部们虚夸。就是说往上报说一亩地打多少打多少,这你不是要卖余粮,你有多少地你不是就要卖,这一卖就没多少了。也是跟苏联还账哩。反正说那时候呀,是真苦。

4.对女干部、妇女组织的印象

我就当过小队的妇女组长,也没有当过啥干部。那就是说有时候开会咯,会叫咱过去,咱也不发言,人家还有那队长跟书记哩。那时候说人家妇女主席那算是真正的干部,那人家就是说你这老百姓家里有矛盾了,或者说谁家吵架打架了,人家去那调解的,那人家也是可有本事嘞。

5."四清"与"文化大革命"

"四清"就是说清理思想呢,清理坏思想,就是你家里面有那啥(不正当的),清理那坏思想。"文化大革命"那时候,也是说晚上一直是开会,批斗这个、批斗那个的,还开会教你这人唱那歌。

(六)农村妇女与改革开放

后来就家庭联产承包责任制,又把地分开了。分地的时候按人头分,男女老少反正都是分有地,每个人的地都是一样多的。后来说搞计划生育哩,那时候人太多了。计划生育好,就是这个抓得太紧了,弄这人都太少了,这要是打仗啥的,为啥现在又开放叫要二胎哩,都成老人们了你叫谁去打仗。

六、生命体验与感受

你要说这一辈走过来,啥事最让我印象深刻,那也说是有好有坏的,好的就是说"妇女能顶半边天",妇女的地位提高了,这是说最好的事情。那还有说最让我难受的,也是印象可深刻了,那就是说跟俺男人那,我来到这其他的气没受多少,就主要说是受他的气,他那嘴呀是真的脏,老是说烂话(脏话)。有一次他又是搁那瞎说话,我恼了去跟他打,他还去大队告我的状,人家大队的赵主任把我叫来,问了问情况,就叫我走了。这他(丈夫)回家了还是一直骂我,他觉得说赵主任没有给他出气,你都不知道这个人呀是真不是个东西。这就是说光受他气哩,轻易(一般)不回家,回家了还要骂你,给你生气,多恶心人。

XY20160806FGY 付桂英

调研点:河南省修武县王屯乡周流村
调研员:薛洋
首次采访时间:2016 年 8 月 6 日
受访者出生年份:1933 年
是否有干部经历:否
是否生育:是
受访者结婚的时间节点、生育子女的具体情况:1957 年二十四岁结婚;1959 年二十六岁生第一个孩子,共生两男两女。
现家庭人口:1
家庭主要经济来源:养老津贴、子女赡养
受访者基本情况及个人经历:老人名叫付桂英,1933 年生于修武县王屯乡付屯村,幼年时母亲便已经瘫痪,多亏了父亲手巧,能做好多活计(物件),因此家中生活还是能够勉强过下来。付桂英二十四岁嫁到周流村,这边的生活很穷,家里面生活一直很拮据。因为自己娘家稍微富裕点,因此婆婆没有对她太坏,没有管教太多。二十六岁时,老人生了第一胎,后来陆陆续续总共生有两男两女。丈夫在外面工作,老人在家中劳动。大集体的时候,老人一开始在村里面劳动,后来说日子没法过了,就到新乡丈夫那里。改革开放了生活都好了,老伴前些年去世了,就一直跟着二儿子过。政府给老人们发养老金,虽然不多但是够这日常的开销什么的。孩子们要么出门在外打工,要么在家里工作,生活都是可以的。老人觉得现在过得也是很舒坦、很幸福的。

一、娘家人·关系

(一)基本情况

我叫付桂英,1933年生于修武县王屯乡付屯村,幼年时母亲便已经瘫痪,但是多亏了父亲手巧,能做好多活计①,因此家中生活还是能够勉强过得下来的。后来二十四岁结婚,我嫁到周流村,这边的生活很穷,家里面生活一直很拮据。二十六岁我生了第一胎,后来陆陆续续总共生有两男两女。丈夫在外面工作,我在家中劳动,熬尽苦痛,总算是说熬过来。后来说改革开放了生活都好了,老伴前些年去世了,我就一直跟着俺老三过,政府给我们这些老人们发养老金,虽然不多,但是够这日常的开销什么的,孩们要么出门在外干活,要么就是在家里工作,生活都是可以的,我觉得我现在过得也是很舒坦、很幸福的。

(二)女儿与父母关系

1.出嫁前女儿与父母关系

小时候,因为说俺爷爷比较封建,因此从小就限制我的自由,俺妈妈是残疾,卧床不起,很小的时候我就要学纺纱织布。因为我是老大,俺家也没有男孩,所以从小就要承担家里的家务活。俺妈脾气又不好,经常地嚷我,但是相对而言,因为俺爹那时候能挣钱,俺家的生活还是很好的。过年的时候,我们家的孩子都还能收到零花钱。俺爸爸在家当家,虽然俺爷反对,但是俺爸爸还是叫我去上了学。只是说活动起来俺爷爷管得可多,没有那么自由。

2.女儿的定亲、婚嫁

我二十三岁那时候人家说媒的给介绍了个对象,村里的姑娘们差不多也都是那样,有那早一点是二十多就定亲了,那时候还不兴说自由哩,都是说媒哩,看你家闺女差不多大了就会说(媒)了。那时候是俺三老姨来说的媒,那也是说讲求门当户对哩,说人家是搁新乡妇联会当通讯员的。他来俺家看,我也是要躲着偷偷看,不能直接出来见,偷偷看看说中了再见一面。定亲那时候也没有啥礼仪,没有说合八字弄啥的,都是定下就是了。定亲后一般也就是说一两年就结婚了,那时候他给了俺家五十块钱的彩礼,俺爸爸妈妈又贴补了点钱,置办了点嫁妆,那比一般人家那嫁妆都好,嫁妆里面一般都是要有个椅子,说是到那边有个"依靠"(谐音"椅")。结婚那时候也没有说写婚书啥的,你这娘家人是要去送的,不过是姑、姨不能送,其他那都会说给个礼钱,也就是几毛钱,有那咯给条毛巾。这到人家家里面,过几天俺那个兄弟(不是亲兄弟,原是堂兄弟,后来过继到老人父亲名下的)要来送那榆皮梳②,接回门。

3.出嫁女儿与父母关系

嫁罢过后,节日啥的我都会回去看看,俺爷俺爸有时候也会来看看我。后来说俺爸有病了啥的我也都回去伺候,咱这没钱,一般都是老人人家自己出,咱就是去那儿伺候。俺家没有兄弟,后来说把俺伯伯家的俺那个哥过继来了,那俺爹妈有啥事也都是人家领着弄的,这包括后来老两口没了,那东西啥的都归人家,咱不落③。

(三)出嫁的姑娘与娘家兄弟姐妹的关系

俺家没有儿,我在家里是老大,俺下面有两个妹妹,关系也是不错,平常说咯也走动,路

---

① 活计,指物件。

② 榆皮梳,即所谓的梳头油。

③ 不落,指不分到手。

也不远，我就搁那拦个车，不多久就到她们那了。俺哥那个时候过继来的，那也可亲了，算是俺娘家人。

二、婆家人·关系

（一）媳妇与公婆

1.婆家婚娶习俗

我嫁过来的时候他们家可穷嘞，除了说俺这送亲的娘家人他们管一顿饭，还都是不好那饭，剩下那他那本家的搁那招呼的，连饭都不管，太穷。他们那也没有啥规矩，是太穷，也就没有那么多事了。

2.分家前媳妇与公婆关系

我这等于说嫁到人家家里面过后，一直是俺婆婆当家。俺婆婆人家可大本事了，人家啥事都管，你这小媳妇，说白了也是在人家手底下的，不过她一般不会找我茬，为啥嘞，俺娘家有钱。搁那一大家说干活咯啥的也是有点分工的。那时候我在家哩，俺哥俺嫂都在地里劳动哩，我在家里照顾，俺哥家有个小妞，俺有个小妞，我在家带做饭，带照应那俩孩儿，俺嫂去干活儿，俺跟俺嫂是一替两天（两天一轮流），俺嫂干两天了，俺嫂在家做饭，领孩儿，我去地干活。俺公婆都不能干了，都是俺们干。

3.分家后媳妇与公婆关系

俺分家是因为人多了，孩儿们多了，那时候俺婆跟俺哥当家，人家说了当不住家了，领不住了，就分家了。也不是说因为啥矛盾啥的，也就是说弟兄四个，请俺娘家舅，俺婆家舅来这一说这就算是分家了。分家过后那都是说各自当各自的家。分家过后说这公公婆婆都是轮着养的，花的钱也是弟兄几个一起出的。那时候俺婆婆后来就没了，她对我一直也没有说太啥（压制）的。

（二）妇与夫

1.家庭生活中的夫妇关系

我那时候结婚也没有说写婚书啥，一般来说离婚的也很少。但是也是会有少数离婚的，那也不能说是离婚，应该说是休婚。离婚主要还是男哩不要女方了。那时候离婚，一纸休书也就离婚了，甚至不需要找证人。也有说是那谁家那男哩出门了，混出来本事了，回家了不想要他那媳妇了离婚的，那都是不是啥好人的。后来到1949年了，就有那妇女人家不愿意过了到大队里说要离婚哩。

搁家那时候俺老伴也是很好的人，可勤快了，能干啥活就干啥，人家回家了也帮我做活，那我就说能歇会了，俺俩人也不吵架，也过得可好嘞。俩人那时候也是说喊对方的姓名，比如说我就喊他老周，那时候都开通了。搁家咯还是人家当家，不过一般他不在家，那啥事也是说我管了。

早那时候说会有那搞小婆的，就是说娶二房的，那一般都是说大房生不了男孩咯才会这样，那小婆一般来说都是地位低，不过有那也高的，那要具体说哩了。

以前也很少有在外面搞婚外恋的，那村里人也是说嘲笑这，说这都是不正干^①，那不管男

---

① 不正干，指不正经。

哩女哩都是这,说那女哩更狠点。

2.家庭对外交往关系

说那时候俺老伴在外面工作哩,家里面的事情一般也都是说我来操持,人家都不在家,你这人情往来了啥的,都只能说是我去。不过你说人家掌钱哩,那有啥大点的事情都是人家说了算,那毕竟说在家里人家是老大。

说这个招养老①和这个换亲,都是后来兴的。那是啥吧,一般说这招养老,那女婿都是可没地位嘞,那换亲咯都是说主要是因为那个儿不好娶媳妇,这才说叫换亲。

(三)母亲与子女的关系

1.生育子女

俺总共有两儿两闺女,生这孩儿们那时候家太穷,就没有说去报喜哩啥的,就是满月那时候俺爹妈来看了看,其他那也就没有说。这后来孩们长大了,说送到学了,可是你没钱呀,俺大姐十六上过初中就叫下学去打工了,俺小哩②也是,你这就是有材料也没钱叫上学呀。那俺二姐小那时候生了病,脑子不好用,也就没上学。

孩儿们搁家那时候我对着孩儿们都是一视同仁,也没有说重男轻女了啥的,甚至我对那闺女还会更好点哩。对这孩们都是一样哩,后来说这孩们长大了挣钱了都是交给我,我也不叫他们手里留零花钱,害怕他们乱花,那都是他需要了你给他就是了。到孩们结婚了,俺这也差不多都是自由嘞,就是俺那个小的是说(媒)嘞。这等于说他们结婚啥的,咱是没有干涉人家太多的。

2.母亲与婚嫁后子女关系

俺那孩儿们结婚那时候家里还都可以嘞,这孩儿们也是结个婚出来一个,也没有说是分家这一说哩。那时候根本就不说这盖房不盖房这事,那就是他爸厂里分那一大间房,这一间房,前头分这么些儿地方,把前头盖盖,俺儿结婚那时候在外头,俺在那里头,就是个这样,穷哩跟啥似的,吃还顾不着了,还顾盖房哩?俺这儿弄啥事,咱也是说能帮就帮,这闺女们咯人家也没有说叫咱帮啥的。到现在说这也是经常去人家家里住,到冬天咯啥的都是去人家家的,人家那有暖气,暖和,再说俺这闺女们也都可孝顺,其他咯,就是说去俺大儿那住段时间,平常都搁家哩这。

三、妇女与宗教、神灵

我很早就也不信神信啥的,也没有说跟人家似的,去求个雨了拜个神了啥的,咱都不信这,家人有病了也不会说请那神婆神汉来"看病",都是正儿八经地去医院看病。咱不好那,搁家哩也就是摆个财神爷、灶王爷、天地全神,其他那啥也没有,就是这些,也都是说过年了啥的才会说拜。照平常说这祭灶应该是男哩的事情,可是俺家这男哩不搁家,所以也是说只能我祭灶。

我也不敬那观音了啥的,没有跟那人似的,没命连天③的拜神的。

---

① 招养老,指招女婿入赘。
② 小哩,指老人的小女儿。
③ 没命连天,指慌慌张张,形容行为透着一种急切感。

四、妇女与村庄、市场

(一)妇女与村庄

1.妇女与村庄公共活动

小那时候村里不管啥事情我都是没有参与过的,小那时候俺爷管我可严,再加上说,你那时候村里面有啥事也都是说俺爸、俺爷去参加,哪轮到你个小姑娘去咯,那不论是啥事情,你都不知道的。

那时候说俺们村里有个啥集体活动了啥的,也不会叫你这小闺女参与,不给你摊派任务,都是那妇女们干,不叫你这小闺女去的。

嫁来这旁边过后的话就不一样咯,那就是说,只要说这村里有唱戏的我就去,一开始说领着俺孩们去看戏,后来孩们大了那就是我自己去。

2.妇女与村庄社会关系

嫁之前那时候,村里是说人家保长、甲长啥的管事呢,那咱是个小闺女也只是说听说,并不知道人家具体干什么,也不跟人家有啥接触。

(二)妇女与市场

我出门赶过集,但是也不是特别多。

五、农村妇女与国家

(一)农村妇女认识国家、政党与政府

我小的时候没有说啥是个国家一说的,那会上学看的书,也没有听说有讲国家哩啥的。不过那时候俺爸爸给我讲过蒋介石和孙中山,不过也忘了那都是点啥。

现在国家主席咱也不知道是谁,光知道那时候说毛泽东、周恩来哩,现在是谁咱也不知道。

后来说这日本人来了,国民党也都来了,那时候我还是小哩,这日本人就进到俺村了。日本人不是啥好东西,不过那国民党也不是啥好人,还是说人家共产党好。俺娘家、俺伯伯家两个哥都是党员,俺两个嫂都是党员。共产党来了让你这老百姓都能站起来了,反正你看你现在不都是过的共产党的日子嘛,这都是能体会到的好。

1949年之前的时候,俺这里是国民党管的地方,那时候村里都有那保长、甲长的,村长那时候说开会,俺们都是不叫去的,你没有发言权,人家会叫你过去?那时候给人家国民党缴公粮,那都是说按照地亩收,一亩地收多少。我小那时候都已经说不用缠脚了,一开始说俺妈还给我缠脚哩,晚上俺奶奶就给我放下来了,可疼嘞,后来就不叫缠了。1949年那时候还非要强制我们剪成短头发。

咱是小姑娘家的,村里面那管事的包括后来说这国民党啥的都没有接触过,都是说听人家说的,咱会跟人家打交道?

(二)对1949年以后妇女地位变化的认知

之前的时候,妇女们搁家是啥也不叫你干,你想弄个啥都是不自由的,总会说有人管着你。这1949年以后,国家说叫这妇女们能顶半边天的,叫这妇女们出来家门参加社会活动的,妇女的社会地位是提高了,在外面的事情上也有这女哩的发言权。同时说那妇女在家里

面的地位也是提高了,你这妇女们也能说跟着男哩说离婚了,这丈夫搁家也不敢说老是打这媳妇,其次说就是你这婆婆也不敢跟以前那婆婆似地压制人家这媳妇。现在这好多都是分开过了,这婆婆媳妇见面都少了,也不会说老是吵嘴。早先那社会婆婆管那媳妇管得多严,那媳妇们不敢去这儿不敢去那儿,去哪的话哪也不叫去,串亲戚们也要衡量你会说不会说、会不会办事,放现在尊敬你这婆婆,会跟你说去哪呀,不尊敬的直接起来就走。

(三)妇女与土改

后来说闹革命哩、解放了,人家那人到你家里说你,你家太穷,连个地都没有多少,叫你去开会给你分地哩,说这男女老少都叫去,男哩女哩都分地。那时候都是喊口号,说这是打倒地主富农,人家都是可积极嘞,也不害怕,有共产党撑腰哩。这地主就是可不好嘞,说为啥不好吧?那他找那人去给他家劳动,比方说吧,许诺你这一个月给你四斗粮食哩,到时候给你弄二斗,你说这好不好?你会说他好?那时候说叫俺上台说那地主的恶行,俺都敢上去说。土改那时候给俺家分了两亩地,还给俺分了一个铡刀,回家了俺爷可高兴,"可把这些龟孙们弄倒了"。

土改那时候,女哩也是可积极嘞,一说是分东西哩谁不积极,都是可积极地讨论了啥的,那时候也没有那妇女干部领着,不过那时候那土改工作组里面是有女哩,她们都可会说嘞。后来说那妇女组长,那她家里可穷,人家思想可先进,最早参加这共产党,搁村里面也是干部。那时候可多说那女干部,人家也不是说是家里太穷,人家有那也是说个正义感,你这共产党太好,她们就很积极了。

(四)互助组、初级社、高级社时的妇女

土改那时候先是地分给自己,然后又成立了互助组。先成了,以后不就是个人是个人的那点地。人家那时候都是喊着叫去入社哩,也是你自己自愿决定的,俺们那时候也是可愿意嘞,能一起去地干活,那也可高兴嘞,都是可愿意去地里干活嘞,不管是男的女的都是。那时候说有的人之前没干过活,那也都开始干活咯,你要是有病了你可以不去,但是你说你要是没病装病,那不中,那非要把你弄起来叫你干活。你说你健健康康的为啥不干活,叫人家别人养活你,所以就是你不劳动就没有你的饭。那时候说搞着大集体干活,最难过的就是说,你有这小孩们的话,你咋办,很不方便,没法说照顾这孩们。

(五)妇女与人民公社、"四清""文化大革命"

1.妇女与劳动、分配

搞生产队那时候,妇女们跟这汉们的工作是有分工的,一般情况下女的干的都是比较轻的活,男的干的都是稍微重点的活。所以说人家这男的工分都比你这女的高,那分一旦评下来,那就是个那干一样的活也是人家挣得多。从合作组的时候算起,妇女得下地干活了,妇女提高了哎。妇女以前都是在家里不出外。现在妇女都一起干活哎,搁生产队那说说笑笑哩。

那时候那共产党政策就是既不惹你,又叫你去劳动,为啥说不惹你哩?也不难为你,比方说今个上午你没有去劳动,你不是没有分,明个上午你不去劳动,你不是又没分,我说你天天不劳动天天没有分,你吃啥哩?那所以说你就得劳动,俺不叫你劳动,你也得去劳动哩,你不劳动你没啥吃,还有你那孩儿们哩,凭那一人能养活成了。

就是后来就不行了,为啥嘞,后来那时候就开始乱搞"运动"了,炼钢铁哩、修水库哩、修大寨田的啥的,弄得人们累都累死了还吃不饱饭,真是苦呀。

2. 集体时期劳动的性别关照

那时候说搁集体一起干活哩,但是说有时候遇到那妇女们经期了或者说怀孕了、哺乳了啥的,也会稍微照顾点,比如说派点稍微轻巧的活了。你生孩子咯,还会说是产前一个月产后一个月不用劳动,到顿儿了(吃饭的时候)你去那吃饭就中了,但是说那是没有分的,只是说他家人分的口粮吃的。不过好歹说没有逼着你去干活,也没有说给你啥福利,不过好歹是说给你有时间叫你休息的。

3. 生活体验与情感

一开始说大家老老实实干活,老老实实吃饭还差不多;后来越弄越差,咱也摸不清,到办大食堂,那时候咱都是去新乡了搁厂里的,家里面更是过不下来的了。可以说那时候俺都在那工厂里头,就是家还更没有啥吃,俺公公俺婆都去了,就是俺跟俺小孩儿爸,还有俺孩儿,俺仨孩儿,俺都是省。比方说一顿能吃一个馍哩吃半个馍,给他俩人省,俺一个人省半个,给他俩人省一个馍,他俩人也是一个人吃半个馍,省下那饭也是给他点儿。那就是那才说勉勉强强过下来了。那时候村里可是真的饿死不少人,那二队全队都是得那浮肿病。生产队的地里都有东西就是不叫吃。这那人到地里都是说去那都是偷的。我说呀,都是吃哩,到地都是吃哩,叫谁逮谁哩。一搁家不叫你冒烟①吧,二食堂打饭打得少,叫老人们一吃,叫孩们一吃,那妇女们都是空着肚子就走了,到地里不吃个玉米穗咋会中,谁逮谁!到后来说又把地分开了,你干活可能说会更累的了,不过好歹说是能吃饱了呀。

4. 对女干部、妇女组织的印象

我那时候没有当过干部,咱也不好管这闲事,干部啥的接触也不多。光知道人家这妇女队长、妇女主席啥的人家都是说可开朗的,可会说,都是大本事。思想都是说可先进、积极嘞,才能说去当干部。

5. "四清"与"文化大革命"

说那"四清"咱也听说过,就是说现在这都忘掉了,也不会说这到底是个啥了,那时候后来我就去新乡了也不知道这啥了。

(六)农村妇女与改革开放

后来就是家庭联产承包责任制,又把地分开了。分地的时候按人头分,不管男的女的,不管大人小孩,都是那样分的。那分罢地不用搁一块搅着大概是过得更好点了,起码说能吃饱饭,你那几年是吃不饱饭的呀。那你看搞那改革开放现在这国家了、人了都是有钱了,你这日子过得多好。至于说这计划生育咯,我说也是应该搞,孩们太多,负担太大。像我这样,那就是说照顾这孩们累得我一身病。那时候大集体的,你这又得劳动、又得照应孩儿,老人们又没有人给你管,来家忙呀,半夜你又得洗又得涮、又得劳动、黑天又得洗,要那孩们弄啥哩!叫我现在说再选咯,我真是说宁愿一个都不要,太受累。(老人虽然是夸张,但是可见孩子多确实是很大的压力、累赘)

六、生命体验与感受

你要是说我这一辈子走到现在什么事情让我印象最深刻,我想最深刻就是没有啥吃的,

---

① 冒烟,指生火做饭。

1960 年饿死人那时候。过去大食堂那时候,二队全部,男哩女哩老哩少哩都躺那了,都是浮肿病。那是最深刻了。1960 年那时候呀,俺那个孩子,那个大孩就没有什么吃,那麦子,都直接将将就吃了,把嘴都扎烂了。女哩,那时候厂里一月 33 粮食,男哩 40 斤粮食,40 斤给你 40 斤粮票,论两吃哩呀,你想,那会中不中!那时候从厂里捎个馍叫孩们吃吃,你这人吃个啥?去地里把那麦子将将,往那嘴里一按,把那嘴都扎烂了。那就是最深刻了,最受得了。这是说起来真的是太难过的了,记忆很深刻的。

YCL20160824HGY 黄国英

调研点：湖北省随州市广水市李店镇黄金村
调研员：余成龙
首次采访时间：2016 年 8 月 24 日
受访者出生年份：1935 年
是否有干部经历：是
曾担任的干部具体职务：土改时期的妇女代表
是否生育：是
受访者结婚的时间节点、生育子女的具体情况：十八、十九岁年结婚；1957 年生第一个孩子，共生 4 个孩子，前 3 个是女儿，最后一个是儿子。
现家庭人口：1
家庭主要经济来源：儿子在上海的工作收入
受访者所在村庄基本情况：老人居住在黄金村七组沈家岗，地形为岗地，村子在小山岗坡下，村周围是小块农田，农田之外又是岗地包围，土地相对贫瘠，水田需要取水灌溉。气候为典型亚热带季风气候，目前村子里的土地大部分已承包给了外村人种植中药植物，承包者还会雇村里人帮忙施肥、喷洒农药等。村子特别小，目前只剩十三户，有几户搬到城里去了，村子目前剩下三分之二的人外出务工，剩下常住人口都是老人、妇女和儿童，其中，老人又占常住人口的三分之二。
受访者基本情况及个人经历：老人八岁时母亲去世，那个时候其弟弟七岁，姐姐十岁，靠父亲一个人把她们三个带大。她十九岁时结婚，那个时候她父亲身体不好，中风，不能干体力活，找了一个附近村的丈夫，没有要对方什么彩礼，主要是为让他帮助家里种地，帮衬家里。丈夫家比较穷，丈夫几岁的时候被卖到另外一个村，1958 年，买丈夫的那家老人都去世了，他们便搬回了原来的家，即现在这个湾子。

老人共生了三个女儿、一个儿子，因为丈夫喜欢打牌，自己便不要丈夫当家，自己开始当家，所有的事情都由她出面，不管是家里还是家外。老人一辈子吃苦，最大的心愿便是让自己的儿子多读点书。改革开放后，老人便到县里去卖菜，通过与收税人搞好关系免税、装乞丐逃火车票到广东、河南贩东西卖，自己省吃俭用都是为了儿子读书。后来儿子读到硕士毕业，在上海工作。现在老人一个人居住，虽然子女们比较孝顺，衣食无忧，但自己一个人比较孤独，且年纪大了行动不便，目前最担心的便是儿子的婚事。

一、娘家人·关系

(一)基本情况

我的名字叫黄国英,今年八十一岁,1935 年生的。以前没有名字,后来土改时自己给起的个名字。我八岁就没有妈,我算是最造孽。娘家里有一个姐姐、一个弟弟,姐姐走了①,就剩一个弟弟和我。我的妈妈死时我才八岁,我的弟弟七岁,我的姐姐十岁,我们晓得什么?人家总说,"金雀叫银雀哭,没有妈的孩子吃了几多亏!"你不想想,多造孽!我十八九岁结的婚,大概是 1952 年、1953 年的时候,那个时候还和丈夫在另外一个(被卖的)湾里,1958 年的时候才搬回来。我自己生了三个姑娘一个儿子,我的大姑娘是 1957 年(出生),红霞(另一个女儿)是 1966 年,我的红林(儿子)是 1975 年。

我的娘家是贫农,要不是我的爹好打牌,把田卖了,就是中农了。婆家这边过去是贫农,土改的时候没有田,我的这边的弟兄也没有田,弟兄几个总是给地主帮工,到了打谷的时候把好点的谷都拿走,剩下一点劣谷就给你们,你没有田专门给他种,要不然一点都搞不到,我这还是听我的老婆婆讲,那个时候我还没有到这个地方来,造孽啊!

丈夫这边有三个弟兄、两个姑娘,丈夫被卖给了另外同姓的。我的老头(丈夫)你们还不晓得,我结婚跟人家讲,他(丈夫)的妈养三个儿子没有田种,给地主帮工,他家有牛没有人做,你就给他耕田,在打谷就去给人帮忙。我的婆婆说,"老板,你把边上的给一点我的儿女弄点搅粑②吃呗",他(地主)把他的谷抬起走了,这是人不在话下。我的老头就被卖了,卖了之后换的谷,给了两担谷他的妈妈、爷爷、大伯、还有两个哥哥吃,再还有两个姐。

(二)女儿与父母关系

1.出嫁前女儿与父母关系

(1)家长与当家。我小时候是父亲当家。爸爸总弄舀子舀一点米在家里,其余的都再弄去卖,又没有妈妈,屋里又没有灯,姊妹几个像秧头③,把门带着紧紧的,(看父亲)还没回,总在门外头瞄着看看爸爸回来没,我们几个又怕,等爸爸回来燃个煤油灯,我们才是在后面跟着。隔壁的邻居说"你们几个来在我的家里等着,我又不要你什么",我们不愿意,非要等爹爹回来打门,我们再进去。那个时候我的妈妈才活了三十多岁就死了。我还记得,我那个时候在摘完的花生藤子上看见一个花生,她(妈妈)说:"哟,还蛮新鲜,装给我的伢④吃。"我吃了说还要,一些人说还要什么,她说是没有菜园子,要是有给一点啊。

(2)受教育情况。没有读过书,只认得自己的名字。

(3)家庭分工。以前女的也一样在田里干活,栽秧、割谷,脚小还要做栽秧鞋,我的妈妈去除草,带着我弄个小凳子去坐着,捡棉花,小媳妇也是要去做,站不稳也要去弄。有的一个小脚栽秧脚扎不起来,一下子坐到水里去了,起来又是泥巴又是水,起来还不是栽,脚小拉不起来。她的男的要她去做,叫她去扯秧,去栽秧,男的栽不了,要女的去栽。我的前面的个婆婆,

---

① 走了,去世了。

② 搅粑,糕粑,指大米或其他粮食磨碎磨成粉,相对煮稀饭更容易熟,耗柴草少,然后加水煮成羹,再倒进炒好的菜搅拌。

③ 秧头,形容精神萎靡不振。

④ 伢,方言,指小孩,下同。

她的田又长,在田里栽秧栽得苦,一个去扯秧,一个去栽,婆婆在田里栽秧栽得苦,"这个田里总看不到头哦!"

(4)家庭教育。往日的女的总是造死孽,我总说往日的女的,妈妈叫出嫁到别人家的屋里去,"坐着莫轻身(乱动)、走路莫瞧人、盛饭慢些盛、倒茶倒八分、洗脸用铜盆……"总是这样教得不晓得多好,以前的姑娘好一些。你说现在哪有么正经姑娘?在学校好的都让人相中跑了。

2.女儿的定亲、婚嫁

(1)定亲。往日看对方的条件就看老人,男方就叫赢家,女方就叫输家,老人看中了把姑娘给别人,然后找个媒人,有的小的时候就送到别人家屋里去,那个时候叫作父母包办,老人当家,老人看中了就算了,老人说了,整你也要送到别人屋里去。要是屋里有三间屋,有一点田,把你家的姑娘给他,就有人管闲事。有的家怀着(怀孕)就说好,你的要是怀着是个儿,我家的是个姑娘就给你,怀着就说好了。不是现在看中了就好,老人当家,老人说好了就算数,哪怕是捧牛屎也要端着,也要到别人家里去。①

听过去说一户的情况,不喜欢那越是不能(由)自己愿意,到他家去不喜欢,不喜欢也要到他家里去。有一个老幺的(某人),男的又不会认秤,又不会认钱,(姑娘)就和姨妈讲,"他又不会认秤,又不会认钱,我不到他家去",(姨妈)说(他不会)"你去买,买好了再回来!"但(男伢)就是下力肯做事,就非要把这个姑娘说到他家去。那个时候只要能下力做事,就是傻,父母包办嘛,她看着别人家的有屋有田这就是好的,管他人长的怎样,只要有个鼻子眼睛。她的姑娘在家哭,不愿意(嫁)到他家,说"就是跳水淹死了也不愿意到他家去为人"最后,还是在他(婆家)家待着了。

(2)自己的亲事。我的妈死了,我的爸爸死了,我的爷爷中风了,就说是阴风吹了的,脚不能动,一个手就这样伸着。沈队(沈家岗,老人所住的湾子)离黄家(娘家)不远,就是那个湾子四婆的妈介绍的,然后就(跟男方)说"你到那(女方娘家)去站着②,她是一个人,你的爸爸也可以去站着",(男方)就是没有屋。相当于是男方到女方屋里去,看着我没有妈,想着(男方爸爸)要是扎实(身体好)就可以给老人种点田,要是没有人犁田耙田就可以帮忙弄一下,(两家地方)挨着的。就这样介绍的。给了一百斤麦子给我的老人(爷爷)吃,(我)就这样(嫁)来了。

那个时候是走过来的,又没有哪个去接,又没有哪个去抬,那还不是造孽。那个时候就是说我的爹爹中风,找个附近挨着的(人家),帮我的爹爹种田,没有人犁田,要不然不会嫁到这边来。她的老妈妈③说:"他的屋里有一个男伢,你就到他家去,可以帮你家做事。"那个时候有个学堂,非常的热闹。那个时候我又不羡慕他的家财,又不羡慕他这个人,没有法子才来的。

(3)嫁妆。就是一件布衫,连裤子都没有,连个箱子都没有,多造孽哦!穷人跟穷人做亲事,富农跟富农做亲事,地主跟地主做亲事。

一般人的嫁妆就是她的妈织布,棉布、毛蓝、二蓝、浇蓝、水布,有钱的拿几箱布去街上染,染得也蛮好,再给姑娘做的鞋子、袜子做很多,没有买的。往日鞋不像现在买,都是纳鞋

---

① 意指指腹为婚。

② "站"意为"住",下同。

③ 当地方言,凡是上了年纪的婆婆称为老妈妈。

底,蔽壳①慢慢弄,会做的姑娘做一箱子鞋,还要做一些花鞋,好看。往日靠做,谁家的会做就把谁家的接到家里去,都是小脚,包脚,往日结婚哪像现在,一千块钱都用不到。

(4)聘礼。什么东西没有给,就百把斤②谷就都没有,再帮忙做下事。来的时候就一身衣服就完了,这边一个老床,怕是像现在?什么要睡好,要盖好,要垫好,那个时候就是个土屋,椅子都没有坐的。

(5)仪式。没哪个来,往日都没有人来,把你接回来就完了,来了还要弄饭菜给别人吃哦。没有,拜什么堂哦,有钱的人家弄个花桥抬着,没钱的弄个小蓝轿子抬着,抬过去。我们那边田挨田、地挨着地,走过来的。那个时候有媒人,他自己(家的人),他的姐,我们四个人走过来的。不记得是在哪吃了一顿饭。如果是有钱的用花桥抬过来的,还是会过客,请人来吃饭,我家的没有办法,都是穷人。

(6)童养媳。对家有田,女孩家妈妈养姊妹们养太多了养不活,说家里的养不活,然后你家养大的就是你家的人,就这样,养大了跟你家儿子结婚就完了。那个时候女孩子没多大就送过来,然后就把东西拿来吃,把她养大了,养大了跟他儿子就在一起了,就这样了。

那送小媳妇儿的时候,一般情况是不用给娘家东西的人,在一旁会这样讲的,"我给你家的姑娘东西吃,然后把她养大,都不容易啊,你也养不活。"他对方就会说好话,就这样给你家算了,关键是现在养大的之后,谁知道在他家好不好啊!现在不像以前,现在是说两句搞翻了就不在一起。现在不像那个时候,那个时候怎么无论如何,永远都得在他家里站(待)着,哪怕是一个捧牛屎也得给兜着。多大不喜欢也得让她在这儿站(待着),从很小的时候就是在他家搭个凳子洗碗,做饭的什么的都得做,如果你不听我,婆子就要拿东西打你,那他打你的,你还没地方跑?一般没多大就送到婆家来的,一般十四五岁左右。

(7)换亲。叫换亲做,也有这样的情况,在那个时候我们湾的那个德中(人名)就是这样的,话都说不清楚,就是这种情况,她是她舅妈的姑娘,她家的幺姑娘就给对方。一般也没有什么讲究,你家的姑娘到他家去,他家的姑娘到你家去,有的老人都蛮喜欢,老人说好,有这样的情况。

为什么要换?就是说我家的说不到媳妇,把我家的姑娘给你,你家的姑娘给我,不要把你家的姑娘说给别人了,这样两边就换亲呢,主要就是说做不到亲事。就是太穷了啊,我们湾里条件也比较差。我们湾的她换给了那个湾子叔伯家的一个儿子,两边都还蛮好,都还蛮发旺,她家的媳妇是汉口那边的,看,说这么好的一个媳妇。

(8)入赘。一般是像姑娘家的有田有屋,你家(男方)人多,结不起婚又没有房子,就把你弄到她家来,把姑娘嫁给你,你在她家种田给她家当后人,以后给她的老人养老送终。后来也有这样的情况,男的聪明些,老人走了(去世了)就搬走了,女方也愿意搬走,不愿意在这里住。姓还是男方的姓,这边也愿意。他的小孩叫盼,我问他姓什么,他说"我的爸爸姓什么我就姓什么"。这边主要是要你以后养我,我要你姓我的姓搞什么,发财些?过去主要就是养老。上门女婿也可以个人当个人的家,女婿还不是把钱他们用,一个月给一千块钱老人用,对老人蛮好,就是没有在这边站。

---

① 蔽壳,用布一层层糊成硬壳,做鞋用。
② 百把斤,近似值,一百斤左右,但当地习惯指稍微超过一百斤多一点。

3.出嫁女儿与父母关系

(1)婚后尽孝

出了嫁的姑娘不用养娘家的老人,有儿子就不需要养,没有儿子也在姑娘屋里的站,像宏光(人名)的家婆养了一个姑娘,姑娘也是要养老人,活养死葬,那个时候死了就是抬在宏光的门口送出去的。

(2)离婚

那个时候有两个硬是合不来,讲口要离婚,他的舅舅就和乡政府的说,"把我的外孙和媳妇弄到乡政府来,他们硬是不合,闹矛盾要离婚"。后来当了妇联主任才是没有离婚,几好笑哦,一对儿子,不是一个叫翻墙,一个叫拍门呢?一个是男的翻墙进来生的,一个就是拍门进来的生的,就是叫这两个名字,一个硬是把门关着不打开,他就翻墙进来,懂不?就是说女的是在乡政府当妇联主任,男的是个木匠,看不起他就不给他打(开)门,两个人就不想在一起生活,但是晚上要回来就翻墙进房子里。

往日有很多闹离婚的,现在离婚容易,两个人不想在一起,到法院去签字就行了。以前可以离婚,蛮多想离婚的,但难得离,法院不签字。有的女的不干(不想在一起了)男的不到法院去,两个人不来不签字不好离婚,往日也是急人啊!现在要是性格不合就了(结束),自己过自己的,那个时候一捧狗屎也要兜着,多急人,像现在离婚多好离呢。不是我的儿子说了,合不住性格,她有工作,有钱,把包一背就颠了(跑了)。他(儿子)说我们公司天天有离婚的,她有自己的工作,性格不合把包一背着就走了,她又不要你的房子,找个合性格的最好。

(三)出嫁的姑娘与兄弟姐妹关系

以前跟兄弟姐妹也总是走动,去的时候总是买点东西,以前兴糖啊、罐头啊,现在一般不拿这个,现在一些苹果、梨子什么的。婆家的有事请娘家的兄弟过来,来但是来得少。

二、婆家人·关系

(一)媳妇与公婆

1.婆家婚娶习俗

以前结婚前不能见面,接回来了,见(婆家)大小然后叩头,有的贼(聪明)一点的女的知道望一望(新郎),到房间里去之后回来,男的(新郎)调换一下礼帽,看女的能不能认得出来,从来没有见过面的。比如(旁边人)说"上茶给老表喝",把丈夫当作老表,有的女的贼些,说"今天无论如何都不上茶",她看到了她的丈夫,帽子什么虽然都给别人带着了,老表就顶丈夫,有的憨的就没有见到过。以前做亲从来没有见过面,你说以前亲事管得多紧!

2.分家前媳妇与公婆关系

(1)婆家家长与当家。当家一般是指赶情答礼,来人客、添外孙、孩子读书给钱什么的,这就是当家,赶情的时候不把钱拿着怎么去当家?再打行李(棉絮)、卖肉买面都是当家,屋里需要人掌握,没有人掌握怎能行?往日儿子说婆婆就一般不敢说①,她当家。婆婆爹爹都当家,以前总是老人当家,儿子总是做事、种田,媳妇更加的(只做事),老人死了以后才是儿子当家。

婆家这边爹子、婆子也死得早,是我当家,以前最开始是他当家,后来搞的一点钱全部打

---

① 意为儿子不敢顶撞自己的母亲。

牌输了,门一开儿女要读书、吃饭,要读书啊!后来我不要他当家,我自己当家,是我当家,是我管钥匙,外面买东西都是靠我,我的儿完全靠我,要不然就读不出去。往日卖棉花、收麦子、喂猪,卖的钱就需要一个人掌握着,就像一个国家一样也需要一个人当家啊?卖的棉花的钱拿着,不给我的老头。我过年肉都不割要留着我的儿子读书,别人问为什么不去买点肉,我说没有钱买什么,只要吃饭不饿就行。一个家里没有个人当家乱搞?我那个时候扁担是我管着(当家的担子),现在是我的儿子,我一个婆婆怎么没弄?那个时候生产队里出摊派,搞什么都是我。但是做什么写名字还是写他的名字,只要老头在,就是再差些也要写他的名字,开会搞什么总是叫我去,不要他去,比如说开会上面说要什么,他开会不能兑现,我去开会说什么事能当家到位,别人总(对自己丈夫)说"让你的屋里人(妻子)来开会,不要你来"。那个时候我的儿子读书跟他的爹说要钱,他说:"你的妈妈当家了,我哪来的钱。"

(2)婆媳规矩与关系

往日就是婆子让做什么就做什么,尤其是小媳妇。那个时候就是媳妇怕婆子,婆子整死你,她站在旁边说"去纺,把这些棉条纺完了再去睡",一般纺就唱歌"保佑公婆早日死,让小媳妇见天明",婆子在床上起来就问"是怎么再说",她就说,"保护婆婆活千岁,把小媳妇管成人",婆子就起来拿个腌萝卜给媳妇,让她纺棉条完了再去睡,婆子自己先去睡了。往日她是小媳妇,在婆家还是蛮好,她(婆婆)要整她你说怎么搞,小媳妇天天没有睡好,半夜就要你起来,媳妇就说"起来早了得罪了丈夫,起来晚了得罪了公婆,不知道是起来早好还是晚好"。起来早点要去倒尿壶、去做早饭,起来晚了公婆不愿意,起早了丈夫不愿意,起早了被窝不暖和。

我听一个婆婆说她自己,送到(别人家)做小媳妇,然后自己从小就拿个凳子,站着洗碗,老婆子还拿火钳打她。把东西给烧糊了,也是你吃,嗯,要是烧生的没烧熟的也是你的,再有的时候还没有吃的时候也是你。以前听说有一个故事,就是说他的儿媳妇把老人的这个肉端去吃了,然后家里的老人把小媳妇给剁成了八块,后来媳妇变成一窝乌鸦飞走了,喊着"端错了鸡骨头肉、端错了鸡骨头肉",意思是说,我过去端错了一碗肉,婆子就把我给剁成了八块。这还是我过去听人讲的一个故事,变成了一坛子肉,"端错了鸡骨头肉、端错了鸡骨头肉"变成雀飞走了。意思是说那是她姑娘家的饭,她端错了,姑娘比小媳妇还贵重一些,意思是说小媳妇把一碗肉给端错了,不应该是她的,她把小媳妇剁成了八块放到坛子里,小媳妇变成了雀飞走了。所以说我的妈呀,那个时候就是讨饭,也不要送小媳妇儿啊,将其发送到别人家,多造孽!所以那个婆婆他们说"我在她家当小媳妇,他不给东西我吃还要打我",虽说小媳妇确实造孽,那现在跟以前哪能比呀,现在是天堂,以前是地狱。

3.分家后媳妇与公婆关系

分家。儿多就分,要是两个以上的就分。一般是分点田,有两间屋就分一间屋,一般是老人占得多一些,儿媳妇占得少一些,分给个人自己去弄。分家一般是儿不愿意,媳妇愿意在一边。那个时候老了还不是要儿子养他,一般是能种的时候还是自己种,不能种的时候就说让你种,然后找你要,主要是看老人的情况。一般结婚多长时间分家会看生完孩子以后再分吧。

(二)家庭生活中的夫妇关系

1.夫妇关系

他(丈夫)好打牌,我的儿女要吃、要读书啊?"你有两个钱不能给你儿子、女儿读书?你还拿去输了它"，就是没得，总是为这讲口①，又怕饿又没有吃的，又没有钱，又没有房子住，多难！我的儿子在广水读书，他的爹爹(丈夫)就说我："你还在做生意？"我说"我跟不得你？你的门谁照看着？"他说是他哥哥照看着，我说"怕把你的门卸下来给你卖了哦,还给您照着"。

2.家庭地位

以前的媳妇又怕爹子、婆子②，又怕丈夫。怕丈夫就总是讲口啊，一讲口就打不赢丈夫啊！我总记得我的妈妈在家里纺线子，爸爸总是去打牌，要是赢了就算了，要是输了就又要讲口啊，讲口就要打啊，打架的时候我们几个都小，总是把我的爸爸抱着让我的妈妈去打他，我的妈妈是个小脚，总打不赢。一般是这样，也有些女的狠一些打男的，但是少，你拿现在来说是一样。

以前男的说话，女的能插嘴少，也可以插嘴，就要讲口，不说就没事，那现在说，男的发脾气不和他说，等气过去了再说，有理还是无理，他发了脾气你又去讲，两个人肯定就是要闹矛盾啊。

这是到这边来，我的儿子要读书，老头子好打牌，我就总是不许他，总是我当家，但有个么家当？在农业社里，又没有田又没有地，有什么好当家的。现在是我的老头不在，那个时候都是我当家，大小事开会，我的老头去开，别人说"不要你去开，叫你的屋里人(老婆)来"，那时要什么东西说话不能算数，就要我去开会。我说："叫你去开会为么回来了？"他说"要你去开"，那一般是要钱什么的，要管钱的说话，再一个他没有读过书，屋里都靠我。

3.家庭分工

以前做饭总是女的，男的不进厨房，碗都不洗，有的男的勤快一点还帮忙烧个火，有的懒的就那样子坐着，饭煮熟了直接吃。往日又不炒菜，要么一点腌菜，一点萝卜，从来都不买菜，一般都是自己种的。一般女的脚小，都是男的去把菜弄回来，我只记得菜总是我的爹爹弄回来的。

4.家庭虐待与夫妻关系

以前姑娘闹矛盾可以跑到娘家去，跑就说啊，和丈夫闹矛盾吵架就往娘家跑，娘家的人就要(对女婿)说为什么打我的姑娘，为什么打她，有什么事要和老人讲。最后还是劝她们都回去，"两个人讲口没有哪个好的，讲口为什么往娘家跑？"我总觉得两个人有矛盾很正常，总会有的，往娘家跑让娘家人操心，所以总是跟我的姑娘说，让她们不要跟我说，一会儿讲口一会儿就好了。

5.离婚

以前离婚很少，就是后来土改以后，男女平等，主席领导的可以离婚，以前再怎么打总要在你的屋里，不会跑，有的也跑了，跑很远找不到。要是跑了就算了啊，跑到很远又找不到，你的屋里人跑了能怎么办？解放以后可以离婚，就要讲一个名堂，"我们两个人搞不好性格，我不想在他家站(待着)，他的性格我搞不好"，就要离婚，现在好离婚些，以前离婚(夫妻双方)都要到场，女的总到法院去离婚也离不了，除非男的都来两个人婚才能离得了。往日有的男的惷，有的跳散③些，也有的女的被拐走的，跟女的说，"你在这个屋里造孽"，晚上颠了，跑了。

---

① 讲口，意为口角、争吵、吵架，下同。

② 指公公婆婆。

③ 跳散,指聪明能干,手脚灵活。

男的不成器,女的跳散,愿意跟别人。人跑了孩子仍在屋里,有的连孩子都抱着带走了,重新去找一个男人,有的没有结婚的男人就愿意要这个女人啊,"到我家来享福些",这种是少数,极少数,现在还不是有跑了的,就是说不能找远处的亲事啊!远处的跑了找都找不到,不像现在拿了结婚证,国家都要找她。

(三)母亲与子女的关系

1.生育子女

我的二姑娘说,"你让我读个书,你好一点,我也好一点啊",我说"你自己不读么",她说她读书总是在引兄娃(弟弟),老师就说"你是在引兄娃还是在来读书哦","我不读了!"本来是我出去出工,兄娃没多大在家里没人看,我总让她带到学校去,那个时候小伢就总是哭,也没有吃的,那个时候跟家里要钱,哪来的钱?一块钱都为难。

2.母亲与婚嫁后子女关系

生产队的亲事也是有人来管,像我的红霞(女儿)又干净、又漂亮,是别人介绍的女婿就是没有劲,人还可以,街上的田地稍微少一点,我农村的田多一些,她的姨妈管闲事,她看中了,我怎么也不愿意。姨妈对红霞说"你的妈妈不愿意额?"她说"不用理她",就这样走了。生产队里活狠一些,十九岁就要她去出工。后来红霞说,"妈妈,你晓不晓得你把我十九岁就给别人了",那个时候我们生产队活路狠,前面一个大田用这么大的筅子上土让她弄,生产队的队长然后又说"割谷",割完了又说,各人割各人担(挑谷),男人在稻场打谷,我就去弄芝麻去了,我的伢硬是担上了,衣服都能扭出水,你说不造孽?人家街上的要,我就给别人去了,在生产队里做亲事好不是要看,也要姑娘自己同意。

那个时候还不是中间人引荐,我的大姑娘是自己读书的时候看中的,然后管个闲事就成了,我的第三个(女儿)也是媒人说,女儿总是不愿意,媒人说让男伢去帮忙扯秧,她(女儿)把秧马弄在一边不让别人坐,"叫他回去,三天一来两天一来搞什么?"我就是想着他是个手艺人,我想着孩子书读得浅,种田又有粮食吃,喂猪又有肉吃,我就说算了。我后来把姑娘和别人一起弄去帮工,顺便看看那个男孩子,她说"我瞧见那些砌匠不像个苗子,他还要稍微好一点",这后来才是玩好了,总是有些米票给我的女儿。他的弟兄四个,有一个姐姐,也造孽,没有屋,他今天又来,明天又来,我说"你吃饭吃菜",他一般不理别人,总是做事,要不是我,这个亲事成不了功,还不是要老人当个家。后来我的姑娘说:"哪晓得你家连房子都没有,椅子都没有,坛子都没有,我要早晓得我才不和你做亲。"那个男孩子说"我家里没有,你朝我看(我家里没有财产,但看重我的人品好)",我的三女婿还蛮好,来我家什么事都给我做,我说个女婿嘛,还不是跟儿子一样。

也就是说可以自己谈恋爱,各种各样的做亲,在生产队里媒人和老妈妈管闲事,瞧中了哪个姑娘,然后约到街上去看看,看中了就行,看不中就走。都是些老妈妈,老妈妈会管闲事,不晓得管了多少。亲事说成了,有不有什么好处到这边来吃,那边去吃啊,接姑娘那天要接客,男方还要买糖她吃,总是几包糖给媒人。一般是给了老婆婆说,帮他去谁家要姑娘,提糖就让婆婆去说,"人家蛮好,人家要(娶),(你家就嫁)给人家","我的姑娘没有到年纪","没到年纪,到时候还不是给你的(家)做(事)",婆婆总会说,实际上别人给你(家)能做什么?接回去了跟别人家的做,婆婆不晓得管了多少闲事。现在也有些人搭个桥就不管,现在还好一些。

三、妇女与宗族、宗教、神灵

(一)妇女与宗族

1.妇女与宗族活动

以前这边我们沈家的祠堂在下面的个湾子里，垮了，后来被打死的沈营长，他以前是小日本人(汉奸)的头头，他就住祠堂里面，在五队。我们姓黄的祠堂在黄家冲。女的也是祠堂的人，祠堂女的能进去烧香，她是祠堂的人怎么不能进去！现在是出去讲，"你还是我的自己人，我们祠的人"，我说我还是"黄家的人"。我小的时候我的爸爸入祠背一袋子黄豆去卖，我说"你背这么一大袋子黄豆做什么"，他说"入祠，建房子要交钱差一点"，难道你是个野百姓？没有祠堂？都有。小的时候祠堂可以进，一般是大人办事就去，祠堂出了钱，看得出来和谁亲，和谁远。出了五服的人才可以做亲事，自己人不能做亲事，但是现在只要是两个人玩好了也还是可以做亲事。

那个时候比如一个祠堂的人要一起说话，不像现在有国家的人管，那个时候就有头，门户的有着自己人说话。商量什么事，会说的女的也能去说话，说话呀要在路，说一句是一句，不会说话的也不要参加。不是那当家的也可以去，五队的小媳妇总是她当家，和地主关系搞得非常的好，总是她，有能力的女的也可以说话，拿现在来说也是一样。女的当家能去说话，讲口打架能去说道理，男的不行，买卖她能说话，她说了算。以前总是为田地的事讲口，说这是我的田为什么弄到你家去了，也是讲口落怨，需要族里人来说话。

2.宗族对妇女管理与救济

祠堂里管女的，女的要是为人不好还要打你，说叫族间的人来打你。比如说你要是跑了，就要找祠堂的人去找你，那个时候有的家里太穷了还不是跑！祠堂里就是管女的管得多，有权力管，男的在家里不会颠，女的就要管。以前丈夫不在家，晚上就把女的抢走了，用被子一包背着就跑了，孩子在家里哭也好，有的找了一个家给她卖。就是丈夫走了，门上[①]的把她给卖了，卖了多少钱女的被人驮走了，女的就不能回来了。祠堂里不管，抢走了就算了，谁也管不了，我还是听老人讲，我们还没有看到。

女的总是往娘家跑，跑了不回来，有一家的爹爹请人去弄回来，死打，越打就越跑，越跑就越打，不打还稍微要好一点，后来还是没有在他家站，还是跑了。那个时候总是往娘家跑，不在你家为人，男的去接也不回，祠堂就可以管，你说现在哪有这种事哦！

往日女的改嫁，祠堂也管一点，怎么不管呢，现在是政府管，以前总是族里管。有时候门上稍微管一点，比如说哪个家里条件不行，不能嫁，如果对方条件好，有三间屋、担把田就可以去，如果田太差就不行，"个女子，不能去，小心打你！"丈夫不在了不许走(再婚)，现在男的不在了喜欢跟哪个就跟那个，谁都不要管，现在的婚姻是有法律的。

以前生儿子还是生姑娘族里不管，小事不管，关系人命的大事就管。

(二)妇女与宗教、神灵、巫术

1.神灵祭祀

往日信迷信、烧香比较多，信菩萨。烧香全靠女的呢，以前总是说你的儿女好，听话，是你

---

① 门上，同宗房友的亲戚，下同。

的香烧得好。往日烧香可多,初一、十五的烧香,总是女的烧香多,男的稍微少一点,烧香总是保佑儿女清净平安。往日就是迷信大,孩子不舒服就总是请算命的,给孩子算命的,给米给算命的,算命的就写符解一下,还有都是生女儿求儿,弄个鸡子摆在外面,女的总是在想法子求儿。

2.仪式

有一家老人死了,用个棺材在上面用泥巴涂一层,什么时候有钱再弄,没有钱就泥在家里不弄出去,他的媳妇就挨着爹爹的棺材那纺线子。我那个时候还是个小娃,我说"这是什么",她说这是爹爹,没有钱盘,泥在家里什么时候混好了把他升起来,升大路,开垄,现在就是开大路,请人做事,①敲啊打啊,这样后人就发旺些。有的有(钱)就做一天(法)事,做事、开路、请水,要是没有的就做半天,就完了,没钱没有办法。现在要是有钱还要请乐队唱啊吹啊,那个时候没有乐队,那个时候就是几个先生敲啊打啊,就休息下,玩下喝点茶就又开始。泥在家里,我说难道没有气色(气味)?他的媳妇还在旁边挨着纺线子。我娘家的老人就泥到家里去了,泥巴都干了,你说不怕,要是我就不在那个屋里住,我怕,我胆蛮小。

3.宗教信仰

总是说要对老人好,老话说的故事,有个烧了一天香的人碰到天上的神人,神人说,"你到哪里去烧香? 朝那个宽着衣服脚穿稻草鞋的人面前去烧香",烧香的人说天黑了到哪去找这样的人,就回去,回去妈妈把门一打开,看见自己的妈妈,衣服宽着脚穿稻草鞋,哦哦,明白了,"我对我的妈妈不好"。往日的神人说对自己的老人好,比烧烧香还好些。还有个故事,往日他对他的妈不好,他的妈妈死了变成一个稻草人去帮忙照(看守)麦子、照谷,天发大水,看是先救你的妈,还是粮食,如果要是粮食收回去了,你的妈在外面打湿了,雷就要打他,还好把他的妈抱回去了,做的个毛人就像他的妈,一会天就晴了,妈也没打湿,麦子也没有打湿。这些都是暗示人,比如老人不在,要是门上里后人把我的田给卖了,雷就要打他,不管怎样就是要对人好。

4.生产队时的信仰约束

生产队里不准烧香,就是过年都不准,要是这样搞,就教民兵学坏,到别人家的门口去拉屄屄(拉屎),让他的出门的时候踩上去,有的半吊子就做得出来。那个时候就是不准烧香,不准出行,他说你信迷信。有一些民兵,都是些不聪明的人才去当,聪明的人会给你当民兵学坏? 后来搞了年吧还是烧香,还是出行。

四、妇女与村庄、市场

(一)妇女与村庄

1.妇女与村庄公共活动

(1)对村庄绅士、保长、甲长的印象与接触。以前的保长甲长有,娘家隔壁就是一个甲长要我出米,我给一升米他,保长就跟现在书记的职务差不多,我的李保长姑爷,杨保长姑妈,两个保长,一个姑妈,一个幺伯,又没有给你帮点什么忙,后来土改吃了点亏,李保长坐了几

---

① 意指请道士做法事,超度亡灵。

年牢,杨保长死了,也没有做坏事,要不然土改都要攻他,哪个朝代没有当官的? 当官要是得罪了人,土改就要受整,要挨打,但是我的两个姑爷没有得罪人。

以前的保长、甲长还可以,甲长就是要点东西,跟现在的书记、队长差不多,有什么事准备一下,门上的也通知一下,什么要来,比如说小日本人①要来就提前通知,有的小日本人把你的牛打死了,鸡子弄走,还有的把你家的门弄开,把行李都搂走了,你的伢(孩子)就缩成一团。你还不能说,说他用枪托打你,就只能让他搂,搂完了让孩子在那光着睡着。小日本人就是坏,没有盖的就搂你的行李走。大日本人就直接打你的牛儿,弄你的鸡子、狗子吃,把你的鸡子弄死弄在抢上背着背几个。大日本人强奸那年轻漂亮的女人,有的在坛子里躲着。有一年我的妈妈和两个姐姐在那,大日本人来了问"你家里有没有花姑娘?""没有","你妈到哪里去了?"我的姐姐就憨,说"弄菜去了",我说"走人家(亲戚)去了"。他说,"弄菜,那我在家里等着"。我的妈妈在牛栏里躲着,要是把牛栏门一打就正好抓活老鼠了,我的妈妈吓死了,之后就害病。

(2)公共建设摊派。那个时候要收米,按户,不按照家里的人头算,有的好一点的要你舀一碗米,有的就要你出一升,我们还是个小孩子,不知道米到底给谁了。我们那个时候还是个小孩子。

2.妇女与村庄社会关系

(1)村庄社会关系。往日女的要是吵架就是有门上、族间人、读了书的人来说话,哪个有理哪个没有理让读了书的人说直话,要是没有理的人给批评一顿就让她回去。以前那别人总是找我的爸爸去说话,"走,去那个屋里的爹爹让他说,说不清",然后讲是怎么回事,打架讲口搞不清就找族间人说话。

(2)女工传承。以前教我织布纺线是湾里的婶娘,妈妈不在就有婶娘,那个时候就把我叫过去说教我,让我先弹棉花,弄好,然后搓,纺线子就和别人一起,别人就有人教我,上皮搭下皮,左皮搭右皮,就像个读书一样,别人说你就听着学,手脚同时用,以前什么都会弄,现在老了都不会。一般是十六七岁开始学,那个时候我的个嫂子接回来,我和她一起纺,晚上在门口纺,姑嫂两个人在那,我胆子也大,年纪大了胆子小了,我前天不是说胆拿了胆都变小了吧! 以前不会织布、不会纺线子那到别人家里去造孽啊,太憨了别人就看不起来,不会织、不会纺丈夫看不起来,老人也看不起来,以前有多少不会? 都会纺。

(二)妇女与市场

往日织布卖,像我们这么大年纪的五更半夜纺线子卖,织布一匹匹的,然后男的拿去卖。有的时候把布拿在手臂里夹着,被人扯走了,有人就说"学我,把布顶在头上,免得别人弄走了"。湾里有一家女的孩子刚出生不多久,织了几匹布说拿到河南去卖,说"卖了就回来买东西给你吃",别人把他抹了②。她总在家里望丈夫回来,她说是湾里自己人弄的,说的手巾她认得,"为什么我的人和你一起去卖布你回来了他没有回来?"他说"不晓得","你不晓得跟你一起下了黑店"。所以总说"走路走大路,人烟多好问路,下店下大店,大店察言又方便"。听别人讲,那个时候做亲,嘱咐去当兵的丈夫。她的男人去卖布,东西被人拿走了,人也抹了,总是男的拿去卖,这是少数,一般是街上去卖。那个时候她的就靠她种一点田,再天天织布去卖,卖

---

① 受访者口中的"小日本人"指汉奸,"大日本人"指侵华日军。

② 抹了,指被杀了。

了买一点米盐,那个时候哪有钱？就靠织布卖一点钱。

以前那女的不上街,不敢上街,土匪多,以前的姑娘那真是姑娘,以前的姑娘那找不到是哪的姑娘,哪的媳妇,认不出来。现在学校稍微好看点的都相中了,以前说个亲事,婆子湾里来了人都不敢出去,怕见人。现在的社会要去婆子家好多回,玩好了再结婚,你说现在是什么社会？

五、农村妇女与国家

(一)农村妇女认识国家、政党与政府

1.剪发

一般姑娘大辫子,要是嫁出去了就要盘髻,往日总是一个辫子拖着,说"哟！盘髻就是要嫁出去",有的总是表扬说,"一个辫子拖着好",以前还看脚,要是脚小,那就说这个姑娘好,要是个大脚就不愿意,不要。那个时候总是把脚抬起来一看,哟多小的个脚哦！现在男的女的一样大的脚,还有女的比男的脚还大些的。往日女孩四五岁就把脚包着,你说往日是个什么社会？骨头都别断了,总是用个绳子拉着走,要不然痛啊！以前都是男的上街,梳头发大辫子的不准上街,土匪、日本人见了女的就不行。那一年打着锣剪头发,也打锣说不准包,要放脚,这也是国家说的。男人就回来说"今天街上打锣,让把脚给放了,不准包,包脚犯法",就都没有包,我们就都没有包。再就是头发,也是打锣,叫剪头发,不兴拖辫子,都要剪搭毛①。那个时候我还只有几岁,我的妈妈还在,我听着街上拦着剪头发,上街就把你的辫子拉扯一下子给剪了,有的女的回来急得哭,"妈妈,我这么好看的辫子给我剪了","哪个叫你去上街的？"在路上直接拦着,辫子直接拉着剪了,不管是长也好短也好。

以前女的都是一个辫子,上面绑红绳,下面绑绿绳,做亲事就扯点绿头绳,洋头绳,抬个盒子来就说要接媳妇走了,抬些肉和面,就是说姑娘要嫁走了。姑娘在家就是辫子,那两天要嫁出去就是盘髻,用个手帕搭着不敢出去,盘髻很丑,一般是不出门,怕别人笑,说你是要到婆子去,往日的姑娘不晓得多规矩,现在的不了。那个时候为什么要剪头发原因我不清楚,就说不准蓄这么长的辫子,社会要改啊！只要是长辫子在街上拦着就给你剪了。剪了人就哭,就是说我的辫子蛮好,你给我剪了,像蓬毛。像以前说媳妇到屋里来,大辫子到接的媳妇房里去,要是头发蓬着就不准去,说你是蓬毛。就是结婚那一天不准你到别人家里的去,头发要绑的棉巧(整齐精致小巧的样子)。肯定蛮好看的辫子给你剪了,多不好,就像蛮好看的衣裳给你剪个缺口,你不急不过？像我的辫子,我和我姐就不上街,我的是胆大,我的老人总是不出去,煮的粑粑饭总是要我去盛,我从小就胆大,我家一个山墙倒了,把我压到山墙里面去了,把我扒出来哭啊,那个时候又没有医院,就弄点石灰一直抹,慢慢地抹好了。别人以前总是表扬我,说我辫子有多好看,比我的姐还长些,那个时候我的妈妈又会纺又会织,我那个时候也会挑花,后来又专门找人教我的。

2.缠足

往日女的非要包脚,不包不行,不包到别人家去就不喜欢,说"男的在背脚睡,撒脚片"。也有不包的,秀的屋里的个老妈妈死都不包脚,别人总是叫她"撒脚片"。以前兴包,不包不行,别人都包你不包？不包做亲被人不喜欢,男人不喜欢,不喜欢大脚,喜欢小脚。那个时候人

---

① 搭毛,相当于学生头,齐耳短发。

老实,包脚把骨头都折断了,连路都走不稳。

3.认识政党

1949年以前,孙中山、蒋介石呐哪里知道,上次去上海在蒋介石住的屋子里看了的,他的姑娘、夫人像头挂在墙上。我们去瞧过,现在不晓得在哪去了。

我小的时候不记得,我只记得蒋介石坏,他的房子在南京,可坏,我们穷人都不能进去,那次五十块钱一张票进去的,那要是个小孩子跑进去玩找都找不到跑哪去了,多宽的屋哦!我就听到过"蒋介石",具体的事还不晓得,就是这一次去南京蒋介石住的地方玩才是看见。

以前共产党人好一些,国民党人坏一些,我只听着别人这么讲,我还不清楚国民党搞什么。

国民党不照理来,好人也打,再么强奸女的,坏,我们共产党好,看电视里总在讲共产党人多好是吧?还有一些女的入党呢。

4.政治感受与政府评价

是的,(沈明国)他还是小日本人的头,他是营长,我们总喊"沈营长回了",那个时候小日本人多狠!但是我们这个湾子也姓沈,他没有害过我,也讲了一点意思,说"也是姓沈的,哪去害你!"那个是黄金寨子,一个山包上的就是黄金寨,在那做个碉堡。那个时候一天打死八个人,把男的打死了,女的在家急死了,男的总不敢在家歇息,总是在田里睡。那个时候(小日本人)问你屋里有没有人?女的不算人,"屋里没有人",他们要找男人,不要女的,女人在答应"没有人",女的算什么人?后来是毛主席领导男女平等,社会好啊!沈明国不晓得多坏,把家友的姑妈舌头咬着,他说"把舌头伸出来"他一下子就咬住,说"你答应是我的夫人,不然我就把你的舌头咬断"。他的人就说"你答应是沈连长的夫人,好,答应好,是你的夫人"这才是松口了,不晓得多坏。他看见对门的一个小姑娘出来了,说要把她做二夫人,她的家里人只有答应。讲往日的事那,前天你不是问问一个人在家怕不怕,还不是怕,怎么办呢,我怕强盗。

(二)对1949年以后妇女地位变化的认知

1.妇女地位变化

往日女的不算人,总是一个小脚挽头发簪子,别人问是否有人在家里,一个女的回答"没有人",你说看,女的不算人,后来是毛主席才是男女平等。一般纺线织布卖的钱给男的拿着,男的拿着买菜买什么的,不给女的,女的不是人嘛!以前女的不算人,现在媳妇多大的胆子,以前媳妇怕婆子,现在婆子怕媳妇。

女的名字能不能写到祠堂里去,姓什么就叫什么,娘家姓什么就叫什么氏,没有名字。原来我们哪有名字,我这是后来,我娘家姓黄,国字辈分,才是叫黄国英。那个时候大队的说来摆名字就都来了,个人说,我自己说了一个名字。

以前娘家喊女儿总是小名,以前有小名,妈妈会给人摆小名,现在我的儿女没有小名。有的妈妈摆的名字很好听,有的摆的名字很难听,现在要是叫别人的小名别人说不许叫小名,小名是伢娃子才叫小名。有的老人蛮老实,有的儿女长大了说老人,"你真是老实,你给我摆的小名叫的什么?"不愿意,跟他的妈妈讲口,"伢呀,随便摆个名字叫就算了嘛","叫,别个的妈妈这么会摆你怎么不会?叫的一些名字难听死,什么点、地、世、土"。姑娘伢乱摆名字,屋后的一家叫"末",总是乱摆,儿女长大了说老人,老人说"我们也不晓得","乱摆被人叫出了名",我的儿女没有小名。

一般有爹爹在,媳妇就不敢在堂屋洗脚,洗脚就要拿棍子打她,(公公对媳妇说)"你还在堂屋洗脚哦?"一般是躲在房里洗,哪像现在媳妇多大的胆子,看见爹爹在堂屋眼睛一翻,说"出去"。不像现在,我看见一个长得蛮好的女的,骑个车子,故意把白腿露出来给别人瞧,那我总在广水,看一些事。

2.政府与教育

那不知道是个什么学堂,也不是私学,是公学堂,都是附近的老师,把沈队地主的屋办成了学堂。学堂的男孩、女孩都可以读书,学堂就在我的屋后面,一些女孩子就总是到我家里来玩,她们来我家讨水喝。

那时候去报名读书的时候妈妈死了,就后来读了一个夜校,只认得一点。读夜校的时候我都已经结婚了,有一个孩子,已二十多岁。那个时候都是晚上去读,去一个个地写,我还会写自己的名字,要是不认得字连个男女都不认得,不会上厕所。湾里的会计教,会计说:"让你们去学认字,不然以后叫你去拿钱都不会拿。"

(三)妇女与土改

1.斗地主

土改我肯定记得啊,到处好坏人搜,有污点有弄去审,有的还吓死了很多,那种以前当过干部的说土改要把他的事搜出来,要关、要坐牢,就有的跳井,说要是清到名下来就没有好的。

有的地主老早就跑了,有的就坐牢啊,有的女的在就整地主的媳妇,有的整他的儿,让他们戴绿帽子,有的老板死了,有的颠了,就把他家的田分了,屋里的东西分了。整他,要是剥削地主,有的还是劳动地主,有的是富农,富农的田稍微少点,也是受整,贫农开会就不要你去。有的颠了,有的颠慢了(被)站岗的抓了。有一个湾里当干部的,不知道土改要变,就蹲在地窖里,蹲了好多年数,眼睛都弄瞎了,要不然就要坐牢,要打他。那个时候我正好十七八岁,刚结婚,到李家岗区敲银子,敲完后开大会分,什么桌子椅子都分,贫农有权去弄地主的东西,谁都不敢护着。要是有后人就把后人弄去开大会打他,问他银子在哪?他说"在水坛子下面",我们就去找,在水坛子里面找到了一个小坛,弄起来里面都是现洋。有的大人头,有的小人头,水坛子谁知道有现洋,有的还分到山头里。穷人都可以分地主的东西,不够分啊。

余湾,我们一起到地主家里分东西、敲银子,沈明国也清楚,他在那我都知道,我是代表,把沈明国牵过来,吃了中饭就开的大会。那个时候沈明国说给口饭吃,好歹做一个饱死鬼不做饿死鬼。本来说吃了中饭开群众大会敲银子,有的群众说沈明国有点翘①,还没到中午就把他拖走开枪打死了,一枪还没有打死,那个开枪的说:"好人一天我都打八个,今天你一个还不够?"后来从脖子打进去,整个脑袋打得稀烂,有个湾里的人就去把他的裤子拷走了,说"我的屋里儿子多,把这个裤子拷下来给我的儿子穿"。你说往日几造孽,打死了就立马把他的裤子给拷走了。他(开枪的人)叫我牵绳子,我不愿意牵。

那个余东三,有蛮多田,他的媳妇姓胡。那个陈金钱,绰号叫作瞎子,在房间里,金钱的媳妇说她(地主的老婆)有金簪子、金环子,把里面都打了看看。他去把土一把,然后把棺材盖一下子撬开,八件盖的行李,八件垫的行李,八件布衫,一点个小脚,头上有么?又没有烂,一块布盖着,手就这样绵着(柔软、无力、不动)。她说"难道是尸骨含了金的?怎么没有烂?"这就

---

① 翘,意为拽。

是地主的媳妇,这是我们去扒的地主的坟。他们要我们去么,他们说地主的媳妇有金环子,他说,没得,还把人的棺材打得稀烂。那还是土改的那个时候,把他余家的坟给弄了,又没有烂,行李(铺盖被子)又没烂,布衫也没烂。坟上长满蛮深的草,你说那不是好几年?她(金钱的媳妇)把布片子撕一块,说"给我的伢(孩子)揩鼻子①,我的伢不着黑②",他的伢看现在还是长这么大呢!

2.土改分田

那大队搞了好多年数,分田,我们生产队的调整了几回,我们的田总在调换。怎么没有分到田?看是我们的穷人分多少,把地主的田拿出来全部分了,贫农有田,中农有田,那个时候把田都拿出来分了按照人分,比较公平,地主都吓得颠了。

女的一样,儿啊、姑娘啊都一样,像别人的嫁走了接了媳妇,田要拿出来,人家的媳妇来你们湾来要吃要田啊!你嫁了姑娘把田还种着,不行。那个海明说,"你们的姑娘都嫁走了还把田种着,我的结了媳妇不种?"他接了媳妇他要田,我的姑娘嫁了也想把田种着,种着能收点是吧。(她问在旁的村民,嫁过来的时候是否分到田了,对方回答说分到了,但那是分田进展到最后的时候。)

分田也要开会,队里的来你们湾里开会,看一共有多少田,一个人平均是多少田,接了媳妇是多少田。我的姑娘去那边分了八升田,我说"你的怎么分的,菜园子都没有?"接了媳妇要分田给她,出了嫁的要把田给别人。

3.妇女组织

我嫁来了丈夫还总是到外面去打工,那个时候谁当代表,谁是妇联主任,我都晓得,那个时候的事我都晓得。那个时候分地主的东西,敲地主的银子,打沈明国(地主,小日本人,在当地是个臭名昭著的人)。那个时候我怀着我的大姑娘,后来是小吴的妈接替的我。那个时候一开会开到半夜讨论,搞"三定"、搞责任田、行动工作,白天在这个湾子开会,晚上到另外一个湾子开会,就称为行动工作,我哪里不清楚?

那时女的代表,男代表,都去开会听他们说,听了就讨论看怎么样,明天互助组怎么弄?我们总是去开会,代表就是要开会听,然后跟群众再开会,把话带下去。土改就搞了一两年,有专门的土改有工作队,行动工作,到处开会,土改不晓得多烦躁。

(四)互助组、初级社、高级社时的妇女

1.互助组时期

在娘家那分的是互助组,没有人欺负,都是自己姓的人,没有谁欺负,爸爸也读了蛮深的书,我的爸爸老了,我们就都嫁走了。

那个时候在一起做事,一起栽、割,死③讲口,有的烈一点的女的总在外面讲口,讲口打架。那个时候田都合着,总讲口。有的憨手慢,有的手快,就讲,别人栽秧齐了头你的还是这么一点,互助组那就不是个味,互助组不好。那政策来了别人开会都去你不去?也去,那个时候在一起,我那个时候还年轻。

---

① 揩鼻子,指擦鼻涕。

② 意为我的孩子不怕什么坏东西。

③ "死"表示发生严重、高强度,频率高。

2.性别分工、劳动与分配

那个时候还搞"三定",男的一年要定八百斤谷,集体要这么多粮食给他,还有机动粮给鸡子吃。有一家说男的饭量大,要给他八百斤谷,还不是给了,那个时候集体要给粮食他吃,饭量大的要多给一点。粮食都要定着,这就是互助组。有小伢的,两个人,就要定一千多斤,集体就是要定粮食,这就是互助组。这就叫三定,三定我有参加,我晓得。女的少点,饭量小点,一年四五百斤,也有多的,那个时候男的肯定饭量大些,还要出力。这是搞三定,搞行动工作我也知道,搞互助组我也晓得,那个时候我刚结婚。

(五)妇女与人民公社、"四清""文化大革命"

1.妇女与劳动、分配

(1)妇女与劳动。那个时候土又不肥,又没有肥料,总是弄些草皮、烂草,就是一点自然肥,田里长的一些野草比水稻还深。那个时候队长也想得到表扬,你没有打到那么多粮食,他说打到了,最后搞得我们社员没有吃的,一湾人没有一簸箕谷,我们总是抄一小团吃点,然后喝点水,你说是造的什么孽!

男的犁田造田,女的就栽秧、挖荒、做水库也都去。我的大姑娘没有多大,一两岁,下很大的雪,我说找点花生我的伢吃,都让鸡子吃了,哪还有?那个时候去做水库,回来也没有吃的,连裤腰都勒得不晓得多紧,又冷。那个时候男的就打,女的就挑,那个时候修几大的水库!在别人家里铺连行铺,不去食堂里不给你吃,那个时候就是这样的。女的就总是合班,比如说你会栽我也会栽我俩就总是在一起,那个不会栽的就不愿意和她在一班,打分是一样大,如果有的憨一些就有人划不来。有的把一块田做完,两个人一人十分,要是一个会做的跟不会做的在一起就也是十分平分,就有人划不来,不愿意和憨①一些的人在一起。有的都是栽秧一条上头,别人上了头你还在慢慢地栽,谁愿意和你一起?

(2)劳动感受。有一次明亮在屋里说,奶娃在旁边哭,我们都在田里扯秧头,我说哭什么,不都是一样,孩子在家拉屎拉尿弄到裤子里了,这个手抱一下,那个手抱一下,弄一手(屎),往日孩子总是这样。往日不是日子,把孩子抱着吃奶大人就吃饭,栽了秧回来,(生产队干部)说"去扯三百个秧头"再做晚饭,伢在家里哭喊得不晓得像什么,奶还都没吃要去扯秧头。

那个时候专门讲口,我在这个湾里也好讲口打架,有一回芝麻田扯芝麻草,我的腿蹲酸了,说回去拿个椅子,他说我"喂了奶的",我说"有的伢口径大,不经饿",晚上回去就扣我的分。我拿个椅子回来走过去总要一会吧,我长了翅膀会飞?我们就在田里讲口打架,他对你关系不好就总是要欺负你,扣你的分。那个时候姑娌又多,又都有孩子,你说我来晚了,我说你来晚了,你说你会锄,她说她会锄,你说你打个杂事,她弄到你的前面去了,晚上回去就要扣你的分。有的渴了舀水喝,有的时候有个老头担水过来,连喝水都要说,说你和谁在那吞半天,你说别人喝水总要一会是吧!喝水也要把你管着,"别人喝水一下子就喝了,你为什么要喝半天?"总是讲口。

(3)工分与同工同酬。合作社劳动男的女的不一样,男的十分,有的差点的也是八分,女的力量点的八分,差点的七分,不会栽不会割,挑的没有别人多就少点。

那个时候德少是队长,出了一天的工,吃了中饭之后在那念,说黄家嫂一天,我说"拿我看下",要是有工就是个圈,掉了工就是个叉,我说"为什么我的出了早工和上午的工一个圈

---

① 憨,指笨拙。

都没有?"那个时候总是讲口,讲口开会要说你、要斗你,没有法子,只有忍着,俗话说"忍字没有饶字高",哪个没有那一天?谁会讲口把他选干部。不会讲口别人就说你好,总是不说忍着。一个月算一次工分,你哪里知道自己工分哪天掉了,哪天没有掉?本来就是按照工分分粮食,搞些日大瞎①我的孩子又做不到工分,别人用挑子分谷,我的分得一点点,还总说我爱讲口。

(4)分配与生活情况。生产队按照工分分粮食。座子粮就是你在家里不动也要分给你,生产队按照工分。那要是有的人多的,粮食不够吃怎么办,那就自己节约,不是吃了再算,是算了再吃,总是一个月的粮食吃超了就不行。不够就造孽啊,又没有借的,谁借给你?

生产队里不分钱,一年多分点粮食,按照工分分油、分粮食,你家的孩子没有工分,大人的工分搭着吃。十分是几毛钱,五角钱,他要是关系跟你不好,少给你写小分你也不知道。

生产队没有谁有功夫,晚上点煤油灯加班纳鞋底子,你家里大人小孩要穿,又没有卖的,都不是自己做!一闲下来就要蔽壳子(做手工鞋的程序,将碎布糊成布壳子),哪是现在享天福。那个时候不纺线,(纺线的)车子都没有多少了,都打垮了,弄得烧了,那个时候有点吧,到后来生产队有点布票,就没有织纺、扯布,每年过年我的姑娘都去扯布做绿袄子、花袄子,小孩子也有布票。一个人有一两丈?给了布票还要给钱,没有布票,光给钱别人也不卖,布少了。就像在学校吃饭,给了饭票还要给他钱,没有票光给钱不给。

那个时候去李家岗挑草头,食堂就多打一勺子搅粑(将粮食磨成粉,水烧开后倒进去加青菜搅成糊糊),有的少打一勺子搅粑就在那哭,"谁让你不去挑",要是不去挑就一勺子搅粑,要是挑了就两勺子搅粑。那个时候还是大食堂,打了饭端回去还要先紧小伢吃。

那个时候我去找队长借谷,我说我的儿女没有米下锅,说了半天他不答应一句话,我在边上哭,他(队长)的媳妇说队长:"(队里的粮食)是你的?你不就是拿着个钥匙呢,要是伢们死了你就不吃?"我在旁边听着了,我前半个月支(借)了一点,我以前总是煮搅粑给我的伢吃,伢多没有吃的,我从来没有煮过一顿饭,有什么办法!

我和另外一个婆婆一个人提一包糖找五队队长的去说,"能不能借点粮食吃?"不是别人笑话呢,说七队的提糖到五队的去借粮食,你说怎么搞,去饿饭?那个时候有正(人名)在我屋门前栽秧,我说能不能借十斤大麦吃点,他说"我家的怕还没有晒干吧?"我说"先借点",拿回来一炒磨一煮,弄点搅粑,我栽秧一天,一口都没有吃。别人还说我像个男人样做事,"别人挑她也去挑,别人栽她也去栽",我破例么,要不是我的儿早就饿死了。

2.集体化时期劳动的性别关照

托儿所。那个时候给哪个不扎实的妈妈②引着(看着),我们一般是给二两米让她煮稀饭给我的伢吃,我们还没有天亮就走了,伢就扔在家里让个妈妈引,我一回来看见我的伢在哭,就骂"妈的,怕是我的伢的粥让引伢的人都吃了哦!"她说"哪个吃了的?"我说"没吃伢怎么饿得哭?"那个时候人都不在,只有个小伢又不会说,肯定是啊,一般是四五十岁的带伢。

3.生活体验与情感

(1)大食堂。我的弟兄五八年把我接到这个湾里来的,老头是被卖到那个湾里去的,那边的爹爹都死了,就没有待着那边了。食堂哪个地方都有,那个时候集体的专门做大灶,煮搅粑,一勺子一勺子地接着吃,不让你自己做饭,吃完了就去上工,出水库。后来食堂拆了,以前

---

① 脏话,贬低不懂乱搞的人。

② 妈妈,方言,特指年长的妇女,同前文"老妈妈"。

在食堂里也总是讲口,就是说食堂的不公平,总是到屋里各个家里搜看是否有米,在我们湾里没有搜到一颗米,在下面湾里搜到了一坛子阴米①,有人说拿出来分,我说别算良心,一坛子米,两个塆,一人一把米都分不到,放在别人家里还可以煮点别人的小伢吃。我这样说,后来才是没有分。那个时候两个湾合在一个队,一个食堂,在一起做事,总在讲口,两个湾在一起不好,后来才是分过来两个湾分开的。

(2)"三年困难时期"。你说往日我们多造孽,(老人对访问者讲):"你的妈那个时候怕是也遭过这个孽的哦?"那年红旗(人名)出生就做点饭吃,就是她的(指在旁的村民)大弟兄,他的外婆婆拿点豆皮来煮豆皮,再一点韭菜,饭后就把村里的人都叫过来,叫过去吃了一碗豆皮。那个时候吃一碗豆皮多不容易,那还是他的婆婆,我们一点什么都没有,我的还是我的老家伙(老伴)去吃的,我说"到德黑的去,去吃夜饭②",他屋的添了一个儿子都去恭喜,那是1959年粮食过关。

我记得生产队里有一回生产队里死了一头牛,我就把肉都弄好去煮着,我的几个孩子还没有出生,煮着第二天要过年,德少(生产队的队长)就说:"是不是把牛肉钱给了?"我说:"哪来的牛肉钱,我说给你拿走算了",他的老头妈妈(此处指母亲)弄着吃了,难道还给交给了生产队?

我们在水库一勺子搅粑吃都没吃热,你跟干部说肚子痛不舒服要回去,他说"肚子都饿得痛!"那真是这样的,有的舀粥掉地上了,有人就爬到地上去吃,当干部的就都用脚把地上的粥都弄了。那个时候有的男的饿得不得了,用牛拖回来,我问有什么病,他说"没病",哪里有什么病,就是饿得不得了,回来别人给了一升米,回来吃一碗找(再)一碗,把肠子都撑断了,后来死了。男的性命小些,女的性命大一些,男的不吃一个星期就要死,女的一个星期不吃死不了,女的性命大一些。

我们这边还没有饿死人的,我们一湾人还没有一筲箕③谷,队长欺上怕上,说我们队里一亩田打了多少粮食,别人就把粮食都拿走了,最后一湾人没有一点谷,就只能吃树叶子、草、油菜叶子,刮树皮吃,有的晒一坛子草,饿了就扯到嘴里嚼,吃糠头,把糠头扔到锅里炒,然后弄到一舂(碓臼),再给一点盐吃,那个好难伺候,总是吃了拉不出来。那个时候我的老头吃糠哪(里)拉得出来,总是解手让我去帮忙,让我弄个棍子帮忙掏。我的小女儿总是吃那个花生根,又不洗,总是直接弄着舂(碓臼),然后打湿弄成粑粑放在锅里弄给她吃,有时有一点米就扔到锅里煮专门给她吃,小伢专门吃草不行。

(3)文娱活动与生活体验。往日社会,简直不是人过的日子,那个时候像到现在(大概是晚上七点多,天已经黑了)扯秧还没有回来,像下雪还要做事。半箩筐谷弄搅粑吃一个月,总是没有吃的,弄一块锅巴在灶里,他们姊妹一个人吃一点,有的钻进(贼,小聪明)就都拿走了,就喊"怎么没有了",我说总是有人都拿走了,不急人?

那时上工热闹哦,吵死人的,总是讲口。没有点好的,总在讲,爱讲口要你出工,下雨也在田里,刮风也在田里,你以为那个时候能过蛮好的日子?总在做事还没有粮食,也没有钱,过

---

① 阴米,指煮熟了的米饭用重新晒干,剩饭经常会这么处理。
② 夜饭,指晚饭。
③ 筲箕,淘米用的扁形竹筐。

年都分不到一点油,再伢读书连一块钱、两块钱都没有。

4.对女干部、妇女组织的印象

生产队里最开始没有女队长,只有女代表,后来集体修水库才是有女队长。女干部是带头的,女的带头做工,总是"走啊,开始去做啊!"总是男的喊男的,女的喊女的,以前湾里女的又多。那时妇联主任就是一个大队一个。生产队的妇联主任管(那些)家里吵架要离婚的,总是管(那些家里)闹意见的。要离婚就总是和妇联主任说,让她开个条子自己再到法院去,那个时候好离婚的又多。没有(吃的穿的)人就总是讲口(吵架),就合不来死爱讲口,总是打架,叫女的滚,女的就非要走,总是讲口,有的女的就要去法院,男的就痞着不去,法院就没有办法接受,不去就没有办法。但是以前如果女的总是往法院里跑,法院就会下传票下来让男的去,现在也是这样子。

以前生产队天天开会搞什么活动,生产队的队长和会计,一般是在一些人的门口开。我们以前总是开会讨论,都要说话,不是男的答复,就是会说的女的答复,开会要什么任务,然后上渠道做任务,说男的要做什么任务,女的要做什么任务,谁要到哪个田里去栽秧,多少分,谁和谁做完哪个田里的活多少分,就总是搞这个。男的打谷,女的就捆,我的姑娘就挑草头,即挑割下来的稻谷捆伤了。那个时候说割谷,那个时候姑娘也多,一会说割了大人捆,后来又说姑娘捆,姑娘挑,你说那么大的姑娘哪里弄得动?

生产队又不选干部,不怎么投票,只不过是哪个队长退了,选书记才过来通知一下,让你选,就是选,大队里也已经选好了,那个时候也是发个票,然后让你选,想选哪个就哪个,有一次说选谁,自己一个人把票拿着全部选下来了。那个时候一个人一张票,他把票全部拿走写一个人,选书记谁的票多就是谁,谁的票少就选掉了。大队的书记才选,生产小队里的干部就直接是上面的定了。本来说是喜欢哪个就选哪个,不喜欢谁就不选谁,他把票拿着都写了。有的时候选干部,会写的就写,不会写的就说"你帮我写一下",不会写就只有请人写,那只是选书记才投票。

5."四清"与"文化大革命"

"文化大革命"就是到处搜啊,那个时候就是要去找他(村里一户),他是当了兵回来的,一没贪污,要是以前当了干部的,有的东西要拿出来,把屋里的衣服、椅子都搜出来,专门搜那个有污点的,对主席不满,骂过主席的。那有的当书记的可坏,你不听他的话,他对你有意见,开大会的时候把你弄在中间站着,叫你在中间蹲着,说"你不老实",有的本来蛮老实要说你不老实,就是要欺负你。以前开会都怕书记,现在群众是胆大包天,不怕干部。

(另外一个村民说)那个时候有一个叫"男人村的妇女",讲了一句"男人跟不得女的",然后就都批斗她,全湾到处贴的都是大字报。"文化大革命"的时候,嗯,那个时候写东西说沈德超(队长的弟弟)把德少杀了,让人写东西,别人说为什么后来没有看到尸体,再末后德少回来了,他说"我这么好的个哥哥,我怎么会被他杀了呢。"那个时候人要欺负一个人,作贱你踩贱你,就是这样的。

(六)农村妇女与改革开放

1.土地承包与分配

土改的时候我还没有孩子,就给我家分了两个人的田,我的伢出生了就又调整田,还不是分了一些,像我的姑娘分到了田,做亲出嫁了,分的田就要拿出来,人家结的媳妇要吃饭。

你怕是像现在田没有人种,一点南瓜地都要种着,栽点南瓜、葫芦什么的,那为了一点地就讲口哦。我们这个湾子蛮穷,我的田拿出来了给东海、明海了,把我的田两家分了,那是我完了粮的田,他在这个田里栽树,我说你栽这点树能发财?他说"不能发财就不能栽?我想栽那就栽那。"(后来为这田闹过矛盾)我说,"你晓不晓得我完(成)了几年粮的任务?"

2.社会参与

我去广东搞一回烟生意,卖了两百块钱给我的儿读书,我弄些破布撕好,坐在一个角落的,别人说"这是个造孽的婆婆",才是没有要票。我还到河南去贩辣椒和西红柿回来,做生意,给我的儿子读书。我总在广水卖菜,有一回我老头说我,"我到那去看见别人卖菜总是要收税,你为什么总是不收税?"我和别人关系都搞好了呀。(有一次)收卫生税的把我的菜都拿走,说要我给 50 元钱,我求着说:"我连本带利都收不到 50 块钱哦。"

六、生命体验与感受

往日那不是社会,不是人过的日子。以前我总是造孽,受人欺负,以前就是奔死(下死劲努力),也要把我的儿子的书盘(供)出来,现在我算是终于熬出头了,享我的儿子的福,我的儿子书读出来了。

YCL20160907LCF 李常凤

调研点：湖北省随州市广水市李店镇黄金村

调研员：余成龙

首次采访时间：2016 年 9 月 7 日

受访者出生年份：1931 年

是否有干部经历：是

曾担任的干部具体职务：土改时期小组长、集体化时期的妇联主任

是否生育：是

受访者结婚的时间节点、生育子女的具体情况：二十一岁结婚；共生四个女儿、三个儿子。

现家庭人口：4

家庭主要经济来源：子女工作收入、养老金

受访者所在村庄基本情况：黄金村，地处桐柏山南麓，丘陵岗地，经济作物为稻粮生产为主，也种蔬菜。村庄以小为特征，小水田，小林地、小农户。土地相对贫瘠，地下水资源贫乏，水田需要取水灌溉，易旱易灾。气候为典型亚热带大陆季风气候，冬干夏雨。现在村庄外出打工人户较多，村庄留守以老人、儿童为主。村里有所公益民办的养老院，在全国有一定的名气。李世英老人就居住在村里的这家民办养老院。

受访者基本情况及个人经历：娘家以前很穷，是贫农，老人小的时候没有读过书，有一个兄弟读过，后来兄弟读完高中便到镇上做公务员去了。老人二十一岁嫁到婆家，当时是老人的嫂子给介绍给现在的丈夫，一共生了四个女儿、三个儿子，前面四胎全部是女儿，最后三胎全部是男孩。

刚结婚时正是土改时期，村里选她为土改工作队女队长，带领村里的妇女斗地主、分田地，表现活跃，后经村里提拔为妇联主任，一直干了很多年，退任后她的大女儿接替她当妇联主任。三年前当妇联主任的大女儿退休，利用废弃的小学，在村里开办了一家民营养老院，老人便在养老院里帮忙打杂，后来大女儿突发脑溢血，二女儿便接手养老院。现在老人仍在养老院义务劳动。

一、娘家人·关系

(一)基本情况

我叫李常凤,今年八十五岁,娘家在李店水寨,离这(黄金村)不是很远。我的名字是婆婆(祖母)起的,我是常字辈,说是个姑娘就起个姑娘的名字。我娘家还有一个弟弟,叫个李常坤,是姥爷起的。娘家就姊妹①两个人,家里一共四个人,才三斗田,所以是贫农。我一共生了七个孩子,四个女儿、三个儿子,前面四胎全部是女儿,最后三胎全部是男孩。我家七个孩子,前面几个孩子都没有读书,后面的几个孩子都弄去读书,不说读个大小,就都要去认个自己名字。

(二)女儿与父母关系

1.出嫁前女儿与父母关系

(1)家长与当家。娘家的人又不多,就是爹啊妈当家。一般有什么对外的事都是父亲,家里的是妈妈当家。

(2)受教育情况。我没读书,兄弟读了个高中,后来在乡政府的当公务员。那个时候又穷,我们那么大的个湾子就是地主家的两个姑娘读书,我们水店几百户就是两个姑娘读书。两个地主的还是没有儿子,一个是一个姑娘,一个是两个姑娘。那个时候姑娘读书的少,就没有多少读书的。要是读,在李店,公办学校,一般的家庭女的都不读书。那个时候穷人读不起嘛!那个时候也不怪,那个时候几百户多大的湾子?就两个女孩读书的。

(3)对外交往。我们小的时候拜年也相互拜一下,姑娘和男孩都可以去。家里的也出去,也还不是讲礼,什么"婆婆、嫂子,过年好!"但是男的女的分开,以前拜年女孩子就和妈妈一起,男孩子就和爹爹一起。

(4)女孩禁忌。以前我们湾里有个老师,一个老老师和一个小老师,父子都是,儿媳妇热不过②,就下(卸)了一个门(当床板)在后门睡觉,他(当老师的公公)回来后就不得了,说他的媳妇不应该在堂屋睡觉的,硬是不依不饶,说女的能在堂屋睡?那个时候她就下了一个小门在后门睡觉。还有挂衣服的讲究,男的衣服就不能和女的在一起,女人的裤子不能和男人的衣服挂在一起。来人客吃饭女的不坐桌子,有的屋里爹子、婆子吃饭的时候陪下客人,媳妇不上桌,媳妇在一个家里地位低一些,那个时候也还有自己到灶里去吃的。

(5)家庭分工。一般的田地活,男的女的是一样做,田里挑啊驮也是男的,女的做点轻松活,不过我家因为田少,所以母亲几乎不用下地干活,只是栽秧割谷做一下。一般男孩子和姑娘,什么都做,田地活都做。洗衣服做饭什么都是女的,男的不插手,我们那个时候水寨种菜卖,种田种菜的基本都是男的,家里的事男的基本不管,很少管。

(6)家庭教育。妈妈就教你在家学做饭、学洗衣服、学纺线子、学织布,妈妈就教这些。爸爸不教我,专门教男孩,我的兄弟一个,也没有做过什么田地活,小的时候就读书,后来把他弄去当公务员。那时教怎么做人,也就说姑娘应该到婆家做什么,对老人好什么的。也还说不和男孩子一起玩,那时有的男孩还蛮好,有的男孩蛮坏,(家长)叫不和男孩打交道。

(7)女工传承。织布都是女的,我会纺,我的妈妈会纺,我的婆婆也会纺,自己纺,把�子

---

① 兄弟姐妹,当地含义中包括兄弟。

② 热不过,意指热得难受。

做出来就慢慢织布。织完后，有多的就卖，有的做不来就只有自己穿的，织个白布去染房染个蓝色做衣服穿。十多岁我就开始学织布，去别人家玩，看见别人在弄就自己看着学。那个时候妈妈有时候也教，最开始机头上的总是弄断，就会慢慢地教一点。过去女孩子个人学，到了那么大姑娘自己就要学。

2.女儿的定亲、婚嫁

（1）自己的婚事。我的亲事是我的嫂子把我管①到这个湾子来的，是嫂子的兄娃（弟弟）。因为是嫂子介绍的就愿意了，如果是外人说就要调查一下，看看家里是有（财产）还是没有（财产），是讲情理还是不讲情理，这是一般的做亲就这样，我们想着是自己的嫂说好了，就答应了。我们没有调查，如果不答应把嫂子给得罪了，嫂子不喜欢。结婚前没有见过面，那个时候不兴见面，一直到结婚才看到。那个时候嫂子就说什么时候管个闲事②，给我的兄弟，然后就提一包糖来就定亲，然后就算了，一直到结婚。彩礼，也就是过③了六斤肉、六斤面是起媒，后来结婚的时候又弄了半头猪过去了。衣服就是个浅洋袄子、蓝布衫，一个红色的，再一个夹衫，一共四件衣裳。

往日说亲，讲门当户对，比如地主的姑娘就说给地主的，穷人就说穷人的。我的亲事是当家妈妈同意，她说："你家自己的嫂子会给你说个坏人家？"就这样说，不晓得这里这么造孽！这边就娘儿两个，一开始没有房子，后来让他做房子，才做了两间屋（才结婚），蛮造孽，回来家里连棉花都没，我的婆婆说"莫担心，机头上有三个布，一个去换做房子欠的钱，一个去换些瓢子④"，后来就稍微好一点，度过去了。那个时候也不怪自己嫂子，总想着不管是到哪，都得自己勤俭，自己要伸出两只手来做活。

定了亲也可以退，有的是老人（对方）不讲情理就退了，就是说定了亲然后女方的爹妈自己去调查他，（调查后发现不好）就不干。

以前女婿不上门，娶亲才上门，之前都没有见过。结婚那天我们是用的轿子，就是四个轿夫和一个媒人，不多，以前都是这样，媒人找四个抬轿子的。我们是十月份结的婚，冬月就开始不准用轿子，后来灭轿子了，非要用脚走。丈夫不去接，就在自己的家里，不上门，直接抬过去就完了。我们穷人没有什么嫁妆，就是两床行李⑤、床单，过礼物的那天就已经挽⑥过去了。有的条件好一点的有柜子、箱子。娘家过（请客的程序）客？请谁？娘家过客了，请姑妈姑爷、舅爷舅妈，加上门上的⑦，简单就完了。

（2）嫁妆田。嫁妆田就是她的娘家的有（田地），再就是说自己的姑娘可能有一些缺点，就要带嫁妆田去。比如姑娘不是蛮灵光，娘家的有就可以带二斗田，田一般还是娘家种，有的就把田给别人种着，一年给担把谷给人家，给粮食。要写约，写给姑娘，比如田给我了，就写租，每年给一担谷，给婆子家，如果是给娘家种，有的也不用给租子，但是这个地属于她了。有的婆家田地还可以，就不要这个田，把田还给娘家，要是糊不住就要。嫁妆田一般是少数，有一

---

① 管，意指介绍。

② 指给人介绍亲事，在当地称管闲事。

③ 意为送，送聘礼被称为过礼物。

④ 瓢子，指去过籽的棉花，可以直接用来纺线。

⑤ 那个时候行李主要指垫的和盖的棉絮。

⑥ 挽和挑意思差不多，挽既可以是挑两个，有时也可以挑一个东西，另一端用手压着，和背不同，背不需要工具，下同。

⑦ 婆家的一房的近亲。

家姑娘是个哑巴,姑娘就带了四斗田去了,后来田还是在这,解放来了田还是在这。

(3)抢亲。我有一个舅妈,我的舅爷死了一个月,我们去烧五七,她的娘家给她重新说了一户人家,(这边婆家给她另外说了大杨湾的),这个大杨湾晚上就去抢。那边娘家才下定的,得了别人的二十块钱的现洋加两担谷。这边大杨湾把她抢走,那大杨家湾头先结了一个人,那人死了还有一个孩子,最后把我的舅妈抢走。娘家就不同意,那家家事①不好。那是我的三舅妈,把我的妈接过去帮忙说,想让她就在那一家。那个时候就是讲田地,我的妈就去和舅妈说,最后就在那站(待)了。这个地方(这边婆家)就赔了别人二十块现洋,两担谷。也就是说娘家把她说给了别人,婆家把她说给了这一家,这一家就把她抢走了。那个时候我的大舅爷说这家可以,就在这家站(待),后来就赔别人家东西。

(4)嫁妆。一般的嫁妆比如有钱的地主,弄些大柜子、小柜子,一般就是小件,一个柜儿、一担箱子,一对椅子,就这样,再有一些行李铺盖,地主家的有钱些。

(5)童养媳。娘家养不起,给婆子家养着,养大了,上了十五六岁就结婚。我们湾里有个十五岁,比较穷,她的姑妈就(把她)说到别的湾里,对方提了三斤肉来,那个时候造孽,我们都在山上弄柴,她的妈妈就把她叫回去,姑妈就直接弄回去说是养童养媳,哪晓得一弄回去就结婚了。那姑娘那时候到他家去了不愿意也要愿意,去就弄着结了婚,烧个香,磕头就完了。一般有人管个闲事给别人家养着,经济条件一般总还是可以吧。

(6)换亲。有个家里叔伯哥哥在李家岗(村名),娘家都蛮穷,那边的说给李家岗,这边就说给左家岗(村名),两个人一天结婚。那边的姑娘到这边来,这边的到那边去。不是一天也有,提前说好。我们湾里有一个姑娘,说到河另外一边,另外一边的姑娘就说到这边来,后来那边的个姑娘不嫁来,(这边家里)就又把(嫁过去的)另外一个姑娘弄过来(回来),死都不准回去。等于就是不能随便反悔,反悔了也没办法,后来那边书记、主任来接了一百遍②都没用,非不准回去。简单说来,就是我这边的姑娘(叫回来后)重新做亲,就是跟那边已经结了婚也不回去了,你的姑娘不到我这边来,(我这边)就不回去,本来是换亲做。她的妈妈把她叫走了,不准到这边来。她本人愿意,后来爹妈就叫回去了,两个人错了十来天,回门的时候就不要她回去,我们这边去要人不给。

3.出嫁女儿与父母关系

(1)财产继承。出了嫁的姑娘能不能分娘家的东西,什么都不能分,娘家东西再多也不能分,除非是没有儿子,条件还可以就可以分。

(2)婚后与娘家关系。出了嫁的姑娘有的养有的不养娘家老人,一般是不用养,要是有兄弟在家再困难也不养,要是没有兄弟就可以养。具体要怎么养还要看具体情况,要是爹啊妈不扎实③,姑娘就去帮忙种点田,去帮忙做,少数接到婆家来照顾。要看这边是否有老人,如果这边有两个老人就不行,如果这边没有老人,接来就可以。也有的娘家怕面子上挂不住,就是再困难些也不会来。

(3)离婚。离婚一般会听听娘家的意见。有的婆家条件好,娘家就叫女儿不离婚,有的条件不好就要她离,离婚后娘家再帮她找一家。

---

① 家事,主要指经济状况。

② 夸张说法,意思是来了很多次。

③ 扎实,指身体不好。

(三)出嫁的姑娘与兄弟姐妹关系

出嫁的姑娘和兄弟当然走动,自己的娘家嘛怎么不去,经常去。一般嫁姑娘、结婚、得孙子就要请兄弟过来坐一位[①],现在是这样,以前也是这样。一般回娘家就走过去,去给顿吧饭你吃就回来,有过夜的,也有留着歇一晚上[②],一般哪个是讲情理就在谁家歇息,关键看嫂子讲情理。

娘家兄弟分家时,如果是一个兄弟就不分家,有的几个兄弟分家,出嫁的姑娘一般不参加娘家分家的事,免得说是维护谁。

有的女儿在婆家死了,娘家要过来看看是什么情况,就要去看是怎么死的,要是病死的就好说,要是讲口打架喝药死的就要去说话,就不依(不放过)婆家的,要闹事,解放前就不讲理,吃一桌推一桌子,敲打之后就回去,以前就像这样。解放后也有,有的打架闹事,把棺材抬到神柜上放着,两边打架,后来公社还批评娘家的。

二、婆家人·关系

(一)媳妇与公婆

1.婆家婚娶习俗

我们这边结婚也就接客(吃喜酒)就算了,就在这边住着,请舅爷舅妈、姑爷姑妈,主婚人一般是族长,一般有拜堂,我们没有做,最后是这样,我们那个时候吃个饭比较简单。头一天就要给公公、婆婆磕头端茶。拜堂其实就是要钱,舅爷们给钱,和现在的规矩差不多,根据经济条件随便会给点,有的十块二十块也要给一点。

2.分家前媳妇与公婆关系

(1)婆家家长与当家。婆家没有公公,死了,(受访者丈夫)一岁半的时候这边的爹就死了。婆子不当家,说你们两个人当家就算了,她就不管,婆子就搞自己的事,别的事都不管。后来我们结婚后就让儿子和我两个人当家,没有管闲事[③],结婚以前是婆子当家。一般公公不在了是婆子自己当家。

我成家以后是我当家,两个人当家,婆子不当家,我们两个都说了算,家里的事都是我说了算,外面的事他说了算,外面开会都是他去,他不在家就我去。农业生产一般是丈夫当家,请人借粮食,女的可以当家。做房子一般是男的当家,重要的事是男的,一般家里的事自己说了算。以前做房子需要登记,这块地是我家的就可以在这做,不是我的就不能在这做,写约的话,要写丈夫的名字。

(2)劳动分工。那个时候田里一般是用牛,三户两户一起养一头牛,男的就犁田耙田,女的就手上活[④],割啊栽。以前要是讨饭,女的多,男的总是个男的,一般是女的把小孩牵着到哪里去讨,男的就找点什么事做。

以前夫妻关系看经济条件,有(财产)的话过得蛮好,没有就总是争争吵吵的。要是用在争吵就打,两个人和睦点就强一些。像今天想去给谁帮忙做点事男的不愿意就不让她去,要

---

① 也称上位,最尊贵的位置。

② 住一晚上。

③ 此处管闲事仅指当家。

④ 意指不太耗体力,但是需要时间和耐心的活。

是男的喜欢哪一家,女的不喜欢也不准男的去,是一样。

(3)财产权。媳妇在家有自己的财产,从娘家带来的东西就是媳妇的,婆婆不能管。打个比方如果嫁过来离婚了,如果是男的不要女的,离婚就全部带走,女的不要男的那就看男的,男的松点就准带走,不松一点就不准带走。

以前的婆子手里有①,地位就高,地位不高也不行,她手里有就自己当家,把儿和媳妇都管着,有的手里没有比较穷就儿和媳妇当家。以前婆子总是管媳妇,像走娘家就不准买东西,不准买礼物,婆子管着不给钱。现在不像以前,以前是多狠的规矩!出来后自己买,那时婆婆狠!婆子做的媳妇也不敢说婆子,她是个老人,你是个小人,就不需要你管她,她不对也是对。

婆子有打媳妇,不像现在,现在媳妇打婆子。往日没有媳妇打婆子,有人管,婆子娘家的人就不愿意啊。

3.分家后媳妇与公婆关系

公婆权力。夫妻之间闹矛盾有的族长调节,有的姐妹来带下和(劝和),有的公公、婆婆也劝一下,有的婆子坏,就说"这个女的不在家里好好站(待),要离婚不要她"。

(二)妇与夫

(1)夫妇关系。平时闹矛盾也往娘家跑,跑到娘家去男的就要去接她,不接就不回去。有的去接,有的有儿女就派小孩去接,小孩去接就是怄气呀,你不理我我不理你,又不好意思去接就这样。以前两个人打架是常事,反抗的少,那个时候讲名誉,讲家庭,讲老人是否讲情理。那个时候娘家会来说会话,说两个人要放和睦些,要朝孩子看。两个人打架就没有好拳头,说话就没有好言。

(2)家庭地位。那个时候织布的钱自己家务用,丈夫要是买什么就到我的手上来拿,是我管钱。以前管钱有的是男的,有的是女的,男的事多女的就管钱,有的女的不是很聪明,男的就把钱管着。1949年以前上街赶集,女的要聪明,可以上街买东西,大脑不正常就不行,正常的一般女的就可以。往日赶人情请客送礼谁出面,丈夫出面多,女的少,有的管有的不管。如果丈夫在外赌博欠了钱,妻子是要还,这种情况是极少数。

(3)娶妾与妻妾关系。地主富农手里有钱的,他们才会娶,穷人家是娶不起的。小老婆地位要低一些,大老婆是先来的,大老婆管小老婆。娶小老婆不需要讲什么条件,只要大老婆同意。也有彩礼,穷人没谁能娶。

(4)典妻与当妻。也有卖妻子的,我是听别人讲,有的把自己的女的送到河南去卖了,据说是男的不成器,来牌赌博。一般说来男的没有权力卖女的,会偷着卖,比如我想把你卖了,把你送到远远的,回来说走失了,被人引(拐)走了。这种一般是大脑不是很聪明的,就有这样的,一般的女的都知道就不敢卖,一般是女的大脑不行的。

(5)离婚。往日包办婚姻的话,女的要离婚的多,两个人合不来,男的懒不做事,男的家里穷,就是这样离婚。那个时候是到保长那去,后来一般是到妇联主任那去。就说男的怎么打她,又穷,有的批了,有的不批,有的不合理。要是女的去,男的不去,那就多得(需要)一段时间,离婚有的写东西,有的也不写东西,离婚以后就离了,有的有小孩的,多半是给男的。如果是女的要离婚就什么都没有,如果是男的要离婚,女的就可以分一些东西,也有女的说要给

---

① 意指有钱,婆子当家或者织布卖钱,手里有钱就硬气些。

她多少东西她才是离婚。那是有钱人，一般男的不要女的，给点钱、粮食给女的，有的什么都没有不给，要是有嫁妆也给她。有的是双方同意，有的是女方要离，男的不同意，有的男的要离婚女的不同意。两个都要离那就非要离，一个要离就离不了，一般多半是男的不愿意，因为有儿女啊！离婚后再到哪里去弄女人？1949年以前可以离婚，四九年以后也可离婚，后来要是感情不好就可以，以前还少一些，后来多一些。两个人感情不好，家里生活不可过，就要离，然后到公社去判决。要是一个愿意一个不愿意就不行，离不了。

(6)婚外情。1949年以前丈夫偷人，那就是讲口打架，两个人就要离婚，也是这样，这个事没人管，自己门上的也不管，村里人一般都是偷着说，起不了作用。如果是女的出了这种事怎么搞，也是打架讲口，有的男的就不要女的，不要的就离婚了，有的后来就好了，这个事多少有缺点。那个时候就是生活不平等，自己的田地种不好，生活保不住，有的女的就在外面看中了别的男的，有的男的看中了别的女的。

(三)母亲与子女的关系

1.生育子女

以前男孩贵沉①些，我一共在家生了三个姑娘，我在屋里哭，我的婆婆在家里说，"妈的，哭什么，儿在一起女儿在一堆，再那些个姑娘是你亲养的"，后来我的婆婆还要说我，最后我生了三个崽娃②。婆子的意思是姑娘还贴心一些，有的想女孩子还没有。别人跟我一起结的婚，连着生了三个儿子，我连着生了三个姑娘。在村里没有生儿子会被看不起，人家大湾小湾说你家的没有儿啊！

生了儿子办不办酒席，生了女儿了头一个姑娘办，第一胎不管是儿还是女都办，之后生女孩不办，男孩只要是生了都会办酒席。烧香，有点烧香就是为了以后生儿子这个意思。那个时候办酒席，亲戚朋友就都会来，一般就送些钱、鸡蛋、肉、面。男孩子进族谱，女孩子第一个也进。生孩子会给娘家报喜，头胎不论儿女都会报喜，后胎只有生儿子才会给报喜。如果是不能生就抱一个，抱自己的侄子，不管是男女，男孩子叫过继，女孩子就可以招一个上门。

2.母亲与婚嫁后子女关系

(1)招赘。上门女婿能不能离婚？有的愿意有的不愿意。如果要是离婚，要是男的(提出)离婚，女的一点都不给男的，要是女的要离婚，女的就要给点男的。如果是那种不孝顺的上门女婿，对老人不好，就有人说，他就自己愿意回去，如果男的和女的蛮好，就跟男的回去。那老人就甩在那，也还是要照顾，帮忙种田什么的。

(2)与已出嫁女儿关系。我的姑娘定亲是别人介绍，然后两个人自己谈，姑娘愿意男孩愿意就行。我们的姑娘结婚，到了时间就要给他，没有给聘礼，他自己都没有，我哪还要别人的聘礼？嫁妆一般是娘家准备，我自己的姑娘就办几床行李就算了。生产队里结婚看是不是有(财产)，有就能弄几床行李，要是没有行李就没有。现在的女孩才是讲聘礼多少万，六万折四万，以前有什么？生产队里什么都没有。养姑娘本来就是亏，养大了就给人家了，有的讲理还给点聘礼，有的没有什么都没有，要就给他。

---

① 意为贵重。

② 崽娃即男孩。

三、妇女与宗族、宗教、神灵

(一)妇女与宗族

1.妇女与宗族活动

祠堂的活动有的女的也可以(参加),修族谱女的能去;祭祀,原来是老年人烧香,有女的,但少,以前族里商量事情女的可以去说话,只要你有能力就可以说话,能懂那个道理能说几句,有的女的也能替男的去。族里做饭男女都有。结婚的第二天要拜族堂。

2.宗族对妇女管理与救济

那个时候有专门管女人事的女长老,一般是族长的夫人,一般管家务的,门上的矛盾调解下。不是族长的夫人别人能不能当长老,一般是懂各种情理。有的女的不检点,族里就要调解人来说话,在女的面前说。只有姑娘没有儿子的户,在族里去开会,不会被看不起,也是一样。

族里也讲规矩,女的做事不对就惩罚女的,男的不对就惩罚男的。比如说女的打公婆,对老人不孝,族长就专门来说女的,来教育一下,没有具体惩罚的。族长说了一般媳妇总是要认理,族长说了就稍微要放好一点。

(二)妇女与宗教、神灵、巫术

1.神灵祭祀

比如好长时间没有下雨,就去求雨,有龙王庙也有,那时天干,死都不下雨,就弄个狗子在凳子上,女的抬着去求雨。把狗子弄在凳子上绑着,然后两个女的弄个扁担抬着,到处转,有的这样弄了就下雨,然后走一段就烧纸,一般是女的,男的不弄。

生了病请神一般是男的,请一些龙王、仙人,女的和男的一样参加,但是男的主持,女的也是在旁边帮忙喊。灶王爷,那个时候也有灶王奶奶,我们那初一、十五点个灶灯,是初一还是十五,女的弄,男的不管。土地庙、土地婆,男的去得多,男的烧香,女的去磕头。有的是男的当神仙,有的是女的当神仙,其实就是那种明说的话,就是个大脑不行,什么神仙!

2.女巫

巫婆就是神仙婆,一般是病了治不好就去找她,也有男巫,男巫和女巫都一样,大脑不好自己说自己是,她自己也治不好病,就总是说你家里谁谁找到你[1],就烧纸烧香怎么搞哦,哪能把别人的病治好?什么时候请男巫、什么时候请女巫,没有区别。女的请巫婆,家里的男的一般同意,总希望早点把病治好。有的求平安的神,女的做。有的预测神灵,说下一回生一个崽[2],一般是巫婆来,不是男巫来。出行预测时男的请男巫。

3.仪式

管它什么节日女的基本都可以参加。

4.性别分工

屋里有家神,就是你的自己祖先,就是家神,女的也可以烧香,丈夫在,一般是丈夫做,丈夫不在,可以女的做。七月半,往日就是说七月半,庙门打开把鬼放出来了,一般人就烧纸烧

---

[1] 类似于说中邪了。

[2] 崽,指男孩。

香在公路边或水边,总是喊"打死的、吊死的、淹死的鬼来接钱用"。一般是女的,也可以有男的,男的一般不怎么管这些事,女的管孩子怕生病、玩水,那些事就信得多,一般都在塘边烧七月半。

四、妇女与村庄、市场

（一）妇女与村庄

1.妇女与村庄公共活动

(1)村庄活动参与。以前村里各人一门的,就可以在村里一起,别人一门的就单独(搞活动),也有一起玩的。以前有唱戏,大家都会聚集起来跑去看。

(2)对村庄绅士、保长、甲长的印象与接触。保长就相当于管一个生产大队(村),甲长就相当于管自己一个小组,甲长负责一组田地、路,哪的墩子坏了,哪的路不行就要修一下。保长是选的,也是投票,愿意谁就选谁,男女都可以投票。

结婚出嫁不用通知保长、甲长,登记户口一般是这个大队(应为村)嫁到另外一个大队(村),就找保长签字,把户口挪过去就行。要是别的保的招进来保长自己跑。

(3)开会。保长如果要来开会,就组长通知,也就是甲长,然后召集到一起,一般也没说什么,说什么不平衡,什么做事不对,也可以提意见。

(4)公共建设摊派。交税摊派以前有,看你有多少田就摊派多少钱,一般按照田地亩数算,有多少田交多少。

2.妇女与村庄社会关系

(1)村庄社会关系。村里红白喜事女的也去帮忙,一般会提前来喊,说明天有什么事,明天做多少张桌子(的酒席),帮忙打下杂事。男的一般就去吃桌子,第二天请男的去,女的帮忙也吃,也坐桌子。

(2)务工与报酬。1949年以前可以换工,有帮忙的,比如今天栽秧没有栽,我就帮你栽,明天你就帮我的栽。一般情况是一个男工换一个男工,有的男的不在家,一个女工换一个男工也还是可以的。

(3)妇女聚集与活动。女的就形成了一个圈子,多半是自己在一起聊天,男的在外的事情多一些,女的在家就多一些,相互之间学一下针线活。

(4)妇女矛盾调解。隔壁四邻的就来劝架,玩得好的就来劝架。女的来帮忙调解,男的不会来帮忙吧,一般是女的,男的不参与。

（二）妇女与市场

没出嫁的姑娘也可以赶集,一般坏一些的男的也不敢在街上乱搞,一般也会跟着湾里赶集的人一起去。卖东西的也有女的,女的一般家里有什么多的就都拿去卖,有的家里有多的棉花、花生就都拿到街上去。针线都是在赶集买,织的布也拿去卖,后来就不准买卖,专门用一些发的布票,一个人一张只能做一件衣裳,有的小孩发一张有多的就可以卖了,有了布票想买多少就多少,那个时候给了票还要给钱。一般是扯布然后去裁缝店做衣裳。那个时候想买点好衣裳,比如做亲(定亲)就弄点好布,一般还是自己织布然后拿去染,做些衣裳。改革开放以前自己会织布,改革开放后分田单干了就没有再织了。做鞋那个时候就是要纳鞋底,用些坏衣裳蔽壳做鞋。

五、农村妇女与国家

(一)农村妇女认识国家、政党与政府

国家是什么,那年龄小不晓得,后来大了就知道一些,中国、外国、日本,就稍微知道一些了。一般怎么说国家的知识,怎么叫一个国家,中国就是一个国家。

1.裹脚

我就缠了一天,那个时候就已经放脚了,我们五六岁,我的外婆婆把我和叔伯妹娃①两个人包着,我的姥爷从广水回来了就骚②发脾气,马上把我们的解开了,他说:"现在不兴包脚,你还包个脚搞什么?"以前时兴撕白布缠脚。从我们这一代人就开始不缠,头一代人都缠。

2.剪发

从我们这代开始就剪头发,有宣传有个姑娘在工厂里,大家下班回去了,她在车子上看着,她的辫子搅到机器里去了,最后机器把她五马分尸了,就是这样普遍要剪。剪头发是我结婚的那一年,那个时候把小孩的辫子都剪了,之前没有听说过。我自己愿意剪头发,大辫子不好梳,剪了以后一下子就梳好了。有的也舍不得就不剪,有的后来还是剪了,剪成奄毛简单些,以前说亲还看头发,我的一个侄姑娘个子蛮小,齐屁股长的大辫子,湾里人总在表扬她,说她一把好辫子好看。

3.政党认知

国民党中有女的党员,共产党中也有女党员,以前叫闹革命,就说思想好,说搞什么活动不反对,共产党搞一些活动,对人民、对干部好就是闹革命。

共产党比国民党好,共产党对农民好些,以前总是造孽,比如现在共产党一个月给一千块钱花,你说谁好?小的时候,也是共产党好。国民党也办了学校也招人读书,但是一般是有钱的,像我们没有钱的上不了学。贵不贵不知道,也没有人去读,只知道有这个事。

4.女干部

1949年以前的女干部(应该是1949年以后),一般是女共产党员,我们也投票选她。她好比是一个大队的妇联主任,大小事就找她,生产队里的叫妇联队长,好比要去做活,今天有病和妇联队长说一下,请个假。女的只要有那个能力就可以当,好比到哪开会能识字,然后下来能传达下来。

(二)对1949年以后妇女地位变化的认知

以前闹矛盾都是请族长,后来闹矛盾一般是生产队找队长、主任。

1949年以后妇女的地位都提高,男的能做的事,女的都能办,这样就把她的地位提高了。以前女的弱一些,地位就没有提高,后来比如开会、说话、提意见、批评一些不合理的话就都可以说,说(批评)一些不平衡的话就叫提高了。以前总是爹子、婆子、丈夫把妇女压着,后来共产党提倡男女平等,就算是解放了。共产党之后妇女就可以提意见,能说话,政策好,那个时候。

---

① 叔伯妹娃,指堂妹。
② 骚,程度副词,表示连续高强度或高频率,例如骚喊,就是大声不听地喊。

（三）妇女与土改

1.妇女与土改

土改工作队我记得,好比我们黄金村下来一个队或者一两个人,到我们湾里贫农家里住着了解情况,土改工作队我都参加过。那个时候选的土改工作队就是选的我当组长,然后我带着女的一起开会还是搞什么。要是哪里开会都带着一起去,那个时候男的有男组长,女的有女组长。

我那个时候愿意当那个组长,那个时候还没有生孩子,开会一般是一个大队一个办公室,四处的人就都过来。那个时候一个大队不止一个组长,一个大队有十个组长,十个女组长、十个男组长。我给妇女开会有的不听,有的听,不听的就算了,不管她。那时总在唱《东方红》还有什么。

斗地主、富农,比如今天在哪开会斗谁,就一起带过去,全部十个队一起去。地主他有田地,田地多,有钱,家里人少,有的稍微少一点就划一个富农。有的十担八担、五担六担就算地主,看平均一个人有多少田,要是一个人有个两斗就划一个富农算了。地主有的狠,有的不狠,一般是自己的田在这边,贫农就种他的田,然后完课,比如两百斤谷就要一百五十斤走,地主他有田地。好一点的地主就是吃租子稍微少一点,别人吃一百五,他只吃一百。

有一个地主,要罚他多少钱,就非要他拿出来,有的民兵连长、民兵队长带着打地主,有的地主个人自觉一点拿出来,就稍微好一点,就挨打稍微少一点。女的也参加,那个时候开大会分东西,我的一个队分了一个大柜子,找(加)几个瓷瓶,找几把扫帚,再有一个大摆缸,这是一个生产队。我们一个生产队只五户贫农,我分了一个大柜子,其他几家就分了一些别的东西。那个时候敢分地主的东西,不怕了,已经把他打倒了怎么不敢分。

诉苦那种也有,有的就说"你当地主是发哪的财,剥削人家"。主要就是说这些话。一般的贫农不打地主、骂地主,是一些组织起来的人,民兵队长、民兵组长。有的女的也去打人,那个是生气,那个地主对她家蛮过分,就有气去打一下。

土改分田就是把地主的田拿来,土改就是贫农分他的田,中农不分田,中农有田,不够富农(标准),没有划上的,中农不分,我家四个人分了三斗五升田,按照人头分,男女都是一样,小孩大人一样。

开会分田的会我也参加过,好比今天在你们生产队开会,把贫农都邀着,看看哪里有多少田,一块田是多大,就写一个阄,然后抓,好比有十个人就十个抓阄,如果有的一户人多,抓了个一斗的阄,有的人少的抓了个三斗的阄,两个人就再来调解。那分田之后要土地证明,上面写队长的名字,每一家的土地证明上再写男的名字,一般是男的当家就不需要写女的。

2.妇女组织

那个时候就是开妇女会多,专门把妇女召集起来,现在还没有那个时候开会多。开会的主任也是说,"一些家庭不和睦的、对婆子不好、对丈夫不好,说这种情况就要做好一点,人人做老人,人人做少人",就要讲,开会就总是劝说。说"男的也能说话,女的也能说话,男女平等!"也有的说,就是调节说要放好点。上面有什么政策宣传妇联主任就要说,而且那个时候我就是妇联主任。

3.女干部

那个时候可以自由离婚,离婚就是合不来天天讲口,女的在一个家里要离婚就不干活,什么都不做,吃完饭就专门傻着玩,这个时候男的就只有松手离婚。离婚就离婚,就拿到上级去判决了,拿离婚证。有的就开始说气话、讲口、闹矛盾说要离婚,这事你就去说一下,劝下有的就又不离婚了。她们晓得可以离婚的事,有的闹矛盾就说要离婚,你说怎么去宣传离婚?

(四)互助组、初级社、高级社时的妇女

互助组就是一个生产队里,看有多少人,做活就分两个或者三个,人多就分三个,人少就分两个,这就叫互助组(调研员注:老人这里讲的互助组,应该是生产队时期的互助组,与20世纪50年代初刚开始集体化时的互助组不一样)。也是一起种田,就一起劳动一起分,打的粮食是集体的,看十个人还是多少个人在一个组,就在一个组里干活,最后粮食是一起在稻场里打。

最后也算工分,那个时候也有工分,按照工分分。老人小孩都是一样分,互助组里也有座子粮(基本口粮)。座子粮看你一个生产队粮食打得多不多,看那个工分合多少钱一个工分,座子粮就是少数,要是一个人六百斤,座子粮就只能占三百斤。

互助组就只是做活。有的女的以前没有下地做过农活,那就要开会,动员要她去,有的不扎实,身体不好就派个轻松的活路。有的不愿意的,那她的家庭几个姑、叔做得有分,能保住她,那也是极少数。开会就拉过来开会说(批评),就说现在按照工分吃饭,都要干活劳动哦,就这样说。那时候工具像什么锄头、钉耙都是自己各人置,自己买,做事时自己拿自己的东西去。也有不愿意集体的,大多数要走这个路线,她一个人(不)愿意又不能算数啊,开会批评说(批评)。初级社和高级社总是入一个社,最后都是一个人民公社。

(五)妇女与人民公社、"四清""文化大革命"

1.妇女与劳动、分配

(1)妇女与劳动。公社里男的女的一样分工,男的做男人的活,比如谷出来了(抽穗)打沟,割谷,梡草头(挑担子)就是男的,女的就栽、割、捆。

修水库都是女的,那个时候这附近做了七八个大水库,都是女的,那个时候又没有什么大车子,就用箢子慢慢挽,一天挽到黑,男的也是挽。家里有孩子的有老人的就让老人照护小孩,或者那个亲戚能负担下的(帮个忙),没有老人的就把孩子带到水库那边去,放边上坐着。做田地活就是田地活的时候,不做田地活,闲下来就去修水库。那个时候就是要做活,做不动就只能不做。那个时候女的还造孽些,家务事多一些,田里事做完了家里的事还是她的家务事。

(2)劳动分工。男的女的一起开会,都可以发言,但一般男的发言多,女的是少数,有的会说,有的不会说就不说,男的在外面见的世面多就都会说。轻松点的活就一般是女的做,重点的活一般也是男的做,捡棉花是女的,整田还是男的,栽棉花是女的。

技术活都是男的,比如育秧、开机器,女的极少数是技术人员,有文化的还稍微好一点。大田整田都是男的,之后再是女的栽秧,男的有空才会帮忙插秧,一般挽秧头那些事。养猪、养牛、养这就是女的多,烧窑是男的。一般队里队长记工员,男的女的都有,队长一般是男的,记工员都有,女队长一般是专门管女的的队长,不是整个队的队长。生产队大多数干部都是男的,女的家务事多一些,带孩子、浆洗、做饭,抽不开身。我当干部是因为家里有婆子帮忙做家务。

(3)分配与生活情况。工分女的八分,男的十分,一般也公平,女的毕竟稍微弱一点。有的时候评分那看什么情况,看能不能干那样的事,比如又栽又捆又打,那就是八分的事,百事能做,有的这也做不好那也做不好就六分,年纪大点的妇女照看下鸡子,扯点秧,这样就四分。女孩子的话一般读书去了没时间,周末看她做什么事,给分。

女的一般身体健康能干重活的八分,有的不能出力的,做个六分四分也有,男的是十分,女的总是要弱一点,所以是要少一点。座子粮加工分,看你们生产队是吃五百斤还是吃七百斤,看标准时多少,再按照这个评,如果你们生产队打的粮食多就吃得多,要不然就吃得少。分和粮食看高低,看收入高低,会计再去算平均,看分算出来是多少粮食。

2.集体化时期劳动的性别关照

(1)集体性别关照。有事就请假,没事就不请假,可以批假。有的经期、哺乳期、怀孕就要看情况了,请假了就没有分。有的孩子太多了,分做不来怎么办,那就有照顾,好比三个四个孩子的,照顾点粮食。那个时候互助组或者高级社,多大年纪只要是你想做,八十岁七十岁也可以,只要你做得来。我一般一个月出工,要是没有事出三十天工要是那个(经期)来了,那也可能掉一天或者是半天。

那时对女的有专门照顾,有吃奶的娃,就中途搭班让她回来送奶,有的女的经期来了,不能下水田也会有照顾。有病就会请假,每个公社的都有医院,都是赤脚医生。

(2)托儿所。专门托儿所照顾小孩一般是请老人,给工分,一个湾里有孩子几个人就都给一个老妈妈①看着。

3.生活体验与情感

(1)大食堂。吃大锅饭,比如那个时候一个湾,弄两个人做饭,饭熟了,把铃子一敲,在外面做活的就都过来吃饭。吃大锅饭有的女的怕麻烦还喜死,那个时候锅铲有的上交了,但是有的家里还是有个小锅,来了人客也还是需要烧个火。后来食堂怎么办不下去了,没有粮食,后来政策也不准办,自己回家做饭。

(2)"三年困难时期"。1958年收了那么多粮食,1959年就挨饿。我们这边少,别的地方有。最后没有吃的就吃草、树叶子,我的三个孩子也是这样,还有花生壳弄碎了给孩子吃,之后就稍微慢慢地好一点。我们的孩子有老人(带),稍微好一点。有的实在是饿得不行,就只有偷粮食,一般老实人不去,有的是男的,有的是女的,要是被抓了也算了,批评教育下算了。

那时候没有粮食,是男的先吃,男的总是室外工作多一些,男的在外面多,女的在家什么菜粑、菜果的多一些,或者有的树叶子、蚕豆叶子弄点可以吃点。我们这边没有饿死的,饿肚子的时候,有说不愿意在集体的,有的说没有劲不愿意去搞,那个时候就只有开会跟她说。饿了一段时间,后来就一个人下来二两米,就煮稀饭,二两、半斤就把老百姓慢慢度过来了。

(3)文娱活动与生活体验。在生产队没有什么高兴的事,百事都被管住了有什么高兴,有唱歌跳舞什么高兴,那少数。以前生产队哪有什么节目,唱歌跳舞都很少,一个湾里一个人会唱歌,别人不会,就只能自己一个人在家(唱)。一群女的上工还是比较热闹,总是在一起,一起做事还热闹些,总是聊天,女的在一起就家务事总能讲讲。

(4)妇女间矛盾。(在)公社里闹矛盾,队长就做工作,劝说,女的跟女的吵架,女队长说,一般都调节的了,又不是什么大事。

---

① 老妈妈,mǎ,当地特指老奶奶。

(5)偷懒。偷懒做事的也有,一般晚上开会就说"有人有什么情况,怎么偷懒不出力",说一下就稍微好一点,一般不会说名字,只能说那个事,不能说名字。

4.对女干部、妇女组织的印象

那个时候我是妇联主任,一般是我去李店开会,上级怎么讲,我就怎么召集着跟妇女这么说。他们讲我就听着,有的懂得道理,有的懂得生产怎么搞,有什么政策,就总是说,你就带回来。也有讲什么妇女的政策的,说是现在女的不受男的压迫,不受爹子婆子压迫,现在的政策好,男的也好,女的也好,两个人都好。才能是一个好人家。

比如像我是一个队长,把人邀着到哪里去开会,然后就去湾里喊人,积极地一般是响应党的号召。有的思想通一些,有的考虑的事情多一些。

5."四清"与"文化大革命"

"割资本主义",自留地收了,有钱的人、有势力的对穷人看不起来。"文化大革命"时家里以前那些古董来源全部丢了,这就叫破"四旧"。我们穷人家的没有什么丢了。"革命化"的婚礼一般就是小伙说亲,不准包办就是。

(六)农村妇女与改革开放

承包自己有田种当然好啊,有的懒家伙就搞不来,就糊不住,勤快人吃不了、用不尽,都愿意单干,我自己也愿意。有的感觉后来(土地承包)好,我感觉集体好,我们做的人少,劳动力少,出力的人少,孩子还没有长大,别的劳动力多的就不愿意,等于是劳动力少的人还占了一些便宜。后来,分田给个人就自己劳动,按人头分。

六、生命体验与感受

我感觉还可以,往日的婆子就还造孽些,我们就还稍微好点,像我的婆子一生就靠车子织布吃饭。

YCL20160907LSY 李世英

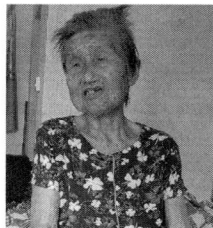

调研点：湖北省随州市广水市李店镇黄金村

调研员：余成龙

首次采访时间：2016 年 9 月 7 日

受访者出生年份：1931 年

是否有干部经历：否

是否生育：是

受访者结婚的时间节点、生育子女的具体情况：1951 年结婚；共有五个子女，其中有一个儿子早夭了。

现家庭人口：1

家庭主要经济来源：子女赡养

受访者基本情况及个人经历：李世英小时候娘家很穷，是佃户，全靠租种地主或中农的土地，父亲在她出生以前便去世了，家里靠两个哥哥赶鱼度生活，母亲则靠轧棉花、织布过生活。受访人小时候也没有读过书，二十岁的时候出嫁，丈夫这边有一点田和房子，丈夫身世非常可怜，小时候被改嫁的母亲带到别人家，后回到原来家里，经亲戚做媒，娶了李世英。老人一共生了五个儿子、三个姑娘，现在大儿子都有六十多岁了。结婚后生活比较平淡，和丈夫的关系比较和谐，没有生过什么矛盾，生活经历和一般的农村妇女差不多，都是从那个艰苦的年代走过来的，吃了不少苦，按照老人自己的话说，现在算是享了国家的一点福，享了儿女们的福。

一、娘家人·关系

（一）基本情况

我叫李世英，世字是辈分，我的名字是我的妈给我起的，我的娘家在张家店。我的娘家蛮造孽、蛮穷，两个哥哥靠赶渔度生活，我的妈妈靠轧棉花、弄棉花过生活，以前我家是最穷的。两个哥哥一个姐找[①]我四个人，再找我的妈，就这几个人。爸爸好早就死了，我还是背风生的，头一年我的爸爸去世了，我是第二年出生的，我没有见过他。娘家也没有田种，中农户才有田，种别人的田还要给别人（交租），一斗田要是打担把[②]谷就要五六斗给他，留下个四五斗。经常是租别人的田种棉花，需要给别人钱，一斗田一百斤大概要给五六十斤棉花的钱给别人。

我的这边丈夫的父亲死得蛮早，他的妈妈下堂[③]结婚把他带到那边去长大的，是黄家祠堂湾，后来他结婚就回来了，是个独苗，也蛮造孽。这边有两三斗田，没有爹子婆子。

我一共生了四个儿子、三个姑娘，我生第一胎的时候，二十岁，现在儿子都有六十多岁了。

（二）女儿与父母关系

1.出嫁前女儿与父母关系

（1）家长与当家。以前女的没有丈夫可以当家，像什么买卖、田地都是男的所管，没有男的就女的可以管，开会有男的就男的去，没有就都可以去，赶情答礼也是这样的，以前就都是这样。那家务事有男的男也管，女的要听男的，钱什么都是男的管，现在都是女的当家。

（2）受教育情况。我读过四年级，读夜校，有十多岁的时候，我读了个四年级，相当于个小学毕业，在张扬店子。那个时候女孩子可以和男孩子一样读书，是读一样的书。我的两个兄弟读过书，稍微读了点。我就是最小，晚上去加班读那个幼儿班，叫读夜班。女孩子读不读书要看家里的情况，我记得我读过孙中山的语录。

（3）对外交往。来客人时，那时候我的妈妈蛮造孽，总是弄肉烧菜，然后又把肉夹起来，等客人来了再放进去做菜。我只要看着老妈去夹的时候就说："你又去把肉夹了它，我们只能吃萝卜。"比如来了一桌子客人，我们不能坐桌子，非要等客人吃完了我们才能吃。陪客的是我的哥哥，爹爹在就爹爹（陪客）。姑娘就是等客人走了，把肉夹起来，我们就吃萝卜，那个时候把肉留着，别人来就可以再弄出来煮着待客，那个时候太穷了。

以前拜年一般是哥哥去，我们不怎么去，只怕是自己在村里走走，不走亲戚，女的只和湾里姑娘伢一起走走，妈妈也出去走走，男的和男的走，女的和女的走。

（4）女孩禁忌。小的时候女孩子一般做家务事，说不能和男孩子一起到处颠[④]，女孩子就要和女孩子一起玩。男孩子、女孩子的衣服可以挂在一起，但是男孩子和女孩子的衣服要适当隔开，女孩子看着弱点，以前就是重男轻女，男孩子就是这个作风看着重一些，是这个朝代。

（5）"早夭"情况。小孩子几岁就死了，挖个坑埋了算了，不烧香，男孩子、女孩子都是一样，不进族谱。

---

① 找，意为加，下同。

② 担把大约是一旦，通常指一旦稍微多一点。

③ 下堂，改嫁。

④ 颠，跑的意思，下同。

(6)家庭分工。以前一般姑娘、男孩子是一样,女的做男的也做,田里男的一般犁田耙田,女的就栽秧锄草,男的就挑挑,挑秧头,女孩子就只做轻松活,栽秧、割麦子。家务事都是女的,一般是媳妇,做饭都是女的,男孩的衣服也都是女孩子洗。现在男孩子也要洗衣服,男女平等。

(7)家庭教育。以前家里教育男孩子就做外面的活,女孩子就做家务活。关于做人,就说别人的孩子怎样就照着谁学。说女孩子就要和女孩子一起玩,不要到处颠,不要和男孩子一起。也教育以后出嫁了听婆子的话,但那个时候有丈夫和婆子管。

2.女儿的定亲、婚嫁

(1)我的亲事。过去是媒人管闲事,是我的姓李的嫂子管的闲事,没有要钱,都是亲戚介绍亲戚,是我的嫂子门上的。那个时候聘礼就过了一点礼物,八斤肉八斤面给老人吃,其他的没有要什么,他也是一个单身汉,蛮造孽,也没有法子。没有什么嫁妆,就是一点衣服,没有柜子,行李是我自己弄的。到别人那边去没有行李,提起来连个行李都没有,说不过去。那个时候是妈妈同意的,往日时兴亲戚串亲戚,她放心,说这个亲戚可以做,(他)又只有一个弟兄,没有人分他的东西。结婚时我的娘家也没有什么客,就两个桌子,我的姐啊、婶娘啊等门上的几个人。那个时候是坐的小轿子,一个媒人,加门上的,抬轿子的,丈夫自己也来迎亲,来到这边就烧香磕头。

以前儿子姑娘说亲,总有人管闲事,男孩子都是爹当家,女孩子一般是她的妈当家。

(2)嫁妆。以前的嫁妆,有钱人就桌子、椅子、大箱子抬到婆家去,那是有钱的地主,像我们贫农就弄点衣裳、行李,就算是好的,一个箩筐里放一个行李,要不然婆家就要说"你娘家这个穷样子,连个行李都没有",姑娘出嫁就置行李铺盖。如果连行李铺盖都没有,娘家就会被看不起,不让能让别人择娘家毛病,说"娘家这么穷,连床行李都没有,在我们家还有什么?"总是有事就把这个一提,你就没有什么答应的,说你"娘家连行李都没有",娘家再穷也要有行李,要不然婆子就会说:"连两床行李都没有,你能什么能!"

(3)童养媳。以前有送小媳妇,养不活,有人管闲事就送过去,养大了就烧个香磕个头就完了。那个时候结婚(婆家)说了就算,长大了不愿意也不行,不愿意强迫你也要去,不干也要干,你是在她家长大的。

(4)换亲。有换亲做,找一般穷的,换亲做,我家的姑娘说给你家做,你家的妹说给我家做。那个时候是个封建思想,就叫调亲做,解放来了以后就没有,也是双方同意之后就做的亲。

(5)招赘。那时有钱的家,招穷人家的、说不到人家①的儿子,让你到她家去。生的孩子还是姓男方的姓,不能说把别人的姓也给改了吧!不能太踩贱别人了,把别人招上来了就非要姓你的?招个女婿主要是没有儿子养老,通常招的女婿都会养老人,要是招上来了不养老人那也是极少数啊,哪有这种不讲良心的?别人给你成了家,养一大群后人。人啊就是要讲良心,不能起歹心。

3.出嫁女儿与父母关系

(1)财产继承。以前出了嫁的姑娘不能分娘家的东西,要是没有儿子,婆子在就是婆子

---

① ·意指不容易娶到妻子。

的,女儿能都分走?再说也没有什么分。如果老人都死了,有几块田,最后也拿不走,最后来变成他们门上的了。

(2)婚后与娘家关系。以前和丈夫闹矛盾可以跑回娘家,还不是等男的认输来接,一般男的都会来接,就得了志就和他回去,他背理①了。如果不来接就一直住在娘家,要不然不认输了,非要他低声下气,到娘家的去,娘家就要说:"我的姑娘在你家有什么不好,为什么要踩贱我的姑娘? 踩贱我的姑娘就是踩贱我的老人。"

(3)婚后尽孝。以前出嫁的姑娘,那要是没有兄弟就可以把娘家养着,有后代人就不养。可以把老人接到姑娘的去住着,但要先说好,她没有后人,姑娘嫁到你家来就非要养,这种情况少。娘家老人死了,姑娘也出钱,但是比儿子稍微少一点,也是来送葬,烧纸,要用钱嘛。

(4)离婚。以前不能离婚,小的时候不能,没有这个方式,那是后来的个朝代,后来合不来就可以离婚,那以前在一起死都要在一起死,都是包办的亲事。如果男的愿意把女的休了,男的不要女的可以,那都是有钱的人家,可以不要你,重新找一个。哪个会收你?自己就要走,走了之后就又重新去找一个家,那时没有法子。

(5)娘家与婆家关系。以前出嫁的姑娘离婚要经过娘家同意,但毕竟离婚这种情况就少,也有,也要经过娘家搞好,要不然娘家要来闹冤,说你踩贱她的姑娘,踩贱她的老人。

娘家、婆家挨着换工那就少,除非是男孩子在姑娘家来,反正老人是不会去姑娘家做事。

(三)出嫁的姑娘与兄弟姐妹关系

我在张扬店街上,离娘家才一二里路,很方便,和兄弟走动还可以。出嫁后姑娘回娘家,去了是客人了,不是主人了,出了嫁的姑娘嘛。送礼,给兄弟姐姐礼是一样,以前就是情赶情,今天他家有什么礼,他就要还你的,一般送的钱是一样多。以前如果回娘家,一般是住在妈妈家里,有兄弟哥哥也还是兄弟家里,如果是只有一个兄娃就是一样。娘家分家有的时候也去恭喜下,两个兄弟分家各做各的,我们去玩一下,就像接客一样,买点东西去玩。这边有大小事也请,他们也是来花钱,好比我儿子结婚,舅爷坐一把位,我们这边就在下位子陪,他们夫妻两个都坐上位。如果舅舅来不了,姐妹也能代替来。每年拜年要先走娘家,姐妹最后,上辈人在先。

二、婆家人·关系

(一)媳妇与公婆

1.婆家婚娶习俗

那个时候是坐的小轿子,一个媒人,加门上的,抬轿子的,丈夫自己也来迎亲,来到这边就烧香磕头,拜堂也就弄个中堂弄下就完了。谁主持婚礼? 是门上的,没有什么人。

2.分家前媳妇与公婆关系

(1)婆家家长与当家。那个时候婆家就两个人,没有婆婆,两个人种点田、种点菜也是一样过日子。以前一般婆子狠一些,总要把媳妇管着,有的也还是讲情理,以前总是说"爹子死了麻麻亮②,婆子死了就大天光",(婆子死了就)不用受她的压迫。媳妇非要听婆子,不听不行,不听就是你不讲情理,也有人说,"别人都听婆子的为什么你不听?"有的婆子不讲理也要

---

① 背理,指理亏,下同。

② 拂晓时天将亮但未全亮的时候。

听,(婆子)说什么样就是什么样。

(2)婆媳关系好坏。媳妇和婆子闹矛盾,如果媳妇跟婆子闹,就投(投诉)她的妈,娘家的妈就来解决,赔礼。男孩子是爹来管,女孩子就是妈来管,以前是封建思想。那时造孽的小媳妇(童养媳),婆子就敢打。嫁过来媳妇不敢打,你打她,她娘家不愿意,她娘家就要问:"为什么打我的姑娘,我的姑娘是在你的不成家,还是走东家调西家?"小媳妇是家里穷些,送过来把你养大了就直接结婚,你家太穷了到她家来就要服她管,不像嫁来的媳妇,穷家小户的十来岁就弄去养着,养到一二十岁就开始拜堂。小媳妇不敢去投(告诉)娘家,你到她家来了把你养大了你就要服她管,你要是投了以后更加要打你,叫"端她的碗就要服她管"。

3.分家后媳妇与公婆关系

婆婆在,分家就婆子说了算,有爹子就爹子说了算,没有爹子就婆子说了算,是一样当家。分开也就只分老人的东西,没有就没有,如果是田就看有多少,一般都是老人说的算。弟兄不可能总在一起,总是要分家的,一般是大一些的人提出分家。

分家老人说了算,爹爹说了算,儿子的妈妈也能说话,一代只管一代,要是孙儿就不管。以前分家也没有什么分,不写证据,分到一边就算了,一般是爹爹主持,儿媳妇也能说话,要公平分的话,才没有话说。

(二)妇与夫

1.家庭生活中的夫妇关系

(1)夫妇关系。以前女的总要听男的,也要团结。也不是男的非要把女的压着说非要压着,商量是一样,走一条路,总是为了家,和气生财。我家是他当家,他说什么我说什么是一样,他管钱,我要是用钱也能找他要。钥匙他也管,以前一般都是男的管钱、管钥匙,男的什么都管,你到他家来了,给你吃、给你喝就算了,你去管他的事?只要他不踩贱你。

家里种田他安排,种田买肥料都是他安排。请人帮忙是一样,借东西一般是他,也是一样。以前做房子要写东西,写男的名字,不写女的。结婚后也没有说那个东西是男的,那个东西是女的,没有分彼此,在他家来两个人心是一样,他不能欺负你,你不能欺负他,你不能踩贱他。

以前男的不随便打女的,也还是讲道理,没有道理去打女的?一般是男的打女的,女的打男的你打得过他?他再不对只能说,各人背理就会不说话,再说他不答应就得志就行了。

(2)家庭地位。外面的事都是丈夫出面,他回来再跟我说,不说什么就算了,他安置好了就可以,家里和睦点就算了。要是跟别人讲口,那别人不对,你只能说两句,哪能两个人都去和别人说?你的男的不对你还可以说,你也去不讲理?你可以去给人赔礼道歉。男的和男的说话,女的一般就不插嘴,他们说话你去插什么嘴?

女的不讲道理的也是少数,女的总要伺候男的,但是我还没有洗脚水要端给他,饭我也不端给他,我还弄饭他吃哦,没有这回事,饭熟了自己去盛就行了。厨房的事都是女的,带孩子是女的,倒马桶是女的。也不要他倒,他是一个男的,让他倒不像话,不合乎道理,这就是过分,让他给你倒马桶,是的,以前总是妇女的。洗衣服都是女的,男的不洗,除非女的身体不好男的可以洗,女的好了就还是要女的洗,女的在哪个朝代也不能太过分,不像现在男女平等。女的坐月子衣服也是自己洗,这是女的自己的事,不能踩贱男的,现在的女的平等,不讲。

(3)财产与收入。家织布买东西交给男的管着,女的要是从娘家带过来有私房钱,两个人关系平衡的话也还是交给男的,给他所管。要是不平衡,那就自己收起来,收私房钱,用个箱儿锁着,那个时候女的有私房钱少。像我的娘家这个穷样子哪来私房钱?在这边孩子又多,哪来私房钱?我有五个儿子、三个姑娘,哪有私房钱?

2.家庭对外交往关系

(1)娶妾与妻妾关系。取小老婆那是地主家的,一般的贫农没有这个事,小老婆和大老婆地位不一样,小老婆还要听大老婆的,后来的当然要听大些的话,娶小老婆聘礼也会低一些。

(2)典妻与当妻。以前卖老婆的少,那个男的就太过分了,别人在你家做老婆就造孽你还去把别人卖了?

(3)婚外情。男的结婚了找别的女的就落怨(受埋怨),女的和他闹。我们那边湾里有一个女的,改嫁到老头那边去,老头(自己)的儿子长大了结了婚,结婚后不要这个媽媽①,她就回原来的家,(原来家)自己的儿子和媳妇也不要这个媽媽,说"下堂②为恶,贫贱之人",各人就无路可走,最后讨饭。这是这个女的思想不好,丈夫死了再去找个人,屋里儿子媳妇都不要,老头那边的也不要。

(三)母亲与子女的关系

1.生育子女

(1)生育习俗。生儿子比生姑娘贵沉些,那个时候思想不同,生儿子老人可以镶得住脚,就是好有后代,生儿子就喜欢些。要是只生女儿以前就叫"你家里绝了,绝骨头",家里没有发展,没有后人,这个朝代来了,个人自己就不要多,不管是儿子还是姑娘。

以前满月过摸周③就过客(请客),男孩子一般都过,女孩子就过得少,女孩子就看得差点,叫重男轻女,女的就贱些,男孩看得重一些。过客请谁?门上的兄弟来凑热闹,他们会赶情(还人情),就是送礼,给的是往日当角子④的,那个时候一个钱当几个钱用。要是只生女孩子不生男孩子,公公婆婆有意见,但也没法子,家里不发人嘛!以前总说:"祖坟葬得不好,不发人。"以前小孩⑤过周岁,过十岁,女孩子一般不过,女孩子看得贱些。

(2)子女教育。以前家里没有男孩子,女孩子也是弄去读书,孩子读书自己的老人说了算,一代管一代,比如我的儿子的孩子读书他们自己说了算。我们那个时候也有借钱给儿子读书的,孩子少,非要读书,盘(供、经营)出来。女孩子就不读,我们那个朝代就是哥哥读书,我没有读,后来是到小队里晚上去读,我只读了四年级,造孽的人,没有钱的人。

以前儿子是爸爸教育,姑娘是妈妈教育,爸爸教育儿子一般就说要好事⑥成人,争气,不和别人吵闹,不和别的孩子打架,孩子打架就会有人说老人,说老人没有家法。女孩子妈妈教育,就说别和男孩子玩,莫要乱跑乱颠乱说话,不要说别人的坏话,女孩子跟女孩子一起玩。

(3)对子女权力(财产、婚姻)。以前我的儿子没结婚,赚的钱给他爸爸管着,女儿赚的钱统一给爸爸,钱统一给他当家。要是出嫁她的钱不还给她,老人用了就算了,无非是给她置点

---

① 当地称年龄大的女性为媽媽,发三声调,和妈妈的一声调不同。

② 下堂,指改嫁。

③ 摸周,指庆祝满月的仪式。

④ 当角子,单位名称,约为一角钱,类似"当块子",以一块钱为单位。

⑤ 特指男孩。

⑥ 动词,相当于做。

家当、衣服。

2.母亲与婚嫁后子女关系

(1)女儿婚嫁(定亲、嫁妆)。后来结婚可以自由恋爱,这个朝代就都是这样,你再说她们不喜欢,以后归怨(埋怨)老人,像我的四个儿子就都是(自己)谈的,没有谁来管闲事。在生产队里谈恋爱没有什么条件,她自己同意了就算了。那个时候看人品,她自己看中了,和她一样就可以。那个时候老人不管他,我的儿子都是自己谈的。我姑娘的嫁妆也是没有什么,两床行李、一些衣裳,放到箩筐里挑走就完了。

这个朝代的人都是打锣鼓来接,不是抬轿子,媒人来接,然后走过去。像我们那个时候有(财产)就是花轿,没有(财产)就是小轿子。对方给姑娘的聘礼也就就(仅仅)过了一点礼物,八斤肉、八斤面,找(加)个猪头,我的姑娘都是解放来了出嫁的,有一个1969年生的,现在双方同意就都简单。

(2)招赘。1949年以后招上门女婿,少,我们队里没有,万一没有(儿子),我们生产队里也还是可以招,只要招过来都会养老人,不会不讲情理的,"老人养你小,你就要养老人老",你不给他吃?

三、妇女与宗族、宗教、神灵

(一)妇女与宗族

1.妇女与宗族活动

有一个祠堂,各姓归各姓,张家店、水店有个,有一个族长,主要管那些不讲道理的,不认老人的,就要教育,就要说,那时有个祠堂。族长说的大家一般愿意听,别人都听你不听?不听他的,子孙名誉就不好听啊。以前祠堂开会,女的可以去,可以说话,一般是男的说,女的也可以讲理,讲理就可以说,不能蛮扯。女的不进族谱,族里商量大事多数是男的,如果男的不在家里,女的也可以去。族里烧香祭祀,男的不在家,女的也可以烧香,比如吃年饭也可以烧香烧纸,是一样。家里经常吵架族间就要管,女的要是偷人,祠堂不管,那该个人的老人管,连自己的子女都管不住,自己羞人。

2.宗族对妇女管理与救济

我印象中好像没怎么见到祠堂的人管事,我也没有管(理)那些事。

(二)妇女与宗教、神灵、巫术

以前求雨,道士穿法衣,老百姓就抬个狗子,穿个衣裳,这就叫求雨,一般是崽人①抬,队里的人抬,总是搞得好笑,女的就在边上看着,往日也是,下雨一搞就没有,信神就有神,不信就没有神。

灶神就是司命菩萨,过年我的妈妈炸炸豆腐,装三个碗,扔灶里烧了,然后三个碗放在柜子上供祖先。初一、十五要点灯,一般是男的,没有男的就是女的做。过年就三十儿吃年饭,就去土地屋子敬菩萨,女的男的是一样,没有男的女的也可以去。拜求子观音是各人家里的事,那没事的就去终湾山(地名),一个大山里面有和尚,一般是男的去,女的也有,买香纸去。

求平安的神,要是我们的一代就该我们求,要是孙儿一代就该孙儿求。预测的神灵,比如

---

① 男性,男孩称崽娃子。

生男孩还是女孩子一般是女的求,去终湾山去,多数是女的求。家神都是男的,男的不在,女的也是一样可以祭祀。七月半呢,买香纸到处烧,在水边烧,塘里的孤魂野鬼,叫舍谷。男的女的都可以,晚上就拿钱出来。我一般不信神啊鬼,信神就有神,不信就没有。

四、妇女与村庄、市场

(一)妇女与村庄

1.妇女与村庄公共活动

小的时候村里没有什么活动,看戏也少,张店街上有看着玩的,有一次自己跑过去去边上瞧过,伢小了挤到边上摔倒了。

小的时候村里开会男的女的都可以去,去了可以发言,一般女的没有什么事总在边上听着,一般没有什么事反映,就在边上听别人讲话,有事也还是可以说,可以讲道理。人头都是一样摊钱,交给保长,按照人头,男的女的、老的小的都算。

以前出了嫁户籍变动一般不用跟保长甲长说,户口拿走了就不参加娘家的活动,一般不在队里,保长甲长自己就知道了。

2.妇女与村庄社会关系

我的家里人多还没怎么请,别人家的还有。请人做事一般是请男的,栽秧也还是请女的,一般不费钱,还情,明天再去给她的帮忙。一般是一个女工换一个女工,请的男的就男工去还,要是有的一个男工还一个女工也能,多半就是愿意,女的还会栽秧些。

结婚后和村里走动得少,没有多少近亲,和我的那个姓李的在一个湾里玩得好,两个人以前是一个湾的嫁过来的。以前妇女之间也在一起玩,组织起来工换工,今天你跟我做了,明天我跟你做。村里大小事也去帮忙做,不分那么多,人要放和气些,女的种田的,栽秧就请的多。大小事请到湾里人,同门的,不是同门的也可以请。请帮忙不用给钱,下次你家有大小事我也可以来帮忙。如果是请女的帮忙做饭,帮忙的人会最后等客人吃完了自己再炒几个菜单独吃。

(二)妇女与市场

织布我不会,纺线会,以前总是我纺纱,我的妈妈织布,我的妈妈就靠织布卖,卖了为生活,一般就在街上买,也有人来收,一般一匹布能卖一二十块钱。后来到婆家,这边的朝代(时期)就不用织布,就可以买成衣,织布后来慢慢就少了,结婚后的衣服基本就是买的。以前我的鞋子是妈妈做的,出了嫁以后基本也是买的鞋子。

以前织布我的妈妈总是弄,我在娘家就是跟外婆学的,到我的这个朝代就没有织布,我也就纺纱会。我的娘家就织布卖,靠这为生,卖了就籴粮食吃。以前做生意男的多,女的少。女的做生意卖鞋,家里收获的花生、小菜,看家里谁有东西谁去卖。

以前还经常种棉花卖,自己收了挑到街上,那个时候还从张店梘到广水去卖,我还卖过棉花。

后来在生产队买东西都是各种票,一丈五尺布票,肉票一个人斤把两斤,糖票没有咳嗽什么的很难,非要打条子,一个月子(刚生小孩)三斤糖就是多的。

五、农村妇女与国家

(一)农村妇女认识国家、政党与政府

1.政党认知

孙中山、蒋介石知道,小的时候学习孙中山先生的爱国爱家。蒋介石,有的地方不是喊打倒蒋介石,叫反革命。国家就是孙中山先生说的爱国爱家,国就是国,家就是家,国民党只稍微晓得一点。

共产党比国民党好,国民党是反革命,肯定共产党好一些啊!共产党来了农民就享福。以前闹革命就是打倒哪个,就是闹革命。

2.识字班与夜校

夜校共产党搞的,读不起只有晚上去,读四年书,四年级相当于现在的小学毕业。老师是国家调过来的,读不起的、造孽的,晚上就去读。

3.政治参与(投票、入党、当干部等)

以前可以投票,哪个办事办得好投票选谁,选队上办事的人,男的女的都可以投票,再看谁的票多一些,不会写请会写的人写,投票的人多就当干部。以前有女干部少,都是男的,那个时候重男轻女。

4.干部接触与印象

后来投票也有女干部,那就是妇联主任,就看谁的票多。女的也看票多当妇联主任,当队长,投票一般就看自己这个人怎么样,在边上议论,你写她我也写她。以前选的人都认得,上下湾的队上的认得。

(二)对 1949 年以后妇女地位变化的认知

那个年代的都说毛主席好,人民翻身了肯定享他的福,吃穿都比以前好,难道不好?又没做什么坏事。

妇女解放就和男女平等,一样说话、一样有意见就当面谈,就叫男女平等。到了这个朝代,婆子自己就要学好,不能对少的(小一辈)太过分,以前婆子总要把媳妇压着,后来一样说话,男女平等了。再后来男的还随便打女的?男的做得不对,女的一样说话,说他他就不作声。以前男的多横,你张嘴他就要打你,说你,不让你说话,就欺负你。

后来做饭还是女的,女的要是不在家男的做,带孩子,要是不在家也是可以做。倒马桶,后来勤快点的男的也倒,以前不倒,后来也有的倒,朝代变了个人就变了。别人改过来了,他就也要该改过来啊!还需要你教,各人自己就会,别人做什么他就做什么。

(三)妇女与土改

1.妇女(贫下农、中农)与土改(土改参与、斗地主、分田等)

解放来了就是叫土改,打倒地主,打倒反动派。把地主家的田、房子都分了,有的地主自己想得开,有的地主急都急死了,我们湾里有个地主自己在家饿死了。他自己成分不好抬不了头,贫下中农把他的田都分了,也按照人头给他自己分了一点田,他自己也不种,光吃租,没有种过田,我们那个时候像我们种他的田,过去好比十斗田,就只能收四斗,给他六斗。

地主很坏,他喝白血,要不然农民会这样恨他,后来分田斗地主斗过他,说他喝群众的血,他敢作声?打倒没有打,男的女的开会就都斗,那个时候他自己就急死了。我那个时候也过去骂了的,骂"你现在喝别人的血喝不成了吧?"那个时候唱歌唱,打倒地主恶霸,分了田他自己也不会种。我们斗地主不怕,到了这个朝代来了,就不怕地主了,分东西也高兴,但没有什么东西分,用的一些东西没有分,是个小地主。

斗地主人人都发言,都说。积极的女的一般是青年人,提意见就多一些,老年人还说得少些,老年人本来话就说得少,自己也是快要死的人,何必去得罪别人?

分田按照人分,男女平等,按照人头分。分田开会,女的是一样去,一样说话。

2.对妇女翻身与解放认识

那个时候翻身了,就是生活方面,说话方面都好,又有田种,又吃得好,就叫翻身了,以前像我们穷家小户哪有白饭吃?总是搅粑①吃,土改我家八个人一个月才分十五斤米来煮搅粑,那个时候从大食堂到自家的小灶(这里是受访人时间记错了,土改时是没有食堂的)。

3.女干部

土改工作队一个男队长、一个女队长,女队长主要负责女的,总是喊女的去开会,我们一般听她的,那个时候又不怕地主了,大着胆说。女队长是我们湾子的人,认得,小队的,她也是贫下中农,稍微积极点,读书稍微多点,积极点,带头。

(四)互助组、初级社、高级社时的妇女

互助组我们湾十户二十户就分在一起,开会就一起去,听她说怎么分工,要听领导的话,说叫你做什么就做什么。

(五)妇女与人民公社、"四清""文化大革命"

1.妇女与劳动、分配

(1)妇女与劳动。生产队里分工,男的女的做一样的事,男的犁、耙、挑,女的就锄草,轻松点的活。年纪大的小脚不能下田就专门上土,像我们就挑,水田就让她用秧马扯。大田里就男的挑,女的栽,男的挑草头,女的捆。

技术活一般是男的,这些是男的事,记工分也是男的,队长会计都是男的,养猪、养鱼什么都是男的,女的只做手上的活。修水库我也去挑了的,我们那个时候总是挑,挑(时间)长了肩膀都破皮,小脚就轻松点,我们年轻的总是没有轻松活。那个时候累啊,我修了水库回来过一个桥板,把我吓得把桥板都踩断了,那次后(我)有孩子,(队里)要你把孩子挑着过去做活,不去队上不给你吃。

洗衣服,五更起来还没天亮的时候洗,做饭一大早就起来吃了去上早工,上完早工回来又去,再放工就又回来做中饭。

(2)劳动。有的时候可以请假,我们的孩子多,一个月要达到三百分,达不到三百分就要扣你的分,一天八分,三十天也才两百四十分,还有晚上加班,扯秧什么的按照秧头记分,十个秧头一分,吃了晚饭去,孩子还要谁在家里,那个时候没有人带孩子。

(3)工分与同工同酬。女的是七分半,最高的是七分半,男的是十分,男的就犁、耙、挑、栻,重活是他的分就多一些,工分是队长说了算,有的玩巧马虎点的就少她的分,拿不到七分半。十几岁的姑娘伢一般是三四分,伢娃做事一般是轻松活。能挑的男老人八分,能挑的女的一般是五分,能挑能栻的也拿七分半。

---

① 搅粑,指大米或其他粮食磨碎成粉(相对煮稀饭更容易熟,耗柴草少),然后加水煮成羹,再倒进炒好的菜搅拌。

我家里是缺粮户啊,这么多孩子,后来孩子大了能拿点分,那个时候就都是缺粮,前些年就缺粮,后来是余粮,都是要走这一段路。

(4)分配与生活情况。分粮食、分油按照工分分,人头就一百斤分七十斤,是座子粮(基本口粮),按照工分分就分不到七十斤,有工分吃饭的就一百斤能分八十斤,多也多不了多少,这样分就是国家有些照顾。抢分能多分十来斤粮食,十来斤一个人多十来斤就稍微强一点,你只能分七十斤的人头粮,八十斤的工分粮。小孩也按照人头分。我的七八个伢一个月才七八十斤谷,孩子大点有点分才是稍微强一点,以前一个月就总是缺十来天的粮食,造孽,伢们多了,大人造孽,孩子也造孽,那个时候没有粮食就总是多种菜,弄在搅粑里。

种菜按照人头分自留地,我那个时候就种蛮多菜,萝卜、白菜,全靠吃菜,要不是吃菜,伢们就更加的饿。那个菜种子各自到街上买,买的种子好,自己私人的事,生产队不管,那个时候就是造孽,分了点自留地就稍微强一点。

2.集体化时期劳动的性别关照

女的怀孕了、生孩子的不照顾,你没有做到那么多分不惩罚就是好的。生孩子了休息一个月,像今天满了三十天,第二天就要出工,不出不行,不出要罚工。小孩子就甩在家里,出去做工再回来,哪还讲这么多?我家没有婆婆,孩子总在家里乱叫也没有办法,有半岁的就弄个片子垫着,然后用个绳子系着,湾里比较闲的婆婆帮你换个片子,要是没有做好事的婆婆,小孩就只能等回来。那个时候总是一个人(带孩子),怎么过来的哦!

月经来了还是做事,不做要扣你的分,像今天没有去还要扣你的底分,不能掉工,没有法子,那个朝代不像现在这么娇养,没得照顾,没有这个章程。没有叫女队长,不会照顾,晚上不加班还要扣你的分,非要你去做。

3.生活体验与情感

(1)大食堂。就是妇联成立的小组,分东西、分口粮就由男队长分,队里有个保管室,东西都放在里面锁着,看一个月分多少米一次称给你。看人头,后来是一个月几百斤,之前是八个人十五斤,弄一大盆水,然后炒一盆菜倒在里面煮,我家八个人每个人还分不到两碗。伢肚饿哟,你没有吃的,小孩吃了不愿意还要吃,大人就吃少点,让给小孩,顾不住大人。后来开放了,就种点红薯、胡萝卜就着吃点。解放来了人民翻了身。大锅饭愿不愿意都要去,别人都去你不去,那就非要去,不能反抗,没有办法,会一开就都要去。

(2)"三年困难时期"。1959年最造孽,粮食过关。我们这边饿死了人的,当干部的稍微强一点,他们掌握粮食,当队长、当会计晚上就偷着分,吃饱点,社员就造孽些。饿得狠的时候先是孩子,男的女的也还是一样,都是一家家打饭。

(3)文娱活动与生活体验。生产队里没有搞什么活动,总是开会就一起去,唱歌跳舞之类的一般是青年人,男孩女孩,那个时候蛮热闹。那个时候多造孽!现在还热闹些,我们算是得了一点享受。

以前上工做事热闹,总是一个小组的,女的和女的做,男的和男的做,男的就挑,女的就上土。女的做事也高兴。那个时候就是辛苦,满处修水库、修塘都是我们去的,都是我们这个朝代人做的,现在这槽子人享福些,扁担都不晓得怎么挑,我们那儿时候挑塘泥一天挑到黑。

(4)妇女间矛盾。以前做事偷懒少,没得偷懒的,都是一样,不做也要做,哪能偷懒,要不然大家不愿意,要是上工来晚了也有人说"来报了个到,占了公家的赢(占公家便宜)",你没有做事,打旗头的社员就要提你的意见,说你占便宜。你看别人有的有老人做饭,回去就直接吃饭,我们没有老人,一群孩子回去还要自己做饭,她吃完饭就来了,比你来得早。

4.对女干部、妇女组织的印象

女干部不就是女队长?天天喊着你去做事,没什么别的。

5."四清"与"文化大革命"

"四清"就是清"反革命"的,不清女的。"割资本主义的尾巴",有老人在家一起吃饭,又不做坏事。

(六)农村妇女与改革开放

1.对计划生育的认知

我生了七个孩子,多哦,这算是最多的,那个时候不想那么多,伢多了负担重了,大人造孽,没有计划生育,想少生也没有办法,不像现在有结扎的办法,那个时候没有办法。没有避孕的土办法,要是有,我还要这么多搞什么,大人吃亏小孩子也造孽,这一直到后来才有计划生育、结扎。毛主席不是说"人多柴火旺",毛主席是说得不错,但是大人造孽啊,自己嫌多了,负担重了。后来的计划生育,自己就不要了,像我们的儿子就都只生一个,你要他生,他自己就不要生,说"要那么多负担重",我说圆成(老人其中一个儿子的名)再要一个,他们说我们老年人都是旧思想,不像往常的思想。

2.承包责任制

后来分田承包单干,按照人头分田,只要家里有人。姑娘嫁走了田是否收走?看通知,要是通知也还是要把田收回来,没有通知。我们这还没有,就稍微占了点便宜。那个时候土地上写的名字男女都写。

单干我也愿意,别人都愿意你不愿意?单干好一些,能自由,个人能方便,想做就做下,事做完了就可以休息。这个朝代就好了,我们家里的现在的田都给别人种着了。我的孩子长大了,孩子就都出去打工,田也没有种好,都给别人种着了。

六、生命体验与感受

感觉到现在这个年代好,我还得了点尾巴,得了点好,享了点福,有点感觉,这个国家好。最苦的时候是1958年、1959年,粮食过关最造孽的时代,怎么活过来的!我算是得了点享受,就是感觉活长了,就是活怨了,活到自己不能动就造孽,在这个地方(养老院)没有儿子、女儿照顾,都在外面打工糊孙儿,怨活长了,往常有一句话,"能死得后人欠(想念),不能死得后人怨",我们这样就死得后人怨,是他们的负担,现在得了他们点享受,"怎么还不死的个老东西!"

我原先能动不算孤单,种点花生能自己吃,满处走动,后来脚快瘫了。也不怪你的孩子把你送到养老院来,不愿意自己一个人在家做饭做不来,不能上街,不能买菜,不愿意来也要来,一个月一千块钱,一交就是半年,几个人平均摊,几个姑娘给点零用,卖洗衣服、蚊香什么的零用,衣服是自己洗。

YLXZ20160719QFQ　戚福卿

调研点:辽宁省沈阳市于洪区光辉街道门台村

调研员:杨刘秀子

首次采访时间:2016 年 7 月 19 日

受访者出生年份:1932 年

是否有干部经历:否

是否生育:是

受访者结婚的时间节点、生育子女的具体情况:1951 年与第一任丈夫结婚,1962 年与第二任丈夫结婚,1952 年生第一个孩子,共生 6 个孩子。

现家庭人口:2

家庭主要经济来源:务农、子女赡养

受访者所在村庄基本情况:门台村属于光辉街道管辖。光辉街道的前身是光辉乡,2002 年 12 月经过老边乡和解放乡合并成立。妇女干部有 55 人左右,农作物种植在全街道收益中属创收最大。门台村从前分小队,现在实行分组,共 17 个小组。村里部分地被辽河油田占用,属于国家征地。门台村每年一到七月份就会请秧歌队前来摆场会演,很是热闹。

受访者基本情况及个人经历:老人叫戚福卿,是 1932 年出生的。老人有一个哥哥、三个姐姐,老人排行最小。老人十九岁的时候嫁给了第一任丈夫,他家那也没有地,也没有父母。后来第一任丈夫病逝。1962 年的时候,老人嫁给了其第二任丈夫。二十二岁的时候生了第一个女儿。老人有六个孩子,跟第一任丈夫生了三个孩子,老人跟第二个丈夫也是生了三个孩子。

老人小时候家里穷,没念过书,老人家几个姐妹也没有念过书。小的时候,家里对男孩跟女孩待遇一样。过年的时候,只有老人的哥哥出去拜年,连老人的妈妈都不去拜,所有的女性都不出去拜年,家里来客人的时候,老人的母亲也不能上桌吃饭。老人的父亲是给别人干活的,后来自己租了点地。小的时候老人有下地干活。老人和两任丈夫是经别人介绍的,那时候没有讲究门当户对,就看岁数差不多,人挺好的就给介绍了。老人嫁给第二任丈夫的时候,主要是考虑到老人之前还有三个孩子,所以就随便嫁了。

现在老人家有电视,一般通过看新闻,了解国家政策,但是老人不会用手机,一般跟孩子联系,都是打电话。这一辈子,老人觉得感受最深的就是现在很幸福,不愁吃穿,从小到大,就是现在最幸福。现在老人身体也还行,儿女也孝顺,老两口一天无忧无虑,谁也不用担心,孩子都挺会过日子的,也不惹老人生气。

一、娘家人·关系

(一)基本情况

我叫戚福卿,1932年出生的,今年已经八十五岁了。我的名字是爹妈给起的,不过那取名的时候也不知道有没有什么意义,我有一个哥哥、三个姐姐,我排行老四,我哥哥姐姐他们名字里也全带着一个福字。我哥哥叫戚福友,我大姐我不知道,我二姐叫戚福英,三姐叫戚福兰。我小时候家里比较穷,也没有地,我十九岁的时候嫁给了我第一任丈夫,他家那也没有地,光棍一个,连老人家都没有。六二年的时候,我嫁给了我第二任丈夫,他那有一个弟弟,还有一个姐姐。我跟第一任丈夫,那有三个孩子,在二十二岁的时候,生了我第一个女儿。

(二)女儿与父母关系

1.出嫁前女儿与父母关系

(1)家长与当家。老爹说了算,以前我们都是些小事儿,都是小门小户的,也没啥大事儿,一天烧火做饭的,没有啥事儿,就是老爹、老妈一张罗就完事儿了呗。

(2)受教育情况。小时候家里穷没念过书,我们家几个姐妹也没有念过书,没有时间读书,平时在家那就是烧火做饭。

(3)家庭待遇及分工。小的时候,家里对男孩跟女孩待遇一样,不偏心,也没有限制。我哥哥呀,从小就是给别人放猪放牛的,大点的话就做手艺,做木匠活。我老爹开始的时候就给别人家干活儿,种点地,后来不给别人干活儿了,就租点那个山地来种。我妈就是在家煮点饭,伺候这些孩子吃的穿的。没事儿的时候就纺点线,纺点线卖了不是能赚两个钱嘛。小的时候呢,我们女孩子也有下地干活的,大的时候呢,就不去了,我会做鞋子是在生产队那时候学的,做衣服、做鞋子都贵。那时候呢父母对我,我们的教育男孩女孩都一样,不过那男孩相对放松一点,女孩子就不放松了,因为女孩子不像男孩子,你随便怎么样都可以。

(4)对外交往。过年的时候,我们女孩子没有出去拜年,只有我哥哥他出去拜年,连我妈妈都不出去吧,所有的女孩都不出去拜年,家里来客人的时候,我母亲也不能上桌吃饭,而孩子嘛,都是等大人吃完了再吃。

(5)女孩禁忌。老人就说,你是女孩子,别老上外面去跑。男孩不管,女的就说别往外面走,上哪去了得告诉我,等老娘允许了,不准去的话就不能去。

(6)"早夭"情况。我们这里早夭的孩子不分男女,也不会办丧事、没有坟墓。

2.女儿的定亲、婚嫁

第二个老伴经过人介绍,俺们邻居给介绍的。生辰八字没算过。媒人在介绍的时候就看你岁数相当的,人挺好的,就给介绍了。那时候父母都不在啦,还打听啥呀。就是哥几个瞅着,差不多就这样了。我嫁给第二个的时候,我还带着我之前的那三个孩子呢。这两任丈夫嫁给谁的时候哪个我也没有彩礼呀,哪个都没给彩礼。我是十九岁结婚,二十二岁有了我的大孩子。那时候登记了俺出嫁的时候,叫男方那边给俺做了几件衣服,穿了就完事了。哈哈哈,要啥啥都没有。出嫁的那时候也就是我哥哥、姐姐来送礼,娘家没有摆宴席。

1949年之前有童养媳这种情况,那时候俺们小的时候住三间房,好几家都住在三间房。我对面那个屋,他家就有一个童养媳妇儿。买一个童养媳不经过什么仪式。有的就是娘家要了几个钱,有的呢,就是两家瞅着都不错就定下娃娃亲,情况不一样。出嫁的姑娘回娘家也没啥说道呀，就是串门。要是婆家那边有老人吧，要是挺厉害的话，就去之前告诉你住多少天就必须回来，那就得必须回来。什么日子去，什么日子回来，就是那样。过年的时候，姑娘没有在娘家过年的。姑娘跟姑爷一般都没有在娘家住的！要是有什么事，也就是说，很少、很少在那里住。回娘家祖坟看看，没有禁忌说能带谁不能带谁，回家给爹妈、给奶奶烧点纸，这个行。

都是到秋天收拾完活儿了，没啥事儿了，就回娘家住几天。到了冬至了，俺就也回家。都自己回，孩子小的都带着。如果说女儿出嫁了，然后在丈夫家遇到困难，娘家会出人去解决。比如说现在是 1949 年以前，然后女儿跟丈夫闹矛盾，有跑回家的，然后娘家要看看是咋回事儿呀？娘家的妈要是挺明白事理的，完后也就给送回去。

村里的年轻人选对象有什么标准，现在我岁数大了也不知道。我想起来再早的时候，也就是姑娘给婆家写个彩礼单，彩礼单要这个、要那个的，写个单什么的。婆家要是留下了，就说是成了。也就是要点东西，也不是钱，比如说褥子、柴米啊，也没有说像现在一样要钱，没有这么要的，要房要地，都没有。

从我开始往下数三代，聘礼和陪嫁跟过去变化还真是挺大的。以前过得去就得了，现在我看这姑娘就要钱，要买楼，又要给多少彩礼。现在都这样，没有楼就不给，不然为什么现在生孩子都不敢多生呢！生一个就得了，生个姑娘好，生个小子啊，到时候担当不起，现在不都这样嘛。

3.出嫁女儿与父母关系

出嫁的姑娘她娘家父母过生日可以给父母过生日，(老人)去世会通知女儿跟丈夫一起回去。举行葬礼，孝子和孝女站的位置，男左女右，分左分右。一般来说女儿不用出钱。主要那看什么回事儿了，如果这个父母是归儿子的，你女儿就给雇个车就行了，一般的都是。过去都不是说是儿子养活父母吗，姑娘呢就给扎个牛，加个什么伙食，这样就可以了。那清明节的时候，姑娘回娘家上坟父母的坟墓要是出了问题，儿子给出钱给维修呀。

(三)出嫁的姑娘与兄弟姐妹的关系

出嫁以后跟你娘家兄弟的关系还好，都挺好的，俺们兄弟姐妹感情都挺好，不是外人。常联系常来来回回走，现在也走。现在我那些侄女啥的，常给我买东西。过年的时候都给我打电话，都挺好的，侄女都挺好的，哥哥和嫂嫂都没了，就剩下侄女了。家里有事都不商量。女儿出嫁了，那么老远还商量个啥呀！也不属于主人了啊。就是那时候结婚的时候，家里给个信，就是回去到那里喝喜酒就完事儿了。我就一个哥哥，他结婚比我早。俺们姐妹几个，数我小，我是最小的。如果家里需要用钱，我就是在市里盖房的时候，就管我哥哥借钱来着，那时候是多少年代啊，跟我哥哥借三十块钱还是四十块钱，剩下再也没借过了。我父母就是我哥哥管的。孩子出嫁，不要经过哥哥的。嫁人之后回娘家拜年，一般都是初六。

二、婆家人·关系

(一)媳妇与公婆

1.婆家迎娶习俗

我那时候结婚是坐轿子呢！吹喇叭呢还。哈哈哈，就是结婚了，那边一个轿子把你抬走了，然后喇叭吹一吹，然后娘家哥、嫂子、姐姐、姐夫啥的，就送一送，就完事了，俺们结婚都不要什么东西。拜堂呀，那时候咋知道为啥要拜呀！那时候就是蒙块红布在前边，背一个铜镜子，穿个大红棉袄，完了就是进屋上炕，坐床、坐新被子，之后就是洗脸啊、漱口啊、梳头啊，收拾完了，把那个结婚的衣服穿了就下地。我那时候没有公婆，没磕头。我刚才说的是跟我那个老头(前任丈夫)，跟我这个老头就是登记一下就完事儿了，没举行婚礼，啥都没有。跟我这个老头算是后找的老伴，我是从沈阳下放到他家就完事儿了，没有举行婚礼。结婚后三天上坟啊！平时就是到鬼节之后去上坟。

2.分家后媳妇与公婆关系

(1)公婆关系。第二个婆家啊，老婆婆、老公公说了都不算，跟哪(个)儿子过就哪(个)儿子说了算。我跟我老伴自己过自己的，老婆婆、老公公归他们管。那时候在生产队，哪里有地呀，生产队要干活儿！我跟婆婆关系还行！俺婆婆呀，俺们俩没生过气，也没有拌过嘴。有的那个大家庭就有规矩，规定媳妇怎么伺候婆婆。不过俺们是小家，就没有。大家庭嘛，哥们多，妯娌也多，吃饭的时候就大饭桌呗，就是今天你做饭，明天她做饭，妯娌比较多嘛，轮流着做。婆婆没有要求你怎么伺候丈夫的。1949年以前有婆婆虐待媳妇的现象。就是吃饭的时候有规矩啊，要是婆婆不喜欢媳妇，都不一起吃饭。婆婆在桌子上吃饭，媳妇在锅台边吃饭，不过那样的特少特少。那能反抗得了吗？反抗不了啊！一般有婆婆，一般都是管不到钱。

(2)分家。俺家这个老头呀，他家哥几个吧，我到他们家的时候，俺们自己过，我带着三个孩子，就没跟老人在一起，自己过，不过我跟他爸、他妈都挺好的，我也没跟他们拌过嘴，也没争过他们的东西。自己的东西都是自己挣来的，后来老四娶媳妇，老三和老四他俩争，俺俩没争过，我说我不要，要那点玩意儿吧，不能过一辈子，还是要靠自己双手劳动才是自己的，所以说没跟他们生过气。

(3)交往。嫁过来之后除了到亲戚家玩没到哪里去玩，亲戚家有个红白喜事去吃酒就去下，我送过四五次亲，就是送新娘子到男方去。夫家这边妯娌关系还是满好，他们几家有红白喜事都找我主事。家里一大摊子事儿嘛，一大帮娃娃嘛，吃了饭哒就各搞各的事，没得哪里有值得好玩儿的地方。公公婆婆过生日的时候，就给他们买点好吃的就完事儿了。

我那时候，跟谁家媳妇走得近啊——跟那个姓成的那个媳妇走得近。走得近也不是很近，都是要上班的，哪有工夫，没有时间。那时候礼拜天就单休一日，不像现在双休日，休息天就在家洗衣服，收拾收拾，哪有工夫，没有工夫的。

(二)妇与夫

1.家庭生活中的夫妇关系

对这两任丈夫，第一个满意，第二个不满意，不过那第二个俺带着三个孩子就凑合过吧。婚后也不称呼，就那么呵呵哈地说话呗！在家里有点事儿就大家商量着。跟丈夫在一起的时候，需要干农活，那年轻的时候干呀，一样要下地啊！一起下地干农活！以前跟那个老头的时候俺是在市里工厂上班，在纺织厂上班，来农村了就干农活儿呗。以前他也在纺织厂上班，我也在纺织厂上班。跟第一个老伴生了生了三个，第二个也生了三个，一共六个孩子。在家里排位，我说了算，老伴第二。1949年之前把媳妇卖了啊，是听说过，但没看见过，不知道真假，没亲眼见的就不是实事儿。1949年之前大家觉得一个媳妇儿是好就是她脾气好性格好，跟家里的人都挺合得来的，就是好媳妇儿。那个时候有怕媳妇的丈夫。丈夫如果需要外出打工，他会提前跟我商量。两人合计着来呗。以前跟那个没怎么问，以前就出去上班，在国营厂上班。后来下放了，我那个丈夫死了之后呢，我自己领着孩子在那儿过了五年，就是1960年的时候,你们这岁数都不知道,俺们国家不是闹饥荒吗?那时候轻工业就下马,所以说那时候我就下乡,下放了。日常消费都俺俩合计,该花就花呗!媳妇儿能自己上街买东西,把自己家的东西卖了,那得看是啥玩意儿,要是卖点菜还行,要是卖大件儿就不行。

2.家庭对外交往关系

家里要是有人情走动一般是谁有空谁去。给人送礼送东西一般是两人合计好了,谁有空谁去。家里来客人的时候,男的先上桌,女的就是忙着做,差不多少做完之后再一起吃呗!要是你丈夫不在,能代替丈夫出去。1949年之前,如果妻子出去借钱,别人愿意借给他,得看是怎么回事儿了。要是情况属实,她需要用钱,你也有钱,还得两个人关系好,就可以借,要不就是不能借。丈夫出面也是这样,比方说咱俩关系挺好,你这人挺实在,你需要钱,我有钱,就帮,瞅着不实在就不帮。搞破鞋的情况有,那时候有,女的只能干生气,那时候没有离婚,管不了。女的比较少。那时候啊,没有,一般都不敢啊,那时候也不兴离婚啊。

(三)母亲与子女的关系

1.生育子女

(1)生育习俗。总共有六个孩子,老大是五几年的时候出生的,1953年吧。我记不住了,反正我记得我是二十二岁那年有的他。("报喜"和"洗生")俺们没有报过喜,咱家也没有那么多亲属,要是有哥哥姐姐就告诉一声,咱也不收礼。没有说生男孩要弄什么仪式,别人家我就不知道了。生孩子的时候,老妈老爹都没有了,就是哥哥嫂子问候一下。他们孩子也多,不来。我那个大孩子的时候有一个多月就开始出去了。孩子满周岁的时候不给他过生日吗?公婆家对待男孩跟女孩都一样。没有要求说必须生男孩。小孩子过生日吃两个鸡蛋就完事儿了。以前有的女人生不出孩子,一般就是说那个男的自己另找一个,媳妇儿也没办法,不生孩子啊。

(2)生育观念。男女一样。

(3)子女教育。我的孩子都读书了,六个都读了。儿子小,姑娘先上学。先头那三个都是姑娘。他们都是上到六年级或者九年级就完事儿了,有念到八年级的,哪个也没念多。对待孩子们男女都一样,男孩、女孩我一样。没有说专管男孩子,老伴专管女孩子。

(4)对子女权力(财产、婚姻)。儿女结婚都是别人给介绍的。没有合过生辰八字。我大儿子二十三岁结的婚,我二儿子也是二十三岁结的婚。女儿出嫁是1949年之后,我下乡是1962年。大姑娘今年才六十四,我二姑娘今年六十一,我三姑娘今年五十九,我大儿子今年五十四,我小儿子今年四十八,我这个老姑娘五十三。出嫁的时候家里都不富裕,给啥呀!两个儿子,两个孙子。我带孙子呀。我那大孙子没管我要过钱,我也没给他花过钱,二儿子要钱,我就给他五毛,就完事儿了。觉得孙子跟外孙子没有区别,但谁知道别人的看法呢!这不是都一样吗?姑娘的儿子,我儿子的儿子都一样,我没有那个想法。

2.子女婚嫁后与母亲的关系

我跟我老头一起生活。我去女儿家就住一宿两宿,让我去住,也就待一宿两宿我待不住。

三、妇女与宗族、宗教、神灵

(一)妇女与宗族

供奉祖先就只有坟地。没有族谱。如果一个家里只有女儿没有男孩呢,有的会受歧视。有的人嘴欠就说,你看那老不争气的,这样说的有。很难说,说那谁能保住谁一辈子?有的说有的不说。过继也有。我不迷信,不过现在我信佛。

(二)妇女与宗教、神灵、巫术

(1)灶王爷的祭拜。灶王爷那时候家家都摆着供奉啊!那时候不给灶王爷磕头啊,就只是上香,给灶王爷上炷香。

(2)"出满"。男的有,女的也有。那是看病嘛,男的有女的也有。信老仙儿啊,我看男的女的都差不多。有的信这个的,他们就一家都信。有的不信的嘛,他家都不信。一个女的请一个老先生到家里,那丈夫不管,都不管,他都得信呀。

(3)送子娘娘。拜,拜观音是男的女的都能拜。

(4)求雨。求雨现在没有,反正过去在我们那边有。那时候就是天旱了就求雨。那时候有。祭拜啊、求雨啊,那时候是有小日本在,头头们就组织一帮人上街抬着龙王爷,把那个准备的小庙,把龙王爷抬到三台子那里去求雨。那有,我见的多了。女孩不去,就男孩去。那都一般都是男的,没有女的来拜,都是男的。

(5)宗教。一般求家里平安那要是一家子都信的话,那男的做女的也做。我一天早晚,早一拜晚一拜。现在也是,早一拜晚一拜,我拜佛。他就是我去年生病了,不能去上香,我的脚摔伤了,要挂棍儿嘛,平时不挂棍。那会儿脚受伤了,不能下地了,就他去上香。我说你给佛上香,他就去上香。要是我好好的他就不去。丈夫不信,但支持我。女的信佛的多。

四、妇女与村庄、市场

(一)妇女与村庄

1.妇女与村庄公共活动

节日庆典啊,节日庆典就是过年有扭秧歌呗!过年扭秧歌。扭秧歌谁都能看。那就是扭给他大伙看的嘛,过年都能看。男的女的都能扭。

2.妇女与村庄社会关系

出嫁之前知不知道村子里管事儿的人是谁,哈哈哈,都这些年,早就忘了。那时候是"满洲国",好像是一个姓赵的,还有一个姓张的。姓赵的他就像一个族长一样,姓张的是个街长。后来解放的时候名字都换了,都换人了,我就没记住,都忘了。还有一个姓什么的,我没记住。没有多长时间,我就走了,就都没记住。我没有参加过会议,不过那有妇女会,那时候父母就会参加。一般大家召集开会呢,都是组长开会组织大家去,女的也有参加的,如果女的不参加的话,也不会去家里动员她去,除非是妇女会,有妇女会的话就会动员,我没有参加过这种会议。我那时候在小县城待着,差劲。不像农村,农村那时候妇女会一召集,大伙儿都去开会了。俺们是个县城,是一个镇,山城镇属于一个镇,没有召集。

要是说有的人家,他需要盖房子,会找靠近的,请靠近的来帮忙,那行。不靠近的没有。村里的红白喜事,那一般的是亲属的就去,不是亲属的不去,除非两家人处得特别好,就去。比方说要是亲属的话,没有请也得去。两人关系特别好的话,不用请也得去。那摆酒就去帮,看看有什么活干。已婚的妇女可以去帮忙。那个未婚的,她的家有什么事儿,老婆婆要是同意,未婚的也能去。跟好的妇女聚会啊,就一块玩儿呗!说说话,唠唠嗑儿。哪也不去,就在家。咱们老的时候,不像现在,现在年轻人聚会上饭店呀,又干嘛去啊。现在的老人哪里有。比方说,这两个姑娘家俩人处得比较好,你到你家玩儿,她找她家玩,就这么走一走。没有说上哪聚会呀,上饭店呀! 都没有,咱那时候都没有这些。

到外村,除非是亲属家,要不是亲属家就不能去。那去的话你得告诉你爹妈一声。一般来说,那时候男女有别,不像现在。男人闲聊的地方,女人不能去。

(二)妇女与市场

出嫁时前啊,要上街买点东西,也去过。有时候自己去,有时候跟姐姐啊、嫂子呀一起去。出嫁之后不就是上班了嘛,上工厂了。没有时间去。市场中有女性的商贩,女的在外面留宿,那很少、很少。那也是亲属家,或者是最要好的朋友。赊账呀,这个少,在市场买东西不认识的能给赊账?那必须是认识的、比较不错的才可以赊账,不然谁赊给你?绣花花样这都是跟这个姑娘撩点(东北话,意指学习),跟那个姑娘撩点,就这么整的。做了这些东西,如果有多余的也没卖过。

五、农村妇女与国家

(一)农村妇女认识国家、政党与政府

国家的概念是上班的时候接触的,我到沈阳来,我找个地方挣点钱呗! 就上厂子了,有人给介绍的,国家就是挺好的呗,解放了国家就挺好的呗!

孙中山呀,蒋介石呀,那天天人都在捣鼓(东北话,指谈论)。1949年之后就是毛主席领导。现在主席是习近平嘛。现在电视老有他,老演。国民党我知道啊,我还看见过呢! 哎哟! 我都经历的啊。

打仗、小日本那些我也看见过。小日本啊,我恨透小日本了! 那时候小日本抓劳工啊! 我老爹就被抓过,俺们一家都有病,他给抓走。我老爹被抓走后,后来咋整呀,就想方设法说花两个钱,雇个人给照顾着,给那头儿花点钱,让他给顾着点儿。但是顾不顾谁知道啊! 回来后还有病,我十四岁那年,小日本还没走的时候,那时候全家都有病,那时候伤寒病。小日本在的时候,伤寒病还有发药的,那个伤寒病一倒就一窝,咱们家七口人就剩我自己,那年我还小才十四岁,做饭啥的都我,伺候他们吃。他们趴着都不能动,那年就是个倒霉年,后来发药了。我小时候,十来岁,隔一天一病,隔一天一病。那病得厉害,许多人都没有了。我对小日本的看法是,确实挺厉害的。那时候在小日本统治下,连大米饭都不敢吃,吃大米饭就说是“经济犯”“经济犯”不让吃好的,俺们老百姓哪还敢吃大米饭啊。

国民党接触过呀! 那时候国民党就是中央军呗! 那时候我还在山城镇里待着,哎呀,那时候中央军在那里待的时间不长,可能是头年十来月前吧,进大宅。第二年三月份八路军就打进去了,那时候八路军跟国民党打仗的时候,就在俺那街上打,俺那街房子都着火,炮弹打的。那个枪打的地皮都冒烟了,那地皮都冒烟了,俺们一家人都趴地上都不敢出,谁敢起来啊?都趴地上。就这个房子,俺们家这小土房,底下垫的是稻草盖子,都是趴在地上,谁都不敢起来。那打一宿! 三月份头一下是在五点多钟开打,一直打到第二天的早上八点钟。打一宿就把中央军给打没了,然后就被八路军接收了,就在山城镇的街上。我那年十几岁来着,也就是十五岁那年,那飞机扔炸弹来,就扔在俺们房子前面,飞机一飞就开始打机关枪。打机关枪然后炸弹就进来了,就把俺前面的房子给打着了。那时候扔炸弹是什么人扔的呢——是国民党那边扔的,那时候小日本早走了,咱们这街是八路军接收的,国民党就生气,他过来就扔炸弹呗! 扔炸弹我都经历过这个炸弹,都经历过打仗。那时候害怕,是真害怕。打仗那一宿都是在地上趴着的，睡不着啊，吓得都睡不着。完事了，瞅那照明弹都在哇哇地亮着。我哥哥和嫂子还以为是谁家房子着火了？原来不是，是照明弹。那个打一宿，整整打了一宿！

那可不是咋的——我那时候在街上一听要打仗，我老爹那时候也迷信，点一扎的香，让我去那个小庙里上香，说是保平安呗。但是这上完香，回头一看，这个枪打的土都冒烟了，啪的一下就趴地下了。国民党和八路军两家打仗啊。

国民党啊，那干什么都不行，不熟悉。不像八路军，到哪都招呼老百姓，国民党不行，国民党抓一个人就说，"你来干啥来着？"那时候他们上谁家都是逮到啥就吃，又抓人又抓车的，你看八路军就没有。国民党那时候上俺们家，那时候我哥养了一匹老白马，专门倒腾煤——给人家拉点煤挣点钱呗！那就给抓去了，车轱辘坏了，可他就要套车，我老爹说车坏了不能用，就打我老爹。我哥哥就说你别打了，你不是就要车吗，车坏了套不了，你要是不信就到车场看看修好了没？修好了的话，回来我就给你套，没修好那没办法，你把一个老头给打坏怎么办？后来他就走了，那是国民党的人。我不认识国民党的人。要是按阳历来说，就在九月份那时候他打进去的，赶到第二年开春的时候，在阴历三月份他就走了，给他打跑了，打没了。共产党那时候也没啥来往，人家的兵都是一走一过，俺们家只是个老百姓。像打仗的时候打一宿，第二天那兵就过去了。就是解放的时候，八路军往那里走，打一宿嘛。第二天来人，俺们都在地上趴着没敢起来呢，开门一看是八路军。八路军查了一遍，问有没有国民党，一看都是老百姓就走了。

俺家现在没有党员，俺姑姥爷是共产党，俺家没有。党员是比普通人更优秀。

女性当干部的呀，听说过，但是咱们没看着。那时候的人都糊了八嘟（东北话，指文化水平低），那也没有说啥。干部啊，这人啊，现在不好说。有的真守规矩的，真按党的规章办事的，那当然就是好的。这个人的性格说不准，有些就不守规矩就不好。

我没有裹脚了的。那时候都不兴裹脚了，我小时候都不兴裹脚了。那我没经历过政府号召剪短发，反正我从小到老没有留过长头发，全是短头发。

政府提倡废除包办婚姻、提倡自由恋爱的好，你说不好吧怎么可能。在早的那些时候，我们说两个人喜欢，但老人又不同意，完了，小人（孩子）愿意老人不愿意就被逼黄了，还有寻死的。这个自由恋爱，她自己愿意，那以后享福受罪都是个人的事儿，她也不埋怨老人。老人就不应该过分地管。比方说姑娘好，小子也好，对方有什么毛病有什么特殊的，你给他提出来，他要是实在不信的，就是说你就别太管，没什么好处。计划生育呀，我的看法是，就以前的说法只生一个就有点差，因为一对夫妻一对儿，应该俩。你一个有点太少了，应该是俩。有哪些困难计划生育啊，那时候说实在的，拿现在来看吧，生多了孩子也还累。少生点好，但是生一个还是有点少。

(二)对1949年以后妇女地位变化的认知

1949年之后妇女在家里的地位提高了是政府号召的嘛，那她该伺候还是要伺候，能不伺候吗。跟小时候相比，女孩子可以接受教育了，那时候一般该上学的都上学了。我呀，我就俩孙子，没有孙女，就两孙子都上学了。我大孙子都大学毕业了，工作了。二孙子还正在上大学呢！

现在不都有女干部嘛，觉得是不是现在妇女地位提高了，所以有女干部。选举女的和男的不都是一样的吗？该给谁投就给谁投。

（三）妇女与土改、互助组、初级社、高级社

我们就是贫农啊，土改的工作队到过俺家。俺家是贫农，没有（土地）。土地改革不是要分地吗，咱那个地方没有分，俺们那个是小城镇，根本就没有地分，都不分。土改的时候，他们就把我动员去开讲义会啰。

我下乡的时候就参加过嘛。就生产队嘛。我1962年下乡就上生产队去。那时候妇女都下地干活，你不下地干活你就挣不到分，你就没东西吃，你挣不到分就领不到粮食。我那时候在生产队干活儿就是负责带小孩，有的妇女有孩子的都送到我这里，我带小孩。队里面找的，那时候不是都下地干活儿嘛，家里不留人，都下地干活儿。那个活动你不愿意能行吗？都那样，高级社，不知道！男女分工呀，我看着也差不多，都干一样的。妇女在队里干活儿，干什么活啊——我看啥活都干。没有不干的，啥活都干。那时候按分，你挣多少分就给你多少粮，按分来。参加集体劳动的时候那时候，我看看，我那时候都六个孩子。两边都有，在家能收拾那么利索吗？一天都要去干活儿，回家还要做饭吃。我那些孩子哪有人帮带，都我自己带。孩子小的时候我还没下地，孩子大的时候下地。

（四）妇女与人民公社、"四清""文化大革命"

1.妇女与劳动、分配

公社的时候啊——妇女的劳动情况，就是在生产队干活呗！喊的口号记不得了！专门妇女干的活——一般说来也没有说专门让妇女干的活儿，像那个到稻田地里拔草，就是男的都可以干，男的女的一起都拔呗！反正生产队是这样，比如说那个拔草，你就尽量让男的去干，有的呢都让一起干。

2.集体化时期的性别关照

突然干活的时候刚好赶上的生理期，来例假了，或者是怀孕了，那你就得看自己的情况，能干就干呗，不然就歇工呗，歇工就不挣分。来例假的时候要是肚子不疼，你还不是一样下地吗？你下地就有分，不下地没有。

3.生活体验与情感

1959年那时候我上班，那时候工资低啊，刚够垫着。那时候没听说过有人饿死了，那时我在市里，没听说过，后来到了什么时候？好像是六几年的时候，那时候吃的不够，吃的不够就吃那个叶子了，没有说吃不到东西，饿死了，比较少。那时候粮食不够吃，就是逮啥吃啥，不然就饿死、病死。男工干重活儿分就挣得多，女工要是跟男的干一样，就挣得一样。要不一样就挣得不一样。自留地，那时候是，俺们现在也有的呀！现在一人三亩地。分地按人啊！分的地是一样的。

4.对女干部、妇女组织的印象

大队小队的妇女干部啊——嗯，这个村长今年干得就不想干了呗，退了，落选了！她都干了多少年了，老多年了。我也说不好，还是得这样，就是说话呀、办事呀，你要是一点不行的话，能当干部吗？这领导不了。

5."四清"与"文化大革命"

"四清"的时候，我没斗过，我胆小就没有。那时候有斗大队书记啊，挨打啊！斗知识分子啊！打啊！我胆小，我看他们一打我就害怕，看到倒是看到过，就是没斗过，没动过手，害怕胆小。

（五）农村妇女与改革开放

土地责任制了还是给我们分了一点儿田，没有土地证。计划生育以前不是都规定生一个孩儿吗？现在不是说可以生两个吗？对吧！现在啊，我也会选择生俩呗！

六、生命体验与感受

我家那有电视，一般看都是用来看新闻，不过没有网络也没有电脑。一般跟儿孙联系，那都是打电话，我没有手机也不会用，不过呢，我们家有座机，还是给我打电话，我给他们也打。我这一生的经历挺多的，我觉得感受最深的就是现在很幸福，不愁吃穿，想吃啥就是啥，先从小到大，就是现在最幸福。现在我身体也还行，儿女也孝顺，我们两个人，老头子两个人一天无忧无虑，谁也不用担心，孩子们都会挺过日子的，也不惹我生气，这就是我最大的感受幸福。

YLXZ20160728ZSJ　张淑菊

调研点：辽宁省沈阳市于洪区光辉街道门台村
调研员：杨刘秀子
首次采访时间：2016 年 7 月 18 日
受访者出生年份：1925 年
是否有干部经历：否
是否生育：是

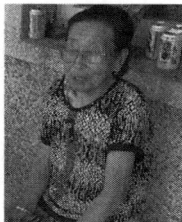

受访者结婚的时间节点、生育子女的具体情况：1945 年结婚；1950 年生第一个孩子，共生七个孩子，五个儿子、两个女儿，其中第四子夭折。

现家庭人口：3
家庭主要经济来源：养老津贴、子女赡养

受访者所在村庄基本情况：于洪区光辉街道门台村地处沈阳市西郊 25 千米处，属于自然村落。西面、南面与新民市的老什牛村和昂帮牛村毗邻相近。村内有便利的交通至市区和新民。据村干部介绍，村内多处地方有辽河油田的打井地，自然资源丰富。

受访者基本情况及个人经历：老人生于 1925 年，和老伴儿经人介绍相识，二十岁结婚。生有七个孩子，有五个是儿子(其中老四夭折)，两个孩子是女儿，现都已成家立业。老人夫妻关系一直都不错，但老伴已经去世，现在老人和小儿子、儿媳妇生活在一起。

老人读过书，因为兄弟出生，她要留在家里带孩子，被迫放弃学业。老人一生辛勤，是个贤内助，将自己心血灌注于自己的家庭上。生了一大帮孩子，想尽各种办法把他们养大，家里经济条件一般，刚刚够吃够用。老人特别勤劳懂事，把家里收拾得井井有条。无论是和婆家还是娘家，关系都处得不错。现在到了九十多高龄，依旧乐观开朗，身体也较为硬朗，老人对如今社会发展很满意，特别感谢国家对她这种高龄老人的照顾。她独立、有想法，常怀感恩之心。

老人一直在感慨，共产党好啊，像老人这把年纪还能碰到盛世，是好事啊，多好啊。旧社会啊、国民党啊那些都不行，日本人最坏的了。老人今年九十二岁了，每天都去打吊牌赚钱，认为日子很好，国家还给补助发钱，够花了。

一、娘家人·关系

(一)基本情况

我叫张淑菊,1925年生,今年九十二岁,老家在辽宁省沈阳市于洪区光辉街道门台村。我在张家有四兄弟姊妹。一个哥哥、一个姐姐、一个弟弟。我们四个的名字都是我奶奶起的,我们的名字都是按辈分排的,哥哥叫作张凤启,弟弟叫作张凤文。我的名字呢,那是我出生的时候给我起的。那时候有道德会,道德会里面学的,道德会那是女的去念书的地方,那时候学校是没有女的。都是出生后,家里的老人才给起的名儿。我的名字应该没有什么特殊的意义,反正我也不知道,起了这个名字就这么叫了,都听老人的。

虽然我们家里没多少地,只是刚好够家里几口人吃穿,而且我们有兄弟姊妹四个,但是我家里没有兄弟姐妹是被别人家抱养了的。土地改革时期我娘家是被分为贫农成分。好就好在我们家没有人赌博,也不抽烟、不喝酒。家里也没有钱,就这么点地,每年只是刚刚好够吃够用。

(二)女儿与父母关系

1.出嫁前父母与女儿关系

(1)家长与当家。在我娘家的话,都是我父亲说了算,我父亲脾气不好,那都得听他的。我父亲还在的时候,我父亲是家长,女性是不能当家长的。家里面那些日常事务,还有像理财呀那些东西,也是父亲说了算。家里的爷爷去世了,接下来也是家里男的管事,但是父亲、母亲也都不管事,这那么一点地也不用管什么事情。几兄弟也是自己管自己的事。就我爸管着种点地养头小毛驴什么的,或者跟那谁老李三家合养一头驴,种那一点地。因为一头驴拉不动那个犁,我们几家人就轮着用驴,他家种完让你种,这样轮着。

(2)受教育情况。我那时候是念了二年的小学。以前我们那里可有好几百户呢,可是我们学校以前一个班也就二三十个人吧,那地方房间小。后来我兄弟出生了,就在家带孩子,没能继续去上学了。姐姐一天书都没念过,哥哥也是。当时我看着其他兄弟都在念书,可是我不能去念书了,也不能怎么办,不念就不念了呗,那就在家带孩子呗。我妈眼睛不好,看不着,我要留在家里帮着她。那会儿我还念书的时候成绩可好了。

(3)家庭待遇及分工。小时候在娘家,我兄弟的待遇也不会比我好,那时候谁都是高粱米饭吃一天,也没有零钱花。家里不偏心男孩。吃饭的时候我们姐儿四个不会分先后,但是吃饭时候优先给老人盛饭。在我们家谁坐边上谁就盛饭,吃饭的时候女孩子也可以上桌吃,我们都在一张桌子上吃饭,那时候吃的就是米饭和大咸菜。吃饭的时候,老头儿、老太太就坐在炕上,年轻的在边上,不按位置坐的,都是逮哪儿坐哪儿。如果来客人了,我父母、兄弟谁都不上桌,一般就老太爷他一个人陪着客人就行了。家里几个兄弟姐妹的衣服只要不坏的,那就可以继续穿。晾衣服的时候,我们姐妹的衣服可以和兄弟还有爸的衣服晾在一起,都晾在外面,俺们家的衣服全都挂在外面。过年的时候,我们兄弟姐妹没有零花钱,最多意思意思,那就一毛两毛那样吧,我们也舍不得花。在家里,女的一天到晚就是做饭、做衣服,还有洗衣服,什么都得做,忙到晚上都累坏了。我不会下地去干活,就是在家干点活儿而已,就是做点针线活。在家跟着妈妈学做针线活那些东西的。村子里也没有女孩子下地干活,连针线活做鞋子都忙不过来呢,哪有工夫下地干活。我们做鞋子是留着自家穿的,有时候自家都赶不及。我兄弟在家也干活儿,就是种地。那时候的地不像现在是打药,那时候种下去就左一边铲右一边铲。

(4)对外交往。对外交往方面,男女也差不多,也没有什么格外的禁忌或者规矩,也没有成人礼这种东西。过年的时候女孩可以出门去给亲戚朋友还有邻居拜年,家里客人来的话,我妈妈也可以上桌。但那时候条件不允许,饭菜分量少,好吃的一般都给客人吃,不像现在,家里人和外边人都一样。大家能一起吃,那时候不一样,一般都是家人不吃,好的东西都留给客人。我和我姐姐可以出门给别人拜年,像邻居啊什么的,遇到的问好,说句过年好,拜个年。那时候我们小孩都不怎么去别人家,除了去姥爷家,其他人家也都不去。作为家里的一个女儿,我自己一个人也不可以代表我们家去别人家做客。一般小孩哪儿都不去,就老太爷出去做客,和其他人家来往。出嫁之前,在家里那时候过生日就是煮个鸡蛋,意思意思,这个生日就这么过去了。我们姐儿四个过生日都是这样,家里只有给姥爷才过寿。

(5)女孩禁忌。在我们村子里,有些很穷的人家没饭吃了,没粮食了就去亲戚家借粮食啊,到时候家里有粮食了再还回去给他们啊,都不会出去讨饭的,更不用说让女孩出去讨饭了。平常生活中对女孩都会有一点儿要求。但是像我们家,我爸、我妈都养着女儿,他们觉得男孩、女孩都一样,可好了,都一样对待。我们小时候女孩子不怎么出门玩,和自己家的兄弟姐妹关系就挺好的。平常生活中对女孩的要求,那都会有一点儿呗。看现在有些人,对老人不也有好有坏的吗?老人对儿女也是有好的有坏的,这其中言行都不一样。也没有说什么女孩多大年纪以后就不能随意出门,哎呀,因为那时候我们这也不上哪儿去。在农村里,连火车都没坐过,都没啥条件,还能去哪里呀。现在这社会多好,俺这么大岁数,正好赶上了这么好的生活。俺还记得俺二十一岁的时候,日本人垮台了,这个俺的印象特别深刻。我父母对待男孩还有女孩的教育没什么大区别,说不上区别对待。那对俺们都好好的,只要俺们知道做活儿,俺们老人可真好。

(6)"早夭"情况。我们这里早夭的孩子,就算是男孩子,也不会给他办一些丧事什么的。女孩也不办,小孩子死了都不会办。只有大人去世才会办丧事。

2.女儿的定亲、婚嫁

我当时结婚是有点算晚了。我跟我老伴两个人是经人介绍认识的。我身边没有认识的朋友们是通过定亲结婚的,也没有存在娃娃亲这种情况。那时候我们结婚不是特别讲究门当户对,但是也得要找个和自家差不多,也不能找那些太穷的人家。我们当时结婚的时候不算生辰八字。见面之前,我们双方的父母大家之前都对双方熟悉了的,了解了他的家庭情况之类的。我跟我老伴不是从小就认识的,见面以前不认识他的。经人介绍认识之后,觉得对方好那就在一起。我们那时候也不讲什么彩礼,所以出嫁的时候没有彩礼。婆家没给什么,我们娘家这边也没给什么。我们决定要结婚的时候,两个人的家长就出来碰一下面,吃下饭。

如果两个人定亲了之后,可是男方去世了,那时候婚约是算自动解除了,男的都没了,那女的就去重新找个人嫁。这时候女方重新去找个人家,她也不用去和以前的男方家里说一下。人都没了,说不说都没什么用呀。那时候都不讲彩礼,所以也不用讲究退回彩礼。定亲之后是不能毁约,一般你答应了人家,就都要跟别人相处着了,以前的人说话算话。我们定亲之后两家人会互相走动来往,一般准女婿来家里了,我们家里就会做好吃的招待他,做大餐给他吃。定亲了之后男女双方也都没怎么见面,哪像现在,两个人到处溜达。

那时候我们结婚也要求写结婚证明,证明我们两个人正式结婚了那样,但是上面只是写了我和我老伴的名字,没有说明大家长同意我们两个人结婚之类的。出嫁的时候,我娘家也没有说明什么,我们那边也没什么习俗禁忌啥的。我结婚的时候,家里的近亲都来得差不多了,有不少人呢。结婚的时候,我们娘家这边也要摆桌,请了家里的一些近亲,都是来往的比较多的。我娘家是个大家庭,他们家也是个大家庭。当时因为一桌才坐四个人,我娘家就得摆个二三十桌了,有家里的近亲,还有邻居来呢。

出嫁的时候,我娘家没有给我嫁妆。那些布啊、鞋子啊什么的都没有,更不用说土地了。土地这个是不能带去,人家也有。结婚了之后就不能分得我父母的财产了,像家里的房子啊,土地啊那些财产都归我兄弟了。

3.出嫁女儿与父母关系

刚刚嫁过去的时候,我家里人,就是父母、兄弟和我都住得这么近,方便得很呢,都相处得挺好的,关系挺不错的,而且也没什么事。姑娘出嫁以后,娘家的事情都不用管。父母生日,可以回家陪父母过过生日,回去就顺带买点东西,买点熟食啊什么的,买什么都行。

如果娘家有困难,嫁出去的姑娘还是可以帮忙。出嫁以后,女儿在婆家遇到困难,那娘家也会和婆家一起协商解决。都是一家人,要合力一起帮忙的,有困难了总不能看着不管。

在我们这里,父母去世的话,要通知在婆家的女儿回来,但是我母亲去世的时候,我没有回来,因为那时候我在吉林。那时候家里办丧事不讲究戴孝。1949年新中国成立之前,我们女孩儿不用承担赡养父母的义务。姑娘家有的要是有钱就给钱啊或者给东西。过年的时候,我回娘家拜年一般是在是初三那天,但这并不是规定,通常会带点熟食、水果、小糕点。但是我父母去世后,我过年就不回去了,就是侄儿给我拜年。嫁人之后我一般是初三、四回家拜年。

(三)姑娘与兄弟姐妹的关系

兄弟和我都住得近,方便来往,都相处得挺好的。但是我以前在吉林那边的时候,因为路途比较远,一两年才来一趟看一下。娘家要是有事儿,那我肯定会回去。我先嫁人,后来兄弟才娶人了。兄弟娶亲还有姐姐结婚的时候,我都送钱了。我姐姐她二十四岁就死了。我父母死了,我兄弟后来也不在了,我兄弟媳妇儿还在,就也不存在分家不分家了。我回娘家的时候,俺兄弟还没结婚呢,就还是住在父母家。以前去我姐姐家做客,我就不在那住,她住前街,我姐夫在铺子里上班,俺姐姐在家。我也不咋去兄弟家,我结完婚好几年了他们才结婚的。

二、婆家人·关系

(一)媳妇与公婆

1.婆家迎娶习俗

我是在新中国成立之前结婚的,我头一年结婚,第二年小日本失败投降。那时候我们结婚没有讲究验贞洁。彩礼婆家这边给几件衣裳,再给一二百块钱,那就完事了,不给粮食。如果没有这么多钱,那就要多少给多少。结婚的时候具体细节不是很记得了,但是结婚的时候俺也没要啥,他也没给啥。当时也有拜堂仪式,那时候啥事儿都没有,就一辆马车拉来了。马车是借过来的,结婚的时候也没有跨火盆了,对拜仪式有,不用谁主持婚礼证婚。我们结婚第二天没有给公婆磕头请安,俺们做媳妇儿不用磕头,在屋里坐着。因为俺们这边不讲究喝茶,所以结婚第二天并没有给公婆敬茶,就是过年磕头,三十晚磕头,初一一早吃饭前给老人磕头。新媳妇九天回门,女婿也都去,九天是规定来的,因为"九天回娘家,两家一起发"。五天就是上坟。那时候不用女的下地,女的针线活儿都做不过来呢。在婆家也不怎么做,到人家家里啥也不会。和婆婆关系挺好的,嫁人之后在婆家也没人管我,到时间就做饭。老大结婚我做饭,老二后来就跟我轮流。如果我想回娘家要跟婆婆请示一下,其实就是告诉她一声啊,咱就说妈,我要回去看看,晚点回来。

2.分家前媳妇与公婆关系

我婆家解放前两三年没分到什么地,他们家当时是中农。丈夫家有挺多兄弟姐妹的,哥儿四个、姐儿两个,但是他们家也没有兄弟姐妹被抱养的。那时候婆家也都是种这点地。因为他们家是中农,俺们后来都走了,就分了五间房子。出去了就不怎么分到东西了,就是老太太、老太爷他们分到,有人一辈子都租房子住。婆家就是老太爷管事儿。婆婆啥也不管,就在俺们屋里做饭,公公就种地。

1949年之前媳妇儿伺候婆婆也没有什么特别的讲究,谁都要好,都要好好的。当然也没有像早上打洗脸水,晚上打洗脚水或者请安什么这样的要求,那时候人好。我在婆家吃饭能上桌的,俺跟老太太一张桌子。我老伴呢,就是跟公公一张桌,我们一家人吃饭分两张桌子的,一张坐不下。俺老太爷那桌还有奶奶婆婆,大一点。菜要是吃完了,俺就去盛。婆婆没有要求你怎么对丈夫,这些她都不管,反正我们在一块就过。家里也没有什么事儿说是家里的男人不能做的,一般有啥钱财的事儿都老人去做。我婆婆并没有要求我伺候小姑子、小叔子,就给老太爷伺候而已。万一没做好,也不怎么会说我,反正我都是往好里做。

在婆家平时有事儿也不会开会一起讨论啥的,婆婆意见跟公公意见不一致这种情况一般很少会有,老太太啥也不管,老太爷脾气好,两老夫妻可好了。我嫁过去之后就是负责做做饭。就算是新中国成立之前,俺们这也没有出现过婆婆虐待媳妇儿的行为。成立之后跟之前比,婆媳关系也是有点变化的,比原来更好了。原先有儿媳妇跟老太太不好的。外面的事儿一般家里老太爷出头,都是老太爷管。家里男人商量事儿,那时候女人啥也不管,老太太也不管,俺也不管,俺们就是负责吃饭干活儿,挺好。

媳妇与公婆之间没有什么格外的讲究。没有严格的尊卑,不需要格外对公婆照顾行礼或者请示,和现在没有什么区别。

3.分家后媳妇与公婆关系

(1)公婆关系。跟分家前差不多。不过很少再回来,很少走动,后来公公、婆婆去世的时候,他们死了俺也没回来,没能给他们披麻戴孝。但是他们的墓地我后来也有去过,他们两老合葬在一块。男的在左边,女的在右边,一般都这样,我们都给他们都磕头、立碑。至于祖坟,结婚之后也去过,有拜过,毕竟老人都没有了。公公、婆婆没了之后,我每年都去拜,不过这几年没去,都是俺儿子去。公公、婆婆没有留下了财产,啥也没有。

(2)分家。后来和婆家分家了,俺们出来啥也没带,出去工作,有俩孩子。说起那时候分家的原因呢,是因为种地种不起,就出去干活儿。俺老太太种的东西拿去沈阳就卖了,种地维持不了生活。俺们在吉林待了四年又回来,被下放,放到门台二十年,回来这都三十年了。俺们走的时候啥也没拿,就领着俩孩子走了。现在的地都是国家给的,人人有份,不是老人给的。分家没啥仪式,俺地也没要。走的时候公公、婆婆和其他兄弟也不住在一起了,他们也都走了。后来他们去了沈阳造纸厂，后来又去了营口，现在他们儿子都在营口呢，他们两口子都不在了。公公婆婆就是由老三伺候呗，三儿子在俺西边住着，他们在后屋住到死了。丈夫去世的话，我这个媳妇儿就没有伺候公公婆婆了，但是老四两口子有。老二两口子在营口死了十来年了。

(3)交往。出嫁后回娘家挺随便的，爱回去看看家里父母那就回去。但是我们那时候不能在娘家过年、(不能)在娘家吃年夜饭。不像现在过年上哪儿都可以。结了婚过年就得回家，不能回娘家了。那出嫁的姑娘不能和丈夫回娘家住，在以前这也是不可以的。哪像现在呀，多自在，想怎么着都行，多好。以前已经出嫁的姑娘可以上娘家祖坟那里去祭拜，拜祖坟，毕竟我人都是那了。没有说只可以拜谁或者不可以拜谁的，就是拜祖坟里的老人呗，就是过世的老人。老人啊、那些去世的，现在不也是嘛，扫扫山。出嫁以后，也没有规定说要多久回一次家，你爱啥时候回家就啥时候回家。你多久回次家，这也不限制你。自己回家，还是和丈夫、孩子一起回去，那怎么回去都行，都可以。但是观礼那里就不一样了。观礼那里的话，男的女的都不怎么回家的。俺们这边的情况就好一点。

(二)妇与夫

1. 家庭生活中的夫妇关系

我和我丈夫是结婚那天才见面，这门婚事老人给做主的，当时也没法子说满不满意。我们结婚后没有称呼过什么，那时候都不叫啥。年轻的时候就是你啊我啊，我也是等他老了就叫他老头子。那时候都是吃饭干活儿。那时候没钱，所以哪来的钱管啊！也就不用考虑家里谁管钱这个问题。那时候一般家里也没什么大事儿。俺以前给人下地拔草去，一天赚两毛钱，两毛钱买一尺布，三天赚一个裤衩的钱。

我和我丈夫没有怎么发生过矛盾，俺们思想好，心大。我嫁到丈夫家都没有碰到过事儿，俺也没做错事儿，俺在哪里都不讨人嫌，干活儿勤快。结婚以后要去拜坟，节令都去祖坟祭拜，去了挺多次的，都是去那里烧香、磕头、烧纸而已，也没有说求些什么啊，希望祖上保佑，全家平安这些的。结婚之后我在婆家没有土地，没有姑娘地。我也没有带过来地，那时候都不带。我也不带嫁妆，那时候没有钱，就是两床被，两床褥子，几件衣裳，都是新的。

结婚以后我没有私房钱，那时候谁也没有钱，省着点，平时的钱都够花到老了。我丈夫本来一直在家种地，后来没法种地了，就在沈阳卖小猪，后来就去工厂了，一个月工资五十二元，后来工作调转到吉林，俺就跟着去了。一个月五十二元，在当时挺多的了，那时候高粱米才八分钱，白面才一毛多。俺家六口人啊，俺妹妹两口子还给补助俺一些，不然都不够吃。五十多块钱买三斤肉，六口人一个月生活不够。

1949年新中国成立之前，如果姑娘和丈夫闹矛盾了，有时候女方也会自己回来娘家住上一段时间，但是这种情况在俺们这边就没有。新中国成立之后也没有。这种情况下，女儿回家之后父母当然不会欢迎女儿的，都这么大了，爱上哪儿就上哪儿去。怎么可以闹矛盾就躲家里了呢。像这种家里闹矛盾的情况，丈夫会不会来接这姑娘回家，就看个人了，就得看什么时候，闹的矛盾严不严重了，还有看这小伙子着不着急了，不闹矛盾了来接。如果她丈夫几天了都不来接姑娘回家，两家人一般也不会想办法调解，都是他们两个人自己的事情，两个家的儿女都是互相钟情的，走到老一起生活到老的，偶尔会吵架的，都是夫妻情，挺好的。

已经出嫁了的姑娘，如果娘家的父母生日了，可以回去陪父母过生日，就顺带买点东西回去,就买点熟食啊什么的,买什么都行。像以前啊,买两斤大毛豆也就很好了。

以前可以娶妾,但是那得有钱才可以,没钱的哪有。有钱的家庭丈夫娶小的,老婆也不能不同意的,不同意能咋的,打起来啊。典妻和卖妻我有听别人讲过,不过那咱们这儿没有。这块地方有没有换亲的习俗,万一有,那得怎么叫啊?那他家的姑娘给咱家,咱家姑娘给他们家,那都乱了。

解放前还是有童养媳的,那时候家里困难的,太穷了,只能上别人家去当童养媳,等到年纪大了,合适的时候再结婚。婆家想要买个童养媳的话,也没有说什么仪式。那时候也不用花钱买。家里没钱就上他家吃饭呗,干活呗,啥都要干。就是多了个人吃点饭呗,小小的就过去别人家了,也不当外人看,什么活儿都去干。但是我们村子里没有童养媳,反正这块地方人们过得还行。虽然说童养媳都在婆家生活了,但是平常她还是能回娘家去看看的,他们之间还有来往的,有走动的,她爱去也得去,要是想她妈了,那也得回去看看啊。就算是1949年新中国成立之前,招赘就是上门女婿那样的情况也比较少。我们这块地方也一样啊,应该没有,也少。如果招上门的女婿不孝顺,或者不听话,也没法子,只能算自己眼力不好,都招上门了,他这样就这样了啊,那能怎样呢。

入赘女婿和女儿生了孩子,要姓什么,跟谁姓的,这些问题我不是很懂,我也没听说过。

新中国成立之前,那时候没有离婚的,无论什么情况都不会离婚。旧社会那些女的都没怎么念书。要是有提出离婚的,娘家父母也不会同意,那时候都不离婚。不管咋样好赖都得过,都挺好。新中国成立之后,我没有接触过,反正俺家没有,就不是很了解,我在家就是好好过日子。像我这么大岁数了,都稀里糊涂的了。现在就是和个牌挣钱,这么大岁数了也能玩。像俺家里的人少抽烟、喝酒,都知道过日子。

2. 家庭对外交往关系

以前谁在村里有话事权,这些我都忘记了,这么多年了。以前没有女人当村长,那不能当的,以前女的没有干啥的。现在男女平等,多好啊。

(三)母与子女的关系

1.生育子女

(1)生育习俗。没有讲究这习俗。

(2)生育观念。那挺好的,觉得男女都一样。

(3)子女教育。我念了两年。我姐姐没念,哥哥也没念过书。

(4)对子女权力(财产、婚姻)。我的孩子结婚,不需要经过我的兄弟同意,现在都是自己的意愿处对象了,老人都不管。

2.子女婚嫁后与母亲的关系

现在俺跟俺儿子还是一起住。那国家发给我的补贴啊,我用不尽那些钱就可以留给他,都给他。俺的那些地都给他了。现在那些钱都够俺吃用了。在他家住,俺可是在人家那里呢,人家还要伺候呢,伺候也要给钱啊。俺那儿子还有儿媳妇呀,都有点毛病。他们不能干活。啥都不能干啊,去打工也没人要。我孙女儿找对象了。还没在这里呢。还没结婚呢。找的那个对象啊,也没房子,就跟别人处着了,俺一开始也不同意,可是也管不着。不过还好她不抽烟啊,俺儿子就抽烟,儿媳妇脑子有毛病,上一年还犯了一回。俺这儿子伺候了好几回。那时候困难呢,连买斤糖的钱都没有,打工也没人要,也是愁人,俺也愁着。那能咋整,他的一个媳妇指不上。你说这一家人的,谁管谁啊。俺那时候对他,也很火气。抽烟没办法,好好地活着呗。行行乐,得好好活着。钱财混了这一辈子,是身外物啊,命儿才是自己的。我老是跟他说,要吃啥俺给你做啊,要吃啥俺就给你买啊。俺儿媳妇那年生病,俺都不知道。哭的时候俺都看到了,就没看着鬼了。看着鬼,那俺人都死了。要是俺一有心事,那俺一整晚都睡不着了。这俺要是那年死了,都死了二十多年了。这为啥不活着呢,好好活着,国家都给钱,心情多畅快啊。多好啊,现在的社会,像俺老太太就没能好好享福。

三、妇女与宗族、宗教、神灵

(一)妇女与宗族

村里没有祠堂,只是再早旧社会的时候有庙。

(二)妇女与宗教、神灵、巫术

我们这边没有什么信仰的,不信神灵,巫术。

四、妇女与村庄、市场

(一)妇女与村庄

我很少参加村庄公共活动。

我小时候女孩子不怎么会出去和外面男孩子一起玩,那个差劲,和外面的关系不是很好,和自己家的孩子关系就挺好的。我小时候是跟秀子的爷爷一起玩,不过那是在学校里,在学校的时候就跟他玩,旧时是那个门台学校,就那个学校,就在那地方,那个学校一共也就五间房。

(二)妇女与市场

这也不上哪儿去。在农村里,连火车都没坐过,都没啥条件,还能去哪里呀。

五、农村妇女与国家

(一)农村妇女认识国家、政党与政府

现在可好了,国家都管你。俺九十多了,国家现在每个月都补贴给俺二百块钱。到九十周岁,每个月都给二百补贴,超过六十周岁的,一个月就有一百四十五块钱。俺这一个月花不了多少钱,俺吃不完,用不尽。俺这一天生活费十几块钱生活费,单吃饭怎么用得了那么多。共产党好啊,像我这个年纪还能碰到盛世,是好事啊,多好啊。

旧社会啊,国民党啊那些都不行。

夜校。那时候有道德会,道德会里面学的,道德会那是女的去念书的地方,那时候学校没有女的。我们学校以前一个班也就二三十个人吧。那时候念书的人少。以前俺这屯子里有好几百户,很多人都没有条件念上书的。现在住这里的人就更多了,以前俺们这块都是几条大街,现在都扩到哪里去了。

不认识村官干部,没有来往。以前谁在村里有话事权,这些我都忘记了,这么多年了。反正以前没有女人当村长,那不能当的,以前女的没有干啥的。现在男女平等,多好啊。

(二)对1949年以后妇女地位变化的认知

解放后不都提倡去念书了嘛,都去念书了,不像旧社会那时候了,现在就好多了。以前也没有妇女在村子里当干部什么的,现在妇女就不同了,现在男女平等,也能搞工作了。以前家里无论什么情况都不能说去离婚的,现在也自由了。

(三)妇女与土改、互助组、初级社、高级社

俺娘家是被划分为贫农。连十亩地也没有,有多少地,这个就记不得了。反正没多少地。只有这几口人,种那一点点地,够吃够用就好了。我婆家也都是种这点地。他们家是中农,分了一点地,可是俺们后来都走了,分了五间房子,出去就不怎么分到东西了,就是老太太、老太爷他们分到。那还好,在我们村子里面有人一辈子都租房子住。

集体化时期我有一点点印象,只是知道有公社,但是俺也记不住了。那时候俺们在吉林,不在这。俺们工作调到吉林,就和老伴当时候一起去吉林了。那时候我们做工业活儿的,下厂子干,后来就转到吉林了。

(四) 妇女与人民公社、"四清""文化大革命"

1.妇女与劳动、分配

俺们在吉林,不在这。俺们工作调到吉林,就和老伴当时候一起去吉林了。所以不清楚这些,也不怎么记得了。

2.集体化时期的性别关照

多多少少有些关照。

3.生活体验与情感

要努力认真干活儿,不然赚不够饭就不够吃。

六、生命体验与感受

共产党好啊,像我这个年纪还能碰到盛世,是好事啊,多好啊。旧社会啊、国民党啊那些都不行,日本人最坏的了。我今年九十二岁了,每天都去打吊牌赚钱,这日子多好,国家还给补助发钱,够花了。俺就说共产党领导得真是太好了。没事儿就去遛遛狗,有事儿没事儿就遛狗去,现在农村里的生活多清闲。现在男女平等,多好啊。这时候条件多好呀,像俺能活到现在这么大岁数,可乐呵了。

真的高兴啊。要好好地活着。如果俺没活到这么大岁数,早死了,哪儿能享受到现在,赶上这么好的时候呀。反正咱们村里就是三个人活到了九十多的啊。还有俺外家的一个人,他也活到九十多了,九十七岁了。还有一个老太太是外来的,她九十一,我九十二。之前一天到晚都是高粱米饭,像现在都可以吃上大米米饭,这多好啊。一天都是大米饭,多好啊,这心里高兴啊。现在的社会多好啊,像俺一样活到这么大岁数的,在这块地方能有几个人呀,好多人老早就没有了,下去见老祖宗了啊。

YTH20160806XYZ 谢永珍

调研点:黑龙江省绥化市北林区东兴街道办事处新源管理区 7 委
调研员:杨婷惠
首次采访时间:2016 年 8 月 6 日
受访者出生年份:1934 年
是否有干部经历:否
是否生育:是
受访者结婚的时间节点、生育子女的具体情况:1951 年结婚;1960 年生第一个孩子,共生五个孩子,前两个是女儿,后三个是女儿。
现家庭人口:4
家庭主要经济来源:子女外出打工、养老金、积蓄
受访者所在村庄基本情况:新源管理区距离绥化市区很近,约 15 分钟的车程。该区位于平原地带,适宜种植农作物,这里四季分明,居住的几乎都是汉族,没有宗族概念。这个小村庄大多是黑龙江各地人口因为工作、生存需要聚集而来,多种植水稻、玉米、土豆、红薯、黄豆、花生等,基本上都养家禽以供自需。多以外出打工为主要经济来源,人地矛盾缓和。

受访者基本情况及个人经历:老人生于 1934 年,九岁和老伴儿定了娃娃亲,十七岁结婚。生有五个孩子,前面两个是女儿,后面三个是儿子,现都已成家立业。老伴去世后,老人和大女儿一家生活在一起。

老人把一辈子奉献在了家庭子女和生计上。努力劳动把孩子们喂饱、养大成人。老人没有其他的生活经济来源,养家糊口只是靠种地收粮食。她特别勤劳贤惠,针线、做饭都很拿手,是一个地地道道的朴实农民。从土改到集体公社,再到土地下放,老人说,这几反几复让她经历了从贫穷到富裕、从富裕到贫穷再到富裕的起起落落,她一直坚信,人只要勤劳肯干,就不会饿肚子。在老人眼里,只要有土地、有粮食心里就踏实,所以到八十多高龄了,依旧不服输、不求人,加上身体较为硬朗,是一位独立自强的受人尊敬的老人。老人勤劳一生、为家庭奉献一生。老人一生感谢毛主席,认为有了毛主席才有了今天的美好生活,老人对未来的生活充满希望。

一、娘家人·关系

(一)基本情况

我叫谢永珍,1934 年生,今年八十二岁。出生的时候没有名字,后来九岁上小学了,搁学校就老师给起那么个名字,家里头五个孩子,两个哥哥,一个弟弟,再就一个妹妹,都小。他们名字那都是一小起的,我就不知道,我妹子也就是大伙儿起的,那阵谁都给起。名字都是随便起的,张口就起了,唉,哪个好听,就讲好听就起了,起这么个名。我两个哥哥都当兵,我九岁开始扎苞米芥子①,一直扎到十四岁那年吧,我大哥回来,那是早上回来了,再就我就不扎了,那时候我就解放了。土改的时候我们是贫农,啥也没有,最穷。那时候地是论(按照)垧,土改一个人分七亩地,论亩。我十七结的婚,十六七的结婚的可多了,我还强一点呢。丈夫家里那时候统一都分得地了,那阵最穷啊,不识字啊,都干活啊,都给大地主干完活了,好像分点地了,他们也算贫农,也啥也没有。他有两个哥哥,四个姐姐,人家早都结婚了,他是最小的,人家多大结婚我都不知道。我有五个孩子,两个姑娘,三个小子。

(二)女儿与父母关系

1.出嫁前女儿与父母关系

(1)家长与当家。小时候都是我爹说了算,那阵女的都不能当家,都男的当家,即使爷爷或者爸爸不好,又赌博又喝酒什么的,行为不好,那也得他(当家),不管啥样都是他说的算,反正家遭殃,孩子老婆遭殃了。如果爸爸去世的话,那妈妈得当家了,得说了算了。孩子还小,就不能把位置让给儿子,如果那个家里孩子成人了,那得长子当家了,要是没结婚跟他妈,就妈和长子合计着来办事了。要是家里有什么大事了,也就是一般都大爷叔叔了,能耐一点的,那能去帮着给研究事了。多数都是大爷。

(2)受教育情况。我九岁上小学了,也没念几天书,我去三年吧,小学是今天去,明天不去啊,净在家了,反正就在学校搁个名,就三年级,爸妈也让,后来哥哥都去当兵了,念不了书了,家里有活啊。那阵有地主呢,念书的人家除了有钱有啥的了,搁小米子就不说,给一斗粮食,也不多长时间给一兜子小米子。我那阵想上学呀,去不了啦,家没人。我自己能不愿意上学吗,就是也去不了啦,那个两个哥哥都上前线了。唉,要不叫去上前线,咱们能捞着这个国家嘛!解放之前村里没有别的女孩读书,也就像我们,像我这样的。人家家没什么活,有人干活这个吧,就能念到底,也就念到三四年、四五年级就拉倒,就下来了。我上学的时候男女是分开,反正也都搁一起走、玩了,就是上课的时候不是一起上,也都在一屋,女的跟女的一张桌,男的跟男的一张桌。解放之后就都正常上学了,有毛主席了,毛主席说的就好,解放了,家家孩子赶快读书吧,念好时候长大了要啥有啥,不念书不行的。唉,你说念书了以后呢,楼上楼下,电灯电话,啥都有了,你要啥有啥,想看电视、看电影,坐炕上看啊,国家要啥这不就有啥了嘛,不念书啥也不知道啊。

(3)家庭待遇。我小时候家里没有什么规矩,男女待遇都一样,没有说哥哥待遇比我们好,那就过年换衣服,这一冬反正你要做个棉袄,布露面了找个破布衫也得套上,套上过年好露面上,每个孩子都那样,没有衣裳,就过年露出来新棉袄,就是新的了,每天没啥。吃饭的时

---

① 苞米芥子,玉米秆扎的大托盘。

候,家里都一起,都是一样的,饭菜都一样。也都没有座位规定,正常都一样,反正来戚①聚一起,孩子可得靠边。戚先吃,戚吃完了我们才能上桌子吃饭,好菜这孩子也都能吃着,菜少了也吃不着了。那阵没有压岁钱。

(4)对外交往。过年的时候出去拜年,那是玩去,到屋也叔叔大爷好,进屋了叫啥就招呼啥了,拜这个年,别的没啥,就可屯子跑着玩去了。我们那阵就不这么地了,反正就那个再早大地主留下的规矩吧,后期一点点就不地了,孩子都随便了。没解放之前就有这些个规矩了,那规矩总还得跟一阵,跟一阵完了后来也就不那么地了。我怎么都招呼毛主席好呢,解放了,老娘们解放,要不妇女那家伙那阵也挺难受啊,唉,这些妇女当时没有地位,一点地位也没有。来戚的时候,妈妈就不能上桌子,那阵就是爸爸陪着了,我们家没有爷爷了,要有爷爷奶奶得他们陪着呢。哥哥也不陪着。来戚就得烙点饼了,这么一张饼得切开,就这么一刀这么一刀正好4块嘛,这几个孩子得分着吃啊,要不得没有啊。到别人家吃饭妈妈不能去了,还是爸爸去,一般那时候得干完活出门串门去。唉,妈妈也就上姥姥家了、上舅舅家串串门就回来了。那种宴席、婚礼、丧事什么的这些,都是爸爸去了,一般老娘们就不出去了。如果家里没有爸爸,那就哥哥大了,小子就去了,给送纸去了,到那嘎达得磕头,得拿纸,哥哥太小了就得那么妈妈去送去,如果哥哥成年了那就哥哥了。我们家里也缺粮,不够吃的就缺了,缺了那就得借了。借就是爹了,也都是爹出去借了,那都得多借了,姑娘小子都不出去借,得当家的一个人出去借。

(5)女孩禁忌。小时候在家还是有点规矩的,不能上外边玩,得在屋待着,再早的时候大地主弄的规矩啊,地主没改革时候,出去就让人笑话了,还有的说的,花花公子还是怎么的,好姑娘就抢啊,那阵姑娘一般都不出去,我们那阵,唉,那规矩还没扔呢,妈妈就不让出去,总怕碰到坏人,后来就好了,随便。再早那时候,来戚赶忙上旁边去,不让在跟前②,也不让听。小时候也不能跟男孩一起玩,大人干活去了,就剩家里剩姑娘,剩小的了,哥哥大了也出去干活去,就谁家也不去,就跟妈妈在家了。

(6)"早夭"情况。解放之前,如果家里那个男孩死了,没有办丧事的,女孩更没有了,解放之后就正常办了,我们也没有祠堂,就直接就给下葬了,就是得供老祖宗,家家都有,都得供,一到过年就该供了,就那阵就热闹了。

(7)家庭分工。我们小时候要是能干针线活了,就学着做针线活,哥哥就跟爹去干活去了,女孩那阵没有干农活的,赶后来解放了有地了就啥都干了,那家家姑娘小子都能下去干活去了,也都见着人了,以前那阵没有地呀。能捞着啥?大地主到过年了就给分那么一点东西就拉倒了。我在家里也就扎花,就是山东那边好织布,咱们这还没有织布,好像没有。

(8)家庭教育。那阵还就是不出去,有点规矩啥的。不让出门,出门不走,一般不走,那跟妈走走啊。唉,睡觉的时候那时候是油灯,点不起,家人照个亮,捂捂被褥热乎了就灭了,一早就都起来,就这样的,哪能贪黑坐着呀,就点油,都整个灯管搁的油,都豆油了,麻油了,后来就有那洋油了,唉。男孩溜达去,女孩那就干脆就不能走了,都在家。小时候不过生日,那阵小孩过生日就给煮个鸡蛋就拉倒,也没有啥成人礼。

---

① 戚,音译,指客人,下同。

② 跟前,东北方言,附近的意思,下同。

2.女儿的定亲、婚嫁

我小时候定亲三四岁就有,四五岁的搁娃娃亲了。村里没准,两家好了,他寻思沾点亲了,离远了,搁上娃娃亲,就是那你姑娘、小子说搁亲了,还四五岁,唉,就小娃娃亲。而且还有指肚子搁亲的呢,两家处好了,要是姑娘呢,就是姐妹了,要是小子磕头弟兄了。我大表嫂那孩子就是,他妈死了就不干了,那个小姑娘长得好,唉,就没那样的命。我可小就定亲了,九岁,也有媒给保的,口头说,定个意思,给撂个彩礼,相一相就完事了。彩礼给可少了,我那给的可少可少的,就给点粮食。到结婚的时候,那阵都解放了,就给俩钱就拉倒,就买买衣服,就给一百二十块钱就结婚了,没有柜呀,连柜箱都没有。彩礼是过礼的时候媒人就捧过来了,那时候可是老公公不来,来个大伯子,就给送过来了,都是男的。我家接受彩礼的时候,也写礼账,到时候也就不给了,也只能拉倒了。我们当时合八字,媒人当时给说亲也讲究门当户对,爸妈也不打听,像这个东西屯吧,一般就知道了。还行吧,就给了吧,我可知道公婆厉害了,后来又寻思行啊,有点过日子行就行啊。当时定完亲,双方爸妈不见面,也没问过我,就父母决定了,两头老人给彩礼定下来就得了。我那阵小,不知道,反正就说找婆家了,找婆家也不知道怎么回事,这些事一点都不懂呢。不知道他长什么样,听说嘴像血盆似的,那一张嘴,媳妇要是不听话就得吃了,就咬,那我就害怕呢。定完亲之后这两家也走动过,那阵不串门子,姑爷小,媳妇也小,谁也不上谁家。结婚之前那阵大了,看着了,知道了,那阵解放了,在家看了,在一个学校念书。给你一个婚书,完了结完婚。过完礼了,你这头整啥整啥了,做棉袄了,是做鞋了的,到意思就给送走了,那头就预备了。在那头摆的宴席,家里这头要是行的也预备。我那时候预备啥,呃,豆角丝、豆角片、土豆片,酸菜,没有拉倒,有点酸菜粉,就这玩意,酸菜里还得搁点粉条,切两块肉也就汆白肉了,没啥了呢。当时有人来送,在屯子得找两个,找两个亲属啦,去了再找两个,雇三个车、两个车去了,找几个姑娘,一般都找三个姑娘陪着就送走了。他们也都在他家吃饭了,就像现在预备席,坐席。那人多就多放几张,人少就少放几张。坐席和这时候一样,反正就是人比这时候少多了。离开家那天,爸妈嘱咐我干活,有点眼力见儿,别偷懒,就是老婆婆呗、大伯嫂子,要不人家看不上,那工夫挺难受啊,嘱咐那工夫才不得劲儿呢。娘家不陪送,没陪送。我十四岁时我妈就死了,也没人教我扎花了,那阵也不时兴扎花了。出嫁之后就是三天回去串门去了,回门了,三天、七天都行。

那时候也没有过生日,老人也不过生日,别人家也没听说谁过。我们那时候没有童养媳。还有的呢,孩子长得不像样,你这姑娘长得特别好,搁(换)别的小子顶替着看,真正当姑爷了,娶亲的不是这小子,可多了。解放之后就没有了,人家毛主席告诉了,说不好,就不这样了。先头那可以给姨家,还可以给舅舅家,就这么的,就换亲了。也有那种招上门女婿的,那就一般的没有儿子的家,去了叫养老女婿,生孩子跟人家男方姓,姓不给你改。反正这丈母娘家就是他的了,在家里也能当家长说了算,岁数小有什么事跟老丈人、老丈母娘商量。后期老丈母娘瞅这姑爷挺好,就推手了,什么事就让小两口去办去了。还是男的说了算,一般都是男的说了算。结婚之后不在娘家吃过年饭,就是回家串门吃,我就正月的时候回去串门在那住下了,两口子去,能住两天、三天、四天都行。姑娘就不回去上坟了,那阵咱们这边没有说节令回娘家,就是过年回去串个门,那平常一直不回去。咱们这嘎达不像那边南方那个,讲究就是八月节了,咱们这边不讲了。有孩子之后能回去,一般没活儿的时候能回,有活就不回去了。

3.出嫁女儿与父母关系

(1)财产继承。分家时家里没有啥就分不着,有就分个破房子,没啥。这些分得也算公平,姑娘是啥也捞不着,这哥几个,房子在那哥几个分了。

(2)婚后与娘家关系。结婚之后就不管娘家的事了,一点不参与。有困难了也不能管,要是用钱,有钱就帮帮,没钱就拉倒了,那就这样。我在丈夫家遇到困难,娘家和婆家两家也商量,要是合计了,两家干啥了,这一个姑娘、一个姑爷啥的也帮帮。婆婆家遇到困难,要是两家合计,能都能行,都互相帮着。要没有了就拉倒。结婚之后和丈夫闹矛盾,也不回家,怎么受气也不能回去了,娘家管不着了,孩子怎么受气也不行,嫁出去就不管了,没有说话权了。

(3)婚后尽孝。那阵老人也不过生日,爸妈去世我回去,也参加葬礼,一般反正就是披麻戴孝了,别的事没有。也不用承担费用,都不用管,人家自个儿就干啥了,你就回去就得了。以前我们也没上过坟,家里的那些老人就是死时候买几扎,赶后期不给烧了。解放之前姑娘没有承担爸妈养老义务的,那花姑娘一分钱都花不着,姑娘也没钱呢。就是家里儿子管,管家老人了,我们姑娘是管不着的。

(4)婚嫁习俗变迁。后边解放了,我的儿女都自由恋爱了,彩礼啊,嫁妆啊,那阵有变化了,那阵要东西了,都姑娘个个儿要,跟他妈把房子要了,自己想要多少就要多少了,太过多了也不行,这阵好,这阵多好啊。

(5)娘家与婆家关系。我娘家和婆家在一个大队,他们以前都认识,结婚之前也没处过,就东西屯,反正就是都认得,就是知道谁家是谁家的。

(三)出嫁的姑娘与兄弟姐妹关系

(1)我与兄弟姐妹(娘家事务)关系。我结婚之后跟哥哥、弟弟还有联系,来串门啥的,也走动。有孩子大了也来回跑玩,跟家里那些亲戚也都走动,赶上再老了就不行了,那就不走动。我早头回家也不拿自己当客人,做饭啥的一般的也帮着整一整。那阵哥哥和爸妈有在一起的,女的都听男的,都伺候老人呢,他们分家的时候不问我了,怎么分不用你管了,就不参与娘家这些事了。

结婚之后家里有缺钱的时候,也上外边借,向兄弟、妹妹也都借,借过,有就借,没有就拉倒。看看哪家有余钱了上哪家了,没有(余钱)你去也白去。我在妹妹家也住过,没准啥时候去,反正有工夫吧,就上那儿瞅一瞅,好像妹子家更方便,妹子总跟着姐姐在一块惯了,没担心过她婆婆说闲话,妹子家那都各人过了,随便点,那时候都没有这些事,老人亲家看着可亲了。

(2)兄弟姐妹与我(婆家事务)关系。平时日常生活的时候跟婆家人发生矛盾,也不会找娘家兄弟,不能找。你找谁去,要是挨揍了,爹妈来的时候也不能说啥。你这孩子还是不行,要是行人家能揍你吗,就老实眯着①了,不能说别的,到人家了,得人家说了算了。我儿子、女儿这代的时候,他们结婚没人管,个人家的事。也不请我娘家人,到时候他就来了,不来拉倒,都来。儿女结婚的时候,如果娘家已经没有那些兄弟了什么的,姐妹可以代表家人参加。

---

① 意指老实待着。

二、婆家人·关系

(一)媳妇与公婆

1.婆家婚娶习俗

我结婚的时候,婆家都是农民,都干活。丈夫和公公都种地的,分着地了就都种地了。结婚婚礼的时候,请媒人去了,当时谁也没接,没迎亲的,给你送去了,走到院子,也典礼,媒人是主持人,是个男的。男女都不一屋的,这屋就是女的了,那边就是男的了。婆家也没有啥规矩,不像南方磕头请安啥的,那讲解放还是咱们东北随便,那边(南方)规矩都挺大。

2.分家前媳妇与公婆关系

(1)婆家家长与当家。我婆家长是公公,家家都是男的。就管理家,家庭事务都是公公,公公去世之后就是婆婆了,婆婆要岁数大了,也就不管了,叫儿子管了。我们没开过家庭会议。

(2)劳动分工。婆家有两个妯娌,就轮班做饭了,到你五天,到她五天。男的下地干活了,女的搁家就做饭了。

(3)婆媳关系好坏。刚到婆家的时候,婆婆管我,得看着,你干啥都得问人家。丈夫、公公人家不管,你要干得对人就啥也不管,干不对你咋不说呀。也有打的,婆婆不让出去串门,村里也没啥活动,回娘家得问人家,他们让才行,那可真得问人家。我问还得怵怵惮惮的呢,不知怎么问呢,怕人家说呀。哪像这时候说走就走了。

(4)婆媳规矩与关系。那阵就南北炕的多,也没啥特殊的规矩,都在一桌吃饭,炕得给人家热好。告诉你这得咋整,你得记着点吧,人家告诉你你就得记住了。那不能老告诉,老告诉就挨揍了。小姑小叔子人不指使啊,人都指使你这媳妇了。婆婆挑不出来我哪没做好,要不就不行。媳妇也不敢反抗,那可是挨揍啊,说你不老实了。

(5)外事交涉。家里那些与外交涉都是公婆说了算,男的在一起商量事的时候女人不能插嘴。

(6)家庭矛盾。我丈夫与公婆有矛盾的时候,媳妇也不能管,你娘两个,儿子和他妈俩吵吵起来,也有时候顶嘴不吱声,偷着说丈夫,跟你妈俩干啥,她老了。要是这阵,我的妈呀,给你加油,孩子把他妈捏死了,她才乐呢。

(7)过节习俗。我们都没有那些规矩,没有说哪些节令回娘家。

(8)财产权。我带的嫁妆没有自主支配权力。

3.分家后媳妇与公婆关系

(1)分家。分家的时候家产是平分的,偏了一点都不行。女儿是一点也捞不着,分家也就是儿子的。那阵也没啥东西分的了,反正到分家的时候就分开了。

(2)赡养与尽孝。公公婆婆年老的时候在我跟前,我养的。大伯子就不管了。那时候不兴过生日。

(3)公婆祭拜。他们去世的时候,我们兴戴孝,不穿孝。女的都能参加了,咱们这都讲上庙,电子都得上庙去,一上庙人多了。屯头有个庙,到人咽气了得到那嘎达给烧纸去,提个灯笼。不是上墓地,那时候没拉出去呢,等拉出去了,那就上坟地了,女的搁右面,男的搁左面。上坟地女的就不去了,就在坟头的脚底下就烧纸了,烧纸磕头了,男女就磕头了。

(4)财产继承。我那个老公公老婆婆没有财产,也就没啥说继承财产这些事,连柜子都没有。

（二）妇与夫

1.家庭生活中的夫妇关系

(1)夫妇关系。定完亲后来见面不满意也不行了,人家爹妈说了算了,你就不敢说别的了,见面也那么地了,还真有不干了的,你不干也没招了,你要敢不听不行离婚啊。那时候没有离婚,要离婚得被笑话死啊。

(2)家庭地位。结婚之后我们也互相叫名字,一般叫的少,都张嘴就说话了。我们分家自己过之后,也就是男方说了算,有大事还男的说了算,那阵可不行,那阵干啥都是男的出去办去。解放了,一般男女平等了,要是干啥的话商量商量,那大事还是人家男的说了算。干活你也不用分配了,反正你干啥活都知道了,一天上生产队干活,女的也都去干了,谁也不指使谁了。向别人借钱呀、借粮那不一定谁去,有的男方不出去借东西,得靠女的,有的女的不能出去借,还得净男的借,这玩意就不一定了,这两人分,哪个行就哪个出去办去,不行就不用办了。

我们家里当时盖过房子,盖房子我俩合计的,分家之后盖的,我们这孩子都姑娘、小子大了都两个,大的和二的一个十五、一个十六的,那小崽十来岁了。房子也有护照(凭证),登记都得写男方的,在公社登记的。田地没有后添的了,我俩花钱那阵,也就是合计着来,不一人决定的。小家庭家庭地位还是丈夫第一,儿女那就听爹妈的。也有的时候饭不够吃,一般米啥都够了,哪顿饭都够吃,有时真要是不够的话,小来小去借一盆两盆的了,你家有米,有粮食没磨,就跟谁先借点先吃着,等你这磨下来再还给人家,那借也就是一盆两盆的,麻溜得去磨了啊,有苞米搓了。这个就是女的了,女的出去借去了。

(3)家庭分工。后来我也一样去干农活呀,那阵我们就和男的就一样,你干啥我们干啥了,这女的也解放了吗,当时有生产队啊什么的,公社这些,跟着村里、生产队、公社,都男方要出去上外面干去,男女这不平权了嘛。

(4)丈夫权力。我结婚是1949年之后了,就算个人伺候个人吧。洗衣服啥的还是都女的洗,生病、坐月子的时候也是个人洗,丈夫不给洗。

(5)家庭虐待与夫妻关系。解放之前有丈夫打骂媳妇挺常见的。听说那阵不兴串门子,光是打。整个村都认为这是个挺正常的事,媳妇也都不能反抗,当孩子面也能打,就是打完了你该干啥还得干啥,你不干还不行。媳妇跟谁也不见面,这老婆婆也一坐稳,那谁挨揍也就没治了。解放之后那就改了,那有稀得拉①的了,反正也有。没有丈夫怕媳妇的,那都媳妇怕那丈夫,那哪有不怕的,不怕就挨揍了。

(6)日常消费与决策话语权。媳妇能没经过丈夫允许就去市场买东西,那阵这可以往回买点,没有卖东西的,没啥卖的。当时买布啥的都是男方买回来,夏天的啦、冬天的啦,这都男方买,女的没买过。

(7)娶妾与妻妾关系。我们家没有娶妾的。

(8)典妻与当妻。我们那阵没有典妻卖妻的,那我们上面(指前几辈人)有,我听说啊,听多了,好人家不能卖,儿子没有了,到这块没有小孩,这儿子就没了,你这媳妇也不能回娘家,

---

① 稀得拉,很少的意思,下同。

想大劲了她妈去看去,也不让回去,总怕她妈把他们给卖了,那得人家卖啊,就是不兴娘家给找婆家了,那得归人家婆家说了算了。那是我们上边的了,那是真的,他卖的那家人男方长的可就不像样了,一般傻子娶不着媳妇了,就一般人有残疾多了,傻不啦叽的,这样似的,卖给那样似的了,这家给钱,给这媒人钱,他妈就找不着孩子了,那也得过呀,你不过你咋整啊。

(9)离婚。解放之前没有女的自己主动提出离婚的,解放之后就都提离婚,女的多,男的没有离婚的,反正女的也没有说像这阵离得多,有的真正干啥了她就离了,这小子穷,实在过不下去了,这媳妇就提出离了。

2.家庭对外交往关系

(1)人情往来。小时候家里人情往来也都是丈夫出面,请客人也是,女的出不了面。到我结婚那个时候,家里有来客人就可以一起吃饭了,可以一堆吃了啊,东西多了都一堆吃了。也可以到别人家参加个宴席了,一般也少,反正怎么那规矩那阵还没太扔掉呢。

(2)人际交往与出行。我结婚之后没有来往那些朋友,不让。邻居啥的都挺好的,解放了兴到谁家去溜达溜达了。那时候出门到别人家,丈夫也在家了吧,可以那告一声,上哪儿去溜达一会,不干啥也不能走,走也不像现在随便。解放之前是平时不出门,出门也就是一年四季都干完活了,出去遛遛上谁家串门,住一宿两宿的。出远门大概也就十里二十里的,多了也不能走太远的。那跟公婆说完了,跟丈夫先商量好了,再问问婆婆,告诉她就走了,反正走你得问就是了。

(三)母亲与子女

1.生育子女

(1)生育习俗。我一共有五个孩子,大孩子今年五十六,属猪的。生儿女没有什么风俗,就是娘家来下个奶就得了。拿点面、鸡蛋,就是面多。娘家来,也拿的这套玩意,拿鸡蛋啥的了,要是小子呢,买个小被,两块镜子,没啥玩意,不像这时候。孩子生下来等着暖和了就抱出去了,暖和下来几个月了。要冷了就不能抱出去,冷了太小。生完孩子,娘家接回去住两天,有的不回去了,丈夫就不看了,待两天回去了,人家给送回去,那抱着孩子,还得拿点东西呢。那时候孩子也不给过生日。

(2)生育观念。那公公、婆婆,还有丈夫,对生男孩生女孩有区别,生姑娘,人家就不愿意,就必须所有孩子里边得有男孩,生男孩就乐,生姑娘就有点不乐,生男孩越多越好,不嫌弃,姑娘越多,你要是生两个姑娘就不愿意了,有点生气了。有的媳妇只生女孩了,或者没生孩子,那就生气了,就生姑娘,这女的也有点不是滋味,可不那么吃香了,那怪你,不像这阵,不管。那要有一个小子,那就乐起来了。

(3)子女教育。我的儿女没有都上学,不念的也不少呢。你看哪个大哪个先去。女儿也读书了,也念得不好,她自个就不念呢,脑袋不好使,她不干了。他们的爷爷奶奶不管,要不念才好呢,不念他乐,她在家干活啊,那才乐呢。那时候不花什么钱,那阵啥都贱,就买个本,几分钱,买个铅笔才三分两分的。对他们教育都一样。

(4)性别优待。家里有没有给儿子优待,都一样。

(5)对子女权力(财产、婚姻)。我的儿女结婚之前赚的钱攒不下,人口多攒不下钱,就给用了。那阵也就是媒人保,反正都看,都看愿意了还行,不愿意也就拉倒。姑娘、小子都两头都愿意了,不算八字了,都办婚礼了。跟我那时候有挺大区别呢。我女儿结婚的时候也要彩礼了,那阵时兴要了。我儿子给女方的聘礼要多少钱,完了也要几套衣服。儿子娶了媳妇,他们陪嫁拿多少,拿什么东西拿多少都是他们自己说的算,咱们这头过彩礼了,表个意思给你过过来,完了就啥时候结婚。和我那时候相比很大的变化呢。儿子结婚之前家里有房子,东西屋,里外屋,咱们这就不时兴盖房子,女儿也就不需要帮忙。

2.母亲与婚嫁后子女关系

(1)婆媳关系。我儿子大的二十二、老二二十五、老三也二十五结婚的。他们都没闹矛盾,娘们那阵不能闹啊,就是两口子。儿媳妇也得伺候丈夫,要做传统家务,男的不能做家务。

(2)分家。三个儿子都结婚一年就分家了,就各个儿就提出过了,不能撺。人家不说,咱能说撺人家嘛。分家的时候也是直接分,那阵也没钱没啥的,你要提出个人过,就个人过去了。那你说这什么的,他要各个要使这些东西,你给他吧,就这么的,没啥。分家的时候,女儿都出嫁了,我姑娘大,两个姑娘大,小子小。

(3)女儿婚嫁(定亲、嫁妆)。我大围女,二十定的亲。我们给定的时候征求她意见了,个人愿意,个人不愿意不能说给她找了。她见面,亲妥了婆家来接走。结婚时我没给啥,有给的,孩子少就给,孩子多就不给他们。那时候整个村嫁妆没准,反正最多是六百,有四百的,三百的,二三百块钱吧,三百来块钱,太多的也没有,都差不多上下。

(4)招赘。有上门女婿的,上门女婿如果离婚了,离婚的女的啥也带不走,那一分钱带不走,房子啥也没有,就各个儿穿的衣服拿走了。

(5)与已出嫁女儿关系。我和姑娘家那就来往多了,他那边有困难,这妈就帮忙。孙子我帮忙带的,外孙子没有。那阵是那么的,姑娘大,小子小,他结婚,赶上她有孩子,我这小子,我扔不开,哄不了孩子。

(6)养老。我家老头去世了,我这个人过吧,就算在老大姑娘这嘎达,搁这嘎达吃,东西还是个人的,我那个儿子也给拿钱,还是姑娘给得多。

三、妇女与宗教、神灵、巫术

1.神灵祭祀。那阵人家还有点信神灵,我没有,有信的有不信。一般男的来祭拜。我小那阵求过雨,不下雨又求雨了,都男的参加,用苞米笤子①编那帽子,围成一圈圈,缠的净是笤子,完了又敲锣打鼓的,一到哪头就该喊了,"下雨了",就光这么喊,男的跑好几个屯子,这个屯子到那屯子。龙爷上天了,等转完就下雨。也有生病啊求神,求子的,那是女大神了,买命啦,那个买寿命,烧这个金银,烧那个小锞子,谁知道真买假买,可买。灶王爷是上天的时候拜。

2.女巫。就女的跳大神,男的也有,男的少。大神吧,男的也有。男女都信,看谁看得好了,看着对了,也有请巫医的,他给跳大神治病,一般女的请来,丈夫不是也不管,那他俩说了算了这病不好了,治不好了,就得请他。

3.性别分工。求子那都是女的。

4.祭祀参与与权利。供的神,男的也有供的,女的也有供的,那阵男女都一样,你信他也信。我家老太太供一个,说是一个保家仙,我也不知道那到底啥。都他们拜,我也不瞅不看的。我也信,我可不伸手。我怕到老了,人家老太太没有了,我还得伺候它,我不整。

① 苞米笤子,玉米穗的意思,下同。

5.宗教信仰。啥教我也不信。就好像跟佛亲,弥勒佛还行,就我个人。我心里可信佛,我可不供佛。就是跟佛有缘似的,就像稀罕这老佛爷似的。

四、妇女与村庄、市场

(一)妇女与村庄

1.妇女与村庄公共活动

(1)村庄活动参与。结婚之前,我们没有啥村庄活动,即使有我们也没参加,允不允许未婚姑娘参加咱们也不知道,我们都没有参加,那时候根本就没有啥活动。

(2)对村庄绅士、保长、甲长的印象与接触。我们那阵没有甲长、保长,就是上面有。要问这个甲长,甲长我不懂,可知道可多事都他们管了。

2.妇女与村庄社会关系

(1)村庄社会关系。当时在娘家的时候,小时候跟妹妹他们就搁家里玩,没啥玩的。结完婚也不去拜访邻居。村里有红白喜事,你亲戚里道这个得过去了,过去帮着忙活忙活。

(2)妇女聚集与活动。当时妇女没有什么组织。夏天晚上在外边乘凉,妇女也都可以出来,就跟家里聊天,那阵也不串门子,上哪地也没处去,也没有树。就出来也就上房头跟前了凉快凉快,不能到外村聊天,也没有走的呀。

(3)妇女矛盾调解。村里妇女那阵不吵架,不到一块堆儿,到块堆儿那说会话,挺亲的,就哪咕噜好吵吵架,有生产队了,有高级社了,那时候都是干对了不对了,这个那个的啊,好吵吵架,一般的也不吵,那时候人和气。

(二)妇女与市场

我结婚之前没有市场,后来有供销社。解放之后也上供销社买点啥,也就面啥的别的玩意了。当时发票就买点布了,不用啥就不买。豆腐票街里发,屯子不的。布票有用不了的,没钱就用不了了,有钱的也都买了。缝纫机多数有的,有的没有的,就算一半吧,还是有的少,没有的多。我就一个,娶媳妇时候有的,以前我没买。到这阵我才开始不自己做鞋,我眼睛看不着了不做了,眼睛看着还做呢,之前是自己做鞋。

五、农村妇女与国家

(一)农村妇女认识国家、政党与政府

1.国家认知

从革命到这时候,我才知道我生活在一个国家。那时候打仗,就知道国民党了,解放之前,我就知道孙中山、蒋介石这些人。老人说呀,这皇帝不行,这又出了个蒋介石啊,哎哟嘿,那阵乱呼呼的。又出袁世凯,袁世凯那不叫他们给推了吗?所以说孙中山没做几天,后来说出个蒋介石,完了咱们东北呢,又出张作霖,张作霖人说挺好,张作霖这不让人给炸死了嘛,这中国咱们这三省啊,又不行了,又都归那个蒋介石管了,这边蒋介石可不行,他这好像日本那边的,大伙都这么说。完了后期呢,那谁就死了,死了那个小皇帝,完了毛主席给推了,那不出十大元帅嘛,大伙这有的不知道的吧,这又出来个毛泽东,这毛泽东不是岁数啥不大能做皇帝吗?后来这把地一分,这大伙乐的,那阵那人都得蹦起来,那小孩都跟着乐呢,唉,给大地主分了。这边几家大地主真大呀,给分了,马啥的都这么多的,一家牵个马,哎呀,这可乐,得亏了毛泽东,那阵叫毛泽东呢,后来说毛主席,唉,这毛主席可真好,这小孩都歌颂毛主席呢,那叫好呢。

2.政党认知

国民党那可真不是人。蒋介石,他就国民党嘛。那阵有共产党了,有共产党就毛主席他们嘛,怎么一家打一家呢,中国人打中国呢,张学良就不乐意让这么打,那中国人怎么打中国呢,就总因为蒋介石跟那个毛主席打仗嘛,毛主席就因为蒋介石他害人嘛,对农民太狠了吗,毛主席就这么给他整倒了。有十大元帅有十大将,我也说出不来那么些个,你看这毛主席可真英雄啊。

政治参与(投票、入党、当干部等)。后来共产党组织投票,我没参加,一般不参加,一般都家长参加。家人那阵没有党员,那阵没有党呢。那年没有毛主席,咱也没有吵吵入党的啊。

3.认识政府

干部接触与印象。我没接触过干部,后来就是公社干部那阵,识字的就上去干了,不识字的也是不行,那我要是识字我也出去了,人家开啥会都叫我去啊。不识字啥也不是,人家识字的都干点啥了。

4.女干部

解放之前没有女的当干部,都解放以后有了,那阵叫妇女主任。女的当干部都好,都挺好,净给妇女办事。

5.政治感受与政府评价

后来政府号召废除包办婚姻,让自由恋爱,那就更好了。后来政府又让计划生育,这个好,也好。人家毛主席不说嘛,得供孩子上学,将来后期要啥有啥嘛,你要不供孩子念书啥也没有。计划生育的时候在农村实行挺困难不干呢,那一般女的不乐干。都想生多,再一说节育都怕疼,就怕割口子,怕这个疼。政府后来也干预,都知道结扎了,不结扎就挨罚了。毛主席没有了,后期他们来硬的,硬罚,那真叫罚。人家毛主席不说吗,一对夫妇一个孩子,没让要一个,要一个发单,就让要两个,到后来这不又让只要一个,毛主席那就死了,那家家指着就一个,那这一个多单啊,连个伴都没有。你这有俩多好,养一对儿啊。

后来政府又说妇女要走出家门参加社会劳动,妇女现在一般都是又管家里又出去干活,以前都是只在家待着,还是这阵好,怎么的也是这阵好,能活动了,再早那人圈①得不行,见不得人。政府让废除那些封建迷信,不让封建了政府管这些事比较好,那阵那妇女就不是人了,妇女解放了这多好啊。共产党的干部与百姓比较近就是公社时候,哪个阶段都挺好,要说共产党当时为妇女办的最大好事就是解放女的,要不就再早那女的那一点地位都没有。

国民党时期是得向政府交人口税,妇女也要交。那工夫挺乱的吧,光知道有被抽去服劳役的。裹脚这事也挺隔路②的。这裹脚这事,我们那时候没有,我妈她们那阵就没有了,在我奶奶她们就有,那阵都裹小脚。没有强制剪短发,那阵不管。

(二)对1949年以后妇女地位变化的认知

1.妇女组织。

在妇联工作不都是干活嘛。有在妇联的就是干工作去了,我没参加过妇联。

---

① 圈,意指限制活动,不自由。

② 隔路,音译,意指怪、不正常。

2.妇女地位变化。

毛主席不告诉嘛,唉,毛主席不是那么说的吗,女的顶半边天。

3.政府与家庭地位、家庭关系。

解放之后,政府又号召不准丈夫打老婆了,不准婆婆虐待媳妇,家庭要平等,我说怎么的这时候这女的这么尿性①呢,都那阵提出来的。之后妇女地位在家里地位也提高了,也不许打,不许骂,骂都嗷嗷的,这女的干啥一蹦多高,真尿性了。解放之后在家人面前,女人称呼丈夫名字有招呼的了,以前不行招呼。也可以一起出门走了,两人合合就走了,那时候要是招呼,公婆听着也不行啊,那这名好你们叫的?后来就是丈夫跟别人说话,女的也能插嘴了,先头不行的,先头你就在跟前听着。吵架也可以顶嘴了,他骂她也骂。顶嘴之后也不用丈夫使劲揍,遇到脾气不好的也往一块堆打,打完就拉倒。女的也可以不听话,丈夫让她做啥事也可以不做了,也随便出门了。饭是女人做,饭一直不扔。孩子还是他妈管。男的他不做啊,屯子就那玩意,屯子男的不做饭。大事还男的。政府和村干部不管男的打女的,一家子打仗那不管,除了他俩这家说他俩要干啥了,那是上政府,那就管了。

4.政府与教育。

这些孙女啊什么的上学都开始多了,我孙子孙女他们也没念几天。

5.妇女政治地位。

如果让投票的话,我愿意投给妇女。也没选,听说选上谁就是谁了,哎呀,后来投票了嘛,投票家里一个人代理了。一个人,拿着箱到屋了,给你个票,完了添上名字,那么的。

(三)妇女与土改

1.妇女(贫下农、中农)与土改(土改参与、斗地主、分田等)

土改工作队那阵到不到家,我也不知道了。斗地主我跟我妈去过,反正那阵斗地主打地主,我家也分到地主东西了,不敢动啊,都不敢动,都怕地主,完了后来共产党告诉说,你拿吧,他们剥削人就得给咱们拿回来,就这么地大伙都抢着去,人家人口多,那个老刘家,我们挨着那个,人家分三匹马一万多,人家人多呀。积极的当妇女干部,人家领着,村长领着上地主家,就换衣服去,就穷人家老娘儿们领着。到地主家把衣服给脱了,妈蛋地主啥也不说,赶快给人家脱下来,埋汰骨肭他脱下来他穿上。那阵还有露棉花的,啥样式的都有,那男的露棉花也换下去,再说也真剥削人啊。那阵,多剥削人,那阵一样的干活,你看后来革命这都干啥了。当时也分给我地了,人家家家都有地了,穿的都一样了,家啥都有了,那人家老人说了算呗,干活,打完粮食卖了多少钱得老人说了算,那管咋啥都有了,啥也不缺了,要钱那阵也有,也有衣服穿了,那买啥吃,应该买点什么就买了,不像地主那阵啥也捞不着啊。

2.妇女组织

当时我们村里有妇女会了,选妇女会主任要家里小孩能离开手这样的,能跑能颠这样的。

3.对妇女翻身与解放认识

当时妇女翻身解放除了有土地了,还有权利了。

---

① 尿性,方言,意指有脾气、有个性。

4.女干部

我没当过女干部,当时那些冒尖当村干部的女的都是贫苦人。

(四)互助组、初级社、高级社时的妇女

后来互助组、合作社我都参加了,那阵我们都有互助组,完了就入高级社,完了就有生产队了,完了后来就分地了,毛主席死了以后就分地了。入组入社都是统一的了,姑娘都得参加,那人集合了,你这都一块堆去,都在一块堆干活。我愿意一起干活,那可乐了,那多少人呢,一到歇着就一大帮,要不你在家上哪看去呀。分给我自己的那块土地也要入那个高级社,先头吧,征求你个个儿,后来有的不乐意,后来大伙入的也得入,不入也得入了,都给你入一块去了,这啥不能说就给入进去了。马是啥的都运去了,人就上块堆干去了,打下粮大伙分,卖公粮卖完了给你分钱呗,那不挺好吗。

当时有女组长、女社长,那个队长,妇女队长,男队长。每个社都有女的,那招呼你干活了,一招呼就走了,他就管你干活,领你干活,就像打头的,他走的时候招一招,在大街一喊就知道了,就听着了。男的分工,男的都告诉明天女的,哎,不铲了,去薅去。薅高粱去,女的不铲了,薅高粱去。这女的,反正打头阵的给分走,分工就是给女的分一块,也不用你铲了,你就去薅去。活是同样的,就薅地不一样,男的不薅地,女的薅地。干同样活报酬一样,都十二分。粮食分都一样,按年龄分,小孩分多少,大人分多少。不分男女,小孩吃得少,那就得少一点了。

那时候粮食紧呢。那时候打仗,外债借苏联的那个枪炮的了,斯大林这一死,赫鲁晓夫这个还一个劲要,没招了,咱们中国就紧就得搞粮食,就紧一点呗,完了还他粮食。这可不是人家毛主席瞎整的,人家毛主席还账啊。那赫鲁晓夫给中国刺儿上了,不给不行啊,搁啥还的?搁土豆子还的,周恩来不说吗,你要也得要,不要也得要,中国再没有了,粮食也没有,土豆都没了,那个苏联北撇子,白俄罗斯那,赫鲁晓夫不搁那儿嘛,那嘎达土豆子不行,就没法了,他就要了嘛。

一起干活得跟男的一起干,妇女能习惯,都一样,分也给一边多。没有什么照顾,请假就没有分,请假你不挣钱了。产期也不能休息,反正你想生孩子就生。生孩子就搁家了。你不是有病了,回家生孩子什么啊,多呢,哪像这时候还怀孕了就不干活。参加集体劳动的时候,我五个孩子都有了,哪家都好几个孩子。我们家有老太太,有他奶奶照顾,看住家。也有的时候黑天也去(干活),挣钱嘛。人民公社那时候任务也不重,反正就为了挣钱,唉,轻松还是这阵轻松吧。好天就有活,下雨天就待着了。你干不动了就拉倒了,就不去了,要能干动就去。男的去干去,孩子大了也能干了,大了能干有工分,那不就挣钱了。

(五)妇女与人民公社、"四清""文化大革命"

1.妇女与劳动、分配

(1)妇女与劳动。参加人民公社的时候我忘了多大了,人民公社唱的歌也忘了,唱歌一般我记不住。咱们口号怎么喊,我还真忘了,挺简单的那句话啊。当时生产队还是男劳力多,那种基本农活就像插秧呀、割麦啊、割谷啊,也还是人家男的多,女的少,机器那阵没有呢。后期了,我们有企业了,那阵哪家都有猪。当时干部也大多数还男的,会计啊、队长啊那都男的。没有说男的被调去做工程啊、水利建设,那阵没有那个。大庆那边妇女后来也得参加大炼钢铁,这边就没有了。

(2)集体与单干。我们当时干活都不糊弄,要是大帮儿哄也不偷懒。可以自己选择的话,还是各人种个人的好,劳动方式还是个人,还在这各个儿的好,各个儿随便。

(3)工分与同工同酬。当时工分男女都是十二分。老我们家以前都是小伙人,就我们俩挣工分,完了后来孩子大了,一点点加了。后来都去干了,老爷子、老太太也就没了。男的一般不耽误工,一般都满勤。

(4)分配与生活情况。生产队那些分的口粮、油啊什么的男女也是分的一样的,按人分,按人分得均啊。我家不缺粮,都是啥呢,缺粮这个吧,女的不会过,也不怎么的,他就不够了。

2.集体化时期劳动的性别关照

"大跃进"的时候没有对妇女有什么特殊照顾,有病就拉倒了,你就回去呗。政府不管,有病了你就耽误工回去。那时候没有托儿所,就是家里有老人,一般家老人都在家了。

3.生活体验与情感

"三年困难"时期反正也家里有人。粮食也够吃,有的不够了,那时候饿。没抱怨过政府,都那样啊,关里关外都这样,那不就还债还的嘛,好像就那时候挨饿了,要不就不能挨饿。我们经常说这阵没有那阵好,没那阵热闹,干活,那阵多好。那时候虽然日子苦,但是就是大家在一起说笑一起生活,日子特好过,我们这阵也说,那阵吃穿没有这阵好,这阵可没有那阵人好,那阵热闹,就是这阵这人就好像瞅着,这时候这人心眼隔路,那阵人的心吧,都和,这阵人不和气,那时候都没有矛盾,都和和气气的,都那么好,这时候这人谁知道是咋的。妇女也没有骂街的,那阵那人挺文明啊,还和气,还文明。

4.对女干部、妇女组织的印象

我们没有铁姑娘队,都是大庆那边。我们公社和大队也有妇联,有咱不认识,那时候你小嘎豆子,你又不是什么领导谁家的孩子,人家也不在乎你。

5."四清"与"文化大革命"

那些地主婆、地主女儿干活是一样,他们工分也一样,反就没有他们说话权。跟他们结婚,那差得多了,净老头啥的了,捡鸡粪去了,干那活,反正就埋汰①点。"文化大革命"的时候破"四旧",我们那阵没有佛像,那阵一般那个都跑不了,谁家供也都烧了,不让了。

(六)农村妇女与改革开放

后来改革开放了,妇女也能分到土地,土地证是那么的,一家几口人都在一个上头呢,就写一个名得了,一个名,一家几口人,这边挨着谁,那边挨着谁,就那么地呗。我不知道啥叫网络,手机我也不知道,光知道接,我使啥也不知道。平时跟儿孙联系,就他们打过来我接。不能打,打不出去,我看不着。

六、生命体验与感受

这一生反正就是罪也遭过去了,活也干了,到老了温馨了。就刚解放时候印象最深,刚解放那阵我们可好了,哎呀,可得劲了。又说又笑又干活,可乐了,那阵特别好。我们这几个老太太也偷着说,一寻思吧,现在多好,不愁穿的了,这到岁数的人穿红的、绿的,再早除了白的,黑、蓝的,就这玩意,就这啥也穿不着,这时候这啥都有。都说现在就是日子过得好。是这么回事啊,吃的也好,你说吃得好有啥。

---

① 埋汰,方言,意为脏,下同。

YTH20160809LYB　刘玉彬

调研点：黑龙江省绥化市北林区东兴街道办事处新源管理区 7 委

调研员：杨婷惠

首次采访时间：2016 年 8 月 9 日

受访者出生年份：1928 年

是否有干部经历：否

是否生育：是

受访者结婚的时间节点、生育子女的具体情况：1946 年结婚；1948 年生第一个孩子，共生七个孩子，五个女儿、两个儿子。

现家庭人口：4

家庭主要经济来源：养老金、子女赡养、积蓄

受访者基本情况及个人经历：老人生于 1928 年，儿时历经苦难，在对女性不重视的家庭中长大，十六岁和老伴儿定了亲，十八岁结婚。生有七个孩子，五个女儿、两个儿子，现都已成家立业。老人夫妻关系甚好，老伴儿于 2008 年去世后，老人和二儿子一家一起生活，现在已经有了十多岁的重孙子。

老人将一生心血倾注于自己的一群儿女和土地上。生了一大帮孩子，想尽各种办法将他们喂饱并抚养大成人。除了孩子就是种地，因为生活没有其他经济来源，就是靠种地收粮食养家糊口。老人特别勤劳贤惠，针线茶饭都很拿手。从土改到集体公社再到土地下放，老人说，这几反几复让她也经历的从贫穷到富裕、从富裕到贫穷再到富裕，人只要肯干，就不会饿肚子。在老人眼里，只要有土地有粮食心里就踏实，所以到八十多高龄了，依旧不服输不求人，加上身体较为硬朗，是一位独立自强的受人尊敬、和善亲切的老人。

一、娘家人·关系

(一)基本情况

刘玉彬,1928年出生,今年八十八岁。我小时候没有名,就叫来小子,后来我自个儿^①瞎起的,叫刘玉彬。我们小时候都没名字,哥哥弟弟有,我哥哥叫刘玉佩,我弟弟叫刘玉翔。我大姐、二姐都去世了,有两个哥哥,我是就算老三,还有一个是妹妹,还有弟弟。我家没有地,给人地主家帮干活的,到时候给点粮食啥的。土改的时候,我家是贫农,我们婆家是中农,那时候娘家是困难的。我十八岁结的婚,婆家好像也没有地,好像就是给人干活。他(指自己的丈夫)家他有个姐姐,再就是一个妹妹、一个弟弟。我们那个老头是老大,他姐姐出门子^②,小子是老大,闺女也大。我有七个孩子,五个女的、两个男孩。生最大孩子的时候我都没记着二十几,二十多岁反正。

(二)女儿与父母关系

1.出嫁前女儿与父母关系

(1)家长与当家。我小时候我爹说了算,我就出生的时候,奶奶爷爷都没有。如果爸爸去世了,妈妈能说了算了,后来娶儿媳妇就儿媳妇说了算了。人家后来娶嫂子回去,我上他们家去串门^③,包饺子整的馅子,看我去了噼里啪啦扔地下,拿着包饺子摔得够呛,没露馅,我给捡起来了,完了之后就走了,也是困难才这样。

(2)受教育情况。小时候父母拿这闺女说是外姓人,就向着这儿子,我上学,我爹都不要我上学,说上啥学啊,到时候出门子是人家家的人。一年都没上。哥哥弟弟他们读过,家里让男孩上学,不让女孩上学。我想上,想上不让上,那老师来了,到这嘎达让上学,我妈不让上,那我弟弟他们那时候就是卖个鸡蛋,买个本啥的,没有闲钱。我弟弟上学倒是好,识点字。别的人家有小姑娘读书的,生活好人家就读书,倒是好啊。当时大家普遍还是认为小姑娘还是少读点书好,就少懂点东西好,等解放之后就普遍了,也都上学了。

(3)家庭待遇。我小时候在家衣服都没啥换的,我们那时候都没有压岁钱,哪像这时候,(过去)一个子也没看着啊。过年给你买个新袜子,顶多给你买个布衫、做个布衫,那乐得可够呛了,哪有新的。哥哥、弟弟也是那样,也那穿的,就没有钱买,现在这家家都这么富裕。

(4)对外交往。过年的时候,有的那个亲戚故旧给点啥的,要不也没有啥,没钱买啊。小姑娘不大会出去拜年,哥哥、弟弟都可以出去,爸爸妈妈也不是很出去。小时候啊轻易不上人家吃饭,有啥事爸爸去,妈妈就不去,孩子就更不能了,弟弟啥都不咋去。饭不够吃,就少吃点呗,就馇粥。我们没借过,就是这顿吃干的,那顿喝稀的,就那么地。

(5)女孩禁忌。我家没啥说道,都可以出门溜达啥的,让跟村里其他小小子也一起玩。晾衣服什么的更没有啥说道了,全家都晾一起。

(6)"早夭"情况。小时候死了,就是扔哪块就殓了。不像大人似的,办那个丧事儿又拜啊烧纸啊。要是小时候那三四岁,那也就死了,就扔这块,殓了完了狗就吃了,哪像这阵有点啥事,现在隆重了。

---

① 自个儿,指自己。

② 出门子,指出嫁。

③ 串门,指做客。

(7)家庭分工。小时候玩的,也不干啥呀,就是收拾屋子。我姐吧,我妈有病不是很做饭,净①我姐整②锅烧火,我做饭。爸爸上外边给人干活去,打柴火,有时候冬天,亮天都打回一挑柴火来,完了我妈还没起来做饭呢,这老头回来就骂呀,给我吓没法的,就得赶紧干活。这做饭晚,人家干活挺累,打柴火回来,那怨我妈,干活回来你必须得给人家做好饭呢。我们那时候小,你说那老太太就不乐意做饭。不吃饭,你说干活能行吗。弟弟也干家务,我们的一个哥哥出门,人家就跟媳妇干活去了。我十五六岁吧,我开始下地干活的,人家招工薅③地啥的,就紧忙出去干点,挣一毛两毛的,啥活都干。我十八结婚,十九就开始给人做(活),打袼褙、打绳子,就看人家那个做活好的,就上跟前学,啥都学会了。就这几年不做鞋了,这孩子都挣钱了,人家净买,我也不做了。

(8)家庭教育。我家没啥特殊的规矩,黑了就要你睡觉,灯吹了就睡了。生日没过过呀,都两个鸡蛋,做豆腐饭,(吃)豆腐饭说长心眼,再说,煮俩鸡蛋滚滚运气,就这么,再也没过过生日,没有鸡蛋就不煮了。

2.女儿的定亲、婚嫁

我(的婚事)是人家给介绍的,介绍完了之后找婆家。定妥了,完了,相门④给一百五十块钱。这回完了,你结婚就是啥也没有。十六岁定的,十八岁结的。就是打发一个闺女少在家吃饭嘛,那时候困难,嫁出去就不省吃饭了吗。是我们婶婆的娘家哥,有亲戚关系,才给介绍。我那媒人有的是,我妈说啥,人家有房子,要不我哪能到他们家。这家困难多少年,比我们家强,人家有点房子,我妈没有房子。父母就挺相中⑤的,觉得他家庭条件好一点。没问我同不同意,娘家做主,好赖也就得那么的。定下来就给人家,那头来找我们家看看,完了给一百五十块钱,没给别的东西,他们家给媒人,媒人给拿来的。父母见面了。婆家老婆婆死了,就剩老公公。当时定完我就知道有这门亲事了,那时候也没有满意。结婚也那么熊(懦弱),没结婚的时候也没走动,就定妥了。也没办婚礼,摆了几桌,结婚那天,还有喇叭,找个吹喇叭的,我们送过去的。娘家哥,娘家哥搁轿子上抱下来,就是你给车搭个棚,搁那个地里头走,还有别人,那时候好像爸妈都不送闺女,那时候封建。爸妈也没嘱咐,直接就走了,就早上煮两个鸡蛋,做点面线就让你走,坐车,也不嘱咐。(心里)可苦了,个人掉眼泪。就买那一口柜啊,四百块钱买一口柜,再也没剩多少钱。嫁过去之后,那东西算你自己的。那时大家都没有啊,六七个结婚的就我一个人有个柜。结婚之前干活挣的那些钱就留家里了,自己当时也没有私房钱,就哥们有钱。结婚完了没人来看,嫁过来之后就不管了。我有病,在那倒三天三宿,给我妈他们打电话,我妈来了,来了一摸,说这炕咋这么凉,没人给烧啊,那病的,那凉,我妈就给烧,你说哎呀,捡个命活这么大岁数,净伺候人家了,自个儿傻。也没有时间呢,回来娘家还没啥吃的,都老爹、老妈岁数大,我爹吧,比我妈大十五岁,哎呀,困难,你说吃点饭,一吃饭我就来眼泪,就我自个人回,看看老妈啥的。他跟我在娘家就住一回,再也没住过。

3.出嫁女儿与父母关系

(1)财产继承。那阵啊,就哥哥结婚,老妹子没结婚,没搁一起过。分家啥都没有。我娘家

---

① 净,意为都是。

② 整,指用。

③ 薅,意为拔。

④ 相门,意指相亲。

⑤ 相中,意为满意。

妈六个孩子,加(老)两口子,八口人,就有一口旧柜,你说啥也没有,再就太困难了,也就不存在分家啥的,啥都没有。

(2)婚后与娘家关系。结完婚之后我就不管娘家事了,现在可是娘家事就得管了,早时候可不管,出门子就是外姓人了。我们俩也没有吵过架,这一辈子。他八十岁死的,唉,我们俩同岁。

(3)婚后尽孝。我这一辈子也没给妈过生日,一回都没过。我这老了过了,这阵孩子就上饭店啥的,我妈他们一辈子也没上过饭店。老妈死时候我去了,正好他们给信,我搁那伺候九天吧,好好的了。就那个头、脚都没洗干净,吃饭就一顿吃一大碗,那我也不知道是不是好事?待九天非要撵我回来,我们家孩子搁家呢,我就回来了,回来睡两宿,老外甥来给我送个信,说"三姨啊,我姥姥吧,喂鸡蛋糕都吃不进去了,你不回去吗?"我穿着衣服就回去了。领我儿子,去到那个,说就等着你,要不早咽气了,到那块一瞅,穿干净的,召唤吧,我先跟她说话,好好的嘛,呀,瞪着眼睛掉眼泪了,说人死就是伤心泪,这就哭了,就咽这口气了,哭完就没气了。当时没办葬礼,就埋上了,我没去上过坟,就他们我儿子啥呢,烧点纸啥的。有时候搁这个婆家吧,把这纸啥的都包上,写上我母亲名,给烧纸。烧纸说是捎钱啥的,梦着我妈吧,还像她活着那时候似的,就说的,自个儿还怪能耐的,说我来看看你们,完了我就给拿钱,一拿拿十块,我寻思太少了,再拿十块走了,没了,还像活着一样。

(4)婚嫁习俗变迁。后来到了我有儿女这一代,都自由恋爱了。这女儿吧,你说咋的,反正现在都住楼了,生活都好,两口上班,四姑娘一个闺女,二姑娘一个闺女,过得都可好了,就是孩子少,都是闺女。

(5)娘家与婆家关系。我娘家和婆家不是一个村,挺远的。之前也没啥来往。

(三)出嫁的姑娘与兄弟姐妹关系

(1)我与兄弟姐妹(娘家事务)关系。我结婚之后跟哥哥弟弟还有联系。妹妹结婚的时候我给送礼金了,我们这小姑子出门子都送了,也没啥陪送的,我更没有,没啥陪送,就婆家给点啥,就拿点拉啥。就送她,送她回门,在那住一个月。我们那小姑子家没住过。就是串门啥,不住。我妈是我老兄弟养活的,给哄三个孙女,一个孙子,这一家人现在过得可好了。

(2)亲戚来往。我结婚之后过年回娘家就给拿点啥,那嘎达没有大米啥的,都攒着,这一年的大米攒着,到时候,有几家取,一家五斤,让孩子给送去,让他们好吃一顿过年,就那样,就省着自个儿。我跟哥哥妹妹也不太走动,我一天忙的,就顾不过来这个家了。结婚之后也没咋出过门,就是条件不好,要好你说去买点啥啊,那都是没钱呐。心里是总想啊,就娘家那些事,现在还行。

二、婆家人·关系

(一)媳妇与公婆

1.婆家婚娶习俗

我结婚的时候他们没接,那嘎达没啥亲戚,而且那个,我们婆婆那头啊,那些舅公,那我也没少走了,人家家开油坊,有钱。(我)结婚那天拜天地了,没有夫妻对拜。那时候就打那个,那轿子是马车。主持人男的。那阵有座次安排,女的就坐两边。婆家没什么说道,娘家结婚之后也没人来看。结完婚之后他去看的我爸妈,去一天,回门去,看我哥去,啥也没拿,我妈他们给买的槽子糕吃的,那就叫步步登高,完了吃顿饭就回来了。

2.分家前媳妇与公婆关系

(1)婆家家长与当家。我嫁过去当时没有婆婆了,就是公公说的算。家里啥事都他说了算。没开过家庭会。

(2)劳动分工。公公也干活,放猪啥的。我负责干活和家务,累死了。男的都在干活。

(3)外事交涉。婆家对外交往一般都公公和丈夫,女的不能出面。他们商量事的时候,女的也不能插嘴,还是他说了算,我啥不管。

(4)过节习俗。我过节也没回娘家,娘家又娶老儿媳妇了,困难,你回来吃人家还不愿意,就是困难,要不困难,回来都高兴,没啥吃的。

(5)财产权。我带过去的嫁妆就这一口柜。那最后自个用一堆小棍子打炕给我们老头,就这些玩意,没啥。结婚之后我有私房钱了,个人挣了。有孩子的时候,就领那姑娘小子送去幼儿班,我就干活去,你不能搁家待,越待越困难,这阵我月月还开点支,开一千四了,要不干吃吧。

3.分家后媳妇与公婆关系

(1)分家。我们老爷子整天总哭嚎的,我后来又给他操办个老太太,我孩子都五六岁了。以后就出来了,出来也没回去,等兄弟娶媳妇,小叔子娶媳妇回去了,大伙去。反正就是出去过。家里就是柜子、箱子,没有别的玩意了。我们跟小叔子、小姑子都可好了,他们当时小,我伺候的。要不我们这小叔子年节都来,来看他哥哥。

(2)公婆祭拜。公公去世的时候,我们也没办葬礼,就跟我们掌柜的回去了。我说,年年给他做穿衣服,做多少年,穿戴也都是我,鞋、头上脚上,搁这时候谁伺候那玩意啊。

(二)妇与夫

1.家庭生活中的夫妇关系

(1)夫妇关系。我俩就是一走一过,看着一回,反正就这么地了。见过一回,出去一走道,他往那么走,我往这么走。那时候咋的,封建,要搁这阵,咋的也得到一块堆说两句话。那时候正常都说没结婚之前不让见面的。

(2)家庭地位。分家之后有啥事我们俩商量着。就打一回仗,因为包饺子打一回仗,给我一擀面杖,我说我想把这馅子啥都摔了,一寻思没舍得。包这么点小饺子,你说我一大帮孩子,那要包饺子,包那么严实,得啥时候包出来,我说是包大饺子。上来给我一擀面杖,揍了这一回,再也没打过仗。我们这老头子能干,买一回房子盖,盖完了,卖了再盖。还是我们老头说了算。饭也有时候不够吃,不够吃就少吃。吃饱是吃饱,没饿着过,不像人家真有饿着过的。

(3)家庭分工。分完家生活也好点了,还有钱花了。我估计我们这些孩子说我傻,说我妈啥也舍不得买。儿子说媳妇,又盖房子,那事就多起来,啥也舍不得买,就留着这钱给他们,现在这还是儿媳妇开支嫁过去,儿媳妇开。

(4)丈夫权力。丈夫和别人说话,我不能插嘴,不管这事。做饭洗衣服都是我。男的不干,这阵(现在)可不行了。这阵男女一起干。如果生病坐月子的时候那男的也能干了,有病不能干了。现在不行,都男女一起干,没有就只让女的干的。

(5)家庭虐待与夫妻关系。那时候打骂妻子现象也挺严重的,有的是打骂,我们这一家子还真没有。村里别人家有,打骂,啥事都有啊,不好好过日子净打仗。当孩子面也打,不寻思孩子①。解放之后这种现象就少多了。那时候公认的是好媳妇都得是听丈夫话的、顺从的,这阵谁敢打骂呀,打就离婚。

(6)日常消费与决策话语权。那时候一个子儿(钱)没有上市场干啥呀。你看现在,有钱乐意上哪儿走上哪儿。人家那时候就有大门不出二门不去。

(7)娶妾与妻妾关系。解放之前村里有人家娶妾,有家的还有的。

(8)典妻与当妻。典妻卖妻也有,过去啊,哎呀妈呀,一家人还有孩子啥的,抽大烟呐,把老婆卖给人家了,连孩子都卖了,不抽就要死了,这卖两个钱买大烟就不死。

(9)离婚。解放之前,离婚的少。女的没有,有就偷着跑的,没有正式离婚的。

2.家庭对外交往关系

(1)人情往来。我们家当时那些人情往来都丈夫出面。如果请客的时候,那时候都是我俩商量定了,搁一桌吃饭,也没像这时候整一桌菜啥的,都上桌,小时候不上桌。

(2)人际交往与出行。结婚之后,我没有来往的朋友,也没跟别人接触,就是这些同志这些女的,这闺女啥的,都结婚了,谁也不跟谁走,也没上别人家串门,邻居也不到一起唠嗑,就自己家过自己家日子,不出门了。娘家一年也回不去三趟两趟的,回去的时候也得说一声。

(三)母亲与子女

1.生育子女

(1)生育习俗。我有七个孩子,五个女儿、两个儿子,都六十多,大儿子六十多了,大闺女也六十多了,都退休了。都是隔几年生一个,隔几年生一个,到最后我这老闺女,她姐姐比她大六岁,完了又生的老闺女。没有说男女有啥区别,生完孩子也没办啥宴席,生完孩子给拿点鸡蛋就得了,人家再也没人来,除了娘家老妈来看看。孩子满周岁也不过。

(2)生育观念。公公也没说对你生儿子生女儿有啥区别,头一个孩子生个闺女,吃十五个鸡蛋,一个月,也没有下奶。孩子过生日就是煮鸡蛋,这大了可不得了,大了也过生日,有时候买蛋糕啥的,咋活过来的呢。

(3)子女教育。我们这老闺女老五,这老闺女一直到考大学,连个冰棍都没吃着啊,就这么成天抱着书本,我说老看那有啥用啊,完了说句幸福就再抱书,那我就陪着老闺女下黑,这就三更半夜起来,就点豆油灯去看书。上大学了搁就是个大庆当老师啊,女婿也是老师,他俩全都上学了,上学谁没出息,就这一个老闺女。当时是孩子按顺序上的,都念了两年。

(4)性别优待。对儿女都一样。

(5)对子女权力(财产、婚姻)。儿女他们结婚之前赚的钱都个人管,都搁那困难过的,活过来了,他们个人能为生活我就高兴了,我伺候他们可来劲了,贪黑起早的,我们老头上班回来,半夜回来说,你咋还没睡觉呢?我还坐那纳底子,那阵这些孩子一双鞋不买,净搁②手做,那不得干嘛,你不干,让人笑话。他们结婚反正有人给介绍,他们看妥了,他们看同意,得各人过一辈子。我们那个时候爹妈包办,哪以自个儿看同意啊。我女儿结婚没有聘礼,人家啥也没给。就是羊毛出在羊身上,咱们就不一定上人家吧,他们乐给买啥就买啥,我们也没陪送。儿子结婚时候家是得给预备点,给做被子褥子啥的,打家具。我们出钱,大儿媳妇是那么打的家具,完了人家生的小子,小子考大学了,这阵娶媳妇,这孩子都十多岁了,重孙。这个老儿子

---

① 意指不考虑孩子的感受。

② 净搁,指全用。

的,人家媳妇能耐,他俩处对象,反正整他们老丈人家里,老丈人也没有了,老丈母娘、小姨子就跟他们一块过了。儿子结婚我们给他拿钱在城里买的房子。女儿嫁出去就不管了。

2.母亲与婚嫁后子女关系

(1)婆媳关系。我儿子二十多结的婚,那时候就没有那么复杂的仪式了,现在孩子也能挣钱了。

(2)分家。我们这大媳妇就在一块堆儿过了八个月。说我们生活不好,各过个去。人家女的挣得多啊,那不就是吃好的。

(3)女儿婚嫁(定亲、嫁妆)。我闺女都二十多岁结的婚,就也是个人处对象,人家给介绍的,成了以后就结婚。给女儿啥也没带。妈妈也把你们养大,二十多岁,一个子儿也不要,你就归人家过日子去了,咱也算行吧,那啥没有钱,搁啥陪送。

(4)与已出嫁女儿关系。到时候生孩子,外孙女啥就给做个小被,下个奶啥的。大孙子,人家儿媳妇自个儿过去了。没看孙子,就伺候他妈月子。哎呀,煎炸的就是麻花,大馃子就是炸呀,那就办理给她,你看就是这媳妇,人家也自个儿过了,要不这搁一块,那不挺好的么,一个孙子丫头,她给看着。我没去女儿家住,我寻思他们不接我,我就不去,就在这儿消停待着。我惦记她,又惦记这个又惦记那个,他们不来,我就心里老惦记了,就这几个孩子。

三、妇女与宗教、神灵

我现在是信天主。我家就是自己信,反正我觉得自家信吧,挺好。求平安呗,自个儿身体挺好的,有个心理安慰似的。有求雨,就求雨整整下,要不这旱的。女的都能参加,大家都参加,祭拜的时候男女都有。再早是灶王爷啥的,以后就不咋地都不供了,那是一个男的,一个女的,都磕头、跪炉的。如果有病了有的人跳大神的,女的多,我看现在这两年少多了,没有几份。有的是供的观音啥的求子,那就女的多了。

四、妇女与村庄、市场

(一)妇女与村庄

1.妇女与村庄公共活动

村庄活动参与。我结婚之前参加村庄活动也就是求雨和看电影,没结婚的小姑娘也哪都能走,没人管。村里开会女的也能参加,我参加过,我没说过啥。

早时候有保长,那保长还挺打腰①的呢,就像村长似的。看着人家反正知道是,咱们不认得。结婚之后婆家那边也有,没看过。结婚的时候咱们家困难,能告诉人家吗,也就没请他们去参加,都得好不错的,跟人家走动能来。

2.妇女与村庄社会关系

(1)村庄社会关系(女伴、邻居、妯娌、同房同支等)。我小时候跟妹妹啥的都是在家里玩,就跟这些闺女,有时候饭菜干嘛的,跟五六个闺女吧,那别人扔了的也去拣,人家摘瓜吧,我寻思都摘了,我也摘一个吧,看瓜的老头子来了,一下吓得得病了,三个来月就呼呼不醒,差点没死,也没摘下来瓜,还吓着了。胆小,啥也不敢动。结婚之后也没去看邻居。

(2)务工与报酬。我们小时候就是去别人家干活,一般都地主家,薅地啥的,一天挣两

---

① 打腰,意指厉害。

毛钱。

(3)妇女聚集与活动。那时候有妇女组织的姐妹会啊、妇女会啊、佛缘会啊,这种都开。也不上哪儿去,冷。

(4)女工传承。那些针线活不是教的,个人就做,就看人家那个做活好,就上跟前学,啥都学会了。

(5)妇女矛盾调解。村头子没吵过。我们那儿子被人家打脑袋出血了,完了上医院包上,上我们家去,我也没跟人家打仗,那时候就都小孩对小孩,别人家他们孩子谁要招着点,这家伙拨马张飞的,哎呀,就干仗,护犊子,我们家这七八个孩子没跟人打过仗。

(二)妇女与市场

我出嫁之前没去过市场。解放之后,家里都发那些票,有时候都没钱买,发的这些根本就不够。我家买个缝纫机,一百五十块钱的飞鸽(品牌)的,可好了,刚学会,寻思扎鞋垫啊扎接口啥的,这媳妇没有,给儿媳妇,儿媳妇不知道整哪儿去了。打娶儿媳妇不做鞋了。后来也去集市买东西,供销社不大很去,也不买啥呀,没有钱。

五、农村妇女与国家

(一)农村妇女认识国家、政党与政府

1.认识国家

我记不住国家这种概念,解放之前就知道孙中山、蒋介石这些人,蒋介石厉害。就是听他们讲。现在国家主席不是习近平嘛,看电视啥的都知道了。

2.认识政党

我忘了啥是国民党了,咱们这就共产党。解放之前好像那阵我就忘了,记不住这些,就得亏共产党,解放完了,村里干部党员多。现在这些到岁数,党员倒不少,都共产党,我媳妇他们就是党员。我参加过共产党组织投票,选谁。要是你会写,让你给写个条,就都可以参加。当时是有人给我写的。

夜校我还上过呢,识一千五百来字,这总干活就忘了,就几个记住的。那些老师就是咱们女的家庭的,教你识字,就这样的。那阵要是接着学吧,那可真就认老字了,就为了老干活,就忘了。当时挺愿意跟大家一起上学呢,回去还有时候写,那时候心里可高兴啊。

3.认识政府

我接触过村干部,反正人家就给咱们办点啥事,这是不错了,村长啥的。解放之前好像也有女的当干部,这样很好。

解放之前有保长的时候,村里开会都是他们说要开的,女的没有人发言,就在旁边听着。有的人家没有男的,那女的也能说话。我没接触过共产党、国民党长官,也没交过人口税,没裹过脚,我姐姐那脚小,也不知道咋回事,都没有袜子穿,没有鞋穿,冬天编草鞋穿。没有鞋面子做,有一双鞋面子,我跟我姐俩吧,我说学着做,她不让我做,说做不好白瞎了,她做,搁千层底,我就是搁那开始做活。有一阵,说也剪个头吧。那时候女的都短头。

后来政府号召废除包办婚姻,让自由恋爱,挺好,包办婚姻还是不如自个儿自由恋爱的好。计划生育可真是挺好,要不这人都搁不下。我那时候没人上我那去管计划生育。管计划生育了,最后捡的这老闺女,我去好几趟上医院,医院不给做。这老闺女还真出息,全是这老

闺女,这钱就给我拿回来的,啥都给买。妇女现在这多自由啊,不光家里就是家里家外都管。现在都幸福。政府移风易俗这时候好像都好多了,改的好。干部吧,现在净是为人民服务,对老百姓挺好的。

(二)对1949年以后妇女地位变化的认知

1.妇女组织

我都忘了有没有妇联了。

2.妇女地位变化

后来说妇女能顶半边天,男女平等。这都多少年了。早头讲话了,老娘们是墙上泥,去了旧的换新的。那人家有钱人家,这女的现在翻身了。现在完全不一样,妇女地位提高了。

3.婚姻变化

儿女婚姻都是自由恋爱,自己做主的,爹妈都同意,现在更是了。

4.政府与家庭地位、家庭关系

现在夫妻之间都没啥意见,那就好呗。这些变化跟政府也都有挺大关系的。解放之后,妇女不需要对丈夫百依百顺的,媳妇也都能直接称呼丈夫名字了,男的说话女的也可以插嘴了,训媳妇也可以顶嘴了,过去那说道多。现在家里也不是说像以前大事都得男的说了算,现在一般都女的管事。

5.政府与教育

孙子孙女也都一直上学,重孙子也从小就上学,这不政府就是都鼓励上学了。我老闺女还读的大学。

(三)妇女与土改

1.妇女(贫下农、中农)与土改(土改参与、斗地主、分田等)

当时有土改队,给我们划的贫农。咱们土改队那时候就是斗地主,上人家都啥都拿溜光啊,就搁那里圈着睡,就那样。一起斗地主的时候打人呐。我参加了,我们前院老周夫妻俩,我认得,我能下去手打吗,非得让你打。都得打呀,好打要东西啊。那让打,他们搁旁边看着,也能下去手吗? 慢慢打,他们说你使劲、使劲,哎呀妈呀。我当时可害怕了。我们家东西时候分出去一些,完了后来又给返回这些,说不够分。那时候打死的,多少人呢。我就分点被褥啥的、衣服啥的,都是地主家以前用的那些。打地主的时候瞅着可吓人了,我们舅公他们是地主家,就那个稻子压油烧,哎呀妈呀,呼呼着,可吓人了。那些地主婆、地主家女儿也都一起干活,工分都一样,分配也一样地活。还是穷嘎达穷,富嘎达富,种地户人家还是找地主家女儿,还是不错的。地主家女儿穷了,人家那个有文化呀,他们都上过学,小时候条件好。人家那个地主家,人家能干,后来还日子过得还挺好,还是好。当时土改队到我家,就鼓励女的也得参加。斗地主土改有些女的就比较积极,人家有的是那样的。也有挺积极的,后来又当上干部了,表现好的都是当干部。当时给每个人都分地的时候,女的能参加。

2.妇女组织

当时土改队有女队长,有啥妇女会,总开,开会也有男的。

3.对妇女翻身与解放认识

那时候土改妇女翻身解放,屯子女的不都分地了吗,地位提高,还有吃有喝完还能卖钱。

4.女干部

当时拔尖当干部那些女的,平时以前都是穷苦人,能说能唠的,女的有的是。

(四)互助组、初级社、高级社时的妇女

我参加互助组、合作社了,也都村干部动员鼓励女的参加,我就是人家找去参加。那时候女的也都下地干活,挺愿意当时一起干活的,也有强制要求去的。有从来没下过地的,慢慢不就学会了嘛。当时有女组长——张秀霞,人家就领导妇女干活,人家后来公社保送大学了,黑大(黑龙江大学),哈尔滨,现在也得退休了,那都能说能唠的。

(男女)不分工,都一样干。男女干活是同工同酬,粮食分配也都一样。这不是要是领粮的话,还到岁数还多给点好的呢。不同年龄的妇女干活待遇没啥差别。女的遇到来月经了、生孩子了,还有坐月子的时候,可以请假,就没有工分了,也没啥照顾政策,哪像现在啊,过去哪有那事儿。我就干活,天天给孩子做好饭,吃完了,没有人看着,就送幼儿班去,花钱,完了咱们就出去挣钱。大概一个月一块、三毛、三毛五。

(五)妇女与人民公社、"四清""文化大革命"

1.妇女与劳动、分配

(1)妇女与劳动。参加人民公社那时我三十多岁。唱歌都忘了。口号也都忘了,啥都不记得过去了。分工男女没啥区别,就是干活,我看。没有说不让女的干啥活,干活还是男的多。现在吧,这就是插秧啥的都女的多。这插秧就上那个三江,哎呀妈呀,这帮人,就疯了似的,就搁那泥里头。

干部还是男的多。炼钢铁那也是男的多,炼钢铁。那多大的力气。累,那可是。到"大跃进"的时候,还得在外边干活,还得干家务啊,带孩子呀啥的,同时两边,我说这吧为了生活不容易。

(2)劳动自由与选择。我们从来不偷懒,我们愿意自己家有地,还是个人比较好。

(3)工分与同工同酬。当时就是一天一块七毛四,我寻思老爷们儿可能比我们得多,还是男的干累的呗。

(4)分配与生活情况。那个粮啊、油啊这些东西领吧,都一样。按人口分。我家粮月月反正就那点,多少囤点,没说不够。没东借西借的,一回都没有,这顿吃干饭,那顿吃粥。

2.集体化时期劳动的性别关照

当时对女的生理周期没有照顾,我还没听过累出病的。那阵没有托儿所,没有人照顾。

3.生活体验与情感

当时吃人民公社大食堂,吃大锅饭。"三年困难"时期,我家粮食反正是供着嘴了,还不至于到别人家借去,我那老姑爷上南方说是饿死三万来人。我妹妹结婚吧,找婆家去要了四百块钱,给我搁我们这了,所以当时我老婆婆开支能给我爹买那个药去,我搁那钱买小米了,等我爹有病买药上这来取钱,到这就拿去了。大集体的时候有唱歌啥的,都没去。现在挺怀念大集体的时候大家一起上工。

4.对女干部、妇女组织的印象

咱们这边没有铁姑娘队,当时有女组长。

5. "四清"与"文化大革命"

"文化大革命"的时候,没有来检查啥东西。就是啥都得从简,都得简单地办,不能大铺张。

(六)农村妇女与改革开放

如果要是现在选择,其实有三两个孩子就妥了啊,这七八个你说生吧,也没累着我,我觉得,反正就洗涮、做针线,他们都懂事啊,也不哭啊,还不用抱着。现在都上班,都退休了,好几个退休。刚开始计划生育,也没说必须只生一个,到后来到八十年代时候,计划生育就只生一个了。现在又让俩了,一个有点少。我没有上网,没有电脑。手机我不识字,他们说你不会看,我也没要。孩子离得近啊,就一个在大庆的。

六、生命体验与感受

我不是十八岁结婚吗,那穷得啥都没有啊。哎呀妈呀,一天,就光做点饭,结婚是借的大布衫,借的毡帽,人家给的,兄弟媳妇给的,老婶子给的棉布,给一双鞋。我呢,他们给做一个旧棉袄,一个这样的布衫,完事就结婚了。你说小姑子、大姑姐的,哎呀,这人这多呢,十八岁懂得啥呀,七八个结婚的姑娘,就我还有一口柜,哎呀,还觉得不错,一个包袱,我娘家老爹会做,是掌鞋匠,给我八双鞋,就是一个包八双鞋,啥都没有。

YTH20160810PSZ 朴淑珍

调研点:黑龙江省绥化市北林区东兴街道办事处新源管理区 7 委

调研员:杨婷惠

首次采访时间:2016 年 8 月 10 日

受访者出生年份:1936 年

是否有干部经历:是

曾担任的干部具体职务:1953 年担任妇女队长

是否生育:是

受访者结婚的时间节点、生育子女的具体情况:1954 年结婚;1956 年第一个孩子,共生了六个孩子,一个儿子,五个女儿。

现家庭人口:2

家庭主要经济来源:养老金、积蓄

受访者所在村庄基本情况:新源管理区距离绥化市区很近,约 15 分钟的车程。该区位于平原地带,适宜种植农作物,这里四季分明,居住的几乎都是汉族,没有宗族概念。这个小村庄大多是黑龙江各地人口因为工作、生存需要聚集而来,多种植水稻、玉米、土豆、红薯、黄豆、花生等,基本上都养家禽以供自需。多以外出打工为主要经济来源,人地矛盾缓和。

受访者基本情况及个人经历:老人生于 1936 年,十三岁和老伴儿定了亲,十八岁结婚。生有六个孩子,一个儿子,五个女儿,大都成家立业,老人夫妻关系甚好,老伴儿去世后,便独自居住,现养着患有精神病的女儿。

老人老家在望奎,嫁给丈夫之后由于工作原因调到绥化,现居住在新源管理区 7 委。老人一生心血倾注于自己的一群孩子和土地。生了一大帮孩子,想尽各种办法把他们喂饱、养大成人。老人的生活除了孩子就是种地。现在靠养老金和积蓄为生,还有三女儿给的生活费,但还要伺候二女儿。老人特别勤劳贤惠,针线茶饭都很拿手。从土改到集体公社再到土地下放,老人说,这几反几复让她也经历了从贫穷到富裕、从富裕到贫穷再到富裕,她坚信人只要肯干,就不会饿肚子。这是一位独立自强、受人尊敬的老人。

一、娘家人·关系

(一)基本情况

朴淑珍,1936年生,今年八十岁。我是朝鲜族人。这名字都是"文化大革命"那时候起的,以前从小也没有名儿啊。我母亲那会儿都没有名儿的,都是这个氏那个氏的。我有一个妹妹、四个弟弟,我是最大的。他们出生都忘了是什么时候起的名字了,那时候我们都是按老祖宗的规矩来给起名的。我最大的弟弟还是头一年土改之后起的名字呢。我那名字是土改之前起的,我说不上来是谁给我起的了,我妹妹的也是,我妹妹比我小两岁,然后我大弟弟就跟我妹妹差了挺多岁了。我不知道有多少亩地,反正我跟我父亲下地干活。那时候我父亲他们那会儿也没有地,也没有房。我们都是住的人家的房子,种的人家的地。我家最后被划的中农。我十八岁结的婚,他们家也没有啥地啊,他有一个姐姐、一个妹妹、一个弟弟。我有六个孩子,一个儿子、五个女儿。儿子最大,生他的时候我二十岁。

(二)女儿与父母关系

1.出嫁前女儿与父母关系

(1)家长与当家。我小时候是我爸爸说了算,那时候我妈妈啥也不管。我爸爸死了之后,我们家就我(大)弟弟说了算了,是我兄弟媳妇说了算。那时候我弟弟可老实了,我爸爸死了之后,我妈妈就和我大弟弟他们住在一起了,我大弟弟和我弟媳妇在一起总打仗。我其他的弟弟让我妈妈去,她也不去啊。

(2)受教育情况。我上过几年学,我一年级上了一年,我二年级上了一年,我三年级上了半年,我就跳到四年级去了,后来我爹说要给我找婆家了,我也就没再上学了。说我十三岁了还啥也不会干呢。我那时候想上学,家里也不让我上了啊。我妹妹她一天学也没上过,弟弟都念书了。我二弟好像也没念几天,就念了好像两年半就不念了。村里挺多小女孩上学呢。那时候男孩女孩我们都是一起上的,都在一个教室里,我们那时候学校就两老师。解放之后上学的就多了,我二弟和我妹妹是自己不想上学的,我大弟弟还念到高中呢,我小弟弟也上到初中呢。

(3)家庭待遇。我们家那时候我奶奶还在呢,她就是不让我们孩子先上桌吃饭。我妈妈那时候说了不算,我妈妈那时候也不上桌。我妈妈那时候得照顾客人啥的,还得照顾我们一家子。那时候我们都没有压岁钱,过年没有啥换的衣服啊,就是过年啥的做双鞋都不错了,经常把破的被子啥的做成棉袄、棉裤。

(4)对外交往。我弟弟妹妹们都挺老实,挺听话的。过年也没出去拜年。过年的时候妈妈和孩子们还是不能上桌吃饭,那时候也没有说有摆宴席的。

(5)女孩禁忌。在土改之后我们小孩就能出去玩了,土改之前是不让出去随便玩的。那时候我们兄弟姐妹的关系都挺好的,都不打仗啥的。

(5)家庭分工。我那时候跟我爸一起下地干活,十几岁就开始干了。我啥都干过啊,放牛、放马、放羊、收地、种地啥的我都会。我当时就和个小子一样,可能干了。

(7)生日。我没过过生日,我们兄弟姐妹几个都没过过,那时候我们也都不记得啥时候过生日啊。

2.女儿的定亲、婚嫁

我十三岁的时候，我父亲就给我找婆家了，是媒人给介绍的。我也没见着他们家那个人，就是我父母他们去看的。他们家可穷了。我就是只知道他是初中毕业，他岁数不符合，就没让他考高中。他弟弟可以，就考上了。我俩结婚也没啥仪式。

十七岁那年我见过他一次，然后我回家就不干了，我看到他家啥也没有啊，那穷得都不行了，我就不想结婚了。不想也不让啊。我妈不管，就我爹说了算。那结婚以后，回去待两天住两宿就往回撵啊，就让我回去，家没人。我那时候找婆家，都要生日时辰，我是八月初八的，我爹说（我是）八月初九的，（因为）八月初八不好，（怕）人家不乐意，人家都找（吉利的）生日时辰（的人），初八不好，说就是夫妻到不了头，那我这老头这就才死几年，七十七岁死，也到头了。

找婆家时候这十三岁给人家，我爹寻思要点钱，买个马买啥的好种地，他们家也穷啊，没给别的，牵一头牛去四个人，结婚前就给二百五十块钱，给二百五十块钱那花布都买不了。来两辆马车，那些钱买车，我还记得搁车送的。就在他们这嘎达预备吃一顿饭就走了。结婚我都记不住了谁来的都，那阵可不兴妈妈爸爸来。也有几天回门吗，七天，我们家那老头从来一辈子没跟我俩一块堆走过道，唠过嗑。结婚啊那七天串门去，你说他们家穷啥样，结婚没有被借一床被，就我们家做一床被做一床褥子枕头，他没有被，还借他三嫂一床被，回门七天给人家拿过去的。

结婚之前他没去看过我爸妈，结婚的时候有一张纸好像，不知道咋写的。反正就给那么一张纸。我爸妈也没给我嫁妆，就是他给二百五十块钱，羊毛出在羊身上，买点鞋，买点衣裳，我还记得呢，两套衣裳，买一双鞋，棉袄棉裤，就这玩意。人家有钱的嫁妆可就多了，困难的人家他就没有。

结婚之前干活那都是给家里干，等着放假了没有活了也是给人家薅点地，挣两个钱，买点书本，念书呢。我们家可没有换亲，别人家不知道。我记得我妈他们家前院，那阵地主跟地主搁亲，贫农跟贫农搁亲，地主跟贫农搁亲人家不要啊。

那时候没有女的说离婚的。那阵也有招养老女婿的，招上门女婿就是没有孩子那样的，还有大伯嫂没孩子过兄弟媳妇的孩子，还是男的说了算。我回娘家有时候上午回去，下午就回来了。

我从来没上过坟，每次回娘家都是自己回，我们家这老头从来不送我。我带孩子回过。

3.出嫁女儿与父母关系

（1）财产继承。结婚之后就不能分（自己）爸妈家里的钱了。

（2）婚后与娘家关系。结完婚之后就不能管娘家的事了，这两家也都没啥需要别人帮忙的困难啥的。我俩开始的时候也吵过架。后来那老头倔，完了我也不搭理他。反正我没当过掌柜的，我没把过钱。办事都我办，办事就给我拿钱了。我俩吵架，我也不跟娘家说。在生产队都是地里头这帮人唠嗑啥的。

（3）婚后尽孝。爸妈去世我去了。老的时候都去了，没预备，反正老了就拉出去埋了。那阵也没殓，反正就那么埋上了。我没烧过纸，现在净我老弟烧，我们谁也没烧过。

（4）婚嫁习俗变迁。等到我儿女这代，结婚就不一样了。我们这几个孩子，就我儿子，那时候他在城里上班，在城里订婚，租的房，我们那老头就说给五千块钱，我儿子要六千，我们老头不给,后来给了,剩下闺女给多少钱拿回多少钱来,没人管。他们拿回的彩礼钱不用给我们也用不着。都是各人处的,哪个我都没管。要多少钱都是你们各人留。

(5)娘家与婆家关系。婆家跟我妈他们隔六里来地。那阵也没工夫走动啊,我们家那老爷子,总给我妈他们过年送白菜。

(三)出嫁的姑娘与兄弟姐妹关系

(1)我与兄弟姐妹(娘家事务)关系。我结婚之后和弟弟啥的走动得多,我大弟,我二弟,我三弟,都上我们那,谁都上我们那去。娘家也没分啥家,反正家产都给我老弟弟了,我二弟弟和三弟弟结婚也没花啥钱啊,他们都有工作,都老丈人那头花钱了。就我老弟和我大弟弟说媳妇家花了点钱。那阵花也少,都几百块钱,哪像这阵呢。弟弟妹妹结婚我花没花钱我都忘了。我妹妹家他就跟我母亲前后院,上我母亲家完了就去他们家了。我三弟结婚在望奎,我好像没去,不知道了。弟弟结完婚离我们就远了,我也去过弟弟家,在妹妹家也住了,常去。

(2)兄弟姐妹与我(婆家事务)关系。我有两个舅舅。他管不了我们,儿子、女儿结婚的时候办婚礼娘家人来了。那阵我舅舅就没了,表弟啥的都不走动了。

(3)亲戚来往。我回娘家的时候不带啥。回去到那看看,有时候没有活了,去搁①那住两宿,帮我母亲洗洗涮涮,做个被啥的。过年的时候回去给买点啥。结婚之后是跟妹妹弟弟走动的都一样。我们六个从来没红过脸②。我走过最远的地方就是五大连池,也去过哈尔滨。

二、婆家人·关系

(一)媳妇与公婆

1.婆家婚娶习俗

他弟弟妹妹在我结婚那会好像都没结婚呢,都在婆家住呢。我们冬天结婚,给完婚后他就学大夫了,等我(腊月)结婚他来年春天就考试了,学六年就考上了。那时候就给人家抓药,在卫星(地名)那,自己做饭吃,六七个大夫,边抓药边学习。老公公在生产队。我结婚的时候就是送来,有个主持人,拜天拜地,也没像这时候又对拜又入洞房的。当时的主持人是男的。那时候好像都有规矩,不像这时候亲戚男女坐哪都行。在婆家规矩我婆婆没管,我家老头他也不管,饭我也不张罗做,到时候我妈她们就等这等那的,我对他们家那么好,就是老头(指老伴儿)跟我打仗的时候我也没骂过他啥的,东屋都向着我,东屋有叔公公,还有大娘婆、大伯嫂、大伯。都两家过,五间房,他们住一头,我们住一头,打仗啥的都过来向着我,我不骂他们。

2.分家前媳妇与公婆关系

(1)婆家家长与当家。我婆家谁也当不上家,都入生产队了,反正我们家老头说咋的就咋的。有时候犟不过他爹,就得听他爹的。大伙都给我们家老头起名叫二倔的,就是给粉坊漏粉,亲属来动啥也不行,谁来拿啥都不让,人家都信着他了。

(2)劳动分工。屋里屋外都我做,我们老太太咳嗽就在炕上坐着,要不下地就上不来气,在炕上坐着还像个好人,五十三岁就那样了。那他们家有啥劳动分工,我到他家总干农活,没结婚之前就在我家干一年了,结婚之后一直在公社,一直干到搬街里,个人分地了还总自

---

① 搁,意指在,下同。

② 红过脸,意为闹矛盾。

己干。

(3)婆媳关系好坏。我婆婆没工夫管我,她自己啥也不是,她老姑娘都跟她俩在炕上坐着,她姑娘比我小一岁,我十八,她十七,也不能干活,总在炕上坐着,老有病,那娘俩都是。

(4)婆媳规矩与关系。那婆婆啥也不能干,人家也不干,也不管。那时候男的都不会干家务,我那老头那时候都不会做饭,就学大夫自己做点粥,也不会做饭啊。

我那小叔子可好了,脾气还好呢,比我家老头脾气好,我结婚那会小叔子还在念书呢,回来做吃的啥的,上班以后哪年过年都回来,都我伺候他,结婚以后领媳妇回来还都我伺候呢。要过年了说来电话要回来,那这下雪还得回来,回来过年做饭都我做,都吃现成的。那时候有人家婆婆虐待儿媳妇的,儿媳妇也不能反抗,让干啥就得干啥。那时候啥样都得听人家的,这时候可没有了。像这时候一整吵吵就离婚了,那时候啥样都得跟人家过。

(5)外事交涉。就我结婚以后,外边这些事都得我管。他啥也不管,他就背个包看病,都我管,我拿钱,他开支钱不归我管。也没有啥事,都在生产队干活,想拿啥就拿啥,想拿辣椒就拿辣椒,想拿大酱就拿大酱,随便拿,谁也说不了啊,我也不说,拿就拿了。

(6)家庭矛盾。丈夫和他爸妈没有闹过矛盾,他可孝敬了,对他父母可孝心了,买啥东西不给这帮孩子吃,给他爸妈放在外屋,那时候就饼干,也有月饼,可孝心了,老太太最后要死他也不上班了,不是打针就灌药,也不能吃饭了,等死一回隔六天她又活了,隔六天又死了,死就死得了,还让她遭罪,他就舍不得。

(7)过节习俗。我们没那些规矩,随时回娘家。

(8)财产权。我当时也没有私房钱,工分也都(给)家里花了。

3.分家后媳妇与公婆关系

(1)分家。没跟公婆分过家,都在我跟前死的。

(2)赡养与尽孝。他们老了我养的,没给办过生日,他老儿子走这些年都没说给他爹邮点钱啥的。打电报说他爹要死了,在贵阳背回来一些黄宣纸。

(3)公婆祭拜。当时没办葬礼,就我们那老三在望奎送炼人炉(火葬场)了,等他奶奶在望奎那边就死了埋了,把他俩整一起,埋山坡上去了,到现在还在山坡上呢,立碑了,要不立碑找不着,他们还去看了。都他们管,我家没管。有说公公的墓在左边,婆婆的墓在右边,都我们老三整来的,我就啥也不管了,钱也都他花的。

(4)财产继承。我们老爷子就是在这老的,家里也没啥,就有两间房子,我们那小叔子有工作走了就给我们了。

(二)妇与夫

1.家庭生活中的夫妇关系

(1)夫妇关系。我家老头说了算,他管钱,我要花他就给我,家里就是老太太、小姑子和我。有时候他说了算,他犟不过他爹的时候也得依着他爹。在外面我就等着干活。

(2)家庭分工(家内分工、家外关系分工)。家里就我干活,我跟老爷子挣吃烧(吃饭生活的费用),我们家老头当大夫供孩子念书,零花钱啥的。我们那时候没有房子没有地。我结婚那时候,他们是个大家庭。

(3)丈夫权力。那时候就是生产队,我也不用别人指使,该干就干。孩子我带,冬天做棉衣服,贪黑起早的,夏天上山做活,后来就会做这些了。白天干活晚上伺候孩子,还得做衣服、做鞋子啥的。孩子也不用怎么看着,就围个被子就行了。不用他奶奶抱着满屋走,也不哭。(我)生儿子十三天就下地干活了,没坐月子。

(4)家庭虐待与夫妻关系。那时候打骂妻子的事也挺多的,沈婆丈夫就是,抽大烟,连房子都卖了。老汤家自己家盖的房子,打的井,老太太跳井了,去捞的时候绳子折了,他家都抽啊,好像分开家了。解放以后这些事少多了。那时候好媳妇就是顺从丈夫的,怎么打怎么骂都不反抗。是啥样就是啥样,都得过到头。

(5)财产与收入。我家钱都他管,我跟老爷子挣吃烧,我们家老头当大夫供孩子念书,零花钱啥的。

(6)日常消费与决策话语权。他把着钱,我要花就给我。

(7)娶妾与妻妾关系。没听说过娶妾的。

(8)典妻与当妻。村里有典妻卖妻这种事,我听说过,还有卖孩子的。那家还有个儿子呢。卖了又要回来了,后来又撵走了。那时候都为了凑人口。

2.家庭对外交往关系

(1)人情往来。那时候请客有啥做啥。都是我管这些事,也是让客人先吃。一般不去别人家吃饭。

(2)离婚。以前(指1949年以前)没有提离婚的。

(3)人际交往与出行。我们就干活这些人见面,其他也见不到谁。邻居不串门。基本不出门,去过最远的是五大连池,我弟弟家。都我自己去。

(三)母亲与子女

1.生育子女

(1)生育习俗。我有六个孩子,一个儿子、五个女儿。儿子最大,1956年出生。生儿子、女儿那就有"说道"①了。生儿子买衣服,小枕头啥的,生闺女就没有这些了。我家那时候没庆祝,也没办过满月生日,他们小时候都没过过生日。我生完儿子娘家来人了,我妈没来,我妈腊月生我老弟。我老弟和我儿子同岁,我老弟是腊月,我儿子是九月。孩子满月抱出来给别人看,刚生完孩子我自己回去的。

(2)生育观念。公公婆婆对我生闺女儿子也不咋说。

(3)子女教育。我孩子都上过学,我儿子那时候学习不太好,他爸总逼他。对女儿呢?也不怎么管,念好念坏也是在自己。

(4)性别优待。我们没对儿子有啥优待,都一样。

(5)对子女权力(财产、婚姻)。他们结婚我们没管,说要结婚就结了,没啥陪嫁,要多少钱就给多少。儿子娶媳妇的时候彩礼就给六千块钱,都是我们拿的钱。

2.母亲与婚嫁后子女关系

(1)婆媳关系。我儿子三十来岁结的婚,我孙子都二十四了。儿媳妇和我闹矛盾,我儿子都不咋吱声,就是因为房子闹过矛盾。

(2)分家。儿子结婚我们过了几年,后来我跟儿媳妇处不好总打仗,就分开了,他们提出来的。

---

① 有说道,意为有讲究、有风格。

(3)女儿婚嫁(定亲、嫁妆)。我姑娘结婚老大二十七,一个二十五,一个二十三,还有一个二十四。都是自己处的。他们结婚我们都没管,没拿钱。

(4)招赘。我没听说过啥招上门女婿的。

(5)与已出嫁女儿关系。我跟姑娘家不咋走动。孙子都哄过。老三的孩子哄得少,二十来天。老三他们家我经常去,去有时候到那住一宿我就回来。

(6)养老。我得精神病的姑娘也结过婚了。上医院回来,好了,有人给保媒,没好利索,结婚了让人打跑回来了,这不让人操心吗。她没孩子,现在(我)跟这姑娘住呢,我伺候她。

三、妇女与宗族、宗教、神灵

小时候没听说过家里哪块有拜神灵啥的,求雨。有病请大神那可有,跳大神,啥我都看着过。跳大神男女都有。求生孩子求子拜观音的也有,求他也没求来。我家啥也没供。我信基督,我这两个姑娘出校门就信了。平安那玩意我看求也求不来。我们家可没人求那玩意。

四、妇女与村庄、市场

(一)妇女与村庄

1.妇女与村庄公共活动

(1)村庄活动参与。我没结婚之前参加过村庄活动,扭大秧歌。那阵姑娘也有参加的。就不像以前了,不让梳大辫子,都让剪短头,我那时候就是。

(2)开会。村里开会,有的也动员,像那不识字的也整上夜校。

(3)村庄绅士、保长、甲长印象与接触。我们那没有啥绅士、甲长、保长,丈夫家也没有。

2.妇女与村庄社会关系

(1)村庄社会关系(女伴、邻居、妯娌、同房同支等)。我在家就跟我妹妹她们玩,她们结婚我去没去忘了。村里红白喜事我咋不帮忙呢,我帮忙,我们家老头还骂我呢,那你看人家有啥事你就去帮忙,我说,待着不也是待着嘛。我自个儿要去的,自个儿看谁家有活,我答应,我没活就帮他们去。

(2)妇女聚集与活动。有妇女会啥的,那阵我结婚,没有孩子,选我妇女队长呢。我们也不出去聊天,就和生产队的在一起。

(3)妇女矛盾调解。那时候没有女的之间吵架,我长这么大岁数,打①结婚,我们这六个孩子,谁也没跟谁红过脸。

(二)妇女与市场

平时在家里做活那些针线,大街卖针带线啊,啥都卖,卖完了就做活呗。那时候出去买东西啥的不用经过家里人同意,自个有零钱,碰到就买了。那里边也有挺多女的卖东西的,也有女商贩了。我家后来是不是也发那些票,我不够花,有会计啥的我认得他们,干部啥的,这供销社的,我谁都认识。我结婚以后买的缝纫机,儿子娶媳妇,给儿子了。我认得供销社的,经常

---

① 意为自从。

去,去供销社除了买盐那就买油,买啥东西使不着。

五、农村妇女与国家

（一）农村妇女认识国家、政党与政府

1.认识国家

现在习近平对咱们国家多好啊,照顾老人,照顾残废(残疾)人,照顾农村,照顾城里,多好啊。孙中山、蒋介石那阵可听说了,早头也记不住孙中山又是周恩来了,数毛主席做的年头多,三十来年呢。都听电视、听别人讲啥的,那阵也没有电视呀,听别人有的讲,明知道,就像小孩子似的,跑人家跟前就听了。可不像这阵念书了。

2.认识政党与政府

(1)政党认知。我小时候那阵好几派呢,还有共产党还有国民党,还有日本子。就光听人家唠嗑,我记性可好了,就人家一说我就记住了,现在就完了,啥也记不住。那阵有共产党,有国民党。我认识人里也有共产党员,也有国民党员。这两个党员都有。

我当过那个妇女队的队长,就领着这些个妇女干活呗,也开会。晚间啥时候开会,完了,有时闲的时候,上生产队,扭大秧歌。再早运动那些歌了,是"文化大革命",那阵我都会,这阵一个也不会。不记着了,想不起来了,不会唱。

(2)识字班与夜校。那时候不识字的都组织上夜校。

(3)政治参与(投票、入党、当干部等)。好像没投过票。我家那阵可没有党员,我二弟是党员,我二弟当兵搁佳木斯入党了。现在他也是党员,他信那个什么天主教,我说你党员,你跟他信啥呀？完了后来不信了。

(4)干部接触与印象。我当妇女队长是我结婚第二年,我头年结婚,十八岁结婚,第二年全入高级社,我到他们老孙屯子,我那阵没有小孩,当队长了。然后以后有孩子啥也不管了。

(5)女干部。我就是女干部,那时候也有挺多女的当,妇女就占半拉天了,不受影响了。

(6)政治感受与政府评价。后来政府让废除包办婚姻让自由恋爱好,还是自己定亲好,爹妈包办的就不好了,好赖也得跟人过,好也跟人过,赖也得过,你不过不行啊。也不像现在,自个儿定亲,说不干就不干。这几个孩子都是在望奎生的,我们这老闺女今年四十五,这么怀抱着来的,完了就在这个地方节育了。到这我们那老头在大队当赤脚医生,你就得带头,我听一讲我自己就去了,节完了给我们老头七天假,让老头来回来给我做饭喂猪,可不是呢,坐炕上坐着净抽烟了,也不做饭,三天我就自己下地干了。现在管咋让你生俩了,有的人也不要。现在这些女的就是又要工作、又要管家里,就家里外头两边跑,以前都是在家待着,干那些活。还是现在幸福,像我一天吃饱了就出来溜达,进屋有时就看电视,有时候就待着,也没有啥干的呀。

3.1949年以前的国家与妇女

国民党的时候都得向政府交人丁税,种地啥的都交税啊,不上税不行啊。男的女的交一样多。我奶奶裹脚了,我妈刚有点,我奶奶脚趾头都趴脚心里了。那阵说的不要大脚人,都要小脚的。那阵都剪短头。

（二）对1949年以后妇女地位变化的认知

解放之后政府让家庭平等,不兴打老婆,然后婆婆也不能虐待媳妇了,现在都好了,我看有的呢,个别的呢,还是两人杠杠(指婆媳关系不和)的。还是这个国家好呗,那时候净受人压迫了。反正好的还是好,那你不好的呀,两人一样一样吵。打媳妇这些事没人管。

(三)妇女与土改

1.妇女(贫下农、中农)与土改(土改参与、斗地主、分田等)

土改队也上家了,我参加斗地主了,那不就运动那阵吗,我就去看热闹去了。就在苞米地拿大鞭子抽啊,皮都没了,人都不敢从那走。有口号儿歌,就运动那阵,在生产队。我家分地主东西了。那当时有的是去跟着呢,那阵那老娘儿们能耐的,那镯子、坠子整老了,小来小去,就上你家啥都拿。

那时候分地就让女的参加了。我也忘了给没给土地证。男女分地不都一样。有分多,生产队分一队、二队、三队、四队、五队,这样都有分多分少的,都不一样。等以后土地也是国家的了,我们的唐桂红,不就是他们给起的名吗,那个红卫兵都下乡嘛,那我正生我们老三,完了他们给起的名。"文化大革命"男女都一样开会,都一样参加了,以前可不行。

2. 妇女组织

有土改工作队,也有女队员,我就是妇女会队长,也开会发言。

3. 对妇女翻身与解放认识

土改的时候,妇女翻身解放了,分土地了,男女都种地了,都一样了。

(四)互助组、初级社、高级社时的妇女

刚开始我爹他们有这个话,谁乐入谁入,我爹就入了,等我结婚一年,普遍你入也得入,不入也得入,全搁一块堆了。后来合作社女的都得去干活了,干活就挣分了。不入不挣钱呢,也可以不干,你不干不挣钱呢,你懒呢,你不挣钱呢。那时候没有女组长、女社长,都男的当队长啥的了。女的跟女的干,男的跟男的干。不干一样活,啥都干,有一年大跃进,把男的都整走了,修坝挖沟去了,就女的贪黑起早。那些基础农活就女的干了,我搁长江打草,一宿一宿地捆草。也就不分啥了,重活也得女的干了,男的都整走了,就女的干了。分粮食都一样分,你有的挣不来吃烧的吧,你也要能干的不懒的,国家还照顾你点,等你懒蛋子人就不管你了。女的经期啊、产期啊,那你要不干就不挣分了。没啥特殊照顾,就待着。我这六个孩子都干活了,都干过,能干就得干。当时都是按人口分粮、分柴火,一口人一捆,分粮也是。

(五)妇女与人民公社、"四清""文化大革命"

1.妇女与劳动、分配

(1)妇女与劳动。我十七岁就归队一起干活了,完了第二年,十八岁结婚。那时候的歌那阵也唱,还开会,有时候没啥活,都整的生产队扭大秧歌,那阵妇女就不那么受气了,就跟以前不一样,还能参加这些活动。就都喊毛主席万岁,边干活边喊。男女都干,反正就懒蛋子你不干就拉倒,你啥都捞不着。有的人家东西人家一个女的都好几个小子,都下地干活吧,那人家回来就抹墙,都不耽误工啊,都怕耽误干活,黑天也干。那阵可没有种稻子的,没听说有。就割小麦,男女一样干,就搁望奎那。那阵也有电工啥的。有机器,反正谁都能整了,能磨,没说男的啥的。养猪养牛都生产队养,那阵个人也没有,个人就是你自己养点小鸡,小鸭啥这个,养牛马都是生产队了,都是男的。生产队干部都是男的。那阵都是男的,就到这块这个妇女队长领我们干活了。这嘎达没有(炼)钢铁。

550

(2)劳动自由与选择。当时集体在地里劳动的时候没有偷懒的,反正有的干得慢,有的干得快。慢的吧,大伙谁也不说,快的干完了就接受别人的活。再说你落下,你干活慢,大伙都接了。我说,哎呀,还是分给个人好,你个人劳动,你多干多吃了,那可不,你在生产队那时候,你一天不干也不挣啊。个人你乐咋干都咋干,都干,贪黑起早。

(3)工分与同工同酬。当时男女工分不一样,有干一半的,正常八分,他挣四分啊。反正是一天,嗯,看看你干多少,一共挣多少给你多少。我有时候挣十来分呢。男的和女的做一样事,工分不一样。人家干部挣得多啊。都挺公平,不公平不让啊。也有老太太干活的,有的也是不让干,有的慢啥的跟不上,现在也是到岁数了也都不让。我跟老公公挣工分,我们家这老头挣钱。吃穿我们都够用还得剩钱了,我跟我们那老爷子两个挣吃烧。我们老爷子挣得多,我们老爷子黑天白天呢。他黑都搁那住。

(4)分配与生活情况。当时生产队给粮啊、油啊、柴呀什么的,男女分的一样,按人口分。我们家这自己,我还得养鸡鸭鹅呢。粮食够吃,我们家够吃。没挨饿,自打结婚了没挨过饿。

2.集体化时期劳动的性别关照

当时对妇女没有啥特殊照顾,"大跃进""三面红旗"的时候,没看着谁累倒了,你要不干,你要生孩你就在家待着就不干,没人管。那时候没有托儿所嘛,都各家有人看着。

3.生活体验与情感

公社食堂吃过大锅饭,都喝粥啊。当时在食堂做饭的一般都搁男的。食堂给我们分饭是分配吃,每个人都一定量。那阵分粮,小孩分的少点备不住,大人分得多。在那吃吧,就是小米粥,咸菜啥的,你要不在那吃,就给你三两小米,各个儿拿家去,乐吃啥吃啥。我呢,这干活我就回家了。完我就把小米领家去,自己做豆包。"三年困难时期","闹饥荒"的时候,我家粮食够吃,我没挨过饿,我们家要没有我,都得饿死,你说都拿你不拿,不拿你不吃亏吗。当时没有人家饿死的,没有也饿够呛。偷粮食也有没有被抓住的,抓住也放,那都拿啊。也没说惩罚。现在还挺怀念那时候大家一起上工,就这帮女的能在一起,还能聊天,打打闹闹的,也都是搁一块堆。我那阵没有矛盾。

4.对女干部、妇女组织的印象

我们没有铁姑娘队,我们公社和大队也有妇联,有咱不认识,那时候你小嘎豆子①,你又不是什么领导谁家的孩子,人家也不在乎你。

5."四清"与"文化大革命"

那些地主婆、地主女儿她也得劳动。她都不能干,一个个裹小脚,这么点。国家对她们也有点待遇,不像以前那样了,剥削人那阵都过去了,也批斗完了呢,也有点给她们照顾她们,她们也是对咱们这群人也行。反正干活的工分也一样,也干一样活。她们结婚时候没受影响。"文化大革命"的时候也没上我们家拿啥。"文化大革命"的时候,让革命化婚礼、葬礼,那阵都不行的,没法买。现在我看还是比那阵强。

(六)农村妇女与改革开放

后来到土地承包分配土地决策的时候,有女的参加,抓阄啊,分地抓阄。等那个生产队都黄了,这不是地想分给个人,完了你就抓阄呗,你抓着好地就好地,抓着烂地就烂地。那啥我

---

① 小嘎豆子,方言,小屁孩的意思。

们分地吧,那阵我们家这老头去抓去,让他外头给抓的,我们抓这两片地都挺好的。我没参加村委会选举。生孩子那阵我真的,还少,要说是干啥吧,还是多了好,这个不行那个还行呢,这一个不行那就完了。现在还是有俩有个伴。反正我现在寻思是这么的,嗯,不多也得有两个,两人有个伴,你说这一个找哪找啥去。我不会用网络,不用,我也不会。手机有,会打会接。

买手机花四百多,我能打能接,我号记不住,我整个本,谁的号我记上。

六、生命体验与感受

这一辈子不容易,现在多好啊,啥都好。

ZH20160718LZL　李振莲

调研点:山东省潍坊市高密市姜庄镇西辛庄村

调研员:周含

首次采访时间:2016 年 7 月 18 日

受访者出生年份:1933 年

是否有干部经历:否

是否生育:是

受访者结婚的时间节点、生育子女的具体情况:1956 年结婚;就一个儿子。

现家庭人口:6

家庭主要经济来源:务农、子女赡养

受访者所在村庄基本情况:西辛庄村坐落于美丽的高密,高密是莫言的故乡,在这里人文气息很浓厚。西辛庄村和东辛庄村合称为辛庄,全村大约有千户。算是个大村子了。村子东边有一条人工河——胶莱河,是这里的母亲河,很多土地都要依靠它来灌溉、涵养。村子里道路硬化基本完成,交通也很便利。此地属温带季风气候,雨水还算比较充裕。当地居民基本上全是汉族,也有少数民族在这里定居。此地多种植小麦、玉米,为春冬两季。其他的还有花生、黄豆、土豆、地瓜等,但是主要还是以玉米、小麦为主。牲畜现在没有人养了,以前基本上每家每户都有一头牛或者一匹马。

受访者基本情况及个人经历:1933 年老人生于雷家庄,后来嫁到了西辛村。老人现在只有一个儿子了,自己一个人住在一个房子里。老人在没有结婚之前,当过村里的干部,还经常参加村子里的会议,结婚之后就不参加了。以前家里穷,连织布机都没有。平时就只是在家里干活,很少出门。在家里还能当家。还去过夜校,但是时间也不长,没多少文化。但其一生诚诚恳恳,过得也是很有味道的,现在回味起从前,老人也经常会微微一笑,忆苦思甜。平日,老人喜欢和其他老人每天吃完饭坐在大门口外边聊天,安享晚年。

一、娘家人·关系

(一)基本情况

李振莲,1933年出生,小时候没上过学校,只是在大的时候上过夜校。当时名字是美术老师给起的,不是爹娘给起的。当时家里有一个兄弟、一个妹妹和一个姐姐。俺那些兄弟姊妹那些人就是随便起的名字了。早以来,不上学就没有名字。那个时候也是按辈分来起名字的,风俗习惯也没有什么太大的变化,有不少的风俗习惯都传下来了。家里土改的时候划成分是贫农,家里就有几分地,穷得不行不行的。我就只有一个儿子。生他的时候我二十五了。那是1958年,结婚的第二年,我生下的他。我男人家里的地很少,比我娘家还少,也是贫农,他家里还有两个兄弟,他们经常出去给地主家干活,当泥孩①。以前的生活跟现在真是天上地下,想都不敢想。

(二)女儿与父母关系

1.出嫁前女儿与父母关系

(1)家长与当家。没结婚之前呢,娘家是父亲当家,村子里的一些会议俺爹也都参加过。俺娘家姐姐还当过干部,我也当了几年的干部。那啥来②,男的要是没出息的话是不能当家的。俺爹那辈他们三个兄弟,那会就开始做生意、做买卖了。俺娘跟俺爹基本上是一块去世的。俺爹死了没有一个月,也就是十几天,俺娘就去了。那会的话当家的就不知道是谁了。

(2)受教育情况。当时在娘家没怎么上过学,没解放之前,小时候都没捞得着去。当时也是愿意上学的,愿意学习但是没有机会学啊,生活太差,上不起。男的也有上不起的,也有不愿意上的,不识字的就不上了。后来上了几天的夜校。白天干活,晚上就去上学,上的时间也不长,也就一年就不上了。六几年就上学了,记不清其他的事了。那会儿男的女的也是都在一块上学的,就是解放之后才上夜校,就十多岁的时候。那俺妹妹这不是七十九,她那会儿就是上的学校,她这些人这不是一样大,她(上学)这会儿就是成立学校了,就上开班了。像俺那会儿,哪有个学校,就找个小闲屋,后响去学习,哪还能去学校学习?俺没,那时候穷得没地方上。

(3)家庭待遇及分工。平时穿的衣服都是自己做的,自己穿着补补就行了。女的一般在家里织布做衣服,以前没地方买。

(4)对外交往。以前女的虽然可以出门,但是也不是很随便,也是有些不允许的大概。那会儿家里来了客人,我们是捞不着去桌上去吃饭的,得等到客人吃完了,我们才可以吃。另外拜年的时候,都是男的出去,女的不用拜年。而且那个时候没有磕头钱③。那个时候都是不过生日的,老人也不过寿。小孩子死了也是要上坟的,但是不用出殡。以前也没有成人礼,也不知道是什么东西过生日,是到了解放之后才有的,成人礼到现在都还没怎么听说过。

2.女儿的定亲、婚嫁

小的时候,村子里有娃娃亲的,很小就结婚了。再就是十五六(岁)的时候定亲,一般二十多结婚。多数十八结婚,俺姐姐十八结婚,俺兄弟十九结婚。实行了解放也好,男的一般就是

---

① 泥孩,指听使唤的,长工。
② 那个时候。
③ 压岁钱。

二十结婚,女的十八结婚,你看这时候三十了还不结婚,这时候也有杠,男的二十、女的十八。这回三十不结婚是人家愿意。(结婚)也有限制,那时候结婚还得门当户对,不能乱找,一般媒人找就行了。你一个穷人去找地主家,那你以后的日子就不好过了。都差不多的这样的两个(人),过得就比较好了。那时候也有彩礼,但是基本上不大讲究,不大要这些。以前这是无关紧要的事情,彩礼都可以不要的。以前就跟拿着闺女换钱一样,要几十块钱。当时也不管男方好不好,要点东西维持生活就好了。以前的妇女不太被人当人看。那会来,就是(嫁给的)男的再差,你也得跟着他了,委屈死你也得在那里。

3.出嫁女儿与父母关系

结婚之后呢,一般是割了麦子,去娘家住几天,再就是冬天收拾完了,去娘家住几天,也没几天,长时间住不着。闺女在婆家受到了委屈,娘家人去看,就算是自己闺女的理,也得给婆婆赔不是,闺女当时就是下贱。一般过年初四也会去看看家里人。当然初几都是可以的,不强制要求。

(三)出嫁的姑娘与兄弟姐妹的关系

没有太多的联系,没有太多的来往。

二、婆家人·关系

(一)媳妇与公婆

1.婆家婚娶习俗

那时候,结婚的时候是没有司仪的,有家里的老辈分(的人)来主事。结婚的时候,我们两个还写媒契来,写媒契就是一张红纸写,写家长是谁,男的女的是谁,这时候都弄登记证,就跟现在这个登记证似的。还拜天地,也请客来吃饭。到了三日还得去给公公婆婆磕头请安,不过不用去给他们端茶送水,就是去问问好就行了。那个时候,公公当家,公公主外,婆婆主内。那个时候钥匙是当家的公公拿着。结婚之后第三天还得去(男方家)祖坟上去上坟烧纸。那个时候也不用看三①,就是娘家来看看,这是现在才有的事。婆婆就管着穿衣做饭什么的。公公种地干活,雇泥孩。以前也不开家庭会,我平时就是去拾棉花,在家里做饭、洗衣服。

2.分家前媳妇与公婆关系

不好你也得听婆婆的,收拾了饭先给老妈吃。那个时候不用给他们叠被。没有孩子的时候可以一起吃,但是有孩子的话得让婆婆先吃。那时候闺女下贱嘛,还有受不了上吊的,不过咱们村里没大有钱的,都是穷人,待得也就好点,没有那么厉害。我纺花织布的钱都是公用的,顶多就是过年的时候能给我搁一块布,让我做衣服,这就很好了。

3.分家后媳妇与公婆关系

那时候要是过不上来了,就分家。分家也没有什么财产,就给了几分地。是俺男的他叔提出来的分家,分家也很简单,就是分东西。不过分家的时候,女的是不能分的,没有权利。公公婆婆死了以后墓地合葬了,公公左、婆婆右。我也是可以去的。

---

① 看三,指结婚第三天新娘回娘家看望父母,各地均有类似习俗。

（二）妇与夫

1.家庭生活中的夫妇关系

那个时候，男方要是提出来离婚那就是要休(妻)了。至于里边有什么过程，这就不知道了。没结婚之前没有见过这个男的，都是娘家人说了算。结婚之后两个人就是打夯声①，喂、唉、啥的叫着，等有了孩子就叫谁谁他爹、谁谁他娘。家里的事也都是他管，就是现在也是这个样，基本上还都是男的说了算。村子里一些事要出面也都是他出去。家里钱不够的时候，钱怎么分配就是当家的说了算了。以前也不用怎么伺候男的，解放了就更不用了。穷人都知道穷人的不容易，结婚之后基本上都是你疼我、我疼你的。不过男人(们)说话的时候女人是不能插嘴的，一般你就得去一边待会，别妨碍他们谈话。

2.家庭对外交往关系

那个时候还有找两个媳妇的，大媳妇不能给他生孩子，家里又比较有钱的那样的，一般就找第二个，而且找第二个的时候也得注意门当户对，以前这个东西是很讲究的。结婚之后，大老婆就没有好果子吃，不好过了。那时候也可以过继个儿子，女的也没有发言权。男的出去干活的时候不用经过女的同意。平时买东西、家里来客，就是他们先吃，我等他们吃完了再吃。离婚这种事一般是男的提出来的多。女的只有结婚十年以上才能分家产。

（三）母亲与子女的关系

1.生育子女

我就这么一个孩子，肯定拿着当个宝似的。生孩子的时候娘家人来送了点东西。

子女教育：那时候俺孩子还是没能上学。解放了之后男的、女的就都一样了，都有权利了。那时候俺妹妹就可以上学了。

婚姻情况：俺儿子就是媒人说的媒，那时候有的看八字、有的不看，我就不看，那会也不大讲究这些事，现在讲究，以前稀里糊涂的。

2.母亲与婚嫁后子女关系

结婚之后，也不用每天都请安什么的。就跟平时一样。我跟着俺儿子过，就这么一个儿子，也没有分家。

三、妇女与宗族、宗教、神灵

（一）妇女与宗族

宗族的事基本上没有，那个时候这里没有宗族，就是现在也没有什么宗族。

（二）妇女与宗教、神灵、巫术

那个时候也不拜什么神，连庙都没有了。没有什么家神，就供养一个财神就行了。我对于这个信教嘛是真不(喜)好。

神汉、神婆子，那个时候神婆子还是有的，就是不怎么跟他们叨叨。不过这东西不信，有的时候还不行。

灶王爷，就是过小年，放上盘子，烧纸。以前就这样，现在也这样。也不知道神在哪里。说

---

① 打夯声，没名没姓地呼唤与应答，如打夯时相互的呼应。

不出来神这个事。

咱们这里有信教的,有信那些邪教的,我看着就来气。还有信耶稣的,虽然耶稣不是邪教,但是我看着也觉得气人,就跟痴巴是的。我觉得什么也别信,相信科学最好了。

四、妇女与村庄、市场

(一)妇女与村庄

1.妇女与村庄公共活动

我当时当了几年的干部,识字班、儿童团什么的,我在里边当头头,那时候我很小,参加了一些会议什么的。村子里的甲长、保长不知道是谁了。那时候小,还不记事。当时也谈不上对村子里的事关心,就是耍孩子。那时候村子里也还不用安排女的干活,都还单干。1956年我来了之后就(开始搞)互助组、合作社了。

2.妇女与村庄社会关系

集体的时候女的也是要去的。结婚之后还得去拜访一下邻里。俺那些曼姑子晚上就出来乘凉。开会的时候就闲拉呱,你说说、我说说的。以前还在外边打花棍什么的,比现在热闹多了。

(二)妇女与市场

那个时候也是可以去赶集的,我当时就去了。不过旧社会的事就不记得了。当时出去买东西不敢赊账的,家里没钱,没有钱就别吃或少吃点。当时纺花的棉花都是自己种的。

五、农村妇女与国家

(一)农村妇女认识国家、政党与政府

知道国家,但是还真不知道国家是什么东西。

知道孙中山、蒋介石谁的,都是听了人家共产党说的。现在还在演电视剧,共产党、国民党打仗,刘少奇为主打仗。俺就知道国民党坏、不好。那会日本更坏,还给我们打针,一开始打的是预防针,后来就不了。

去过一年左右的夜校,上课的老师都是村子里识几个字的人。在夜校里上学也是可以识几个字的,还有点用。

政治参与:当干部也没几年,参加过什么青年会,来了这里就不当了。1956年结的婚吧,当了七八年。开会的时候就说共产党好,要起带头作用什么的。

没有接触过什么干部,我这样的人家还看不上。那时候就有女的当干部了,而且还不错,官也挺大的。

那会儿还裹脚,来了共产党就不用裹了,我当时赶上了,正好没有裹脚,包脚还怪疼。来了共产党之后,辫子也剪了。我是在开会的时候剪的头发。

(二)对1949年以后妇女地位变化的认知

解放之后,女的地位是有了很大的提升的。而且还废除了包办婚姻,这样,女的结婚时最起码不会委屈死。结婚肯定要很熟悉对方才会结婚的。

(三)妇女与土改

土改的时候我家被划为了贫农。工作队在这住着,那时候工作队统一在大队住着。(工作队分发给我们的东西)都分不下去,不要,怕地主回来。那会儿嘞,还都不敢要地主家的东西,那会儿1947年反攻的时候,(国民党)回来还杀了一批人,贫农头都死了。(工作队的人)不拿东西不让(我们)走。唉呀,那时候嘞,我们也不知道共产党好,就怕人家国民党反攻。那时候嘞,地分不下去,就是当干部的自己种着,那会儿风调雨顺,也不用干什么,真是发了家。地主大多数都跑了,有去台湾的,有出国的,都不在咱中国了,人家识字咱不识字,地主都有钱让孩子上学,做些好事。

(四)互助组、初级社、高级社时的妇女

互助组、合作社是解放之后了。当时一开始是互助组,后来就是小社。村子里的队都合并了。男的女的都干活,干活的时候还挺热闹的,一时半会不出去还挺着急的。都找在一起嘻嘻哈哈的。现在记不得到底是谁负责了。沉的活就让男的干。那时候分粮食吃,生小孩的时候没有工分,那时候没有假期,不干活就没工分,就没饭吃。能干就干。那个时候生产队队长、计工员、会计什么的基本上都是男的,当然也有女的,但是占少数。技术性比较高的一些工作也一般都是男的来做。

(五)妇女与人民公社、"四清""文化大革命"

1.妇女与劳动、分配

那时候男女也是分工的,男女搭配,各有各自的任务。男女干的活不一样,工分也是有的差距的,但是差得不多,就例如同做一个活,男的十分,女的可能八九分的样子。

2.集体化时期的性别关照

那时候还没有产假什么的,不干活呢就没有工分、没有粮食,挨饿。

3.生活体验与情感

确实是挺累的,不过有的时候还是挺开心的。

4.对女干部、妇女组织的印象

计工员有男的也有女的,当队长的差不多都是男的,那会儿大部分都是男的。四个(干部里有)三个是男的,多数是男的,也得有个妇女主任,这时候也这样啊,大队里四个人有一个是女的,当妇女主任。

5."四清"与"文化大革命"

那时候大炼钢铁,大炼钢铁真乱套了,连锅都没有,都炼铁了,都没有日子过了。大炼钢铁那年活还中[1],六零年才算过去了,炼钢铁才瞎了,炼钢铁顾不上庄稼活了,那时候真饿死了。那时候嘞,棉花都瞎在地里了。"文化大革命"的时候,俺家里没有祖宗子,就烧了一个破财神,人家都笑话我,说财神还有破的?

(六)农村妇女与改革开放

改革开放之后,男的、女的都分到了土地,那时候真是好呢。还分给我们不少地。

六、生命体验与感受

以前的生活呢真是挺累的,现在在家里也没有什么心事(操心事)了,就是平时出来拉拉呱,也不用干什么活了。真是好呢,国家还给钱花着。以前的生活想想还真是难过呢。得多活几年。

---

① 中,口语,指还可以,表示程度。

ZH20160720DXL 董秀兰

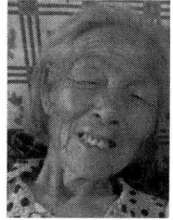

调研点：山东省高密市姜庄镇西辛庄村
调研员：周含
首次采访时间：2016 年 7 月 20 日
受访者出生年份：1935 年
是否有干部经历：否
是否生育：是
受访者结婚的时间节点、生育子女的具体情况：1953 年结婚；生育第一个女儿后离婚，带着女儿改嫁，后育有三个儿子和一个女儿。
现家庭人口：6
家庭主要经济来源：低保、征地费
受访者基本情况及个人经历：老人生于 1935 年，十八岁结婚，生育一个女儿后离婚，带着女儿改嫁。后又生育三个男孩和一个女孩，女孩为最小，现都已成家立业。其老伴于 2000 年去世。老人身体情况较好，目前独自居住。

老人一生吃了很多苦。老伴多病，自己想尽各种办法将孩子们喂饱、养大成人。老人生来做活利落，是种地和做家务的能手，生产队时期便可以赚到一个男人的工分。但是世道沧桑，种地并不能将其一家喂饱、穿暖。她出去要过饭，也跟随老伴出去卖过针线。大儿子参加过对越自卫反击战，她也曾和老伴一起坐火车去过越南。老人身体硬朗，目前能单独生活，生活完全可以自理。自己靠低保和征收土地的钱养活自己，很少跟孩子们要钱。

一、娘家人·关系

(一)基本情况

我的名字大概是在我三岁的时候,我的母亲给我起的。名字的含义我不是很清楚,毕竟谁都有一个名字。我今年有八十一岁了。我小的时候家家户户都有地,我家里面大概有八九亩地的样子。这些地都是我父亲到处买的地。当年我父亲为了买地,把牛什么的都卖了,当时我大概有两三岁的样子吧。当时经常有孬兵抢粮食,我们就把粮食埋在地下面,吃的时候再刨出来,如果不埋起来,孬兵就把粮食都翻走了。那时候实在是特别的乱,当年人们都不敢在家里面睡觉,如果遇见孬兵,就把你抓走了,之后让你用粮食或钱把人赎回去,和土匪差不多。如果看到你家里面有一点粮食,就给你抢走了。当年我父亲为了逃避孬兵,在庄稼地里面躲了一天,我给他送饭吃。

(二)女儿与父母关系

1.出嫁前女儿与父母关系

(1)家长与当家。那时候都是男性当家做主,没有妇女当家做主的,家里面的事情都是我父亲做主。

(2)受教育情况。我小时候家里面太穷了,没有钱读书,那个时候男孩、女孩都很少有钱读书的,女孩上学的就更少了。

(3)家庭待遇及分工。从前家里面都是重男轻女的,女孩没有人疼爱。以前那过年的时候去拜年,带着女孩去的很少,以前物质太过匮乏,拜年的东西带得都少,所以都很少带小孩子过去。以前管闺女、儿子都很严格。我小的时候,封建观念太重,女孩根本不让随便出门,只有干活的时候才让出去。我就在家里喂牛,小牛、老牛,小女孩都得割草,有钱的小男孩家里都去上学,没钱的也在家里割草、喂牛,还有的实在没钱的就去要饭,还有去逃荒的,去南方逃荒。弟兄四个去逃荒。我小时候就会纺花,那时候就会用纺花机,纺了线还拿出去卖,买不起布。现在的生活一看就是在天堂,以前那些布就跟纸似的,放到染料里。

2.女儿的定亲、婚嫁

定亲是十五六,十七八的时候,定亲的时候是爹娘做主,还送个红巾。以前都是媒人,那时候不看家庭,就是穷人找穷人,富人找富人。以前定亲爹娘也不需要征求闺女的意见,男女双方也不能见面。以前的老社会还说让你见面,你婆婆家在那个庄上,你都不敢去那个庄。不能见,见了被别人说不好的话。第一次出嫁时是十九岁。嫁妆有一个柜子、两把椅子,还有一个皮箱。有钱人的嫁妆比较多,有皮箱、柜子、大椅子、小椅子、桌子等,称为"大八件"。有的特别穷的家里面嫁妆就只有一个柜子。嫁过去之后,家里面不会专门去看你,嫁过去你就是别人家的人了,不会再去看你。我们那时候也有换亲,就是双方父母为了节省钱财,各以自己的女儿嫁给对方的儿子,这就是换亲。集体的时候大家伙就去领饭吃,那时候搞集体化,就是两个小人就可以见面了,那会就开始有自己谈恋爱的了,自己偷偷摸摸地找个地方,见面了还就很不错了。我小时候,如果女孩子还不就死了,只有男孩才给办丧事,女孩不给办。

3.出嫁女儿与父母关系

我们小时候干的活很单一,就是割草、喂牛、喂羊,得需要不停地割草才能喂饱牛羊,男孩能上学的就上学,不上学的就去割草。我们那时候有裹脚的,我也有裹脚,可是我觉得下地干活不方便,干活的时候很难受,所以在干活的时候我就把那些布全部扯掉放在兜里,等到回家的时候再裹上。如果不裹上回家会挨打的。所以我的脚比他们的脚都要大。我小时候会用棉车纺棉花,我们那时候自己的衣服和鞋子都是自己做的。那个时候实在是太穷了,没有钱买这些东西。和以前相比,现在的人就是生活在天堂上,现在人们穿的都是好衣服,好好的衣服就都扔了。我们以前对男孩、女孩管得都很严格。

那时候回娘家一般在大年初二或者初三才能回去,中秋节之类的一般很少去。去的时候一般只带着小孩去,男人一般不去。闺女出嫁了之后也不能管娘家的事。如果妇女在婆家受气了,能回去到娘家诉诉苦,以前都有男人打妇女的。在娘家住两天,之后还是得回去。我大概是二十二岁的时候嫁过来的(第二次婚姻)。娘家分家之后,我再回娘家就得住到父母家,娘家兄弟就不去了。分家的时候我也回去,就算娘家分家了也得回去看看,有的就不回去了,老的当家的话就回去看看。

那时候还得给老人祝寿,拿多拿少都得拿,拿了再去。一般情况下,女儿回娘家拜年都是在大年初二或大年初三,那时候带到娘家的东西,娘家会给剩点带回去,不会把东西全部留下。

那时候清明节还得去上坟,七月半的时候也得去上坟,现在年纪大了我就不去了,现在小一辈的去,我现在去没用了。自己婆家的爹娘年纪大了,他们没钱了,没有人照顾了,我们就得去陪着,照顾他们,他们有病了也得去看看,毕竟是老人家好不容易拉扯大的。出嫁了之后,娘家的一些事娘家人也就不需要问我了,不用我参与,就不是这个家的人了。

以前老人也过生日,六六大寿的时候会割点肉。如果闺女嫁出去之后,父母过六六大寿女儿都得回去,无论拿多少东西都要给他过生日。清明节的时候,女儿有时候也会去上坟。我现在年纪很大了,孩子们还是要回去替我给我的父亲烧纸。闺女嫁出去之后,父母的年龄大了,那父母的养老,闺女也要负责,嫁出去的闺女也得经常回娘家。放在现在,老了,儿子和闺女都是一样地照顾。那时候是想去就去,不想去也可以,也能不去,现在不一样了。

(三)出嫁的姑娘与兄弟姐妹的关系

我有一个兄弟、两个姐妹。结了婚之后,跟娘家的兄弟、姐妹就是稍微联系一下,就有点远了,但是还是有感情的。我出嫁之后,和娘家的兄弟、姐妹联系就少了好多,关系也挺好的。兄弟们都二十五六当家,老人当家,俺那些嫂子说话都不算,老人说了算。兄弟姊妹们都管不着我们的事,那时候闹矛盾了的话,他们也说了不算。他们有本事的话就去问(老人)。家里面出了什么大事,也不会请嫁出去的闺女回来,也不会问那些嫁出去的闺女的意见。那个时候嫁出的闺女已经做不了什么决定了。只要一走就什么都不管。是别人家的人了。那时候孩子多,父母就会和孩子分家。回娘家的时候,都会住在父母的家里,以前都是父母当家。而且妇女在出嫁之后,娘家兄弟也不可以干预她家的事情。在分家的时候,也有父母和儿子闹矛盾的,这时候嫁出去的闺女有时候也可以去调和一下矛盾。

二、婆家人·关系

(一)媳妇与公婆

父母给孩子定过亲之后,可以反悔,叫作罢亲,这种情况也有。如果婆婆不喜欢儿媳妇,执意让儿子跟儿媳妇离婚,儿子又不愿意,这时候要听婆婆的。婆婆不愿意就是不愿意,儿子做不了主,像我年轻的时候也是这样。不回去没人叫你,回去之后还得受气。

(二)妇与夫

那时候如果两口子过不下去了,女方也可以提离婚,离婚前要和娘家商量一下,娘家不同意就不能离婚,娘家人有同意、有不同意的,不同意就不能离婚了。有娘家人不同意离婚,最后(女方)上吊死的。有的男人不想要媳子了,就开始打媳子,然后媳子受不了跑到娘家,娘家人又不让她待在那里,就气死了。后来搞集体化公社的时候,吃大锅饭,大家在一起吃,大家的劳动积极性不能充分地被调动起来,物质也匮乏,那个时候都吃不饱,只能吃半饱。饭票是上面的人发的。等到后来不吃大锅饭的时候,日子就好过多了。那时候都吃树叶子、树根。实在是没有东西吃,实在是太受罪了。以前物质匮乏,人们都没有钱来买衣服、鞋子,所以那个时候的衣服、鞋子都是自己做的。在搞集体化的时候,婚嫁与之前有了很大的变化,男女双方基本上就可以见面了。那时候已经开始有谈恋爱的了。

我那个时候婆家和娘家关系也挺好的。我当时刚嫁过来的时候,家里情况不是太好,你爷爷(受访人的丈夫)当时时不时出去卖针,还有种地,给人家打个帮手,喂喂牲口,赚点钱。他还去过窑厂里面干活。

三、农村妇女与国家

(一)农村妇女认识国家、政党与政府

也不知道国家是啥,中国就是中国。十三四岁,剪手辫子,那时候被人家女队长找到了,妇联主任给我剪了,回家让我爸好揍一顿。那时候还成天地纳税、征兵。听戏的时候有七八个兵,从西南边过来了好几个兵。好几个方面的兵打仗。还给我们打针,一看那些兵都穿着黑色的衣服,还都带着机关枪,吓得我吓死了,打死了不少人,那时候我就十三四岁了,七个兵打得剩了一两个从这里跑了。我叔也成为共产党的营长,选出穷人里面的好人,当队长,然后就打地主、斗恶霸。

现在的国家主席是习近平,以前的主席是胡锦涛、江泽民什么的,都是在听说的,还有什么邓小平、周恩来,都知道。共产党是好的,那些兵多好。国民党反动派,闹得可厉害了。我小时候还没有解放的时候,比较乱,时不时有各个方面的军队交战。记得那一天是一场戏的最后一天,我和别人一起去听戏。原本我舅妈是不让去,结果在听戏的时候军队来了,然后就乱开枪,死了不少人。在解放以前,连喂个鸡都不敢喂,怕被抢走。国民党的兵实在是太可恶了。还有小日本儿!当年孬兵进村的时候,在哪个庄里抓的鸡就在哪个村里面吃。当年有一个兵要抓我们家的鸡,然后我当时就吓哭了,那个兵可能也比较善良,然后就把我们家的鸡给放了,但他把我们家的玉米给搬走了。我有个叔在县里面当营长,我曾经去他家住过几天,看到了村民被活活打死的事。在解放的时候,后来共产党回来,然后那些军队就被收编了,我叔也成了共产党的营长,选出穷人里面的好人,当队长,然后就打地主斗恶霸。然而好景不长,坏人又回来了。最后那些军队把所有的粮食都拉走。然后那个恶霸和那些地主恶霸就开始疯狂地报复。然后最后八路军终于又回来了,农民就又翻身了。

(二)对1949年以后妇女地位变化的认知

1949年那时候要破"四旧",剪头发,那时候人们的封建思想太重,都不愿意剪头发。解放之后,妇女的地位就开始上升了,再也不像以前一样经常受气了。以前家里面来客人,妇女都不能一起吃饭,解放之后就好多了。正是由于政府的努力,妇女的地位才能上升得那么快。而且1949年之后,妇女可以做的事情也是变多了,相对也更加有地位了,不像以前那样,男人说什么我们就得听什么。感觉更有尊严了,觉得做女人也是不错的啦。

（三）妇女与土改

土改的时候划成分,贫农、下中农、中农、上中农,还有富农,再往上就是地主了。我们家划为了贫农,没有阶级。土改的时候,要斗地主、斗恶霸,斗地主的时候都是搭上个台子,把地主按在台子上,把地主从台子上推下去,然后再把他送到台子上。穷人都说地主的东西是从他们手里夺去的,然后就把那些东西给拿走了。那时候地主又带着军队回来了,地主回来之后,我们就退了,他们恶霸都太狠了,他们恶霸就去报复我们,把人抓起来,把耳朵割掉,把眼睛挖掉一个。有的人没跑掉就要遭殃了。

（四）妇女与人民公社、"四清""文化大革命"

后来有人民公社,妇女的时候在公社里面赚工分。收社员家的粪,用筐子抬,抬了之后给你一定的分数,可以换东西。男人都去外面干活。集体的时候大家伙就去领饭吃,那时候搞集体化,公社不是要在一起干活的吗?那时候还有人专门照顾小孩,那个时候都是发一些粮票、布票,现在都没有了。那时候有人特别穷,吃不上饭,队长照顾他,给他粮票让她去领粮食吃。那时候许多家庭的住房都只有一间,差不多就是相同的布局,就是用一张床或一个大立柜放在房屋的中间,拉上帘子把屋子隔成两间,前面是客厅兼饭厅,以前的老人,她们玩的时候只能将床作为座,条件好些的能备上一两个小马扎或小板凳,床后面就是另一间卧室又是储藏室。现在,条件好了,住上了大房子,有好几层的大房子,真是气派。

四、生命体验与感受

以前的生活跟现在当然是没法比的了,不过现在回想起来以前的生活,感觉也是一生难忘的经历,我们这一辈的人见证了中国从贫穷到富有,老一辈的人很是感慨,觉得社会在进步。而且现在政府的一些政策对我们来说也非常的有利,我们现在干不动活了,就只能在家里看会电视,去大街上去跟人拉拉呱,每天晒晒太阳,种点花草、蔬菜什么的,孩子不用对我们太担心。

ZH20160720WYL 王玉兰

调研点：山东省潍坊市高密市康庄镇康庄村

调研员：周含

首次采访时间：2016 年 7 月 20 日

受访者出生年份：1928 年

是否有干部经历：否

是否生育：是

受访者结婚的时间节点、生育子女的具体情况：1948 年结婚；1949 生第一个孩子，共生三孩子，两男一女，因为贫困，饿死了一个。

现家庭人口：3

家庭主要经济来源：子女赡养

受访者所在村庄基本情况：康庄新村是最近新建成的村庄，它将雷家庄村之前的居民土地购买后再为居民新建的一批高质量的住房。它就在康庄镇，经济发达，旁边就有多条国道，而且交通网很密集，铁路就经过康庄。这里属温带季风气候，天气还算比较适宜，而且这里没有发生过什么大灾害，人民安居乐业。这里的居民基本上都是汉族。此地多种植小麦、玉米、棉花、土豆、花生等。居民现在基本上都很少养家禽了，以外出打工为主要经济来源，人地矛盾缓和。

受访者基本情况及个人经历：老人生于 1928 年，小的时候被送到四叔家，二十岁结的婚，生了三个孩子，但是由于饥荒，家里穷，饿死了一个儿子，家里仅有一个儿子和一个闺女。老人如今生活的还算可以，老伴去世了一段时间了，自老伴去世以后，就和他儿子一家一起住。

老人一生都在农村生活，吃尽了各种苦，珍惜现在的生活，同时也有一套自己的做事准则，不浪费，不做对不起国家的事。老人生活没有其他经济来源，就是靠子女的赡养，现在在家基本上每天都出来遛遛弯，在门口看过往的路人，精神头还很足。

一、娘家人·关系

(一)基本情况

我叫王玉兰,这个名字是当时开会,庄子里一个叫老徐的人给我起的,这个名字也没有什么含义。我1928年出生,出生于山东潍坊高密康庄镇毛家庄,俺娘在王家生了一男四女。名字都是庄里的人给起的,也不论什么就那样了。我哥哥上学也不好,学得不好就打,真打,上了两年就不上了。那个时候家里穷,就有二亩地。俺哥哥当时下学之后,还去给人家干活,挣点钱。家里就他一个男的,对他的待遇多少能比我们这些女的强点,有什么好的先想着他。那个时候也不过生日。当时晾衣服、洗衣服也没什么讲究,都放一块。用咸菜水做豆腐都是很好的菜,没钱买盐。

(二)女儿与父母关系

1.出嫁前女儿与父母关系

(1)家长与当家。当时我是大的,家里又是贫农,所以我在小时候就被家人把我送到我四叔家,他家里比较有钱,是做买卖的。我就在他家里帮他干一些活,给他轧花,够不着就站在石磨上。后来他找了两个老婆,我就出来了。

(2)受教育情况。在娘家也没上过学,除了干活就是干活。

(3)家庭待遇及分工。整天不是纺花就是割草喂小猪,纺花也挣不着钱,纺的花自己做衣服穿,家里就不买衣服,都是自己做的衣服。当时俺家西屋里家里还是挺有钱的,是中农,他家里的闺女也没上学,和我要得挺好的。那个时候吃饭也没有讲究,一家子人围成一圈一块吃,都跟小猪似的。

(4)对外交往。那个时候还有黄皮子①,他们还去家里抢东西,真凶。女的也不拜年,也没有压岁钱。更不用说还有私房钱了。

(5)那个时候没怎就有"早夭"的,不太重视孩子,都是死了就埋了,上坟。

2.女儿的定亲、婚嫁

我二十一岁定的亲,当时也是媒人说的媒,结婚之前都没跟我男的见过面,俺爹娘也不管我同不同意就那样去了。结婚的时候也没有办什么酒席,就那样进了门之后拜拜天地,给每人点东西就算完事了。(两家)就隔着三里地,我都不知道这么个地方,俺婆婆家就笑话我。定亲是要饭的人(媒人)四处要饭的时候给我说的亲,那个时候大部分都这样。结婚的时候我们还得用媒契,男方一半女方一半,写上自己的个人情况。因为家里穷,所以当时也不讲究那些给公公、婆婆磕头请安什么的。不过那些有钱的家庭对于这些还是很讲究的。

3.出嫁女儿与父母关系

娘家人把我嫁出来之后就不管了,权当把我给卖了。那个时候结了婚之后,娘家人也没来看也没接回家去。也很少回娘家,基本上就待在婆家了。

(三)出嫁的姑娘与兄弟姐妹的关系

结婚以后就很少和娘家有联系了,因为是他们把我卖出来的,对我也不关心,兄弟姐妹也很少有联系了。

---

① 日本鬼子。

二、婆家人·关系

(一)媳妇与公婆

1.婆家婚娶习俗

娘家有四个孩子。结了婚嫁到这里以后,比以前干的活还多,不过不用伺候老的,平时做做饭,下地干活。跟婆婆关系也还算可以吧,没怎么吵过,一直相安无事、和平相处,她让我干的我就立马干,有点小口角过几天也就好了。到了后来,婆家人多了,我就提出来分家,但是分家的时候什么也没给,就给了点面,给了两张破桌子,屋下雪的时候还能进来雪,幸亏庄里人又帮着重新盖的。分家之后,家里的事就是男的说的算,他做主。我还是跟以前差不多,纺花,下地干活,做饭,带小孩。生了三个孩子,当时穷,饿死了一个,现在就剩下一个男的跟一个闺女。家里也不开什么家庭会,有口饭吃就很不错了。那个时候还有换亲,都是那种家里穷得没办法的。来了婆家之后也没怎么回娘家,过年的时候能回去一次。娘家上坟也不用我去,娘家分家也不用我管,娘家的大大小小的事基本都跟我没有什么关系了,就连老人都不用赡养。当时嫁出去的闺女就像泼出去的水。

2.分家前媳妇与公婆关系

那个时候婆家也是贫农,家里也就两三亩地,我有两个小叔子跟四个小姑子。那几个小姑子后来关系跟我还不错,噶户①得还挺好。上坟的时候一般是男的去上,我们这些女的就在家待着。

3.分家后媳妇与公婆关系

当时1967年就分家了,什么都没有分给我们。当时分家是我提出来的,就给我一个破风箱,财产都没有分。来娘婆之后有一段时间我是很不满意的,但没有办法,就只能忍着,俺婆婆有段时间对我也不满意,但是到最后慢慢地就好了。那个时候都是穷人,一般没有打离婚的,所以我那个时候也就忍下来了,要不我离婚之后娘家人觉得没面子,也不会要我的,到那个时候就毁了。当时亲戚家有盖新屋的我们也去帮工,多少帮点忙。分了家之后我就基本什么都得自己做,其实不分家之前也是我自己做。

(二)妇与夫

1.家庭生活中的夫妇关系

结婚之后,也不怎么叫,就是叫你,打夯声。能相互有个照应就很好了。有的时候他出去参加什么工程,去干活,也不用跟我商量。也不存在打老婆的现象,一家子在一起过日子嘛。那会一般没太有去离婚的。除非真是闹得没法过了。

2.家庭对外交往关系

那时候也没有去借东西,一般都不借,一般是干农活的时候缺农具什么的才去借借。

(三)母亲与子女的关系

1.生育子女

我那会一共生了三个孩子,那个时候碰上饥荒,吃不上饭,有一个孩子饿死了,那个时候也没办法生,生了也没东西喂,所以就两个孩子了。两个孩子也是好不容易才拉扯大的。那个

---

① 噶户,意为相处。

时候男女虽然不平等,但是穷人家里一般不太讲究这些,连饭都没得吃,谁还去管这个呢。四九年之后能更好点。

2.母亲与婚嫁后子女关系

那时候俺儿子跟俺闺女也都不过生日,俺儿子是我第一个孩子,他们结婚的时候跟我结婚的时候,变化就比较大了。俺儿子大概是二十岁左右结的婚,那个时候婆媳关就稍微有点好转了。俺闺女的嫁妆比我们那会强多了,置办的也比我那会强。不过他们那个时候也还是没有私房钱,再过一段时间就有了。他们的小孩也就是我的孙子外孙,都是我带的,抚养费是他们出,带孩子的过程还是很开心的。那时候要是一个家庭里全是闺女,没有男的孩子,一般就比较困难了。我现在住在我儿子家里,有时候也去俺闺女家去住几天,住几天之后再回来。

三、妇女与宗族、宗教、神灵

(一)妇女与宗族

家里没有什么祠堂、族谱、宗族什么的,都穷得吃不上饭了,这些事也就没有了。我们这一般也没有什么灵堂,好像那些地主家里、有钱的家里好像有这个灵牌灵堂。

(二)妇女与宗教、神灵、巫术

那会扫墓的时候,我们女的一般不去,除了上坟都不去。

(1)灶王爷的祭拜。都可以拜,没有什么讲究。

(2)送子娘娘。送子娘娘也不拜。

(3)神汉和神婆子,当时村子里神婆子和神汉还是有不少的,当时信的也有不少,俺娘就很信,我就不信。有一个小孩吓着了,就得找个神婆子来叫叫。神婆子能比神汉多点。

(4)家里有财神。基本上每个人都是可以拜的。过年的时候请财神到家,供养着。

(5)求雨求丰收的事记得不多了。不太清楚了。

(6)当时还有信耶稣的。看着鬼子骑着摩托车,感觉真是厉害。在我们毛庄就有信耶稣的,当时他让我们跪下,我们那时候小,没有跪。

四、妇女与村庄、市场

(一)妇女与村庄

1.妇女与村庄公共活动

没结婚之前我没怎么参加过村里的活动,那个时候也还没有放戏的。那时候有甲长,还有个银长,就专门管着收钱,挨家挨户的要。结婚之后也没参加过村里的事,都只是在家了。那个时候也不知道什么叫资金与劳役摊派,那刹来①也没有戏可以看,结婚的时候还得去让甲长什么的说说。

2.妇女与村庄社会关系

结婚了之后,村里不给安排活,还都是自己家干自己的。结婚之后也没去拜访左邻右舍。那会儿还成立了妇女会什么的,我也都没有参加。当时家里其他亲戚结婚盖屋什么的,我们也要去帮工的。夏天的晚上,我们都出去凉快,那会,姊妹多,屋也小,俺们大后晌②的就在外

---

① 那刹来,意为那个时候。

② 晚上。

边风凉,有的时候就在外边睡着了。一般男女分开,年轻的在一块,老的在一块。结婚之后也不用去拜访左邻右舍,也没参加过农村妇女联合会。亲戚家盖新屋的时候都还去帮帮工,后晌热了就都出来乘凉。那会村里的女的也少有打仗(打架)的,打了过几天气消了就好了。

(二)妇女与市场

没结婚之前也去赶集,赶集的时候好几个人一块,有男有女,去买点菜和鸡蛋什么的,那个时候集上还有女贩子。结婚之后就不去了,去买东西还不能赊账。纺的布也都是自己家种的花纺的。纺了然后自己穿,也不卖。当然也没有多余的可以卖。实行粮票、布票的时候一样不够用的,而且更缺了。解放之后就不再纺花、织布、绣鞋了,都是开始买着穿了。

五、农村妇女与国家

(一)农村妇女认识国家、政党与政府

不明确国家到底是什么东西,觉得国家就是八路军、打仗。觉得现在能好点,(以前)还得交土地费,现在也不交了。感觉越来越好了。

那刹来,就知道孙中山是好人,蒋介石不是好人。以前的毛主席,现在的主席叫习近平。这回的是最好的了,以前不交提留,还不给你地,把你地给扣了,现在不但不要钱,还给你钱让你种地。只知道国民党跟共产党反着,打仗。(国民党)穿着灰色的军装,(我)不认识什么国民党的人,但是也不认识共产党党员。国民党还跟黄皮子在一块来。村里的干部也不熟,基本上不认识,不接触。没有参加过共产党组织的投票。那个时候女的就有当干部的了。共产党员也不太认识,那时候共产党员还是有女的,有什么江姐谁的。

1949 年之后,男女平等了,我感觉婆媳关系还是能好点吧。妇女的地位也提高了。不用伺候男的,都穷得不得了。我裹了脚,那个时候可以裹可以不裹,我当时愿意裹,所以就裹了。后来共产党来了,就要求把辫子都给剪了。

(二)对 1949 年以后妇女地位变化的认知

没解放之前,女的都不能管事的。解放之后,就自由了,不纺花了,也能管一些事了,也可以自由恋爱了。以前真能把女的给憋死、委屈死。现在好了。现在还实行计划生育,我觉得一个还是少点了,一个男的一个女的正好。解放之后那些风俗封建迷信也少了。那时候还成立妇女联合会,男女平等多了,比以前强多啦。

(三)妇女与土改

土改的时候,我家是贫农,我邻居家里是中农。我没有去斗地主,俺娘去的,斗地主的口号不太记得了,打倒地主(一类的口号)。分地主的东西,当时也就拿了两个肥皂盒,晚上他们敲着锣打着鼓,让我们赶紧送回去,吓得赶紧送了回去。土改的时候男的、女的都能分到地,我没有参加,但是也分到了一些地。

(四)互助组、初级社、高级社时的妇女

互助组、合作社的时候,一开始是几个家庭在一块,所有的地都入了社了,当时感觉这样也还行吧。那个时候大家的积极性还是很高的,都挺乐意参加的,也不需要去动员他们。不上学的就得去种地,上学的就不用去劳动了。不过干的时候还是个人干个人的。到了合作社的时候,就来了个大合并,所有的人、所有的组都集中在了一起,生产工具什么的也都集中起来。一起上工,一起吃饭。那个时候一起集体干活还是很开心的,没有加入妇女联合会,也没有听说过。

(五)妇女与人民公社、"四清""文化大革命"

1.妇女与劳动、分配

那个时候呢,我们的日子可真是苦,饭不够吃的,我们一块去干活的时候还有偷懒的。食堂的饭也不够吃的,我们这些女的干的活还不轻松,真是累死了。那个时候还有托儿所,俺家的小孩还去上了一段时间。粮食没有,只是每天分一点饭吃。每天给我们一点工分。大炼钢铁的那个还得是成分好的,不好的还不要,那个时候真是吃了不少苦。

2.集体化时期的性别关照

那个时候没有休息时间,只要你不干活就没有工分,而且就算你是孕妇,你也照样没有特殊待遇,不劳动就没有饭吃。俺家里那个小孩子送到托儿所的时候,我的孩子长得比较大,托儿所的人就给他粗面吃,那些小的小孩子就是吃细面,我就去找他们。看小孩子的都是些干部的家属才能去在里边做,一般人还进不去呢。食堂里的做饭的也是,都是有头有脸的才能去做。

3.生活体验与情感

上工的时候还是挺热闹的,那么多人在一块拉呱,热火朝天的,现在没有那种感觉了。那个年代你连生小孩都不敢,生了就饿死了,不能生。

4.对女干部、妇女组织的印象

我觉得女的当干部也是可以的,而且我们那也有当的。

5."四清"与"文化大革命"

"文化大革命"的时候,家里没有鸡蛋,都卖了,不舍得吃。破"四旧"的时候把家里仅有的铜盆给砸了,那可是花了两块钱买的,真是心疼。

(六)农村妇女与改革开放

改革开放之后,土地也实行了新的政策,每个人都能分到地,而且分得很合理,男的、女的都有。还去参加过选举,但是选举(上)的人(名)单不是我们自己选,而且都是早就商量好的,我们都不能改。

六、生命体验与感受

那些年真是吃了些罪,有的人一出门饿得直接晕倒,吃那些用棉花种子做的菜,实在是受不了了。真是受了太多(委)屈了。

ZH20160721GYM 郭玉美

调研点：山东省潍坊市高密市康庄镇前毛家庄村

调研员：周含

首次采访时间：2016 年 7 月 21 日

受访者出生年份：1935 年

是否有干部经历：否

是否生育：是

受访者结婚的时间节点、生育子女的具体情况：1953 年结婚；1955 年生第一个孩子，共生三个孩子，两个儿子一个闺女。

现家庭人口：3

家庭主要经济来源：子女赡养、低保

受访者所在村庄基本情况：老奶奶现在生活在康庄镇前毛家庄村，该村位于康庄镇大街，附近有配套的学校、超市、银行等，而且靠近潍胶路，公交车也方便，去市区只需要半小时，交通便利。该村庄绿色植被很充足，大部分地方都是花花草草，在离村庄不远处还有优美的柳河公园，老人们经常带着孩子一起去那里游玩散步。该地区属于温带季风气候，多种植小麦和玉米，气候宜人，未发生过大灾害。居民多外出务工，也有不少人留在当地开厂子、进公司等。

受访者基本情况及个人经历：老人生于 1935 年，十八岁结的婚，家里不富裕，划成分的时候被划为贫农，二十岁生了她的第一个孩子，之后又陆续生了两个。在娘家的时候上过几年的民校，后来由于条件不允许，没能再上，只能在家里纺花织布、干农活，为家里减轻负担。在婆家的时候，情况也没能好转，仍然是干活为主，要洗衣做饭养孩子、照顾老人、下地干活。和其他农村老太太类似，她也过着普普通通的生活。后来老人的老伴去了青岛，就只有她自己在这里一个人生活。现在她自己住在一个院子里，她的闺女、儿子在另一个院子里。老人每天的日常起居都能够自己完成，很节俭，亲朋好友送来的东西都不舍得吃，都留起来给自己的外孙吃。有一定的文化水平，以前识字、会写字。

一、娘家人·关系

(一)基本情况

郭玉美,1935年出生,今年八十一了,这个名字当时是在民校起的,起这个名字也没有什么含义,就是上学得有个名。其他那些兄弟姊妹的名也是上民校给起的。当时起名字也不按什么辈分,男的可能会看看。土地改革的时候家里被划为贫农,家里有多少地也不记得了。那时候婆家家里也没有点地,他家里也是贫农,比我家当时还穷,我丈夫家里当时有两个兄弟、两个姊妹。我生了三个孩子,两个小男孩,一个小女孩。第一胎是个小男孩,那时候我差不多是二十岁了。

(二)女儿与父母关系

1.出嫁前女儿与父母关系

(1)家长与当家。当时家里还是父亲当家,俺娘在我很小的时候就死了,我都没怎么见。俺爹要处理家里基本上所有的事,包括内外。俺娘早就死了,就只能是俺爹当家了。那个时候女的还不能当家。

(2)受教育情况。那时候也没怎么捞着去上个学,去了民校上了一会。民校那会是晚上上。那个时候是想上学,都想上学,就是太穷了,但是家里没有条件。男的还能多去上上。都去上过民校,有的去了东北,有的去了其他地方的。

(3)家庭待遇及分工。男的待遇跟女的待遇我记不太清了,男的就是好点,生了男的就是比闺女欢气。在家里我一般就种点地、割草,做一些农活,很小就开始干活。那时候女的出去干活,村子里的其他人也没有笑话的,就是家里没有爹娘了,感觉就是跟别人差一大块,比人家矮一截。纺纱、织布、绣花什么的都会,十几岁就学了,那时候都是自己学到的,没有人教你。

(4)对外交往。那个时候吃饭没有什么讲究,愿意坐在哪里就坐在哪里。那个时候也不怎么买衣服,都是自己做着穿。出去吃饭的话俺们不能去。过年出去拜年也只能是男的去,女的要在家里待着。过年的时候就是包几个细面饺子和粗面的饺子。家里来了客人,女人不能上桌,只能他们吃完呢,我去吃剩下的。那时候穷了就得出去要饭,我还出去要过饭。在家里自己学着织布、纺花,学会了基本上以后就得天天待在家里纺花、织布。在家里还得干农活,得去地里锄地,割草,喂牛,一大堆活。过年的时候没有压岁钱,就是过个年就是的了,就是包几个细面的,再包几个粗面的(饺子)就行了。

(5)女孩禁忌。我不记得有什么禁忌,我们小时候男的和女的都在一块玩。出门还是随便出门的,不过女的一般不出门,都在家里干活,纺花、织布什么的,没有时间。

(6)"早夭"情况。这个东西没听说过,就是跟普通的一样没什么区别。

2.女儿的定亲、婚嫁

我十八定的亲,十八就结婚了。当时基本上都是这个年龄。那个时候没有给人过生日的,也没有祝寿的。更不用说成人礼了,听都没听说过。那个时候我们是通过媒人说的媒,不是娃娃亲。媒人觉得两家差不多,见了面,就行了。那个时候也没有什么彩礼,就给了几个馒头吃了。定亲是不需要经过我同意的,而且就算是我不满意也不能反悔,我说了不算。那个时候十七八岁什么也不懂,不跟现在你们这些小孩子似的。结婚的时候家里的嫁妆是一个橱子、一个桌子跟两个箱子。

3.出嫁女儿与父母关系

结婚之后,家里人基本上就不怎么管了。那时候女的是不能提出离婚的,结了婚之后就不用再去拿钱养娘家的父母了,他们不需要我赡养的。清明的时候我是会回去上坟的。结了婚之后就是客人了。就算手头紧,那会也是不会轻易借钱的。回娘家一般都住在父母那。对于家里的事情没有发言权。哥哥说的话有权力、有分量。过年回娘家没有固定的时间,(正月)初三、初四、初六都可以,回去的时候带点点心什么的。

(三)出嫁的姑娘与兄弟姐妹的关系

跟兄弟姊妹的关系还好吧,结了婚之后也很少联系了。

二、婆家人·关系

(一)媳妇与公婆

1.婆家婚娶习俗

结婚之前,定亲的时候也没有什么,家里人也没有要彩礼,觉得也都没有钱,穷人何必为难穷人呢。结婚的时候不是很清楚了。好像是没有拜天地、夫妻对拜,也没有跨火盆;也没有给公公婆婆磕头请安什么的,那些好像是那些大地主家才干的事。那个时候也没有司仪,一般也不会有比较德高望重的长辈来。不过结了婚之后要去上坟,去扫扫墓地什么的。结婚之后家里人也没有人过来看我,就这样结束了。

2.分家前媳妇与公婆关系

结了婚之后,婆婆家里有两个男的、两个女的,比俺娘家多。家里一开始是公公当家。后来公公死了,就是婆婆当家了。不开家庭会。来到婆婆家之后,什么活都干。下地种地、在家里做饭、带孩子,感觉比在娘家还要累。和婆婆的关系还是不错的,相处得比较融洽,没有打骂过我。我要是回娘家的时候会去跟她说一声"娘,我要回趟娘家",也不用伺候公公婆婆,也不用伺候男的(丈夫)。那个时候还是没有私房钱,钱不够用的。村里还有一些婆婆不满意媳子,就把媳子休了的。

3.分家后媳妇与公婆关系

那时候分家之后,就很少了,因为分家就是说明关系不太好了,在那里住不了了。

(二)妇与夫

1.家庭生活中的夫妇关系

女的地位虽然不高,那个时候不用伺候男的。当时要是男的要出去干活,一般还是会对女的说说的,男的、女的一般都不称呼对方的名字,都是"你""喂"什么的叫。我对这个婚约还是比较认可的,不是很反感,当时反对也没用,就顺从了。他对我也还不错。我男的做什么事都会跟我说说。当时我在家也是什么活都做。家里饭不够了,就匀着吃。男的要是打女的,你要是没地方哭诉,也就那么着了。男的出去打工、出去做工程的时候,也得跟我商量一下,我有时候也是出去打工的。日常的一些用品一般都是我买,也不用商量什么的,邻里的一些事一般都是老人出面。

那个时候也是有找两个老婆的,不过大部分是第一个死了,然后又重新找的。还有赌博输了,把自己老婆孩子卖了的。当时家要是没有男的孩子,可以领养一个。要是男的打女的很厉害的话,娘家人是可以出来维护的。

离婚的话多数是女的在婆家住不了了,女的也没办法,回娘家,娘家人不要,也挺难办。

2.家庭对外交往关系

一般对外的一些事都是男的出面,出面请人吃饭,人情往来什么的这些对外活动都是他。要是他欠了钱,我还得给他还。

(三)母亲与子女的关系

1.生育子女

(1)生育习俗。那时候就算是生小男孩,也不需要庆祝。

(2)生育观念。以前还是有点重男轻女,看到第三个是个小女孩就不乐意了。

(3)子女教育。那时候他们也都没怎么上学。不过多少都上过了。这么多人花钱太多了。我的小儿子去青岛接班还在厂子里上过学来。不过要是有条件的话还是先让男的去上,毕竟男的更争气。

(4)对子女权力(财产、婚姻)。财产只能有儿子来继承,就算没有男的也不是女的,一般都过继一个男的,女的没有继承财产的权力。

2.母亲与婚嫁后子女关系

他们也都是媒人说的媒。定亲的时候还看看八字什么的。跟我们那会差距就很大了。以前是旧社会,现在是新社会了。我闺女结婚的时候基本上什么也就有了。俺儿子结婚的时候还重新盖的房子。那个时候俺媳子跟我关系还挺好的。那个时候他们结婚也是不用磕头端茶,不用伺候俺。结婚的时候,俺闺女她婆婆家给了一个录音机、两把椅子还有一些其他的。等我老了,也不用闺女养,靠俺儿子。有的时候还去俺闺女家住几天,十天半个月的。她老是让我去,我不愿意去,去了就不能干活了。

三、妇女与宗族、宗教、神灵

(一)妇女与宗族

不明白宗族是什么意思,不知道怎么回答。

(二)妇女与宗教、神灵、巫术

(1)灶王爷的祭拜。灶王爷啊不能过年拜,平时的一些节也去供养公演,端饭给他。男的女的都可以磕头。

(2)土地公公。不知道土地公公是干什么的,没有人拜,可能是吓着了,去找土地公拜拜吧。

(3)送子观音。有送子观音。男女都可以,去了烧烧纸、烧烧香,拜拜就行了。

(4)宗教。我信,什么也信,就是忘了,脑子不记事。觉得信了能保平安,全家平安。

四、妇女与村庄、市场

(一)妇女与村庄

1.妇女与村庄公共活动

没结婚之前我还去参加过大会,去参加批斗、斗人。结婚之后就没有参加过了,都在家里。没结婚之前对村里的事还是比较留心了,还知道甲长叫什么名字,就是忘记大号(名字)了。来了婆婆家就不太出门了,对这些就不了解了。没有听说过村庄公共事务建设资金与劳动摊派。结婚的时候也需要跟村里的甲长、保长什么的说。村里开会的一般都是共产党员。女的也有去的,不过一般不发言。

2.妇女与村庄社会关系

(我)没有什么好朋友,都是小时候在一块玩,大了就不联系了,就忘了。结婚之前还出去看戏,没结婚的、结婚的女的都可以去。男女也不用分开坐,都在一块。结婚之后也不用去拜访左邻右舍,在家里就行。庄里女的要是吵架的话,没有人来调解。

(二)妇女与市场

结婚之前没去赶过集,不敢去。结了婚之后去过,集上什么人都有,还有女贩子。那时候没有钱就不买,没有钱就拉倒,不赊账。家里纺花用的棉花也都是自己家种的,做的衣服,鞋子也都自己穿,不卖。没学过织布机。家里使用粮票、布票的时候,家里就更不够了。

五、农村妇女与国家

(一)农村妇女认识国家、政党与政府

知道国家这么个事,但是具体什么情况就不了解了。也知道孙中山、蒋介石,听别人说的,没有什么了解。也不知道现在的主席叫什么名字了,忘了。

知道有共产党和国民党。但是既不认识共产党的人,也不认识国民党的人。也不知道夜校的老师到底是干什么的。没有参加过共产党的投票。我们家也没有共产党员。女干部倒是听说过,还有女的党员。去上夜校的时候,学校里也不给俺讲这些国家啊,孙中山之类的事,就只是教俺学习识字。1949年之前没有参加过会议,也没有接触过什么国民党的官员。我那个时候就可以包脚也可以不包了。我就没有包,怪疼。当时我一去民校,头发就被弄没了,当时还有很多人不愿意。

(二)对1949年以后妇女地位变化的认知

解放之后,取消了包办婚姻,自由恋爱,这可真是好啊。还实行计划生育,还不错。解放之后,女的就可以出去串门了。共产党员对我们也都挺好的。我想让孩子们当干部,他们都没有出息,没当上。我还参加过妇女联合会,但是在集体里边干什么忘记了。1949年左右听到"男女平等",妇女的地位也有了一定的提高,女的也可以上坟了,也可以在男人说话的时候插嘴了。

(三)妇女与土改、互助组、初级社、高级社

当时俺家里是贫农,土改队还去俺家来,去动员我们都参加。那时候怎么动员的忘记了。土改的时候还斗地主、开大会。忘记去没去地主家拿东西了。很遗憾斗地主的事,那些口号、歌都不记得了。

进妇女联合会的时候,在里边干什么不知道了,但是知道里边有不少女干部。

参加互助组是俺爹娘的要求,都让进,互助组还下来动员来。互助组、合作社的那个时候,我们都在一块干活,男的、女的一样。当时进互助组是家里人让去的。那时候大家都在一个组里干活,具体的事情就不记得了。我去开会,上高密去开大会,开了好几天的会,一个大队里去一个好像,那时候我十七八岁,开会的内容不记得了。男的一般干重活,女的就干一些

能干得动的。那时候饭是分着吃的,孩子是婆婆带,我们出去干活。那个时候感觉还是很乐意在互助组里干活的,我们的地什么的都被他们划到集体了,个人都没有地了。

(四)妇女与人民公社、"四清""文化大革命"

1.妇女与劳动、分配

人民公社的时候我忘了我多大了。当时我们这些女的一般都是干一些力所能及的活,技术性比较强的一般都是男的来做。那些养鱼的、养鸡的什么,一般男的、女的都可以做。一起吃大锅饭。那个"大炼钢铁"的时候真是苦,还有那个"三年自然灾害",饿死了好多人,还有好多人出去要饭,不过集体劳动的时候还是挺热闹的。还有人在里边偷懒。一天能挣十个工分吧也就是。

2.集体化时期的性别关照

那个时候没有什么假,就算是孕妇也是照样要干活的。俺男的不在家,就我自己照顾三个孩子。人家给多少就是多少。

3.生活体验与情感

那时候是真的苦呢,就我一个人要拉扯三个孩子,他们给的粮食还不够吃的。

4."四清"与"文化大革命"

"四清"的时候,可以卖鸡蛋什么的,那时候大队里来人问我们为什么没人干活。破"四旧"的时候还把祖宗子给烧了。

(五)农村妇女与改革开放

改革(开放)以来,女的也是可以参加的,女的也能分到土地,而且土地薄上也会写上自己的名字。我没有参加过村委的选举什么的,基本上去了也只是走一个过场。

六、生命体验与感受

现在好了,每年、每个月政府还给几个钱花着,俺们没事就出来拉拉呱,也不看电视,现在也不懂那些什么东西。现在我们就好好享受享受了。

ZH20160731LSF 李淑芬

调研点：山东省潍坊市高密市姜庄镇西辛庄村

调研员：周含

首次采访时间：2016 年 7 月 31 日

受访者出生年份：1926 年

是否有干部经历：否

是否生育：是

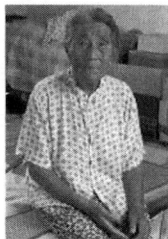

受访者结婚的时间节点、生育子女的具体情况：二十一岁结婚；1948 年生第一个孩子，共生两个孩子，一个儿子、一个闺女，儿子在小时候就死了。

现家庭人口：3

家庭主要经济来源：务农、子女赡养

受访者所在村庄基本情况：

受访者基本情况及个人经历：老人生于 1926 年，二十一岁结的婚。嫁到婆家之后，他家里有五六亩地，勉强可以维持生计。老伴和公公出去卖火烧为生。老伴家里有三个兄弟，分家的时候一家平均差不多分到两亩地，就是靠种地养家糊口。只生了两个孩子，一个儿子和一个女儿。儿子很早就去世了，就只剩下了一个闺女。在合作社的时候因为家里只有一个孩子，两个人供养一个孩子，还是比较轻松的，家里生活得也还不错。老人一生勤俭节约，不喜欢浪费。虽然受了很多的罪，吃了很多的苦，但是老人始终保持着乐观的心态。现在除了腿有点不太好以外，其他的都很健康，身体也很硬朗。老人现在不追求什么，只是想每天开开心心地、健健康康地生活，享一享清福。

一、娘家人·关系

（一）基本情况

我叫李淑芬，跟恁大妈妈是一个名字。这个名字是学校里给起的，我那时候嘞还上学，上了三年级。到现在还记得以前上课的内容，"十头猪一起过河，哎呀还想着，大猪就说，快快排起来，我来数一数，怎么数都是九头，他把他自己给忘了，数来数去九个，还是少一只，他把自己忘了"。当时这个名字呢，没有什么含义，老师给起的。不上学的一般都是什么什么氏。我有一个哥哥、一个姐姐和一个妹妹，他们都叫我二芬。那时候起名，男的能按辈分，女的不用。当时土改(我家)被划为贫农。家里没有点地。1946年结的婚，那时候连着虚岁的话，刚好二十一。第二年八路就来了。俺丈夫家里也是贫农，家里几亩地，还有两个兄弟。生了两个孩子，还死了一个。

（二）女儿与父母关系

1.出嫁前女儿与父母关系

(1)家长与当家。当时在娘家的时候还是有老的，老的当家。早已来，穷，俺爹的就做了火子①出去卖。我呢，就在家里纺花卖，真是穷呢。那会女的也是不能当家的。

(2)受教育情况。那时候就上了几年的学，我就上面说嘛，一课是十头猪过河，还有老虎叫门也学来那会，恁那会也能上这个。忘了老虎唱"小孩子乖乖"那个，我那会就有那个词了。还有麦田里一片红，麦子熟了，好割了，小白鹅、小羊、小兔、小鸽子，都不去割，我还记着跟小戏似的，记脑子里了，成天当戏唱。后来也没怎么上。

(3)家庭待遇及分工。俺哥哥那时候嘞，穷嘛，给人家当泥孩，也去学点功夫。末了也不知道跟着谁去当小兵去了。其他的人在家里卖火子、种地、纺棉花。我还学着纺花，也养了一头小驴，也不用割草，俺那个妹妹割了，我就没割。我看样小学的时候脑子挺好，李斌娘也去了，俺不都一块。俺爹嘛早以来不识字罢了，人家学校里还利用他，就想让他聘请老师，让他上哪个庄找有个识字的教书的，就叫俺大②去找找，俺大就去那里给人家请教师。末了来，俺大就认识了。早以来也不用花钱，去就中了，俺就跟俺大去那里，俺些女生嘛没有多，七八个嗬护着一块去了。

(4)交往。来了客的时候，那时候也就姥姥家能来，其他的很少，不论谁，没有现如今，挨不住的主家可能有朋友什么的，早以来就姥娘家什么的。过生日俺想着也不过。哎呀，成年礼还不知道是什么节令吃一顿股扎③，女的不过也不能上桌。

(5)女孩禁忌。那会一般没什么禁忌，都也没遇到什么。出门不太随便，你得干完活才能出去。

(6)"早夭"情况。没怎么注意这个，俺家小孩死的时候也没怎么大操大办，就是和平时一样。

2.女儿的定亲、婚嫁

定亲的时候我十九(岁)，二十一结的婚，这就算比较晚的了，一般都十八九结婚。我在家

---

① 火子,指火烧。

② 大,指父亲。

③ 饺子。

里光纺花什么的。那时候也是媒人说的媒,穷找穷。那时候也没什么嫁妆,就只有两身衣裳。还是要注意门当户对的。早以来那时候八成还是提个小箢,割上几斤肉,婆婆家来两老汉,就算怎么着,还写媒契,写上名谁,还挺讲究,东西是很少,也不什么,光给点通红的衣服,也不做饽饽也不干什么,就使个小箢挎着。跟现在是差不多,蒙着头,呵呵,想打扮些古董似的,两边两个人招着。

俺家里那会就坐那种车,俺那会穷,都使那种大车拉着,两个车差跟着边上,还有大蒲扇,在天井里拜天地,也烧香,也蜡摆着,还在桌子上放着大猪头,猪皮鸡皮,末了把那个大猪头就给了媒人了。嫁妆做了两床被,有的给两床被、四床被、三台家事,不是婆婆家,都是娘家陪送。娘家人不来。也有六天的也有八天的,叫六日叫八日,娘家就撵着车来叫回去。有六天的,在娘家住四天再回来,送回来就行了,就干活去吧,就这六天不干活。不怎么说,做媳妇好做,三日媳妇,吃着饽饽就着肉,呵呵,真穷,送回来吃一顿饭,中了这回,干活去吧,

3.出嫁女儿与父母关系

那时候嘞,穷,还挺讲究这个,二月二、寒食、三月三,在娘家过可不好了,就是二月二也得在婆婆家过,过不好节令可毁了。四月八,都得在婆家。结婚之后呢跟娘家的关系还是很好的。俺爹还想着我,俺婆婆说,家里穷还拿孩子挺珍重,八月十六不是过了,就去回娘家找肉吃了,上她婆婆家弄点臭肉,我没家去,俺爹牵着小驴来叫我,还挺珍重。

(三)出嫁的姑娘与兄弟姐妹的关系

跟俺嫂子就跟亲姊妹似的,关系很好。不过分家的时候我是也捞不着,不回去,光儿子分家,儿子多。要是女儿过得好,老的就让她给哥哥点吧,这个给你嫂子点吧,都向男的。

二、婆家人·关系

(一)媳妇与公婆

1.婆家婚娶习俗

结婚来了婆家之后,我就有段时间受不了俺娘,窗台上烧些麦糠,炕前烧些麦糠,我说你待咋娘,她说我要呕蚊子,我说哎呀娘咧,俺屋、俺家里都有蚊帐,我觉得受不了呢。那时候俺这个娘说,那你就从你那家里头去拿蚊帐,正好俺叔有。老妈妈在窗上还烧了衣服,我说少吃点东西也别这么弄烦人。俺结婚的时候蒙着头拜拜就烧着香,找老的拜拜,男的拜,女的不拜,女的站着。两个嫁亲客扶着。就算举行婚礼了。男的头喽走,嫁亲客跟着,门口隔着被,两串钱,一大步迈过去,上了屋,一个大石头立着,插个糕放在石头上,踩着糕上去,说是"步步高",还用步步高呢。男的先上,女的再上。

2.分家前媳妇与公婆关系

没分家之前,跟婆婆关系也很好的,没打过仗。我来了之后俺娘(指婆婆)还又生了一个,可真是小叔子,我来了一年,俺公公就死了。六月就死了。他管着他兄弟,腊月二十有的小孩,俺娘让我好好伺候。觉得媳子①伺候不好意思的,怀孕四十四。我还得伺候他们俩,俺娘那会也不好意思了,这么大了还生了个孩子,还得我伺候她,所以我们的关系还是很不错的。

---

① 媳子,指媳妇,下同。

（二）妇与夫

1.家庭生活中的夫妇关系

那时候过得再穷也没有去偷过东西。在家里也不用伺候男的，就两个人相互帮助。厨房里的活都是我来做。那时候男的还有打女的的，不过不多。

2.家庭对外交往关系

大队里的事一般都是俺男的管，没分家的时候谁主事谁管，谁出面。那时候找第二个媳妇的也是有的。那可是地主家，不生孩子的也有嫌闺女的，买个媳妇。大户人家门当户对，拜天地什么都一样。还有一些当兵的，在家里有一个，出去自己再找一个，也是有这种情况的。那时候离婚叫休，不过那真是很少了，很少有休的，被休的女的，娘家人都不要。

（三）母亲与子女的关系

1.生育子女

我就生了两个小孩，在小的时候就死了一个，就剩了这么一个闺女。当时也是想多生的，但是那个时候环境不行，条件太差，根本养不活，到最后也没有再生孩子。李群结婚，后晌他妈抱着，抱着睡。他娘就说这回你结婚了，有自己的屋了，去你那睡了。跟笑话似的。他妈妈跟我在一起跟笑话似的说。俺闺女那会还是没有私房钱，一般也是在家里挣工分。过了几年大队就让她去做赤脚医生。一般的在家挣工分，一天也给她十分，余外（额外）再给她一毛钱，那还觉得很不错了。那时候钱还实，还不干活还挣着钱。

2.母亲与婚嫁后子女关系

她结婚之后我还是跟着她住，就这么一个孩子，当然要跟着了。到现在也是在一起。

三、妇女与宗教、神灵

求雨。求雨求丰收，那会真拜，今年这么旱也没有求的了，早以来收豆子，一家收点豆子，把豆子炒熟了，豆子末，在河里求雨。求雨了，哎呀好大雨，怪笑人的。有一年跟今年似的，河里都干了，咱庄上地主多，唱大戏在河里唱大戏求雨，地主们出钱，人家就说辛庄求雨，在河里扎台子，那，不用管，唱了三天，拆了台子，过了两天下了大雨，河里的河水就满了。哎呀，还有在河底下唱大戏的，我还能记得，我那会才十几岁，不会看戏，就在桥洞子下边转圈、耍。我还记得，人家就是求雨唱大戏，那也得好几十年了。

灶王爷。灶王爷是一家之主，一些人不知道信不信，以前做出来饭，先端过去拜拜，灶王爷是一家之主，过小年就说，灶王灶王，闲话你少说，送你上天堂，多要五谷杂粮，这回也不征地了，这回也不说了。

土地公公。拜，那会不讲究罢了，小节令也就是。土地公也不知道什么公，现在就叫路旁爷生日，都信，都烧纸。

神婆子、神汉。这时候不多了，这回医院大了，有的还是信。

宗教。那就跟信耶稣的，不缺，就受些罪呢，哎呀，我不信那些事，指头都烂了，坟不上、年不过。俺家里老爷说不中烧纸，人家李庆刚不准，还有金帅，李庆刚不同意。

四、妇女与村庄、市场

（一）妇女与村庄

过去过年热闹，看戏，庄里人凑钱，外庄也有来的，不是家法严的都去，这会儿不热闹了不讲究了。过年早起来去拜年,去走走耍耍就中了。庄里的事一般都不怎么参与。晚上一大群人在外边风凉。

（二）妇女与市场

我当时没怎么出去赶集什么的。听人家说集上还是挺热闹的,小商小贩的,男的、女的都有,不过我当时没有出去。

五、国家关系中农村妇女

（一）农村妇女认识国家、政党与政府

国家?不太懂的这些事。知道这两个字的概念也是才几年。觉得跟神话似的了,孙中山、蒋介石知道,俺是怎么个讲究呢,俺就十几岁了那会,我那会上学,屋里就挂着孙中山的像,每个教室都有,这会还有,不比毛主席差。老蒋是不行,不讲究蒋介石,他两个人是一代的。孙中山她姐姐那会儿缠脚,孙中山看了她姐姐成天哭,他就说我当势了就不要缠足了,我们那个时候那个屋几乎都有孙中山的头像,孙中山长得还挺门面(挺帅)。那会有人下来检查放脚,我刚包脚,就给拆下来了。俺那会十几岁,大人们都穿着大袍,出来不让绑脚,看到绑脚的罚钱,一个人一块,吓得都穿他爹的大鞋,哎呀,我才包,我就不包了。孙中山那会就有大人们下来唱歌,"大脚好大脚好,推磨不用跑,去送饭凉不了",脚大,跑得快,人家就下来唱歌,俺就把它当小戏唱。

（二）对1949年以后妇女地位变化的认知

妇女的地位确实有了提高。现在为什么国家这么好了,人都就是识字多了,就是文化高。那会1949年以后就有女的当干部了。现在自由恋爱多好,我也觉得以前那些爹娘把闺女委屈死的,真不值。

（三）妇女与土改、互助组、初级社、高级社

国民党就是错误的,咱觉得地主就是剥削老百姓剥削农民,自己的活不干给他干,那穷的没有地,咱没有地。互助组、合作社是六零年了。互助组11户,俺公公、俺小叔子、恁姥爷家,谁有东西都送上。第二年就合起来了。

（四）妇女与人民公社、"四清""文化大革命"

1.妇女与劳动、分配

那会我老头子上(内)蒙古买了三匹马回来,他们就喂这个大马,我赶牲口。社长、计工员、会计,你看这那会儿小,也是三个,末了就分了,后响开会,这是社长,那是队长,开社队会,一块打谱,商量出事来,然后就一起干。男的干的重,分的粮食也多。那个时候没有产假,我就是产假干活。那会儿的幼儿园还分粮食吃,全庄没几个,还在面里面掺东西,真害了不少人。

那时候就稀里糊涂的了。我在食堂做饭,也不容易,恁爷爷就出去弄粮食,比俺小的就上坡,种地吃饭都在一块了,一家人了。去拾花半过晌,谁拾得谁去高密送,早已来那个道路送也不过秤。

2.对女干部、妇女组织的印象

那会女干部还是少的,记得记工员一般是女的。

3."四清"与"文化大革命"

不懂得,可是知道这么个事,听别人说。破"四旧"的时候八成是烧祖宗牌位来,都不要了,不供养了。

(五)农村妇女与改革开放

改革(开放)以后,也没有参加过村子里的选举什么的,都不识字。那时候离了婚的女的也是能分到地的,结婚去其他村子的,地由另一个村子分。计划生育也不少年了。

六、生命体验与感受

千人千思想,万人万模样。我没给国家出力,国家还能看着(保障),我总觉得咱也穷、也没有本事,国家还给我们入上低保,一年还涨几个,真好。我说,社会真是好,我不是口头上,我是心里真觉得变得好啊。你说国家发达了,有钱了,过六十的就有钱,还额外再给几个。年年好,一年比一年好,跟以前可真是天上地下了。我怎么知道识字多的好,真好啊。打仗也不怕了。毛主席那会穷,就不知道弄这些事。

ZH20160810LXQ 李秀芹

调研点：山东省潍坊市高密市姜庄镇西辛庄村

调研员：周含

首次采访时间：2016 年 8 月 10 日

受访者出生年份：1930 年

是否有干部经历：否

是否生育：是

受访者结婚的时间节点、生育子女的具体情况：1947 年结婚；1949 年生第一个孩子，共生六个孩子，前五个都是闺女，第六个是男孩。

现家庭人口：3

家庭主要经济来源：子女赡养

受访者基本情况及个人经历：老人生于 1930 年，当时老人家庭条件还是不错的，家里是中农，家里地不少，还雇别人来种地。结婚之后，父母过继了一个亲戚家的儿子，一开始还好，到了后来儿子就不孝顺了。在婆家的时候，一共生了六个孩子，五个女儿和一个儿子。因为生的孩子太多没怎么去干过活，基本上都在家带孩子。老人还是认为男孩子会比女孩子好点。在老人和老伴的努力下，一家人生活得也其乐融融。老人一生没怎么干过活，但是还是很精明的，生活做事都很有一套，懂得生活的不易，现在也经常教育孙子，让他好好学习。

一、娘家人·关系

(一)基本情况

我叫李秀芹，这个名字是我父亲给我起的，这个名字也没什么特殊的含义,1930 年出生,今年八十六了。家里没有兄弟，只有一个姊妹,叫李秀芳。那个时候男的(名字)还是按辈分来的,女的那时候都不起名字,也就不按辈分起名字了。那时候家里有八亩地,俺家当时还算是比较富裕的,土改的时候划定成分是中农。当时家里有几亩地,还雇用其他的人来我家干活。丈夫家里就穷了,包的地主家的地,是贫农。我十七岁结的婚,我一共有六个孩子,其中前五个都是闺女,第六个终于是小男孩了。我生第一胎的时候十九。

(二)女儿与父母关系

1.出嫁前女儿与父母关系

(1)家长与当家。在娘家的时候呢,当家的还是俺爹跟俺娘。当时俺家里没有男孩嘛,俺爹跟俺娘就过继了叔叔家的一个哥哥。俺爹娘死了之后就是俺过继的那个哥哥主着(当家主事)了。

(2)受教育情况。那会在家里也没怎么上过学。我没捞得着上学,俺那个姊妹还上了几天学。当时也不知道为什么父母不让我上。那个时候在村子里还是有女的上学的。

(3)家庭待遇及分工。那时候男的待遇跟女的还算差不多。那时候在家,因为没有男的姊妹,所以看不太出来有什么男尊女卑,但是从爹娘过继儿子看出来,还是男的好。吃饭的时候是一起吃的,坐的位置也是比较随意的。不过来了客人的话,女人是不能上桌上去吃饭的,我们要等他们吃完我们才能吃。那时候在家里什么活也干,下地、纺花、绣鞋,乱七八糟的。

(4)对外交往。早以来(很早以来),那时候女的过年是不出去拜年的,就在家里坐着,男的出去拜年,那时候也没有什么压岁钱。小时候出去玩的话还是可以跟男的一起的。到了大了也没有时间了。洗的衣服也都可以晾在一起。那会也没有成人礼,也不过生日。

(5)"早夭"情况。不太清楚这个东西,我们那"早夭"的话和正常死亡没什么区别。都是上坟送殡。

2.女儿的定亲、婚嫁

先定亲，定亲相中了之后选一个好日子，定亲的时候由媒人看双方家庭是不是门当户对。定亲的时候他们男方是晚上来的,还拎着一个小篓子①,就像是害羞怕让人家看到似的。结婚的时候,亲朋好友在一堆吃个饭喝个酒。俺娘家的嫁妆就是给我买了一件衣裳。结了婚过几天之后娘家人也没有来看,当庄嘛(本庄),想来就来比较随意。

3.出嫁女儿与父母关系

结婚之后,我回娘家就是客人了,家里大大小小的事都不归我管。娘家的事就不是我的事了。那个时候还有换亲,那些一般是家里穷的,说不上媳妇的。结了婚之后,过年就必须在婆婆家过了,千万不能在娘家。我一般是过了寒食②回娘家,过了年正月初四走娘家。还有八月十五回娘家,这就是这些大节令。一般也都是我自己回去,去我娘家住几天。俺娘家人来的时候也不带什么东西,我回去的时候多少得带点东西。在婆家发生什么矛盾的时候,娘家人

---

① 篓子,一种容器。

② 寒食节,农历冬至后一百零五日,清明节前一日。

会来调解调解、说说,毕竟是他闺女。俺娘跟俺爹死的时候都不用我管,都是俺那个过继的哥哥来操办。我就清明节回去上个坟。娘家的事我说了不算。

(三)出嫁的姑娘与兄弟姐妹的关系

我就一个姊妹,那个过继的哥哥也不熟悉,关系不好,而且一开始,俺家里俺爹还有点钱,他对俺爹还好点,到末了,俺家里不太好了,俺爹他们也老了,他对他们也不好了。(我)跟俺姊妹关系倒是挺好的,一直联系、走动。

二、婆家人·关系

(一)媳妇与公婆

1.婆家婚娶习俗

婆家的关系也还可以吧。俺男的跟他姐夫都是打铁的,俺男的是跟他姐夫学的。是他爹觉得打铁不错可以赚钱,就让他学的。当时定亲的时候,也没干什么。结婚的时候也不用请村里的甲长、保长什么的吃饭。我们也没有跨火盆、闹洞房什么的。不过拜天地来。那个时候俺也不用给公公、婆婆请安磕头什么的,也没有去端茶送水。那些事一般都是地主、财主家才有的事,俺这些穷人不讲究这些。结了婚之后,男的去上上坟。

2. 分家前媳妇与公婆关系

我来的时候还是公公当家。家里就只有把房门的钥匙。我拿着这个钥匙。我也管不着什么事,不过俺闺女跟儿子的婚事都是我说了算。家里也不开家庭会。以前我们吃饭之前还唱歌,唱毛主席。我那个大闺女领着唱。当时老爷子也不说话,就看着俺们唱,跟傻子似的。(应该是"文化大革命"时候的事)那时候在家里也就是带带孩子,因为孩子太多了。那时候还得给婆婆端饭。我也不用去伺候俺男的,还有我的小姑子、小叔子。那会爹娘死了之后要合葬。也没有个私房钱,实在是太穷了。织的布也都自己穿了。

3. 分家后媳妇与公婆关系

俺们家就只有俺男的一个男的,没有分家。

(二)妇与夫

1.家庭生活中的夫妇关系

那个时候结婚也不能不满意,因为那个时候要逃难,逃难的时候必须得有个男的领着。俺老两口结婚之后,也不叫大号,就是打夯声。当时公公在的时候不用我们管,我们就是干各自的,我在家做饭、看孩子。那个时候盖屋,好不容易才盖起来,还请人,给人家工钱。那个时候轻易不借别人的东西。遇到村子里的一些会议什么的一般都是他出面。他在外边的时候,就是过几天回来再说,然后请村子里的人喝点酒。那时候还去村子里借牛,借的时间太长了,还被人家说。也没出去要饭,实在没饭了就调菜吃。男的出去的话一般得跟老婆商量商量,织的那些布一般不卖,都是自己穿。

那时候就有找两个媳妇的。一般是第一个媳妇不能给他生孩子,就找第二个。一开始还是愿意的,她(大媳妇)就同意了。毕竟自己不能生孩子,到了后来人家两个在一个床上就不乐意了,就打仗。那时候离婚的不多。我们这就有,还是我的姨,她就闺女儿都没有,他男的找了一个,生了一堆孩子,也不糟,还挺好。大媳妇跟第二个媳妇之间的地位还是有差距的,第二个媳妇的地位高,第二个媳妇给他生了孩子,地位当然高了。那时候还有打媳妇的,女的就算是反抗找娘家人也就那个样子了,没什么办法。

2.家庭对外交往关系

以前家里有地瓜干,俺公公没有牙也不说咬不动。那会来一般出去对外的话一般都是俺男的去。那会要是男的不让俺出去,我就不能出去。就只能走个娘家。八路来的时候还能去看个电影。

(三)母亲与子女的关系

1.生育子女

(1)生育习俗。说习俗的话,其实也没什么,就是生了小孩之后,过一百天的时候,有百日,还有出满月什么的。然后生了孩子的时候再下几碗面条就行了。

(2)生育观念。那个时候我先有的五个闺女,一直盼着有个小男孩。我生俺家里的小儿子的时候可是激动坏了,终于生了一个小男孩。

(3)子女教育。那个时候是不过生日的,不管老少是都不过的。孩子都上过学,大的、小的都上了。不过那时候碰到了"文化大革命",就没有能再上。不上了之后,二芬就在家里干活了,三芬呢有单位要人就去了,四芳呢没出去。当时儿子年龄太小,没法接班,就让最小的小曼去接了班。俺闺女、儿子上学的问题不需要问问公公婆婆什么的,他们不出钱也不管这个。我们还是希望他们能够上学的。

2.母亲与婚嫁后子女关系

那个时候,俺闺女们结婚可都是自由恋爱,我可真是省事了。当时她们都在外边,觉得合适的话,我当时虽然能管着她们,但是也不太好反对,觉得差不多也就同意了。就只有我的那个小子是找的媒人,看了一看,相中了,也就那样了。结婚之后也不用伺候我。就是现在了,平时该上班上班,没事了来看看我,都挺好的。

三、妇女与宗族、宗教、神灵

(一)妇女与宗族

以前庄里有烧香的、烧纸的。死了人吧,都去,男的女的都去,去烧纸烧香的。这些东西前些年都给砸了,都不拜了。咱们这里不修族谱什么的。土庄还有菩萨,那个庄原不像个样子,现在建设得是真好。女的供养的时候,一般都是准备点东西去供养。那会有事也是一大帮子人,吃饭上坟什么的都去。

(二)妇女与宗教、神灵、巫术

那会有神什么的,那些神大多都是可以两口子一起拜的。

求雨的时候就是一大帮子老妈妈去打点纸、摆上贡、烧纸,在哪里供养着。人家东庄还念佛,哎呀那个好来,还拜那个桥。东庄那几个老妈妈唱得念得真好,摆好几个桌子,搭着台子,弄着唱着歌,好几个老妈妈,真好。那时候嘞,还有不少地主在桥底下找人唱戏求雨呢,还是很热闹的。这些年少了,我老了也不能了,咱们庄就没有人弄。村子里的干部有的时候来看看说说话,他们也是信这个的。你看我们庄上那颗大白杨树,几百年了,都说住了什么爷,都不敢杀,现在看起来都奄奄了,也不敢动,还得供着。

那时候神汉、神婆子还是有不少的,不知道他们是怎么个弄法,我不会。那时候信的人还是挺多的,主要是你要是得着了,不信也不行,都信。神婆子比神汉多。没大有男的干这个的,男的哪里有干这个的。

什么是土地公公？我不知道什么是。不拜。

逢年过节的,贴在锅台上,就放在锅台上供养。

还有就是供养祖宗,挂上祖宗,一天三次供养着,过了这两天老的就走了,走了就拆下来。

东庄有一个女的不知道信了什么邪教,整天也不回来,他男的气得想打她,也没地方打。有信送子观音的,烧香、烧纸地供养,跟人家那些没有儿女的,都信。

四、妇女与村庄、市场

(一)妇女与村庄

1.妇女与村庄公共活动

我那会很少参加什么活动,成天在家里看孩子,孩子太多了。上哪里也不行,十七岁就结了婚,小时候就什么也不知道,一直待在家里。知道那些甲长、保长的是谁。对村子里的事还是比较关心的,但是不大出门,也不去开会,忘得差不多了。结婚之前、结婚之后都很少去参加会议。

2.妇女与村庄社会关系

共产党来的时候,一大堆女的都出来唱歌跳舞的,打花棍,一群一群的。没有听说过资金、劳动与摊派。结婚的时候还得跟甲长什么的说说,让他知道。在娘家没太有什么噶户得比较好的朋友,不过都在一起玩、拉呱,问问你放了几个咕噜之类的,还躲猫猫呢。那时候在外边玩一会就回家。那些去县城的他们有很多噶户得比较好的。

(二)妇女与市场

那会也不怎么上集,小的时候不知道路,大的时候就不去了。上集的时候还得跟着大人。那回去上集,买了一个面瓜,回来后还长了口疮。结婚之后就没怎么去赶集了,这附近也没有集。在集上还是有女贩子的,当时买东西是不能赊账的,能买就买,不买就拉倒了。我那会去卖了一包地瓜干,还被没收了,我又找人给我要了回来。纺花的棉花都是自己家种的。我那会才纺了几年就纺够了。

五、农村妇女与国家

(一)农村妇女认识国家、政党与政府

不知道什么时候知道的。孙中山、蒋介石什么的只知道名字。现在的主席天天讲,老是忘。国民党就是连凶加坏,还是共产党好,对人民好。我不是党员,也不认识共产党员,没怎么参加过政治。干部也没有接触过,咱太差了,成天在家里,人家看不着咱。那会就有女干部了,不过很少。

那会夜校我也没去,跟个痴巴的。1949年之前国民党执政的时候,我也不接触国民党的军官,人家看不着咱。我那个时候刚刚好不包脚了,我很幸运地没有包脚。那个时候还唱歌来"快放脚,快放脚,也能说来也能跑,汉奸抓不着",呵呵。八路来了就强制剪头了。

(二)对1949年以后妇女地位变化的认知

那个时候女的地位是有了一定的提升。男的说话的时候也可以插嘴说话了。

(三)妇女与土改、互助组、初级社、高级社

土改的时候娘家里是中农,丈夫家里是贫农。土改队到家里宣传。那会斗地主,人家都去了,我还是没去。土改的时候分地都分到了,我也有。

互助组那时候合组,不过还是个人做个人的,不喜欢一起干,还是个人做个人的好。合作社的时候,家里的东西全都上交到社里了。男女分工,干的活不一样,得到的报酬也就不一样。

(四)妇女与人民公社、"四清""文化大革命"

1.妇女与劳动、分配

人民公社的时候,男女也是有劳动分工的。具体不记得怎么分的了,只是知道男的活比较重,女的活轻松点,但是女的报酬也就是工分少。那个时候没有产假,你想休息就休息,不干活就没有饭吃,就不给你工分。那时候,一起干活嘻嘻哈哈的,倒也是挺开心、挺热闹的,但是太苦了,连饭都没得吃。生产队队长、计工员、会计这些都是有男有女的,而且,很多女性干的还是很不错了,妇联主任就做得很好。

2."四清"与"文化大革命"

"文化大革命"破"四旧"的时候,家里有什么被砸了也不记得了,当时家里穷,没(被)打砸什么东西。

(三)农村妇女与改革开放

那个时候,离了婚的女的也是可以得到土地的,我没参加村委的选举。那会就实行计划生育了,对我没什么影响,孩子也生够了。

六、生命体验与感受

现在没事就在家里看看电视,看看电视上的那些小孩。也看那些新闻,不过看了一会就忘了。不知道什么是网络,打电话也是,只会接。真是赶不上时代了,还是有学问好呢。

ZQ20160807RYB 饶银宝

调研点:湖北省咸宁市崇阳县天城镇

调研员:张乾

首次采访时间:2016 年 8 月 7 日

受访者出生年份:1923 年

是否有干部经历:否

是否生育:是

受访者结婚的时间节点、生育子女的具体情况:1941 年结婚;1942 年生第一个小孩,两个男孩、两个女孩。

现家庭人口:2

家庭主要经济来源:子女赡养

受访者所在村庄基本情况:崇阳县天城镇是县政府所在地,位于崇阳盆地中北部,陆水河缓缓流淌于大山深处,延伸于翠竹之中。青山绿水,山水相映,同蓝天一色,构成一幅美丽的山水画。泛舟湖面,山风徐来,波光鳞鳞,令人心旷神怡。农林业以雷竹、优质稻、桑蚕、树葡萄著名。经济发展状况良好。

受访者基本情况及个人经历:老人生于 1923 年,她的母亲生了十四个孩子,只有她一个活了下来,是家里的大女儿,爷爷奶奶特别看重她,起名叫银宝。家里很穷,土改时候是贫下中农,但还是支持她读书,但是她不喜欢读书,不愿意读,就读了几本,在家里也要做家务事,父母也有规矩,当时社会还是有一点保守的,奶奶告诉她,女孩子走路只能低着走,不能抬头。父亲六十岁去世,母亲七十二岁去世,都是生病了没钱治,每次七月半的时候还是回去烧纸的!

1941 年结婚,是媒人讲的媒,丈夫家是小土地出租,土改时是中农待遇。那时候结婚也要写八字,有结婚证,要端茶,不要拜祠堂,只是那时候日本人在,没有请什么客。后来生第一个孩子坐月子时娘家人也不敢来看,到处都是日本人,日本人找她父亲要酒喝,没有酒还打了她的父亲。那时候和丈夫也不会吵架,两个人都很平和。在丈夫家,婆婆有时候对她好又有时候对她不好,后来婆婆又吵着要分家。

她的孩子都读了书,两个女儿都是高中,后来拿工资。儿子一个只读小学就(作为)社会青年下放了,很是吃了一点苦。另一个儿子也就到初中,不愿意读,但是现在她的孩子都很不错。八十多岁的时候,她摔断了腿,不能动,几个孩子轮流照顾,都对她非常好,后来在一楼租了一套房子,请了一个老家的老奶奶陪她、照顾她,一日三餐都是别人做,也不用打扫卫生,每天下午,小区里的老人都会聚集在她家,大家唠唠嗑,打打花牌,生活过得很充实很快乐。

一、娘家人·关系

(一)基本情况

我叫饶银宝,1923年出生,今年九十三岁了,我的母亲生了十四个孩子,只有我一个活了下来,爷爷奶奶特别看重我,叫银宝。家里很穷,但还是支持我读书,但是我不喜欢读书,不愿意读,就读了几本书。在家里也要做家务事,父母也有规矩,当时社会还是有一点保守的,奶奶告诉我女孩子走路只能低着走,不能抬头。娘家啊,没有土地啊! 身无寸土,土改时也没有分什么东西啊! 我娘家以前划的为贫下中农。我丈夫家是小土地出租,他家里有点土地出租,中农待遇。我丈夫家有多少亩地,我记不清楚了,只记得有点土地出租。我十八岁出嫁的,他家就他一个。我生了四个,两个男孩和两个女孩。我生第一个小孩十九岁,现在他还在,已经七十多岁了。

(二)女儿与父母关系

1.出嫁前女儿与父母关系

(1)家长与当家。我小时候在娘家是我爸爸妈妈做主。以前村里男人赌博不管事,那家里的大小事情还是男人说了算。

(2)受教育情况。我以前读了一点点书,哈哈!读了一本女儿经,读了一部女子四书(一部两本),是师傅教,去他家,那时候我家只有我一个人,都愿意让我读,但我读不进啊!我怕背书,怕默字,所以我不愿意读。我两个女儿读了高中,一个儿子读的小学,还有一个儿子读了初中。

(3)家庭待遇及分工。以前我家里那边有个祠堂,叫饶家祠堂,我爸爸妈妈生我的时候,我的名字也入谱了,就我而言,我家只有我一个,看得我比较重,那个年代嘛,有点重男轻女。我以前也要干家务事,什么事都做,做饭、洗衣服等。我以前也会做衣服、做鞋子,但绣花不会,织布也不会,但我会纺纱。以前纺纱都是自己用。

(4)对外交往。那时候父母也有规矩,不能出去玩,我奶奶告诉我女孩走路时只能低头走,不能抬头走,不过那时候已经不裹脚了。以前父母也不会跟我过生日,不兴那个!那个时候日本人还来了,拿轰炸机炸我们的房子。戊寅年(1938年)八月初二来了日本侦察机。

(5)"早夭"情况。以前只有我父母生那么多孩子就只有我一个人活下来,那些兄弟姐妹走的时候也不会办丧事,有一次我娘一下生了三个,三胞胎都死了,没活成。

2.女儿的定亲、婚嫁

我是别人做的媒,十八岁就结了婚,也没有换什么生辰八字,但是以前说亲要讲门当户对,就是看人,人相对就可以了。我的彩礼是一个小的刺绣篮,里面有两身内衣,一把剪刀。定亲前双方父母会见个面,父母也会征得我的同意,问我愿不愿意,以前请媒人做媒时不要给钱,媒人那时都是有钱的人,不是穷人,都在做生意。我的婚礼是四个媒人主持的!那时候没有定亲后不结婚的,定了亲就要结婚。定亲时我丈夫好像没有拿什么聘礼过来。以前结婚是要写婚书的,要写八字,也有结婚证,但上面没有父母的签字。我结婚的时候还坐过花轿,不过也很低调,也没请客,当时日本人在,什么都不敢,就没请客。日本人在这里住了八年,日本人在这里不知道做了多少坏事,找我父亲要酒,没有还打了我父亲啊。不过我认识的人里没有被日本人杀了的,但记得好像有一个人被他们带到长沙的,做重活,干不动就打,有一个人就因为干不动,活活就挨打死了,那时候上长沙是为了攻打长沙。以前村里也有一个童养媳,她在家里没地位,之后她家里来了一个后妈,不能上桌吃饭,对她特别不好,最后只能出去讨米了。童养媳跟正常人的结婚是不同的,她们啊!没结婚,就一直都在他们家,什么仪式都没有。以前村里应该是没有换亲的,我没看到过,上门女婿应该也没有,我没看到过,但听说过,也不知道是怎么回事。

3. 出嫁女儿与父母关系

我出嫁之后我娘家人也没有怎么来看我,日本人在,都不敢。出嫁之后会过一些生日,还吃肉,就是一家人一起吃个饭。我以前也不走娘家,日本人在,怕了。娘家有困难也没帮,帮不了,大家都困难。我娘家的爹娘生日一般也不会帮他们过生日,日本人走了之后,有时候过。一年回娘家会有个两三次。我父亲六十岁死的,我母亲七十二岁死的,都生病死的。以前没有钱治病,我娘家穷。办丧事,就简单地办了一下,请了丧夫,埋了。清明节有时候还是会去上坟的,但是修坟不要点蜡烛,一般都是我一个人去。七月半的时候也会烧纸,有时候我去不了,就叫我侄子帮我。我娘家有大事也会让我回去发言,提意见。以前也过年啊,每年都过!家里也会给小孩红包的,我妈那时会的,她吃五保(类似现在的低保),拿钱换点零钱,买点糖有小孩来的时候分给小孩。那时候么,一般都是几分钱啦,我娘家没钱!

二、婆家人·关系

(一)媳妇与公婆

1. 婆家婚娶习俗

我的公公婆婆是开餐馆的,我结婚的时候,婆婆家也没有人来接我,当时日本人在,也没有拜天地,就戴了个盖头,按规矩要给公公婆婆端茶!那个时候也有人有两个老婆,有一家姓汪的人家有两个老婆。也有人卖老婆的,我没有看到过,只听说过。听到我姑妈说过,有一个男人他得了火病(一种精神疾病),不能同房,还要一直管着她,那女孩脾气不好,有一次争吵被关在房间,怕要被打死,我姑妈的婆婆就把门打开了,她对里面喊:"这里面是哪恩撒,你还不出去等下要你的命嘎啦!"在就这样把那两个人放跑了,然后那个男的就不见了,可能就死在外面了。然后之前那个男的打开门发现没有人在里面,说是我那个姑奶奶的妈妈放走的,问她,她说,我是没有放,然后我姑奶奶的爸爸就说她做得好,不放走,两条生命就这么走了!放走后,那女的有点文化,就写了一个白泉帖(一种帖子):"白泉帖,白泉帖,老子写,老子帖,蔡氏女,好遭孽(家里穷),十五岁,婆婆家去,公公好,他不在,婆婆骂,我不怪,只个丑人,生就多做怪!"那个男的是有火病,不能跟这个女的一伙,又要管着这个女的,然后那个男的看到这个白泉帖呢,还要笑。那时候也有男的打女的的,早几十年看到一个,男的打女的,把女的打得晃晃倒,路都走不了。以前村里男的打老婆,打死了,村里都会有惩罚,拉到村里游行,让他喊他打死了老婆。我一般也不回娘家拜年,没什么亲人。

2. 分家前媳妇与公婆关系

在我丈夫家,公公和我丈夫都可以做主,商量办事情,那时候婆婆对我有时候好、有时候不好,一般般吧。以前也没有什么讲究,媳妇没有说必须要跟婆婆请安。1949年前后我丈夫对我没什么区别,他不欺负我,我也不欺负他。家里的事情一般都是公公婆婆安排,我家也没有盖新房,以前买东西都是婆婆买。

3.分家后媳妇与公婆关系

(1)分家。我不记得是什么时候与公公婆婆分家住的,公公在的时候是一直在一起住的,后来分家是婆婆吵着要分家。分家时也没有分什么东西,分家后隔得也不远,

(2)交往。以前村里也没有活动,也不唱戏,也不去邻居家走动,

(二)妇与夫

1.家庭生活中的夫妇关系

我跟我丈夫结婚时才第一次见面,还挺满意的,结婚后与丈夫一般也不吵架,他对我也挺好的,那时候也没有说要伺候丈夫的说法。做饭,分家之前是公公做,分家之后是我做。小孩子是我带,丈夫偶尔带,衣服通常是我洗,坐月子的时候就是丈夫洗。

2.家庭对外交往关系

以前女的不能出去挣钱,一般都待在家里,带小孩、做家务事,以前也不去市场买东西!都是自己布菜!以前有人来家里做客,客来了就剁肉,一般都是男的出面,女的男的都出来招待。那时候祠堂里没有什么活动。

(三)母亲与子女

1.生育子女

(1)生育习俗。那个时候家里有(钱)点的,事情好(家里有钱)一点的就办酒席,家里穷的就不办酒席,一般都是三天或者满月办酒席!那时候有点重男轻女,生女孩就不请客!请客一般接左右隔壁人,恭喜我们的人,说恭喜你老人家哦,做了奶奶!那时候也发红鸡蛋,满月剃头发的时候发,那时候给剃头的师傅四个鸡蛋,其他的人家一个小孩发一个。刚开始生小孩的时候娘家人是不来的,那时候日本人在啊!之后还是会来啊,拿红鸡蛋来,一般拿几十个吧!小孩生了三天就可以抱出来给别人看,三周日就抱出来转转撒!拿点衫盖在孩子身上抱出来转转,不过那时候是不要去祠堂拜一下的,他们不用上族谱,那上谱都是后来,那时候集谱时有通知就上,不集谱就不上。我以前也会给我们家小孩过生日,就是剁点肉吃,村里没有只生女儿的或不生,我只看到过一个,一家生了十个崽,九个是男孩,有一个女孩,叫豆腐。

(2)生育观念。那时候生男孩与生女孩有那么一点不同噶!别人家是那样的!我们家都一样没什么区别,不过真有一家这样的人,一个老太太,她家买了一挂鞭,生了女孩就收起来不放。

(3)子女教育。那时候男孩女孩都要读书,七岁读书,到了七岁就读书,我手里是小孩仔女都让读书,那时候发蒙(小学启蒙)也不要多少钱!也会有借钱送孩子读书的,人多就借钱读书。我家没有,两个男孩,一个男孩读了小学,叫做社会青年下放,还有一个男孩读了初中,另外两个女儿读了高中,现在都是拿点工资过日子。大女儿都六十多了,小女儿在城建(局),我的小儿子只读个小学是哪样呢,是个社会青年下放了。小儿子跟我一样,不会读,不喜欢读书,他就只读个小学,十五岁,就社会青年下放了,他受了点苦啊!

(4)对子女权力(财产、婚姻)。吃饭时我儿子和女儿都是上桌的,都上桌吃饭,在我手里是没有那样的。儿子和女儿都是他们自己结的婚,那个小儿子是社会青年下放的,自己结的婚,大儿子的媳妇也是社会青年下放的,女儿也是自己找的对象。但是那个时候就不合八字了,都没有了!我媳妇来我家呢,也没有拿什么东西来,我也没什么东西拿给她!我女儿出嫁也没有给她东西!都没有!

2.母亲与婚嫁后子女关系

她们结婚之后不用来拜见,跟我端茶,那时候已经没有那一套了。他们结婚也不坐花轿了,都是在外面结的婚,都是社会青年下放的人。我的女儿她们读了高中,大女儿是二十四岁结的婚,都是二十几岁结的婚啊!读书的都出去了,下放的都走了,家里只剩我和我丈夫两个人了。那时候我那个大女儿结婚,她的爸爸打了一担那样的箱子,给了一担子木箱给她,放棉被的当作嫁妆。那时候我女儿生孩子的时候我去帮忙带了一阵子,她还给了钱给我哦!我经常去我女儿家住,一年去个两次,多久不一定,我想走就走,一般一个月,我的女儿都对我好就是。孙子与外孙都一样,没什么区别,我的外孙的三十多了,读了大学,我自己的孙只读个中学,他就去当兵,服了三年兵役!我与我(儿)媳妇的关系就好,跟那个大(儿)媳妇好咧,那时候我摔了腿,在她家住,(儿)媳妇剁筒子骨,煮汤给我喝啦,然后零食都买在桌上,多味花生米啦!

三、妇女与宗族

1.妇女与宗族活动

我没有去过祠堂。

2.宗族对妇女管理与救济

我那时候不拜神,像求雨这样的都没有,我没有过到那种日子。我现在也不信教,我丈夫也不信。但是有认识的人有信教,我身边服侍我的这个婆婆(保姆)就信基督教!是老家那边的!

四、妇女与村庄、市场

(一)妇女与村庄

1.妇女与村庄公共活动

我出嫁之前村里也有一些活动,有唱戏的啦,我爸爸带我去看戏,我很小的时候,城门关了,四个城门,东南西北,之后只能在别人家里借宿一晚上,因为当时太晚了,后来还有电影看!不过那之后就没有看过戏了,我不是很喜欢看戏,我喜欢看电视。

2.妇女与村庄社会关系

村里有什么红白喜事我一般也没去帮忙,我在家里带着小孩,没有去。以前也没有玩得好的,只有村里的老妹之类,不叫玩得好,一个玉珍在白霓桥,还有一个叫亚珍,她丈夫在通山。平时我们很少一起聊天,都不在一起,有时候我回老家的时候,玉珍也好,会留我到她家住一晚。

当时我们夏天晚上会出来乘凉,但一般都不与村里人一起聊天,出来乘凉,不聊天,各乘各的。那时候就把艾草捆起来烧,为了防止蚊子叮咬。

我只纺过纱,不会织布,还没学会,在织布机上弄了两下。做鞋子做啊!做鞋的花样是我自己做的,但我不会剪,别人剪的,自己缝,我村里以前有一个会剪很多花样,我们村里的人每次都是叫她帮我们弄新花样给我们,我们每次也会给她一点菜作为报酬。我现在还认识一个会绣花样的人呢,前段时间还来过我家玩,叫阳新太太,她穿的花鞋子,她有个包包,上面自己绣的花,她是儿子在崇阳工作,她穿的鞋、背的包都是她自己绣的。但是现在联系不上了,好久没来我家里,好像是跟我同年的,说她娘家都发财,婆婆家的丈夫是被枪打了的,总是恶霸地主不咧!

（二）妇女与市场

我也没有去过市场,那时候都是自己种菜。供销社都没有去过,只做小工就做过。

五、农村妇女与国家

（一）农村妇女认识国家、政党与政府

1.认识国家

没听别人说国家。但有听说过孙中山、蒋介石这两个名字的,宋庆龄是孙中山的老婆,宋美龄是蒋介石的老婆,两姨妇。我在电视上看到的,宋庆龄带个草帽,穿的连衣裙,跟孙中山站在一起。我还知道现在的主席叫习近平。听别人说的,在电视上也看到过。

2.认识政党与政府

（1）政党认识。我以前读书没有关于国家的知识,我只读了几本书,女儿经,那时候女孩子要读女儿经,读了一本习事先文,读一部女子四书,一部是两本,一共只读了四本书。国民党是晓得的,国民党拐①! 国民党哪样拐? 只晓得他不跟共产党相通。他们对我们这样的老百姓也不好啊,他们政策也不相同些,反正知道他们是拐就是! 我认识的人没有是国民党的。很早就听说共产党和国民党这些词了,共产党是毛主席,国民党是蒋介石,我也没有入过党,我管什么都没有参加过! 但有听过妇女当干部的,之后妇女半边天时,有女的当干部,原来没有看到过。

（2）夜校。解放后有老师来开课,教我们认字,上夜校,但我没有上过夜校。我读点书都是在乡下,那时候有个袁师傅,在教书,他有两个老婆,一个大老婆住在我家那边,一个小老婆住在西门那边,大老婆一个叫紫玉太太,紫萍太太,小老婆一个叫香太太,艳萍太太!

（3）政治参与。我当然也是希望自己女儿和媳妇当干部的,旧社会没有,新社会有,他们当,我肯定开心啊! 那时候听说过,男女平等,妇女顶半边天,男的能做的女的也可以做,男的当得干部,女的也可以。

（4）干部接触与印象。土改工作队没有到我家里去过。

（5）女干部。那时候也有女干部,一街和四街妇女主任就是女的,解放前不晓得,好像没有,没有,妇女主任是解放后撒,一个是沈主任,一街的主任,还有一个是姓刘,也是妇女主任。

（6）政治感受与政治评价。我觉得计划生育那当然好啊! 不能生多了撒。一个嘛,少了一点,不管男孩女孩,要有两个左右,两个最好。

3.1949年以前的国家与妇女

我们村里没有人裹脚,没包脚,我这一代没有,村里都没有! 我不认识保长、甲长之类的人物,村里有什么会议,我也都没参加,我是个家庭妇女呀,只十九岁就开始带孩子! 以前村里修路我也要出钱和出力呢! 那时候修了一条路出去,是这样的,如果那条路我要走,我就出点钱。那都是想出多少出多少,他不追究你。我结婚时也不要告诉村里的甲长和保长呢。

---

① 拐,方言,形容很坏,下同。

（二）对 1949 年以后妇女地位变化的认知

我在街上住，街上开会就要我参加，那时候不是妇女翻身，说妇女可以顶半边天嘛。毛主席当主席的时候，在电视里看的。以前丈夫不在家，妇女可以代替参加会议，那时候也没有说男性与女性要分开坐

（三）妇女与土改

1.妇女（贫下农、中农）与土改（土改参与、斗地主、分田等）

我家哪有一个地主啊！在街上没有，乡下汪家有一个姓汪的地主。我们没有参加。他们斗地主嘛，还不是打倒地主撒。把地主家里的东西全部拿了，把原本该给他家几口人的东西给他，多的拿出来了。我家里有没有分到地主家里什么东西，什么都没有分到，我家是个中农待遇，分东西只能是贫下中农家里。那时候土改的时候，没有土地的人、家里穷的人、没饭吃的人就比较积极，我也没怎么参加，我去做工夫^①去了，不怎么了解。但我家一般都是我去参加土改会议呢。都是参加土改的女人，我们属于群众撒。

2.女干部与土改

我住的那里有一个妇女主任，我家是小土地出租，她是个共产党人，她家是贫下中农，她牵我的手到中农那里去开会，我家是小土地出租，中中农待遇，不是贫上农也不是贫下农。那时候开会吧，还不是讲点土改的事，划地主之类的事。我还记得那时候的口号，那时候嘛，就是打倒地主撒！

（四）互助组、初级社、高级社时的妇女

那时候也有合作社和互动组，我什么都没有参加，我在做工夫。我只在合作社买过东西。那时候只有贫下中农参加，共产党们参加，我们做工夫的人哪个参加撒。大家一起做工夫，大家一起有饭吃，那是五八年，大跃进吃食堂。那时候又要做工夫又要带小孩。那时候不唱戏，不唱，哪里有工夫看戏^②！

（五）妇女与人民公社、"四清""文化大革命"

1.妇女与劳动、分配

我那时候也要交税，交公民粮，我家交公民粮，我家只有一点田，自己做，要交啊。我也要服劳役，就是派我去做劳动。去了，不给钱，做义务工，不给钱的义务工也做了，给钱的工也做了。

2.生活体验与情感

我没有去过什么地方，当时我老公在邮电局里，我到过。哦，我生病，到过路口，那就是最远的（就半个小时车程），之后老公工作调到苏塘去，我搭不了车，就没有去。

如果现在可以让我选择愿意生几个小孩，还是跟这一样啊，就四个，刚刚好，生多了养不活。最后吧！我第四个女儿是三十八岁生的。

（六）农村妇女与改革开放

解放后就有人来动员我去村里参加会议，就那时候就开过会，就以前"林彪事件"时开过会，开到十一二点，讲他叛党叛国、出卖土地等，是有人来开会，讲话。但是平常开会开得不多，就那个开会就开了几晚，平常开会，就街道上有点会开。

---

① 工夫，指做劳力。

② 此处意指没有闲暇。

六、生命体验与感受

我不好啊,活得太长了!不过我的子女都过得好啊,都拿工资,只一个崽就没有工资!我家是零八年开始有电视的,我女儿跟(给)我买的。

ZQ20160808PXY 庞鲜英

调研点:湖北省咸宁市崇阳县天城镇

调研员:张乾

首次采访时间:2016 年 8 月 8 日

受访者出生年份:1932 年

是否有干部经历:否

是否生育:是

受访者结婚的时间节点、生育子女的具体情况:1932 年出生,小时候发八字定过亲,具体年龄她不记得了,解放后这个婚事被废除了。1952 年结婚,1953 年生了第一个女孩子,后来又生了三个女儿、一个儿子,一共有五个孩子,还有两个在怀孕的时候丢了,有三个没带活。

现家庭人口:4

家庭主要经济来源:子女赡养

受访者基本情况及个人经历:老人是 1932 年出生的,现在已经八十四岁,她娘家有三个兄弟姐妹,一个哥、一个姐。娘家是个中农成分。姐姐当了童养媳妇。老人没有读过书,后来家里条件好些了,父亲也是送的侄子读书,她没有去过一天学校。

小时候发八字定过一次亲,后来废除了。二十岁结的婚,也是父母做的主啊。二十一岁生的第一个女孩子,一共生了五个,一个男孩子,四个女孩子。但是还有几个孩子都没带大,有两个在怀孕的时候就走了,医院也弄不清楚。

现在她家的孩子们都特别孝顺,每个人都发展得特别好,带她到处去玩。她现在和自己的小女儿住在一起,小孙女也是她一手带大的,一家人都过得很和睦。感觉这一大家子都过得特别好!

一、娘家人·关系

(一)基本情况

我叫庞鲜英，1932年出生的，今年八十四岁了，我家有三个兄弟姐妹，一个哥、一个姐，哥啊、姐啊都老了[①]，都过了身[②]。我也不记得我出生时家有多少亩土地了，我家是个中农成分，我怕有个几亩地吧！原先我爹讨饭，他小时候讨过饭！我小时候发八字定过一次亲，后来解放后，就废除了，我二十岁结的婚，也是父母做的主啊，二十一岁生的第一个女孩子，一共生了五个，一个男孩子、四个女孩子。

(二)女儿与父母关系

1.出嫁前女儿与父母关系

(1)家长与当家。那时候我娘家还不是爹娘做主！还有你做的主？男方不成器，也没有女的做主的，那时候封建，妇女作恶啊(受到待遇不好)，哪像现在这样啊，现在妇女就好强，原先妇女都弱一些，婆婆嫌弃起媳妇来，打起来都不得了，躲到桌子下，拿铁火钳捅！我那个大嫂，到别人家做媳妇，别人个瞎子娘，养(看)头牛，还要剁点柴回去，回去晚了就没得饭给她吃！还不如只狗，馊了的薯就给她吃！哪像原先撒，现在是妇女翻了身啦！

(2)受教育情况。我那时候也没有读书，哎哟，读了书就好了喽，一个瞎子，一个老哈吧啦(感慨她自己，下同)。那时候封建社会不送倒伢崽[③]读书啦，不送女读书！我都没进过学校的门！不是个这样的老哈吧啦！倒伢崽，我那个全大队都只有个把两个读了书，就是一个独女，她家办得好，她爸是杀猪。那时候我家也不怎么作孽[④]了咧，还不是不送女读书，送个侄子读书。之前封建，说什么女孩子到别人家去还怕捏不到一把火钳当，哈哈，读么事(什么)书撒，怕是现在男女平等，送倒伢崽读点书？

(3)家庭待遇及分工。我娘家主要还不是做田，煮饭是我妈煮，我们是没哪个煮饭，她就纺纱、煮饭，我就织布、我姐姐在别人家，别人家却少人手，说去个伢崽服侍她，说送她读书啦，其实到港啦(地方)去也没读到书，还不是做功夫！我姐姐没多大就到别人家去的呢，我是十几二十岁走的，她没多大就到别人家去了，好像是别人带走的。

我多大开始织布的，我也不记得了，脚刚刚能踏到那个踏板上就开始学织布，我的嫂会织布，我那时候还没你们大！

(4)女孩禁忌。那时候女孩子就是不能随便出门的，不能啊，那时候裤脚拉到这里(指膝盖)都不行，你个倒伢崽受规矩束着，你的脚不能踩在男人的凳子上，他在这里坐着，你不能踩在他的凳子上，点吧[⑤]多的名堂嘞(规矩)，那时候点吧封建。哪像现在哦，现在大年初一，倒伢崽到男人的头上去摸，原先的规矩，你以为呢！那时候，点吧大的封建，你还没看到哦，我在路口，三长桶的屋子，中间个堂屋，两边做个巷子，妇女不能从堂屋里走，要从这边走，回来从那边走，那样封建！你以为像现在呢！那时候女孩子的衣服也不可以跟男孩子晾在一起，有

---

① 指去世。

② 同上。

③ 倒伢崽，意指女孩子，下同。

④ 作孽，意指贫穷，下同。

⑤ 点吧，意指非常，下同。

规矩嘞,男人的衣服晾在前面,妇女的衣服晾在后面,不知道规定的就管他怎么样,点吧大的封建!

(5)"早夭"情况。那时候我娘家也有没带活的孩子,我妈生几个晚崽,先生的几个倒伢崽,之后生一个崽,起个号叫金子难得,金德!哈哈,起得那样贵祥,只一点点咳嗽,就弄一点点姜水到他的嘴里,就是这样没有用了(没救过来),再后生的那个就是子福撒!

那时候也不会给他办丧事,小孩子咩,哪个办撒,只个老人家就搞撒!现在咩,这个社会,小孩子也不弄撒,封建社会,只个老人家,条件好的,死了开祭啊宗祭啊。你现在的小孩子死了也没哪个办撒,死了就死了!

2.女儿的定亲、婚嫁

那时候做媒,一般都是两亲家关系亲近,没有自由恋爱的事,都是爹娘做主,冒得个倒伢崽的事啊!你做不到主啊,再是解放来都废除了的。那时候我发了八字到人家去了咧,是解放来爹娘包办的全部都废除了,到别人家去了的都要回来!那时候我小时候,发八字一张那样的红纸,我个小孩子哪个看撒,发个八字拿红布包着。那时候我们结婚不要跟村里的保长、甲长说,跟他们又没有什么相干的,都是爹娘做主。

我记得我结婚的彩礼应该是没有的,那时候是解放来结的婚,好像是没有,这都是之后的事。不过我那时候结婚兴在白霓桥街上打锣啊、扭秧歌啊,还唱了戏,吵得快要鸡叫了医院的人又跑地来,都吵得大天光。男人呢就是新郎,妇女呢就是新娘,就这样挂在胸口,是这样的,这是解放之后,原先没有这个说法!

那时候定亲发八字后都不能后悔的,都是解放之后才能废除,之前哪有女孩子做主撒,你要翻白眼(反悔,不愿意)就把你按在池塘吃水(把头按在水里),那时候封建是个那样的。没有个做女儿的做主,爹娘要怎样就怎样,说烈女不嫁二夫,不能嫁两家!

那时候我结婚的时候还接客了,解放之后哪样不接客呢?之后结婚的时候都搞得热闹咩!嫁妆有的就弄,没有的就不弄,自己都不得活,哪来的嫁妆撒!有钱之人,提钱嫁女,中点之人,让不得水,无钱之人,卖崽卖女!解放后我出嫁之后,爹娘还不是要到女家里去走走,那时候我在白霓桥做大人(结婚)的时候,还把我妈弄过去遮喜啊,拿轿子抬,各人做法不同!

以前那时候村里也有童养媳咧,哪样没有撒。原先我跟你说得来(关系好),你生个仔,我生个女,我就把女把得(给)你,你生个女,我生个仔,你就把女给我,这是这样对亲,再就发八字,之后解放来就全部废除了。那时候好像是没有上门女婿的,没听到说,只现在就有,那时候有这样的,老公死了,我妈不是这样的吧,她老公死了,再我的爹就点吧作孽,还讨过饭,还不是之前在畈上,再又到这边来,再又生了我们这几姊妹。那时候生的孩子上门的还不是跟爹姓,现在还不是跟妈姓!

3.出嫁后女儿与父母关系

出嫁之后我也经常回娘家,哪样不去呢,隔得远也去,隔得近也去,想走几次就走几次,哪有什么规定,现在也没有什么规定撒,现在在娘家住的都有,都没有规定!还不是有时间一大家人就一起,没有时间就有什么事一个人也回去!

那时候也有两个人过日子,吵架就回娘家的,娘家给她出气的也有咧,打到她家,现在还不是也有。现在我王鑫干妈家,两个崽都在鄂高,在教书,一个女,那时候到我家特别乖,跟我一起到港里去洗衣,长大后在外面打工,跟别人结婚。之后两个人争架,追在路上,就打死了咧。娘家说到路口给她做房子,她不行,就偷偷跑了,在路上被打死了还说娘家没给她出的气,娘家也去了几个人咧,他那个地方的人肯定不帮外人撒,还不是帮他,还不是就这样算了。

那时候父母老了,还不是有良心的孩子给一点钱在家里过,都跟现在一样,接过来的也有,我爹娘在自己家过的,家里还有孙子撒!解放前过月半(正月十五)也要给老人烧纸,还不是就说尽良心,现在还不是这样。

(三)出嫁的姑娘与兄弟姐妹的关系

那时候在我娘家的时候,家里人对哥哥和对我都差不多,那时候咩,只我最细(只有我最小),我是末吧啦(最小的孩子)咩!他们比我要大好些!我的哥哥、姐姐什么时候(早就)死了。我在娘家没做什么,光是牵布、织布,在那边纺织,其他子女要到山上去做,我只巴不得要到山上去做,点吧欢喜,哈哈,都是做些那样的事都做腻了,每天在个织布机上,晚上也要纺,怕晚上就让你去玩啊?晚上还要纺纱,都是苦劳咩,我爹原先小时候还讨饭,点吧作孽!

二、婆家人·关系

(一)媳妇与公婆

1.婆家迎娶习俗

我们结婚的时候有结婚证,是政府里发的,我们那时候是新社会!我是二十岁出嫁的,原先从小一点点大的时候,亲家你挨着我,我挨着你,就是这样发个八字到别人家了,然后解放来了,都废除了。本来发个八字就要结婚,但是后来结婚都废除了,没结婚!那时候,我那个发八字的丈夫家土改时候是贫农啊,穷死啊!他家几个哈吧啦(傻子),也死都死了!都没说到人家(没成亲)。解放来,我都跟他废除了之后,他家又生了一个,之前是三个,一个哈吧啦,现在都死了,都没得啦,我都八十多岁来了。

2.分家前媳妇与公婆关系

那时候我和婆婆关系点吧好啊,没争过架!那时候过年也要回娘家拜年呢,怎么不拜年撒,还不是和现在一样的!那时候是个封建,点吧嫌弃媳妇,不像现在,媳妇都是老大,那时妇女弱,现在妇女都比男的要强,那时候打架的多,打了还不是要在那里住!

3.分家后媳妇与公婆关系

那时候我婆婆没有限制我,说什么事情可以做什么事情不能做,我的婆婆是点吧隔得我(两个人相处的很好),我们和婆婆就一直没分家!

(二)妇与夫

我跟老公分开是因为他在外面工作,我在家里当队长,有时候要我到县城里去,我说我去不了,再这样他就在那边惹这个惹那个,现在都是一样的。后来我公公婆婆下葬的时候也没有埋在一起,那时候有婆婆对媳妇不满意的也会要他们离婚,现在不也有吗,都差不多!对象如果父母看不中也会不让你结婚,那都和现在一样!原先呢,封建没有女做的主,都是爹娘放人,不能反悔,翻眼(反悔)的爹都把你按在水里,说烈女不嫁二夫。哪像现在,一句话说不好就离婚,离婚了又去复婚。再个小孩子就作孽,爹娘咩,骂呀打呀,还不是为了你好!我也给我的丈夫倒过洗脸水、洗脚水,哈哈,他辛苦的时候就给他倒,他说话的时候也不会说我插嘴什么的,都没有,可是他还是打我。干部也管男的打女的,管也管,没多大用,我没有裹脚,冷的时候会包脚。

那时候也有人结两个媳妇的，封建时候有啊，家里有一个，外面一个带着到处住撒，都是发财人家。一般外面那个都不生孩子，没看到生孩子的，外面的是外面的，家里的是家里的！那时候我家那里呢，是有家光生男孩子，有一家光生女孩子，之后妇女偷个男人，又生个崽（儿子），两家那样的，说是男人的关系啊！但那时候没有卖妻子的说法，就是会打媳妇，一句话不好就打，打得红的红绿的绿，女的哪样打得男的赢撒，你打下轻的，他还要打下重的，原先都是虐待妇女啊，现在妇女翻身了，妇女还强些！那时候跟娘家告状也没用，还不是有这份道义（有点本事的），娘家就跑过去出气，没有道义的还不是打就打了。解放之后就没有几个打的了，不过打架的人也有啊，现在也有撒，比之前好些！

(三)母亲与子女的关系

1.生育子女

(1)生育习俗。我生了五个，一个男孩子、四个女孩子，二十岁结的婚，二十一岁生的第一个女孩子，那时候生孩子接客，百天、一岁都可以的！还不是看个人，都可以！

(2)生育观念。我们那时候作孽死了都没有饭吃啊，我们那时候点吧作孽，饭都没有吃的。都差不多，都是一样的，生个崽当然欢喜些撒，现在人家也都是一样撒，生个崽还不是欢喜些。

(3)子女教育。我家男孩子，那也只读得那些书，两三年，我大女儿只读个卫校，就到医院里来当党组织部里的主任，她做得好。我的崽都没读到什么书，不过读两年书，他也到合作社当了两年经理，他们都自己钻的。我的大女儿就读个卫校，她不管做什么都比别人积极些，干起劳动来，摘薯什么的，一个人摘摘摘，摘一大堆，这些人（其他人）都搞不到那农村里的事，三个人，找别人要，没得一点点（没摘多少），在农村里做惯了别（指她大女儿）。

(4)对子女权力（财产、婚姻）。那时候我也有孩子没有带活的，我就只有几个孩子啊，那时候天光（明天）放假，我的孩子发烧，我说今天就不请假，天光（明天）放假带去看，就这样烧坏了。那，走了有几个哦！死了几个（怀孕的时候），到医院里去，都说不出来，丢了几个，丢了个男孩子.我去解个手（上厕所），这边就突然一叫起来，再就不管事了。那时吃不得奶，不止两个哦，还生了个大的，都是身上发了一身的疮，都没有钱治。

2.子女婚嫁后与母亲的关系

我的孩子结婚的时候也没有什么嫁妆，在部队上结的婚，也没什么。那时候结婚就没有新房，都是自己后来做的。现在门面、住的房都做了一栋。合作社垮了台，他就自己买了个门面，都是自己干出来的。媳妇在温泉，然后就都到温泉去了。我最小的女儿和最大的女儿隔了有二十多岁！

三、妇女与宗教、神灵

(一)妇女与宗族

那时候孩子的名字不要写到族谱里去，那是有个季节的，祠堂集谱，那时候封建没说集谱，现在有！村里没有什么祠堂，还不是集谱的祠堂，都不晓得什么了，我都出来几十年了！唱歌跳舞那样的活动？那时候哪有那样的活动撒，是现在这二十年有活动撒，之前解放来也没有活动。那时候集谱的时候女孩子的名字也不写进去！祠堂里平常也会开会，哪样不开会呢，有事还不是开会吧！那时候结婚也要去祠堂说一声,那都是祖堂里啊,结婚要说一下啊!

(二)妇女与宗教、神灵、巫术

神灵,我家有个十太爹,不晓得几灵,我们家每天吃饭的时候,要把最好的菜上摆双筷子,让他先吃,我们之后再吃!然后是我们家里的事情,他就保护你。也有太婆咧,太婆就是吴吴周婆婆。敬神的事情,男的女的都可以做,月经来的时候不能敬,不然就不神圣,月经来的时候不能上香。还有那个神是不能吃鸡蛋的,那时候六太爹(这个是亲人),不是十太爹找到他撒(就是上身),我说十太爹来了,我要去煎个蛋给他吃(神灵上身了要做点好吃的给他),他就一叫起来,不吃啊,我不吃啊!说他不吃蛋,从屁股眼里生的他不吃!那时候都是你要敬什么就敬什么!那时候他还说你六太爹,我到你们家来,都不理我,不理我我就走啊,我走啊!就说他不理他,他要走,因为你六太爹不信神撒!在进机械路的那里,要过那个桥,一个白星老头(白发神仙)问路,问你六太爹要到那里去,再就是那样上的身,十太爹是个白星老头,我家里的十太爹就点吧灵啦!还有谢神哦,我们家的一个孙女,她的嫂生的两个倒伢崽(女孩),再她也生的两个倒伢崽,再这次我就求神,叫送个崽(男孩)给她,就生了个崽撒,我那个孙就买鞭、买纸、买香!还有那样的占卜,就是两个木块,往地上丢,一正一反就是好的,两个正两个反就是差的!相当于就是个神圣在说话。我的孙女,你看撒,她是个这样懒死的人,不是太爹保佑她,她还有这样的成绩?(指她的孙女,考上了华北电力大学)她真的是懒,回来什么时候是看了一下书?再读鄂高的时候每天晚上上自习,她什么时候上自习,都是玩手机啊,不是太爹扶持她,她还有这样的成绩?

四、妇女与村庄、市场

(一)妇女与村庄

1.妇女与村庄公共活动

那时候也没有成年礼,什么活动撒,原先的社会就作孽哦,哪像现在撒,男孩子、女孩子都没什么活动,男孩子条件好点的只不过送他读点书。

2.妇女与村庄社会关系

解放前没有离婚的,那时候离不掉婚的就这样跑了,跑到外地去了,娘家都不知道。我见那边有个跑到江西去了,现在几个崽都在县城工作,崽都死了一个,也没走过娘家,就是街上的短工,人接回去生几个崽,也没走过娘家!两个媳妇都走了!那时候妇女也会有时候聚在一起,下雨我们要做鞋子,天晴要做工夫(农活),还有什么事撒!晚上乘凉,是碗也洗好了,澡也洗完了,都干完了就出来乘凉!

(二)妇女与市场

那时候呀,好像是没有商场啊,都是白霓的人来摆了卖,男的女的都是一家啊!

五、农村妇女与国家

(一)农村妇女认识国家、政党与政府

蒋介石和孙中山我都不知道啊,现在的主席,我认得他啊,就是不知道他叫什么,没得毛主席帅!那时候哪里有人家里有电视撒,有几个人知道国家政策啊!只是傻傻地做工!

我也当过村里的干部,村里组长也当过啊,队长也当过啊,都当过。都是队里选的,投票选的。选你喊工啊、排工啊、评工啊,嗯,还不是负担轻一点,在村里带头的,每天出工的时候叫别人,投票就是直接说撒,有人记录。

共产党什么都好,毛主席过世了我们都哭了。那时候国民党拐死啊,你个中农成分要你出几十斤粮,没有就要打你,我妈就挨过打。

解放前哪里有怕媳妇的,只有媳妇怕婆婆的,现在就是倒的,都是婆婆怕媳妇,都不知道几狠一个,之前都没哪个这么顺过!解放前,男的在外面找了女的,村里的人一般都不会说,村里的人说什么,哪里有人去得罪人,之前有吃金勺子(指"金饭碗",特指在政府机关工作的人)的人,两婆媳吵架,就把他接过来和解。那时候保长、甲长肯定有的,没解放的时候是保长,解放之后是共产党,之前是保甲长,要收粮,你是个中农成分,每个月要出几十斤粮到公家去。我那时候在家做孩子(那时候还是小孩子),每天织布啦!原先,单丝绫、金丝绒那就是最好的衣服!

计划生育?生也不好,不生也不好。

(二)对 1949 年以后妇女地位变化的认知

解放之后妇女赚的钱也不一定要交给丈夫的,现在这时候还不是也有交的也有不交的,那还不是一样,看你自己的做法!那时候村里也有寡妇之类的,哪样没得咧!但是解放前村里就不会给点钱救济一下。解放后有,寡妇也可以改嫁,嫁到别人家去,那还不是就就(将就)到别人家去。孩子也会带过去,这边没有人啊,不带走怎么办呢,哪个亲戚帮她负担崽撒!

(三)妇女与土改、互助组、初级社、高级社

我那时候也斗过地主,口号还不就是打到地主吧!我还记得那个时候的地主,那谁谁的爸爸就是啊,恶霸地主,打倒地主的时候,我也没有分到什么东西!那时候也有土改咧,但是我没赶上我家里土改的那个时候,土地证上也没有我的名字,土地还是分到了的,那个时候都分了啊!

集体化出工的时候大家还是有说有笑啊,还不就是在外面玩,都没做啥。那个时候出工还要唱首歌。那个时候很少有妇女骂街吧。只我有个嫂腿很短,做工的时候被人嘲笑,后来那个嫂嫂就上吊了!

(四)妇女与人民公社、"四清""文化大革命"

1.妇女与劳动、分配

那修水库也是解放后才修,男孩子女孩子都去修,我一个女儿就去修了,再解放来,还出去吃了几年国家粮食,孩子的口粮都有了,在通城(地名)的时候,后来负担不下来,又转回来了。就是没有文化,受了拖累,我自己生的孩子,我不管怎么样都送他们读书,卖菜都送他们读书!我干亲家在通城一家矿业公司里,是他介绍我去的。矿业公司在通城街上有八九十个女工,在墨市(地名)那里也有几十人的男工挖这矿石,挖矿石做屏幕,再有弄到通城来,拆的拆(挑拣出来)、剥的剥,还有的上闸刀,弄个尖刀。像读书一样,一个人三钵,大的放大的里,小的放小的里,这样剥那个屏幕,再我那几个领导的妇女。我在家里(老家)是个队长,到那里还选我当个组长,我做什么,像领导说的,哎哟,那时候年轻啊。他说,你是没有文化撒,有文化啊,得得(只要)你当个笔杆啦,门是门啦(每门,各种事情)都干得好。我不管做什么都比别人好,我积极,再把我调到那里去做屏幕纸,这么长,这么宽,然后漆一刷,就这样这样这样贴,贴了就到机械上机械化上需要的,再又是三张桌子。比赛,有奖嘞,看哪个桌子的产量高

撒。那个胡老师,他家作孽(穷),要养三个孩子,中午没有休息,我还有奖,他还没得奖,哈哈,他真的没有奖,几个孩子要带,也很作孽(穷),他想要奖也没有奖,他一边做一边打瞌睡。哈哈,那时候啊!我就在通城住了年吧,都不记得喽,哪个记得撒!带我的那个细的(最小的孩子)带到那里去都负担不下来(照顾不到),再那样就没弄了!

我的孩子都没读到书,读得少,(大女儿)在医院当党组织主任的时候只读两三年书,读的个卫校,在医院干得好,别人读了卫校都下了乡,她就没下乡,留在医院里。我现在的孙子也干得好咧,在广州,消防,之前是个营长,现在是个团长,明年还要升官。我的大女儿是在通城发的蒙(启蒙),之后通城那边垮了,就回来了,在路口读了年吧,读书就是挎个篮子,拿两个铲子,一放学别人做游戏呢,她就去田里挖菜,不准她去玩,再就她那样钻,是智胜的爹在团上招人,说招读艺校的孩子,再别人说我家的孩子,只读年吧两年的书,可以不撒?他说,可以啊,然后就填了个名字,然后就被别人开了个后门,我再就每天到他家去转每天去。然后那个人说,您先别急,东方不亮西方亮,是你家的女儿吧,我先不知道,是这样的,之后招人就把她带走了,你晓得个书记几拐啦,不签字,再就后来有个人说他,哪样这样不负责啦,不签字我来签,再就来了县城,她在医院待着,那个帮她签字的人生病了,她把他照顾得不知道多好!

2.集体化时期的性别关照

那个时候也有人民公社,我多大年纪我也不记得了。人民公社有专门给妇女做的事,插秧是解放后才插秧的,插秧还是女的做得多,养猪、养鸡大部分也都是女的。但是人民公社的技术员都是男的啊,人民公社的集体活动也可以请假不去,那时候有医院,肯定要钱啊。去做工的时候有专门带孩子的地方,是解放后有的,有老太婆们在那里带。人民公社是吃食堂的,不过家里的锅还没有上交,中午都是做点家务事啊,后来没有粮食了,食堂就倒闭了。后来不是有饥荒吗,后来就没东西吃了,吃的像猪食一样,粮食一般都是劳动力吃,也有人饿死了的咧,怎么没有呢,饿得受不了的时候也会去生产队的地里偷吃的,有人偷啊抓到了也没有怎么样,不怎么办啊!

(五)农村妇女与改革开放

现在我的后生辈好,我跟着哪里都去玩过,只天上飞的就没去,我现在到处都去玩过了啊,海里、江里、河里,到处都去玩了。最远江苏啊、广州啊、南京啊,再部队上,都去玩了。后辈出得好撒,我再是走不得撒,我的孙子在广州生了孩子要我去,我没去,像我女说的,我妈说只个天上飞的就没玩过,你想个什么办法带她去玩一下撒!但是我再玩不了了,心脏病、高血压,那样的项目就不卖票,不让你去玩。县城里个什么地方啊,就是一根绳子拉到山上(缆车),不买票撒,我想去玩,五十块钱一票,不卖票,玩不得了。我的孙子十月要我去广州,我说我不去!

六、生命体验与感受

这辈子印象最深的事还不是穷,就是贫穷啊!

附录　口述调查小记

高垚莉 口述调查小记

（调研员单位：中国矿业大学外文学院）

这次的调研，就在这个我家的村子展开，村里剩下的基本都是老人了，上八十岁的老妇人也勉强只有十个。我的伯伯是村里的干部，他帮助我完成接下来的调研工作。我的爷爷也是村里的老干部，他虽然年纪大了，却非常了解村里的各种情况，作为有五十年党龄的老党员，他非常乐意帮助我完成我的调研工作。

我到的时候是晚饭时间。刚好村子里有个人家办丧事请村里人吃饭，我也有幸参与此次的晚饭，感受到了浓浓的乡情，同时为调研的开始打下了良好的基础。

晚饭结束后回到家中，我开始了对一位奶奶的采访，奶奶今年已经八十了。采访的过程我发现她虽然可以清楚地表述，但是却也引出了悲伤的感情。看到她默默擦去眼角的泪水，我也没有继续采访下去了。了解了奶奶的基本情况，这也是今天很大的收获了吧！我不禁对明天充满了期待。

7月15日，中午吃了饭之后，我带上我的资料去了隔壁的婆婆家。婆婆今年八十八岁了，尽管身体有些不好，但是对过去的事情却记得很清楚，尤其是自己的故事。我很庆幸她还可以听清楚，而且能够清楚地跟我交谈。

老人非常热情地讲起了自己的故事。我们坐在她的房间里，老式的家具在冷清的房间里显得非常高贵庄严。

婆婆名叫高榴花，出生于1929年5月，这也是石榴开花的季节，所以她的母亲为她取了这个名字。婆婆在十七岁的时候嫁给了一个自己不喜欢的人，但是女孩子没有话语权，所有的一切都是她的父亲一手决定的。即使反抗也不会有什么效果，谈起当年的这些故事，她非常激动。后来她生了四个女儿、一个儿子，但是不幸都死了。老人的命运坎坷，她后来领养了一个女儿，也就是现在唯一供养、一起住的女儿。她说当初自己不愿意出嫁，算命人告诉她如果她晚点出嫁就不会没有孩子了。所以老人一直到现在也坚信是自己太早出嫁的错误。

我突然发现很多事情是我们没有办法决定的，我们只能接受命运的安排。时光并不会放过我们，但是最难能可贵的是我们还好好的活着，这就是最大的礼物了吧。我今年二十，我的人生起步了，而且我很幸运有一个好家庭，生活在一个和平的年代，可以读书，可以自由恋爱，我有什么资格抱怨生活呢？

7月16日，今天是下雨的一天，原计划去上半村采访老人的，由于雨天出访不太安全，我的爷爷奶奶年纪较大了，所以我就在家里跟爷爷聊了很多那些年的故事。爷爷告诉我当年的童养媳的故事，似乎不招待见的童养媳生活的特别困苦。我很难想象当年的女孩子，随时被抛弃，随时牺牲，这么不被重视，没有任何权利，没有任何自由，那样的日子是怎么过来的。

傍晚的时候，天晴了，我吃了晚饭出门逛逛，发现老人们坐在桥边聊天，这个时候天上的云彩是粉紫色的，非常美，趁着景色拍了几张照片，顿时觉得生活这么恬淡也是很棒的。我的奶奶今年八十，爷爷比奶奶大几岁，走去哪都牵着奶奶的手，他们伴着对方一起养育七个儿子，风风雨雨走过六十多年。我多么羡慕这样的爱情，当年或许不是爱情将他们联结在一起，但是互相陪伴，共同担当，相伴走过一生，不离不弃，现在你不会做饭了，我可以为你进入厨房。这样的平淡是多么幸福。我希望自己也可以有这么一份不离不弃的感情。

我们总是在嫌弃当年困苦的生活，但是那个年代也有很多值得我们学习的精神，那个年代的情感都是真挚不虚假浮夸的。没有浪漫的话语，有的是生活的油盐酱醋。我感激现在的一切，也越来越珍惜身边的所有。

7月17日，今天早上我早早起了床，看着天气非常棒。我就十分期待今天的访谈。爷爷早早就在看电视了，我知道他在等我，于是赶紧吃了饭，我和爷爷奶奶一起走上了我的访谈之路。奶奶行动缓慢，爷爷一直紧紧牵着她的手，步调虽然缓慢，也最终去到了目的地。

今天采访的是八十二岁的朱杏娇老人，她和老伴单独住，早上过去的时候她在喂鸡，家中的鸡也是精神饱满的。两位老人精神状态也是很好的。他们非常热情地请我们进屋坐，还拿出了饮料招待我们。老人的家中非常干净。记得几年前他们的房子因为火灾被烧得一干二净，现在的房子是重新盖的。她有三个儿子、两个女儿，只有一个儿子比较孝顺，知道赡养并且回来看看他们，其他的儿子似乎不太孝顺，她一说起自己的儿子就满眼泪水。幸好出嫁的女儿也比较孝顺，不过她还是觉得自己的命苦，跟我说了好多当年遭受的挫折磨难。

没有受过教育的她家中的生活一直比较困难，九岁就开始放羊，吃饭也吃不饱，只能吃番薯的渣，嫁到夫家之后生活也没有好，自己需要养孩子，也要下地干活，半夜的时候还在劳作。有一个孩子还流产了，那个时候的她身体虚弱，但是还马上必须参加劳动。跟老人聊了很久，走的时候她一直跟我说再来玩，我知道我还会去的。

不知道为什么，老人们异口同声地说自己命苦，是因为现在的生活好了，给出了比较所以才会出现这样的感觉吗？也许是时代变化的进步的太快了，让这些老人家措手不及。我有些心疼她们的处境，但是也觉得无能为力，我能做的是什么呢？就是自己更加把握好现在的时光吧！

我有什么资格去抱怨生活的不公平呢？有那么多怀抱着无穷无尽的勇气的女人坚持下来了。这世上每天有许多人每天做的事就是不断将一只脚放到另一只脚前面，日子久了，生活便显得平淡无奇。但或许这就是世界所需要的，多一点信念。

何超　口述调查小记

(调研员单位:中国矿业大学文法学院)

　　2016 年 6 月底,我参加了华中师范大学举办的妇女口述史培训,加之今年寒假已经做过土改口述史调研,因此本次调研更加得心应手。选择调研对象是开展调研的第一步骤,上次土改口述史要求调研的老人年龄在 80 岁以上,对性别没有要求,此次针对的是女性老人,条件更为"苛刻",父母也在发动身边的亲朋好友积极为我寻找合适的调研对象。

　　7 月中旬,天气非常燥热,我的暑期口述史之旅也正式启动了。调研的第一位老人名为关翠英,是和我妈妈关系很好的一位阿姨的母亲,与阿姨沟通协调好之后,我们一同前往老人家中进行了访谈。进屋的时候,看到老人正在床上坐着,满脸笑容,即使拄着拐杖,老人还是站了起来,热情地迎接我们的到来。老人的身体也很健朗,表达流畅,但是老人耳朵已经听不太清,交流的阻力过大,勉强交流了一小时之后,无奈之下只能选择放弃。

　　当天下午,我紧接着对第二位老人进行采访。老人名为刘培芳,家住古书院社区,是我寒假调研的一位老爷爷的妻子。老人 1937 出生,今年 78 岁。老人的母亲生了十几个孩子,许多都没存活下来,现在有姊妹三个。当被问到小时候女孩子出门是否受到限制的时候,老人笑着说:"有的大人管得严,不让出门。那会出门是怕狼呢,现在是怕人呢。"这句简单朴素的话语给我留下的印象却很深刻,以前的村庄暴露在大自然之下, 人与自然处在持续的抗衡之中,家长如果不严加看管,小孩子便可能成为狼、狗之类的野生动物的腹中之物。如今随着经济的繁荣与发展,高楼林立,孩子们的人身安全更多地受到来自人贩子的威胁。

　　7 月 21 日,采访的老人名为申秀英,也是我寒假土改口述史调研的采访对象之一,老人家住古书院社区。时隔半年,老人看起来精神依旧饱满,对老人的经历我也存有许多印象。在土改过程中,老人曾担任妇女会主席,带领大家一起唱军歌、做军鞋,集中大家开会,传达相关的政策。每次谈到这里,老人总能侃侃而谈,这段宝贵的经历也对老人的一生产生了积极的影响。比如,在老人嫁到古书院社区以后,曾帮助邻居打赢了一场关于院门归属的官司,在做辩护的过程中,在场的人都对老人的逻辑思维、表达水平给予了极高的评价,老人也引以为傲。

　　关于小时候的家庭待遇,老人讲道:"俺妈养了好几个闺女,俺奶奶就不想让养,问养了个甚,说养了个烂闺女哇。俺奶奶封建啊,看不得闺女。养容茂的时候娇点点的,给他拴着红绳,结果九岁上让狼吃了。那会条件不好,养了六七个闺女,都是疯了,到了七天的时候个抽个抽死了。"老人的母亲生了许多孩子,很多都是女孩,存活下来的寥寥无几,两个男孩成为家中的宝贝疙瘩,其中一个男孩在九岁时不幸被狼吃掉。反映出当时的医疗卫生条极差,且重男轻女的现象十分严重,在农村地区则更为显著。

　　访谈过程中,老人笑着反复强调,现在回忆过去的事情就是忆苦思甜,不得不说,从过去温饱问题无法解决到如今的单元楼以及医保、低保政策等各项福利的实施,人们的生活水平得到了极大的提高,发生了质的飞跃,我们享受着时代发展带来的成果,却永远无法感知她们这一代人的生命体验和心路历程。

　　7 月 22 日,访谈的老人名为郭扭喜,八十一岁。被问到名字的含义时,老人说道,"名字那会儿都是爸爸妈妈起的来。名字也没甚含义，那会儿是闺女多，想扭过来呢，就是这意义。"名字是伴随一个人一生的固定符号，寄予了家人对孩子的美好期盼。从老人的可以看出，老人的父母同样更加偏爱男孩，并将这种愿望直白地反映在女孩的名字上。老人家里的其他孩子也都没有按照辈分取，或许是地方习俗的不同以及宗族的缺失，我所居住的村庄以及周边都没有按照辈分给孩子取名字的习惯。

老人讲到，家里土改那会成分不好，是富农。雇了一个跟保姆一样的，干农活。虽然是富农，但家里的土地、房屋、财产的数量并非如我们想象得那样丰富，这与每个地区对地主、富农等的划分标准不一有密切的关系。在调研之前，地主、富农等字眼对我而言含有更多的贬义性质，真正与这位曾经身为富农的老人进行深入交谈，会发现，老人很善良，只是赶上了时代的变化，不得不相应政府政策而做出改变。

7月25日采访了最后一位老人，老人名为常月仙，家住北大街社区，与我家相距不远，通过姥姥的介绍，我才能得以结识老人。老人1931年出生，今年85岁。家里还有两个兄弟和两个姐妹，一共兄弟姐妹五个。土改时候家里划的中农。老人十八岁的时候结婚，嫁到丈夫家里来的时候，婆家有十几亩地，也是中农。老人生了四个孩子，两个儿子、两个闺女。在谈到与儿女的关系时，老人表示，"儿媳妇对我好，几十年没有吵过架，也没有争过嘴，两个媳妇都是。那会分家不是把房子分了，就是分开吃饭。那会带过孙子、外孙，他们去地、在外打工，我一个人带的。给他们带孩子，不说给我钱，都是自己带的。现在老了，我的儿子给我钱，闺女也给我钱。感觉养儿子好还是闺女都好，各有各的好，闺女的心更细点。"在老人耐心地讲解与回答中，口述史调研前期工作顺利结束了，接下来要启动录音整理、受访者信息填写等程序。

胡丹　口述调查小记

（调研员单位：华中师范大学公共管理学院）

今天下午系统地问了一下周奶奶的情况，周奶奶现名为周秀英，生于1935年，娘家在周八家，他的爷爷有兄弟五人，爷爷有三个儿子，三爷爷没有儿子，就将周奶奶的父亲过继给三爷爷，他的父亲后来娶了一个姑娘，姑娘生了两个孩子并且还为一个儿子养了一个小媳妇，但是1933年日本人将父亲的前妻和孩子都杀害了，周奶奶母亲也是因为本来丈夫死了，改嫁到周八家，组成了一个新家庭。她出生以后，过"三朝儿"时，她父母给她取名叫周继美，一般宗族里男孩子的名字按辈分取，女孩子就不怎么讲究。她父亲只有奶奶一个孩子，之后也没抱养。

奶奶于1958年出嫁，她是在前一两年定亲了，老伴只有一个哥哥，没有姊妹。奶奶告诉我，谁当家跟能力有关系，一般是男的当家，但是如果男的不争气、不会说话、喜欢赌博等，家里妇女又特别厉害、能说会道、持家有方也还是能让妇女当家，即便都是姑娘的家庭，没有父亲也还是妇女当家，不会请同族的男性当代理家长。但是遇到大的事情会和同族、关系好的叔伯商量，听取意见。

在娘家的时候，奶奶所见的、所感受到的是男孩子的待遇一般比女孩子要好，尽管盛饭不是说女孩子给男孩子盛，假如小孩子能够到灶台，大的给小的盛饭。平时吃饭，一家人都是可以上桌子吃饭的，谁先吃也没什么讲究。但是要是有生客、贵重的客人，女孩子是不能上桌子的，甚至不能够出现在客厅，只能在灶台边吃。当客人贵重时，还得等客人吃完，多余有的吃才可以。以至于有的家庭客人走了，都不知道主人家有几个孩子。男孩子相对宽容一点，男孩子不能上桌子，但是可以夹着菜在旁边吃。家里一般陪客的是男将，但是如果是旧客，如姑舅这种关系，有座位，妇女做完饭之后才会坐下吃口饭。如果是新客，许多男人喝酒、没有空座位，妇女就不能上桌陪客。还有当需要给孩子添衣服的时候，一般先考虑满足男孩子、大孩子，女孩子、小孩子可以随便一点，大的可以留给小的。

奶奶家有四个孩子，最大的孩子是个姑娘，儿子是老二，剩余两个都是女孩子。四个孩子都上过学，大姑娘和儿子都读到高中毕业，两个稍小点的姑娘都是初中毕业，之后一个学裁缝、一个外出务工了。后面两个孩子之所以没有读高中，大概是觉得孩子能够识字、学得一门手艺就差不多了，加之孩子没有多少读书的意愿想早点工作养家，所以父母也没有强求。奶奶说一般的家庭不愿意举债让孩子读书，举债让女孩子读书更是少之又少，假如有的男孩子有读书天分，有的父母还是愿意举债让其读书的。

1949年前在家庭教育中，父母教育子女是有分工的，父亲负责教育儿子，所以"子不教，父之过"。女儿就是母亲的责任，宗族势力强大的时候，女孩子犯错误，母亲就要代其受过。儿女自己婚前所挣的钱归自己管理。但是1949年后，儿子、女儿结婚前所赚取财物要交给父母保管，尤其是儿子赚的，因为以后要成亲娶媳妇。家里所用，在分家之后父母不用归还儿子。

父母养老，假如老两口都在，一般和小儿子一起居住，一直不会分家。平时其他的儿子就要平均供养，哪几个兄弟负责父亲、哪几个兄弟负责母亲。女儿没有赡养的责任。要是其中一位老人去世了，另一位要么跟着小儿子，其他儿子平均供养或者以"轮工"的方式赡养单亲。在农村如果儿子、女儿不赡养老人，老人会找政府，闹得僵的时候还会上法庭，老人会告儿子不告女儿。假如老人没有儿子，女儿出嫁了，老人一般独居，到了老人不能自理时，如果自己的侄子孝顺，老人也开明，将自己的财产，房屋、田地给他，侄子就会负责养老。不然就会居住在女儿家，百年归世之时就送回自己家里来。

生子女习俗，1949年前，在上潘家河，如果生下男孩，女婿给娘家报喜就割一块肉放在篮筐里，并且里面放一支笔，寓意文采斐然；生女孩子，篮筐里就放一把剪刀，寓意能挑花绣朵，做针线活的能手。在这里，一房生下第一个孩子就特别珍贵，无论男女。生下来第三天称为过"三朝日"，这一天娘家的外公外婆挑着几担东西过来庆祝，并且商议哪一天"过客"，请吃饭，一般上潘家河这里选在孩子出生的15天前后，"三朝日"时，婆家会准备祭拜的东西，感谢送子娘娘，告慰祖先有后。假如娘家日子好过，准备的东西就很多了，一个箩筐里面装上一些米，称为"长寿米"，寓意孩子以后生活充实，大米不断。但是大米只能舀一些留给婆家，其余的娘家还要带回去。然后米里面还得放一罐甜酒，这是娘家自酿的。另一边的箩筐里面就放很多油面、油条、馓子、百来个鸡蛋，这些东西就是一挑子。然后第二对箩筐，一个箩筐里放着拇指的学步车，另一个箩筐就放娘家做的鞋子、帽儿、衣服等，有的娘家日子好过，还会给女儿也做一套衣服，挑更多的东西来庆祝"三朝日"。婆家亲戚、婶娘之类的也会准备这些东西。一般很亲的关系才会做甜酒。中午吃过饭之后，婆家就会将甜酒、油条、馓子等拿出来请湾里的妇女过来吃喝，湾里的妇女如果手头比较宽裕，就会拎十几个鸡蛋过来庆祝，主家也会退几个鸡蛋回去。"三朝日"这一天，小孩子还要洗胎，一般是剪生娘娘帮忙洗，将艾叶和之前祭拜送子娘娘时，为其杀鸡留下的鸡毛泡在一起，将小孩子放在盆里，洗完了之后，就拿一个鸡蛋仔浑身滚动，有经验的接生娘娘一边滚的时候，一边嘴里还会念念有词，"一滚眼睛亮看四方，二滚耳朵听话，滚了嘴巴会说话、头发黑如墨等"。洗完穿好衣服之后，爷爷奶奶会抱着孙子再绕着湾子走一圈，称为"捡点财"。母亲就开始在房间坐月子，一整个月都不能出房门。到了头个月中的27天或28天时，娘家的母亲就会送点东西，并且请女儿满月之后回家吃饭，称为"满月饭"。一般是到了一个月之后的第三天，男孩子可以不到第三天，娘家就有人来接女儿回娘家。生的女孩子，女儿则一定要满三天之后才能去回娘家。娘家就会接母亲一个人回娘家，女儿再自己当天回婆家，一路上不能往后看或者东张西望，据说这样，喂养孩子，孩子会吐奶。

李媛 口述调查小记

(调研员单位:华中师范大学公共管理学院)

7月16日,今天从家里出发,正式到亲戚家村里开始暑假的调研。亲戚家位于武汉市江夏区金口街大嘴口村,我对这个村庄也不陌生了,今年寒假的口述史也是在这里进行的。因为亲戚在村里的人缘不错,我逐渐对一些村民开始熟悉,还有些老来串门的村民也对我这一次调研的主题询问了一番。由于这次要寻找的访谈对象可能有一些难度,热心村民还帮我想村里有哪些老人是符合访谈对象的。但是我明白这次口述史的难度也确实比寒假的要大多了,不仅访谈对象难寻,就连访谈的内容也是增加了许多,想要完成一次访谈绝非一日之功。虽然困难重重,但我还是满怀激情地开始了这项任务。

第一个目标很好找,因为弟弟的奶奶就是今年八十岁,刚好符合访谈目标。这让我特别开心。吃过午饭我就开始了访谈,其实寒假的时候我也想过让奶奶帮我完成一个访谈的,但是当时奶奶说她记性不好,过去的事都不记得了,我也就没有强求。这次我又跟奶奶沟通了下,安慰她不记得没事可以慢慢想,她就同意了。因为是亲戚,访谈起来也比较顺利,奶奶时不时还会说一些关于我外公他们同辈人的事,我听着很开心。

可能因为前面是老人娘家婆家事,奶奶记得比较清楚,能说的也很多。不知不觉访谈进行了一个半小时。考虑到奶奶的身体状况,我暂时中止了访谈,准备换时间再继续,但是这个好的开头已经让我比较有动力和信心了。

7月17日,今天还是继续在对弟弟的奶奶进行访谈,因为前几年奶奶的腿不小心摔断了,所以现在奶奶基本都在卧床。我是想着要避开高温的时候,就得趁早开始了。于是一早上我就去找了奶奶,其实我可以感受到奶奶脾气应该是属于比较古怪的,爱挑剔。

回到口述史上这个问题来,其实奶奶的记性并不像她说的那样差。很多事奶奶还是记得的,虽然可能没有多少故事,但是也都能说出一二来。这次访谈同样也是进行了一小段时间,随着太阳高升气温也让人难以忍受了。

7月20日,我是吃过晚饭再去找奶奶的,去了之后奶奶还不停地问我洗了澡没。口述史问到后半部分,其实奶奶能说得很少了,因为她经历得比较少。而且不知道是不是由于晚上的原因,奶奶精神有些不好,回答问题的时候就会比较轻声地说或者点点头摇摇头这样。但是在我提示之后,奶奶说话也大声了一点。其实逐渐接触下来,我觉得这项任务确实有难度,让人容易疲惫,本来就高温,然后要不停地跟老人对话,还要考虑她们的思维跟不跟得上以及说话语速声音的问题。

7月28日,前些天结束了对弟弟的奶奶的访谈,休息了一会儿就开始了下一个目标的寻找。这个目标也比较容易,因为就在弟弟家的斜对门,也是位八十三岁的老奶奶,姓江。但是这个老奶奶听力不好。舅妈把我带去找她的时候,她也很热情地同意了帮我做访谈。访谈开始得很顺利,但是由于江奶奶听力不好,跟她说话很费劲,不一会儿我就觉得嗓子冒烟了,我也没什么精力问下去了。所以第一次访谈也只有一段时间。但是江奶奶的思维还是挺清晰的,所以我也没有打算放弃这个对象。

7月29日,有了之前的经验,我也有了些心理准备,今天一大早我又去找江奶奶了。江奶奶是一个人住在她儿子房子旁边的小平房,平时她也是自己弄吃的。一大早江奶奶还在自已烧火弄早饭，我都看得到她家里的烟冒出来。等江奶奶吃过饭后，我们便开始了访谈，这次我坐得离江奶奶很近，免得说话那么吃力。

感觉访谈一旦踏上了正轨，进行还是挺顺利的。问出来的东西老人知道的是都会说的，不知道的她们也没办法说。但是我觉得问题确实太烦琐了。看到这本口述史的提纲的人都说，这太多了，而且还要问八十岁以上的老人，实在太麻烦了。我也知道任务艰巨啊，但是慢慢来总会完成的。

8月2日，已经完成了对两位老人的访谈了，我感觉内心有一些轻松了。接下来的第三位，这位婆婆我对她也比较熟悉了，因为寒假时我也找过她帮我做口述史。我对她的印象就是雷厉风行、思维清晰、健谈。这位婆婆姓张，她自己说她从小就是飞天，什么都不怕。可能就是这样的性格，让她见识得也比较多吧。我感觉这个婆婆应该是能说出比较多的东西的，所以我也很乐意跟她说话。

去的时候婆婆在家里整理东西，她是跟儿子们住在一起，而且生活得比较幸福的。知道我的来意之后，婆婆也很乐意帮我开始了访谈。跟张奶奶说起话来就轻松得多，因为张奶奶身体情况都很好，这也让我开心不少。

罗梓欣　口述调查小记

（调研员单位：中国矿业大学材料科学与工程学院）

　　7月15日，大清早起了床，吃了早饭，便开始认真学习培训资料，分析提纲的各种问题。准备好后，与妈妈一同前往老人家里，老人和妈妈认识，因为离家比较近，我们走路前去。到了有些紧张，毕竟是第一次实践访谈。敲门后，来开门的是老人的媳妇，在我说明来意后，她叫了老人出来，这时缓缓走过来一位白发苍苍的老人，眼睛却炯炯有神，额头上布满皱纹，脸上带着微笑，一副和蔼可亲的样子，使我原本的紧张感完全消失了。

　　相互招呼后，我们开始了访谈。由于是第一次实践访谈，我照着提纲上的问题逐个提问。

　　老人名叫代玉秀，1936年生，八十岁。老人三岁时母亲就去世了，父亲再婚，后妈带来两个孩子，分别是大姐、二姐，家里由父亲当家。老人还有一个亲哥哥是阴阳先生，在外跟着师傅学了三年手艺，此后也经常不在家，在外为别人主持丧葬仪式。老人读了两年书，哥哥读了十多年书，两个姐姐没读过书。父亲是买卖的中间人，经常在赶集，没怎么干农活，几乎是哥哥在干农活。

　　后妈毕竟不是亲妈，只对亲生的孩子好，对老人又凶又严厉，什么活都让老人干，还总是受大姐和二姐的欺负，可是父亲经常在外做生意赚钱养家，没时间管家里的事，哥哥也总是不在家，没人帮忙，也没有朋友，老人就只能忍气吞声了。那时候的老人感到很孤独、很辛苦，总是一个人干活，日复一日地做着同样的事，生活枯燥无味，没人能够一起说话聊天，没有亲近的人在身边，什么事都只能自己一个人面对。

　　老人八九岁就开始学着做针线、绣花、做鞋、做衣服，想着学门手艺可以自己做自己穿，也可以卖了赚点钱。十二三岁左右与前夫定了娃娃亲，那时候都是大人做主的，自己什么都不懂。十六岁即1952年初婚，丈夫在外当兵，老人和她公公在家做农活，因为家里的土地比较多，请了一个长工。十八岁生育一儿，但并不是丈夫的孩子，丈夫要求离婚，两人协议离婚，儿子由老人抚养。这也算是一件难以启齿的事，丈夫一直在外当兵，自己却生了一个孩子，用现在的话说是搞外遇，但我相信老奶奶可能是被强迫的，也可能是遇到了自己的真爱，也许是一件令人伤心难过的回忆，老奶奶不愿多说，我也不敢多问。

　　有一句俗语大家应该都听过，"嫁鸡随鸡，嫁狗随狗"，那时候的婚姻都是父母之命、媒妁之言，自己不能做主，结婚之前都没有见过自己的丈夫，他长得怎么样，或者缺胳膊少腿你都无从得知，想要知道得向别人打听，即使再不满意也不能反悔，那时候的社会瞧不起离婚的女人。

　　因为那件事情，老奶奶和丈夫离了婚，离婚后只能带着孩子回娘家，不出所料老奶奶被娘家人嫌弃，被周围人嘲笑，还带着一个"拖油瓶"。幸好没过多久认识了后来的丈夫，两人1955年结婚，带来的儿子同现任丈夫姓，成了大儿子，此后生育二儿四女，其中送走了一个儿子。女儿读了一两年书，小儿子读完了小学，除小女儿没有定亲，其他儿女都是娃娃亲。

　　然而好景不长，老奶奶再婚后的日子也不好过。当时婆家只有丈夫和婆婆两个人，丈夫的三个姐妹都已出嫁。婆婆没干农活，丈夫生病做了手术后在家休养了十八年直到去世也没干农活，全家由老人和大儿子干农活挣工分，大儿子结婚后便分了家在外打工，家里全靠老人自己干农活挣工分、喂猪、做家务，还要带几个孩子，可以说是一个人撑起一个家，我们可以想象她有多累多辛苦。

老人在婆家受了很多委屈，婆婆经常无事生非，挑拨丈夫和她的关系，最严重的一次丈夫将自己绑在柱子上打，在生产队队长和哥哥帮助下将丈夫告上了法庭，此后丈夫再也没打骂过妻子。因天天与婆婆闹矛盾，1960年与婆婆分家，分家后，老人当家，婆婆一个人煮饭，住一间房子，她三个女儿会时不时来看望她一下，老人自己供养婆婆，直到婆婆去世，没过多久丈夫也因病去世了，婆婆和丈夫去世都由老人出钱安葬。

小儿子结了婚后媳妇在当家，老人在家煮饭、砍猪草、喂猪、做家务，媳妇在田里干活，儿子在外打工。婆媳关系的问题再次出现了，老人与媳妇因经常闹矛盾而分家，分了家几年后发生了"5·12"汶川大地震，整个市都是重灾区，房屋倒塌，还好家人都没有事，灾难的危机感和恐惧感让一家人又重聚在了一起，老人又和儿子儿媳住在了一起，女儿也会经常来看望老人。

老人现在的生活很清闲，没干什么事，毕竟也很年迈了，平时也就洗洗菜什么的。她说社会主义真好，共产党好，多亏了共产党的领导，我们的生活水平才能这么高，比起以前的生活真是好了上百倍。

老人一生曲折坎坷，生活艰辛，勤劳肯干，却豁达、坚强、乐观，实属不易。

访谈结束后，已经中午了，老人热情地邀请我们吃午饭，婉拒后顶着烈日走回了家，完成了第一个访谈任务，心里挺高兴的。

庆文　口述调查小记

（调研员单位：中国矿业大学文法学院）

　　伴随着种种担心，我开始规划调研的时间进程。在爷爷和父亲的帮助下，我筛选出六位八十岁以上的老人信息，随计划用十天左右的时间完成对六位老人的访谈。在正式开始之前，我觉得自己必须提前熟悉并吃透培训资料的提纲结构和每一模块的问题设置，理解设置的目的。经过两天的准备，2016 年 7 月 21 日我开始对第一位老人进行访谈。老人朱翠英是我邻居和长辈，按照家乡礼制，我叫她"太太"。太太从小看着我长大，所以在访谈的过程中很信任我，回答得也很真实。

　　但是我还是明显觉察到由于我对提纲还不够熟悉，以至于在访谈过程中容易出现停顿。同时正值夏日，天气炎热，不适宜长时间"作战"。晚上我开始整理总结，一边根据白天的访谈进一步熟悉提纲和问题，一边分析是否问题都被问及，有些问题是否应该换一种问法会有更好的效果？经过思考，我决定将之后五位老人的采访时间分两个时段进行：第一阶段放在早上 9:00—11:00 左右，第二阶段放在下午 16:00—18:00 左右进行，每天计划完成对一位老人的采访。之所以决定分这两个时间段，主要是考虑到三个因素：一是天气炎热，上午 12 点以前和下午 4 点以后是一天中相对凉快的时间段；二是考虑到老人身体方面，不适宜长时间接受访谈；三是考虑到要保障老人吃早饭时间和午休时间。事实证明这样的时间划分比较合理、高效，期间也有时间来整理和反思。

　　其实访谈期间一开始聊，我觉得就不再有担心和紧张，而是站在老人的角度以及研究者的角度来思考，并提问和追问。整个访谈过程可以有很好地把控，并游刃有余。我一直在想，如果不是这次调研，我估计很难在老人的有生之年与她们谈这么多话题，聊这么长时间。我感到很满足。我发现一个有趣的现象，她们多数都很乐观开朗，而且越是乐观、开朗，她们当前的身体、精神状况和记忆力也都越好。

　　在本科阶段我一直在做社会性别平等方面的研究。之前的思路是从"政治平等、文化教育平等、经济平等、婚姻家庭平等和健康平等"五个层次来分析和评价两性在社会变迁中在这五个方面的平等度。

　　在这次访谈过程中，我注意到一个问题："裹脚"，中国妇女裹脚。裹脚可能对大多数人来说并不陌生，但是裹脚背后隐藏着它与妇女家庭和社会地位密切的联系。旧社会妇女裹脚，造成其脚趾头和脚掌生长发育畸形，无法稳健、大步走路，更无法下地劳动。这也是问题的关键所在，妇女裹脚之后连走都走不稳，更何况说要去地里干活，如果真要去，那势必会摔倒、摔倒、再摔倒。由于这种人为因素造成的残疾，妇女无法从事田间劳动，无法从事重活和体力活。那么在物资匮乏的旧社会，妇女也不可能像今天一样在外面可以自由打工，自己谋工作、赚钱。在商品经济不发达的旧社会，妇女没有选择，她们只能待在家，为丈夫洗衣做饭，对丈夫好生伺候。因为两性在劳动分工方面的巨大差异，使得旧社会男性和女性的家庭地位与社会地位出现明显的差别和不平等。

　　"裹脚"的取缔成为女性家庭和社会地位变化的重大分水岭。缠脚放开之后，妇女得到解放，她们可以和男人一样去地里干活，去劳动。通过劳动来获取尊重和尊严。一时间，男人干的事女人也可以干，在此之前这可能是无法想象的。在开始相同劳动和耕作的情况下，女性逐渐可以获得话语权。话语权意味着妇女可以逐渐参与生活中一些事情的决策和意见。意味着女性在家庭和社会的参与度和地位上将发生巨大变化。

"妇女翻身解放,妇女能顶半边天"。从旧社会妇女伺候丈夫、婆婆妈,到土改后下地干活,到2000年左右开始从"男耕女织"变为"男工女耕"其实都是在凸显妇女地位的变化,说明妇女地位的改善,妇女在生活中的决策权重在加大。这些在妇女裹脚时可能是不可想象的,但是在新社会开始变得可能。

综上所述,我认为"裹脚"是新旧社会妇女的家庭和社会地位得到提升和发生变化的一个巨大分水岭。基于裹脚视角下重新审视妇女的家庭和社会地位显得非常必要。同时通过史料记载,来梳理"裹脚"在中国古代的兴起、发展和变化,也是一件非常有意义的事情。

余成龙　口述调查小记

(调研员单位:华中师范大学公共管理学院)

8月24日,昨天晚上和妇联主任约好了,今天她带我去见一位八十多岁的婆婆,去的时候大约是八点,到了地方让我大吃一惊,两个挨着非常近的自然村一下子聚集了四位八十多岁的婆婆,一位八十五,两位八十六,一位八十九岁,如果这几位婆婆记忆还清晰的话那可算是寻到宝了。第一次见面的目的是相识,同时也要了解下老人的记忆力和表达能力,通过一个小时的交谈基本上确定有两位可以作为口述史的访谈对象,至于是否是"明白老人"表面上似乎还看不出来。后续的工作是进一步与老人建立感情,逐步挖掘老人的深层记忆。

下午看望郑家湾另外一位留守老人,这位老人便是村里头号被羡慕的老人,几个儿子的养老表现被视为全村楷模,老人的三个儿子每年均摊一万三千元雇一位村里人照顾老人。一万三在黄金村是个什么概念?这个问题之前简述过,一位老人如果没有大病过最简单的生活每年大约是四千块钱生活费,雇人这笔钱相当于可以养三个婆婆,但问村里人和老人自己她们都觉得这笔钱不贵,这让我非常的困惑。由于是第三次见面,老人这次比较愿意和我聊天,开始了解老人基本情况老人说的还比较多,后来进入专题访谈老人觉得我有些套她的话,不是很愿意说,最后她让我以后不要再找她,并向我道歉,缘由是我是吃荤的,要尽量少和我接触。经过访谈了解到老人吃斋信佛已有十几年了。她告诉我每月初一十五便会烧香,每天会向菩萨祈福,一是保佑自己平安,二是保佑自己的儿女们平安,自己每天并没有什么担忧、惧怕的。

8月25日,早上六点四十才起来,洗漱完后已是七点,爱容阿姨家里人都到地里挖花生去了,据说这两天有雨,希望尽快从地里把花生弄回来,昨天晚上我说今早也去帮忙,于是早上带个草帽,来到地里也劳动了一小时,我这没干过农活的人不一会儿便汗流浃背,劳动也算是这次调研生活体验的一部分!

上午继续接触昨天认识的高龄老人,希望通过她们的讲述来挖掘更多被隐藏的历史细节,还原农村妇女形态与时态特征。来到老人所在的村子,先去一位老人家里,聊了没一会儿老人坚持把我带到一群老人们聚集的碰头处,我只好过去,依然是四位八十多岁的婆婆在那,但我的调查只能对准一个人,于是我重点询问八十九岁高龄的婆婆。老人还是比较愿意跟我说话的,但有许多细节确实记不清楚,连周围的三位老人也记不起一些过去的事情,我尝试着把提纲从头到尾翻了一遍,寻找可以唤起老人回忆的内容,但最终我放弃了,这个痛苦的过程持续了将近一个小时。我现在深刻理解明白老人的意义,但是怎样的老人算是明白老人、如何寻找明白老人又是一个难题。我当时倒觉得我所住的村里的黄婆婆还挺好,她的特点是"话痨",话痨的人通常记忆相对好一些,过去的事情如果总在反复念叨便不会那么容易忘记,唯一有些遗憾的是她的耳朵不是很好,需要大声和她说话,而且一不留神老人就把话题扯远了。本计划下午去黄婆婆家做访谈,下午老人不在家,我在村里找到了她,她在别人家里聊天,之前记述过多次,她特别怕孤独,所以经常串门,于是我约好晚上去她家询问一些事情。

下午到六队去转了一下,目的是为接下来妇女口述史访谈做些关系上的铺垫,有些留守妇女联系得不够,有些留守妇女则还没有正式的拜访过。下去到村里一户老人家里坐了一会儿,然后到一户我从未去过的留守妇女家里拜访了一下,这位留守妇女我见过几次,但一直未得时机与之交谈。

这次是闲聊,询问一些基本信息,没有开录音,这可能是我一个不好的习惯。没有询问姓名,看上去四十多岁,一共有两个儿子一个女儿,都已经成家了,儿子和儿媳妇均外出打工,其中大儿子夫妻双方不在一个地方打工。原本计划是丈夫不外出务工和自己一起照看两个孙子,所以上半年丈夫一直在家,前不久丈夫还是决定外出打工,而丈夫在家时种的一点庄稼还没有收割便走了,现在需要她同时收拾田地和照顾两个孙子。两个孙子一个是二儿子的,一个是女儿的,都在上幼儿园,每个孩子一学期的车费和学费加在一起大约是三千元。经过我的观察,两个孩子都不是那种比较调皮甚至顽劣的熊孩子,而且两个孩子基本上在一起玩,所以照顾起来还相对容易一些。据她讲述,其中小一点的孩子身体不是很好,出生时便缺钙,发育比一般的孩子慢一些,甚至包括智力,学语言都比较慢。问及是否担心孩子的安全,她告诉我前段时间传闻拐卖孩子搞得人心惶惶,自己确实有些怕,所以会特别小心,并且她认为她家在马路边,怕万一孩子跑到路上去玩被人顺走了。问及如何兼顾带孩子和干农活,她告诉我还好种的不算多,只能早上起很早到地里劳动一会儿,去的时候把门锁上,有一个孩子还在睡觉,另外一个孩子醒的比较早,一会儿也离开不了自己,所以劳动时会带到地里去。

我最初见到这位留守妇女是在村委会旁的麻将馆里,她的一大爱好便是打麻将,打麻将的时候自然是顾不上两个孙子,有的时候则直接把孩子带到麻将馆里,这种环境显然不利于孩子的健康成长,这从侧面也体现了她对麻将的酷爱。留守妇女与麻将注定是有缘,农村闲暇生活的特点是简单,同时也是枯燥、乏味的同名词,文化生活的匮乏被麻将这一种娱乐活动代替,成为了许多村庄的一种不好的风气,这方面可以作为一个小专题后续进行观察。

孙新宇　口述调查小记

(调研员单位：中国矿业大学公共管理学院)

大巴在乡间的小路上驶过，我靠着窗，看着窗外匆匆掠过的，我的目光来不及捕捉的树影。就在今日，我结束了为期一个月的口述史采访。回想起这一个月的采访，很艰苦，也很充实，那一位位老太太脸上的皱纹全是时光留下的刻痕，一位位老太太的面容从我脑海中掠过，我不禁想起了麦克阿瑟说的那句话："凋零的是肉体，不死的是风霜。"

起初我在报名参加这个口述史访谈志愿活动时，是抱着锻炼自己的想法参与的，可经过这一个月的采访，我愈发觉得这件事不是这么简单的，每一位老太太都是活着的历史，她们的身体逐渐老去，但她们的一生需要有人去倾听、去记录，我现在做的，正是这项记录历史的工作，想到这里，我握紧了手中的录音笔，我愈发觉得这是一场与时间赛跑的活动。

录音笔中记录着我一个多月来采访的每一位妇女的人生经历，她们共同生活在这片黄土地上，她们的一生就是平平淡淡、普普通通的一生，但汇聚在一起，却显得那么波澜壮阔。

有一个老太太，娘家是地主，她也没有享受过大家闺秀的生活。父亲因为是地主，土改后被镇压，她却因此被刻上了地主的标签，按理来说，她会在村子里饱受歧视，然后潦倒一生，但命运往往就是这么有戏剧性，她早早就逃离了原来的家庭，从河南一路逃荒到山西，加入了剧团，在剧团里，她为了吃饱饭，选择了最难练的武角，不为其他，就是因为武角会比其他人多发点粮票，她也就这样，越唱越出名，渐渐地在晋南一带唱出了自己的名气，还与郭达、潘长江老师有过合作。

在寻常人看来，这样的经历简直就是传奇，在与老人聊天时，老人满脸带笑，平静地给我讲述这些，老人越波澜不惊，我就越觉得震撼，要知道，"文革"时期，专门就在整治这些搞文化的人，当时多少人都承受不住外界的压力而投井自杀，老人就简单地说了一句，当时我把苦吃尽了。这才是大起大落后的看淡世事。

还有一位老人，1950年就加入了中国共产党，是一位忠诚的共产党员，她在村子里担任的是妇女主任的职务。1953年麦收时，她身先士卒，说服自己的公公婆婆捐出了自家的五叶草席，带着全村人，将那年收获的麦子用草席盖住。结果那年大雨，全县其他大队的麦子全都淋雨受潮，不能播种，只有她所在的村幸免于难。这一位位老人，有胆识、有魄力，她们身处基层，但并未埋没于基层，她们在各自的岗位上散发着光芒。

以前的我对这些一概不知，我所理解的老人只是每天在广场散步，逗逗孙子，共享天伦之乐，却不知道，他们的背后隐藏的是一个个雷霆万钧的故事。在与这些老人交流时，你不能把自己当作一个有文化的知识分子，他们虽然没有念过书，没有上过学，但他们在社会中历练，在社会中沉浮，他们用自己的一生总结的道理，浅显而珍贵。

我是个大学生，自认为了解的历史比她们多得多，可当我每问出一个问题，她们的回答就会让我困惑几分，"八八部"是什么？"回门"又是什么？我不得不一次次地打开手机，搜索这些我不知道的知识，我很疑惑，按说以我这样的水平，询问历史事件应该驾轻就熟，为什么我在这些老人面前却相形见绌？我想了很久才明白，是我将自己的位置摆错了，从一开始，我就应以一个学生的身份来开始这次活动，她们就是一本本历史书，我所了解的土地改革、"文化大革命"，只是教科书的编者们告诉的历史，而这些老人口中的历史，才是普通老百姓经历的历史。

这些老人平时默默无闻,她们仿佛与这个时代相背离,他们不会上网,不能及时了解时政新闻,她们有的甚至还沉浸在毛主席那个时代;她们儿孙满堂,而精神世界却无人问津;她们幸福而又落寞,轻松而又孤独。

有几个老人在与我聊天时,说到自己的几次经历,忍不住哭了出来,她们有的谈及自己的母亲时湿了眼眶,有的听到我的问题连连摆手,用颤抖的声音说,"太苦了",那时候太苦了。我的嘴唇动了动,想安慰却不知从何说起,我知道,回忆过去就是把过去的伤疤揭开,将血淋淋的回忆展露在别人面前,真正的历史其实就是血淋淋的回忆,教科书上的温和叙述描绘不出历史的原貌。

我走的时候,一位老人拉住我的手,她从炕头慢慢摸出一块手绢,她颤巍巍地打开手绢,里面是两个香包。她说:"你们这些小伙子,平时出门在外,一定要注意身体,总在外面跑,姥姥给你个香包,这是前几天人家给我的朱砂,我包了两个,一个留给我孙子,这个就给你,你拿着,在外面图个吉利。"我拿着香包,感觉拿着一个老人最真诚的祝福,这就是从那个时代走来的老人,她们真诚坦率,不求回报,有人常说,现在的社会经济上去了,道德却下来了,这句话在我看来是对的,那个时代的老人,她们经常在生死线上徘徊,每天考虑的是温饱,欺骗和盗窃在他们看来,不亚于死亡。

口述史整理是一项浩大的工程,但我却没有一点烦躁,每当我整理出一部分内容,我就觉得一小块历史被我发掘了,这种探索感与创造感是其他事情所无法比拟的。有人曾劝我不要参加这项活动,因为收获与付出不成正比,但越深入接触,我就越觉得这项工作让人获益匪浅,这种收获不仅是知识上的,更是心灵上的。

大巴到站了,我看了看手上的录音笔,心中对记录历史的信心又加深了一层,我走下大巴,夕阳落在脸上,格外灿烂。我嘴角上扬,朝家中走去。

凋零的是身体,不死的是风霜!

王锐　口述调查小记

(调研员单位:华中师范大学公共管理学院)

我对陶贾莹奶奶的访谈记忆较为深刻。陶奶奶1927年生,今年八十九岁高龄,共生育了九个孩子,头七个是儿子,后两个是姑娘,第三个孩子两岁多的时候患水肿病去世了,第四个孩子五十六岁时意外摔亡。

1.娘奔死,儿奔生。奶奶1949年生第一个孩子有其娘亲帮忙接生,其余孩子都是自己一个人在家生育,顶多是在孩子生下来后让丈夫抱走照顾,自己又清理身体然后休息,休息一天后第二天便起床做饭开始劳动。后来生孩子不让母亲来帮忙的原因在于,第一是母亲喜欢哭,经常喜欢抹泪,心疼自己,母亲就她这么一个姑娘,她不想让母亲看到她受苦的一面;第二是怕丑遮羞,生怕被别人知道了;第三是生第一个孩子时有母亲和医生的帮忙并没有让自己轻松多少,反倒让自己折腾了不少,她宁愿自己生也不要她们帮忙,就算死了也要自己生,生孩子是奔命,娘奔死,儿奔生。当时由于医疗、生活条件十分艰苦恶劣、思想传统极其保守,这其中思想保守、怕丑遮羞的成分占比不小,就是对自己的母亲也要隐瞒下来,奶奶说就是第二天生头天都不让母亲知道,后来母亲每次来洗生都是碰巧遇上了,又或者是丈夫告知的,自己并没有意愿主动告知。

当时的女性承担生育的责任,为此付出了多少的心酸和泪水,承载了多大的身体痛苦和心理压力,母性光辉的背后都是与命运抗争的辛酸。

2.生育观念。(1)生多生少。奶奶说孩子生这么多是没办法,当时没有避孕措施,直到肚子里生空了。生最后一胎的时候(1973年左右)开始有结扎技术了,因为当时乡政府就在奶奶家对面,那些干部时常来家里坐坐、聊天,都说,这都四十六了,就只有这一胎娃娃了,等她生了算了,就一直没有人来让她结扎。当时大家不想去结扎也主要是因为怕丑、不好意思、思想传统。计划生育有它的好处,就在于它可以让人少生孩子,也有令人痛恨的地方,就是它杀害了很多胎儿,奶奶口中称之为,现在的人很武毒,以前再穷再苦都会生下来自己养,"腹中杀人八百万"啊。从中我们也可以体会到其实计划生育的好处我们都知道,但它总会让很多人心有余悸,因为当时的强制性甚至是残忍的。关键在于计划生育在农村执行并未做好思想观念转变以及前期预防工作——自主避孕,而是怀孕之后的强制补救。正如金登在多源流分析框架中提出的政策软化过程。我认为计划生育政策在中国执行受到诟病的主要原因就在于政策软化不到位,要通过说服的方式而非强制的方式让公众和相关执行人员积极接受,这一点我们在任何时候都需要注意。

(2)生男生女。我多次问过奶奶生男好还是生女好,反正她没正面说过生男孩好。大概就是,生孩子不是自己决定的,生出来什么就是什么;有的人喜欢姑娘有的人喜欢儿子;男孩女孩都要有;那还是姑娘好,儿子结婚后就只知道自己的媳妇不管爹妈,姑娘还经常回来看看。

3."报喜"和"洗生"。孩子生完第二天就会去娘家报喜,去报喜还要带礼物,家里有什么就送点什么,有面条就送点面条,有米就送米,其实娘家不会要,反而都会送回来。那时奶奶的丈夫背点粮食去娘家报喜,其实当时并没有什么东西可送,意思一下而已。娘家一般根据家庭情况送礼物,大户人家会给孩子送衣服、送很多吃的,挑满满一担东西。奶奶的娘家当时情况还算可以,孩子生后的第三天带着猪脚、鸡、粮食来给外甥"洗生",祖辈以来就有这个传统。外婆或者奶奶或者接生婆给孩子好好洗个澡,将生下孩子时包裹孩子的布料扔掉,然后穿好衣服让孩子睡一觉,如果这一觉睡得长意味着以后投胎投的地方远,相反,孩子以后投胎投的地方较近,奶奶说,有的人投胎成为人,有的人投胎成为猪狗羊。

现在讲究生孩子后"打喜",在孩子满月之后挑选吉日庆祝,有"打喜打嘎嘎"之说,意为这一天孩子的外婆是主角,外婆送的礼物中后蹄(猪的后脚)是久经不变的礼物,这是猪肉中最好的肉。

问当时生孩子了公公和丈夫是否高兴,奶奶说欢喜什么?穷得要死,又惹了个祸。多问几遍,奶奶也没有表达当时对孩子生时大家的心情,主要的记忆就是穷和饥饿,对孩子的降临没有太多的情感。比如对洗生的那天没有东西吃的记忆,正好是七月水稻还没成熟,家里没有吃的,奶奶的公公就去田间把没有成熟的稻穗割回来就这么煮了吃,其实除了饥饿还是有快乐的,不然怎么会准备吃的。

4.祭祖。孩子出生的当天或者洗生的当天,一般是孩子的爷爷奶奶在家里的香火上点蜡烛烧香烧纸敲磬祭祖,堂屋中堂的墙上有香火,顺着梯子上去敬神,香火上放着磬和菩萨,上面写的有对联。奶奶说祭祖是为了祖宗保佑孩子健健康康。

5.孩子夭折。奶奶的第三个孩子两岁患病去世,给他缝了一套衣服将其穿好,把生前用过的背带、衣服都穿在身上或者放在安埋他的木盒子里,然后屋场里的人去悄悄把他埋了,没让奶奶知道具体埋在哪里,以免伤心天天去埋葬的地方落泪。第四个孩子因为是成年之人,奶奶选择让第六个儿子将其埋葬,并举行了隆重的葬礼。

徐文鹏　口述调查小记

(调研员单位：中国矿业大学电力工程学院)

7月24日，今天是我第一次进行口述史采访，之前为此做了很多前期准备工作。把口述史问题翻来覆去地看，尽可能多地去想怎样才能使访谈更有趣，能更生动地吸引老人开心地完成访谈。

今天采访的这位奶奶姓马，进门之后发现马奶奶家的东西摆放有序，能看出奶奶是一个非常持家的人。奶奶的女儿带我去的她们家，之后有事便走了。于是我和这位老人的聊天便正式开始，起初我有些放不开的，但老人认真的回答顿时激发了我敬业的态度。

马奶奶小时候是很苦的，自幼父母双亡，是爷爷奶奶抱养的，而后妈家里对她十分地不好，让其饱受冷眼。爷爷奶奶去世后，临终前让她守好家里的这些房和地，别让她外嫁，所以她选择了招女婿。值得高兴的是，女婿是一个非常好的人，与老人很合得来。小时候她对爷爷奶奶、长辈十分的孝顺，树立了好的榜样，如今她的子女们也对她疼爱有加，奶奶自豪幸福地讲道。这是第一次访谈，老人的经历让我对其敬重，更多的是我学到了一些做人的道理，要想被人爱，首先得赠人玫瑰，继而才会手留余香。

7月30日，天气闷热，走在路上像火烫的，今天我来到了孙奶奶家。奶奶的儿子们都工作了，把她接到城里来住。当时采访的地点是在孙奶奶家楼下的仓库，院子的车库是老人们经常聚在一起聊天的地方。进入里面有五六位老人，都十分热情，让我对此次采访有了更大的信心。 孙奶奶今年八十八岁了，丈夫已经去世，这是我采访人当中年龄最大的一个，但她身体很硬朗，谈吐清晰，真的不像是一个八十多岁的老人。谈到她丈夫的时候，她说从小没了父母，而与兄长相依为命长大的。其间，屋内的其他五位老人都静静地聆听，没有发出任何声音，让我的访谈更加的顺利。当谈到比较困难或家里情况一致时，老人们也会点头示意，因为她们都是从苦日子中走过来的。奶奶现在一个人住，周六日子女们也都会来看望她，平时来做饭。说到怎么不去儿女家，奶奶理解地说道，儿女们白天要去上班，而我在家一个人还是一样的，他们有自己的事业，不能拖他们的后腿。现在她要好好珍惜生命，人老但心不能老，要开心过好每一天，这些也正是我们年轻人所应该学习的。

8月1日，今天采访的是我的奶奶，奶奶将五个儿女从小带大，十分不易。以前我对奶奶的过往经历不清楚，但参加口述史访谈之后，真的对奶奶有了更深的了解，知道她的不易。我问奶奶答，一句一句娓娓道来，忍着病痛却能跟我说两个多小时，但却绝口不提累，让我感动、感恩。奶奶有三个儿子、两个女儿，她不识字，但她却努力供自己的五个儿女读书。而如今奶奶十分欣慰，儿女们都过得很好，孙子们也都很争气，有的已经上班，有的上了大学。

8月11日，今天我去拜访的是现年81岁的侯奶奶，初次见到她时，她的双腿行走不便，而腰也是弓着的。访谈期间，不易的是老人有些耳背，做采访时必须大声说话，喊了两个小时，也算是一种自我的挑战。奶奶有一个儿子，四个女儿，不幸的是儿媳有了大孙子没多久，就去世了。现在家里儿子、孙子和老人生活，但孙子要去上学，儿子要去打工，所以奶奶腿脚不便也得自己做饭。她说，那时候生活苦，到老了感觉更苦，这样的日子过一天算一天吧。听后，我也有些痛心，岁数这么大了还要自己来做每一件事情。让我敬佩的是，老人一辈子没有领过结婚证，但和老伴过得很好。这种情况放到现在来说是不能比的，现在两个人面对婚姻有矛盾,闹离婚也是常有之事。

8月16日,提前一天与李奶奶约好的,当天午饭过后便赶忙去李奶奶家。奶奶今年八十二岁了。去的时候奶奶正在听戏,家里是老两口,老人十分勤快,家里的花草被打理得很不错。李奶奶从小读了书,是知识分子,等其从师范学校毕业后,她便回老家当了老师,当时村里念书的女孩不多,她是仅有的一位,而奶奶的丈夫也是一位教育工作者。谈到老人的儿女时,我深深地被震撼了,老大在检察院,老二在水利局,老三在公安局,老四女儿在教书,谈起儿女的现状时她会心地笑着,儿女们的现在就是她一辈子的奋斗成果。奶奶一辈子教了28年的书,学生也算是桃李满天下,而问到为什么喜欢当老师,她说就喜欢和孩子们待在一块,他们天真可爱,教书育人也是一件十分光荣的事。

对五位老人的调研虽结束了,但感恩常在,我感谢每一位受访老人的理解和耐心。独自在外的调研好似修行,困难自然少不了,但收获更多。在我个人看来,每位老人都是一本值得细细翻阅的书,进行口述的意义不仅在于求知,也在于旁观老人的生命历程。在交谈中倾听老人娓娓道来少年时受过的苦、青年时遇到的爱、壮年时求生的勇、老年时忆惜的叹,并在其中挖掘可供头脑风暴的学术素材,是一件多么深情又有意义的事。听老人的回忆,或平淡。或精彩,或无奈,都是生命给予的馈赠,都是经历了生活打磨后熠熠闪光的钻石。

薛洋　口述调查小记

(调研员单位:中国矿业大学环境与测绘学院)

我一向不喜欢给日志加上一个标题，除了今天我不知怎么地很想在这篇采访日志前加一句:"从你的全世界路过。"

8月2日,今天我采访的老人名叫薛淑贞,生于1934年,八十二岁。老人的丈夫前几年也去世了,老人又不想麻烦几个孩子,("孩子们都忙,常来看看我就好了")所以老人这些年一直是一个人过。

我是跟着我的奶奶一起去到老人家的,进到院子里的时候,老人正在洗葡萄,看见我们到来,赶忙招呼我们坐下,我道明来意后,老人很认真地说一定配合我的工作。

老人出生的时候日本侵略者还没有离开中国,准确地说,老人小的时候正是日本人在中原大地横行霸道的时候。回忆幼年时期,老人眼眶中的泪水慢慢盈满。

老人上面有一个哥哥,下面有四个妹妹,原本家中有12亩地,父亲平时还给地主家做长工(伙计),家里的日子虽然紧,但一家人还能过得下去,哥哥还能念几年书呢。但是1944年,老人的父亲被日本人杀害后,家中瞬间就没有了支撑,母亲一人带着他们几个吃不是吃,穿不是穿的,艰苦地过日子,用老人的话说:"那哪是人能想到的日子,天天就像是在等死。"1949后,虽然社会在改变,但是一切没有变得那么快,家中日子过不下去,老人十五岁就被许给人家,十七岁就结婚,和一个比自己大十多岁的人结婚。老人讲到这里,都说不出话,眼泪直往外淌,奶奶在一旁劝慰。老人慢慢止住流泪,告诉我,其实主要是气不过,当时家中因为哥哥要结婚,就像是把她卖出去似的,出嫁之后娘家也就像没有这个闺女似的,除了兄弟家问她要钱,就没点关心。倒是老人慢慢平复了心情后告诉我,虽然丈夫比自己大十来岁,但是对自己一直很好,公家办识字班,丈夫还送她过去学习,家里家外的事也都一直商量着做,也不吵架,还一直很关心她,辛辛苦苦地在外面给公家做事,星期天还回家去地里干活。

老人说到自己的丈夫,想到其已然过世,不免悲从中来,年轻人都以为老人们是没有爱情的,可是我却从老人思念的目光中看到了那种对一起走过的一辈子的依依不舍。

后来老人跟着丈夫到县里工作,"文化大革命"的时候,红卫兵闹事,由于丈夫是军人的缘故,当时被带走"挨斗",老人很无奈,后来总算走出了这段日子。老人的子女慢慢成人组建了自己的家庭。改革开放后,生活一天天过得更好了,老人和丈夫也回到了村子,趁着还有精力,帮儿子、女儿带孩子。老伴去世后,子女们怕她一个人孤单,都想把她接过去,可是老人就是不去。我问老人为何,老人说告诉我:"我一辈子就在这片土地上吃苦或者享受,爱民爸爸(老人的老伴)也一辈没有离开这片土地。"

薛淑贞老人一辈子没有过风风火火的日子,没参加过什么斗争,但是老人这一辈子,上半辈子吃苦受罪,后来慢慢有人照顾自己,生活也幸福了,最后又变成了一个人孤独地生活。我问老人,这辈子会觉得遗憾吗,老人告诉我,该有的都有了,不该有的也来了,这辈子也是值了。

我是一个过客,从老人的身边路过,我看到了她的很多故事,看到了很多人,看到了一个时代变迁? 不,其实只是一个平凡的人的一辈子。不过没有什么道理可讲,一辈子,就是几个时代。

别跟我提爱情,没爱情这辈子也走过了。

年轻人有时候总是对过去的包办婚姻不屑:没有爱情怎么过?

然而一般的事实是,老一辈子的人要么日久生情,白头到老;要么没有所谓的爱情,可是依旧相扶着,不离不弃。他们身上有种东西叫责任,对长辈的责任,对孩子的责任,对配偶的责任,对社会的责任,正是因为这种责任意识才让这辈子走过得平实,每一步都没有不稳。

原定于8月3日对和玉蓉老人进行采访的计划被一场大雨破坏了。8月4日清晨,我才跟随奶奶迈入和玉蓉老人的家中。老人一人生活了好多年,我们进门的时候老人正在打扫院子。

我坐在院子里的板凳上等着老人将手边的工作完成后就开始了采访工作。

和玉蓉老人今年七十九岁,生于1937年,老人说那一年正是日本侵略者进来的一年。六岁的时候老人的母亲去世了,所以老人自小中就对母亲没有太多记忆。老人有一个哥哥、两个姐姐,自己排行最小。幼年时家里面有10亩田地,生活虽然清贫但也是有很多欢乐,由于自己是老小,在家里面相对来说是算是"备受恩宠"。十七岁的时候老人的父亲也去世了,老人就一直跟着哥哥嫂嫂过。老人告诉我自己是很幸运的:哥哥做到了"长兄如父",嫂嫂确实做到了"长嫂如母",在出嫁之前一直很照顾她。1950年左右,村里面搞土地改革,村里的地主什么的不管好坏都被打倒了,老人家里那时被划成贫农,照理说是应该去分地主家的东西,但是老人的父亲制止住了他们几个孩子,告诫他们,不可落井下石,自己既然能过,为何不给别人留一条活路?正是在老人父亲的教育下,老人长大后对自己的道德操守有很高的要求。1957年,老人的姑姑给她说媒嫁。老人告诉我,由于当时都穷,结婚当天,自己的嫁妆只有一块香皂、一个木梳匣、两件新衣服,这还是哥哥嫂嫂省吃俭用给买的。老人离开家门到这边的一路上一直很难过。老人回忆起告诉我,丈夫是个高中生,高傲,看不起自己,还说这辈子都过不好。

事实也确实如此,老人说结婚之后,自己的公公婆婆对自己挺好的,唯独丈夫,第一是常年在外,第二就是回家里也是爱理不理的,老人说,有时她甚至看着别人家的夫妇吵架都是羡慕的。

结婚七年之后老人才有第一个孩子。不幸中的万幸是几个孩子还都比较成器,大儿子甚至考上了重点大学,风光无限。但是总有欢喜总有愁,老人的孩子还没一个结婚,丈夫就死了,老人一个人拉扯几个孩子成人。

到现在,老人年近八十,前几年老人的二儿子遇车祸去世了,到现在老人一直还一个人自己过。老人说,自己一辈子跟新社会脱节,但是一直活得踏实有意思。经过这几天的调研我再看老人,突然想到一句话:也许这世界没有什么感情一成不变,但是但凡心有责任,那么无论有没有感情,总是有的过的。

杨刘秀子　口述调查小记

(调研员单位:中国矿业大学研究生院)

参加了华中师范大学中国农村研究院与我校公共管理学院合作的"百村观察·口述史调研"的说明大会后,我签下了调研员的委托合同,心里多了一份责任、脚下多了一份践行。项目围绕的是 20 世纪 50 至 70 年代的历史,对于我们这代人来说,更像是一个中学时期学过的知识点,我记起专业课上老师曾强调的一句话:"你们来读研究生,要明确自己是来学知识和做研究的,不可马虎与囫囵。"是的,这句话时刻印在我的脑海中,要想探知书本上内容背后的祖父母辈的故事——每一个鲜活的、珍贵的故事,除了要看资料,更重要的是要进行实证调研。

(一)和时间做赛跑

从学校回家后,不敢急慢地开始了我的社会实践。我以为,实践出真知,但实践前的准备也是重要的——通过阅读相关书目,我了解了更多的历史背景。

回到广州的第一周,在网上查到了自己想要的资料,并欣喜若狂地联系了在广州读研的学霸老友,约定好一起去图书馆看书去。于是,在广州停留了好几日,每日都在图书馆中"坐镇"数小时,揣着一种迫不及待想要了解所有内容的心情,又秉持着一种久久不愿离开的肃穆于书的姿态。在图书馆内,老朋友拿起了一本 1951 年 10 月出版的资料,对我打起了小趣:"你们读人文学科的家伙当真都是土豪,你看这上面写着定价是 1400 元,按照我对你的了解,像你这般执着惜书的人,若是图书馆肯出售给你,你肯定是要买下的了。"我回趣地答道:"你这个整天敲代码的'程序猿',即便现在是大数据时代,你也应该了解下每个时期的物价,穷书生可不情愿乱被你扣帽子呀。"

时间像风,辗转过往了岁月。阅读过资料后,真正的调研工作就要开始了。调研的第一站是佛山顺德。虽然同处广府地带,但当地的顺德话与我所掌握的湛江白话仍有较大的差别。好在有当地的朋友一路相伴当翻译,虽然语言不是特别通,大多时候只能在一旁听着做语言记录,但我却毫无茕茕孑立之感。调研的第二站是自己家里现居的城市——湛江。在从顺德回湛江的路上,我联系了中学同桌,表达欲去他家所在的村里采访他爷爷,怎料同桌啜泣说出爷爷上个星期刚去世的消息,如今他正忙着给爷爷料理后事。放下电话,心里默念一切节哀,望老人一路好走。这真的是一个坏消息,最珍贵的一份亲情在那一刻只能永远留在心底,这不禁让我感伤起了自己亲人离开的时刻,直到现在最深刻的感受莫过于——世界上并不是每一个椎心泣血的心情抱恙都能痊愈,亲人离开,始终难以释怀。一个阅历丰富的老人对这个项目的意义和因同桌的黯然悲沮感到十分担忧的情绪,忧虑不安于满满的一个车程之中。这个项目的受访主体都是八十岁以上的老人,这也时刻提醒着我要和时间赛跑。

在广东两个市完成了对 10 位老人的采访,我收到了两位老人慷慨赠出的旧物,还意外跟村民交易到了一本《粤西土改简报》,并得到项目组和有关老师的支持,还得到数位好友的帮助,已然有种收获的小幸福感。

(二)和故事近距离

祖父母随四野部队南下后,又经历举家搬迁到广东,回沈阳祖村的次数便少了。带着祖父母"回家看看"的心愿,让我背上口述史调研材料,踏上了回祖村的路途。广东村子与东北村子风格、民俗、民风等完全不同。在东北老家我先后采访了 8 位老人。采访的感受是别致的、是充满人间温情的。

在采访九十二岁的张奶奶时，我本以为作为这个村里的"长老"，她应是位经历风霜后对往事饱有五味杂陈之感的老人家，谁料到，"老来变小"的心态跃然于奶奶的脸上。我在村里的棋牌室找到奶奶，奶奶正笑着在打吊牌，见到村干部带我前来打声招呼，她也微笑回了个好。可是每到半个小时，奶奶便"坐不住"，老人家心里惦记着棋牌室的伙伴，"我天天都打吊牌，你们别看我老了，我也是有能力赚钱的人，一天赚个十几块，乐得我呀"。经历了三次的回访，才完整地做完了整个调研。其间，村干部跟奶奶提到，"这个来采访你的小女孩，他爷爷是从咱村里打仗出去的'老杨头'，你认识不？"奶奶一听到这个描述，双眼顿时充满了惊喜，握着我的手激动地跟我说，"哎呀，我以为跟我同年纪的再也没几人活着在世了。你可知道，你爷爷是我同学，我们以前玩得可好了。你爷爷年轻的时候是大高个，眼大鼻高，老帅了。我瞅着你长得可像他了，越看越像。我老了啊，你爷爷是英雄，能打仗，你回到家帮我给他带句好，我这辈子是没啥机会跟他见面了，可是能跟他小孙女见上一面，实在是高兴啊，咱俩有缘分。"听完奶奶的一番肺腑之言，眼泪忍不住在我的眼眶里打转。我实在想不出一个更为合适的词来描述这一趟美好了，只能说"我替爷爷与您重逢了"。

戚奶奶的故事可了得！真像是老电影的片段，起起伏伏，百态尽显。她一生经历过两次婚姻、伪满洲国、炮弹落在眼前，等等，虽有苦难，但奶奶从未消极地对待过生活。从那个时代走来的人，仿佛都有一种无所畏惧，显现出一种被战争洗礼过后的强大。《岛上书店》中写道："每个人的生命中，都有最艰难的那一年，将人生变得美好而辽阔。"戚奶奶所经历的人生，便是如此。她容下了生活的不尽完美，经历了世上无情的颠簸，靠势必能度过的信念认真地生活。

在调研结束返程的飞机上，我翻看了老人们赠送予的老资料，坐在一旁的"老外"忍不住借阅细读，用不熟练的中文赞叹道："它们，珍贵，非常价值。"一切，都已是最好的安排。

(三)衷心为你们祈愿

有幸作为百村项目的调研员，我实地进入调研点和历史展开对话，这样的经历虽达不到"栉风沐雨"的高度，但着实是我砥砺前行的路上一个尝试。至佛山、湛江、沈阳三地做调研，收获颇丰。这些受访老人中，有与老伴天人永隔的，也有与老伴携手逛村的；有的是坚强不屈的品性，也有的是柔情善良的品格；有至今还在为村事操劳的，也有已被儿女接至市区安享晚年的。衷心祝福她们，愿前大半生的不容易，可换被剩下的时光温柔相待。

众生皆有苦乐，人生不过一场百年左右的大故事。欲以思考为力、言辞为手、笔墨为水、落款为心，让这些有血、有肉有笑泪的故事并不仅仅是躺在历史长河里。调研员的身份，除了负责且行且聆听、且看且记录，还希望为真实的历史争得到更多的听众、观众，为孕育出更多的智慧而助兴一把。

杨婷惠　口述调查小记

(调研员单位:中国矿业大学文学与法政学院)

8月5日,今天开始我的口述史调研第一天,我去的是我的奶奶家,采访的是我的奶奶——董玉兰。奶奶今年刚好八十岁,平时跟奶奶闲聊时也总听奶奶提起过去的故事,但是从来没有记住奶奶过去的经历,也不知道在中华人民共和国成立前后奶奶各方面的生活发生了怎样的变化。这次刚好有机会,让我更进一步地了解奶奶的人生。

到奶奶家已经是下午了,奶奶气色还算好,虽然之前动过大手术,但经过调养,加上奶奶心态放松,恢复得很好。跟奶奶说明了这次调研的内容,奶奶谈起了她的故事。奶奶一生背井离乡,娘家在五常市(当时是县)的山河屯,经营着一片菜园子,生活也算自给自足。奶奶在21岁的时候嫁给了我的爷爷,我的爷爷家在五常市区,但是跟奶奶成婚后并没有生活在那里,由于爷爷工作的原因调到了绥化。在"文化大革命"期间,由于爷爷的干部身份,他被批斗,后来又被列入了平反名单,但那时爷爷已经抑郁过世了。奶奶便独自一人把两个孩子拉扯大,也就是我的爸爸和姑姑。现在儿女也都成家立业,奶奶便选择继续生活在这片已然居住了半个多世纪的土地上。奶奶的娘家人后来都搬到了满洲里,现在亲人所剩无几,又各自分散,见面的机会少之又少。而婆家人也都在五常市区生活,爷爷去世后联系日益减少,奶奶目前的亲人可以说只有我们这些晚辈了。

由于爷爷去世得早,家里需要多一份收入,姑姑便在初一时放弃了学业,接下了爷爷的工作,我的爸爸也在初三时自己主动放弃升学,外出打工,所以家里劳动力少。奶奶一人辛勤劳动,不仅干农活,还做过清洁工、列车员、车间工。所以这次访谈,奶奶说的参加集体劳动及那些封建传统几乎都在婚前在娘家所经历的,所幸娘家规矩少,又不跟婆家生活,所以奶奶一生没有受什么家庭内的规矩所束缚,那些年代所不能避免的尘俗陋习并没有给奶奶带来太大的伤害,反倒磨炼了她不为穷困环境所打倒的坚韧品质。

和奶奶聊完已经到了傍晚,吃完晚饭后我便在奶奶家睡下了,爸爸妈妈也都跟我一起来到了奶奶家,爸爸由于工作原因,能看望奶奶的机会很少,所以奶奶今天很高兴和一家人团聚。

这便是今天采访完自己的奶奶之后的一点感悟,这次发现之前关心奶奶的时间太少了,我们作为奶奶离得最近也最惦念的亲人,理应更加关注奶奶的感受。而且回顾整个采访过程,由于这是我第一次做调研,也是第一次采访老人,之前也没有做过多的准备,导致今天的采访几乎都是在照着提纲提问,有时甚至需要奶奶等我看看问题是什么,这也是我需要改进的地方,希望接下来的访谈可以有所进步。

8月6日,我采访的是现年82岁的谢永珍老奶奶,老人平时就跟我奶奶关系很好,经常串门聊天。昨天我跟奶奶说明情况后,奶奶今天下午在老人睡完午觉后就把她接到家里来,跟我讲述老人的故事。

也许是因为老人原本生活在这里,她讲述的故事跟奶奶还是有一定差异的。新源管理区是分东西屯的,谢永珍奶奶的娘家在东屯,9岁爹妈给定下了这门亲事,17岁嫁到了西屯。让我不得不感慨的是,老人在9岁之前一直没有名字,上学之后老师给起才有了属于自己的名字。老人的娘家男女待遇差别很明显,家里一切以爸爸和兄弟为主,连上学都要男女分开。

在整个采访的过程中，最让我感叹的是老人对于毛主席、对于党和国家的感激与热爱。无论当时条件有多苦，老人都很感激毛主席救了他们一命，没有过抱怨，而且对现在的生活也感到很满意、很幸福。在我问到老人读书问题时，老人感谢毛主席在解放之后给了其后代读书的机会；从地主手里解放出来，奶奶也感激毛主席；说到毛主席过世，老人讲述了当时人们的悲痛，人们感觉生活瞬间失去了希望；讲到土改，老人感谢毛主席分给了农民土地；聊到妇女地位，老人感谢毛主席为妇女发声；讲到两党斗争，老人痛骂蒋介石，高度赞扬毛主席把他们解放出来。

　　采访完毕，让我不得不有了深深的思考。我们作为后辈，平时了解这些政党方面的知识无外乎是在学校听老师讲，在书本上学习，至多是通过新闻了解国家大事。但今天跟谢奶奶聊完，才体会到他们经历过地主剥削、经历过中华人民共和国成立、经历过"三年困难"时期、经历过土改、经历过改革开放的这代老人，对于把他们从封建压迫的生活中解放出来的人有多么感激，他们当时有多关注谁领导他们翻身解放，他们有多珍惜现在的生活。相比之下，我们平时关心、了解的实在是太少、太浅。

　　对于那个时期，老人最深的印象就是穷，虽然采访很顺利，问到了很多想了解的内容，但是在访谈过程中，我深感自己能力不足，缺乏访谈技巧，而且不懂得深入话题以及扩大范围，只能局限于提纲上的问题来提问，而且不知道如何衔接话题以及引导出更多的故事，因此整个访谈就显得干巴巴。

　　采访完又到了晚上，奶奶留老人在家吃饭，老人一直很亲切，精神很好，只是两只眼睛已经完全看不到了，但聊过天之后，还是能在人群中辨认出我，这让平时与这个年龄的老人接触很少的我感到很温暖，也因此爱上了与老人沟通。

　　这便是我的一点感悟。我觉得采访很成功，但对自己并不满意，还需要很大的提升。

周含 口述调查小记

（调研员单位：中国矿业大学机电工程学院）

参加调研的过程既开心又痛苦，开心的是可以和老人聊一些往事，了解一些以前的事情，但是感觉这个整理的过程还真是很枯燥无味，不过总而言之，这次调研也是一次不错的经历。

我第一天先去我大妈妈家去做的口述史调研。那天我吃完早饭，早上八点左右过去的，在去之前我其实还是很紧张的，不知道该怎么和老人们交流，也不知道他们会不会接受我的询问，怯生生的，最后硬着头皮还是去了。去的时候她家门口就坐着好几位老人，她们就坐在大门口闲聊，我过去跟她们问了好，说明了我这次来的目的，老人们的热情打消了我的顾虑，老人们对我都非常地欢迎，而且都对这个口述史调研活动很好奇，以前都没听说过。他们还问了一些我在大学里的生活，让我好好学习，成为对国家建设有用的人。接下来我采访了他们其中的一位老人，以下是一些就是一些访谈的内容。

李振连，1933 年生于雷家庄，小的时候上过学，在未出嫁之前还参加过一些会议，当过村子里的干部，后来嫁到了西辛村，嫁到这里之后就不怎么参加村子里的事了，基本上就是待在家里做一些家务，照顾孩子。老人在小的时候很早就学会了织布、缝衣，在娘家的时候也是什么农活、家务都做，家里贫困但是老人从来都不会说苦，一直咬紧牙关努力坚持着。就跟现在一样，老人现在也是很开朗健谈的一个人，而且脸上时刻露着幸福的笑容。老人经历了中国历史的变革，从抗日战争开始直到中华人民共和国成立都亲身经历过。土改的时候，土改工作队到家里去做工作，老人和家人都知道他们是好人，是来帮助他们的，所以很配合工作人员的工作，而且还给工作队的人员提供饭菜和住宿的地方。丈夫家里也是贫农，家里也是穷得一塌糊涂，老人嫁到西辛村后也是一直尽心尽责地为了这个家干活儿。那些年，老人累出了不少的毛病，这些伤病到现在还折磨着她。互助组合作社的时候，老人在田地里干活，不能进食堂或者去那些活比较轻松的岗位去，那时实行工分制度，但是因为干的活很低级，工分少得可怜，只挣工分根本不够，所以要天天拼命工作。只能一点一点、踏踏实实地工作。老人就生了两个孩子，因为家里穷，连饭都吃不上，食不果腹。当时有一个孩子得了病，但是家里实在是太穷了，连饭都吃不上，更不用说是拿钱治病了，而且就算有钱也不一定治得好。村子里只有赤脚医生，医术水平实在是太低，最终的结果就是这个孩子最终死亡，老人痛不欲生，不忍心让孩子们受苦，就没有再生孩子。老人对食堂里吃大锅饭分配粮食不公平并不生气，但是对那些干活偷懒的人很生气，同是一个集体的人就应该为集体多做一点贡献，不能只顾个人。最让老人印象深刻的事情是"大跃进"的时候，那会家家户户都把锅碗瓢盆给从家里拆了，都弄去大炼钢铁，荒唐至极，每家每户都没法做饭，而且那时候男人都出去干工程，家里就只剩下一些老弱病残、妇女。树林、田地都被开垦用来炼钢铁了，大片大片的土地被破坏，光秃秃的，十分瘆人，环境被破坏得一塌糊涂。老人还经历了很多很多的事情，像"文化大革命""四人帮"之类的，虽然老人不是什么文化人，但是老人对这些也是很关心的。这里就不对老人的经历一一展开了。老人现在只有一个儿子了，自己一个人住在一间房子里。当时老人在没有结婚之前，还当过村里的干部，还经常参加村子里的会议，有说有笑的。结婚之后就不参加了。当时家里穷，连织布机都没有。平时就只是在家里干活，很少出门。在家里还能当家。年轻时还去过夜校，但是时间也不长，没什么文化。但是老人一生诚诚恳恳，过得也是很有味道的，现在回味起以前来，老人也经常会微微一笑，忆苦思甜。现在每天吃完饭就坐在大门口外边和其他老人聊天拉呱，安享晚年。

采访完这个老人就接近吃饭的时间了，忽然之间，感觉时间还是蛮快的嘛，在学习的时候怎么没有这种感觉呢，真是好羞愧。老人在交流的时候不时地咳嗽，我就去帮她倒了一些水喝，见时间不早了，我跟老人们告了别，就回去了。在此之后，我一鼓作气又连续采访了两位老人，其中一个是我姥姥的妈妈，也已经有八十八的高龄了，真心希望老人都能够活过一百岁，成为百岁老人。

因为身体的缘故，我去做了一次手术，耽误了一些日子没有去采访调研，一直到八月多才到新的调研对象家去。这次去的老人他家里是村子里的干部，感觉这个老人身上还是有一些文化气息的。据老人说她以前上学的内容到现在还记得很清楚，而且现在还能当成顺口溜说出来。老人们一般都喜欢聚在一起聊天拉家常，家里的电视什么的基本上不去碰，电话基本上都是家里人打来就接，不打来就不会往外打。

这次调研活动还算是比较顺利，但是我其实对这次调研感觉并没有十分理解透彻，很长一段时间云里雾里的，一直按照提纲走，没有敢推陈出新，这也算是一大遗憾吧。经过这次调研活动我还是了解到了不少东西的，发现口述史调研是一项要求调研员有着高度的责任感并且有耐心的工作，通过这次调研，对我来说也是有了很多的益处。这次调研活动使我有机会能够在暑假期间亲身经历了与老人面对面的交流。

张乾　口述调查小记

(调研员单位：中国矿业大学国际学院)

　　8月4日，因为七月份在集训，所以开始口述史访谈的时间比较晚，回家第一天去的是县城里的养老院，一路都还算比较顺利，工作人员都挺热情。我们第一个找到的老奶奶八十八岁，但身体不太好，听不清我们说话，不过她一直在一个字一个字地读我们的讲义，字都认识得挺全的，就是听不清我们说话，可能身体不太好吧。然后旁边是一个九十四岁的，很神奇的是这位老奶奶精神状态和说话都非常得好。最让我印象深刻的是在采访的时候楼道里有个别的老奶奶一直喊旁边的八十八岁的老奶奶，"聋子婆婆，聋子婆婆"的，然后这位九十四岁的老奶奶就冲着她喊，别人没有名没有姓吧，老是叫她聋子干嘛，不会叫人名字吧。听后顿时对这位九十四岁的老奶奶心生敬意。她有八个孩子，身体很健康，却待在养老院，她的家务事我也不好问，我也不知道该怎么对她好，只能以后多来看看她了。上午的采访还算顺利，老奶奶还送了两个梨给我们吃。中午老人要吃饭、午休我们就先离开了，明天再去。

　　下午我们去的我同学她奶奶家，老人八十五岁了，说话清楚利落，她还是很幸福的，儿孙满堂，住的小平楼，一大家子人，多亏了同学她妈妈在旁边引导和陪聊，我们的问题都很单调，有点不太好问，很突兀的感觉，他妈妈就能把它转化成很地道的东西，像拉家常一样给顺带出来。感觉这方面真的要向她妈妈多多学习，自己对大纲的了解也不是很透彻，老是问着问着就卡住了。最后晚上整理的时候真的是好困难，十分钟的录音我翻译了一个多小时，完了还一不小心把录音删除了，还好这次只有半个小时。今天两位老人都只录了一半，明天继续加油！

　　8月5号，今天早上起了个大早，因为任务很重，要给老奶奶买点东西，然后还有两个小时的录音。昨天老奶奶说头有点痛，我就买了点药，然后一些水果和蛋糕。到养老院的时候，她正在走廊上休息，所以我们就在旁边看提纲，过了一会儿，有理发店的来给老人们剃头发，才把老人吵醒。然而老奶奶却以为我们是他们一伙儿的，费了很多精力她才明白我们是昨天来采访的。出乎意料的是，老奶奶开始跟我们抱怨生活了，她这一辈子没过过什么好日子，八十多岁的时候还在种地，自己养活自己，后来来了养老院，子女都混得不好，自身难保，筹钱也不是那么容易。讲到她大儿子去年去世的时候，她偷偷凑到我们耳边，说她的大儿子不讲良心。其实老人在养老院的日子也不好过，年纪大了电视看了头晕，然后每天早上起来后，就无所事事地坐着，又开始困，然后睡睡醒醒到中餐，吃完饭又睡。就这样，一天又一天地过。

　　下午采访的是另一位老人，相比上午那位，她真是过得太幸福了，小时候她是家里最小的孩子，没做过什么家务事。出嫁后，丈夫有很尊重她，现在子孙满堂，个个都有出息，在县城建了三楼的小洋房，和大儿子住在一起，有两个小娃娃咿呀学语，白白胖胖，一口一个太婆，四代同堂。她自己身体也健康，每天看看电视，散散步，逗逗小孩，家务事家里人也不让她做，手上还有孙媳妇送的银手镯，和我们唠起嗑来，幸福的笑容洋溢在脸上。我觉得她们那一辈真的吃了很多苦，我们应该善待她们，让她们多享享清福！

　　8月6号，今天托一个朋友奶奶的福，我采访到一位老奶奶，八十八岁了，还是很精神，而且以前是干部。老人是1933年出生的，只有一个姐姐，姐姐比她大两岁，不会读书，只读半年就没读了，不过老人从小成绩就不错，小学三年就毕业了，因为老师觉得她成绩很好，就让她一直跳级。后来老人作为合作社的培养人才，公费在武汉学习会计事务，父母去世得早，母亲在她小时就去世了，父亲是她在武汉读会计的时候去世的。

从武汉回来后，老人一直都有很多玩得好的，因为人漂亮机灵，大家都愿意和她一起玩。二十多岁自己找的丈夫，是工作上的同事。他家是地主，但是他十五岁就离家当兵了，后来打压地主，也不能回家，老人只生了四个女儿。最后怀了一个男孩，因为计划生育，不能生，打了。丈夫是五十三岁走的，丈夫以前是局长，之后是县委书记，当过兵，死了埋在烈士山上。她家里有很多党员，她丈夫、四个女婿都是党员，武汉的两个孙子也是党员，那时候老人在各个乡下当教师，一直当了三十多年。但是和丈夫分居了好久，因为丈夫管的是农村方面的事，自己管的是教育方面的事，经常不在一起，"文化大革命"的时候，被打压得很厉害，后来"文化大革命"结束后，日子还是好起来了。自己是老牌教师，丈夫是大领导，并且帮自己的四个女儿都安排好了工作，四个女儿长得漂亮、学历又高，很是抢手，招了四个上门女婿。孩子有一个跟老人姓，剩下的都跟老人的丈夫姓。但是老人的丈夫走得早，五十岁就走了。现在老人的身体还是不错的，和自己的小女儿住在一起，家里人丁兴旺，孙子读的名牌大学，家里人都能挣钱，自己每天下午还会和附近的老奶奶唠唠嗑，打打花牌，过得很悠闲。

授权说明

后 记

　　2015 年,华中师范大学中国农村研究院启动了"2015 版中国农村调查",旨在深度调查中国农村,深入研究和认识中国农村,《中国农村调查·口述类》正是该项目的系列成果之一。其中,围绕"关系·惯行视角中的农村妇女"主题开展的妇女口述调查,主要研究农村妇女与家庭、家族、宗族、村庄、市场、国家、政党等的互动、互构关系以及农村妇女自身的发展变迁历程。

　　本卷所收录的口述材料,主要源于 2016 年夏季的妇女口述史调查,经入户访谈、资料整理和筛选编排,前后半年有余。本卷六十余万字的口述材料,正是从众多口述成果中择优选编而成,依次收录了王锐、余成龙、胡丹、李媛、祁玉珍、张乾、薛洋、周含、孙新宇、何超、高垚莉、罗梓欣、庆文、徐文鹏、杨刘秀子、杨婷惠 16 位调查员对五十多位老人的口述访谈。在此,首先要对所有的受访老人表示衷心的感谢和崇高的敬意! 调查之时正值暑天,受访老人多已年过八旬,身体状况欠佳,言谈行动十分不便,然而他们依然热情地接纳了年轻来访者,敞开心扉回顾往事,声情并茂地讲述他们的人生经历,许多老人讲至动情之处不禁潸然泪下。老人们的慷慨和支持,让调查员备受鼓舞和感动,面对这些颤颤巍巍的老人,更加增强了调查员"抢救历史"的责任感、使命感和紧迫感。其次,要对所有的调查员表示诚挚的谢意。调查之时正值暑假,大家牺牲十分难得的与家人亲友团聚的美好时光,头顶烈日走街串巷、入户访谈,有的为了找到合适的老人费尽周折,有的甚至饱受误解、委屈和指责,然而他们毅然坚持了下来。访谈完后,还要结合录音整理文稿,撰写日志,无法休息、加点熬夜成为假期的常态。

　　在本卷的编辑过程中,徐勇教授承担了总体指导和后期审定工作,邓大才教授全程参与并悉心督导,两位老师在百忙之中稍有闲暇便对材料整理和编排进行指导,有时直到凌晨还在进行审阅;刘筱红教授逐字逐句地审阅,并就出版规范和编辑问题做了详细的批注,三位老师为本卷的出版倾注了极大的心血。正是他们的辛勤付出,本卷才能够迅速、高质量地完成。同时,数十名调研员深入扎实的调查、认真细致的整理,才使得本卷有了翔实的材料可供选用。本卷入选的 16 位调查员,反复修改口述材料,正因他们的负责态度和执着精神才使本卷得以顺利出版。

　　本卷的出版还得到了华中师范大学人文社会科学高等研究院石挺副院长、徐剑主任的大力支持,华中师范大学中国农村研究院刘金海教授、刘义强教授、陈军亚教授、熊彩云副教授、郝亚光副教授、李海金副教授、黄振华老师、杨嬛老师、张晶晶老师、任路老师、肖盼晴老师等给予了许多指导和帮助。在此一并表示感谢! 余成龙、王锐、胡丹、李媛等同学协助刘筱红教授设计、修订调查提纲,并进行了扎实深入的试调查工作,为提纲完善和调查开展做出了贡献。本卷的编辑工作主要由史亚峰、王琦、郭艳艳、柏静、杨明等完成,从材料筛选、联系沟通和整理校对,他们承担了大量细致入微的工作。此外,非常感谢天津人民出版社王康、郑玥、王玎等各位老师在材料的编辑、校对、排版与出版方面所给予的耐心指导与大力支持,对他们的辛勤付出表示最诚挚的感谢。

　　由于编者的水平有限,错漏之处在所难免,敬请专家、学者批评指正,我们将在今后的编辑工作中不断改进和完善。

编者谨记